U0934211

民事案件案由
新释新解与适用指南

第二版

[上册]

主　　编：景汉朝

执行主编：司　伟

撰稿人：司　伟　朱　健　朱世亮

（以姓氏笔画为序）

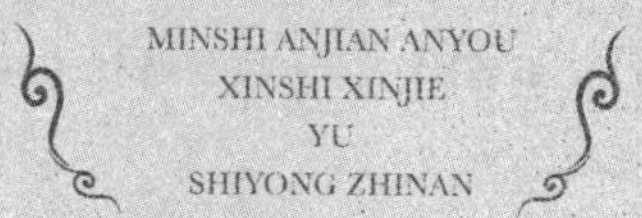

中国法制出版社

CHINA LEGAL PUBLISHING HOUSE

图书在版编目(CIP)数据

民事案件案由新释新解与适用指南/景汉朝主编．—2版．—北京:中国法制出版社,2017．10
ISBN 978-7-5093-8888-4

Ⅰ．①民… Ⅱ．①景… Ⅲ．①民事诉讼法-法律解释—-中国—指南②民事诉讼法—法律适用—中国—指南
Ⅳ．①D925．105-62

中国版本图书馆CIP数据核字(2017)第247774号

责任编辑 周琼妮(zqn-zqn@126．com) 封面设计 杨鑫宇

民事案件案由新释新解与适用指南(第二版)
MINSHI ANJIAN ANYOU XINSHIXINJIE YU SHIYONG ZHINAN (DIERBAN)

主编/景汉朝
经销/新华书店
印刷/北京万博诚印刷有限公司
开本/710毫米×1000毫米 16开 印张/93．25 字数/1580千
版次/2018年1月第2版 2018年8月第2次印刷

中国法制出版社出版
书号 ISBN 978-7-5093-8888-4 定价:298．00元(上、下册)

北京西单横二条2号 值班电话:010-66026508
邮政编码100031 传真:010-66031119
网址:http://www.zgfzs.com **编辑部电话:010-66067023**
市场营销部电话:010-66033393 **邮购部电话:010-66033288**

(如有印装质量问题,请与本社编务印务管理部联系调换。电话:010-66032926)

再版前言

民事案件案由是民事案件名称的重要组成部分，反映案件所涉及的民事法律关系的性质，是对诉讼争议所包含的法律关系进行的概括，是人民法院进行民事案件管理的重要手段。

2011年2月，最高人民法院发布了《关于印发修改后的〈民事案件案由规定〉的通知》。多年过去了，期间，我国颁布了多部重要的民事法律、法规或司法解释，尤其是《民事诉讼法》于2017年6月27日进行了第三次修正，《民法总则》于2017年3月15日公布，当事人以及包括法官、律师在内的法律工作者将在实践中面对许多因此而出现的新类型的纠纷，在此背景下，为了准确理解并正确适用《民事案件案由规定》，我们编写了《民事案件案由新释新解与适用指南（第二版）》一书。

本书有以下几个突出特点：一是“新”。以最高人民法院《民事案件案由规定》中确立的案由体系为框架，根据新《民事诉讼法》《民法总则》《反不正当竞争法》《公司法司法解释四》等对案由进行了全新整理，增加了全新的案由，对不再适用的案由作了解释，并对案由下的法律依据进行了全面更新，完全包括了近几年以来新颁布实施的重要法律、法规及司法解释的相关规定。二是“精”。本书对案由进行了简要但精炼的解释，对包括管辖在内的实践中适用案由需要注意的重要问题进行了说明，有助于使用者全面了解该案由的涵义，掌握适用中需要注意的基本问题。三是“全”。本书收录了每个案由在立案乃至审理时可能用到的常用法律条文，这使得读者通过使用本书就基本上能够满足其了解、掌握某一类纠纷案件的全貌的需求，不必为了查阅、了解相关知识而再去“翻箱倒柜”，从而有助于工作效率的提高。

总之，本书是一本适用于法院系统的审判人员、律师、有关法律工作者和学习研究者的非常有价值的工具书，能够为当事人明确诉讼请求、准确选择救济途径行使诉权，为广大法官、律师、有关法律工作者和学习研究者准确确定具体纠纷包含的法律关系的性质并正确适用法律提供帮助。

本书的编辑、出版，得到了中国法制出版社的大力支持。由于时间仓促，错误、纰漏之处在所难免，敬请法律界同仁和各位读者批评指正。

2017年12月

总目录

第一部分　人格权纠纷

第二部分　婚姻家庭、继承纠纷

第三部分　物权纠纷

第四部分　合同、无因管理、不当得利纠纷

第五部分　知识产权与竞争纠纷

第六部分　劳动争议、人事争议

第七部分　海事海商纠纷

第八部分　与公司、证券、保险、票据等有关的民事纠纷

第九部分　侵权责任纠纷

第十部分　适用特殊程序案件案由

目 录

（上册）

第一部分　人格权纠纷

第二部分　婚姻家庭、继承纠纷

第三部分　物权纠纷

第四部分　合同、无因管理、不当得利纠纷

第五部分　知识产权与竞争纠纷

第六部分　劳动争议、人事争议

第七部分　海事海商纠纷

(下册)

第八部分 与公司、证券、保险、票据等有关的民事纠纷

第九部分　侵权责任纠纷

第十部分 适用特殊程序案件案由

第一部分　人格权纠纷

一、人格权纠纷

1. 生命权、健康权、身体权纠纷

【案由解析】

生命权是以公民的生命安全利益为客体的、独立的人格权。生命权为自然人专属享有。人的生命，始于出生，终于死亡，具有至高无上的人格价值。健康权是指公民享有的以其机体生理机能正常运作和功能完善发挥，并以其维持人体生命活动的利益为内容的人格权。身体权是公民维护其身体完整并支配身体组织、器官、肢体的具体人格权。

生命权、健康权、身体权纠纷是指生命权、健康权、身体权因受到他人侵害而引起的民事争议。

生命权的主要特征是：（1）生命权的客体是民事主体的生命安全。（2）生命权的内容是维护人的生命活动延续。（3）生命权的保护对象是人的生命活动能力。

健康权的主要特征是：（1）健康权以人体的生理机能正常运作和功能的正常发挥为具体内容，但不是以人体的整体构造为客体。（2）健康权以维持人体的正常生命活动为根本利益，但不是以人的生命安全和生命价值为客体。（3）健康权保护的是自然人身体机能的正常发挥，使其运作、运动自主。

身体权的主要特征是：（1）身体权的客体是公民的身体，是公民身体完全、完整的利益。（2）身体权体现在对自己身体组成部分的支配权。（3）身体权是自然人的基本人格权。

【典型形态】

在实践中，生命权、健康权、身体权纠纷主要有：

（1）生命权纠纷，是指因公民的生命安全利益受到侵害而引起的纠纷。

（2）健康权纠纷，是指因公民的人体机能完善性的破坏和功能发挥受到侵害而引起的纠纷。

（3）身体权纠纷，是指因公民的身体完整性的侵害而引起的纠纷，包括形式上完整性的侵害和实质上完整性的侵害。前者如非法搜查身体、侵扰、冒犯性殴打；后者如破坏和强制利用身体组织和器官。

【常用法律条文及索引】

《民法通则》（1987 年 1 月 1 日起施行　2009 年 8 月 27 日修正）

第九条　公民从出生时起到死亡时止，具有民事权利能力，依法享有民事权利，承担民事义务。

第九十八条　公民享有生命健康权。

第一百一十九条　侵害公民身体造成伤害的，应当赔偿医疗费、因误工减少的收入、残废者生活补助费等费用；造成死亡的，并应当支付丧葬费、死者生前扶养的人必要的生活费等费用。

《民法总则》（2017 年 10 月 1 日起施行）

第十三条　自然人从出生时起到死亡时止，具有民事权利能力，依法享有民事权利，承担民事义务。

第一百一十条第一款　自然人享有生命权、身体权、健康权、姓名权、肖像权、名誉权、荣誉权、隐私权、婚姻自主权等权利。

第一百二十条　民事权益受到侵害的，被侵权人有权请求侵权人承担侵权责任。

《最高人民法院关于审理人身损害赔偿案件适用法律若干问题的解释》（法释〔2003〕20 号　2004 年 5 月 1 日起施行）

第一条　因生命、健康、身体遭受侵害，赔偿权利人起诉请求赔偿义务人赔偿财产损失和精神损害的，人民法院应予受理。

本条所称“赔偿权利人”，是指因侵权行为或者其他致害原因直接遭受人身损害的受害人、依法由受害人承担扶养义务的被扶养人以及死亡受害人的近亲属。

本条所称“赔偿义务人”，是指因自己或者他人的侵权行为以及其他致害原因依法应当承担民事责任的自然人、法人或者其他组织。

《最高人民法院关于确定民事侵权精神损害赔偿责任若干问题的解释》（法释〔2001〕7号　2001年3月10日起施行）

第一条　自然人因下列人格权利遭受非法侵害，向人民法院起诉请求赔偿精神损害的，人民法院应当依法予以受理：

（一）生命权、健康权、身体权；

（二）姓名权、肖像权、名誉权、荣誉权；

（三）人格尊严权、人身自由权。

违反社会公共利益、社会公德侵害他人隐私或者其他人格利益，受害人以侵权为由向人民法院起诉请求赔偿精神损害的，人民法院应当依法予以受理。

第三条　自然人死亡后，其近亲属因下列侵权行为遭受精神痛苦，向人民法院起诉请求赔偿精神损害的，人民法院应当依法予以受理：

（一）以侮辱、诽谤、贬损、丑化或者违反社会公共利益、社会公德的其他方式，侵害死者姓名、肖像、名誉、荣誉；

（二）非法披露、利用死者隐私，或者以违反社会公共利益、社会公德的其他方式侵害死者隐私；

（三）非法利用、损害遗体、遗骨，或者以违反社会公共利益、社会公德的其他方式侵害遗体、遗骨。

第八条　因侵权致人精神损害，但未造成严重后果，受害人请求赔偿精神损害的，一般不予支持，人民法院可以根据情形判令侵权人停止侵害、恢复名誉、消除影响、赔礼道歉。

因侵权致人精神损害，造成严重后果的，人民法院除判令侵权人承担停止侵害、恢复名誉、消除影响、赔礼道歉等民事责任外，可以根据受害人一方的请求判令其赔偿相应的精神损害抚慰金。

第十一条　受害人对损害事实和损害后果的发生有过错的，可以根据其过错程度减轻或者免除侵权人的精神损害赔偿责任。

【适用本案由需要注意的问题】

◆生命权、健康权、身体权纠纷案件的管辖，适用《民事诉讼法》第28条的规定，即由侵权行为地或者被告住所地人民法院管辖。根据《最高人民法院关于适用〈中华人民共和国民事诉讼法〉的解释》第24条的规定，侵权行为地包括侵权行为实施地、侵权结果发生地。

◆根据《民事诉讼法》第29条的规定，因铁路、公路、水上和航空事故请求损害赔偿提起的诉讼，由事故发生地或者车辆、船舶最先到达地、航空器最先降落地或者被告住所地人民法院管辖。根据《最高人民法院关于适用〈中华人民共和国民事诉讼法〉的解释》第26条的规定，因产品、服务质量不合格造成他人财产、人身损害提起的诉讼，产品制造地、产品销售地、服务提供地、侵权行为地和被告住所地人民法院都有管辖权。

◆在确定本案由时，尤其要注意其与第九部分“侵权责任纠纷”中具体案由的协调问题。在确定侵权责任纠纷具体案由时，应先适用根据《侵权责任法》相关规定列出的具体案由。如铁路运输造成的人身损害责任纠纷，其案由应当适用第九部分“侵权责任纠纷”中“铁路运输损害责任纠纷”案由，而不应适用第一部分“人格权”中的“生命权、健康权、身体权纠纷”案由。

◆在适用本案由时，应根据具体侵害的人格权益来确定相应案由，不应直接将“生命权、健康权、身体权纠纷”案由全部引用。

2. 姓名权纠纷

【案由解析】

姓名权是公民决定、使用和依照法律规定改变自己姓名的权力。姓名是个体公民区别于其他公民的符号，是一个人的自身标志。姓名权的内容主要包括自我命名权、姓名使用权和改名权。

姓名权纠纷是指因干涉、盗用、假冒他人姓名，侵害公民姓名权而引起的纠纷。

姓名权的主要特征是：（1）姓名权的主体只能是自然人，法人不享有姓名权。只有自然人人格的文字标识才叫作姓名，因而只有自然人才享有姓名权。（2）姓名权的客体是自然人对自己人格的文字标识的专有权。姓名权的核心问题就是专有权，他人不得享有、使用，只能是权利人自己享有和使用。（3）姓名权的基本义务是不得非法干涉、使用他人的姓名。姓名权是绝对权、对世权，除了姓名权本人之外，任何人都是义务主体，都负有不得侵害其姓名权的义务。

【典型形态】

在实践中，姓名权纠纷主要有：

（1）干涉姓名权纠纷，是指因干涉他人姓名的决定、使用和改变的权利而引发的纠纷。

（2）盗用姓名权纠纷，是指因未经他人同意私自盗用他人姓名而引发的纠纷。

（3）假冒姓名权纠纷，是指因冒用他人姓名，行为人完全以姓名人的身份从事活动而引发的纠纷。

（4）故意混同姓名权纠纷，是指使用可能与姓名权人的姓名混淆的姓名，造成与使用姓名权人的姓名有同样效果而引发的纠纷。

【常用法律条文及索引】

《民法通则》（1987 年 1 月 1 日起施行 2009 年 8 月 27 日修正）

第九十九条 公民享有姓名权，有权决定、使用和依照规定改变自己的姓名，禁止他人干涉、盗用、假冒。

法人、个体工商户、个人合伙享有名称权。企业法人、个体工商户、个人合伙有权使用、依法转让自己的名称。

第一百二十条 公民的姓名权、肖像权、名誉权、荣誉权受到侵害的，有权要求停止侵害，恢复名誉，消除影响，赔礼道歉，并可以要求赔偿损失。

法人的名称权、名誉权、荣誉权受到侵害的，适用前款规定。

《民法总则》（2017 年 10 月 1 日起施行）

第一百一十条 自然人享有生命权、身体权、健康权、姓名权、肖像权、名誉权、荣誉权、隐私权、婚姻自主权等权利。

法人、非法人组织享有名称权、名誉权、荣誉权等权利。

第一百二十条 民事权益受到侵害的，被侵权人有权请求侵权人承担侵权责任。

第一百八十五条 侵害英雄烈士等的姓名、肖像、名誉、荣誉，损害社会公共利益的，应当承担民事责任。

《最高人民法院关于贯彻执行〈中华人民共和国民法通则〉若干问题的意见（试行）》（法（办）发〔1988〕6号　1988年4月2日起施行）

141. 盗用、假冒他人姓名、名称造成损害的，应当认定为侵犯姓名权、名称权的行为。

149. 盗用、假冒他人名义，以函、电等方式进行欺骗或者愚弄他人，并使其财产、名誉受到损害的，侵权人应当承担民事责任。

150. 公民的姓名权、肖像权、名誉权、荣誉权和法人的名称权、名誉权、荣誉权受到侵害，公民或者法人要求赔偿损失的，人民法院可以根据侵权人的过错程度、侵权行为的具体情节、后果和影响确定其赔偿责任。

151. 侵害他人的姓名权、名称权、肖像权、名誉权、荣誉权而获利的，侵权人除依法赔偿受害人的损失外，其非法所得应当予以收缴。

《婚姻法》（1981年1月1日起施行　2001年4月28日修正）

第十四条　夫妻双方都有各用自己姓名的权利。

第二十二条　子女可以随父姓，可以随母姓。

《全国人民代表大会常务委员会关于〈中华人民共和国民法通则〉第九十九条第一款、〈中华人民共和国婚姻法〉第二十二条的解释》（2014年11月1日第十二届全国人民代表大会常务委员会第十一次会议通过）

最高人民法院向全国人民代表大会常务委员会提出，为使人民法院正确理解和适用法律，请求对民法通则第九十九条第一款“公民享有姓名权，有权决定、使用和依照规定改变自己的姓名”和婚姻法第二十二条“子女可以随父姓，可以随母姓”的规定作法律解释，明确公民在父姓和母姓之外选取姓氏如何适用法律。

全国人民代表大会常务委员会讨论了上述规定的含义，认为：公民依法享有姓名权。公民行使姓名权属于民事活动，既应当依照民法通则第九十九条第一款和婚姻法第二十二条的规定，还应当遵守民法通则第七条的规定，即应当尊重社会公德，不得损害社会公共利益。在中华传统文化中，“姓名”中的“姓”，即姓氏，体现着血缘传承、伦理秩序和文化传统，公民选取姓氏涉及公序良俗。公民原则上随父姓或者母姓符合中华传统文化和伦理观念，符合绝大多数公民的意愿和实际做法。同时，考虑到社会实际情况，公民有正当理由的也可以选取其他姓氏。基于此，对民法通则第九十九条第一款、婚姻法第二十二条解释如下：

公民依法享有姓名权。公民行使姓名权，还应当尊重社会公德，不得损害社会公共利益。

公民原则上应当随父姓或者母姓。有下列情形之一的，可以在父姓和母姓之外选取姓氏：

（一）选取其他直系长辈血亲的姓氏；

（二）因由法定扶养人以外的人扶养而选取扶养人姓氏；

（三）有不违反公序良俗的其他正当理由。

少数民族公民的姓氏可以从本民族的文化传统和风俗习惯。

现予公告。

《最高人民法院关于确定民事侵权精神损害赔偿责任若干问题的解释》（法释〔2001〕7号 2001年3月10日起施行）

第一条 自然人因下列人格权利遭受非法侵害，向人民法院起诉请求赔偿精神损害的，人民法院应当依法予以受理：

（一）生命权、健康权、身体权；

（二）姓名权、肖像权、名誉权、荣誉权；

（三）人格尊严权、人身自由权。

违反社会公共利益、社会公德侵害他人隐私或者其他人格利益，受害人以侵权为由向人民法院起诉请求赔偿精神损害的，人民法院应当依法予以受理。

【适用本案由需要注意的问题】

◆姓名权纠纷案件的管辖，适用《民事诉讼法》第28条的规定，即由侵权行为地或者被告住所地人民法院管辖。根据《最高人民法院关于适用〈中华人民共和国民事诉讼法〉的解释》第24条的规定，侵权行为地包括侵权行为实施地、侵权结果发生地。

3. 肖像权纠纷

【案由解析】

肖像权是指公民对自己的肖像享有再现、使用并排斥他人侵害的权利，是公民以在自己的肖像上所体现的利益为内容的具体人格权。

肖像权纠纷是指未经许可而使用他人肖像引起的纠纷。

肖像权的主要特征是：(1) 肖像权是人格权，肖像权所体现的基本利益是精神利益。法律保护公民的肖像权，最主要的是维护公民的人格尊严，保护肖像权所体现的这种精神利益。(2) 肖像权具有明显的物质利益，与其他人格权不同，肖像权是具有一定财产利益的人格权，公民的肖像具有美学价值，具有美学价值的肖像在市场经济条件下能够转化为财产利益，虽然与其人格利益相比不具有主导地位，但是亦应当予以保护。(3) 肖像权是公民专有的民事权利。首先体现为形象再现的专有性，即公民享有是否允许他人再现自己形象的权利。其次体现在肖像使用的处分性，肖像使用权是权利人的权利，部分转让使用权，是权利人处分自己权利的行为。(4) 肖像权的主体是特定的自然人，肖像反映的是自然人外貌的人格属性，只能为自然人所独有。

【典型形态】

在实践中，肖像权纠纷主要有：因使用公众人物的肖像引发的纠纷、侵犯死者的肖像权引发的纠纷、非法转让取得的他人肖像使用权引发的纠纷等。

【常用法律条文及索引】

《民法通则》(1987 年 1 月 1 日起施行　2009 年 8 月 27 日修正)

第一百条　公民享有肖像权，未经本人同意，不得以营利为目的使用公民的肖像。

第一百二十条　公民的姓名权、肖像权、名誉权、荣誉权受到侵害的，有权要求停止侵害，恢复名誉，消除影响，赔礼道歉，并可以要求赔偿损失。

法人的名称权、名誉权、荣誉权受到侵害的，适用前款规定。

《民法总则》(2017 年 10 月 1 日起施行)

第一百一十条　自然人享有生命权、身体权、健康权、姓名权、肖像权、名誉权、荣誉权、隐私权、婚姻自主权等权利。

法人、非法人组织享有名称权、名誉权、荣誉权等权利。

第一百二十条　民事权益受到侵害的，被侵权人有权请求侵权人承担侵权责任。

第一百八十五条　侵害英雄烈士等的姓名、肖像、名誉、荣誉，损害社会公共利益的，应当承担民事责任。

《侵权责任法》（2010 年 7 月 1 日起施行）

第二条　侵害民事权益，应当依照本法承担侵权责任。

本法所称民事权益，包括生命权、健康权、姓名权、名誉权、荣誉权、肖像权、隐私权、婚姻自主权、监护权、所有权、用益物权、担保物权、著作权、专利权、商标专用权、发现权、股权、继承权等人身、财产权益。

《最高人民法院关于贯彻执行〈中华人民共和国民法通则〉若干问题的意见（试行）》（法（办）发〔1988〕6 号　1988 年 4 月 2 日起施行）

139. 以营利为目的，未经公民同意利用其肖像做广告、商标、装饰橱窗等，应当认定为侵犯公民肖像权的行为。

150. 公民的姓名权、肖像权、名誉权、荣誉权和法人的名称权、名誉权、荣誉权受到侵害，公民或者法人要求赔偿损失的，人民法院可以根据侵权人的过错程度、侵权行为的具体情节、后果和影响确定其赔偿责任。

151. 侵害他人的姓名权、名称权、肖像权、名誉权、荣誉权而获利的，侵权人除依法赔偿受害人的损失外，其非法所得应当予以收缴。

【适用本案由需要注意的问题】

◆肖像权纠纷案件的管辖，适用《民事诉讼法》第 28 条的规定，即由侵权行为地或者被告住所地人民法院管辖。根据《最高人民法院关于适用〈中华人民共和国民事诉讼法〉的解释》第 24 条的规定，侵权行为地包括侵权行为实施地、侵权结果发生地。

◆在确定本案由时，要注意区分其与人格权部分其他具体纠纷的协调，如人体肖像在肖像权之外，还涉及个人隐私权，涉及文化传统和风俗习惯，此时案由应以当事人的诉求选择来确定。

◆肖像是指通过绘画、照相、雕塑、录像、电影艺术等形式使公民外貌在物质载体上再现的物质形态。肖像权的内容包括：（1）肖像制作专有权。肖像权人有权根据自己的合法需要，通过任何形式制作自己的肖像，他人不得干涉，有权允许他人制作自己的肖像，也有权禁止他人非法制作自己的肖像。（2）肖像使用专有权。肖像权人享有对其肖像是否允许传播、展览、复制、用作广告或商标等的专有权。（3）不作为请求权。当他人非法制作、非法使用公民肖像的时候，肖像权人有权请求行为人停止侵害，任何人以营利为目的使用他人肖像，肖像权人都有权要求赔偿其财产利益的损失。

4. 名誉权纠纷

【案由解析】

名誉权是指公民和法人就其自身属性和价值所获得的社会评价所享有的保有和维护的人格权。

名誉权纠纷是指侵害公民或者法人的名誉权而引起的纠纷。

名誉权的主要特征是：(1) 名誉权的主体包括公民和法人。名誉权专属于权利人本人，不能让与他人或由他人继承，他人也不得代位行使。名誉权只能由权利人自己享有和行使。(2) 名誉权的客体是名誉及其利益。(3) 名誉权保护的是自己的社会评价。名誉权的基本内容是保有和维护自己的社会评价。(4) 名誉权不具有财产性，作为名誉客体的名誉没有财产内容，不直接带来或表现为一定的财产利益，也不能用货币来计算其价值。苏联学者称之为“人身非财产利益”。但是在一定情况下，名誉与财产有间接联系，名誉的好坏往往能够影响财产的取得和丧失。

【典型形态】

在实践中，名誉权纠纷主要有：

(1) 公民名誉权纠纷，是指公民因名誉权受到侵害，向法院提起诉讼而引发的纠纷。

(2) 法人名誉权纠纷，是指因侵害法人名誉权而引发的纠纷。

【常用法律条文及索引】

《民法通则》(1987 年 1 月 1 日起施行　2009 年 8 月 27 日修正)

第一百零一条　公民、法人享有名誉权，公民的人格尊严受法律保护，禁止用侮辱、诽谤等方式损害公民、法人的名誉。

第一百二十条　公民的姓名权、肖像权、名誉权、荣誉权受到侵害的，有权要求停止侵害，恢复名誉，消除影响，赔礼道歉，并可以要求赔偿损失。

法人的名称权、名誉权、荣誉权受到侵害的，适用前款规定。

《民法总则》(2017 年 10 月 1 日起施行)

第一百一十条　自然人享有生命权、身体权、健康权、姓名权、肖像权、名誉权、荣誉权、隐私权、婚姻自主权等权利。

法人、非法人组织享有名称权、名誉权、荣誉权等权利。

第一百二十条　民事权益受到侵害的，被侵权人有权请求侵权人承担侵权责任。

第一百八十五条　侵害英雄烈士等的姓名、肖像、名誉、荣誉，损害社会公共利益的，应当承担民事责任。

《侵权责任法》（2010 年 7 月 1 日起施行）

第二条　侵害民事权益，应当依照本法承担侵权责任。

本法所称民事权益，包括生命权、健康权、姓名权、名誉权、荣誉权、肖像权、隐私权、婚姻自主权、监护权、所有权、用益物权、担保物权、著作权、专利权、商标专用权、发现权、股权、继承权等人身、财产权益。

《最高人民法院关于贯彻执行〈中华人民共和国民法通则〉若干问题的意见（试行）》（法（办）发〔1988〕6 号　1988 年 4 月 2 日起施行）

140. 以书面、口头形式宣扬他人的隐私，或者捏造事实公然丑化他人人格，以及用侮辱、诽谤等方式损害他人名誉，造成一定影响的，应当认定为侵害公民的名誉权的行为。

以书面、口头等形式诋毁、诽谤法人名誉，给法人造成损害的，应当认定为侵害法人名誉权的行为。

150. 公民的姓名权、肖像权、名誉权、荣誉权和法人的名称权、名誉权、荣誉权受到侵害，公民或者法人要求赔偿损失的，人民法院可以根据侵权人的过错程度、侵权行为的具体情节、后果和影响确定其赔偿责任。

151. 侵害他人的姓名权、名称权、肖像权、名誉权、荣誉权而获利的，侵权人除依法赔偿受害人的损失外，其非法所得应当予以收缴

《最高人民法院关于确定民事侵权精神损害赔偿责任若干问题的解释》（法释〔2001〕7 号　2001 年 3 月 10 日起施行）

第一条　自然人因下列人格权利遭受非法侵害，向人民法院起诉请求赔偿精神损害的，人民法院应当依法予以受理：

（一）生命权、健康权、身体权；

（二）姓名权、肖像权、名誉权、荣誉权；

（三）人格尊严权、人身自由权。

违反社会公共利益、社会公德侵害他人隐私或者其他人格利益，受害人以侵权为由向人民法院起诉请求赔偿精神损害的，人民法院应当依法予以受理。

《最高人民法院关于审理名誉权案件若干问题的解释》（法释〔1998〕26号　1998年9月15日起施行）

1993年我院印发《关于审理名誉权案件若干问题的解答》以来，各地人民法院在审理名誉权案件中，又提出一些如何适用法律的问题，现解释如下：

一、问：名誉权案件如何确定侵权结果发生地？

答：人民法院受理这类案件时，受侵权的公民、法人和其他组织的住所地，可以认定为侵权结果发生地。

二、问：有关机关和组织编印的仅供领导部门内部参阅的刊物、资料等刊登来信或者文章引起的名誉权纠纷，以及机关、社会团体、学术机构、企事业单位分发本单位、本系统或者其他一定范围内的一般内部刊物和内部资料所载内容引起的名誉权纠纷，人民法院是否受理？

答：有关机关和组织编印的仅供领导部门内部参阅的刊物、资料等刊登的来信或者文章，当事人以其内容侵害名誉权向人民法院提起诉讼的，人民法院不予受理。

机关、社会团体、学术机构、企事业单位分发本单位、本系统或者其他一定范围内的内部刊物和内部资料，所载内容引起名誉权纠纷的，人民法院应当受理。

三、问：新闻媒介和出版机构转载作品引起的名誉纠纷，人民法院是否受理？

答：新闻媒介和出版机构转载作品，当事人以转载者侵害其名誉权向人民法院提起诉讼的，人民法院应当受理。

四、问：国家机关、社会团体、企事业单位等部门依职权对其管理的人员作出的结论引起的名誉权纠纷，人民法院是否受理？

答：国家机关、社会团体、企事业单位等部门对其管理的人员作出的结论或者处理决定，当事人以其侵害名誉权向人民法院提起诉讼的，人民法院不予受理。

五、问：因检举、控告引起的名誉权纠纷，人民法院是否受理？

答：公民依法向有关部门检举、控告他人的违法违纪行为，他人以检举、控告侵害其名誉权向人民法院提起诉讼的，人民法院不予受理。如果借检举、控告之名侮辱、诽谤他人，造成他人名誉损害，当事人以其名誉权受到侵害向人民法院提起诉讼的，人民法院应当受理。

六、问：新闻单位报道国家机关的公开的文书和职权行为引起的名誉以纠纷，是否认定为构成侵权？

答：新闻单位根据国家机关依职权制作的公开的文书和实施的公开的职权行为所作的报道，其报道客观准确的，不应当认定为侵害他人名誉权；其报道失实，或者前述文书和职权行为已公开纠正而拒绝更正报道，致使他人名誉受到损害的，应当认定为侵害他人名誉权。

七、问：因提供新闻材料引起的名誉权纠纷，如何认定是否构成侵权？

答：因提供新闻材料引起的名誉权纠纷，认定是否构成侵权，应区分以下两种情况：

（一）主动提供新闻材料，致使他人名誉受到损害的，应当认定为侵害他人名誉权。

（二）因被动采访而提供新闻材料，且未经提供者同意公开，新闻单位擅自发表，致使他人名誉受到损害的，对提供者一般不应当认定为侵害名誉权；虽系被动提供新闻材料，但发表时得到提供者同意或者默许，致使他人名誉受到损害的，应当认定为侵害名誉权。

八、问：因医疗卫生单位公开患者患有淋病、梅毒、麻风病、艾滋病等病情引起的名誉权纠纷，如何认定是否构成侵权？

答：医疗卫生单位的工作人员擅自公开患者患有淋病、梅毒、麻风病、艾滋病等病情，致使患者名誉受到损害的，应当认定为侵害患者名誉权。

医疗卫生单位向患者或其家属通报病情，不应当认定为侵害患者名誉权。

九、问：对产品质量、服务质量进行批评、评论引起的名誉权纠纷，如何认定是否构成侵权？

答：消费者对生产者、经营者、销售者的产品质量或者服务质量进行批评、评论，不应当认定为侵害他人名誉权。但借机诽谤、诋毁，损害其名誉的，应当认定为侵害名誉权。

新闻单位对生产者、经营者、销售者的产品质量或者服务质量进行批评、评论，内容基本属实，没有侮辱内容的，不应当认定为侵害其名誉权；主要内容失实，损害其名誉的，应当认定为侵害名誉权。

十、问：因名誉权受到侵害使生产、经营、销售遭受损失予以赔偿的范围和数额如何确定？

答：因名誉权受到侵害使生产、经营、销售遭受损失予以赔偿的范围和数额，可以按照确因侵权而造成客户退货、解除合同等损失程度来适当确定。

十一、问：名誉权纠纷与其他民事纠纷交织在一起的，人民法院应如何审理？

答：名誉权纠纷与其他民事纠纷交织在一起的，人民法院应当按当事人自己选择的请求予以审理。发生适用数种请求的，人民法院应当根据《中华人民共和国民事诉讼法》的有关规定和案件的实际情况，可以合并审理的合并审理；不能合并审理的，可以告知当事人另行起诉。

《最高人民法院关于审理名誉权案件若干问题的解答》（法发〔1993〕15号 1993年8月7日起施行）

各地人民法院在审理名誉权案件中，提出一些如何适用法律的问题，现解答如下：

一、问：人民法院对当事人关于名誉权纠纷的起诉应如何进行审查？

答：人民法院收到有关名誉权纠纷的起诉时，应按照《中华人民共和国民事诉讼法》（以下简称民事诉讼法）第一百零八条的规定进行审查，符合条件的，应予受理。对不符合起诉条件的，应裁定不予受理；对缺乏侵权事实坚持起诉的，应裁定驳回起诉。

二、问：当事人在公共场所受到侮辱、诽谤，经公安机关依照《中华人民共和国治安管理处罚条例》（以下简称治安管理处罚条例）处理后，又向人民法院提起民事诉讼的，人民法院是否受理？

答：当事人在公共场所受到侮辱、诽谤，以名誉权受侵害为由提起民事诉讼的，无论是否经公安机关依照治安管理处罚条例处理，人民法院均应依法审查，符合受理条件的，应予受理。

三、问：当事人提起名誉权诉讼后，以同一事实和理由又要求追究被告人的刑事责任的，应如何处理？

答：当事人提起名誉权诉讼后，以同一事实和理由又要求追究被告刑事责任的，应中止民事诉讼，待刑事案件审结后，根据不同情况分别处理：对于犯罪情节轻微，没有给予被告人刑事处罚的，或者刑事自诉已由原告撤回或者被驳回的，应恢复民事诉讼；对于民事诉讼请求已在刑事附带民事诉讼中解决的，应终结民事案件的审理。

四、问：名誉权案件如何确定管辖？

答：名誉权案件，适用民事诉讼法第二十九条的规定，由侵权行为地或者被告住所地人民法院管辖。侵权行为地包括侵权行为实施地和侵权结果发生地。

五、问：死者名誉受到损害，哪些人可以作为原告提起民事诉讼？

答：死者名誉受到损害的，其近亲属有权向人民法院起诉。近亲属包括：配偶、父母、子女、兄弟姐妹、祖父母、外祖父母、孙子女、外孙子女。

六、问：因新闻报道或者其他作品引起的名誉权纠纷，如何确定被告？

答：因新闻报道或其他作品发生的名誉权纠纷，应根据原告的起诉确定被告。只诉作者的，列作者为被告；只诉新闻出版单位的，列新闻出版单位为被告；对作者和新闻出版单位都提起诉讼的，将作者和新闻出版单位均列为被告，但作者与新闻出版单位为隶属关系，作品系作者履行职务所形成的，只列单位为被告。

七、问：侵害名誉权责任应如何认定？

答：是否构成侵害名誉权的责任，应当根据受害人确有名誉被损害的事实、行为人行为违法、违法行为与损害后果之间有因果关系、行为人主观上有过错来认定。

以书面或者口头形式侮辱或者诽谤他人，损害他人名誉的，应认定为侵害他人名誉权。

对未经他人同意，擅自公布他人的隐私材料或者以书面、口头形式宣扬他人隐私，致他人名誉受到损害的，按照侵害他人名誉权处理。

因新闻报道严重失实，致他人名誉受到损害的，应按照侵害他人名誉权处理。

八、问：因撰写、发表批评文章引起的名誉权纠纷，应如何认定是否构成侵权？

答：因撰写、发表批评文章引起的名誉权纠纷，人民法院应根据不同情况处理：

文章反映的问题基本真实，没有侮辱他人人格的内容的，不应认定为侵害他人名誉权。

文章反映的问题虽基本属实，但有侮辱他人人格的内容，使他人名誉受到侵害的，应认定为侵害他人名誉权。

文章的基本内容失实，使他人名誉受到损害的，应认定为侵害他人名誉权。

九、问：因文学作品引起的名誉权纠纷，应如何认定是否构成侵权？

答：撰写、发表文学作品，不是以生活中特定的人为描写对象，仅是作品的情节与生活中某人的情况相似，不应认定为侵害他人名誉权。

描写真人真事的文学作品，对特定人进行侮辱、诽谤或者披露隐私损害其名誉的；或者虽未写明真实姓名和住址，但事实是以特定人或者特定人的特定事实为描写对象，文中有侮辱、诽谤或者披露隐私的内容，致其名誉受到损害的，应认定为侵害他人名誉权。

编辑出版单位在作品已被认定为侵害他人名誉权或者被告知明显属于侵害他人名誉权后，应刊登声明消除影响或者采取其他补救措施；拒不刊登声明，不采取其他补救措施，或者继续刊登、出版侵权作品的，应认定为侵权。

十、问：侵害名誉权的责任承担形式如何掌握？

答：人民法院依照《中华人民共和国民法通则》第一百二十条和第一百三十四条的规定，可以责令侵权人停止侵害、恢复名誉、消除影响、赔礼道歉、赔偿损失。

恢复名誉、消除影响、赔礼道歉可以书面或者口头的方式进行，内容须事先经人民法院审查。

恢复名誉、消除影响的范围，一般应与侵权所造成不良影响的范围相当。

公民、法人因名誉权受到侵害要求赔偿的，侵权人应赔偿侵权行为造成的经济损失；公民并提出精神损害赔偿要求的，人民法院可根据侵权人的过错程度、侵权行为的具体情节、给受害人造成精神损害的后果等情况酌定。

十一、问：侵权人不执行生效判决，不为对方恢复名誉、消除影响、赔礼道歉的，应如何处理？

答：侵权人拒不执行生效判决，不为对方恢复名誉、消除影响的，人民法院可以采取公告、登报等方式，将判决的主要内容和有关情况公布于众，费用由被执行人负担，并可依照民事诉讼法第一百零二条第六项的规定处理。

【适用本案由需要注意的问题】

◆名誉权纠纷案件的管辖，适用《民事诉讼法》第 28 条的规定，即由侵权行为地或者被告住所地人民法院管辖。根据《最高人民法院关于适用〈中华人民共和国民事诉讼法〉的解释》第24条的规定，侵权行为地包括侵权行为实施地、侵权结果发生地。

◆在确定本案由时，尤其要注意区分其与荣誉权纠纷的不同。荣誉的客体内容是对作出突出贡献的公民、法人的一种褒扬和嘉奖，而名誉是社会对每一个公民、法人的品德、才干，以及其他素质等各方面因素的综合评价。

◆死者的名誉是指死者根据其生前的属性和特征而获得的社会评价。自然人死亡后已不具有民事主体资格，自然不具有民事权利。但名誉是社会对人的评价，不会因人的死亡而立即消失。保护死者的名誉既保护死者近亲属的权益，也符合社会公共利益的需要。当死者名誉受损害时，其配偶、父母、子女、兄弟姐妹、祖父母、外祖父母、孙子女，外孙子女均有权向法院起诉。

5. 荣誉权纠纷

【案由解析】

荣誉权是指民事主体所享有的，因自己的突出贡献或特殊劳动成果而获得光荣称号或其他荣誉的权利。

荣誉权纠纷是指因侵害他人荣誉权而引起的纠纷。

荣誉权的主要特征是：（1）荣誉权具有严格的人身属性，与权利主体不可分离。它不可转让，也不受非法剥夺。（2）荣誉权没有财产的内容，即该权利并非财产权本身，但它却可能是公民或法人获取财富和从事民事活动的前提基础，因而成为民法的保护对象。（3）荣誉权具有绝对权的特点，其他不特定的任何人均负有不妨碍和不侵犯的义务，权利主体凭自己的行为就可以享有和实现自己的权利，而无须借助他人的积极协助。（4）荣誉权具有平等性的特点，任何人都可以获得荣誉称号并受到法律的保护。

【典型形态】

在实践中，荣誉权纠纷主要有：

（1）荣誉获得权纠纷，即民事主体在符合法定标准，而组织没有授予其荣誉时，向组织主张该应获得的荣誉引发的纠纷。

（2）荣誉保持权纠纷，即民事主体对获得的荣誉保持归己享有的权利受到侵害引发的纠纷。

（3）荣誉利用权纠纷，即民事主体利用其所获得的荣誉以获取利益的权利受到侵害引发的纠纷。

【常用法律条文及索引】

《民法通则》（1987 年 1 月 1 日起施行　2009 年 8 月 27 日修正）

第一百零二条　公民、法人享有荣誉权，禁止非法剥夺公民、法人的荣誉称号。

第一百二十条　公民的姓名权、肖像权、名誉权、荣誉权受到侵害的，有权要求停止侵害，恢复名誉，消除影响，赔礼道歉，并可以要求赔偿损失。

法人的名称权、名誉权、荣誉权受到侵害的，适用前款规定。

《民法总则》（2017 年 10 月 1 日起施行）

第一百一十条　自然人享有生命权、身体权、健康权、姓名权、肖像权、名誉权、荣誉权、隐私权、婚姻自主权等权利。

法人、非法人组织享有名称权、名誉权、荣誉权等权利。

第一百二十条　民事权益受到侵害的，被侵权人有权请求侵权人承担侵权责任。

第一百八十五条　侵害英雄烈士等的姓名、肖像、名誉、荣誉，损害社会公共利益的，应当承担民事责任。

《侵权责任法》（2010 年 7 月 1 日起施行）

第二条　侵害民事权益，应当依照本法承担侵权责任。

本法所称民事权益，包括生命权、健康权、姓名权、名誉权、荣誉权、肖像权、隐私权、婚姻自主权、监护权、所有权、用益物权、担保物权、著作权、专利权、商标专用权、发现权、股权、继承权等人身、财产权益。

《最高人民法院关于贯彻执行〈中华人民共和国民法通则〉若干问题的意见（试行）》（法（办）发〔1988〕6 号　1988 年 4 月 2 日起施行）

150. 公民的姓名权、肖像权、名誉权、荣誉权和法人的名称权、名誉权、荣誉权受到侵害，公民或者法人要求赔偿损失的，人民法院可以根据侵权人的过错程度、侵权行为的具体情节、后果和影响确定其赔偿责任。

151. 侵害他人的姓名权、名称权、肖像权、名誉权、荣誉权而获利的，侵权人除依法赔偿受害人的损失外，其非法所得应当予以收缴。

《最高人民法院关于确定民事侵权精神损害赔偿责任若干问题的解释》（法释〔2001〕7号 2001年3月10日起施行）

第一条 自然人因下列人格权利遭受非法侵害，向人民法院起诉请求赔偿精神损害的，人民法院应当依法予以受理：

（一）生命权、健康权、身体权；

（二）姓名权、肖像权、名誉权、荣誉权；

（三）人格尊严权、人身自由权。

违反社会公共利益、社会公德侵害他人隐私或者其他人格利益，受害人以侵权为由向人民法院起诉请求赔偿精神损害的，人民法院应当依法予以受理。

【适用本案由需要注意的问题】

◆荣誉权纠纷案件的管辖，适用《民事诉讼法》第28条的规定，即由侵权行为地或者被告住所地人民法院管辖。根据《最高人民法院关于适用〈中华人民共和国民事诉讼法〉的解释》第24条的规定，侵权行为地包括侵权行为实施地、侵权结果发生地。

◆在适用本案由时，要注意区分其与名誉权纠纷的不同。侵害公民的荣誉权的方式主要是否定、侵占、诋毁他人的荣誉或者非法剥夺他人的荣誉；而侵害公民名誉权的方式主要是侮辱和诽谤。

◆荣誉权的基本内容，包括精神性的人格利益和财产利益，这两个方面都是荣誉权的内容，法律都应当予以保护。就荣誉权中精神性的人格利益而言，其内容有荣誉保持权和精神利益支配权。前者即民事主体对获得荣誉保持归己享有的权利，后者即荣誉权人对其获得的荣誉中精神利益的自主支配权。荣誉权的财产利益包括物质利益获得权和物质利益支配权。

6. 隐私权纠纷

【案由解析】

隐私权是指自然人享有的，对其个人的、与公共利益无关的个人信息，私人活动和私人领域进行支配，不受他人侵扰、知悉、使用、披露和公开的权利。

隐私权纠纷是指因侵害他人的隐私权而引起的纠纷。

隐私权的主要特征是：(1) 隐私权的主体只能是自然人。隐私权是公民个人的私权利，不包括法人，企业法人的秘密实际上是商业秘密。商业秘密保护的是企业经济利益，而隐私权保护的是自然人的人格利益。(2) 隐私权的客体包括私人活动、个人信息和私人领域。私人活动属于动态的隐私，与社会公共利益无关的活动；个人信息属于无形的隐私，主要包括个人情况资料；私人领域又称为私人空间，是指个人的隐秘范围。(3) 隐私权的保护应当受到公共利益的限制。隐私权所保护的范围应当是与公共利益无关的隐私部分。

【典型形态】

在实践中，隐私权纠纷的典型形态主要有：

(1) 隐私隐瞒权纠纷，是指公民享有的对个人隐私隐瞒的权利受到侵害引发的纠纷。

(2) 隐私支配权纠纷，是指公民享有的对个人隐私任意支配的权利受到侵害引发的纠纷。

(3) 隐私保护权纠纷，是指公民对于个人隐私所享有的维护其不可侵犯性权利受到侵害引发的纠纷。

【常用法律条文及索引】

《民法通则》(1987 年 1 月 1 日起施行　2009 年 8 月 27 日修正)

第五条　公民、法人的合法的民事权益受法律保护，任何组织和个人不得侵犯。

《民法总则》(2017 年 10 月 1 日起施行)

第一百一十条　自然人享有生命权、身体权、健康权、姓名权、肖像权、名誉权、荣誉权、隐私权、婚姻自主权等权利。

法人、非法人组织享有名称权、名誉权、荣誉权等权利。

第一百二十条　民事权益受到侵害的，被侵权人有权请求侵权人承担侵权责任。

《侵权责任法》(2010 年 7 月 1 日起施行)

第二条　侵害民事权益，应当依照本法承担侵权责任。

本法所称民事权益，包括生命权、健康权、姓名权、名誉权、荣誉权、肖像权、隐私权、婚姻自主权、监护权、所有权、用益物权、担保物权、著作权、专利权、商标专用权、发现权、股权、继承权等人身、财产权益。

【适用本案由需要注意的问题】

◆隐私权纠纷案件的管辖，适用《民事诉讼法》第28条的规定，即由侵权行为地或者被告住所地人民法院管辖。根据《最高人民法院关于适用〈中华人民共和国民事诉讼法〉的解释》第24条的规定，侵权行为地包括侵权行为实施地、侵权结果发生地。

◆在确定本案由时，要注意区分其与名誉权纠纷的不同。二者都是与精神利益有关但不体现直接财产内容的人身权利，侵害他人的隐私权有时会导致名誉权受损害的结果，但并非所有侵犯隐私权的行为都构成对他人名誉权的侵犯。侵害名誉权的行为一般是采取无中生有，侮辱、诽谤等方式贬损他人的人格，从而使其名誉受到损害；而侵犯隐私权的行为则多为非法获取、扩散有关他人私生活的事实，干涉他人私生活，从而使他人的内心安宁受到搅扰。前者散布的是虚假的情节，后者披露的则是真实的情况。

◆实践中，常见的侵害隐私权的侵权行为有：刺探、调查个人情报、资讯，干涉、监视私人活动，侵害私人空间，擅自公布他人隐私，非法利用隐私，侵害生活安宁等。

7. 婚姻自主权纠纷

【案由解析】

婚姻自主权又称为婚姻自由，是指婚姻当事人有权按照法律规定在婚姻问题上所享有充分自主的权利，不受任何人的强制和干涉。

婚姻自主权纠纷是指因公民的婚姻自主权受到侵害而引起的纠纷。

婚姻自由的主要特征是：（1）婚姻自由是法律赋予公民的一项基本权利，任何人都不得侵犯，否则就是违法行为。（2）婚姻自由权的行使，必须在法律规定的范围内。我国婚姻法明确规定了结婚以及离婚的条件和程序，不符合法律规定的即为违法行为，不受法律保护。因此，婚姻自由的行使，既不允许任何人侵犯，也不允许当事人滥用。（3）婚姻自由是一项人身权利，而非财产权利。这项权利只能由公民本人行使，不得转让、继承，公民有权决定自己与他人结婚或不结婚，任何人都不得妨碍公民行使这项权利。

【典型形态】

在实践中，婚姻自主权纠纷主要有：侵害订婚自主决定权的纠纷、侵害结婚自主决定权的纠纷、侵害婚姻自主决定权的纠纷等。

【常用法律条文及索引】

《民法通则》（1987 年 1 月 1 日起施行　2009 年 8 月 27 日修正）

第一百零三条　公民享有婚姻自主权，禁止买卖、包办婚姻和其他干涉婚姻自由的行为。

第一百零四条　婚姻、家庭、老人、母亲和儿童受法律保护。

残疾人的合法权益受法律保护。

《民法总则》（2017 年 10 月 1 日起施行）

第一百一十条　自然人享有生命权、身体权、健康权、姓名权、肖像权、名誉权、荣誉权、隐私权、婚姻自主权等权利。

法人、非法人组织享有名称权、名誉权、荣誉权等权利。

第一百二十条　民事权益受到侵害的，被侵权人有权请求侵权人承担侵权责任。

《侵权责任法》（2010 年 7 月 1 日起施行）

第二条　侵害民事权益，应当依照本法承担侵权责任。

本法所称民事权益，包括生命权、健康权、姓名权、名誉权、荣誉权、肖像权、隐私权、婚姻自主权、监护权、所有权、用益物权、担保物权、著作权、专利权、商标专用权、发现权、股权、继承权等人身、财产权益。

《婚姻法》（1981 年 1 月 1 日起施行　2001 年 4 月 28 日修订）

第二条　实行婚姻自由、一夫一妻、男女平等的婚姻制度。

保护妇女、儿童和老人的合法权益。

实行计划生育。

第三条　禁止包办、买卖婚姻和其他干涉婚姻自由的行为。禁止借婚姻索取财物。

禁止重婚。禁止有配偶者与他人同居。禁止家庭暴力。禁止家庭成员间的虐待和遗弃。

第五条　结婚必须男女双方完全自愿，不许任何一方对他方加以强迫或任何第三者加以干涉。

《老年人权益保障法》（2013 年 7 月 1 日起施行　2015 年 4 月 24 日修正）

第二十一条　老年人的婚姻自由受法律保护。子女或者其他亲属不得干涉老年人离婚、再婚及婚后的生活。

赡养人的赡养义务不因老年人的婚姻关系变化而消除。

第七十五条　干涉老年人婚姻自由，对老年人负有赡养义务、扶养义务而拒绝赡养、扶养，虐待老年人或者对老年人实施家庭暴力的，由有关单位给予批评教育；构成违反治安管理行为的，依法给予治安管理处罚；构成犯罪的，依法追究刑事责任。

《妇女权益保障法》（1992 年 10 月 1 日起施行　2005 年 8 月 28 日修正）

第四十三条　国家保障妇女享有与男子平等的婚姻家庭权利。

第四十四条　国家保护妇女的婚姻自主权。禁止干涉妇女的结婚、离婚自由。

【适用本案由需要注意的问题】

◆婚姻自主权纠纷案件的管辖，适用《民事诉讼法》第 28 条的规定，即由侵权行为地或者被告住所地人民法院管辖。根据《最高人民法院关于适用〈中华人民共和国民事诉讼法〉的解释》第 24 条的规定，侵权行为地包括侵权行为实施地、侵权结果发生地。

◆在适用本案由时，要注意区分其与婚姻无效纠纷以及撤销婚姻纠纷的不同。公民的婚姻自主权受到侵害时，可以提起诉讼，请求人民法院予以保护。这时候可以确定为婚姻自主权纠纷。在公民婚姻自主权受到侵害后形成的婚姻关系，当事人可以根据具体情况提起婚姻无效之诉或婚姻撤销之诉，此时适用的案由应当是婚姻无效纠纷或撤销婚姻纠纷。

8. 人身自由权纠纷

【案由解析】

人身自由权是指自然人在法律规定的范围内，按照自己的意志和利益进行行动和思维，不受约束、控制或妨碍的权利。

人身自由权纠纷是指因自然人的人身自由受到侵害而引起的纠纷。

人身自由权的主要特征是：（1）人身自由权的主体只能是公民即自然人，只有具有公民的资格，其合法的权利才能得到国家法律的保护。（2）人身自由权是绝对权，实现此种权利不需要具体义务人的积极配合。（3）人身自由权的客体是人身自由，包括身体自由和精神自由。（4）人身自由权的行使受法律的限制。法律限制公民在行使自由权的时候，不得违反社会的公共利益，不得妨碍他人自由的行使。

【典型形态】

在实践中，人身自由权纠纷主要有：

（1）身体自由权纠纷，是指因自然人的身体自由受到侵害而引起的纠纷。身体自由权也称作行动的自由权，是指自然人根据自己的愿望在法律允许的空间内作为或者不作为，不受非法的限制、剥夺、妨碍的权利。身体自由权所包含的是自然人自由支配自己外在身体运动的权利。

（2）精神自由权纠纷，是指因自然人的精神自由受到侵害而引起的纠纷。精神自由权也称作意志自由权，精神自由权是自然人按照自己的意志和利益，在法律规定的范围内，自主思维的权利，是自然人自由支配自己思维活动的权利。

【常用法律条文及索引】

《宪法》（1982 年 12 月 4 日起施行　2004 年 3 月 14 日修正）

第三十七条　中华人民共和国公民的人身自由不受侵犯。

任何公民，非经人民检察院批准或者决定或者人民法院决定，并由公安机关执行，不受逮捕。

禁止非法拘禁和以其他方法非法剥夺或者限制公民的人身自由，禁止非法搜查公民的身体。

《民法总则》（2017 年 10 月 1 日起施行）

第一百零九条　自然人的人身自由、人格尊严受法律保护。

《消费者权益保护法》（1994 年 1 月 1 日起施行　2013 年 10 月 25 日修正）

第二十七条　经营者不得对消费者进行侮辱、诽谤，不得搜查消费者的身体及其携带的物品，不得侵犯消费者的人身自由。

第五十条 经营者侵害消费者的人格尊严、侵犯消费者人身自由或者侵害消费者个人信息依法得到保护的权利的，应当停止侵害、恢复名誉、消除影响、赔礼道歉，并赔偿损失。

《最高人民法院关于确定民事侵权精神损害赔偿责任若干问题的解释》（法释〔2001〕7号 2001年3月10日起施行）

第一条 自然人因下列人格权利遭受非法侵害，向人民法院起诉请求赔偿精神损害的，人民法院应当依法予以受理：

（一）生命权、健康权、身体权；

（二）姓名权、肖像权、名誉权、荣誉权；

（三）人格尊严权、人身自由权。

违反社会公共利益、社会公德侵害他人隐私或者其他人格利益，受害人以侵权为由向人民法院起诉请求赔偿精神损害的，人民法院应当依法予以受理。

【适用本案由需要注意的问题】

◆人身自由权纠纷案件的管辖，适用《民事诉讼法》第28条的规定，即由侵权行为地或者被告住所地人民法院管辖。根据《最高人民法院关于适用〈中华人民共和国民事诉讼法〉的解释》第24条的规定，侵权行为地包括侵权行为实施地、侵权结果发生地。

◆在适用本案由时，要注意区分其与生命权、健康权、身体权纠纷的关系，侵害他人的人身自由权时有时候会导致权利人生命权、健康权、身体权受到侵害，此时案由应以当事人的诉求选择来确定。

9. 一般人格权纠纷

【案由解析】

一般人格权是指具有高度概括性的以民事主体全部人格利益为标的的权利。

一般人格权纠纷是指因他人的一般人格权受到侵害，人格利益受损而引起的纠纷。

一般人格权的主要特征是：（1）主体的普遍性。一般人格权体现了个人的本质属性和文明社会对个人作为人的承认，每一个公民都应平等地享有此种权利和利益，这种权利不因个人的身份、政治地位等而有所区别，并与个人的属性终生相随，是个人的基本权利。（2）客体的高度概括性。一般人格利益概括了所有具体人格权的客体，任何一种具体的人格权的客体都可以概括到一般人格利益之中，但又超出了具体人格权的客体。随着社会生活的发展，许多新的法律关系不断涌现，将一般人格权客体界定为抽象的人格利益，有利于克服法律本身的滞后性，使法律能适应时代的变化。（3）权利内容的广泛性。一般人格权的范围广泛，在内容上不能列举穷尽，它既是具体人格权的集合，而且为补充和完善具体人格权立法的不足提供了依据。

【典型形态】

在实践中，一般人格权纠纷主要有：

（1）人格独立权纠纷，是指因人格独立权受到侵害而引发的纠纷。人格独立的实质内容，是民事主体对人格独立享有，表现为民事主体在人格上一律平等，在法律面前任何民事主体都享有平等的主体资格，享有独立人格，不受他人的支配、干涉和控制。

（2）人格自由权纠纷，是指因人格自由权受到侵害而引发的纠纷。人格自由是经过高度概括和抽象的人格不受约束和控制的状态，既是指人格的自由地位，也是指人格的自由权利，包含保持人格的自由和发展人格的自由。

（3）人格尊严权纠纷，是指因人格尊严权受到侵害而引发的纠纷。人格尊严是指民事主体作为一个“人”所应有的最基本的社会地位并且应受到社会和他人最起码的尊重。

【常用法律条文及索引】

《民法通则》（1987 年 1 月 1 日起施行　2009 年 8 月 27 日修正）

第五条　公民、法人的合法的民事权益受法律保护，任何组织和个人不得侵犯。

第一百二十条　公民的姓名权、肖像权、名誉权、荣誉权受到侵害的，有权要求停止侵害，恢复名誉，消除影响，赔礼道歉，并可以要求赔偿损失。

法人的名称权、名誉权、荣誉权受到侵害的，适用前款规定。

《民法总则》（2017 年 10 月 1 日起施行）

第一百零九条　自然人的人身自由、人格尊严受法律保护。

《侵权责任法》（2010 年 7 月 1 日起施行）

第二条　侵害民事权益，应当依照本法承担侵权责任。

本法所称民事权益，包括生命权、健康权、姓名权、名誉权、荣誉权、肖像权、隐私权、婚姻自主权、监护权、所有权、用益物权、担保物权、著作权、专利权、商标专用权、发现权、股权、继承权等人身、财产权益。

《最高人民法院关于确定民事侵权精神损害赔偿责任若干问题的解释》（法释〔2001〕7 号　2001 年 3 月 10 日起施行）

第一条　自然人因下列人格权利遭受非法侵害，向人民法院起诉请求赔偿精神损害的，人民法院应当依法予以受理：

（一）生命权、健康权、身体权；

（二）姓名权、肖像权、名誉权、荣誉权；

（三）人格尊严权、人身自由权。

违反社会公共利益、社会公德侵害他人隐私或者其他人格利益，受害人以侵权为由向人民法院起诉请求赔偿精神损害的，人民法院应当依法予以受理。

【适用本案由需要注意的问题】

◆一般人格权纠纷案件的管辖，适用《民事诉讼法》第 28 条的规定，即由侵权行为地或者被告住所地人民法院管辖。根据《最高人民法院关于适用〈中华人民共和国民事诉讼法〉的解释》第 28 条的规定，侵权行为地包括侵权行为实施地、侵权结果发生地。

◆在适用本案由时，要注意区分其与其他具体人格权纠纷的关系。一般人格权具有补充功能，对于侵害人格独立、人格自由、人格尊严的行为，不能以侵害其他具体人格权的名义进行法律保护的，应当认定为侵害一般人格权的行为。

◆在审判实践中，一般人格权的补充功能具有更强的实用性，对于未具体化为民事权利的人格性宪法权利的民事保护提供了理论依据和实践操作方法。《最高人民法院关于确定民事侵权精神损害赔偿责任若干问题的解释》第 1 条第 2 款规定："违反社会公共利益、社会公德侵害他人隐私或者其他人格利益，受害人以侵权为由向人民法院起诉请求赔偿精神损害的，人民法院应当依法予以受理。"因此，法院可以据此作出侵害一般人格利益的判决，使受侵害者获得民事救济。

第二部分　婚姻家庭、继承纠纷

二、婚姻家庭纠纷

10. 婚约财产纠纷

【案由解析】

婚约是指无配偶的男女双方以将来结婚为目的而事先达成的对双方当事人并无法律上约束力的协议。婚约财产是指男女双方在相识恋爱期间，一方以结婚为目的，在婚前赠送给另一方的贵重物品及生产生活资料。

婚约财产纠纷是指男女双方在相识恋爱期间，一方因某种特定原因而从对方处获得数额较大的财物，当双方不能缔结婚姻时，财产受损的一方请求对方返还财物因而产生的纠纷。

婚约财产纠纷的主要特征是：（1）解除婚约的男女是婚约财产纠纷案件的诉讼主体。（2）婚约财产纠纷不以当事人双方达到婚龄为要件。婚约关系仅是引起财产关系的事实行为，当事人双方即使不具备法定婚龄的条件也可能缔结婚约，如果年龄过小，则须承受社会舆论谴责等后果，但是法律并不干预。（3）婚约财产纠纷深受传统民俗及道德观念的影响，这类纠纷目前呈逐年增加趋势。随着人民物质生活水平的不断提高，婚约财产的数额也逐渐增加，由此引发的纠纷广受关注。

【常用法律条文及索引】

《民法通则》（1987 年 1 月 1 日起施行　2009 年 8 月 27 日修正）

第一百零六条　公民、法人违反合同或者不履行其他义务的，应当承担民事责任。

公民、法人由于过错侵害国家的、集体的财产，侵害他人财产、人身的，应当承担民事责任。

没有过错，但法律规定应当承担民事责任的，应当承担民事责任。

第一百三十四条　承担民事责任的方式主要有：

（一）停止侵害；

（二）排除妨碍；

（三）消除危险；

（四）返还财产；

（五）恢复原状；

（六）修理、重作、更换；

（七）赔偿损失；

（八）支付违约金；

（九）消除影响、恢复名誉；

（十）赔礼道歉。

以上承担民事责任的方式，可以单独适用，也可以合并适用。

人民法院审理民事案件，除适用上述规定外，还可以予以训诫、责令具结悔过、收缴进行非法活动的财物和非法所得，并可以依照法律规定处以罚款、拘留。

《民法总则》（2017年10月1日起施行）

第一百七十六条　民事主体依照法律规定和当事人约定，履行民事义务，承担民事责任。

第一百七十九条　承担民事责任的方式主要有：

（一）停止侵害；

（二）排除妨碍；

（三）消除危险；

（四）返还财产；

（五）恢复原状；

（六）修理、重作、更换；

（七）继续履行；

（八）赔偿损失；

（九）支付违约金；

（十）消除影响、恢复名誉；

（十一）赔礼道歉。

法律规定惩罚性赔偿的，依照其规定。

本条规定的承担民事责任的方式，可以单独适用，也可以合并适用。

《婚姻法》（1981 年 1 月 1 日起施行　2001 年 4 月 28 日修正）

第三条　禁止包办、买卖婚姻和其他干涉婚姻自由的行为。禁止借婚姻索取财物。

禁止重婚。禁止有配偶者与他人同居。禁止家庭暴力。禁止家庭成员间的虐待和遗弃。

《未成年人保护法》（2007 年 6 月 1 日起施行　2012 年 10 月 26 日修正）

第十五条　父母或者其他监护人不得允许或者迫使未成年人结婚，不得为未成年人订立婚约。

《最高人民法院关于适用〈中华人民共和国婚姻法〉若干问题的解释（二）》（法释〔2003〕19 号　2004 年 4 月 1 日起施行）

第十条　当事人请求返还按照习俗给付的彩礼的，如果查明属于以下情形，人民法院应当予以支持：

（一）双方未办理结婚登记手续的；

（二）双方办理结婚登记手续但确未共同生活的；

（三）婚前给付并导致给付人生活困难的。

适用前款第（二）、（三）项的规定，应当以双方离婚为条件。

《最高人民法院关于贯彻执行民事政策法律若干问题的意见》（1984 年 8 月 30 日起施行）

（1）父母或他人违背男女双方或一方意愿的强迫包办婚姻和以索取财物为目的，违反男女双方或一方意愿而强迫结合的买卖婚姻，一方要求离婚的，如果婚后双方没有建立起感情，应准予离婚；如果结婚多年，生有子女，夫妻间已建立了一定感情，应根据夫妻关系的现状和发展前途进行调解，调解无效的，可判决离婚或不准离婚。

（2）一方向对方索要的财物，但婚姻基本上自主自愿的，不属买卖婚姻。一方提出离婚时，应查明婚后感情变化的原因和夫妻关系的状况，如调解无效，可判决离婚或不准离婚。

（17）属于包办强迫买卖婚姻所得的财物，离婚时，原则上依法收缴。

（18）借婚姻关系索取的财物，离婚时，如结婚时间不长，或者因索要财物造成对方生活困难的，可酌情返还。

【适用本案由需要注意的问题】

◆适用本案由时，要注意其与夫妻财产约定纠纷的区别。夫妻财产约定纠纷是指夫妻或者拟结为夫妻的当事人，履行订立的夫妻财产约定协议产生的纠纷。有效的夫妻财产约定具有法律约束力，而婚约财产纠纷所涉及的财产约定目前不受法律保护，不具有法律上的约束力。

11. 离婚纠纷

【案由解析】

离婚是指夫妻双方依照法律规定的条件和程序解除婚姻关系的法律行为。

离婚纠纷是指男女双方在解除婚姻关系的过程中所涉及的纠纷。

离婚的主要特征是：(1) 离婚的双方当事人法律地位平等。无论是双方当事人协议离婚，还是一方当事人提起诉讼离婚，双方法律地位是平等的，任何一方当事人都不能将自己的意志强加给另外一方当事人。(2) 离婚的主体是具有夫妻合法身份的男女双方。离婚的主体具有特定性与专属性，离婚的意思表示只能由当事人本人作出，任何人无权代替。(3) 离婚是一种法律行为，必须履行一定的法律程序。双方当事人必须按照法律规定的程序和形式办理，得到国家法律的认可才发生效力。当事人之间未经法定程序的私下协议或一方当事人擅自单方面宣告解除婚姻关系的行为，都不产生离婚的法律效力。

【常用法律条文及索引】

《婚姻法》(1981 年 1 月 1 日起施行　2001 年 4 月 28 日修正)

第三十一条　男女双方自愿离婚的，准予离婚。双方必须到婚姻登记机关申请离婚。婚姻登记机关查明双方确实是自愿并对子女和财产问题已有适当处理时，发给离婚证。

第三十二条　男女一方要求离婚的，可由有关部门进行调解或直接向人民法院提出离婚诉讼。

人民法院审理离婚案件，应当进行调解；如感情确已破裂，调解无效，应准予离婚。

有以下情形之一，调解无效的，应准予离婚：

（一）重婚或有配偶与他人同居的；

（二）实施家庭暴力或虐待、遗弃家庭成员的；

（三）有赌博、吸毒等恶习屡教不改的；

（四）因感情不和分居满二年的；

（五）其他导致夫妻感情破裂的情形。

一方被宣告失踪，另一方提出离婚诉讼的，应准予离婚。

第三十九条 离婚时，夫妻的共同财产由双方协议处理；协议不成时，由人民法院根据财产的具体情况，照顾子女和女方权益的原则判决。

夫或妻在家庭土地承包经营中享有的权益等，应当依法予以保护。

第四十条 夫妻书面约定婚姻关系存续期间所得的财产归各自所有，一方因抚养子女、照料老人、协助另一方工作等付出较多义务的，离婚时有权向另一方请求补偿，另一方应当予以补偿。

《最高人民法院关于适用〈中华人民共和国婚姻法〉若干问题的解释（一）》（法释〔2001〕30号 2001年12月27日起施行）

第一条 婚姻法第三条、第三十二条、第四十三条、第四十五条、第四十六条所称的“家庭暴力”，是指行为人以殴打、捆绑、残害、强行限制人身自由或者其他手段，给其家庭成员的身体、精神等方面造成一定伤害后果的行为。持续性、经常性的家庭暴力，构成虐待。

第二条 婚姻法第三条、第三十二条、第四十六条规定的“有配偶者与他人同居”的情形，是指有配偶者与婚外异性，不以夫妻名义，持续、稳定地共同居住。

第二十二条 人民法院审理离婚案件，符合第三十二条第二款规定“应准予离婚”情形的，不应当因当事人有过错而判决不准离婚。

第二十三条 婚姻法第三十三条所称的“军人一方有重大过错”，可以依据婚姻法第三十二条第三款前三项规定及军人有其他重大过错导致夫妻感情破裂的情形予以判断。

第二十四条 人民法院作出的生效的离婚判决中未涉及探望权，当事人就探望权问题单独提起诉讼的，人民法院应予受理。

第二十九条 承担婚姻法第四十六条规定的损害赔偿责任的主体，为离婚诉讼当事人中无过错方的配偶。

人民法院判决不准离婚的案件，对于当事人基于婚姻法第四十六条提出的损害赔偿请求，不予支持。

在婚姻关系存续期间，当事人不起诉离婚而单独依据该条规定提起损害赔偿请求的，人民法院不予受理。

第三十条　人民法院受理离婚案件时，应当将婚姻法第四十六条等规定中当事人的有关权利义务，书面告知当事人。在适用婚姻法第四十六条时，应当区分以下不同情况：

（一）符合婚姻法第四十六条规定的无过错方作为原告基于该条规定向人民法院提起损害赔偿请求的，必须在离婚诉讼的同时提出。

（二）符合婚姻法第四十六条规定的无过错方作为被告的离婚诉讼案件，如果被告不同意离婚也不基于该条规定提起损害赔偿请求的，可以在离婚后1年内就此单独提起诉讼。

（三）无过错方作为被告的离婚诉讼案件，一审时被告未基于婚姻法第四十六条规定提出损害赔偿请求，二审期间提出的，人民法院应当进行调解，调解不成的，告知当事人在离婚后1年内另行起诉。

《最高人民法院关于适用〈中华人民共和国婚姻法〉若干问题的解释（二）》（法释〔2003〕19号　2004年4月1日起施行）

第七条　人民法院就同一婚姻关系分别受理了离婚和申请宣告婚姻无效案件的，对于离婚案件的审理，应当待申请宣告婚姻无效案件作出判决后进行。

前款所指的婚姻关系被宣告无效后，涉及财产分割和子女抚养的，应当继续审理。

第八条　离婚协议中关于财产分割的条款或者当事人因离婚就财产分割达成的协议，对男女双方具有法律约束力。

当事人因履行上述财产分割协议发生纠纷提起诉讼的，人民法院应当受理。

第九条　男女双方协议离婚后一年内就财产分割问题反悔，请求变更或者撤销财产分割协议的，人民法院应当受理。

人民法院审理后，未发现订立财产分割协议时存在欺诈、胁迫等情形的，应当依法驳回当事人的诉讼请求。

【适用本案由需要注意的问题】

◆根据《民事诉讼法》第21条的规定，对公民提起的民事诉讼，由被告住所地人民法院管辖；被告住所地与经常居住地不一致的，由经常居住地人民法院管辖。

◆对于一般离婚纠纷案件，《最高人民法院关于适用〈中华人民共和国民事诉讼法〉的解释》第12条规定："夫妻一方离开住所地超过一年，另一方起诉离婚的案件，可以由原告住所地人民法院管辖。夫妻双方离开住所地超过一年，一方起诉离婚的案件，由被告经常居住地人民法院管辖；没有经常居住地的，由原告起诉时被告居住地人民法院管辖。"

◆对于军婚，《最高人民法院关于适用〈中华人民共和国民事诉讼法〉的解释》第11条规定："双方当事人均为军人或者军队单位的民事案件由军事法院管辖。"《最高人民法院关于军事法院管辖民事案件若干问题的规定》第2条规定："下列民事案件，地方当事人向军事法院提起诉讼或者提出申请的，军事法院应当受理：……（三）当事人一方为军人的婚姻家庭纠纷案件；……"婚姻家庭纠纷案件的管辖均适用本原则。

◆对于涉外婚姻，《最高人民法院关于适用〈中华人民共和国民事诉讼法〉的解释》第13条规定："在国内结婚并定居国外的华侨，如定居国法院以离婚诉讼须由婚姻缔结地法院管辖为由不予受理，当事人向人民法院提出离婚诉讼的，由婚姻缔结地或者一方在国内的最后居住地人民法院管辖。"第14条规定："在国外结婚并定居国外的华侨，如定居国法院以离婚诉讼须由国籍所属国法院管辖为由不予受理，当事人向人民法院提出离婚诉讼的，由一方原住所地或者在国内的最后居住地人民法院管辖。"第15条规定："中国公民一方居住在国外，一方居住在国内，不论哪一方向人民法院提起离婚诉讼，国内一方住所地人民法院都有权管辖。国外一方在居住国法院起诉，国内一方向人民法院起诉的，受诉人民法院有权管辖。"第16条规定："中国公民双方在国外但未定居，一方向人民法院起诉离婚的，应由原告或者被告原住所地人民法院管辖。"婚姻家庭纠纷案件的管辖均适用本原则。

◆适用本案由时，要注意其与婚姻无效的区别。婚姻无效是对违法的、不具有法律效力的婚姻关系的否定，离婚则是对合法有效婚姻关系的解除；另外，离婚的主体只能是婚姻当事人，而请求宣告婚姻无效的主体并不限于当事人，也包括其他利害关系人。

12. 离婚后财产纠纷

【案由解析】

离婚后财产是指夫妻双方依照法律规定的条件和程序解除婚姻关系后依法将夫妻共同财产划分为各自的个人财产。

离婚后财产纠纷是指男女双方当事人在解除婚姻关系时，由于未对双方婚姻关系存续期间的夫妻财产进行分配，在离婚后针对前述财产的分配而引起的纠纷。当事人因离婚协议中有关的财产分配协议而发生的纠纷以及夫妻双方协议离婚后一年内就原财产分配反悔而请求变更或撤销财产分配协议而引起的纠纷也属于离婚后财产纠纷。

离婚后财产纠纷的主要特征是：（1）主体特定。离婚后财产纠纷的主体是原具有合法婚姻关系现已解除婚姻关系的男女双方当事人。（2）复杂性。随着我国社会经济发展，婚姻家庭领域里的财产状况发生了很大变化，离婚案件中的财产纠纷越来越复杂，财产种类、财产争执标的额和过去不可同日而语。当夫妻感情破裂时，对财产的争执往往寸金不让。如何正确处理离婚案件中的财产纠纷，涉及一些财产收益的法律确定和当事人的经济利益。（3）适当考虑照顾子女和女方利益。由于受先天生理以及传统观念的影响，未成年子女没有经济来源，女方在工作生活中都处于弱势地位，为此，实践中处理离婚后财产纠纷时，多以照顾子女和女方利益为原则。

【常用法律条文及索引】

《婚姻法》（1981 年 1 月 1 日起施行　2001 年 4 月 28 日修正）

第三十九条　离婚时，夫妻的共同财产由双方协议处理；协议不成时，由人民法院根据财产的具体情况，照顾子女和女方权益的原则判决。

夫或妻在家庭土地承包经营中享有的权益等，应当依法予以保护。

第四十条　夫妻书面约定婚姻关系存续期间所得的财产归各自所有，一方因抚育子女、照料老人、协助另一方工作等付出较多义务的，离婚时有权向另一方请求补偿，另一方应当予以补偿。

第四十一条　离婚时，原为夫妻共同生活所负的债务，应当共同偿还。共同财产不足清偿的，或财产归各自所有的，由双方协议清偿；协议不成时，由人民法院判决。

第四十七条 离婚时，一方隐藏、转移、变卖、毁损夫妻共同财产，或伪造债务企图侵占另一方财产的，分割夫妻共同财产时，对隐藏、转移、变卖、毁损夫妻共同财产或伪造债务的一方，可以少分或不分。离婚后，另一方发现有上述行为的，可以向人民法院提起诉讼，请求再次分割夫妻共同财产。

人民法院对前款规定的妨害民事诉讼的行为，依照民事诉讼法的规定予以制裁。

《最高人民法院关于适用〈中华人民共和国婚姻法〉若干问题的解释（二）》（法释〔2003〕19号 2004年4月1日起施行）

第八条 离婚协议中关于财产分割的条款或者当事人因离婚就财产分割达成的协议，对男女双方具有法律约束力。

当事人因履行上述财产分割协议发生纠纷提起诉讼的，人民法院应当受理。

第九条 男女双方协议离婚后一年内就财产分割问题反悔，请求变更或者撤销财产分割协议的，人民法院应当受理。

人民法院审理后，未发现订立财产分割协议时存在欺诈、胁迫等情形的，应当依法驳回当事人的诉讼请求。

《最高人民法院关于适用〈中华人民共和国婚姻法〉若干问题的解释（三）》（法释〔2011〕18号 2011年7月4日起施行）

第五条 夫妻一方个人财产在婚后产生的收益，除孳息和自然增值外，应认定为夫妻共同财产。

第六条 婚前或者婚姻关系存续期间，当事人约定将一方所有的房产赠与另一方，赠与方在赠与房产变更登记之前撤销赠与，另一方请求判令继续履行的，人民法院可以按照合同法第一百八十六条的规定处理。

第七条 婚后由一方父母出资为子女购买的不动产，产权登记在出资人子女名下的，可按照婚姻法第十八条第（三）项的规定，视为只对自己子女一方的赠与，该不动产应认定为夫妻一方的个人财产。

由双方父母出资购买的不动产，产权登记在一方子女名下的，该不动产可认定为双方按照各自父母的出资份额按份共有，但当事人另有约定的除外。

第十条 夫妻一方婚前签订不动产买卖合同，以个人财产支付首付款并在银行贷款，婚后用夫妻共同财产还贷，不动产登记于首付款支付方名下的，离婚时该不动产由双方协议处理。

依前款规定不能达成协议的，人民法院可以判决该不动产归产权登记一方，尚未归还的贷款为产权登记一方的个人债务。双方婚后共同还贷支付的款项及其相对应财产增值部分，离婚时应根据婚姻法第三十九条第一款规定的原则，由产权登记一方对另一方进行补偿。

第十二条　婚姻关系存续期间，双方用夫妻共同财产出资购买以一方父母名义参加房改的房屋，产权登记在一方父母名下，离婚时另一方主张按照夫妻共同财产对该房屋进行分割的，人民法院不予支持。购买该房屋时的出资，可以作为债权处理。

第十三条　离婚时夫妻一方尚未退休、不符合领取养老保险金条件，另一方请求按照夫妻共同财产分割养老保险金的，人民法院不予支持；婚后以夫妻共同财产缴付养老保险费，离婚时一方主张将养老金账户中婚姻关系存续期间个人实际缴付部分作为夫妻共同财产分割的，人民法院应予支持。

第十四条　当事人达成的以登记离婚或者到人民法院协议离婚为条件的财产分割协议，如果双方协议离婚未成，一方在离婚诉讼中反悔的，人民法院应当认定该财产分割协议没有生效，并根据实际情况依法对夫妻共同财产进行分割。

第十五条　婚姻关系存续期间，夫妻一方作为继承人依法可以继承的遗产，在继承人之间尚未实际分割，起诉离婚时另一方请求分割的，人民法院应当告知当事人在继承人之间实际分割遗产后另行起诉。

第十六条　夫妻之间订立借款协议，以夫妻共同财产出借给一方从事个人经营活动或用于其他个人事务的，应视为双方约定处分夫妻共同财产的行为，离婚时可按照借款协议的约定处理。

第十八条　离婚后，一方以尚有夫妻共同财产未处理为由向人民法院起诉请求分割的，经审查该财产确属离婚时未涉及的夫妻共同财产，人民法院应当依法予以分割。

《第八次全国法院民事商事审判工作会议（民事部分）纪要》（2016 年 11 月 21 日　法〔2016〕399 号）

4. 婚姻关系存续期间以夫妻共同财产投保，投保人和被保险人同为夫妻一方，离婚时处于保险期内，投保人不愿意继续投保的，保险人退还的保险单现金价值部分应按照夫妻共同财产处理；离婚时投保人选择继续投保的，投保人应当支付保险单现金价值的一半给另一方。

5. 婚姻关系存续期间，夫妻一方作为被保险人依据意外伤害保险合同、健康保险合同获得的具有人身性质的保险金，或者夫妻一方作为受益人依据以死亡为给付条件的人寿保险合同获得的保险金，宜认定为个人财产，但双方另有约定的除外。

婚姻关系存续期间，夫妻一方依据以生存到一定年龄为给付条件的具有现金价值的保险合同获得的保险金，宜认定为夫妻共同财产，但双方另有约定的除外。

【适用本案由需要注意的问题】

◆适用本案由时，要注意其与离婚纠纷的区别。离婚纠纷是男女双方在解除婚姻关系的过程中所涉及的纠纷，主要围绕合法有效的婚姻关系的解除进行。而离婚后财产纠纷是在婚姻关系解除后而由此产生的一系列关于财产分配的纠纷问题。

13. 离婚后损害责任纠纷

【案由解析】

离婚后损害责任是指配偶一方违法侵害配偶对方的合法权益，其过错行为导致婚姻关系破裂，离婚时无过错一方对所遭受的损害，有权要求过错一方配偶承担的损害责任。

离婚后损害责任纠纷是指离婚纠纷中无过错的一方当事人在婚姻登记机关办理离婚登记手续后或者在人民法院判决离婚、调解离婚（明确放弃损害赔偿请求的除外）后的特定期限内，向人民法院起诉要求有过错一方承担损害责任而引发的纠纷。

离婚后损害责任的主要特征是：（1）离婚后损害责任的主体是解除婚姻关系的有过错一方当事人。离婚后损害赔偿是婚姻当事人之间的纠纷，解决的是配偶之间身份关系的法律问题，第三者插足而导致离婚的，多以社会道德来调整，第三者并不承担损害责任。（2）离婚后损害责任请求权只能由无过错的一方当事人行使。双方都有法律规定的过错行为之一的，一方在离婚诉讼中请求离婚损害赔偿的，法院一般不予支持。

【常用法律条文及索引】

《婚姻法》（1981 年 1 月 1 日起施行　2001 年 4 月 28 日修正）

第四十六条　有下列情形之一，导致离婚的，无过错方有权请求损害赔偿：

（一）重婚的；

（二）有配偶者与他人同居的；

（三）实施家庭暴力的；

（四）虐待、遗弃家庭成员的。

《最高人民法院关于适用〈中华人民共和国婚姻法〉若干问题的解释（一）》（法释〔2001〕30 号　2001 年 12 月 27 日起施行）

第二十八条　婚姻法第四十六条规定的"损害赔偿"，包括物质损害赔偿和精神损害赔偿。涉及精神损害赔偿的，适用最高人民法院《关于确定民事侵权精神损害赔偿责任若干问题的解释》的有关规定。

第二十九条　承担婚姻法第四十六条规定的损害赔偿责任的主体，为离婚诉讼当事人中无过错方的配偶。

人民法院判决不准离婚的案件，对于当事人基于婚姻法第四十六条提出的损害赔偿请求，不予支持。

在婚姻关系存续期间，当事人不起诉离婚而单独依据该条规定提起损害赔偿请求的，人民法院不予受理。

第三十条　人民法院受理离婚案件时，应当将婚姻法第四十六条等规定中当事人的有关权利义务，书面告知当事人。在适用婚姻法第四十六条时，应当区分以下不同情况：

（一）符合婚姻法第四十六条规定的无过错方作为原告基于该条规定向人民法院提起损害赔偿请求的，必须在离婚诉讼的同时提出。

（二）符合婚姻法第四十六条规定的无过错方作为被告的离婚诉讼案件，如果被告不同意离婚也不基于该条规定提起损害赔偿请求的，可以在离婚后 1 年内就此单独提起诉讼。

（三）无过错方作为被告的离婚诉讼案件，一审时被告未基于婚姻法第四十六条规定提出损害赔偿请求，二审期间提出的，人民法院应当进行调解，调解不成的，告知当事人在离婚后 1 年内另行起诉。

《最高人民法院关于适用〈中华人民共和国婚姻法〉若干问题的解释(二)》(法释〔2003〕19号　2004年4月1日起施行)

第二十七条　当事人在婚姻登记机关办理离婚登记手续后，以婚姻法第四十六条规定为由向人民法院提出损害赔偿请求的，人民法院应当受理。但当事人在协议离婚时已经明确表示放弃该项请求，或者在办理离婚登记手续一年后提出的，不予支持。

《最高人民法院关于适用〈中华人民共和国婚姻法〉若干问题的解释(三)》(法释〔2011〕18号　2011年8月13日起施行)

第十一条　一方未经另一方同意出售夫妻共同共有的房屋，第三人善意购买、支付合理对价并办理产权登记手续，另一方主张追回该房屋的，人民法院不予支持。

夫妻一方擅自处分共同共有的房屋造成另一方损失，离婚时另一方请求赔偿损失的，人民法院应予支持。

第十七条　夫妻双方均有婚姻法第四十六条规定的过错情形，一方或者双方向对方提出离婚损害赔偿请求的，人民法院不予支持。

【适用本案由需要注意的问题】

◆适用本案由时，要注意其与离婚时的经济补偿的区别。离婚时的经济补偿请求权的取得主要包括两种情况：一是夫妻书面约定婚姻关系存续期间财产归各自所有；二是夫妻一方因抚养子女、照料老人、协助另一方工作等付出了较多义务。因此，离婚时的经济补偿不以一方存在过错为前提。而离婚后损害责任请求权只能由无过错的一方当事人向有过错的一方当事人行使，双方都存在法律规定的过错行为时，一方在离婚诉讼中请求离婚损害赔偿的，法院一般不予支持。

◆离婚后损害赔偿请求权是由无过错一方当事人向有过错一方当事人在办理离婚登记手续或者法院判决离婚后一年内提出的。过错行为与离婚之间应当有必然的因果关系，如果虽有法律规定的过错行为但并未提出离婚，或虽然离婚但并非由过错行为导致的，均不适用本案由。

14. 婚姻无效纠纷

【案由解析】

婚姻无效是指婚姻因违背法律规定的结婚实质要件或者形式要件而不发

生法律效力。

婚姻无效纠纷是指具有婚姻关系的一方当事人或者其他利害关系人，以婚姻关系缺乏法律规定的实质要件或者形式要件为由主张婚姻关系无效，而产生的纠纷。

婚姻无效的主要特征是：（1）无效婚姻不具备法律规定的要件。无效婚姻的法定情形包括：重婚的；有禁止结婚的亲属关系的；婚前患有医学上认为不应当结婚的疾病，婚后尚未治愈的；未到法定婚龄的。（2）婚姻效力不适用调解。我国法律关于婚姻无效的规定是强制性规范，婚姻有无效力只能根据客观事实认定，关于婚姻效力应以判决方式结案，而不应以调解方式结案。（3）宣告婚姻无效的请求权人特定。有权依法请求宣告婚姻无效的权利人为婚姻当事人和利害关系人。

【常用法律条文及索引】

《婚姻法》（1981 年 1 月 1 日起施行　2001 年 4 月 28 日修正）

第六条　结婚年龄，男不得早于二十二周岁，女不得早于二十周岁。晚婚晚育应予鼓励。

第七条　有下列情形之一的，禁止结婚：

（一）直系血亲和三代以内的旁系血亲；

（二）患有医学上认为不应当结婚的疾病。

第八条　要求结婚的男女双方必须亲自到婚姻登记机关进行结婚登记。符合本法规定的，予以登记，发给结婚证。取得结婚证，即确立夫妻关系。未办理结婚登记的，应当补办登记。

第十二条　无效或被撤销的婚姻，自始无效。当事人不具有夫妻的权利和义务。同居期间所得的财产，由当事人协议处理；协议不成时，由人民法院根据照顾无过错方的原则判决。对重婚导致的婚姻无效的财产处理，不得侵害合法婚姻当事人的财产权益。当事人所生的子女，适用本法有关父母子女的规定。

《婚姻登记条例》（2003 年 10 月 1 日起施行）

第六条　办理结婚登记的当事人有下列情形之一的，婚姻登记机关不予登记：

（一）未到法定结婚年龄的；

（二）非双方自愿的；

（三）一方或者双方已有配偶的；

（四）属于直系血亲或者三代以内旁系血亲的；

（五）患有医学上认为不应当结婚的疾病的。

《最高人民法院关于适用〈中华人民共和国婚姻法〉若干问题的解释（一）》（法释〔2001〕30号　2001年12月27日起施行）

第七条　有权依据婚姻法第十条规定向人民法院就已办理结婚登记的婚姻申请宣告婚姻无效的主体，包括婚姻当事人及利害关系人。利害关系人包括：

（一）以重婚为由申请宣告婚姻无效的，为当事人的近亲属及基层组织。

（二）以未到法定婚龄为由申请宣告婚姻无效的，为未达法定婚龄者的近亲属。

（三）以有禁止结婚的亲属关系为由申请宣告婚姻无效的，为当事人的近亲属。

（四）以婚前患有医学上认为不应当结婚的疾病，婚后尚未治愈为由申请宣告婚姻无效的，为与患病者共同生活的近亲属。

第八条　当事人依据婚姻法第十条规定向人民法院申请宣告婚姻无效的，申请时，法定的无效婚姻情形已经消失的，人民法院不予支持。

第九条　人民法院审理宣告婚姻无效案件，对婚姻效力的审理不适用调解，应当依法作出判决；有关婚姻效力的判决一经作出，即发生法律效力。

涉及财产分割和子女抚养的，可以调解。调解达成协议的，另行制作调解书。对财产分割和子女抚养问题的判决不服的，当事人可以上诉。

《最高人民法院关于适用〈中华人民共和国婚姻法〉若干问题的解释（二）》（法释〔2003〕19号　2004年4月1日起施行）

第二条　人民法院受理申请宣告婚姻无效案件后，经审查确属无效婚姻的，应当依法作出宣告婚姻无效的判决。原告申请撤诉的，不予准许。

第三条　人民法院受理离婚案件后，经审查确属无效婚姻的，应当将婚姻无效的情形告知当事人，并依法作出宣告婚姻无效的判决。

第四条　人民法院审理无效婚姻案件，涉及财产分割和子女抚养的，应当对婚姻效力的认定和其他纠纷的处理分别制作裁判文书。

第五条　夫妻一方或者双方死亡后一年内，生存一方或者利害关系人依据婚姻法第十条的规定申请宣告婚姻无效的，人民法院应当受理。

第六条　利害关系人依据婚姻法第十条的规定，申请人民法院宣告婚姻无效的，利害关系人为申请人，婚姻关系当事人双方为被申请人。

夫妻一方死亡的，生存一方为被申请人。

夫妻双方均已死亡的，不列被申请人。

第七条　人民法院就同一婚姻关系分别受理了离婚和申请宣告婚姻无效案件的，对于离婚案件的审理，应当待申请宣告婚姻无效案件作出判决后进行。

前款所指的婚姻关系被宣告无效后，涉及财产分割和子女抚养的，应当继续审理。

【适用本案由需要注意的问题】

◆适用本案由时，要注意其与离婚纠纷的区别。离婚纠纷是男女双方在解除婚姻关系的过程中所涉及的纠纷，这其中主要是围绕着合法有效的婚姻关系的解除进行。婚姻无效纠纷则是以婚姻不具有法定要件，并且无法律效力为前提的。人民法院受理离婚案件后，经审查确属无效婚姻的，应当告知当事人，并依法作出宣告婚姻无效的判决。

15. 撤销婚姻纠纷

【案由解析】

撤销婚姻是指一方当事人对其因受胁迫导致意思表示不真实而成立的婚姻，通过行使法律赋予的撤销婚姻的请求权，而使该婚姻归于无效的法律行为。

撤销婚姻纠纷是指一方当事人因受对方当事人的胁迫而与其办理了结婚登记，该婚姻关系成立后，当事人在法定期间内以受胁迫为由请求人民法院撤销其婚姻关系而引发的纠纷。

撤销婚姻的主要特征是：（1）撤销婚姻必须基于法定事由在法定期间内提出。我国法律规定，因受胁迫结婚的，受胁迫一方的撤销婚姻请求，应当自结婚登记之日起一年内提出。被非法限制人身自由的当事人请求撤销婚姻的，应当自恢复人身自由之日起一年内提出。（2）撤销婚姻的请求权人是特定的。撤销婚姻请求仅限受胁迫方本人，受胁迫方是否行使撤销权由其本人意志决定，其他任何个人或单位均不得干涉。（3）撤销婚姻的程序由受胁迫方当事人自行选择。受胁迫方既可依行政程序向婚姻登记机关提出撤销婚姻的请求，也可依诉讼程序向人民法院提出撤销婚姻的请求。

【常用法律条文及索引】

《婚姻法》(1981 年 1 月 1 日起施行　2001 年 4 月 28 日修正)

第五条　结婚必须男女双方完全自愿，不许任何一方对他方加以强迫或任何第三者加以干涉。

第十一条　因胁迫结婚的，受胁迫的一方可以向婚姻登记机关或人民法院请求撤销该婚姻。受胁迫的一方撤销婚姻的请求，应当自结婚登记之日起一年内提出。被非法限制人身自由的当事人请求撤销婚姻的，应当自恢复人身自由之日起一年内提出。

第十二条　无效或被撤销的婚姻，自始无效。当事人不具有夫妻的权利和义务。同居期间所得的财产，由当事人协议处理；协议不成时，由人民法院根据照顾无过错方的原则判决。对重婚导致的婚姻无效的财产处理，不得侵害合法婚姻当事人的财产权益。当事人所生的子女，适用本法有关父母子女的规定。

第三十六条　父母与子女间的关系，不因父母离婚而消除。离婚后，子女无论由父或母直接抚养，仍是父母双方的子女。

离婚后，父母对于子女仍有抚养和教育的权利和义务。

离婚后，哺乳期内的子女，以随哺乳的母亲抚养为原则。哺乳期后的子女，如双方因抚养问题发生争执不能达成协议时，由人民法院根据子女的权益和双方的具体情况判决。

第三十七条　离婚后，一方抚养的子女，另一方应负担必要的生活费和教育费的一部或全部，负担费用的多少和期限的长短，由双方协议；协议不成时，由人民法院判决。

关于子女生活费和教育费的协议或判决，不妨碍子女在必要时向父母任何一方提出超过协议或判决原定数额的合理要求。

第三十八条　离婚后，不直接抚养子女的父或母，有探望子女的权利，另一方有协助的义务。

行使探望权利的方式、时间由当事人协议；协议不成时，由人民法院判决。

父或母探望子女，不利于子女身心健康的，由人民法院依法中止探望的权利；中止的事由消失后，应当恢复探望的权利。

《最高人民法院关于适用〈中华人民共和国婚姻法〉若干问题的解释（一）》（法释〔2001〕30 号　2001 年 12 月 27 日起施行）

第十条　婚姻法第十一条所称的“胁迫”，是指行为人以给另一方当事人或者其近亲属的生命、身体健康、名誉、财产等方面造成损害为要挟，迫使另一方当事人违背真实意愿结婚的情况。

因受胁迫而请求撤销婚姻的，只能是受胁迫一方的婚姻关系当事人本人。

第十一条　人民法院审理婚姻当事人因受胁迫而请求撤销婚姻的案件，应当适用简易程序或者普通程序。

第十二条　婚姻法第十一条规定的“1 年”，不适用诉讼时效中止、中断或者延长的规定。

第十三条　婚姻法第十二条所规定的自始无效，是指无效或者可撤销婚姻在依法被宣告无效或被撤销时，才确定该婚姻自始不受法律保护。

第十四条　人民法院根据当事人的申请，依法宣告婚姻无效或者撤销婚姻的，应当收缴双方的结婚证书并将生效的判决书寄送当地婚姻登记管理机关。

第十五条　被宣告无效或被撤销的婚姻，当事人同居期间所得的财产，按共同共有处理。但有证据证明为当事人一方所有的除外。

《最高人民法院关于适用〈中华人民共和国婚姻法〉若干问题的解释（三）》（法释〔2011〕18 号　2011 年 8 月 13 日起施行）

第一条　当事人以婚姻法第十条规定以外的情形申请宣告婚姻无效的，人民法院应当判决驳回当事人的申请。

当事人以结婚登记程序存在瑕疵为由提起民事诉讼，主张撤销结婚登记的，告知其可以依法申请行政复议或者提起行政诉讼。

【适用本案由需要注意的问题】

◆适用本案由时，尤其要注意其与婚姻无效纠纷的区别。婚姻无效是因为不具备法律规定的要件，无效婚姻的法定情形包括：重婚的；有禁止结婚的亲属关系的；婚前患有医学上认为不应当结婚的疾病，婚后尚未治愈的；未到法定婚龄的。提出婚姻无效请求权的可以是婚姻关系当事人，也可以是利害关系人。而撤销婚姻纠纷的法定事由只有受胁迫一项。提出撤销婚姻请求权的只能是受胁迫一方当事人本人，其他任何人不得代替。

◆所谓胁迫，是指行为人非法地以将要使另一方当事人或者其近亲属的生命、身体健康、名誉、财产等方面产生损害或者以直接对他人实施损害相威胁，使某人产生恐惧或者因受到损害而结婚的情形。实践中，有的欺诈情形，如隐瞒未到法定婚龄、禁止结婚的疾病，已婚的欺骗未婚的，《婚姻法》第10条已规定为无效婚姻，其他因欺诈导致夫妻感情破裂的，可以通过离婚解除婚姻关系。只有受胁迫的情形适用本案由，其他情形均不适用。

16. 夫妻财产约定纠纷

【案由解析】

夫妻财产约定是指夫妻双方采用书面形式约定婚姻关系存续期间所得的财产以及婚前财产归共同所有、各自所有或部分共同所有、部分各自所有。

夫妻财产约定纠纷是指夫妻双方在履行夫妻财产约定时产生的纠纷。

夫妻财产约定的主要特征是：（1）夫妻约定财产的对象，既包括夫或妻一方的婚前个人财产，也包括夫妻双方在婚姻存续期间所得的财产。没有约定或约定不明确的，适用婚姻法关于共同财产制或个人财产制的规定。（2）夫妻财产约定的方式，只能采用书面形式。夫妻财产约定不仅涉及夫妻双方的重大财产利益和婚姻家庭生活的物质保障，而且还影响到第三人的财产利益，采用书面形式，可以防止双方事后就约定发生纠纷，也可以有效保护第三人的合法债权。（3）夫妻之间达成的财产约定，对双方当事人均具有约束力。夫妻财产约定的对外效力视具体情形而定。第三人事先知道相对人订有夫妻财产约定的，该约定有对抗第三人的效力；第三人事先不知道相对人订有夫妻财产约定，而且作为相对人的夫或妻一方不能证明当事人事先知道的，该约定则不具有对抗第三人的效力。

【常用法律条文及索引】

《婚姻法》（1981年1月1日起施行　2001年4月28日修正）

第十七条　夫妻在婚姻关系存续期间所得的下列财产，归夫妻共同所有：

（一）工资、奖金；

（二）生产、经营的收益；

（三）知识产权的收益；

（四）继承或赠与所得的财产，但本法第十八条第三项规定的除外；

（五）其他应当归共同所有的财产。

夫妻对共同所有的财产，有平等的处理权。

第十八条 有下列情形之一的，为夫妻一方的财产：

（一）一方的婚前财产；

（二）一方因身体受到伤害获得的医疗费、残疾人生活补助费等费用；

（三）遗嘱或赠与合同中确定只归夫或妻一方的财产；

（四）一方专用的生活用品；

（五）其他应当归一方的财产。

第十九条 夫妻可以约定婚姻关系存续期间所得的财产以及婚前财产归各自所有、共同所有或部分各自所有、部分共同所有。约定应当采用书面形式。没有约定或约定不明确的，适用本法第十七条、第十八条的规定。

夫妻对婚姻关系存续期间所得的财产以及婚前财产的约定，对双方具有约束力。

夫妻对婚姻关系存续期间所得的财产约定归各自所有的，夫或妻一方对外所负的债务，第三人知道该约定的，以夫或妻一方所有的财产清偿。

《最高人民法院关于适用〈中华人民共和国婚姻法〉若干问题的解释（一）》（法释〔2001〕30号 2001年12月27日起施行）

第十八条 婚姻法第十九条所称“第三人知道该约定的”，夫妻一方对此负有举证责任。

第十九条 婚姻法第十八条规定为夫妻一方所有的财产，不因婚姻关系的延续而转化为夫妻共同财产。但当事人另有约定的除外。

《最高人民法院关于适用〈中华人民共和国婚姻法〉若干问题的解释（二）》（法释〔2003〕19号 2004年4月1日起施行 2017年3月1日修订）

第二十四条 债权人就婚姻关系存续期间夫妻一方以个人名义所负债务主张权利的，应当按夫妻共同债务处理。但夫妻一方能够证明债权人与债务人明确约定为个人债务，或者能够证明属于婚姻法第十九条第三款规定情形的除外。

夫妻一方与第三人串通，虚构债务，第三人主张权利的，人民法院不予支持。

夫妻一方在从事赌博、吸毒等违法犯罪活动中所负债务，第三人主张权利的，人民法院不予支持。

《最高人民法院关于适用〈中华人民共和国婚姻法〉若干问题的解释（三）》（法释〔2011〕18号 2011年8月13日起施行）

第六条 婚前或者婚姻关系存续期间，当事人约定将一方所有的房产赠与另一方，赠与方在赠与房产变更登记之前撤销赠与，另一方请求判令继续履行的，人民法院可以按照合同法第一百八十六条的规定处理。

第七条 婚后由一方父母出资为子女购买的不动产，产权登记在出资人子女名下的，可按照婚姻法第十八条第（三）项的规定，视为只对自己子女一方的赠与，该不动产应认定为夫妻一方的个人财产。

由双方父母出资购买的不动产，产权登记在一方子女名下的，该不动产可认定为双方按照各自父母的出资份额按份共有，但当事人另有约定的除外。

《最高人民法院关于依法妥善审理涉及夫妻债务案件有关问题的通知》（2017年2月28日 法〔2017〕48号）

各省、自治区、直辖市高级人民法院，解放军军事法院，新疆维吾尔自治区高级人民法院生产建设兵团分院：

家事审判工作是人民法院审判工作的重要内容。在家事审判工作中，正确处理夫妻债务，事关夫妻双方和债权人合法权益的保护，事关婚姻家庭稳定和市场交易安全的维护，事关和谐健康诚信经济社会建设的推进。为此，最高人民法院审判委员会第1710次会议讨论通过《最高人民法院关于适用〈中华人民共和国婚姻法〉若干问题的解释（二）的补充规定》，对该司法解释第二十四条增加规定了第二款和第三款。2017年2月28日，最高人民法院公布了修正的《最高人民法院关于适用〈中华人民共和国婚姻法〉若干问题的解释（二）》。为依法妥善审理好夫妻债务案件，现将有关问题通知如下：

一、坚持法治和德治相结合原则。在处理夫妻债务案件时，除应当依照婚姻法等法律和司法解释的规定，保护夫妻双方和债权人的合法权益，还应当结合社会主义道德价值理念，增强法律和司法解释适用的社会效果，以达到真正化解矛盾纠纷、维护婚姻家庭稳定、促进交易安全、推动经济社会和谐健康发展的目的。

二、保障未具名举债夫妻一方的诉讼权利。在审理以夫妻一方名义举债的案件中，原则上应当传唤夫妻双方本人和案件其他当事人本人到庭；需要证人出庭作证的，除法定事由外，应当通知证人出庭作证。在庭审中，应当按照《最高人民法院关于适用〈中华人民共和国民事诉讼法〉的解释》的规定，要求有关当事人和证人签署保证书，以保证当事人陈述和证人证言的真实性。未具名举债一方不能提供证据，但能够提供证据线索的，人民法院应当根据当事人的申请进行调查取证；对伪造、隐藏、毁灭证据的要依法予以惩处。未经审判程序，不得要求未举债的夫妻一方承担民事责任。

三、审查夫妻债务是否真实发生。债权人主张夫妻一方所负债务为夫妻共同债务的，应当结合案件的具体情况，按照《最高人民法院关于审理民间借贷案件适用法律若干问题的规定》第十六条第二款、第十九条规定，结合当事人之间关系及其到庭情况、借贷金额、债权凭证、款项交付、当事人的经济能力、当地或者当事人之间的交易方式、交易习惯、当事人财产变动情况以及当事人陈述、证人证言等事实和因素，综合判断债务是否发生。防止违反法律和司法解释规定，仅凭借条、借据等债权凭证就认定存在债务的简单做法。

在当事人举证基础上，要注意依职权查明举债一方作出有悖常理的自认的真实性。对夫妻一方主动申请人民法院出具民事调解书的，应当结合案件基础事实重点审查调解协议是否损害夫妻另一方的合法权益。对人民调解协议司法确认案件，应当按照《最高人民法院关于适用〈中华人民共和国民事诉讼法〉的解释》要求，注重审查基础法律关系的真实性。

四、区分合法债务和非法债务，对非法债务不予保护。在案件审理中，对夫妻一方在从事赌博、吸毒等违法犯罪活动中所负的债务，不予法律保护；对债权人知道或者应当知道夫妻一方举债用于赌博、吸毒等违法犯罪活动而向其出借款项，不予法律保护；对夫妻一方以个人名义举债后用于个人违法犯罪活动，举债人就该债务主张按夫妻共同债务处理的，不予支持。

五、把握不同阶段夫妻债务的认定标准。依照婚姻法第十七条、第十八条、第十九条和第四十一条有关夫妻共同财产制、分别财产制和债务偿还原则以及有关婚姻法司法解释的规定，正确处理夫妻一方以个人名义对外所负债务问题。

六、保护被执行夫妻双方基本生存权益不受影响。要树立生存权益高于债权的理念。对夫妻共同债务的执行涉及到夫妻双方的工资、住房等财产权益，甚至可能损害其基本生存权益的，应当保留夫妻双方及其所扶养家属的生活必需费用。执行夫妻名下住房时，应保障生活所必需的居住房屋，一般不得拍卖、变卖或抵债被执行人及其所扶养家属生活所必需的居住房屋。

七、制裁夫妻一方与第三人串通伪造债务的虚假诉讼。对实施虚假诉讼的当事人、委托诉讼代理人和证人等，要加强罚款、拘留等对妨碍民事诉讼的强制措施的适用。对实施虚假诉讼的委托诉讼代理人，除依法制裁外，还应向司法行政部门、律师协会或者行业协会发出司法建议。对涉嫌虚假诉讼等犯罪的，应依法将犯罪的线索、材料移送侦查机关。

以上通知，请遵照执行。执行中有何问题，请及时报告我院。

最高人民法院

2017 年 2 月 28 日

【适用本案由需要注意的问题】

◆适用本案由时，要注意其与离婚纠纷的区别。离婚纠纷是男女双方在解除婚姻关系的过程中所涉及的纠纷，这不仅仅涉及夫妻财产问题，还涉及未成年子女抚养问题。如果在离婚诉讼中，双方当事人对夫妻财产约定的效力发生争议的，应当属于离婚纠纷。而实践中，在夫妻关系存续期间或办理离婚登记时或离婚登记后，发生的因为夫妻财产约定的履行或效力的纠纷，应当适用本案由。

◆适用本案由时，要注意其与婚内夫妻财产分割纠纷的区别。婚内夫妻财产分割纠纷是夫妻双方在夫妻关系存续期间分割夫妻共同财产中发生的纠纷，所针对的对象是夫妻共同财产。而本案由下的纠纷则是夫妻双方履行夫妻财产约定过程中发生的纠纷，主要涉及夫妻财产约定的效力及履行是否符合约定，而夫妻财产约定则是对夫妻双方在婚姻关系存续期间所得的财产约定归各自所有或共同所有的约定，并非分割夫妻共同财产。

◆实践中，在适用本案由时还应注意以下问题：第一，订立夫妻财产约定协议时，夫妻双方均应有完全的民事行为能力，并且反映当事人双方的真实意思。否则，该夫妻财产约定无效。第二，夫妻双方以规避法律义务或逃避对第三人偿还债务为目的而订立的夫妻财产约定协议，应当认定其无效。第三，夫妻财产约定的时间并无法律限制。夫妻可以在结婚登记前、结婚登记时或者在婚姻关系存续期间，对双方的婚前个人财产和婚姻关系存续期间所得财产的所有权归属问题进行约定。

17. 同居关系纠纷

（1）同居关系析产纠纷

（2）同居关系子女抚养纠纷

【案由解析】

同居关系是指男女双方或一方有配偶未办理结婚登记，不以夫妻名义持续、稳定地共同居住，或男女双方未办理结婚登记而以夫妻名义共同生活，但不符合事实婚姻的法定条件的两性结合。

同居关系纠纷是指具有同居关系的男女双方当事人，在解除同居关系时，由于同居关系存续期间共有财产的分割或子女抚养问题而引发的纠纷。

同居关系的主要特征是：（1）同居关系的男女双方未办理结婚登记，因此，同居关系不是基于合法婚姻而产生的，不受法律的保护。（2）同居关系发生在男女之间，同性之间发生的同居关系不在我国婚姻法的调整范围之内。（3）同居关系的男女双方持续、稳定地共同生活。

【典型形态】

实践中，同居关系纠纷主要有：

（1）同居关系析产纠纷，指具有同居关系的男女在解除同居关系时因分割同居关系存续期间的财产而引发的纠纷。

（2）同居关系子女抚养纠纷，指具有同居关系的男女在解除同居关系时因同居关系存续期间的子女抚养问题而引发的纠纷。

【常用法律条文及索引】

《婚姻法》（1981 年 1 月 1 日起施行　2001 年 4 月 28 日修正）

第三条　禁止包办、买卖婚姻和其他干涉婚姻自由的行为。禁止借婚姻索取财物。

禁止重婚。禁止有配偶者与他人同居。禁止家庭暴力。禁止家庭成员间的虐待和遗弃。

第四条　夫妻应当互相忠实，互相尊重；家庭成员间应当敬老爱幼，互相帮助，维护平等、和睦、文明的婚姻家庭关系。

第十二条 无效或被撤销的婚姻，自始无效。当事人不具有夫妻的权利和义务。同居期间所得的财产，由当事人协议处理；协议不成时，由人民法院根据照顾无过错方的原则判决。对重婚导致的婚姻无效的财产处理，不得侵害合法婚姻当事人的财产权益。当事人所生的子女，适用本法有关父母子女的规定。

第二十五条 非婚生子女享有与婚生子女同等的权利，任何人不得加以危害和歧视。

不直接抚养非婚生子女的生父或生母，应当负担子女的生活费和教育费，直至子女能独立生活为止。

《婚姻登记条例》（2003 年 10 月 1 日起施行）

第六条 办理结婚登记的当事人有下列情形之一的，婚姻登记机关不予登记：

（一）未到法定结婚年龄的；

（二）非双方自愿的；

（三）一方或者双方已有配偶的；

（四）属于直系血亲或者三代以内旁系血亲的；

（五）患有医学上认为不应当结婚的疾病的。

第七条 婚姻登记机关应当对结婚登记当事人出具的证件、证明材料进行审查并询问相关情况。对当事人符合结婚条件的，应当当场予以登记，发给结婚证；对当事人不符合结婚条件不予登记的，应当向当事人说明理由。

《最高人民法院关于适用〈中华人民共和国婚姻法〉若干问题的解释（一）》（法释〔2001〕30 号　2001 年 12 月 27 日起施行）

第五条 未按婚姻法第八条规定办理结婚登记而以夫妻名义共同生活的男女，起诉到人民法院要求离婚的，应当区别对待：

（一）1994 年 2 月 1 日民政部《婚姻登记管理条例》公布实施以前，男女双方已经符合结婚实质要件的，按事实婚姻处理；

（二）1994 年 2 月 1 日民政部《婚姻登记管理条例》公布实施以后，男女双方符合结婚实质要件的，人民法院应当告知其在案件受理前补办结婚登记；未补办结婚登记的，按解除同居关系处理。

第六条 未按婚姻法第八条规定办理结婚登记而以夫妻名义共同生活的男女，一方死亡，另一方以配偶身份主张享有继承权的，按照本解释第五条的原则处理。

《最高人民法院关于适用〈中华人民共和国婚姻法〉若干问题的解释（二）》（法释〔2003〕19号　2004年4月1日起施行）

第一条　当事人起诉请求解除同居关系的，人民法院不予受理。但当事人请求解除的同居关系，属于婚姻法第三条、第三十二条、第四十六条规定的“有配偶者与他人同居”的，人民法院应当受理并依法予以解除。

当事人因同居期间财产分割或者子女抚养纠纷提起诉讼的，人民法院应当受理。

【适用本案由需要注意的问题】

◆适用本案由时，要注意其与离婚纠纷的区别。离婚纠纷是男女双方在解除婚姻关系的过程中所涉及的纠纷，其解除的是合法有效的婚姻关系，当事人向人民法院起诉请求解除婚姻关系，人民法院应当受理。而同居关系纠纷当事人起诉请求解除同居关系的，人民法院不予受理。但当事人请求解除的同居关系，属于《婚姻法》第3、32、46条规定的“有配偶者与他人同居”的，人民法院应当受理并依法予以解除。当事人因同居期间财产分割或者子女抚养纠纷提起诉讼的，人民法院应当受理。

◆实践中，解决同居关系纠纷时，同居关系存续期间双方所得的财产，应当按共同共有财产处理。同居期间一方自愿赠送给对方的财物，可比照赠与关系处理。对非婚生子女的抚养、教育和财产分割，应本着照顾妇女、儿童的利益及双方过错程度妥善处理。另外，非婚生子女享有与婚生子女同等的权利，任何人不得加以危害和歧视。

18. 抚养纠纷

（1）抚养费纠纷

（2）变更抚养关系纠纷

【案由解析】

抚养是指长辈亲属对晚辈亲属的保护和教养，强调的是教育和保护。

抚养纠纷是指因长辈亲属对晚辈亲属的抚育教养问题而发生的纠纷。

抚养的主要特征是：（1）抚养时间的长期性。从子女出生时开始，到子女达到成年年龄，具有独立生活能力为止，父母应当无条件地承担抚养义务。(2) 抚养义务不因为父母离婚而消除。离婚后，子女无论由父或由母直接抚养，仍是父母双方的子女。因此，夫妻离婚后，父母对于子女仍有抚养和教育的义务。(3) 抚养并不限于生父母对婚生子女及非婚生子女之间。继父母对继子女之间，养父母对养子女之间，也存在抚养问题。另外，有负担能力的祖父母、外祖父母，对于父母已经死亡或父母无力抚养的未成年孙子女、外孙子女有抚养义务。

【典型形态】

实践中，抚养纠纷主要有：

(1) 抚养费纠纷，是指父母或其他对未成年人负有抚养义务的人，不能充分履行或不履行抚养义务时，由于支付给未成年人的费用而引发的纠纷。

(2) 变更抚养关系纠纷，是指有抚养权的一方，抚养能力丧失或者出现了不利于子女健康成长的情形，要求变更子女的抚养关系而产生的纠纷。

【常用法律条文及索引】

《婚姻法》(1981 年 1 月 1 日起施行　2001 年 4 月 28 日修正)

第二十一条　父母对子女有抚养教育的义务；子女对父母有赡养扶助的义务。

父母不履行抚养义务时，未成年的或不能独立生活的子女，有要求父母付给抚养费的权利。

子女不履行赡养义务时，无劳动能力的或生活困难的父母，有要求子女付给赡养费的权利。

禁止溺婴、弃婴和其他残害婴儿的行为。

第二十五条　非婚生子女享有与婚生子女同等的权利，任何人不得加以危害和歧视。

不直接抚养非婚生子女的生父或生母，应当负担子女的生活费和教育费，直至子女能独立生活为止。

第二十七条　继父母与继子女间，不得虐待或歧视。

继父或继母和受其抚养教育的继子女间的权利和义务，适用本法对父母子女关系的有关规定。

第二十八条　有负担能力的祖父母、外祖父母，对于父母已经死亡或父母无力抚养的未成年的孙子女、外孙子女，有抚养的义务。有负担能力的孙子女、外孙子女，对于子女已经死亡或子女无力赡养的祖父母、外祖父母，有赡养的义务。

第二十九条　有负担能力的兄、姐，对于父母已经死亡或父母无力抚养的未成年的弟、妹，有扶养的义务。由兄、姐扶养长大的有负担能力的弟、妹，对于缺乏劳动能力又缺乏生活来源的兄、姐，有扶养的义务。

第三十六条　父母与子女间的关系，不因父母离婚而消除。离婚后，子女无论由父或母直接抚养，仍是父母双方的子女。

离婚后，父母对于子女仍有抚养和教育的权利和义务。

离婚后，哺乳期内的子女，以随哺乳的母亲抚养为原则。哺乳期后的子女，如双方因抚养问题发生争执不能达成协议时，由人民法院根据子女的权益和双方的具体情况判决。

第三十七条　离婚后，一方抚养的子女，另一方应负担必要的生活费和教育费的一部或全部，负担费用的多少和期限的长短，由双方协议；协议不成时，由人民法院判决。

关于子女生活费和教育费的协议或判决，不妨碍子女在必要时向父母任何一方提出超过协议或判决原定数额的合理要求。

《民法总则》（2017 年 10 月 1 日起施行）

第一百九十六条　下列请求权不适用诉讼时效的规定：

（一）请求停止侵害、排除妨碍、消除危险；

（二）不动产物权和登记的动产物权的权利人请求返还财产；

（三）请求支付抚养费、赡养费或者扶养费；

（四）依法不适用诉讼时效的其他请求权。

《最高人民法院关于适用〈中华人民共和国婚姻法〉若干问题的解释（一）》（法释〔2001〕30 号　2001 年 12 月 27 日起施行）

第九条　人民法院审理宣告婚姻无效案件，对婚姻效力的审理不适用调解，应当依法作出判决；有关婚姻效力的判决一经作出，即发生法律效力。

涉及财产分割和子女抚养的，可以调解。调解达成协议的，另行制作调解书。对财产分割和子女抚养问题的判决不服的，当事人可以上诉。

第二十一条　婚姻法第二十一条所称“抚养费”，包括子女生活费、教育费、医疗费等费用。

第二十六条　未成年子女、直接抚养子女的父或母及其他对未成年子女负担抚养、教育义务的法定监护人，有权向人民法院提出中止探望权的请求。

《最高人民法院关于适用〈中华人民共和国婚姻法〉若干问题的解释(二)》（法释〔2003〕19号 2004年4月1日起施行）

第一条 当事人起诉请求解除同居关系的，人民法院不予受理。但当事人请求解除的同居关系，属于婚姻法第三条、第三十二条、第四十六条规定的“有配偶者与他人同居”的，人民法院应当受理并依法予以解除。

当事人因同居期间财产分割或者子女抚养纠纷提起诉讼的，人民法院应当受理。

第四条 人民法院审理无效婚姻案件，涉及财产分割和子女抚养的，应当对婚姻效力的认定和其他纠纷的处理分别制作裁判文书。

《最高人民法院关于适用〈中华人民共和国婚姻法〉若干问题的解释(三)》（法释〔2011〕18号 2011年8月13日起施行）

第三条 婚姻关系存续期间，父母双方或者一方拒不履行抚养子女义务，未成年或者不能独立生活的子女请求支付抚养费的，人民法院应予支持。

【适用本案由需要注意的问题】

◆适用本案由时，要注意其与扶养纠纷的区别。广义上的扶养泛指特定亲属之间根据法律的明确规定而存在的经济上相互供养、生活上相互扶助照顾的权利义务关系，包括长辈亲属对晚辈亲属的抚养，平辈亲属之间的扶养和晚辈亲属对长辈亲属的赡养三种具体形态。而抚养纠纷是指因长辈亲属对晚辈亲属的抚育教养问题而发生的纠纷。

◆父母离婚后，通常会产生子女与父母一方相分离，由父母另一方直接抚养的问题。在离婚子女抚养纠纷案件中，当事人要继续拥有对子女的抚养权的前提就是自身的条件符合法律规定的拥有子女抚养权的要求。

19. 扶养纠纷

（1）扶养费纠纷

（2）变更扶养关系纠纷

【案由解析】

扶养纠纷是指因平辈亲属之间，如夫妻之间、兄弟姐妹之间，因经济供养和生活扶助的权利义务关系而发生的纠纷。

扶养的主要特征是：(1) 扶养具有身份属性。扶养是一定亲属间成立的法律上的权利义务关系，以一定的亲属关系为前提，基于遗赠扶养协议或基于道德义务发生的扶养，不属于婚姻法上的扶养。(2) 夫妻双方的扶养请求权平等。夫妻双方的扶养义务和接受扶养的权利是平等的，有扶养能力的一方必须自觉履行这一义务。如果一方拒不履行扶养义务，对方有权通过调解或诉讼程序要求对方给付扶养费。(3) 义务的履行与权利的行使具有同一性。亲属之间的扶养权利义务紧密结合，并不具有对价关系，不是利益交换。(4) 扶养无时效性。扶养权利人即使没有要求已到期的扶养费的支付，也不意味着放弃权利，只要亲属关系存续并具备扶养的要件，该权利人就持续地享有受扶养权。

【典型形态】

实践中，扶养纠纷主要有：

(1) 扶养费纠纷，是指平辈亲属之间，如夫妻之间、兄弟姐妹之间，因经济供养和生活扶助费用引发的纠纷。

(2) 变更扶养关系纠纷，是指平辈亲属之间，如夫妻之间、兄弟姐妹之间，因要求变更扶养关系而产生的纠纷。

【常用法律条文及索引】

《婚姻法》(1981 年 1 月 1 日起施行　2001 年 4 月 28 日修正)

第二十条　夫妻有互相扶养的义务。

一方不履行扶养义务时，需要扶养的一方，有要求对方付给扶养费的权利。

第二十九条　有负担能力的兄、姐，对于父母已经死亡或父母无力抚养的未成年的弟、妹，有扶养的义务。由兄、姐扶养长大的有负担能力的弟、妹，对于缺乏劳动能力又缺乏生活来源的兄、姐，有扶养的义务。

《民法通则》(1987 年 1 月 1 日起施行　2009 年 8 月 27 日修正)

第一百一十九条　侵害公民身体造成伤害的，应当赔偿医疗费、因误工减少的收入、残废者生活补助费等费用；造成死亡的，并应当支付丧葬费、死者生前扶养的人必要的生活费等费用。

《民法总则》（2017年10月1日起施行）

第一百九十六条 下列请求权不适用诉讼时效的规定：

（一）请求停止侵害、排除妨碍、消除危险；

（二）不动产物权和登记的动产物权的权利人请求返还财产；

（三）请求支付抚养费、赡养费或者扶养费；

（四）依法不适用诉讼时效的其他请求权。

《最高人民法院关于贯彻执行〈中华人民共和国民法通则〉若干问题的意见（试行）》（法（办）发〔1988〕6号 1988年4月2日起施行）

31. 民法通则第二十一条第二款中的“其他费用”，包括赡养费、扶养费、抚育费和因代管财产所需的管理费等必要的费用。

《最高人民法院关于适用〈中华人民共和国民事诉讼法〉的解释》（法释〔2015〕5号 2015年2月4日起施行）

第二百一十八条 赡养费、扶养费、抚育费案件，裁判发生法律效力后，因新情况、新理由，一方当事人再行起诉要求增加或者减少费用的，人民法院应作为新案受理。

【适用本案由需要注意的问题】

◆适用本案由时，要注意其与抚养纠纷的区别。抚养纠纷是指因长辈亲属对晚辈亲属的抚育教养问题而发生的纠纷。而广义上的扶养泛指特定亲属之间根据法律的明确规定而存在的经济上相互供养、生活上相互扶助照顾的权利义务关系，包括长辈亲属对晚辈亲属的抚养，平辈亲属之间的扶养和晚辈亲属对长辈亲属的赡养三种具体形态。狭义上的扶养是指平辈亲属之间，如夫妻之间、兄弟姐妹之间，依法发生的经济供养和生活扶助的权利义务关系。

◆本案由中的扶养是在一定亲属间成立的基于法律强制性规定产生的权利义务关系，是以一定的亲属关系为前提的。实践中，基于遗赠抚养协议或基于道德义务发生的扶养，与基于亲属身份关系的法定扶养不同，不属于《婚姻法》上的扶养，不适用本案由。

◆对于身份关系清楚，仅在给付的数额、时间上存在争议，且标的额为各省、自治区、直辖市上年度就业人员年平均工资30%以下的的扶养费纠纷案件，根据《民事诉讼法》第162条的规定，应适用小额诉讼程序进行审理。

20. 赡养纠纷

（1）赡养费纠纷

（2）变更赡养关系纠纷

【案由解析】

赡养是指晚辈对长辈应尽的照顾其生活的义务，该义务不仅发生在婚生子女和父母之间，也发生在非婚生子女和父母、养父母和养子女、继子女和有抚养关系的继父母之间，同时也发生在有负担能力的孙子女、外孙子女与子女已经死亡的祖父母、外祖父母之间。

赡养纠纷是指赡养权利人与义务人因赡养关系而发生的纠纷。

赡养的主要特征是：（1）赡养是道德义务也是法律义务。赡养长辈是我国的优良传统，是中华民族传统美德尊老爱幼的体现。我国《婚姻法》第21条规定，“子女对父母有赡养扶助义务”，“子女不履行赡养义务时，无劳动能力或生活困难的父母，有要求子女给付赡养费的权利”。（2）赡养基于亲权关系而产生。赡养义务的权利人和义务人之间的身份关系存续，这种权利义务就一直存在。只有在一些法定的情况下赡养义务才能解除，比如成年的养父母子女之间解除收养关系等。（3）处理赡养纠纷时，以保护老年人的合法权益为原则。赡养纠纷中的老人往往处于弱势地位，人民法院在处理赡养纠纷时，应当坚持保护老年人的合法权益的原则，通过调解或者判决使子女依法履行赡养义务。对负有赡养义务而拒绝赡养，情节恶劣构成遗弃罪的，应当承担刑事责任。

【典型形态】

实践中，赡养纠纷主要有：

（1）赡养费纠纷，是指赡养权利人因向赡养义务人索要赡养费用而引发的纠纷。

（2）变更赡养关系纠纷，是指赡养权利人与赡养义务人之间因要求变更赡养关系而产生的纠纷。

【常用法律条文及索引】

《民法总则》（2017 年 10 月 1 日起施行）

第一百九十六条 下列请求权不适用诉讼时效的规定：

（一）请求停止侵害、排除妨碍、消除危险；

（二）不动产物权和登记的动产物权的权利人请求返还财产；

（三）请求支付抚养费、赡养费或者扶养费；

（四）依法不适用诉讼时效的其他请求权。

《最高人民法院关于适用〈中华人民共和国民事诉讼法〉的解释》（法释〔2015〕5 号 2015 年 2 月 4 日起施行）

第九条 追索赡养费、抚育费、扶养费案件的几个被告住所地不在同一辖区的，可以由原告住所地人民法院管辖。

第二百一十八条 赡养费、扶养费、抚育费案件，裁判发生法律效力后，因新情况、新理由，一方当事人再行起诉要求增加或者减少费用的，人民法院应作为新案受理。

《婚姻法》（1981 年 1 月 1 日起施行 2001 年 4 月 28 日修正）

第二十一条 父母对子女有抚养教育的义务；子女对父母有赡养扶助的义务。

父母不履行抚养义务时，未成年的或不能独立生活的子女，有要求父母付给抚养费的权利。

子女不履行赡养义务时，无劳动能力的或生活困难的父母，有要求子女付给赡养费的权利。

……

第二十六条 国家保护合法的收养关系。养父母和养子女间的权利和义务，适用本法对父母子女关系的有关规定。

养子女和生父母间的权利和义务，因收养关系的成立而消除。

第二十七条 继父母与继子女间，不得虐待或歧视。

继父或继母和受其抚养教育的继子女间的权利和义务，适用本法对父母子女关系的有关规定。

第二十八条 有负担能力的祖父母、外祖父母，对于父母已经死亡或父母无力抚养的未成年的孙子女、外孙子女，有抚养的义务。有负担能力的孙子女、外孙子女，对于子女已经死亡或子女无力赡养的祖父母、外祖父母，有赡养的义务。

第三十条　子女应当尊重父母的婚姻权利，不得干涉父母再婚以及婚后的生活。子女对父母的赡养义务，不因父母的婚姻关系变化而终止。

《老年人权益保障法》（2013 年 7 月 1 日起施行　2015 年 4 月 24 日修正）

第十四条　赡养人应当履行对老年人经济上供养、生活上照料和精神上慰藉的义务，照顾老年人的特殊需要。

赡养人是指老年人的子女以及其他依法负有赡养义务的人。

赡养人的配偶应当协助赡养人履行赡养义务。

第十五条　赡养人应当使患病的老年人及时得到治疗和护理；对经济困难的老年人，应当提供医疗费用。

对生活不能自理的老年人，赡养人应当承担照料责任；不能亲自照料的，可以按照老年人的意愿委托他人或者养老机构等照料。

第十六条　赡养人应当妥善安排老年人的住房，不得强迫老年人居住或者迁居条件低劣的房屋。

老年人自有的或者承租的住房，子女或者其他亲属不得侵占，不得擅自改变产权关系或者租赁关系。

老年人自有的住房，赡养人有维修的义务。

第十七条　赡养人有义务耕种或者委托他人耕种老年人承包的田地，照管或者委托他人照管老年人的林木和牲畜等，收益归老年人所有。

第十八条　家庭成员应当关心老年人的精神需求，不得忽视、冷落老年人。

与老年人分开居住的家庭成员，应当经常看望或者问候老年人。

用人单位应当按照国家有关规定保障赡养人探亲休假的权利。

第十九条　赡养人不得以放弃继承权或者其他理由，拒绝履行赡养义务。

赡养人不履行赡养义务，老年人有要求赡养人付给赡养费等权利。

赡养人不得要求老年人承担力不能及的劳动。

第二十条　经老年人同意，赡养人之间可以就履行赡养义务签订协议。赡养协议的内容不得违反法律的规定和老年人的意愿。

基层群众性自治组织、老年人组织或者赡养人所在单位监督协议的履行。

第二十一条 老年人的婚姻自由受法律保护。子女或者其他亲属不得干涉老年人离婚、再婚及婚后的生活。

赡养人的赡养义务不因老年人的婚姻关系变化而消除。

第二十二条 老年人对个人的财产，依法享有占有、使用、收益和处分的权利，子女或者其他亲属不得干涉，不得以窃取、骗取、强行索取等方式侵犯老年人的财产权益。

老年人有依法继承父母、配偶、子女或者其他亲属遗产的权利，有接受赠与的权利。子女或者其他亲属不得侵占、抢夺、转移、隐匿或者损毁应当由老年人继承或者接受赠与的财产。

老年人以遗嘱处分财产，应当依法为老年配偶保留必要的份额。

第二十三条 老年人与配偶有相互扶养的义务。

由兄、姐扶养的弟、妹成年后，有负担能力的，对年老无赡养人的兄、姐有扶养的义务。

第二十四条 赡养人、扶养人不履行赡养、扶养义务的，基层群众性自治组织、老年人组织或者赡养人、扶养人所在单位应当督促其履行。

第二十五条 禁止对老年人实施家庭暴力。

【适用本案由需要注意的问题】

◆根据《民事诉讼法》第21条规定，对公民提起的民事诉讼，由被告住所地人民法院管辖；被告住所地与经常居住地不一致的，由经常居住地人民法院管辖。《最高人民法院关于适用〈中华人民共和国民事诉讼法〉的解释》第9条规定："追索赡养费、抚育费、扶养费案件的几个被告住所地不在同一辖区的，可以由原告住所地人民法院管辖。"

◆适用本案由时，要注意其与抚养纠纷的区别。抚养纠纷是指因长辈亲属对晚辈亲属的抚育教养问题而发生的纠纷。而赡养是晚辈亲属对长辈亲属的物质上、生活上的照料，赡养纠纷是指因赡养权利人与义务人因这种赡养关系而发生的纠纷。

◆实践中，如果赡养义务人有多个，他们之间可以对赡养义务进行分配，达成赡养义务分配协议。子女不履行赡养义务的，需要赡养的父母可以通过有关部门进行调解或者向人民法院提起诉讼。对负有赡养义务并且具有赡养能力而拒绝赡养，情节恶劣构成遗弃罪的，依法追究刑事责任。

◆对于身份关系清楚，仅在给付的数额、时间上存在争议，且标的额为各省、自治区、直辖市上年度就业人员年平均工资30%以下的赡养费纠纷案件，根据《民事诉讼法》第162条的规定，应适用小额诉讼程序进行审理。

21. 收养关系纠纷

（1）确认收养关系纠纷

（2）解除收养关系纠纷

【案由解析】

收养是指公民根据法定条件和程序领养他人的子女作为自己的子女，从而在收养人与被收养人之间确立父母子女关系的民事法律行为。

收养纠纷是指收养人与被收养人之间因收养关系而发生的纠纷。

收养的主要特征是：（1）收养是一种民事法律行为。收养不仅关系着双方当事人的利益，也涉及社会的整体利益。收养的成立、有效，除要求当事人符合法律规定的条件外，还必须履行法定的程序。（2）收养是变更亲属身份和权利义务关系的行为。收养行为成立后，收养人与被收养人之间产生父母子女间的身份关系和权利义务关系，被收养人与其生父母之间的身份关系和权利义务随之消灭。（3）收养关系是一种拟制血亲关系。通过收养可以使养父母与养子女之间产生与亲生父母子女之间的权利义务关系类似的法律拟制的血亲关系，可以依法产生，也可以依法解除。

【典型形态】

实践中，收养纠纷主要有：

（1）确认收养关系纠纷，是指当事人对收养关系是否有效成立存在不同的观点而引发的纠纷。

（2）解除收养关系纠纷，是指当事人对是否解除收养关系存在不同认识而产生的纠纷。

【常用法律条文及索引】

《民法总则》（2017年10月1日起施行）

第五十二条　被宣告死亡的人在被宣告死亡期间，其子女被他人依法收养的，在死亡宣告被撤销后，不得以未经本人同意为由主张收养关系无效。

《收养法》（1992 年 4 月 1 日起施行　1998 年 11 月 4 日修正）

第一条　为保护合法的收养关系，维护收养关系当事人的权利，制定本法。

第二条　收养应当有利于被收养的未成年人的抚养、成长，保障被收养人和收养人的合法权益，遵循平等自愿的原则，并不得违背社会公德。

第三条　收养不得违背计划生育的法律、法规。

第四条　下列不满十四周岁的未成年人可以被收养：

（一）丧失父母的孤儿；

（二）查找不到生父母的弃婴和儿童；

（三）生父母有特殊困难无力抚养的子女。

第五条　下列公民、组织可以作送养人：

（一）孤儿的监护人；

（二）社会福利机构；

（三）有特殊困难无力抚养子女的生父母。

第六条　收养人应当同时具备下列条件：

（一）无子女；

（二）有抚养教育被收养人的能力；

（三）未患有在医学上认为不应当收养子女的疾病；

（四）年满三十周岁。

第七条　收养三代以内同辈旁系血亲的子女，可以不受本法第四条第三项、第五条第三项、第九条和被收养人不满十四周岁的限制。

华侨收养三代以内同辈旁系血亲的子女，还可以不受收养人无子女的限制。

第八条　收养人只能收养一名子女。

收养孤儿、残疾儿童或者社会福利机构抚养的查找不到生父母的弃婴和儿童，可以不受收养人无子女和收养一名的限制。

第九条　无配偶的男性收养女性的，收养人与被收养人的年龄应当相差四十周岁以上。

第十条　生父母送养子女，须双方共同送养。生父母一方不明或者查找不到的可以单方送养。

有配偶者收养子女，须夫妻共同收养。

第十一条　收养人收养与送养人送养，须双方自愿。收养年满十周岁以上未成年人的，应当征得被收养人的同意。

第十二条　未成年人的父母均不具备完全民事行为能力的，该未成年人的监护人不得将其送养，但父母对该未成年人有严重危害可能的除外。

第十三条　监护人送养未成年孤儿的，须征得有抚养义务的人同意。有抚养义务的人不同意送养、监护人不愿意继续履行监护职责的，应当依照《中华人民共和国民法通则》的规定变更监护人。

第十四条　继父或者继母经继子女的生父母同意，可以收养继子女，并可以不受本法第四条第三项、第五条第三项、第六条和被收养人不满十四周岁以及收养一名的限制。

第十五条　收养应当向县级以上人民政府民政部门登记。收养关系自登记之日起成立。

收养查找不到生父母的弃婴和儿童的，办理登记的民政部门应当在登记前予以公告。

收养关系当事人愿意订立收养协议的，可以订立收养协议。

收养关系当事人各方或者一方要求办理收养公证的，应当办理收养公证。

第十六条　收养关系成立后，公安部门应当依照国家有关规定为被收养人办理户口登记。

第十七条　孤儿或者生父母无力抚养的子女，可以由生父母的亲属、朋友抚养。

抚养人与被抚养人的关系不适用收养关系。

第十八条　配偶一方死亡，另一方送养未成年子女的，死亡一方的父母有优先抚养的权利。

第十九条　送养人不得以送养子女为理由违反计划生育的规定再生育子女。

第二十条　严禁买卖儿童或者借收养名义买卖儿童。

第二十一条　外国人依照本法可以在中华人民共和国收养子女。

外国人在中华人民共和国收养子女，应当经其所在国主管机关依照该国法律审查同意。收养人应当提供由其所在国有权机构出具的有关收养人的年龄、婚姻、职业、财产、健康、有无受过刑事处罚等状况的证明材料，该证明材料应当经其所在国外交机关或者外交机关授权的机构认证，并经中华人民共和国驻该国使领馆认证。该收养人应当与送养人订立书面协议，亲自向省级人民政府民政部门登记。

收养关系当事人各方或者一方要求办理收养公证的，应当到国务院司法行政部门认定的具有办理涉外公证资格的公证机构办理收养公证。

第二十二条 收养人、送养人要求保守收养秘密的，其他人应当尊重其意愿，不得泄露。

第二十三条 自收养关系成立之日起，养父母与养子女间的权利义务关系，适用法律关于父母子女关系的规定；养子女与养父母的近亲属间的权利义务关系，适用法律关于子女与父母的近亲属关系的规定。

养子女与生父母及其他近亲属间的权利义务关系，因收养关系的成立而消除。

第二十四条 养子女可以随养父或者养母的姓，经当事人协商一致，也可以保留原姓。

第二十五条 违反《中华人民共和国民法通则》第五十五条和本法规定的收养行为无法律效力。

收养行为被人民法院确认无效的，从行为开始时起就没有法律效力。

第二十六条 收养人在被收养人成年以前，不得解除收养关系，但收养人、送养人双方协议解除的除外，养子女年满十周岁以上的，应当征得本人同意。

收养人不履行抚养义务，有虐待、遗弃等侵害未成年养子女合法权益行为的，送养人有权要求解除养父母与养子女间的收养关系。送养人、收养人不能达成解除收养关系协议的，可以向人民法院起诉。

第二十七条 养父母与成年养子女关系恶化、无法共同生活的，可以协议解除收养关系。不能达成协议的，可以向人民法院起诉。

第二十八条 当事人协议解除收养关系的，应当到民政部门办理解除收养关系的登记。

第二十九条 收养关系解除后，养子女与养父母及其他近亲属间的权利义务关系即行消除，与生父母及其他近亲属间的权利义务关系自行恢复，但成年养子女与生父母及其他近亲属间的权利义务关系是否恢复，可以协商确定。

第三十条 收养关系解除后，经养父母抚养的成年养子女，对缺乏劳动能力又缺乏生活来源的养父母，应当给付生活费。因养子女成年后虐待、遗弃养父母而解除收养关系的，养父母可以要求养子女补偿收养期间支出的生活费和教育费。

生父母要求解除收养关系的，养父母可以要求生父母适当补偿收养期间支出的生活费和教育费，但因养父母虐待、遗弃养子女而解除收养关系的除外。

《婚姻法》（1981 年 1 月 1 日起施行 2001 年 4 月 28 日修正）

第二十六条 国家保护合法的收养关系。养父母和养子女间的权利和义务，适用本法对父母子女关系的有关规定。

养子女和生父母间的权利和义务，因收养关系的成立而消除。

【适用本案由需要注意的问题】

◆确定本案由时，要注意其与抚养纠纷的区别。抚养义务不因为父母离婚而消除。离婚后，子女无论由父或由母直接抚养，仍是父母双方的子女，父母对于子女仍有抚养和教育的义务。而养子女和生父母间的权利和义务，因收养关系的成立而消除。

22. 监护权纠纷

【案由解析】

监护权是指监护人对于未成年人和精神病人等无民事行为能力人和限制行为能力人的人身权益、财产权益以及其他一切合法权益所享有的监督、保护的权利。

监护权纠纷是指因行使监护权所引发的纠纷。

监护权的主要特征是：（1）监护既是监护人的义务，又是监护人的权利。（2）特定情形下，监护权可以变更和终止。（3）监护的内容既包括人身方面，也包括财产方面。（4）监护的设立包括法定监护和指定监护两种方式。

【常用法律条文及索引】

《民法通则》（1987 年 1 月 1 日起施行 2009 年 8 月 27 日修正）

第十六条 未成年人的父母是未成年人的监护人。

未成年人的父母已经死亡或者没有监护能力的，由下列人员中有监护能力的人担任监护人：

（一）祖父母、外祖父母；

（二）兄、姐；

（三）关系密切的其他亲属、朋友愿意承担监护责任，经未成年人的父、母的所在单位或者未成年人住所地的居民委员会、村民委员会同意的。

对担任监护人有争议的，由未成年人的父、母的所在单位或者未成年人住所地的居民委员会、村民委员会在近亲属中指定。对指定不服提起诉讼的，由人民法院裁决。

没有第一款、第二款规定的监护人的，由未成年人的父、母的所在单位或者未成年人住所地的居民委员会、村民委员会或者民政部门担任监护人。

第十七条 无民事行为能力或者限制民事行为能力的精神病人，由下列人员担任监护人：

（一）配偶；

（二）父母；

（三）成年子女；

（四）其他近亲属；

（五）关系密切的其他亲属、朋友愿意承担监护责任，经精神病人的所在单位或者住所地的居民委员会、村民委员会同意的。

对担任监护人有争议的，由精神病人的所在单位或者住所地的居民委员会、村民委员会在近亲属中指定。对指定不服提起诉讼的，由人民法院裁决。

没有第一款规定的监护人的，由精神病人的所在单位或者住所地的居民委员会、村民委员会或者民政部门担任监护人。

第十八条 监护人应当履行监护职责，保护被监护人的人身、财产及其他合法权益，除为被监护人的利益外，不得处理被监护人的财产。

监护人依法履行监护的权利，受法律保护。

监护人不履行监护职责或者侵害被监护人的合法权益的，应当承担责任；给被监护人造成财产损失的，应当赔偿损失。人民法院可以根据有关人员或者有关单位的申请，撤销监护人的资格。

《民法总则》（2017年10月1日起施行）

第二十三条 无民事行为能力人、限制民事行为能力人的监护人是其法定代理人。

第二十七条 父母是未成年子女的监护人。

未成年人的父母已经死亡或者没有监护能力的，由下列有监护能力的人按顺序担任监护人：

（一）祖父母、外祖父母；

（二）兄、姐；

（三）其他愿意担任监护人的个人或者组织，但是须经未成年人住所地的居民委员会、村民委员会或者民政部门同意。

第二十八条 无民事行为能力或者限制民事行为能力的成年人，由下列有监护能力的人按顺序担任监护人：

（一）配偶；

（二）父母、子女；

（三）其他近亲属；

（四）其他愿意担任监护人的个人或者组织，但是须经被监护人住所地的居民委员会、村民委员会或者民政部门同意。

第二十九条 被监护人的父母担任监护人的，可以通过遗嘱指定监护人。

第三十条 依法具有监护资格的人之间可以协议确定监护人。协议确定监护人应当尊重被监护人的真实意愿。

第三十一条 对监护人的确定有争议的，由被监护人住所地的居民委员会、村民委员会或者民政部门指定监护人，有关当事人对指定不服的，可以向人民法院申请指定监护人；有关当事人也可以直接向人民法院申请指定监护人。

居民委员会、村民委员会、民政部门或者人民法院应当尊重被监护人的真实意愿，按照最有利于被监护人的原则在依法具有监护资格的人中指定监护人。

依照本条第一款规定指定监护人前，被监护人的人身权利、财产权利以及其他合法权益处于无人保护状态的，由被监护人住所地的居民委员会、村民委员会、法律规定的有关组织或者民政部门担任临时监护人。

监护人被指定后，不得擅自变更；擅自变更的，不免除被指定的监护人的责任。

第三十二条 没有依法具有监护资格的人的，监护人由民政部门担任，也可以由具备履行监护职责条件的被监护人住所地的居民委员会、村民委员会担任。

第三十三条 具有完全民事行为能力的成年人，可以与其近亲属、其他愿意担任监护人的个人或者组织事先协商，以书面形式确定自己的监护人。协商确定的监护人在该成年人丧失或者部分丧失民事行为能力时，履行监护职责。

第三十六条 监护人有下列情形之一的，人民法院根据有关个人或者组织的申请，撤销其监护人资格，安排必要的临时监护措施，并按照最有利于被监护人的原则依法指定监护人：

（一）实施严重损害被监护人身心健康行为的；

（二）怠于履行监护职责，或者无法履行监护职责并且拒绝将监护职责部分或者全部委托给他人，导致被监护人处于危困状态的；

（三）实施严重侵害被监护人合法权益的其他行为的。

本条规定的有关个人和组织包括：其他依法具有监护资格的人，居民委员会、村民委员会、学校、医疗机构、妇女联合会、残疾人联合会、未成年人保护组织、依法设立的老年人组织、民政部门等。

前款规定的个人和民政部门以外的组织未及时向人民法院申请撤销监护人资格的，民政部门应当向人民法院申请。

《最高人民法院关于贯彻执行〈中华人民共和国民法通则〉若干问题的意见（试行）》（法（办）发〔1988〕6号 1988年4月2日起施行）

10. 监护人的监护职责包括：保护被监护人的身体健康，照顾被监护人的生活，管理和保护被监护人的财产，代理被监护人进行民事活动，对被监护人进行管理和教育，在被监护人合法权益受到侵害或者与人发生争议时，代理其进行诉讼。

11. 认定监护人的监护能力，应当根据监护人的身体健康状况、经济条件，以及与被监护人在生活上的联系状况等因素确定。

12. 民法通则中规定的近亲属，包括配偶、父母、子女、兄弟姐妹、祖父母、外祖父母、孙子女，外孙子女。

13. 为患有精神病的未成年人设定监护人，适用民法通则第十六条的规定。

14. 人民法院指定监护人时，可以将民法通则第十六条第二款中的（一）、（二）、（三）项或第十七条第一款中的（一）、（二）、（三）、（四）、（五）项规定视为指定监护人的顺序。前一顺序有监护资格的人无监护能力或者对被监护人明显不利的，人民法院可以根据对被监护人有利的原则，从后一顺序有监护资格的人中择优确定。被监护人有识别能力的，应视情况征求被监护人的意见。

监护人可以是一人，也可以是同一顺序中的数人。

15. 有监护资格的人之间协议确定监护人的，应当由协议确定的监护人对被监护人承担监护责任。

16. 对于担任监护人有争议的，应当按照民法通则第十六条第三款或者第十七条第二款的规定，由有关组织予以指定。未经指定而向人民法院起诉的，人民法院不予受理。

17. 有关组织依照民法通则规定指定监护人，以书面或者口头通知了被指定人的，应当认定指定成立。被指定人不服的，应当在接到通知的次日起30日内向人民法院起诉。逾期起诉的，按变更监护关系处理。

18. 监护人被指定后，不得自行变更。擅自变更的，由原被指定的监护人和变更后的监护人承担监护责任。

19. 被指定人对指定不服提起诉讼的，人民法院应当根据本意见第十四条的规定，作出维持或者撤销指定监护人的判决。如果判决是撤销原指定的，可以同时另行指定监护人。此类案件，比照民事诉讼法（试行）规定的特别程序进行审理。

在人民法院作出判决前的监护责任，一般应当按照指定监护人的顺序，由有监护资格的人承担。

20. 监护人不履行监护职责，或者侵害了被监护人的合法权益，民法通则第十六条、第十七条规定的其他有监护资格的人或者单位向人民法院起诉，要求监护人承担民事责任的，按照普通程序审理，要求变更监护关系的，按照特别程序审理；既要求承担民事责任，又要求变更监护关系的，分别审理。

21. 夫妻离婚后，与子女共同生活的一方无权取消对方对该子女的监护权；但是，未与该子女共同生活的一方，对该子女有犯罪行为、虐待行为或者对该子女明显不利的，人民法院认为可以取消的除外。

22. 监护人可以将监护职责部分或者全部委托给他人。因被监护人的侵权行为需要承担民事责任的，应当由监护人承担，但另有约定的除外；被委托人确有过错的，负连带责任。

23. 夫妻一方死亡后，另一方将子女送给他人收养，如收养对子女的健康成长并无不利，又办了合法收养手续的，认定收养关系成立；其他有监护资格的人不得以收养未经其同意而主张收养关系无效。

【适用本案由需要注意的问题】

◆适用本案由时，要注意其与抚养纠纷的区别。抚养纠纷中的抚养义务是指与需要被抚养的人有一定的身份关系的人，依照法律其必须对被抚养的人履行抚养照顾的职责。而监护权纠纷中的监护是指监护人对未成年人和精神病人等无民事行为能力人和限制行为能力人的人身权益、财产权益以及其他一切合法权益进行监督、保护的一项制度。有抚养义务的人并不一定是监护人。特定情形下，监护权可以变更和终止，但父母对子女的抚养义务不能免除。

23. 探望权纠纷

【案由解析】

探望权是指离婚后不直接抚养子女的父亲或母亲一方享有的探视未成年子女的权利。

探望权纠纷是指因行使探望权而引发的纠纷。

探望权的主要特征是：（1）探望权的主体特定。行使探望权的主体只能是曾经存在夫妻关系，离婚后不直接抚养子女的男女双方中的一方。权利人不能允许他人行使其探望权，也不得转让、抛弃或继承，探望权不可与权利人的人身分离。（2）探望权的对象特定。探望权的对象是与父或母不在一起共同生活的未成年子女。（3）探望权行使的时间是离婚后。只有通过离婚登记程序，夫妻双方解除了婚姻关系之后，才产生探望权。（4）一方行使探望权时，另一方有协助的义务。探望可以减轻父母离婚对未成年子女的伤害，能满足子女接受父母双方关爱的需要，法律规定了直接抚养子女一方对另一方行使探望权的协助义务。

【常用法律条文及索引】

《婚姻法》（1981 年 1 月 1 日起施行　2001 年 4 月 28 日修正）

第三十六条　父母与子女间的关系，不因父母离婚而消除。离婚后，子女无论由父或母直接抚养，仍是父母双方的子女。

离婚后，父母对于子女仍有抚养和教育的权利和义务。

离婚后，哺乳期内的子女，以随哺乳的母亲抚养为原则。哺乳期后的子女，如双方因抚养问题发生争执不能达成协议时，由人民法院根据子女的权益和双方的具体情况判决。

第三十八条　离婚后，不直接抚养子女的父或母，有探望子女的权利，另一方有协助的义务。

行使探望权利的方式、时间由当事人协议；协议不成时，由人民法院判决。

父或母探望子女，不利于子女身心健康的，由人民法院依法中止探望的权利；中止的事由消失后，应当恢复探望的权利。

第四十八条　对拒不执行有关扶养费、抚养费、赡养费、财产分割、遗产继承、探望子女等判决或裁定的，由人民法院依法强制执行。有关个人和单位应负协助执行的责任。

《最高人民法院关于适用〈中华人民共和国婚姻法〉若干问题的解释（一）》（法释〔2001〕30 号　2001 年 12 月 27 日起施行）

第二十四条　人民法院作出的生效的离婚判决中未涉及探望权，当事人就探望权问题单独提起诉讼的，人民法院应予受理。

第二十五条　当事人在履行生效判决、裁定或者调解书的过程中，请求中止行使探望权的，人民法院在征询双方当事人意见后，认为需要中止行使探望权的，依法作出裁定。中止探望的情形消失后，人民法院应当根据当事人的申请通知其恢复探望权的行使。

第二十六条　未成年子女、直接抚养子女的父或母及其他对未成年子女负担抚养、教育义务的法定监护人，有权向人民法院提出中止探望权的请求。

第三十二条　婚姻法第四十八条关于对拒不执行有关探望子女等判决和裁定的，由人民法院依法强制执行的规定，是指对拒不履行协助另一方行使探望权的有关个人和单位采取拘留、罚款等强制措施，不能对子女的人身、探望行为进行强制执行。

《第八次全国法院民事商事审判工作会议（民事部分）纪要》（2016 年 11 月 21 日　法〔2016〕399 号）

2．离婚后，不直接抚养未成年子女的父母一方提出探望未成年子女诉讼请求的，应当向双方当事人释明探望权的适当行使对未成年子女健康成长、人格塑造的重要意义，并根据未成年子女的年龄、智力和认知水平，在有利于未成年子女成长和尊重其意愿的前提下，保障当事人依法行使探望权。

3. 祖父母、外祖父母对父母已经死亡或父母无力抚养的未成年孙子女、外孙子女尽了抚养义务，其定期探望孙子女、外孙子女的权利应当得到尊重，并有权通过诉讼方式获得司法保护。

【适用本案由需要注意的问题】

◆确定本案由时，要注意其与监护权纠纷的区别。监护权的行使既包括人身利益方面，也包括财产利益方面。而探望权的行使具有从情感上得到支持、心理上得到满足的精神利益的特征，是一种特殊的身份权。特定情形下，监护权可以变更和终止，而父或母探望子女，不利于子女身心健康的，由人民法院依法中止探望的权利，中止事由消失后，应当恢复探望的权利。

24. 分家析产纠纷

【案由解析】

分家析产是指根据分家协议将一个较大的家庭分成几个较小的家庭，同时财产共有人通过协议的方式，根据一定的标准，将共同的家庭财产分属各共有人所有的民事法律行为。

分家析产纠纷是指家庭关系解体以后，家庭成员要求依法分割家庭共有财产而引发的纠纷。

分家析产的主要特征是：（1）分家析产的前提是家庭共有财产的认定。家庭共有财产一般为共同共有，除非有特别约定。家庭共同财产是全体家庭成员共同生活期间所创造的，供全体家庭成员生活、生产的财产。其他属于个人财产范畴的，不属于家庭共有财产，不是分家析产的对象。（2）分家析产的主体特定。分家析产的主体是在家庭共同生活期间参与共同劳动创造、对家庭作出贡献的家庭成员。（3）分割家庭共有财产应当根据公平合理原则。应本着团结和睦、互让互助的精神，协商分割共有财产，对老幼病残者要给予适当照顾。同时要尽可能有利于生产，有利于发挥家庭成员各自的专长。对于某些不便分割的财产，也可作变通处理，以充分发挥该项财产的效用。

【常用法律条文及索引】

《民法通则》（1987 年 1 月 1 日起施行 2009 年 8 月 27 日修正）

第七十一条 财产所有权是指所有人依法对自己的财产享有占有、使用、收益和处分的权利。

第七十五条 公民的个人财产，包括公民的合法收入、房屋、储蓄、生活用品、文物、图书资料、林木、牲畜和法律允许公民所有的生产资料以及其他合法财产。

公民的合法财产受法律保护，禁止任何组织或者个人侵占、哄抢、破坏或者非法查封、扣押、冻结、没收。

第七十六条 公民依法享有财产继承权。

第七十八条 财产可以由两个以上的公民、法人共有。

共有分为按份共有和共同共有。按份共有人按照各自的份额，对共有财产分享权利，分担义务。共同共有人对共有财产享有权利，承担义务。

按份共有财产的每个共有人有权要求将自己的份额分出或者转让。但在出售时，其他共有人在同等条件下，有优先购买的权利。

《民法总则》（2017 年 10 月 1 日起施行）

第三条 民事主体的人身权利、财产权利以及其他合法权益受法律保护，任何组织或者个人不得侵犯。

第一百一十三条 民事主体的财产权利受法律平等保护。

《婚姻法》（1981 年 1 月 1 日起施行 2001 年 4 月 28 日修正）

第十七条 夫妻在婚姻关系存续期间所得的下列财产，归夫妻共同所有：

（一）工资、奖金；

（二）生产、经营的收益；

（三）知识产权的收益；

（四）继承或赠与所得的财产，但本法第十八条第三项规定的除外；

（五）其他应当归共同所有的财产。

夫妻对共同所有的财产，有平等的处理权。

第十八条 有下列情形之一的，为夫妻一方的财产：

（一）一方的婚前财产；

（二）一方因身体受到伤害获得的医疗费、残疾人生活补助费等费用；

（三）遗嘱或赠与合同中确定只归夫或妻一方的财产；

（四）一方专用的生活用品；

（五）其他应当归一方的财产。

第十九条 夫妻可以约定婚姻关系存续期间所得的财产以及婚前财产归各自所有、共同所有或部分各自所有、部分共同所有。约定应当采用书面形式。没有约定或约定不明确的，适用本法第十七条、第十八条的规定。

夫妻对婚姻关系存续期间所得的财产以及婚前财产的约定，对双方具有约束力。

夫妻对婚姻关系存续期间所得的财产约定归各自所有的，夫或妻一方对外所负的债务，第三人知道该约定的，以夫或妻一方所有的财产清偿。

《最高人民法院关于贯彻执行〈中华人民共和国民法通则〉若干问题的意见（试行）》（法（办）发〔1988〕6号 1988年4月2日起施行）

89. 共同共有人对共有财产享有共同的权利，承担共同的义务。在共同共有关系存续期间，部分共有人擅自处分共有财产的，一般认定无效。但第三人善意、有偿取得该财产的，应当维护第三人的合法权益，对其他共有人的损失，由擅自处分共有财产的人赔偿。

90. 在共同共有关系终止时，对共有财产的分割，有协议的，按协议处理；没有协议的，应当根据等分原则处理，并且考虑共有人对共有财产的贡献大小，适当照顾共有人生产、生活的实际需要等情况。但分割夫妻共有财产，应当根据婚姻法的有关规定处理。

91. 共有财产是特定物，而且不能分割或者分割有损其价值的，可以折价处理。

92. 共同共有财产分割后，一个或者数个原共有人出卖自己分得的财产时，如果出卖的财产与其他原共有人分得的财产属于一个整体或者配套使用，其他原共有人主张优先购买权的，应当予以支持。

《物权法》（2007年10月1日起施行）

第九十三条 不动产或者动产可以由两个以上单位、个人共有。共有包括按份共有和共同共有。

第九十五条 共同共有人对共有的不动产或者动产共同享有所有权。

《最高人民法院关于适用〈中华人民共和国婚姻法〉若干问题的解释（一）》（法释〔2001〕30 号　2001 年 12 月 27 日起施行）

第十七条　婚姻法第十七条关于“夫或妻对夫妻共同所有的财产，有平等的处理权”的规定，应当理解为：

（一）夫或妻在处理夫妻共同财产上的权利是平等的。因日常生活需要而处理夫妻共同财产的，任何一方均有权决定。

（二）夫或妻非因日常生活需要对夫妻共同财产做重要处理决定，夫妻双方应当平等协商，取得一致意见。他人有理由相信其为夫妻双方共同意思表示的，另一方不得以不同意或不知道为由对抗善意第三人。

【适用本案由需要注意的问题】

◆适用本案由时，要注意其与离婚后财产纠纷的区别。离婚后财产纠纷的主体是已经依法解除婚姻关系的男女双方当事人。而分家析产纠纷的主体是在家庭共同生活期间参与共同劳动创造、对家庭作出贡献的家庭成员。

◆分家析产是对家庭共有财产进行的分割，只能分割家庭成员间共有的那部分财产，不能对属于家庭成员个人的财产进行分割。另外，对共有物的分割不得损害物的经济价值。共有财产是可分物的，可以进行实物分割；共有财产是不可分割物的，共有人中有人愿意取得共有物的，可对其他共有人作价补偿；共有人都不愿取得共有物的，可将共有物作价出售由共有人分割价金。

三、继承纠纷

25. 法定继承纠纷

（1）转继承纠纷

（2）代位继承纠纷

【案由解析】

法定继承是指根据法律规定的继承人范围、继承顺序、继承遗产的份额及遗产的分配原则将被继承人的遗产分配给合法继承人的继承方式。

法定继承纠纷是指因法定继承而引起的纠纷。

法定继承的主要特征是：(1) 法定继承以身份关系为基础。法定继承中的继承人是法律基于继承人与被继承人间的亲属关系规定的，而不是由被继承人指定的。(2) 法定继承的效力低于遗嘱继承。继承开始后，应先适用遗嘱继承，只有在不适用遗嘱继承时才适用法定继承，法定继承是对遗嘱继承的补充。

【典型形态】

实践中，法定继承纠纷主要有：

(1) 转继承纠纷，是指被继承人死亡后遗产分割前，继承人又死亡的，由该死亡之继承人的继承人继承其应当继承的份额而引起的纠纷。

(2) 代位继承纠纷，是指被继承人的子女先于被继承人死亡的，死亡的子女的晚辈直系血亲代位继承被继承人遗产而引起的纠纷。

【常用法律条文及索引】

《民法总则》(2017 年 10 月 1 日起施行)

第一百二十四条 自然人依法享有继承权。

自然人合法的私有财产，可以依法继承。

第一百九十四条 在诉讼时效期间的最后六个月内，因下列障碍，不能行使请求权的，诉讼时效中止：

……

(三) 继承开始后未确定继承人或者遗产管理人；

……

自中止时效的原因消除之日起满六个月，诉讼时效期间届满。

《继承法》(1985 年 10 月 1 日起施行)

第一条 根据《中华人民共和国宪法》规定，为保护公民的私有财产的继承权，制定本法。

第二条 继承从被继承人死亡时开始。

第三条 遗产是公民死亡时遗留的个人合法财产，包括：

(一) 公民的收入；

(二) 公民的房屋、储蓄和生活用品；

(三) 公民的林木、牲畜和家禽；

（四）公民的文物、图书资料；

（五）法律允许公民所有的生产资料；

（六）公民的著作权、专利权中的财产权利；

（七）公民的其他合法财产。

第四条 个人承包应得的个人收益，依照本法规定继承。个人承包，依照法律允许由继承人继续承包的，按照承包合同办理。

第五条 继承开始后，按照法定继承办理；有遗嘱的，按照遗嘱继承或者遗赠办理；有遗赠扶养协议的，按照协议办理。

第六条 无行为能力人的继承权、受遗赠权，由他的法定代理人代为行使。

限制行为能力人的继承权、受遗赠权，由他的法定代理人代为行使，或者征得法定代理人同意后行使。

第七条 继承人有下列行为之一的，丧失继承权：

（一）故意杀害被继承人的；

（二）为争夺遗产而杀害其他继承人的；

（三）遗弃被继承人的，或者虐待被继承人情节严重的；

（四）伪造、篡改或者销毁遗嘱，情节严重的。

第八条 继承权纠纷提起诉讼的期限为二年，自继承人知道或者应当知道其权利被侵犯之日起计算。但是，自继承开始之日起超过二十年的，不得再提起诉讼。

第九条 继承权男女平等。

第十条 遗产按照下列顺序继承：

第一顺序：配偶、子女、父母。

第二顺序：兄弟姐妹、祖父母、外祖父母。

继承开始后，由第一顺序继承人继承，第二顺序继承人不继承。没有第一顺序继承人继承的，由第二顺序继承人继承。

本法所说的子女，包括婚生子女、非婚生子女、养子女和有扶养关系的继子女。

本法所说的父母，包括生父母、养父母和有扶养关系的继父母。

本法所说的兄弟姐妹，包括同父母的兄弟姐妹、同父异母或者同母异父的兄弟姐妹、养兄弟姐妹、有扶养关系的继兄弟姐妹。

第十一条 被继承人的子女先于被继承人死亡的，由被继承人的子女的晚辈直系血亲代位继承。代位继承人一般只能继承他的父亲或者母亲有权继承的遗产份额。

第十二条 丧偶儿媳对公、婆，丧偶女婿对岳父、岳母，尽了主要赡养义务的，作为第一顺序继承人。

第十三条 同一顺序继承人继承遗产的份额，一般应当均等。

对生活有特殊困难的缺乏劳动能力的继承人，分配遗产时，应当予以照顾。

对被继承人尽了主要扶养义务或者与被继承人共同生活的继承人，分配遗产时，可以多分。

有扶养能力和有扶养条件的继承人，不尽扶养义务的，分配遗产时，应当不分或者少分。

继承人协商同意的，也可以不均等。

第十四条 对继承人以外的依靠被继承人扶养的缺乏劳动能力又没有生活来源的人，或者继承人以外的对被继承人扶养较多的人，可以分给他们适当的遗产。

第十五条 继承人应当本着互谅互让、和睦团结的精神，协商处理继承问题。遗产分割的时间、办法和份额，由继承人协商确定。协商不成的，可以由人民调解委员会调解或者向人民法院提起诉讼。

第二十三条 继承开始后，知道被继承人死亡的继承人应当及时通知其他继承人和遗嘱执行人。继承人中无人知道被继承人死亡或者知道被继承人死亡而不能通知的，由被继承人生前所在单位或者住所地的居民委员会、村民委员会负责通知。

第二十四条 存有遗产的人，应当妥善保管遗产，任何人不得侵吞或者争抢。

第二十五条 继承开始后，继承人放弃继承的，应当在遗产处理前，作出放弃继承的表示。没有表示的，视为接受继承。

受遗赠人应当在知道受遗赠后两个月内，作出接受或者放弃受遗赠的表示。到期没有表示的，视为放弃受遗赠。

第二十六条 夫妻在婚姻关系存续期间所得的共同所有的财产，除有约定的以外，如果分割遗产，应当先将共同所有的财产的一半分出为配偶所有，其余的为被继承人的遗产。

遗产在家庭共有财产之中的，遗产分割时，应当先分出他人的财产。

第二十七条 有下列情形之一的，遗产中的有关部分按照法定继承办理：

（一）遗嘱继承人放弃继承或者受遗赠人放弃受遗赠的；

（二）遗嘱继承人丧失继承权的；

（三）遗嘱继承人、受遗赠人先于遗嘱人死亡的；

（四）遗嘱无效部分所涉及的遗产；

（五）遗嘱未处分的遗产。

第二十八条 遗产分割时，应当保留胎儿的继承份额。胎儿出生时是死体的，保留的份额按照法定继承办理。

第二十九条 遗产分割应当有利于生产和生活需要，不损害遗产的效用。

不宜分割的遗产，可以采取折价、适当补偿或者共有等方法处理。

第三十条 夫妻一方死亡后另一方再婚的，有权处分所继承的财产，任何人不得干涉。

第三十一条 公民可以与扶养人签订遗赠扶养协议。按照协议，扶养人承担该公民生养死葬的义务，享有受遗赠的权利。

公民可以与集体所有制组织签订遗赠扶养协议。按照协议，集体所有制组织承担该公民生养死葬的义务，享有受遗赠的权利。

第三十二条 无人继承又无人受遗赠的遗产，归国家所有；死者生前是集体所有制组织成员的，归所在集体所有制组织所有。

第三十三条 继承遗产应当清偿被继承人依法应当缴纳的税款和债务，缴纳税款和清偿债务以他的遗产实际价值为限。超过遗产实际价值部分，继承人自愿偿还的不在此限。

继承人放弃继承的，对被继承人依法应当缴纳的税款和债务可以不负偿还责任。

第三十四条 执行遗赠不得妨碍清偿遗赠人依法应当缴纳的税款和债务。

《婚姻法》（1981 年 1 月 1 日起施行 2001 年 4 月 28 日修订）

第十七条 夫妻在婚姻关系存续期间所得的下列财产，归夫妻共同所有：

（一）工资、奖金；

（二）生产、经营的收益；

（三）知识产权的收益；

（四）继承或赠与所得的财产，但本法第十八条第三项规定的除外；

（五）其他应当归共同所有的财产。

夫妻对共同所有的财产，有平等的处理权。

第二十七条 继父母与继子女间，不得虐待或歧视。

继父或继母和受其抚养教育的继子女间的权利和义务，适用本法对父母子女关系的有关规定。

《最高人民法院关于贯彻执行〈中华人民共和国继承法〉若干问题的意见》（法（民）发〔1985〕22号 1985年9月11日起施行）

1. 继承从被继承人生理死亡或被宣告死亡时开始。

失踪人被宣告死亡的，以法院判决中确定的失踪人的死亡日期，为继承开始的时间。

2. 相互有继承关系的几个人在同一事件中死亡，如不能确定死亡先后时间的，推定没有继承人的人先死亡。死亡人各自都有继承人的，如几个死亡人辈分不同，推定长辈先死亡；几个死亡人辈分相同，推定同时死亡，彼此不发生继承，由他们各自的继承人分别继承。

3. 公民可继承的其他合法财产包括有价证券和履行标的为财物的债权等。

4. 承包人死亡时尚未取得承包收益的，可把死者生前对承包所投入的资金和所付出的劳动及其增值和孳息，由发包单位或者接续承包合同的人合理折价、补偿，其价额作为遗产。

5. 被继承人生前与他人订有遗赠扶养协议，同时又立有遗嘱的，继承开始后，如果遗赠扶养协议与遗嘱没有抵触，遗产分别按协议和遗嘱处理；如果有抗触，按协议处理，与协议抵触的遗嘱全部或部分无效。

6. 遗嘱继承人依遗嘱取得遗产后，仍有权依继承法第十三条的规定取得遗嘱未处分的遗产。

7. 不满6周岁的儿童、精神病患者，可以认定其为无行为能力人。

已满6周岁，不满18周岁的未成年人，应当认定其为限制行为能力人。

8. 法定代理人代理被代理人行使继承权、受遗赠权，不得损害被代理人的利益。法定代理人一般不能代理被代理人放弃继承权、受遗赠权。明显损害被代理人利益的，应认定其代理行为无效。

9. 在遗产继承中，继承人之间因是否丧失继承权发生纠纷，诉讼到人民法院的，由人民法院根据继承法第七条的规定，判决确认其是否丧失继承权。

10. 继承人虐待被继承人情节是否严重，可以从实施虐待行为的时间、手段、后果和社会影响等方面认定。

虐待被继承人情节严重的，不论是否追究刑事责任，均可确认其丧失继承权。

11. 继承人故意杀害被继承人的，不论是既遂还是未遂，均应确认其丧失继承权。

12. 继承人有继承法第七条第（一）项或第（二）项所列之行为，而被继承人以遗嘱将遗产指定由该继承人继承的，可确认遗嘱无效，并按继承法第七条的规定处理。

13. 继承人虐待被继承人情节严重的，或者遗弃被继承人的，如以后确有悔改表现，而且被虐待人、被遗弃人生前又表示宽恕，可不确认其丧失继承权。

14. 继承人伪造、篡改或者销毁遗嘱，侵害了缺乏劳动能力又无生活来源的继承人的利益，并造成其生活困难的，应认定其行为情节严重。

15. 在诉讼时效期间内，因不可抗拒的事由致继承人无法主张继承权利的，人民法院可按中止诉讼时效处理。

16. 继承人在知道自己的权利受到侵犯之日起的 2 年之内，其遗产继承权纠纷确在人民调解委员会进行调解期间，可按中止诉讼时效处理。

17. 继承人因遗产继承纠纷向人民法院提起诉讼，诉讼时效即为中断。

18. 自继承开始之日起的第 18 年后至第 20 年期间内，继承人才知道自己的权利被侵犯的，其提起诉讼的权利，应当在继承开始之日起的 20 年之内行使，超过 20 年的，不得再行提起诉讼。

19. 被收养人对养父母尽了赡养义务，同时又对生父母扶养较多的，除可依继承法第十条的规定继承养父母的遗产外，还可依继承法第十四条的规定分得生父母的适当的遗产。

20. 在旧社会形成的一夫多妻家庭中，子女与生母以外的父亲的其他配偶之间形成扶养关系的，互有继承权。

21. 继子女继承了继父母遗产的，不影响其继承生父母的遗产。

继父母继承了继子女遗产的，不影响其继承生子女的遗产。

22. 养祖父母与养孙子女的关系，视为养父母与养子女关系的，可互为第一顺序继承人。

23. 养子女与生子女之间、养子女与养子女之间，系养兄弟姐妹，可互为第二顺序继承人。

被收养人与其亲兄弟姐妹之间的权利义务关系，因收养关系的成立而消除，不能互为第二顺序继承人。

24. 继兄弟姐妹之间的继承权，因继兄弟姐妹之间的扶养关系而发生。没有扶养关系的，不能互为第二顺序继承人。

继兄弟姐妹之间相互继承了遗产的，不影响其继承亲兄弟姐妹的遗产。

25. 被继承人的孙子女、外孙子女、曾孙子女、外曾孙子女都可以代位继承，代位继承人不受辈数的限制。

26. 被继承人的养子女、已形成扶养关系的继子女的生子女可代位继承；被继承人亲生子女的养子女可代位继承；被继承人养子女的养子女可代位继承；与被继承人已形成扶养关系的继子女的养子女也可以代位继承。

27. 代位继承人缺乏劳动能力又没有生活来源，或者对被继承人尽过主要赡养义务的，分配遗产时，可以多分。

28. 继承人丧失继承权的，其晚辈直系血亲不得代位继承。如该代位继承人缺乏劳动能力又没有生活来源，或对被继承人尽赡养义务较多的，可适当分给遗产。

29. 丧偶儿媳对公婆、丧偶女婿对岳父、岳母，无论其是否再婚，依继承法第十二条规定作为第一顺序继承人时，不影响其子女代位继承。

30. 对被继承人生活提供了主要经济来源，或在劳务等方面给予了主要扶助的，应当认定其尽了主要赡养义务或主要扶养义务。

31. 依继承法第十四条规定可以分给适当遗产的人，分给他们遗产时，按具体情况可多于或少于继承人。

32. 依继承法第十四条规定可以分给适当遗产的人，在其依法取得被继承人遗产的权利受到侵犯时，本人有权以独立的诉讼主体的资格向人民法院提起诉讼。但在遗产分割时，明知而未提出请求的，一般不予受理；不知而未提出请求，在 2 年以内起诉的，应予受理。

33. 继承人有扶养能力和扶养条件，愿意尽扶养义务，但被继承人因有固定收入和劳动能力，明确表示不要求扶养的，分配遗产时，一般不应因此而影响其继承份额。

34. 有扶养能力和扶养条件的继承人虽然与被继承人共同生活，但对需要抚养的被继承人不尽扶养义务，分配遗产时，可以少分或者不分。

44. 人民法院在审理继承案件时，如果知道有继承人而无法通知的，分割遗产时，要保留其应继承的遗产，并确定该遗产的保管人或保管单位。

45. 应当为胎儿保留的遗产份额没有保留的，应从继承人所继承的遗产中扣回。

为胎儿保留的遗产份额，如胎儿出生后死亡的，由其继承人继承；如胎儿出生时就是死体的，由被继承人的继承人继承。

46. 继承人因放弃继承权，致其不能履行法定义务的，放弃继承权的行为无效。

47. 继承人放弃继承应当以书面形式向其他继承人表示。用口头方式表示放弃继承，本人承认，或有其他充分证据证明的，也应当认定其有效。

48. 在诉讼中，继承人向人民法院以口头方式表示放弃继承的，要制作笔录，由放弃继承的人签名。

49. 继承人放弃继承的意思表示，应当在继承开始后、遗产分割前作出。遗产分割后表示放弃的不再是继承权，而是所有权。

50. 遗产处理前或在诉讼进行中，继承人对放弃继承翻悔的，由人民法院根据其提出的具体理由，决定是否承认。遗产处理后，继承人对放弃继承翻悔的，不予承认。

51. 放弃继承的效力，追溯到继承开始的时间。

52. 继承开始后，继承人没有表示放弃继承，并于遗产分割前死亡的，其继承遗产的权利转移给他的合法继承人。

53. 继承开始后，受遗赠人表示接受遗赠，并于遗产分割前死亡的，其接受遗赠的权利转移给他的继承人。

54. 由国家或集体组织供给生活费用的烈属和享受社会救济的城市居民，其遗产仍应准许合法继承人继承。

55. 集体组织对“五保户”实行“五保”时，双方有扶养协议的，按协议处理；没有扶养协议，死者有遗嘱继承人或法定继承人要求继承的，按遗嘱继承或法定继承处理，但集体组织有权要求扣回“五保”费用。

56. 扶养人或集体组织与公民订有遗赠扶养协议，扶养人或集体组织无正当理由不履行，致协议解除的，不能享有受遗赠的权利，其支付的供养费用一般不予补偿；遗赠人无正当理由不履行，致协议解除的，则应偿还扶养人或集体组织已支付的供养费用。

57. 遗产因无人继承收归国家或集体组织所有时，按继承法第十四条规定可以分给遗产的人提出取得遗产的要求，人民法院应视情况适当分给遗产。

58. 人民法院在分割遗产中的房屋、生产资料和特定职业所需要的财产时，应依据有利于发挥其使用效益和继承人的实际需要，兼顾各继承人的利益进行处理。

59. 人民法院对故意隐匿、侵吞或争抢遗产的继承人，可以酌情减少其应继承的遗产。

60. 继承诉讼开始后，如继承人、受遗赠人中有既不愿参加诉讼，又不表示放弃实体权利的，应追加为共同原告；已明确表示放弃继承的，不再列为当事人。

61. 继承人中有缺乏劳动能力又没有生活来源的人，即使遗产不足清偿债务，也应为其保留适当遗产，然后再按继承法第三十三条和民事诉讼法第一百八十条的规定清偿债务。

62. 遗产已被分割而未清偿债务时，如有法定继承又有遗嘱继承和遗赠的，首先由法定继承人用其所得遗产清偿债务；不足清偿时，剩余的债务由遗嘱继承人和受遗赠人按比例用所得遗产偿还；如果只有遗嘱继承和遗赠的，由遗嘱继承人和受遗赠人按比例用所得遗产偿还。

【适用本案由需要注意的问题】

◆根据《民事诉讼法》第 33 条的规定，因继承遗产纠纷提起的诉讼，由被继承人死亡时住所地或者主要遗产所在地人民法院管辖。根据《最高人民法院关于军事法院管辖民事案件若干问题的规定》（法释〔2012〕11 号）第 2 条的规定，被继承人死亡时住所地或者主要遗产所在地在营区内，且当事人一方为军人或者军队单位的案件，地方当事人向军事法院提起诉讼或者提出申请的，军事法院应当受理，该管辖原则适用于本二级案由“继承纠纷”下的所有案件，下文不赘。

◆适用本案由时，要注意其与遗嘱继承纠纷的区别。遗嘱继承是按照被继承人所立的合法有效的遗嘱而继承其遗产的方式，继承人由立遗嘱人指定。而法定继承中的继承人是法律基于继承人与被继承人间的亲属关系规定的，而不是由被继承人指定的。

26. 遗嘱继承纠纷

【案由解析】

遗嘱继承是指根据被继承人所立的合法有效的遗嘱而继承其遗产的继承方式。

遗嘱继承纠纷是指因遗嘱继承而引起的纠纷。

遗嘱继承的主要特征是：（1）遗嘱继承以被继承人死亡和立有遗嘱为前提。（2）遗嘱继承在效力上优先于法定继承。

【常用法律条文及索引】

《民法总则》（2017年10月1日起施行）

第一百二十四条　自然人依法享有继承权。

自然人合法的私有财产，可以依法继承。

第一百九十四条　在诉讼时效期间的最后六个月内，因下列障碍，不能行使请求权的，诉讼时效中止：

……

（三）继承开始后未确定继承人或者遗产管理人；

……

自中止时效的原因消除之日起满六个月，诉讼时效期间届满。

《继承法》（1985年10月1日起施行）

第十六条　公民可以依照本法规定立遗嘱处分个人财产，并可以指定遗嘱执行人。

公民可以立遗嘱将个人财产指定由法定继承人的一人或者数人继承。

公民可以立遗嘱将个人财产赠给国家、集体或者法定继承人以外的人。

第十七条　公证遗嘱由遗嘱人经公证机关办理。

自书遗嘱由遗嘱人亲笔书写，签名，注明年、月、日。

代书遗嘱应当有两个以上见证人在场见证，由其中一人代书，注明年、月、日，并由代书人、其他见证人和遗嘱人签名。

以录音形式立的遗嘱，应当有两个以上见证人在场见证。

遗嘱人在危急情况下，可以立口头遗嘱。口头遗嘱应当有两个以上见证人在场见证。危急情况解除后，遗嘱人能够用书面或者录音形式立遗嘱的，所立的口头遗嘱无效。

第十八条 下列人员不能作为遗嘱见证人：

（一）无行为能力人、限制行为能力人；

（二）继承人、受遗赠人；

（三）与继承人、受遗赠人有利害关系的人。

第十九条 遗嘱应当对缺乏劳动能力又没有生活来源的继承人保留必要的遗产份额。

第二十条 遗嘱人可以撤销、变更自己所立的遗嘱。

立有数份遗嘱，内容相抵触的，以最后的遗嘱为准。

自书、代书、录音、口头遗嘱，不得撤销、变更公证遗嘱。

第二十一条 遗嘱继承或者遗赠附有义务的，继承人或者受遗赠人应当履行义务。没有正当理由不履行义务的，经有关单位或者个人请求，人民法院可以取消他接受遗产的权利。

第二十二条 无行为能力人或者限制行为能力人所立的遗嘱无效。

遗嘱必须表示遗嘱人的真实意思，受胁迫、欺骗所立的遗嘱无效。

伪造的遗嘱无效。

遗嘱被篡改的，篡改的内容无效。

《最高人民法院关于贯彻执行〈中华人民共和国继承法〉若干问题的意见》（法（民）发〔1985〕22 号 1985 年 9 月 11 日起施行）

另参见“25. 法定继承纠纷”案由相关部分。

【适用本案由需要注意的问题】

◆根据《民事诉讼法》第 33 条的规定，因继承遗产纠纷提起的诉讼，由被继承人死亡时住所地或者主要遗产所在地人民法院管辖。

◆适用本案由时，要注意其与法定继承纠纷的区别。法定继承中的继承人是法律基于继承人与被继承人间的亲属关系规定的，而不是由被继承人指定的。遗嘱继承是按照被继承人所立的合法有效的遗嘱而继承其遗产的方式，继承人由立遗嘱人指定。

27. 被继承人债务清偿纠纷

【案由解析】

被继承人债务清偿是指对被继承人死亡时遗留的应当由被继承人清偿而尚未清偿的财产义务进行的清偿。

被继承人债务清偿纠纷是指因清偿被继承人死亡时遗留的应当由被继承人清偿而尚未清偿的财产义务而引起的纠纷。

被继承人债务清偿的主要特征是：（1）被继承人债务清偿的范围仅限于被继承人死亡时遗留的应当由被继承人清偿而尚未清偿的财产义务。（2）被继承人债务清偿以遗产的实际价值为限，超过遗产实际价值的部分，继承人不负清偿责任。（3）继承人放弃继承的，对被继承人依法应当缴纳的税款和债务可以不负偿还责任。（4）清偿被继承人债务优先于执行遗赠。

【常用法律条文及索引】

《继承法》（1985 年 10 月 1 日起施行）

第三十三条　继承遗产应当清偿被继承人依法应当缴纳的税款和债务，缴纳税款和清偿债务以他的遗产实际价值为限。超过遗产实际价值部分，继承人自愿偿还的不在此限。

继承人放弃继承的，对被继承人依法应当缴纳的税款和债务可以不负偿还责任。

第三十四条　执行遗赠不得妨碍清偿遗赠人依法应当缴纳的税款和债务。

《民法通则》（1987 年 1 月 1 日起施行　2009 年 8 月 27 日修正）

第八十四条　债是按照合同的约定或者依照法律的规定，在当事人之间产生的特定的权利和义务关系，享有权利的人是债权人，负有义务的人是债务人。

债权人有权要求债务人按照合同的约定或者依照法律的规定履行义务。

第八十五条　合同是当事人之间设立、变更、终止民事关系的协议。依法成立的合同，受法律保护。

第八十六条　债权人为二人以上的，按照确定的份额分享权利。债务人为二人以上的，按照确定的份额分担义务。

第八十七条 债权人或者债务人一方人数为二人以上的，依照法律的规定或者当事人的约定，享有连带权利的每个债权人，都有权要求债务人履行义务；负有连带义务的每个债务人，都负有清偿全部债务的义务，履行了义务的人，有权要求其他负有连带义务的人偿付他应当承担的份额。

《最高人民法院关于贯彻执行〈中华人民共和国继承法〉若干问题的意见》（法（民）发〔1985〕22号 1985年9月11日起施行）

另参见“25. 法定继承纠纷”案由相关部分。

【适用本案由需要注意的问题】

◆适用本案由时，要注意其与法定继承纠纷的区别。法定继承是根据法律的规定继承被继承人的遗产。而被继承人债务清偿纠纷则是对被继承人死亡时遗留的应当由被继承人清偿而尚未清偿的财产义务进行的清偿。审判实践中，涉及被继承人生前个人债务的清偿，均应适用本案由。

28. 遗赠纠纷

【案由解析】

遗赠是指遗赠人采用遗嘱的方式，把自己财产的一部分或全部（必要的遗产保留份额除外）无偿地赠给国家、集体或者法定继承人以外的人，并于遗赠人死亡后发生执行法律效力的民事行为。

遗赠纠纷是指遗赠人在设立遗嘱或其继承人在执行其遗嘱过程中而产生的纠纷。

遗赠的主要特征是：（1）遗赠是单方法律行为。遗赠人不需要征得任何人的同意，只要遗赠人用遗嘱表明了遗赠的意思，并且不违反法律的强制性规定，遗赠人死亡后，遗赠就发生法律效力。（2）遗赠是遗赠人死亡后发生法律效力的行为。（3）受遗赠权的客体只是遗产中的权利，不包括义务，因而受遗赠人只享受遗产中的权利，不负担遗产中的义务。（4）接受遗赠的权利人具有不可替代性。如果受遗赠人先于遗赠人死亡，则该遗赠无效。但是，如果继承开始后，受遗赠人已明确表示接受遗赠，则即使其在遗产分配前死亡，他接受遗赠的权利也可以转移给他的继承人。

【常用法律条文及索引】

《继承法》（1985 年 10 月 1 日起施行）

第十六条　公民可以依照本法规定立遗嘱处分个人财产，并可以指定遗嘱执行人。

公民可以立遗嘱将个人财产指定由法定继承人的一人或者数人继承。

公民可以立遗嘱将个人财产赠给国家、集体或者法定继承人以外的人。

第二十五条　继承开始后，继承人放弃继承的，应当在遗产处理前，作出放弃继承的表示。没有表示的，视为接受继承。

受遗赠人应当在知道受遗赠后两个月内，作出接受或者放弃受遗赠的表示。到期没有表示的，视为放弃受遗赠。

第三十二条　无人继承又无人受遗赠的遗产，归国家所有；死者生前是集体所有制组织成员的，归所在集体所有制组织所有。

第三十四条　执行遗赠不得妨碍清偿遗赠人依法应当缴纳的税款和债务。

《最高人民法院关于贯彻执行〈中华人民共和国继承法〉若干问题的意见》（法（民）发〔1985〕22 号　1985 年 9 月 11 日起施行）

36. 继承人、受遗赠人的债权人、债务人，共同经营的合伙人，也应当视为与继承人、受遗赠人有利害关系，不能作为遗嘱的见证人。

43. 附义务的遗嘱继承或遗赠，如义务能够履行，而继承人、受遗赠人无正当理由不履行，经受益人或其他继承人请求，人民法院可以取消他接受附义务那部分遗产的权利，由提出请求的继承人或受益人负责按遗嘱人的意愿履行义务，接受遗产。

【适用本案由需要注意的问题】

◆适用本案由时，要注意其与遗嘱继承纠纷的区别。遗嘱继承客体是遗产，既包括财产权利，也包括财产义务。而遗赠客体只是遗产中的权利，不包括义务，因而受遗赠人只享受遗产中的权利，不负担遗产中的义务。

29. 遗赠扶养协议纠纷

【案由解析】

遗赠扶养协议是指遗赠人与扶养人之间订立的，由扶养人承担遗赠人生养死葬的义务，遗赠人将自己合法财产的一部分或全部于其死后转移给扶养人所有的协议。

遗赠扶养协议纠纷是指遗赠人与扶养人在履行双方签订的遗赠抚养协议的过程中发生的纠纷。

遗赠扶养协议的主要特征是：(1) 遗赠抚养协议的主体一般有限制。遗赠人只能是公民，而抚养人可以是法定继承人以外的公民，也可以是集体所有制组织。抚养人须具有扶养能力和扶养条件，同时扶养人没有法定的扶养义务。(2) 遗赠扶养协议是一种双务行为。遗赠扶养协议双方，互享权利，互负义务。扶养人负有对遗赠人生养死葬的义务，享有接受遗赠人遗赠财产的权利；遗赠人享有接受扶养的权利，负有将其遗产遗赠给扶养人的义务。(3) 遗赠扶养协议是双方法律行为。在遗赠人和扶养人双方自愿协商一致的基础上，凡不违反国家法律规定、不损害公共利益、不违反社会主义道德准则的遗赠扶养协议都具有法律约束力。

【常用法律条文及索引】

《继承法》（1985 年 10 月 1 日起施行）

第三十一条 公民可以与扶养人签订遗赠扶养协议。按照协议，扶养人承担该公民生养死葬的义务，享有受遗赠的权利。

公民可以与集体所有制组织签订遗赠扶养协议。按照协议，集体所有制组织承担该公民生养死葬的义务，享有受遗赠的权利。

《最高人民法院关于贯彻执行〈中华人民共和国继承法〉若干问题的意见》（法（民）发〔1985〕722 号 1985 年 9 月 11 日起施行）

5. 被继承人生前与他人订有遗赠扶养协议，同时又立有遗嘱的，继承开始后，如果遗赠扶养协议与遗嘱没有抵触，遗产分别按协议和遗嘱处理；如果有抗触，按协议处理，与协议抵触的遗嘱全部或部分无效。

55. 集体组织对“五保户”实行“五保”时，双方有扶养协议的，按协议处理；没有扶养协议，死者有遗嘱继承人或法定继承人要求继承的，按遗嘱继承或法定继承处理，但集体组织有权要求扣回“五保”费用。

56. 扶养人或集体组织与公民订有遗赠扶养协议，扶养人或集体组织无正当理由不履行，致协议解除的，不能享有受遗赠的权利，其支付的供养费用一般不予补偿；遗赠人无正当理由不履行，致协议解除的，则应偿还扶养人或集体组织已支付的供养费用。

另参见“28. 遗赠纠纷”案由相关部分。

【适用本案由需要注意的问题】

◆适用本案由时，要注意其与遗赠纠纷的区别。遗赠是一种单方法律行为，遗赠人不需要征得任何人的同意，只要遗赠人用遗嘱表明了遗赠的意思，并且不违反法律的强制性规定，在遗赠人死亡后，就发生法律效力。而遗赠扶养协议是一种双方法律行为，只有在遗赠人和扶养人双方自愿协商一致的基础上，不违反国家法律规定、不损害公共利益、不违反社会主义道德准则的遗赠扶养协议才具有法律约束力。

附：根据新的法律、司法解释可以增加的案由纠纷类型*

＊婚内夫妻财产分割纠纷

【案由解析】

婚内共同财产分割是指在不解除婚姻关系的前提下对夫妻共同财产进行分割的一项制度。旨在绕过婚姻关系问题直接解决双方之财产纠纷，以保护在夫妻关系中处于弱势一方对夫妻共同财产的合法权益。

婚内夫妻财产分割纠纷是指夫妻双方在夫妻关系存续期间分割夫妻共同财产过程中发生的纠纷。

【常用法律条文及索引】

《婚姻法》（1981 年 1 月 1 日起施行　2001 年 4 月 28 日修正）

第十七条　夫妻在婚姻关系存续期间所得的下列财产，归夫妻共同所有：

（一）工资、奖金；

（二）生产、经营的收益；

（三）知识产权的收益；

＊ 虽然《民事案件案由规定》中并未规定本部分所附案由（纠纷）类型，但这些纠纷类型是近几年法律、司法解释根据社会生活实际情况所规定的，由于无法归入现有案由之中，故本书在每部分一级案由之后，均增加了相应内容，供大家参考，特此说明。下同。

（四）继承或赠与所得的财产，但本法第十八条第三项规定的除外；

……

《最高人民法院关于适用〈中华人民共和国婚姻法〉若干问题的解释（二）》（法释〔2003〕19号 2004年4月1日起施行）

第十一条 婚姻关系存续期间，下列财产属于婚姻法第十七条规定的“其他应当归共同所有的财产”：

（一）一方以个人财产投资取得的收益；

（二）男女双方实际取得或者应当取得的住房补贴、住房公积金；

（三）男女双方实际取得或者应当取得的养老保险金、破产安置补偿费。

第二十二条 当事人结婚前，父母为双方购置房屋出资的，该出资应当认定为对自己子女的个人赠与，但父母明确表示赠与双方的除外。

当事人结婚后，父母为双方购置房屋出资的，该出资应当认定为对夫妻双方的赠与，但父母明确表示赠与一方的除外。

《最高人民法院关于适用〈中华人民共和国婚姻法〉若干问题的解释（三）》（法释〔2011〕18号 2011年8月13日起施行）

第四条 婚姻关系存续期间，夫妻一方请求分割共同财产的，人民法院不予支持，但有下列重大理由且不损害债权人利益的除外：

（一）一方有隐藏、转移、变卖、毁损、挥霍夫妻共同财产或者伪造夫妻共同债务等严重损害夫妻共同财产利益行为的；

（二）一方负有法定扶养义务的人患重大疾病需要医治，另一方不同意支付相关医疗费用的。

第五条 夫妻一方个人财产在婚后产生的收益，除孳息和自然增值外，属于夫妻共同财产。

第七条 婚后由一方父母出资为子女购买的不动产，产权登记在出资人子女名下的，可按照婚姻法第十八条第（三）项的规定，视为只对自己子女一方的赠与，该不动产应认定为夫妻一方的个人财产。

由双方父母出资购买的不动产，产权登记在一方子女名下的，该不动产可认定为双方按照各自父母的出资份额按份共有，但当事人另有约定的除外。

【适用本案由需要注意的问题】

◆婚内财产分割协议有别于离婚财产分割协议和婚前财产公证，是夫妻双方在婚姻存续期间对夫妻各自的个人财产和共同财产的所有权进行协议，由于婚内财产分割协议没有公示，不能推定第三人必然知道，所以婚内财产分割协议对第三人无效。

◆婚内共同财产分割适用的情形：（1）一方有隐藏、转移、变卖、毁损、挥霍夫妻共同财产或者伪造夫妻共同债务等严重损害夫妻共同财产利益行为的；（2）一方负有法定扶养义务的人患重大疾病需要医治，另一方不同意支付相关医疗费用的。

◆此类纠纷的请求权人，一般应限于夫妻双方。对于婚内财产分割请求权人的范围，存有争议。夫妻双方当然是婚内财产分割请求权的主体，但是债权人能否作为主体享有申请权，则有很大争议，有意见认为应在夫妻一方不能清偿其债务时，另一方的债权人可以申请分割财产。我们认为，婚内财产分割的根本出发点是为了解决夫妻之间的财产关系，如果涉及第三方，也是夫妻一方与第三方产生的关系，而不能直接将第三方纳入其中，不应将两层关系混为一谈，故只有夫妻双方才有权利向法院提出婚内财产分割的要求，第三方债权人无此权利。

* 确认亲子关系纠纷

【案由解析】

亲子关系即父母子女关系。父母子女在血缘联系上是最近的直系血亲，是家庭中的主要成员，相互之间具有法律上的权利义务。因此亲子关系是家庭关系的重要组成部分。亲子关系一般有两层含义，一层指生物学意义上的亲子关系，另一层则指法律意义的亲子关系。生物学意义上的亲子关系存在与否仅仅是对一定事实的判断，人们在亲子关系纠纷中争执的往往是隐藏于后的法律意义上的亲子关系。

亲子关系诉讼属于身份关系诉讼，主要包括否认婚生子女和认领非婚生子女的诉讼，即否认法律上的亲子关系或承认事实上的亲子关系。

【常用法律条文及索引】

《最高人民法院关于适用〈中华人民共和国婚姻法〉若干问题的解释（三）》（法释〔2011〕18号　2011年8月13日起施行）

第二条　夫妻一方向人民法院起诉请求确认亲子关系不存在，并已提供必要证据予以证明，另一方没有相反证据又拒绝做亲子鉴定的，人民法院可以推定请求确认亲子关系不存在一方的主张成立。

当事人一方起诉请求确认亲子关系，并提供必要证据予以证明，另一方没有相反证据又拒绝做亲子鉴定的，人民法院可以推定请求确认亲子关系一方的主张成立。

【适用本案由需要注意的问题】

◆现代生物医学技术的发展，使得DNA鉴定技术被广泛用于子女与父母尤其是与父亲的血缘关系的证明。亲子鉴定技术简便易行，准确率较高，在诉讼中起到了极为重要的作用，全世界已经有120多个国家和地区采用DNA技术直接作为判案的依据。在处理有关亲子关系纠纷时，如果一方提供的证据能够形成合理的证据链条证明当事人之间可能存在或不存在亲子关系，另一方没有相反的证据又坚决不同意做亲子鉴定的，人民法院可以按照2002年4月1日开始施行的《最高人民法院关于民事诉讼证据的若干规定》第75条的规定作出处理，即可以推定请求否认亲子关系一方或者请求确认亲子关系一方的主张成立，而不配合法院进行亲子鉴定的一方要承担败诉的法律后果。《最高人民法院关于适用〈中华人民共和国婚姻法〉若干问题的解释（三）》第2条对此予以了确认。

◆对于亲子关系纠纷案件中，是否强制进行亲子鉴定，有直接强制和间接强制两种模式。我国实际对于该鉴定的采用持审慎的态度，从《最高人民法院关于适用〈中华人民共和国婚姻法〉若干问题的解释（三）》第2条的规定可以看出，我国对于亲子关系鉴定持“间接强制”的立场。鉴定以当事人自愿为原则，对于当事人不愿意进行DNA鉴定的，按举证责任的要求，进行推定。但一旦进行了DNA鉴定，其鉴定结论通常会压倒其他一切证据而被采信，进而作出相应的判决。

◆实践中，除了单独的确认亲子关系纠纷外，可能会涉及确认亲子关系的常见案件类型还有离婚纠纷案件、抚养费纠纷案件、继承纠纷案件等。

第三部分 物权纠纷

四、不动产登记纠纷

30. 异议登记不当损害责任纠纷

【案由解析】

异议登记又称异议抗辩登记，是指将事实上权利人或者利害关系人对不动产物权登记的正确性提出异议抗辩，异议登记是旨在对登记错误状态下的事实权利人或者利害关系人提供救济的手段。异议登记是一种临时性的保护措施，意在填补在发现登记错误与最终得以更正错误这一段时间对真实权利人权利保护的空缺。

异议登记纠纷是指异议登记申请人提出的异议登记不正确，或者在异议登记之日起 15 日内未起诉而异议登记失效或者虽然在异议登记之日起 15 日内起诉但被驳回，因此给原登记权利人造成损害而引起的民事争议。

异议登记的主要特征是：（1）适用范围的有限性。异议登记仅适用于对不动产权利记载事项真实性的异议。（2）功能上的警示作用。登记异议的功能是警示第三人，即申请人通过登记册上登记异议记载，向可能与登记册记载的权利人发生交易的第三人发出警示信息，以阻断可能进行的交易。（3）异议登记是一种临时性的救济手段。异议登记仅仅是登记异议，而不具更正的效力，更正登记才具有终局性。

【常用法律条文及索引】

《民法通则》（1987 年 1 月 1 日起施行 2009 年 8 月 27 日修正）

第一百零六条 公民、法人违反合同或者不履行其他义务的，应当承担民事责任。

公民、法人由于过错侵害国家的、集体的财产，侵害他人财产、人身的，应当承担民事责任。

没有过错，但法律规定应当承担民事责任的，应当承担民事责任。

《民法总则》（2017 年 10 月 1 日起施行）

第一百二十条 民事权益受到侵害的，被侵权人有权请求侵权人承担侵权责任。

《物权法》（2007 年 10 月 1 日起施行）

第十九条 权利人、利害关系人认为不动产登记簿记载的事项错误的，可以申请更正登记。不动产登记簿记载的权利人书面同意更正或者有证据证明登记确有错误的，登记机构应当予以更正。

不动产登记簿记载的权利人不同意更正的，利害关系人可以申请异议登记。登记机构予以异议登记的，申请人在异议登记之日起十五日内不起诉，异议登记失效。异议登记不当，造成权利人损害的，权利人可以向申请人请求损害赔偿。

【适用本案由需要注意的问题】

◆异议登记不当损害责任纠纷是针对不动产引发的纠纷，根据《民事诉讼法》第 33 条第 1 项“因不动产纠纷提起的诉讼，由不动产所在地人民法院管辖”的规定，一般不动产登记所在地与不动产所在地一致。根据《最高人民法院关于军事法院管辖民事案件若干问题的规定》（法释〔2012〕11 号）第 2 条的规定，《民事诉讼法》第 33 条规定的不动产所在地在营区内，且当事人一方为军人或者军队单位的案件，地方当事人向军事法院提起诉讼或者提出申请的，军事法院应当受理。

◆受理异议登记不当损害责任纠纷的条件主要有：第一，已经在不动产登记簿上进行了合法的异议登记。第二，异议登记的内容被证明不正确，或者异议登记申请人未在规定期限内起诉致使异议登记失效。第三，异议登记给登记权利人造成了损害。

◆《物权法》第 19 条第 2 款的规定：“异议登记不当，造成权利人损害的，权利人可以向申请人请求损害赔偿。”对于这一规定的适用，实践中应当从严把握，不能仅以异议登记人在向法院起诉后遭受了败诉的后果就直接推定其异议登记不当，进而要求其承担损害赔偿责任。

31. 虚假登记损害责任纠纷

【案由解析】

虚假登记是指因不动产申请人故意向不动产登记机关提供虚假材料、不动产登记机关工作人员的失误或因不动产登记机关工作人员和不动产登记的申请人恶意串通导致不动产登记簿上关于不动产的记载存在瑕疵。

虚假登记损害责任纠纷是指因虚假登记给利害关系人和信赖登记公信力的第三人造成损害的，利害关系人和第三人可以依法向人民法院提起诉讼，要求相关责任主体（包括不动产登记申请人、登记机关）承担侵权责任的纠纷。

【常用法律条文及索引】

《民法通则》（1987 年 1 月 1 日起施行　2009 年 8 月 27 日修正）

第一百二十一条　国家机关或者国家机关工作人员在执行职务中，侵犯公民、法人的合法权益造成损害的，应当承担民事责任。

《民法总则》（2017 年 10 月 1 日起施行）

第一百二十条　民事权益受到侵害的，被侵权人有权请求侵权人承担侵权责任。

《最高人民法院关于贯彻执行〈中华人民共和国民法通则〉若干问题的意见（试行）》（法（办）发〔1988〕6 号　1988 年 4 月 2 日起施行）

152. 国家机关工作人员在执行职务中，给公民、法人的合法权益造成损害的，国家机关应当承担民事责任。

《物权法》（2007 年 10 月 1 日起施行）

第二十一条　当事人提供虚假材料申请登记，给他人造成损害的，应当承担赔偿责任。

因登记错误，给他人造成损害的，登记机构应当承担赔偿责任。登记机构赔偿后，可以向造成登记错误的人追偿。

《城市房地产管理法》（2007 年 8 月 27 日起施行　2009 年 8 月 27 日修正）

第六十一条　以出让或者划拨方式取得土地使用权，应当向县级以上地方人民政府土地管理部门申请登记，经县级以上地方人民政府土地管理部门核实，由同级人民政府颁发土地使用权证书。

在依法取得的房地产开发用地上建成房屋的，应当凭土地使用权证书向县级以上地方人民政府房产管理部门申请登记，由县级以上地方人民政府房产管理部门核实并颁发房屋所有权证书。

房地产转让或者变更时，应当向县级以上地方人民政府房产管理部门申请房产变更登记，并凭变更后的房屋所有权证书向同级人民政府土地管理部门申请土地使用权变更登记，经同级人民政府土地管理部门核实，由同级人民政府更换或者更改土地使用权证书。

法律另有规定的，依照有关法律的规定办理。

第七十一条 房产管理部门、土地管理部门工作人员玩忽职守、滥用职权，构成犯罪的，依法追究刑事责任；不构成犯罪的，给予行政处分。

房产管理部门、土地管理部门工作人员利用职务上的便利，索取他人财物，或者非法收受他人财物为他人谋取利益，构成犯罪的，依法追究刑事责任；不构成犯罪的，给予行政处分。

《土地管理法》（1987 年 1 月 1 日起施行 2004 年 8 月 28 日修正）

第七十六条 未经批准或者采取欺骗手段骗取批准，非法占用土地的，由县级以上人民政府土地行政主管部门责令退还非法占用的土地，对违反土地利用总体规划擅自将农用地改为建设用地的，限期拆除在非法占用的土地上新建的建筑物和其他设施，恢复土地原状，对符合土地利用总体规划的，没收在非法占用的土地上新建的建筑物和其他设施，可以并处罚款；对非法占用土地单位的直接负责的主管人员和其他直接责任人员，依法给予行政处分；构成犯罪的，依法追究刑事责任。

超过批准的数量占用土地，多占的土地以非法占用土地论处。

《不动产登记暂行条例》（2015 年 3 月 1 日起施行）

第二十九条 不动产登记机构登记错误给他人造成损害，或者当事人提供虚假材料申请登记给他人造成损害的，依照《中华人民共和国物权法》的规定承担赔偿责任。

第三十条 不动产登记机构工作人员进行虚假登记，损毁、伪造不动产登记簿，擅自修改登记事项，或者有其他滥用职权、玩忽职守行为的，依法给予处分；给他人造成损害的，依法承担赔偿责任；构成犯罪的，依法追究刑事责任。

《最高人民法院关于审理房屋登记案件若干问题的规定》（法释〔2010〕15号　2010年11月18日起施行）

第十二条　申请人提供虚假材料办理房屋登记，给原告造成损害，房屋登记机构未尽合理审慎职责的，应当根据其过错程度及其在损害发生中所起作用承担相应的赔偿责任。

第十三条　房屋登记机构工作人员与第三人恶意串通违法登记，侵犯原告合法权益的，房屋登记机构与第三人承担连带赔偿责任。

《房屋登记办法》（2008年7月1日起施行）

第九十二条　申请人提交错误、虚假的材料申请房屋登记，给他人造成损害的，应当承担相应的法律责任。

房屋登记机构及其工作人员违反本办法规定办理房屋登记，给他人造成损害的，由房屋登记机构承担相应的法律责任。房屋登记机构承担赔偿责任后，对故意或者重大过失造成登记错误的工作人员，有权追偿。

【适用本案由需要注意的问题】

◆根据《民事诉讼法》第33条的规定，虚假登记损害责任纠纷应当由不动产所在地的人民法院专属管辖。根据《最高人民法院关于军事法院管辖民事案件若干问题的规定》（法释〔2012〕11号）第2条的规定，《民事诉讼法》第33条规定的不动产所在地在营区内，且当事人一方为军人或者军队单位的案件，地方当事人向军事法院提起诉讼或者提出申请的，军事法院应当受理。

◆在虚假登记损害责任纠纷案件中，在登记机关要承担责任的情况下，登记机关依法承担赔偿责任后，可以向造成错误登记的工作人员追偿。在不动产登记申请人和不动产登记机关工作人员恶意串通造成不动产、利害关系人或者第三人损害的情况下，不动产登记与登记机关申请人应当承担连带赔偿责任。此时，不动产登记机构的赔偿责任与第三人的赔偿责任分属于国家赔偿责任和民事赔偿责任，至于此类案件应属行政案件还是民事案件，以当事人起诉时选择的诉讼程序为准。

五、物权保护纠纷

32. 物权确认纠纷

（1）所有权确认纠纷

（2）用益物权确认纠纷

（3）担保物权确认纠纷

【案由解析】

物权是物权人对物的直接支配并排他性地享受其利益的行为。物权确认，是指在物权归属不明或者发生争议时，利害关系人请求有关国家机关确认物权归属、解决物权争议的行为。

物权确认纠纷是指就物权的成立、内容及物权归属不明时而产生的纠纷。在诉讼上称为确认之诉。依照发生纠纷的物权种类不同，可以将物权确认纠纷分为所有权确认纠纷、用益物权确认纠纷和担保物权确认纠纷。

物权确认的主要特征：（1）确权主体特征。根据我国现行法律、法规的规定，物权确认的确权主体是行政机关和人民法院。行政机关拥有行政裁决权，对有关企业产权界定和土地权属争议，都可以进行裁决。人民法院是国家司法机关，对平等主体之间的物权归属争议和涉及物权确认的一些具体行政行为，可以分别依据民事诉讼法或行政诉讼法进行审理并作出裁判。（2）确认内容特征。物权确认不仅包括对物权是否存在进行确认，还包括对物权支配范围的确认。（3）救济方式特征。一般情况下，物权保护既可以"公力救济"的方式为之，亦可以"私力救济"的方式为之。但是，物权确认却只适用"公力救济"，即确认物权的请求只能向有关行政机关或者人民法院提出。（4）确权过程特征。物权确认不仅仅是一个简单的、静态的权利确认过程，还是一个复杂的、动态的运作过程。

【典型形态】

（1）所有权确认纠纷，是指当事人之间因标的物的所有权的成立、内容及归属产生的民事纠纷。

（2）用益物权确认纠纷，是指就用益物权的成立、内容及归属所产生的民事纠纷。

（3）担保物权确认纠纷，是指就担保物权的成立、内容、归属及效力顺序等所产生的民事纠纷。

【常用法律条文及索引】

《物权法》（2007 年 10 月 1 日起施行）

第三十三条　因物权的归属、内容发生争议的，利害关系人可以请求确认权利。

《最高人民法院关于贯彻执行〈中华人民共和国民法通则〉若干问题的意见（试行）》（法（办）发〔1988〕6 号　1988 年 4 月 2 日起施行）

96 因土地、山岭、森林、草原、荒地、滩涂、水面等自然资源的所有权或使用权发生权属争议的，应当由有关行政部门处理。对行政处理不服的，当事人可以依据有关法律和行政法规的规定，向人民法院提起诉讼；因侵权纠纷起诉的，人民法院可以直接受理。

《最高人民法院关于适用〈中华人民共和国物权法〉若干问题的解释（一）》（法释〔2016〕5 号　2016 年 3 月 1 日起施行）

第一条　因不动产物权的归属，以及作为不动产物权登记基础的买卖、赠与、抵押等产生争议，当事人提起民事诉讼的，应当依法受理。当事人已经在行政诉讼中申请一并解决上述民事争议，且人民法院一并审理的除外。

【适用本案由需要注意的问题】

◆物权确认纠纷包括不动产物权确认和动产物权确认纠纷两类。根据《民事诉讼法》第 33 条的规定，因不动产纠纷提起的诉讼，由不动产所在地人民法院管辖。动产物权确认纠纷应按照《民事诉讼法》第 21 条，第 22 条第（3）、（4）项，第 23 条及第 34 条等规定确定管辖。根据《最高人民法院关于军事法院管辖民事案件若干问题的规定》（法释〔2012〕11 号）第 2 条的规定，《民事诉讼法》第 33 条规定的不动产所在地在营区内，且当事人一方为军人或者军队单位的案件，地方当事人向军事法院提起诉讼或者提出申请的，军事法院应当受理。

◆在确定本案由时尤其要注意区分其与返还原物纠纷、排除妨害纠纷的关系，在实践中所发生的物权纠纷往往既涉及物权确认纠纷，又涉及返还原物纠纷、排除妨害纠纷，此时因为请求权以实体权利的存在为前提，如返还原物请求权以对原物享有物权为前提，但物权的确认是因为物权这一实体权利本身的归属或内容存在争议而产生的，所以在同一纠纷中如既涉及物权确认纠纷案由又涉及返还原物纠纷案由、排除妨害纠纷案由时，宜定返还原物纠纷案由、排除妨害纠纷案由。

◆当事人已经申请在行政诉讼中解决民事争议并被受理，另行提起民事诉讼的，根据《行政诉讼法》第 61 条之规定处理。例如，根据《物权法》第 19 条的规定，权利人可以请求不动产登记机构进行更正登记，如果登记机构不作为，则权利人可以依法提起行政诉讼，此时，如果当事人之间就权属产生争议的，可以通过申请一并解决，也可以另行提起民事诉讼加以解决。这与本条规定并不矛盾。当然，两条规定之间其实隐含一个前提：即尚没有在行政诉讼程序中申请一并解决民事争议的。如果当事人已经申请在行政诉讼中解决民事争议并被受理，此时如再另行提起民事诉讼，则因违反一事不再理原则而不应被受理。

◆一方当事人提起了行政诉讼，并申请一并确认物权并被受理，另一方另行提起了主张认定原因行为无效，或者请求撤销、解除该原因行为的民事诉讼，由于行政诉讼中审理的民事纠纷与另行提起的民事诉讼在诉讼标的上并非同一，故对此应依法受理，但在审理中发现已经存在行政诉讼中解决民事权属争议的，应注意两个诉讼之间的协调，可以通过中止其中一个诉讼，或者移送合并审理的方式加以解决。

33. 返还原物纠纷

【案由解析】

返还原物是指物权的权利人在其原物被他人侵夺或无权占有时，该权利人有权要求无权占有人返还原物。返还原物包括返还动产和不动产，与返还财产不同，返还原物仅指物的返还，而不包括权利。

返还原物纠纷是指权利人请求无权占有不动产或者动产的人返还原物而形成的纠纷。

【常用法律条文及索引】

《物权法》（2007 年 10 月 1 日起施行）

第三十四条 无权占有不动产或者动产的，权利人可以请求返还原物。

《民法总则》（2017 年 10 月 1 日起施行）

第一百九十六条 下列请求权不适用诉讼时效的规定：

（一）请求停止侵害、排除妨碍、消除危险；

（二）不动产物权和登记的动产物权的权利人请求返还财产；

（三）请求支付抚养费、赡养费或者扶养费；

（四）依法不适用诉讼时效的其他请求权。

【适用本案由需要注意的问题】

◆返还原物纠纷区分返还物属于不动产和动产而分别确定管辖。不动产返还纠纷，根据《民事诉讼法》第 33 条的规定，因不动产纠纷提起的诉讼，由不动产所在地人民法院管辖。根据《最高人民法院关于军事法院管辖民事案件若干问题的规定》（法释〔2012〕11 号）第 2 条的规定，《民事诉讼法》第 33 条规定的不动产所在地在营区内，且当事人一方为军人或者军队单位的案件，地方当事人向军事法院提起诉讼或者提出申请的，军事法院应当受理。动产返还纠纷，则根据当事人产生返还请求权基础法律关系确定管辖，如因合同关系占有动产的，按照合同纠纷案件管辖处理规定处理，如因不当得利返还的，则按照一般地域管辖的规定处理。

◆由于权利人请求返还的是原物而非替代物，因此，原物必须存在，这是适用本案由的前提。如果原物已经灭失，就只能请求赔偿损失。

◆本案由下的请求权主体必须是物权人，或者虽然不是物权人，但是法律规定的可行使返还原物请求权的人，如破产管理人、失踪人的财产代管人、遗嘱执行人等。本案由下的被告应当是无权占有人，即无正当权源而占有他人之物的人，包括直接占有人和间接占有人。

34. 排除妨害纠纷

【案由解析】

所谓妨害，是指以占有以外的方法，客观上不法阻碍或者侵害物权的支配状态。其主要情形有：（1）对物的实体侵害，如无权占据他人的房屋。（2）可量物的侵入，如丢弃垃圾于他人庭院。（3）无权使用他人之物，如在他人房屋的外墙上涂画广告。（4）妨碍物权的行使，如将自己的汽车停放在他人的车位上。（5）否认他人对特定物的物权，即使经过确认之诉被认定该否认没有依据，仍然否认。

排除妨害是指针对妨碍物权行使的行为或者事实状态而采取的一种保护措施。当物权的行使受到现实或者紧迫的妨害时，物权人均可以请求妨害人排除妨害，以使自己的权利恢复圆满。排除妨害是物权保护的重要方法。

排除妨害纠纷是指因物权的行使受到他人的妨害而引发的以排除这种妨害为目的的纠纷。

【常用法律条文及索引】

《物权法》（2007 年 10 月 1 日起施行）

第三十五条 妨害物权或者可能妨害物权的，权利人可以请求排除妨害或者消除危险。

《民法总则》（2017 年 10 月 1 日起施行）

第一百九十六条 下列请求权不适用诉讼时效的规定：

（一）请求停止侵害、排除妨碍、消除危险；

（二）不动产物权和登记的动产物权的权利人请求返还财产；

（三）请求支付抚养费、赡养费或者扶养费；

（四）依法不适用诉讼时效的其他请求权。

【适用本案由需要注意的问题】

◆排除妨害纠纷应当区分不动产和动产确定管辖。根据《民事诉讼法》第 33 条的规定，因不动产纠纷提起的诉讼，由不动产所在地人民法院管辖。根据《最高人民法院关于军事法院管辖民事案件若干问题的规定》（法释〔2012〕11 号）第 2 条的规定，《民事诉讼法》第 33 条规定的不动产所在地在营区内，且当事人一方为军人或者军队单位的案件，地方当事人向军事法院提起诉讼或者提出申请的，军事法院应当受理。动产的排除妨害纠纷，应由妨害行为实施地或者妨害行为实施人所在地或住所地人民法院管辖。

◆在适用本案由时，要注意区分其与返还原物纠纷的关系，在排除妨害纠纷中所有权或他物权人并未丧失对其物的占有；而在返还原物纠纷中，物已为他人无权占有或被他人侵夺占有。

◆排除妨害主要是针对妨害物权行使的行为或事实状态而采取的一种措施，当物权的行使受到现实或可能的妨害时，物权人均可以请求排除妨害。

35. 消除危险纠纷

【案由解析】

所谓“危险”就是指尚未实际发生但有可能出现的妨害，消除危险主要是针对具体物权特别是不动产物权正处于可能遭受某种损害的危险状态时的一种保护措施。

消除危险纠纷是指他人的行为或者某一事实状态危害到物的安全时，当事人要求他人消除这种危险状态而产生的纠纷。

消除危险纠纷的主要特征是：（1）物权的行使有受到妨害的危险。尽管未有现实妨害发生，但遭受侵害的可能性极大，有防患于未然，事先加以预防的必要。（2）请求权人须为物权人。（3）须针对可能发生的妨害具有排除支配力的人。

【常用法律条文及索引】

《物权法》（2007 年 10 月 1 日起施行）

第三十五条 妨害物权或者可能妨害物权的，权利人可以请求排除妨害或者消除危险。

《民法总则》（2017 年 10 月 1 日起施行）

第一百九十六条 下列请求权不适用诉讼时效的规定：

（一）请求停止侵害、排除妨碍、消除危险；

（二）不动产物权和登记的动产物权的权利人请求返还财产；

（三）请求支付抚养费、赡养费或者扶养费；

（四）依法不适用诉讼时效的其他请求权。

【适用本案由需要注意的问题】

◆消除危险纠纷应当区分不动产和动产确定管辖。根据《民事诉讼法》第 33 条的规定，因不动产纠纷提起的诉讼，由不动产所在地人民法院管辖。

根据《最高人民法院关于军事法院管辖民事案件若干问题的规定》（法释〔2012〕11号）第2条的规定，《民事诉讼法》第33条规定的不动产所在地在营区内，且当事人一方为军人或者军队单位的案件，地方当事人向军事法院提起诉讼或者提出申请的，军事法院应当受理。动产的消除危险纠纷，应由妨害行为实施地或者妨害行为实施人所在地或住所地人民法院管辖。

◆在适用本案由时，要注意其与相邻损害防免关系纠纷的关系。相邻损害防免关系纠纷案由主要是在相邻不动产之间相互损害时才能适用，如果纠纷符合相邻损害防免关系纠纷案由的情形，应当优先适用该案由，其他物权遭受危险时的纠纷则可适用本案由。

◆消除危险纠纷针对的是可能的妨害，现实存在的危险，危险发生后，应当由危险的形成人承担消除危险的责任，因此消除危险的费用应当由危险设施的物权人承担。如果危险虽然已经形成，但没有造成实际的损害，此时有可能遭受损害的人有权请求危险形成人消除危险，但不能请求其承担侵权损害赔偿责任。但如果在形成危险后又造成他人的损害，此时当受害人是物权人的时候，他可以要求其消除危险或者基于侵权行为请求其承担损害赔偿责任。

36. 修理、重作、更换纠纷

【案由解析】

修理，是指修补物的缺陷。重作，是指重新制作。更换，是指用一个新物替代原来的物。修理、重作、更换是指当物受到损毁时，权利人可以根据具体情况要求修理、重作、更换。

修理、重作、更换纠纷是指因他人造成权利人物权毁损的，权利人请求他人修理、重作、更换而产生的纠纷。

修理、重作、更换纠纷的主要特征是：（1）修理、重作、更换纠纷的客体是不动产或者动产。（2）修理、重作、更换纠纷的主体为所有权人或者他物权人。（3）该纠纷指向的义务人承担的责任为修理、重作、更换。

【常用法律条文及索引】

《物权法》（2007年10月1日起施行）

第三十六条　造成不动产或者动产毁损的，权利人可以请求修理、重作、更换或者恢复原状。

【适用本案由需要注意的问题】

◆修理、重作、更换纠纷应当区分不动产和动产确定管辖。根据《民事诉讼法》第33条的规定，因不动产纠纷提起的诉讼，由不动产所在地人民法院管辖。根据《最高人民法院关于军事法院管辖民事案件若干问题的规定》（法释〔2012〕11号）第2条的规定，《民事诉讼法》第33条规定的不动产所在地在营区内，且当事人一方为军人或者军队单位的案件，地方当事人向军事法院提起诉讼或者提出申请的，军事法院应当受理。动产的修理、重作、更换纠纷，适用一般地域管辖，一般由造成动产毁损的侵权行为地或者被告住所地或所在地的人民法院管辖。

◆在适用本案由时，要注意其与恢复原状纠纷的关系，两者在适用时可能有一定重合的地方。一般情况下，修理也能使物恢复到原来状态。如果以修理恢复原状，则应直接适用修理、重作、更换纠纷案由。

37. 恢复原状纠纷

【案由解析】

恢复原状是指加害人导致他人财产的损害后，如有恢复的可能，应当恢复被侵害财产的原有状态。

恢复原状纠纷是指当物受到损害时，物权人要求侵害人采取措施将物恢复到原来状态的纠纷。

恢复原状纠纷的主要特征是：（1）该纠纷的请求权人为权利人，即所有权人或他物权人。（2）该纠纷适用于不动产或动产被损毁的场合。（3）该纠纷指向的义务人承担的责任为恢复原状。

【常用法律条文及索引】

《物权法》（2007年10月1日起施行）

第三十六条　造成不动产或者动产毁损的，权利人可以请求修理、重作、更换或者恢复原状。

【适用本案由需要注意的问题】

◆恢复原状纠纷应当区分不动产和动产确定管辖。根据《民事诉讼法》第33条的规定，因不动产纠纷提起的诉讼，由不动产所在地人民法院管辖。根据《最高人民法院关于军事法院管辖民事案件若干问题的规定》（法释〔2012〕11号）第2条的规定，《民事诉讼法》第33条规定的不动产所在地在营区内，且当事人一方为军人或者军队单位的案件，地方当事人向军事法院提起诉讼或者提出申请的，军事法院应当受理。动产的恢复原状纠纷，适用一般地域管辖，一般由造成动产毁损的侵权行为地或者被告住所地或所在地的人民法院管辖。

◆在适用本案由时，要注意其与修理、重作、更换纠纷的关系，两者在适用时可能有一定重合的地方。一般情况下，修理也能使物恢复到原来状态，但如果以修理恢复原状，则应直接适用修理、重作、更换纠纷案由。

◆恢复原状一般是通过修理的办法，使遭受损毁的财产在价值和使用价值上与原来的状态大体相等，而不是完全一致。恢复原状不仅要在实际上可能，而且要在经济上合理，否则就不应该采取这种方式。

38. 财产损害赔偿纠纷

【案由解析】

财产损害赔偿是指权利人的财产受到不法侵害时，要求侵权人赔偿损失，以弥补受害人的财产损失。

财产损害赔偿纠纷是指因为财产受到损害，权利人请求赔偿损失引起的民事争议。

财产损害赔偿纠纷的主要特征是：（1）该纠纷的请求权人为权利人，即所有权人或他物权人。（2）财产损害是侵害财产权益所造成的客观后果，是财产权益价值量的改变。（3）财产损害的表现形式是价值量的贬损、减少和灭失。

【常用法律条文及索引】

《物权法》（2007年10月1日起施行）

第三十七条 侵害物权，造成权利人损害的，权利人可以请求损害赔偿，也可以请求承担其他民事责任。

【适用本案由需要注意的问题】

◆财产损害赔偿纠纷应当区分不动产和动产确定管辖。根据《民事诉讼法》第 33 条的规定，因不动产纠纷提起的诉讼，由不动产所在地人民法院管辖。根据《最高人民法院关于军事法院管辖民事案件若干问题的规定》（法释〔2012〕11 号）第 2 条的规定，《民事诉讼法》第 33 条规定的不动产所在地在营区内，且当事人一方为军人或者军队单位的案件，地方当事人向军事法院提起诉讼或者提出申请的，军事法院应当受理。动产的财产损害赔偿纠纷，适用一般地域管辖，一般由造成动产毁损的侵权行为地或者被告住所地或所在地的人民法院管辖。

◆在适用本案由时，尤其要注意区分其与返还原物纠纷的区别。如果侵占人在占有期间使物的状况恶化、消灭或者其他导致无法返还的情况，在这种情况下权利人也可以主张财产损害赔偿。

六、所有权纠纷

39. 侵害集体经济组织成员权益纠纷

【案由解析】

集体经济组织成员权益是指集体经济组织成员依法对集体所有的动产和不动产的占有、使用、收益以及对集体财产进行管理决策的权利。

集体经济组织成员权益纠纷是指侵害集体成员就集体所有财产所享有的上述权益而引发的纠纷。此纠纷既包括集体组织侵害集体成员权益的纠纷，也包括集体成员之间侵害权益的纠纷，还包括集体组织之外的人侵害集体成员权益的纠纷。

集体经济组织成员权益的特点：（1）主要是指组织成员享有的权利，这种权利具有法定性、综合性。（2）集体经济组织成员权原则上是不能流转的，具有专属性。（3）个人在集体经济组织中的地位是平等的。

【常用法律条文及索引】

《物权法》（2007 年 10 月 1 日起施行）

第五十九条 农民集体所有的不动产和动产，属于本集体成员集体所有。

下列事项应当依照法定程序经本集体成员决定：

（一）土地承包方案以及将土地发包给本集体以外的单位或者个人承包；

（二）个别土地承包经营权人之间承包地的调整；

（三）土地补偿费等费用的使用、分配办法；

（四）集体出资的企业的所有权变动等事项；

（五）法律规定的其他事项。

第六十条 对于集体所有的土地和森林、山岭、草原、荒地、滩涂等，依照下列规定行使所有权：

（一）属于村农民集体所有的，由村集体经济组织或者村民委员会代表集体行使所有权；

（二）分别属于村内两个以上农民集体所有的，由村内各该集体经济组织或者村民小组代表集体行使所有权；

（三）属于乡镇农民集体所有的，由乡镇集体经济组织代表集体行使所有权。

第六十一条 城镇集体所有的不动产和动产，依照法律、行政法规的规定由本集体享有占有、使用、收益和处分的权利。

第六十二条 集体经济组织或者村民委员会、村民小组应当依照法律、行政法规以及章程、村规民约向本集体成员公布集体财产的状况。

第六十三条 集体所有的财产受法律保护，禁止任何单位和个人侵占、哄抢、私分、破坏。

集体经济组织、村民委员会或者其负责人作出的决定侵害集体成员合法权益的，受侵害的集体成员可以请求人民法院予以撤销。

【适用本案由需要注意的问题】

◆侵害集体经济组织成员权益纠纷要区分权益受侵害的具体情形确定管辖。对于集体经济组织以及组织内部的人员侵害集体成员合法权益时，受侵害的集体成员向人民法院请求撤销的纠纷，集体经济组织成员知情权纠纷，由集体经济组织所在地人民法院管辖。对于其他经济组织成员之间权益纠纷，组织之外的人侵害成员权益纠纷，按照产生纠纷的基础法律关系确定管辖。

◆在适用本案由时，要注意其与土地承包经营权纠纷以及土地承包合同纠纷的区别。通常而言，土地承包经营权纠纷要以土地承包经营权存在为前提，而土地承包合同纠纷也必然是针对土地承包合同关系而产生的纠纷。本案由则可以适用上述两个案由不能容纳的涉及土地承包的民事纠纷，如对集体组织发包的方案不服而提起的诉讼等。

◆在适用本案由时，要注意其与承包地征收补偿费用分配纠纷的区别。土地承包经营权人承包的土地被征收，但其对征收补偿费用分配不服发生纠纷的，应适用承包地征收补偿费用分配纠纷案由。对未发包的土地被征收后集体经济组织成员对土地补偿费用分配不服提起的诉讼，或者承包人之外的其他集体经济组织成员对承包地征收后的补偿费用分配不服引发的纠纷，应适用本案由。

40. 建筑物区分所有权纠纷

（1）业主专有权纠纷

（2）业主共有权纠纷

（3）车位纠纷

（4）车库纠纷

【案由解析】

建筑物区分所有权是指业主对建筑物内的住宅、经营性用房等专有部分享有的所有权，对专有部分以外的共有部分的共有权及因区分所有建筑物共同关系所生的成员权共同组成的特别所有权。

建筑物区分所有权纠纷是指业主因其对建筑物所享有的专有权、共有权以及共同管理的权利受到侵害而发生的纠纷。

建筑物区分所有权的主要特征是：（1）权利主体身份的多重性。建筑物区分所有权的主体集专有权人、共有权人、管理团体成员三种身份于一体。（2）权利性质的一体性。建筑物区分所有权的专有权、共有权和成员权不可分离，失去其中一个，建筑物区分所有权即刻解体或无法圆满实现。（3）专有权的主导型。区分所有人拥有专有权是拥有共有权和成员权的前提，专有权标的物的大小和价值决定了区分所有人共有权的应有份额及成员权的权利义务的分担，处分专有权的效力当然及于共有权和成员权。

【典型形态】

（1）业主专有权纠纷，是指业主因建筑物区分所有权中业主专有权部分的权利归属、使用、收益和处分而产生的纠纷。

（2）业主共有权纠纷，是指业主之间因为建筑物共有部分的权利归属、使用、收益和处分等内容发生的纠纷。

（3）车位纠纷，是指业主与开发商、业主与业主或者业主与其他人就车位的权属、使用、收益而发生的纠纷。

（4）车库纠纷，是指业主与开发商、业主与业主或者业主与其他人就车库的权属、使用、收益而发生的纠纷。

【常用法律条文及索引】

《物权法》（2007 年 10 月 1 日起施行）

第七十条 业主对建筑物内的住宅、经营性用房等专有部分享有所有权，对专有部分以外的共有部分享有共有和共同管理的权利。

第七十一条 业主对其建筑物专有部分享有占有、使用、收益和处分的权利。业主行使权利不得危及建筑物的安全，不得损害其他业主的合法权益。

第七十二条 业主对建筑物专有部分以外的共有部分，享有权利，承担义务；不得以放弃权利不履行义务。

业主转让建筑物内的住宅、经营性用房，其对共有部分享有的共有和共同管理的权利一并转让。

第七十三条 建筑区划内的道路，属于业主共有，但属于城镇公共道路的除外。建筑区划内的绿地，属于业主共有，但属于城镇公共绿地或者明示属于个人的除外。建筑区划内的其他公共场所、公用设施和物业服务用房，属于业主共有。

第七十四条 建筑区划内，规划用于停放汽车的车位、车库应当首先满足业主的需要。

建筑区划内，规划用于停放汽车的车位、车库的归属，由当事人通过出售、附赠或者出租等方式约定。

占用业主共有的道路或者其他场地用于停放汽车的车位，属于业主共有。

第七十九条 建筑物及其附属设施的维修资金，属于业主共有。经业主共同决定，可以用于电梯、水箱等共有部分的维修。维修资金的筹集、使用情况应当公布。

《最高人民法院关于审理建筑物区分所有权纠纷案件具体应用法律若干问题的解释》（法释〔2009〕7号 2009年10月1日起施行）

第一条 依法登记取得或者根据物权法第二章第三节规定取得建筑物专有部分所有权的人，应当认定为物权法第六章所称的业主。

基于与建设单位之间的商品房买卖民事法律行为，已经合法占有建筑物专有部分，但尚未依法办理所有权登记的人，可以认定为物权法第六章所称的业主。

第四条 业主基于对住宅、经营性用房等专有部分特定使用功能的合理需要，无偿利用屋顶以及与其专有部分相对应的外墙面等共有部分的，不应认定为侵权。但违反法律、法规、管理规约，损害他人合法权益的除外。

第六条 建筑区划内在规划用于停放汽车的车位之外，占用业主共有道路或者其他场地增设的车位，应当认定为物权法第七十四条第三款所称的车位。

【适用本案由需要注意的问题】

◆建筑物区分所有权属于不动产引发的纠纷，应当由建筑物所在地的人民法院管辖。根据《最高人民法院关于军事法院管辖民事案件若干问题的规定》（法释〔2012〕11号）第2条的规定，《民事诉讼法》第33条规定的不动产所在地在营区内，且当事人一方为军人或者军队单位的案件，地方当事人向军事法院提起诉讼或者提出申请的，军事法院应当受理。

◆在适用本案由时，尤其要注意其项下案由的区分，在区分业主专有权和业主共有权纠纷以及车位纠纷和车库纠纷时，要注意各纠纷的客体的区别。

◆业主作为专有权人所享有的权利有：（1）所有权与自行管理权。（2）相邻使用权。业主作为专有权人承担的义务有：（1）不得有对建筑物的不当毁损行为以及按照专有部分的本来用途和使用目的使用专有部分。（2）维持区分所有建筑物存在的义务。(3) 相互容忍的义务。(4) 应独自出资修缮其专有部分。业主作为共有权人所享有的权利有：(1) 对共有部分的使用权。(2) 对共有部分的收益权。(3) 物权请求权。业主作为共有权人的义务有：(1) 按照共有部分本来用途使用共有部分。(2) 分担共同费用和负担。(3) 维护与保存共有部分的义务。(4) 协助义务。

41. 业主撤销权纠纷

【案由解析】

业主撤销权纠纷是指业主认为业主大会或者业主委员会作出的决定侵害其合法权益，依法要求予以撤销而产生的纠纷。

业主撤销权的主要特征是：(1) 享有业主撤销权的主体是具备业主身份的人。业主是在该物业小区内享有房屋所有权的人，即享有建筑物区分所有权的人。(2) 业主撤销权行使的范围是业主大会或业主委员会作出的侵害业主合法权益或者违背法定程序的决定。(3) 被告为业主大会或者是业主委员会。

【常用法律条文及索引】

《物权法》(2007 年 10 月 1 日起施行)

第七十五条 业主可以设立业主大会，选举业主委员会。

地方人民政府有关部门应当对设立业主大会和选举业主委员会给予指导和协助。

第七十六条 下列事项由业主共同决定：

(一) 制定和修改业主大会议事规则；

(二) 制定和修改建筑物及其附属设施的管理规约；

(三) 选举业主委员会或者更换业主委员会成员；

(四) 选聘和解聘物业服务企业或者其他管理人；

(五) 筹集和使用建筑物及其附属设施的维修资金；

(六) 改建、重建建筑物及其附属设施；

(七) 有关共有和共同管理权利的其他重大事项。

决定前款第五项和第六项规定的事项，应当经专有部分占建筑物总面积三分之二以上的业主且占总人数三分之二以上的业主同意。决定前款其他事项，应当经专有部分占建筑物总面积过半数的业主且占总人数过半数的业主同意。

第七十七条 业主不得违反法律、法规以及管理规约，将住宅改变为经营性用房。业主将住宅改变为经营性用房的，除遵守法律、法规以及管理规约外，应当经有利害关系的业主同意。

第七十八条 业主大会或者业主委员会的决定，对业主具有约束力。

业主大会或者业主委员会作出的决定侵害业主合法权益的，受侵害的业主可以请求人民法院予以撤销。

《最高人民法院关于审理建筑物区分所有权纠纷案件具体应用法律若干问题的解释》（法释〔2009〕7号 2009年10月1日起施行）

第十二条 业主以业主大会或者业主委员会作出的决定侵害其合法权益或者违反了法律规定的程序为由，依据物权法第七十八条第二款的规定请求人民法院撤销该决定的，应当在知道或者应当知道业主大会或者业主委员会作出决定之日起一年内行使。

《物业管理条例》（2003年9月1日起施行 2007年8月26日修正）

第八条 物业管理区域内全体业主组成业主大会。

业主大会应当代表和维护物业管理区域内全体业主在物业管理活动中的合法权益。

第九条 一个物业管理区域成立一个业主大会。

物业管理区域的划分应当考虑物业的共用设施设备、建筑物规模、社区建设等因素。具体办法由省、自治区、直辖市制定。

第十条 同一个物业管理区域内的业主，应当在物业所在地的区、县人民政府房地产行政主管部门或者街道办事处、乡镇人民政府的指导下成立业主大会，并选举产生业主委员会。但是，只有一个业主的，或者业主人数较少且经全体业主一致同意，决定不成立业主大会的，由业主共同履行业主大会、业主委员会职责。

第十一条 下列事项由业主共同决定：

（一）制定和修改业主大会议事规则；

（二）制定和修改管理规约；

（三）选举业主委员会或者更换业主委员会成员；

（四）选聘和解聘物业服务企业；

（五）筹集和使用专项维修资金；

（六）改建、重建建筑物及其附属设施；

（七）有关共有和共同管理权利的其他重大事项。

第十二条 业主大会会议可以采用集体讨论的形式，也可以采用书面征求意见的形式；但是，应当有物业管理区域内专有部分占建筑物总面积过半数的业主且占总人数过半数的业主参加。

业主可以委托代理人参加业主大会会议。

业主大会决定本条例第十一条第（五）项和第（六）项规定的事项，应当经专有部分占建筑物总面积2/3以上的业主且占总人数2/3以上的业主同意；决定本条例第十一条规定的其他事项，应当经专有部分占建筑物总面积过半数的业主且占总人数过半数的业主同意。

业主大会或者业主委员会的决定，对业主具有约束力。

业主大会或者业主委员会作出的决定侵害业主合法权益的，受侵害的业主可以请求人民法院予以撤销。

第十三条 业主大会会议分为定期会议和临时会议。

业主大会定期会议应当按照业主大会议事规则的规定召开。经20%以上的业主提议，业主委员会应当组织召开业主大会临时会议。

第十四条 召开业主大会会议，应当于会议召开15日以前通知全体业主。

住宅小区的业主大会会议，应当同时告知相关的居民委员会。

业主委员会应当做好业主大会会议记录。

第十五条 业主委员会执行业主大会的决定事项，履行下列职责：

（一）召集业主大会会议，报告物业管理的实施情况；

（二）代表业主与业主大会选聘的物业服务企业签订物业服务合同；

（三）及时了解业主、物业使用人的意见和建议，监督和协助物业服务企业履行物业服务合同；

（四）监督管理规约的实施；

（五）业主大会赋予的其他职责。

第十六条 业主委员会应当自选举产生之日起30日内，向物业所在地的区、县人民政府房地产行政主管部门和街道办事处、乡镇人民政府备案。

业主委员会委员应当由热心公益事业、责任心强、具有一定组织能力的业主担任。

业主委员会主任、副主任在业主委员会成员中推选产生。

第十七条 管理规约应当对有关物业的使用、维护、管理，业主的共同利益，业主应当履行的义务，违反管理规约应当承担的责任等事项依法作出约定。

管理规约应当尊重社会公德，不得违反法律、法规或者损害社会公共利益。

管理规约对全体业主具有约束力。

第十八条 业主大会议事规则应当就业主大会的议事方式、表决程序、业主委员会的组成和成员任期等事项作出约定。

第十九条 业主大会、业主委员会应当依法履行职责，不得作出与物业管理无关的决定，不得从事与物业管理无关的活动。

业主大会、业主委员会作出的决定违反法律、法规的，物业所在地的区、县人民政府房地产行政主管部门或者街道办事处、乡镇人民政府，应当责令限期改正或者撤销其决定，并通告全体业主。

《最高人民法院关于审理建筑物区分所有权纠纷案件具体应用法律若干问题的解释》（法释〔2009〕7号 2009年10月1日起施行）

第一条 依法登记取得或者根据物权法第二章第三节规定取得建筑物专有部分所有权的人，应当认定为物权法第六章所称的业主。

基于与建设单位之间的商品房买卖民事法律行为，已经合法占有建筑物专有部分，但尚未依法办理所有权登记的人，可以认定为物权法第六章所称的业主。

第十二条 业主以业主大会或者业主委员会作出的决定侵害其合法权益或者违反了法律规定的程序为由，依据物权法第七十八条第二款的规定请求人民法院撤销该决定的，应当在知道或者应当知道业主大会或者业主委员会作出决定之日起一年内行使。

【适用本案由需要注意的问题】

◆业主撤销权应由不动产所在地即建筑小区所在地的人民法院管辖。

◆在适用本案由时，尤其要注意区分其与业主知情权纠纷的关系。业主撤销权纠纷是指业主认为业主大会或者业主委员会作出的决定侵害其合法权益，依法要求予以撤销而产生的纠纷。业主知情权纠纷是指业主请求业主大会或业主委员会公开依法应当向业主公开的资料和情况而引发的纠纷。业主在就撤销权提起诉讼涉及业主知情权时，只列业主撤销权纠纷案由即可。

◆适用本案由的诉讼请求应当限于撤销业主大会或者业主委员会作出的

物业管理方面的决定，即为撤销权之诉。对于因业主大会或业主委员会作出的决定侵害业主的合法权益致其遭受损失能否请求损害赔偿的问题，《物权法》和有关法律没有明确规定。在撤销之诉中一并提出损害赔偿的，人民法院对损害赔偿部分不予审理。对于业主大会或者业主委员会作出的超出物业管理方面的决定，按照《物业管理条例》的规定，业主大会或业主委员会作出的超出物业管理的决定应当无效。业主对该无效决定提请法院撤销的，人民法院可以确认该决定无效。

42. 业主知情权纠纷

【案由解析】

业主知情权是指业主了解建筑区划内涉及业主共有权以及共同管理权相关事项的权利。

业主知情权纠纷是指业主请求业主大会或业主委员会公开依法应当向业主公开的资料和情况而引发的纠纷。

业主知情权的主要特征是：（1）享有业主知情权的主体是具备业主身份的人。业主是在该物业小区内享有房屋所有权的人，即享有建筑物区分所有权的人。（2）业主知情权行使的范围是业主大会或业主委员会依法应当公开而未公开的资料和情况。（3）被告为业主大会或者是业主委员会。

【常用法律条文及索引】

《物权法》（2007 年 10 月 1 日起施行）

第七十九条 建筑物及其附属设施的维修资金，属于业主共有。经业主共同决定，可以用于电梯、水箱等共有部分的维修。维修资金的筹集、使用情况应当公布。

《最高人民法院关于审理建筑物区分所有权纠纷案件具体应用法律若干问题的解释》（法释〔2009〕7 号 2009 年 10 月 1 日起施行）

第十三条 业主请求公布、查阅下列应当向业主公开的情况和资料的，人民法院应予支持：

（一）建筑物及其附属设施的维修资金的筹集、使用情况；

（二）管理规约、业主大会议事规则，以及业主大会或者业主委员会的决定及会议记录；

（三）物业服务合同、共有部分的使用和收益情况；

（四）建筑区划内规划用于停放汽车的车位、车库的处分情况；

（五）其他应当向业主公开的情况和资料。

【适用本案由需要注意的问题】

◆业主知情权纠纷属于物业管理纠纷，主要发生在业主与业主大会、业主委员会之间，以业主大会、业主委员会为被告，可以由建筑小区所在地人民法院管辖。

◆在适用本案由时，尤其要注意区分其与业主撤销权纠纷的关系。业主可以单独就知情权提起诉讼，也可能在提起其他诉讼中涉及业主知情权，在后者诉讼中可能涉及要求业主大会或业主委员会公布其决定内容和有关程序等事项，此时，无须适用本案由，而只需适用后者案由即可。

◆对于业主知情权的范围，《物权法》第79条规定了具体情形，《最高人民法院关于审理建筑物区分所有权纠纷案件具体应用法律若干问题的解释》第13条也规定了其他几种业主享有知情权的情形。在确定知情权的范围时，可以根据实践中的具体情况来确定，但应当限于与业主共有相关的又涉及业主个人权利的情况。

43. 遗失物返还纠纷

【案由解析】

遗失物是指非基于所有人或其他权利人的本意而丧失占有，但属于有主物的动产。

遗失物返还纠纷是指所有人或者其他权利人请求拾得遗失物的人或者其他占有遗失物的人予以返还而产生的纠纷。

遗失物的主要特征是：（1）须所有人或其他权利人丧失对物的占有。对物的管领力仅一时不能实现并不是丧失占有。（2）占有人丧失占有并非基于占有人的意思。（3）在性质上为动产且并非法律禁止流通的物。不动产的基本特征是物的不可移动性，即不动产的特征和性质决定了其不可能成为遗失物。除一般动产外，还包括汇票、本票、支票、债券、存款单、仓单、提单等权利凭证。

【常用法律条文及索引】

《民法通则》(1987 年 1 月 1 日起施行　2009 年 8 月 27 日修正)

第七十九条　所有人不明的埋藏物、隐藏物，归国家所有。接收单位应当对上缴的单位或者个人，给予表扬或者物质奖励。

拾得遗失物、漂流物或者失散的饲养动物，应当归还失主，因此而支出的费用由失主偿还。

《物权法》(2007 年 10 月 1 日起施行)

第一百零七条　所有权人或者其他权利人有权追回遗失物。该遗失物通过转让被他人占有的，权利人有权向无处分权人请求损害赔偿，或者自知道或者应当知道受让人之日起二年内向受让人请求返还原物，但受让人通过拍卖或者向具有经营资格的经营者购得该遗失物的，权利人请求返还原物时应当支付受让人所付的费用。权利人向受让人支付所付费用后，有权向无处分权人追偿。

第一百零八条　善意受让人取得动产后，该动产上的原有权利消灭，但善意受让人在受让时知道或者应当知道该权利的除外。

第一百零九条　拾得遗失物，应当返还权利人。拾得人应当及时通知权利人领取，或者送交公安等有关部门。

第一百一十条　有关部门收到遗失物，知道权利人的，应当及时通知其领取；不知道的，应当及时发布招领公告。

第一百一十一条　拾得人在遗失物送交有关部门前，有关部门在遗失物被领取前，应当妥善保管遗失物。因故意或者重大过失致使遗失物毁损、灭失的，应当承担民事责任。

第一百一十二条　权利人领取遗失物时，应当向拾得人或者有关部门支付保管遗失物等支出的必要费用。

权利人悬赏寻找遗失物的，领取遗失物时应当按照承诺履行义务。

拾得人侵占遗失物的，无权请求保管遗失物等支出的费用，也无权请求权利人按照承诺履行义务。

第一百一十三条　遗失物自发布招领公告之日起六个月内无人认领的，归国家所有。

第一百一十四条　拾得漂流物、发现埋藏物或者隐藏物的，参照拾得遗失物的有关规定。文物保护法等法律另有规定的，依照其规定。

【适用本案由需要注意的问题】

◆遗失物返还纠纷案件，适用一般地域管辖，由被告住所地人民法院管辖。

◆在适用本案由时，要注意其与占有物返还纠纷的区别。提起遗失物返还纠纷的原告应当是遗失物的所有权人或者其他物权人。单纯的占有人不能对占有物的遗失提起遗失物返还请求诉讼。

◆在适用本案由时，要注意其与返还原物纠纷的区别。权利人针对享有物权的不动产或者动产被他人无权占有时，可以提起返还原物之诉。而无权占有是指无本权的占有，包括了对遗失物、漂流物、埋藏物、隐藏物的占有。因此，在争议标的是遗失物时，本案由与返还原物纠纷发生了竞合。在这一意义上，本案由可以视为返还原物纠纷的特殊情形（当然，实际上本案由下的纠纷并不能完全被返还原物纠纷所包含），应当优先适用本案由。

◆遗失物返还纠纷除请求返还遗失物的诉讼外，还包括因遗失物而引发的其他纠纷，如遗失物返还之购买费用支付纠纷、遗失物返还时支付购买费用后无权处分人的追偿权纠纷、遗失物之善意取得纠纷、遗失物拾得人或者保管人的保管义务纠纷、遗失物返还时的保管费用支付纠纷等。

44. 漂流物返还纠纷

【案由解析】

漂流物是指漂浮于水面的物品。

漂流物返还纠纷是指漂流物的所有权人或者其他物权人请求拾得漂流物的人或者其他占有人归还漂流物的纠纷。

漂流物的主要特征是：（1）漂流物只能是动产。（2）漂流物可能是有主动产也可能是无主动产。

【常用法律条文及索引】

《民法通则》（1987 年 1 月 1 日起施行　2009 年 8 月 27 日修正）

第七十九条　所有人不明的埋藏物、隐藏物，归国家所有。接收单位应当对上缴的单位或者个人，给予表扬或者物质奖励。

拾得遗失物、漂流物或者失散的饲养动物，应当归还失主，因此而支出的费用由失主偿还。

《物权法》（2007 年 10 月 1 日起施行）

第一百一十四条 拾得漂流物、发现埋藏物或者隐藏物的，参照拾得遗失物的有关规定。文物保护法等法律另有规定的，依照其规定。

【适用本案由需要注意的问题】

◆漂流物返还纠纷适用一般地域管辖，由被告住所地人民法院管辖。

◆在适用本案由时，要注意其与返还原物纠纷的区别。权利人针对享有物权的不动产或者动产被他人无权占有时，可以提起返还原物之诉。而无权占有是指无本权的占有，包括了对遗失物、漂流物、埋藏物、隐藏物的占有。因此，在争议标的是漂流物时，本案由与返还原物纠纷发生了竞合。在这一意义上，本案由可以视为返还原物纠纷的特殊情形（当然，实际上本案由下的纠纷并不能完全被返还原物纠纷所包含），应当优先适用本案由。

◆漂流物如果属于有主动产，则适用于遗失物返还请求相关的法律规定，所有权人或者其他物权人可以请求返还，并依照相关法律的有关规定支付费用。依照法律规定的程序经招领公告期满后无人认领的，则归国家所有。对于无主财产，按照民法通则规定，其所有权应当归国家，如果属于国家文物，则适用《文物保护法》的有关规定处理。

45. 埋藏物返还纠纷

【案由解析】

埋藏物是指埋藏于其他物之中不易从外部发现且所有人不明的动产物品。

埋藏物返还纠纷是指埋藏物的权利人请求发现埋藏物的人或其他占有埋藏物的人返还埋藏物的纠纷。

埋藏物的主要特征是：（1）埋藏物只能是动产。（2）埋藏物的所有人不明，并非无主物。（3）埋藏物埋藏于他物之中，并非显而易见。

【常用法律条文及索引】

《民法通则》（1987 年 1 月 1 日起施行　2009 年 8 月 27 日修正）

第七十九条　所有人不明的埋藏物、隐藏物，归国家所有。接收单位应当对上缴的单位或者个人，给予表扬或者物质奖励。

拾得遗失物、漂流物或者失散的饲养动物，应当归还失主，因此而支出的费用由失主偿还。

《物权法》（2007 年 10 月 1 日起施行）

第一百一十四条　拾得漂流物、发现埋藏物或者隐藏物的，参照拾得遗失物的有关规定。文物保护法等法律另有规定的，依照其规定。

《文物保护法》（1982 年 11 月 19 日起施行　2017 年 11 月 4 日修正）

第五条　中华人民共和国境内地下、内水和领海中遗存的一切文物，属于国家所有。

古文化遗址、古墓葬、石窟寺属于国家所有。国家指定保护的纪念建筑物、古建筑、石刻、壁画、近代现代代表性建筑等不可移动文物，除国家另有规定的以外，属于国家所有。

国有不可移动文物的所有权不因其所依附的土地所有权或者使用权的改变而改变。

下列可移动文物，属于国家所有：

（一）中国境内出土的文物，国家另有规定的除外；

（二）国有文物收藏单位以及其他国家机关、部队和国有企业、事业组织等收藏、保管的文物；

（三）国家征集、购买的文物；

（四）公民、法人和其他组织捐赠给国家的文物；

（五）法律规定属于国家所有的其他文物。

属于国家所有的可移动文物的所有权不因其保管、收藏单位的终止或者变更而改变。

国有文物所有权受法律保护，不容侵犯。

第三十一条　凡因进行基本建设和生产建设需要的考古调查、勘探、发掘，所需费用由建设单位列入建设工程预算。

第三十二条　在进行建设工程或者在农业生产中，任何单位或者个人发现文物，应当保护现场，立即报告当地文物行政部门，文物行政部门接到报告后，如无特殊情况，应当在二十四小时内赶赴现场，并在七日内提出处理意见。文物行政部门可以报请当地人民政府通知公安机关协助保护现场；发现重要文物的，应当立即上报国务院文物行政部门，国务院文物行政部门应当在接到报告后十五日内提出处理意见。

依照前款规定发现的文物属于国家所有，任何单位或者个人不得哄抢、私分、藏匿。

【适用本案由需要注意的问题】

◆埋藏物返还纠纷主要是动产返还纠纷，根据《民事诉讼法》的规定，适用一般地域管辖，由被告住所地人民法院管辖。

◆在适用本案由时，要注意其与返还原物纠纷的区别。权利人针对享有物权的不动产或者动产被他人无权占有时，可以提起返还原物之诉。而无权占有是指无本权的占有，包括了对遗失物、漂流物、埋藏物、隐藏物的占有。因此，在争议标的是埋藏物时，本案由与返还原物纠纷发生了竞合。在这一意义上，本案由可以视为返还原物纠纷的特殊情形（当然，实际上本案由下的纠纷并不能完全被返还原物纠纷所包含），应当优先适用本案由。

◆在适用本案由时，存在难以判断某些动产究竟是埋藏物还是遗失物的情形，此时应当推定为遗失物。另外要重点区分埋藏物是普通的动产还是国家文物，如果属于国家文物，则应当根据《文物保护法》的有关规定确定是否属于埋藏物返还纠纷，对于属于国家所有的文物提出的埋藏物返还请求，人民法院不能作为民事案件处理。

46. 隐藏物返还纠纷

【案由解析】

隐藏物是指隐匿于建筑物等地上动产或不动产之中的动产。隐藏物与埋藏物相似，通常而言，如果该动产隐藏于地下，则为埋藏物，如果隐藏于地上的不动产或动产之中，则为隐藏物。

隐藏物返还纠纷是指隐藏物的权利人依法请求发现隐藏物的人或者其他无权占有人归还该隐藏物而发生的纠纷。

隐藏物的主要特征是：（1）隐藏物只能是动产。（2）隐藏物的所有人不明，并非无主物。(3）隐藏物埋藏于他物之中，并非显而易见。

【常用法律条文及索引】

另参见“45. 埋藏物返还纠纷”案由相关部分。

【适用本案由需要注意的问题】

◆隐藏物返还纠纷主要是动产返还纠纷，根据《民事诉讼法》的规定，适用一般地域管辖，由被告住所地人民法院管辖。

◆在适用本案由时，要注意其与返还原物纠纷的区别。权利人针对享有物权的不动产或者动产被他人无权占有时，可以提起返还原物之诉。而无权占有是指无本权的占有，包括了对遗失物、漂流物、埋藏物、隐藏物的占有。因此，在争议标的是隐藏物时，本案由与返还原物纠纷发生了竞合。在这一意义上，本案由可以视为是返还原物纠纷的特殊情形（当然，实际上本案由下的纠纷并不能完全被返还原物纠纷所包含），应当优先适用本案由。

◆在适用本案由时，存在难以判断某些动产究竟是隐藏物还是遗失物的情形，此时应当推定为遗失物。另外要重点区分隐藏物是普通的动产还是国家文物，如果属于国家文物，则应当根据《文物保护法》的有关规定确定是否属于隐藏物返还纠纷，对于属于国家所有的文物提出的隐藏物返还请求，人民法院不能作为民事案件处理。

47. 相邻关系纠纷

(1）相邻用水、排水纠纷
(2）相邻通行纠纷
(3）相邻土地、建筑物利用关系纠纷
(4）相邻通风纠纷
(5）相邻采光、日照纠纷
(6）相邻污染侵害纠纷
(7）相邻损害防免关系纠纷

【案由解析】

相邻关系是指相互毗邻的不动产所有人、用益物权人或占有人之间在行使该不动产的所有权或使用权时，因用水、排水、通行、通风和采光等行为而相互间给予便利或接受限制所发生的权利义务关系。

相邻关系纠纷是指相互毗邻的不动产所有人、用益物权人或占有人之间在行使该不动产的所有权或使用权时，因用水、排水、通行、通风和采光等行为而引起的纠纷。

相邻关系的主要特征是：（1）不动产之间存在毗邻关系。所谓毗邻，是指地理位置相邻。毗邻关系的实质是，相邻一方的不动产权利在行使时需要扩张至相邻他方的不动产上，相邻一方的不动产物权的支配力与相邻他方的不动产物权的排他力发生了冲突，此时，为了物尽其用，取得理想的效果，相邻他方应当容忍相邻一方不动产权利在行使方面的扩张，甚至需要提供便利。（2）相邻关系的主体是相邻不动产权利人，包括不动产所有权人、用益物权人或占有人。（3）相邻关系的客体即相邻关系指向的对象并非不动产本身，而是行使不动产权利所引起的与相邻方有关的利益。（4）相邻关系的内容是相邻一方行使不动产权利时要求相邻他方容忍甚至提供必要的便利，相邻他方负有容忍甚至提供便利的义务。

【典型形态】

在实践中，相邻关系纠纷主要有：

（1）相邻用水、排水纠纷，是指相邻不动产权利人之间在用水和排水上发生的相邻纠纷。

（2）相邻通行纠纷，是指相邻不动产权利人之间在通行方面发生的相邻纠纷。

（3）相邻土地、建筑物利用关系纠纷，是指不动产权利人为用水、排水、通行、铺设管线等利用相邻不动产时产生的纠纷。

（4）相邻通风纠纷，是指相邻不动产权利人之间在通风方面发生的纠纷。

（5）相邻采光、日照纠纷，是指相邻不动产权利人之间在采光、日照方面发生的纠纷。

（6）相邻污染侵害纠纷，是指相邻不动产权利人因弃置固体废物、排放大气污染物、水污染物、噪声、光、电磁波辐射等有害物质而侵害相邻人生命安全、身体健康和生活环境引发的相邻纠纷。

（7）相邻损害防免关系纠纷，是指因相邻不动产权利人一方在使用自己的不动产时损害相邻之不动产的安全而发生的纠纷。

【常用法律条文及索引】

《民法通则》（1987 年 1 月 1 日起施行　2009 年 8 月 27 日修正）

第八十三条　不动产的相邻各方，应当按照有利生产、方便生活、团结互助、公平合理的精神，正确处理截水、排水、通行、通风、采光等方面的相邻关系。给相邻方造成妨碍或者损失的，应当停止侵害，排除妨碍，赔偿损失。

《物权法》（2007 年 10 月 1 日起施行）

第八十四条　不动产的相邻权利人应当按照有利生产、方便生活、团结互助、公平合理的原则，正确处理相邻关系。

第八十五条　法律、法规对处理相邻关系有规定的，依照其规定；法律、法规没有规定的，可以按照当地习惯。

第八十六条　不动产权利人应当为相邻权利人用水、排水提供必要的便利。

对自然流水的利用，应当在不动产的相邻权利人之间合理分配。对自然流水的排放，应当尊重自然流向。

第八十七条　不动产权利人对相邻权利人因通行等必须利用其土地的，应当提供必要的便利。

第八十八条　不动产权利人因建造、修缮建筑物以及铺设电线、电缆、水管、暖气和燃气管线等必须利用相邻土地、建筑物的，该土地、建筑物的权利人应当提供必要的便利。

第八十九条　建造建筑物，不得违反国家有关工程建设标准，妨碍相邻建筑物的通风、采光和日照。

第九十条　不动产权利人不得违反国家规定弃置固体废物，排放大气污染物、水污染物、噪声、光、电磁波辐射等有害物质。

第九十一条　不动产权利人挖掘土地、建造建筑物、铺设管线以及安装设备等，不得危及相邻不动产的安全。

第九十二条　不动产权利人因用水、排水、通行、铺设管线等利用相邻不动产的，应当尽量避免对相邻的不动产权利人造成损害；造成损害的，应当给予赔偿。

《最高人民法院关于贯彻执行〈中华人民共和国民法通则〉若干问题的意见（试行）》（法（办）发〔1988〕6号　1988年4月2日起施行）

97. 相邻一方因施工临时占用他方使用的土地，占用的一方如未按照双方约定的范围、用途和期限使用的，应当责令其及时清理现场，排除妨碍，恢复原状，赔偿损失。

98. 一方擅自堵截或者独占自然流水，影响他方正常生产、生活的，他方有权请求排除妨碍；造成他方损失的，应负赔偿责任。

99. 相邻一方必须使用另一方的土地排水的，应当予以准许；但应在必要限度内使用并采取适当的保护措施排水，如仍造成损失的，由受益人合理补偿。

相邻一方可以采取其他合理的措施排水而未采取，向他方土地排水毁损或者可能毁损他方财产，他方要求致害人停止侵害、消除危险、恢复原状、赔偿损失的，应当予以支持。

100. 一方必须在相邻一方使用的土地上通行的，应当予以准许；因此造成损失的，应当给予适当补偿。

101. 对于一方所有的或者使用的建筑物范围内历史形成的必经通道，所有权人或者使用权人不得堵塞。因堵塞影响他人生产、生活，他人要求排除妨碍或者恢复原状的，应当予以支持。但有条件另开通道的，也可以另开通道。

102. 处理相邻房屋滴水纠纷时，对有过错的一方造成他方损害的，应当责令其排除妨碍、赔偿损失。

103. 相邻一方在自己使用的土地上挖水沟、水池、地窖等或者种植的竹木根枝伸延，危及另一方建筑物的安全和正常使用的，应当分别情况，责令其消除危险，恢复原状，赔偿损失。

【适用本案由需要注意的问题】

◆相邻关系引发的纠纷系因行使不动产的所有权或使用权等权能所引发的纠纷，因此，此类案件应由该不动产所有地人民法院专属管辖。根据《最高人民法院关于军事法院管辖民事案件若干问题的规定》（法释〔2012〕11号）第2条的规定，《民事诉讼法》第33条规定的不动产所在地在营区内，且当事人一方为军人或者军队单位的案件，地方当事人向军事法院提起诉讼或者提出申请的，军事法院应当受理。

◆在适用本案由时，尤其要注意区分其与因土地征收、征用行为而形成的土地征收征用补偿纠纷的不同。土地征收征用补偿关系的客体是作为不动产的土地，包括国有土地使用权和集体土地所有权，而相邻关系的客体并非不动产本身，而是行使不动产权利所引起的与相邻方有关的利益。

◆除典型的相邻关系纠纷外，还存在一些比较少见的相邻关系纠纷，可以直接适用第三级相邻关系纠纷的案由，如相邻滴水纠纷、相邻购景纠纷等。

48. 共有纠纷

（1）共有权确认纠纷

（2）共有物分割纠纷

（3）共有人优先购买权纠纷

【案由解析】

共有是指两个以上民事主体对同一物享有的所有权、用益物权或者担保物权。

共有纠纷是指对同一物共有享有所有权、用益物权或者担保物权两个以上公民、法人或者其他组织之间因物之归属、共有份额、共有物的管理、处分、分割等问题产生的纠纷。

共有的主要特征有：(1) 共有的主体为两人或两人以上。(2) 共有物上的所有权只有一个，是两个以上的人分享一个所有权。(3) 共有的客体可以是一个物也可以是多个物。

共有可以分为共同共有和按份共有两种形式。共同共有是指各共有人根据共同关系，不分份额地共同享有对共有财产的权利。共同共有主要基于夫妻关系、家庭关系、共同继承关系以及共有人之间的约定而成立。按份共有是指两个或两个以上的共有人按照各自的份额对共有财产享有权利和承担义务的一种共有关系。

【典型形态】

在实践中，共有纠纷主要有：

(1) 共有权确认纠纷，是指当事人就共有权的成立、内容及归属的确认而发生的纠纷。

（2）共有物分割纠纷，是指共有人之间因对共有物分割的争议而引发的纠纷。

（3）共有人优先购买权纠纷，共有人因主张其优先购买权或者该优先购买权受到侵害而发生的纠纷。

【常用法律条文及索引】

《民法通则》（1987 年 1 月 1 日起施行　2009 年 8 月 27 日修正）

第三十二条　合伙人投入的财产，由合伙人统一管理和使用。

合伙经营积累的财产，归合伙人共有。

第七十八条　财产可以由两个以上的公民、法人共有。

共有分为按份共有和共同共有。按份共有人按照各自的份额，对共有财产分享权利，分担义务。共同共有人对共有财产享有权利，承担义务。

按份共有财产的每个共有人有权要求将自己的份额分出或者转让。但在出售时，其他共有人在同等条件下，有优先购买的权利。

《物权法》（2007 年 10 月 1 日起施行）

第九十三条　不动产或者动产可以由两个以上单位、个人共有。共有包括按份共有和共同共有。

第九十四条　按份共有人对共有的不动产或者动产按照其份额享有所有权。

第九十五条　共同共有人对共有的不动产或者动产共同享有所有权。

第九十六条　共有人按照约定管理共有的不动产或者动产；没有约定或者约定不明确的，各共有人都有管理的权利和义务。

第九十七条　处分共有的不动产或者动产以及对共有的不动产或者动产作重大修缮的，应当经占份额三分之二以上的按份共有人或者全体共同共有人同意，但共有人之间另有约定的除外。

第九十八条　对共有物的管理费用以及其他负担，有约定的，按照约定；没有约定或者约定不明确的，按份共有人按照其份额负担，共同共有人共同负担。

第九十九条　共有人约定不得分割共有的不动产或者动产，以维持共有关系的，应当按照约定，但共有人有重大理由需要分割的，可以请求分割；没有约定或者约定不明确的，按份共有人可以随时请求分割，共同共有人在共有的基础丧失或者有重大理由需要分割时可以请求分割。因分割对其他共有人造成损害的，应当给予赔偿。

第一百条 共有人可以协商确定分割方式。达不成协议，共有的不动产或者动产可以分割并且不会因分割减损价值的，应当对实物予以分割；难以分割或者因分割会减损价值的，应当对折价或者拍卖、变卖取得的价款予以分割。

共有人分割所得的不动产或者动产有瑕疵的，其他共有人应当分担损失。

第一百零一条 按份共有人可以转让其享有的共有的不动产或者动产份额。其他共有人在同等条件下享有优先购买的权利。

第一百零二条 因共有的不动产或者动产产生的债权债务，在对外关系上，共有人享有连带债权、承担连带债务，但法律另有规定或者第三人知道共有人不具有连带债权债务关系的除外；在共有人内部关系上，除共有人另有约定外，按份共有人按照份额享有债权、承担债务，共同共有人共同享有债权、承担债务。偿还债务超过自己应当承担份额的按份共有人，有权向其他共有人追偿。

第一百零三条 共有人对共有的不动产或者动产没有约定为按份共有或者共同共有，或者约定不明确的，除共有人具有家庭关系等外，视为按份共有。

第一百零四条 按份共有人对共有的不动产或者动产享有的份额，没有约定或者约定不明确的，按照出资额确定；不能确定出资额的，视为等额享有。

第一百零五条 两个以上单位、个人共同享有用益物权、担保物权的，参照本章规定。

《婚姻法》（1981 年 1 月 1 日起施行　2001 年 4 月 28 日修正）

第十七条 夫妻在婚姻关系存续期间所得的下列财产，归夫妻共同所有：

（一）工资、奖金；

（二）生产、经营的收益；

（三）知识产权的收益；

（四）继承或赠与所得的财产，但本法第十八条第三项规定的除外；

（五）其他应当归共同所有的财产。

夫妻对共同所有的财产，有平等的处理权。

第十九条 夫妻可以约定婚姻关系存续期间所得的财产以及婚前财产归各自所有、共同所有或部分各自所有、部分共同所有。约定应当采用书面形式。没有约定或约定不明确的，适用本法第十七条、第十八条的规定。

夫妻对婚姻关系存续期间所得的财产以及婚前财产的约定，对双方具有约束力。

夫妻对婚姻关系存续期间所得的财产约定归各自所有的，夫或妻一方对外所负的债务，第三人知道该约定的，以夫或妻一方所有的财产清偿。

《最高人民法院关于贯彻执行〈中华人民共和国民法通则〉若干问题的意见（试行）》（法（办）发〔1988〕6号 1988年4月2日起施行）

42. 以公民个人名义申请登记的个体工商户和个人承包的农村承包经营户，用家庭共有财产投资，或者收益的主要部分供家庭成员享用的，其债务应以家庭共有财产清偿。

43. 在夫妻关系存续期间，一方从事个体经营或者承包经营的，其收入为夫妻共有财产，债务亦应以夫妻共有财产清偿。

89. 共同共有人对共有财产享有共同的权利，承担共同义务。在共同共有关系存续期间，部分共有人擅自处分共有财产的，一般认定无效。但第三人善意、有偿取得该财产的，应当维护第三人的合法权益；对其他共有人的损失，由擅自处分共有财产的人赔偿。

90. 在共同共有关系终止时，对共有财产的分割，有协议的，按协议处理；没有协议的，应当根据等分原则处理，并且考虑共有人对共有财产的贡献大小，适当照顾共有人生产、生活的实际需要等情况。但分割夫妻共有财产，应当根据婚姻法的有关规定处理。

91. 共有财产是特定物，而且不能分割或者分割有损其价值的，可以折价处理。

92. 共同共有财产分割后，一个或者数个原共有人出卖自己分得的财产时，如果出卖的财产与其他原共有人分得的财产属于一个整体或者配套使用，其他原共有人主张优先购买权的，应当予以支持。

《最高人民法院关于适用〈中华人民共和国物权法〉若干问题的解释（一）》（法释〔2016〕5号 2016年3月1日起施行）

第九条 共有份额的权利主体因继承、遗赠等原因发生变化时，其他按份共有人主张优先购买的，不予支持，但按份共有人之间另有约定的除外。

第十条 物权法第一百零一条所称的"同等条件"，应当综合共有份额的转让价格、价款履行方式及期限等因素确定。

第十一条　优先购买权的行使期间，按份共有人之间有约定的，按照约定处理；没有约定或者约定不明的，按照下列情形确定：

（一）转让人向其他按份共有人发出的包含同等条件内容的通知中载明行使期间的，以该期间为准；

（二）通知中未载明行使期间，或者载明的期间短于通知送达之日起十五日的，为十五日；

（三）转让人未通知的，为其他按份共有人知道或者应当知道最终确定的同等条件之日起十五日；

（四）转让人未通知，且无法确定其他按份共有人知道或者应当知道最终确定的同等条件的，为共有份额权属转移之日起六个月。

第十二条　按份共有人向共有人之外的人转让其份额，其他按份共有人根据法律、司法解释规定，请求按照同等条件购买该共有份额的，应予支持。

其他按份共有人的请求具有下列情形之一的，不予支持：

（一）未在本解释第十一条规定的期间内主张优先购买，或者虽主张优先购买，但提出减少转让价款、增加转让人负担等实质性变更要求；

（二）以其优先购买权受到侵害为由，仅请求撤销共有份额转让合同或者认定该合同无效。

第十三条　按份共有人之间转让共有份额，其他按份共有人主张根据物权法第一百零一条规定优先购买的，不予支持，但按份共有人之间另有约定的除外。

第十四条　两个以上按份共有人主张优先购买且协商不成时，请求按照转让时各自份额比例行使优先购买权的，应予支持。

《第八次全国法院民事商事审判工作会议（民事部分）纪要》（2016 年 11 月 21 日　法〔2016〕399 号）

25. 被继承人死亡后遗产未分割，各继承人均未表示放弃继承，依据继承法第二十五条规定应视为均已接受继承，遗产属各继承人共同共有；当事人诉请享有继承权、主张分割遗产的纠纷案件，应参照共有财产分割的原则，不适用有关诉讼时效的规定。

【适用本案由需要注意的问题】

◆共有纠纷应区别共有物为不动产或者动产确定管辖。共有物为不动产的，由不动产所在地人民法院专属管辖；共有物为动产的，由被告住所地或者所在地的人民法院管辖。

◆在适用本案由时，要注意区分其项下共有权确认纠纷和共有物分割纠纷。共有权确认纠纷是当事人就共有权的成立、内容及归属的确认而发生的纠纷，而共有物分割纠纷是在确认共有权的前提下对共有物分割的争议而引发的纠纷。

◆除共有权确认纠纷、共有物分割纠纷、共有人优先购买权纠纷外，共有纠纷还包括共有之份额纠纷、共有人义务承担纠纷、共有物管理纠纷等，这些在第四级案中由未予列明的可直接适用共有纠纷案由。

七、用益物权纠纷

49. 海域使用权纠纷

【案由解析】

海域使用权是指法人、其他组织或者自然人，依法定程序而取得的，对国家所有的特定海域享有的排他性地占有、使用、收益的权利。

海域使用权纠纷是指海域使用权人因海域使用权的归属、收益、处分或者遭受侵害而发生的纠纷。

海域使用权的主要特征是：（1）海域使用权客体的特殊性。海域使用权的客体是特定的海域。（2）海域使用权内容的特殊性。海域使用权内容丰富，不仅表现为占有、使用、收益，而且可以转让、出租、抵押等。（3）海域使用权的期限性。海域使用权采取法定主义，法律强行规定不同类型的海域使用权的有效期限。

【常用法律条文及索引】

《物权法》（2007 年 10 月 1 日起施行）

第一百二十二条　依法取得的海域使用权受法律保护。

《海域使用管理法》（2002 年 1 月 1 日起施行）

第十九条　海域使用申请经依法批准后，国务院批准用海的，由国务院海洋行政主管部门登记造册，向海域使用申请人颁发海域使用权证书；地方人民政府批准用海的，由地方人民政府登记造册，向海域使用申请人颁发海域使用权证书。海域使用申请人自领取海域使用权证书之日起，取得海域使用权。

第二十条　海域使用权除依照本法第十九条规定的方式取得外，也可以通过招标或者拍卖的方式取得。招标或者拍卖方案由海洋行政主管部门制订，报有审批权的人民政府批准后组织实施。海洋行政主管部门制订招标或者拍卖方案，应当征求同级有关部门的意见。

招标或者拍卖工作完成后，依法向中标人或者买受人颁发海域使用权证书。中标人或者买受人自领取海域使用权证书之日起，取得海域使用权。

第二十一条　颁发海域使用权证书，应当向社会公告。

颁发海域使用权证书，除依法收取海域使用金外，不得收取其他费用。

海域使用权证书的发放和管理办法，由国务院规定。

第二十二条　本法施行前，已经由农村集体经济组织或者村民委员会经营、管理的养殖用海，符合海洋功能区划的，经当地县级人民政府核准，可以将海域使用权确定给该农村集体经济组织或者村民委员会，由本集体经济组织的成员承包，用于养殖生产。

第二十三条　海域使用权人依法使用海域并获得收益的权利受法律保护，任何单位和个人不得侵犯。

海域使用权人有依法保护和合理使用海域的义务；海域使用权人对不妨害其依法使用海域的非排他性用海活动，不得阻挠。

第二十四条　海域使用权人在使用海域期间，未经依法批准，不得从事海洋基础测绘。

海域使用权人发现所使用海域的自然资源和自然条件发生重大变化时，应当及时报告海洋行政主管部门。

第二十五条　海域使用权最高期限，按照下列用途确定：

（一）养殖用海十五年；

（二）拆船用海二十年；

（三）旅游、娱乐用海二十五年；

（四）盐业、矿业用海三十年；

（五）公益事业用海四十年；

（六）港口、修造船厂等建设工程用海五十年。

第二十六条 海域使用权期限届满，海域使用权人需要继续使用海域的，应当至迟于期限届满前二个月向原批准用海的人民政府申请续期。除根据公共利益或者国家安全需要收回海域使用权的外，原批准用海的人民政府应当批准续期。准予续期的，海域使用权人应当依法缴纳续期的海域使用金。

第二十七条 因企业合并、分立或者与他人合资、合作经营，变更海域使用权人的，需经原批准用海的人民政府批准。

海域使用权可以依法转让。海域使用权转让的具体办法，由国务院规定。

海域使用权可以依法继承。

第二十八条 海域使用权人不得擅自改变经批准的海域用途；确需改变的，应当在符合海洋功能区划的前提下，报原批准用海的人民政府批准。

第二十九条 海域使用权期满，未申请续期或者申请续期未获批准的，海域使用权终止。

海域使用权终止后，原海域使用权人应当拆除可能造成海洋环境污染或者影响其他用海项目的用海设施和构筑物。

第三十条 因公共利益或者国家安全的需要，原批准用海的人民政府可以依法收回海域使用权。

依照前款规定在海域使用权期满前提前收回海域使用权的，对海域使用权人应当给予相应的补偿。

第三十一条 因海域使用权发生争议，当事人协商解决不成的，由县级以上人民政府海洋行政主管部门调解；当事人也可以直接向人民法院提起诉讼。

在海域使用权争议解决前，任何一方不得改变海域使用现状。

第三十二条 填海项目竣工后形成的土地，属于国家所有。

海域使用权人应当自填海项目竣工之日起三个月内，凭海域使用权证书，向县级以上人民政府土地行政主管部门提出土地登记申请，由县级以上人民政府登记造册，换发国有土地使用权证书，确认土地使用权。

【适用本案由需要注意的问题】

◆海域使用权是基于海域发生的纠纷，应由不动产所在地的人民法院专属管辖。因海域使用权转让、抵押、继承、出租等引起的纠纷，区别产生纠纷的基础法律关系依照《民事诉讼法》的相关规定确定管辖。

◆在适用本案由时，尤其要注意区分其与养殖权纠纷案由的区别。海域使用权设立的内容非常广泛，除了可以从事养殖活动外，还包括从事拆船、旅游娱乐、盐业矿业、公益事业、建设工程等诸多活动；而养殖权的设立目的是利用水域从事水生动植物的养殖，并不需要利用水域之上的空间。

◆海域使用权具体包括养殖海域使用权纠纷、拆船海域使用权纠纷、盐业海域使用权纠纷、旅游和娱乐海域使用权纠纷、矿业海域使用权纠纷、港口海域使用权纠纷、建设工程海域使用权纠纷及公益事业海域使用权纠纷等。

◆海域使用权是行政许可的特许物权，只有海域使用权的民事纠纷才可以适用本案由。如果属于海域使用权审批方面的纠纷，则属于行政纠纷，当事人应当按照行政诉讼起诉。

50. 探矿权纠纷

【案由解析】

探矿权是指民事主体依照法律的规定取得就特定地域的某一种或者某几种矿藏进行勘探的权利。

探矿权纠纷是指探矿权人因探矿权的归属、收益、处分或者遭受侵害而发生的纠纷。

探矿权的主要特征是：（1）探矿权利的主体是探矿权的享有者。（2）探矿权的客体是特定的矿区或者工作区内的地下土壤与其中所赋存的矿产资源。（3）探矿权的内容比较复杂，具有复合型。

【常用法律条文及索引】

《民法通则》（1987 年 1 月 1 日起施行　2009 年 8 月 27 日修正）

第八十一条　国家所有的森林、山岭、草原、荒地、滩涂、水面等自然资源，可以依法由全民所有制单位使用，也可以依法确定由集体所有制单位使用，国家保护它的使用、收益的权利；使用单位有管理、保护、合理利用的义务。

国家所有的矿藏，可以依法由全民所有制单位和集体所有制单位开采，也可以依法由公民采挖。国家保护合法的采矿权。

公民、集体依法对集体所有的或者国家所有由集体使用的森林、山岭、草原、荒地、滩涂、水面的承包经营权，受法律保护。承包双方的权利和义务，依照法律由承包合同规定。

国家所有的矿藏、水流，国家所有的和法律规定属于集体所有的林地、山岭、草原、荒地、滩涂不得买卖、出租、抵押或者以其他形式非法转让。

《物权法》（2007 年 10 月 1 日起施行）

第一百二十三条 依法取得的探矿权、采矿权、取水权和使用水域、滩涂从事养殖、捕捞的权利受法律保护。

《矿产资源法》（1986 年 10 月 1 日起施行 2009 年 8 月 27 日修正）

第三条 矿产资源属于国家所有，由国务院行使国家对矿产资源的所有权。地表或者地下的矿产资源的国家所有权，不因其所依附的土地的所有权或者使用权的不同而改变。

国家保障矿产资源的合理开发利用。禁止任何组织或者个人用任何手段侵占或者破坏矿产资源。各级人民政府必须加强矿产资源的保护工作。

勘查、开采矿产资源，必须依法分别申请、经批准取得探矿权、采矿权，并办理登记；但是，已经依法申请取得采矿权的矿山企业在划定的矿区范围内为本企业的生产而进行的勘查除外。国家保护探矿权和采矿权不受侵犯，保障矿区和勘查作业区的生产秩序、工作秩序不受影响和破坏。

从事矿产资源勘查和开采的，必须符合规定的资质条件。

第四条 国家保障依法设立的矿山企业开采矿产资源的合法权益。

国有矿山企业是开采矿产资源的主体。国家保障国有矿业经济的巩固和发展。

第五条 国家实行探矿权、采矿权有偿取得的制度；但是，国家对探矿权、采矿权有偿取得的费用，可以根据不同情况规定予以减缴、免缴。具体办法和实施步骤由国务院规定。

开采矿产资源，必须按照国家有关规定缴纳资源税和资源补偿费。

第六条 除按下列规定可以转让外，探矿权、采矿权不得转让：

（一）探矿权人有权在划定的勘查作业区内进行规定的勘查作业，有权优先取得勘查作业区内矿产资源的采矿权。探矿权人在完成规定的最低勘查投入后，经依法批准，可以将探矿权转让他人。

（二）已取得采矿权的矿山企业，因企业合并、分立，与他人合资、合作经营，或者因企业资产出售以及有其他变更企业资产产权的情形而需要变更采矿权主体的，经依法批准可以将采矿权转让他人采矿。

前款规定的具体办法和实施步骤由国务院规定。

禁止将探矿权、采矿权倒卖牟利。

《最高人民法院关于审理矿业权纠纷案件适用法律若干问题的解释》（2017年7月27日起施行）

第一条　人民法院审理探矿权、采矿权等矿业权纠纷案件，应当依法保护矿业权流转，维护市场秩序和交易安全，保障矿产资源合理开发利用，促进资源节约与环境保护。

第二条　县级以上人民政府国土资源主管部门作为出让人与受让人签订的矿业权出让合同，除法律、行政法规另有规定的情形外，当事人请求确认自依法成立之日起生效的，人民法院应予支持。

第三条　受让人请求自矿产资源勘查许可证、采矿许可证载明的有效期起始日确认其探矿权、采矿权的，人民法院应予支持。

矿业权出让合同生效后、矿产资源勘查许可证或者采矿许可证颁发前，第三人越界或者以其他方式非法勘查开采，经出让人同意已实际占有勘查作业区或者矿区的受让人，请求第三人承担停止侵害、排除妨碍、赔偿损失等侵权责任的，人民法院应予支持。

第十九条　因越界勘查开采矿产资源引发的侵权责任纠纷，涉及国土资源主管部门批准的勘查开采范围重复或者界限不清的，人民法院应告知当事人先向国土资源主管部门申请解决。

第二十条　因他人越界勘查开采矿产资源，矿业权人请求侵权人承担停止侵害、排除妨碍、返还财产、赔偿损失等侵权责任的，人民法院应予支持，但探矿权人请求侵权人返还越界开采的矿产品及收益的除外。

【适用本案由需要注意的问题】

◆探矿权纠纷一般应由矿藏所在地人民法院管辖。因探矿权转让、抵押、继承、出租等引起的纠纷，区别产生纠纷的基础法律关系依照《民事诉讼法》的相关规定确定管辖。

◆在适用本案由时，要注意其与采矿权纠纷的区别。探矿权是为了通过勘查和研究获取具有经济意义和开采价值的矿产资源，而采矿权是对已发现的矿产资源进行开采、利用并取得收益的权利。

◆探矿权是特许物权的一种，但在许可、转让和管理上有明显的行政审批、管理等方面的要求，涉及许多具体行政行为，因此，在适用该案由时，要注意区分所涉案件是否属于民事案件。

51. 采矿权纠纷

【案由解析】

采矿权是指民事主体依照法律取得就特定区域的某一种或者几种矿产进行开采、利用并取得收益的权利。

采矿权纠纷是指采矿权人因采矿权的归属、收益、处分或者遭受侵害而发生的纠纷。

采矿权的主要特征是：(1) 采矿权的主体具有多元性，符合法定资格的法人、自然人或其他组织都可能成为采矿权的主体。(2) 采矿权的客体是特定矿区或工作区内的地下土壤与其中所赋予的矿产资源。(3) 采矿权兼具公权和私权的双重性。(4) 采矿权具有行政特许的特点。

【常用法律条文及索引】

另参见“50. 探矿权纠纷”案由相关部分。

【适用本案由需要注意的问题】

◆采矿权纠纷一般应由矿藏所在地人民法院专属管辖。因采矿权转让、抵押、继承、出租等引起的纠纷，区别产生纠纷的基础法律关系依照《民事诉讼法》的相关规定确定管辖。

◆在适用本案由时，要注意其与探矿权纠纷的区别。探矿权是为了通过勘查和研究获取具有经济意义和开采价值的矿产资源，而采矿权是对已发现的矿产资源进行开采、利用并取得收益的权利。

◆采矿权人的权利是在采矿许可证规定的范围和期限进行开采矿产活动的权利。采矿权人独占性地在其矿区内采矿，有权禁止他人进入其矿区内采矿，采矿权的取得须具备一定的条件和资格，并不是一个可随意转让的物权。

52. 取水权纠纷

【案由解析】

取水权是指民事主体依照法定程序取得取水利用的权利。取水权属于资源利用权，属于用益物权范畴。

取水权纠纷是指因取水权的归属、使用、侵权等引发的民事纠纷。

取水权的主要特征是：（1）取水权的主体包括单位和个人。（2）取水权的客体是水资源。（3）取水权不具有绝对的排他性。

【常用法律条文及索引】

《物权法》（2007 年 10 月 1 日起施行）

第一百二十三条 依法取得的探矿权、采矿权、取水权和使用水域、滩涂从事养殖、捕捞的权利受法律保护。

《水法》（2002 年 10 月 1 日起施行 2009 年 8 月 27 日修订）

第三条 水资源属于国家所有。水资源的所有权由国务院代表国家行使。农村集体经济组织的水塘和由农村集体经济组织修建管理的水库中的水，归各该农村集体经济组织使用。

第六条 国家鼓励单位和个人依法开发、利用水资源，并保护其合法权益。开发、利用水资源的单位和个人有依法保护水资源的义务。

第七条 国家对水资源依法实行取水许可制度和有偿使用制度。但是，农村集体经济组织及其成员使用本集体经济组织的水塘、水库中的水的除外。国务院水行政主管部门负责全国取水许可制度和水资源有偿使用制度的组织实施。

第二十八条 任何单位和个人引水、截（蓄）水、排水，不得损害公共利益和他人的合法权益。

【适用本案由需要注意的问题】

◆取水权纠纷一般应由水域所在地人民法院专属管辖。因取水权转让、抵押、继承、出租等引起的纠纷，区别产生纠纷的基础法律关系依照《民事诉讼法》的相关规定确定管辖。

◆在适用本案由时，尤其要注意区分其与相邻用水纠纷的区别。在取水权非依许可取得的情况下，相邻用水权应当包含取水权；在取水权依据取水许可取得的情况下，相邻用水权不应当包含取水权。

◆取水权作为特许物权，与探矿权、采矿权有很多相似的地方，在区分行政许可事项和取水权物权纠纷时要特别注意。

53. 养殖权纠纷

【案由解析】

养殖权是指民事主体对国家或集体的水域、滩涂具有占有、使用和收益，进行养殖生产的权利。一般认为，渔业权包括养殖权和捕捞权两种用益物权。

养殖权纠纷是指养殖权人因养殖权的归属、收益、处分或者遭受侵害而发生的纠纷。

养殖权的主要特征是：（1）养殖权的水域、滩涂既可以是国家统一规划用于养殖业的水域或滩涂，也可以是集体所有的或者全民所有由农业集体经济组织使用的水域、滩涂。（2）养殖权较少涉及自然资源保护的问题，来自公法的限制较少。（3）养殖权的主体包括单位和个人。

【常用法律条文及索引】

《物权法》（2007 年 10 月 1 日起施行）

第一百二十三条 依法取得的探矿权、采矿权、取水权和使用水域、滩涂从事养殖、捕捞的权利受法律保护。

《渔业法》（1986 年 7 月 1 日起施行 2013 年 12 月 28 日修正）

第十一条 国家对水域利用进行统一规划，确定可以用于养殖业的水域和滩涂。单位和个人使用国家规划确定用于养殖业的全民所有的水域、滩涂的，使用者应当向县级以上地方人民政府渔业行政主管部门提出申请，由本级人民政府核发养殖证，许可其使用该水域、滩涂从事养殖生产。核发养殖证的具体办法由国务院规定。

集体所有的或者全民所有由农业集体经济组织使用的水域、滩涂，可以由个人或者集体承包，从事养殖生产。

《渔业法实施细则》（1987年10月20日起施行）

第十条　使用全民所有的水面、滩涂，从事养殖生产的全民所有制单位和集体所有制单位，应当向县级以上地方人民政府申请养殖使用证。

全民所有的水面、滩涂在一县行政区域内的，由该县人民政府核发养殖使用证；跨县的，由有关县协商核发养殖使用证，必要时由上级人民政府决定核发养殖使用证。

第十一条　领取养殖使用证的单位，无正当理由未从事养殖生产，或者放养最低于当地同类养殖水域平均放养量60%的，应当视为荒芜。

第十二条　全民所有的水面、滩涂中的鱼、虾、蟹、贝、藻类的自然产卵场、繁殖场、索饵场及重要的洄游通道必须予以保护，不得划作养殖场所。

第十三条　国家建设征用集体所有的水面、滩涂，按照国家土地管理法规办理。

【适用本案由需要注意的问题】

◆养殖权纠纷一般应由养殖地人民法院专属管辖。因取水权转让、抵押、继承、出租等引起的纠纷，区别产生纠纷的基础法律关系依照《民事诉讼法》的相关规定确定管辖。

◆在适用本案由时，尤其要注意区分其与海域使用权纠纷的区别。养殖权的设立目的是利用水域从事水生动植物的养殖，并不需要利用水域之上的空间；而海域使用权设立的内容非常广泛，除了可以从事养殖活动外，还包括从事拆船、旅游娱乐、盐业矿业、公益事业、建设工程等诸多活动。

◆养殖权成立的前提要经过行政许可，并办理相关的登记手续。养殖权是有期限的权利，养殖权人在一定期限内享有该权利并从事养殖活动，到期后应当依照法律规定续期，否则养殖权消灭；养殖权可以依法转让、出租、设定抵押，也可以继承。

54. 捕捞权纠纷

【案由解析】

捕捞权是指民事主体依照法律的规定，在我国内水、滩涂、海域从事捕捞水生动物和植物的权利。

捕捞权纠纷是指因捕捞权的取得、使用、收益、转让、侵权等引发的民事纠纷。

捕捞权的主要特征是：(1) 捕捞权带有鲜明的公法色彩。(2) 捕捞权的主体是公民、法人或其他组织。(3) 捕捞权是通过捕捞许可证的形式实现的。

【常用法律条文及索引】

《物权法》(2007 年 10 月 1 日起施行)

第一百二十三条 依法取得的探矿权、采矿权、取水权和使用水域、滩涂从事养殖、捕捞的权利受法律保护。

《渔业法》(1986 年 7 月 1 日起施行 2013 年 12 月 28 日修正)

第二十三条 国家对捕捞业实行捕捞许可证制度。

到中华人民共和国与有关国家缔结的协定确定的共同管理的渔区或者公海从事捕捞作业的捕捞许可证，由国务院渔业行政主管部门批准发放。海洋大型拖网、围网作业的捕捞许可证，由省、自治区、直辖市人民政府渔业行政主管部门批准发放。其他作业的捕捞许可证，由县级以上地方人民政府渔业行政主管部门批准发放；但是，批准发放海洋作业的捕捞许可证不得超过国家下达的船网工具控制指标，具体办法由省、自治区、直辖市人民政府规定。

捕捞许可证不得买卖、出租和以其他形式转让，不得涂改、伪造、变造。

到他国管辖海域从事捕捞作业的，应当经国务院渔业行政主管部门批准，并遵守中华人民共和国缔结的或者参加的有关条约、协定和有关国家的法律。

第二十四条 具备下列条件的，方可发给捕捞许可证：

(一) 有渔业船舶检验证书；

(二) 有渔业船舶登记证书；

(三) 符合国务院渔业行政主管部门规定的其他条件。

县级以上地方人民政府渔业行政主管部门批准发放的捕捞许可证，应当与上级人民政府渔业行政主管部门下达的捕捞限额指标相适应。

第二十五条 从事捕捞作业的单位和个人，必须按照捕捞许可证关于作业类型、场所、时限、渔具数量和捕捞限额的规定进行作业，并遵守国家有关保护渔业资源的规定，大中型渔船应当填写渔捞日志。

【适用本案由需要注意的问题】

◆捕捞权纠纷一般应由捕捞地人民法院专属管辖。因捕捞权转让、抵押、继承、出租等引起的纠纷，区别产生纠纷的基础法律关系依照《民事诉讼法》的相关规定确定管辖。

◆在适用本案由时，尤其要注意区分其与养殖权纠纷的区别。养殖权是对特定水域、滩涂的使用和经营的权利，而捕捞权是在我国内水、滩涂、海域从事捕捞水生动物和植物的权利。

◆国家对捕捞权实行许可制度，故其取得、行使、转让等过程中涉及具体行政行为，因此，在适用该案由时，要注意区分所涉案件是否属于民事案件。

55. 土地承包经营权纠纷

（1）土地承包经营权确认纠纷

（2）承包地征收补偿费用分配纠纷

（3）土地承包经营权继承纠纷

【案由解析】

土地承包经营权是指以耕作、养殖或畜牧等农业为目的，承包人依法通过承包而取得的对农村土地占有、使用、收益的权利。

土地承包经营权纠纷是指因土地承包经营权的归属、使用、收益、处分以及遭受侵害而发生的纠纷。

土地承包经营权的主要特征是：（1）土地承包经营权的主体具有特定性。土地承包经营权的主体为农业生产经营者。根据承包方式的不同，土地承包经营权的主体可以分为家庭承包的土地承包经营权主体即承包地所属的村集体经济组织的从事农业生产的个人或农户，和其他方式承包的土地承包经营权主体即承包“四荒”土地及农田水利设施用地等土地的承包地所属的集体经济组织以外的单位或个人。（2）土地承包经营权的客体是集体经济组织所有或者国家所有以集体经济组织长期使用的农用土地为客体。（3）土地承包经营权是以在他人土地上为农业性质的耕作、养殖或者畜牧的用益物权。(4) 土地承包经营权为有期限物权。

【典型形态】

(1) 土地承包经营权确认纠纷，是指当事人就土地承包经营权是否成立以及其归属和内容所发生的纠纷。

(2) 承包地征收补偿费用分配纠纷，是指承包经营的土地被国家依法定程序征收后，因国家依法给予失地者的补偿费用，包括土地补偿费、安置补助费、地上附着物和青苗的补偿费等费用的分配问题而发生的纠纷。

(3) 土地承包经营权继承纠纷，是指因土地承包经营权的继承而引发的纠纷。

【常用法律条文及索引】

《物权法》(2007 年 10 月 1 日起施行)

第四十二条 为了公共利益的需要，依照法律规定的权限和程序可以征收集体所有的土地和单位、个人的房屋及其他不动产。

征收集体所有的土地，应当依法足额支付土地补偿费、安置补助费、地上附着物和青苗的补偿费等费用，安排被征地农民的社会保障费用，保障被征地农民的生活，维护被征地农民的合法权益。

征收单位、个人的房屋及其他不动产，应当依法给予拆迁补偿，维护被征收人的合法权益；征收个人住宅的，还应当保障被征收人的居住条件。

任何单位和个人不得贪污、挪用、私分、截留、拖欠征收补偿费等费用。

第四十三条 国家对耕地实行特殊保护，严格限制农用地转为建设用地，控制建设用地总量。不得违反法律规定的权限和程序征收集体所有的土地。

第一百二十五条 土地承包经营权人依法对其承包经营的耕地、林地、草地等享有占有、使用和收益的权利，有权从事种植业、林业、畜牧业等农业生产。

第一百二十六条 耕地的承包期为三十年。草地的承包期为三十年至五十年。林地的承包期为三十年至七十年；特殊林木的林地承包期，经国务院林业行政主管部门批准可以延长。

前款规定的承包期届满，由土地承包经营权人按照国家有关规定继续承包。

第一百二十七条　土地承包经营权自土地承包经营权合同生效时设立。

县级以上地方人民政府应当向土地承包经营权人发放土地承包经营权证、林权证、草原使用权证，并登记造册，确认土地承包经营权。

第一百二十八条　土地承包经营权人依照农村土地承包法的规定，有权将土地承包经营权采取转包、互换、转让等方式流转。流转的期限不得超过承包期的剩余期限。未经依法批准，不得将承包地用于非农建设。

第一百二十九条　土地承包经营权人将土地承包经营权互换、转让，当事人要求登记的，应当向县级以上地方人民政府申请土地承包经营权变更登记；未经登记，不得对抗善意第三人。

第一百三十条　承包期内发包人不得调整承包地。

因自然灾害严重毁损承包地等特殊情形，需要适当调整承包的耕地和草地的，应当依照农村土地承包法等法律规定办理。

第一百三十一条　承包期内发包人不得收回承包地。农村土地承包法等法律另有规定的，依照其规定。

第一百三十二条　承包地被征收的，土地承包经营权人有权依照本法第四十二条第二款的规定获得相应补偿。

第一百三十三条　通过招标、拍卖、公开协商等方式承包荒地等农村土地，依照农村土地承包法等法律和国务院的有关规定，其土地承包经营权可以转让、入股、抵押或者以其他方式流转。

第一百三十四条　国家所有的农用地实行承包经营的，参照本法的有关规定。

《农村土地承包法》（2003 年 3 月 1 日起施行　2009 年 8 月 27 日修正）

第九条　国家保护集体土地所有者的合法权益，保护承包方的土地承包经营权，任何组织和个人不得侵犯。

第十条　国家保护承包方依法、自愿、有偿地进行土地承包经营权流转。

第三十条　承包期内，妇女结婚，在新居住地未取得承包地的，发包方不得收回其原承包地；妇女离婚或者丧偶，仍在原居住地生活或者不在原居住地生活但在新居住地未取得承包地的，发包方不得收回其原承包地。

第三十一条　承包人应得的承包收益，依照继承法的规定继承。

林地承包的承包人死亡，其继承人可以在承包期内继续承包。

第三十二条 通过家庭承包取得的土地承包经营权可以依法采取转包、出租、互换、转让或者其他方式流转。

第三十九条 承包方可以在一定期限内将部分或者全部土地承包经营权转包或者出租给第三方，承包方与发包方的承包关系不变。

承包方将土地交由他人代耕不超过一年的，可以不签订书面合同。

第四十条 承包方之间为方便耕种或者各自需要，可以对属于同一集体经济组织的土地承包经营权进行互换。

第四十二条 承包方之间为发展农业经济，可以自愿联合将土地承包经营权入股，从事农业合作生产。

第四十六条 荒山、荒沟、荒丘、荒滩等可以直接通过招标、拍卖、公开协商等方式实行承包经营，也可以将土地承包经营权折股分给本集体经济组织成员后，再实行承包经营或者股份合作经营。

承包荒山、荒沟、荒丘、荒滩的，应当遵守有关法律、行政法规的规定，防止水土流失，保护生态环境。

第四十七条 以其他方式承包农村土地，在同等条件下，本集体经济组织成员享有优先承包权。

第四十八条 发包方将农村土地发包给本集体经济组织以外的单位或者个人承包，应当事先经本集体经济组织成员的村民会议三分之二以上成员或者三分之二以上村民代表的同意，并报乡（镇）人民政府批准。

由本集体经济组织以外的单位或者个人承包的，应当对承包方的资信情况和经营能力进行审查后，再签订承包合同。

第四十九条 通过招标、拍卖、公开协商等方式承包农村土地，经依法登记取得土地承包经营权证或者林权证等证书的，其土地承包经营权可以依法采取转让、出租、入股、抵押或者其他方式流转。

第五十条 土地承包经营权通过招标、拍卖、公开协商等方式取得的，该承包人死亡，其应得的承包收益，依照继承法的规定继承；在承包期内，其继承人可以继续承包。

第五十三条 任何组织和个人侵害承包方的土地承包经营权的，应当承担民事责任。

《最高人民法院关于审理涉及农村土地承包纠纷案件适用法律问题的解释》（法释〔2005〕6号 2005年9月1日起施行）

根据《中华人民共和国民法通则》、《中华人民共和国合同法》、《中华人民共和国民事诉讼法》、《中华人民共和国农村土地承包法》、《中华人民共和国土地管理法》等法律的规定，结合民事审判实践，对审理涉及农村土地承包纠纷案件适用法律的若干问题解释如下：

一、受理与诉讼主体

第一条　下列涉及农村土地承包民事纠纷，人民法院应当依法受理：

（一）承包合同纠纷；

（二）承包经营权侵权纠纷；

（三）承包经营权流转纠纷；

（四）承包地征收补偿费用分配纠纷；

（五）承包经营权继承纠纷。

集体经济组织成员因未实际取得土地承包经营权提起民事诉讼的，人民法院应当告知其向有关行政主管部门申请解决。

集体经济组织成员就用于分配的土地补偿费数额提起民事诉讼的，人民法院不予受理。

第二条　当事人自愿达成书面仲裁协议的，受诉人民法院应当参照最高人民法院《关于适用〈中华人民共和国民事诉讼法〉若干问题的意见》第145条至第148条的规定处理。

当事人未达成书面仲裁协议，一方当事人向农村土地承包仲裁机构申请仲裁，另一方当事人提起诉讼的，人民法院应予受理，并书面通知仲裁机构。但另一方当事人接受仲裁管辖后又起诉的，人民法院不予受理。

当事人对仲裁裁决不服并在收到裁决书之日起三十日内提起诉讼的，人民法院应予受理。

第三条　承包合同纠纷，以发包方和承包方为当事人。

前款所称承包方是指以家庭承包方式承包本集体经济组织农村土地的农户，以及以其他方式承包农村土地的单位或者个人。

第四条　农户成员为多人的，由其代表人进行诉讼。

农户代表人按照下列情形确定：

（一）土地承包经营权证等证书上记载的人；

（二）未依法登记取得土地承包经营权证等证书的，为在承包合同上签字的人；

（三）前两项规定的人死亡、丧失民事行为能力或者因其他原因无法进行诉讼的，为农户成员推选的人。

二、家庭承包纠纷案件的处理

第五条 承包合同中有关收回、调整承包地的约定违反农村土地承包法第二十六条、第二十七条、第三十条、第三十五条规定的，应当认定该约定无效。

第六条 因发包方违法收回、调整承包地，或者因发包方收回承包方弃耕、撂荒的承包地产生的纠纷，按照下列情形，分别处理：

（一）发包方未将承包地另行发包，承包方请求返还承包地的，应予支持；

（二）发包方已将承包地另行发包给第三人，承包方以发包方和第三人为共同被告，请求确认其所签订的承包合同无效、返还承包地并赔偿损失的，应予支持。但属于承包方弃耕、撂荒情形的，对其赔偿损失的诉讼请求，不予支持。

前款第（二）项所称的第三人，请求受益方补偿其在承包地上的合理投入的，应予支持。

第七条 承包合同约定或者土地承包经营权证等证书记载的承包期限短于农村土地承包法规定的期限，承包方请求延长的，应予支持。

第八条 承包方违反农村土地承包法第十七条规定，将承包地用于非农建设或者对承包地造成永久性损害，发包方请求承包方停止侵害、恢复原状或者赔偿损失的，应予支持。

第九条 发包方根据农村土地承包法第二十六条规定收回承包地前，承包方已经以转包、出租等形式将其土地承包经营权流转给第三人，且流转期限尚未届满，因流转价款收取产生的纠纷，按照下列情形，分别处理：

（一）承包方已经一次性收取了流转价款，发包方请求承包方返还剩余流转期限的流转价款的，应予支持；

（二）流转价款为分期支付，发包方请求第三人按照流转合同的约定支付流转价款的，应予支持。

第十条 承包方交回承包地不符合农村土地承包法第二十九条规定程序的，不得认定其为自愿交回。

第十一条 土地承包经营权流转中，本集体经济组织成员在流转价款、流转期限等主要内容相同的条件下主张优先权的，应予支持。但下列情形除外：

（一）在书面公示的合理期限内未提出优先权主张的；

（二）未经书面公示，在本集体经济组织以外的人开始使用承包地两个月内未提出优先权主张的。

第十二条　发包方强迫承包方将土地承包经营权流转给第三人，承包方请求确认其与第三人签订的流转合同无效的，应予支持。

发包方阻碍承包方依法流转土地承包经营权，承包方请求排除妨碍、赔偿损失的，应予支持。

第十三条　承包方未经发包方同意，采取转让方式流转其土地承包经营权的，转让合同无效。但发包方无法定理由不同意或者拖延表态的除外。

第十四条　承包方依法采取转包、出租、互换或者其他方式流转土地承包经营权，发包方仅以该土地承包经营权流转合同未报其备案为由，请求确认合同无效的，不予支持。

第十五条　承包方以其土地承包经营权进行抵押或者抵偿债务的，应当认定无效。对因此造成的损失，当事人有过错的，应当承担相应的民事责任。

第十六条　因承包方不收取流转价款或者向对方支付费用的约定产生纠纷，当事人协商变更无法达成一致，且继续履行又显失公平的，人民法院可以根据发生变更的客观情况，按照公平原则处理。

第十七条　当事人对转包、出租地流转期限没有约定或者约定不明的，参照合同法第二百三十二条规定处理。除当事人另有约定或者属于林地承包经营外，承包地交回的时间应当在农作物收获期结束后或者下一耕种期开始前。

对提高土地生产能力的投入，对方当事人请求承包方给予相应补偿的，应予支持。

第十八条　发包方或者其他组织、个人擅自截留、扣缴承包收益或者土地承包经营权流转收益，承包方请求返还的，应予支持。

发包方或者其他组织、个人主张抵销的，不予支持。

三、其他方式承包纠纷的处理

第十九条　本集体经济组织成员在承包费、承包期限等主要内容相同的条件下主张优先承包权的，应予支持。但在发包方将农村土地发包给本集体经济组织以外的单位或者个人，已经法律规定的民主议定程序通过，并由乡（镇）人民政府批准后主张优先承包权的，不予支持。

第二十条　发包方就同一土地签订两个以上承包合同，承包方均主张取得土地承包经营权的，按照下列情形，分别处理：

（一）已经依法登记的承包方，取得土地承包经营权；

（二）均未依法登记的，生效在先合同的承包方取得土地承包经营权；

（三）依前两项规定无法确定的，已经根据承包合同合法占有使用承包地的人取得土地承包经营权，但争议发生后一方强行先占承包地的行为和事实，不得作为确定土地承包经营权的依据。

第二十一条 承包方未依法登记取得土地承包经营权证等证书，即以转让、出租、入股、抵押等方式流转土地承包经营权，发包方请求确认该流转无效的，应予支持。但非因承包方原因未登记取得土地承包经营权证等证书的除外。

承包方流转土地承包经营权，除法律或者本解释有特殊规定外，按照有关家庭承包土地承包经营权流转的规定处理。

四、土地征收补偿费用分配及土地承包经营权继承纠纷的处理

第二十二条 承包地被依法征收，承包方请求发包方给付已经收到的地上附着物和青苗的补偿费的，应予支持。

承包方已将土地承包经营权以转包、出租等方式流转给第三人的，除当事人另有约定外，青苗补偿费归实际投入人所有，地上附着物补偿费归附着物所有人所有。

第二十三条 承包地被依法征收，放弃统一安置的家庭承包方，请求发包方给付已经收到的安置补助费的，应予支持。

第二十四条 农村集体经济组织或者村民委员会、村民小组，可以依照法律规定的民主议定程序，决定在本集体经济组织内部分配已经收到的土地补偿费。征地补偿安置方案确定时已经具有本集体经济组织成员资格的人，请求支付相应份额的，应予支持。但已报全国人大常委会、国务院备案的地方性法规、自治条例和单行条例、地方政府规章对土地补偿费在农村集体经济组织内部的分配办法另有规定的除外。

第二十五条 林地家庭承包中，承包方的继承人请求在承包期内继续承包的，应予支持。

其他方式承包中，承包方的继承人或者权利义务承受者请求在承包期内继续承包的，应予支持。

五、其他规定

第二十六条 人民法院在审理涉及本解释第五条、第六条第一款第

（二）项及第二款、第十六条的纠纷案件时，应当着重进行调解。必要时可以委托人民调解组织进行调解。

第二十七条　本解释自2005年9月1日起施行。施行后受理的第一审案件，适用本解释的规定。

施行前已经生效的司法解释与本解释不一致的，以本解释为准。

【适用本案由需要注意的问题】

◆土地承包经营权纠纷一般由承包地所在地的人民法院管辖。

◆在适用本案由时，要注意区分其项下案由的关系。土地承包经营权确认纠纷是对土地承包经营权是否成立以及其归属和内容所发生的争议，而承包地征收补偿费用分配纠纷和土地承包经营权继承纠纷是在已经确立归属的情况下发生的纠纷。

◆在适用本案由时，要注意区分本案由下的民事纠纷与行政纠纷的不同。对于土地征收行为以及土地补偿费用本身存在争议提起的诉讼，属于行政诉讼。

56. 建设用地使用权纠纷

【案由解析】

建设用地使用权是指单位和个人依法对国家所有的土地享有占有、使用和收益的权利，公民、法人或者其他组织有权利用该土地建造建筑物、构筑物及其附属设施。

建设用地使用权纠纷是指因建设用地使用权归属、使用、收益、处分以及遭受侵害而发生的纠纷。

建设用地使用权的主要特征是：（1）建设用地使用权的客体是国家所有的土地，不包括农村集体经济组织所有的土地。（2）建设用地使用权是在国有土地所有权基础上产生的一种用益物权。

【常用法律条文及索引】

《物权法》（2007年10月1日起施行）

第一百三十五条　建设用地使用权人依法对国家所有的土地享有占有、

使用和收益的权利，有权利用该土地建造建筑物、构筑物及其附属设施。

第一百三十六条 建设用地使用权可以在土地的地表、地上或者地下分别设立。新设立的建设用地使用权，不得损害已设立的用益物权。

第一百三十七条 设立建设用地使用权，可以采取出让或者划拨等方式。

工业、商业、旅游、娱乐和商品住宅等经营性用地以及同一土地有两个以上意向用地者的，应当采取招标、拍卖等公开竞价的方式出让。

严格限制以划拨方式设立建设用地使用权。采取划拨方式的，应当遵守法律、行政法规关于土地用途的规定。

第一百三十八条 采取招标、拍卖、协议等出让方式设立建设用地使用权的，当事人应当采取书面形式订立建设用地使用权出让合同。

建设用地使用权出让合同一般包括下列条款：

（一）当事人的名称和住所；

（二）土地界址、面积等；

（三）建筑物、构筑物及其附属设施占用的空间；

（四）土地用途；

（五）使用期限；

（六）出让金等费用及其支付方式；

（七）解决争议的方法。

第一百三十九条 设立建设用地使用权的，应当向登记机构申请建设用地使用权登记。建设用地使用权自登记时设立。登记机构应当向建设用地使用权人发放建设用地使用权证书。

第一百四十条 建设用地使用权人应当合理利用土地，不得改变土地用途；需要改变土地用途的，应当依法经有关行政主管部门批准。

第一百四十一条 建设用地使用权人应当依照法律规定以及合同约定支付出让金等费用。

第一百四十二条 建设用地使用权人建造的建筑物、构筑物及其附属设施的所有权属于建设用地使用权人，但有相反证据证明的除外。

第一百四十三条 建设用地使用权人有权将建设用地使用权转让、互换、出资、赠与或者抵押，但法律另有规定的除外。

第一百四十四条 建设用地使用权转让、互换、出资、赠与或者抵押的，当事人应当采取书面形式订立相应的合同。使用期限由当事人约定，但不得超过建设用地使用权的剩余期限。

第一百四十五条 建设用地使用权转让、互换、出资或者赠与的，应当向登记机构申请变更登记。

第一百四十六条 建设用地使用权转让、互换、出资或者赠与的，附着于该土地上的建筑物、构筑物及其附属设施一并处分。

第一百四十七条 建筑物、构筑物及其附属设施转让、互换、出资或者赠与的，该建筑物、构筑物及其附属设施占用范围内的建设用地使用权一并处分。

第一百四十八条 建设用地使用权期间届满前，因公共利益需要提前收回该土地的，应当依照本法第四十二条的规定对该土地上的房屋及其他不动产给予补偿，并退还相应的出让金。

第一百四十九条 住宅建设用地使用权期间届满的，自动续期。

非住宅建设用地使用权期间届满后的续期，依照法律规定办理。该土地上的房屋及其他不动产的归属，有约定的，按照约定；没有约定或者约定不明确的，依照法律、行政法规的规定办理。

第一百五十条 建设用地使用权消灭的，出让人应当及时办理注销登记。登记机构应当收回建设用地使用权证书。

《土地管理法》（1999 年 1 月 1 日起施行 2004 年 8 月 28 日修正）

第四十三条 任何单位和个人进行建设，需要使用土地的，必须依法申请使用国有土地；但是，兴办乡镇企业和村民建设住宅经依法批准使用本集体经济组织农民集体所有的土地的，或者乡（镇）村公共设施和公益事业建设经依法批准使用农民集体所有的土地的除外。

前款所称依法申请使用的国有土地包括国家所有的土地和国家征收的原属于农民集体所有的土地。

第五十四条 建设单位使用国有土地，应当以出让等有偿使用方式取得；但是，下列建设用地，经县级以上人民政府依法批准，可以以划拨方式取得：

（一）国家机关用地和军事用地；

（二）城市基础设施用地和公益事业用地；

（三）国家重点扶持的能源、交通、水利等基础设施用地；

（四）法律、行政法规规定的其他用地。

第五十五条 以出让等有偿使用方式取得国有土地使用权的建设单位，

按照国务院规定的标准和办法，缴纳土地使用权出让金等土地有偿使用费和其他费用后，方可使用土地。

自本法施行之日起，新增建设用地的土地有偿使用费，百分之三十上缴中央财政，百分之七十留给有关地方人民政府，都专项用于耕地开发。

第五十六条 建设单位使用国有土地的，应当按照土地使用权出让等有偿使用合同的约定或者土地使用权划拨批准文件的规定使用土地；确需改变该幅土地建设用途的，应当经有关人民政府土地行政主管部门同意，报原批准用地的人民政府批准。其中，在城市规划区内改变土地用途的，在报批前，应当先经有关城市规划行政主管部门同意。

第五十七条 建设项目施工和地质勘查需要临时使用国有土地或者农民集体所有的土地的，由县级以上人民政府土地行政主管部门批准。其中，在城市规划区内的临时用地，在报批前，应当先经有关城市规划行政主管部门同意。土地使用者应当根据土地权属，与有关土地行政主管部门或者农村集体经济组织、村民委员会签订临时使用土地合同，并按照合同的约定支付临时使用土地补偿费。

临时使用土地的使用者应当按照临时使用土地合同约定的用途使用土地，并不得修建永久性建筑物。

临时使用土地期限一般不超过二年。

第五十八条 有下列情形之一的，由有关人民政府土地行政主管部门报经原批准用地的人民政府或者有批准权的人民政府批准，可以收回国有土地使用权：

（一）为公共利益需要使用土地的；

（二）为实施城市规划进行旧城区改建，需要调整使用土地的；

（三）土地出让等有偿使用合同约定的使用期限届满，土地使用者未申请续期或者申请续期未获批准的；

（四）因单位撤销、迁移等原因，停止使用原划拨的国有土地的；

（五）公路、铁路、机场、矿场等经核准报废的。

依照前款第（一）项、第（二）项的规定收回国有土地使用权的，对土地使用权人应当给予适当补偿。

《城市房地产管理法》（1995 年 1 月 1 日起施行　2009 年 8 月 27 日修正）

第八条 土地使用权出让，是指国家将国有土地使用权（以下简称土地使用权）在一定年限内出让给土地使用者，由土地使用者向国家支付土地使用权出让金的行为。

第九条　城市规划区内的集体所有的土地，经依法征收转为国有土地后，该幅国有土地的使用权方可有偿出让。

第十条　土地使用权出让，必须符合土地利用总体规划、城市规划和年度建设用地计划。

第十一条　县级以上地方人民政府出让土地使用权用于房地产开发的，须根据省级以上人民政府下达的控制指标拟订年度出让土地使用权总面积方案，按照国务院规定，报国务院或者省级人民政府批准。

第十二条　土地使用权出让，由市、县人民政府有计划、有步骤地进行。出让的每幅地块、用途、年限和其他条件，由市、县人民政府土地管理部门会同城市规划、建设、房产管理部门共同拟定方案，按照国务院规定，报经有批准权的人民政府批准后，由市、县人民政府土地管理部门实施。

直辖市的县人民政府及其有关部门行使前款规定的权限，由直辖市人民政府规定。

第十三条　土地使用权出让，可以采取拍卖、招标或者双方协议的方式。

商业、旅游、娱乐和豪华住宅用地，有条件的，必须采取拍卖、招标方式；没有条件，不能采取拍卖、招标方式的，可以采取双方协议的方式。

采取双方协议方式出让土地使用权的出让金不得低于按国家规定所确定的最低价。

第十四条　土地使用权出让最高年限由国务院规定。

第十五条　土地使用权出让，应当签订书面出让合同。

土地使用权出让合同由市、县人民政府土地管理部门与土地使用者签订。

第十六条　土地使用者必须按照出让合同约定，支付土地使用权出让金；未按照出让合同约定支付土地使用权出让金的，土地管理部门有权解除合同，并可以请求违约赔偿。

第十七条　土地使用者按照出让合同约定支付土地使用权出让金的，市、县人民政府土地管理部门必须按照出让合同约定，提供出让的土地；未按照出让合同约定提供出让的土地的，土地使用者有权解除合同，由土地管理部门返还土地使用权出让金，土地使用者并可以请求违约赔偿。

第十八条 土地使用者需要改变土地使用权出让合同约定的土地用途的，必须取得出让方和市、县人民政府城市规划行政主管部门的同意，签订土地使用权出让合同变更协议或者重新签订土地使用权出让合同，相应调整土地使用权出让金。

第十九条 土地使用权出让金应当全部上缴财政，列入预算，用于城市基础设施建设和土地开发。土地使用权出让金上缴和使用的具体办法由国务院规定。

第二十条 国家对土地使用者依法取得的土地使用权，在出让合同约定的使用年限届满前不收回；在特殊情况下，根据社会公共利益的需要，可以依照法律程序提前收回，并根据土地使用者使用土地的实际年限和开发土地的实际情况给予相应的补偿。

第二十一条 土地使用权因土地灭失而终止。

第二十二条 土地使用权出让合同约定的使用年限届满，土地使用者需要继续使用土地的，应当至迟于届满前一年申请续期，除根据社会公共利益需要收回该幅土地的，应当予以批准。经批准准予续期的，应当重新签订土地使用权出让合同，依照规定支付土地使用权出让金。

土地使用权出让合同约定的使用年限届满，土地使用者未申请续期或者虽申请续期但依照前款规定未获批准的，土地使用权由国家无偿收回。

第二十三条 土地使用权划拨，是指县级以上人民政府依法批准，在土地使用者缴纳补偿、安置等费用后将该幅土地交付其使用，或者将土地使用权无偿交付给土地使用者使用的行为。

依照本法规定以划拨方式取得土地使用权的，除法律、行政法规另有规定外，没有使用期限的限制。

第二十六条 以出让方式取得土地使用权进行房地产开发的，必须按照土地使用权出让合同约定的土地用途、动工开发期限开发土地。超过出让合同约定的动工开发日期满一年未动工开发的，可以征收相当于土地使用权出让金百分之二十以下的土地闲置费；满二年未动工开发的，可以无偿收回土地使用权；但是，因不可抗力或者政府、政府有关部门的行为或者动工开发必需的前期工作造成动工开发迟延的除外。

第三十二条 房地产转让、抵押时，房屋的所有权和该房屋占用范围内的土地使用权同时转让、抵押。

【适用本案由需要注意的问题】

◆建设用地使用权纠纷一般应由建设用地所在地人民法院管辖。

◆在适用本案由时，要注意区分其与“77. 建设用地使用权合同纠纷”的不同。建设用地使用权合同纠纷主要包括建设用地使用权出让合同和转让合同纠纷，是当事人在订立、变更、终止建设用地使用权合同的过程中发生的权利义务纠纷。而建设用地使用权纠纷的范围比前者更为广泛，除了前者外，还包括建设用地使用权出资纠纷、建设用地使用权收回纠纷等。但因单独列出了“77. 建设用地使用权合同纠纷”这一案由，故因订立、履行建设用地使用权合同过程中发生的合同当事人之间的权利义务纠纷就不应适用本案由。

57. 宅基地使用权纠纷

【案由解析】

宅基地使用权是指农村集体经济组织成员依法享有的建造自有房屋而对集体所有土地的占有、使用的权利。

宅基地使用权纠纷是指因宅基地使用权的归属、使用、收益、处分以及遭受侵害而发生的纠纷。

宅基地使用权的主要特征是：（1）宅基地使用权的主体只能是农村集体经济组织成员。（2）宅基地使用权只能用于建造住宅及附属设施。（3）宅基地的所有权归集体。（4）宅基地使用权不得单独转移，并不能用于抵押。

【典型形态】

在实践中，宅基地使用权纠纷主要有：宅基地使用权转让纠纷、宅基地使用权使用纠纷、宅基地使用权侵权纠纷、宅基地使用权租赁纠纷、宅基地使用权消灭纠纷等。

【常用法律条文及索引】

《物权法》（2007 年 10 月 1 日起施行）

第一百五十二条　宅基地使用权人依法对集体所有的土地享有占有和使

用的权利，有权依法利用该土地建造住宅及其附属设施。

第一百五十三条 宅基地使用权的取得、行使和转让，适用土地管理法等法律和国家有关规定。

第一百五十四条 宅基地因自然灾害等原因灭失的，宅基地使用权消灭。对失去宅基地的村民，应当重新分配宅基地。

第一百五十五条 已经登记的宅基地使用权转让或者消灭的，应当及时办理变更登记或者注销登记。

《土地管理法》（1999年1月1日起施行 2004年8月28日修正）

第六十二条 农村村民一户只能拥有一处宅基地，其宅基地的面积不得超过省、自治区、直辖市规定的标准。

农村村民建住宅，应当符合乡（镇）土地利用总体规划，并尽量使用原有的宅基地和村内空闲地。

农村村民住宅用地，经乡（镇）人民政府审核，由县级人民政府批准；其中，涉及占用农用地的，依照本法第四十四条的规定办理审批手续。

农村村民出卖、出租住房后，再申请宅基地的，不予批准。

《村民委员会组织法》（2010年10月28日起施行）

第二十四条 涉及村民利益的下列事项，经村民会议讨论决定方可办理：

（一）本村享受误工补贴的人员及补贴标准；

（二）从村集体经济所得收益的使用；

（三）本村公益事业的兴办和筹资筹劳方案及建设承包方案；

（四）土地承包经营方案；

（五）村集体经济项目的立项、承包方案；

（六）宅基地的使用方案；

（七）征地补偿费的使用、分配方案；

（八）以借贷、租赁或者其他方式处分村集体财产；

（九）村民会议认为应当由村民会议讨论决定的涉及村民利益的其他事项。

村民会议可以授权村民代表会议讨论决定前款规定的事项。

法律对讨论决定村集体经济组织财产和成员权益的事项另有规定的，依照其规定。

《妇女权益保障法》（1992 年 10 月 1 日起施行 2005 年 8 月 28 日修正）

第三十二条 妇女在农村土地承包经营、集体经济组织收益分配、土地征收或者征收补偿费使用以及宅基地使用等方面，享有与男子平等的权利。

【适用本案由需要注意的问题】

◆宅基地使用权纠纷一般应由宅基地所在地人民法院管辖。

58. 地役权纠纷

【案由解析】

地役权是指土地上的权利人（包括土地所有人、用益物权人）为了自己使用土地的方便或者土地利用价值的提高，通过约定而得以利用他人土地的一种用益物权。

地役权纠纷是指因地役权的成立、内容、处分、消灭及遭受侵害等发生的纠纷。

地役权的主要特征是：（1）地役权具有从属性。地役权的存续以需役地的存在为前提。（2）地役权的权利主体既可以是不动产的所有权人，也可以是不动产的使用权人。（3）地役权的客体是不动产。（4）地役权是权利人为了提高自己的不动产的效益而设定的用益物权。

【常用法律条文及索引】

《物权法》（2007 年 10 月 1 日起施行）

第一百五十六条 地役权人有权按照合同约定，利用他人的不动产，以提高自己的不动产的效益。

前款所称他人的不动产为供役地，自己的不动产为需役地。

第一百五十七条 设立地役权，当事人应当采取书面形式订立地役权合同。

地役权合同一般包括下列条款：

（一）当事人的姓名或者名称和住所；

（二）供役地和需役地的位置；

（三）利用目的和方法；

（四）利用期限；

（五）费用及其支付方式；

（六）解决争议的方法。

第一百五十八条 地役权自地役权合同生效时设立。当事人要求登记的，可以向登记机构申请地役权登记；未经登记，不得对抗善意第三人。

第一百五十九条 供役地权利人应当按照合同约定，允许地役权人利用其土地，不得妨害地役权人行使权利。

第一百六十条 地役权人应当按照合同约定的利用目的和方法利用供役地，尽量减少对供役地权利人物权的限制。

第一百六十一条 地役权的期限由当事人约定，但不得超过土地承包经营权、建设用地使用权等用益物权的剩余期限。

第一百六十二条 土地所有权人享有地役权或者负担地役权的，设立土地承包经营权、宅基地使用权时，该土地承包经营权人、宅基地使用权人继续享有或者负担已设立的地役权。

第一百六十三条 土地上已设立土地承包经营权、建设用地使用权、宅基地使用权等权利的，未经用益物权人同意，土地所有权人不得设立地役权。

第一百六十四条 地役权不得单独转让。土地承包经营权、建设用地使用权等转让的，地役权一并转让，但合同另有约定的除外。

第一百六十五条 地役权不得单独抵押。土地承包经营权、建设用地使用权等抵押的，在实现抵押权时，地役权一并转让。

第一百六十六条 需役地以及需役地上的土地承包经营权、建设用地使用权部分转让时，转让部分涉及地役权的，受让人同时享有地役权。

第一百六十七条 供役地以及供役地上的土地承包经营权、建设用地使用权部分转让时，转让部分涉及地役权的，地役权对受让人具有约束力。

第一百六十八条 地役权人有下列情形之一的，供役地权利人有权解除地役权合同，地役权消灭：

（一）违反法律规定或者合同约定，滥用地役权；

（二）有偿利用供役地，约定的付款期间届满后在合理期限内经两次催告未支付费用。

第一百六十九条 已经登记的地役权变更、转让或者消灭的，应当及时办理变更登记或者注销登记。

【适用本案由需要注意的问题】

◆地役权纠纷属于不动产引发的纠纷，一般应由土地所在地的人民法院专属管辖。

◆在适用本案由时，尤其要注意区分其与相邻关系纠纷的区别。相邻关系是基于法律的直接规定而产生的，以不动产的相邻为必要条件，不属于一项独立的民事权利，也不是独立的物权类型，而是属于所有权的内容，相邻关系是以相邻不动产使用上的最低限度的互相配合和利用为限度，通常为无偿；地役权是通过当事人的合同而产生，是一项独立的用益物权，在地役权中不以供役地和需役地相邻为限，地役权是当事人双方逾越相邻关系限度而约定的权利义务关系，是基于当事人约定产生的对双方的土地更高限度的利用调节，通常为有偿。

八、担保物权纠纷

59. 抵押权纠纷

(1) 建筑物和其他土地附着物抵押权纠纷

(2) 在建建筑物抵押权纠纷

(3) 建设用地使用权抵押权纠纷

(4) 土地承包经营权抵押权纠纷

(5) 动产抵押权纠纷

(6) 在建船舶、航空器抵押权纠纷

(7) 动产浮动抵押权纠纷

(8) 最高额抵押权纠纷

【案由解析】

抵押权是指债务人或第三人不转移物的占有而向债权人提供一定财产以担保债务的履行，在债务人不履行债务或者发生当事人约定的实现抵押权的情形时，依法享有的就该财产变价并优先受偿的权利。

抵押权纠纷是指抵押当事人之间因抵押权的成立、内容、变更、转让、实现、消灭等产生的纠纷。

抵押权的主要特征是：（1）抵押权具有从属性。抵押权的成立以债权的存在为前提。（2）抵押权具有特定性。抵押权的标的物和抵押权所担保的债权必须特定。（3）抵押权具有不可分性。担保债权于未受全部清偿前，抵押权人可以就抵押物的全部行使其权利。（4）优先受偿权是抵押权的核心和实质。在债务人届期不履行债务时，抵押权人可以抵押物折价或者从该抵押物的变价中优先于一般债权人而获得先位清偿。

【典型形态】

在实践中，抵押权纠纷主要有：

（1）建筑物和其他土地附着物抵押权纠纷，是指建筑物和其他土地附着物抵押权当事人之间因该抵押权的成立、内容、变更、转让、实现等引发的民事纠纷。

（2）在建筑物抵押权纠纷，是指以正在建设中的建筑物设立的抵押权当事人之间因抵押权的成立、内容、变更、转让、实现等引发的民事纠纷。

（3）建设用地使用权抵押权纠纷，是指建设用地使用权抵押权当事人之间因抵押权的成立、内容、变更、转让、实现等引发的民事纠纷。

（4）土地承包经营权抵押权纠纷，是指土地承包经营权抵押权当事人之间因该抵押权的成立、内容、变更、转让、实现等引发的民事纠纷。

（5）动产抵押权纠纷，是指动产抵押权当事人之间因抵押权成立、内容、变更、转让、实现等引发的民事纠纷。

（6）在建船舶、航空器抵押权纠纷，是指在建船舶、航空器抵押权当事人之间因该抵押权的成立、内容、变更、转让、实现等引发的民事纠纷。

（7）动产浮动抵押权纠纷，是指动产浮动抵押权当事人之间因该抵押权的成立、内容、转让、实现等引发的纠纷。

（8）最高额抵押权纠纷，是指最高额抵押权当事人之间因该抵押权的成立、内容、转让、实现等引发的民事纠纷。

【常用法律条文及索引】

《民法通则》（1987 年 1 月 1 日起施行　2009 年 8 月 27 日修正）

第八十九条　依照法律的规定或者按照当事人的约定，可以采用下列方式担保债务的履行：

……

（二）债务人或者第三人可以提供一定的财产作为抵押物。债务人不履行债务的，债权人有权依照法律的规定以抵押物折价或者以变卖抵押物的价款优先得到偿还。

……

《物权法》（2007 年 10 月 1 日起施行）

第一百七十九条 为担保债务的履行，债务人或者第三人不转移财产的占有，将该财产抵押给债权人的，债务人不履行到期债务或者发生当事人约定的实现抵押权的情形，债权人有权就该财产优先受偿。

前款规定的债务人或者第三人为抵押人，债权人为抵押权人，提供担保的财产为抵押财产。

第一百八十条 债务人或者第三人有权处分的下列财产可以抵押：

（一）建筑物和其他土地附着物；

（二）建设用地使用权；

（三）以招标、拍卖、公开协商等方式取得的荒地等土地承包经营权；

（四）生产设备、原材料、半成品、产品；

（五）正在建造的建筑物、船舶、航空器；

（六）交通运输工具；

（七）法律、行政法规未禁止抵押的其他财产。

抵押人可以将前款所列财产一并抵押。

第一百八十一条 经当事人书面协议，企业、个体工商户、农业生产经营者可以将现有的以及将有的生产设备、原材料、半成品、产品抵押，债务人不履行到期债务或者发生当事人约定的实现抵押权的情形，债权人有权就实现抵押权时的动产优先受偿。

第一百八十二条 以建筑物抵押的，该建筑物占用范围内的建设用地使用权一并抵押。以建设用地使用权抵押的，该土地上的建筑物一并抵押。

抵押人未依照前款规定一并抵押的，未抵押的财产视为一并抵押。

第一百八十三条 乡镇、村企业的建设用地使用权不得单独抵押。以乡镇、村企业的厂房等建筑物抵押的，其占用范围内的建设用地使用权一并抵押。

第一百八十四条 下列财产不得抵押：

（一）土地所有权；

（二）耕地、宅基地、自留地、自留山等集体所有的土地使用权，但法律规定可以抵押的除外；

（三）学校、幼儿园、医院等以公益为目的的事业单位、社会团体的教育设施、医疗卫生设施和其他社会公益设施；

（四）所有权、使用权不明或者有争议的财产；

（五）依法被查封、扣押、监管的财产；

（六）法律、行政法规规定不得抵押的其他财产。

第一百八十五条 设立抵押权，当事人应当采取书面形式订立抵押合同。

抵押合同一般包括下列条款：

（一）被担保债权的种类和数额；

（二）债务人履行债务的期限；

（三）抵押财产的名称、数量、质量、状况、所在地、所有权归属或者使用权归属；

（四）担保的范围。

第一百八十六条 抵押权人在债务履行期届满前，不得与抵押人约定债务人不履行到期债务时抵押财产归债权人所有。

第一百八十七条 以本法第一百八十条第一款第一项至第三项规定的财产或者第五项规定的正在建造的建筑物抵押的，应当办理抵押登记。抵押权自登记时设立。

第一百八十八条 以本法第一百八十条第一款第四项、第六项规定的财产或者第五项规定的正在建造的船舶、航空器抵押的，抵押权自抵押合同生效时设立；未经登记，不得对抗善意第三人。

第一百八十九条 企业、个体工商户、农业生产经营者以本法第一百八十一条规定的动产抵押的，应当向抵押人住所地的工商行政管理部门办理登记。抵押权自抵押合同生效时设立；未经登记，不得对抗善意第三人。

依照本法第一百八十一条规定抵押的，不得对抗正常经营活动中已支付合理价款并取得抵押财产的买受人。

第一百九十条 订立抵押合同前抵押财产已出租的，原租赁关系不受该抵押权的影响。抵押权设立后抵押财产出租的，该租赁关系不得对抗已登记的抵押权。

第一百九十一条 抵押期间，抵押人经抵押权人同意转让抵押财产的，应当将转让所得的价款向抵押权人提前清偿债务或者提存。转让的价款超过债权数额的部分归抵押人所有，不足部分由债务人清偿。

抵押期间，抵押人未经抵押权人同意，不得转让抵押财产，但受让人代为清偿债务消灭抵押权的除外。

第一百九十二条 抵押权不得与债权分离而单独转让或者作为其他债权的担保。债权转让的，担保该债权的抵押权一并转让，但法律另有规定或者当事人另有约定的除外。

第一百九十三条 抵押人的行为足以使抵押财产价值减少的，抵押权人有权要求抵押人停止其行为。抵押财产价值减少的，抵押权人有权要求恢复抵押财产的价值，或者提供与减少的价值相应的担保。抵押人不恢复抵押财产的价值也不提供担保的，抵押权人有权要求债务人提前清偿债务。

第一百九十四条 抵押权人可以放弃抵押权或者抵押权的顺位。抵押权人与抵押人可以协议变更抵押权顺位以及被担保的债权数额等内容，但抵押权的变更，未经其他抵押权人书面同意，不得对其他抵押权人产生不利影响。

债务人以自己的财产设定抵押，抵押权人放弃该抵押权、抵押权顺位或者变更抵押权的，其他担保人在抵押权人丧失优先受偿权益的范围内免除担保责任，但其他担保人承诺仍然提供担保的除外。

第一百九十五条 债务人不履行到期债务或者发生当事人约定的实现抵押权的情形，抵押权人可以与抵押人协议以抵押财产折价或者以拍卖、变卖该抵押财产所得的价款优先受偿。协议损害其他债权人利益的，其他债权人可以在知道或者应当知道撤销事由之日起一年内请求人民法院撤销该协议。

抵押权人与抵押人未就抵押权实现方式达成协议的，抵押权人可以请求人民法院拍卖、变卖抵押财产。

抵押财产折价或者变卖的，应当参照市场价格。

第一百九十六条 依照本法第一百八十一条规定设定抵押的，抵押财产自下列情形之一发生时确定：

（一）债务履行期届满，债权未实现；

（二）抵押人被宣告破产或者被撤销；

（三）当事人约定的实现抵押权的情形；

（四）严重影响债权实现的其他情形。

第一百九十七条 债务人不履行到期债务或者发生当事人约定的实现抵

押权的情形，致使抵押财产被人民法院依法扣押的，自扣押之日起抵押权人有权收取该抵押财产的天然孳息或者法定孳息，但抵押权人未通知应当清偿法定孳息的义务人的除外。

前款规定的孳息应当先充抵收取孳息的费用。

第一百九十八条 抵押财产折价或者拍卖、变卖后，其价款超过债权数额的部分归抵押人所有，不足部分由债务人清偿。

第一百九十九条 同一财产向两个以上债权人抵押的，拍卖、变卖抵押财产所得的价款依照下列规定清偿：

（一）抵押权已登记的，按照登记的先后顺序清偿；顺序相同的，按照债权比例清偿；

（二）抵押权已登记的先于未登记的受偿；

（三）抵押权未登记的，按照债权比例清偿。

第二百条 建设用地使用权抵押后，该土地上新增的建筑物不属于抵押财产。该建设用地使用权实现抵押权时，应当将该土地上新增的建筑物与建设用地使用权一并处分，但新增建筑物所得的价款，抵押权人无权优先受偿。

第二百零一条 依照本法第一百八十条第一款第三项规定的土地承包经营权抵押的，或者依照本法第一百八十三条规定以乡镇、村企业的厂房等建筑物占用范围内的建设用地使用权一并抵押的，实现抵押权后，未经法定程序，不得改变土地所有权的性质和土地用途。

第二百零二条 抵押权人应当在主债权诉讼时效期间行使抵押权；未行使的，人民法院不予保护。

第二百零三条 为担保债务的履行，债务人或者第三人对一定期间内将要连续发生的债权提供担保财产的，债务人不履行到期债务或者发生当事人约定的实现抵押权的情形，抵押权人有权在最高债权额限度内就该担保财产优先受偿。

最高额抵押权设立前已经存在的债权，经当事人同意，可以转入最高额抵押担保的债权范围。

第二百零四条 最高额抵押担保的债权确定前，部分债权转让的，最高额抵押权不得转让，但当事人另有约定的除外。

第二百零五条 最高额抵押担保的债权确定前，抵押权人与抵押人可以通过协议变更债权确定的期间、债权范围以及最高债权额，但变更的内容不得对其他抵押权人产生不利影响。

第二百零六条 有下列情形之一的，抵押权人的债权确定：

（一）约定的债权确定期间届满；

（二）没有约定债权确定期间或者约定不明确，抵押权人或者抵押人自最高额抵押权设立之日起满二年后请求确定债权；

（三）新的债权不可能发生；

（四）抵押财产被查封、扣押；

（五）债务人、抵押人被宣告破产或者被撤销；

（六）法律规定债权确定的其他情形。

第二百零七条 最高额抵押权除适用本节规定外，适用本章第一节一般抵押权的规定。

《担保法》（1995 年 10 月 1 日起施行）

第三十三条 本法所称抵押，是指债务人或者第三人不转移对本法第三十四条所列财产的占有，将该财产作为债权的担保。债务人不履行债务时，债权人有权依照本法规定以该财产折价或者以拍卖、变卖该财产的价款优先受偿。

前款规定的债务人或者第三人为抵押人，债权人为抵押权人，提供担保的财产为抵押物。

第三十四条 下列财产可以抵押：

（一）抵押人所有的房屋和其他地上定着物；

（二）抵押人所有的机器、交通运输工具和其他财产；

（三）抵押人依法有权处分的国有的土地使用权、房屋和其他地上定着物；

（四）抵押人依法有权处分的国有的机器、交通运输工具和其他财产；

（五）抵押人依法承包并经发包方同意抵押的荒山、荒沟、荒丘、荒滩等荒地的土地使用权；

（六）依法可以抵押的其他财产。

抵押人可以将前款所列财产一并抵押。

第三十六条 以依法取得的国有土地上的房屋抵押的，该房屋占用范围内的国有土地使用权同时抵押。

以出让方式取得的国有土地使用权抵押的，应当将抵押时该国有土地上的房屋同时抵押。

乡（镇）、村企业的土地使用权不得单独抵押。以乡（镇）、村企业的厂房等建筑物抵押的，其占用范围内的土地使用权同时抵押。

第三十七条 下列财产不得抵押：

（一）土地所有权；

（二）耕地、宅基地、自留地、自留山等集体所有的土地使用权，但本法第三十四条第（五）项、第三十六条第三款规定的除外；

（三）学校、幼儿园、医院等以公益为目的的事业单位、社会团体的教育设施、医疗卫生设施和其他社会公益设施；

（四）所有权、使用权不明或者有争议的财产；

（五）依法被查封、扣押、监管的财产；

（六）依法不得抵押的其他财产。

第四十二条 办理抵押物登记的部门如下：

（一）以无地上定着物的土地使用权抵押的，为核发土地使用权证书的土地管理部门；

（二）以城市房地产或者乡（镇）、村企业的厂房等建筑物抵押的，为县级以上地方人民政府规定的部门；

（三）以林木抵押的，为县级以上林木主管部门；

（四）以航空器、船舶、车辆抵押的，为运输工具的登记部门；

（五）以企业的设备和其他动产抵押的，为财产所在地的工商行政管理部门。

第四十三条 当事人以其他财产抵押的，可以自愿办理抵押物登记，抵押合同自签订之日起生效。

当事人未办理抵押物登记的，不得对抗第三人。当事人办理抵押物登记的，登记部门为抵押人所在地的公证部门。

第四十四条 办理抵押物登记，应当向登记部门提供下列文件或者其复印件：

（一）主合同和抵押合同；

（二）抵押物的所有权或者使用权证书。

第四十五条 登记部门登记的资料，应当允许查阅、抄录或者复印。

第四十六条 抵押担保的范围包括主债权及利息、违约金、损害赔偿金和实现抵押权的费用。抵押合同另有约定的，按照约定。

第四十七条 债务履行期届满，债务人不履行债务致使抵押物被人民法院依法扣押的，自扣押之日起抵押权人有权收取由抵押物分离的天然孳息以及抵押人就抵押物可以收取的法定孳息。抵押权人未将扣押抵押物的事实通知应当清偿法定孳息的义务人的，抵押权的效力不及于该孳息。

前款孳息应当先充抵收取孳息的费用。

第四十八条　抵押人将已出租的财产抵押的，应当书面告知承租人，原租赁合同继续有效。

第四十九条　抵押期间，抵押人转让已办理登记的抵押物的，应当通知抵押权人并告知受让人转让物已经抵押的情况；抵押人未通知抵押权人或者未告知受让人的，转让行为无效。

转让抵押物的价款明显低于其价值的，抵押权人可以要求抵押人提供相应的担保；抵押人不提供的，不得转让抵押物。

抵押人转让抵押物所得的价款，应当向抵押权人提前清偿所担保的债权或者向与抵押权人约定的第三人提存。超过债权数额的部分，归抵押人所有，不足部分由债务人清偿。

第五十条　抵押权不得与债权分离而单独转让或者作为其他债权的担保。

第五十一条　抵押人的行为足以使抵押物价值减少的，抵押权人有权要求抵押人停止其行为。抵押物价值减少时，抵押权人有权要求抵押人恢复抵押物的价值，或者提供与减少的价值相当的担保。

抵押人对抵押物价值减少无过错的，抵押权人只能在抵押人因损害而得到的赔偿范围内要求提供担保。抵押物价值未减少的部分，仍作为债权的担保。

第五十二条　抵押权与其担保的债权同时存在，债权消灭的，抵押权也消灭。

第五十三条　债务履行期届满抵押权人未受清偿的，可以与抵押人协议以抵押物折价或者以拍卖、变卖该抵押物所得的价款受偿；协议不成的，抵押权人可以向人民法院提起诉讼。

抵押物折价或者拍卖、变卖后，其价款超过债权数额的部分归抵押人所有，不足部分由债务人清偿。

第五十四条　同一财产向两个以上债权人抵押的，拍卖、变卖抵押物所得的价款按照以下规定清偿：

（一）抵押合同以登记生效的，按照抵押物登记的先后顺序清偿；顺序相同的，按照债权比例清偿；

（二）抵押合同自签订之日起生效的，该抵押物已登记的，按照本条第（一）项规定清偿；未登记的，按照合同生效时间的先后顺序清偿，顺序相同的，按照债权比例清偿。抵押物已登记的先于未登记的受偿。

第五十五条 城市房地产抵押合同签订后，土地上新增的房屋不属于抵押物。需要拍卖该抵押的房地产时，可以依法将该土地上新增的房屋与抵押物一同拍卖，但对拍卖新增房屋所得，抵押权人无权优先受偿。

依照本法规定以承包的荒地的土地使用权抵押的，或者以乡（镇）、村企业的厂房等建筑物占用范围内的土地使用权抵押的，在实现抵押权后，未经法定程序不得改变土地集体所有和土地用途。

第五十六条 拍卖划拨的国有土地使用权所得的价款，在依法缴纳相当于应缴纳的土地使用权出让金的款额后，抵押权人有优先受偿权。

第五十八条 抵押权因抵押物灭失而消灭。因灭失所得的赔偿金，应当作为抵押财产。

第五十九条 本法所称最高额抵押，是指抵押人与抵押权人协议，在最高债权额限度内，以抵押物对一定期间内连续发生的债权作担保。

第六十条 借款合同可以附最高额抵押合同。

债权人与债务人就某项商品在一定期间内连续发生交易而签订的合同，可以附最高额抵押合同。

第六十一条 最高额抵押的主合同债权不得转让。

第六十二条 最高额抵押除适用本节规定外，适用本章其他规定。

《城市房地产管理法》（1995 年 1 月 1 日起施行　2009 年 8 月 27 日修正）

第四十七条 房地产抵押，是指抵押人以其合法的房地产以不转移占有的方式向抵押权人提供债务履行担保的行为。债务人不履行债务时，抵押权人有权依法以抵押的房地产拍卖所得的价款优先受偿。

第四十八条 依法取得的房屋所有权连同该房屋占用范围内的土地使用权，可以设定抵押权。

以出让方式取得的土地使用权，可以设定抵押权。

第四十九条 房地产抵押，应当凭土地使用权证书、房屋所有权证书办理。

第五十条 房地产抵押，抵押人和抵押权人应当签订书面抵押合同。

第五十一条 设定房地产抵押权的土地使用权是以划拨方式取得的，依法拍卖该房地产后，应当从拍卖所得的价款中缴纳相当于应缴纳的土地使用权出让金的款额后，抵押权人方可优先受偿。

第五十二条 房地产抵押合同签订后，土地上新增的房屋不属于抵押财产。需要拍卖该抵押的房地产时，可以依法将土地上新增的房屋与抵押财产一同拍卖，但对拍卖新增房屋所得，抵押权人无权优先受偿。

《海商法》（1993 年 7 月 1 日起施行）

第十三条 设定船舶抵押权，由抵押权人和抵押人共同向船舶登记机关办理抵押权登记；未经登记的，不得对抗第三人。

船舶抵押权登记，包括下列主要项目：

（一）船舶抵押权人和抵押人的姓名或者名称、地址；

（二）被抵押船舶的名称、国籍、船舶所有权证书的颁发机关和证书号码；

（三）所担保的债权数额、利息率、受偿期限。

船舶抵押权的登记状况，允许公众查询。

《民用航空法》（1996 年 3 月 1 日施行 2017 年 11 月 4 日修正）

第十六条 设定民用航空器抵押权，由抵押权人和抵押人共同向国务院民用航空主管部门办理抵押权登记；未经登记的，不得对抗第三人。

《最高人民法院关于适用〈中华人民共和国担保法〉若干问题的解释》（法释〔2000〕44 号 2000 年 12 月 13 日起施行）

第四十七条 以依法获准尚未建造的或者正在建造中的房屋或者其他建筑物抵押的，当事人办理了抵押物登记，人民法院可以认定抵押有效。

第四十八条 以法定程序确认为违法、违章的建筑物抵押的，抵押无效。

第四十九条 以尚未办理权属证书的财产抵押的，在第一审法庭辩论终结前能够提供权利证书或者补办登记手续的，可以认定抵押有效。

当事人未办理抵押物登记手续的，不得对抗第三人。

第五十条 以担保法第三十四条第一款所列财产一并抵押的，抵押财产的范围应当以登记的财产为准。抵押财产的价值在抵押权实现时予以确定。

第五十一条 抵押人所担保的债权超出其抵押物价值的，超出的部分不具有优先受偿的效力。

第五十二条 当事人以农作物和与其尚未分离的土地使用权同时抵押

的，土地使用权部分的抵押无效。

第五十三条 学校、幼儿园、医院等以公益为目的的事业单位、社会团体，以其教育设施、医疗卫生设施和其他社会公益设施以外的财产为自身债务设定抵押的，人民法院可以认定抵押有效。

第五十四条 按份共有人以其共有财产中享有的份额设定抵押的，抵押有效。

共同共有人以其共有财产设定抵押，未经其他共有人的同意，抵押无效。但是，其他共有人知道或者应当知道而未提出异议的视为同意，抵押有效。

第五十五条 已经设定抵押的财产被采取查封、扣押等财产保全或者执行措施的，不影响抵押权的效力。

第五十六条 抵押合同对被担保的主债权种类、抵押财产没有约定或者约定不明，根据主合同和抵押合同不能补正或者无法推定的，抵押不成立。

法律规定登记生效的抵押合同签订后，抵押人违背诚实信用原则拒绝办理抵押登记致使债权人受到损失的，抵押人应当承担赔偿责任。

第五十七条 当事人在抵押合同中约定，债务履行期届满抵押权人未受清偿时，抵押物的所有权转移为债权人所有的内容无效。该内容的无效不影响抵押合同其他部分内容的效力。

债务履行期届满后抵押权人未受清偿时，抵押权人和抵押人可以协议以抵押物折价取得抵押物。但是，损害顺序在后的担保物权人和其他债权人利益的，人民法院可以适用合同法第七十四条、第七十五条的有关规定。

第五十八条 当事人同一天在不同的法定登记部门办理抵押物登记的，视为顺序相同。

因登记部门的原因致使抵押物进行连续登记的，抵押物第一次登记的日期，视为抵押登记的日期，并依此确定抵押权的顺序。

第五十九条 当事人办理抵押物登记手续时，因登记部门的原因致使其无法办理抵押物登记，抵押人向债权人交付权利凭证的，可以认定债权人对该财产有优先受偿权。但是，未办理抵押物登记的，不得对抗第三人。

第六十条 以担保法第四十二条第（二）项规定的不动产抵押的，县级以上地方人民政府对登记部门未作规定，当事人在土地管理部门或者房产管理部门办理了抵押物登记手续，人民法院可以确认其登记的效力。

第六十一条 抵押物登记记载的内容与抵押合同约定的内容不一致的，

以登记记载的内容为准。

第六十二条　抵押物因附合、混合或者加工使抵押物的所有权为第三人所有的，抵押权的效力及于补偿金；抵押物所有人为附合物、混合物或者加工物的所有人的，抵押权的效力及于附合物、混合物或者加工物；第三人与抵押物所有人为附合物、混合物或者加工物的共有人的，抵押权的效力及于抵押人对共有物享有的份额。

第六十三条　抵押权设定前为抵押物的从物的，抵押权的效力及于抵押物的从物。但是，抵押物与其从物为两个以上的人分别所有时，抵押权的效力不及于抵押物的从物。

第六十四条　债务履行期届满，债务人不履行债务致使抵押物被人民法院依法扣押的，自扣押之日起抵押权人收取的由抵押物分离的天然孳息和法定孳息，按照下列顺序清偿：

（一）收取孳息的费用；

（二）主债权的利息；

（三）主债权。

第六十五条　抵押人将已出租的财产抵押的，抵押权实现后，租赁合同在有效期内对抵押物的受让人继续有效。

第六十六条　抵押人将已抵押的财产出租的，抵押权实现后，租赁合同对受让人不具有约束力。

抵押人将已抵押的财产出租时，如果抵押人未书面告知承租人该财产已抵押的，抵押人对出租抵押物造成承租人的损失承担赔偿责任；如果抵押人已书面告知承租人该财产已抵押的，抵押权实现造成承租人的损失，由承租人自己承担。

第六十七条　抵押权存续期间，抵押人转让抵押物未通知抵押权人或者未告知受让人的，如果抵押物已经登记的，抵押权人仍可以行使抵押权；取得抵押物所有权的受让人，可以代替债务人清偿其全部债务，使抵押权消灭。受让人清偿债务后可以向抵押人追偿。

如果抵押物未经登记的，抵押权不得对抗受让人，因此给抵押权人造成损失的，由抵押人承担赔偿责任。

第六十八条　抵押物依法被继承或者赠与的，抵押权不受影响。

第六十九条　债务人有多个普通债权人的，在清偿债务时，债务人与其中一个债权人恶意串通，将其全部或者部分财产抵押给该债权人，因此丧失了履行其他债务的能力，损害了其他债权人的合法权益，受损害的其他债权人可以请求人民法院撤销该抵押行为。

第七十条 抵押人的行为足以使抵押物价值减少的，抵押权人请求抵押人恢复原状或提供担保遭到拒绝时，抵押权人可以请求债务人履行债务，也可以请求提前行使抵押权。

第七十一条 主债权未受全部清偿的，抵押权人可以就抵押物的全部行使其抵押权。

抵押物被分割或者部分转让的，抵押权人可以就分割或者转让后的抵押物行使抵押权。

第七十二条 主债权被分割或者部分转让的，各债权人可以就其享有的债权份额行使抵押权。

主债务被分割或者部分转让的，抵押人仍以其抵押物担保数个债务人履行债务。但是，第三人提供抵押的，债权人许可债务人转让债务未经抵押人书面同意的，抵押人对未经其同意转让的债务，不再承担担保责任。

第七十三条 抵押物折价或者拍卖、变卖该抵押物的价款低于抵押权设定时约定价值的，应当按照抵押物实现的价值进行清偿。不足清偿的剩余部分，由债务人清偿。

第七十四条 抵押物折价或者拍卖、变卖所得的价款，当事人没有约定的，按下列顺序清偿：

（一）实现抵押权的费用；

（二）主债权的利息；

（三）主债权。

第七十五条 同一债权有两个以上抵押人的，债权人放弃债务人提供的抵押担保的，其他抵押人可以请求人民法院减轻或者免除其应当承担的担保责任。

同一债权有两个以上抵押人的，当事人对其提供的抵押财产所担保的债权份额或者顺序没有约定或者约定不明的，抵押权人可以就其中任一或者各个财产行使抵押权。

抵押人承担担保责任后，可以向债务人追偿，也可以要求其他抵押人清偿其应当承担的份额。

第七十六条 同一动产向两个以上债权人抵押的，当事人未办理抵押物登记，实现抵押权时，各抵押权人按照债权比例受偿。

第七十七条　同一财产向两个以上债权人抵押的，顺序在先的抵押权与该财产的所有权归属一人时，该财产的所有权人可以以其抵押权对抗顺序在后的抵押权。

第七十八条　同一财产向两个以上债权人抵押的，顺序在后的抵押权所担保的债权先到期的，抵押权人只能就抵押物价值超出顺序在先的抵押担保债权的部分受偿。

顺序在先的抵押权所担保的债权先到期的，抵押权实现后的剩余价款应予提存，留待清偿顺序在后的抵押担保债权。

第七十九条　同一财产法定登记的抵押权与质权并存时，抵押权人优先于质权人受偿。

同一财产抵押权与留置权并存时，留置权人优先于抵押权人受偿。

第八十条　在抵押物灭失、毁损或者被征用的情况下，抵押权人可以就该抵押物的保险金、赔偿金或者补偿金优先受偿。

抵押物灭失、毁损或者被征用的情况下，抵押权所担保的债权未届清偿期的，抵押权人可以请求人民法院对保险金、赔偿金或补偿金等采取保全措施。

第八十一条　最高额抵押权所担保的债权范围，不包括抵押物因财产保全或者执行程序被查封后或债务人、抵押人破产后发生的债权。

第八十二条　当事人对最高额抵押合同的最高限额、最高额抵押期间进行变更，以其变更对抗顺序在后的抵押权人的，人民法院不予支持。

第八十三条　最高额抵押权所担保的不特定债权，在特定后，债权已届清偿期的，最高额抵押权人可以根据普通抵押权的规定行使其抵押权。

抵押权人实现最高额抵押权时，如果实际发生的债权余额高于最高限额的，以最高限额为限，超过部分不具有优先受偿的效力；如果实际发生的债权余额低于最高限额的，以实际发生的债权余额为限对抵押物优先受偿。

【适用本案由需要注意的问题】

◆抵押权一般通过当事人之间签订抵押合同并经依法登记而成立，此类案件的管辖一般应依照抵押合同纠纷的管辖确定管辖法院。对于与第三人之间就抵押权发生的纠纷，可以依据抵押标的物的性质和发生纠纷的基础法律关系来确定管辖。

◆在适用本案由时，要注意区分其项下动产抵押权纠纷和动产浮动抵押权纠纷的不同。一般动产抵押权是固定抵押权，即在设定抵押时抵押物的价值已经确定，以抵押权成立时抵押物设定的抵押。而动产浮动抵押是概括性的以企业的生产设备等动产设定抵押，允许该抵押物的正常流转，该抵押的抵押物是在变化的。

◆在适用本案由时，要注意区分其与因抵押合同产生的纠纷的不同。抵押合同纠纷是债权纠纷，当事人因抵押合同产生纠纷的，如抵押合同无效、抵押合同不成立等纠纷。而抵押权纠纷是物权纠纷，在当事人就抵押权的设定、内容、变更、转让、实现、消灭等产生纠纷时，则应适用抵押权纠纷。

60. 质权纠纷

（1）动产质权纠纷
（2）转质权纠纷
（3）最高额质权纠纷
（4）票据质权纠纷
（5）债券质权纠纷
（6）存单质权纠纷
（7）仓单质权纠纷
（8）提单质权纠纷
（9）股权质权纠纷
（10）基金份额质权纠纷
（11）知识产权质权纠纷
（12）应收账款质权纠纷

【案由解析】

质权是指债权人不履行到期债务或者发生当事人约定的实现质权的情形时，债权人有权以该财产折价或以拍卖、变卖所得价款优先受偿的权利。

质权纠纷是指质权当事人之间因质权的成立、内容、变更、转让、实现等引发的民事纠纷。

质权的主要特征是：（1）质权是为了担保债券的实现而产生的担保物权。（2）质权的标的物是动产与某些权利。（3）质权是以转移标的物的占有或者登记为生效要件的物权。

【典型形态】

在实践中，质权纠纷主要有：

（1）动产质权纠纷，是指动产设定的质权当事人之间因质权的成立、内容、变更、转让、实现等引发的民事纠纷。

（2）转质权纠纷，是指质权人在质权存续期间，以质物向其他人再设定质权而引发的纠纷，包括动产质权转质纠纷和权利质权转质纠纷。

（3）最高额质权纠纷，是指为担保债务的履行，债务人或者第三人对一定期间内将要连续发生的债权提供担保财产的，债务人不履行到期债务或者发生当事人约定的实现质权的情形，质权人有权在最高债权额限度内就该担保财产优先受偿。

（4）票据质权纠纷，是指当事人因票据质权的设定、归属、内容、实现等引发的纠纷。

（5）债券质权纠纷，是指以债券设定的质权当事人之间因质权成立、内容、变更、转让实现等引发的民事纠纷。

（6）存单质权纠纷，是指以银行、储蓄机构发给存款人的证明其债权的凭证所设定的质权当事人之间因质权的成立、内容、变更、转让、实现等引发的民事纠纷。

（7）仓单质权纠纷，是指以仓单设定的质权当事人之间因质权成立、内容、变更、转让、实现等引发的民事纠纷。

（8）提单质权纠纷，是指以提单设定的质权当事人之间因提单质权的成立、内容、变更、转让和实现等产生的纠纷。

（9）股权质权纠纷，是指因股权质权的成立、归属、内容和实现等引发的纠纷。

（10）基金份额质权纠纷，是指以基金份额设定的质权当事人之间因质权成立、内容、变更、转让、实现等引发的民事纠纷。

（11）知识产权质权纠纷，是指以知识产权中的财产部分设定的质权当事人之间因质权的成立、内容、变更、转让、实现等引发的民事纠纷。

（12）应收账款质权纠纷，是指因应收账款质权的成立、归属、内容和实现等引发的纠纷。

【常用法律条文及索引】

《物权法》（2007 年 10 月 1 日起施行）

第二百零八条 为担保债务的履行，债务人或者第三人将其动产出质给债权人占有的，债务人不履行到期债务或者发生当事人约定的实现质权的情形，债权人有权就该动产优先受偿。

前款规定的债务人或者第三人为出质人，债权人为质权人，交付的动产为质押财产。

第二百零九条 法律、行政法规禁止转让的动产不得出质。

第二百一十条 设立质权，当事人应当采取书面形式订立质权合同。

质权合同一般包括下列条款：

（一）被担保债权的种类和数额；

（二）债务人履行债务的期限；

（三）质押财产的名称、数量、质量、状况；

（四）担保的范围；

（五）质押财产交付的时间。

第二百一十一条 质权人在债务履行期届满前，不得与出质人约定债务人不履行到期债务时质押财产归债权人所有。

第二百一十二条 质权自出质人交付质押财产时设立。

第二百一十三条 质权人有权收取质押财产的孳息，但合同另有约定的除外。

前款规定的孳息应当先充抵收取孳息的费用。

第二百一十四条 质权人在质权存续期间，未经出质人同意，擅自使用、处分质押财产，给出质人造成损害的，应当承担赔偿责任。

第二百一十五条 质权人负有妥善保管质押财产的义务；因保管不善致使质押财产毁损、灭失的，应当承担赔偿责任。

质权人的行为可能使质押财产毁损、灭失的，出质人可以要求质权人将质押财产提存，或者要求提前清偿债务并返还质押财产。

第二百一十六条 因不能归责于质权人的事由可能使质押财产毁损或者价值明显减少，足以危害质权人权利的，质权人有权要求出质人提供相应的担保；出质人不提供的，质权人可以拍卖、变卖质押财产，并与出质人通过协议将拍卖、变卖所得的价款提前清偿债务或者提存。

第二百一十七条　质权人在质权存续期间，未经出质人同意转质，造成质押财产毁损、灭失的，应当向出质人承担赔偿责任。

第二百一十八条　质权人可以放弃质权。债务人以自己的财产出质，质权人放弃该质权的，其他担保人在质权人丧失优先受偿权益的范围内免除担保责任，但其他担保人承诺仍然提供担保的除外。

第二百一十九条　债务人履行债务或者出质人提前清偿所担保的债权的，质权人应当返还质押财产。

债务人不履行到期债务或者发生当事人约定的实现质权的情形，质权人可以与出质人协议以质押财产折价，也可以就拍卖、变卖质押财产所得的价款优先受偿。

质押财产折价或者变卖的，应当参照市场价格。

第二百二十条　出质人可以请求质权人在债务履行期届满后及时行使质权；质权人不行使的，出质人可以请求人民法院拍卖、变卖质押财产。

出质人请求质权人及时行使质权，因质权人怠于行使权利造成损害的，由质权人承担赔偿责任。

第二百二十一条　质押财产折价或者拍卖、变卖后，其价款超过债权数额的部分归出质人所有，不足部分由债务人清偿。

第二百二十二条　出质人与质权人可以协议设立最高额质权。

最高额质权除适用本节有关规定外，参照本法第十六章第二节最高额抵押权的规定。

第二百二十三条　债务人或者第三人有权处分的下列权利可以出质：

（一）汇票、支票、本票；

（二）债券、存款单；

（三）仓单、提单；

（四）可以转让的基金份额、股权；

（五）可以转让的注册商标专用权、专利权、著作权等知识产权中的财产权；

（六）应收账款；

（七）法律、行政法规规定可以出质的其他财产权利。

第二百二十四条　以汇票、支票、本票、债券、存款单、仓单、提单出质的，当事人应当订立书面合同。质权自权利凭证交付质权人时设立；没有权利凭证的，质权自有关部门办理出质登记时设立。

第二百二十五条 汇票、支票、本票、债券、存款单、仓单、提单的兑现日期或者提货日期先于主债权到期的，质权人可以兑现或者提货，并与出质人协议将兑现的价款或者提取的货物提前清偿债务或者提存。

第二百二十六条 以基金份额、股权出质的，当事人应当订立书面合同。以基金份额、证券登记结算机构登记的股权出质的，质权自证券登记结算机构办理出质登记时设立；以其他股权出质的，质权自工商行政管理部门办理出质登记时设立。

基金份额、股权出质后，不得转让，但经出质人与质权人协商同意的除外。出质人转让基金份额、股权所得的价款，应当向质权人提前清偿债务或者提存。

第二百二十七条 以注册商标专用权、专利权、著作权等知识产权中的财产权出质的，当事人应当订立书面合同。质权自有关主管部门办理出质登记时设立。

知识产权中的财产权出质后，出质人不得转让或者许可他人使用，但经出质人与质权人协商同意的除外。出质人转让或者许可他人使用出质的知识产权中的财产权所得的价款，应当向质权人提前清偿债务或者提存。

第二百二十八条 以应收账款出质的，当事人应当订立书面合同。质权自信贷征信机构办理出质登记时设立。

应收账款出质后，不得转让，但经出质人与质权人协商同意的除外。出质人转让应收账款所得的价款，应当向质权人提前清偿债务或者提存。

第二百二十九条 权利质权除适用本节规定外，适用本章第一节动产质权的规定。

《担保法》（1995 年 10 月 1 日起施行）

第六十三条 本法所称动产质押，是指债务人或者第三人将其动产移交债权人占有，将该动产作为债权的担保。债务人不履行债务时，债权人有权依照本法规定以该动产折价或者以拍卖、变卖该动产的价款优先受偿。

前款规定的债务人或者第三人为出质人，债权人为质权人，移交的动产为质物。

第六十七条 质押担保的范围包括主债权及利息、违约金、损害赔偿金、质物保管费用和实现质权的费用。质押合同另有约定的，按照约定。

第六十八条 质权人有权收取质物所生的孳息。质押合同另有约定的，按照约定。

前款孳息应当先充抵收取孳息的费用。

第六十九条　质权人负有妥善保管质物的义务。因保管不善致使质物灭失或者毁损的，质权人应当承担民事责任。

质权人不能妥善保管质物可能致使其灭失或者毁损的，出质人可以要求质权人将质物提存，或者要求提前清偿债权而返还质物。

第七十条　质物有损坏或者价值明显减少的可能，足以危害质权人权利的，质权人可以要求出质人提供相应的担保。出质人不提供的，质权人可以拍卖或者变卖质物，并与出质人协议将拍卖或者变卖所得的价款用于提前清偿所担保的债权或者向与出质人约定的第三人提存。

第七十一条　债务履行期届满债务人履行债务的，或者出质人提前清偿所担保的债权的，质权人应当返还质物。

债务履行期届满质权人未受清偿的，可以与出质人协议以质物折价，也可以依法拍卖、变卖质物。

质物折价或者拍卖、变卖后，其价款超过债权数额的部分归出质人所有，不足部分由债务人清偿。

第七十二条　为债权人质押担保的第三人，在质权人实现质权后，有权向债务人追偿。

第七十三条　质权因质物灭失而消灭。因灭失所得的赔偿金，应当作为出质财产。

第七十四条　质权与其担保的债权同时存在，债权消灭的，质权也消灭。

第七十五条　下列权利可以质押：

（一）汇票、支票、本票、债券、存款单、仓单、提单；

（二）依法可以转让的股份、股票；

（三）依法可以转让的商标专用权，专利权、著作权中的财产权；

（四）依法可以质押的其他权利。

第七十六条　以汇票、支票、本票、债券、存款单、仓单、提单出质的，应当在合同约定的期限内将权利凭证交付质权人。质押合同自权利凭证交付之日起生效。

第七十七条　以载明兑现或者提货日期的汇票、支票、本票、债券、存款单、仓单、提单出质的，汇票、支票、本票、债券、存款单、仓单、提单兑现或者提货日期先于债务履行期的，质权人可以在债务履行期届满前兑现或者提货，并与出质人协议将兑现的价款或者提取的货物用于提前清偿所担保的债权或者向与出质人约定的第三人提存。

第七十八条 以依法可以转让的股票出质的，出质人与质权人应当订立书面合同，并向证券登记机构办理出质登记。质押合同自登记之日起生效。

股票出质后，不得转让，但经出质人与质权人协商同意的可以转让。出质人转让股票所得的价款应当向质权人提前清偿所担保的债权或者向与质权人约定的第三人提存。

以有限责任公司的股份出质的，适用公司法股份转让的有关规定。质押合同自股份出质记载于股东名册之日起生效。

第七十九条 以依法可以转让的商标专用权，专利权、著作权中的财产权出质的，出质人与质权人应当订立书面合同；并向其管理部门办理出质登记。质押合同自登记之日起生效。

第八十条 本法第七十九条规定的权利出质后，出质人不得转让或者许可他人使用，但经出质人与质权人协商同意的可以转让或者许可他人使用。出质人所得的转让费、许可费应当向质权人提前清偿所担保的债权或者向与质权人约定的第三人提存。

第八十一条 权利质押除适用本节规定外，适用本章第一节的规定。

《最高人民法院关于适用〈中华人民共和国担保法〉若干问题的解释》（法释〔2000〕44 号　2000 年 12 月 13 日起施行）

第八十四条 出质人以其不具有所有权但合法占有的动产出质的，不知出质人无处分权的质权人行使质权后，因此给动产所有人造成损失的，由出质人承担赔偿责任。

第八十五条 债务人或者第三人将其金钱以特户、封金、保证金等形式特定化后，移交债权人占有作为债权的担保，债务人不履行债务时，债权人可以以该金钱优先受偿。

第八十六条 债务人或者第三人未按质押合同约定的时间移交质物的，因此给质权人造成损失的，出质人应当根据其过错承担赔偿责任。

第八十七条 出质人代质权人占有质物的，质押合同不生效；质权人将质物返还于出质人后，以其质权对抗第三人的，人民法院不予支持。

因不可归责于质权人的事由而丧失对质物的占有，质权人可以向不当占有人请求停止侵害、恢复原状、返还质物。

第八十八条 出质人以间接占有的财产出质的，质押合同自书面通知送达占有人时视为移交。占有人收到出质通知后，仍接受出质人的指示处分出质财产的，该行为无效。

第八十九条　质押合同中对质押的财产约定不明，或者约定的出质财产与实际移交的财产不一致的，以实际交付占有的财产为准。

第九十条　质物有隐蔽瑕疵造成质权人其他财产损害的，应由出质人承担赔偿责任。但是，质权人在质物移交时明知质物有瑕疵而予以接受的除外。

第九十一条　动产质权的效力及于质物的从物。但是，从物未随同质物移交质权人占有的，质权的效力不及于从物。

第九十二条　按照担保法第六十九条的规定将质物提存的，质物提存费用由质权人负担；出质人提前清偿债权的，应当扣除未到期部分的利息。

第九十三条　质权人在质权存续期间，未经出质人同意，擅自使用、出租、处分质物，因此给出质人造成损失的，由质权人承担赔偿责任。

第九十四条　质权人在质权存续期间，为担保自己的债务，经出质人同意，以其所占有的质物为第三人设定质权的，应当在原质权所担保的债权范围之内，超过的部分不具有优先受偿的效力。转质权的效力优于原质权。

质权人在质权存续期间，未经出质人同意，为担保自己的债务，在其所占有的质物上为第三人设定质权的无效。质权人对因转质而发生的损害承担赔偿责任。

第九十五条　债务履行期届满质权人未受清偿的，质权人可以继续留置质物，并以质物的全部行使权利。出质人清偿所担保的债权后，质权人应当返还质物。

债务履行期届满，出质人请求质权人及时行使权利，而质权人怠于行使权利致使质物价格下跌的，由此造成的损失，质权人应当承担赔偿责任。

第九十六条　本解释第五十七条、第六十二条、第六十四条、第七十一条、第七十二条、第七十三条、第七十四条、第八十条　之规定，适用于动产质押。

第九十七条　以公路桥梁、公路隧道或者公路渡口等不动产收益权出质的，按照担保法第七十五条第（四）项的规定处理。

第九十八条　以汇票、支票、本票出质，出质人与质权人没有背书记载“质押”字样，以票据出质对抗善意第三人的，人民法院不予支持。

第九十九条　以公司债券出质的，出质人与质权人没有背书记载“质押”字样，以债券出质对抗公司和第三人的，人民法院不予支持。

第一百条 以存款单出质的，签发银行核押后又受理挂失并造成存款流失的，应当承担民事责任。

第一百零一条 以票据、债券、存款单、仓单、提单出质的，质权人再转让或者质押的无效。

第一百零二条 以载明兑现或者提货日期的汇票、支票、本票、债券、存款单、仓单、提单出质的，其兑现或者提货日期后于债务履行期的，质权人只能在兑现或者提货日期届满时兑现款项或者提取货物。

第一百零三条 以股份有限公司的股份出质的，适用《中华人民共和国公司法》有关股份转让的规定。

以上市公司的股份出质的，质押合同自股份出质向证券登记机构办理出质登记之日起生效。

以非上市公司的股份出质的，质押合同自股份出质记载于股东名册之日起生效。

第一百零四条 以依法可以转让的股份、股票出质的，质权的效力及于股份、股票的法定孳息。

第一百零五条 以依法可以转让的商标专用权，专利权、著作权中的财产权出质的，出质人未经质权人同意而转让或者许可他人使用已出质权利的，应当认定为无效。因此给质权人或者第三人造成损失的，由出质人承担民事责任。

第一百零六条 质权人向出质人、出质债权的债务人行使质权时，出质人、出质债权的债务人拒绝的，质权人可以起诉出质人和出质债权的债务人，也可以单独起诉出质债权的债务人。

【适用本案由需要注意的问题】

◆质权一般通过当事人之间签订质押合同并经依法登记而成立，发生在质押当事人之间的质权纠纷的基础关系是质押合同。此类案件的管辖一般应依照质押合同纠纷的管辖确定管辖法院。对于与第三人之间就质权发生的纠纷，可以依据质押标的物的性质和产生纠纷的基础法律关系确定管辖。

◆在适用本案由时，尤其要注意区分其与质押合同纠纷的区别。对于因订立、履行、变更、终止质押合同发生的纠纷，应适用质押合同纠纷案由，而对于因质权的设立、内容、变更、转让、实现等产生的纠纷则应适用本案由。

61. 留置权纠纷

【案由解析】

留置权是指债权人合法占有债务人的动产时，债务人不履行到期债务，债权人依法享有留置该动产，并有权就该动产折价或以拍卖、变卖该动产的价款优先受偿的权利。

留置权纠纷是指当事人之间因留置权的成立、内容、变更、实现等引发的民事纠纷。

留置权的主要特征是：（1）留置权为担保物权。（2）留置权是以动产为标的物的法定担保物权。（3）留置权不具有追及效力。留置权是以占有为基础的担保物权。

【常用法律条文及索引】

《物权法》（2007 年 10 月 1 日起施行）

第二百三十条 债务人不履行到期债务，债权人可以留置已经合法占有的债务人的动产，并有权就该动产优先受偿。

前款规定的债权人为留置权人，占有的动产为留置财产。

第二百三十一条 债权人留置的动产，应当与债权属于同一法律关系，但企业之间留置的除外。

第二百三十二条 法律规定或者当事人约定不得留置的动产，不得留置。

第二百三十三条 留置财产为可分物的，留置财产的价值应当相当于债务的金额。

第二百三十四条 留置权人负有妥善保管留置财产的义务；因保管不善致使留置财产毁损、灭失的，应当承担赔偿责任。

第二百三十五条 留置权人有权收取留置财产的孳息。

前款规定的孳息应当先充抵收取孳息的费用。

第二百三十六条 留置权人与债务人应当约定留置财产后的债务履行期间；没有约定或者约定不明确的，留置权人应当给债务人两个月以上履行债务的期间，但鲜活易腐等不易保管的动产除外。债务人逾期未履行的，留置权人可以与债务人协议以留置财产折价，也可以就拍卖、变卖留置财产所得的价款优先受偿。

留置财产折价或者变卖的，应当参照市场价格。

第二百三十七条 债务人可以请求留置权人在债务履行期届满后行使留置权；留置权人不行使的，债务人可以请求人民法院拍卖、变卖留置财产。

第二百三十八条 留置财产折价或者拍卖、变卖后，其价款超过债权数额的部分归债务人所有，不足部分由债务人清偿。

第二百三十九条 同一动产上已设立抵押权或者质权，该动产又被留置的，留置权人优先受偿。

第二百四十条 留置权人对留置财产丧失占有或者留置权人接受债务人另行提供担保的，留置权消灭。

《担保法》（1995 年 10 月 1 日起施行）

第八十二条 本法所称留置，是指依照本法第八十四条的规定，债权人按照合同约定占有债务人的动产，债务人不按照合同约定的期限履行债务的，债权人有权依照本法规定留置该财产，以该财产折价或者以拍卖、变卖该财产的价款优先受偿。

第八十三条 留置担保的范围包括主债权及利息、违约金、损害赔偿金，留置物保管费用和实现留置权的费用。

第八十四条 因保管合同、运输合同、加工承揽合同发生的债权，债务人不履行债务的，债权人有留置权。

法律规定可以留置的其他合同，适用前款规定。

当事人可以在合同中约定不得留置的物。

第八十五条 留置的财产为可分物的，留置物的价值应当相当于债务的金额。

第八十六条 留置权人负有妥善保管留置物的义务。因保管不善致使留置物灭失或者毁损的，留置权人应当承担民事责任。

第八十七条 债权人与债务人应当在合同中约定，债权人留置财产后，债务人应当在不少于两个月的期限内履行债务。债权人与债务人在合同中未约定的，债权人留置债务人财产后，应当确定两个月以上的期限，通知债务人在该期限内履行债务。

债务人逾期仍不履行的，债权人可以与债务人协议以留置物折价，也可以依法拍卖、变卖留置物。

留置物折价或者拍卖、变卖后，其价款超过债权数额的部分归债务人所有，不足部分由债务人清偿。

第八十八条 留置权因下列原因消灭：

（一）债权消灭的

（二）债务人另行提供担保并被债权人接受的。

《最高人民法院关于适用〈中华人民共和国担保法〉若干问题的解释》（法释〔2000〕44 号 2000 年 12 月 13 日起施行）

第一百零七条 当事人在合同中约定排除留置权，债务履行期届满，债权人行使留置权的，人民法院不予支持。

第一百零八条 债权人合法占有债务人交付的动产时，不知债务人无处分该动产的权利，债权人可以按照担保法第八十二条的规定行使留置权。

第一百零九条 债权人的债权已届清偿期，债权人对动产的占有与其债权的发生有牵连关系，债权人可以留置其所占有的动产。

第一百一十条 留置权人在债权未受全部清偿前，留置物为不可分物的，留置权人可以就其留置物的全部行使留置权。

第一百一十一条 债权人行使留置权与其承担的义务或者合同的特殊约定相抵触的，人民法院不予支持。

第一百一十二条 债权人的债权未届清偿期，其交付占有标的物的义务已届履行期的，不能行使留置权。但是，债权人能够证明债务人无支付能力的除外。

第一百一十三条 债权人未按担保法第八十七条规定的期限通知债务人履行义务，直接变价处分留置物的，应当对此造成的损失承担赔偿责任。债权人与债务人按照担保法第八十七条的规定在合同中约定宽限期的，债权人可以不经通知，直接行使留置权。

【适用本案由需要注意的问题】

◆适用本案由时，要注意留置权与当事人之间的债的抵销之间的区别。前者是以债权人占有债务人的动产为基本条件，并以该动产的价值优先受偿。后者是债权与债权之间的直接冲销，无须以占有动产为条件。

九、占有保护纠纷

62. 占有物返还纠纷

【案由解析】

占有物返还纠纷是指占有人因占有物被他人非法占有，占有人请求非法占有人返还该占有物的纠纷。

占有物返还的主要特征是：（1）占有物返还的目的是保护占有，以占有人为请求权主体。（2）占有物返还的前提是请求权人是物的占有人。（3）占有人返还指向的对象是侵夺占有物的人及其继承人，但排除善意的特定继承人。

【常用法律条文及索引】

《物权法》（2007 年 10 月 1 日起施行）

第二百四十三条 不动产或者动产被占有人占有的，权利人可以请求返还原物及其孳息，但应当支付善意占有人因维护该不动产或者动产支出的必要费用。

第二百四十五条 占有的不动产或者动产被侵占的，占有人有权请求返还原物；对妨害占有的行为，占有人有权请求排除妨害或者消除危险；因侵占或者妨害造成损害的，占有人有权请求损害赔偿。

占有人返还原物的请求权，自侵占发生之日起一年内未行使的，该请求权消灭。

【适用本案由需要注意的问题】

◆占有物返还纠纷应区别占有物为不动产或者动产而分别确定管辖。占有物为不动产的，由不动产所在地人民法院管辖，占有物为动产的，按照《民事诉讼法》规定的一般地域管辖确定管辖法院。

◆在适用本案由时，要注意其与返还原物纠纷的区别。占有物返还纠纷仅适用于纯粹的占有人丧失占有时的返还请求权，如果是物权人在其物受到侵占或者依据合同等约定要求他人返还原物的请求权，应当适用原物返还请求纠纷或者合同纠纷类案由。

63. 占有排除妨害纠纷

【案由解析】

妨害占有是指非法侵夺占有而妨碍占有人管领其物，致使其使用可能性及利益遭受侵害。

占有排除妨害纠纷是指占有人请求排除他人妨害其占有之行为或者事实的纠纷。

占有排除妨害的主要特征是：（1）占有人的占有未被现实的妨害。（2）占有物排除妨害的目的是保护占有，以占有人为请求权主体。（3）占有物排除妨害的前提是请求权人是物的占有人。

【常用法律条文及索引】

《物权法》（2007 年 10 月 1 日起施行）

第二百四十三条 不动产或者动产被占有人占有的，权利人可以请求返还原物及其孳息，但应当支付善意占有人因维护该不动产或者动产支出的必要费用。

第二百四十五条 占有的不动产或者动产被侵占的，占有人有权请求返还原物；对妨害占有的行为，占有人有权请求排除妨害或者消除危险；因侵占或者妨害造成损害的，占有人有权请求损害赔偿。

占有人返还原物的请求权，自侵占发生之日起一年内未行使的，该请求权消灭。

【适用本案由需要注意的问题】

◆占有排除妨害纠纷一般应由占有物所在地的人民法院管辖。

◆在适用本案由时，要注意其与物权保护中排除妨害纠纷的区别。排除妨害纠纷是指因物权的行使受到他人的妨害而引发的以排除这种妨害为目的的纠纷。而占有排除妨害纠纷是指占有人请求排除他人妨害对其标的物占有的行为或事实状态而引起的纠纷。

◆占有排除妨害纠纷适用是以占有人和妨害占有人之间不存在其他法律关系为前提的。如果占有人与妨害占有人之间存在合同关系或者其他关系的，则应当适用其他案由而不适用本案由。

64. 占有消除危险纠纷

【案由解析】

占有消除危险是指在他人行为造成或者可能造成占有物安全上的危险时，占有人有权请求妨害占有人消除危险。

占有消除危险纠纷是指占有人请求妨害占有人消除危险或者可能遭受的危害而发生的纠纷。

占有消除危险的主要特征是：（1）占有消除危险的前提是占有人的占有物受到危险或者可能受到危险。（2）占有物排除妨害的目的是保护占有，以占有人为请求权主体。（3）占有物排除妨害的前提是请求权人是物的占有人。

【常用法律条文及索引】

《物权法》（2007 年 10 月 1 日起施行）

第二百四十三条 不动产或者动产被占有人占有的，权利人可以请求返还原物及其孳息，但应当支付善意占有人因维护该不动产或者动产支出的必要费用。

第二百四十五条 占有的不动产或者动产被侵占的，占有人有权请求返还原物；对妨害占有的行为，占有人有权请求排除妨害或者消除危险；因侵占或者妨害造成损害的，占有人有权请求损害赔偿。

占有人返还原物的请求权，自侵占发生之日起一年内未行使的，该请求权消灭。

【适用本案由需要注意的问题】

◆占有消除危险纠纷一般应由占有物所在地的人民法院管辖。

◆在适用本案由时，要注意其与物权保护中的消除危险纠纷的区别。如果属于物权人其物的保护，则应当适用物权保护中的消除危险纠纷案由。而占有保护消除危险纠纷案由是保护占有人占有物的安全。

65. 占有物损害赔偿纠纷

【案由解析】

占有物损害赔偿是指当占有人的占有物受到侵占或妨害，有获得侵权赔偿的权利。

占有物损害赔偿纠纷是指占有人请求侵占或者妨害其对占有物的占有状态并造成损害的人给予损害赔偿而产生的纠纷。

占有物损害赔偿的主要特征是：（1）占有物损害赔偿的目的是保护占有，以占有人为请求权主体。（2）占有物损害赔偿的前提是请求权人是物的占有人。（3）占有人损害赔偿指向的对象是侵占或者妨害其占有物的人。

【常用法律条文及索引】

另参见“64. 占有消除危险纠纷”案由相关部分。

【适用本案由需要注意的问题】

◆占有物损害赔偿纠纷应依据侵权纠纷确定管辖，由侵权行为地或者被告所在地人民法院管辖。根据《最高人民法院关于适用〈中华人民共和国民事诉讼法〉的解释》第 24 条的规定，侵权行为地包括侵权行为实施地、侵权结果发生地。

◆在适用本案由时，尤其要注意区分其与物权保护中的财产损害赔偿纠纷的区别。财产损害赔偿是指所有权人或他物权人的财产受到不法侵害时，要求侵权人赔偿损失，以弥补受害人的财产损失。而占有物损害赔偿是指当占有人的占有物受到侵占或妨害，有获得侵权赔偿的权利。

◆当占有人基于债权占有某物或者无权占有时，如果他人对其占有物加以侵害或妨害，该占有人只能行使占有保护请求权，至于其就所遭受的损害能否要求侵害人赔偿，涉及单纯的占有能否作为侵权行为法保护的客体的问题。

附：根据新的法律、司法解释可以增加的案由纠纷类型

*探矿权、采矿权抵押纠纷

【案由解析】

探矿权、采矿权抵押纠纷，是指探矿权、采矿权抵押权当事人之间因该抵押权的成立、内容、变更、转让、实现等引发的民事纠纷。

【常用法律条文及索引】

《最高人民法院关于审理矿业权纠纷案件适用法律若干问题的解释》（2017年7月27日起施行）

第十四条 矿业权人为担保自己或者他人债务的履行，将矿业权抵押给债权人的，抵押合同自依法成立之日起生效，但法律、行政法规规定不得抵押的除外。

当事人仅以未经主管部门批准或者登记、备案为由请求确认抵押合同无效的，人民法院不予支持。

第十五条 当事人请求确认矿业权之抵押权自依法登记时设立的，人民法院应予支持。

颁发矿产资源勘查许可证或者采矿许可证的国土资源主管部门根据相关规定办理的矿业权抵押备案手续，视为前款规定的登记。

第十六条 债务人不履行到期债务或者发生当事人约定的实现抵押权的情形，抵押权人依据民事诉讼法第一百九十六条、第一百九十七条规定申请实现抵押权的，人民法院可以拍卖、变卖矿业权或者裁定以矿业权抵债，但矿业权竞买人、受让人应具备相应的资质条件。

第十七条 矿业权抵押期间因抵押人被兼并重组或者矿床被压覆等原因导致矿业权全部或者部分灭失，抵押权人请求就抵押人因此获得的保险金、赔偿金或者补偿金等款项优先受偿或者将该款项予以提存的，人民法院应予支持。

其他常用条文及索引参见“59. 抵押权纠纷”部分。

【适用本案由需要注意的问题】

参见“59. 抵押权纠纷”部分。

第四部分　合同、无因管理、不当得利纠纷

十、合同纠纷

66. 缔约过失责任纠纷

【案由解析】

缔约过失责任是指在合同订立过程中，当事人因自己故意或过失的行为导致未遵守诚实信用原则，给对方当事人造成损失时，其依法应当承担的民事责任。

缔约过失责任纠纷指的是在合同订立过程中，一方未遵守诚实信用原则，因自己故意或过失的行为造成对方当事人损失所引起的权利义务纠纷。

缔约过失责任的主要特征是：（1）责任产生于合同的订立过程中。缔约过失责任是在订立合同过程中当事人不当行为所引起的责任，是对先合同义务的违反，而不是对合同本身的违反。（2）缔约过失责任包括对对方当事人信赖利益造成的损失，而不仅仅限于实际的损失。

【典型形态】

在实践中，缔约过失责任纠纷主要有假借订立合同，恶意进行磋商引发的纠纷，故意隐瞒与订立合同有关的重要事实或者提供虚假情况引发的纠纷，以及因在订立合同中其他违背诚实信用原则的行为引发的纠纷。

【常用法律条文及索引】

《合同法》（1999 年 10 月 1 日起施行）

第四十二条　当事人在订立合同过程中有下列情形之一，给对方造成损

失的，应当承担损害赔偿责任：

（一）假借订立合同，恶意进行磋商；

（二）故意隐瞒与订立合同有关的重要事实或者提供虚假情况；

（三）有其他违背诚实信用原则的行为。

第四十三条 当事人在订立合同过程中知悉的商业秘密，无论合同是否成立，不得泄露或者不正当地使用。泄露或者不正当地使用该商业秘密给对方造成损失的，应当承担损害赔偿责任。

第五十八条 合同无效或者被撤销后，因该合同取得的财产，应当予以返还；不能返还或者没有必要返还的，应当折价补偿。有过错的一方应当赔偿对方因此所受到的损失，双方都有过错的，应当各自承担相应的责任。

《最高人民法院关于适用〈中华人民共和国合同法〉若干问题的解释（二）》（法释〔2009〕5号 2009年5月13日起施行）

第八条 依照法律、行政法规的规定经批准或者登记才能生效的合同成立后，有义务办理申请批准或者申请登记等手续的一方当事人未按照法律规定或者合同约定办理申请批准或者未申请登记的，属于合同法第四十二条第（三）项规定的“其他违背诚实信用原则的行为”，人民法院可以根据案件的具体情况和相对人的请求，判决相对人自己办理有关手续；对方当事人对由此产生的费用和给相对人造成的实际损失，应当承担损害赔偿责任。

【适用本案由需要注意的问题】

◆按照主流观点，缔约过失责任被认定为一种独立于违约责任和侵权责任的责任类型，由于提起承担缔约过失责任之诉时，合同通常不成立、无效或被撤销，所以合同无实际履行地，按照《最高人民法院关于适用〈中华人民共和国民事诉讼法〉的解释》第18条第3款的规定，合同没有实际履行，当事人双方住所地都不在合同约定的履行地的，由被告住所地人民法院管辖。而对于合同约定了履行地，但当事人一方或者双方住所地在合同约定的履行地点的，则应以约定履行地人民法院管辖。对于没有约定履行地点的缔约过失责任纠纷，则应由被告住所地人民法院管辖。

◆在确定本案由时，要注意区分其与合同的违约责任的不同。违约责任发生在合同生效后的履行过程中，其以合同的有效成立为基础，违反的是合同义务，而缔约过失责任发生在合同订立过程中，即发生在合同成立前，违反的是先合同义务。

◆缔约过失责任纠纷是一种独立的第三级案由，应注意不要根据当事人拟订立的合同类型确定案由。

67. 确认合同效力纠纷

（1）确认合同有效纠纷

（2）确认合同无效纠纷

【案由解析】

合同效力是指合同对双方当事人的法律拘束力，根据合同是否具备相关法律要件的区别，可以分为有效、无效、可撤销以及效力待定。

确认合同效力纠纷是指双方当事人对合同是否生效有争议产生的纠纷。

【典型形态】

在实践中，确认合同效力纠纷的典型形态主要有：

（1）确认合同有效纠纷，是指当事人诉至人民法院，要求确认合同依法有效，对双方产生法律拘束力的纠纷。

（2）确认合同无效纠纷，是指当事人诉至人民法院，要求确认合同不具有效力，双方权利义务返回合同订立前状态的纠纷。

【常用法律条文及索引】

《合同法》（1999 年 10 月 1 日起施行）

第四十四条　依法成立的合同，自成立时生效。

法律、行政法规规定应当办理批准、登记等手续生效的，依照其规定。

第四十五条　当事人对合同的效力可以约定附条件。附生效条件的合同，自条件成就时生效。附解除条件的合同，自条件成就时失效。

当事人为自己的利益不正当地阻止条件成就的，视为条件已成就；不正当地促成条件成就的，视为条件不成就。

第四十六条　当事人对合同的效力可以约定附期限。附生效期限的合同，自期限届至时生效。附终止期限的合同，自期限届满时失效。

第四十七条　限制民事行为能力人订立的合同，经法定代理人追认后，该合同有效，但纯获利益的合同或者与其年龄、智力、精神健康状况相适应而订立的合同，不必经法定代理人追认。

相对人可以催告法定代理人在一个月内予以追认。法定代理人未作表示的，视为拒绝追认。合同被追认之前，善意相对人有撤销的权利。撤销应当以通知的方式作出。

第四十八条 行为人没有代理权、超越代理权或者代理权终止后以被代理人名义订立的合同，未经被代理人追认，对被代理人不发生效力，由行为人承担责任。

相对人可以催告被代理人在一个月内予以追认。被代理人未作表示的，视为拒绝追认。合同被追认之前，善意相对人有撤销的权利。撤销应当以通知的方式作出。

第四十九条 行为人没有代理权、超越代理权或者代理权终止后以被代理人名义订立合同，相对人有理由相信行为人有代理权的，该代理行为有效。

第五十条 法人或者其他组织的法定代表人、负责人超越权限订立的合同，除相对人知道或者应当知道其超越权限的以外，该代表行为有效。

第五十一条 无处分权的人处分他人财产，经权利人追认或者无处分权的人订立合同后取得处分权的，该合同有效。

第五十二条 有下列情形之一的，合同无效：

（一）一方以欺诈、胁迫的手段订立合同，损害国家利益；

（二）恶意串通，损害国家、集体或者第三人利益；

（三）以合法形式掩盖非法目的；

（四）损害社会公共利益；

（五）违反法律、行政法规的强制性规定。

第五十三条 合同中的下列免责条款无效：

（一）造成对方人身伤害的；

（二）因故意或者重大过失造成对方财产损失的。

第五十四条 下列合同，当事人一方有权请求人民法院或者仲裁机构变更或者撤销：

（一）因重大误解订立的；

（二）在订立合同时显失公平的。

一方以欺诈、胁迫的手段或者乘人之危，使对方在违背真实意思的情况下订立的合同，受损害方有权请求人民法院或者仲裁机构变更或者撤销。

当事人请求变更的，人民法院或者仲裁机构不得撤销。

第五十五条　有下列情形之一的，撤销权消灭：

（一）具有撤销权的当事人自知道或者应当知道撤销事由之日起一年内没有行使撤销权；

（二）具有撤销权的当事人知道撤销事由后明确表示或者以自己的行为放弃撤销权。

第五十六条　无效的合同或者被撤销的合同自始没有法律约束力。合同部分无效，不影响其他部分效力的，其他部分仍然有效。

第五十七条　合同无效、被撤销或者终止的，不影响合同中独立存在的有关解决争议方法的条款的效力

第五十八条　合同无效或者被撤销后，因该合同取得的财产，应当予以返还；不能返还或者没有必要返还的，应当折价补偿。有过错的一方应当赔偿对方因此所受到的损失，双方都有过错的，应当各自承担相应的责任。

第五十九条　当事人恶意串通，损害国家、集体或者第三人利益的，因此取得的财产收归国家所有或者返还集体、第三人。

《最高人民法院关于适用〈中华人民共和国合同法〉若干问题的解释（一）》（法释〔1999〕19号　1999年12月19日起施行）

第九条　依照合同法第四十四条第二款的规定，法律、行政法规规定合同应当办理批准手续，或者办理批准、登记等手续才生效，在一审法庭辩论终结前当事人仍未办理批准手续的，或者仍未办理批准、登记等手续的，人民法院应当认定该合同未生效；法律、行政法规规定合同应当办理登记手续，但未规定登记后生效的，当事人未办理登记手续不影响合同的效力，合同标的物所有权及其他物权不能转移。

合同法第七十七条第二款、第八十七条、第九十六条第二款所列合同变更、转让、解除等情形，依照前款规定处理。

第十条　当事人超越经营范围订立合同，人民法院不因此认定合同无效。但违反国家限制经营、特许经营以及法律、行政法规禁止经营规定的除外。

《最高人民法院关于适用〈中华人民共和国合同法〉若干问题的解释（二）》（法释〔2009〕5号　2009年5月13日起施行）

第九条　提供格式条款的一方当事人违反合同法第三十九条第一款关于提示和说明义务的规定，导致对方没有注意免除或者限制其责任的条款，对

方当事人申请撤销该格式条款的，人民法院应当支持。

第十条 提供格式条款的一方当事人违反合同法第三十九条第一款的规定，并具有合同法第四十条规定的情形之一的，人民法院应当认定该格式条款无效。

第十一条 根据合同法第四十七条、第四十八条的规定，追认的意思表示自到达相对人时生效，合同自订立时起生效。

第十二条 无权代理人以被代理人的名义订立合同，被代理人已经开始履行合同义务的，视为对合同的追认。

第十三条 被代理人依照合同法第四十九条的规定承担有效代理行为所产生的责任后，可以向无权代理人追偿因代理行为而遭受的损失。

第十四条 合同法第五十二条第（五）项规定的"强制性规定"，是指效力性强制性规定。

第十五条 出卖人就同一标的物订立多重买卖合同，合同均不具有合同法第五十二条规定的无效情形，买受人因不能按照合同约定取得标的物所有权，请求追究出卖人违约责任的，人民法院应予支持。

《第八次全国法院民事商事审判工作会议（民事部分）纪要》（2016 年 11 月 21 日　法〔2016〕399 号）

13. 城市房地产管理法第三十九条第一款第二项规定并非效力性强制性规定，当事人仅以转让国有土地使用权未达到该项规定条件为由，请求确认转让合同无效的，不予支持。

14. 物权法第一百九十一条第二款并非针对抵押财产转让合同的效力性强制性规定，当事人仅以转让抵押房地产未经抵押权人同意为由，请求确认转让合同无效的，不予支持。受让人在抵押登记未涂销时要求办理过户登记的，不予支持。

【适用本案由需要注意的问题】

◆确认合同效力纠纷属于合同纠纷，按照合同纠纷的一般管辖原则，此类案件应由被告住所地或合同履行地人民法院管辖，若合同无实际履行地，由被告住所地人民法院管辖。

◆合同的效力是所有合同纠纷都涉及的，也是所有合同纠纷必须先解决的问题，但需注意只有在当事人单独就合同无效诉至法院请求确认时，才可将之作为案由，如果当事人以其他合同纠纷诉至法院，或者在提出确认合同无效时一并提出其他相关诉讼请求，则不应当将此作为本案案由。

◆需要指出的是，对于当事人单纯提起确认合同有效的诉讼，是否具有诉的利益的问题，争议较大，实践中，确实存在着当事人规避《诉讼费用交纳办法》，先提起合同效力确认之诉，等法院生效判决作出后再行提出后续诉讼，浪费司法资源。倾向性观点认为，只要合同签订时没有胁迫、欺诈等法律规定合同无效的情形出现，那么合同就应当认定为有效。在没有出现导致合同无效的情形之前，或者不存在合同效力争议的情形下，一份有效的合同无须再通过人民法院来确认合同的效力。

68. 债权人代位权纠纷

【案由解析】

债权人代位权是指当债务人怠于行使其到期债权，对债权人利益造成损害时，债权人有权以自己的名义行使债务人对第三人享有的债权以保障自身的权利。

债权人代位权纠纷是指债务人怠于行使其到期债权，造成债权人利益受损，债权人以自身名义行使债务人对第三人债权时所产生的纠纷。

债权人代位权的主要特征是：(1) 债务人怠于行使其对第三人权利，且该行为危害到了债权人的债权实现。(2) 债权人在行使代位权的过程中是以自己的名义行使的，虽然债权人与第三人之间并无债权债务关系，但是债权人行使权利不需通过债务人，亦不需以债务人的名义。(3) 代位权的行使只能通过法院，债权人不得直接要求第三人给付，只能以提起代位权之诉的方式实现自己债权。

【常用法律条文及索引】

《合同法》(1999 年 10 月 1 日起施行)

第七十三条　因债务人怠于行使其到期债权，对债权人造成损害的，债权人可以向人民法院请求以自己的名义代位行使债务人的债权，但该债权专属于债务人自身的除外。

代位权的行使范围以债权人的债权为限。债权人行使代位权的必要费用，由债务人负担。

《最高人民法院关于适用〈中华人民共和国合同法〉若干问题的解释(一)》（法释〔1999〕19号　1999年12月19日起施行）

第十一条　债权人依照合同法第七十三条的规定提起代位权诉讼，应当符合下列条件：

（一）债权人对债务人的债权合法；

（二）债务人怠于行使其到期债权，对债权人造成损害；

（三）债务人的债权已到期；

（四）债务人的债权不是专属于债务人自身的债权。

第十二条　合同法第七十三条第一款规定的专属于债务人自身的债权，是指基于扶养关系、抚养关系、赡养关系、继承关系产生的给付请求权和劳动报酬、退休金、养老金、抚恤金、安置费、人寿保险、人身伤害赔偿请求权等权利。

第十三条　合同法第七十三条规定的"债务人怠于行使其到期债权，对债权人造成损害的"，是指债务人不履行其对债权人的到期债务，又不以诉讼方式或者仲裁方式向其债务人主张其享有的具有金钱给付内容的到期债权，致使债权人的到期债权未能实现。

次债务人（即债务人的债务人）不认为债务人有怠于行使其到期债权情况的，应当承担举证责任。

第十四条　债权人依照合同法第七十三条的规定提起代位权诉讼的，由被告住所地人民法院管辖。

第十五条　债权人向人民法院起诉债务人以后，又向同一人民法院对次债务人提起代位权诉讼，符合本解释第十三条的规定和《中华人民共和国民事诉讼法》第一百零八条规定的起诉条件的，应当立案受理；不符合本解释第十四条规定的，告知债权人向次债务人住所地人民法院另行起诉。

受理代位权诉讼的人民法院在债权人起诉债务人的诉讼裁决发生法律效力以前，应当依照《中华人民共和国民事诉讼法》第一百三十六条第（五）项的规定中止代位权诉讼。

第十六条　债权人以次债务人为被告向人民法院提起代位权诉讼，未将债务人列为第三人的，人民法院可以追加债务人为第三人。

两个或者两个以上债权人以同一次债务人为被告提起代位权诉讼的，人民法院可以合并审理。

第十七条　在代位权诉讼中，债权人请求人民法院对次债务人的财产采取保全措施的，应当提供相应的财产担保。

第十八条　在代位权诉讼中，次债务人对债务人的抗辩，可以向债权人主张。

债务人在代位权诉讼中对债权人的债权提出异议，经审查异议成立的，人民法院应当裁定驳回债权人的起诉。

第十九条　在代位权诉讼中，债权人胜诉的，诉讼费由次债务人负担，从实现的债权中优先支付。

第二十条　债权人向次债务人提起的代位权诉讼经人民法院审理后认定代位权成立的，由次债务人向债权人履行清偿义务，债权人与债务人、债务人与次债务人之间相应的债权债务关系即予消灭。

第二十一条　在代位权诉讼中，债权人行使代位权的请求数额超过债务人所负债务额或者超过次债务人对债务人所负债务额的，对超出部分人民法院不予支持。

第二十二条　债务人在代位权诉讼中，对超过债权人代位请求数额的债权部分起诉次债务人的，人民法院应当告知其向有管辖权的人民法院另行起诉。

债务人的起诉符合法定条件的，人民法院应当受理；受理债务人起诉的人民法院在代位权诉讼裁决发生法律效力以前，应当依法中止。

【适用本案由需要注意的问题】

◆债权人代位权纠纷案件按照一般的原告就被告原则，由被告住所地人民法院管辖。

◆在适用本案由时，需注意其与债权人撤销权纠纷的区别，债权人代位权纠纷是因为债务人怠于行使对第三人的债权引起，而债权人撤销权纠纷是因为债务人放弃对第三人的债权或其他致使自身财产减少的行为引起。债权人代位权之诉的被告是第三人，而债权人撤销权之诉的被告是债务人。

◆债权人代位权纠纷是债权人为保全债权而向第三人提起的诉讼，并非直接基于债权人与债务人原来的合同，所以不能根据原合同类型确定案由，而应适用本案由。

69. 债权人撤销权纠纷

【案由解析】

债权人撤销权是指当债务人实施致使自身财产减少的行为，若该行为会损害债权人的债权时，债权人可以请求人民法院将其撤销的权利。

债权人撤销权纠纷是指债务人实施致使自身财产减少的行为，损害债权人债权所产生的纠纷。

【常用法律条文及索引】

《合同法》（1999年10月1日起施行）

第七十四条 因债务人放弃其到期债权或者无偿转让财产，对债权人造成损害的，债权人可以请求人民法院撤销债务人的行为。债务人以明显不合理的低价转让财产，对债权人造成损害，并且受让人知道该情形的，债权人也可以请求人民法院撤销债务人的行为。

撤销权的行使范围以债权人的债权为限。债权人行使撤销权的必要费用，由债务人负担。

第七十五条 撤销权自债权人知道或者应当知道撤销事由之日起一年内行使。自债务人的行为发生之日起五年内没有行使撤销权的，该撤销权消灭。

《最高人民法院关于适用〈中华人民共和国合同法〉若干问题的解释（一）》（法释〔1999〕19号　1999年12月19日起施行）

第二十三条 债权人依照合同法第七十四条的规定提起撤销权诉讼的，由被告住所地人民法院管辖。

第二十四条 债权人依照合同法第七十四条的规定提起撤销权诉讼时只以债务人为被告，未将受益人或者受让人列为第三人的，人民法院可以追加该受益人或者受让人为第三人。

第二十五条 债权人依照合同法第七十四条的规定提起撤销权诉讼，请求人民法院撤销债务人放弃债权或转让财产的行为，人民法院应当就债权人主张的部分进行审理，依法撤销的，该行为自始无效。

两个或者两个以上债权人以同一债务人为被告，就同一标的提起撤销权诉讼的，人民法院可以合并审理。

第二十六条　债权人行使撤销权所支付的律师代理费、差旅费等必要费用，由债务人负担；第三人有过错的，应当适当分担。

《最高人民法院关于适用〈中华人民共和国合同法〉若干问题的解释（二）》（法释〔2009〕5号　2009年5月13日起施行）

第十八条　债务人放弃其未到期的债权或者放弃债权担保，或者恶意延长到期债权的履行期，对债权人造成损害，债权人依照合同法第七十四条的规定提起撤销权诉讼的，人民法院应当支持。

第十九条　对于合同法第七十四条规定的“明显不合理的低价”，人民法院应当以交易当地一般经营者的判断，并参考交易当时交易地的物价部门指导价或者市场交易价，结合其他相关因素综合考虑予以确认。

转让价格达不到交易时交易地的指导价或者市场交易价百分之七十的，一般可以视为明显不合理的低价；对转让价格高于当地指导价或者市场交易价百分之三十的，一般可以视为明显不合理的高价。

债务人以明显不合理的高价收购他人财产，人民法院可以根据债权人的申请，参照合同法第七十四条的规定予以撤销。

【适用本案由需要注意的问题】

◆债权人撤销权纠纷案件按照一般原告就被告原则，由被告住所地人民法院管辖。

◆适用本案由时，要注意其与民事行为中的撤销权的区别，一般民事行为的撤销权是民事行为中，若意思表示有瑕疵，意思表示不真实的一方有权撤销自己的行为，其属于法律行为效力制度的内容，保护的是合同当事人意思表示的真实性。而债权人撤销权是债权人撤销债务人的财产处分行为，是一种防止债务人财产不当减少的制度，目的是保护债权人的债权利益。

◆债权人撤销合同纠纷不是因债权人与债务人原合同发生的纠纷，而是债权人基于保全债权的原因对于债务人某些行为的异议发生的纠纷，所以不应根据原合同的类型确定案由，而应适用本案由。

70. 债权转让合同纠纷

【案由解析】

债权转让合同是指在不改变债的内容的情况下，债权人与第三人通过的将其债权全部或部分转让给第三人的协议。

债权转让合同纠纷是指合同权利人将债权转让给第三人以后，当事人之间就债权转让合同产生的权利义务纠纷。

债权转让合同的主要特征是：（1）债权的转让并不改变原来债权的内容，只是债权人主体资格的变化，由第三人取代原债权人取得债权。（2）债权转让合同的当事人是债权人与第三人，债务人非合同当事人，因此，债权转让并不需要取得债务人的同意，只需及时告知债务人即可。

【常用法律条文及索引】

《合同法》（1999 年 10 月 1 日起施行）

第七十九条 债权人可以将合同的权利全部或者部分转让给第三人，但有下列情形之一的除外：

（一）根据合同性质不得转让；

（二）按照当事人约定不得转让；

（三）依照法律规定不得转让。

第八十条 债权人转让权利的，应当通知债务人。未经通知，该转让对债务人不发生效力。

债权人转让权利的通知不得撤销，但经受让人同意的除外。

第八十一条 债权人转让权利的，受让人取得与债权有关的从权利，但该从权利专属于债权人自身的除外。

第八十二条 债务人接到债权转让通知后，债务人对让与人的抗辩，可以向受让人主张。

第八十三条 债务人接到债权转让通知时，债务人对让与人享有债权，并且债务人的债权先于转让的债权到期或者同时到期的，债务人可以向受让人主张抵销。

《最高人民法院关于适用〈中华人民共和国合同法〉若干问题的解释(一)》（法释〔1999〕19号　1999年12月19日起施行）

第二十七条　债权人转让合同权利后，债务人与受让人之间因履行合同发生纠纷诉至人民法院，债务人对债权人的权利提出抗辩的，可以将债权人列为第三人。

【适用本案由需要注意的问题】

◆债权转让合同纠纷案件，按照合同纠纷案件的一般管辖原则，由被告人住所地或债权转让合同履行地人民法院管辖。

◆适用本案由时，应注意债权转让和物权转让的区别。债权转让的对象是合同债权，因此它仅受《合同法》的调整，而物权转让，譬如土地使用权的转让，虽然转让本身是合同关系，但是转让的对象是物权，所以物权转让除了要受《合同法》调整外，还要受《物权法》的调整。

◆应当注意并非所有有关债权转让的案件都适用本案由，若当事人之间的纠纷是关于原债权债务的履行，则案由应当由原债权债务法律关系来确定，因为那属于原债权债务纠纷。若当事人就债权转让合同的履行产生纠纷，则适用本案由。

71. 债务转移合同纠纷

【案由解析】

债务转移合同是指在不改变债的内容的情况下，债权人或债务人与第三人达成的将债务人的全部或部分债务转由第三人承担的协议。

债务转移合同纠纷是指债权人或债务人与第三人达成协议将债务转由第三人承担后就该协议产生的权利义务纠纷。

债务转移合同的主要特征有：(1) 和债权转让合同不需经债务人同意不同，债务转移须经债权人同意，这是为了保证债权人的债权实现。(2) 债务转移有一定的无因性。若第三人因与债务人之间有特殊约定或关系而成为债务的承担者，即使后来关系发生改变或债务人不履行相关约定，第三人亦不得借此对抗债权人。当然，在签订债务转移合同时，第三人将相关约定写入合同，作为承担债务的前提除外。

【常用法律条文及索引】

《合同法》（1999 年 10 月 1 日起施行）

第八十四条 债务人将合同的义务全部或者部分转移给第三人的，应当经债权人同意。

第八十五条 债务人转移义务的，新债务人可以主张原债务人对债权人的抗辩。

第八十六条 债务人转移义务的，新债务人应当承担与主债务有关的从债务，但该从债务专属于原债务人自身的除外。

第八十七条 法律、行政法规规定转让权利或者转移义务应当办理批准、登记等手续的，依照其规定。

《最高人民法院关于适用〈中华人民共和国合同法〉若干问题的解释（一）》（法释〔1999〕19 号 1999 年 12 月 19 日起施行）

第二十八条 经债权人同意，债务人转移合同义务后，受让人与债权人之间因履行合同发生纠纷诉至人民法院，受让人就债务人对债权人的权利提出抗辩的，可以将债务人列为第三人。

【适用本案由需要注意的问题】

◆债务转移合同纠纷案件，按照合同纠纷案件的一般管辖原则，由被告住所地和债务转移合同履行地人民法院管辖。

◆适用本案由时，要注意区分其与法定的债务转移之间的不同。债务转移合同纠纷是根据当事人合意，由合同确定的债务转移，而法定的债务转移来源于法律规定，譬如，连带债务人一人清偿全部债务后有权就超过自己应承担部分向其他连带债务人求偿。法定的债务转移在产生的根据、主体范围和权利转让等方面与债务转移合同都有不同，应注意不要混淆。

◆适用本案由时，注意当事人的纠纷是关于原债权债务的履行还是债务转移合同的履行，若因原债权债务的履行产生纠纷，则根据原债权债务法律关系确定案由，若因债务转移合同的履行发生纠纷，则适用本案由。

72. 债权债务概括转移合同纠纷

【案由解析】

债权债务概括转移合同是指在原合同权利义务内容不变的情况下，当事人与第三人达成的将其权利义务一并转移给第三人，由第三人概括承受的协议。

债权债务概括转移合同纠纷，是指当事人与第三人达成协议将权利义务一并转移给第三人后，就该协议产生的权利义务纠纷。

【常用法律条文及索引】

《合同法》（1999年10月1日起施行）

第七十九条　债权人可以将合同的权利全部或者部分转让给第三人，但有下列情形之一的除外：

（一）根据合同性质不得转让；

（二）按照当事人约定不得转让；

（三）依照法律规定不得转让。

第八十一条　债权人转让权利的，受让人取得与债权有关的从权利，但该从权利专属于债权人自身的除外。

第八十二条　债务人接到债权转让通知后，债务人对让与人的抗辩，可以向受让人主张。

第八十三条　债务人接到债权转让通知时，债务人对让与人享有债权，并且债务人的债权先于转让的债权到期或者同时到期的，债务人可以向受让人主张抵销。

第八十五条　债务人转移义务的，新债务人可以主张原债务人对债权人的抗辩。

第八十六条　债务人转移义务的，新债务人应当承担与主债务有关的从债务，但该从债务专属于原债务人自身的除外。

第八十七条　法律、行政法规规定转让权利或者转移义务应当办理批准、登记等手续的，依照其规定。

第八十八条　当事人一方经对方同意，可以将自己在合同中的权利和义务一并转让给第三人。

第八十九条 权利和义务一并转让的，适用本法第七十九条、第八十一条至第八十三条、第八十五条至第八十七条的规定。

《最高人民法院关于适用〈中华人民共和国合同法〉若干问题的解释(一)》（法释〔1999〕19号 1999年12月19日起施行）

第二十九条 合同当事人一方经对方同意将其在合同中的权利义务一并转让给受让人，对方与受让人因履行合同发生纠纷诉至人民法院，对方就合同权利义务提出抗辩的，可以将出让方列为第三人。

【适用本案由需要注意的问题】

◆债权债务的概括转移合同纠纷案件，按照合同纠纷案件的一般管辖原则，由被告住所地或债权债务概括转移合同履行地人民法院管辖。

◆在适用本案由时，应注意其与公司合并、分立时的债权债务以及法定继承时的债权债务一并承受的不同。债权债务概括转移合同是根据当事人的合意，而公司合并、分立和法定继承是基于法律规定。

◆在适用案由时，要注意当事人的纠纷是对原债权债务的争议还是债权债务概括转移合同的争议，只有在当事人产生的争议是债权债务概括转移合同时，方适用本案由。

73. 悬赏广告纠纷

【案由解析】

悬赏广告是指以广告的形式公开表示对完成某种行为人予以报酬的意思表示。

悬赏广告纠纷是指悬赏广告发布者与行为人就悬赏广告合同的履行产生的纠纷。

悬赏广告的主要特征是：（1）有偿性。当行为人按照悬赏广告的要求完成了广告发布者约定的事项后，广告发布者有义务给付所承诺的金钱或其他报酬。（2）悬赏广告的对象具有不特定性。悬赏广告并不像一般合同那样针对特定的对象，它是公开向不特定的人发出的，当行为人完成相对应的事项后即可要求报酬，不需与广告发布者进行类似合同的磋商。（3）注重结果性。行为人能否得到报酬仅以是否完成广告的要求为准，不考虑其为了完成约定的过程与付出程度。

【常用法律条文及索引】

《最高人民法院关于适用〈中华人民共和国合同法〉若干问题的解释（二）》（法释〔2009〕5号　2009年5月13日起施行）

第三条　悬赏人以公开方式声明对完成一定行为的人支付报酬，完成特定行为的人请求悬赏人支付报酬的，人民法院依法予以支持。但悬赏有合同法第五十二条规定情形的除外。

【适用本案由需要注意的问题】

◆由于对悬赏广告的法律性质目前仍存有争议，故应根据民事诉讼管辖的一般原则即“原告就被告”的原则，本案由纠纷案件由被告住所地法院管辖。

◆在适用本案由时，还要注意悬赏广告中的“广告”与《广告法》上的“广告”的不同。在公开场合向不特定对象发出的，内容具悬赏性的宣传单、街头张贴等，可以认定为悬赏广告。

74. 买卖合同纠纷

（1）分期付款买卖合同纠纷
（2）凭样品买卖合同纠纷
（3）试用买卖合同纠纷
（4）互易纠纷
（5）国际货物买卖合同纠纷
（6）网络购物合同纠纷
（7）电视购物合同纠纷

【案由解析】

买卖合同是指出卖人转移标的物的所有权于买受人，买受人支付价款的合同。

买卖合同纠纷是当事人因订立、履行、变更、终止买卖合同产生的权利义务纠纷。

买卖合同的主要特点有：(1) 买卖合同是其中一方当事人转移合同标的物的所有权，另一方当事人支付相应价款的合同。(2) 买卖合同是双务合同。买卖双方的交付物品和得到对价、支付价款和得到物品是相对应的，体现了权利义务的一致性。(3) 买卖合同是有偿合同。在买卖合同中，当事人双方在完成合同时都需给付对价，是典型的有偿合同。(4) 买卖合同是诺成合同。当双方当事人达成合意之时，买卖合同便告成立，不需以当事人实际交付标的和支付价款为准。(5) 买卖合同是不要式合同。除极少部分法律规定有特殊形式的买卖合同外，买卖合同无须采用特定形式，为不要式合同。

需要注意的是，根据《最高人民法院关于适用〈中华人民共和国民事诉讼法〉的解释》第20条的规定，本案由下的四级案由中的“网络购物合同纠纷”“电视购物合同纠纷”应合并为“信息网络买卖合同纠纷”。

【典型形态】

在实践中，买卖合同纠纷主要有：

(1) 分期付款买卖合同纠纷，是指合同当事人双方就买受人将其应付的总价款按一定期限分批向出卖人支付的合同的履行问题所产生的纠纷。

(2) 凭样品买卖合同纠纷，是指出卖人与买受人就双方达成的约定某种样品，出卖人交付与样品具同样品质的标的物的合同的履行问题产生的纠纷。

(3) 试用买卖合同纠纷，是指当事人双方约定，于合同成立时，出卖人将标的物交付买受人试用，并以买受人在约定期限内对标的物的认可作为生效要件的买卖合同产生的纠纷。

(4) 互易纠纷，是指双方当事人就互换金钱以外的财产，并转移标的物所有权的协议产生的合同纠纷。

(5) 国际货物买卖合同纠纷，是指营业地在不同国家或地区的当事人之间就签订的货物买卖合同产生的纠纷。

(6) 网络购物合同纠纷，是指出卖人在互联网、广域网、局域网等信息网络上展示标的物并发出要约，买受人通过上述信息网络等方式作出承诺，达成合同后双方当事人产生的合同纠纷。

(7) 电视购物合同纠纷，是指出卖人以电视台的专门购物频道展示标的的物和发出要约，买受人通过电话等方式作出承诺达成合同后双方当事人产生的合同纠纷。

【常用法律条文及索引】

《合同法》（1999 年 10 月 1 日起施行）

第一百三十条　买卖合同是出卖人转移标的物的所有权于买受人，买受人支付价款的合同。

第一百三十一条　买卖合同的内容除依照本法第十二条的规定以外，还可以包括包装方式、检验标准和方法、结算方式、合同使用的文字及其效力等条款。

第一百三十二条　出卖的标的物，应当属于出卖人所有或者出卖人有权处分。

法律、行政法规禁止或者限制转让的标的物，依照其规定。

第一百三十三条　标的物的所有权自标的物交付时起转移，但法律另有规定或者当事人另有约定的除外。

第一百三十四条　当事人可以在买卖合同中约定买受人未履行支付价款或者其他义务的，标的物的所有权属于出卖人。

第一百三十五条　出卖人应当履行向买受人交付标的物或者交付提取标的物的单证，并转移标的物所有权的义务。

第一百三十六条　出卖人应当按照约定或者交易习惯向买受人交付提取标的物单证以外的有关单证和资料。

第一百三十七条　出卖具有知识产权的计算机软件等标的物的，除法律另有规定或者当事人另有约定的以外，该标的物的知识产权不属于买受人。

第一百三十八条　出卖人应当按照约定的期限交付标的物。约定交付期间的，出卖人可以在该交付期间内的任何时间交付。

第一百三十九条　当事人没有约定标的物的交付期限或者约定不明确的，适用本法第六十一条、第六十二条第四项的规定。

第一百四十条　标的物在订立合同之前已为买受人占有的，合同生效的时间为交付时间。

第一百四十一条　出卖人应当按照约定的地点交付标的物。

当事人没有约定交付地点或者约定不明确，依照本法第六十一条的规定仍不能确定的，适用下列规定：

（一）标的物需要运输的，出卖人应当将标的物交付给第一承运人以运交给买受人；

（二）标的物不需要运输，出卖人和买受人订立合同时知道标的物在某一地点的，出卖人应当在该地点交付标的物；不知道标的物在某一地点的，应当在出卖人订立合同时的营业地交付标的物。

第一百四十二条 标的物毁损、灭失的风险，在标的物交付之前由出卖人承担，交付之后由买受人承担，但法律另有规定或者当事人另有约定的除外。

第一百四十三条 因买受人的原因致使标的物不能按照约定的期限交付的，买受人应当自违反约定之日起承担标的物毁损、灭失的风险。

第一百四十四条 出卖人出卖交由承运人运输的在途标的物，除当事人另有约定的以外，毁损、灭失的风险自合同成立时起由买受人承担。

第一百四十五条 当事人没有约定交付地点或者约定不明确，依照本法第一百四十一条第二款第一项的规定标的物需要运输的，出卖人将标的物交付给第一承运人后，标的物毁损、灭失的风险由买受人承担。

第一百四十六条 出卖人按照约定或者依照本法第一百四十一条第二款第二项的规定将标的物置于交付地点，买受人违反约定没有收取的，标的物毁损、灭失的风险自违反约定之日起由买受人承担。

第一百四十七条 出卖人按照约定未交付有关标的物的单证和资料的，不影响标的物毁损、灭失风险的转移。

第一百四十八条 因标的物质量不符合质量要求，致使不能实现合同目的的，买受人可以拒绝接受标的物或者解除合同。买受人拒绝接受标的物或者解除合同的，标的物毁损、灭失的风险由出卖人承担。

第一百四十九条 标的物毁损、灭失的风险由买受人承担的，不影响因出卖人履行债务不符合约定，买受人要求其承担违约责任的权利。

第一百五十条 出卖人就交付的标的物，负有保证第三人不得向买受人主张任何权利的义务，但法律另有规定的除外。

第一百五十一条 买受人订立合同时知道或者应当知道第三人对买卖的标的物享有权利的，出卖人不承担本法第一百五十条规定的义务。

第一百五十二条 买受人有确切证据证明第三人可能就标的物主张权利的，可以中止支付相应的价款，但出卖人提供适当担保的除外。

第一百五十三条 出卖人应当按照约定的质量要求交付标的物。出卖人提供有关标的物质量说明的，交付的标的物应当符合该说明的质量要求。

第一百五十四条 当事人对标的物的质量要求没有约定或者约定不明确，依照本法第六十一条的规定仍不能确定的，适用本法第六十二条第一项的规定。

第一百五十五条 出卖人交付的标的物不符合质量要求的，买受人可以依照本法第一百一十一条的规定要求承担违约责任。

第一百五十六条 出卖人应当按照约定的包装方式交付标的物。对包装方式没有约定或者约定不明确，依照本法第六十一条的规定仍不能确定的，应当按照通用的方式包装，没有通用方式的，应当采取足以保护标的物的包装方式。

第一百五十七条 买受人收到标的物时应当在约定的检验期间内检验。没有约定检验期间的，应当及时检验。

第一百五十八条 当事人约定检验期间的，买受人应当在检验期间内将标的物的数量或者质量不符合约定的情形通知出卖人。买受人怠于通知的，视为标的物的数量或者质量符合约定。

当事人没有约定检验期间的，买受人应当在发现或者应当发现标的物的数量或者质量不符合约定的合理期间内通知出卖人。买受人在合理期间内未通知或者自标的物收到之日起两年内未通知出卖人的，视为标的物的数量或者质量符合约定，但对标的物有质量保证期的，适用质量保证期，不适用该两年的规定。

出卖人知道或者应当知道提供的标的物不符合约定的，买受人不受前两款规定的通知时间的限制。

第一百五十九条 买受人应当按照约定的数额支付价款。对价款没有约定或者约定不明确的，适用本法第六十一条、第六十二条第二项的规定。

第一百六十条 买受人应当按照约定的地点支付价款。对支付地点没有约定或者约定不明确，依照本法第六十一条的规定仍不能确定的，买受人应当在出卖人的营业地支付，但约定支付价款以交付标的物或者交付提取标的物单证为条件的，在交付标的物或者交付提取标的物单证的所在地支付。

第一百六十一条 买受人应当按照约定的时间支付价款。对支付时间没有约定或者约定不明确，依照本法第六十一条的规定仍不能确定的，买受人应当在收到标的物或者提取标的物单证的同时支付。

第一百六十二条 出卖人多交标的物的，买受人可以接收或者拒绝接收多交的部分。买受人接收多交部分的，按照合同的价格支付价款；买受人拒绝接收多交部分的，应当及时通知出卖人。

第一百六十三条 标的物在交付之前产生的孳息，归出卖人所有，交付之后产生的孳息，归买受人所有

第一百六十四条 因标的物的主物不符合约定而解除合同的，解除合同的效力及于从物。因标的物的从物不符合约定被解除的，解除的效力不及于主物。

第一百六十五条 标的物为数物，其中一物不符合约定的，买受人可以就该物解除，但该物与他物分离使标的物的价值显受损害的，当事人可以就数物解除合同。

第一百六十六条 出卖人分批交付标的物的，出卖人对其中一批标的物不交付或者交付不符合约定，致使该批标的物不能实现合同目的的，买受人可以就该批标的物解除。

出卖人不交付其中一批标的物或者交付不符合约定，致使今后其他各批标的物的交付不能实现合同目的的，买受人可以就该批以及今后其他各批标的物解除。

买受人如果就其中一批标的物解除，该批标的物与其他各批标的物相互依存的，可以就已经交付和未交付的各批标的物解除。

第一百六十七条 分期付款的买受人未支付到期价款的金额达到全部价款的五分之一的，出卖人可以要求买受人支付全部价款或者解除合同。

出卖人解除合同的，可以向买受人要求支付该标的物的使用费。

第一百六十八条 凭样品买卖的当事人应当封存样品，并可以对样品质量予以说明。出卖人交付的标的物应当与样品及其说明的质量相同。

第一百六十九条 凭样品买卖的买受人不知道样品有隐蔽瑕疵的，即使交付的标的物与样品相同，出卖人交付的标的物的质量仍然应当符合同种物的通常标准。

第一百七十条 试用买卖的当事人可以约定标的物的试用期间。对试用期间没有约定或者约定不明确，依照本法第六十一条的规定仍不能确定的，由出卖人确定。

第一百七十一条 试用买卖的买受人在试用期内可以购买标的物，也可以拒绝购买。试用期间届满，买受人对是否购买标的物未作表示的，视为购买。

第一百七十四条 法律对其他有偿合同有规定的，依照其规定；没有规

定的，参照买卖合同的有关规定。

第一百七十五条　当事人约定易货交易，转移标的物的所有权的，参照买卖合同的有关规定。

《最高人民法院关于审理买卖合同纠纷案件适用法律问题的解释》（法释〔2012〕8号　2012年7月1日起施行）

一、买卖合同的成立及效力

第一条　当事人之间没有书面合同，一方以送货单、收货单、结算单、发票等主张存在买卖合同关系的，人民法院应当结合当事人之间的交易方式、交易习惯以及其他相关证据，对买卖合同是否成立作出认定。

对账确认函、债权确认书等函件、凭证没有记载债权人名称，买卖合同当事人一方以此证明存在买卖合同关系的，人民法院应予支持，但有相反证据足以推翻的除外。

第二条　当事人签订认购书、订购书、预订书、意向书、备忘录等预约合同，约定在将来一定期限内订立买卖合同，一方不履行订立买卖合同的义务，对方请求其承担预约合同违约责任或者要求解除预约合同并主张损害赔偿的，人民法院应予支持。

第三条　当事人一方以出卖人在缔约时对标的物没有所有权或者处分权为由主张合同无效的，人民法院不予支持。

出卖人因未取得所有权或者处分权致使标的物所有权不能转移，买受人要求出卖人承担违约责任或者要求解除合同并主张损害赔偿的，人民法院应予支持。

第四条　人民法院在按照合同法的规定认定电子交易合同的成立及效力的同时，还应当适用电子签名法的相关规定。

二、标的物交付和所有权转移

第五条　标的物为无需以有形载体交付的电子信息产品，当事人对交付方式约定不明确，且依照合同法第六十一条的规定仍不能确定的，买受人收到约定的电子信息产品或者权利凭证即为交付。

第六条　根据合同法第一百六十二条的规定，买受人拒绝接收多交部分标的物的，可以代为保管多交部分标的物。买受人主张出卖人负担代为保管期间的合理费用的，人民法院应予支持。

买受人主张出卖人承担代为保管期间非因买受人故意或者重大过失造成的损失的，人民法院应予支持。

第七条 合同法第一百三十六条规定的“提取标的物单证以外的有关单证和资料”，主要应当包括保险单、保修单、普通发票、增值税专用发票、产品合格证、质量保证书、质量鉴定书、品质检验证书、产品进出口检疫书、原产地证明书、使用说明书、装箱单等。

第八条 出卖人仅以增值税专用发票及税款抵扣资料证明其已履行交付标的物义务，买受人不认可的，出卖人应当提供其他证据证明交付标的物的事实。

合同约定或者当事人之间习惯以普通发票作为付款凭证，买受人以普通发票证明已经履行付款义务的，人民法院应予支持，但有相反证据足以推翻的除外。

第九条 出卖人就同一普通动产订立多重买卖合同，在买卖合同均有效的情况下，买受人均要求实际履行合同的，应当按照以下情形分别处理：

（一）先行受领交付的买受人请求确认所有权已经转移的，人民法院应予支持；

（二）均未受领交付，先行支付价款的买受人请求出卖人履行交付标的物等合同义务的，人民法院应予支持；

（三）均未受领交付，也未支付价款，依法成立在先合同的买受人请求出卖人履行交付标的物等合同义务的，人民法院应予支持。

第十条 出卖人就同一船舶、航空器、机动车等特殊动产订立多重买卖合同，在买卖合同均有效的情况下，买受人均要求实际履行合同的，应当按照以下情形分别处理：

（一）先行受领交付的买受人请求出卖人履行办理所有权转移登记手续等合同义务的，人民法院应予支持；

（二）均未受领交付，先行办理所有权转移登记手续的买受人请求出卖人履行交付标的物等合同义务的，人民法院应予支持；

（三）均未受领交付，也未办理所有权转移登记手续，依法成立在先合同的买受人请求出卖人履行交付标的物和办理所有权转移登记手续等合同义务的，人民法院应予支持；

（四）出卖人将标的物交付给买受人之一，又为其他买受人办理所有权转移登记，已受领交付的买受人请求将标的物所有权登记在自己名下的，人民法院应予支持。

三、标的物风险负担

第十一条　合同法第一百四十一条第二款第（一）项规定的“标的物需要运输的”，是指标的物由出卖人负责办理托运，承运人系独立于买卖合同当事人之外的运输业者的情形。标的物毁损、灭失的风险负担，按照合同法第一百四十五条的规定处理。

第十二条　出卖人根据合同约定将标的物运送至买受人指定地点并交付给承运人后，标的物毁损、灭失的风险由买受人负担，但当事人另有约定的除外。

第十三条　出卖人出卖交由承运人运输的在途标的物，在合同成立时知道或者应当知道标的物已经毁损、灭失却未告知买受人，买受人主张出卖人负担标的物毁损、灭失的风险的，人民法院应予支持。

第十四条　当事人对风险负担没有约定，标的物为种类物，出卖人未以装运单据、加盖标记、通知买受人等可识别的方式清楚地将标的物特定于买卖合同，买受人主张不负担标的物毁损、灭失的风险的，人民法院应予支持。

四、标的物检验

第十五条　当事人对标的物的检验期间未作约定，买受人签收的送货单、确认单等载明标的物数量、型号、规格的，人民法院应当根据合同法第一百五十七条的规定，认定买受人已对数量和外观瑕疵进行了检验，但有相反证据足以推翻的除外。

第十六条　出卖人依照买受人的指示向第三人交付标的物，出卖人和买受人之间约定的检验标准与买受人和第三人之间约定的检验标准不一致的，人民法院应当根据合同法第六十四条的规定，以出卖人和买受人之间约定的检验标准为标的物的检验标准

第十七条　人民法院具体认定合同法第一百五十八条第二款规定的“合理期间”时，应当综合当事人之间的交易性质、交易目的、交易方式、交易习惯、标的物的种类、数量、性质、安装和使用情况、瑕疵的性质、买受人应尽的合理注意义务、检验方法和难易程度、买受人或者检验人所处的具体环境、自身技能以及其他合理因素，依据诚实信用原则进行判断。

合同法第一百五十八条第二款规定的“两年”是最长的合理期间。该期间为不变期间，不适用诉讼时效中止、中断或者延长的规定。

第十八条　约定的检验期间过短，依照标的物的性质和交易习惯，买受

人在检验期间内难以完成全面检验的，人民法院应当认定该期间为买受人对外观瑕疵提出异议的期间，并根据本解释第十七条第一款的规定确定买受人对隐蔽瑕疵提出异议的合理期间。

约定的检验期间或者质量保证期间短于法律、行政法规规定的检验期间或者质量保证期间的，人民法院应当以法律、行政法规规定的检验期间或者质量保证期间为准。

第十九条 买受人在合理期间内提出异议，出卖人以买受人已经支付价款、确认欠款数额、使用标的物等为由，主张买受人放弃异议的，人民法院不予支持，但当事人另有约定的除外。

第二十条 合同法第一百五十八条规定的检验期间、合理期间、两年期间经过后，买受人主张标的物的数量或者质量不符合约定的，人民法院不予支持。

出卖人自愿承担违约责任后，又以上述期间经过为由翻悔的，人民法院不予支持。

五、违约责任

第二十一条 买受人依约保留部分价款作为质量保证金，出卖人在质量保证期间未及时解决质量问题而影响标的物的价值或者使用效果，出卖人主张支付该部分价款的，人民法院不予支持。

第二十二条 买受人在检验期间、质量保证期间、合理期间内提出质量异议，出卖人未按要求予以修理或者因情况紧急，买受人自行或者通过第三人修理标的物后，主张出卖人负担因此发生的合理费用的，人民法院应予支持。

第二十三条 标的物质量不符合约定，买受人依照合同法第一百一十一条的规定要求减少价款的，人民法院应予支持。当事人主张以符合约定的标的物和实际交付的标的物按交付时的市场价值计算差价的，人民法院应予支持。

价款已经支付，买受人主张返还减价后多出部分价款的，人民法院应予支持。

第二十四条 买卖合同对付款期限作出的变更，不影响当事人关于逾期付款违约金的约定，但该违约金的起算点应当随之变更。

买卖合同约定逾期付款违约金，买受人以出卖人接受价款时未主张逾期付款违约金为由拒绝支付该违约金的，人民法院不予支持。

买卖合同约定逾期付款违约金，但对账单、还款协议等未涉及逾期付款责任，出卖人根据对账单、还款协议等主张欠款时请求买受人依约支付逾期付款违约金的，人民法院应予支持，但对账单、还款协议等明确载有本金及逾期付款利息数额或者已经变更买卖合同中关于本金、利息等约定内容的除外。

买卖合同没有约定逾期付款违约金或者该违约金的计算方法，出卖人以买受人违约为由主张赔偿逾期付款损失的，人民法院可以中国人民银行同期同类人民币贷款基准利率为基础，参照逾期罚息利率标准计算。

第二十五条　出卖人没有履行或者不当履行从给付义务，致使买受人不能实现合同目的，买受人主张解除合同的，人民法院应当根据合同法第九十四条第（四）项的规定，予以支持。

第二十六条　买卖合同因违约而解除后，守约方主张继续适用违约金条款的，人民法院应予支持；但约定的违约金过分高于造成的损失的，人民法院可以参照合同法第一百一十四条第二款的规定处理。

第二十七条　买卖合同当事人一方以对方违约为由主张支付违约金，对方以合同不成立、合同未生效、合同无效或者不构成违约等为由进行免责抗辩而未主张调整过高的违约金的，人民法院应当就法院若不支持免责抗辩，当事人是否需要主张调整违约金进行释明。

一审法院认为免责抗辩成立且未予释明，二审法院认为应当判决支付违约金的，可以直接释明并改判。

第二十八条　买卖合同约定的定金不足以弥补一方违约造成的损失，对方请求赔偿超过定金部分的损失的，人民法院可以并处，但定金和损失赔偿的数额总和不应高于因违约造成的损失。

第二十九条　买卖合同当事人一方违约造成对方损失，对方主张赔偿可得利益损失的，人民法院应当根据当事人的主张，依据合同法第一百一十三条、第一百一十九条、本解释第三十条、第三十一条等规定进行认定。

第三十条　买卖合同当事人一方违约造成对方损失，对方对损失的发生也有过错，违约方主张扣减相应的损失赔偿额的，人民法院应予支持。

第三十一条　买卖合同当事人一方因对方违约而获有利益，违约方主张从损失赔偿额中扣除该部分利益的，人民法院应予支持。

第三十二条　合同约定减轻或者免除出卖人对标的物的瑕疵担保责任，但出卖人故意或者因重大过失不告知买受人标的物的瑕疵，出卖人主张依约减轻或者免除瑕疵担保责任的，人民法院不予支持。

第三十三条 买受人在缔约时知道或者应当知道标的物质量存在瑕疵，主张出卖人承担瑕疵担保责任的，人民法院不予支持，但买受人在缔约时不知道该瑕疵会导致标的物的基本效用显著降低的除外。

六、所有权保留

第三十四条 买卖合同当事人主张合同法第一百三十四条关于标的物所有权保留的规定适用于不动产的，人民法院不予支持。

第三十五条 当事人约定所有权保留，在标的物所有权转移前，买受人有下列情形之一，对出卖人造成损害，出卖人主张取回标的物的，人民法院应予支持：

（一）未按约定支付价款的；

（二）未按约定完成特定条件的；

（三）将标的物出卖、出质或者作出其他不当处分的。

取回的标的物价值显著减少，出卖人要求买受人赔偿损失的，人民法院应予支持。

第三十六条 买受人已经支付标的物总价款的百分之七十五以上，出卖人主张取回标的物的，人民法院不予支持。

在本解释第三十五条第一款第（三）项情形下，第三人依据物权法第一百零六条的规定已经善意取得标的物所有权或者其他物权，出卖人主张取回标的物的，人民法院不予支持。

第三十七条 出卖人取回标的物后，买受人在双方约定的或者出卖人指定的回赎期间内，消除出卖人取回标的物的事由，主张回赎标的物的，人民法院应予支持。

买受人在回赎期间内没有回赎标的物的，出卖人可以另行出卖标的物。

出卖人另行出卖标的物的，出卖所得价款依次扣除取回和保管费用、再交易费用、利息、未清偿的价金后仍有剩余的，应返还原买受人；如有不足，出卖人要求原买受人清偿的，人民法院应予支持，但原买受人有证据证明出卖人另行出卖的价格明显低于市场价格的除外。

七、特种买卖

第三十八条 合同法第一百六十七条第一款规定的“分期付款”，系指买受人将应付的总价款在一定期间内至少分三次向出卖人支付。

分期付款买卖合同的约定违反合同法第一百六十七条第一款的规定，损害买受人利益，买受人主张该约定无效的，人民法院应予支持。

第三十九条 分期付款买卖合同约定出卖人在解除合同时可以扣留已受领价金，出卖人扣留的金额超过标的物使用费以及标的物受损赔偿额，买受人请求返还超过部分的，人民法院应予支持。

当事人对标的物的使用费没有约定的，人民法院可以参照当地同类标的物的租金标准确定。

第四十条 合同约定的样品质量与文字说明不一致且发生纠纷时当事人不能达成合意，样品封存后外观和内在品质没有发生变化的，人民法院应当以样品为准；外观和内在品质发生变化，或者当事人对是否发生变化有争议而又无法查明的，人民法院应当以文字说明为准。

第四十一条 试用买卖的买受人在试用期内已经支付一部分价款的，人民法院应当认定买受人同意购买，但合同另有约定的除外。

在试用期内，买受人对标的物实施了出卖、出租、设定担保物权等非试用行为的，人民法院应当认定买受人同意购买。

第四十二条 买卖合同存在下列约定内容之一的，不属于试用买卖。买受人主张属于试用买卖的，人民法院不予支持：

（一）约定标的物经过试用或者检验符合一定要求时，买受人应当购买标的物；

（二）约定第三人经试验对标的物认可时，买受人应当购买标的物；

（三）约定买受人在一定期间内可以调换标的物；

（四）约定买受人在一定期间内可以退还标的物。

第四十三条 试用买卖的当事人没有约定使用费或者约定不明确，出卖人主张买受人支付使用费的，人民法院不予支持。

八、其他问题

第四十四条 出卖人履行交付义务后诉请买受人支付价款，买受人以出卖人违约在先为由提出异议的，人民法院应当按照下列情况分别处理：

（一）买受人拒绝支付违约金、拒绝赔偿损失或者主张出卖人应当采取减少价款等补救措施的，属于提出抗辩；

（二）买受人主张出卖人应支付违约金、赔偿损失或者要求解除合同的，应当提起反诉。

【适用本案由需要注意的问题】

◆买卖合同纠纷案件由被告住所地或者合同履行地人民法院管辖。国际货物买卖合同纠纷，若被告在中华人民共和国领域没有住所，但是合同签订地或履行地，或者诉讼标的物在中华人民共和国领域内，或者被告在中华人民共和国领域内有可供扣押的财产，或者设有代表机构，可以由上述地区人民法院管辖。以信息网络方式订立的买卖合同，通过信息网络交付标的的，以买受人住所地为合同履行地；通过其他方式交付标的的，收货地为合同履行地。合同对履行地有约定的，从其约定。

◆在适用本案由时，要注意其与一些特殊标的物买卖合同纠纷进行区分，譬如，房屋买卖合同有专门的规定，发生诉讼纠纷时案由是房屋买卖合同纠纷，而不是本案由。

◆对于事实清楚、权利义务关系明确、争议不大的买卖合同纠纷案件，标的额为各省、自治区、直辖市上年度就业人员年平均工资30%以下的，根据《民事诉讼法》第162条的规定，应适用小额诉讼程序进行审理。

75. 招标投标买卖合同纠纷

【案由解析】

标投标买卖指招标人公布买卖标的物的出卖条件，投标人参加投标竞买，招标人选定中标人的买卖方式。招标投标买卖法律关系的主体包括出卖人（又可称为招标人）、竞买人（又可称为投标人）和买受人（又可称为中标人）。招标投标除可作为一种特种买卖形式外，还适用于承揽、建设工程、运输、服务等合同的订立。招标投标买卖在现代社会中是一种重要的买卖形式，尤其在大宗定货和政府采购中能够发挥有益的作用。

招标投标买卖合同是指招标人通过招标公告、招标通知等方式向特定或不特定人发布要约邀请，在众多投标人的要约中选择自己满意的投标人与之订立的买卖合同。

招标投标买卖合同纠纷是指当事人因订立、履行、变更、终止招标投标买卖合同发生的权利义务纠纷。

招标投标买卖的程序，可分为招标、投标、开标、评标、定标。招标时，招标人发出招标公告。招标公告为要约邀请，投标人投标为要约。投标应当表明竞买金额，投标后，招标人应当按照公告说明的时间、地点和程序开标。开标后，招标人组织评标，按评标结果定标，确定中标人，定标为承诺。招标人定标，招标投标买卖合同成立。

【常用法律条文及索引】

《合同法》（1999 年 10 月 1 日起施行）

第一百七十二条　招标投标买卖的当事人的权利和义务以及招标投标程序等，依照有关法律、行政法规的规定。

《招标投标法》（2000 年 1 月 1 日起实施）

第二十六条　投标人应当具备承担招标项目的能力；国家有关规定对投标人资格条件或者招标文件对投标人资格条件有规定的，投标人应当具备规定的资格条件。

第二十七条　投标人应当按照招标文件的要求编制投标文件。投标文件应当对招标文件提出的实质性要求和条件作出响应。

招标项目属于建设施工的，投标文件的内容应当包括拟派出的项目负责人与主要技术人员的简历、业绩和拟用于完成招标项目的机械设备等。

第二十八条　投标人应当在招标文件要求提交投标文件的截止时间前，将投标文件送达投标地点。招标人收到投标文件后，应当签收保存，不得开启。投标人少于三个的，招标人应当依照本法重新招标。

在招标文件要求提交投标文件的截止时间后送达的投标文件，招标人应当拒收。

第二十九条　投标人在招标文件要求提交投标文件的截止时间前，可以补充、修改或者撤回已提交的投标文件，并书面通知招标人。补充、修改的内容为投标文件的组成部分。

第三十条　投标人根据招标文件载明的项目实际情况，拟在中标后将中标项目的部分非主体、非关键性工作进行分包的，应当在投标文件中载明。

第三十一条　两个以上法人或者其他组织可以组成一个联合体，以一个投标人的身份共同投标。

联合体各方均应当具备承担招标项目的相应能力；国家有关规定或者招标文件对投标人资格条件有规定的，联合体各方均应当具备规定的相应资格条件。由同一专业的单位组成的联合体，按照资质等级较低的单位确定资质等级。

联合体各方应当签订共同投标协议，明确约定各方拟承担的工作和责任，并将共同投标协议连同投标文件一并提交招标人。联合体中标的，联合体各方应当共同与招标人签订合同，就中标项目向招标人承担连带责任。

招标人不得强制投标人组成联合体共同投标，不得限制投标人之间的竞争。

第六十条 中标人不履行与招标人订立的合同的，履约保证金不予退还，给招标人造成的损失超过履约保证金数额的，还应当对超过部分予以赔偿；没有提交履约保证金的，应当对招标人的损失承担赔偿责任。

中标人不按照与招标人订立的合同履行义务，情节严重的，取消其二年至五年内参加依法必须进行招标的项目的投标资格并予以公告，直至由工商行政管理机关吊销营业执照。

因不可抗力不能履行合同的，不适用前两款规定。

【适用本案由需要注意的问题】

◆招标投标买卖合同纠纷案件，按照合同纠纷的一般管辖原则，由被告住所地或合同履行地人民法院管辖。

◆在适用本案由时，要注意招标投标在经济活动中是一项被广泛运用的程序，但并不是所有涉及招标投标的纠纷都适用本案由，只有当通过招标投标签订买卖合同时，本案由才适用。譬如，建设工程的勘察、设计、施工、监理等常常采用招标投标程序，但这种招投标与买卖无关，则不适用本案由。

◆在适用本案由时，要注意招投标买卖与同为竞争买卖的拍卖的不同。拍卖将最高应价者为买定人，而招标投标买卖的中标人不一定是出价最高者，招标人综合衡量投标人条件选择中标人，或许使出价较低者中标。

76. 拍卖合同纠纷

【案由解析】

拍卖合同是指出卖人通过公开竞价的方式，将标的物的所有权转让给最高应价者的买卖合同。

拍卖合同纠纷是指双方当事人因订立、履行、变更、终止拍卖合同引起的权利义务纠纷。

拍卖按其性质可分为公法拍卖和私法拍卖。公法拍卖指司法拍卖，私法拍卖指民事拍卖。这两种拍卖的程序、责任均有不同。司法拍卖指人民法院的拍卖，又称强制拍卖，是人民法院按照强制执行程序进行的拍卖。私法拍卖是民法上的拍卖，又称任意拍卖，指公民、法人的拍卖。人民法院委托他人拍卖罚没物品，亦属私法拍卖。本案由下的拍卖显然限于私法拍卖。

【常用法律条文及索引】

《合同法》（1999 年 10 月 1 日起施行）

第一百七十三条　拍卖的当事人的权利和义务以及拍卖程序等，依照有关法律、行政法规的规定。

《拍卖法》（1997 年 1 月 1 日起实施　2015 年 4 月 24 日修正）

第三条　拍卖是指以公开竞价的形式，将特定物品或者财产权利转让给最高应价者的买卖方式。

第六条　拍卖标的应当是委托人所有或者依法可以处分的物品或者财产权利。

第七条　法律、行政法规禁止买卖的物品或者财产权利，不得作为拍卖标的。

第八条第一款　依照法律或者按照国务院规定需经审批才能转让的物品或者财产权利，在拍卖前，应当依法办理审批手续。

第十条　拍卖人是指依照本法和《中华人民共和国公司法》设立的从事拍卖活动的企业法人。

第二十五条　委托人是指委托拍卖人拍卖物品或者财产权利的公民、法人或者其他组织。

第三十二条　竞买人是指参加竞购拍卖标的的公民、法人或者其他组织。

第三十八条　买受人是指以最高应价购得拍卖标的的竞买人。

第四十一条　委托人委托拍卖物品或者财产权利，应当提供身份证明和拍卖人要求提供的拍卖标的的所有权证明或者依法可以处分拍卖标的的证明及其他资料。

第四十二条　拍卖人应当对委托人提供的有关文件、资料进行核实。拍卖人接受委托的，应当与委托人签订书面委托拍卖合同。

第四十三条　拍卖人认为需要对拍卖标的进行鉴定的，可以进行鉴定。

鉴定结论与委托拍卖合同载明的拍卖标的的状况不相符的，拍卖人有权要求变更或者解除合同。

第四十四条 委托拍卖合同应当载明以下事项：

（一）委托人、拍卖人的姓名或者名称、住所；

（二）拍卖标的的名称、规格、数量、质量；

（三）委托人提出的保留价；

（四）拍卖的时间、地点；

（五）拍卖标的交付或者转移的时间、方式；

（六）佣金及其支付的方式、期限；

（七）价款的支付方式、期限；

（八）违约责任；

（九）双方约定的其他事项。

《最高人民法院关于人民法院网络司法拍卖若干问题的规定》（法释〔2016〕18号 2017年1月1日起施行）

第一条 本规定所称的网络司法拍卖，是指人民法院依法通过互联网拍卖平台，以网络电子竞价方式公开处置财产的行为。

第二条 人民法院以拍卖方式处置财产的，应当采取网络司法拍卖方式，但法律、行政法规和司法解释规定必须通过其他途径处置，或者不宜采用网络拍卖方式处置的除外。

第三条 网络司法拍卖应当在互联网拍卖平台上向社会全程公开，接受社会监督。

第四条 最高人民法院建立全国性网络服务提供者名单库。网络服务提供者申请纳入名单库的，其提供的网络司法拍卖平台应当符合下列条件：

（一）具备全面展示司法拍卖信息的界面；

（二）具备本规定要求的信息公示、网上报名、竞价、结算等功能；

（三）具有信息共享、功能齐全、技术拓展等功能的独立系统；

（四）程序运作规范、系统安全高效、服务优质价廉；

（五）在全国具有较高的知名度和广泛的社会参与度。

最高人民法院组成专门的评审委员会，负责网络服务提供者的选定、评审和除名。最高人民法院每年引入第三方评估机构对已纳入和新申请纳入名单库的网络服务提供者予以评审并公布结果。

第五条 网络服务提供者由申请执行人从名单库中选择；未选择或者多个申请执行人的选择不一致的，由人民法院指定。

第十条 网络司法拍卖应当确定保留价，拍卖保留价即为起拍价。

起拍价由人民法院参照评估价确定；未作评估的，参照市价确定，并征询当事人意见。起拍价不得低于评估价或者市价的百分之七十。

第十一条 网络司法拍卖不限制竞买人数量。一人参与竞拍，出价不低于起拍价的，拍卖成交。

第十二条 网络司法拍卖应当先期公告，拍卖公告除通过法定途径发布外，还应同时在网络司法拍卖平台发布。拍卖动产的，应当在拍卖十五日前公告；拍卖不动产或者其他财产权的，应当在拍卖三十日前公告。

拍卖公告应当包括拍卖财产、价格、保证金、竞买人条件、拍卖财产已知瑕疵、相关权利义务、法律责任、拍卖时间、网络平台和拍卖法院等信息。

第十三条 实施网络司法拍卖的，人民法院应当在拍卖公告发布当日通过网络司法拍卖平台公示下列信息：

（一）拍卖公告；

（二）执行所依据的法律文书，但法律规定不得公开的除外；

（三）评估报告副本，或者未经评估的定价依据；

（四）拍卖时间、起拍价以及竞价规则；

（五）拍卖财产权属、占有使用、附随义务等现状的文字说明、视频或者照片等；

（六）优先购买权主体以及权利性质；

（七）通知或者无法通知当事人、已知优先购买权人的情况；

（八）拍卖保证金、拍卖款项支付方式和账户；

（九）拍卖财产产权转移可能产生的税费及承担方式；

（十）执行法院名称，联系、监督方式等；

（十一）其他应当公示的信息。

第十四条 实施网络司法拍卖的，人民法院应当在拍卖公告发布当日通过网络司法拍卖平台对下列事项予以特别提示：

（一）竞买人应当具备完全民事行为能力，法律、行政法规和司法解释对买受人资格或者条件有特殊规定的，竞买人应当具备规定的资格或者条件；

（二）委托他人代为竞买的，应当在竞价程序开始前经人民法院确认，并通知网络服务提供者；

（三）拍卖财产已知瑕疵和权利负担；

（四）拍卖财产以实物现状为准，竞买人可以申请实地看样；

（五）竞买人决定参与竞买的，视为对拍卖财产完全了解，并接受拍卖财产一切已知和未知瑕疵；

（六）载明买受人真实身份的拍卖成交确认书在网络司法拍卖平台上公示；

（七）买受人悔拍后保证金不予退还。

第十五条 被执行人应当提供拍卖财产品质的有关资料和说明。

人民法院已按本规定第十三条、第十四条的要求予以公示和特别提示，且在拍卖公告中声明不能保证拍卖财产真伪或者品质的，不承担瑕疵担保责任。

第十六条 网络司法拍卖的事项应当在拍卖公告发布三日前以书面或者其他能够确认收悉的合理方式，通知当事人、已知优先购买权人。权利人书面明确放弃权利的，可以不通知。无法通知的，应当在网络司法拍卖平台公示并说明无法通知的理由，公示满五日视为已经通知。

优先购买权人经通知未参与竞买的，视为放弃优先购买权。

第十七条 保证金数额由人民法院在起拍价的百分之五至百分之二十范围内确定。

竞买人应当在参加拍卖前以实名交纳保证金，未交纳的，不得参加竞买。申请执行人参加竞买的，可以不交保证金；但债权数额小于保证金数额的按差额部分交纳。

交纳保证金，竞买人可以向人民法院指定的账户交纳，也可以由网络服务提供者在其提供的支付系统中对竞买人的相应款项予以冻结。

第十八条 竞买人在拍卖竞价程序结束前交纳保证金经人民法院或者网络服务提供者确认后，取得竞买资格。网络服务提供者应当向取得资格的竞买人赋予竞买代码、参拍密码；竞买人以该代码参与竞买。

网络司法拍卖竞价程序结束前，人民法院及网络服务提供者对竞买人以及其他能够确认竞买人真实身份的信息、密码等，应当予以保密。

第十九条 优先购买权人经人民法院确认后，取得优先竞买资格以及优先竞买代码、参拍密码，并以优先竞买代码参与竞买；未经确认的，不得以优先购买权人身份参与竞买。

顺序不同的优先购买权人申请参与竞买的，人民法院应当确认其顺序，赋予不同顺序的优先竞买代码。

第二十条　网络司法拍卖从起拍价开始以递增出价方式竞价，增价幅度由人民法院确定。竞买人以低于起拍价出价的无效。

网络司法拍卖的竞价时间应当不少于二十四小时。竞价程序结束前五分钟内无人出价的，最后出价即为成交价；有出价的，竞价时间自该出价时点顺延五分钟。竞买人的出价时间以进入网络司法拍卖平台服务系统的时间为准。

竞买代码及其出价信息应当在网络竞买页面实时显示，并储存、显示竞价全程。

第二十一条　优先购买权人参与竞买的，可以与其他竞买人以相同的价格出价，没有更高出价的，拍卖财产由优先购买权人竞得。

顺序不同的优先购买权人以相同价格出价的，拍卖财产由顺序在先的优先购买权人竞得。

顺序相同的优先购买权人以相同价格出价的，拍卖财产由出价在先的优先购买权人竞得。

第二十二条　网络司法拍卖成交的，由网络司法拍卖平台以买受人的真实身份自动生成确认书并公示。

拍卖财产所有权自拍卖成交裁定送达买受人时转移。

第二十三条　拍卖成交后，买受人交纳的保证金可以充抵价款；其他竞买人交纳的保证金应当在竞价程序结束后二十四小时内退还或者解冻。拍卖未成交的，竞买人交纳的保证金应当在竞价程序结束后二十四小时内退还或者解冻。

第二十四条　拍卖成交后买受人悔拍的，交纳的保证金不予退还，依次用于支付拍卖产生的费用损失、弥补重新拍卖价款低于原拍卖价款的差价、冲抵本案被执行人的债务以及与拍卖财产相关的被执行人的债务。

悔拍后重新拍卖的，原买受人不得参加竞买。

第二十五条　拍卖成交后，买受人应当在拍卖公告确定的期限内将剩余价款交付人民法院指定账户。拍卖成交后二十四小时内，网络服务提供者应当将冻结的买受人交纳的保证金划入人民法院指定账户。

第二十六条　网络司法拍卖竞价期间无人出价的，本次拍卖流拍。流拍后应当在三十日内在同一网络司法拍卖平台再次拍卖，拍卖动产的应当在拍卖七日前公告；拍卖不动产或者其他财产权的应当在拍卖十五日前公告。再次拍卖的起拍价降价幅度不得超过前次起拍价的百分之二十。

再次拍卖流拍的，可以依法在同一网络司法拍卖平台变卖。

第二十七条 起拍价及其降价幅度、竞价增价幅度、保证金数额和优先购买权人竞买资格及其顺序等事项，应当由人民法院依法组成合议庭评议确定。

第二十八条 网络司法拍卖竞价程序中，有依法应当暂缓、中止执行等情形的，人民法院应当决定暂缓或者裁定中止拍卖；人民法院可以自行或者通知网络服务提供者停止拍卖。

网络服务提供者发现系统故障、安全隐患等紧急情况的，可以先行暂缓拍卖，并立即报告人民法院。

暂缓或者中止拍卖的，应当及时在网络司法拍卖平台公告原因或者理由。

暂缓拍卖期限届满或者中止拍卖的事由消失后，需要继续拍卖的，应当在五日内恢复拍卖。

第二十九条 网络服务提供者对拍卖形成的电子数据，应当完整保存不少于十年，但法律、行政法规另有规定的除外。

第三十条 因网络司法拍卖本身形成的税费，应当依照相关法律、行政法规的规定，由相应主体承担；没有规定或者规定不明的，人民法院可以根据法律原则和案件实际情况确定税费承担的相关主体、数额。

第三十一条 当事人、利害关系人提出异议请求撤销网络司法拍卖，符合下列情形之一的，人民法院应当支持：

（一）由于拍卖财产的文字说明、视频或者照片展示以及瑕疵说明严重失实，致使买受人产生重大误解，购买目的无法实现的，但拍卖时的技术水平不能发现或者已经就相关瑕疵以及责任承担予以公示说明的除外；

（二）由于系统故障、病毒入侵、黑客攻击、数据错误等原因致使拍卖结果错误，严重损害当事人或者其他竞买人利益的；

（三）竞买人之间，竞买人与网络司法拍卖服务提供者之间恶意串通，损害当事人或者其他竞买人利益的；

（四）买受人不具备法律、行政法规和司法解释规定的竞买资格的；

（五）违法限制竞买人参加竞买或者对享有同等权利的竞买人规定不同竞买条件的；

（六）其他严重违反网络司法拍卖程序且损害当事人或者竞买人利益的

情形。

第三十二条　网络司法拍卖被人民法院撤销，当事人、利害关系人、案外人认为人民法院的拍卖行为违法致使其合法权益遭受损害的，可以依法申请国家赔偿；认为其他主体的行为违法致使其合法权益遭受损害的，可以另行提起诉讼。

第三十三条　当事人、利害关系人、案外人认为网络司法拍卖服务提供者的行为违法致使其合法权益遭受损害的，可以另行提起诉讼；理由成立的，人民法院应当支持，但具有法定免责事由的除外。

第三十四条　实施网络司法拍卖的，下列机构和人员不得竞买并不得委托他人代为竞买与其行为相关的拍卖财产：

（一）负责执行的人民法院；

（二）网络服务提供者；

（三）承担拍卖辅助工作的社会机构或者组织；

（四）第（一）至（三）项规定主体的工作人员及其近亲属。

第三十五条　网络服务提供者有下列情形之一的，应当将其从名单库中除名：

（一）存在违反本规定第八条第二款规定操控拍卖程序、修改拍卖信息等行为的；

（二）存在恶意串通、弄虚作假、泄漏保密信息等行为的；

（三）因违反法律、行政法规和司法解释等规定受到处罚，不适于继续从事网络司法拍卖的；

（四）存在违反本规定第三十四条规定行为的；

（五）其他应当除名的情形。

网络服务提供者有前款规定情形之一，人民法院可以依照《中华人民共和国民事诉讼法》的相关规定予以处理。

第三十六条　当事人、利害关系人认为网络司法拍卖行为违法侵害其合法权益的，可以提出执行异议。异议、复议期间，人民法院可以决定暂缓或者裁定中止拍卖。

案外人对网络司法拍卖的标的提出异议的，人民法院应当依据《中华人民共和国民事诉讼法》第二百二十七条及相关司法解释的规定处理，并决定暂缓或者裁定中止拍卖。

第三十七条　人民法院通过互联网平台以变卖方式处置财产的，参照本规定执行。

执行程序中委托拍卖机构通过互联网平台实施网络拍卖的，参照本规定执行。

本规定对网络司法拍卖行为没有规定的，适用其他有关司法拍卖的规定。

第三十八条 本规定自2017年1月1日起施行。施行前最高人民法院公布的司法解释和规范性文件与本规定不一致的，以本规定为准。

【适用本案由需要注意的问题】

◆拍卖合同纠纷案件，按照合同纠纷的一般管辖原则，由被告住所地或拍卖合同履行地人民法院管辖。

◆拍卖合同也是买卖合同的一种，但是由于拍卖本身的特殊性，关于拍卖合同的纠纷独立于买卖合同成为一个单独的案由。也正是由于拍卖的特殊性，关于拍卖过程中产生的各类纠纷，都适用拍卖合同纠纷这一案由。即使拍卖不成功或是在纠纷出现在拍卖成功后的履行过程中，亦不适用缔约过失责任纠纷或者买卖合同纠纷，而是适用本案由。例外的是，拍卖委托合同发生的争议，应适用委托合同纠纷，不适用本案由。

77. 建设用地使用权合同纠纷

（1）建设用地使用权出让合同纠纷

（2）建设用地使用权转让合同纠纷

【案由解析】

建设用地使用权合同是指当事人为建设用地使用权的设立、转让、互换、出资等目的签订的合同。建设用地使用权是建设用地使用权人依法对国家所有的土地享有的占有、使用和收益的权利。

建设用地使用权合同纠纷是指当事人之间因订立、履行、变更、终止建设用地使用权合同引起的权利义务纠纷。

【典型形态】

在实践中，建设用地使用权合同纠纷主要有：

（1）建设用地使用权出让合同纠纷，是指双方当事人就达成的市、县人民政府土地管理部门以土地所有者身份将土地使用权在一定年限内让与土地使用者，土地使用者支付土地使用权出让金的合同产生的纠纷。

（2）建设用地使用权转让合同纠纷，是指双方当事人就达成的建设用地使用人将建设用地使用权转让给受让人，受让人支付价款的合同产生的纠纷。

【常用法律条文及索引】

《物权法》（2007 年 10 月 1 日起施行）

第一百三十七条　设立建设用地使用权，可以采取出让或者划拨等方式。

工业、商业、旅游、娱乐和商品住宅等经营性用地以及同一土地有两个以上意向用地者的，应当采取招标、拍卖等公开竞价的方式出让。

严格限制以划拨方式设立建设用地使用权。采取划拨方式的，应当遵守法律、行政法规关于土地用途的规定。

第一百三十八条　采取招标、拍卖、协议等出让方式设立建设用地使用权的，当事人应当采取书面形式订立建设用地使用权出让合同。

建设用地使用权出让合同一般包括下列条款：

（一）当事人的名称和住所；

（二）土地界址、面积等；

（三）建筑物、构筑物及其附属设施占用的空间；

（四）土地用途；

（五）使用期限；

（六）出让金等费用及其支付方式；

（七）解决争议的方法。

第一百四十四条　建设用地使用权转让、互换、出资、赠与或者抵押的，当事人应当采取书面形式订立相应的合同。使用期限由当事人约定，但不得超过建设用地使用权的剩余期限。

《城镇国有土地使用权出让和转让暂行条例》（1990 年 5 月 19 日起施行）

第二章　土地使用权出让

第八条　土地使用权出让是指国家以土地所有者的身份将土地使用权在一定年限内让与土地使用者，并由土地使用者向国家支付土地使用权出让金的行为。

土地使用权出让应当签订出让合同。

第十一条 土地使用权出让合同应当按照平等、自愿、有偿的原则，由市、县人民政府土地管理部门（以下简称出让方）与土地使用者签订。

第十二条 土地使用权出让最高年限按下列用途确定：

（一）居住用地70年；

（二）工业用地50年；

（三）教育、科技、文化、卫生、体育用地50年；

（四）商业、旅游、娱乐用地40年；

（五）综合或者其他用地50年。

第十三条 土地使用权出让可以采取下列方式：

（一）协议；

（二）招标；

（三）拍卖。

依照前款规定方式出让土地使用权的具体程序和步骤，由省、自治区、直辖市人民政府规定。

第十四条 土地使用者应当在签订土地使用权出让合同后60日内，支付全部土地使用权出让金。逾期未全部支付的，出让方有权解除合同，并可请求违约赔偿。

第十五条 出让方应当按照合同规定，提供出让的土地使用权。未按合同规定提供土地使用权的，土地使用者有权解除合同，并可请求违约赔偿。

第十六条 土地使用者在支付全部土地使用权出让金后，应当依照规定办理登记，领取土地使用证，取得土地使用权。

第十七条 土地使用者应当按照土地使用权出让合同的规定和城市规划的要求，开发、利用、经营土地。

未按合同规定的期限和条件开发、利用土地的，市、县人民政府土地管理部门应当予以纠正，并根据情节可以给予警告、罚款直至无偿收回土地使用权的处罚。

第十八条 土地使用者需要改变土地使用权出让合同规定的土地用途的，应当征得出让方同意并经土地管理部门和城市规划部门批准，依照本章的有关规定重新签订土地使用权出让合同，调整土地使用权出让金，并办理登记。

第十九条 土地使用权转让是指土地使用者将土地使用权再转移的行为，包括出售、交换和赠与。

未按土地使用权出让合同规定的期限和条件投资开发、利用土地的，土地使用权不得转让。

第二十条　土地使用权转让应当签订转让合同。

第二十一条　土地使用权转让时，土地使用权出让合同和登记文件中所载明的权利、义务随之转移。

第二十二条　土地使用者通过转让方式取得的土地使用权，其使用年限为土地使用权出让合同规定的使用年限减去原土地使用者已使用年限后的剩余年限。

第二十三条　土地使用权转让时，其地上建筑物、其他附着物所有权随之转让。

第二十四条　地上建筑物、其他附着物的所有人或者共有人，享有该建筑物、附着物使用范围内的土地使用权。

土地使用者转让地上建筑物、其他附着物所有权时，其使用范围内的土地使用权随之转让，但地上建筑物、其他附着物作为动产转让的除外。

第二十五条　土地使用权和地上建筑物、其他附着物所有权转让，应当按照规定办理过户登记。

土地使用权和地上建筑物、其他附着物所有权分割转让的，应当经市、县人民政府土地管理部门和房产管理部门批准，并依照规定办理过户登记。

第二十六条　土地使用权转让价格明显低于市场价格的，市、县人民政府有优先购买权。

土地使用权转让的市场价格不合理上涨时，市、县人民政府可以采取必要的措施。

第二十七条　土地使用权转让后，需要改变土地使用权出让合同规定的土地用途的，依照本条例第十八条的规定办理。

第四章　土地使用权出租

第二十八条　土地使用权出租是指土地使用者作为出租人将土地使用权随同地上建筑物、其他附着物租赁给承租人使用，由承租人向出租人支付租金的行为。

未按土地使用权出让合同规定的期限和条件投资开发、利用土地的，土地使用权不得出租。

第二十九条　土地使用权出租，出租人与承租人应当签订租赁合同。

租赁合同不得违背国家法律、法规和土地使用权出让合同的规定。

第三十条 土地使用权出租后，出租人必须继续履行土地使用权出让合同。

第三十一条 土地使用权和地上建筑物、其他附着物出租，出租人应当依照规定办理登记。

《最高人民法院关于审理涉及国有土地使用权合同纠纷案件适用法律问题的解释》（法释〔2005〕5号 2005年8月1日起实施）

一、土地使用权出让合同纠纷

第一条 本解释所称土地使用权出让合同，是指市、县人民政府土地管理部门作为出让方将国有土地使用权在一定年限内让与受让方，受让方支付土地使用权出让金的协议。

第二条 开发区管理委员会作为出让方与受让方订立的土地使用权出让合同，应当认定无效。

本解释实施前，开发区管理委员会作为出让方与受让方订立的土地使用权出让合同，起诉前经市、县人民政府土地管理部门追认的，可以认定合同有效。

第三条 经市、县人民政府批准同意以协议方式出让的土地使用权，土地使用权出让金低于订立合同时当地政府按照国家规定确定的最低价的，应当认定土地使用权出让合同约定的价格条款无效。

当事人请求按照订立合同时的市场评估价格交纳土地使用权出让金的，应予支持；受让方不同意按照市场评估价格补足，请求解除合同的，应予支持。因此造成的损失，由当事人按照过错承担责任。

第四条 土地使用权出让合同的出让方因未办理土地使用权出让批准手续而不能交付土地，受让方请求解除合同的，应予支持。

第五条 受让方经出让方和市、县人民政府城市规划行政主管部门同意，改变土地使用权出让合同约定的土地用途，当事人请求按照起诉时同种用途的土地出让金标准调整土地出让金的，应予支持。

第六条 受让方擅自改变土地使用权出让合同约定的土地用途，出让方请求解除合同的，应予支持。

二、土地使用权转让合同纠纷

第七条 本解释所称的土地使用权转让合同，是指土地使用权人作为转让方将出让土地使用权转让于受让方，受让方支付价款的协议。

第八条 土地使用权人作为转让方与受让方订立土地使用权转让合同

后，当事人一方以双方之间未办理土地使用权变更登记手续为由，请求确认合同无效的，不予支持。

第九条　转让方未取得出让土地使用权证书与受让方订立合同转让土地使用权，起诉前转让方已经取得出让土地使用权证书或者有批准权的人民政府同意转让的，应当认定合同有效。

第十条　土地使用权人作为转让方就同一出让土地使用权订立数个转让合同，在转让合同有效的情况下，受让方均要求履行合同的，按照以下情形分别处理：

（一）已经办理土地使用权变更登记手续的受让方，请求转让方履行交付土地等合同义务的，应予支持；

（二）均未办理土地使用权变更登记手续，已先行合法占有投资开发土地的受让方请求转让方履行土地使用权变更登记等合同义务的，应予支持；

（三）均未办理土地使用权变更登记手续，又未合法占有投资开发土地，先行支付土地转让款的受让方请求转让方履行交付土地和办理土地使用权变更登记等合同义务的，应予支持；

（四）合同均未履行，依法成立在先的合同受让方请求履行合同的，应予支持。

未能取得土地使用权的受让方请求解除合同、赔偿损失的，按照《中华人民共和国合同法》的有关规定处理。

第十一条　土地使用权人未经有批准权的人民政府批准，与受让方订立合同转让划拨土地使用权的，应当认定合同无效。但起诉前经有批准权的人民政府批准办理土地使用权出让手续的，应当认定合同有效。

第十二条　土地使用权人与受让方订立合同转让划拨土地使用权，起诉前经有批准权的人民政府同意转让，并由受让方办理土地使用权出让手续的，土地使用权人与受让方订立的合同可以按照补偿性质的合同处理。

第十三条　土地使用权人与受让方订立合同转让划拨土地使用权，起诉前经有批准权的人民政府决定不办理土地使用权出让手续，并将该划拨土地使用权直接划拨给受让方使用的，土地使用权人与受让方订立的合同可以按照补偿性质的合同处理。

《第八次全国法院民事商事审判工作会议（民事部分）纪要》（2016 年 11 月 21 日　法〔2016〕399 号）

13. 城市房地产管理法第三十九条第一款第二项规定并非效力性强制性

规定，当事人仅以转让国有土地使用权未达到该项规定条件为由，请求确认转让合同无效的，不予支持。

【适用本案由需要注意的问题】

◆建设用地使用权合同纠纷虽然在类别上属于合同纠纷，但由于标的物是建设用地，属于不动产，故此类案件不按合同的一般管辖原则确定，而是由不动产所在地人民法院管辖。

◆在适用本案由时，要注意其与集体所有土地作为建设用地而引起的合同纠纷的区别。集体所有土地不属于《物权法》规范的建设用地，不应适用本案由。此外，将建设用地使用权用以抵押所形成的合同纠纷，因为有专门的抵押合同纠纷案由，亦不适用本案由。

◆建设用地使用权出让和转让在实践中比较多见，所以在本案由下列的第四级案由，其他的建设用地使用权的互换、赠与、出资等，可以直接适用建设用地使用权合同纠纷这一第三级案由。

78. 临时用地合同纠纷

【案由解析】

临时用地合同是指因建设项目施工等原因需要临时使用国有土地或者集体所有土地，土地使用者和土地行政主管部门或者村集体达成的临时使用土地的合同。

临时用地合同纠纷，是指当事人因订立、履行、变更、终止临时用地合同发生的权利义务纠纷。

临时用地合同由临时用地的使用者与所有者签订。如使用的是国有土地，土地行政主管部门代表政府与土地使用者签订合同并按合同的要求支付临时用地补偿费。如临时用地对原土地使用者造成损失的，由土地行政主管部门用收取的临时用地补偿费予以补偿。如果使用的是农民集体所有的土地，将由农村集体经济组织或村民委员会代表所有者与临时用地使用者签订临时使用土地合同，并收取临时用地补偿费。给原土地使用者或承包经营者造成损失的，由农村集体经济组织或村民委员会用收取的临时用地补偿费予以补偿。

【典型形态】

在实践中，临时用地合同纠纷主要有：

（1）临时建设用地合同纠纷，是指当事人之间就达成的因工程、设施建设需要而临时使用国有土地或集体土地的合同产生的权利义务纠纷。

（2）临时勘察用地合同纠纷，是指当事人之间就达成的因勘察、勘探需要而临时使用国有土地或集体土地的合同产生的权利义务纠纷。

【常用法律条文及索引】

《土地管理法》（1991 年 1 月 1 日起实施　2004 年 8 月 28 日修正）

第五十七条　建设项目施工和地质勘查需要临时使用国有土地或者农民集体所有的土地的，由县级以上人民政府土地行政主管部门批准。其中，在城市规划区内的临时用地，在报批前，应当先经有关城市规划行政主管部门同意。土地使用者应当根据土地权属，与有关土地行政主管部门或者农村集体经济组织、村民委员会签订临时使用土地合同，并按照合同的约定支付临时使用土地补偿费。

临时使用土地的使用者应当按照临时使用土地合同约定的用途使用土地，并不得修建永久性建筑物。

临时使用土地期限一般不超过二年。

【适用本案由需要注意的问题】

◆与建设用地使用权合同纠纷案件相似，临时用地合同纠纷案件也由不动产所在地人民法院管辖。

◆临时用地是指建设过程中或勘查勘测过程中一些暂设工程和临时设施所需临时使用土地的行为，其特点主要有：（1）临时用地不改变土地用途的性质。即原土地的用地属建设用地的仍为建设用地，原来为农用地的仍为农用地。因此，临时使用农用地的无须办理农用地转用手续。使用结束后仍恢复原用途。（2）临时用地不改变土地权属。即原土地的所有权和使用权都无须改变。使用农民集体土地的不需要办理征用土地，使用国有土地的也不必办理划拨或有偿使用手续，只需签订临时使用土地合同，并对土地所有权人和原土地使用权人予以一定的补偿。关于临时用地的补偿标准，一般根据给原土地所有权人和使用权人造成的损失，由土地所有权人和临时用地者双方通过临时用地合同约定。(3) 临时用地经批准后，应当签定临时用地合同，并给土地的所有权人和原使用权人的损失予以补偿。使用结束后，使用者应当负责恢复原貌。并交还原土地使用者或土地所有者。(4) 临时用地是指临时使用城市内的空闲、农用地和未利用地。不包括因使用原有的建筑物、构筑物而引起的使用土地的行为。如使用原有建筑物、构筑物应当采用租赁的办法。

79. 探矿权转让合同纠纷

【案由解析】

探矿权转让合同是指探矿权人将其依法取得的探矿权转让给他人，受让人支付价款的合同。

探矿权转让合同纠纷，是指双方当事人因订立、履行、变更、终止探矿权转让合同发生的权利义务纠纷。

根据《矿产资源法》的规定，探矿权人有权在划定的勘查作业区内进行规定的勘查作业，有权优先取得勘查作业区内矿产资源的采矿权。探矿权人在完成规定的最低勘查投入后，经依法批准，可以将探矿权转让给他人。

【常用法律条文及索引】

《矿产资源法》(1986 年 10 月 1 日起实施　2009 年 8 月 27 日修正)

第六条　除按下列规定可以转让外，探矿权、采矿权不得转让：

(一) 探矿权人有权在划定的勘查作业区内进行规定的勘查作业，有权优先取得勘查作业区内矿产资源的采矿权。探矿权人在完成规定的最低勘查投入后，经依法批准，可以将探矿权转让他人。

(二) 已取得采矿权的矿山企业，因企业合并、分立，与他人合资、合作经营，或者因企业资产出售以及有其他变更企业资产产权的情形而需要变更采矿权主体的，经依法批准可以将采矿权转让他人采矿。

前款规定的具体办法和实施步骤由国务院规定。

禁止将探矿权、采矿权倒卖牟利。

《最高人民法院关于审理矿业权纠纷案件适用法律若干问题的解释》(法释〔2017〕12 号　2017 年 7 月 27 日起施行)

第六条　矿业权转让合同自依法成立之日起具有法律约束力。矿业权转让申请未经国土资源主管部门批准，受让人请求转让人办理矿业权变更登记手续的，人民法院不予支持。

当事人仅以矿业权转让申请未经国土资源主管部门批准为由请求确认转让合同无效的，人民法院不予支持。

第七条 矿业权转让合同依法成立后，在不具有法定无效情形下，受让人请求转让人履行报批义务或者转让人请求受让人履行协助报批义务的，人民法院应予支持，但法律上或者事实上不具备履行条件的除外。

人民法院可以依据案件事实和受让人的请求，判决受让人代为办理报批手续，转让人应当履行协助义务，并承担由此产生的费用。

第八条 矿业权转让合同依法成立后，转让人无正当理由拒不履行报批义务，受让人请求解除合同、返还已付转让款及利息，并由转让人承担违约责任的，人民法院应予支持。

第九条 矿业权转让合同约定受让人支付全部或者部分转让款后办理报批手续，转让人在办理报批手续前请求受让人先履行付款义务的，人民法院应予支持，但受让人有确切证据证明存在转让人将同一矿业权转让给第三人、矿业权人将被兼并重组等符合合同法第六十八条规定情形的除外。

第十条 国土资源主管部门不予批准矿业权转让申请致使矿业权转让合同被解除，受让人请求返还已付转让款及利息，采矿权人请求受让人返还获得的矿产品及收益，或者探矿权人请求受让人返还勘查资料和勘查中回收的矿产品及收益的，人民法院应予支持，但受让人可请求扣除相关的成本费用。

当事人一方对矿业权转让申请未获批准有过错的，应赔偿对方因此受到的损失；双方均有过错的，应当各自承担相应的责任。

第十一条 矿业权转让合同依法成立后、国土资源主管部门批准前，矿业权人又将矿业权转让给第三人并经国土资源主管部门批准、登记，受让人请求解除转让合同、返还已付转让款及利息，并由矿业权人承担违约责任的，人民法院应予支持。

《探矿权采矿权转让管理办法》（1998 年 2 月 12 日起施行）

第四条 国务院地质矿产主管部门和省、自治区、直辖市人民政府地质矿产主管部门是探矿权、采矿权转让的审批管理机关。

国务院地质矿产主管部门负责由其审批发证的探矿权、采矿权转让的审批。

省、自治区、直辖市人民政府地质矿产主管部门负责本条第二款规定以外的探矿权、采矿权转让的审批。

第五条 转让探矿权，应当具备下列条件：

（一）自颁发勘查许可证之日起满2年，或者在勘查作业区内发现可供进一步勘查或者开采的矿产资源；

（二）完成规定的最低勘查投入；

（三）探矿权属无争议；

（四）按照国家有关规定已经缴纳探矿权使用费、探矿权价款；

（五）国务院地质矿产主管部门规定的其他条件。

第九条 转让国家出资勘查所形成的探矿权、采矿权的，必须进行评估。

探矿权、采矿权转让的评估工作，由国务院地质矿产主管部门会同国务院国有资产管理部门认定的评估机构进行；评估结果由国务院地质矿产主管部门确认。

第十条 申请转让探矿权、采矿权的，审批管理机关应当自收到转让申请之日起40日内，作出准予转让或者不准转让的决定，并通知转让人和受让人。

准予转让的，转让人和受让人应当自收到批准转让通知之日起60日内，到原发证机关办理变更登记手续；受让人按照国家规定缴纳有关费用后，领取勘查许可证或者采矿许可证，成为探矿权人或者采矿权人。

批准转让的，转让合同自批准之日起生效。

不准转让的，审批管理机关应当说明理由。

第十一条 审批管理机关批准转让探矿权、采矿权后，应当及时通知原发证机关。

第十二条 探矿权、采矿权转让后，探矿权人、采矿权人的权利、义务随之转移。

第十三条 探矿权、采矿权转让后，勘查许可证、采矿许可证的有效期限，为原勘查许可证。采矿许可证的有效期减去已经进行勘查、采矿的年限的剩余期限。

第十四条 末经审批管理机关批准，擅自转让探矿权、采矿权的，由登记管理机关责令改正，没收违法所得，处10万元以下的罚款；情节严重的，由原发证机关吊销勘查许可证、采矿许可证。

第十五条 违反本办法第三条（二）项的规定，以承包等方式擅自将采矿权转给他人进行采矿的，由县级以上人民政府负责地质矿产管理工作的部门按照国务院地质矿产主管部门规定的权限，责令改正，没收违法所得，处10万元以下的罚款；情节严重的，由原发证机关吊销采矿许可证。

第十六条　审批管理机关工作人员徇私舞弊、滥用职权、玩忽职守，构成犯罪的，依法追究刑事责任；尚不构成犯罪的，依法给予行政处分。

第十七条　探矿权转让申请书、采矿权转让申请书的格式，由国务院地质矿产主管部门统一制定。

【适用本案由需要注意的问题】

◆探矿权转让合同纠纷案件，按照合同纠纷案件的一般管辖原则，由被告住所地或合同履行地人民法院管辖。

◆在适用本案由时，要注意其与探矿权纠纷的区别。探矿权纠纷非合同纠纷，而是权属争议或者侵权类纠纷，适用的是探矿权纠纷案由，而探矿权合同纠纷是当事人关于合同的纠纷，适用本案由。

80. 采矿权转让合同纠纷

【案由解析】

采矿权转让合同是指采矿权人将依法取得的采矿权转让给他人，受让人支付价款的合同。

采矿权转让合同纠纷，是指双方当事人因订立、履行、变更、终止采矿权转让合同发生的权利义务纠纷。

根据《矿产资源法》的规定，已取得采矿权的矿山企业，因企业合并、分立，与他人合资、合作经营，或者因企业资产出售以及有其他变更企业资产产权的情形而需要变更采矿权主体的，经依法批准可以将采矿权转让他人采矿。

【常用法律条文及索引】

《最高人民法院关于审理矿业权纠纷案件适用法律若干问题的解释》
（法释〔2017〕12号　2017年7月27日起施行）

第六条　矿业权转让合同自依法成立之日起具有法律约束力。矿业权转让申请未经国土资源主管部门批准，受让人请求转让人办理矿业权变更登记手续的，人民法院不予支持。

当事人仅以矿业权转让申请未经国土资源主管部门批准为由请求确认转让合同无效的，人民法院不予支持。

第七条 矿业权转让合同依法成立后，在不具有法定无效情形下，受让人请求转让人履行报批义务或者转让人请求受让人履行协助报批义务的，人民法院应予支持，但法律上或者事实上不具备履行条件的除外。

人民法院可以依据案件事实和受让人的请求，判决受让人代为办理报批手续，转让人应当履行协助义务，并承担由此产生的费用。

第八条 矿业权转让合同依法成立后，转让人无正当理由拒不履行报批义务，受让人请求解除合同、返还已付转让款及利息，并由转让人承担违约责任的，人民法院应予支持。

第九条 矿业权转让合同约定受让人支付全部或者部分转让款后办理报批手续，转让人在办理报批手续前请求受让人先履行付款义务的，人民法院应予支持，但受让人有确切证据证明存在转让人将同一矿业权转让给第三人、矿业权人将被兼并重组等符合合同法第六十八条规定情形的除外。

第十条 国土资源主管部门不予批准矿业权转让申请致使矿业权转让合同被解除，受让人请求返还已付转让款及利息，采矿权人请求受让人返还获得的矿产品及收益，或者探矿权人请求受让人返还勘查资料和勘查中回收的矿产品及收益的，人民法院应予支持，但受让人可请求扣除相关的成本费用。

当事人一方对矿业权转让申请未获批准有过错的，应赔偿对方因此受到的损失；双方均有过错的，应当各自承担相应的责任。

第十一条 矿业权转让合同依法成立后、国土资源主管部门批准前，矿业权人又将矿业权转让给第三人并经国土资源主管部门批准、登记，受让人请求解除转让合同、返还已付转让款及利息，并由矿业权人承担违约责任的，人民法院应予支持。

《探矿权采矿权转让管理办法》（1998 年 2 月 12 日发布　2014 年 7 月 29 日修订）

第三条 除按照下列规定可以转让外，探矿权、采矿权不得转让：

（一）探矿权人有权在划定的勘查作业区内进行规定的勘查作业，有权优先取得勘查作业区内矿产资源的采矿权。探矿权人在完成规定的最低勘查投入后，经依法批准，可以将探矿权转让他人。

（二）已经取得采矿权的矿山企业，因企业合并、分立，与他人合资、合作经营，或者因企业资产出售以及有其他变更企业资产产权的情形，需要变更采矿权主体的，经依法批准，可以将采矿权转让他人采矿。

第四条 国务院地质矿产主管部门和省、自治区、直辖市人民政府地质矿产主管部门是探矿权、采矿权转让的审批管理机关。

国务院地质矿产主管部门负责由其审批发证的探矿权、采矿权转让的审批。

省、自治区、直辖市人民政府地质矿产主管部门负责本条第二款规定以外的探矿权、采矿权转让的审批。

第六条 转让采矿权，应当具备下列条件：

（一）矿山企业投入采矿生产满1年；

（二）采矿权属无争议；

（三）按照国家有关规定已经缴纳采矿权使用费、采矿权价款、矿产资源补偿费和资源税；

（四）国务院地质矿产主管部门规定的其他条件。

国有矿山企业在申请转让采矿权前，应当征得矿山企业主管部门的同意。

第七条 探矿权或者采矿权转让的受让人，应当符合《矿产资源勘查区块登记管理办法》或者《矿产资源开采登记管理办法》规定的有关探矿权申请人或者采矿权申请人的条件。

第八条 探矿权人或者采矿权人在申请转让探矿权或者采矿权时，应当向审批管理机关提交下列资料：

（一）转让申请书；

（二）转让人与受让人签订的转让合同；

（三）受让人资质条件的证明文件；

（四）转让人具备本办法第五条或者第六条规定的转让条件的证明；

（五）矿产资源勘查或者开采情况的报告；

（六）审批管理机关要求提交的其他有关资料。

国有矿山企业转让采矿权时，还应当提交有关主管部门同意转让采矿权的批准文件。

第九条 转让国家出资勘查所形成的探矿权、采矿权的，必须进行评估。

国家出资勘查形成的探矿权、采矿权价款，由具有矿业权评估资质的评估机构进行评估；评估报告报探矿权、采矿权登记管理机关备案。

第十条 申请转让探矿权、采矿权的，审批管理机关应当自收到转让申请之日起40日内，作出准予转让或者不准转让的决定，并通知转让人和受让人。

准予转让的，转让人和受让人应当自收到批准转让通知之日起60日内，到原发证机关办理变更登记手续；受让人按照国家规定缴纳有关费用后，领取勘查许可证或者采矿许可证，成为探矿权人或者采矿权人。

批准转让的，转让合同自批准之日起生效。

不准转让的，审批管理机关应当说明理由。

第十一条 审批管理机关批准转让探矿权、采矿权后，应当及时通知原发证机关。

第十二条 探矿权、采矿权转让后，探矿权人、采矿权人的权利、义务随之转移。

第十三条 探矿权、采矿权转让后，勘查许可证、采矿许可证的有效期限，为原勘查许可证、采矿许可证的有效期减去已经进行勘查、采矿的年限的剩余期限。

第十四条 未经审批管理机关批准，擅自转让探矿权、采矿权的，由登记管理机关责令改正，没收违法所得，处10万元以下的罚款；情节严重的，由原发证机关吊销勘查许可证、采矿许可证。

第十五条 违反本办法第三条第（二）项的规定，以承包等方式擅自将采矿权转给他人进行采矿的，由县级以上人民政府负责地质矿产管理工作的部门按照国务院地质矿产主管部门规定的权限，责令改正，没收违法所得，处10万元以下的罚款；情节严重的，由原发证机关吊销采矿许可证。

第十六条 审批管理机关工作人员徇私舞弊、滥用职权、玩忽职守，构成犯罪的，依法追究刑事责任；尚不构成犯罪的，依法给予行政处分。

第十七条 探矿权转让申请书、采矿权转让申请书的格式，由国务院地质矿产主管部门统一制定。

【适用本案由需要注意的问题】

◆采矿权转让合同纠纷案件，按照合同纠纷案件的一般管辖原则，由被告住所地或合同履行地人民法院管辖。

◆适用本案由时，要注意采矿权转让合同纠纷与采矿权纠纷的区别。采矿权纠纷是物权纠纷，非合同纠纷，适用的是采矿权纠纷案由，而采矿权转让合同纠纷属于合同纠纷，适用本案由。

81. 房地产开发经营合同纠纷

（1）委托代建合同纠纷

（2）合资、合作开发房地产合同纠纷

（3）项目转让合同纠纷

【案由解析】

依据《城市房地产管理法》第2条的规定，房地产开发是指在依法取得国有土地使用权的土地上进行基础设施、房屋建设的行为。依据《城市房地产开发经营管理条例》第2条的规定，房地产开发经营是指房地产开发企业在城市规划区内国有土地上进行基础设施、房屋建设，并转让房地产开发项目或者销售、出租商品房的行为。这些都是从广义角度作的界定，包括了房地产市场的全部阶段，即从一级市场获得土地使用权，在二级市场上将房地产出售给用地、用房的单位或者个人，到三级市场中房地产使用者之间的交易。而本案由中的房地产开发经营是狭义的，仅指建设前期的经营活动，特别是房地产经营者之间进行的项目转让、合作开发、委托代建等活动。因此，房地产开发经营合同是指房地产经营者之间签订的关于项目转让、合作开发、委托代建等内容的合同。

房地产开发经营合同纠纷是指当事人因订立、履行、变更、终止房地产开发经营合同发生的权利义务纠纷。

【典型形态】

在实践中，房地产开发经营合同纠纷主要有：

（1）委托代建合同纠纷，是指当事人之间就达成的建房人获得国有土地使用权以后委托房地产建设企业代为建设房屋，并向房地产建设企业支付价款的合同产生的纠纷。

（2）合资、合作开发房地产合同纠纷，是指当事人之间就达成的以提供土地使用权、资金的方式共同出资，并且共担风险、共享利润合作开发房地产的合同产生的纠纷。

（3）项目转让合同纠纷，是指当事人之间就达成的房地产开发企业将其房地产开发项目转让给他人的合同产生的纠纷。

【常用法律条文及索引】

《城市房地产管理法》（1995年1月1日起实施　2009年8月27日修正）

第十五条　土地使用权出让，应当签订书面出让合同。

土地使用权出让合同由市、县人民政府土地管理部门与土地使用者签订。

第十六条　土地使用者必须按照出让合同约定，支付土地使用权出让金；未按照出让合同约定支付土地使用权出让金的，土地管理部门有权解除合同，并可以请求违约赔偿。

第十七条　土地使用者按照出让合同约定支付土地使用权出让金的，市、县人民政府土地管理部门必须按照出让合同约定，提供出让的土地；未按照出让合同约定提供出让的土地的，土地使用者有权解除合同，由土地管理部门返还土地使用权出让金，土地使用者并可以请求违约赔偿。

第十八条　土地使用者需要改变土地使用权出让合同约定的土地用途的，必须取得出让方和市、县人民政府城市规划行政主管部门的同意，签订土地使用权出让合同变更协议或者重新签订土地使用权出让合同，相应调整土地使用权出让金。

第十九条　土地使用权出让金应当全部上缴财政，列入预算，用于城市基础设施建设和土地开发。土地使用权出让金上缴和使用的具体办法由国务院规定。

第二十条　国家对土地使用者依法取得的土地使用权，在出让合同约定的使用年限届满前不收回；在特殊情况下，根据社会公共利益的需要，可以依照法律程序提前收回，并根据土地使用者使用土地的实际年限和开发土地的实际情况给予相应的补偿。

第二十一条　土地使用权因土地灭失而终止。

第二十二条　土地使用权出让合同约定的使用年限届满，土地使用者需要继续使用土地的，应当至迟于届满前一年申请续期，除根据社会公共利益需要收回该幅土地的，应当予以批准。经批准准予续期的，应当重新签订土地使用权出让合同，依照规定支付土地使用权出让金。

土地使用权出让合同约定的使用年限届满，土地使用者未申请续期或者虽申请续期但依照前款规定未获批准的，土地使用权由国家无偿收回。

第四十一条　房地产转让，应当签订书面转让合同，合同中应当载明土地使用权取得的方式。

第四十二条　房地产转让时，土地使用权出让合同载明的权利、义务随之转移。

第四十三条　以出让方式取得土地使用权的，转让房地产后，其土地使用权的使用年限为原土地使用权出让合同约定的使用年限减去原土地使用者已经使用年限后的剩余年限。

第四十四条　以出让方式取得土地使用权的，转让房地产后，受让人改变原土地使用权出让合同约定的土地用途的，必须取得原出让方和市、县人民政府城市规划行政主管部门的同意，签订土地使用权出让合同变更协议或者重新签订土地使用权出让合同，相应调整土地使用权出让金。

《城市房地产开发经营管理条例》（1998 年 7 月 20 日发布　2011 年 1 月 8 日修订）

第十五条　房地产开发企业应当按照土地使用权出让合同约定的土地用途、动工开发期限进行项目开发建设。出让合同约定的动工开发期限满 1 年未动工开发的，可以征收相当于土地使用权出让金 20% 以下的土地闲置费；满 2 年未动工开发的，可以无偿收回土地使用权。但是，因不可抗力或者政府、政府有关部门的行为或者动工开发必需的前期工作造成动工迟延的除外。

第二十条　转让房地产开发项目，应当符合《中华人民共和国城市房地产管理法》第三十九条、第四十条规定的条件。

第二十一条　转让房地产开发项目，转让人和受让人应当自土地使用权变更登记手续办理完毕之日起 30 日内，持房地产开发项目转让合同到房地产开发主管部门备案。

【适用本案由需要注意的问题】

◆房地产开发经营合同纠纷虽然属于合同纠纷，但由于合同标的是不动产，故由不动产所在地人民法院管辖。

82. 房屋买卖合同纠纷

(1) 商品房预约合同纠纷

(2) 商品房预售合同纠纷

(3) 商品房销售合同纠纷

(4) 商品房委托代理销售合同纠纷

(5) 经济适用房转让合同纠纷

(6) 农村房屋买卖合同纠纷

【案由解析】

房屋买卖合同是指出卖人将房屋所有权转移给买受人，买受人支付相应价款的合同。

房屋买卖合同纠纷是指当事人之间因订立、履行、变更、终止商品房买卖合同发生的权利义务纠纷。

【典型形态】

在实践中，房屋买卖合同纠纷主要有：

（1）商品房预约合同纠纷，是指房地产开发商与购房者就达成的双方在将来一定期限内签订商品房买卖合同的协议产生的纠纷。

（2）商品房预售合同纠纷，是指当事人之间就达成的房地产开发商把正在建设中的房屋预先销售给承购人，承购人支付定金或者房屋价款的合同产生的纠纷。

（3）商品房销售合同纠纷，是指当事人之间就达成的房地产开发商把已经竣工的房屋的所有权转移给买受人，买受人支付相应价款的合同产生的纠纷。

（4）商品房委托代理销售合同纠纷，是指当事人之间就达成的房地产开发商把开发的商品房委托于中介机构代理销售，并向中介机构支付酬金的合同产生的纠纷。

（5）经济适用房转让合同纠纷，是指当事人之间就达成的经济适用房所有者将经济适用房所有权转移给他人，他人支付相应价款的合同产生的纠纷。

（6）农村房屋买卖合同纠纷，是指当事人之间就达成的农民把农村自有房屋转让给他人，他人支付相应价款的合同产生的纠纷。

【常用法律条文及索引】

《城市房地产开发经营管理条例》（1998 年 7 月 20 日发布　2011 年 1 月 8 日修订）

第二十三条　房地产开发企业预售商品房，应当符合下列条件：

（一）已交付全部土地使用权出让金，取得土地使用权证书；

（二）持有建设工程规划许可证和施工许可证；

（三）按提供的预售商品房计算，投入开发建设的资金达到工程建设总投资的 25% 以上，并已确定施工进度和竣工交付日期；

（四）已办理预售登记，取得商品房预售许可证明。

第二十四条　房地产开发企业申请办理商品房预售登记，应当提交下列文件：

（一）本条例第二十三条第（一）项至第（三）项规定的证明材料；

（二）营业执照和资质等级证书；

（三）工程施工合同；

（四）预售商品房分层平面图；

（五）商品房预售方案。

第二十五条　房地产开发主管部门应当自收到商品房预售申请之日起 10 日内，作出同意预售或者不同意预售的答复。同意预售的，应当核发商品房预售许可证明；不同意预售的，应当说明理由。

第二十六条　房地产开发企业不得进行虚假广告宣传，商品房预售广告中应当载明商品房预售许可证明的文号。

第二十七条　房地产开发企业预售商品房时，应当向预购人出示商品房预售许可证明。

房地产开发企业应当自商品房预售合同签订之日起 30 日内，到商品房所在地的县级以上人民政府房地产开发主管部门和负责土地管理工作的部门备案。

第二十八条　商品房销售，当事人双方应当签订书面合同。合同应当载明商品房的建筑面积和使用面积、价格、交付日期、质量要求、物业管理方式以及双方的违约责任。

第二十九条 房地产开发企业委托中介机构代理销售商品房的，应当向中介机构出具委托书。中介机构销售商品房时，应当向商品房购买人出示商品房的有关证明文件和商品房销售委托书。

第三十条 房地产开发项目转让和商品房销售价格，由当事人协商议定；但是，享受国家优惠政策的居民住宅价格，应当实行政府指导价或者政府定价。

第三十一条 房地产开发企业应当在商品房交付使用时，向购买人提供住宅质量保证书和住宅使用说明书。

住宅质量保证书应当列明工程质量监督单位核验的质量等级、保修范围、保修期和保修单位等内容。房地产开发企业应当按照住宅质量保证书的约定，承担商品房保修责任。

保修期内，因房地产开发企业对商品房进行维修，致使房屋原使用功能受到影响，给购买人造成损失的，应当依法承担赔偿责任。

第三十二条 商品房交付使用后，购买人认为主体结构质量不合格的，可以向工程质量监督单位申请重新核验。经核验，确属主体结构质量不合格的，购买人有权退房；给购买人造成损失的，房地产开发企业应当依法承担赔偿责任。

第三十三条 预售商品房的购买人应当自商品房交付使用之日起 90 日内，办理土地使用权变更和房屋所有权登记手续；现售商品房的购买人应当自销售合同签订之日起 90 日内，办理土地使用权变更和房屋所有权登记手续。房地产开发企业应当协助商品房购买人办理土地使用权变更和房屋所有权登记手续，并提供必要的证明文件。

《最高人民法院关于审理商品房买卖合同纠纷案件适用法律若干问题的解释》（法释〔2003〕7 号　2003 年 6 月 1 日起施行）

第一条 本解释所称的商品房买卖合同，是指房地产开发企业（以下统称为出卖人）将尚未建成或者已竣工的房屋向社会销售并转移房屋所有权于买受人，买受人支付价款的合同。

第二条 出卖人未取得商品房预售许可证明，与买受人订立的商品房预售合同，应当认定无效，但是在起诉前取得商品房预售许可证明的，可以认定有效。

第三条 商品房的销售广告和宣传资料为要约邀请，但是出卖人就商品房开发规划范围内的房屋及相关设施所作的说明和允诺具体确定，并对商品房买卖合同的订立以及房屋价格的确定有重大影响的，应当视为要约。该说明和允诺即使未载入商品房买卖合同，亦应当视为合同内容，当事人违反的，应当承担违约责任。

第四条　出卖人通过认购、订购、预订等方式向买受人收受定金作为订立商品房买卖合同担保的，如果因当事人一方原因未能订立商品房买卖合同，应当按照法律关于定金的规定处理；因不可归责于当事人双方的事由，导致商品房买卖合同未能订立的，出卖人应当将定金返还买受人。

第五条　商品房的认购、订购、预订等协议具备《商品房销售管理办法》第十六条规定的商品房买卖合同的主要内容，并且出卖人已经按照约定收受购房款的，该协议应当认定为商品房买卖合同。

第六条　当事人以商品房预售合同未按照法律、行政法规规定办理登记备案手续为由，请求确认合同无效的，不予支持。

当事人约定以办理登记备案手续为商品房预售合同生效条件的，从其约定，但当事人一方已经履行主要义务，对方接受的除外。

第八条　具有下列情形之一的，导致商品房买卖合同目的不能实现的，无法取得房屋的买受人可以请求解除合同、返还已付购房款及利息、赔偿损失，并可以请求出卖人承担不超过已付购房款一倍的赔偿责任：

（一）商品房买卖合同订立后，出卖人未告知买受人又将该房屋抵押给第三人；

（二）商品房买卖合同订立后，出卖人又将该房屋出卖给第三人。

第九条　出卖人订立商品房买卖合同时，具有下列情形之一，导致合同无效或者被撤销、解除的，买受人可以请求返还已付购房款及利息、赔偿损失，并可以请求出卖人承担不超过已付购房款一倍的赔偿责任：

（一）故意隐瞒没有取得商品房预售许可证明的事实或者提供虚假商品房预售许可证明；

（二）故意隐瞒所售房屋已经抵押的事实；

（三）故意隐瞒所售房屋已经出卖给第三人或者为拆迁补偿安置房屋的事实。

第十条　买受人以出卖人与第三人恶意串通，另行订立商品房买卖合同并将房屋交付使用，导致其无法取得房屋为由，请求确认出卖人与第三人订立的商品房买卖合同无效的，应予支持。

第十一条　对房屋的转移占有，视为房屋的交付使用，但当事人另有约定的除外。

房屋毁损、灭失的风险，在交付使用前由出卖人承担，交付使用后由买受人承担；买受人接到出卖人的书面交房通知，无正当理由拒绝接收的，房屋毁损、灭失的风险自书面交房通知确定的交付使用之日起由买受人承担，但法律另有规定或者当事人另有约定的除外。

第十二条 因房屋主体结构质量不合格不能交付使用，或者房屋交付使用后，房屋主体结构质量经核验确属不合格，买受人请求解除合同和赔偿损失的，应予支持。

第十三条 因房屋质量问题严重影响正常居住使用，买受人请求解除合同和赔偿损失的，应予支持。

交付使用的房屋存在质量问题，在保修期内，出卖人应当承担修复责任；出卖人拒绝修复或者在合理期限内拖延修复的，买受人可以自行或者委托他人修复。修复费用及修复期间造成的其他损失由出卖人承担。

第十四条 出卖人交付使用的房屋套内建筑面积或者建筑面积与商品房买卖合同约定面积不符，合同有约定的，按照约定处理；合同没有约定或者约定不明确的，按照以下原则处理：

（一）面积误差比绝对值在3%以内（含3%），按照合同约定的价格据实结算，买受人请求解除合同的，不予支持；

（二）面积误差比绝对值超出3%，买受人请求解除合同、返还已付购房款及利息的，应予支持。买受人同意继续履行合同，房屋实际面积大于合同约定面积的，面积误差比在3%以内（含3%）部分的房价款由买受人按照约定的价格补足，面积误差比超出3%部分的房价款由出卖人承担，所有权归买受人；房屋实际面积小于合同约定面积的，面积误差比在3%以内（含3%）部分的房价款及利息由出卖人返还买受人，面积误差比超过3%部分的房价款由出卖人双倍返还买受人。

第十五条 根据《合同法》第九十四条的规定，出卖人迟延交付房屋或者买受人迟延支付购房款，经催告后在三个月的合理期限内仍未履行，当事人一方请求解除合同的，应予支持，但当事人另有约定的除外。

法律没有规定或者当事人没有约定，经对方当事人催告后，解除权行使的合理期限为三个月。对方当事人没有催告的，解除权应当在解除权发生之日起一年内行使；逾期不行使的，解除权消灭。

第十六条 当事人以约定的违约金过高为由请求减少的，应当以违约金超过造成的损失 30% 为标准适当减少；当事人以约定的违约金低于造成的损失为由请求增加的，应当以违约造成的损失确定违约金数额。

第十七条　商品房买卖合同没有约定违约金数额或者损失赔偿额计算方法，违约金数额或者损失赔偿额可以参照以下标准确定：

逾期付款的，按照未付购房款总额，参照中国人民银行规定的金融机构计收逾期贷款利息的标准计算。

逾期交付使用房屋的，按照逾期交付使用房屋期间有关主管部门公布或者有资格的房地产评估机构评定的同地段同类房屋租金标准确定。

第十八条　由于出卖人的原因，买受人在下列期限届满未能取得房屋权属证书的，除当事人有特殊约定外，出卖人应当承担违约责任：

（一）商品房买卖合同约定的办理房屋所有权登记的期限；

（二）商品房买卖合同的标的物为尚未建成房屋的，自房屋交付使用之日起 90 日；

（三）商品房买卖合同的标的物为已竣工房屋的，自合同订立之日起 90 日。

合同没有约定违约金或者损失数额难以确定的，可以按照已付购房款总额，参照中国人民银行规定的金融机构计收逾期贷款利息的标准计算。

第十九条　商品房买卖合同约定或者《城市房地产开发经营管理条例》第三十三条规定的办理房屋所有权登记的期限届满后超过一年，由于出卖人的原因，导致买受人无法办理房屋所有权登记，买受人请求解除合同和赔偿损失的，应予支持。

《最高人民法院关于审理买卖合同纠纷案件适用法律问题的解释》（法释〔2012〕8 号　2012 年 7 月 1 日起施行）

第二条　当事人签订认购书、订购书、预订书、意向书、备忘录等预约合同，约定在将来一定期限内订立买卖合同，一方不履行订立买卖合同的义务，对方请求其承担预约合同违约责任或者要求解除预约合同并主张损害赔偿的，人民法院应予支持。

《第八次全国法院民事商事审判工作会议（民事部分）纪要》（2016 年 11 月 21 日　法〔2016〕399 号）

13. 城市房地产管理法第三十九条第一款第二项规定并非效力性强制性规定，当事人仅以转让国有土地使用权未达到该项规定条件为由，请求确认转让合同无效的，不予支持。

14. 物权法第一百九十一条第二款并非针对抵押财产转让合同的效力性强制性规定，当事人仅以转让抵押房地产未经抵押权人同意为由，请求确认转让合同无效的，不予支持。受让人在抵押登记未涂销时要求办理过户登记的，不予支持。

15. 审理一房数卖纠纷案件时，如果数份合同均有效且买受人均要求履行合同的，一般应按照已经办理房屋所有权变更登记、合法占有房屋以及合同履行情况、买卖合同成立先后等顺序确定权利保护顺位。但恶意办理登记的买受人，其权利不能优先于已经合法占有该房屋的买受人。对买卖合同的成立时间，应综合主管机关备案时间、合同载明的签订时间以及其他证据确定。

18. 买受人请求出卖人支付逾期办证的违约金，从合同约定或者法定期限届满之次日起计算诉讼时效期间。

合同没有约定违约责任或者损失数额难以确定的，可参照《最高人民法院关于审理民间借贷案件适用法律若干问题的规定》第二十九条第二款规定处理。

19. 在国家确定的宅基地制度改革试点地区，可以按照国家政策及相关指导意见处理宅基地使用权因抵押担保、转让而产生的纠纷。

在非试点地区，农民将其宅基地上的房屋出售给本集体经济组织以外的个人，该房屋买卖合同认定为无效。合同无效后，买受人请求返还购房款及其利息，以及请求赔偿翻建或者改建成本的，应当综合考虑当事人过错等因素予以确定。

20. 在涉及农村宅基地或农村集体经营性建设用地的民事纠纷案件中，当事人主张利润分配等合同权利的，应提供政府部门关于土地利用规划、建设用地计划及优先满足集体建设用地等要求的审批文件或者证明。未提供上述手续或者虽提供了上述手续，但在一审法庭辩论终结前土地性质仍未变更为国有土地的，所涉及的相关合同应按无效处理。

24. 已经合法占有转让标的物的受让人请求转让人办理物权变更登记，登记权利人请求无权占有人返还不动产或者动产，利害关系人请求确认物权的归属或内容，权利人请求排除妨害、消除危险，对方当事人以超过诉讼时效期间抗辩的，均应不予支持。

《经济适用住房管理办法》（建住房〔2007〕258 号　2007 年 12 月 1 日起施行）

第二条　本办法所称经济适用住房，是指政府提供政策优惠，限定套型面积和销售价格，按照合理标准建设，面向城市低收入住房困难家庭供应，具有保障性质的政策性住房。

本办法所称城市低收入住房困难家庭，是指城市和县人民政府所在地镇的范围内，家庭收入、住房状况等符合市、县人民政府规定条件的家庭。

第三条　经济适用住房制度是解决城市低收入家庭住房困难政策体系的组成部分。经济适用住房供应对象要与廉租住房保障对象相衔接。经济适用住房的建设、供应、使用及监督管理，应当遵守本办法。

第二十四条　经济适用住房管理应建立严格的准入和退出机制。经济适用住房由市、县人民政府按限定的价格，统一组织向符合购房条件的低收入家庭出售。经济适用住房供应实行申请、审核、公示和轮候制度。市、县人民政府应当制定经济适用住房申请、审核、公示和轮候的具体办法，并向社会公布。

第二十五条　城市低收入家庭申请购买经济适用住房应同时符合下列条件：

（一）具有当地城镇户口；

（二）家庭收入符合市、县人民政府划定的低收入家庭收入标准；

（三）无房或现住房面积低于市、县人民政府规定的住房困难标准。

经济适用住房供应对象的家庭收入标准和住房困难标准，由市、县人民政府根据当地商品住房价格、居民家庭可支配收入、居住水平和家庭人口结构等因素确定，实行动态管理，每年向社会公布一次。

第三十条　经济适用住房购房人拥有有限产权。

购买经济适用住房不满5年，不得直接上市交易，购房人因特殊原因确需转让经济适用住房的，由政府按照原价格并考虑折旧和物价水平等因素进行回购。

购买经济适用住房满5年，购房人上市转让经济适用住房的，应按照届时同地段普通商品住房与经济适用住房差价的一定比例向政府交纳土地收益等相关价款，具体交纳比例由市、县人民政府确定，政府可优先回购；购房人也可以按照政府所定的标准向政府交纳土地收益等相关价款后，取得完全产权。

上述规定应在经济适用住房购买合同中予以载明，并明确相关违约责任。

《城镇最低收入家庭廉租住房申请、审核及退出管理办法》（建住房〔2005〕122号 2005年10月1日起施行）

第四条 申请廉租住房的家庭（以下简称申请家庭）应当同时具备下列条件：

（一）申请家庭人均收入符合当地廉租住房政策确定的收入标准；

（二）申请家庭人均现住房面积符合当地廉租住房政策确定的面积标准；

（三）申请家庭成员中至少有1人为当地非农业常住户口；

（四）申请家庭成员之间有法定的赡养、扶养或者抚养关系。

（五）符合当地廉租住房政策规定的其他标准。

第十五条 享受廉租住房保障的家庭有下列情况之一的，由房地产行政主管部门作出取消保障资格的决定，收回承租的廉租住房，或者停止发放租赁补贴，或者停止租金核减：

（一）未如实申报家庭收入、家庭人口及住房状况的；

（二）家庭人均收入连续一年以上超出当地廉租住房政策确定的收入标准的；

（三）因家庭人数减少或住房面积增加，人均住房面积超出当地廉租住房政策确定的住房标准的；

（四）擅自改变房屋用途的；

（五）将承租的廉租住房转借、转租的；

（六）连续六个月以上未在廉租住房居住的。

《公共租赁住房管理办法》（住房和城乡建设部令第11号 2012年7月15日起施行）

第三条 本办法所称公共租赁住房，是指限定建设标准和租金水平，面向符合规定条件的城镇中等偏下收入住房困难家庭、新就业无房职工和在城镇稳定就业的外来务工人员出租的保障性住房。

……

第七条 申请公共租赁住房，应当符合以下条件：

（一）在本地无住房或者住房面积低于规定标准；

（二）收入、财产低于规定标准；

（三）申请人为外来务工人员的，在本地稳定就业达到规定年限。

具体条件由直辖市和市、县级人民政府住房保障主管部门根据本地区实际情况确定，报本级人民政府批准后实施并向社会公布。

第二十七条　承租人有下列行为之一的，应当退回公共租赁住房：

（一）转借、转租或者擅自调换所承租公共租赁住房的；

（二）改变所承租公共租赁住房用途的；

（三）破坏或者擅自装修所承租公共租赁住房，拒不恢复原状的；

（四）在公共租赁住房内从事违法活动的；

（五）无正当理由连续6个月以上闲置公共租赁住房的。

承租人拒不退回公共租赁住房的，市、县级人民政府住房保障主管部门应当责令其限期退回；逾期不退回的，市、县级人民政府住房保障主管部门可以依法申请人民法院强制执行。

《国土资源部关于严格建设用地管理促进批而未用土地利用的通知》（2009年8月11日）

四、坚决查处违法批地和用地行为。

……严肃查处违反土地管理法律法规新建“小产权房”和高尔夫球场项目用地。必须严格按照《土地管理法》和《关于严格执行有关农村集体建设用地法律和政策的通知》（国办发〔2007〕71号）的规定执行。对在建在售的以新农村建设、村庄改造、农民新居建设和设施农业、观光农业等名义占用农村集体土地兴建商品住宅，在地方政府统一组织协调下，必须采取强力措施，坚决叫停管住并予以严肃查处。

《国土资源部办公厅 住房城乡建设部办公厅关于坚决遏制违法建设、销售“小产权房”的紧急通知》（2013年11月22日）

各省、自治区、直辖市国土资源、住房城乡建设主管部门：

为全面正确地贯彻落实党的十八届三中全会《决定》，坚决遏制最近一些地方出现的违法建设、销售“小产权房”问题，现就有关事项紧急通知如下：

一、正确认识“小产权房”问题的危害性和严重性

建设、销售“小产权房”，严重违反土地和城乡建设管理法律法规，不符合土地利用总体规划和城乡建设规划，不符合土地用途管制制度，冲击了耕地保护红线，扰乱了土地市场和房地产市场秩序，损害了群众利益，影响了新型城镇化和新农村建设的健康发展，建设、销售和购买“小产权房”均不受法律保护。要全面、正确地领会十八届三中全会关于建立城乡统一的建设用地市场等改革措施，坚持依法依规，严格执行土地利用总体规划和城乡建设规划，严格实行土地用途管制制度，严守耕地红线，坚决遏制在建、在

售“小产权房”行为。

二、坚决查处“小产权房”在建、在售行为

近年来，国务院有关部门多次重申农村集体土地不得用于经营性房地产开发，城镇居民不得到农村购买宅基地、农民住房和“小产权房”。2012 年 8 月 8 日，国土资源部办公厅、住房城乡建设部办公厅专门下发《关于坚决遏制违法建设、销售“小产权房”的通知》（国土资电发〔2012〕98 号），各级国土资源和住房城乡建设主管部门要按照通知要求，对在建、在售的“小产权房”坚决叫停，严肃查处，对顶风违法建设、销售，造成恶劣影响的“小产权房”案件，要公开曝光，挂牌督办，严肃查处，坚决拆除一批，教育一片，发挥警示和震慑作用。

三、切实履行好监督管理职责

各级国土资源和住房城乡建设主管部门要在地方人民政府的领导下，认真履行职责，及时采取有力措施，切实加强监管，做到令行禁止。一要对违法建设、销售的“小产权房”开展一次集中排查摸底，结合实际研究提出分类处理的意见，并将结果报两部。二要对违规为“小产权房”项目办理建设规划许可、发放施工许可证、发放销售许可证、办理土地登记和房屋所有权登记手续的，要严肃处理，该追究责任的一定要追究责任。对监管不力、失职渎职的，要严厉问责。三要加强宣传引导。准确理解、全面宣传和贯彻落实好十八届三中全会精神，正确引导舆论，向社会警示购买“小产权房”的风险，切实维护人民群众合法权益。

【适用本案由需要注意的问题】

◆商品房买卖合同纠纷虽然属于合同纠纷，但合同标的属于不动产，故由不动产所在地人民法院管辖。不动产已登记的，以不动产登记簿记载的所在地为不动产所在地；不动产未登记的，以不动产实际所在地为不动产所在地。

◆在适用本案由时，要注意因商品房委托代理销售合同产生的纠纷，因其是一种特殊的委托代理合同，适用商品房委托代理合同纠纷这一四级案由，不适用一般的委托代理合同纠纷。

◆预约是指将来订立一定契约的契约，其将来应订立之契约称为本契约。因此，预约从本质上讲，应当是形式完备的合同。因此，需要注意区分商品房预约合同纠纷中当事人主张的赔偿责任与缔约过失责任的区别。预约合同为已经成立生效的合同，虽然并非本约，但不能否认合同的成立和生效，因此，在预约合同纠纷中主张的赔偿责任应当是违约责任；而缔约过失责任产生于合同的订立过程中，是在订立合同过程中当事人不当行为所引起的责任，是对先合同义务的违反，而不是对合同本身的违反。

◆除经济适用房、农村房屋以外，还有几类房屋属于政策性房屋，此类房屋的买卖可笼统归入本案由项下，以该三级案由作为案由名称，主要包括廉租房买卖、公租房买卖、限价房买卖和小产权房买卖。此类纠纷的一个共同特点就是受国家政策影响大，在房屋买受对象、买卖对价的支付等方面均受到国家或地方的各项政策的限制，审理案件时的依据也主要是国家或各地的一些政策性文件。

83. 房屋拆迁安置补偿合同纠纷

【案由解析】

房屋拆迁安置补偿合同是指拆迁人与被拆迁人就被拆迁房屋的搬迁期限、搬迁过渡方式和过渡期限、补偿方式和金额、安置用房面积和安置地点等事项达成的协议。

房屋拆迁安置补偿合同纠纷是指当事人之间因订立、履行、变更、终止房屋拆迁安置补偿合同发生的权利义务纠纷。

【常用法律条文及索引】

《国有土地上房屋征收与补偿条例》（2011年1月21日起施行）

第十七条　作出房屋征收决定的市、县级人民政府对被征收人给予的补偿包括：

（一）被征收房屋价值的补偿；

（二）因征收房屋造成的搬迁、临时安置的补偿；

（三）因征收房屋造成的停产停业损失的补偿。

市、县级人民政府应当制定补助和奖励办法，对被征收人给予补助和奖励。

第十八条　征收个人住宅，被征收人符合住房保障条件的，作出房屋征收决定的市、县级人民政府应当优先给予住房保障。具体办法由省、自治区、直辖市制定。

第十九条 对被征收房屋价值的补偿，不得低于房屋征收决定公告之日被征收房屋类似房地产的市场价格。被征收房屋的价值，由具有相应资质的房地产价格评估机构按照房屋征收评估办法评估确定。

对评估确定的被征收房屋价值有异议的，可以向房地产价格评估机构申请复核评估。对复核结果有异议的，可以向房地产价格评估专家委员会申请鉴定。

房屋征收评估办法由国务院住房城乡建设主管部门制定，制定过程中，应当向社会公开征求意见。

第二十条 房地产价格评估机构由被征收人协商选定；协商不成的，通过多数决定、随机选定等方式确定，具体办法由省、自治区、直辖市制定。

房地产价格评估机构应当独立、客观、公正地开展房屋征收评估工作，任何单位和个人不得干预。

第二十一条 被征收人可以选择货币补偿，也可以选择房屋产权调换。

被征收人选择房屋产权调换的，市、县级人民政府应当提供用于产权调换的房屋，并与被征收人计算、结清被征收房屋价值与用于产权调换房屋价值的差价。

因旧城区改建征收个人住宅，被征收人选择在改建地段进行房屋产权调换的，作出房屋征收决定的市、县级人民政府应当提供改建地段或者就近地段的房屋。

第二十二条 因征收房屋造成搬迁的，房屋征收部门应当向被征收人支付搬迁费；选择房屋产权调换的，产权调换房屋交付前，房屋征收部门应当向被征收人支付临时安置费或者提供周转用房。

第二十三条 对因征收房屋造成停产停业损失的补偿，根据房屋被征收前的效益、停产停业期限等因素确定。具体办法由省、自治区、直辖市制定。

第二十四条 市、县级人民政府及其有关部门应当依法加强对建设活动的监督管理，对违反城乡规划进行建设的，依法予以处理。

市、县级人民政府作出房屋征收决定前，应当组织有关部门依法对征收范围内未经登记的建筑进行调查、认定和处理。对认定为合法建筑和未超过批准期限的临时建筑的，应当给予补偿；对认定为违法建筑和超过批准期限的临时建筑的，不予补偿。

第二十五条　房屋征收部门与被征收人依照本条例的规定，就补偿方式、补偿金额和支付期限、用于产权调换房屋的地点和面积、搬迁费、临时安置费或者周转用房、停产停业损失、搬迁期限、过渡方式和过渡期限等事项，订立补偿协议。

补偿协议订立后，一方当事人不履行补偿协议约定的义务的，另一方当事人可以依法提起诉讼。

第二十六条　房屋征收部门与被征收人在征收补偿方案确定的签约期限内达不成补偿协议，或者被征收房屋所有权人不明确的，由房屋征收部门报请作出房屋征收决定的市、县级人民政府依照本条例的规定，按照征收补偿方案作出补偿决定，并在房屋征收范围内予以公告。

补偿决定应当公平，包括本条例第二十五条第一款规定的有关补偿协议的事项。

被征收人对补偿决定不服的，可以依法申请行政复议，也可以依法提起行政诉讼。

第二十七条　实施房屋征收应当先补偿、后搬迁。

作出房屋征收决定的市、县级人民政府对被征收人给予补偿后，被征收人应当在补偿协议约定或者补偿决定确定的搬迁期限内完成搬迁。

任何单位和个人不得采取暴力、威胁或者违反规定中断供水、供热、供气、供电和道路通行等非法方式迫使被征收人搬迁。禁止建设单位参与搬迁活动。

第二十八条　被征收人在法定期限内不申请行政复议或者不提起行政诉讼，在补偿决定规定的期限内又不搬迁的，由作出房屋征收决定的市、县级人民政府依法申请人民法院强制执行。

强制执行申请书应当附具补偿金额和专户存储账号、产权调换房屋和周转用房的地点和面积等材料。

第二十九条　房屋征收部门应当依法建立房屋征收补偿档案，并将分户补偿情况在房屋征收范围内向被征收人公布。

审计机关应当加强对征收补偿费用管理和使用情况的监督，并公布审计结果。

【适用本案由需要注意的问题】

◆房屋征收补偿合同纠纷虽然属于合同纠纷，但合同标的物是不动产，故该类案件由不动产即被拆迁房屋所在地人民法院管辖。

◆在适用本案由时，要注意其与涉及军队房地产拆迁安置纠纷的区别。军人属于特殊人群，与军队相关的房地产拆迁安置纠纷并非人民法院管辖范围，所以不能适用本案由。

◆本案由是合同纠纷，若拆迁人与被拆迁人不能就补偿金额、安置用房等问题达成拆迁安置补偿合同发生纠纷，不能适用本案由。

84. 供用电合同纠纷

【案由解析】

供用电合同是指供电人向用电人供电，用电人支付电费的合同。

供用电合同纠纷是指当事人之间因订立、履行、变更、终止供用电合同发生的权利义务纠纷。

供用电合同的主要特征有：（1）公用性。供用电合同的公用性是指供电人提供的电不是针对特殊的阶层或部分人，而是面向一般的社会公众，用电群体具广泛性。（2）公益性。所谓公益性，是指供电人提供电力并非只是为了从中获取利润，更重要的目的是满足人民群众的生活需要，提高人民的生活水平。（3）继续性。这里的继续性是指为了满足用电人的用电需要，供电人须持续不断地履行合同义务，这与一般买卖合同义务人仅需完成一次的交付行为有所不同。此外，其继续性还表现在供用电合同终止时，其效力只向未来发生，而不能溯及既往。（4）强制性。因为供用电合同面向的是广大的社会公众，其目的也是保障提高人民的利益，所以，当用电人提出用电要求时，供电人有强制缔约的义务。

【典型形态】

在实践中，供用电合同纠纷主要有电费缴纳纠纷、电力断供纠纷等。

【常用法律条文及索引】

《合同法》（1999 年 10 月 1 日起施行）

第一百七十六条 供用电合同是供电人向用电人供电，用电人支付电费的合同。

第一百七十七条　供用电合同的内容包括供电的方式、质量、时间，用电容量、地址、性质，计量方式，电价、电费的结算方式，供用电设施的维护责任等条款。

第一百七十八条　供用电合同的履行地点，按照当事人约定；当事人没有约定或者约定不明确的，供电设施的产权分界处为履行地点。

第一百七十九条　供电人应当按照国家规定的供电质量标准和约定安全供电。供电人未按照国家规定的供电质量标准和约定安全供电，造成用电人损失的，应当承担损害赔偿责任。

第一百八十条　供电人因供电设施计划检修、临时检修、依法限电或者用电人违法用电等原因，需要中断供电时，应当按照国家有关规定事先通知用电人。未事先通知用电人中断供电，造成用电人损失的，应当承担损害赔偿责任。

第一百八十一条　因自然灾害等原因断电，供电人应当按照国家有关规定及时抢修。未及时抢修，造成用电人损失的，应当承担损害赔偿责任。

第一百八十二条　用电人应当按照国家有关规定和当事人的约定及时交付电费。用电人逾期不交付电费的，应当按照约定支付违约金。经催告用电人在合理期限内仍不交付电费和违约金的，供电人可以按照国家规定的程序中止供电。

第一百八十三条　用电人应当按照国家有关规定和当事人的约定安全用电。用电人未按照国家有关规定和当事人的约定安全用电，造成供电人损失的，应当承担损害赔偿责任。

《电力法》（1996 年 4 月 1 日起施行　2009 年 8 月 27 日修正）

第二十四条　国家对电力供应和使用，实行安全用电、节约用电、计划用电的管理原则。

电力供应与使用办法由国务院依照本法的规定制定。

第二十五条　供电企业在批准的供电营业区内向用户供电。

供电营业区的划分，应当考虑电网的结构和供电合理性等因素。一个供电营业区内只设立一个供电营业机构。

省、自治区、直辖市范围内的供电营业区的设立、变更，由供电企业提出申请，经省、自治区、直辖市人民政府电力管理部门会同同级有关部门审查批准后，由省、自治区、直辖市人民政府电力管理部门发给《供电营业许可证》。跨省、自治区、直辖市的供电营业区的设立、变更，由国务院电力管理部门审查批准并发给《供电营业许可证》。供电营业机构持《供电营业许可证》向工商行政管理部门申请领取营业执照，方可营业。

第二十六条 供电营业区内的供电营业机构，对本营业区内的用户有按照国家规定供电的义务；不得违反国家规定对其营业区内申请用电的单位和个人拒绝供电。

申请新装用电、临时用电、增加用电容量、变更用电和终止用电，应当依照规定的程序办理手续。

供电企业应当在其营业场所公告用电的程序、制度和收费标准，并提供用户须知资料。

第二十七条 电力供应与使用双方应当根据平等自愿、协商一致的原则，按照国务院制定的电力供应与使用办法签订供用电合同，确定双方的权利和义务。

第二十八条 供电企业应当保证供给用户的供电质量符合国家标准。对公用供电设施引起的供电质量问题，应当及时处理。

用户对供电质量有特殊要求的，供电企业应当根据其必要性和电网的可能，提供相应的电力。

第二十九条 供电企业在发电、供电系统正常的情况下，应当连续向用户供电，不得中断。因供电设施检修、依法限电或者用户违法用电等原因，需要中断供电时，供电企业应当按照国家有关规定事先通知用户。

用户对供电企业中断供电有异议的，可以向电力管理部门投诉；受理投诉的电力管理部门应当依法处理。

第三十一条 用户应当安装用电计量装置。用户使用的电力电量，以计量检定机构依法认可的用电计量装置的记录为准。

用户受电装置的设计、施工安装和运行管理，应当符合国家标准或者电力行业标准。

第三十二条 用户用电不得危害供电、用电安全和扰乱供电、用电秩序。

对危害供电、用电安全和扰乱供电、用电秩序的，供电企业有权制止。

第三十三条 供电企业应当按照国家核准的电价和用电计量装置的记录，向用户计收电费。

供电企业查电人员和抄表收费人员进入用户，进行用电安全检查或者抄表收费时，应当出示有关证件。

用户应当按照国家核准的电价和用电计量装置的记录，按时交纳电费；对供电企业查电人员和抄表收费人员依法履行职责，应当提供方便。

第三十四条　供电企业和用户应当遵守国家有关规定，采取有效措施，做好安全用电、节约用电和计划用电工作。

第三十六条　制定电价，应当合理补偿成本，合理确定收益，依法计入税金，坚持公平负担，促进电力建设。

第四十二条　用户用电增容收费标准，由国务院物价行政主管部门会同国务院电力管理部门制定。

第四十三条　任何单位不得超越电价管理权限制定电价。供电企业不得擅自变更电价。

第四十四条　禁止任何单位和个人在电费中加收其他费用；但是，法律、行政法规另有规定的，按照规定执行。

地方集资办电在电费中加收费用的，由省、自治区、直辖市人民政府依照国务院有关规定制定办法。

禁止供电企业在收取电费时，代收其他费用。

《电力供应与使用条例》（1996 年 9 月 1 日起施行）

第三十二条　供电企业和用户应当在供电前根据用户需要和供电企业的供电能力签订供用电合同。

第三十三条　供用电合同应当具备以下条款：

（一）供电方式、供电质量和供电时间；

（二）用电容量和用电地址、用电性质；

（三）计量方式和电价、电费结算方式；

（四）供用电设施维护责任的划分；

（五）合同的有效期限；

（六）违约责任；

（七）双方共同认为应当约定的其他条款。

第三十四条　供电企业应当按照合同约定的数量、质量、时间、方式，合理调度和安全供电。

用户应当按照合同约定的数量、条件用电，交付电费和国家规定的其他费用。

第三十五条　供用电合同的变更或者解除，应当依照有关法律、行政法规和本条例的规定办理。

【适用本案由需要注意的问题】

◆供用电合同纠纷案件，按照合同纠纷案件的一般管辖原则，由被告住所地人民法院或者合同履行地人民法院管辖。合同履行地，若当事人有约定的，从其约定，无相关约定的以供电设施的产权分界处为准。

◆适用本案由时注意其与供用水、供用气、供用热力等合同的区分。在《民事案件案由规定》修改前，它们属同一案由，修改后，供用电合同纠纷被列为单独的三级案由。

◆对于事实清楚、权利义务关系明确、争议不大的供用电合同纠纷案件，标的额为各省、自治区、直辖市上年度就业人员年平均工资30%以下的，根据《民事诉讼法》第162条的规定，应适用小额诉讼程序进行审理。具体适用可参见本书案由“18. 抚养纠纷”中“适用本案由需要注意的问题”的有关内容。

85. 供用水合同纠纷

【案由解析】

供用水合同是指供水人向用水人提供自来水，用水人向供水人支付水费的合同。

供用水合同纠纷是指当事人之间因订立、履行、变更、终止供用水合同发生的权利义务纠纷。

供用水合同的主要特征有：（1）公用性。供用水合同的公用性是指供水人提供的水不是针对特殊的阶层或部分人，而是面向一般的社会公众，用水群体具有广泛性。（2）公益性。所谓公益性，是指供水人提供水并非只是为了从中获取利润，更重要的目的是满足人民群众的生活需要，提高人民的生活水平。（3）继续性。这里的继续性是指为了满足用水人的用水需要，供水人须持续不断地履行合同义务，这与一般买卖合同义务人仅需完成一次的交付行为有所不同。此外，其继续性还表现在供用水合同终止时，其效力只向未来发生，而不能溯及既往。（4）强制性。因为供用水合同面向的是广大的社会公众，其目的也是保障提高人民的利益，所以，当用水人提出用水要求时，供水人有强制缔约的义务。

【典型形态】

在实践中，供用水合同纠纷主要有水费缴纳纠纷、断供水纠纷等。

【常用法律条文及索引】

《合同法》（1999 年 10 月 1 日起施行）

第一百八十四条　供用水、供用气、供用热力合同，参照供用电合同的有关规定。

【适用本案由需要注意的问题】

◆供用水合同纠纷案件，按照合同纠纷案件的一般管辖原则，由被告住所地或者合同履行地人民法院管辖。供用水的合同履行地，若当事人有约定的，从其约定，若无相关约定，则以供水设施的产权分界处为合同履行地。

◆在适用本案由时，需特别注意将其与商家向市民提供桶装净化水、饮用水的合同纠纷区别开来。后者是一般的买卖合同，发生纠纷时适用的案由是买卖合同纠纷。而本案由是公共企业向社会大众提供公共服务的合同纠纷。

◆对于事实清楚、权利义务关系明确、争议不大的供用水合同纠纷案件，标的额为各省、自治区、直辖市上年度就业人员年平均工资 30% 以下的，根据《民事诉讼法》第 162 条的规定，应适用小额诉讼程序进行审理。

86. 供用气合同纠纷

【案由解析】

供用气合同是指供气人向用气人提供煤气或天然气，用气人向供气人支付价款的合同。

供气合同纠纷是指当事人之间因订立、履行、变更、终止供用气合同发生的权利义务纠纷。

供气合同的主要特征有：（1）公用性。供用气合同的公用性是指供气人提供的气不是针对特殊的阶层或部分人，而是面向一般的社会公众，用气群体具广泛性。（2）公益性。所谓公益性，是指供气人提供气并非只是为了从中获取利润，更重要的目的是满足人民群众的生活需要，提高人民的生活水平。(3) 继续性。这里的继续性是指为了满足用气人的用气需要，供气人须持续不断地履行合同义务，这与一般买卖合同义务人仅需完成一次的交付行为有所不同。此外，其继续性还表现在供用气合同终止时，其效力只向未来发生，而不能溯及既往。(4) 强制性。因为供用气合同面向的是广大的社会公众，其目的也是保障提高人民的利益，所以，当用气人提出用气要求时，供气人有强制缔约的义务。

【典型形态】

在实践中，供用气合同纠纷主要有气费缴纳纠纷、断供气纠纷等。

【常用法律条文及索引】

《合同法》(1999 年 10 月 1 日起施行)

第一百八十四条　供用水、供用气、供用热力合同，参照供用电合同的有关规定。

【适用本案由需要注意的问题】

◆供用气合同纠纷案件，按照合同纠纷案件的一般管辖原则，由被告住所地或者合同履行地人民法院管辖。供用气合同的履行地点，若当事人有约定，则从其约定，无相关约定的，则以供气设施的产权分界处为履行地点。

◆在适用本案由时，需特别注意其与生活中商家出售罐装液化气、加气站给汽车加天然气的合同纠纷相区分。后者属于普通的买卖合同纠纷，适用的案由是买卖合同纠纷案由。而供气合同纠纷是公共企业向社会大众提供公共服务的合同纠纷，适用本案由。

◆对于事实清楚、权利义务关系明确、争议不大的供用气合同纠纷案件，标的额为各省、自治区、直辖市上年度就业人员年平均工资 30% 以下的，根据《民事诉讼法》第 162 条的规定，应适用小额诉讼程序进行审理。

87. 供用热力合同纠纷

【案由解析】

供用热力合同是指供暖单位向热力用户提供热力，热力用户向供暖单位支付暖气费的合同。

供用热力合同纠纷是指当事人之间因订立、履行、变更、终止供用热力合同发生的权利义务纠纷。

公用热力合同的主要特征有：（1）公用性。供用热力合同的公用性是指供暖单位提供的热力不是针对特殊的阶层或部分人，而是面向一般的社会公众，热力用户群体具广泛性。（2）公益性。所谓公益性，是指供暖单位提供热力并非只是为了从中获取利润，更重要的目的是满足人民群众的生活需要，提高人民的生活水平。（3）继续性。这里的继续性是指为了满足用热力用户的热力需要，供暖单位须持续不断地履行合同义务，这与一般买卖合同义务人仅需完成一次的交付行为有所不同。此外，其继续性还表现在供用热力合同终止时，其效力只向未来发生，而不能溯及既往。（4）强制性。因为供用热力合同面向的是广大的社会公众，其目的也是保障提高人民的利益，所以，当热力用户提出用热力要求时，供暖单位有强制缔约的义务。

【典型形态】

在实践中，公用热力合同纠纷主要有热力费缴纳纠纷、热力断供纠纷等。

【常用法律条文及索引】

《合同法》（1999 年 10 月 1 日起施行）

第一百八十四条　供用水、供用气、供用热力合同，参照供用电合同的有关规定。

【适用本案由需要注意的问题】

◆供用热力合同纠纷案件，按照合同纠纷案件的一般管辖原则，由被告住所地人民法院或合同履行地人民法院管辖。供用热力合同的履行地，若当事人有约定的，从其约定，若无相关约定，则以供暖设施的产权分界处为履行地点。

◆对于事实清楚、权利义务关系明确、争议不大的供用热力合同纠纷案件，标的额为各省、自治区、直辖市上年度就业人员年平均工资 30% 以下的，根据《民事诉讼法》第 162 条的规定，应适用小额诉讼程序进行审理。具体适用可参见本书案由“18. 抚养纠纷”中“适用本案由需要注意的问题”的有关内容。

88. 赠与合同纠纷

（1）公益事业捐赠合同纠纷

（2）附义务赠与合同纠纷

【案由解析】

赠与合同是指赠与人将自己的财产无偿给予受赠人，受赠人表示接受赠与的合同。

赠与合同纠纷是当事人之间因订立、履行变更、终止赠与合同发生的权利义务纠纷。

赠与合同的主要特征有：（1）赠与合同是诺成合同。只要当事人意思表示达成一致，赠与合同便宣告成立，合同的生效不以当事人实际交付为准。（2）赠与合同是单务、无偿合同。在赠与合同中，仅赠与人负有向受赠人交付标的物的义务，受赠人不需支付相应对价，也不负担与接收赠物对等的义务。（3）赠与合同必须存在给予行为，该给予行为使赠与人的财产减少，同时增加受赠人的财产，以上两个条件需同时满足。（4）赠与合同为不要式合同。赠与合同既可采用口头形式，又可采用书面形式或者在合同订立后办理公证证明。无论采用何种形式，也无论是否经过公证，都不影响赠与合同的成立。

【典型形态】

在实践中，赠与合同纠纷的典型形态主要有：

（1）公益事业捐赠合同纠纷，是指当事人就达成的捐赠人为了公益事业，向依法成立的公益性团体或公益性非营利的事业单位自愿无偿赠与财产的合同产生的纠纷。

（2）附义务赠与合同纠纷，是指当事人就达成的赠与人要求受赠人向自己或第三人负担一定义务为条件的赠与合同产生的纠纷。

【常用法律条文及索引】

《合同法》（1999 年 10 月 1 日起施行）

第一百八十五条 赠与合同是赠与人将自己的财产无偿给予受赠人，受赠人表示接受赠与的合同。

第一百八十六条 赠与人在赠与财产的权利转移之前可以撤销赠与。

具有救灾、扶贫等社会公益、道德义务性质的赠与合同或者经过公证的赠与合同，不适用前款规定。

第一百八十七条 赠与的财产依法需要办理登记等手续的，应当办理有关手续。

第一百八十八条 具有救灾、扶贫等社会公益、道德义务性质的赠与合同或者经过公证的赠与合同，赠与人不交付赠与的财产的，受赠人可以要求交付。

第一百八十九条 因赠与人故意或者重大过失致使赠与的财产毁损、灭失的，赠与人应当承担损害赔偿责任。

第一百九十条 赠与可以附义务。

赠与附义务的，受赠人应当按照约定履行义务。

第一百九十一条 赠与的财产有瑕疵的，赠与人不承担责任。附义务的赠与，赠与的财产有瑕疵的，赠与人在附义务的限度内承担与出卖人相同的责任。

赠与人故意不告知瑕疵或者保证无瑕疵，造成受赠人损失的，应当承担损害赔偿责任。

第一百九十二条 受赠人有下列情形之一的，赠与人可以撤销赠与：

（一）严重侵害赠与人或者赠与人的近亲属；

（二）对赠与人有扶养义务而不履行；

（三）不履行赠与合同约定的义务。

赠与人的撤销权，自知道或者应当知道撤销原因之日起一年内行使。

第一百九十三条 因受赠人的违法行为致使赠与人死亡或者丧失民事行为能力的，赠与人的继承人或者法定代理人可以撤销赠与。

赠与人的继承人或者法定代理人的撤销权，自知道或者应当知道撤销原因之日起六个月内行使。

第一百九十四条 撤销权人撤销赠与的，可以向受赠人要求返还赠与的财产。

第一百九十五条 赠与人的经济状况显著恶化，严重影响其生产经营或者家庭生活的，可以不再履行赠与义务。

《公益事业捐赠法》（1999 年 9 月 1 日起施行）

第九条 自然人、法人或者其他组织可以选择符合其捐赠意愿的公益性社会团体和公益性非营利的事业单位进行捐赠。捐赠的财产应当是其有权处分的合法财产。

第十条 公益性社会团体和公益性非营利的事业单位可以依照本法接受捐赠。

本法所称公益性社会团体是指依法成立的，以发展公益事业为宗旨的基金会、慈善组织等社会团体。

本法所称公益性非营利的事业单位是指依法成立的，从事公益事业的不以营利为目的的教育机构、科学研究机构、医疗卫生机构、社会公共文化机构、社会公共体育机构和社会福利机构等。

第十一条 在发生自然灾害时或者境外捐赠人要求县级以上人民政府及其部门作为受赠人时，县级以上人民政府及其部门可以接受捐赠，并依照本法的有关规定对捐赠财产进行管理。

县级以上人民政府及其部门可以将受赠财产转交公益性社会团体或者公益性非营利的事业单位；也可以按照捐赠人的意愿分发或者兴办公益事业，但是不得以本机关为受益对象。

第十二条 捐赠人可以与受赠人就捐赠财产的种类、质量、数量和用途等内容订立捐赠协议。捐赠人有权决定捐赠的数量、用途和方式。

捐赠人应当依法履行捐赠协议，按照捐赠协议约定的期限和方式将捐赠财产转移给受赠人。

第十三条 捐赠人捐赠财产兴建公益事业工程项目，应当与受赠人订立捐赠协议，对工程项目的资金、建设、管理和使用作出约定。

捐赠的公益事业工程项目由受赠单位按照国家有关规定办理项目审批手续，并组织施工或者由受赠人和捐赠人共同组织施工。工程质量应当符合国家质量标准。

捐赠的公益事业工程项目竣工后，受赠单位应当将工程建设、建设资金的使用和工程质量验收情况向捐赠人通报。

第十四条 捐赠人对于捐赠的公益事业工程项目可以留名纪念；捐赠人单独捐赠的工程项目或者主要由捐赠人出资兴建的工程项目，可以由捐赠人提出工程项目的名称，报县级以上人民政府批准。

第十五条 境外捐赠人捐赠的财产，由受赠人按照国家有关规定办理入境手续；捐赠实行许可证管理的物品，由受赠人按照国家有关规定办理许可证申领手续，海关凭许可证验放、监管。

华侨向境内捐赠的，县级以上人民政府侨务部门可以协助办理有关入境手续，为捐赠人实施捐赠项目提供帮助。

第十六条　受赠人接受捐赠后，应当向捐赠人出具合法、有效的收据，将受赠财产登记造册，妥善保管。

第十八条　受赠人与捐赠人订立了捐赠协议的，应当按照协议约定的用途使用捐赠财产，不得擅自改变捐赠财产的用途。如果确需改变用途的，应当征得捐赠人的同意。

【适用本案由需要注意的问题】

◆赠与合同纠纷案件，按照合同纠纷案件的一般管辖原则，由被告住所地人民法院或合同履行地人民法院管辖。

◆在适用本案由时，要注意其与遗赠以及遗赠抚养协议纠纷的区别。遗赠是死因赠与，遗赠抚养协议是附义务的死因赠与，都属于特殊的赠与合同，但《民事案件案由规定》把与之相关的纠纷当作独立的三级案由进行规定，不能适用本案案由。

89. 借款合同纠纷

（1）金融借款合同纠纷

（2）同业拆借纠纷

（3）企业借贷纠纷

（4）民间借贷纠纷

（5）小额借款合同纠纷

（6）金融不良债权转让合同纠纷

（7）金融不良债权追偿纠纷

【案由解析】

借款合同是贷款人向借款人提供借款，借款人到期返还借款，并向贷款人支付利息的合同。借款合同纠纷是指当事人之间因订立、履行、变更、终止借款合同发生的权利义务纠纷。

借款合同和传统民法借贷合同的概念有所区别。根据传统民法理论，借贷合同一般分为使用借贷和消费借贷，其中使用借贷是指无偿地将物品或者金钱借给一方使用的合同，又可称为借用合同。消费借贷是指有偿地将物品或者金钱交给一方使用的合同。借款合同是沿用了我国经济合同法的概念，仅指消费借贷中的借钱的内容，但又和经济合同法中借款合同的范围不一样，它扩大了经济合同法中借款合同的调整范围，包括了自然人之间的借款合同。

目前借款合同主要调整两部分内容，一部分是指金融机构与自然人、法人和其他组织的借款合同关系，另一部分是指自然人之间的借款合同关系。其中以金融机构与自然人、法人和其他组织之间的合同关系为主。

金融机构与自然人、法人和其他组织的借款合同是诺成合同。当事人意思表示一致达成书面协议，合同成立。自然人之间的借款合同是实践合同，贷款人提供贷款时合同生效。

【典型形态】

在实践中，借款合同主要有：

（1）金融借款合同纠纷，是指当事人就达成的借款人向金融机构借款，到期返还借款并支付利息的合同产生的权利义务纠纷。

（2）同业拆借纠纷，是指具有市场准入资格的金融机构之间就达成的为了调剂头寸和临时资金短缺而进行短期资金通融的合同产生的权利义务纠纷。

（3）企业借贷纠纷，是指非金融机构之间就达成的互相借款的合同产生的权利义务纠纷。

（4）民间借贷纠纷，是指当事人就达成的公民之间，公民与金融机构之间借款的合同产生的权利义务纠纷。

（5）小额借款合同纠纷，是指当事人就达成的借款人向金融机构或者小额贷款公司借数额较小的款项，到期返还借款并支付利息的合同产生的权利义务纠纷。

（6）金融不良债权转让合同纠纷，当事人就达成的关于金融不良债权的转让的合同产生的权利义务纠纷。

（7）金融不良债权追偿纠纷，是指金融不良债权受让人在受让债权以后，向原金融借款合同的债务人、担保人主张债权的行为中产生的权利义务纠纷。

需要说明的是，根据《最高人民法院关于审理民间借贷案件适用法律若干问题的规定》，民间借贷，是指自然人、法人、其他组织之间及其相互之间进行资金融通的行为。因此，实际上，在该司法解释实施后，民间借贷纠纷实际上已经包括了企业借贷纠纷和小额借款合同纠纷，后两者已无存在的必要，应一并归到民间借贷纠纷案由中。

【常用法律条文及索引】

《合同法》（1999 年 10 月 1 日起施行）

第一百九十七条　借款合同采用书面形式，但自然人之间借款另有约定的除外。

借款合同的内容包括借款种类、币种、用途、数额、利率、期限和还款方式等条款。

第一百九十八条　订立借款合同，贷款人可以要求借款人提供担保。担保依照《中华人民共和国担保法》的规定。

第一百九十九条　订立借款合同，借款人应当按照贷款人的要求提供与借款有关的业务活动和财务状况的真实情况。

第二百条　借款的利息不得预先在本金中扣除。利息预先在本金中扣除的，应当按照实际借款数额返还借款并计算利息。

第二百零一条　贷款人未按照约定的日期、数额提供借款，造成借款人损失的，应当赔偿损失。

借款人未按照约定的日期、数额收取借款的，应当按照约定的日期、数额支付利息。

第二百零三条　借款人未按照约定的借款用途使用借款的，贷款人可以停止发放借款、提前收回借款或者解除合同。

第二百零四条　办理贷款业务的金融机构贷款的利率，应当按照中国人民银行规定的贷款利率的上下限确定。

第二百零五条　借款人应当按照约定的期限支付利息。对支付利息的期限没有约定或者约定不明确，依照本法第六十一条的规定仍不能确定，借款期间不满一年的，应当在返还借款时一并支付；借款期间一年以上的，应当在每届满一年时支付，剩余期间不满一年的，应当在返还借款时一并支付。

第二百零六条　借款人应当按照约定的期限返还借款。对借款期限没有约定或者约定不明确，依照本法第六十一条的规定仍不能确定的，借款人可以随时返还；贷款人可以催告借款人在合理期限内返还。

第二百零七条 借款人未按照约定的期限返还借款的，应当按照约定或者国家有关规定支付逾期利息。

第二百零八条 借款人提前偿还借款的，除当事人另有约定的以外，应当按照实际借款的期间计算利息。

第二百零九条 借款人可以在还款期限届满之前向贷款人申请展期。贷款人同意的，可以展期。

第二百一十条 自然人之间的借款合同，自贷款人提供借款时生效。

第二百一十一条 自然人之间的借款合同对支付利息没有约定或者约定不明确的，视为不支付利息。

自然人之间的借款合同约定支付利息的，借款的利率不得违反国家有关限制借款利率的规定。

《商业银行法》（1995 年 7 月 1 日起施行　2015 年 8 月 29 日修正）

第三十五条 商业银行贷款，应当对借款人的借款用途、偿还能力、还款方式等情况进行严格审查。

商业银行贷款，应当实行审贷分离、分级审批的制度。

第三十六条 商业银行贷款，借款人应当提供担保。商业银行应当对保证人的偿还能力，抵押物、质物的权属和价值以及实现抵押权、质权的可行性进行严格审查。

经商业银行审查、评估，确认借款人资信良好，确能偿还贷款的，可以不提供担保。

第三十七条 商业银行贷款，应当与借款人订立书面合同。合同应当约定贷款种类、借款用途、金额、利率、还款期限、还款方式、违约责任和双方认为需要约定的其他事项。

第三十八条 商业银行应当按照中国人民银行规定的贷款利率的上下限，确定贷款利率。

第三十九条 商业银行贷款，应当遵守下列资产负债比例管理的规定：

（一）资本充足率不得低于百分之八；

（二）流动性资产余额与流动性负债余额的比例不得低于百分之二十五；

（三）对同一借款人的贷款余额与商业银行资本余额的比例不得超过百分之十；

（四）国务院银行业监督管理机构对资产负债比例管理的其他规定。

本法施行前设立的商业银行，在本法施行后，其资产负债比例不符合前款规定的，应当在一定的期限内符合前款规定。具体办法由国务院规定。

第四十条　商业银行不得向关系人发放信用贷款；向关系人发放担保贷款的条件不得优于其他借款人同类贷款的条件。

前款所称关系人是指：

（一）商业银行的董事、监事、管理人员、信贷业务人员及其近亲属；

（二）前项所列人员投资或者担任高级管理职务的公司、企业和其他经济组织。

第四十一条　任何单位和个人不得强令商业银行发放贷款或者提供担保。商业银行有权拒绝任何单位和个人强令要求其发放贷款或者提供担保。

第四十二条　借款人应当按期归还贷款的本金和利息。

借款人到期不归还担保贷款的，商业银行依法享有要求保证人归还贷款本金和利息或者就该担保物优先受偿的权利。商业银行因行使抵押权、质权而取得的不动产或者股权，应当自取得之日起二年内予以处分。

借款人到期不归还信用贷款的，应当按照合同约定承担责任。

第四十三条　商业银行在中华人民共和国境内不得从事信托投资和证券经营业务，不得向非自用不动产投资或者向非银行金融机构和企业投资，但国家另有规定的除外。

第四十四条　商业银行办理票据承兑、汇兑、委托收款等结算业务，应当按照规定的期限兑现，收付入账，不得压单、压票或者违反规定退票。有关兑现、收付入账期限的规定应当公布。

第四十五条　商业银行发行金融债券或者到境外借款，应当依照法律、行政法规的规定报经批准。

第四十六条　同业拆借，应当遵守中国人民银行的规定。禁止利用拆入资金发放固定资产贷款或者用于投资。

拆出资金限于交足存款准备金、留足备付金和归还中国人民银行到期贷款之后的闲置资金。拆入资金用于弥补票据结算、联行汇差头寸的不足和解决临时性周转资金的需要。

第四十七条　商业银行不得违反规定提高或者降低利率以及采用其他不正当手段，吸收存款，发放贷款。

《最高人民法院关于审理民间借贷案件适用法律若干问题的规定》（法释〔2015〕18号 2015年9月1日起施行）

为正确审理民间借贷纠纷案件，根据《中华人民共和国民法通则》《中华人民共和国物权法》《中华人民共和国担保法》《中华人民共和国合同法》《中华人民共和国民事诉讼法》《中华人民共和国刑事诉讼法》等相关法律之规定，结合审判实践，制定本规定。

第一条 本规定所称的民间借贷，是指自然人、法人、其他组织之间及其相互之间进行资金融通的行为。

经金融监管部门批准设立的从事贷款业务的金融机构及其分支机构，因发放贷款等相关金融业务引发的纠纷，不适用本规定。

第二条 出借人向人民法院起诉时，应当提供借据、收据、欠条等债权凭证以及其他能够证明借贷法律关系存在的证据。

当事人持有的借据、收据、欠条等债权凭证没有载明债权人，持有债权凭证的当事人提起民间借贷诉讼的，人民法院应予受理。被告对原告的债权人资格提出有事实依据的抗辩，人民法院经审理认为原告不具有债权人资格的，裁定驳回起诉。

第三条 借贷双方就合同履行地未约定或者约定不明确，事后未达成补充协议，按照合同有关条款或者交易习惯仍不能确定的，以接受货币一方所在地为合同履行地。

第四条 保证人为借款人提供连带责任保证，出借人仅起诉借款人的，人民法院可以不追加保证人为共同被告；出借人仅起诉保证人的，人民法院可以追加借款人为共同被告。

保证人为借款人提供一般保证，出借人仅起诉保证人的，人民法院应当追加借款人为共同被告；出借人仅起诉借款人的，人民法院可以不追加保证人为共同被告。

第五条 人民法院立案后，发现民间借贷行为本身涉嫌非法集资犯罪的，应当裁定驳回起诉，并将涉嫌非法集资犯罪的线索、材料移送公安或者检察机关。

公安或者检察机关不予立案，或者立案侦查后撤销案件，或者检察机关作出不起诉决定，或者经人民法院生效判决认定不构成非法集资犯罪，当事人又以同一事实向人民法院提起诉讼的，人民法院应予受理。

第六条 人民法院立案后，发现与民间借贷纠纷案件虽有关联但不是同一事实的涉嫌非法集资等犯罪的线索、材料的，人民法院应当继续审理民间借贷纠纷案件，并将涉嫌非法集资等犯罪的线索、材料移送公安或者检察机关。

第七条　民间借贷的基本案件事实必须以刑事案件审理结果为依据，而该刑事案件尚未审结的，人民法院应当裁定中止诉讼。

第八条　借款人涉嫌犯罪或者生效判决认定其有罪，出借人起诉请求担保人承担民事责任的，人民法院应予受理。

第九条　具有下列情形之一，可以视为具备合同法第二百一十条关于自然人之间借款合同的生效要件：

（一）以现金支付的，自借款人收到借款时；

（二）以银行转账、网上电子汇款或者通过网络贷款平台等形式支付的，自资金到达借款人账户时；

（三）以票据交付的，自借款人依法取得票据权利时；

（四）出借人将特定资金账户支配权授权给借款人的，自借款人取得对该账户实际支配权时；

（五）出借人以与借款人约定的其他方式提供借款并实际履行完成时。

第十条　除自然人之间的借款合同外，当事人主张民间借贷合同自合同成立时生效的，人民法院应予支持，但当事人另有约定或者法律、行政法规另有规定的除外。

第十一条　法人之间、其他组织之间以及它们相互之间为生产、经营需要订立的民间借贷合同，除存在合同法第五十二条、本规定第十四条规定的情形外，当事人主张民间借贷合同有效的，人民法院应予支持。

第十二条　法人或者其他组织在本单位内部通过借款形式向职工筹集资金，用于本单位生产、经营，且不存在合同法第五十二条、本规定第十四条规定的情形，当事人主张民间借贷合同有效的，人民法院应予支持。

第十三条　借款人或者出借人的借贷行为涉嫌犯罪，或者已经生效的判决认定构成犯罪，当事人提起民事诉讼的，民间借贷合同并不当然无效。人民法院应当根据合同法第五十二条、本规定第十四条之规定，认定民间借贷合同的效力。

担保人以借款人或者出借人的借贷行为涉嫌犯罪或者已经生效的判决认定构成犯罪为由，主张不承担民事责任的，人民法院应当依据民间借贷合同与担保合同的效力、当事人的过错程度，依法确定担保人的民事责任。

第十四条 具有下列情形之一，人民法院应当认定民间借贷合同无效：

（一）套取金融机构信贷资金又高利转贷给借款人，且借款人事先知道或者应当知道的；

（二）以向其他企业借贷或者向本单位职工集资取得的资金又转贷给借款人牟利，且借款人事先知道或者应当知道的；

（三）出借人事先知道或者应当知道借款人借款用于违法犯罪活动仍然提供借款的；

（四）违背社会公序良俗的；

（五）其他违反法律、行政法规效力性强制性规定的。

第十五条 原告以借据、收据、欠条等债权凭证为依据提起民间借贷诉讼，被告依据基础法律关系提出抗辩或者反诉，并提供证据证明债权纠纷非民间借贷行为引起的，人民法院应当依据查明的案件事实，按照基础法律关系审理。

当事人通过调解、和解或者清算达成的债权债务协议，不适用前款规定。

第十六条 原告仅依据借据、收据、欠条等债权凭证提起民间借贷诉讼，被告抗辩已经偿还借款，被告应当对其主张提供证据证明。被告提供相应证据证明其主张后，原告仍应就借贷关系的成立承担举证证明责任。

被告抗辩借贷行为尚未实际发生并能作出合理说明，人民法院应当结合借贷金额、款项交付、当事人的经济能力、当地或者当事人之间的交易方式、交易习惯、当事人财产变动情况以及证人证言等事实和因素，综合判断查证借贷事实是否发生。

第十七条 原告仅依据金融机构的转账凭证提起民间借贷诉讼，被告抗辩转账系偿还双方之前借款或其他债务，被告应当对其主张提供证据证明。被告提供相应证据证明其主张后，原告仍应就借贷关系的成立承担举证证明责任。

第十八条 根据《关于适用〈中华人民共和国民事诉讼法〉的解释》第一百七十四条第二款之规定，负有举证证明责任的原告无正当理由拒不到庭，经审查现有证据无法确认借贷行为、借贷金额、支付方式等案件主要事实，人民法院对其主张的事实不予认定。

第十九条 人民法院审理民间借贷纠纷案件时发现有下列情形，应当严格审查借贷发生的原因、时间、地点、款项来源、交付方式、款项流向以及借贷双方的关系、经济状况等事实，综合判断是否属于虚假民事诉讼：

（一）出借人明显不具备出借能力；

（二）出借人起诉所依据的事实和理由明显不符合常理；

（三）出借人不能提交债权凭证或者提交的债权凭证存在伪造的可能；

（四）当事人双方在一定期间内多次参加民间借贷诉讼；

（五）当事人一方或者双方无正当理由拒不到庭参加诉讼，委托代理人对借贷事实陈述不清或者陈述前后矛盾；

（六）当事人双方对借贷事实的发生没有任何争议或者诉辩明显不符合常理；

（七）借款人的配偶或合伙人、案外人的其他债权人提出有事实依据的异议；

（八）当事人在其他纠纷中存在低价转让财产的情形；

（九）当事人不正当放弃权利；

（十）其他可能存在虚假民间借贷诉讼的情形。

第二十条　经查明属于虚假民间借贷诉讼，原告申请撤诉的，人民法院不予准许，并应当根据民事诉讼法第一百一十二条之规定，判决驳回其请求。

诉讼参与人或者其他人恶意制造、参与虚假诉讼，人民法院应当依照民事诉讼法第一百一十一条、第一百一十二条和第一百一十三条之规定，依法予以罚款、拘留；构成犯罪的，应当移送有管辖权的司法机关追究刑事责任。

单位恶意制造、参与虚假诉讼的，人民法院应当对该单位进行罚款，并可以对其主要负责人或者直接责任人员予以罚款、拘留；构成犯罪的，应当移送有管辖权的司法机关追究刑事责任。

第二十一条　他人在借据、收据、欠条等债权凭证或者借款合同上签字或者盖章，但未表明其保证人身份或者承担保证责任，或者通过其他事实不能推定其为保证人，出借人请求其承担保证责任的，人民法院不予支持。

第二十二条　借贷双方通过网络贷款平台形成借贷关系，网络贷款平台的提供者仅提供媒介服务，当事人请求其承担担保责任的，人民法院不予支持。

网络贷款平台的提供者通过网页、广告或者其他媒介明示或者有其他证据证明其为借贷提供担保，出借人请求网络贷款平台的提供者承担担保责任的，人民法院应予支持。

第二十三条 企业法定代表人或负责人以企业名义与出借人签订民间借贷合同，出借人、企业或者其股东能够证明所借款项用于企业法定代表人或负责人个人使用，出借人请求将企业法定代表人或负责人列为共同被告或者第三人的，人民法院应予准许。

企业法定代表人或负责人以个人名义与出借人签订民间借贷合同，所借款项用于企业生产经营，出借人请求企业与个人共同承担责任的，人民法院应予支持。

第二十四条 当事人以签订买卖合同作为民间借贷合同的担保，借款到期后借款人不能还款，出借人请求履行买卖合同的，人民法院应当按照民间借贷法律关系审理，并向当事人释明变更诉讼请求。当事人拒绝变更的，人民法院裁定驳回起诉。

按照民间借贷法律关系审理作出的判决生效后，借款人不履行生效判决确定的金钱债务，出借人可以申请拍卖买卖合同标的物，以偿还债务。就拍卖所得的价款与应偿还借款本息之间的差额，借款人或者出借人有权主张返还或补偿。

第二十五条 借贷双方没有约定利息，出借人主张支付借期内利息的，人民法院不予支持。

自然人之间借贷对利息约定不明，出借人主张支付利息的，人民法院不予支持。除自然人之间借贷的外，借贷双方对借贷利息约定不明，出借人主张利息的，人民法院应当结合民间借贷合同的内容，并根据当地或者当事人的交易方式、交易习惯、市场利率等因素确定利息

第二十六条 借贷双方约定的利率未超过年利率24%，出借人请求借款人按照约定的利率支付利息的，人民法院应予支持。

借贷双方约定的利率超过年利率36%，超过部分的利息约定无效。借款人请求出借人返还已支付的超过年利率36%部分的利息的，人民法院应予支持。

第二十七条 借据、收据、欠条等债权凭证载明的借款金额，一般认定为本金。预先在本金中扣除利息的，人民法院应当将实际出借的金额认定为本金。

第二十八条 借贷双方对前期借款本息结算后将利息计入后期借款本金并重新出具债权凭证，如果前期利率没有超过年利率24%，重新出具的债权

凭证载明的金额可认定为后期借款本金；超过部分的利息不能计入后期借款本金。约定的利率超过年利率 24%，当事人主张超过部分的利息不能计入后期借款本金的，人民法院应予支持。

按前款计算，借款人在借款期间届满后应当支付的本息之和，不能超过最初借款本金与以最初借款本金为基数，以年利率 24% 计算的整个借款期间的利息之和。出借人请求借款人支付超过部分的，人民法院不予支持。

第二十九条　借贷双方对逾期利率有约定的，从其约定，但以不超过年利率 24% 为限。

未约定逾期利率或者约定不明的，人民法院可以区分不同情况处理：

（一）既未约定借期内的利率，也未约定逾期利率，出借人主张借款人自逾期还款之日起按照年利率 6% 支付资金占用期间利息的，人民法院应予支持；

（二）约定了借期内的利率但未约定逾期利率，出借人主张借款人自逾期还款之日起按照借期内的利率支付资金占用期间利息的，人民法院应予支持。

第三十条　出借人与借款人既约定了逾期利率，又约定了违约金或者其他费用，出借人可以选择主张逾期利息、违约金或者其他费用，也可以一并主张，但总计超过年利率 24% 的部分，人民法院不予支持。

第三十一条　没有约定利息但借款人自愿支付，或者超过约定的利率自愿支付利息或违约金，且没有损害国家、集体和第三人利益，借款人又以不当得利为由要求出借人返还的，人民法院不予支持，但借款人要求返还超过年利率 36% 部分的利息除外。

第三十二条　借款人可以提前偿还借款，但当事人另有约定的除外。

借款人提前偿还借款并主张按照实际借款期间计算利息的，人民法院应予支持。

第三十三条　本规定公布施行后，最高人民法院于 1991 年 8 月 13 日发布的《关于人民法院审理借贷案件的若干意见》同时废止；最高人民法院以前发布的司法解释与本规定不一致的，不再适用。

【适用本案由需要注意的问题】

◆借款合同纠纷案件，按照合同纠纷案件的一般管辖原则，由被告住所地或合同履行地人民法院管辖。

◆在适用本案由时，要注意将本案由中的金融不良债权转让合同纠纷与债权转让合同纠纷区分开来。金融不良债权转让属于债权转让的一种，但由于其具特殊性，《民事案件案由规定》把其列为一个单独案由，所以相关金融不良债权转让的纠纷适用本案由。金融不良债权追偿纠纷，虽然起诉的依据和主要审理对象是原金融借款合同，但因同样具特殊性也被列为一个单独四级案由，不适用金融借款合同纠纷这一案由。

◆对于事实清楚、权利义务关系明确、争议不大的借款合同纠纷案件，标的额为各省、自治区、直辖市上年度就业人员年平均工资30%以下的，根据《民事诉讼法》第162条的规定，应适用小额诉讼程序进行审理。

90. 保证合同纠纷

【案由解析】

保证合同是指保证人和债权人约定，当债务人不履行合同时，保证人按照约定履行债务或者承担责任的合同。

保证合同纠纷是指保证人与债权人因订立、履行、变更、终止保证合同发生的权利义务纠纷。

保证合同的主要特征有：（1）从属性。保证合同从属于主合同，它以主合同有效为存在前提，主合同无效会导致保证合同亦无效，它随着主合同的转移而转移，随着主合同的消灭而消灭，此外，保证合同保证的范围和强度以主合同为限，保证债务不得大于主债务。（2）独立性。保证合同的保证债务并不是主债务的一部分，是独立于主债务的单独债务。（3）无偿性。保证人与债权人达成保证合同不以债权人给予保证人一定报酬为代价或前提。虽然实践中保证人可能会因保证行为得到一些好处，但这不影响保证合同从性质上来说是无偿合同，因为这与保证合同的效力问题无关。（4）单务性。保证人只负有保证的义务而不享有权利，而债权人享有担保权而不负担义务。（5）补充性。只有债务人不履行债务时，保证人才负有履行保证债务的责任。债权人在向债务人主张债权无果后，才得以要求保证人履行保证义务。

【典型形态】

在实践中，保证合同纠纷主要有：

（1）一般保证合同纠纷，是指当事人之间就达成的保证人只在主债务经审判或仲裁并就债务人财产依法强制执行后仍不能还清债务时才承担保证责任的保证合同产生的权利义务纠纷。

（2）连带保证合同纠纷，是指当事人之间就达成的保证人与债务人承担连带保证责任的保证合同产生的权利义务纠纷。

（3）共同保证合同纠纷，是指当事人之间就达成的多个保证人为债务人的债务提供担保的保证合同产生的权利义务纠纷。

【常用法律条文及索引】

《担保法》（1995 年 10 月 1 日起施行）

第十三条　保证人与债权人应当以书面形式订立保证合同。

第十四条　保证人与债权人可以就单个主合同分别订立保证合同，也可以协议在最高债权额限度内就一定期间连续发生的借款合同或者某项商品交易合同订立一个保证合同。

第十五条　保证合同应当包括以下内容：

（一）被保证的主债权种类、数额；

（二）债务人履行债务的期限；

（三）保证的方式；

（四）保证担保的范围；

（五）保证的期间；

（六）双方认为需要约定的其他事项。

保证合同不完全具备前款规定内容的，可以补正。

第十六条　保证的方式有：

（一）一般保证；

（二）连带责任保证。

第十七条　当事人在保证合同中约定，债务人不能履行债务时，由保证人承担保证责任的，为一般保证。

一般保证的保证人在主合同纠纷未经审判或者仲裁，并就债务人财产依法强制执行仍不能履行债务前，对债权人可以拒绝承担保证责任。

有下列情形之一的，保证人不得行使前款规定的权利：

（一）债务人住所变更，致使债权人要求其履行债务发生重大困难的；

（二）人民法院受理债务人破产案件，中止执行程序的；

（三）保证人以书面形式放弃前款规定的权利的。

第十八条 当事人在保证合同中约定保证人与债务人对债务承担连带责任的，为连带责任保证。

连带责任保证的债务人在主合同规定的债务履行期届满没有履行债务的，债权人可以要求债务人履行债务，也可以要求保证人在其保证范围内承担保证责任。

第十九条 当事人对保证方式没有约定或者约定不明确的，按照连带责任保证承担保证责任。

第二十条 一般保证和连带责任保证的保证人享有债务人的抗辩权。债务人放弃对债务的抗辩权的，保证人仍有权抗辩。

抗辩权是指债权人行使债权时，债务人根据法定事由，对抗债权人行使请求权的权利。

第二十一条 保证担保的范围包括主债权及利息、违约金、损害赔偿金和实现债权的费用。保证合同另有约定的，按照约定。

当事人对保证担保的范围没有约定或者约定不明确的，保证人应当对全部债务承担责任。

第二十二条 保证期间，债权人依法将主债权转让给第三人的，保证人在原保证担保的范围内继续承担保证责任。保证合同另有约定的，按照约定。

第二十三条 保证期间，债权人许可债务人转让债务的，应当取得保证人书面同意，保证人对未经其同意转让的债务，不再承担保证责任。

第二十四条 债权人与债务人协议变更主合同的，应当取得保证人书面同意，未经保证人书面同意的，保证人不再承担保证责任。保证合同另有约定的，按照约定。

第二十五条 一般保证的保证人与债权人未约定保证期间的，保证期间为主债务履行期届满之日起六个月。

在合同约定的保证期间和前款规定的保证期间，债权人未对债务人提起诉讼或者申请仲裁的，保证人免除保证责任；债权人已提起诉讼或者申请仲裁的，保证期间适用诉讼时效中断的规定。

第二十六条 连带责任保证的保证人与债权人未约定保证期间的，债权人有权自主债务履行期届满之日起六个月内要求保证人承担保证责任。

在合同约定的保证期间和前款规定的保证期间，债权人未要求保证人承担保证责任的，保证人免除保证责任。

第二十七条　保证人依照本法第十四条规定就连续发生的债权作保证，未约定保证期间的，保证人可以随时书面通知债权人终止保证合同，但保证人对于通知到债权人前所发生的债权，承担保证责任。

第二十八条　同一债权既有保证又有物的担保的，保证人对物的担保以外的债权承担保证责任。

债权人放弃物的担保的，保证人在债权人放弃权利的范围内免除保证责任。

第二十九条　企业法人的分支机构未经法人书面授权或者超出授权范围与债权人订立保证合同的，该合同无效或者超出授权范围的部分无效，债权人和企业法人有过错的，应当根据其过错各自承担相应的民事责任；债权人无过错的，由企业法人承担民事责任。

第三十条　有下列情形之一的，保证人不承担民事责任：

（一）主合同当事人双方串通，骗取保证人提供保证的；

（二）主合同债权人采取欺诈、胁迫等手段，使保证人在违背真实意思的情况下提供保证的。

第三十一条　保证人承担保证责任后，有权向债务人追偿。

第三十二条　人民法院受理债务人破产案件后，债权人未申报债权的，保证人可以参加破产财产分配，预先行使追偿权。

《最高人民法院关于适用〈中华人民共和国担保法〉若干问题的解释》（法释〔2000〕44号　2000年12月13日起施行）

第十三条　保证合同中约定保证人代为履行非金钱债务的，如果保证人不能实际代为履行，对债权人因此造成的损失，保证人应当承担赔偿责任。

第十四条　不具有完全代偿能力的法人、其他组织或者自然人，以保证人身份订立保证合同后，又以自己没有代偿能力要求免除保证责任的，人民法院不予支持。

第十六条　从事经营活动的事业单位、社会团体为保证人的，如无其他导致保证合同无效的情况，其所签定的保证合同应当认定为有效。

第十七条　企业法人的分支机构未经法人书面授权提供保证的，保证合同无效。因此给债权人造成损失的，应当根据担保法第五条第二款的规定处理。

企业法人的分支机构经法人书面授权提供保证的，如果法人的书面授权范围不明，法人的分支机构应当对保证合同约定的全部债务承担保证责任。

企业法人的分支机构经营管理的财产不足以承担保证责任的，由企业法人承担民事责任。

企业法人的分支机构提供的保证无效后应当承担赔偿责任的，由分支机构经营管理的财产承担。企业法人有过错的，按照担保法第二十九条的规定处理。

第十八条 企业法人的职能部门提供保证的，保证合同无效。债权人知道或者应当知道保证人为企业法人的职能部门的，因此造成的损失由债权人自行承担。

债权人不知保证人为企业法人的职能部门，因此造成的损失，可以参照担保法第五条第二款的规定和第二十九条的规定处理。

第十九条 两个以上保证人对同一债务同时或者分别提供保证时，各保证人与债权人没有约定保证份额的，应当认定为连带共同保证。

连带共同保证的保证人以其相互之间约定各自承担的份额对抗债权人的，人民法院不予支持。

第二十条 连带共同保证的债务人在主合同规定的债务履行期届满没有履行债务的，债权人可以要求债务人履行债务，也可以要求任何一个保证人承担全部保证责任。

连带共同保证的保证人承担保证责任后，向债务人不能追偿的部分，由各连带保证人按其内部约定的比例分担。没有约定的，平均分担。

第二十一条 按份共同保证的保证人按照保证合同约定的保证份额承担保证责任后，在其履行保证责任的范围内对债务人行使追偿权。

第二十二条 第三人单方以书面形式向债权人出具担保书，债权人接受且未提出异议的，保证合同成立。

主合同中虽然没有保证条款，但是，保证人在主合同上以保证人的身份签字或者盖章的，保证合同成立。

第二十三条 最高额保证合同的不特定债权确定后，保证人应当对在最高债权额限度内就一定期间连续发生的债权余额承担保证责任。

第二十四条 一般保证的保证人在主债权履行期间届满后，向债权人提供了债务人可供执行财产的真实情况的，债权人放弃或者怠于行使权利致使该财产不能被执行，保证人可以请求人民法院在其提供可供执行财产的实际价值范围内免除保证责任。

第二十五条　担保法第十七条第三款第（一）项规定的债权人要求债务人履行债务发生的重大困难情形，包括债务人下落不明、移居境外，且无财产可供执行。

第二十六条　第三人向债权人保证监督支付专款专用的，在履行了监督支付专款专用的义务后，不再承担责任。未尽监督义务造成资金流失的，应当对流失的资金承担补充赔偿责任。

第二十七条　保证人对债务人的注册资金提供保证的，债务人的实际投资与注册资金不符，或者抽逃转移注册资金的，保证人在注册资金不足或者抽逃转移注册资金的范围内承担连带保证责任。

第二十八条　保证期间，债权人依法将主债权转让给第三人的，保证债权同时转让，保证人在原保证担保的范围内对受让人承担保证责任。但是保证人与债权人事先约定仅对特定的债权人承担保证责任或者禁止债权转让的，保证人不再承担保证责任。

第二十九条　保证期间，债权人许可债务人转让部分债务未经保证人书面同意的，保证人对未经其同意转让部分的债务，不再承担保证责任。但是，保证人仍应当对未转让部分的债务承担保证责任。

第三十条　保证期间，债权人与债务人对主合同数量、价款、币种、利率等内容作了变动，未经保证人同意的，如果减轻债务人的债务的，保证人仍应当对变更后的合同承担保证责任；如果加重债务人的债务的，保证人对加重的部分不承担保证责任。

债权人与债务人对主合同履行期限作了变动，未经保证人书面同意的，保证期间为原合同约定的或者法律规定的期间。

债权人与债务人协议变动主合同内容，但并未实际履行的，保证人仍应当承担保证责任。

【适用本案由需要注意的问题】

◆保证合同纠纷案件，按照合同纠纷案件的一般管辖原则，由被告人住所地或者保证合同履行地人民法院管辖。

◆在适用本案由时，要注意其与物的担保合同发生的纠纷相区别。保证合同是人的担保，由保证人对债务人履行债务进行担保，而抵押合同、质押合同等则是以物品对债务进行担保，属于物的担保。

◆在适用本案由时，还要注意的是，若当事人就主合同和保证合同同时提起诉讼，应该以主合同的类型确定案由，不应该适用本案由。

91. 抵押合同纠纷

【案由解析】

抵押合同是指当事人签订的债务人或第三人不转移财产的占有，将该财产作为债权的担保，债务人不履行债务时，债权人有权依照法律规定以该财产折价或者拍卖、变卖该财产的价款优先受偿的合同。

抵押合同纠纷是指当事人之间因订立、履行、变更、终止抵押合同发生的权利义务纠纷。

抵押合同为要式合同。抵押涉及的财产数额较大，法律关系比较复杂，而且要在一段时间内为债权担保，因此，法律要求采用书面形式订立抵押合同。至于书面形式，可以是一般书面形式，即仅由当事人采用书面文字形式就抵押权的设立及其内容达成协议，并经当事人签名或盖章，也可以是特殊书面形式，即除当事人之间的一般书面合同外，还需履行公证、签证、审核等其他法律手续。

【常用法律条文及索引】

《第八次全国法院民事商事审判工作会议（民事部分）纪要》（2016年11月21日　法〔2016〕399号）

13. 城市房地产管理法第三十九条第一款第二项规定并非效力性强制性规定，当事人仅以转让国有土地使用权未达到该项规定条件为由，请求确认转让合同无效的，不予支持。

14. 物权法第一百九十一条第二款并非针对抵押财产转让合同的效力性强制性规定，当事人仅以转让抵押房地产未经抵押权人同意为由，请求确认转让合同无效的，不予支持。受让人在抵押登记未涂销时要求办理过户登记的，不予支持。

另参见“59. 抵押权纠纷”案由相关部分。

【适用本案由需要注意的问题】

◆抵押合同纠纷案件，按照合同纠纷案件的一般管辖原则，由被告住所地或抵押合同履行地人民法院管辖。

◆在适用本案由时，要注意其与抵押权纠纷的区别。抵押权纠纷是指抵押当事人之间因抵押权的设立、内容、变更、转让、实现、消灭等产生的纠纷。抵押权纠纷是物权纠纷，在当事人就抵押权的设定、内容、变更、转让、实现、消灭等产生纠纷时，应适用抵押权纠纷。而抵押合同纠纷是债权纠纷，当事人因抵押合同产生纠纷的，如抵押合同无效、抵押合同不成立等纠纷，则应当适用本案由。

◆在适用案由时，若当事人就主合同和抵押合同一并提起诉讼，不适用本案案由，应按主合同性质确定案由。

92. 质押合同纠纷

【案由解析】

质押合同是指当事人签订的债务人或第三人将担保物转移给债权人占有，当债务人不履行债务时，债权人得以担保物的变价优先受偿的合同。

质押合同纠纷是指当事人之间因订立、履行、变更、终止质押合同发生的权利义务纠纷。

质押合同为要式合同，法律规定应当采用书面形式订立质权合同。对于设立动产质权合同未采用书面形式的，依据《合同法》第 36 条的规定，一方已经履行主要义务，对方接受的，该合同成立。

【典型形态】

在实践中，质押合同纠纷主要有：

（1）动产质押合同纠纷，是指当事人之间就达成的以债务人或第三人的动产为标的设定的质押合同产生的权利义务纠纷。

（2）权利质押合同纠纷，是指当事人之间就达成的以所有权、用益物权以外的可转让的财产权利为标的设定的质押合同产生的权利义务纠纷。

【常用法律条文及索引】

《物权法》（2007 年 10 月 1 日起施行）

第二百一十条　设立质权，当事人应当采取书面形式订立质权合同。

质权合同一般包括下列条款：

（一）被担保债权的种类和数额；

（二）债务人履行债务的期限；

（三）质押财产的名称、数量、质量、状况；

（四）担保的范围；

（五）质押财产交付的时间。

第二百一十一条 质权人在债务履行期届满前，不得与出质人约定债务人不履行到期债务时质押财产归债权人所有。

第二百一十二条 质权自出质人交付质押财产时设立。

第二百一十三条 质权人有权收取质押财产的孳息，但合同另有约定的除外。

前款规定的孳息应当先充抵收取孳息的费用。

第二百二十四条 以汇票、支票、本票、债券、存款单、仓单、提单出质的，当事人应当订立书面合同。质权自权利凭证交付质权人时设立；没有权利凭证的，质权自有关部门办理出质登记时设立。

第二百二十六条 以基金份额、股权出质的，当事人应当订立书面合同。以基金份额、证券登记结算机构登记的股权出质的，质权自证券登记结算机构办理出质登记时设立；以其他股权出质的，质权自工商行政管理部门办理出质登记时设立。

基金份额、股权出质后，不得转让，但经出质人与质权人协商同意的除外。出质人转让基金份额、股权所得的价款，应当向质权人提前清偿债务或者提存。

第二百二十七条 以注册商标专用权、专利权、著作权等知识产权中的财产权出质的，当事人应当订立书面合同。质权自有关主管部门办理出质登记时设立。

知识产权中的财产权出质后，出质人不得转让或者许可他人使用，但经出质人与质权人协商同意的除外。出质人转让或者许可他人使用出质的知识产权中的财产权所得的价款，应当向质权人提前清偿债务或者提存。

第二百二十八条 以应收账款出质的，当事人应当订立书面合同。质权自信贷征信机构办理出质登记时设立。

应收账款出质后，不得转让，但经出质人与质权人协商同意的除外。出质人转让应收账款所得的价款，应当向质权人提前清偿债务或者提存。

《最高人民法院关于适用〈中华人民共和国担保法〉若干问题的解释》（法释〔2000〕44号　2000年12月13日起施行）

第八十七条　出质人代质权人占有质物的，质押合同不生效；质权人将质物返还于出质人后，以其质权对抗第三人的，人民法院不予支持。

因不可归责于质权人的事由而丧失对质物的占有，质权人可以向不当占有人请求停止侵害、恢复原状、返还质物。

第八十八条　出质人以间接占有的财产出质的，质押合同自书面通知送达占有人时视为移交。占有人收到出质通知后，仍接受出质人的指示处分出质财产的，该行为无效。

第八十九条　质押合同中对质押的财产约定不明，或者约定的出质财产与实际移交的财产不一致的，以实际交付占有的财产为准。

【适用本案由需要注意的问题】

◆质押合同纠纷案件，按照合同纠纷案件的一般管辖原则，由被告住所地人民法院或者质押合同履行地人民法院管辖。

◆在适用本案案由时，要注意其与质权纠纷的区别。对于因质权的设立、内容、变更、转让、实现等产生的纠纷，应适用质权纠纷案由，而对于因订立、履行、变更、终止质押合同发生的纠纷，则应适用本案由。

◆在适用本案由时，若当事人就主合同和质押合同一并提起诉讼，不应适用本案案由，而应按主合同的性质确定案由。

93. 定金合同纠纷

【案由解析】

定金是当事人约定一方在合同订立时或在合同履行前预先给付对方一定数量的金钱，以保障合同债权实现的一种担保方式。定金合同是指当事人达成的一方当事人向对方给付定金作为债权的担保的协议。

定金合同纠纷是指当事人之间因订立、履行、变更、终止订金合同发生的权利义务纠纷。

根据我国法律规定，定金合同主要有以下特征：（1）定金合同属于从合同。根据担保法规定，当事人可以约定一方向对方给付定金作为债权的担保。债务人履行债务后，定金应当抵作价款或者收回。因此，定金合同属于从合同。当主债权合同变更或者消灭，定金合同也随之变更或者消灭。(2) 定金合同属于要式合同。根据担保法的规定，定金合同必须以书面形式订立。(3) 定金合同属于实践合同。根据担保法规定，定金合同从实际交付定金之日起生效。(4) 定金法则的效力。定金对于债权的保障功能在于定金法则的适用。即给付定金的一方不履行合同义务时失去定金；接受定金的一方不履行合同义务时，双倍返还定金。

【典型形态】

在实践中，定金合同纠纷主要有：

(1) 立约定金合同纠纷，是指当事人之间就一方向另一方支付定金作为将来正式订立合同的保证而达成的协议产生的权利义务纠纷。

(2) 成约定金合同纠纷，是指当事人之间就达成的以一方交付定金作为合同成立的要件的协议产生的权利义务纠纷。

(3) 解约定金合同纠纷，是指当事人之间就达成的一方交付定金从而享有将来合同解除权的协议产生的权利义务纠纷。

(4) 违约定金合同纠纷，是指当事人之间就达成的以交付的定金作为违约赔偿金的合同产生的权利义务纠纷。

【常用法律条文及索引】

《担保法》(1995 年 10 月 1 日起施行)

第八十九条 当事人可以约定一方向对方给付定金作为债权的担保。债务人履行债务后，定金应当抵作价款或者收回。给付定金的一方不履行约定的债务的，无权要求返还定金；收受定金的一方不履行约定的债务的，应当双倍返还定金。

第九十条 定金应当以书面形式约定。当事人在定金合同中应当约定交付定金的期限。定金合同从实际交付定金之日起生效。

第九十一条 定金的数额由当事人约定，但不得超过主合同标的额的百分之二十。

《最高人民法院关于适用〈中华人民共和国担保法〉若干问题的解释》(法释〔2000〕44 号 2000 年 12 月 13 日起施行)

第一百一十五条 当事人约定以交付定金作为订立主合同担保的，给付定金的一方拒绝订立主合同的，无权要求返还定金；收受定金的一方拒绝订立合同的，应当双倍返还定金。

第一百一十六条　当事人约定以交付定金作为主合同成立或者生效要件的，给付定金的一方未支付定金，但主合同已经履行或者已经履行主要部分的，不影响主合同的成立或者生效。

第一百一十七条　定金交付后，交付定金的一方可以按照合同的约定以丧失定金为代价而解除主合同，收受定金的一方可以双倍返还定金为代价而解除主合同。对解除主合同后责任的处理，适用《中华人民共和国合同法》的规定。

第一百一十八条　当事人交付留置金、担保金、保证金、订约金、押金或者订金等，但没有约定定金性质的，当事人主张定金权利的，人民法院不予支持。

第一百一十九条　实际交付的定金数额多于或者少于约定数额，视为变更定金合同；收受定金一方提出异议并拒绝接受定金的，定金合同不生效。

第一百二十条　因当事人一方迟延履行或者其他违约行为，致使合同目的不能实现，可以适用定金罚则。但法律另有规定或者当事人另有约定的除外。

当事人一方不完全履行合同的，应当按照未履行部分所占合同约定内容的比例，适用定金罚则。

第一百二十一条　当事人约定的定金数额超过主合同标的额20%的，超过的部分，人民法院不予支持。

第一百二十二条　因不可抗力、意外事件致使主合同不能履行的，不适用定金罚则。因合同关系以外第三人的过错，致使主合同不能履行的，适用定金罚则。受定金处罚的一方当事人，可以依法向第三人追偿。

【适用本案由需要注意的问题】

◆定金合同纠纷案件，按照合同纠纷案件的一般管辖原则，由被告住所地或者定金合同履行地人民法院管辖。

◆在适用本案由时，要注意其与商品房预约合同纠纷的区别。定金合同的种类有很多，包括立约定金、成约定金、证约定金、解约定金，商品房预售合同纠纷按实质来说其实属于立约定金的纠纷，但因为《民事案件案由规定》已把其列为一个单独案由，所以审理商品房预售合同纠纷就不应适用本案由。

◆在适用本案由时，还要注意的是，若当事人将定金合同与主合同一并提起诉讼，应该根据主合同的性质确定案由，只有在当事人仅就定金合同提起诉讼时才适用本案由。

◆在适用本案由时，还需注意确定定金的性质，若当事人在合同中约定了担保金、保证金、订约金等，但是没有明确其定金性质的，不能适用本案由。

94. 进出口押汇纠纷

【案由解析】

押汇，又称买单结汇，是指议付行在审单无误情况下，按信用证条款买入受益人（外贸公司）的汇票和单据，从票面金额中扣除从议付日到估计收到票款之日的利息，将余款按议付日外汇牌价折成人民币，拨给外贸公司。议付行向受益人垫付资金买入跟单汇票后，即成为汇票持有人，可凭票向付款行索取票款。银行作出口押汇，是为了对外贸公司提供资金融通，利于外贸公司的资金周转。

进出口押汇纠纷是指涉及信用证业务的银行与进出口商之间在押汇这一短期融资行为上产生的权利义务纠纷。

进出口双方签订买卖合同之后，进口方请求进口地某个银行（一般为自己的往来银行）向出口方开立保证付款文件，大多数为信用证。然后，开证行将此文件寄送给出口商，出口商见证后，将货物发送给进口商。商业银行为进口商开立信用保证文件的这一过程，称为进口押汇。进口押汇是指银行应进口商要求，代其垫付其进口项下货款的一种短期融资，适用于各种进口结算方式。

出口押汇是银行凭出口商提交的信用证或托收项下单据，向出口商提供的短期资金融通包括信用证项下即期押汇，远期押汇/贴现和托收押汇。出口押汇是出口商将全套出口单据交到业务银行，银行按照票面金额扣除从押汇日到预计收汇日的利息及相关费用，将净额预先付给出口商的一种短期资金融通。出口押汇分信用证项下押汇、D/P 项下押汇和 D/A 项下押汇。

【常用法律条文及索引】

目前我国没有关于进出口押汇的专门法律规范，处理进出口押汇纠纷的法律依据可参考《合同法》和《担保法》的相关规定。

【适用本案由需要注意的问题】

◆进出口押汇纠纷案件，按照合同纠纷案件的一般管辖原则，由被告住所地或合同履行地人民法院管辖。

◆进出口押汇是借贷和担保形成的债的法律关系，在司法实践中要对此予以注意。

95. 储蓄存款合同纠纷

【案由解析】

储蓄存款合同是指存款人与金融机构订立的存款人将人民币或外币存入金融机构，金融机构有权支配存入资金，存款人可以支取本息的协议。

储蓄存款合同纠纷是指存款人与金融机构之间订立、履行、变更、终止储蓄存款合同发生的权利义务纠纷。

《合同法》对储蓄合同、存款合同没有明确规定，因此二者均属于无名合同。根据《储蓄管理条例》第 3 条的规定，储蓄是指个人将属于其所有的人民币或者外币存入储蓄机构，储蓄机构开具存折或者存单作为凭证，个人凭存折或者存单可以支取存款本金和利息，储蓄机构依照规定支付存款本金和利息的活动。根据《中国人民银行关于执行〈储蓄管理条例〉的若干规定》第 1 条的规定，储蓄存款是指个人所有的存入在中国境内储蓄机构的人民币或外币存款。关于存款合同的定义，学界存在争议。有学者认为，存款合同是存款人与储蓄机构之间订立的客户将资金存入储蓄机构，储蓄机构开具存单或存折给存款人，存入资金由储蓄机构支配，存款人按约定到储蓄机构支取本息，储蓄机构有义务按照约定无条件支付本息给存款人。意在表明存款合同等同于储蓄合同。又有学者认为，存款合同是存款人将金钱、外币或者票据存入金融机构，存款人与金融机构之间形成的债权债务关系的协议。意在表明存款合同包含储蓄合同，储蓄合同是存款合同的一种。这种包含关系的主要原因在于存款主体的区别，存款合同的主体既包括个人，也包括法人和非法人单位，储蓄合同的主体仅包括个人。本案由所指的“储蓄存款合同”，既包括储蓄合同，也包括存款合同，主体既包括个人，也包括法人和非法人单位。

【常用法律条文及索引】

《商业银行法》（1995 年 7 月 1 日起实施　2003 年 12 月 27 日修正）

第六条　商业银行应当保障存款人的合法权益不受任何单位和个人的侵犯。

第二十九条　商业银行办理个人储蓄存款业务，应当遵循存款自愿、取款自由、存款有息、为存款人保密的原则。

对个人储蓄存款，商业银行有权拒绝任何单位或者个人查询、冻结、扣划，但法律另有规定的除外。

第三十条　对单位存款，商业银行有权拒绝任何单位或者个人查询，但法律、行政法规另有规定的除外；有权拒绝任何单位或者个人冻结、扣划，但法律另有规定的除外。

第三十一条　商业银行应当按照中国人民银行规定的存款利率的上下限，确定存款利率，并予以公告。

第三十二条　商业银行应当按照中国人民银行的规定，向中国人民银行交存存款准备金，留足备付金。

第三十三条　商业银行应当保证存款本金和利息的支付，不得拖延、拒绝支付存款本金和利息。

《储蓄管理条例》（1993 年 3 月 1 日起施行　2011 年 1 月 8 日修正）

第三条　本条例所称储蓄是指个人将属于其所有的人民币或者外币存入储蓄机构，储蓄机构开具存折或者存单作为凭证，个人凭存折或者存单可以支取存款本金和利息，储蓄机构依照规定支付存款本金和利息的活动。

任何单位和个人不得将公款以个人名义转为储蓄存款。

第四条　本条例所称储蓄机构是指经中国人民银行或其分支机构批准，各银行、信用合作社办理储蓄业务的机构，以及邮政企业依法办理储蓄业务的机构。

第五条　国家保护个人合法储蓄存款的所有权及其他合法权益，鼓励个人参加储蓄。

储蓄机构办理储蓄业务，必须遵循“存款自愿，取款自由，存款有息，为储户保密”的原则。

第二十四条　未到期的定期储蓄存款，全部提前支取的，按支取日挂牌公告的活期储蓄存款利率计付利息；部分提前支取的，提前支取的部分按支取日挂牌公告的活期储蓄存款利率计付利息，其余部分到期时按存单开户日挂牌公告的定期储蓄存款利率计付利息。

第二十五条　逾期支取的定期储蓄存款，其超过原定存期的部分，除约定自动转存的外，按支取日挂牌公告的活期储蓄存款利率计付利息。

第二十六条　定期储蓄存款在存期内遇有利率调整，按存单开户日挂牌公告的相应的定期储蓄存款利率计付利息。

第二十七条　活期储蓄存款在存入期间遇有利率调整，按结息日挂牌公告的活期储蓄存款利率计付利息。全部支取活期储蓄存款，按清户日挂牌公告的活期储蓄存款利率计付利息。

第二十八条　储户认为储蓄存款利息支付有错误时，有权向经办的储蓄机构申请复核；经办的储蓄机构应当及时受理、复核。

第二十九条　未到期的定期储蓄存款，储户提前支取的，必须持存单和存款人的身份证明办理；代储户支取的，代支取人还必须持其身份证明。

第三十条　存单、存折分为记名式和不记名式。记名式的存单、存折可以挂失，不记名式的存单、存折不能挂失。

第三十一条　储户遗失存单、存折或者预留印鉴的印章的，必须立即持本人身份证明，并提供储户的姓名、开户时间、储蓄种类、金额、账号及住址等有关情况，向其开户的储蓄机构书面申请挂失。在特殊情况下，储户可以用口头或者函电形式申请挂失，但必须在五天内补办书面申请挂失手续。

储蓄机构受理挂失后，必须立即停止支付该储蓄存款；受理挂失前该储蓄存款已被他人支取的，储蓄机构不负赔偿责任。

第三十二条　储蓄机构及其工作人员对储户的储蓄情况负有保密责任。

储蓄机构不代任何单位和个人查询、冻结或者划拨储蓄存款，国家法律、行政法规另有规定的除外。

第三十三条　储蓄存款的所有权发生争议，涉及办理过户的，储蓄机构依据人民法院发生法律效力的判决书、裁定书或者调解书办理过户手续。

《最高人民法院关于审理存单纠纷案件的若干规定》（法释〔1997〕8号 1997年12月13日起施行）

第五条 对一般存单纠纷案件的认定和处理

（一）认定

当事人以存单或进账单、对账单、存款合同等凭证为主要证据向人民法院提起诉讼的存单纠纷案件和金融机构向人民法院提起的确认存单或进账单、对账单、存款合同等凭证无效的存单纠纷案件，为一般存单纠纷案件。

（二）处理

人民法院在审理一般存单纠纷案件中，除应审查存单、进账单、对账单、存款合同等凭证的真实性外，还应审查持有人与金融机构间存款关系的真实性，并以存单、进账单、对账单、存款合同等凭证的真实性以及存款关系的真实性为依据，作出正确处理。

1. 持有人以上述真实凭证为证据提起诉讼的，金融机构应当对持有人与金融机构间是否存在存款关系负举证责任。如金融机构有充分证据证明持有人未向金融机构交付上述凭证所记载的款项的，人民法院应当认定持有人与金融机构间不存在存款关系，并判决驳回原告的诉讼请求。

2. 持有人以上述真实凭证为证据提起诉讼的，如金融机构不能提供证明存款关系不真实的证据，或仅以金融机构底单的记载内容与上述凭证记载内容不符为由进行抗辩的，人民法院应认定持有人与金融机构间存款关系成立，金融机构应当承担兑付款项的义务。

3. 持有人以在样式、印鉴、记载事项上有别于真实凭证，但无充分证据证明系伪造或变造的瑕疵凭证提起诉讼的，持有人应对瑕疵凭证的取得提供合理的陈述。如持有人对瑕疵凭证的取得提供了合理陈述，而金融机构否认存款关系存在的，金融机构应当对持有人与金融机构间是否存在存款关系负举证责任。如金融机构有充分证据证明持有人未向金融机构交付上述凭证所记载的款项的，人民法院应当认定持有人与金融机构间不存在存款关系，判决驳回原告的诉讼请求；如金融机构不能提供证明存款关系不真实的证据，或仅以金融机构底单的记载内容与上述凭证记载内容不符为由进行抗辩的，人民法院应认定持有人与金融机构间存款关系成立，金融机构应当承担兑付款项的义务。

4. 存单纠纷案件的审理中，如有充足证据证明存单、进账单、对账单、存款合同等凭证系伪造、变造，人民法院应在查明案件事实的基础上，依法确认上述凭证无效，并可驳回持上述凭证起诉的原告的诉讼请求或根据实际存款数额进行判决。如有本规定第三条中止审理情形的，人民法院应当中止审理。

《中国人民银行关于执行〈储蓄管理条例〉的若干规定》（银发〔1993〕7号　1993年1月12日起施行）

第一条　储蓄存款是指个人所有的存入在中国境内储蓄机构的人民币或外币存款。任何单位不许将公款转为个人储蓄存款。公款的范围包括：凡列在国家机关、企业及事业单位会计科目的任何款项；各保险机构、企事业单位吸收的保险金存款；属于财政性存款范围的款项；国家机关和企事业单位的库存现金等。

第三十条　如定期存款恰逢法定节假日到期，造成储户不能按期取款，储户可在储蓄机构节假日前一天办理支取存款，对此，手续上视同提前支取，但利息按到期支取计算。

第三十一条　储户若发现利息支付有误，有权向经办的储蓄机构查询，储蓄机构应及时为储户复核，如核实确认有误，要如实更正。

第三十四条　储户支取未到期的定期储蓄存款，必须持存单和本人居民身份证明（居民身份证、户口簿、军人证，外籍储户凭护照、居住证——下同）办理。代他人支取未到期定期存款的，代支取人还必须出具其居民身份证明。办理提前支取手续，出具其它身份证明无效，特殊情况的处理，可由储蓄机构业务主管部门自定。

第三十五条　储蓄机构对于储户要求提前支取定期存款，在具备上述第三十六条条件下，验证存单开户人姓名与证件姓名一致后，即可支付该笔未到期定期存款。

第三十六条　储户的存单（折）分为记名式和不记名式，记名式的存单（折）可挂失，不记名式的不可以挂失。

第三十七条　储户的存单、存折如有遗失，必须立即持本人居民身份证明，并提供姓名、存款时间、种类、金额、账号及住址等有关情况，书面向原储蓄机构正式声明挂失止付。储蓄机构在确认该笔存款未被支取的前提下，方可受理挂失手续。挂失七天后，储户需与储蓄机构约定时间，办理补领新存单（折）或支取存款手续。如储户本人不能前往办理，可委托他人代为办理挂失手续，但被委托人要出示其身份证明。如储户不能办理书面挂失手续，而用电话、电报、信函挂失，则必须在挂失五天之内补办书面挂失手续，否则挂失不再有效。若存款在挂失前或挂失失效后已被他人支取，储蓄机构不负责任。

【适用本案由需要注意的问题】

◆储蓄存款合同纠纷案件由被告住所地人民法院或出具存单、进账单、对账单或与当事人签订存款合同的金融机构住所地人民法院管辖。

◆在适用本案由时，要注意其与银行卡纠纷的区别。银行卡纠纷是以借记卡、信用卡等为主要证据起诉的纠纷，被《民事案件案由规定》单独列为了一个三级案由，这里的储蓄存款合同纠纷是不包括银行卡纠纷的狭义储蓄存款合同纠纷。

◆在实践中，储户与金融机构订立储蓄存款合同后会持有存折或者其他的储蓄存款凭证，需注意相关的储蓄存款凭证是双方合同关系的证明，并不是合同关系本身。

96. 银行卡纠纷

（1）借记卡纠纷

（2）信用卡纠纷

【案由解析】

根据中国人民银行1999年颁布的《银行卡业务管理办法》（以下简称《办法》）第2条的规定，银行卡是指由商业银行（含邮政金融机构）向社会发行的具有消费信用、转账结算、存取现金等全部或部分功能的信用支付工具。根据《办法》第5条的规定，银行卡包括信用卡和借记卡。信用卡与借记卡的主要区别在于，借记卡不具备透支功能，需要持卡人先存款、后消费；信用卡具备透支功能，持卡人可在发卡行规定的信用额度内先消费、后还款。

银行卡纠纷是指商业银行、银行卡持卡人、特约商户、实际取款人或刷卡人在银行卡的发行与使用过程中产生的权利义务纠纷。

【典型形态】

在实践中，银行卡纠纷主要有：

（1）借记卡纠纷，是指商业银行、借记卡持卡人、特约商户、实际取款人或刷卡人在借记卡的发行与使用过程中产生的权利义务纠纷。

（2）信用卡纠纷，是指商业银行、信用卡持卡人、特约商户、实际取款人或刷卡人在信用卡的发行与使用过程中产生的权利义务纠纷。

【常用法律条文及索引】

《中国人民银行银行卡业务管理办法》（1999 年 3 月 1 日起施行）

第二条　本办法所称银行卡，是指由商业银行（含邮政金融机构，下同）向社会发行的具有消费信用、转账结算、存取现金等全部或部分功能的信用支付工具。

商业银行未经中国人民银行批准不得发行银行卡。

第五条　银行卡包括信用卡和借记卡。

银行卡按币种不同分为人民币卡、外币卡；按发行对象不同分为单位卡（商务卡）、个人卡；按信息载体不同分为磁条卡、芯片（ic）卡。

第五十一条　发卡银行的权利：

（一）发卡银行有权审查申请人的资信状况、索取申请人的个人资料，并有权决定是否向申请人发卡及确定信用卡持卡人的透支额度。

（二）发卡银行对持卡人透支有追偿权。对持卡人不在规定期限内归还透支款项的，发卡银行有权申请法律保护并依法追究持卡人或有关当事人的法律责任。

（三）发卡银行对不遵守其章程规定的持卡人，有权取消其持卡人资格，并可授权有关单位收回其银行卡。

（四）发卡银行对储值卡和 ic 卡内的电子钱包可不予挂失。

第五十二条　发卡银行的义务：

（一）发卡银行应当向银行卡申请人提供有关银行卡的使用说明资料，包括章程、使用说明及收费标准。现有持卡人亦可索取上述资料。

（二）发卡银行应当设立针对银行卡服务的公平、有效的投诉制度，并公开投诉程序和投诉电话。发卡银行对持卡人关于账务情况的查询和改正要求应当在 30 天内给予答复。

（三）发卡银行应当向持卡人提供对账服务。按月向持卡人提供账户结单，在下列情况下发卡银行可不向持卡人提供账户结单：

1 已向持卡人提供存折或其他交易记录；

2 自上一份月结单后，没有进行任何交易，账户没有任何未偿还余额；

3 已与持卡人另行商定。

（四）发卡银行向持卡人提供的银行卡对账单应当列出以下内容：

1 交易金额、账户余额（贷记卡还应列出到期还款日、最低还款额、可信用额度）；

2 交易金额记入有关账户或自有关账户扣除的日期；

3 交易日期与类别；

4 交易记录号码；

5 作为支付对象的商户名称或代号（异地交易除外）；

6 查询或报告不符账务的地址或电话号码。

（五）发卡银行应当向持卡人提供银行卡挂失服务，应当设立 24 小时挂失服务电话，提供电话和书面两种挂失方式，书面挂失为正式挂失方式。并在章程或有关协议中明确发卡银行与持卡人之间的挂失责任。

（六）发卡银行应当在有关卡的章程或使用说明中向持卡人说明密码的重要性及丢失的责任。

（七）发卡银行对持卡人的资信资料负有保密的责任。

第五十三条 持卡人的权利：

（一）持卡人享有发卡银行对其银行卡所承诺的各项服务的权利，有权监督服务质量并对不符服务质量进行投诉。

（二）申请人、持卡人有权知悉其选用的银行卡的功能、使用方法、收费项目、收费标准、适用利率及有关的计算公式。

（三）持卡人有权在规定时间内向发卡银行索取对账单，并有权要求对不符账务内容进行查询或改正。

（四）借记卡的挂失手续办妥后，持卡人不再承担相应卡账户资金变动的责任，司法机关、仲裁机关另有判决的除外。

（五）持卡人有权索取信用卡领用合约，并应妥善保管。

第五十四条 持卡人的义务：

（一）申请人应当向发卡银行提供真实的申请资料并按照发卡银行规定向其提供符合条件的担保。

（二）持卡人应当遵守发卡银行的章程及《领用合约》的有关条款。

（三）持卡人或保证人通讯地址、职业等发生变化，应当及时书面通知发卡银行。

（四）持卡人不得以和商户发生纠纷为由拒绝支付所欠银行款项。

第五十五条　商业银行发展受理银行卡的商户，应当与商户签订受理合约，受理合约不得包括排他性条款。受理合约中的手续费率标准低于本办法规定标准的不受法律保护。

【适用本案由需要注意的问题】

◆银行卡纠纷既可能是合同纠纷，也可能是侵权纠纷。如果是合同纠纷，则按照合同纠纷的一般管辖原则，由被告住所地或合同履行地人民法院管辖。如果是侵权纠纷，则由侵权行为地或被告住所地人民法院管辖。侵权与违约竞合的银行卡纠纷，按照当事人的诉讼请求来确定管辖法院。

◆对于事实清楚、权利义务关系明确、争议不大的银行卡纠纷案件，标的额为各省、自治区、直辖市上年度就业人员年平均工资30%以下的，根据《民事诉讼法》第162条的规定，应适用小额诉讼程序进行审理。具体适用可参见本书案由“18. 抚养纠纷”中“适用本案由需要注意的问题”的有关内容。

97. 租赁合同纠纷

（1）土地租赁合同纠纷

（2）房屋租赁合同纠纷

（3）车辆租赁合同纠纷

（4）建筑设备租赁合同纠纷

【案由解析】

租赁合同是指出租人将租赁物交付承租人使用、收益，承租人支付租金的合同。

租赁合同纠纷是指当事人之间因就订立、履行、变更、终止租赁合同发生的权利义务纠纷。

租赁合同的主要特征有：（1）租赁合同转让的是财产的使用权。租赁合同的目的是承租人对租赁物的使用、收益，并不是为了得到租赁物的所有权，这是其与买卖合同最大的区别。（2）租赁合同是双务、有偿合同。在租赁合同中，双方当事人都同时享有权利和负担义务，出租人交付租赁物的义务与租赁人支付租金的义务互为对价，是典型的双务、有偿合同。(3) 租赁合同是诺成合同。只要双方的意思表示一致，合同即宣告成立，不需要以租赁物的实际交付为准。(4) 租赁合同具临时性。租赁合同租赁物的出租并非永久性的，这也是出租不同于买卖的必然特征，所以在法律上有对租赁合同时间的限制。(5) 租赁合同有继续性。租赁物在交付给承租人以后，承租人对租赁物的占有是持续性的。

【典型形态】

在实践中，租赁合同纠纷主要有：

(1) 土地租赁合同纠纷，是指当事人就达成的国家或集体把土地使用权出租给土地使用者，土地使用者支付租金的合同产生的纠纷。

(2) 房屋租赁合同纠纷，是指当事人就达成的房屋出租人把房屋出租给承租人使用，承租人支付租金并在合同终止时完好返还房屋的合同产生的纠纷。

(3) 车辆租赁合同纠纷，是指当事人就达成的车辆出租人把车辆出租给承租人使用，承租人支付租金并在合同终止时完好返还车辆的合同产生的纠纷。

(4) 建筑设备租赁合同纠纷，是指当事人就达成的设备出租人把设备出租给承租人使用，承租人支付租金并在合同终止时完好返还设备的合同产生的纠纷。

【常用法律条文及索引】

《合同法》(1999 年 10 月 1 日起施行)

第二百一十二条 租赁合同是出租人将租赁物交付承租人使用、收益，承租人支付租金的合同。

第二百一十三条 租赁合同的内容包括租赁物的名称、数量、用途、租赁期限、租金及其支付期限和方式、租赁物维修等条款。

第二百一十四条 租赁期限不得超过二十年。超过二十年的，超过部分无效。

租赁期间届满，当事人可以续订租赁合同，但约定的租赁期限自续订之日起不得超过二十年。

第二百一十五条 租赁期限六个月以上的，应当采用书面形式。当事人未采用书面形式的，视为不定期租赁。

第二百一十六条　出租人应当按照约定将租赁物交付承租人，并在租赁期间保持租赁物符合约定的用途

第二百一十七条　承租人应当按照约定的方法使用租赁物。对租赁物的使用方法没有约定或者约定不明确，依照本法第六十一条的规定仍不能确定的，应当按照租赁物的性质使用。

第二百一十八条　承租人按照约定的方法或者租赁物的性质使用租赁物，致使租赁物受到损耗的，不承担损害赔偿责任。

第二百一十九条　承租人未按照约定的方法或者租赁物的性质使用租赁物，致使租赁物受到损失的，出租人可以解除合同并要求赔偿损失。

第二百二十条　出租人应当履行租赁物的维修义务，但当事人另有约定的除外。

第二百二十一条　承租人在租赁物需要维修时可以要求出租人在合理期限内维修。出租人未履行维修义务的，承租人可以自行维修，维修费用由出租人负担。因维修租赁物影响承租人使用的，应当相应减少租金或者延长租期。

第二百二十二条　承租人应当妥善保管租赁物，因保管不善造成租赁物毁损、灭失的，应当承担损害赔偿责任。

第二百二十三条　承租人经出租人同意，可以对租赁物进行改善或者增设他物。

承租人未经出租人同意，对租赁物进行改善或者增设他物的，出租人可以要求承租人恢复原状或者赔偿损失。

第二百二十四条　承租人经出租人同意，可以将租赁物转租给第三人。承租人转租的，承租人与出租人之间的租赁合同继续有效，第三人对租赁物造成损失的，承租人应当赔偿损失。

承租人未经出租人同意转租的，出租人可以解除合同。

第二百二十五条　在租赁期间因占有、使用租赁物获得的收益，归承租人所有，但当事人另有约定的除外。

第二百二十六条　承租人应当按照约定的期限支付租金。对支付期限没有约定或者约定不明确，依照本法第六十一条的规定仍不能确定，租赁期间不满一年的，应当在租赁期间届满时支付；租赁期间一年以上的，应当在每届满一年时支付，剩余期间不满一年的，应当在租赁期间届满时支付。

第二百二十七条　承租人无正当理由未支付或者迟延支付租金的，出租

人可以要求承租人在合理期限内支付。承租人逾期不支付的，出租人可以解除合同。

第二百二十八条 因第三人主张权利，致使承租人不能对租赁物使用、收益的，承租人可以要求减少租金或者不支付租金。

第三人主张权利的，承租人应当及时通知出租人。

第二百二十九条 租赁物在租赁期间发生所有权变动的，不影响租赁合同的效力。

第二百三十条 出租人出卖租赁房屋的，应当在出卖之前的合理期限内通知承租人，承租人享有以同等条件优先购买的权利。

第二百三十一条 因不可归责于承租人的事由，致使租赁物部分或者全部毁损、灭失的，承租人可以要求减少租金或者不支付租金；因租赁物部分或者全部毁损、灭失，致使不能实现合同目的的，承租人可以解除合同。

第二百三十二条 当事人对租赁期限没有约定或者约定不明确，依照本法第六十一条的规定仍不能确定的，视为不定期租赁。当事人可以随时解除合同，但出租人解除合同应当在合理期限之前通知承租人。

第二百三十三条 租赁物危及承租人的安全或者健康的，即使承租人订立合同时明知该租赁物质量不合格，承租人仍然可以随时解除合同。

第二百三十四条 承租人在房屋租赁期间死亡的，与其生前共同居住的人可以按照原租赁合同租赁该房屋。

第二百三十五条 租赁期间届满，承租人应当返还租赁物。返还的租赁物应当符合按照约定或者租赁物的性质使用后的状态。

第二百三十六条 租赁期间届满，承租人继续使用租赁物，出租人没有提出异议的，原租赁合同继续有效，但租赁期限为不定期。

《最高人民法院关于审理城镇房屋租赁合同纠纷案件具体问题应用法律若干问题的解释》（法释〔2009〕11号　2009年9月1日起施行）

第一条 本解释所称城镇房屋，是指城市、镇规划区内的房屋。

乡、村庄规划区内的房屋租赁合同纠纷案件，可以参照本解释处理。但法律另有规定的，适用其规定。

当事人依照国家福利政策租赁公有住房、廉租住房、经济适用住房产生的纠纷案件，不适用本解释。

第二条 出租人就未取得建设工程规划许可证或者未按照建设工程规划许可证的规定建设的房屋，与承租人订立的租赁合同无效。但在一审法庭辩论终结前取得建设工程规划许可证或者经主管部门批准建设的，人民法院应当认定有效。

第三条　出租人就未经批准或者未按照批准内容建设的临时建筑，与承租人订立的租赁合同无效。但在一审法庭辩论终结前经主管部门批准建设的，人民法院应当认定有效。

租赁期限超过临时建筑的使用期限，超过部分无效。但在一审法庭辩论终结前经主管部门批准延长使用期限的，人民法院应当认定延长使用期限内的租赁期间有效。

第四条　当事人以房屋租赁合同未按照法律、行政法规规定办理登记备案手续为由，请求确认合同无效的，人民法院不予支持。

当事人约定以办理登记备案手续为房屋租赁合同生效条件的，从其约定。但当事人一方已经履行主要义务，对方接受的除外。

第五条　房屋租赁合同无效，当事人请求参照合同约定的租金标准支付房屋占有使用费的，人民法院一般应予支持。

当事人请求赔偿因合同无效受到的损失，人民法院依照合同法的有关规定和本司法解释第九条、第十三条、第十四条的规定处理。

第六条　出租人就同一房屋订立数份租赁合同，在合同均有效的情况下，承租人均主张履行合同的，人民法院按照下列顺序确定履行合同的承租人：

（一）已经合法占有租赁房屋的；

（二）已经办理登记备案手续的；

（三）合同成立在先的。

不能取得租赁房屋的承租人请求解除合同、赔偿损失的，依照合同法的有关规定处理。

第七条　承租人擅自变动房屋建筑主体和承重结构或者扩建，在出租人要求的合理期限内仍不予恢复原状，出租人请求解除合同并要求赔偿损失的，人民法院依照合同法第二百一十九条的规定处理。

第八条　因下列情形之一，导致租赁房屋无法使用，承租人请求解除合同的，人民法院应予支持：

（一）租赁房屋被司法机关或者行政机关依法查封的；

（二）租赁房屋权属有争议的；

（三）租赁房屋具有违反法律、行政法规关于房屋使用条件强制性规定情况的。

第九条 承租人经出租人同意装饰装修，租赁合同无效时，未形成附合的装饰装修物，出租人同意利用的，可折价归出租人所有；不同意利用的，可由承租人拆除。因拆除造成房屋毁损的，承租人应当恢复原状。

已形成附合的装饰装修物，出租人同意利用的，可折价归出租人所有；不同意利用的，由双方各自按照导致合同无效的过错分担现值损失。

第十条 承租人经出租人同意装饰装修，租赁期间届满或者合同解除时，除当事人另有约定外，未形成附合的装饰装修物，可由承租人拆除。因拆除造成房屋毁损的，承租人应当恢复原状。

第十一条 承租人经出租人同意装饰装修，合同解除时，双方对已形成附合的装饰装修物的处理没有约定的，人民法院按照下列情形分别处理：

（一）因出租人违约导致合同解除，承租人请求出租人赔偿剩余租赁期内装饰装修残值损失的，应予支持；

（二）因承租人违约导致合同解除，承租人请求出租人赔偿剩余租赁期内装饰装修残值损失的，不予支持。但出租人同意利用的，应在利用价值范围内予以适当补偿；

（三）因双方违约导致合同解除，剩余租赁期内的装饰装修残值损失，由双方根据各自的过错承担相应的责任；

（四）因不可归责于双方的事由导致合同解除的，剩余租赁期内的装饰装修残值损失，由双方按照公平原则分担。法律另有规定的，适用其规定。

第十二条 承租人经出租人同意装饰装修，租赁期间届满时，承租人请求出租人补偿附合装饰装修费用的，不予支持。但当事人另有约定的除外。

第十三条 承租人未经出租人同意装饰装修或者扩建发生的费用，由承租人负担。出租人请求承租人恢复原状或者赔偿损失的，人民法院应予支持。

第十四条 承租人经出租人同意扩建，但双方对扩建费用的处理没有约定的，人民法院按照下列情形分别处理：

（一）办理合法建设手续的，扩建造价费用由出租人负担；

（二）未办理合法建设手续的，扩建造价费用由双方按照过错分担。

第十五条 承租人经出租人同意将租赁房屋转租给第三人时，转租期限超过承租人剩余租赁期限的，人民法院应当认定超过部分的约定无效。但出租人与承租人另有约定的除外。

第十六条 出租人知道或者应当知道承租人转租，但在六个月内未提出异议，其以承租人未经同意为由请求解除合同或者认定转租合同无效的，人民法院不予支持。

因租赁合同产生的纠纷案件，人民法院可以通知次承租人作为第三人参加诉讼。

第十七条 因承租人拖欠租金，出租人请求解除合同时，次承租人请求代承租人支付欠付的租金和违约金以抗辩出租人合同解除权的，人民法院应予支持。但转租合同无效的除外。

次承租人代为支付的租金和违约金超出其应付的租金数额，可以折抵租金或者向承租人追偿。

第十八条 房屋租赁合同无效、履行期限届满或者解除，出租人请求负有腾房义务的次承租人支付逾期腾房占有使用费的，人民法院应予支持。

第十九条 承租人租赁房屋用于以个体工商户或者个人合伙方式从事经营活动，承租人在租赁期间死亡、宣告失踪或者宣告死亡，其共同经营人或者其他合伙人请求按照原租赁合同租赁该房屋的，人民法院应予支持。

第二十条 租赁房屋在租赁期间发生所有权变动，承租人请求房屋受让人继续履行原租赁合同的，人民法院应予支持。但租赁房屋具有下列情形或者当事人另有约定的除外：

（一）房屋在出租前已设立抵押权，因抵押权人实现抵押权发生所有权变动的；

（二）房屋在出租前已被人民法院依法查封的。

第二十一条 出租人出卖租赁房屋未在合理期限内通知承租人或者存在其他侵害承租人优先购买权情形，承租人请求出租人承担赔偿责任的，人民法院应予支持。但请求确认出租人与第三人签订的房屋买卖合同无效的，人民法院不予支持。

第二十二条 出租人与抵押权人协议折价、变卖租赁房屋偿还债务，应当在合理期限内通知承租人。承租人请求以同等条件优先购买房屋的，人民法院应予支持。

第二十三条 出租人委托拍卖人拍卖租赁房屋，应当在拍卖5日前通知承租人。承租人未参加拍卖的，人民法院应当认定承租人放弃优先购买权。

【适用本案由需要注意的问题】

◆租赁合同纠纷案件，按照合同纠纷案件的一般管辖原则，由被告住所地或合同履行地人民法院管辖，合同的履行地为租赁物使用地，但当事人有约定的除外。如果租赁物标的是不动产，则由不动产所在地人民法院专属管辖。

◆在适用本案由时，要注意本案由下的四级案由土地租赁合同纠纷与土地使用权租赁纠纷的区别。土地租赁合同是国家或集体将国有土地或集体土地出租给承租人的合同，而土地使用权租赁则是土地使用者把土地使用权连同其上的建筑物、其他附着物出租给承租人使用。

◆对于事实清楚、权利义务关系明确、争议不大的租赁合同纠纷案件，标的额为各省、自治区、直辖市上年度就业人员年平均工资30%以下的，根据《民事诉讼法》第162条的规定，应适用小额诉讼程序进行审理。

98. 融资租赁合同纠纷

【案由解析】

融资租赁合同是指出租人根据承租人对出卖人、租赁物的选择，向出卖人购买租赁物，提供给租赁人使用，承租人支付租金的合同。

融资租赁合同纠纷是指当事人之间因订立、履行、变更、终止融资租赁合同发生的权利义务纠纷。

融资租赁是一种贸易与信贷相结合，融资与融物为一体的综合性交易。鉴于其复杂的法律关系，不同国家和地区对融资租赁有着不同的理解和定义。一般来说，融资租赁要有三方当事人（出租人、承租人和出卖人）参与，通常由两个合同（融资租赁合同、买卖合同）或者两个以上合同构成，其内容是融资，表现形式是融物。我国《合同法》在借鉴《国际融资租赁公约》和其他国家对融资租赁的定义的基础上，结合我国融资租赁界对融资租赁比较一致的看法后，对融资租赁作出了规定。典型的融资租赁合同的含义有：（1）出租人须根据承租人对出卖人和租赁物的选择出资购买租赁物。这是融资租赁合同不同于租赁合同的一个重要特点。租赁合同的出租人是以自己现有的财物出租，或者根据自己的意愿购买财物用于出租。而融资租赁合同是出租人按照承租人的要求，主要是对出卖人和租赁物的选择，出资购买出租的财物，使承租人不必付出租赁物的价值，即可取得租赁物的使用收益，从而达到融资的效果。正是从这一意义上，这种合同被冠以“融资”的称号。(2) 出租人须将购买的租赁物交付承租人使用收益。出租人虽然须向第三人购买标的物，但其购买的直接目的是为了交付承租人使用收益，而不是为了自己使用。这是融资租赁合同中出租人的买卖行为不同于买卖合同之处。(3) 承租人须向出租人支付租金。融资租赁合同的承租人对出租人购买租赁物为使用收益，并须支付租金。也正是在这种意义上，该种合同的名称中含有“租赁”一词。

除上述典型的融资租赁合同以外，目前国际上通行的融资租赁形式还有以下三种：

(1) 回租。所谓回租是指承租人将自己所有的物件卖给出租人，同时与出租人签订一份融资租赁合同，再将该物件租回使用的一种租赁形式。在回租情况下，出卖人同时也是承租人，买受人同时也是出租人。

(2) 转租。所谓转租是指按合同约定，承租人将自己租赁的租赁物转租给新承租人使用的一种租赁形式。在转租方式下，承租人同时也是出租人。

(3) 杠杆租赁。所谓杠杆租赁是指出租人一般只出资租赁物全部金额的一部分（一般不低于20%），就获得租赁物的所有权，租赁物的其他金额则以该租赁物作抵押，向金融机构贷款解决的一种租赁形式。在杠杆租赁中，金融机构提供的贷款是一种无追索权的贷款，但需出租人以租赁物、融资租赁合同和收取租金的受让权作为担保。

【常用法律条文及索引】

《合同法》(1999年10月1日起施行)

第二百三十七条　融资租赁合同是出租人根据承租人对出卖人、租赁物的选择，向出卖人购买租赁物，提供给承租人使用，承租人支付租金的合同。

第二百三十八条　融资租赁合同的内容包括租赁物名称、数量、规格、技术性能、检验方法、租赁期限、租金构成及其支付期限和方式、币种、租赁期间届满租赁物的归属等条款。

融资租赁合同应当采用书面形式。

第二百三十九条　出租人根据承租人对出卖人、租赁物的选择订立的买卖合同，出卖人应当按照约定向承租人交付标的物，承租人享有与受领标的物有关的买受人的权利。

第二百四十条　出租人、出卖人、承租人可以约定，出卖人不履行买卖合同义务的，由承租人行使索赔的权利。承租人行使索赔权利的，出租人应当协助。

第二百四十一条 出租人根据承租人对出卖人、租赁物的选择订立的买卖合同，未经承租人同意，出租人不得变更与承租人有关的合同内容。

第二百四十二条 出租人享有租赁物的所有权。承租人破产的，租赁物不属于破产财产。

第二百四十三条 融资租赁合同的租金，除当事人另有约定的以外，应当根据购买租赁物的大部分或者全部成本以及出租人的合理利润确定。

第二百四十四条 租赁物不符合约定或者不符合使用目的的，出租人不承担责任，但承租人依赖出租人的技能确定租赁物或者出租人干预选择租赁物的除外。

第二百四十五条 出租人应当保证承租人对租赁物的占有和使用。

第二百四十六条 承租人占有租赁物期间，租赁物造成第三人的人身伤害或者财产损害的，出租人不承担责任。

第二百四十七条 承租人应当妥善保管、使用租赁物。

承租人应当履行占有租赁物期间的维修义务。

第二百四十八条 承租人应当按照约定支付租金。承租人经催告后在合理期限内仍不支付租金的，出租人可以要求支付全部租金；也可以解除合同，收回租赁物。

第二百四十九条 当事人约定租赁期间届满租赁物归承租人所有，承租人已经支付大部分租金，但无力支付剩余租金，出租人因此解除合同收回租赁物的，收回的租赁物的价值超过承租人欠付的租金以及其他费用的，承租人可以要求部分返还。

第二百五十条 出租人和承租人可以约定租赁期间届满租赁物的归属。对租赁物的归属没有约定或者约定不明确，依照本法第六十一条的规定仍不能确定的，租赁物的所有权归出租人。

《最高人民法院关于审理融资租赁合同纠纷案件若干问题的规定》（法发〔1996〕10号　1996年5月27日起施行）①

一、融资租赁合同纠纷案件的当事人应包括出租人、承租人。供货人是否需要列为当事人，由法院根据案件的具体情况决定。但供货合同中有仲裁

① 本解释第十条已被最高人民法院《关于变化2007年底以前发布的有关司法解释（第七批）的决定》废止。此后不再另行标明。——编者注

条款的，则不应当将供货人列为当事人。

二、融资租赁合同中的承租人与租赁物的实际使用人不一致时，法院可以根据实际情况决定将实际使用人列为案件的当事人。

三、融资租赁合同纠纷案件的当事人，可以协议选择与争议有实际联系地点的法院管辖。当事人未选择管辖法院的，应由被告住所地或合同履行地法院管辖。租赁物的使用地为融资租赁合同的履行地。

四、涉外融资租赁合同纠纷案件的当事人可以协议选择处理合同争议所适用的法律；当事人没有选择的，适用承租人所在地的法律。

五、融资租赁合同所涉及的项目应当报经有关部门批准而未经批准的，应认定融资租赁合同不生效。

六、有下列情形之一的，应认定融资租赁合同为无效合同：

（一）出租人不具有从事融资租赁经营范围的；

（二）承租人与供货人恶意串通，骗取出租人资金的；

（三）以融资租赁合同形式规避国家有关法律、法规的；

（四）依照有关法律、法规规定应认定为无效的。

七、融资租赁合同被确定为无效后，应区分下列情形分别处理：

（一）因承租人的过错造成合同无效，出租人不要求返还租赁物的，租赁物可以不予返还，但承租人应赔偿因其过错给出租人造成的损失；

（二）因出租人的过错造成合同无效，承租人要求退还租赁物的，可以退还租赁物，如有损失，出租人应赔偿相应损失；

（三）因出租人和承租人的共同过错造成合同无效的，可以返还租赁物，并根据过错大小各自承担相应的损失和赔偿责任。

租赁物正在继续使用且发挥效益的，对租赁物是否返还，可以协商解决；协商不成的，由法院根据实际情况作出判决。

八、在《最高人民法院关于贯彻执行〈中华人民共和国民法通则〉若干问题的意见（试行）》中规定国家机关不能担任保证人之后，国家机关所作的保证应认定无效。因保证无效而给债权人造成损失的，提供保证的国家机关应当承担相应的赔偿责任。

九、租赁物从境外购买的，融资租赁合同当事人约定用外币支付租金，应认定为有效。

十、在租赁合同履行完毕之前，承租人未经出租人同意，将租赁物进行抵押、转让、转租或投资入股，其行为无效，出租人有权收回租赁物，并要求承租人赔偿损失。因承租人的无效行为给第三人造成损失的，第三人有权要求承租人赔偿。

十一、在融资租赁合同有效期间内，出租人非法干预承租人对租赁物的正常使用或者擅自取回租赁物，而造成承租人损失的，出租人应承担赔偿责任。

十二、在供货人有迟延交货或交付的租赁物质量、数量存在问题以及其他违反供货合同约定的行为时，对其进行索赔应区别不同情形予以处理：

（一）供货合同或租赁合同中未约定转让索赔权的，对供货人的索赔应由出租人享有和行使，承租人应提供有关证据；

（二）在供货合同和租赁合同中均约定转让索赔权的，应由承租人直接向供货人索赔。

十三、有下列情形之一的，当租赁物质量、数量等存在问题，在对供货人索赔不着或不足时，出租人应承担赔偿责任：

（一）出租人根据租赁合同的约定完全是利用自己的技能和判断为承租人选择供货人或租赁物的；

（二）出租人为承租人指定供货人或租赁物的；

（三）出租人擅自变更承租人已选定的供货人或租赁物的。

除上列情形外，出租人对租赁物的质量、数量等问题一般不承担责任。

十四、在出租人无过错的情形下，对供货人索赔的费用和结果，均由承租人承担和享有。如因出租人的过错造成索赔逾期或索赔不着，出租人应承担相应的责任。

十五、因租赁物的质量、数量等问题对供货人索赔，如出租人无过错，不影响出租人向承租人行使收取租金的权利。

十六、承租人未按合同约定支付部分或全部租金，属违约行为，承租人应按合同约定支付租金、逾期利息，并赔偿出租人相应的损失。

十七、在承租人破产时，出租人可以将租赁物收回；也可以申请受理破产案件的法院拍卖租赁物，将拍卖所得款用以清偿承租人所欠出租人的债务。租赁物价值大于出租人债权的，其超出部分应退还承租人；租赁物价值小于出租人债权的，其未受清偿的债权应作为一般债权参加破产清偿程序，或者要求承租人的保证人清偿。

十八、在承租人破产时，出租人可以作为破产债权人申报债权，参加破产程序；出租人的债权有第三人提供保证的，出租人也可以要求保证人履行保证责任。

十九、出租人在参加承租人破产清偿后，其债权未能全部受偿的，可就不足部分向保证人追偿。

二十、出租人决定不参加承租人破产程序的，应及时通知承租人的保证人，保证人可以就保证债务的数额申报债权参加破产分配。

二十一、融资租赁合同当事人请求法院保护其权利的诉讼时效应适用《中华人民共和国民法通则》第一百三十五条的规定。

【适用本案由需要注意的问题】

◆融资租赁合同纠纷案件，按照合同纠纷案件的一般管辖原则，由被告住所地或合同履行地人民法院管辖，合同履行地以租赁物使用地为准，但当事人有相关约定的除外。此外，合同当事人亦可选择与争议有实际联系地点的人民法院管辖。

◆在适用本案由时，要注意其与船舶融资租赁合同纠纷的区别。船舶融资租赁合同按性质来说属于融资租赁合同的一种，然而由于其标的物的特殊性，《民事案件案由规定》把它单独划分为一个三级案由，故船舶融资租赁合同纠纷案件不适用本案由。

99. 承揽合同纠纷

（1）加工合同纠纷
（2）定作合同纠纷
（3）修理合同纠纷
（4）复制合同纠纷
（5）测试合同纠纷
（6）检验合同纠纷
（7）铁路机车、车辆建造合同纠纷

【案由解析】

承揽合同是指承揽人按照定作人的要求完成工作，交付工作成果，定作人给付报酬的合同。

承揽合同纠纷是指当事人之间因订立、履行、变更、终止承揽合同发生的权利义务纠纷。

承揽合同的特征主要是：（1）承揽合同是双务、有偿合同。在承揽合同中，定作人给付报酬和承揽人交付工作成果互为对价，都既享有权利同时又承担义务。（2）承揽合同是诺成合同。承揽合同的成立以当事人意思表示一致为准。（3）承揽合同以完成一定工作为目的。承揽合同中是定作人提出一定的标准和要求来约定承揽工作的具体事项，由承揽人完成工作并向定作人交付工作成果。（4）承揽人须独立完成工作。定作人与承揽人签订承揽合同，是建立在信任其能力和信用状况的前提下，承揽人须自己完成工作才符合定作人要求，而不可将义务交由其他人来完成。（5）定作物的特殊性。定作人托付由承揽人完成工作时会对定作物提出具体的标准和要求，承揽人完成工作必须符合定作人的要求。

【典型形态】

在实践中，承揽合同的典型形态主要有：

（1）加工合同纠纷，是指当事人就达成的定作人提供原材料和提出具体要求，由承揽人以自己的设备与技能完成成品，交付给定作人并接受报酬的合同产生的权利义务纠纷。

（2）定作合同纠纷，是指当事人就达成的承揽人根据定作人的要求，用自己的材料、设备、技能完成成品，定作人接受成品并支付报酬的合同产生的权利义务纠纷。

（3）修理合同纠纷，是指当事人就达成的承揽人为定作人修理坏掉的物品使之恢复原状，定作人支付报酬的合同产生的权利义务纠纷。

（4）复制合同纠纷，是指当事人就达成的承揽人根据定作人的样品和要求，制作出类似的复制品，定作人接受复制品并向承揽人支付报酬的合同产生的的权利义务纠纷。

（5）测试合同纠纷，是指当事人就达成的承揽人利用自己的设备、技术以定作人的要求为准对某一项目的性能进行检测试验，定作人接受测试成果并支付报酬的合同产生的权利义务纠纷。

（6）检验合同纠纷，当事人就达成的承揽人用自己的设备、技术等对定作人提供的具体事务进行性能、质量、问题等方面的检查化验，定作人接受检验成果并支付报酬的合同产生的权利义务纠纷。

（7）铁路机车、车辆建造合同纠纷，是指当事人就达成的铁路机车、车辆制造企业根据铁路运输企业的要求为其制造机车、车辆并接受报酬的合同产生的权利义务纠纷。

【常用法律条文及索引】

《合同法》（1999 年 10 月 1 日起施行）

第二百五十一条　承揽合同是承揽人按照定作人的要求完成工作，交付工作成果，定作人交付报酬的合同。

承揽包括加工、定作、修理、复制、测试、检验等工作。

第二百五十二条　承揽合同的内容包括承揽的标的、数量、质量、报酬、承揽方式、材料的提供、履行期限、验收标准和方法等条款。

第二百五十三条　承揽人应当以自己的设备、技术和劳力，完成主要工作，但当事人另有约定的除外。

承揽人将其承揽的主要工作交由第三人完成的，应当就该第三人完成的工作成果向定作人负责；未经定作人同意的，定作人也可以解除合同。

第二百五十四条　承揽人可以将其承揽的辅助工作交由第三人完成。承揽人将其承揽的辅助工作交由第三人完成的，应当就该第三人完成的工作成果向定作人负责。

第二百五十五条　承揽人提供材料的，承揽人应当按照约定选用材料，并接受定作人检验。

第二百五十六条　定作人提供材料的，定作人应当按照约定提供材料。承揽人对定作人提供的材料，应当及时检验，发现不符合约定时，应当及时通知定作人更换、补齐或者采取其他补救措施。

承揽人不得擅自更换定作人提供的材料，不得更换不需要修理的零部件。

第二百五十七条　承揽人发现定作人提供的图纸或者技术要求不合理的，应当及时通知定作人。因定作人怠于答复等原因造成承揽人损失的，应当赔偿损失。

第二百五十八条　定作人中途变更承揽工作的要求，造成承揽人损失的，应当赔偿损失。

第二百五十九条　承揽工作需要定作人协助的，定作人有协助的义务。

定作人不履行协助义务致使承揽工作不能完成的，承揽人可以催告定作人在合理期限内履行义务，并可以顺延履行期限；定作人逾期不履行的，承揽人可以解除合同。

第二百六十条 承揽人在工作期间，应当接受定作人必要的监督检验。定作人不得因监督检验妨碍承揽人的正常工作。

第二百六十一条 承揽人完成工作的，应当向定作人交付工作成果，并提交必要的技术资料和有关质量证明。定作人应当验收该工作成果。

第二百六十二条 承揽人交付的工作成果不符合质量要求的，定作人可以要求承揽人承担修理、重作、减少报酬、赔偿损失等违约责任。

第二百六十三条 定作人应当按照约定的期限支付报酬。对支付报酬的期限没有约定或者约定不明确，依照本法第六十一条的规定仍不能确定的，定作人应当在承揽人交付工作成果时支付；工作成果部分交付的，定作人应当相应支付。

第二百六十四条 定作人未向承揽人支付报酬或者材料费等价款的，承揽人对完成的工作成果享有留置权，但当事人另有约定的除外。

第二百六十五条 承揽人应当妥善保管定作人提供的材料以及完成的工作成果，因保管不善造成毁损、灭失的，应当承担损害赔偿责任。

第二百六十六条 承揽人应当按照定作人的要求保守秘密，未经定作人许可，不得留存复制品或者技术资料。

第二百六十七条 共同承揽人对定作人承担连带责任，但当事人另有约定的除外。

第二百六十八条 定作人可以随时解除承揽合同，造成承揽人损失的，应当赔偿损失。

【适用本案由需要注意的问题】

◆承揽合同纠纷案件，按照合同纠纷案件的一般管辖原则，由被告住所地或合同履行地人民法院管辖，合同履行地以加工行为地为准，但当事人有特殊约定的除外。

100. 建设工程合同纠纷

（1）建设工程勘察合同纠纷

（2）建设工程设计合同纠纷

（3）建设工程施工合同纠纷

(4) 建设工程价款优先受偿权纠纷
(5) 建设工程分包合同纠纷
(6) 建设工程监理合同纠纷
(7) 装饰装修合同纠纷
(8) 铁路修建合同纠纷
(9) 农村建房施工合同纠纷

【案由解析】

建设工程合同是指承包人进行工程建设，发包人支付价款的合同。

建设工程合同纠纷，是指当事人之间因订立、履行、变更、终止建设工程合同发生的权利义务纠纷。

建设工程合同的客体是工程。这里的工程是指土木建筑工程和建筑业范围内的线路、管道、设备安装工程的新建、扩建、改建及大型的建筑装修装饰活动，主要包括房屋、铁路、公路、机场、港口、桥梁、矿井、水库、电站、通信线路等。建设工程的主体是发包人和承包人。发包人，一般为建设工程的建设单位，即投资建设该项工程的单位，通常也称作“业主”。按照国家计委于 1996 年 4 月发布的《关于实行建设项目法人责任制的暂行规定》，国有单位投资的经营性基本建设大中型建设项目，在建设阶段必须组建项目法人。项目法人可按公司法的规定设立有限责任公司和股份有限公司，由项目法人对项目策划、资金筹措、建设实施、生产经营、债务偿还和资产保值增值实行全过程负责。据此规定，由国有单位投资建设的经营性的工程建设，由依法设立的项目法人作为发包人。国有建设单位投资建设的非经营性的工程建设，应当由建设单位为发包人。此外建设工程实行总承包的，总承包单位经发包人同意，在法律规定的范围内对部分工程项目进行分包的，工程总承包单位即成为分包工程的发包人。建设工程的承包人，即实施建设工程的勘察、设计、施工等业务的单位，包括对建设工程实行总承包的单位和承包分包工程的单位。

【典型形态】

在实践中，建设工程合同纠纷主要有：

(1) 建设工程勘察合同纠纷，是指当事人就达成的发包人与勘察人关于完成建设工程地理地质调查研究工作为内容的协议产生的权利义务纠纷。

（2）建设工程设计合同纠纷，是指承包人与发包人就达成的关于可行性资料设计的协议或具体施工设计的协议产生的权利义务纠纷。

（3）建设工程施工合同纠纷，是指当事人就达成的为完成建设工程的建筑、安装等行为，双方明确相互权利义务的合同产生的权利义务纠纷。

（4）建设工程价款优先受偿权纠纷，是指当事人就建设工程承包人的优先受偿权产生的权利义务纠纷。

（5）建设工程分包合同纠纷，建设工程的承包人经发包人同意后，把其承包的部分工程交给第三人，并与其签订承包合同项下的合同产生的权利义务纠纷。

（6）建设工程监理合同纠纷，是指具有法定资质条件的工程监理单位与发包人就达成的明确建设工程监理中双方权利义务的合同产生的权利义务纠纷。

（7）装饰装修合同纠纷，是指建筑装饰装修企业与发包人就达成的明确装饰装修中双方权利义务的合同产生的权利义务纠纷。

（8）铁路修建合同纠纷，是指承包人与发包人就达成的在建设或修整铁路过程中明确双方权利义务的合同产生的权利义务纠纷。

（9）农村建房施工合同纠纷，是指农村建房户与施工方就达成的在建设房屋过程中明确双方权利义务的合同产生的权利义务纠纷。

【常用法律条文及索引】

《合同法》（1999年10月1日起施行）

第二百六十九条　建设工程合同是承包人进行工程建设，发包人支付价款的合同。

建设工程合同包括工程勘察、设计、施工合同。

第二百七十条　建设工程合同应当采用书面形式。

第二百七十一条　建设工程的招标投标活动，应当依照有关法律的规定公开、公平、公正进行。

第二百七十二条　发包人可以与总承包人订立建设工程合同，也可以分别与勘察人、设计人、施工人订立勘察、设计、施工承包合同。发包人不得将应当由一个承包人完成的建设工程肢解成若干部分发包给几个承包人。

总承包人或者勘察、设计、施工承包人经发包人同意，可以将自己承包的部分工作交由第三人完成。第三人就其完成的工作成果与总承包人或者勘察、设计、施工承包人向发包人承担连带责任。承包人不得将其承包的全部建设工程转包给第三人或者将其承包的全部建设工程肢解以后以分包的名义分别转包给第三人。

禁止承包人将工程分包给不具备相应资质条件的单位。禁止分包单位将其承包的工程再分包。建设工程主体结构的施工必须由承包人自行完成。

第二百七十三条　国家重大建设工程合同，应当按照国家规定的程序和国家批准的投资计划、可行性研究报告等文件订立。

第二百七十四条　勘察、设计合同的内容包括提交有关基础资料和文件（包括概预算）的期限、质量要求、费用以及其他协作条件等条款。

第二百七十五条　施工合同的内容包括工程范围、建设工期、中间交工工程的开工和竣工时间、工程质量、工程造价、技术资料交付时间、材料和设备供应责任、拨款和结算、竣工验收、质量保修范围和质量保证期、双方相互协作等条款。

第二百七十六条　建设工程实行监理的，发包人应当与监理人采用书面形式订立委托监理合同。发包人与监理人的权利和义务以及法律责任，应当依照本法委托合同以及其他有关法律、行政法规的规定。

第二百七十七条　发包人在不妨碍承包人正常作业的情况下，可以随时对作业进度、质量进行检查。

第二百七十八条　隐蔽工程在隐蔽以前，承包人应当通知发包人检查。发包人没有及时检查的，承包人可以顺延工程日期，并有权要求赔偿停工、窝工等损失。

第二百七十九条　建设工程竣工后，发包人应当根据施工图纸及说明书、国家颁发的施工验收规范和质量检验标准及时进行验收。验收合格的，发包人应当按照约定支付价款，并接收该建设工程。

建设工程竣工经验收合格后，方可交付使用；未经验收或者验收不合格的，不得交付使用。

第二百八十条　勘察、设计的质量不符合要求或者未按照期限提交勘察、设计文件拖延工期，造成发包人损失的，勘察人、设计人应当继续完善勘察、设计，减收或者免收勘察、设计费并赔偿损失。

第二百八十一条　因施工人的原因致使建设工程质量不符合约定的，发包人有权要求施工人在合理期限内无偿修理或者返工、改建。经过修理或者返工、改建后，造成逾期交付的，施工人应当承担违约责任。

第二百八十二条 因承包人的原因致使建设工程在合理使用期限内造成人身和财产损害的，承包人应当承担损害赔偿责任。

第二百八十三条 发包人未按照约定的时间和要求提供原材料、设备、场地、资金、技术资料的，承包人可以顺延工程日期，并有权要求赔偿停工、窝工等损失。

第二百八十四条 因发包人的原因致使工程中途停建、缓建的，发包人应当采取措施弥补或者减少损失，赔偿承包人因此造成的停工、窝工、倒运、机械设备调迁、材料和构件积压等损失和实际费用。

第二百八十五条 因发包人变更计划，提供的资料不准确，或者未按照期限提供必需的勘察、设计工作条件而造成勘察、设计的返工、停工或者修改设计，发包人应当按照勘察人、设计人实际消耗的工作量增付费用。

第二百八十六条 发包人未按照约定支付价款的，承包人可以催告发包人在合理期限内支付价款。发包人逾期不支付的，除按照建设工程的性质不宜折价、拍卖的以外，承包人可以与发包人协议将该工程折价，也可以申请人民法院将该工程依法拍卖。建设工程的价款就该工程折价或者拍卖的价款优先受偿。

第二百八十七条 本章没有规定的，适用承揽合同的有关规定。

《最高人民法院关于审理建设工程施工合同纠纷案件适用法律问题的解释》（法释〔2004〕14号 2005年1月1日起施行）

第一条 建设工程施工合同具有下列情形之一的，应当根据合同法第五十二条第（五）项的规定，认定无效：

（一）承包人未取得建筑施工企业资质或者超越资质等级的；

（二）没有资质的实际施工人借用有资质的建筑施工企业名义的；

（三）建设工程必须进行招标而未招标或者中标无效的。

第二条 建设工程施工合同无效，但建设工程经竣工验收合格，承包人请求参照合同约定支付工程价款的，应予支持。

第三条 建设工程施工合同无效，且建设工程经竣工验收不合格的，按照以下情形分别处理：

（一）修复后的建设工程经竣工验收合格，发包人请求承包人承担修复费用的，应予支持；

（二）修复后的建设工程经竣工验收不合格，承包人请求支付工程价款的，不予支持。

因建设工程不合格造成的损失，发包人有过错的，也应承担相应的民事责任。

第四条　承包人非法转包、违法分包建设工程或者没有资质的实际施工人借用有资质的建筑施工企业名义与他人签订建设工程施工合同的行为无效。人民法院可以根据民法通则第一百三十四条规定，收缴当事人已经取得的非法所得。

第五条　承包人超越资质等级许可的业务范围签订建设工程施工合同，在建设工程竣工前取得相应资质等级，当事人请求按照无效合同处理的，不予支持。

第六条　当事人对垫资和垫资利息有约定，承包人请求按照约定返还垫资及其利息的，应予支持，但是约定的利息计算标准高于中国人民银行发布的同期同类贷款利率的部分除外。

当事人对垫资没有约定的，按照工程欠款处理。

当事人对垫资利息没有约定，承包人请求支付利息的，不予支持。

第七条　具有劳务作业法定资质的承包人与总承包人、分包人签订的劳务分包合同，当事人以转包建设工程违反法律规定为由请求确认无效的，不予支持。

第八条　承包人具有下列情形之一，发包人请求解除建设工程施工合同的，应予支持：

（一）明确表示或者以行为表明不履行合同主要义务的；

（二）合同约定的期限内没有完工，且在发包人催告的合理期限内仍未完工的；

（三）已经完成的建设工程质量不合格，并拒绝修复的；

（四）将承包的建设工程非法转包、违法分包的。

第九条　发包人具有下列情形之一，致使承包人无法施工，且在催告的合理期限内仍未履行相应义务，承包人请求解除建设工程施工合同的，应予支持：

（一）未按约定支付工程价款的；

（二）提供的主要建筑材料、建筑构配件和设备不符合强制性标准的；

（三）不履行合同约定的协助义务的。

第十条　建设工程施工合同解除后，已经完成的建设工程质量合格的，发包人应当按照约定支付相应的工程价款；已经完成的建设工程质量不合格的，参照本解释第三条规定处理。

因一方违约导致合同解除的，违约方应当赔偿因此而给对方造成的损失。

第十一条 因承包人的过错造成建设工程质量不符合约定，承包人拒绝修理、返工或者改建，发包人请求减少支付工程价款的，应予支持。

第十二条 发包人具有下列情形之一，造成建设工程质量缺陷，应当承担过错责任：

（一）提供的设计有缺陷；

（二）提供或者指定购买的建筑材料、建筑构配件、设备不符合强制性标准；

（三）直接指定分包人分包专业工程。

承包人有过错的，也应当承担相应的过错责任。

第十三条 建设工程未经竣工验收，发包人擅自使用后，又以使用部分质量不符合约定为由主张权利的，不予支持；但是承包人应当在建设工程的合理使用寿命内对地基基础工程和主体结构质量承担民事责任。

第十四条 当事人对建设工程实际竣工日期有争议的，按照以下情形分别处理：

（一）建设工程经竣工验收合格的，以竣工验收合格之日为竣工日期；

（二）承包人已经提交竣工验收报告，发包人拖延验收的，以承包人提交验收报告之日为竣工日期；

（三）建设工程未经竣工验收，发包人擅自使用的，以转移占有建设工程之日为竣工日期。

第十五条 建设工程竣工前，当事人对工程质量发生争议，工程质量经鉴定合格的，鉴定期间为顺延工期期间。

第十六条 当事人对建设工程的计价标准或者计价方法有约定的，按照约定结算工程价款。

因设计变更导致建设工程的工程量或者质量标准发生变化，当事人对该部分工程价款不能协商一致的，可以参照签订建设工程施工合同时当地建设行政主管部门发布的计价方法或者计价标准结算工程价款。

建设工程施工合同有效，但建设工程经竣工验收不合格的，工程价款结算参照本解释第三条规定处理。

第十七条 当事人对欠付工程价款利息计付标准有约定的，按照约定处理；没有约定的，按照中国人民银行发布的同期同类贷款利率计息。

第十八条　利息从应付工程价款之日计付。当事人对付款时间没有约定或者约定不明的，下列时间视为应付款时间：

（一）建设工程已实际交付的，为交付之日；

（二）建设工程没有交付的，为提交竣工结算文件之日；

（三）建设工程未交付，工程价款也未结算的，为当事人起诉之日。

第十九条　当事人对工程量有争议的，按照施工过程中形成的签证等书面文件确认。承包人能够证明发包人同意其施工，但未能提供签证文件证明工程量发生的，可以按照当事人提供的其他证据确认实际发生的工程量。

第二十条　当事人约定，发包人收到竣工结算文件后，在约定期限内不予答复，视为认可竣工结算文件的，按照约定处理。承包人请求按照竣工结算文件结算工程价款的，应予支持。

第二十一条　当事人就同一建设工程另行订立的建设工程施工合同与经过备案的中标合同实质性内容不一致的，应当以备案的中标合同作为结算工程价款的根据。

第二十二条　当事人约定按照固定价结算工程价款，一方当事人请求对建设工程造价进行鉴定的，不予支持。

第二十三条　当事人对部分案件事实有争议的，仅对有争议的事实进行鉴定，但争议事实范围不能确定，或者双方当事人请求对全部事实鉴定的除外。

第二十四条　建设工程施工合同纠纷以施工行为地为合同履行地。

第二十五条　因建设工程质量发生争议的，发包人可以以总承包人、分包人和实际施工人为共同被告提起诉讼。

第二十六条　实际施工人以转包人、违法分包人为被告起诉的，人民法院应当依法受理。

实际施工人以发包人为被告主张权利的，人民法院可以追加转包人或者违法分包人为本案当事人。发包人只在欠付工程价款范围内对实际施工人承担责任。

第二十七条　因保修人未及时履行保修义务，导致建筑物毁损或者造成人身、财产损害的，保修人应当承担赔偿责任。

保修人与建筑物所有人或者发包人对建筑物毁损均有过错的，各自承担相应的责任。

第二十八条 本解释自二○○五年一月一日起施行。

施行后受理的第一审案件适用本解释。

施行前最高人民法院发布的司法解释与本解释相抵触的，以本解释为准。

《第八次全国法院民事商事审判工作会议（民事部分）纪要》（2016年11月21日 法〔2016〕399号）

（一）关于合同效力问题

30. 要依法维护通过招投标所签订的中标合同的法律效力。当事人违反工程建设强制性标准，任意压缩合理工期、降低工程质量标准的约定，应认定无效。对于约定无效后的工程价款结算，应依据建设工程施工合同司法解释的相关规定处理。

（二）关于工程价款问题

31. 招标人和中标人另行签订改变工期、工程价款、工程项目性质等影响中标结果实质性内容的协议，导致合同双方当事人就实质性内容享有的权利义务发生较大变化的，应认定为变更中标合同实质性内容。

（三）关于承包人停（窝）工损失的赔偿问题

32. 因发包人未按照约定提供原材料、设备、场地、资金、技术资料的，隐蔽工程在隐蔽之前，承包人已通知发包人检查，发包人未及时检查等原因致使工程中途停、缓建，发包人应当赔偿因此给承包人造成的停（窝）工损失，包括停（窝）工人员人工费、机械设备窝工费和因窝工造成设备租赁费用等停（窝）工损失。

（四）关于不履行协作义务的责任问题

33. 发包人不履行告知变更后的施工方案、施工技术交底、完善施工条件等协作义务，致使承包人停（窝）工，以至难以完成工程项目建设的，承包人催告在合理期限内履行，发包人逾期仍不履行的，人民法院视违约情节，可以依据合同法第二百五十九条、第二百八十三条规定裁判顺延工期，并有权要求赔偿停（窝）工损失。

34. 承包人不履行配合工程档案备案、开具发票等协作义务的，人民法院视违约情节，可以依据合同法第六十条、第一百零七条规定，判令承包人限期履行、赔偿损失等。

【适用本案由需要注意的问题】

◆根据《最高人民法院关于适用〈中华人民共和国民事诉讼法〉的解

释》第28条规定，建设工程合同纠纷案件，按照不动产纠纷确定管辖，即由不动产所在地人民法院管辖。不动产已登记的，以不动产登记簿记载的所在地为不动产所在地；不动产未登记的，以不动产实际所在地为不动产所在地。

◆在适用本案由时，要注意其与承揽合同纠纷的区别。建设工程合同属于一种特殊的承揽合同，由于其特殊性，《民事案件案由规定》将其列为一个单独的案由，并在其下列了九个四级案由，属于这九个四级案由的，不适用承揽合同纠纷这一案由。

101. 运输合同纠纷

（1）公路旅客运输合同纠纷
（2）公路货物运输合同纠纷
（3）水路旅客运输合同纠纷
（4）水路货物运输合同纠纷
（5）航空旅客运输合同纠纷
（6）航空货物运输合同纠纷
（7）出租汽车运输合同纠纷
（8）管道运输合同纠纷
（9）城市公交运输合同纠纷
（10）联合运输合同纠纷
（11）多式联运合同纠纷
（12）铁路货物运输合同纠纷
（13）铁路旅客运输合同纠纷
（14）铁路行李运输合同纠纷
（15）铁路包裹运输合同纠纷
（16）国际铁路联运合同纠纷

【案由解析】

运输合同是指承运人将旅客或货物从起运地点运输到约定地点，旅客、托运人支付票款或者运输费用的合同。

运输合同纠纷是指当事人之间因订立、履行、变更、终止运输合同发生的权利义务纠纷。

运输合同的特征主要是：（1）运输合同是双务有偿合同。在运输合同中，双方当事人都既享有权利又承担义务，承运人及时安全地将旅客或货物运至目的地与旅客或托运人支付费用互为对价。（2）运输合同是诺成合同。双方当事人意思表示一致时，运输合同即告成立。（3）某些运输合同具缔约强制性。这主要是指那些垄断性的公用企业，为了保护社会公众的利益，法律强制其不得拒绝旅客或托运人的缔约要求。

【典型形态】

在实践中，运输合同的典型形态主要有：

（1）公路旅客运输合同纠纷，是指当事人就达成的承运人在公路上使用汽车等运输工具把旅客运送至目的地的合同产生的权利义务纠纷。

（2）公路货物运输合同纠纷，是指当事人就达成的承运人在公路上使用汽车等运输工具将托运人的货物运送至指定地点交付收货人的合同产生的权利义务纠纷。

（3）水路旅客运输合同纠纷，是指当事人就达成的承运人用船舶经水路将旅客及其自带行李从一个港口运送至另一个港口，旅客支付票款的合同产生的权利义务纠纷。

（4）水路货物运输合同纠纷，是指当事人就达成的承运人用船舶经水路把货物从一个港口运至另一个港口，托运人支付运费的合同产生的权利义务纠纷。

（5）航空旅客运输合同纠纷，是指当事人就达成的承运人将旅客及其行李以航空器运送至目的地的合同产生的权利义务纠纷。

（6）航空货物运输合同纠纷，是指当事人就达成的承运人以航空器和其他设备，采用航空运输的方式把托运物运送至指定地点交给收货人的合同产生的权利义务纠纷。

（7）出租汽车运输合同纠纷，是指当事人就达成的承运人以出租汽车把乘客及其随身物品运送至指定地点并收取运费的合同产生的权利义务纠纷。

（8）管道运输合同纠纷，是指当事人就达成的承运人以管道作为运输方式运送货物的合同产生的权利义务纠纷。

（9）城市公交运输合同纠纷，是指城镇的公共运输企业利用公众乘用的公共汽车、电车、地铁、索道缆车及城市水上客运船运送旅客产生的权利义务纠纷。

（10）联合运输合同纠纷，是指当事人就达成的多个承运人用同一种运输方式共同为托运人运送货物的合同产生的权利义务纠纷。

（11）多式联运合同纠纷，是指当事人就达成的多式联运经营人用两种以上运输方式将货物运送至目的地交付收货人，并收取全程运费的合同产生的权利义务纠纷。

（12）铁路货物运输合同纠纷，是指当事人就达成的铁路运输企业按照合同约定或国务院铁路主管部门规定的期限，把货物运送至目的地，并收取运费的合同产生的权利义务纠纷。

（13）铁路旅客运输合同纠纷，是指当事人就达成的铁路运输企业按照车票上的日期、车次将旅客运送至目的地，旅客支付票款的合同产生的权利义务纠纷。

（14）铁路行李运输合同纠纷，是指铁路运输企业将旅客的被褥、衣服等其他旅行物品运送至目的地的合同产生的权利义务纠纷。

（15）铁路包裹运输合同纠纷，是指铁路运输企业将小件货物放置在列车行李车内运送至目的地的合同产生的权利义务纠纷。

（16）国际铁路联运合同纠纷，是指国际联运承运人按照与托运人的约定通过铁路跨国运送货物并收取运费的合同产生的权利义务纠纷。

【常用法律条文及索引】

《合同法》（1999 年 10 月 1 日起施行）

第一节　一般规定

第二百八十八条　运输合同是承运人将旅客或者货物从起运地点运输到约定地点，旅客、托运人或者收货人支付票款或者运输费用的合同。

第二百八十九条　从事公共运输的承运人不得拒绝旅客、托运人通常、合理的运输要求。

第二百九十条　承运人应当在约定期间或者合理期间内将旅客、货物安全运输到约定地点。

第二百九十一条　承运人应当按照约定的或者通常的运输路线将旅客、货物运输到约定地点。

第二百九十二条　旅客、托运人或者收货人应当支付票款或者运输费用。承运人未按照约定路线或者通常路线运输增加票款或者运输费用的，旅客、托运人或者收货人可以拒绝支付增加部分的票款或者运输费用。

第二节　客运合同

第二百九十三条　客运合同自承运人向旅客交付客票时成立，但当事人另有约定或者另有交易习惯的除外。

第二百九十四条　旅客应当持有效客票乘运。旅客无票乘运、超程乘运、越级乘运或者持失效客票乘运的，应当补交票款，承运人可以按照规定加收票款。旅客不交付票款的，承运人可以拒绝运输。

第二百九十五条　旅客因自己的原因不能按照客票记载的时间乘坐的，应当在约定的时间内办理退票或者变更手续。逾期办理的，承运人可以不退票款，并不再承担运输义务。

第二百九十六条　旅客在运输中应当按照约定的限量携带行李。超过限量携带行李的，应当办理托运手续。

第二百九十七条　旅客不得随身携带或者在行李中夹带易燃、易爆、有毒、有腐蚀性、有放射性以及有可能危及运输工具上人身和财产安全的危险物品或者其他违禁物品。

旅客违反前款规定的，承运人可以将违禁物品卸下、销毁或者送交有关部门。旅客坚持携带或者夹带违禁物品的，承运人应当拒绝运输。

第二百九十八条　承运人应当向旅客及时告知有关不能正常运输的重要事由和安全运输应当注意的事项

第二百九十九条　承运人应当按照客票载明的时间和班次运输旅客。承运人迟延运输的，应当根据旅客的要求安排改乘其他班次或者退票。

第三百条　承运人擅自变更运输工具而降低服务标准的，应当根据旅客的要求退票或者减收票款；提高服务标准的，不应当加收票款。

第三百零一条　承运人在运输过程中，应当尽力救助患有急病、分娩、遇险的旅客。

第三百零二条　承运人应当对运输过程中旅客的伤亡承担损害赔偿责任，但伤亡是旅客自身健康原因造成的或者承运人证明伤亡是旅客故意、重大过失造成的除外。

前款规定适用于按照规定免票、持优待票或者经承运人许可搭乘的无票旅客。

第三百零三条　在运输过程中旅客自带物品毁损、灭失，承运人有过错的，应当承担损害赔偿责任。

旅客托运的行李毁损、灭失的，适用货物运输的有关规定。

第三节　货运合同

第三百零四条　托运人办理货物运输，应当向承运人准确表明收货人的名称或者姓名或者凭指示的收货人，货物的名称、性质、重量、数量，收货地点等有关货物运输的必要情况。

因托运人申报不实或者遗漏重要情况，造成承运人损失的，托运人应当承担损害赔偿责任。

第三百零五条　货物运输需要办理审批、检验等手续的，托运人应当将办理完有关手续的文件提交承运人。

第三百零六条　托运人应当按照约定的方式包装货物。对包装方式没有约定或者约定不明确的，适用本法第一百五十六条的规定。

托运人违反前款规定的，承运人可以拒绝运输。

第三百零七条　托运人托运易燃、易爆、有毒、有腐蚀性、有放射性等危险物品的，应当按照国家有关危险物品运输的规定对危险物品妥善包装，作出危险物标志和标签，并将有关危险物品的名称、性质和防范措施的书面材料提交承运人。

托运人违反前款规定的，承运人可以拒绝运输，也可以采取相应措施以避免损失的发生，因此产生的费用由托运人承担。

第三百零八条　在承运人将货物交付收货人之前，托运人可以要求承运人中止运输、返还货物、变更到达地或者将货物交给其他收货人，但应当赔偿承运人因此受到的损失。

第三百零九条　货物运输到达后，承运人知道收货人的，应当及时通知收货人，收货人应当及时提货。收货人逾期提货的，应当向承运人支付保管费等费用。

第三百一十条　收货人提货时应当按照约定的期限检验货物。对检验货物的期限没有约定或者约定不明确，依照本法第六十一条的规定仍不能确定的，应当在合理期限内检验货物。收货人在约定的期限或者合理期限内对货物的数量、毁损等未提出异议的，视为承运人已经按照运输单证的记载交付的初步证据。

第三百一十一条　承运人对运输过程中货物的毁损、灭失承担损害赔偿责任，但承运人证明货物的毁损、灭失是因不可抗力、货物本身的自然性质或者合理损耗以及托运人、收货人的过错造成的，不承担损害赔偿责任。

第三百一十二条 货物的毁损、灭失的赔偿额，当事人有约定的，按照其约定；没有约定或者约定不明确，依照本法第六十一条的规定仍不能确定的，按照交付或者应当交付时货物到达地的市场价格计算。法律、行政法规对赔偿额的计算方法和赔偿限额另有规定的，依照其规定。

第三百一十三条 两个以上承运人以同一运输方式联运的，与托运人订立合同的承运人应当对全程运输承担责任。损失发生在某一运输区段的，与托运人订立合同的承运人和该区段的承运人承担连带责任。

第三百一十四条 货物在运输过程中因不可抗力灭失，未收取运费的，承运人不得要求支付运费；已收取运费的，托运人可以要求返还。

第三百一十五条 托运人或者收货人不支付运费、保管费以及其他运输费用的，承运人对相应的运输货物享有留置权，但当事人另有约定的除外。

第三百一十六条 收货人不明或者收货人无正当理由拒绝受领货物的，依照本法第一百零一条的规定，承运人可以提存货物

第四节 多式联运合同

第三百一十七条 多式联运经营人负责履行或者组织履行多式联运合同，对全程运输享有承运人的权利，承担承运人的义务。

第三百一十八条 多式联运经营人可以与参加多式联运的各区段承运人就多式联运合同的各区段运输约定相互之间的责任，但该约定不影响多式联运经营人对全程运输承担的义务。

第三百一十九条 多式联运经营人收到托运人交付的货物时，应当签发多式联运单据。按照托运人的要求，多式联运单据可以是可转让单据，也可以是不可转让单据。

第三百二十条 因托运人托运货物时的过错造成多式联运经营人损失的，即使托运人已经转让多式联运单据，托运人仍然应当承担损害赔偿责任。

第三百二十一条 货物的毁损、灭失发生于多式联运的某一运输区段的，多式联运经营人的赔偿责任和责任限额，适用调整该区段运输方式的有关法律规定。货物毁损、灭失发生的运输区段不能确定的，依照本章规定承担损害赔偿责任。

《铁路法》（1991 年 5 月 1 日起施行　2015 年 4 月 24 日第二次修正）

第十一条 铁路运输合同是明确铁路运输企业与旅客、托运人之间权利

义务关系的协议。

旅客车票、行李票、包裹票和货物运单是合同或者合同的组成部分。

第十二条　铁路运输企业应当保证旅客按车票载明的日期、车次乘车，并到达目的站。因铁路运输企业的责任造成旅客不能按车票载明的日期、车次乘车的，铁路运输企业应当按照旅客的要求，退还全部票款或者安排改乘到达相同目的站的其他列车。

第十三条　铁路运输企业应当采取有效措施做好旅客运输服务工作，做到文明礼貌、热情周到，保持车站和车厢内的清洁卫生，提供饮用开水，做好列车上的饮食供应工作。

铁路运输企业应当采取措施，防止对铁路沿线环境的污染。

第十四条　旅客乘车应当持有效车票。对无票乘车或者持失效车票乘车的，应当补收票款，并按照规定加收票款；拒不交付的，铁路运输企业可以责令下车。

【适用本案由需要注意的问题】

◆在确定运输合同纠纷的管辖法院时，应注意区分普通运输方式与铁路运输、海上运输的不同。铁路运输合同纠纷由铁路运输法院管辖，海上运输合同纠纷案件由海事法院管辖，而其他纠纷由运输始发地、目的地或被告住所地人民法院管辖。

◆在适用本案由时，要注意本案由中的水路运输与国际海上运输的区别。在我国，水上运输指国内水路运输，包括沿海运输与内陆可航水域运输，不包括国际海上运输，所以国际海上运输纠纷不适用本案由。

102. 保管合同纠纷

【案由解析】

保管合同又称寄托合同、寄存合同，是指双方当事人约定一方将物交付他方保管的合同。保管物品的一方称为保管人，或者称为受寄人，其所保管的物品称为保管物，或者称为寄托物，交付物品保管的一方称为寄存人，或者称为寄托人。保管合同纠纷是指当事人之间因订立、履行、变更、终止保管合同发生的权利义务纠纷。

保管合同的特征主要是：(1) 合同的目的是保管。当事人订立合同的目的是由保管人代为保管物品，并不是为了得到保管物的所有权或者使用权。(2) 保管合同为实践合同、无偿合同或有偿合同。《合同法》规定，保管合同自保管物交付时成立，所以如无特别约定，为实践合同。根据《合同法》的规定，保管合同的当事人对保管费没有约定或约定不明时，保管合同是无偿合同。也就是说，保管合同以无偿为原则，但约定为有偿的除外。(3) 保管合同是双务合同、不要式合同。虽然保管合同多为无偿合同，但即使再无偿的保管合同中，也有可能存在保管费用，对于保管人在保管物品时的支出，寄存人有义务支付。不要式体现在当事人交付与接收保管物时合同即成立，不需采取特别的形式。

【常用法律条文及索引】

《合同法》(1999 年 10 月 1 日起施行)

第三百六十五条 保管合同是保管人保管寄存人交付的保管物，并返还该物的合同。

第三百六十六条 寄存人应当按照约定向保管人支付保管费。

当事人对保管费没有约定或者约定不明确，依照本法第六十一条的规定仍不能确定的，保管是无偿的。

第三百六十七条 保管合同自保管物交付时成立，但当事人另有约定的除外。

第三百六十八条 寄存人向保管人交付保管物的，保管人应当给付保管凭证，但另有交易习惯的除外。

第三百六十九条 保管人应当妥善保管保管物。

当事人可以约定保管场所或者方法。除紧急情况或者为了维护寄存人利益的以外，不得擅自改变保管场所或者方法。

第三百七十条 寄存人交付的保管物有瑕疵或者按照保管物的性质需要采取特殊保管措施的，寄存人应当将有关情况告知保管人。寄存人未告知，致使保管物受损失的，保管人不承担损害赔偿责任；保管人因此受损失的，除保管人知道或者应当知道并且未采取补救措施的以外，寄存人应当承担损害赔偿责任。

第三百七十一条 保管人不得将保管物转交第三人保管，但当事人另有约定的除外。

保管人违反前款规定，将保管物转交第三人保管，对保管物造成损失的，应当承担损害赔偿责任。

第三百七十二条　保管人不得使用或者许可第三人使用保管物，但当事人另有约定的除外。

第三百七十三条　第三人对保管物主张权利的，除依法对保管物采取保全或者执行的以外，保管人应当履行向寄存人返还保管物的义务。

第三人对保管人提起诉讼或者对保管物申请扣押的，保管人应当及时通知寄存人。

第三百七十四条　保管期间，因保管人保管不善造成保管物毁损、灭失的，保管人应当承担损害赔偿责任，但保管是无偿的，保管人证明自己没有重大过失的，不承担损害赔偿责任。

第三百七十五条　寄存人寄存货币、有价证券或者其他贵重物品的，应当向保管人声明，由保管人验收或者封存。寄存人未声明的，该物品毁损、灭失后，保管人可以按照一般物品予以赔偿。

第三百七十六条　寄存人可以随时领取保管物。

当事人对保管期间没有约定或者约定不明确的，保管人可以随时要求寄存人领取保管物；约定保管期间的，保管人无特别事由，不得要求寄存人提前领取保管物。

第三百七十七条　保管期间届满或者寄存人提前领取保管物的，保管人应当将原物及其孳息归还寄存人。

第三百七十八条　保管人保管货币的，可以返还相同种类、数量的货币。保管其他可替代物的，可以按照约定返还相同种类、品质、数量的物品。

第三百七十九条　有偿的保管合同，寄存人应当按照约定的期限向保管人支付保管费。

当事人对支付期限没有约定或者约定不明确，依照本法第六十一条的规定仍不能确定的，应当在领取保管物的同时支付。

第三百八十条　寄存人未按照约定支付保管费以及其他费用的，保管人对保管物享有留置权，但当事人另有约定的除外。

【适用本案由需要注意的问题】

◆保管合同纠纷案件，按照合同纠纷案件的一般管辖原则，由被告住所地或合同履行地人民法院管辖。如保管物为不动产，则由不动产所在地人民法院管辖。根据《最高人民法院关于军事法院管辖民事案件若干问题的规定》（法释〔2012〕11号）第2条的规定，《民事诉讼法》第33条规定的不动产所在地在营区内，且当事人一方为军人或者军队单位的案件，地方当事人向军事法院提起诉讼或者提出申请的，军事法院应当受理。

◆在适用本案由时，要注意保管合同和其他相关合同的区别，如借用合同、租赁合同等。区分时从订立合同的目的出发，保管合同是出于对物的保管，其他合同虽然也有对物的保管行为，但借用合同是为了出借人对出借物的使用，租赁合同是租赁人对租赁物的使用，而保管合同不以其他目的订立，这是保管合同区别于其他合同的本质所在。

103. 仓储合同纠纷

【案由解析】

仓储合同是指保管人储存存货人交付的仓储物，存货人交付仓储费的合同。

仓储合同纠纷是指当事人之间因订立、履行、变更、终止仓储合同发生的权利义务纠纷。

仓储合同的特征主要是：(1) 保管人是从事仓储保管业务的人。这是仓储合同与保管合同非常重要的区别，在保管合同中，对于保管人并无资质上的要求，而仓储合同中的保管人须具有仓储设备和从事仓储业务的资格。(2) 仓储合同的仓储物为动产。仓储合同的保管人是用自己的仓库保管仓储物，所以仓储合同的仓储物必须是动产。(3) 仓储合同是诺成、不要式合同。仓储合同的成立以当事人达成合意为准，无须仓储物的实际交付。仓储合同亦不需采用特殊的形式，所以是诺成、不要式合同。(4) 仓储合同是双务、有偿合同。仓储合同中保管人与寄存人都既享有权利又承担义务，仓储人的保管行为与寄存人交付保管费互为对价。

【典型形态】

在实践中，仓储合同纠纷主要有；

(1) 仓储物损毁纠纷，是指仓储物在保管人管理过程中发生损坏、灭失等情况时当事人之间产生的权利义务纠纷。

（2）仓储费纠纷，是指当事人之间关于仓储费用的计算、支付等情况产生的纠纷。

【常用法律条文及索引】

《合同法》（1999 年 10 月 1 日起施行）

第三百八十一条　仓储合同是保管人储存存货人交付的仓储物，存货人支付仓储费的合同。

第三百八十二条　仓储合同自成立时生效。

第三百八十三条　储存易燃、易爆、有毒、有腐蚀性、有放射性等危险物品或者易变质物品，存货人应当说明该物品的性质，提供有关资料。

存货人违反前款规定的，保管人可以拒收仓储物，也可以采取相应措施以避免损失的发生，因此产生的费用由存货人承担。

保管人储存易燃、易爆、有毒、有腐蚀性、有放射性等危险物品的，应当具备相应的保管条件。

第三百八十四条　保管人应当按照约定对入库仓储物进行验收。保管人验收时发现入库仓储物与约定不符合的，应当及时通知存货人。保管人验收后，发生仓储物的品种、数量、质量不符合约定的，保管人应当承担损害赔偿责任。

第三百八十五条　存货人交付仓储物的，保管人应当给付仓单。

第三百八十六条　保管人应当在仓单上签字或者盖章。仓单包括下列事项：

（一）存货人的名称或者姓名和住所；

（二）仓储物的品种、数量、质量、包装、件数和标记；

（三）仓储物的损耗标准；

（四）储存场所；

（五）储存期间；

（六）仓储费；

（七）仓储物已经办理保险的，其保险金额、期间以及保险人的名称；

（八）填发人、填发地和填发日期。

第三百八十七条　仓单是提取仓储物的凭证。存货人或者仓单持有人在仓单上背书并经保管人签字或者盖章的，可以转让提取仓储物的权利。

第三百八十八条 保管人根据存货人或者仓单持有人的要求，应当同意其检查仓储物或者提取样品。

第三百八十九条 保管人对入库仓储物发现有变质或者其他损坏的，应当及时通知存货人或者仓单持有人。

第三百九十条 保管人对入库仓储物发现有变质或者其他损坏，危及其他仓储物的安全和正常保管的，应当催告存货人或者仓单持有人作出必要的处置。因情况紧急，保管人可以作出必要的处置，但事后应当将该情况及时通知存货人或者仓单持有人。

第三百九十一条 当事人对储存期间没有约定或者约定不明确的，存货人或者仓单持有人可以随时提取仓储物，保管人也可以随时要求存货人或者仓单持有人提取仓储物，但应当给予必要的准备时间。

第三百九十二条 储存期间届满，存货人或者仓单持有人应当凭仓单提取仓储物。存货人或者仓单持有人逾期提取的，应当加收仓储费；提前提取的，不减收仓储费。

第三百九十三条 储存期间届满，存货人或者仓单持有人不提取仓储物的，保管人可以催告其在合理期限内提取，逾期不提取的，保管人可以提存仓储物。

第三百九十四条 储存期间，因保管人保管不善造成仓储物毁损、灭失的，保管人应当承担损害赔偿责任。

因仓储物的性质、包装不符合约定或者超过有效储存期造成仓储物变质、损坏的，保管人不承担损害赔偿责任。

第三百九十五条 本章没有规定的，适用保管合同的有关规定。

【适用本案由需要注意的问题】

◆仓储合同纠纷案件，按照合同纠纷案件的一般管辖原则，由被告住所地或合同履行地人民法院管辖。

◆在适用本案由时，要注意其与保管合同纠纷的区别。保管合同的保管人无特别资质要求，而仓储合同的保管人要求是仓库营业人。保管合同是诺成合同，仓储合同是实践合同。保管合同既有可能是有偿合同，也有可能是无偿合同，而仓储合同是有偿合同。此外，在保管物的验收及保管物的毁损、灭失的赔偿责任上都有不同，适用时需注意不要将两者混淆。

104. 委托合同纠纷

（1）进出口代理合同纠纷

（2）货运代理合同纠纷

（3）民用航空运输销售代理合同纠纷

（4）诉讼、仲裁、人民调解代理合同纠纷

【案由解析】

委托合同是指委托人和受托人约定，由受托人处理委托事务的合同。

委托合同纠纷是指当事人之间因订立、履行、变更、终止委托合同发生的权利义务纠纷。

委托合同的特征主要是：（1）委托合同是建立在委托人与受托人相互信任的基础上的。委托人选择受托人为自己处理事务，是因为委托人信任受托人的能力和信用，而受托人愿意为委托人处理事务，也是基于对委托人的了解与信任。因为委托合同的这个特点，当事人任何一方对对方产生了不信任，都可以随时终止合同。（2）委托合同的标的是处理事务。当事人签订合同的目的是一方代另一方处理委托事务，属于劳务类合同。（3）受托人以委托人的名义处理问题。受托人在代委托人处理问题时，不是以自己的名义进行，而是由委托人的名义，受托人处理的委托事务的后果，直接由委托人承担。（4）委托合同是诺成、不要式合同。在委托合同中，双方意思表示达成一致，合同便告成立，同时签订合同不需采用特别的形式。

【典型形态】

在实践中，委托合同的典型形态主要有：

（1）进出口代理合同纠纷，是指当事人就达成的代理人为委托人处理进出口事务的合同产生的权利义务纠纷。

（2）货运代理合同纠纷，是指当事人就达成的由代理人为委托人处理货物运输事务的合同产生的权利义务纠纷。

（3）民用航空运输销售代理合同纠纷，是指当事人就达成的由代理人为委托人处理民用航空运输销售事务的合同产生的权利义务纠纷。

（4）诉讼、仲裁、人民调解代理合同纠纷，是指当事人就达成的案件纠纷的当事人或法定代理人委托代理人代为进行诉讼、仲裁、人民调解等法律活动的合同产生的权利义务纠纷。

【常用法律条文及索引】

《合同法》（1999 年 10 月 1 日起施行）

第三百九十六条 委托合同是委托人和受托人约定，由受托人处理委托人事务的合同。

第三百九十七条 委托人可以特别委托受托人处理一项或者数项事务，也可以概括委托受托人处理一切事务。

第三百九十八条 委托人应当预付处理委托事务的费用。受托人为处理委托事务垫付的必要费用，委托人应当偿还该费用及其利息。

第三百九十九条 受托人应当按照委托人的指示处理委托事务。需要变更委托人指示的，应当经委托人同意；因情况紧急，难以和委托人取得联系的，受托人应当妥善处理委托事务，但事后应当将该情况及时报告委托人。

第四百条 受托人应当亲自处理委托事务。经委托人同意，受托人可以转委托。转委托经同意的，委托人可以就委托事务直接指示转委托的第三人，受托人仅就第三人的选任及其对第三人的指示承担责任。转委托未经同意的，受托人应当对转委托的第三人的行为承担责任，但在紧急情况下受托人为维护委托人的利益需要转委托的除外。

第四百零一条 受托人应当按照委托人的要求，报告委托事务的处理情况。委托合同终止时，受托人应当报告委托事务的结果。

第四百零二条 受托人以自己的名义，在委托人的授权范围内与第三人订立的合同，第三人在订立合同时知道受托人与委托人之间的代理关系的，该合同直接约束委托人和第三人，但有确切证据证明该合同只约束受托人和第三人的除外。

第四百零三条 受托人以自己的名义与第三人订立合同时，第三人不知道受托人与委托人之间的代理关系的，受托人因第三人的原因对委托人不履行义务，受托人应当向委托人披露第三人，委托人因此可以行使受托人对第三人的权利，但第三人与受托人订立合同时如果知道该委托人就不会订立合同的除外。

受托人因委托人的原因对第三人不履行义务，受托人应当向第三人披露委托人，第三人因此可以选择受托人或者委托人作为相对人主张其权利，但第三人不得变更选定的相对人。

委托人行使受托人对第三人的权利的，第三人可以向委托人主张其对受托人的抗辩。第三人选定委托人作为其相对人的，委托人可以向第三人主张其对受托人的抗辩以及受托人对第三人的抗辩。

第四百零四条　受托人处理委托事务取得的财产，应当转交给委托人。

第四百零五条　受托人完成委托事务的，委托人应当向其支付报酬。因不可归责于受托人的事由，委托合同解除或者委托事务不能完成的，委托人应当向受托人支付相应的报酬。当事人另有约定的，按照其约定。

第四百零六条　有偿的委托合同，因受托人的过错给委托人造成损失的，委托人可以要求赔偿损失。无偿的委托合同，因受托人的故意或者重大过失给委托人造成损失的，委托人可以要求赔偿损失。

受托人超越权限给委托人造成损失的，应当赔偿损失。

第四百零七条　受托人处理委托事务时，因不可归责于自己的事由受到损失的，可以向委托人要求赔偿损失。

第四百零八条　委托人经受托人同意，可以在受托人之外委托第三人处理委托事务。因此给受托人造成损失的，受托人可以向委托人要求赔偿损失。

第四百零九条　两个以上的受托人共同处理委托事务的，对委托人承担连带责任。

第四百一十条　委托人或者受托人可以随时解除委托合同。因解除合同给对方造成损失的，除不可归责于该当事人的事由以外，应当赔偿损失。

第四百一十一条　委托人或者受托人死亡、丧失民事行为能力或者破产的，委托合同终止，但当事人另有约定或者根据委托事务的性质不宜终止的除外。

第四百一十二条　因委托人死亡、丧失民事行为能力或者破产，致使委托合同终止将损害委托人利益的，在委托人的继承人、法定代理人或者清算组织承受委托事务之前，受托人应当继续处理委托事务。

第四百一十三条　因受托人死亡、丧失民事行为能力或者破产，致使委托合同终止的，受托人的继承人、法定代理人或者清算组织应当及时通知委托人。因委托合同终止将损害委托人利益的，在委托人作出善后处理之前，受托人的继承人、法定代理人或者清算组织应当采取必要措施。

《民事诉讼法》（1991 年 4 月 9 日起施行　2017 年 6 月 27 日修正）

第五十八条　当事人、法定代理人可以委托一至二人作为诉讼代理人。

下列人员可以被委托为诉讼代理人：

（一）律师、基层法律服务工作者；

（二）当事人的近亲属或者工作人员；

（三）当事人所在社区、单位以及有关社会团体推荐的公民。

《仲裁法》（1995 年 9 月 1 日起施行）

第二十九条　当事人、法定代理人可以委托律师和其他代理人进行仲裁活动。委托律师和其他代理人进行仲裁活动的，应当向仲裁委员会提交授权委托书。

【适用本案由需要注意的问题】

◆委托合同纠纷案件，按照合同纠纷案件的一般原则，由被告住所地或合同履行地人民法院管辖。若当事人对管辖法院有特殊约定，且约定符合《民事诉讼法》第 34 条关于协议管辖的规定，则从其约定。合同履行地以受托人办理委托事务的地点为准。

◆在适用本案由时，要注意本案由的四级案由货运代理合同纠纷与货物运输合同纠纷的区别。货物运输合同的标的是运输行为，即将货物运送至目的地。而货运代理合同的标的是处理货运事务。此外，要注意本案由下的货运代理不包括国际海上货运代理，所以相关纠纷不能适用本案由。

105. 委托理财合同纠纷

（1）金融委托理财合同纠纷

（2）民间委托理财合同纠纷

【案由解析】

委托理财合同是指委托人与受托人签订的受托人将委托人的资金、证券等资产投资于期货、证券等交易市场或者通过其他金融形式进行管理，投资收益按双方的约定分配或受托人收取代理费的协议。

委托理财合同纠纷是指当事人之间因订立、履行、变更、终止委托合同发生的权利义务纠纷。

【常用法律条文及索引】

《证券法》（2006 年 1 月 1 日起施行 2014 年 8 月 31 日修正）

第一百四十条 证券公司办理经纪业务，应当置备统一制定的证券买卖委托书，供委托人使用。采取其他委托方式的，必须作出委托记录。

客户的证券买卖委托，不论是否成交，其委托记录应当按照规定的期限，保存于证券公司。

第一百四十一条 证券公司接受证券买卖的委托，应当根据委托书载明的证券名称、买卖数量、出价方式、价格幅度等，按照交易规则代理买卖证券，如实进行交易记录；买卖成交后，应当按照规定制作买卖成交报告单交付客户。

证券交易中确认交易行为及其交易结果的对账单必须真实，并由交易经办人员以外的审核人员逐笔审核，保证账面证券余额与实际持有的证券相一致。

第一百四十二条 证券公司为客户买卖证券提供融资融券服务，应当按照国务院的规定并经国务院证券监督管理机构批准。

第一百四十三条 证券公司办理经纪业务，不得接受客户的全权委托而决定证券买卖、选择证券种类、决定买卖数量或者买卖价格。

第一百四十四条 证券公司不得以任何方式对客户证券买卖的收益或者赔偿证券买卖的损失作出承诺。

第一百四十五条 证券公司及其从业人员不得未经过其依法设立的营业场所私下接受客户委托买卖证券。

第一百四十六条 证券公司的从业人员在证券交易活动中，执行所属的证券公司的指令或者利用职务违反交易规则的，由所属的证券公司承担全部责任。

第一百四十七条 证券公司应当妥善保存客户开户资料、委托记录、交易记录和与内部管理、业务经营有关的各项资料，任何人不得隐匿、伪造、篡改或者毁损。上述资料的保存期限不得少于二十年。

《信托法》（2001 年 10 月 1 日起施行）

第二十五条 受托人应当遵守信托文件的规定，为受益人的最大利益处理信托事务。

受托人管理信托财产，必须恪尽职守，履行诚实、信用、谨慎、有效管理的义务。

第二十六条 受托人除依照本法规定取得报酬外，不得利用信托财产为自己谋取利益。

受托人违反前款规定，利用信托财产为自己谋取利益的，所得利益归入信托财产。

第二十七条 受托人不得将信托财产转为其固有财产。受托人将信托财产转为其固有财产的，必须恢复该信托财产的原状；造成信托财产损失的，应当承担赔偿责任。

第二十八条 受托人不得将其固有财产与信托财产进行交易或者将不同委托人的信托财产进行相互交易，但信托文件另有规定或者经委托人或者受益人同意，并以公平的市场价格进行交易的除外。

受托人违反前款规定，造成信托财产损失的，应当承担赔偿责任。

第二十九条 受托人必须将信托财产与其固有财产分别管理、分别记账，并将不同委托人的信托财产分别管理、分别记账。

第三十条 受托人应当自己处理信托事务，但信托文件另有规定或者有不得已事由的，可以委托他人代为处理。

受托人依法将信托事务委托他人代理的，应当对他人处理信托事务的行为承担责任。

第三十一条 同一信托的受托人有两个以上的，为共同受托人。

共同受托人应当共同处理信托事务，但信托文件规定对某些具体事务由受托人分别处理的，从其规定。

共同受托人共同处理信托事务，意见不一致时，按信托文件规定处理；信托文件未规定的，由委托人、受益人或者其利害关系人决定。

第三十二条 共同受托人处理信托事务对第三人所负债务，应当承担连带清偿责任。第三人对共同受托人之一所作的意思表示，对其他受托人同样有效。

共同受托人之一违反信托目的处分信托财产或者因违背管理职责、处理信托事务不当致使信托财产受到损失的，其他受托人应当承担连带赔偿责任。

另参见“104. 委托合同纠纷”案由相关部分。

【适用本案由需要注意的问题】

◆委托理财合同纠纷案件，按照合同纠纷案件的一般管辖原则，由被告住所地或者合同履行地人民法院管辖。

◆在适用本案由时，要注意其与委托合同纠纷的区别。虽然两种合同纠纷都是委托他人处理事务，但是两者仍有所不同。委托合同既可能有偿也可能无偿，而委托理财合同必定是有偿合同；委托合同是诺成、非要式合同，委托理财合同是实践、要式合同；在委托合同中处理事务的后果一般由委托人完全承担，而在委托理财合同中经常有委托人不承担因受托人的理财行为所造成损失的约定。

106. 行纪合同纠纷

【案由解析】

行纪合同是指行纪人以自己名义为委托人从事贸易活动，委托人支付报酬的合同。

行纪合同纠纷是指当事人之间因订立、履行、变更、终止行纪合同发生的权利义务纠纷。

行纪合同的特征主要是：（1）行纪人有资质要求。行纪是一种特殊行业，从事行纪业务需要经过批准或许可。（2）行纪合同的标的是处理委托事务。行纪合同属于劳务合同的一种，但其劳务非一般的工作事项，是代委托人从事贸易活动。（3）行纪人从事委托事务时以自己的名义。行纪人代委托人从事贸易活动时，是以自己的名义与他人发生民事关系，这与代理关系中代理人以委托人的名义活动相区别。（4）行纪人为委托人的利益处理事务。虽然在处理事务时，行纪人用的是自己的名义，但其与第三人发生法律关系是从委托人的利益出发，所以行纪人处理委托事务的利益与损失均由委托人承受。（5）行纪合同是诺成、不要式合同。行纪合同自当事人意思表示一致时成立，也不需要采用特别的形式。（6）行纪合同是双务、有偿合同。行纪合同中的委托人与行纪人都既享有权利又承担义务，双方权利义务互为对价。

【常用法律条文及索引】

《合同法》（1999 年 10 月 1 日起施行）

第四百一十四条　行纪合同是行纪人以自己的名义为委托人从事贸易活

动，委托人支付报酬的合同。

第四百一十五条 行纪人处理委托事务支出的费用，由行纪人负担，但当事人另有约定的除外。

第四百一十六条 行纪人占有委托物的，应当妥善保管委托物。

第四百一十七条 委托物交付给行纪人时有瑕疵或者容易腐烂、变质的，经委托人同意，行纪人可以处分该物；和委托人不能及时取得联系的，行纪人可以合理处分。

第四百一十八条 行纪人低于委托人指定的价格卖出或者高于委托人指定的价格买入的，应当经委托人同意。未经委托人同意，行纪人补偿其差额的，该买卖对委托人发生效力。

行纪人高于委托人指定的价格卖出或者低于委托人指定的价格买入的，可以按照约定增加报酬。没有约定或者约定不明确，依照本法第六十一条的规定仍不能确定的，该利益属于委托人。

委托人对价格有特别指示的，行纪人不得违背该指示卖出或者买入。

第四百一十九条 行纪人卖出或者买入具有市场定价的商品，除委托人有相反的意思表示的以外，行纪人自己可以作为买受人或者出卖人。

行纪人有前款规定情形的，仍然可以要求委托人支付报酬。

第四百二十条 行纪人按照约定买入委托物，委托人应当及时受领。经行纪人催告，委托人无正当理由拒绝受领的，行纪人依照本法第一百零一条的规定可以提存委托物。

委托物不能卖出或者委托人撤回出卖，经行纪人催告，委托人不取回或者不处分该物的，行纪人依照本法第一百零一条的规定可以提存委托物。

第四百二十一条 行纪人与第三人订立合同的，行纪人对该合同直接享有权利、承担义务。

第三人不履行义务致使委托人受到损害的，行纪人应当承担损害赔偿责任，但行纪人与委托人另有约定的除外。

第四百二十二条 行纪人完成或者部分完成委托事务的，委托人应当向其支付相应的报酬。委托人逾期不支付报酬的，行纪人对委托物享有留置权，但当事人另有约定的除外。

第四百二十三条 本章没有规定的，适用委托合同的有关规定。

【适用本案由需要注意的问题】

◆行纪合同纠纷案件，按照合同纠纷案件的一般管辖原则，由被告住所地或合同履行地人民法院管辖。

◆在适用本案由时，要注意其与委托合同纠纷的区别。虽然行纪合同与委托合同很相似，但两者仍有区别。首先，法律对行纪人有特殊的资质要求，从事行纪业须经批准或许可，而委托合同中的受托人则只需具有民事行为能力即可。其次，行纪合同中行纪人以自己的名义进行活动，如无特别约定，费用也由自己负担，而委托合同中，受托人既可以自己名义，也可以委托人名义活动，费用由委托人负担。再次，行纪合同中委托的事务是贸易活动，相对于委托合同来说是特定的。最后，行纪合同是有偿合同，而委托合同则不一定。

107. 居间合同纠纷

【案由解析】

居间合同是指居间人向委托人报告订立合同的机会或提供订立合同的媒介服务，委托人支付报酬的合同。

居间合同纠纷是指当事人之间因订立、履行、变更、终止居间合同发生的权利义务纠纷。

居间合同的特征主要是：（1）合同的标的是居间人提供的劳务。居间合同是劳务类合同的一种，其内容主要是居间人向委托人报告订约的机会或提供订约媒介服务。（2）居间人从事居间活动时遵循委托人的指示和要求。居间人属于中间人角色，不是委托人的代理人，也不是为委托人利益与第三人订立合同的当事人，所以应该根据委托人的要求和指示从事具体活动。（3）居间人有资质方面的要求，从事居间业务应是经批准从事居间营业的人。（4）居间合同是双务、有偿合同。居间合同中的双方都既享有权利又承担义务，委托人支付报酬的义务与居间人报告订约机会的义务互为对价。（5）居间合同是诺成、不要式合同。居间合同自当事人意思表示一致时成立，不需要采用特别的形式。（6）委托人的给付义务具有不确定性。在居间合同中，居间人能否得到报酬取决于委托人与第三人的合同最终是否达成，这是居间人不能用自己的意志决定的。

【典型形态】

在实践中，常见的居间合同纠纷主要有：

(1) 房地产居间合同纠纷，是指当事人之间就达成的居间人为委托人提供房地产信息或交易信息和媒介服务的合同产生的权利义务纠纷。

(2) 劳务居间合同纠纷，是指当事人之间就达成的居间人为委托人提供用人信息或求职信息和媒介服务的合同产生的权利义务纠纷。

【常用法律条文及索引】

《合同法》(1999 年 10 月 1 日起施行)

第四百二十四条 居间合同是居间人向委托人报告订立合同的机会或者提供订立合同的媒介服务，委托人支付报酬的合同。

第四百二十五条 居间人应当就有关订立合同的事项向委托人如实报告。

居间人故意隐瞒与订立合同有关的重要事实或者提供虚假情况，损害委托人利益的，不得要求支付报酬并应当承担损害赔偿责任。

第四百二十六条 居间人促成合同成立的，委托人应当按照约定支付报酬。对居间人的报酬没有约定或者约定不明确，依照本法第六十一条的规定仍不能确定的，根据居间人的劳务合理确定。因居间人提供订立合同的媒介服务而促成合同成立的，由该合同的当事人平均负担居间人的报酬。

居间人促成合同成立的，居间活动的费用，由居间人负担。

第四百二十七条 居间人未促成合同成立的，不得要求支付报酬，但可以要求委托人支付从事居间活动支出的必要费用。

【适用本案由需要注意的问题】

◆居间合同纠纷案件，按照合同纠纷案件的一般管辖原则，由被告住所地或合同履行地人民法院管辖。

◆在适用本案由时，要注意其与委托合同纠纷、行纪合同纠纷的区别。居间合同中的居间人不像委托合同的受托人、行纪合同的行纪人一样代委托人从事活动，而是充当中间人的角色，只起介绍、协助的作用，其本身不参与委托人和第三人之间的合同。适用本案由时不要将居间合同与委托合同、行纪合同混淆。

◆居间合同里的中介行为不包括技术中介，技术中介合同纠纷是技术合同纠纷项下的四级案由。

108. 补偿贸易纠纷

【案由解析】

补偿贸易是指一方在信贷的基础上，从国外一方买进设备、技术、原材料等，在未来的一段时间内用其生产的产品或劳务偿还贷款的贸易方式。根据商务部 2011 年修订的《外商投资统计制度》，补偿贸易是指国外厂商直接提供或通过国外信贷进口生产技术或设备，境内企业以该技术、设备生产的产品分期偿还外方技术、设备价款。补偿贸易双方的关系属于国际贸易范畴内买方与卖方的关系，其法律关系是一种债权债务关系。在补偿贸易中，提供技术、设备的出口方是先履行方，当其将技术设备交付进口方后，即取得对进口方的债权，在进口方的工厂企业内不占有股份。进口方对接受的技术、设备拥有所有权，同时承担对出口方的债务，该债务在进口方履行自己的义务，即以产品或约定商品偿还货款后消灭。

补偿贸易纠纷是指当事人之间在进行补偿贸易这一贸易方式时产生的权利义务纠纷。

补偿贸易与一般贸易方式相比，具有以下两个基本特征：（1）信贷是进行补偿贸易必不可少的前提条件。（2）设备供应方必须同时承诺回购设备进口方的产品或劳务，这是构成补偿贸易的必备条件。应当明确的是，在信贷基础上进行设备的进口并不一定构成补偿贸易，补偿贸易不仅要求设备供应方提供信贷，同时还要承诺回购对方的产品或劳务，以使对方用所得货款还贷款。这两个条件必须同时具备，缺一不可。

【常用法律条文及索引】

关于补偿贸易，目前没有法律、行政法规、司法解释的专门规定，审理此类案件可参考有关部门规章和地方性法规。

【适用本案由需要注意的问题】

◆补偿贸易纠纷案件，按照合同纠纷案件的一般管辖原则，由被告住所地或者合同履行地人面法院管辖。

◆在适用本案由时，要注意其与国际货物买卖合同纠纷的区别。补偿贸易与一般的国际货物买卖相比有两个特征，一是补偿贸易以信贷为前提，二是以设备、技术供应方承诺回购设备进口方的产品或劳务为前提，以上两个前提在补偿贸易中缺一不可。根据此特征可以将补偿贸易与一般的国际货物买卖合同区分开来。

109. 借用合同纠纷

【案由解析】

借用合同是指出借人将出借物无偿交给借用人使用，借用人在一定期限内或使用完后将出借物返还给出借人的合同。

借用合同纠纷是指当事之间因订立、履行、变更、终止借用合同发生的权利义务纠纷。

借用合同的特征主要是：（1）借用合同的标的物是特定物和不可消耗物。借用合同是借用人因需要向出借人借某件特定的物品，且用完后返还的合同，所以其标的物应是特定的，不可消耗的。（2）借用合同是单务、无偿合同。在借用合同中，仅出借人负向借用人交付出借物的义务，虽然借用人应当返还，但那不是合同性质和效力的问题。民间借用一般是无偿的，借用合同属此。（3）借用合同是实践、不要式合同。借用合同自出借人交付标的物时成立，无须采用特别的形式，所以是实践、不要式合同。

【常用法律条文及索引】

《最高人民法院关于贯彻执行〈中华人民共和国民法通则〉若干问题的意见（试行）》（法（办）发〔1988〕6号　1988年4月2日起施行）

126. 借用实物的，出借人要求归还原物或者同等数量、质量的实物，应当予以支持；如果确实无法归还实物的，可以按照或者适当高于归还时市场零售价格折价给付。

127. 借用人因管理、使用不善造成借用物毁损的，借用人应当负赔偿责任；借用物自身有缺陷的，可以减轻借用人的赔偿责任。

《文物保护法》（1982年11月19日起施行　2017年11月4日修正）

第四十条　文物收藏单位应当充分发挥馆藏文物的作用，通过举办展览、科学研究等活动，加强对中华民族优秀的历史文化和革命传统的宣传教育。

国有文物收藏单位之间因举办展览、科学研究等需借用馆藏文物的，应当报主管的文物行政部门备案；借用馆藏一级文物的，应当同时报国务院文物行政部门备案。

非国有文物收藏单位和其他单位举办展览需借用国有馆藏文物的，应当报主管的文物行政部门批准；借用国有馆藏一级文物，应当经国务院文物行政部门批准。

文物收藏单位之间借用文物的最长期限不得超过三年。

第四十三条　依法调拨、交换、借用国有馆藏文物，取得文物的文物收藏单位可以对提供文物的文物收藏单位给予合理补偿，具体管理办法由国务院文物行政部门制定。

国有文物收藏单位调拨、交换、出借文物所得的补偿费用，必须用于改善文物的收藏条件和收集新的文物，不得挪作他用；任何单位或者个人不得侵占。

调拨、交换、借用的文物必须严格保管，不得丢失、损毁。

第四十九条　文物行政部门和国有文物收藏单位的工作人员不得借用国有文物，不得非法侵占国有文物。

《文物保护法实施条例》（2003 年 7 月 1 日起施行）

第三十条　文物收藏单位之间借用馆藏文物，借用人应当对借用的馆藏文物采取必要的保护措施，确保文物的安全。

借用的馆藏文物的灭失、损坏风险，除当事人另有约定外，由借用该馆藏文物的文物收藏单位承担

第三十一条　国有文物收藏单位未依照文物保护法第三十六条的规定建立馆藏文物档案并将馆藏文物档案报主管的文物行政主管部门备案的，不得交换、借用馆藏文物。

【适用本案由需要注意的问题】

◆借用合同纠纷案件，按照合同纠纷案件的一般管辖原则，由被告住所地或合同履行地人民法院管辖。借用合同的履行地是出借人履行义务所在地，若借用物为不动产，则由不动产所在地人民法院管辖。

◆在适用本案由时，要注意其与相近案由的区别。如借用合同与赠与合同，两者的区别在于借用不改变标的物的所有权，赠与会发生所有权转移；

借用合同与租赁合同，两者的区别是借用合同是无偿合同，租赁是有偿合同；借用合同与借款合同，两者的区别是借用合同的标的物是物，借款合同的标的物是货币。

110. 典当纠纷

【案由解析】

典当是指当户将其动产、不动产、财产权利作为当物抵押或质押给典当行，交付一定比例费用以取得当金，并在约定期限内支付当金及利息，赎回当物的行为。

典当纠纷是指当事人之间因订立、履行、变更、终止典当合同发生的权利义务纠纷。

典当是一种融资行为，需有偿使用，典当行一般按当金收取综合费及当金利息。至于典当的标的物，原则上只要来源合法、权属清晰、可以依法流通的有价值的物品或财产权利都可以典当。一般而言，主要包括房产、股票、企业债券、大额存单、车辆、金银饰品、珠宝钻石、电子产品、钟表等。

【常用法律条文及索引】

《最高人民法院关于贯彻执行〈中华人民共和国民法通则〉若干问题的意见（试行）》（法（办）发〔1988〕6号　1988年4月2日起施行）

120. 在房屋出典期间或者典期届满时，当事人之间约定延长典期或者增减典价的，应当准许。承典人要求出典人高于原典价回赎的，一般不予支持。以合法流通物作典价的，应当按照回赎时市场零售价格折算。

《典当管理办法》（2005年4月1日起施行）

第三十条　当票是典当行与当户之间的借贷契约，是典当行向当户支付当金的付款凭证。

典当行和当户就当票以外事项进行约定的，应当补充订立书面合同，但约定的内容不得违反有关法律、法规和本办法的规定。

第三十二条　典当行和当户不得将当票转让、出借或者质押给第三人。

第三十三条　典当行和当户应当真实记录并妥善保管当票。

当票遗失，当户应当及时向典当行办理挂失手续。未办理挂失手续或者挂失前被他人赎当，典当行无过错的，典当行不负赔偿责任。

第三十五条　办理出当与赎当，当户均应当出具本人的有效身份证件。当户为单位的，经办人员应当出具单位证明和经办人的有效身份证件；委托典当中，被委托人应当出具典当委托书、本人和委托人的有效身份证件。

除前款所列证件外，出当时，当户应当如实向典当行提供当物的来源及相关证明材料。赎当时，当户应当出示当票。

典当行应当查验当户出具的本条第二款所列证明文件。

第三十六条　当物的估价金额及当金数额应当由双方协商确定。

房地产的当金数额经协商不能达成一致的，双方可以委托有资质的房地产价格评估机构进行评估，估价金额可以作为确定当金数额的参考。

典当期限由双方约定，最长不得超过6个月。

第三十八条　典当综合费用包括各种服务及管理费用。

动产质押典当的月综合费率不得超过当金的42‰。

房地产抵押典当的月综合费率不得超过当金的27‰。

财产权利质押典当的月综合费率不得超过当金的24‰。

当期不足5日的，按5日收取有关费用。

第三十九条　典当期内或典当期限届满后5日内，经双方同意可以续当，续当一次的期限最长为6个月。续当期自典当期限或者前一次续当期限届满日起算。续当时，当户应当结清前期利息和当期费用。

第四十条　典当期限或者续当期限届满后，当户应当在5日内赎当或者续当。逾期不赎当也不续当的，为绝当。

当户于典当期限或者续当期限届满至绝当前赎当的，除须偿还当金本息、综合费用外，还应当根据中国人民银行规定的银行等金融机构逾期贷款罚息水平、典当行制定的费用标准和逾期天数，补交当金利息和有关费用。

第四十一条　典当行在当期内不得出租、质押、抵押和使用当物。

质押当物在典当期内或者续当期内发生遗失或者损毁的，典当行应当按照估价金额进行赔偿。遇有不可抗力导致质押当物损毁的，典当行不承担赔偿责任。

第四十二条　典当行经营房地产抵押典当业务，应当和当户依法到有关部门先行办理抵押登记，再办理抵押典当手续。

典当行经营机动车质押典当业务，应当到车辆管理部门办理质押登记手续。

典当行经营其他典当业务，有关法律、法规要求登记的，应当依法办理登记手续。

【适用本案由需要注意的问题】

◆典当纠纷案件，一般应按照合同纠纷案件的一般管辖原则，由被告住所地或合同履行地人民法院管辖。若典当物是不动产，由不动产所在地人民法院管辖。

◆在适用本案由时，要注意其与借贷类纠纷及担保类纠纷的区别。典当是一种复合的法律关系，其既包括借贷关系，亦包括担保关系，两种关系在典当中是很重要的有机结合，不宜单独适用某一种法规来调整，用单独的典当纠纷这一案由来调整此纠纷是必要的。

111. 合伙协议纠纷

【案由解析】

合伙协议是指全体合伙人协商达成的关于入伙、退伙、出资数额、盈余分配等事项的协议。

合伙协议纠纷是指合伙人之间因订立、履行、变更、终止合伙协议发生的权利义务纠纷。

合伙协议纠纷案由适用于民事合伙，即《民法通则》规定的个人合伙。《民法通则》第30条规定："个人合伙是指两个以上公民按照协议，各自提供资金、实物、技术等，合伙经营、共同劳动。"在法律上，个人合伙有两种含义：一是作为民事法律行为，即合伙合同；二是作为经营实体，即作为合伙合同的法律效果之一，合伙人所组成的人与财产相结合的实体。民法通则显然是在第二种意义上使用个人合伙的概念。因此，个人合伙可定义为两个以上自然人互相出资，经营共同事业的经营体。如果个人合伙的经营体是企业，则同时适用合伙企业法的规定。

个人合伙具有以下特征：（1）个人合伙是两个以上的自然人基于出资而形成的经营体。（2）个人合伙依合伙协议为成立前提。（3）合伙人必须共同劳动、共同经营。《民法通则》第30条规定合伙人须共同劳动、共同经营，但《最高人民法院关于贯彻执行〈中华人民共和国民法通则〉若干问题的意见（试行）》第46条已作扩大解释，出资不劳动、不经营者，也可作为合伙人。（4）合伙人对于合伙债务负无限和连带责任。这里的合伙债务，指合伙资产所不足清偿的债务。对于该债务，合伙人须负个人责任，亦即不以出资为限的责任，故称无限责任。全体合伙人对于债权人，又须共同地连带负责，故称连带责任。但各合伙人之间，仍按份额或者平等地分配该责任。（5）合伙可以起字号。在民事活动中，可以以商号名义出现。而在民事诉讼中，商号也有当事人地位，以负责人作为代表人。

【常用法律条文及索引】

《民法通则》（1987 年 1 月 1 日起施行　2009 年 8 月 27 日修正）

第三十条　个人合伙是指两个以上公民按照协议，各自提供资金、实物、技术等，合伙经营、共同劳动。

第三十一条　合伙人应当对出资数额、盈余分配、债务承担、入伙、退伙、合伙终止等事项，订立书面协议。

第三十二条　合伙人投入的财产，由合伙人统一管理和使用。

合伙经营积累的财产，归合伙人共有。

第三十三条　个人合伙可以起字号，依法经核准登记，在核准登记的经营范围内从事经营。

第三十四条　个人合伙的经营活动，由合伙人共同决定，合伙人有执行和监督的权利。

合伙人可以推举负责人。合伙负责人和其他人员的经营活动，由全体合伙人承担民事责任。

第三十五条　合伙的债务，由合伙人按照出资比例或者协议的约定，以各自的财产承担清偿责任。

合伙人对合伙的债务承担连带责任，法律另有规定的除外。偿还合伙债务超过自己应当承担数额的合伙人，有权向其他合伙人追偿。

《最高人民法院关于贯彻执行〈中华人民共和国民法通则〉若干问题的意见（试行）》（法（办）发〔1988〕6 号　1988 年 4 月 2 日起施行）

47. 全体合伙人对合伙经营的亏损额，对外应当负连带责任；对内则应按照协议约定的债务承担比例或者出资比例分担；协议未规定债务承担比例或者出资比例的，可以按照约定的或者实际的盈余分配比例承担。但是对造成合伙经营亏损有过错的合伙人，应当根据其过错程度相应的多承担责任。

48. 只提供技术性劳务，不提供资金、实物的合伙人，对于合伙经营的亏损额，对外也应当承担连带责任；对内则应按照协议约定的债务承担比例或者技术性劳务折抵的出资比例承担；协议未规定债务承担比例或者出资比例的，可以按照约定的或者合伙人实际的盈余分配比例承担；没有盈余分配比例的，按照其余合伙人平均投资比例承担。

49. 个人合伙或者个体工商户，虽经工商行政管理部门错误地登记为集体所有制的企业，但实际为个人合伙或者个体工商户的，应当按个人合伙或者个体工商户对待。

50. 当事人之间没有书面合伙协议，又未经工商行政管理部门核准登记，但具备合伙的其他条件，又有两个以上无利害关系人证明有口头合伙协议的，人民法院可以认定为合伙关系。

51. 在合伙经营过程中增加合伙人，书面协议有约定的，按照协议处理；书面协议未约定的，须经全体合伙人同意；未经全体合伙人同意的，应当认定入伙无效。

52. 合伙人退伙，书面协议有约定的，按书面协议处理；书面协议未约定的，原则上应予准许。但因其退伙给其他合伙人造成损失的，应当考虑退伙的原因、理由以及双方当事人的过错等情况，确定其应当承担的赔偿责任。

53. 合伙经营期间发生亏损，合伙人退出合伙时未按约定分担或者未合理分担合伙债务的，退伙人对原合伙的债务，应当承担清偿责任；退伙人已分担合伙债务的，对其参加合伙期间的全部债务仍负连带责任。

54. 合伙人退伙时分割的合伙财产，应当包括合伙时投入的财产和合伙期间积累的财产，以及合伙期间的债权和债务。入伙的原物退伙时原则上应予退还；一次清退有困难的，可以分批分期清退；退还原物确有困难的，可以折价处理。

55. 合伙终止时，对合伙财产的处理，有书面协议的，按协议处理；没有书面协议，又协商不成的，如果合伙人出资额相等，应当考虑多数人意见酌情处理；合伙人出资额不等的，可以按出资额占全部合伙额多的合伙人的意见处理，但要保护其他合伙人的利益。

【适用本案由需要注意的问题】

◆合伙协议纠纷案件，按照合同纠纷案件的一般管辖原则，由被告住所地或者合伙协议履行地人民法院管辖。

◆在适用本案由时，要注意其与合伙企业纠纷的区别。合伙协议纠纷适用于民事合伙，即个人合伙纠纷，而合伙企业纠纷是商事合伙纠纷，即合伙企业这一营利性组织发生的纠纷。

◆虽然合伙协议纠纷一般适用于民事合伙，但在特殊情况下，商事合伙发生的纠纷可能适用本案由，如企业法人之间形成共同出资、共同经营，但是不具备法人资格条件的合伙型联营，如果没有登记和取得营业执照，发生纠纷时，应当适用本案由。

112. 种植、养殖回收合同纠纷

【案由解析】

种植、养殖回收合同是指当事人签订的一方负责提供技术、种苗产品或者种植、养殖饲料以保证成品达到一定标准，另一方负责喂养、种植，成品由技术提供方报价回收的合同。

种植、养殖回收合同纠纷是指当事人之间因订立、履行、变更、终止种植、养殖回收合同发生的权利义务纠纷。

【常用法律条文及索引】

种植、养殖回收合同属于无名合同，该类纠纷的法律依据主要是《合同法》中关于买卖合同、技术合同的相关规定。对于烟草种植回收合同纠纷，还可以参照国家烟草专卖局于2007年1月12日颁布的《烟草种植收购合同管理暂行办法》的相关规定。

【适用本案由需要注意的问题】

◆种植、养殖回收合同纠纷案件，按照合同纠纷案件的一般管辖原则，由被告住所地或者合同履行地人民法院管辖。

◆在适用本案由时，要注意其与买卖合同纠纷、技术服务合同纠纷的区别。种植、养殖回收合同兼具技术提供与买卖两种法律行为，在农村地区这种特殊的买卖合同大量存在，所以将它列为一个单独的三级案由。

113. 彩票、奖券纠纷

【案由解析】

根据《彩票管理条例》的规定，彩票是国家为筹集社会公益资金，促进社会公益事业发展而特许发行、依法销售，自然人自愿购买，并按照特定规则获得中奖机会的凭证。一般认为，除了彩票以外的有奖凭证称为奖券，较多地指经营者销售商品或提供服务，附带性地向购买者提供物品、金钱或者其他经济利益的凭证。

彩票、奖券纠纷是指当事人在发行、购买彩票和其他有奖证券及兑奖时发生的权利义务纠纷。

【常用法律条文及索引】

《彩票管理条例》（2009 年 7 月 1 日起施行）

第二条 本条例所称彩票，是指国家为筹集社会公益资金，促进社会公益事业发展而特许发行、依法销售，自然人自愿购买，并按照特定规则获得中奖机会的凭证。

彩票不返还本金、不计付利息。

第十四条 彩票发行机构、彩票销售机构应当建立风险管理体系和可疑资金报告制度，保障彩票发行、销售的安全。

彩票发行机构、彩票销售机构负责彩票销售系统的数据管理、开奖兑奖管理以及彩票资金的归集管理，不得委托他人管理。

第十五条 彩票发行机构、彩票销售机构可以委托单位、个人代理销售彩票。彩票发行机构、彩票销售机构应当与接受委托的彩票代销者签订彩票代销合同。福利彩票、体育彩票的代销合同示范文本分别由国务院民政部门、体育行政部门制定。

彩票代销者不得委托他人代销彩票。

第十六条 彩票销售机构应当为彩票代销者配置彩票投注专用设备。彩票投注专用设备属于彩票销售机构所有，彩票代销者不得转借、出租、出售。

第十七条 彩票销售机构应当在彩票发行机构的指导下，统筹规划彩票销售场所的布局。彩票销售场所应当按照彩票发行机构的统一要求，设置彩票销售标识，张贴警示标语。

第十八条　彩票发行机构、彩票销售机构、彩票代销者不得有下列行为：

（一）进行虚假性、误导性宣传；

（二）以诋毁同业者等手段进行不正当竞争；

（三）向未成年人销售彩票；

（四）以赊销或者信用方式销售彩票。

第十九条　需要销毁彩票的，由彩票发行机构报国务院财政部门批准后，在国务院民政部门或者国务院体育行政部门的监督下销毁。

第二十条　彩票发行机构、彩票销售机构应当及时将彩票发行、销售情况向社会全面公布，接受社会公众的监督。

第二十一条　彩票发行机构、彩票销售机构应当按照批准的彩票品种的规则和开奖操作规程开奖。

国务院民政部门、体育行政部门和省、自治区、直辖市人民政府民政部门、体育行政部门应当加强对彩票开奖活动的监督，确保彩票开奖的公开、公正。

第二十二条　彩票发行机构、彩票销售机构应当确保彩票销售数据的完整、准确和安全。当期彩票销售数据封存后至开奖活动结束前，不得查阅、变更或者删除销售数据。

第二十三条　彩票发行机构、彩票销售机构应当加强对开奖设备的管理，确保开奖设备正常运行，并配置备用开奖设备。

第二十四条　彩票发行机构、彩票销售机构应当在每期彩票销售结束后，及时向社会公布当期彩票的销售情况和开奖结果。

第二十五条　彩票中奖者应当自开奖之日起60个自然日内，持中奖彩票到指定的地点兑奖，彩票品种的规则规定需要出示身份证件的，还应当出示本人身份证件。逾期不兑奖的视为弃奖。

禁止使用伪造、变造的彩票兑奖。

第二十六条　彩票发行机构、彩票销售机构、彩票代销者应当按照彩票品种的规则和兑奖操作规程兑奖。

彩票中奖奖金应当以人民币现金或者现金支票形式一次性兑付。

不得向未成年人兑奖。

第二十七条 彩票发行机构、彩票销售机构、彩票代销者以及其他因职务或者业务便利知悉彩票中奖者个人信息的人员，应当对彩票中奖者个人信息予以保密。

《最高人民法院关于刘志平与刘运林、朱悠久奖券纠纷案处理问题的复函》（1990年11月5日起施行）

湖南省高级人民法院：

刘志平为与刘运林、朱悠久奖券纠纷一案，不服你院湘法民申字〔1989〕第78号民事判决，于今年2月给我院来信诉称：刘运林以奖券抵债，完全出于自愿，没有欺诈胁迫行为，他是该奖券的合法占有者，该奖券中奖5000元应全部归其所有，为此，要求重新审理此案，依法保护其合法权益。

经调卷审查，并征求有关部门的意见后，我们研究认为：1987年6月4日，刘运林向刘志平借20元现款为彭显亮买瓷板，同年8月24日，刘运林将一张面额20元的奖券给刘志平抵债时，未对可能获得的中奖权利约定条件，因此，应视为该奖券及奖券上所载明的财产权利一并转移，刘志平是该奖券的合法占有者，奖券中奖5000元应归刘志平所有。省院依据公平原则判决刘志平得2600元，刘运林、朱悠久夫妇得2400元，似有不当。

以上意见，供你们处理该案申诉时参考。处理结果望告。

【适用本案由需要注意的问题】

◆彩票、奖券纠纷属于合同纠纷，按照合同纠纷案件的一般管辖原则，此类案件应由被告住所地或者合同履行地人民法院管辖。

◆在法律适用上，彩票、奖券合同属于《合同法》上的无名合同，可根据《合同法》第124条的规定，适用《合同法》总则的有关规定，并参照分则或其他法律最相类似的规定，以及有关行政法规、司法解释等。

114. 中外合作勘探开发自然资源合同纠纷

【案由解析】

中外合作勘探开发自然资源合同是指中国企业与外国企业依据中国法律合作进行自然资源的勘探开发而订立的合同。

中外合作勘探开发纠纷是指中国企业与外国企业之间因订立、履行、变更、终止中外合作勘探开发自然资源合同发生的权利义务纠纷。

【常用法律条文及索引】

《合同法》（1999 年 10 月 1 日起施行）

第一百二十六条　涉外合同的当事人可以选择处理合同争议所适用的法律，但法律另有规定的除外。涉外合同的当事人没有选择的，适用与合同有最密切联系的国家的法律。

在中华人民共和国境内履行的中外合资经营企业合同、中外合作经营企业合同、中外合作勘探开发自然资源合同，适用中华人民共和国法律。

【适用本案由需要注意的问题】

◆根据《民事诉讼法》第 266 条的规定，在我国境内履行的中外合作勘探开发自然资源合同发生纠纷引起的诉讼，由我国人民法院管辖。因中外合作勘探开发自然资源合同纠纷属于合同纠纷，所以适用《民事诉讼法》第 23 条关于合同纠纷案件的一般管辖原则，由被告住所地或合同履行地法院管辖。

115. 农业承包合同纠纷

【案由解析】

农业承包合同是指发包方与承包方签订的关于开发经营和利用集体经济组织所有的自然资源和依法取得使用权的国家资源的合同，以及各承包方之间签订的关于转让、转包和互换承包经营标的物的合同。

农业承包合同纠纷是指当事人之间因订立、履行、变更、终止农业承包合同发生的权利义务纠纷。

【常用法律条文及索引】

《农村土地承包法》（2003 年 3 月 1 日起施行　2009 年 8 月 27 日修正）

第十二条　农民集体所有的土地依法属于村农民集体所有的，由村集体经济组织或者村民委员会发包；已经分别属于村内两个以上农村集体经济组织的农民集体所有的，由村内各该农村集体经济组织或者村民小组发包。村集体经济组织或者村民委员会发包的，不得改变村内各集体经济组织农民集体所有的土地的所有权。

国家所有依法由农民集体使用的农村土地，由使用该土地的农村集体经济组织、村民委员会或者村民小组发包。

第十三条 发包方享有下列权利：

（一）发包本集体所有的或者国家所有依法由本集体使用的农村土地；

（二）监督承包方依照承包合同约定的用途合理利用和保护土地；

（三）制止承包方损害承包地和农业资源的行为；

（四）法律、行政法规规定的其他权利。

第十四条 发包方承担下列义务：

（一）维护承包方的土地承包经营权，不得非法变更、解除承包合同；

（二）尊重承包方的生产经营自主权，不得干涉承包方依法进行正常的生产经营活动；

（三）依照承包合同约定为承包方提供生产、技术、信息等服务；

（四）执行县、乡（镇）土地利用总体规划，组织本集体经济组织内的农业基础设施建设；

（五）法律、行政法规规定的其他义务。

第十五条 家庭承包的承包方是本集体经济组织的农户。

第十六条 承包方享有下列权利：

（一）依法享有承包地使用、收益和土地承包经营权流转的权利，有权自主组织生产经营和处置产品；

（二）承包地被依法征用、占用的，有权依法获得相应的补偿；

（三）法律、行政法规规定的其他权利。

第十七条 承包方承担下列义务：

（一）维持土地的农业用途，不得用于非农建设；

（二）依法保护和合理利用土地，不得给土地造成永久性损害；

（三）法律、行政法规规定的其他义务。

第二十一条 发包方应当与承包方签订书面承包合同。

承包合同一般包括以下条款：

（一）发包方、承包方的名称，发包方负责人和承包方代表的姓名、住所；

（二）承包土地的名称、坐落、面积、质量等级；

（三）承包期限和起止日期；

（四）承包土地的用途；

（五）发包方和承包方的权利和义务；

（六）违约责任。

第二十二条　承包合同自成立之日起生效。承包方自承包合同生效时取得土地承包经营权。

第二十三条　县级以上地方人民政府应当向承包方颁发土地承包经营权证或者林权证等证书，并登记造册，确认土地承包经营权。

颁发土地承包经营权证或者林权证等证书，除按规定收取证书工本费外，不得收取其他费用。

第二十四条　承包合同生效后，发包方不得因承办人或者负责人的变动而变更或者解除，也不得因集体经济组织的分立或者合并而变更或者解除。

第二十五条　国家机关及其工作人员不得利用职权干涉农村土地承包或者变更、解除承包合同。

第四十四条　不宜采取家庭承包方式的荒山、荒沟、荒丘、荒滩等农村土地，通过招标、拍卖、公开协商等方式承包的，适用本章规定。

第四十五条　以其他方式承包农村土地的，应当签订承包合同。当事人的权利和义务、承包期限等，由双方协商确定。以招标、拍卖方式承包的，承包费通过公开竞标、竞价确定；以公开协商等方式承包的，承包费由双方议定。

【适用本案由需要注意的问题】

◆农业承包合同纠纷案件，按照合同纠纷案件的一般管辖原则，由被告住所地或合同履行地人民法院管辖。

116. 林业承包合同纠纷

【案由解析】

林业承包合同是指发包方与承包方签订的关于开发经营和利用集体经济组织所有的林业资源和依法取得使用权的国家林业资源的合同，以及各承包方之间签订的关于转让、转包和互换承包经营标的物的合同。

林业承包合同纠纷是指当事人之间因订立、履行、变更、终止林业承包合同发生的权利义务纠纷。

【常用法律条文及索引】

另参见“115. 农业承包合同纠纷”案由相关部分。

【适用本案由需要注意的问题】

◆林业承包合同纠纷案件，按照合同纠纷案件的一般管辖原则，由被告住所地或合同履行地人民法院管辖。

117. 渔业承包合同纠纷

【案由解析】

渔业承包合同是指发包方与承包方签订的关于开发经营和利用集体经济组织所有的渔业资源和依法取得使用权的国家渔业资源的合同，以及各承包方之间签订的关于转让、转包和互换承包经营标的物的合同。

渔业承包合同纠纷是指当事人之间因订立、履行、变更、终止渔业承包合同发生的权利义务纠纷。

【常用法律条文及索引】

另参见“115. 农业承包合同纠纷”案由相关部分。

【适用本案由需要注意的问题】

◆渔业承包合同纠纷案件，按照合同纠纷案件的一般管辖原则，由被告住所地或合同履行地人民法院管辖。

118. 牧业承包合同纠纷

【案由解析】

牧业承包合同是指发包方与承包方签订的关于开发经营和利用集体经济

组织所有的牧业资源和依法取得使用权的国家牧业资源的合同，以及各承包方之间签订的关于转让、转包和互换承包经营标的物的合同。

牧业承包合同纠纷是指当事人之间因订立、履行、变更、终止牧业承包合同发生的权利义务纠纷。

【常用法律条文及索引】

另参见“115. 农业承包合同纠纷”案由相关部分。

【适用本案由需要注意的问题】

◆牧业承包合同纠纷案件，按照合同纠纷案件的一般管辖原则，由被告住所地或合同履行地人民法院管辖。

119. 农村土地承包合同纠纷

（1）土地承包经营权转包合同纠纷

（2）土地承包经营权转让合同纠纷

（3）土地承包经营权互换合同纠纷

（4）土地承包经营权入股合同纠纷

（5）土地承包经营权抵押合同纠纷

（6）土地承包经营权出租合同纠纷

【案由解析】

农村土地承包合同是指农村经济组织成员以家庭承包或以招标、拍卖、公开协商等方式承包农民集体所有和国家所有由农民集体使用的耕地、林地、草地以及其他依法用于农业的土地的合同。

农村土地承包合同纠纷是指当事人之间因农村土地承包合同的订立、履行、变更以及终止而发生的权利义务纠纷。

根据《农村土地承包法》第3条的规定，农村土地承包经营制度，包括两种承包方式，即家庭经营方式的承包和以招标、拍卖、公开协商等方式的承包。所谓家庭承包方式是指，以农村集体经济组织的每一个农户家庭全体成员为一个生产经营单位作为承包人，承包农民集体的耕地、林地、草地等农业用地，对于承包地按照本集体经济组织成员人人平等地享有一份的方式进行承包。有些农业用地并不是本集体经济组织成员都有份的，如菜地、养殖水面等由于数量少，在本集体经济组织内做不到人人有份，只能由少数农户来承包，有的“四荒地”虽多，但本集体经济组织成员有的不愿承包，有的根据自己的能力承包的数量不同。这些不宜采取家庭承包方式的农村土地，可以采取招标、拍卖、公开协商等方式承包。

【典型形态】

在实践中，农村土地承包合同纠纷的典型形态主要有：

（1）土地承包经营权转包合同纠纷，是指当事人就达成的农村土地承包人依法将其通过家庭承包方式取得的农村土地承包经营权转移给其他人承包的合同产生的权利义务纠纷。

（2）土地承包经营权转让合同纠纷，是指当事人就达成的农村土地承包人依法将其农村土地承包经营权转让给其他人经营的合同产生的权利义务纠纷。

（3）土地承包经营权互换合同纠纷，是指当事人就达成的农村土地承包人将其通过家庭承包方式取得的农村土地承包经营权与他人互换的合同产生的权利义务纠纷。

（4）土地承包经营权入股合同纠纷，是指当事人就达成的承包人将其以其他方式取得的农村土地承经营包权作为股份加入其他经济组织的合同产生的权利义务纠纷。

（5）土地承包经营权抵押合同纠纷，是指当事人就达成的承包人将其以其他方式取得的农村土地承包经营权进行抵押的合同产生的权利义务纠纷。

（6）土地承包经营权出租合同纠纷，是指当事人就达成的农村土地承包人将其农村土地承包经营权出租给他人的合同产生的权利义务纠纷。

【常用法律条文及索引】

《物权法》（2007 年 10 月 1 日起施行）

第一百二十八条　土地承包经营权人依照农村土地承包法的规定，有权将土地承包经营权采取转包、互换、转让等方式流转。流转的期限不得超过承包期的剩余期限。未经依法批准，不得将承包地用于非农建设。

第一百二十九条　土地承包经营权人将土地承包经营权互换、转让，当事人要求登记的，应当向县级以上地方人民政府申请土地承包经营权变更登记；未经登记，不得对抗善意第三人。

第一百三十三条　通过招标、拍卖、公开协商等方式承包荒地等农村土地，依照农村土地承包法等法律和国务院的有关规定，其土地承包经营权可以转让、入股、抵押或者以其他方式流转。

《农村土地承包法》（2003 年 3 月 1 日起施行　2009 年 8 月 27 日修正）

第十三条　发包方享有下列权利：

（一）发包本集体所有的或者国家所有依法由本集体使用的农村土地；

（二）监督承包方依照承包合同约定的用途合理利用和保护土地；

（三）制止承包方损害承包地和农业资源的行为；

（四）法律、行政法规规定的其他权利。

第十四条　发包方承担下列义务：

（一）维护承包方的土地承包经营权，不得非法变更、解除承包合同；

（二）尊重承包方的生产经营自主权，不得干涉承包方依法进行正常的生产经营活动；

（三）依照承包合同约定为承包方提供生产、技术、信息等服务；

（四）执行县、乡（镇）土地利用总体规划，组织本集体经济组织内的农业基础设施建设；

（五）法律、行政法规规定的其他义务。

第十五条　家庭承包的承包方是本集体经济组织的农户。

第十六条　承包方享有下列权利：

（一）依法享有承包地使用、收益和土地承包经营权流转的权利，有权自主组织生产经营和处置产品；

（二）承包地被依法征收、征用、占用的，有权依法获得相应的补偿；

（三）法律、行政法规规定的其他权利。

第十七条　承包方承担下列义务：

（一）维持土地的农业用途，不得用于非农建设；

（二）依法保护和合理利用土地，不得给土地造成永久性损害；

（三）法律、行政法规规定的其他义务。

第三十二条　通过家庭承包取得的土地承包经营权可以依法采取转包、出租、互换、转让或者其他方式流转。

第三十五条　承包期内，发包方不得单方面解除承包合同，不得假借少数服从多数强迫承包方放弃或者变更土地承包经营权，不得以划分“口粮田”和“责任田”等为由收回承包地搞招标承包，不得将承包地收回抵顶欠款。

第三十六条 土地承包经营权流转的转包费、租金、转让费等，应当由当事人双方协商确定。流转的收益归承包方所有，任何组织和个人不得擅自截留、扣缴。

第三十七条 土地承包经营权采取转包、出租、互换、转让或者其他方式流转，当事人双方应当签订书面合同。采取转让方式流转的，应当经发包方同意；采取转包、出租、互换或者其他方式流转的，应当报发包方备案。

土地承包经营权流转合同一般包括以下条款：

（一）双方当事人的姓名、住所；

（二）流转土地的名称、坐落、面积、质量等级；

（三）流转的期限和起止日期；

（四）流转土地的用途；

（五）双方当事人的权利和义务；

（六）流转价款及支付方式；

（七）违约责任。

第三十八条 土地承包经营权采取互换、转让方式流转，当事人要求登记的，应当向县级以上地方人民政府申请登记。未经登记，不得对抗善意第三人。

第四十五条 以其他方式承包农村土地的，应当签订承包合同。当事人的权利和义务、承包期限等，由双方协商确定。以招标、拍卖方式承包的，承包费通过公开竞标、竞价确定；以公开协商等方式承包的，承包费由双方议定。

第四十九条 通过招标、拍卖、公开协商等方式承包农村土地，经依法登记取得土地承包经营权证或者林权证等证书的，其土地承包经营权可以依法采取转让、出租、入股、抵押或者其他方式流转。

《最高人民法院关于审理涉及农村土地承包纠纷案件适用法律问题的解释》（法释〔2005〕6号　2005年9月1日起施行）

第十一条 土地承包经营权流转中，本集体经济组织成员在流转价款、流转期限等主要内容相同的条件下主张优先权的，应予支持。但下列情形除外：

（一）在书面公示的合理期限内未提出优先权主张的；

（二）未经书面公示，在本集体经济组织以外的人开始使用承包地两个月内未提出优先权主张的。

第十二条　发包方强迫承包方将土地承包经营权流转给第三人，承包方请求确认其与第三人签订的流转合同无效的，应予支持。

发包方阻碍承包方依法流转土地承包经营权，承包方请求排除妨碍、赔偿损失的，应予支持。

第十三条　承包方未经发包方同意，采取转让方式流转其土地承包经营权的，转让合同无效。但发包方无法定理由不同意或者拖延表态的除外。

第十四条　承包方依法采取转包、出租、互换或者其他方式流转土地承包经营权，发包方仅以该土地承包经营权流转合同未报其备案为由，请求确认合同无效的，不予支持。

第十五条　承包方以其土地承包经营权进行抵押或者抵偿债务的，应当认定无效。对因此造成的损失，当事人有过错的，应当承担相应的民事责任。

第十六条　因承包方不收取流转价款或者向对方支付费用的约定产生纠纷，当事人协商变更无法达成一致，且继续履行又显失公平的，人民法院可以根据发生变更的客观情况，按照公平原则处理。

第十七条　当事人对转包、出租地流转期限没有约定或者约定不明的，参照合同法第二百三十二条规定处理。除当事人另有约定或者属于林地承包经营外，承包地交回的时间应当在农作物收获期结束后或者下一耕种期开始前。

对提高土地生产能力的投入，对方当事人请求承包方给予相应补偿的，应予支持。

第十八条　发包方或者其他组织、个人擅自截留、扣缴承包收益或者土地承包经营权流转收益，承包方请求返还的，应予支持。

发包方或者其他组织、个人主张抵销的，不予支持。

第二十一条　承包方未依法登记取得土地承包经营权证等证书，即以转让、出租、入股、抵押等方式流转土地承包经营权，发包方请求确认该流转无效的，应予支持。但非因承包方原因未登记取得土地承包经营权证等证书的除外。

承包方流转土地承包经营权，除法律或者本解释有特殊规定外，按照有关家庭承包土地承包经营权流转的规定处理。

【适用本案由需要注意的问题】

◆农村土地承包合同纠纷案件，按照合同纠纷案件的一般管辖原则，由被告住所地或合同履行地人民法院管辖。

◆在适用本案由时，要注意其与土地承包经营权纠纷的区别。土地承包经营权纠纷是物权纠纷，农村土地承包合同纠纷是债权纠纷，且农村土地承包合同纠纷仅涉及农村集体所有土地和国家所有由农民集体使用的土地。

120. 服务合同纠纷

（1）电信服务合同纠纷
（2）邮寄服务合同纠纷
（3）医疗服务合同纠纷
（4）法律服务合同纠纷
（5）旅游合同纠纷
（6）房地产咨询合同纠纷
（7）房地产价格评估合同纠纷
（8）旅店服务合同纠纷
（9）财会服务合同纠纷
（10）餐饮服务合同纠纷
（11）娱乐服务合同纠纷
（12）有线电视服务合同纠纷
（13）网络服务合同纠纷
（14）教育培训合同纠纷
（15）物业服务合同纠纷
（16）家政服务合同纠纷
（17）庆典服务合同纠纷
（18）殡葬服务合同纠纷
（19）农业技术服务合同纠纷
（20）农机作业服务合同纠纷
（21）保安服务合同纠纷

（22）银行结算合同纠纷

【案由解析】

服务合同是指服务提供者与服务接受者就相互间的权利义务关系签订的协议。

服务合同纠纷是指服务提供者与服务接受者之间因订立、履行、变更、终止服务合同发生的权利义务纠纷。

【典型形态】

在实践中，服务合同纠纷主要有：

（1）电信服务合同纠纷，是指当事人就达成的电信运营公司向用户提供语音和文字通信、网络以及上述业务相关的服务，用户向电信运营公司支付费用的合同产生的权利义务纠纷。

（2）邮寄服务合同纠纷，是指邮寄企业和用户就达成的邮寄服务合同产生的权利义务纠纷。

（3）医疗服务合同纠纷，是指医疗机构和患者就达成的医疗服务合同产生的权利义务纠纷。

（4）法律服务合同纠纷，是指当事人就达成的律师、律师事务所等法律专业人员和机构接受当事人委托，为当事人提供非诉法律服务的合同产生的权利义务纠纷。

（5）旅游合同纠纷，是指旅游机构和游客在签订、履行、变更、终止旅游合同时产生的权利义务纠纷。

（6）房地产咨询合同纠纷，是指当事人就达成的房地产中介机构向客户提供信息、技术和政策法规咨询服务并收取费用的合同产生的权利义务纠纷。

（7）房地产价格评估合同纠纷，是指当事人就达成的具有资质的房地产价格评估机构向客户提供对土地、建筑物、构筑物，在建工程等进行价格评估服务的合同产生的权利义务纠纷。

（8）旅店服务合同纠纷，是指当事人就达成的旅店向旅客和其他人员提供房屋住宿和其他服务并收取费用的合同产生的权利义务纠纷。

（9）财会服务合同纠纷，是指当事人就达成的注册会计师、注册审计师等专业财会人员和机构向客户提供审计服务、会计咨询、会计服务并收取费用的合同产生的权利义务纠纷。

（10）餐饮服务合同纠纷，是指当事人就达成的餐饮服务机构和人员向消费者提供食品、饮料、消费场所和设施，消费者支付费用的合同产生的权利义务纠纷。

（11）娱乐服务合同纠纷，是指当事人就达成的娱乐场所提供歌舞等娱乐活动，消费者支付费用的合同产生的权利义务纠纷。

（12）有线电视服务合同纠纷，是指当事人就达成的有线电视网络经营者向用户提供有线电视服务，用户支付费用的合同产生的权利义务纠纷。

（13）网络服务合同纠纷，是指当事人就达成的网络服务商向消费者提供通路以使消费者能与因特网连线的中介服务或提供内容服务的合同产生的权利义务纠纷。

（14）教育培训合同纠纷，是指当事人就达成的学校等培训机构向受教育者提供教育服务并收取培训费用的合同产生的权利义务纠纷。

（15）物业服务合同纠纷，是指当事人就达成的物业服务企业向业主提供管理建筑物及其附属设施服务的合同产生的权利义务纠纷。

（16）家政服务合同纠纷，是指家政服务机构与家政服务人员之间、家政服务人员与家政服务对象之间、家政服务对象与家政服务机构之间就相互间的权利义务关系产生的纠纷。

（17）庆典服务合同纠纷，是指当事人就达成的庆典服务机构向客户提供庆祝礼仪式服务并收取费用的合同产生的权利义务纠纷。

（18）殡葬服务合同纠纷，是指当事人就达成的殡葬服务机构为客户提供对死者遗体进行处理的合同产生的权利义务纠纷。

（19）农业技术服务合同纠纷，是指当事人就达成的农业技术服务组织向农户提供农业技术培训、指导和咨询服务的合同产生的权利义务纠纷。

（20）农机作业服务合同纠纷，是指当事人就达成的农机作业单位为客户按时、按质、按量完成农机作业任务的合同产生的权利义务纠纷。

（21）保安服务合同纠纷，是指当事人就达成的保安服务公司为客户提供门卫、巡逻、守护、安全检查以及安全技术防范、安全风险评估等服务的合同产生的权利义务纠纷。

（22）银行结算合同纠纷，是指当事人就达成的银行为客户提供信用收付业务的合同产生的权利义务纠纷。

【常用法律条文及索引】

《电信条例》（2000 年 9 月 25 日起施行　2016 年 2 月 6 日修订）

第三十一条　电信用户申请安装、移装电信终端设备的，电信业务经营者应当在其公布的时限内保证装机开通；由于电信业务经营者的原因逾期未能装机开通的，应当每日按照收取的安装费、移装费或者其他费用数额 1% 的比例，向电信用户支付违约金。

第三十二条　电信用户申告电信服务障碍的，电信业务经营者应当自接到申告之日起，城镇 48 小时、农村 72 小时内修复或者调通；不能按期修复或者调通的，应当及时通知电信用户，并免收障碍期间的月租费用。但是，属于电信终端设备的原因造成电信服务障碍的除外。

第三十三条　电信业务经营者应当为电信用户交费和查询提供方便。电信用户要求提供国内长途通信、国际通信、移动通信和信息服务等收费清单的，电信业务经营者应当免费提供。

电信用户出现异常的巨额电信费用时，电信业务经营者一经发现，应当尽可能迅速告知电信用户，并采取相应的措施。

前款所称巨额电信费用，是指突然出现超过电信用户此前 3 个月平均电信费用 5 倍以上的费用。

第三十四条　电信用户应当按照约定的时间和方式及时、足额地向电信业务经营者交纳电信费用；电信用户逾期不交纳电信费用的，电信业务经营者有权要求补交电信费用，并可以按照所欠费用每日加收 3‰的违约金。

对超过收费约定期限 30 日仍不交纳电信费用的电信用户，电信业务经营者可以暂停向其提供电信服务。电信用户在电信业务经营者暂停服务 60 日内仍未补交电信费用和违约金的，电信业务经营者可以终止提供服务，并可以依法追缴欠费和违约金。

经营移动电信业务的经营者可以与电信用户约定交纳电信费用的期限、方式，不受前款规定期限的限制。

电信业务经营者应当在迟延交纳电信费用的电信用户补足电信费用、违约金后的 48 小时内，恢复暂停的电信服务。

第三十五条　电信业务经营者因工程施工、网络建设等原因，影响或者可能影响正常电信服务的，必须按照规定的时限及时告知用户，并向省、自治区、直辖市电信管理机构报告。

因前款原因中断电信服务的，电信业务经营者应当相应减免用户在电信服务中断期间的相关费用。

出现本条第一款规定的情形，电信业务经营者未及时告知用户的，应当赔偿由此给用户造成的损失。

《邮政法》（2009 年 10 月 1 日起施行　2012 年 10 月 26 日修正）

第四十六条　邮政企业对平常邮件的损失不承担赔偿责任。但是，邮政企业因故意或者重大过失造成平常邮件损失的除外。

第四十七条　邮政企业对给据邮件的损失依照下列规定赔偿：

（一）保价的给据邮件丢失或者全部损毁的，按照保价额赔偿；部分损毁或者内件短少的，按照保价额与邮件全部价值的比例对邮件的实际损失予以赔偿。

（二）未保价的给据邮件丢失、损毁或者内件短少的，按照实际损失赔偿，但最高赔偿额不超过所收取资费的三倍；挂号信件丢失、损毁的，按照所收取资费的三倍予以赔偿。

邮政企业应当在营业场所的告示中和提供给用户的给据邮件单据上，以足以引起用户注意的方式载明前款规定。

邮政企业因故意或者重大过失造成给据邮件损失，或者未履行前款规定义务的，无权援用本条第一款的规定限制赔偿责任。

第四十八条　因下列原因之一造成的给据邮件损失，邮政企业不承担赔偿责任：

（一）不可抗力，但因不可抗力造成的保价的给据邮件的损失除外；

（二）所寄物品本身的自然性质或者合理损耗；

（三）寄件人、收件人的过错。

《律师法》（2008 年 6 月 1 日起施行　2012 年 10 月 26 日修正）

第五十四条　律师违法执业或者因过错给当事人造成损失的，由其所在的律师事务所承担赔偿责任。律师事务所赔偿后，可以向有故意或者重大过失行为的律师追偿。

《房地产估价机构管理办法》（2005 年 12 月 1 日起施行）

第四十六条　未取得房地产估价机构资质从事房地产估价活动或者超越资质等级承揽估价业务的，出具的估价报告无效，由县级以上人民政府房地产行政主管部门给予警告，责令限期改正，并处 1 万元以上 3 万元以下的罚款；造成当事人损失的，依法承担赔偿责任。

第四十九条　有下列行为之一的，由县级以上人民政府房地产行政主管部门给予警告，责令限期改正；逾期未改正的，可处5千元以上2万元以下的罚款；给当事人造成损失的，依法承担赔偿责任：

（一）违反本办法第二十五条规定承揽业务的；

（二）违反本办法第二十八条第一款规定，擅自转让受托的估价业务的；

（三）违反本办法第十九条第二款、第二十八条第二款、第三十一条规定出具估价报告的。

第五十条　违反本办法第二十六条规定，房地产估价机构及其估价人员应当回避未回避的，由县级以上人民政府房地产行政主管部门给予警告，责令限期改正，并可处1万元以下的罚款；给当事人造成损失的，依法承担赔偿责任。

第五十二条　房地产估价机构有本办法第三十二条行为之一的，由县级以上人民政府房地产行政主管部门给予警告，责令限期改正，并处1万元以上3万元以下的罚款；给当事人造成损失的，依法承担赔偿责任；构成犯罪的，依法追究刑事责任。

第五十三条　违反本办法第三十四条规定，房地产估价机构擅自对外提供估价过程中获知的当事人的商业秘密和业务资料，给当事人造成损失的，依法承担赔偿责任；构成犯罪的，依法追究刑事责任。

《物业管理条例》（2003年9月1日起施行　2016年2月6日修订）

第三十四条　业主委员会应当与业主大会选聘的物业服务企业订立书面的物业服务合同。

物业服务合同应当对物业管理事项、服务质量、服务费用、双方的权利义务、专项维修资金的管理与使用、物业管理用房、合同期限、违约责任等内容进行约定。

第三十五条　物业服务企业应当按照物业服务合同的约定，提供相应的服务。

物业服务企业未能履行物业服务合同的约定，导致业主人身、财产安全受到损害的，应当依法承担相应的法律责任。

第三十八条　物业服务合同终止时，物业服务企业应当将物业管理用房和本条例第二十九条第一款规定的资料交还给业主委员会。

物业服务合同终止时，业主大会选聘了新的物业服务企业的，物业服务企业之间应当做好交接工作。

第五十二条 业主需要装饰装修房屋的，应当事先告知物业服务企业。

物业服务企业应当将房屋装饰装修中的禁止行为和注意事项告知业主。

《注册会计师法》（1994 年 1 月 1 日起施行）

第十六条 注册会计师承办业务，由其所在的会计师事务所统一受理并与委托人签订委托合同。

会计师事务所对本所注册会计师依照前款规定承办的业务，承担民事责任。

第十七条 注册会计师执行业务，可以根据需要查阅委托人的有关会计资料和文件，查看委托人的业务现场和设施，要求委托人提供其他必要的协助。

第十八条 注册会计师与委托人有利害关系的，应当回避；委托人有权要求其回避。

第十九条 注册会计师对在执行业务中知悉的商业秘密，负有保密义务。

第四十二条 会计师事务所违反本法规定，给委托人、其他利害关系人造成损失的，应当依法承担赔偿责任。

【适用本案由需要注意的问题】

◆服务合同纠纷案件，按照合同纠纷案件的一般管辖原则，由被告住所地或合同履行地人民法院管辖。

◆对于事实清楚、权利义务关系明确、争议不大的服务合同纠纷案件，标的额为各省、自治区、直辖市上年度就业人员年平均工资 30% 以下的，根据《民事诉讼法》第 162 条的规定，应适用小额诉讼程序进行审理。具体适用可参见本书案由“18. 抚养纠纷”中“适用本案由需要注意的问题”的有关内容。

121. 演出合同纠纷

【案由解析】

演出合同是指双方约定一方为他方演出文艺节目等，另一方支付报酬的合同。

演出合同纠纷是指当事人因订立、履行、变更、终止演出合同发生的权利义务纠纷。

【典型形态】

在实践中。演出合同纠纷主要有：

（1）电视电影类演出合同纠纷，是指当事人之间就达成的演出标的为电视电影类节目的演出合同产生的权利义务纠纷。

（2）演唱会类演出合同纠纷，是指当事人之间就达成的演唱会性质类的演出合同产生的权利义务纠纷。

（3）剧台类演出合同纠纷，是指当事人之间就达成的京剧、相声小品类演出合同产生的权利义务纠纷。

【常用法律条文及索引】

《营业性演出管理条例》（2005 年 9 月 1 日起施行　2013 年 7 月 18 日修订）

第四十七条　有下列行为之一的，对演出举办单位、文艺表演团体、演员，由国务院文化主管部门或者省、自治区、直辖市人民政府文化主管部门向社会公布；演出举办单位、文艺表演团体在 2 年内再次被公布的，由原发证机关吊销营业性演出许可证；个体演员在 2 年内再次被公布的，由工商行政管理部门吊销营业执照：

（一）非因不可抗力中止、停止或者退出演出的；

（二）文艺表演团体、主要演员或者主要节目内容等发生变更未及时告知观众的；

（三）以假唱欺骗观众的；

（四）为演员假唱提供条件的。

有前款第（一）项、第（二）项和第（三）项所列行为之一的，观众有权在退场后依照有关消费者权益保护的法律规定要求演出举办单位赔偿损失；演出举办单位可以依法向负有责任的文艺表演团体、演员追偿。

有本条第一款第（一）项、第（二）项和第（三）项所列行为之一的，由县级人民政府文化主管部门处 5 万元以上 10 万元以下的罚款；有本条第一款第（四）项所列行为的，由县级人民政府文化主管部门处 5000 元以上 1 万元以下的罚款。

第四十九条 演出举办单位或者其法定代表人、主要负责人及其他直接责任人员在募捐义演中获取经济利益的，由县级以上人民政府文化主管部门依据各自职权责令其退回并交付受捐单位；构成犯罪的，依法追究刑事责任；尚不构成犯罪的，由县级以上人民政府文化主管部门依据各自职权处违法所得3倍以上5倍以下的罚款，并由国务院文化主管部门或者省、自治区、直辖市人民政府文化主管部门向社会公布违法行为人的名称或者姓名，直至由原发证机关吊销演出举办单位的营业性演出许可证。

文艺表演团体或者演员、职员在募捐义演中获取经济利益的，由县级以上人民政府文化主管部门依据各自职权责令其退回并交付受捐单位。

《营业性演出管理条例实施细则》（2009年10月1日起施行）

第三十一条 营业性演出不得以假唱、假演奏等手段欺骗观众。

前款所称假唱、假演奏是指演员在演出过程中，使用事先录制好的歌曲、乐曲代替现场演唱、演奏的行为。

演出举办单位应当派专人对演唱、演奏行为进行监督，并作出记录备查。记录内容包括演员、乐队、曲目的名称和演唱、演奏过程的基本情况，并由演出举办单位负责人和监督人员签字确认。

【适用本案由需要注意的问题】

◆演出合同纠纷案件，按照合同纠纷案件的一般管辖原则，由被告住所地或合同履行地人民法院管辖。

122. 劳务合同纠纷

【案由解析】

劳务合同有广义与狭义之分。广义的劳务合同是指一切与提供活劳动服务（即劳务）有关的协议。其涵盖的内容很多，只要是标的为劳务的合同，均可纳入该类合同。按照一方提供给另一方劳务（活劳动服务）侧重的不同，可以把广义的劳务合同划分为两类：一类是合同的标的是劳务，但侧重于劳务行为本身的合同。有学者将该类劳务合同内容概括为以下诸多方面：委托、行纪、居间、保管、仓储、运送（输）、旅游、演出、雇佣、银行转账结算合同以及劳动合同。另一类是合同的标的是劳务，但侧重于劳务行为结果的合同，即完成工作交付成果的合同。该类合同的内容主要是承揽合同，以及承揽合同的特殊形式建筑工程承包合同。广义的劳务合同主要遵循传统的民法原理，受民法的调整，且大部分合同都已成为《合同法》规定的有名合同，双方的具体权利义务在合同中都有明确的规定，如行纪、居间、保管、运输、承揽、建筑工程承包合同等。狭义的劳务合同仅指雇佣合同，即是指双方当事人约定，在确定或不确定期间内，一方向他方提供劳务，他方给付报酬的合同。本案由下的劳务合同，仅指狭义的劳务合同，即雇佣合同，并且不包含签订了劳动合同、形成劳动关系的雇佣合同。劳务合同纠纷是指当事人因签订、履行、变更、终止劳务合同产生的权利义务纠纷。

劳务合同的特征主要有：(1) 主体的广泛性与平等性。劳务合同的主体既可以是法人、组织之间签订，也可以是公民个人之间、公民与法人组织之间签订，一般不作为特殊限定。(2) 合同标的的特殊性。劳务合同的标的是一方当事人向另一方当事人提供的活劳动，即劳务，它是一种行为。(3) 内容的任意性。除法律有强制性规定以外，合同双方当事人完全可以以其自由意志决定合同的内容及相应的条款，双方签订合同时依据《合同法》的自愿原则进行。(4) 合同是双务合同、非要式合同。在劳务合同中，一方必须为另一方提供劳务，另一方则必须为提供劳务的当事人支付相应的劳务报酬，故劳务合同是双务有偿合同。大部分劳务合同为非要式合同，除法律有做特别规定者外。

劳动合同与劳务合同是极易混淆的两种合同，两者都是以人的劳动为给付标的的合同。劳动合同是依《劳动法》第 16 条的规定“劳动合同是劳动者与用人单位确立劳动关系、明确双方权利义务的协议”。劳务合同与劳动合同的区别主要有：(1) 主体资格不同。劳动合同的主体只能一方是法人或组织，即用人单位，另一方则必须是劳动者个人，劳动合同的主体不能同时都是自然人；劳务合同的主体双方当事人可以同时都是法人、组织、公民，也可以是公民与法人、组织。(2) 主体性质及其关系不同。劳动合同的双方主体间不仅存在财产关系即经济关系，还存在着人身关系，即行政隶属关系。劳动者除提供劳动之外，还要接受用人单位的管理，服从其安排，遵守其规章制度等，成为用人单位的内部职工。但劳务合同的双方主体之间只存在财产关系，即经济关系，彼此之间无从属性，不存在行政隶属关系，劳动者提供劳务服务，用人单位支付劳务报酬，各自独立、地位平等。(3) 主体的待遇不同。劳动关系中的劳动者除获得工资报酬外，还有保险、福利待遇等；而劳务关系中的自然人，一般只获得劳动报酬。（4）报酬的性质不同。因劳动合同的履行而产生的劳动报酬，具有分配性质，体现按劳分配的原则，不完全和不直接随市场供求情况变动，其支付形式往往特定化为一种持续、定期的工资支付；因劳务合同而取得的劳动报酬，按等价有偿的市场原则支付，完全由双方当事人协商确定，是商品价格的一次性支付，商品价格是与市场的变化直接联系的。（5）用人单位的义务不同。劳动合同的履行贯穿着国家的干预，为了保护劳动者，《劳动法》给用人单位强制性地规定了许多法定义务，如必须为劳动者交纳社会保险等。劳务合同的雇主一般没有上述义务，当然双方可以约定上述内容，也可以不约定上述内容。（6）适用的法律不同。劳务合同主要由民法调整，而劳动合同则由劳动法和劳动合同法规范调整。（7）违反合同产生的法律责任不同。劳动合同不履行、非法履行所产生的责任不仅有民事上的责任，而且还有行政上的责任，如用人单位支付劳动者的工资低于当地的最低工资标准，劳动行政部门责令用人单位限期补足低于标准部分的工资，拒绝支付的，劳动行政部门同时还可以给用人单位警告等行政处分。劳务合同所产生的责任只有民事责任违约责任和侵权责任，不存在行政责任。（8）纠纷的处理方式不同。劳动合同纠纷发生后，应先到劳动机关的劳动仲裁委员会仲裁，不服的在法定期间内才可以到人民法院起诉，劳动仲裁是前置程序；但劳务合同纠纷出现后可以诉讼，也可以经双方当事人协商解决。

【常用法律条文及索引】

《民法通则》（1987 年 1 月 1 日起实施　2009 年 8 月 27 日修正）

第一百一十九条　侵害公民身体造成伤害的，应当赔偿医疗费、因误工减少的收入、残废者生活补助费等费用；造成死亡的，并应当支付丧葬费、死者生前扶养的人必要的生活费等费用。

《侵权责任法》（2010 年 7 月 1 日起实施）

第三十五条　个人之间形成劳务关系，提供劳务一方因劳务造成他人损害的，由接受劳务一方承担侵权责任。提供劳务一方因劳务自己受到损害的，根据双方各自的过错承担相应的责任。

《最高人民法院关于审理人身损害赔偿案件适用法律若干问题的解释》（法释〔2003〕20 号　2004 年 5 月 1 日起实施）

第一条　因生命、健康、身体遭受侵害，赔偿权利人起诉请求赔偿义务人赔偿财产损失和精神损害的，人民法院应予受理。

本条所称“赔偿权利人”，是指因侵权行为或者其他致害原因直接遭受人身损害的受害人、依法由受害人承担扶养义务的被扶养人以及死亡受害人的近亲属。

本条所称“赔偿义务人”，是指因自己或者他人的侵权行为以及其他致害原因依法应当承担民事责任的自然人、法人或者其他组织。

第九条　雇员在从事雇佣活动中致人损害的，雇主应当承担赔偿责任；雇员因故意或者重大过失致人损害的，应当与雇主承担连带赔偿责任。雇主承担连带赔偿责任的，可以向雇员追偿。

前款所称“从事雇佣活动”，是指从事雇主授权或者指示范围内的生产经营活动或者其他劳务活动。雇员的行为超出授权范围，但其表现形式是履行职务或者与履行职务有内在联系的，应当认定为“从事雇佣活动”。

第十一条　雇员在从事雇佣活动中遭受人身损害，雇主应当承担赔偿责任。雇佣关系以外的第三人造成雇员人身损害的，赔偿权利人可以请求第三人承担赔偿责任，也可以请求雇主承担赔偿责任。雇主承担赔偿责任后，可以向第三人追偿。

雇员在从事雇佣活动中因安全生产事故遭受人身损害，发包人、分包人知道或者应当知道接受发包或者分包业务的雇主没有相应资质或者安全生产条件的，应当与雇主承担连带赔偿责任。

属于《工伤保险条例》调整的劳动关系和工伤保险范围的，不适用本条规定。

第二十一条　护理费根据护理人员的收入状况和护理人数、护理期限确定。

护理人员有收入的，参照误工费的规定计算；护理人员没有收入或者雇佣护工的，参照当地护工从事同等级别护理的劳务报酬标准计算。护理人员原则上为一人，但医疗机构或者鉴定机构有明确意见的，可以参照确定护理人员人数。

护理期限应计算至受害人恢复生活自理能力时止。受害人因残疾不能恢复生活自理能力的，可以根据其年龄、健康状况等因素确定合理的护理期限，但最长不超过二十年。

受害人定残后的护理，应当根据其护理依赖程度并结合配制残疾辅助器具的情况确定护理级别。

【适用本案由需要注意的问题】

◆劳务合同纠纷案件，按照合同纠纷案件的一般管辖原则，由被告住所地或合同履行地人民法院管辖。

◆在适用本案由时，要注意其与劳动合同纠纷的区别。劳动合同的主体一方是企业、个体经济组织等用人单位，另一方是劳动者个人，用人单位与劳动者存在着隶属关系，劳动者需服从用人单位的管理和安排，用人单位需履行给劳动者缴纳养老保险、医疗保险、失业保险、生育保险，工资不得低于政府规定的最低工资标准等法律义务。而劳务合同双方当事人都可以是法人、组织、公民，双方当事人之间没有上下等级关系，各自独立、地位平等，雇佣方也不需履行上述用人单位需履行的义务。

◆对于劳务关系清楚，仅在劳务报酬的给付数额和给付时间上存在争议的劳务合同纠纷案件，标的额为各省、自治区、直辖市上年度就业人员年平均工资30%以下的，根据《民事诉讼法》第162条的规定，应适用小额诉讼程序进行审理。具体适用可参见本书案由“18. 抚养纠纷”中“适用本案由需要注意的问题”的有关内容。

123. 离退休人员返聘合同纠纷

【案由解析】

离退休人员返聘合同是指离退休人员在离退休后，离开工作岗位又被原单位返聘或者到其他单位工作签订的合同。

离退休人员返聘合同纠纷是指当事人因签订、履行、变更、终止返聘合同发生的权利义务纠纷。

【常用法律条文及索引】

另参见“122. 劳务合同纠纷”案由相关部分。

【适用本案由需要注意的问题】

◆离退休人员返聘合同纠纷案件，按照合同纠纷案件的一般管辖原则，由被告住所地或合同履行地人民法院管辖。

◆在适用本案由时注意其与劳动合同纠纷的区别。离退休人员在离退休后又被原单位返聘或者到其他工作单位工作，双方建立的不是劳动合同关系，不能签订正式的劳动合同，不受劳动法调整，双方之间的关系是劳务合同关系。离退休人员返聘合同虽然属于劳务合同，但是由于其主体的特殊性，即一方是离退休人员，所以《民事案件案由规定》把它列为一个单独案由，与劳务合同纠纷相独立。

124. 广告合同纠纷

【案由解析】

广告合同是指广告经营者之间、广告经营者与客户之间签订的关于广告承办或代理关系的协议。

广告合同纠纷是指因当事人订立、履行、变更、终止广告合同发生的权利义务纠纷。

【常用法律条文及索引】

《广告法》（2015 年 9 月 1 日起施行）

第二条 在中华人民共和国境内，商品经营者或者服务提供者通过一定媒介和形式直接或者间接地介绍自己所推销的商品或者服务的商业广告活动，适用本法。

本法所称广告主，是指为推销商品或者服务，自行或者委托他人设计、制作、发布广告的自然人、法人或者其他组织。

本法所称广告经营者，是指接受委托提供广告设计、制作、代理服务的自然人、法人或者其他组织。

本法所称广告发布者，是指为广告主或者广告主委托的广告经营者发布广告的自然人、法人或者其他组织。

本法所称广告代言人，是指广告主以外的，在广告中以自己的名义或者形象对商品、服务作推荐、证明的自然人、法人或者其他组织。

第三十条 广告主、广告经营者、广告发布者之间在广告活动中应当依法订立书面合同。

第三十二条 广告主委托设计、制作、发布广告，应当委托具有合法经营资格的广告经营者、广告发布者。

第三十四条 广告经营者、广告发布者应当按照国家有关规定，建立、健全广告业务的承接登记、审核、档案管理制度。

广告经营者、广告发布者依据法律、行政法规查验有关证明文件，核对广告内容。对内容不符或者证明文件不全的广告，广告经营者不得提供设计、制作、代理服务，广告发布者不得发布。

第三十五条 广告经营者、广告发布者应当公布其收费标准和收费办法。

第三十六条 广告发布者向广告主、广告经营者提供的覆盖率、收视率、点击率、发行量等资料应当真实。

第三十七条 法律、行政法规规定禁止生产、销售的产品或者提供的服务，以及禁止发布广告的商品或者服务，任何单位或者个人不得设计、制作、代理、发布广告。

第三十八条 广告代言人在广告中对商品、服务作推荐、证明，应当依据事实，符合本法和有关法律、行政法规规定，并不得为其未使用过的商品或者未接受过的服务作推荐、证明。

不得利用不满十周岁的未成年人作为广告代言人。

对在虚假广告中作推荐、证明受到行政处罚未满三年的自然人、法人或者其他组织，不得利用其作为广告代言人。

第三十九条 不得在中小学校、幼儿园内开展广告活动，不得利用中小学生和幼儿的教材、教辅材料、练习册、文具、教具、校服、校车等发布或者变相发布广告，但公益广告除外。

第四十条 在针对未成年人的大众传播媒介上不得发布医疗、药品、保健食品、医疗器械、化妆品、酒类、美容广告，以及不利于未成年人身心健康的网络游戏广告。

针对不满十四周岁的未成年人的商品或者服务的广告不得含有下列内容：

（一）劝诱其要求家长购买广告商品或者服务；

（二）可能引发其模仿不安全行为。

【适用本案由需要注意的问题】

◆广告合同纠纷案件，按照合同纠纷案件的一般管辖原则，由被告住所地或者合同履行地人民法院管辖。

◆在适用本案由时，要注意其与悬赏广告纠纷的区别。悬赏广告目前在性质上仍有争议，其属于单方民事行为还是合同仍没有在法律上明确规定，而广告合同是无名合同，广告纠纷是典型的合同纠纷。

125. 展览合同纠纷

【案由解析】

展览合同是指当事人签订的一方提供美术作品、摄影图片、艺术收藏品、书法碑帖、古代和传统服饰、专题性文化艺术等，另一方负责展品运输、安全保卫、布展以及其他具体展览事务并收取费用的合同。

展览合同纠纷是指当事人因订立、履行、变更、终止展览合同发生的权利义务纠纷。

【典型形态】

在实践中，展览合同纠纷主要有：

（1）车辆展览合同纠纷，是指当时之间人就达成的一方提供各种车辆，另一方负责展品运输、安全保卫、布展等事宜的合同产生的权利义务纠纷。

（2）书画展览合同纠纷，是指当事人之间就达成的一方提供书法、字画等艺术品，另一方负责展品运输、安全保卫、布展等事宜的合同产生的权利义务纠纷。

（3）电子展览合同纠纷，是指当事人之间就达成的一方提供电脑、电玩等各种电子物品，另一方负责展品运输、安全保卫、布展等事宜的合同产生的权利义务纠纷。

【常用法律条文及索引】

《建设部关于展览会管理若干规定》（2000年10月23日起实施）

第二条　本规定所指的展览会，包括由部机关、直属单位及部属社团组织在境内外主办、协办、合办和支持的各种类型的展览会、展销会、洽谈会、博览会等。

第六条　展览会的举办单位应具有法人资格，能够独立承担民事责任。

举办单位应具有制定并组织实施展览会的方案、组织招展、布展及财务管理的能力和条件。

第十条 未经批准，任何单位不得擅自以部指导、支持、赞助的名义进行招展；展览过程中，不得进行各种名目的评比活动；不得转包展览会。

对违反上述规定的，部将视情节作出处理。

【适用本案由需要注意的问题】

◆展览合同纠纷案件，按照合同纠纷案件的一般管辖原则，由被告住所地或合同履行地人民法院管辖。

◆在适用本案由时，要注意其与租赁合同费纠纷。如果当事人的约定只是租赁展览场地，相关的布展、宣传、安全保卫等事项由承租人自己负责时，双方达成的合同是租赁合同，发生纠纷时适用租赁合同纠纷这一案由。

126. 追偿权纠纷

【案由解析】

追偿权纠纷是指追偿权人在行使追偿权时产生的权利义务纠纷。

【典型形态】

在实践中，追偿权纠纷主要有：

（1）担保责任追偿权纠纷。担保责任追偿权是指为债务人提供担保的第三人，在承担了保证责任后，享有的向债务人追偿的权利。

（2）合伙债务追偿权纠纷。合伙债务追偿权是指合伙债务的债务人清偿债务后，对超过自己应承担数额的部分享有向其他债务人追偿的权利。

【常用法律条文及索引】

《物权法》（2007 年 10 月 1 日起施行）

第一百七十六条 被担保的债权既有物的担保又有人的担保的，债务人不履行到期债务或者发生当事人约定的实现担保物权的情形，债权人应当按照约定实现债权；没有约定或者约定不明确，债务人自己提供物的担保的，债权人应当先就该物的担保实现债权；第三人提供物的担保的，债权人可以就物的担保实现债权，也可以要求保证人承担保证责任。提供担保的第三人承担担保责任后，有权向债务人追偿。

《担保法》（1995 年 10 月 1 日起施行）

第十二条　同一债务有两个以上保证人的，保证人应当按照保证合同约定的保证份额，承担保证责任。没有约定保证份额的，保证人承担连带责任，债权人可以要求任何一个保证人承担全部保证责任，保证人都负有担保全部债权实现的义务。已经承担保证责任的保证人，有权向债务人追偿，或者要求承担连带责任的其他保证人清偿其应当承担的份额。

《最高人民法院关于适用〈中华人民共和国担保法〉若干问题的解释》（法释〔2000〕44 号　2000 年 10 月 23 日起实施）

第九条第一款　担保人因无效担保合同向债权人承担赔偿责任后，可以向债务人追偿，或者在承担赔偿责任的范围内，要求有过错的反担保人承担赔偿责任。

第二十一条　按份共同保证的保证人按照保证合同约定的保证份额承担保证责任后，在其履行保证责任的范围内对债务人行使追偿权。

《最高人民法院关于已承担保证责任的保证人向其他保证人行使追偿权问题的批复》（法释〔2002〕37 号　2002 年 12 月 5 日起实施）

云南省高级人民法院：

你院云高法〔2002〕160 号《关于已经承担了保证责任的保证人向保证期间内未被主张保证责任的其他保证人行使追偿权是否成立的请示》收悉。经研究，答复如下：

根据《中华人民共和国担保法》第十二条的规定，承担连带责任保证的保证人一人或者数人承担保证责任后，有权要求其他保证人清偿应当承担的份额，不受债权人是否在保证期间内向未承担保证责任的保证人主张过保证责任的影响。

此复

《民法通则》（1987 年 1 月 1 日起实施　2009 年 8 月 27 日修正）

第三十五条　合伙的债务，由合伙人按照出资比例或者协议的约定，以各自的财产承担清偿责任。

合伙人对合伙的债务承担连带责任，法律另有规定的除外。偿还合伙债务超过自己应当承担数额的合伙人，有权向其他合伙人追偿。

《合伙企业法》(2007 年 6 月 1 日施行)

第四十条 合伙人由于承担无限连带责任，清偿数额超过本法第三十三条第一款规定的其亏损分担比例的，有权向其他合伙人追偿。

【适用本案由需要注意的问题】

◆追偿权纠纷是由担保合同或合伙协议引起的纠纷，所以此类案件由被告住所地或者担保合同、合伙协议履行地人民法院管辖。

◆在适用本案由时，要注意合伙债务追偿发生的纠纷与合伙协议纠纷、联营合同纠纷的区别。合伙协议纠纷和联营合同纠纷是当事人对整个合伙协议或联营合同在签订、履行、变更、终止时发生的纠纷，合伙债务追偿的纠纷是仅就追偿权问题的纠纷。

◆担保人的追偿权以担保人承担了担保责任或赔偿责任为前提，且承担赔偿责任的无效担保人对反担保人行使追偿权以反担保人有过错为前提，所以在担保责任追偿的情况下，适用本案由需注意要求当事人仅就追偿权提起诉讼，同时法院应审查原告是否履行了担保责任和其他要求具备的提起追偿权的条件。

127. 请求确认人民调解协议效力

【案由解析】

请求确认人民调解协议效力，是指对于涉及当事人之间民事权利义务的纠纷，经人民调解组织和其他依法成立的具有调解职能的组织调解达成具有民事合同性质的协议后，由双方当事人共同到人民法院申请确认调解协议的法律效力的一种新的案件类型。

人民调解协议司法确认有着克服人民调解协议的效力局限，保障人民调解制度的应有功能，节约司法资源，提高司法效率，最终从制度上建立健全我国诉讼与非诉讼相衔接的矛盾纠纷解决机制，推动司法改革的积极意义。2009 年 6 月，最高人民法院出台了《关于建立健全诉讼与非诉讼相衔接的矛盾纠纷解决机制的若干意见》，人民调解协议的司法确认有了明确的政策参考，2011 年实施的《人民调解法》及《最高人民法院关于人民调解协议司法确认程序的若干规定》分别从立法和司法的层面对人民调解协议进行了规定，2012 年修订的《民事诉讼法》在此基础上进一步将此类案件确立为一类民事案件。2015 年实施的《最高人民法院关于适用〈中华人民共和国民事诉讼法〉的解释》对该类民事案件的审查程序进一步进行了细化。

【常用法律条文及索引】

《民事诉讼法》（1991 年 4 月 9 日起施行　2017 年 6 月 27 日修正）

第一百九十四条　申请司法确认调解协议，由双方当事人依照人民调解法等法律，自调解协议生效之日起三十日内，共同向调解组织所在地基层人民法院提出。

第一百九十五条　人民法院受理申请后，经审查，符合法律规定的，裁定调解协议有效，一方当事人拒绝履行或者未全部履行的，对方当事人可以向人民法院申请执行；不符合法律规定的，裁定驳回申请，当事人可以通过调解方式变更原调解协议或者达成新的调解协议，也可以向人民法院提起诉讼。

《人民调解法》（2011 年 1 月 1 日起施行）

第三十三条　经人民调解委员会调解达成调解协议后，双方当事人认为有必要的，可以自调解协议生效之日起三十日内共同向人民法院申请司法确认，人民法院应当及时对调解协议进行审查，依法确认调解协议的效力。

人民法院依法确认调解协议有效，一方当事人拒绝履行或者未全部履行的，对方当事人可以向人民法院申请强制执行。

人民法院依法确认调解协议无效的，当事人可以通过人民调解方式变更原调解协议或者达成新的调解协议，也可以向人民法院提起诉讼。

《最高人民法院关于人民调解协议司法确认程序的若干规定》（法释〔2011〕5 号　2011 年 3 月 3 日起施行）

为了规范经人民调解委员会调解达成的民事调解协议的司法确认程序，进一步建立健全诉讼与非诉讼相衔接的矛盾纠纷解决机制，依照《中华人民共和国民事诉讼法》和《中华人民共和国人民调解法》的规定，结合审判实际，制定本规定。

第一条　当事人根据《中华人民共和国人民调解法》第三十三条的规定共同向人民法院申请确认调解协议的，人民法院应当依法受理。

第二条　当事人申请确认调解协议的，由主持调解的人民调解委员会所在地基层人民法院或者它派出的法庭管辖。

人民法院在立案前委派人民调解委员会调解并达成调解协议，当事人申请司法确认的，由委派的人民法院管辖。

第三条 当事人申请确认调解协议，应当向人民法院提交司法确认申请书、调解协议和身份证明、资格证明，以及与调解协议相关的财产权利证明等证明材料，并提供双方当事人的送达地址、电话号码等联系方式。委托他人代为申请的，必须向人民法院提交由委托人签名或者盖章的授权委托书。

第四条 人民法院收到当事人司法确认申请，应当在三日内决定是否受理。人民法院决定受理的，应当编立“调确字”案号，并及时向当事人送达受理通知书。双方当事人同时到法院申请司法确认的，人民法院可以当即受理并作出是否确认的决定。

有下列情形之一的，人民法院不予受理：

（一）不属于人民法院受理民事案件的范围或者不属于接受申请的人民法院管辖的；

（二）确认身份关系的；

（三）确认收养关系的；

（四）确认婚姻关系的。

第五条 人民法院应当自受理司法确认申请之日起十五日内作出是否确认的决定。因特殊情况需要延长的，经本院院长批准，可以延长十日。

在人民法院作出是否确认的决定前，一方或者双方当事人撤回司法确认申请的，人民法院应当准许。

第六条 人民法院受理司法确认申请后，应当指定一名审判人员对调解协议进行审查。人民法院在必要时可以通知双方当事人同时到场，当面询问当事人。当事人应当向人民法院如实陈述申请确认的调解协议的有关情况，保证提交的证明材料真实、合法。人民法院在审查中，认为当事人的陈述或者提供的证明材料不充分、不完备或者有疑义的，可以要求当事人补充陈述或者补充证明材料。当事人无正当理由未按时补充或者拒不接受询问的，可以按撤回司法确认申请处理。

第七条 具有下列情形之一的，人民法院不予确认调解协议效力：

（一）违反法律、行政法规强制性规定的；

（二）侵害国家利益、社会公共利益的；

（三）侵害案外人合法权益的；

（四）损害社会公序良俗的；

（五）内容不明确，无法确认的；

（六）其他不能进行司法确认的情形。

第八条　人民法院经审查认为调解协议符合确认条件的，应当作出确认决定书；决定不予确认调解协议效力的，应当作出不予确认决定书。

第九条　人民法院依法作出确认决定后，一方当事人拒绝履行或者未全部履行的，对方当事人可以向作出确认决定的人民法院申请强制执行。

第十条　案外人认为经人民法院确认的调解协议侵害其合法权益的，可以自知道或者应当知道权益被侵害之日起一年内，向作出确认决定的人民法院申请撤销确认决定。

第十一条　人民法院办理人民调解协议司法确认案件，不收取费用。

第十二条　人民法院可以将调解协议不予确认的情况定期或者不定期通报同级司法行政机关和相关人民调解委员会。

第十三条　经人民法院建立的调解员名册中的调解员调解达成协议后，当事人申请司法确认的，参照本规定办理。人民法院立案后委托他人调解达成的协议的司法确认，按照《最高人民法院关于人民法院民事调解工作若干问题的规定》（法释〔2004〕12号）的有关规定办理。

《最高人民法院关于审理劳动争议案件适用法律若干问题的解释（四）》（法释〔2013〕4号　2013年2月1日起施行）

第四条　当事人在人民调解委员会主持下仅就给付义务达成的调解协议，双方认为有必要的，可以共同向人民调解委员会所在地的基层人民法院申请司法确认。

《最高人民法院关于适用〈中华人民共和国民事诉讼法〉的解释》（法释〔2015〕5号　2015年2月4日起施行）

第三百五十三条　申请司法确认调解协议的，双方当事人应当本人或者由符合民事诉讼法第五十八条规定的代理人向调解组织所在地基层人民法院或者人民法庭提出申请。

第三百五十四条　两个以上调解组织参与调解的，各调解组织所在地基层人民法院均有管辖权。

双方当事人可以共同向其中一个调解组织所在地基层人民法院提出申请；双方当事人共同向两个以上调解组织所在地基层人民法院提出申请的，由最先立案的人民法院管辖。

第三百五十五条　当事人申请司法确认调解协议，可以采用书面形式或者口头形式。当事人口头申请的，人民法院应当记入笔录，并由当事人签名、捺印或者盖章。

第三百五十六条 当事人申请司法确认调解协议，应当向人民法院提交调解协议、调解组织主持调解的证明，以及与调解协议相关的财产权利证明等材料，并提供双方当事人的身份、住所、联系方式等基本信息。

当事人未提交上述材料的，人民法院应当要求当事人限期补交。

第三百五十七条 当事人申请司法确认调解协议，有下列情形之一的，人民法院裁定不予受理：

（一）不属于人民法院受理范围的；

（二）不属于收到申请的人民法院管辖的；

（三）申请确认婚姻关系、亲子关系、收养关系等身份关系无效、有效或者解除的；

（四）涉及适用其他特别程序、公示催告程序、破产程序审理的；

（五）调解协议内容涉及物权、知识产权确权的。

人民法院受理申请后，发现有上述不予受理情形的，应当裁定驳回当事人的申请。

第三百五十八条 人民法院审查相关情况时，应当通知双方当事人共同到场对案件进行核实。

人民法院经审查，认为当事人的陈述或者提供的证明材料不充分、不完备或者有疑义的，可以要求当事人限期补充陈述或者补充证明材料。必要时，人民法院可以向调解组织核实有关情况。

第三百五十九条 确认调解协议的裁定作出前，当事人撤回申请的，人民法院可以裁定准许。

当事人无正当理由未在限期内补充陈述、补充证明材料或者拒不接受询问的，人民法院可以按撤回申请处理。

第三百六十条 经审查，调解协议有下列情形之一的，人民法院应当裁定驳回申请：

（一）违反法律强制性规定的；

（二）损害国家利益、社会公共利益、他人合法权益的；

（三）违背公序良俗的；

（四）违反自愿原则的；

（五）内容不明确的；

（六）其他不能进行司法确认的情形。

【适用本案由需要注意的问题】

◆关于请求确认人民调解协议效力案件的管辖，根据《民事诉讼法》第194条的规定，由双方当事人依照人民调解法等法律，自调解协议生效之日起三十日内，共同向调解组织所在地基层人民法院提出。根据《最高人民法院关于适用〈中华人民共和国民事诉讼法〉的解释》第353、354条的规定，申请司法确认调解协议的，双方当事人应当本人或者由符合《民事诉讼法》第58条规定的代理人向调解组织所在地基层人民法院或者人民法庭提出申请。两个以上调解组织参与调解的，各调解组织所在地基层人民法院均有管辖权。双方当事人可以共同向其中一个调解组织所在地基层人民法院提出申请；双方当事人共同向两个以上调解组织所在地基层人民法院提出申请的，由最先立案的人民法院管辖。

◆关于请求确认人民调解协议效力的范围。对此，有两种理解：一种理解是，只有人民调解法和其他由全国人大常委会通过的法律明确规定可以申请司法确认的调解协议才能申请确认；另一种理解是，除了人民调解法规定可以申请确认的以外，其他法律、行政法规、地方性法规、行政规章以及中央批准的司法改革方案中明确规定可以确认的调解协议，均属于《民事诉讼法》第194条规定的申请确认范围。例如，《最高人民法院关于建立健全诉讼与非诉讼相衔接的矛盾纠纷解决机制的若干意见》第20条规定，经行政机关、人民调解组织、商事调解组织、行业调解组织或者其他具有调解职能的组织调解达成的具有民事合同性质的协议，经调解组织和调解员签字盖章后，当事人可以申请有管辖权的人民法院确认其效力。我们认为，在当前我国深入推进社会管理体制改革、为社会管理提供充分司法保障的形势下，特别是多元纠纷解决机制改革迅速推进的大背景下，第二种理解更符合民事诉讼法的立法原意。

◆关于请求确认人民调解协议效力案件的申请程序。根据《民事诉讼法》第194条及最高人民法院司法解释的相关规定，申请司法确认调解协议，由双方当事人依照人民调解法等法律，自调解协议生效之日起三十日内，共同向调解组织所在地基层人民法院提出。当事人申请司法确认调解协议，可以采用书面形式或者口头形式。当事人口头申请的，人民法院应当记入笔录，并由当事人签名、捺印或者盖章。当事人请求确认人民调解协议效力，应当向人民法院提交调解协议、调解组织主持调解的证明，以及与调解协议相关的财产权利证明等材料，并提供双方当事人的身份、住所、联系方式等基本信息。当事人未提交上述材料的，人民法院应当要求当事人限期补交。

◆关于请求确认人民调解协议效力案件的受理程序。人民法院受理申请后，发现有不属于人民法院受理范围等五种不予受理情形的，应当裁定驳回当事人的申请。人民法院审查相关情况时，应当通知双方当事人共同到场对案件进行核实。人民法院经审查，认为当事人的陈述或者提供的证明材料不充分、不完备或者有疑义的，可以要求当事人限期补充陈述或者补充证明材料。必要时，人民法院可以向调解组织核实有关情况。经审查，调解协议有违反法律强制性规定等六种不能进行司法确认情形的，人民法院应当裁定驳回申请。

十一、不当得利纠纷

128. 不当得利纠纷

【案由解析】

不当得利，是指没有合法根据而获得利益并使他人利益遭受损失的事实。依法律规定，取得不当利益的一方应将所获利益返还于受损失的一方，双方因此形成债权债务关系，即不当得利之债。不当得利之债与侵权行为之债、无因管理之债同属法定之债，其特点在于，它既不像合同之债那样基于当事人的合意而成立，也不像侵权行为之债那样因不法行为而发生，或像无因管理之债那样因合法的事实行为而发生，而是基于当事人之间的利益发生不当变动的法律事实（事件）而发生。不当得利纠纷是指因不当得利这一事实引起的权利义务纠纷。

【常用法律条文及索引】

《民法通则》（1987 年 1 月 1 日起实施　2009 年 8 月 27 日修正）

第九十二条　没有合法根据，取得不当利益，造成他人损失的，应当将取得的不当利益返还受损失的人。

《物权法》（2007 年 10 月 1 日起施行）

第一百零七条 所有权人或者其他权利人有权追回遗失物。该遗失物通过转让被他人占有的，权利人有权向无处分权人请求损害赔偿，或者自知道或者应当知道受让人之日起二年内向受让人请求返还原物，但受让人通过拍卖或者向具有经营资格的经营者购得该遗失物的，权利人请求返还原物时应当支付受让人所付的费用。权利人向受让人支付所付费用后，有权向无处分权人追偿。

《企业破产法》（2007 年 6 月 1 日起实施）

第四十二条 人民法院受理破产申请后发生的下列债务，为共益债务：

（一）因管理人或者债务人请求对方当事人履行双方均未履行完毕的合同所产生的债务；

（二）债务人财产受无因管理所产生的债务；

（三）因债务人不当得利所产生的债务；

（四）为债务人继续营业而应支付的劳动报酬和社会保险费用以及由此产生的其他债务；

（五）管理人或者相关人员执行职务致人损害所产生的债务；

（六）债务人财产致人损害所产生的债务。

《最高人民法院关于贯彻执行〈中华人民共和国民法通则〉若干问题的意见（试行）》（法（办）发〔1988〕6 号　1988 年 4 月 2 日起施行）

131. 返还的不当利益，应当包括原物和原物所生的孳息。利用不当得利所取得的其他利益，扣除劳务管理费用后，应当予以收缴。

《最高人民法院关于审理涉及金融不良债权转让案件工作座谈会纪要》的通知（法发〔2009〕19 号　2009 年 3 月 30 日起施行）

不良债权已经剥离至金融资产管理公司又被转让给受让人后，国有企业债务人知道或者应当知道不良债权已经转让而仍向原国有银行清偿的，不得对抗受让人对其提起的追索之诉，国有企业债务人在对受让人清偿后向原国有银行提起返还不当得利之诉的，人民法院应予受理；国有企业债务人不知道不良债权已经转让而向原国有银行清偿的，可以对抗受让人对其提起的追索之诉，受让人向国有银行提起返还不当得利之诉的，人民法院应予受理。

【适用本案由需要注意的问题】

◆不当得利纠纷案件，由被告住所地人民法院管辖，被告住所地与经常居住地不一致的，由经常居住地人民法院管辖。

◆在适用本案由时，还要注意的是，在《物权法》实施以前，在遗失物的拾得这一问题上，司法实践上认为遗失人对拾得人拥有不当得利的债权，若拾得人拒不返还，则会转化为侵权。《物权法》实施后，把遗失人追回遗失物的权利认定为基于所有权，拾得人拒不返还构成侵犯其所有权，可提起侵权之诉，在法律逻辑上更为妥当。

十二、无因管理纠纷

129. 无因管理纠纷

【案由解析】

无因管理，是指没有法定的或约定的义务，为避免他人利益受损失而为他人管理事务或提供服务的行为。无因管理一经成立，在管理人和本人之间即发生债权债务关系，管理人有权请求本人偿还其因管理而支出的必要费用，本人有义务偿还，此即无因管理之债。无因管理之债与合同之债一样，都是因合法行为而发生的，二者的根本区别在于合同之债为意定之债，无因管理之债为法定之债。无因管理纠纷是指当事人因为无因管理这一行为引起的权利义务纠纷。

【常用法律条文及索引】

《民法通则》（1987 年 1 月 1 日起实施　2009 年 8 月 27 日修正）

第九十三条　没有法定的或者约定的义务，为避免他人利益受损失进行管理或者服务的，有权要求受益人偿付由此而支付的必要费用。

《最高人民法院关于贯彻执行〈中华人民共和国民法通则〉若干问题的意见（试行）》（法（办）发〔1988〕6 号　1988 年 4 月 2 日起施行）

132. 民法通则第九十三条规定的管理人或者服务人可以要求受益人偿付的必要费用，包括在管理或者服务活动中直接支出的费用，以及在该活动中受到的实际损失。

【适用本案由需要注意的问题】

◆无因管理纠纷案件，由被告住所地人民法院管辖，被告住所地与经常居住地不一致的，由经常居住地人民法院管辖。

◆无因管理属于事实行为，因此并不像民事法律行为那样要求行为人有相应的民事行为能力，所以限制行为能力人独立为他人管理事务的，可以适用无因管理的规定。

附：根据新的法律、司法解释可以增加的案由纠纷类型

＊独立保函纠纷

（1）独立保函开立纠纷

（2）独立保函付款纠纷

（3）独立保函追偿纠纷

（4）独立保函止付纠纷

（5）独立保函转让纠纷

（6）独立保函通知纠纷

【案由解析】

独立保函是指担保人依照保函申请人的指示开立的，凭与保函条款相符的付款请求书或者其他单据，在保函载明的最高金额内向受益人付款的书面承诺。

独立保函本质上是一种无偿合同、单务合同和要式合同。独立保函作为担保人和受益人之间的特殊合意，约定担保人在单据相符时承担无条件付款义务，而受益人在受领价款时并不需要付出任何代价，故独立保函是一种无偿合同；在此特殊合同项下，仅有担保人承担特定条件下的付款义务，而受益人之提交相符单据并非义务，而是权利，因此，不存在双方互负对待给付义务，故独立保函为仅有一方当事人负给付义务的合同，即单务合同；如前所述，独立保函必须采用书面形式，否则无效，因而独立保函也是一种要式合同。

独立保函的显著特点是单据化和独立性。独立保函中的单据是指受益人

向担保人提交的付款请求书或者其他由担保函约定成就付款条件的单据。担保人履行付款义务时必须首先审查受益人提交的单据是否系保函项下的相符单据。类似于信用证下的审查方式，担保人仅对单据进行形式审查。此种宽松审查标准是基于独立保函“见索即付”的制度价值而设计的。所谓独立性，是指保函独立于基础合同，担保人仅有义务根据提交的单据判断付款条件是否成就，并不介入基础交易，此要求即为独立保函的独立性。

独立保函纠纷是指当事人因独立保函开立、付款、追偿、止付、转让、通知等环节发生的纠纷。

【典型形态】

在实践中，独立保函纠纷主要有：

（1）独立保函开立纠纷，是指因担保人开立独立保函发生的纠纷。

（2）独立保函付款纠纷，是指受益人请求担保人按照独立保函付款发生的纠纷。

（3）独立保函追偿纠纷，是指担保人依据独立保函付款后向保函申请人追偿的纠纷。

（4）独立保函止付纠纷，是指保函申请人、债务人、担保人或反担保人在受益人恶意欺诈或滥用保函所赋予的索赔权利以谋求不正当利益时，请求法院作出止付裁决的纠纷。

（5）独立保函转让纠纷，是指因独立保函的受益人将其在保函项下可能有权或可能将要有权获得的任何款项让渡给他人，或者变更保函的受益人发生的纠纷。

（6）独立保函通知纠纷，是指因担保人准备签发保函、收到索赔请求等情形时应履行的通知义务而发生的纠纷。

【常用法律条文及索引】

《合同法》（1999 年 10 月 1 日起施行）

第一百二十四条　本法分则或者其他法律没有明文规定的合同，适用本法总则的规定，并可以参照本法分则或者其他法律最相类似的规定。

《最高人民法院关于审理独立保函纠纷案件若干问题的规定》（法释〔2016〕24 号　2016 年 12 月 1 日起施行）

为正确审理独立保函纠纷案件，切实维护当事人的合法权益，服务和保障“一带一路”建设，促进对外开放，根据《中华人民共和国民法通则》《中华人民共和国合同法》《中华人民共和国担保法》《中华人民共和国涉外民事关系法律适用法》《中华人民共和国民事诉讼法》等法律，结合审判实际，制定本规定：

第一条　本规定所称的独立保函，是指银行或非银行金融机构作为开立人，以书面形式向受益人出具的，同意在受益人请求付款并提交符合保函要求的单据时，向其支付特定款项或在保函最高金额内付款的承诺。

前款所称的单据，是指独立保函载明的受益人应提交的付款请求书、违约声明、第三方签发的文件、法院判决、仲裁裁决、汇票、发票等表明发生付款到期事件的书面文件。

独立保函可以依保函申请人的申请而开立，也可以依另一金融机构的指示而开立。开立人依指示开立独立保函的，可以要求指示人向其开立用以保障追偿权的独立保函。

第二条　本规定所称的独立保函纠纷，是指在独立保函的开立、撤销、修改、转让、付款、追偿等环节产生的纠纷。

第三条　保函具有下列情形之一，当事人主张保函性质为独立保函的，人民法院应予支持，但保函未载明据以付款的单据和最高金额的除外：

（一）保函载明见索即付；

（二）保函载明适用国际商会《见索即付保函统一规则》等独立保函交易示范规则；

（三）根据保函文本内容，开立人的付款义务独立于基础交易关系及保函申请法律关系，其仅承担相符交单的付款责任。

当事人以独立保函记载了对应的基础交易为由，主张该保函性质为一般保证或连带保证的，人民法院不予支持。

当事人主张独立保函适用担保法关于一般保证或连带保证规定的，人民法院不予支持。

第四条　独立保函的开立时间为开立人发出独立保函的时间。

独立保函一经开立即生效，但独立保函载明生效日期或事件的除外。

独立保函未载明可撤销，当事人主张独立保函开立后不可撤销的，人民法院应予支持。

第五条　独立保函载明适用《见索即付保函统一规则》等独立保函交易示范规则，或开立人和受益人在一审法庭辩论终结前一致援引的，人民法院应当认定交易示范规则的内容构成独立保函条款的组成部分。

不具有前款情形，当事人主张独立保函适用相关交易示范规则的，人民法院不予支持。

第六条 受益人提交的单据与独立保函条款之间、单据与单据之间表面相符，受益人请求开立人依据独立保函承担付款责任的，人民法院应予支持。

开立人以基础交易关系或独立保函申请关系对付款义务提出抗辩的，人民法院不予支持，但有本规定第十二条情形的除外。

第七条 人民法院在认定是否构成表面相符时，应当根据独立保函载明的审单标准进行审查；独立保函未载明的，可以参照适用国际商会确定的相关审单标准。

单据与独立保函条款之间、单据与单据之间表面上不完全一致，但并不导致相互之间产生歧义的，人民法院应当认定构成表面相符。

第八条 开立人有独立审查单据的权利与义务，有权自行决定单据与独立保函条款之间、单据与单据之间是否表面相符，并自行决定接受或拒绝接受不符点。

开立人已向受益人明确表示接受不符点，受益人请求开立人承担付款责任的，人民法院应予支持。

开立人拒绝接受不符点，受益人以保函申请人已接受不符点为由请求开立人承担付款责任的，人民法院不予支持。

第九条 开立人依据独立保函付款后向保函申请人追偿的，人民法院应予支持，但受益人提交的单据存在不符点的除外。

第十条 独立保函未同时载明可转让和据以确定新受益人的单据，开立人主张受益人付款请求权的转让对其不发生效力的，人民法院应予支持。独立保函对受益人付款请求权的转让有特别约定的，从其约定。

第十一条 独立保函具有下列情形之一，当事人主张独立保函权利义务终止的，人民法院应予支持：

（一）独立保函载明的到期日或到期事件届至，受益人未提交符合独立保函要求的单据；

（二）独立保函项下的应付款项已经全部支付；

（三）独立保函的金额已减额至零；

（四）开立人收到受益人出具的免除独立保函项下付款义务的文件；

（五）法律规定或者当事人约定终止的其他情形。

独立保函具有前款权利义务终止的情形，受益人以其持有独立保函文本为由主张享有付款请求权的，人民法院不予支持。

第十二条　具有下列情形之一的，人民法院应当认定构成独立保函欺诈：

（一）受益人与保函申请人或其他人串通，虚构基础交易的；

（二）受益人提交的第三方单据系伪造或内容虚假的；

（三）法院判决或仲裁裁决认定基础交易债务人没有付款或赔偿责任的；

（四）受益人确认基础交易债务已得到完全履行或者确认独立保函载明的付款到期事件并未发生的；

（五）受益人明知其没有付款请求权仍滥用该权利的其他情形。

第十三条　独立保函的申请人、开立人或指示人发现有本规定第十二条情形的，可以在提起诉讼或申请仲裁前，向开立人住所地或其他对独立保函欺诈纠纷案件具有管辖权的人民法院申请中止支付独立保函项下的款项，也可以在诉讼或仲裁过程中提出申请。

第十四条　人民法院裁定中止支付独立保函项下的款项，必须同时具备下列条件：

（一）止付申请人提交的证据材料证明本规定第十二条情形的存在具有高度可能性；

（二）情况紧急，不立即采取止付措施，将给止付申请人的合法权益造成难以弥补的损害；

（三）止付申请人提供了足以弥补被申请人因止付可能遭受损失的担保。

止付申请人以受益人在基础交易中违约为由请求止付的，人民法院不予支持。

开立人在依指示开立的独立保函项下已经善意付款的，对保障该开立人追偿权的独立保函，人民法院不得裁定止付。

第十五条　因止付申请错误造成损失，当事人请求止付申请人赔偿的，人民法院应予支持。

第十六条　人民法院受理止付申请后，应当在四十八小时内作出书面裁定。裁定应当列明申请人、被申请人和第三人，并包括初步查明的事实和是否准许止付申请的理由。

裁定中止支付的，应当立即执行。

止付申请人在止付裁定作出后三十日内未依法提起独立保函欺诈纠纷诉讼或申请仲裁的，人民法院应当解除止付裁定。

第十七条 当事人对人民法院就止付申请作出的裁定有异议的，可以在裁定书送达之日起十日内向作出裁定的人民法院申请复议。复议期间不停止裁定的执行。

人民法院应当在收到复议申请后十日内审查，并询问当事人。

第十八条 人民法院审理独立保函欺诈纠纷案件或处理止付申请，可以就当事人主张的本规定第十二条的具体情形，审查认定基础交易的相关事实。

第十九条 保函申请人在独立保函欺诈诉讼中仅起诉受益人的，独立保函的开立人、指示人可以作为第三人申请参加，或由人民法院通知其参加。

第二十条 人民法院经审理独立保函欺诈纠纷案件，能够排除合理怀疑地认定构成独立保函欺诈，并且不存在本规定第十四条第三款情形的，应当判决开立人终止支付独立保函项下被请求的款项。

第二十一条 受益人和开立人之间因独立保函而产生的纠纷案件，由开立人住所地或被告住所地人民法院管辖，独立保函载明由其他法院管辖或提交仲裁的除外。当事人主张根据基础交易合同争议解决条款确定管辖法院或提交仲裁的，人民法院不予支持。

独立保函欺诈纠纷案件由被请求止付的独立保函的开立人住所地或被告住所地人民法院管辖，当事人书面协议由其他法院管辖或提交仲裁的除外。当事人主张根据基础交易合同或独立保函的争议解决条款确定管辖法院或提交仲裁的，人民法院不予支持。

第二十二条 涉外独立保函未载明适用法律，开立人和受益人在一审法庭辩论终结前亦未就适用法律达成一致的，开立人和受益人之间因涉外独立保函而产生的纠纷适用开立人经常居所地法律；独立保函由金融机构依法登记设立的分支机构开立的，适用分支机构登记地法律。

涉外独立保函欺诈纠纷，当事人就适用法律不能达成一致的，适用被请求止付的独立保函的开立人经常居所地法律；独立保函由金融机构依法登记设立的分支机构开立的，适用分支机构登记地法律；当事人有共同经常居所地的，适用共同经常居所地法律。

涉外独立保函止付保全程序，适用中华人民共和国法律。

第二十三条 当事人约定在国内交易中适用独立保函，一方当事人以独立保函不具有涉外因素为由，主张保函独立性的约定无效的，人民法院不予支持。

第二十四条　对于按照特户管理并移交开立人占有的独立保函开立保证金，人民法院可以采取冻结措施，但不得扣划。保证金账户内的款项丧失开立保证金的功能时，人民法院可以依法采取扣划措施。

开立人已履行对外支付义务的，根据该开立人的申请，人民法院应当解除对开立保证金相应部分的冻结措施。

第二十五条　本规定施行后尚未终审的案件，适用本规定；本规定施行前已经终审的案件，当事人申请再审或者人民法院按照审判监督程序再审的，不适用本规定。

第二十六条　本规定自 2016 年 12 月 1 日起施行。

【适用本案由需要注意的问题】

◆关于中国法院对独立保函纠纷是否具有管辖权的判断，应视其是否符合《民事诉讼法》第四编有关管辖的规定。众所周知，保函是基于当事人的意思表示一致而形成的合同，其纠纷当属合同纠纷，故法院应当尊重保函中的管辖权协议或仲裁协议。当保函对此没有规定或规定不明确时，则应依照《民事诉讼法》第 265 条之规定确定管辖法院。另外，要注意对基础合同管辖和独立保函管辖进行区分。二者属于截然不同且相互独立的法律关系，独立保函管辖权不受基础合同管辖权协议的约束。

◆受益人和开立人之间因独立保函而产生的纠纷案件，由开立人住所地或被告住所地人民法院管辖，独立保函载明由其他法院管辖或提交仲裁的除外。

独立保函欺诈纠纷案件由被请求止付的独立保函的开立人住所地或被告住所地人民法院管辖，当事人书面协议由其他法院管辖或提交仲裁的除外。

第五部分　知识产权与竞争纠纷

十三、知识产权合同纠纷

130. 著作权合同纠纷

（1）委托创作合同纠纷
（2）合作创作合同纠纷
（3）著作权转让合同纠纷
（4）著作权许可使用合同纠纷
（5）出版合同纠纷
（6）表演合同纠纷
（7）音像制品制作合同纠纷
（8）广播电视播放合同纠纷
（9）邻接权转让合同纠纷
（10）邻接权许可使用合同纠纷
（11）计算机软件开发合同纠纷
（12）计算机软件著作权转让合同纠纷
（13）计算机软件著作权许可使用合同纠纷

【案由解析】

著作权是指作者及其他著作权人对文学、艺术、科学作品所享有的专有的人身权利和财产权利的总称。狭义的著作权指的是文学艺术和科学作品的作者依法享有的权利，包括人身权和财产权两个方面的内容，它基于作品的创作而产生；广义的著作权除了狭义的著作权之外，还包括传播者的权利，学理上称为著作邻接权，具体为表演者、录制者和广播组织依法享有的权利，它基于传播活动而产生。

著作权合同，是指著作权人与其他当事人就著作权的归属、转让以及使用许可，明确双方权利义务而达成的协议。

著作权合同纠纷是指当事人之间就文学、艺术、科学作品的著作权和邻接权的归属、转让、许可使用等事宜达成的协议所发生的争议。广义的著作权合同纠纷应包括邻接权合同纠纷。邻接权合同包括：图书出版者就其出版的图书、期刊的版式设计与他人签订的合同；表演者就其现场表演许可他人通过各种方式传播、录音录像，并复制、发行录有其表演的录音录像制品签订的合同；录音录像制作者就其录音录像制品的复制、发行、出租、通过信息网络传播与他人签订的合同；广播组织（广播电台、电视台）就其播放的广播、电视节目转播，及将其播放的广播、电视节目复制与他人签订的合同。

著作权合同的主要特征是：(1) 著作权合同是许可人与被许可人、出让人与被出让人订立的有关著作权关系中财产权利许可使用或转让的协议。这种协议能够引起著作权关系的发生、变更或者终止。(2) 著作权合同的客体是著作权中的财产权利，而不是作品载体的所有权，但著作权合同可以对作品载体的所有权有所约定。如果仅转让作品载体的所有权，此合同则不是著作权合同，而是所有权合同。(3) 著作权合同是诺成性合同，当事人双方意思表示一致，达成协议，合同即可成立。合同成立即产生法律效力。

【典型形态】

在实践中，著作权纠纷的典型形态主要有：

(1) 委托创作合同纠纷，是指委托方与受托方签订的，约定由受托方接受委托方的委托，并按照约定完成作品创作所订立的合同而发生的纠纷。

(2) 合作创作合同纠纷，是指两个以上的当事人因有共同的创作某一作品的愿望所订立的合同而发生的纠纷。

(3) 著作权转让合同纠纷，是指著作权人将其作品使用权的一项或者多项财产权利在法定有效期内转移给另一方，双方当事人由此所订立的合同而发生的纠纷。

(4) 著作权许可使用合同纠纷，是指著作权人将自己的作品中的一项或者多项财产权利，以一定的方式，在一定的地域和期限内许可他人使用，双方当事人由此所订立的合同而发生的纠纷。

（5）出版合同纠纷，是指双方当事人就著作权中的一项或多项权利，许可出版方在一定范围和期限内使用所订立的合同发生的纠纷。

（6）表演合同纠纷，是指著作权人与表演者为演奏乐曲、上演剧本、朗诵诗词作品等事项所订立的合同而发生的纠纷。

（7）音像制品制作合同纠纷，是指著作权人将自己的作品许可他人通过录音、录像等技术手段，将声音、图像、文字等内容整理加工成音像制品节目源的活动所订立的合同而发生的纠纷。

（8）广播电视播放合同纠纷，是指著作权人将自己的作品许可他人通过广播电台、电视台播放录音制品、录像制品等事项所订立的合同而发生的纠纷。

（9）邻接权转让合同纠纷，是指一方就其依法享有的与著作权有关的权利，如出版者权、表演者权、录制者权和广播电视组织权，转移给另一方所有所订立的合同而发生的纠纷。

（10）邻接权许可使用合同纠纷，是指一方就其依法享有的与著作权有关的权利，如出版者权、表演者权、录制者权和广播电视组织权，在一定的期限、范围和方式内许可他人使用，由此所订立的合同而发生的纠纷。

（11）计算机软件开发合同纠纷，是指双方当事人就计算机软件开发等相关事宜达成的协议（包括计算机软件的委托开发合同、合作开发合同）而发生的纠纷。

（12）计算机软件著作权转让合同纠纷，是指计算机软件著作权人就其计算机软件著作权中的一项或者多项财产权利在法定期限内转移给另一方，双方当事人由此所订立的合同发生的纠纷。

（13）计算机软件著作权许可使用合同纠纷，是指计算机软件著作权人将其计算机软件著作权中的一项或者多项财产权利，以一定的方式，在一定的范围和期限内许可另一方使用，双方当事人由此订立的合同而发生的纠纷。

【常用法律条文及索引】

《著作权法》（1991 年 6 月 1 日起施行　2010 年 2 月 26 日修正）

第十条　著作权包括下列人身权和财产权：

（一）发表权，即决定作品是否公之于众的权利；

（二）署名权，即表明作者身份，在作品上署名的权利；

（三）修改权，即修改或者授权他人修改作品的权利；

（四）保护作品完整权，即保护作品不受歪曲、篡改的权利；

（五）复制权，即以印刷、复印、拓印、录音、录像、翻录、翻拍等方式将作品制作一份或者多份的权利；

（六）发行权，即以出售或者赠与方式向公众提供作品的原件或者复制件的权利；

（七）出租权，即有偿许可他人临时使用电影作品和以类似摄制电影的方法创作的作品、计算机软件的权利，计算机软件不是出租的主要标的的除外；

（八）展览权，即公开陈列美术作品、摄影作品的原件或者复制件的权利；

（九）表演权，即公开表演作品，以及用各种手段公开播送作品的表演的权利；

（十）放映权，即通过放映机、幻灯机等技术设备公开再现美术、摄影、电影和以类似摄制电影的方法创作的作品等的权利；

（十一）广播权，即以无线方式公开广播或者传播作品，以有线传播或者转播的方式向公众传播广播的作品，以及通过扩音器或者其他传送符号、声音、图像的类似工具向公众传播广播的作品的权利；

（十二）信息网络传播权，即以有线或者无线方式向公众提供作品，使公众可以在其个人选定的时间和地点获得作品的权利；

（十三）摄制权，即以摄制电影或者以类似摄制电影的方法将作品固定在载体上的权利；

（十四）改编权，即改变作品，创作出具有独创性的新作品的权利；

（十五）翻译权，即将作品从一种语言文字转换成另一种语言文字的权利；

（十六）汇编权，即将作品或者作品的片段通过选择或者编排，汇集成新作品的权利；

（十七）应当由著作权人享有的其他权利。

著作权人可以许可他人行使前款第（五）项至第（十七）项规定的权利，并依照约定或者本法有关规定获得报酬。

著作权人可以全部或者部分转让本条第一款第（五）项至第（十七）

项规定的权利，并依照约定或者本法有关规定获得报酬。

第二十四条 使用他人作品应当同著作权人订立许可使用合同，本法规定可以不经许可的除外。

许可使用合同包括下列主要内容：

（一）许可使用的权利种类；

（二）许可使用的权利是专有使用权或者非专有使用权；

（三）许可使用的地域范围、期间；

（四）付酬标准和办法；

（五）违约责任；

（六）双方认为需要约定的其他内容。

第二十五条 转让本法第十条第一款第（五）项至第（十七）项规定的权利，应当订立书面合同。

权利转让合同包括下列主要内容：

（一）作品的名称；

（二）转让的权利种类、地域范围；

（三）转让价金；

（四）交付转让价金的日期和方式；

（五）违约责任；

（六）双方认为需要约定的其他内容。

第二十七条 许可使用合同和转让合同中著作权人未明确许可、转让的权利，未经著作权人同意，另一方当事人不得行使。

第二十八条 使用作品的付酬标准可以由当事人约定，也可以按照国务院著作权行政管理部门会同有关部门制定的付酬标准支付报酬。当事人约定不明确的，按照国务院著作权行政管理部门会同有关部门制定的付酬标准支付报酬。

第二十九条 出版者、表演者、录音录像制作者、广播电台、电视台等依照本法有关规定使用他人作品的，不得侵犯作者的署名权、修改权、保护作品完整权和获得报酬的权利。

第三十一条 图书出版者对著作权人交付出版的作品，按照合同约定享有的专有出版权受法律保护，他人不得出版该作品。

第三十二条 著作权人应当按照合同约定期限交付作品。图书出版者应当按照合同约定的出版质量、期限出版图书。

图书出版者不按照合同约定期限出版，应当依照本法第五十四条的规定承担民事责任。

图书出版者重印、再版作品的，应当通知著作权人，并支付报酬。图书脱销后，图书出版者拒绝重印、再版的，著作权人有权终止合同。

第三十三条　著作权人向报社、期刊社投稿的，自稿件发出之日起十五日内未收到报社通知决定刊登的，或者自稿件发出之日起三十日内未收到期刊社通知决定刊登的，可以将同一作品向其他报社、期刊社投稿。双方另有约定的除外。

作品刊登后，除著作权人声明不得转载、摘编的外，其他报刊可以转载或者作为文摘、资料刊登，但应当按照规定向著作权人支付报酬。

第三十四条　图书出版者经作者许可，可以对作品修改、删节。

报社、期刊社可以对作品作文字性修改、删节。对内容的修改，应当经作者许可。

第三十五条　出版改编、翻译、注释、整理、汇编已有作品而产生的作品，应当取得改编、翻译、注释、整理、汇编作品的著作权人和原作品的著作权人许可，并支付报酬。

第三十六条　出版者有权许可或者禁止他人使用其出版的图书、期刊的版式设计。

前款规定的权利的保护期为十年，截止于使用该版式设计的图书、期刊首次出版后第十年的12月31日。

第三十七条　使用他人作品演出，表演者（演员、演出单位）应当取得著作权人许可，并支付报酬。演出组织者组织演出，由该组织者取得著作权人许可，并支付报酬。

使用改编、翻译、注释、整理已有作品而产生的作品进行演出，应当取得改编、翻译、注释、整理作品的著作权人和原作品的著作权人许可，并支付报酬。

第三十八条　表演者对其表演享有下列权利：

（一）表明表演者身份；

（二）保护表演形象不受歪曲；

（三）许可他人从现场直播和公开传送其现场表演，并获得报酬；

（四）许可他人录音录像，并获得报酬；

（五）许可他人复制、发行录有其表演的录音录像制品，并获得报酬；

（六）许可他人通过信息网络向公众传播其表演，并获得报酬。

被许可人以前款第（三）项至第（六）项规定的方式使用作品，还应当取得著作权人许可，并支付报酬。

第三十九条 本法第三十八条第一款第（一）项、第（二）项规定的权利的保护期不受限制。

本法第三十七条第一款第（三）项至第（六）项规定的权利的保护期为五十年，截止于该表演发生后第五十年的12月31日。

第四十一条 录音录像制作者制作录音录像制品，应当同表演者订立合同，并支付报酬。

第四十二条 录音录像制作者对其制作的录音录像制品，享有许可他人复制、发行、出租、通过信息网络向公众传播并获得报酬的权利；权利的保护期为五十年，截止于该制品首次制作完成后第五十年的12月31日。

被许可人复制、发行、通过信息网络向公众传播录音录像制品，还应当取得著作权人、表演者许可，并支付报酬。

第四十三条 广播电台、电视台播放他人未发表的作品，应当取得著作权人许可，并支付报酬。

广播电台、电视台播放他人已发表的作品，可以不经著作权人许可，但应当支付报酬。

第四十四条 广播电台、电视台播放已经出版的录音制品，可以不经著作权人许可，但应当支付报酬。当事人另有约定的除外。具体办法由国务院规定。

第四十五条 广播电台、电视台有权禁止未经其许可的下列行为：

（一）将其播放的广播、电视转播；

（二）将其播放的广播、电视录制在音像载体上以及复制音像载体。

前款规定的权利的保护期为五十年，截止于该广播、电视首次播放后第五十年的12月31日。

第四十六条 电视台播放他人的电影作品和以类似摄制电影的方法创作的作品、录像制品，应当取得制片者或者录像制作者许可，并支付报酬；播放他人的录像制品，还应当取得著作权人许可，并支付报酬。

第四十七条 有下列侵权行为的，应当根据情况，承担停止侵害、消除影响、赔礼道歉、赔偿损失等民事责任：

（一）未经著作权人许可，发表其作品的；

（二）未经合作作者许可，将与他人合作创作的作品当作自己单独创作的作品发表的；

（三）没有参加创作，为谋取个人名利，在他人作品上署名的；

（四）歪曲、篡改他人作品的；

（五）剽窃他人作品的；

（六）未经著作权人许可，以展览、摄制电影和以类似摄制电影的方法使用作品，或者以改编、翻译、注释等方式使用作品的，本法另有规定的除外；

（七）使用他人作品，应当支付报酬而未支付的；

（八）未经电影作品和以类似摄制电影的方法创作的作品、计算机软件、录音录像制品的著作权人或者与著作权有关的权利人许可，出租其作品或者录音录像制品的，本法另有规定的除外；

（九）未经出版者许可，使用其出版的图书、期刊的版式设计的；

（十）未经表演者许可，从现场直播或者公开传送其现场表演，或者录制其表演的；

（十一）其他侵犯著作权以及与著作权有关的权益的行为。

第五十五条第一款　著作权纠纷可以调解，也可以根据当事人达成的书面仲裁协议或者著作权合同中的仲裁条款，向仲裁机构申请仲裁。

《著作权法实施条例》（2002 年 9 月 15 日起施行　2013 年 1 月 30 日修正）

第二十三条　使用他人作品应当同著作权人订立许可使用合同，许可使用的权利是专有使用权的，应当采取书面形式，但是报社、期刊社刊登作品除外。

第二十四条　著作权法第二十四条规定的专有使用权的内容由合同约定，合同没有约定或者约定不明的，视为被许可人有权排除包括著作权人在内的任何人以同样的方式使用作品；除合同另有约定外，被许可人许可第三人行使同一权利，必须取得著作权人的许可。

第二十五条　与著作权人订立专有许可使用合同、转让合同的，可以向著作权行政管理部门备案。

第二十八条　图书出版合同中约定图书出版者享有专有出版权但没有明确其具体内容的，视为图书出版者享有在合同有效期限内和在合同约定的地域范围内以同种文字的原版、修订版出版图书的专有权利。

第二十九条 著作权人寄给图书出版者的两份订单在6个月内未能得到履行，视为著作权法第三十二条所称图书脱销。

《最高人民法院关于审理著作权民事纠纷案件适用法律若干问题的解释》（法释〔2002〕31号 2002年10月15日起施行）

第一条 人民法院受理以下著作权民事纠纷案件：

（一）著作权及与著作权有关权益权属、侵权、合同纠纷案件；

（二）申请诉前停止侵犯著作权、与著作权有关权益行为，申请诉前财产保全、诉前证据保全案件；

（三）其他著作权、与著作权有关权益纠纷案件。

第十八条 著作权法第二十二条第（十）项规定的室外公共场所的艺术作品，是指设置或者陈列在室外社会公众活动处所的雕塑、绘画、书法等艺术作品。

对前款规定艺术作品的临摹、绘画、摄影、录像人，可以对其成果以合理的方式和范围再行使用，不构成侵权。

第十九条 出版者、制作者应当对其出版、制作有合法授权承担举证责任，发行者、出租者应当对其发行或者出租的复制品有合法来源承担举证责任。举证不能的，依据著作权法第四十六条、第四十七条的相应规定承担法律责任。

第二十条 出版物侵犯他人著作权的，出版者应当根据其过错、侵权程度及损害后果等承担民事赔偿责任。

出版者对其出版行为的授权、稿件来源和署名、所编辑出版物的内容等未尽到合理注意义务的，依据著作权法第四十八条的规定，承担赔偿责任。

出版者尽了合理注意义务，著作权人也无证据证明出版者应当知道其出版涉及侵权的，依据民法通则第一百一十七条第一款的规定，出版者承担停止侵权、返还其侵权所得利润的民事责任。

出版者所尽合理注意义务情况，由出版者承担举证责任。

第二十一条 计算机软件用户未经许可或者超过许可范围商业使用计算机软件的，依据著作权法第四十七条第（一）项、《计算机软件保护条例》第二十四条第（一）项的规定承担民事责任。

第二十二条 著作权转让合同未采取书面形式的，人民法院依据合同法第三十六条、第三十七条的规定审查合同是否成立。

第二十三条 出版者将著作权人交付出版的作品丢失、毁损致使出版合同不能履行的，依据著作权法第五十三条、民法通则第一百一十七条 以及合同法第一百二十二条的规定追究出版者的民事责任。

《计算机软件保护条例》（2002年1月1日起施行 2013年1月30日修正）

第八条 软件著作权人享有下列各项权利：

（一）发表权，即决定软件是否公之于众的权利；

（二）署名权，即表明开发者身份，在软件上署名的权利；

（三）修改权，即对软件进行增补、删节，或者改变指令、语句顺序的权利；

……

《信息网络传播权保护条例》（2006年7月1日起施行 2013年1月30日修正）

第二条 权利人享有的信息网络传播权受著作权法和本条例保护。除法律、行政法规另有规定的外，任何组织或者个人将他人的作品、表演、录音录像制品通过信息网络向公众提供，应当取得权利人许可，并支付报酬。

第三条 依法禁止提供的作品、表演、录音录像制品，不受本条例保护。

权利人行使信息网络传播权，不得违反宪法和法律、行政法规，不得损害公共利益。

第四条 为了保护信息网络传播权，权利人可以采取技术措施。

任何组织或者个人不得故意避开或者破坏技术措施，不得故意制造、进口或者向公众提供主要用于避开或者破坏技术措施的装置或者部件，不得故意为他人避开或者破坏技术措施提供技术服务。但是，法律、行政法规规定可以避开的除外。

第五条 未经权利人许可，任何组织或者个人不得进行下列行为：

（一）故意删除或者改变通过信息网络向公众提供的作品、表演、录音录像制品的权利管理电子信息，但由于技术上的原因无法避免删除或者改变的除外；

（二）通过信息网络向公众提供明知或者应知未经权利人许可被删除或者改变权利管理电子信息的作品、表演、录音录像制品。

第六条 通过信息网络提供他人作品，属于下列情形的，可以不经著作权人许可，不向其支付报酬：

（一）为介绍、评论某一作品或者说明某一问题，在向公众提供的作品中适当引用已经发表的作品；

（二）为报道时事新闻，在向公众提供的作品中不可避免地再现或者引用已经发表的作品；

（三）为学校课堂教学或者科学研究，向少数教学、科研人员提供少量已经发表的作品；

（四）国家机关为执行公务，在合理范围内向公众提供已经发表的作品；

（五）将中国公民、法人或者其他组织已经发表的、以汉语言文字创作的作品翻译成的少数民族语言文字作品，向中国境内少数民族提供；

（六）不以营利为目的，以盲人能够感知的独特方式向盲人提供已经发表的文字作品；

（七）向公众提供在信息网络上已经发表的关于政治、经济问题的时事性文章；

（八）向公众提供在公众集会上发表的讲话。

第七条 图书馆、档案馆、纪念馆、博物馆、美术馆等可以不经著作权人许可，通过信息网络向本馆馆舍内服务对象提供本馆收藏的合法出版的数字作品和依法为陈列或者保存版本的需要以数字化形式复制的作品，不向其支付报酬，但不得直接或者间接获得经济利益。当事人另有约定的除外。

前款规定的为陈列或者保存版本需要以数字化形式复制的作品，应当是已经损毁或者濒临损毁、丢失或者失窃，或者其存储格式已经过时，并且在市场上无法购买或者只能以明显高于标定的价格购买的作品。

第八条 为通过信息网络实施九年制义务教育或者国家教育规划，可以不经著作权人许可，使用其已经发表作品的片断或者短小的文字作品、音乐作品或者单幅的美术作品、摄影作品制作课件，由制作课件或者依法取得课件的远程教育机构通过信息网络向注册学生提供，但应当向著作权人支付报酬。

第九条 为扶助贫困，通过信息网络向农村地区的公众免费提供中国公民、法人或者其他组织已经发表的种植养殖、防病治病、防灾减灾等与扶助贫困有关的作品和适应基本文化需求的作品，网络服务提供者应当在提供前公告拟提供的作品及其作者、拟支付报酬的标准。自公告之日起 30 日内，著作权人不同意提供的，网络服务提供者不得提供其作品；自公告之日起满 30 日，著作权人没有异议的，网络服务提供者可以提供其作品，并按照公告的标准向著作权人支付报酬。网络服务提供者提供著作权人的作品后，著作权人不同意提供的，网络服务提供者应当立即删除著作权人的作品，并按照公告的标准向著作权人支付提供作品期间的报酬。

依照前款规定提供作品的，不得直接或者间接获得经济利益。

第十条 依照本条例规定不经著作权人许可、通过信息网络向公众提供其作品的，还应当遵守下列规定：

（一）除本条例第六条第一项至第六项、第七条规定的情形外，不得提供作者事先声明不许提供的作品；

（二）指明作品的名称和作者的姓名（名称）；

（三）依照本条例规定支付报酬；

（四）采取技术措施，防止本条例第七条、第八条、第九条规定的服务对象以外的其他人获得著作权人的作品，并防止本条例第七条规定的服务对象的复制行为对著作权人利益造成实质性损害；

（五）不得侵犯著作权人依法享有的其他权利。

第十一条 通过信息网络提供他人表演、录音录像制品的，应当遵守本条例第六条至第十条的规定。

第十二条 属于下列情形的，可以避开技术措施，但不得向他人提供避开技术措施的技术、装置或者部件，不得侵犯权利人依法享有的其他权利：

（一）为学校课堂教学或者科学研究，通过信息网络向少数教学、科研人员提供已经发表的作品、表演、录音录像制品，而该作品、表演、录音录像制品只能通过信息网络获取；

（二）不以营利为目的，通过信息网络以盲人能够感知的独特方式向盲人提供已经发表的文字作品，而该作品只能通过信息网络获取；

（三）国家机关依照行政、司法程序执行公务；

（四）在信息网络上对计算机及其系统或者网络的安全性能进行测试。

《最高人民法院关于审理侵害信息网络传播权民事纠纷案件适用法律若干问题的规定》（法释〔2012〕20 号　2013 年 1 月 1 日起施行）

第一条 人民法院审理侵害信息网络传播权民事纠纷案件，在依法行使裁量权时，应当兼顾权利人、网络服务提供者和社会公众的利益。

第二条 本规定所称信息网络，包括以计算机、电视机、固定电话机、移动电话机等电子设备为终端的计算机互联网、广播电视网、固定通信网、移动通信网等信息网络，以及向公众开放的局域网络。

第三条 网络用户、网络服务提供者未经许可，通过信息网络提供权利人享有信息网络传播权的作品、表演、录音录像制品，除法律、行政法规另有规定外，人民法院应当认定其构成侵害信息网络传播权行为。

通过上传到网络服务器、设置共享文件或者利用文件分享软件等方式，将作品、表演、录音录像制品置于信息网络中，使公众能够在个人选定的时间和地点以下载、浏览或者其他方式获得的，人民法院应当认定其实施了前款规定的提供行为。

第四条 有证据证明网络服务提供者与他人以分工合作等方式共同提供作品、表演、录音录像制品，构成共同侵权行为的，人民法院应当判令其承担连带责任。网络服务提供者能够证明其仅提供自动接入、自动传输、信息存储空间、搜索、链接、文件分享技术等网络服务，主张其不构成共同侵权行为的，人民法院应予支持。

第五条 网络服务提供者以提供网页快照、缩略图等方式实质替代其他网络服务提供者向公众提供相关作品的，人民法院应当认定其构成提供行为。

前款规定的提供行为不影响相关作品的正常使用，且未不合理损害权利人对该作品的合法权益，网络服务提供者主张其未侵害信息网络传播权的，人民法院应予支持。

第六条 原告有初步证据证明网络服务提供者提供了相关作品、表演、录音录像制品，但网络服务提供者能够证明其仅提供网络服务，且无过错的，人民法院不应认定为构成侵权。

第七条 网络服务提供者在提供网络服务时教唆或者帮助网络用户实施侵害信息网络传播权行为的，人民法院应当判令其承担侵权责任。

网络服务提供者以言语、推介技术支持、奖励积分等方式诱导、鼓励网络用户实施侵害信息网络传播权行为的，人民法院应当认定其构成教唆侵权行为。

网络服务提供者明知或者应知网络用户利用网络服务侵害信息网络传播权，未采取删除、屏蔽、断开链接等必要措施，或者提供技术支持等帮助行为的，人民法院应当认定其构成帮助侵权行为。

第八条 人民法院应当根据网络服务提供者的过错，确定其是否承担教唆、帮助侵权责任。网络服务提供者的过错包括对于网络用户侵害信息网络传播权行为的明知或者应知。

网络服务提供者未对网络用户侵害信息网络传播权的行为主动进行审查的，人民法院不应据此认定其具有过错。

网络服务提供者能够证明已采取合理、有效的技术措施，仍难以发现网络用户侵害信息网络传播权行为的，人民法院应当认定其不具有过错。

第九条　人民法院应当根据网络用户侵害信息网络传播权的具体事实是否明显，综合考虑以下因素，认定网络服务提供者是否构成应知：

（一）基于网络服务提供者提供服务的性质、方式及其引发侵权的可能性大小，应当具备的管理信息的能力；

（二）传播的作品、表演、录音录像制品的类型、知名度及侵权信息的明显程度；

（三）网络服务提供者是否主动对作品、表演、录音录像制品进行了选择、编辑、修改、推荐等；

（四）网络服务提供者是否积极采取了预防侵权的合理措施；

（五）网络服务提供者是否设置便捷程序接收侵权通知并及时对侵权通知作出合理的反应；

（六）网络服务提供者是否针对同一网络用户的重复侵权行为采取了相应的合理措施；

（七）其他相关因素。

第十条　网络服务提供者在提供网络服务时，对热播影视作品等以设置榜单、目录、索引、描述性段落、内容简介等方式进行推荐，且公众可以在其网页上直接以下载、浏览或者其他方式获得的，人民法院可以认定其应知网络用户侵害信息网络传播权。

第十一条　网络服务提供者从网络用户提供的作品、表演、录音录像制品中直接获得经济利益的，人民法院应当认定其对该网络用户侵害信息网络传播权的行为负有较高的注意义务。

网络服务提供者针对特定作品、表演、录音录像制品投放广告获取收益，或者获取与其传播的作品、表演、录音录像制品存在其他特定联系的经济利益，应当认定为前款规定的直接获得经济利益。网络服务提供者因提供网络服务而收取一般性广告费、服务费等，不属于本款规定的情形。

第十三条　网络服务提供者接到权利人以书信、传真、电子邮件等方式提交的通知，未及时采取删除、屏蔽、断开链接等必要措施的，人民法院应当认定其明知相关侵害信息网络传播权行为。

第十四条 人民法院认定网络服务提供者采取的删除、屏蔽、断开链接等必要措施是否及时，应当根据权利人提交通知的形式，通知的准确程度，采取措施的难易程度，网络服务的性质，所涉作品、表演、录音录像制品的类型、知名度、数量等因素综合判断。

第十五条 侵害信息网络传播权民事纠纷案件由侵权行为地或者被告住所地人民法院管辖。侵权行为地包括实施被诉侵权行为的网络服务器、计算机终端等设备所在地。侵权行为地和被告住所地均难以确定或者在境外的，原告发现侵权内容的计算机终端等设备所在地可以视为侵权行为地。

【适用本案由需要注意的问题】

◆由于著作权自身的特殊性，最高人民法院对著作权民事纠纷案件的管辖作出了特殊规定，即著作权民事纠纷案件的受理必须遵守司法解释关于著作权纠纷案件级别管辖和指定管辖的规定。《最高人民法院关于审理著作权民事纠纷案件适用法律若干问题的解释》第2条第1款规定："著作权民事纠纷案件，由中级以上人民法院管辖。"该条体现的是人民法院的级别管辖，即关于著作权民事纠纷案件的第一审在中级人民法院，第二审在高级人民法院。由于各种客观因素所致，级别管辖不可能完全适应著作权民事纠纷案件的管辖，《最高人民法院关于审理著作权民事纠纷案件适用法律若干问题的解释》第2条第2款又指出："各高级人民法院根据本辖区的实际情况，可以确定若干基层人民法院管辖第一审著作权民事纠纷案件。"此即指定管辖。

对于北京、上海、广州而言，著作权合同纠纷案件的管辖，又有一定的特殊性。根据《最高人民法院关于北京、上海、广州知识产权法院案件管辖的规定》第3条的规定，北京市、上海市各中级人民法院和广州市中级人民法院不再受理知识产权民事和行政案件，因此，有关著作权合同纠纷的案件，在北京、上海、广州辖区，全部由（当地高院指定的）基层人民法院受理。根据该规定第6条的规定，当事人对北京、上海、广州市的基层人民法院作出的第一审著作权合同纠纷案的判决、裁定提起的上诉案件，由相应的北京、上海、广州知识产权法院审理。

◆在适用本案由时，要注意其与专利权合同纠纷的不同。首先，著作权所保护的是其表达的思想内容的具体形式，而专利权保护的是具有新颖性、独创性、实用性的发明创造。其次，就著作权而言，当今世界上绝大多数的国家的著作权都是伴随着作品的创作完成而自动产生，无须履行任何注册登记手续，而专利权的产生需要经过专利机关的特别授权，经过申请、审查、批准、公告、颁发专利证书等程序才能产生。最后，著作权合同中享有著作权的作品主要涉及文学、艺术领域，而专利权合同中享有专利权的作品主要发生在工业领域，与产品的技术方案息息相关。

◆《著作权集体管理条例》第19条第1款还明确规定了一类特殊的著作权合同，即著作权集体管理合同。著作权集体管理，是指著作权集体管理组织经权利人授权，集中行使权利人的有关权利并以自己的名义进行的下列活动：（1）与使用者订立著作权或者与著作权有关的权利许可使用合同；（2）向使用者收取使用费；（3）向权利人转付使用费；（4）进行涉及著作权或者与著作权有关的权利的诉讼、仲裁等。此类纠纷案件可直接确定为著作权合同纠纷。

131. 商标合同纠纷

（1）商标权转让合同纠纷

（2）商标使用许可合同纠纷

（3）商标代理合同纠纷

【案由解析】

商标是指生产经营者在其商品或服务上使用，由文字、图形、字母、数字、三维标志和颜色组合，以及上述要素的组合构成的，具有显著特性，便于识别商品或服务来源的标记。

商标合同是指当事人之间因商标的权利归属、转让、许可使用和商标代理等事项所达成的协议。

商标合同纠纷是指双方当事人因商标的权利归属、转让、许可使用和商标代理等事项所达成的协议所发生的纠纷。通常包括商标权转让合同纠纷、商标使用许可合同纠纷和商标代理合同纠纷。

商标合同的主要特征是：（1）合同的主体具有广泛性，主体包括：企业、事业单位，社会团体，个体工商户，个人合伙以及外国人或外国企业。（2）合同标的的特殊性，是经过注册的商标专用权，是一种无形财产。

【典型形态】

在实践中，商标合同纠纷的典型形态主要有：

（1）商标权转让合同纠纷，是指注册商标所有人根据自己的意志，按一定的条件，通过必要的形式将其拥有的商标专用权转移给他人所有而订立的合同所发生的纠纷。

（2）商标使用许可合同纠纷，是指注册商标所有人将其注册商标许可给他人使用所订立的合同而发生的纠纷。商标使用许可合同包括独占使用许可合同、排他使用许可合同和普通使用许可合同。

（3）商标代理合同纠纷，是指注册商标所有人与商标代理人就关于办理商标注册申请及其他有关商标事宜所订立的合同而发生的纠纷。

【常用法律条文及索引】

《商标法》（1983 年 3 月 1 日起施行　2013 年 8 月 30 日修正）

第四十二条　转让注册商标的，转让人和受让人应当签订转让协议，并共同向商标局提出申请。受让人应当保证使用该注册商标的商品质量。

转让注册商标的，商标注册人对其在同一种商品上注册的近似的商标，或者在类似商品上注册的相同或者近似的商标，应当一并转让。

对容易导致混淆或者有其他不良影响的转让，商标局不予核准，书面通知申请人并说明理由。

转让注册商标经核准后，予以公告。受让人自公告之日起享有商标专用权。

第四十三条　商标注册人可以通过签订商标使用许可合同，许可他人使用其注册商标。许可人应当监督被许可人使用其注册商标的商品质量。被许可人应当保证使用该注册商标的商品质量。

经许可使用他人注册商标的，必须在使用该注册商标的商品上标明被许可人的名称和商品产地。

许可他人使用其注册商标的，许可人应当将其商标使用许可报商标局备案，由商标局公告。商标使用许可未经备案不得对抗善意第三人。

《商标法实施条例》（2014 年 5 月 1 日起施行）

第五条　当事人委托商标代理机构申请商标注册或者办理其他商标事宜，应当提交代理委托书。代理委托书应当载明代理内容及权限；外国人或者外国企业的代理委托书还应当载明委托人的国籍。

外国人或者外国企业的代理委托书及与其有关的证明文件的公证、认证手续，按照对等原则办理。

申请商标注册或者转让商标，商标注册申请人或者商标转让受让人为外国人或者外国企业的，应当在申请书中指定中国境内接收人负责接收商标局、商标评审委员会后继商标业务的法律文件。商标局、商标评审委员会后继商标业务的法律文件向中国境内接收人送达。

商标法第十八条所称外国人或者外国企业，是指在中国没有经常居所或者营业所的外国人或者外国企业。

第三十一条 转让注册商标的，转让人和受让人应当向商标局提交转让注册商标申请书。转让注册商标申请手续应当由转让人和受让人共同办理。商标局核准转让注册商标申请的，发给受让人相应证明，并予以公告。

转让注册商标，商标注册人对其在同一种或者类似商品上注册的相同或者近似的商标未一并转让的，由商标局通知其限期改正；期满未改正的，视为放弃转让该注册商标的申请，商标局应当书面通知申请人。

第三十二条 注册商标专用权因转让以外的继承等其他事由发生移转的，接受该注册商标专用权的当事人应当凭有关证明文件或者法律文书到商标局办理注册商标专用权移转手续。

注册商标专用权移转的，注册商标专用权人在同一种或者类似商品上注册的相同或者近似的商标，应当一并移转；未一并移转的，由商标局通知其限期改正；期满未改正的，视为放弃该移转注册商标的申请，商标局应当书面通知申请人。

商标移转申请经核准的，予以公告。接受该注册商标专用权移转的当事人自公告之日起享有商标专用权。

《商标代理管理办法》（2010 年 7 月 12 日起施行）

第二条 本办法所称商标代理是指商标代理组织接受委托人的委托，以委托人的名义办理商标注册申请及其他有关商标事宜。

本办法所称商标代理组织是指接受委托人的委托，以委托人的名义办理商标注册申请或者其他商标事宜的法律服务机构。

本办法所称商标代理人是指在商标代理组织中执业的工作人员。

《最高人民法院关于审理商标民事纠纷案件适用法律若干问题的解释》（法释〔2002〕32 号 2002 年 10 月 16 日起施行）

第三条 商标法第四十条规定的商标使用许可包括以下三类：

（一）独占使用许可，是指商标注册人在约定的期间、地域和以约定的方式，将该注册商标仅许可一个被许可人使用，商标注册人依约定不得使用该注册商标；

（二）排他使用许可，是指商标注册人在约定的期间、地域和以约定的方式，将该注册商标仅许可一个被许可人使用，商标注册人依约定可以使用该注册商标但不得另行许可他人使用该注册商标；

（三）普通使用许可，是指商标注册人在约定的期间、地域和以约定的方式，许可他人使用其注册商标，并可自行使用该注册商标和许可他人使用其注册商标。

第十九条 商标使用许可合同未经备案的，不影响该许可合同的效力，但当事人另有约定的除外。

商标使用许可合同未在商标局备案的，不得对抗善意第三人。

第二十条 注册商标的转让不影响转让前已经生效的商标使用许可合同的效力，但商标使用许可合同另有约定的除外。

《最高人民法院关于审理商标案件有关管辖和法律适用范围问题的解释》（法释〔2002〕1号 2002年1月21日起施行）

第一条 人民法院受理以下商标案件：

1. 不服国务院工商行政管理部门商标评审委员会（以下简称商标评审委员会）作出的复审决定或者裁定的案件；
2. 不服工商行政管理部门作出的有关商标的具体行政行为的案件；
3. 商标专用权权属纠纷案件；
4. 侵犯商标专用权纠纷案件；
5. 商标专用权转让合同纠纷案件；
6. 商标许可使用合同纠纷案件；
7. 申请诉前停止侵犯商标专用权案件；
8. 申请诉前财产保全案件；
9. 申请诉前证据保全案件；
10. 其他商标案件。

【适用本案由需要注意的问题】

◆根据《最高人民法院关于审理商标案件有关管辖和法律适用范围问题的解释》第2条的规定，商标民事纠纷案一审案件，由中级以上人民法院管辖。各高级人民法院根据本辖区的实际情况，经最高人民法院批准，可以在较大城市确定1~2个基层人民法院受理第一审商标民事纠纷案件。

对于北京、上海、广州而言，商标合同纠纷案件的管辖，又有一定的特殊性。根据《最高人民法院关于北京、上海、广州知识产权法院案件管辖的规定》第3条的规定，北京市、上海市各中级人民法院和广州市中级人民法院不再受理知识产权民事和行政案件，因此，有关商标合同纠纷的案件，在北京、上海、广州辖区，全部由（当地高院指定的）基层人民法院受理。根据该规定第6条的规定，当事人对北京、上海、广州市的基层人民法院作出的第一审商标合同纠纷案的判决、裁定提起的上诉案件，由相应的北京、上海、广州知识产权法院审理。

◆在适用本案由时，要注意区分其与企业名称（商号）使用合同纠纷。企业名称（商号）合同纠纷是指当事人之间就企业名称（商号）的转让、使用等所订立的合同而发生的纠纷。商号是用来区别经营者的，商标是用来区别商品和服务的。

132. 专利合同纠纷

（1）专利申请权转让合同纠纷

（2）专利权转让合同纠纷

（3）发明专利实施许可合同纠纷

（4）实用新型专利实施许可合同纠纷

（5）外观设计专利实施许可合同纠纷

（6）专利代理合同纠纷

【案由解析】

专利权是指发明创造人或其权利受让人对特定的发明创造在一定期限内依法享有的独占实施权。

专利合同纠纷是指当事人就已经成果化和特定化的专利权或者专利申请权的转让、专利实施许可、专利代理等事项所订立的合同而发生的纠纷。

【典型形态】

实践中，专利合同纠纷主要有：

（1）专利申请权转让合同纠纷，是指当事人就专利申请权的转让所订立的合同而发生的纠纷。

（2）专利权转让合同纠纷，是指当事人就专利权的转让所订立的合同而发生的纠纷。

（3）发明专利实施许可合同纠纷，是指当事人就发明专利的实施许可所订立的合同而发生的纠纷。

（4）实用新型专利实施许可合同纠纷，是指当事人就实用新型专利权的实施许可所订立的合同而发生的纠纷。

（5）外观设计专利实施许可合同纠纷，是指当事人就外观设计专利权的实施许可所订立的合同而发生的纠纷。

（6）专利代理合同纠纷，是指专利申请人委派具有专利代理人资格的在专利局正式授权的专利代理机构中工作的人员，作为委托代理人，办理专利申请或者办理其他专利事务所订立的合同而发生的纠纷。

【常用法律条文及索引】

《专利法》（1985 年 4 月 1 日起施行　2008 年 12 月 27 日修正）

第六条　执行本单位的任务或者主要是利用本单位的物质技术条件所完成的发明创造为职务发明创造。职务发明创造申请专利的权利属于该单位；申请被批准后，该单位为专利权人。

非职务发明创造，申请专利的权利属于发明人或者设计人；申请被批准后，该发明人或者设计人为专利权人。

利用本单位的物质技术条件所完成的发明创造，单位与发明人或者设计人订有合同，对申请专利的权利和专利权的归属作出约定的，从其约定。

第八条　两个以上单位或者个人合作完成的发明创造、一个单位或者个人接受其他单位或者个人委托所完成的发明创造，除另有协议的以外，申请专利的权利属于完成或者共同完成的单位或者个人；申请被批准后，申请的单位或者个人为专利权人。

第九条　同样的发明创造只能授予一项专利权。但是，同一申请人同日对同样的发明创造既申请实用新型专利又申请发明专利，先获得的实用新型专利权尚未终止，且申请人声明放弃该实用新型专利权的，可以授予发明专利权。

两个以上的申请人分别就同样的发明创造申请专利的，专利权授予最先申请的人。

第十条　专利申请权和专利权可以转让。

中国单位或者个人向外国人、外国企业或者外国其他组织转让专利申请权或者专利权的，应当依照有关法律、行政法规的规定办理手续。

转让专利申请权或者专利权的，当事人应当订立书面合同，并向国务院专利行政部门登记，由国务院专利行政部门予以公告。专利申请权或者专利权的转让自登记之日起生效。

第十二条　任何单位或者个人实施他人专利的，应当与专利权人订立实施许可合同，向专利权人支付专利使用费。被许可人无权允许合同规定以外的任何单位或者个人实施该专利。

第十九条　在中国没有经常居所或者营业所的外国人、外国企业或者外国其他组织在中国申请专利和办理其他专利事务的，应当委托依法设立的专利代理机构办理。

中国单位或者个人在国内申请专利和办理其他专利事务的，可以委托依法设立的专利代理机构办理。

专利代理机构应当遵守法律、行政法规，按照被代理人的委托办理专利申请或者其他专利事务；对被代理人发明创造的内容，除专利申请已经公布或者公告的以外，负有保密责任。专利代理机构的具体管理办法由国务院规定。

第三十七条　国务院专利行政部门对发明专利申请进行实质审查后，认为不符合本法规定的，应当通知申请人，要求其在指定的期限内陈述意见，或者对其申请进行修改；无正当理由逾期不答复的，该申请即被视为撤回。

第五十四条　依照本法第四十八条第（一）项、第五十一条规定申请强制许可的单位或者个人应当提供证据，证明其以合理的条件请求专利权人许可其实施专利，但未能在合理的时间内获得许可。

《专利法实施细则》（1985年4月1日起施行　2010年1月9日修正）

第十四条　除依照专利法第十条规定转让专利权外，专利权因其他事由发生转移的，当事人应当凭有关证明文件或者法律文书向国务院专利行政部门办理专利权转移手续。

专利权人与他人订立的专利实施许可合同，应当自合同生效之日起3个月内向国务院专利行政部门备案。

以专利权出质的，由出质人和质权人共同向国务院专利行政部门办理出质登记。

《合同法》（1999年10月1日起施行）

第三百四十二条　技术转让合同包括专利权转让、专利申请权转让、技术秘密转让、专利实施许可合同。

技术转让合同应当采用书面形式。

第三百四十三条 技术转让合同可以约定让与人和受让人实施专利或者使用技术秘密的范围，但不得限制技术竞争和技术发展。

第三百四十四条 专利实施许可合同只在该专利权的存续期间内有效。专利权有效期限届满或者专利权被宣布无效的，专利权人不得就该专利与他人订立专利实施许可合同。

第三百四十五条 专利实施许可合同的让与人应当按照约定许可受让人实施专利，交付实施专利有关的技术资料，提供必要的技术指导。

第三百四十六条 专利实施许可合同的受让人应当按照约定实施专利，不得许可约定以外的第三人实施该专利；并按照约定支付使用费。

第三百四十七条 技术秘密转让合同的让与人应当按照约定提供技术资料，进行技术指导，保证技术的实用性、可靠性，承担保密义务。

第三百四十八条 技术秘密转让合同的受让人应当按照约定使用技术，支付使用费，承担保密义务。

第三百四十九条 技术转让合同的让与人应当保证自己是所提供的技术的合法拥有者，并保证所提供的技术完整、无误、有效，能够达到约定的目标。

第三百五十条 技术转让合同的受让人应当按照约定的范围和期限，对让与人提供的技术中尚未公开的秘密部分，承担保密义务。

第三百五十一条 让与人未按照约定转让技术的，应当返还部分或者全部使用费，并应当承担违约责任；实施专利或者使用技术秘密超越约定的范围的，违反约定擅自许可第三人实施该项专利或者使用该项技术秘密的，应当停止违约行为，承担违约责任；违反约定的保密义务的，应当承担违约责任。

第三百五十二条 受让人未按照约定支付使用费的，应当补交使用费并按照约定支付违约金；不补交使用费或者支付违约金的，应当停止实施专利或者使用技术秘密，交还技术资料，承担违约责任；实施专利或者使用技术秘密超越约定的范围的，未经让与人同意擅自许可第三人实施该专利或者使用该技术秘密的，应当停止违约行为，承担违约责任；违反约定的保密义务的，应当承担违约责任。

第三百五十三条 受让人按照约定实施专利、使用技术秘密侵害他人合法权益的，由让与人承担责任，但当事人另有约定的除外。

第三百五十四条 当事人可以按照互利的原则，在技术转让合同中约定实施专利、使用技术秘密后续改进的技术成果的分享办法。没有约定或者约定不明确，依照本法第六十一条的规定仍不能确定的，一方后续改进的技术成果，其他各方无权分享。

第三百五十五条 法律、行政法规对技术进出口合同或者专利、专利申请合同另有规定的，依照其规定。

《最高人民法院关于审理技术合同纠纷案件适用法律若干问题的解释》（法释〔2004〕20号 2005年1月1日起施行）

第二十二条 合同法第三百四十二条规定的“技术转让合同”，是指合法拥有技术的权利人，包括其他有权对外转让技术的人，将现有特定的专利、专利申请、技术秘密的相关权利让与他人，或者许可他人实施、使用所订立的合同。但就尚待研究开发的技术成果或者不涉及专利、专利申请或者技术秘密的知识、技术、经验和信息所订立的合同除外。

技术转让合同中关于让与人向受让人提供实施技术的专用设备、原材料或者提供有关的技术咨询、技术服务的约定，属于技术转让合同的组成部分。因此发生的纠纷，按照技术转让合同处理。

当事人以技术入股方式订立联营合同，但技术入股人不参与联营体的经营管理，并且以保底条款形式约定联营体或者联营对方支付其技术价款或者使用费的，视为技术转让合同。

第二十三条 专利申请权转让合同当事人以专利申请被驳回或者被视为撤回为由请求解除合同，该事实发生在依照专利法第十条第三款的规定办理专利申请权转让登记之前的，人民法院应当予以支持；发生在转让登记之后的，不予支持，但当事人另有约定的除外。

专利申请因专利申请权转让合同成立时即存在尚未公开的同样发明创造的在先专利申请被驳回，当事人依据合同法第五十四条第一款第（二）项的规定请求予以变更或者撤销合同的，人民法院应当予以支持。

第二十四条 订立专利权转让合同或者专利申请权转让合同前，让与人自己已经实施发明创造，在合同生效后，受让人要求让与人停止实施的，人民法院应当予以支持，但当事人另有约定的除外。

让与人与受让人订立的专利权、专利申请权转让合同，不影响在合同成立前让与人与他人订立的相关专利实施许可合同或者技术秘密转让合同的效力。

第二十五条 专利实施许可包括以下方式：

（一）独占实施许可，是指让与人在约定许可实施专利的范围内，将该专利仅许可一个受让人实施，让与人依约定不得实施该专利；

（二）排他实施许可，是指让与人在约定许可实施专利的范围内，将该专利仅许可一个受让人实施，但让与人依约定可以自行实施该专利；

（三）普通实施许可，是指让与人在约定许可实施专利的范围内许可他人实施该专利，并且可以自行实施该专利。

当事人对专利实施许可方式没有约定或者约定不明确的，认定为普通实施许可。专利实施许可合同约定受让人可以再许可他人实施专利的，认定该再许可为普通实施许可，但当事人另有约定的除外。

技术秘密的许可使用方式，参照本条第一、二款的规定确定。

第二十六条 专利实施许可合同让与人负有在合同有效期内维持专利权有效的义务，包括依法缴纳专利年费和积极应对他人提出宣告专利权无效的请求，但当事人另有约定的除外。

第二十七条 排他实施许可合同让与人不具备独立实施其专利的条件，以一个普通许可的方式许可他人实施专利的，人民法院可以认定为让与人自己实施专利，但当事人另有约定的除外。

第二十八条 合同法第三百四十三条所称"实施专利或者使用技术秘密的范围"，包括实施专利或者使用技术秘密的期限、地域、方式以及接触技术秘密的人员等。

当事人对实施专利或者使用技术秘密的期限没有约定或者约定不明确的，受让人实施专利或者使用技术秘密不受期限限制。

第二十九条 合同法第三百四十七条规定技术秘密转让合同让与人承担的"保密义务"，不限制其申请专利，但当事人约定让与人不得申请专利的除外。

当事人之间就申请专利的技术成果所订立的许可使用合同，专利申请公开以前，适用技术秘密转让合同的有关规定，发明专利申请公开以后、授权以前，参照适用专利实施许可合同的有关规定；授权以后，原合同即为专利实施许可合同，适用专利实施许可合同的有关规定。

人民法院不以当事人就已经申请专利但尚未授权的技术订立专利实施许可合同为由，认定合同无效。

【适用本案由需要注意的问题】

◆在确定专利合同纠纷案件的管辖时要注意，四级案由下的各类专利合同纠纷管辖法院并不一致，其中的专利权转让合同纠纷、专利申请权转让合同纠纷一审案件，根据《最高人民法院关于审理专利纠纷案件适用法律问题的若干规定》第2条的规定，由各省、自治区、直辖市人民政府所在地的中级人民法院和最高人民法院指定的中级人民法院管辖。而专利实施许可合同纠纷案件，则应当按照《最高人民法院关于审理技术合同纠纷案件适用法律若干问题的解释》第43条第1、2款的规定确定管辖，即一般由各地中级以上人民法院管辖，各高级人民法院根据本辖区的实际情况并报经最高人民法院批准，可以指定若干基层人民法院管辖第一审技术合同纠纷案件。至于专利代理合同纠纷案件的管辖，司法解释并未作出明确规定，鉴于其专业技术性并不特殊，在本质上属于服务合同，故应按照一般合同管辖确定管辖法院，即由被告住所地或合同履行地法院管辖。

对于北京、上海、广州而言，专利合同纠纷案件的管辖，又有一定的特殊性。根据《最高人民法院关于北京、上海、广州知识产权法院案件管辖的规定》第1条的规定，有关专利合同纠纷一审案件，在北京、上海、广州辖区，全部由相应的北京、上海、广州知识产权法院受理。根据该规定第7条的规定，当事人对知识产权法院作出的专利合同纠纷案件第一审判决、裁定提起的上诉案件和依法申请上一级法院复议的案件，由知识产权法院所在地的高级人民法院知识产权审判庭审理。

◆在适用本案由时，要注意其与著作权合同纠纷的不同。（参见本书案由“130. 著作权合同纠纷”中“适用本案需注意的问题”部分）

◆根据《合同法》第355条和《技术进出口管理条例》第2条的规定，涉及技术跨境转移的涉外专利权转让、专利申请权转让和专利实施许可合同纠纷，案由应当确定为技术进口合同纠纷或技术出口合同纠纷。

133. 植物新品种合同纠纷

（1）植物新品种育种合同纠纷

（2）植物新品种申请权转让合同纠纷

（3）植物新品种权转让合同纠纷

（4）植物新品种实施许可合同纠纷

【案由解析】

植物新品种，是指经过人工培育的或者对发现的野生植物予以开发，具备新颖性、特异性、一致性和稳定性并有适当命名的植物品种。

植物新品种合同纠纷，是指双方当事人就植物新品种育种、申请权、品种权转让和实施许可等所订立的合同而发生的纠纷。植物新品种合同是植物新品种培育、生产、销售和推广中最典型而且也是最基本的法律形式。植物新品种合同的客体是植物新品种所能带来的其特有的利益。

【典型形态】

在实践中，植物新品种合同纠纷主要有：

（1）植物新品种育种合同纠纷，是指当事人之间就人工培育或者对发现的野生植物加以开发，培育新的植物品种达成的协议所引发的纠纷。

（2）植物新品种申请权转让合同纠纷，是指当事人之间就植物新品种的申请权转移给另外一方所有而达成的协议所引发的纠纷。

（3）植物新品种权转让合同纠纷，是指当事人之间约定就植物新品种权转移给另外一方所有而达成的协议所引发的纠纷。

（4）植物新品种实施许可合同纠纷，是指品种权人许可他人在一定的时间和地域范围内以商业目的生产或者销售授权品种的繁殖材料达成的协议所引发的纠纷。

【常用法律条文及索引】

《植物新品种保护条例》（1997 年 10 月 1 日起施行　2014 年 7 月 29 日修订）

第七条　执行本单位的任务或者主要是利用本单位的物质条件所完成的职务育种，植物新品种的申请权属于该单位；非职务育种，植物新品种的申请权属于完成育种的个人。申请被批准后，品种权属于申请人。

委托育种或者合作育种，品种权的归属由当事人在合同中约定；没有合同约定的，品种权属于受委托完成或者共同完成育种的单位或者个人。

第九条　植物新品种的申请权和品种权可以依法转让。

中国的单位或者个人就其在国内培育的植物新品种向外国人转让申请权

或者品种权的，应当经审批机关批准。

国有单位在国内转让申请权或者品种权的，应当按照国家有关规定报经有关行政主管部门批准。

转让申请权或者品种权的，当事人应当订立书面合同，并向审批机关登记，由审批机关予以公告。

《植物新品种保护条例实施细则（农业部分）》（2008 年 1 月 1 日起施行 2014 年 4 月 25 日修订）

第八条　《条例》第八条所称完成新品种育种的人是指完成新品种育种的单位或者个人（以下简称育种者）。

第十一条　中国的单位或者个人就其在国内培育的新品种向外国人转让申请权或者品种权的，应当向农业部申请审批。

转让申请权或者品种权的，当事人应当订立书面合同，向农业部登记，由农业部予以公告，并自公告之日起生效。

《最高人民法院关于审理侵犯植物新品种权纠纷案件具体应用法律问题的若干规定》（法释〔2007〕1 号　2007 年 2 月 1 日起施行）

第一条　植物新品种权所有人（以下称品种权人）或者利害关系人认为植物新品种权受到侵犯的，可以依法向人民法院提起诉讼。

前款所称利害关系人，包括植物新品种实施许可合同的被许可人、品种权财产权利的合法继承人等。

独占实施许可合同的被许可人可以单独向人民法院提起诉讼；排他实施许可合同的被许可人可以和品种权人共同起诉，也可以在品种权人不起诉时，自行提起诉讼；普通实施许可合同的被许可人经品种权人明确授权，可以提起诉讼。

《最高人民法院关于审理植物新品种纠纷案件若干问题的解释》（法释〔2001〕5 号　2001 年 2 月 14 日起施行）

第一条　人民法院受理的植物新品种纠纷案件主要包括以下几类：

（一）是否应当授予植物新品种权纠纷案件；

（二）宣告授予的植物新品种权无效或者维持植物新品种权的纠纷案件；

（三）授予品种权的植物新品种更名的纠纷案件；

（四）实施强制许可的纠纷案件；

（五）实施强制许可使用费的纠纷案件；

（六）植物新品种申请权纠纷案件；

（七）植物新品种权权利归属纠纷案件；

（八）转让植物新品种申请权和转让植物新品种权的纠纷案件；

（九）侵犯植物新品种权的纠纷案件；

（十）不服省级以上农业、林业行政管理部门依据职权对侵犯植物新品种权处罚的纠纷案件；

（十一）不服县级以上农业、林业行政管理部门依据职权对假冒授权品种处罚的纠纷案件。

第五条 关于是否应当授予植物新品种权的纠纷案件、宣告授予的植物新品种权无效或者维持植物新品种权的纠纷案件、授予品种权的植物新品种更名的纠纷案件，应当以行政主管机关植物新品种复审委员会为被告；关于实施强制许可的纠纷案件，应当以植物新品种审批机关为被告；关于强制许可使用费纠纷案件，应当根据原告所请求的事项和所起诉的当事人确定被告。

第六条 人民法院审理侵犯植物新品种权纠纷案件，被告在答辩期间内向行政主管机关植物新品种复审委员会请求宣告该植物新品种权无效的，人民法院一般不中止诉讼。

【适用本案由需要注意的问题】

◆在确定植物新品种合同纠纷案件的管辖时要注意，四级案由下的各类植物新品种合同纠纷管辖法院并不一致，其中的植物新品种申请权转让合同纠纷、植物新品种权转让合同纠纷一审案件，根据《最高人民法院关于审理植物新品种纠纷案件若干问题的解释》第1、3条的规定，由各省、自治区、直辖市人民政府所在地的中级人民法院和最高人民法院指定的中级人民法院管辖。而植物新品种实施许可合同纠纷案件，则应当按照《最高人民法院关于审理技术合同纠纷案件适用法律若干问题的解释》第43条第1、2款的规定确定管辖，即一般由各地中级以上人民法院管辖，各高级人民法院根据本辖区的实际情况并报经最高人民法院批准，可以指定若干基层人民法院管辖第一审技术合同纠纷案件。至于植物新品种育种合同纠纷案件的管辖，司法解释并未作出明确规定，故不属于专属管辖的范畴，应按照一般合同管辖确定管辖法院，即由被告住所地或合同履行地法院管辖。

对于北京、上海、广州而言，植物新品种合同纠纷案件的管辖，又有一定的特殊性。根据《最高人民法院关于北京、上海、广州知识产权法院案件管辖的规定》第 1 条的规定，有关植物新品种合同纠纷一审案件，在北京、上海、广州辖区，全部由相应的北京、上海、广州知识产权法院受理。根据该规定第 7 条的规定，当事人对知识产权法院作出的专利合同纠纷案件第一审判决、裁定提起的上诉案件和依法申请上一级法院复议的案件，由知识产权法院所在地的高级人民法院知识产权审判庭审理。

◆在适用本案由时，要注意区分两个四级案由植物新品种申请权转让合同纠纷和植物新品种权转让合同纠纷的不同。植物新品种申请权转让合同纠纷是因当事人之间就植物新品种的申请权转移给另外一方所有而达成的协议所引发的纠纷，其标的是植物新品种的申请权；而植物新品种权转让合同纠纷是指当事人之间约定就植物新品种权转移给另外一方所有而达成的协议所引发的纠纷，其标的是植物新品种权，是工业产权的一种类型，是指完成育种的单位或个人对其授权的品种依法享有的排他使用权。而植物新品种培育完成后，必须由完成植物新品种的单位或个人或其受让人向国家主管部门申请，经主管部门审查和批准后，才能取得植物新品种权。即对植物新品种的申请是取得植物新品种权的条件。

◆《最高人民法院关于审理技术合同纠纷案件适用法律若干问题的解释》中，对技术成果的内涵进行了界定，明确技术成果包括植物新品种。

134. 集成电路布图设计合同纠纷

（1）集成电路布图设计创作合同纠纷

（2）集成电路布图设计专有权转让合同纠纷

（3）集成电路布图设计许可使用合同纠纷

【案由解析】

集成电路指半导体集成电路，即以半导体材料为基片，将至少有一个是有源元件的两个以上元件和部分或者全部互联线路集成在基片之中或者基片之上，以执行某种电子功能的中间产品或者最终产品。它是微电子技术的核心，电子信息技术的基础。广泛应用于计算机，通信设备，家用电器等电子产品，具备集成性、整体性及工艺严格性。

集成电路布图设计是指集成电路中至少有一个是有源元件的两个以上元件和部分或者全部互联线路的三维配置，或者为制造集成电路而准备的上述三维配置。通俗地说，它就是确定用以制造集成电路的电子元件在一个传导材料中的几何图形排列和连接的布局设计。

集成电路布图设计合同纠纷是指当事人就集成电路布图设计的创作、有关专有权利的转让和许可使用等内容所订立的合同而引发的纠纷。

集成电路布图设计合同的主要特点是：(1) 合同客体的特殊性，集成电路布图设计合同的客体是布图设计所能带来的其特有的利益。(2) 需订立书面合同。

【典型形态】

在实践中，集成电路布图设计合同纠纷主要有：

(1) 集成电路布图设计创作合同纠纷，是指双方当事人就集成电路布图设计的创作所订立的合同（包括委托创作合同和合作创作合同）而引发的纠纷。

(2) 集成电路布图设计专有权转让合同纠纷，是指双方当事人就集成电路布图设计专有权（包括复制权和商业利用权）的转让所订立的合同而引发的纠纷。

(3) 集成电路布图设计许可使用合同纠纷，是指权利人就集成电路布图设计的一部分或者全部，以一定的方式，在一定的期限和地域范围内许可他人使用所订立的合同而引发的纠纷。

【常用法律条文及索引】

《集成电路布图设计保护条例》（2001 年 10 月 1 日起施行）

第十条 两个以上自然人、法人或者其他组织合作创作的布图设计，其专有权的归属由合作者约定；未作约定或者约定不明的，其专有权由合作者共同享有。

第十一条 受委托创作的布图设计，其专有权的归属由委托人和受托人双方约定；未作约定或者约定不明的，其专有权由受托人享有。

第二十二条 布图设计权利人可以将其专有权转让或者许可他人使用其布图设计。

转让布图设计专有权的，当事人应当订立书面合同，并向国务院知识产权行政部门登记，由国务院知识产权行政部门予以公告。布图设计专有权的转让自登记之日起生效。

许可他人使用其布图设计的，当事人应当订立书面合同。

《最高人民法院关于审理技术合同纠纷案件适用法律若干问题的解释》（法释〔2004〕20 号　2005 年 1 月 1 日起施行）

第四十六条　集成电路布图设计、植物新品种许可使用和转让等合同争议，相关行政法规另有规定的，适用其规定；没有规定的，适用合同法总则的规定，并可以参照合同法第十八章和本解释的有关规定处理。

计算机软件开发、许可使用和转让等合同争议，著作权法以及其他法律、行政法规另有规定的，依照其规定；没有规定的，适用合同法总则的规定，并可以参照合同法第十八章和本解释的有关规定处理。

《集成电路布图设计保护条例实施细则》（2001 年 10 月 1 日起施行）

第四条　中国单位或者个人在国内申请布图设计登记和办理其他与布图设计有关的事务的，可以委托专利代理机构办理。

在中国没有经常居所或者营业所的外国人、外国企业或者外国其他组织在中国申请布图设计登记和办理其他与布图设计有关的事务的，应当委托国家知识产权局指定的专利代理机构办理。

第十条　布图设计是 2 个以上单位或者个人合作创作的，创作者应当共同申请布图设计登记；有合同约定的，从其约定。

涉及共有的布图设计专有权的，每一个共同布图设计权利人在没有征得其他共同布图设计权利人同意的情况下，不得将其所持有的那一部分权利进行转让、出质或者与他人订立独占许可合同或者排他许可合同。

第十一条　中国单位或者个人向外国人转让布图设计专有权的，在向国家知识产权局办理转让登记时应当提交国务院有关主管部门允许其转让的证明文件。

布图设计专有权发生转移的，当事人应当凭有关证明文件或者法律文书向国家知识产权局办理著录项目变更手续。

【适用本案由需要注意的问题】

◆鉴于侵犯布图设计专有权纠纷案件多涉及技术性问题，专业性强，法律问题复杂，考虑到案件数量、审判力量的配置和方便人民群众诉讼等因素，《关于开展涉及集成电路布图设计案件审判工作的通知》规定，布图设计纠纷第一审案件，由各省、自治区、直辖市人民政府所在地、经济特区所在地的中级人民法院和最高人民法院指定的中级人民法院管辖。受理第一审布图设计纠纷案件的中级人民法院共有43个：省、自治区、直辖市人民政府所在地的34个中级人民法院（包括北京，上海，天津市的一、二中级人民法院）；深圳、珠海、汕头、厦门4个经济特区中级人民法院；经最高法院同意指定的大连、青岛、温州、佛山、烟台市的5个中级人民法院。

在确定集成电路布图设计合同纠纷案件的管辖时要注意，四级案由下的各类集成电路布图设计合同纠纷管辖法院并不一致，其中的集成电路布图设计专有权转让合同纠纷一审案件，根据《最高人民法院关于开展涉及集成电路布图设计案件审判工作的通知》第1、2条的规定，各省、自治区、直辖市人民政府所在地，经济特区所在地和大连、青岛、温州、佛山、烟台市的中级人民法院作为第一审人民法院审理。而集成电路布图设计许可使用合同纠纷案件，则应当按照《最高人民法院关于审理技术合同纠纷案件适用法律若干问题的解释》第43条第1、2款的规定确定管辖，即一般由各地中级以上人民法院管辖，各高级人民法院根据本辖区的实际情况并报经最高人民法院批准，可以指定若干基层人民法院管辖第一审技术合同纠纷案件。至于集成电路布图设计创作合同纠纷案件的管辖，司法解释并未作出明确规定，故不属于专属管辖的范畴，应按照一般合同管辖确定管辖法院，即由被告住所地或合同履行地法院管辖。

对于北京、上海、广州而言，集成电路布图设计合同纠纷案件的管辖，又有一定的特殊性。根据《最高人民法院关于北京、上海、广州知识产权法院案件管辖的规定》第1条的规定，集成电路布图设计合同纠纷一审案件，在北京、上海、广州辖区，全部由相应的北京、上海、广州知识产权法院受理。根据该规定第7条的规定，当事人对知识产权法院作出的专利合同纠纷案件第一审判决、裁定提起的上诉案件和依法申请上一级法院复议的案件，由知识产权法院所在地的高级人民法院知识产权审判庭审理。

◆在适用本案由时，要注意区分集成电路布图设计专有权转让合同纠纷与专利权转让合同纠纷的不同。集成电路布图设计专有权并不能够适用专利法予以保护，因为集成电路布图设计实质上是一种图形设计，但并非是一种工业品外观设计。布图设计并不取决于集成电路的外观，而决定于集成电路中具有电子功能的每一元件的实际位置；布图设计尽管需要专家的大量劳动，但设计方案不会有多大改变，其设计的主旨在于提高集成度、节约材料、降低能耗，因此不具备创造性的专门要求。因此，集成电路布图设计专有权与专利权其实还是有很大差别的。

135. 商业秘密合同纠纷

(1) 技术秘密让与合同纠纷

(2) 技术秘密许可使用合同纠纷

(3) 经营秘密让与合同纠纷

(4) 经营秘密许可使用合同纠纷

【案由解析】

商业秘密，是指不为公众所知悉，能为权利人带来经济效益，具有实用性并经权利人采取保密措施的技术信息和经营信息，包括技术秘密与经营秘密。商业秘密的构成条件有4个：(1) 商业秘密必须具有信息性。(2) 商业秘密必须具有未公开性。(3) 商业秘密必须具有实用性。(4) 商业秘密必须具有保密性。

商业秘密合同纠纷，是指双方当事人就商业秘密（技术秘密或经营秘密）权利的让与或许可使用所订立的合同而引发的纠纷。

商业秘密和其他知识产权（专利权、商标权、著作权等）相比，有着以下特点：(1) 商业秘密的前提是不为公众所知悉，而其他知识产权都是公开的，对专利权甚至有公开到相当程度的要求。(2) 商业秘密是一项相对的权利。商业秘密的专有性不是绝对的，不具有排他性。如果其他人以合法方式取得了同一内容的商业秘密，他们就和第一个人有着同样的地位。商业秘密的拥有者既不能阻止在他之前已经开发掌握该信息的人使用、转让该信息，也不能阻止在他之后开发掌握该信息的人使用、转让该信息。(3) 能使经营者获得利益，获得竞争优势，或具有潜在的商业利益。(4) 商业秘密的保护期不是法定的，取决于权利人的保密措施和其他人对此项秘密的公开。一项技术秘密可能由于权利人保密措施得力和技术本身的应用价值而延续很长时间，远远超过专利技术受保护的期限。

【典型形态】

在实践中，商业秘密合同纠纷主要有：

(1) 技术秘密让与合同纠纷，指的是技术秘密权利人将其技术秘密成果让与他人，双方当事人因此签订合同而引发的纠纷。

（2）技术秘密许可使用合同纠纷，指的是技术秘密权利人许可他人使用其技术秘密成果，双方当事人因此签订合同而引发的纠纷。

（3）经营秘密让与合同纠纷，指的是经营秘密权利人将其经营秘密的整体权利让与他人，双方当事人因此签订合同而引发的纠纷。

（4）经营秘密许可使用合同纠纷，指的是经营秘密权利人许可他人使用其经营秘密，双方当事人因此签订合同而引发的纠纷。

【常用法律条文及索引】

《最高人民法院关于审理技术合同纠纷案件适用法律若干问题的解释》（法释〔2004〕20号　2005年1月1日起施行）

第一条　技术成果，是指利用科学技术知识、信息和经验作出的涉及产品、工艺、材料及其改进等的技术方案，包括专利、专利申请、技术秘密、计算机软件、集成电路布图设计、植物新品种等。

技术秘密，是指不为公众所知悉、具有商业价值并经权利人采取保密措施的技术信息。

第九条　当事人一方采取欺诈手段，就其现有技术成果作为研究开发标的与他人订立委托开发合同收取研究开发费用，或者就同一研究开发课题先后与两个或者两个以上的委托人分别订立委托开发合同重复收取研究开发费用的，受损害方依照合同法第五十四条第二款规定请求变更或者撤销合同的，人民法院应当予以支持。

第十条　下列情形，属于合同法第三百二十九条所称的“非法垄断技术、妨碍技术进步”：

（一）限制当事人一方在合同标的技术基础上进行新的研究开发或者限制其使用所改进的技术，或者双方交换改进技术的条件不对等，包括要求一方将其自行改进的技术无偿提供给对方、非互惠性转让给对方、无偿独占或者共享该改进技术的知识产权；

（二）限制当事人一方从其他来源获得与技术提供方类似技术或者与其竞争的技术；

（三）阻碍当事人一方根据市场需求，按照合理方式充分实施合同标的的技术，包括明显不合理地限制技术接受方实施合同标的的技术生产产品或者提供服务的数量、品种、价格、销售渠道和出口市场；

（四）要求技术接受方接受并非实施技术必不可少的附带条件，包括购买非必需的技术、原材料、产品、设备、服务以及接收非必需的人员等；

（五）不合理地限制技术接受方购买原材料、零部件、产品或者设备等的渠道或者来源；

（六）禁止技术接受方对合同标的技术知识产权的有效性提出异议或者对提出异议附加条件。

第十一条　技术合同无效或者被撤销后，技术开发合同研究开发人、技术转让合同让与人、技术咨询合同和技术服务合同的受托人已经履行或者部分履行了约定的义务，并且造成合同无效或者被撤销的过错在对方的，对其已履行部分应当收取的研究开发经费、技术使用费、提供咨询服务的报酬，人民法院可以认定为因对方原因导致合同无效或者被撤销给其造成的损失。

……

第二十二条　合同法第三百四十二条规定的“技术转让合同”，是指合法拥有技术的权利人，包括其他有权对外转让技术的人，将现有特定的专利、专利申请、技术秘密的相关权利让与他人，或者许可他人实施、使用所订立的合同。但就尚待研究开发的技术成果或者不涉及专利、专利申请或者技术秘密的知识、技术、经验和信息所订立的合同除外。

技术转让合同中关于让与人向受让人提供实施技术的专用设备、原材料或者提供有关的技术咨询、技术服务的约定，属于技术转让合同的组成部分。因此发生的纠纷，按照技术转让合同处理。

当事人以技术入股方式订立联营合同，但技术入股人不参与联营体的经营管理，并且以保底条款形式约定联营体或者联营对方支付其技术价款或者使用费的，视为技术转让合同。

第二十五条　专利实施许可包括以下方式：

（一）独占实施许可，是指让与人在约定许可实施专利的范围内，将该专利仅许可一个受让人实施，让与人依约定不得实施该专利；

（二）排他实施许可，是指让与人在约定许可实施专利的范围内，将该专利仅许可一个受让人实施，但让与人依约定可以自行实施该专利；

（三）普通实施许可，是指让与人在约定许可实施专利的范围内许可他人实施该专利，并且可以自行实施该专利。

当事人对专利实施许可方式没有约定或者约定不明确的，认定为普通实施许可。专利实施许可合同约定受让人可以再许可他人实施专利的，认定该再许可为普通实施许可，但当事人另有约定的除外。

技术秘密的许可使用方式，参照本条第一、二款的规定确定。

第二十六条 专利实施许可合同让与人负有在合同有效期内维持专利权有效的义务，包括依法缴纳专利年费和积极应对他人提出宣告专利权无效的请求，但当事人另有约定的除外。

第二十七条 排他实施许可合同让与人不具备独立实施其专利的条件，以一个普通许可的方式许可他人实施专利的，人民法院可以认定为让与人自己实施专利，但当事人另有约定的除外。

第二十八条 合同法第三百四十三条所称“实施专利或者使用技术秘密的范围”，包括实施专利或者使用技术秘密的期限、地域、方式以及接触技术秘密的人员等。

当事人对实施专利或者使用技术秘密的期限没有约定或者约定不明确的，受让人实施专利或者使用技术秘密不受期限限制。

第二十九条 合同法第三百四十七条规定技术秘密转让合同让与人承担的“保密义务”，不限制其申请专利，但当事人约定让与人不得申请专利的除外。

当事人之间就申请专利的技术成果所订立的许可使用合同，专利申请公开以前，适用技术秘密转让合同的有关规定，发明专利申请公开以后、授权以前，参照适用专利实施许可合同的有关规定；授权以后，原合同即为专利实施许可合同，适用专利实施许可合同的有关规定。

人民法院不以当事人就已经申请专利但尚未授权的技术订立专利实施许可合同为由，认定合同无效。

第四十六条 集成电路布图设计、植物新品种许可使用和转让等合同争议，相关行政法规另有规定的，适用其规定；没有规定的，适用合同法总则的规定，并可以参照合同法第十八章和本解释的有关规定处理。

计算机软件开发、许可使用和转让等合同争议，著作权法以及其他法律、行政法规另有规定的，依照其规定；没有规定的，适用合同法总则的规定，并可以参照合同法第十八章和本解释的有关规定处理。

《合同法》（1999 年 10 月 1 日起施行）

参见“139 专利合同纠纷”案由相关部分。

《反不正当竞争法》（1993 年 12 月 1 日起施行　2017 年 11 月 4 日修订）

第九条 经营者不得实施下列侵犯商业秘密的行为：

……

（三）违反约定或者违反权利人有关保守商业秘密的要求，披露、使用或者允许他人使用其所掌握的商业秘密。

……

《最高人民法院关于审理不正当竞争民事案件应用法律若干问题的解释》（法释〔2007〕2号　2007年2月1日起施行）

第九条　有关信息不为其所属领域的相关人员普遍知悉和容易获得，应当认定为反不正当竞争法第十条第三款规定的“不为公众所知悉”。

具有下列情形之一的，可以认定有关信息不构成不为公众所知悉：

（一）该信息为其所属技术或者经济领域的人的一般常识或者行业惯例；

（二）该信息仅涉及产品的尺寸、结构、材料、部件的简单组合等内容，进入市场后相关公众通过观察产品即可直接获得；

（三）该信息已经在公开出版物或者其他媒体上公开披露；

（四）该信息已通过公开的报告会、展览等方式公开；

（五）该信息从其他公开渠道可以获得；

（六）该信息无需付出一定的代价而容易获得。

第十条　有关信息具有现实的或者潜在的商业价值，能为权利人带来竞争优势的，应当认定为反不正当竞争法第十条第三款规定的“能为权利人带来经济利益、具有实用性”。

第十一条　权利人为防止信息泄漏所采取的与其商业价值等具体情况相适应的合理保护措施，应当认定为反不正当竞争法第十条第三款规定的“保密措施”。

人民法院应当根据所涉信息载体的特性、权利人保密的意愿、保密措施的可识别程度、他人通过正当方式获得的难易程度等因素，认定权利人是否采取了保密措施。

具有下列情形之一，在正常情况下足以防止涉密信息泄漏的，应当认定权利人采取了保密措施：

（一）限定涉密信息的知悉范围，只对必须知悉的相关人员告知其内容；

（二）对于涉密信息载体采取加锁等防范措施；

（三）在涉密信息的载体上标有保密标志；

（四）对于涉密信息采用密码或者代码等；

（五）签订保密协议；

（六）对于涉密的机器、厂房、车间等场所限制来访者或者提出保密要求；

（七）确保信息秘密的其他合理措施。

第十二条 通过自行开发研制或者反向工程等方式获得的商业秘密，不认定为反不正当竞争法第十条第（一）、（二）项规定的侵犯商业秘密行为。

前款所称“反向工程”，是指通过技术手段对从公开渠道取得的产品进行拆卸、测绘、分析等而获得该产品的有关技术信息。当事人以不正当手段知悉了他人的商业秘密之后，又以反向工程为由主张获取行为合法的，不予支持。

第十四条 当事人指称他人侵犯其商业秘密的，应当对其拥有的商业秘密符合法定条件、对方当事人的信息与其商业秘密相同或者实质相同以及对方当事人采取不正当手段的事实负举证责任。其中，商业秘密符合法定条件的证据，包括商业秘密的载体、具体内容、商业价值和对该项商业秘密所采取的具体保密措施等。

第十五条 对于侵犯商业秘密行为，商业秘密独占使用许可合同的被许可人提起诉讼的，人民法院应当依法受理。

排他使用许可合同的被许可人和权利人共同提起诉讼，或者在权利人不起诉的情况下，自行提起诉讼，人民法院应当依法受理。

普通使用许可合同的被许可人和权利人共同提起诉讼，或者经权利人书面授权，单独提起诉讼的，人民法院应当依法受理。

【适用本案由需要注意的问题】

◆商业秘密合同纠纷本质上属于合同纠纷，因合同纠纷提起的诉讼，由被告住所地或者合同履行地人民法院管辖。合同的双方当事人可以在书面合同中协议选择被告住所地、合同履行地、合同签订地、原告住所地、标的物所在地人民法院管辖，但不得违反《民事诉讼法》对级别管辖和专属管辖的规定。但由于技术秘密的特殊性，此类案件的受理应遵守最高人民法院关于技术成果合同纠纷案件的指定管辖和级别管辖的规定，一般由中级以上人民法院管辖。各高级人民法院根据本辖区的实际情况并报经最高人民法院批准，可以指定若干基层人民法院管辖第一审技术合同纠纷案件。

◆在适用本案由时，要注意区分其四级案由之间的区别，即技术秘密让与合同纠纷和经营秘密让与合同纠纷与技术秘密许可使用合同纠纷和经营秘密许可使用合同纠纷之间的区别。技术秘密让与合同和经营秘密让与合同均涉及商业秘密整体权利的让与（即俗语所称买断或者卖断），即商业秘密的所有人发生转移。技术秘密许可使用合同和经营秘密许可使用合同中，商业秘密的所有人并不发生转移，而是商业秘密的所有人和经商业秘密所有人许可的商业秘密使用人之间就商业秘密许可使用内容所订立的合同。

136. 技术合同纠纷

（1）技术委托开发合同纠纷

（2）技术合作开发合同纠纷

（3）技术转化合同纠纷

（4）技术转让合同纠纷

（5）技术咨询合同纠纷

（6）技术服务合同纠纷

（7）技术培训合同纠纷

（8）技术中介合同纠纷

（9）技术进口合同纠纷

（10）技术出口合同纠纷

（11）职务技术成果完成人奖励、报酬纠纷

（12）技术成果完成人署名权、荣誉权、奖励权纠纷

【案由解析】

技术合同纠纷，是指双方当事人就技术开发、转让、许可、咨询或者服务等订立的确立相互之间权利和义务的合同所引发的纠纷。

技术合同是一类比较特别的合同，其特点主要有：(1) 技术合同的标的与技术有密切联系，不同类型的技术合同有不同的技术内容。技术转让合同的标的是特定的技术成果，技术服务与技术咨询合同的标的是特定的技术行为，技术开发合同的标的兼具技术成果与技术行为的内容。(2) 技术合同履行环节多，履行期限长，价款、报酬或使用费的计算较为复杂，一些技术合同的风险性很强。(3) 技术合同的法律调整具有多样性。技术合同标的物是人类智力活动的成果，这些技术成果中许多是知识产权法调整的对象，涉及技术权益的归属、技术风险的承担、技术专利权的获得、技术产品的商业标

记、技术的保密、技术的表现形式等，受专利法、商标法、商业秘密法、反不正当竞争法、著作权法等法律的调整。(4) 当事人一方具有特定性，通常应当是具有一定专业知识或技能的技术人员。(5) 技术合同是双务、有偿合同。

【典型形态】

在实践中，技术合同纠纷主要有：

(1) 技术委托开发合同纠纷，是指当事人一方按照约定支付研究开发费用和报酬，完成协作事项并按期接受研究开发成果，另一方合理使用研究开发费用，按期完成研究开发工作并交付成果，同时接受委托方必要的检查所订立的合同而引发的纠纷。

(2) 技术合作开发合同纠纷，是指合作各方当事人就新技术、新产品、新工艺或者新材料及其系统的研究开发、按照约定进行投资，分工参与研究开发工作，并协作配合研究开发工作而签订的合同所产生的纠纷。

(3) 技术转化合同纠纷，是指双方当事人就具有实用价值，但尚未能够实现商品化、工业化应用的科技成果（包括阶段性技术成果）实施转化，以实现该科技成果工业化应用为目标，对已有的科技成果进行后续试验、开发和应用而订立的合同而引发的纠纷。

(4) 技术转让合同纠纷，是指合法拥有技术的权利人将专利、专利申请、技术秘密、计算机软件、集成电路布图设计、植物新品种以外的其他现有特定的技术成果的相关权利让与他人或者许可他人使用所订立的合同而引发的纠纷。技术转让合同包括专利权转让合同、专利申请权转让合同、技术秘密转让合同和专利实施许可合同四种类型。

(5) 技术咨询合同纠纷，是指双方当事人就特定技术项目提供可行性论证、技术预测、专题技术调查、分析评价报告等所订立的合同而发生的纠纷。

(6) 技术服务合同纠纷，是指双方当事人为解决特定的技术问题，委托人按照约定提供工作条件，完成配合事项，接受工作成果并支付报酬，受托人按照约定完成服务项目，解决技术问题，保证工作质量，并传授解决技术问题的知识而签订的合同所引发的纠纷。

(7) 技术培训合同纠纷，是指当事人一方委托另一方对指定的专业技术人员进行特定项目的技术指导和专业训练所订立的合同而引发的纠纷。技术培训合同不包括职业培训、文化学习和按照行业、单位的计划进行的职工业余教育等非特定项目的培训合同。

（8）技术中介合同纠纷，是指中介人与委托人就特定的技术成果或技术项目，促成委托人与第三方订立技术合同进行联系，介绍以及对履行合同提供专门服务所订立的合同而发生的纠纷。

（9）技术进口合同纠纷，是指双方当事人就通过贸易、投资或者经济技术合作的方式，从中华人民共和国境外向中华人民共和国境内转移技术所订立的合同而发生的纠纷。

（10）技术出口合同纠纷，是指双方当事人就通过贸易、投资或者经济技术合作的方式，从中华人民共和国境内向中华人民共和国境外转移技术所订立的合同而发生的纠纷。

（11）职务技术成果完成人奖励、报酬纠纷，是指职务技术成果完成后，职务技术成果的使用权、转让权属于法人或者其他组织的，法人或者其他组织从使用和转让该项职务技术成果所取得的收益中提取一定比例，对完成该项职务技术成果的个人给予奖励或者报酬的行为而产生的纠纷。

（12）技术成果完成人署名权、荣誉权、奖励权纠纷，是指完成技术成果的个人，为主张在有关技术成果上署名、获得荣誉或者奖励而产生的纠纷。

【常用法律条文及索引】

《最高人民法院关于审理技术合同纠纷案件适用法律若干问题的解释》（法释〔2004〕20号　2005年1月1日起施行）

第十七条　合同法第三百三十条所称“新技术、新产品、新工艺、新材料及其系统”，包括当事人在订立技术合同时尚未掌握的产品、工艺、材料及其系统等技术方案，但对技术上没有创新的现有产品的改型、工艺变更、材料配方调整以及对技术成果的验证、测试和使用除外。

第十八条　合同法第三百三十条第四款规定的“当事人之间就具有产业应用价值的科技成果实施转化订立的”技术转化合同，是指当事人之间就具有实用价值但尚未实现工业化应用的科技成果包括阶段性技术成果，以实现该科技成果工业化应用为目标，约定后续试验、开发和应用等内容的合同。

第十九条　合同法第三百三十五条所称“分工参与研究开发工作”，包括当事人按照约定的计划和分工，共同或者分别承担设计、工艺、试验、试制等工作。

技术开发合同当事人一方仅提供资金、设备、材料等物质条件或者承担辅助协作事项，另一方进行研究开发工作的，属于委托开发合同。

第二十条 合同法第三百四十一条所称“当事人均有使用和转让的权利”，包括当事人均有不经对方同意而自己使用或者以普通使用许可的方式许可他人使用技术秘密，并独占由此所获利益的权利。当事人一方将技术秘密成果的转让权让与他人，或者以独占或者排他使用许可的方式许可他人使用技术秘密，未经对方当事人同意或者追认的，应当认定该让与或者许可行为无效。

第二十一条 技术开发合同当事人依照合同法的规定或者约定自行实施专利或使用技术秘密，但因其不具备独立实施专利或者使用技术秘密的条件，以一个普通许可方式许可他人实施或者使用的，可以准许。

第二十二条 合同法第三百四十二条规定的“技术转让合同”，是指合法拥有技术的权利人，包括其他有权对外转让技术的人，将现有特定的专利、专利申请、技术秘密的相关权利让与他人，或者许可他人实施、使用所订立的合同。但就尚待研究开发的技术成果或者不涉及专利、专利申请或者技术秘密的知识、技术、经验和信息所订立的合同除外。

技术转让合同中关于让与人向受让人提供实施技术的专用设备、原材料或者提供有关的技术咨询、技术服务的约定，属于技术转让合同的组成部分。因此发生的纠纷，按照技术转让合同处理。

当事人以技术入股方式订立联营合同，但技术入股人不参与联营体的经营管理，并且以保底条款形式约定联营体或者联营对方支付其技术价款或者使用费的，视为技术转让合同。

《合同法》(1999 年 10 月 1 日起施行)

第三百三十条 技术开发合同是指当事人之间就新技术、新产品、新工艺或者新材料及其系统的研究开发所订立的合同。

技术开发合同包括委托开发合同和合作开发合同。

技术开发合同应当采用书面形式。

当事人之间就具有产业应用价值的科技成果实施转化订立的合同，参照技术开发合同的规定。

第三百三十一条 委托开发合同的委托人应当按照约定支付研究开发经费和报酬；提供技术资料、原始数据；完成协作事项；接受研究开发成果。

第三百三十二条　委托开发合同的研究开发人应当按照约定制定和实施研究开发计划；合理使用研究开发经费；按期完成研究开发工作，交付研究开发成果，提供有关的技术资料和必要的技术指导，帮助委托人掌握研究开发成果。

第三百三十三条　委托人违反约定造成研究开发工作停滞、延误或者失败的，应当承担违约责任。

第三百三十四条　研究开发人违反约定造成研究开发工作停滞、延误或者失败的，应当承担违约责任。

第三百三十五条　合作开发合同的当事人应当按照约定进行投资，包括以技术进行投资；分工参与研究开发工作；协作配合研究开发工作。

第三百三十六条　合作开发合同的当事人违反约定造成研究开发工作停滞、延误或者失败的，应当承担违约责任。

第三百三十七条　因作为技术开发合同标的的技术已经由他人公开，致使技术开发合同的履行没有意义的，当事人可以解除合同。

第三百三十八条　在技术开发合同履行过程中，因出现无法克服的技术困难，致使研究开发失败或者部分失败的，该风险责任由当事人约定。没有约定或者约定不明确，依照本法第六十一条的规定仍不能确定的，风险责任由当事人合理分担。

当事人一方发现前款规定的可能致使研究开发失败或者部分失败的情形时，应当及时通知另一方并采取适当措施减少损失。没有及时通知并采取适当措施，致使损失扩大的，应当就扩大的损失承担责任。

第三百三十九条　委托开发完成的发明创造，除当事人另有约定的以外，申请专利的权利属于研究开发人。研究开发人取得专利权的，委托人可以免费实施该专利。

研究开发人转让专利申请权的，委托人享有以同等条件优先受让的权利。

第三百四十条　合作开发完成的发明创造，除当事人另有约定的以外，申请专利的权利属于合作开发的当事人共有。当事人一方转让其共有的专利申请权的，其他各方享有以同等条件优先受让的权利。

合作开发的当事人一方声明放弃其共有的专利申请权的，可以由另一方单独申请或者由其他各方共同申请。申请人取得专利权的，放弃专利申请权的一方可以免费实施该专利。

合作开发的当事人一方不同意申请专利的，另一方或者其他各方不得申请专利。

第三百四十一条 委托开发或者合作开发完成的技术秘密成果的使用权、转让权以及利益的分配办法，由当事人约定。没有约定或者约定不明确，依照本法第六十一条的规定仍不能确定的，当事人均有使用和转让的权利，但委托开发的研究开发人不得在向委托人交付研究开发成果之前，将研究开发成果转让给第三人。

第三百四十二条 技术转让合同包括专利权转让、专利申请权转让、技术秘密转让、专利实施许可合同。

技术转让合同应当采用书面形式。

【适用本案由需要注意的问题】

◆《最高人民法院关于审理技术合同纠纷案件适用法律若干问题的解释》第43条规定："技术合同纠纷案件一般由中级以上人民法院管辖。各高级人民法院根据本辖区的实际情况并报经最高人民法院批准，可以指定若干基层人民法院管辖第一审技术合同纠纷案件。其他司法解释对技术合同纠纷案件管辖另有规定的，从其规定。合同中既有技术合同内容，又有其他合同内容，当事人就技术合同内容和其他合同内容均发生争议的，由具有技术合同纠纷案件管辖权的人民法院受理。"

对于北京、上海、广州而言，技术合同纠纷案件的管辖，又有一定的特殊性。根据《最高人民法院关于北京、上海、广州知识产权法院案件管辖的规定》第6条的规定，当事人对知识产权法院所在市的基层人民法院作出的第一审技术合同纠纷民事判决、裁定提起的上诉案件，由相应的知识产权法院审理。

◆在适用本案由时，要注意区分技术培训合同、技术中介合同与技术服务合同的不同。《最高人民法院关于审理技术合同纠纷案件适用法律若干问题的解释》实际上将技术培训合同和技术中介合同视为技术服务合同大类下的特殊合同类型。根据我国目前技术服务业的实践，可以将技术服务合同分为两大类：一是技术辅助合同，即《合同法》第356条第2款所称的技术服务合同；二是传授和传递科技信息的合同，包括技术培训合同和技术中介合同。对于因前一类合同发生的纠纷，案由应当确定为技术服务合同纠纷，而对于因技术培训合同和技术中介合同发生的纠纷，案由应当直接确定为技术培训合同纠纷和技术中介合同纠纷。

◆本条所称的技术合同纠纷不包括《民事案件案由规定》在知识产权合同纠纷部分其他案由项下规定的其他与技术有关的知识产权合同。即在其他知识产权合同纠纷中列明的与技术有关的知识产权合同纠纷，按照列明的知识产权合同纠纷确定案由。比如，除应当适用《技术进出口管理条例》的技术进出口合同之外，其他各类技术转让合同纠纷，根据所涉及的技术成果的知识产权类型，相应在各类知识产权合同纠纷项下确定案由。具体而言，计算机软件著作权转让和许可使用合同纠纷、专利申请权转让合同纠纷、专利权转让合同纠纷、三类专利实施许可合同纠纷、植物新品种申请权转让合同纠纷、植物新品种权转让合同纠纷和植物新品种实施许可合同纠纷、集成电路布图设计专有权转让合同纠纷、集成电路布图设计许可使用合同纠纷、技术秘密让与和许可使用合同纠纷，不作为本条规定的技术合同纠纷确定案由。

137. 特许经营合同纠纷

【案由解析】

特许经营合同，是指特许人许可被特许人使用自己所拥有的，或者有权授予他人使用的商标、商号、企业标志、专利、专有技术等经营资源，对被特许人给予培训与支持，并要求被特许人按照合同的约定，在统一的经营模式下开展经营，被特许人向特许人支付特许经营费用的合同。特许经营合同纠纷，是指拥有注册商标、企业标志、专利等经营资源的企业（即特许人），以合同形式将其拥有的经营资源许可其他经营者（即被特许人）使用，被特许人按照合同约定在统一的经营模式下开展经营，并向特许人支付特许经营费用所引发的纠纷。

特许经营合同具有以下法律特征：（1）具备特许人资格是特许人得以与被特许人（也称加盟方）签订特许经营合同的前提。因此特许人必须是适格的，即享受独立知识产权或有资格授权的企业。同时，特许经营合同的双方当事人是相互独立的法律主体，自负盈亏，自担风险，不存在隶属关系。（2）特许经营的核心是特许权的授予。特许权是包括商标、商号、经营模式、服务标志、专利、商业秘密、经营诀窍等权利的知识产权性质的综合性使用权。(3) 特许经营要求被特许人与特许人对外具有共同的外部特征。也就是说特许经营合同中必须要有为达到“统一经营模式”目的而设定的条款。(4) 被特许人必须向特许人支付相应的特许经营费用（也称加盟费）。加盟费是被特许人获取特许经营资格的对价，被特许人在交纳该费用后即可直接享受他人成功的经营模式，因此，加盟金在法律性质上不同于预付款。

在实践中，特许经营分为直接特许经营、分区特许经营、复合式特许经营、开发式特许经营四种类型。

(1) 直接特许经营，是最为常见的一种，专指特许人授予受许人在一个规定区域内开设一家加盟店的权利，且受许人直接进行加盟店的经营。

(2) 开发式特许经营，是指特许人授权受许人在特定的区域、特定的时间或特定的条件下，建立若干特许经营单元的特许经营发展模式。受许人除了向特许人购买特许权的使用权外，还被授予了区域开发权。受许人不仅可以建立一家加盟店，而且可以在约定的时间和条件成熟的基础上开发新的加盟店进行特许经营业务。受许人开发多家加盟店的行为无须向特许人另行申请。

(3) 分区特许经营，是指特许人在特定区域内将特许权独占授予分特许人，再由分特许人转授予直接从事经营的分受许人。分区特许经营是分区域开展特许经营的方式，涉及主特许人、分特许人、分受许人三方当事人。主特许人把自己的产品、商标、商号等的使用权出售给某个区域的分特许人，并允许其在该区域内代表主特许人向该区域内的分受许人授予特许权，分特许人既是主特许人的特许权的有权使用者，又具体负责一定区域内的特许权的授予。因此，在分特许经营中，就会存在两份不同的特许经营合同，一是主特许人与分特许人签订的《区域总特许经营合同》，二是分特许人与分受许人签订的《区域分特许经营合同》。分特许经营扩张速度较快，在跨国特许经营中较为常见。

(4) 复合式特许经营，是指特许人将一定区域内的独占特许权授予受许人，受许人在该区域内可以独自经营，也可再行授予其他加盟者。在复合式特许经营中，该受许人一方面具有受许人的法律地位，可以自行从事被特许的业务，同时又具有区域特许人的法律地位，可以在区域内授权给其他受许人经营被特许的业务。

【常用法律条文及索引】

《合同法》（1999 年 10 月 1 日起施行）

第一百二十四条　本法分则或者其他法律没有明文规定的合同，适用本法总则的规定，并可以参照本法分则或者其他法律最相类似的规定。

《商业特许经营管理条例》（2007 年 5 月 1 日起施行）

第十一条　从事特许经营活动，特许人和被特许人应当采用书面形式订立特许经营合同。

特许经营合同应当包括下列主要内容：

（一）特许人、被特许人的基本情况；

（二）特许经营的内容、期限；

（三）特许经营费用的种类、金额及其支付方式；

（四）经营指导、技术支持以及业务培训等服务的具体内容和提供方式；

（五）产品或者服务的质量、标准要求和保证措施；

（六）产品或者服务的促销与广告宣传；

（七）特许经营中的消费者权益保护和赔偿责任的承担；

（八）特许经营合同的变更、解除和终止；

（九）违约责任；

（十）争议的解决方式；

（十一）特许人与被特许人约定的其他事项。

第十二条　特许人和被特许人应当在特许经营合同中约定，被特许人在特许经营合同订立后一定期限内，可以单方解除合同。

第十三条　特许经营合同约定的特许经营期限应当不少于 3 年。但是，被特许人同意的除外。

特许人和被特许人续签特许经营合同的，不适用前款规定。

第十四条　特许人应当向被特许人提供特许经营操作手册，并按照约定的内容和方式为被特许人持续提供经营指导、技术支持、业务培训等服务。

第十五条　特许经营的产品或者服务的质量、标准应当符合法律、行政法规和国家有关规定的要求。

第十六条　特许人要求被特许人在订立特许经营合同前支付费用的，应当以书面形式向被特许人说明该部分费用的用途以及退还的条件、方式。

第十七条　特许人向被特许人收取的推广、宣传费用，应当按照合同约定的用途使用。推广、宣传费用的使用情况应当及时向被特许人披露。

……

第十八条 未经特许人同意，被特许人不得向他人转让特许经营权。

被特许人不得向他人泄露或者允许他人使用其所掌握的特许人的商业秘密。

【适用本案由需要注意的问题】

◆特许经营合同纠纷本质上属于合同纠纷，因合同纠纷提起的诉讼，由被告住所地或者合同履行地人民法院管辖。合同的双方当事人可以在书面合同中协议选择被告住所地、合同履行地、合同签订地、原告住所地、标的物所在地人民法院管辖，但不得违反《民事诉讼法》及有关司法解释关于级别管辖和专属管辖的规定。

◆在适用本案由时，要注意其与商标使用合同纠纷的区别。特许经营行为中，特许权是包括商标、商号、经营模式、服务标志、专利、商业秘密、经营诀窍等权利的知识产权性质的综合性使用权，其包括但不限于商标使用许可的行为。依照我国《商标法》及其实施细则的规定，商标注册人许可他人使用其注册商标后，许可人与被许可人必须签订“商标使用许可合同”，其合同副本必须报商标局备案。同时《商业特许经营管理办法》中也规定，特许经营合同必须在签订之日起 15 日内向国家商务主管部门备案。因此，在特许经营实务操作过程中，双方要分别签订《商标使用许可合同》和《特许经营合同》，但我们在判断案由上要从整体的法律关系性质考虑，如果一个行为只涉及单纯的商标使用许可，那定“商标使用许可纠纷”无疑，但如果许可的是组合的经营资源，如商标、专利、经营模式等，那么，也应认定为“特许经营合同纠纷”。

138. 企业名称（商号）合同纠纷

（1）企业名称（商号）转让合同纠纷

（2）企业名称（商号）使用合同纠纷

【案由解析】

商号，即厂商字号，或企业名称。商号作为企业特定化的标志，是企业具有法律人格的表现。

企业名称（商号）合同纠纷，是指企业法人、个体工商户、个人合伙等就企业名称（商号）的转让、使用等方面签订的合同中出现的纠纷。

企业名称（商号）合同的特征，主要是该合同的标的是企业名称（商号）的使用权或转让权，是无形财产。

【典型形态】

在实践中，企业名称（商号）合同纠纷主要有：

（1）企业名称（商号）转让合同纠纷，是指企业法人、个体工商户、个人合伙等就企业名称（商号）的转让方面签订的合同中出现的纠纷。

（2）企业名称（商号）使用合同纠纷，是指企业法人、个体工商户、个人合伙等就企业名称（商号）的使用方面签订的合同中出现的纠纷。

【常用法律条文及索引】

《民法通则》（1987年1月1日起施行 2009年8月27日修正）

第九十九条 公民享有姓名权，有权决定、使用和依照规定改变自己的姓名，禁止他人干涉、盗用、假冒。

法人、个体工商户、个人合伙享有名称权。企业法人、个体工商户、个人合伙有权使用、依法转让自己的名称。

《企业名称登记管理规定》（1991年9月1日起施行 2012年11月9日修正）

第二十三条 企业名称可以随企业或者企业的一部分一并转让。

企业名称只能转让给一户企业。企业名称的转让方与受让方应当签订书面合同或者协议，报原登记主管机关核准。

企业名称转让后，转让方不得继续使用已转让的企业名称。

《企业名称登记管理实施办法》（2004年7月1日起施行）

第三十五条 预先核准的企业名称在有效期内，不得用于经营活动，不得转让。

企业变更名称，在其登记机关核准变更登记前，不得使用《企业名称变更核准通知书》上核准变更的企业名称从事经营活动，也不得转让。

《商业特许经营管理条例》（2007年5月1日起施行）

第三条 本条例所称商业特许经营（以下简称特许经营），是指拥有注册商标、企业标志、专利、专有技术等经营资源的企业（以下称特许人），以合同形式将其拥有的经营资源许可其他经营者（以下称被特许人）使用，被特许人按照合同约定在统一的经营模式下开展经营，并向特许人支付特许经营费用的经营活动。

企业以外的其他单位和个人不得作为特许人从事特许经营活动。

【适用本案由需要注意的问题】

◆企业名称（商号）合同纠纷本质上属于合同纠纷，因合同纠纷提起的诉讼，由被告住所地或者合同履行地人民法院管辖。合同的双方当事人可以在书面合同中协议选择被告住所地、合同履行地、合同签订地、原告住所地、标的物所在地人民法院管辖，但不得违反《民事诉讼法》及有关司法解释关于级别管辖和专属管辖的规定。

◆在适用本案由时，要注意其与商标合同纠纷之间的区别（参见本书案由“131. 商标合同纠纷”中“适用本案由需要注意的问题”部分）。

◆我国法律对商号权未有明确规定，但《民法通则》中对企业名称权的保护有具体规定。商号权具有人身权属性，与特定的商业主体的人格与身份密切联系，与主体资格同生同灭。商号权可转让、继承，具有财产权属性。商号在同一个行政区划内的相同营业范围里具有排他性和专用性。商号权人可依法使用其商号，有权在行政区域内禁止他人重复登记或擅自冒用、盗用其商号，还有权对侵害其商号权行为提起诉讼要求赔偿。对于商号权可以转让、许可使用或设定抵押。

139. 特殊标志合同纠纷

【案由解析】

特殊标志是指经国务院批准举办的从国际性或者是国际性的文化、教育、科学研究及其他社会公益活动所使用的由文字、图形组成的名称及缩写、徽记、吉祥物等标志。特殊标志的权利所有人应当是由国务院批准举办的全国性和国际性的文化、体育、科学研究及其他社会公益活动的组织者或筹备者，是依法成立的企业、事业单位、社会团体、个体工商户。

特殊标志合同纠纷是指当事人双方就经国务院批准举办的全国性和国际

性的文化、体育、科学研究及其他社会公益活动说明使用的，由文字、图形组成的名称及缩写、会徽、吉祥物等标志的使用、经营等签订的合同中出现的纠纷。

【常用法律条文及索引】

《特殊标志管理条例》（1996 年 7 月 13 日起施行）

第二条　本条例所称特殊标志，是指经国务院批准举办的全国性和国际性的文化、体育、科学研究及其他社会公益活动所使用的，由文字、图形组成的名称及缩写、会徽、吉祥物等标志。

第十四条　特殊标志的使用人应当是依法成立的企业、事业单位、社会团体、个体工商户。

特殊标志使用人应当同所有人签订书面使用合同。

特殊标志使用人应当自合同签订之日起 1 个月内，将合同副本报国务院工商行政管理部门备案，并报使用人所在地县级以上人民政府工商行政管理部门存查。

《奥林匹克标志保护条例》（2002 年 4 月 1 日起施行）

第二条　本条例所称奥林匹克标志，是指：

（一）国际奥林匹克委员会的奥林匹克五环图案标志、奥林匹克旗、奥林匹克格言、奥林匹克徽记、奥林匹克会歌；

（二）奥林匹克、奥林匹亚、奥林匹克运动会及其简称等专有名称；

（三）中国奥林匹克委员会的名称、徽记、标志；

（四）北京 2008 年奥林匹克运动会申办委员会的名称、徽记、标志；

（五）第 29 届奥林匹克运动会组织委员会的名称、徽记，第 29 届奥林匹克运动会的吉祥物、会歌、口号，“北京 2008”、第 29 届奥林匹克运动会及其简称等标志；

（六）《奥林匹克宪章》和《第 29 届奥林匹克运动会主办城市合同》中规定的其他与第 29 届奥林匹克运动会有关的标志。

第三条　本条例所称奥林匹克标志权利人，是指国际奥林匹克委员会、中国奥林匹克委员会和第 29 届奥林匹克运动会组织委员会。

国际奥林匹克委员会、中国奥林匹克委员会和第 29 届奥林匹克运动会组织委员会之间的权利划分，依照《奥林匹克宪章》和《第 29 届奥林匹克运动会主办城市合同》确定。

第四条 奥林匹克标志权利人依照本条例对奥林匹克标志享有专有权。

未经奥林匹克标志权利人许可，任何人不得为商业目的（含潜在商业目的，下同）使用奥林匹克标志。

《世界博览会标志保护条例》（2004 年 12 月 1 日起施行）

第二条 本条例所称世界博览会标志，是指：

（一）中国2010年上海世界博览会申办机构的名称（包括全称、简称、译名和缩写，下同）、徽记或者其他标志；

（二）中国2010年上海世界博览会组织机构的名称、徽记或者其他标志；

（三）中国2010年上海世界博览会的名称、会徽、会旗、吉祥物、会歌、主题词、口号；

（四）国际展览局的局旗。

第三条 本条例所称世界博览会标志权利人，是指中国2010年上海世界博览会组织机构和国际展览局。

中国2010年上海世界博览会组织机构为本条例第二条第（一）、（二）、（三）项规定的世界博览会标志的权利人。中国2010年上海世界博览会组织机构和国际展览局之间关于本条例第二条第（四）项规定的世界博览会标志的权利划分，依照中国2010年上海世界博览会《申办报告》、《注册报告》和国际展览局《关于使用国际展览局局旗的规定》确定。

第四条 世界博览会标志权利人依照本条例享有世界博览会标志专有权。

未经世界博览会标志权利人许可，任何人不得为商业目的（含潜在商业目的，下同）使用世界博览会标志。

【适用本案由需要注意的问题】

◆特殊标志合同纠纷本质上属于合同纠纷，因合同纠纷提起的诉讼，由被告住所地或者合同履行地人民法院管辖。合同的双方当事人可以在书面合同中协议选择被告住所地、合同履行地、合同签订地、原告住所地、标的物所在地人民法院管辖，但不得违反《民事诉讼法》及有关司法解释关于级别管辖和专属管辖的规定。

◆在适用本案由时，要注意其与商标合同纠纷的区分。特殊标记合同纠纷与商标合同纠纷同属于第三级案由。特殊标志登记申请、使用和保护的形式，特殊标志的组成要素等都与注册商标有非常类似的共同点，从某种角度上说，特殊标志是特殊类型的商标。国家工商行政管理局商标局也同样主管全国性特殊标志的管理工作。特殊标志与商标的主要不同表现为：

（1）权利所有人的对象不同。特殊标志的权利所有人是指经国务院批准举办的全国性和国际性的文化体育、科学研究及其他社会公益活动的组织者或筹备者。注册商标的权利所有人是商品的生产者或经营者。

（2）使用的目的不同。特殊标志的使用目的是将所募集的资金，用于特殊标志所服务的社会公益事业，取之于民，用之于民。注册商标的使用目的是商品的生产者或经营者为了出售自己的商品，为了盈利，并区别于其他商品生产者或经营者的商品，吸引消费者。

（3）使用及保护的范围不同。特殊标志可以使用在与其公益活动相关的所有商品或服务项目上。注册商标限定使用在核定使用的商品项目上，并在该范围内受到保护。

（4）时效性不同。特殊标志的有效期为4年。需要延长期限的，由国务院工商行政管理局商标局根据实际情况和需要决定。注册商标的有效期为10年。期满后可以续展注册，每次续展注册的有效期为10年，而且可以无限期地重复续展。

◆特殊标志的所有人是法定的，实践中一般不会发生特殊标志所有人的变更问题，因此几乎不会有特殊标志转让合同，大量的是特殊标志许可使用合同：特殊标志许可使用合同是指特殊标志所有人就经国务院工商行政管理部门核准登记的特殊标志许可他人在国务院工商行政管理部门核准使用该标志的商品或者服务项目上使用该标志所订立的合同。《民事案件案由规定》未列举特殊标志许可使用合同纠纷为第四级案由，有关纠纷直接按照第三级案由确定。

140. 网络域名合同纠纷

（1）网络域名注册合同纠纷

（2）网络域名转让合同纠纷

（3）网络域名许可使用合同纠纷

【案由解析】

网络域名，就是指互联网上识别和定位计算机层次结构式的字符标识，与该计算机的互联网协议地址相对应。目前，网络域名的种类十分丰富，主要有 com、cn、net、org、edu、gov、cctv 等。

网络域名合同纠纷，是指双方当事人就网络域名的注册、转让和使用等所订立的合同而发生的纠纷。

网络域名合同的主要特点是其合同标的的特殊性，是网络域名，属无形财产。

【典型形态】

在实践中，网络域名合同纠纷主要有：

（1）网络域名注册合同纠纷，是指域名注册申请者为解决网络地址对应的问题与域名注册服务机构签订的域名注册协议而引发的纠纷。

（2）网络域名转让合同纠纷，是指域名持有者将其注册的网络域名转让给他人所订立的合同而发生的纠纷。

（3）网络域名许可使用合同纠纷，是指域名持有者许可他人使用其注册的网络域名所订立的合同而引发的纠纷。

【常用法律条文及索引】

《中国互联网络域名管理办法》（2004 年 12 月 20 日起施行）

第二条 在中华人民共和国境内从事域名注册服务及相关活动，应当遵守本办法。

第三条 本办法下列用语的含义是：

（一）域名：是互联网络上识别和定位计算机的层次结构式的字符标识，与该计算机的互联网协议（IP）地址相对应。

（二）中文域名：是指含有中文文字的域名。

（三）域名根服务器：是指承担域名体系中根节点功能的服务器。

（四）域名根服务器运行机构：是指负责运行、维护和管理域名根服务器的机构。

（五）顶级域名：是指域名体系中根节点下的第一级域的名称。

（六）域名注册管理机构：是指承担顶级域名系统的运行、维护和管理工作的机构。

（七）域名注册服务机构：是指受理域名注册申请，直接完成域名在国内顶级域名数据库中注册、直接或间接完成域名在国外顶级域名数据库中注册的机构。

第三十六条　域名注册管理机构可以指定中立的域名争议解决机构解决域名争议。

第三十七条　任何人就已经注册或使用的域名向域名争议解决机构提出投诉，并且符合域名争议解决办法规定的条件的，域名持有者应当参与域名争议解决程序。

第三十八条　域名争议解决机构作出的裁决只涉及争议域名持有者信息的变更。

域名争议解决机构作出的裁决与人民法院或者仲裁机构已经发生法律效力的裁判不一致的，域名争议解决机构的裁决服从于人民法院或者仲裁机构发生法律效力的裁判。

第三十九条　域名争议在人民法院、仲裁机构或域名争议解决机构处理期间，域名持有者不得转让有争议的域名，但域名受让方以书面形式同意接受人民法院裁判、仲裁裁决或争议解决机构裁决约束的除外。

《最高人民法院关于审理涉及计算机网络域名民事纠纷案件适用法律若干问题的解释》（法释〔2001〕24号　2001年7月24日起施行）

第一条　对于涉及计算机网络域名注册、使用等行为的民事纠纷，当事人向人民法院提起诉讼，经审查符合民事诉讼法第一百零八条规定的，人民法院应当受理。

第三条　域名纠纷案件的案由，根据双方当事人争议的法律关系的性质确定，并在其前冠以计算机网络域名；争议的法律关系的性质难以确定的，可以通称为计算机网络域名纠纷案件。

【适用本案由需要注意的问题】

◆网络域名合同纠纷本质上属于合同纠纷，因合同纠纷提起的诉讼，由被告住所地或者合同履行地人民法院管辖。合同的双方当事人可以在书面合同中协议选择被告住所地、合同履行地、合同签订地、原告住所地、标的物所在地人民法院管辖，但不得违反《民事诉讼法》及有关司法解释关于级别管辖和专属管辖的规定。

141. 知识产权质押合同纠纷

【案由解析】

知识产权质押，是指为担保债权人的债权，以注册商标专用权、专利权、著作权中的财产权等知识产权作为标的设定的质押形式。

知识产权质押合同，是指债务人或第三人以其有权处分的、可以转让的注册商标专用权、专利权、著作权中的财产权等知识产权作为出质物，确保债权的实现，而与债权人订立的质押合同。

知识产权质押合同纠纷，是指债务人或第三人以其有权处分的、可以转让的注册商标专用权、专利权、著作权中的财产权等知识产权，作为出质物而与债权人订立的质押合同所引发的纠纷。

【典型形态】

在实践中，知识产权质押合同纠纷主要有：

（1）商标专用权质押合同纠纷，是指商标注册人以出质人身份将自己所拥有并依法可以转让的商标专用权作为债权的担保用权而与债权人订立的质押合同所引发的纠纷。

（2）专利权质押合同纠纷，是指专利权所有人以出质人身份将自己所拥有并依法可以转让的商标专用权作为债权的担保用权而与债权人订立的质押合同所引发的纠纷。

（3）著作权质押合同纠纷，是指债务人或者第三人依法将其著作权中的财产权出质，将该财产权作为债权的担保用权而与债权人订立的质押合同所引发的纠纷。

【常用法律条文及索引】

《物权法》（2007 年 10 月 1 日起施行）

第二百二十三条　债务人或者第三人有权处分的下列权利可以出质：

（一）汇票、支票、本票；

（二）债券、存款单；

（三）仓单、提单；

（四）可以转让的基金份额、股权；

（五）可以转让的注册商标专用权、专利权、著作权等知识产权中的财产权；

（六）应收账款；

（七）法律、行政法规规定可以出质的其他财产权利。

第二百二十四条　以汇票、支票、本票、债券、存款单、仓单、提单出质的，当事人应当订立书面合同。质权自权利凭证交付质权人时设立；没有权利凭证的，质权自有关部门办理出质登记时设立。

第二百二十五条　汇票、支票、本票、债券、存款单、仓单、提单的兑现日期或者提货日期先于主债权到期的，质权人可以兑现或者提货，并与出质人协议将兑现的价款或者提取的货物提前清偿债务或者提存。

第二百二十六条　以基金份额、股权出质的，当事人应当订立书面合同。以基金份额、证券登记结算机构登记的股权出质的，质权自证券登记结算机构办理出质登记时设立；以其他股权出质的，质权自工商行政管理部门办理出质登记时设立。

基金份额、股权出质后，不得转让，但经出质人与质权人协商同意的除外。出质人转让基金份额、股权所得的价款，应当向质权人提前清偿债务或者提存。

第二百二十七条　以注册商标专用权、专利权、著作权等知识产权中的财产权出质的，当事人应当订立书面合同。质权自有关主管部门办理出质登记时设立。

知识产权中的财产权出质后，出质人不得转让或者许可他人使用，但经出质人与质权人协商同意的除外。出质人转让或者许可他人使用出质的知识产权中的财产权所得的价款，应当向质权人提前清偿债务或者提存。

《最高人民法院关于适用〈中华人民共和国担保法〉若干问题的解释》（法释〔2000〕44号　2000年12月13日起施行）

第一百零五条　以依法可以转让的商标专用权，专利权、著作权中的财产权出质的，出质人未经质权人同意而转让或者许可他人使用已出质权利的，应当认定为无效。因此给质权人或者第三人造成损失的，由出质人承担民事责任。

第一百零六条　质权人向出质人、出质债权的债务人行使质权时，出质人、出质债权的债务人拒绝的，质权人可以起诉出质人和出质债权的债务人，也可以单独起诉出质债权的债务人。

【适用本案由需要注意的问题】

◆知识产权质押合同纠纷本质上属于合同纠纷，因合同纠纷提起的诉讼，由被告住所地或者合同履行地人民法院管辖。合同的双方当事人可以在书面合同中协议选择被告住所地、合同履行地、合同签订地、原告住所地、标的物所在地人民法院管辖，但不得违反《民事诉讼法》及有关司法解释关于级别管辖和专属管辖的规定。

◆在适用本案由时，要注意其与质押合同纠纷的区别。知识产权质押合同属于权利质押合同，是质押合同的一种，所以，理论上来说，不属于知识产权的质押合同，都可算作质押合同纠纷。

◆实践中应当注意的是，《物权法》第227条对以知识产权中的财产权出质的权利质权设立问题和出质人处分知识产权问题进行了限制，即以注册商标专用权、专利权、著作权等知识产权中的财产权出质的，当事人应当订立书面合同。质权自有关主管部门办理出质登记时设立。还有，知识产权中的财产权出质后，出质人不得转让或者许可他人使用，但经出质人与质权人协商同意的除外。出质人转让或者许可他人使用出质的知识产权中的财产权所得价款，应当向质权人提前清偿债务或者提存。

十四、知识产权权属、侵权纠纷

142. 著作权权属、侵权纠纷

（1）著作权权属纠纷
（2）侵害作品发表权纠纷
（3）侵害作品署名权纠纷
（4）侵害作品修改权纠纷
（5）侵害保护作品完整权纠纷
（6）侵害作品复制权纠纷
（7）侵害作品发行权纠纷
（8）侵害作品出租权纠纷

(9) 侵害作品展览权纠纷
(10) 侵害作品表演权纠纷
(11) 侵害作品放映权纠纷
(12) 侵害作品广播权纠纷
(13) 侵害作品信息网络传播权纠纷
(14) 侵害作品摄制权纠纷
(15) 侵害作品改编权纠纷
(16) 侵害作品翻译权纠纷
(17) 侵害作品汇编权纠纷
(18) 侵害其他著作财产权纠纷
(19) 出版者权权属纠纷
(20) 表演者权权属纠纷
(21) 录音录像制作者权权属纠纷
(22) 广播组织权权属纠纷
(23) 侵害出版者权纠纷
(24) 侵害表演者权纠纷
(25) 侵害录音录像制作者权纠纷
(26) 侵害广播组织权纠纷
(27) 计算机软件著作权权属纠纷
(28) 侵害计算机软件著作权纠纷

【案由解析】

著作权是指作者及其他著作权人对文学、艺术、科学作品所享有的专有的人身权利和财产权利的总称。著作人身权是指作者通过创作表现个人风格的作品而依法享有获得名誉、声望和维护作品完整性的权利，即《著作权法》规定的著作权人的发表权、署名权、修改权、保护作品完整权，这类权利与作者的人身有紧密的关系，一般情况下只能由作者本人享有和行使。著作财产权是指作者及传播者通过某种形式使用作品，从而依法获得经济报酬的权利，即著作权法规定的著作权人的复制权、发行权、出租权、展览权、表演权、放映权、广播权、信息网络传播权、摄制权、改编权、翻译权、汇编权和应当由著作权人享有的其他权利。

狭义的著作权指的是文学艺术和科学作品的作者依法享有的权利，包括人身权和财产权两个方面的内容，它基于作品的创作而产生；广义的著作权除了狭义的著作权之外，还包括传播者的权利，学理上称为著作邻接权，具体为表演者、录制者和广播组织依法享有的权利，它基于传播活动而产生，即《著作权法》第4章所规定的出版者权、表演者权、录音录像制作者权、广播组织权。《著作权法》将著作权及邻接权都纳入其调整的范围。

著作权权属、侵权纠纷，是指当事人之间因著作权和邻接权权属、侵犯著作权和邻接权而发生的纠纷。

著作权权属、侵权纠纷的特点是：（1）侵权对象的特殊性。与传统的民事权利（财产权、人身权）以及知识产权中的专利权、商标权相比，著作权具有权利的多重性及可分性的特点，即著作权包含了著作财产权和著作人身权，其中，著作财产权又包含了复制、表演等十多项权利。上述权利既可独立行使，也可结合行使。（2）侵权行为主体的多样性。在一定民事侵权行为中，由一人单独实施的单独侵权行为，是最常见、最普通的侵权行为。除此以外，还有一种由二人或二人以上由于共同过错造成他人损害的共同侵权行为。在著作权侵权行为中，除了上述两种形式以外，还存在着第三种形态，即由数个行为人分别对同一权利人进行的侵害。

【典型形态】

在实践中，著作权权属、侵权纠纷主要有：

（1）著作权权属纠纷，是指当事人之间因作品著作权的权利属于谁而出现的纠纷，一般有个人与单位之间、单位与单位之间、个人与个人之间三种形式。著作权权属是著作权人行使权力的前提。

（2）侵害作品发表权纠纷，是指侵害著作权人决定作品是否公之于众的权利而引起的纠纷。

（3）侵害作品署名权纠纷，是指侵害著作权人在作品上署名，表明作者身份的权利而引发的纠纷。

（4）侵害作品修改权纠纷，是指侵害著作权人修改或者授权他人修改作品的权利而引发的纠纷。

（5）侵害保护作品完整权纠纷，是指侵害著作权人保护作品不受歪曲、篡改的权利而引发的纠纷。

（6）侵害作品复制权纠纷，是指侵害著作权人以印刷、复印、拓印、录音、翻录、翻拍等方式将作品制作一份或者多份的权利所引发的纠纷。

（7）侵害作品发行权纠纷，是指侵害著作权人以出售或者赠与方式向公众提供作品的原件或者复制件的权利所引发的纠纷。

（8）侵害作品出租权纠纷，是指侵害著作权人有偿许可他人临时使用电影作品和以类似摄制电影的方法创作的作品、计算机软件（计算机软件不是出租的主要标的的除外）的权利所引发的纠纷。

（9）侵害作品展览权纠纷，是指侵害著作权人公开陈列美术作品、摄影作品的原件或者复制件的权利所引发的纠纷。

（10）侵害作品表演权纠纷，是指侵害著作权人公开表演作品、以及用各种手段公开播送作品的表演的权利所引发的纠纷。

（11）侵害作品放映权纠纷，是指侵害著作权人通过放映机、幻灯机等技术设备公开再现美术、摄影、电影和以类似摄制电影的方法创作的作品等的权利所引发的纠纷。

（12）侵害作品广播权纠纷，是指侵害著作权人以无线方式公开广播或者传播作品，以有线传播或者转播的方式向公众传播广播的作品，以及通过扩音器或者其他传送符号、声音、图像的类似工具向公众传播广播的作品的权利所引发的纠纷。

（13）侵害作品信息网络传播权纠纷，是指侵害著作权人以有线或无线方式向公众提供作品，使公众可以在其个人选定的时间和地点获得作品的权利。

（14）侵害作品摄制权纠纷，是指侵害著作权人以摄制电影或者以类似摄制电影的方法将作品固定在载体上的权利所引发的纠纷。

（15）侵害作品改编权纠纷，是指侵害著作权人改编作品，创作出具有独创性的新作品的权利所引发的纠纷。

（16）侵害作品翻译权纠纷，是指侵害著作权人将作品从一种语言转换成另一种语言文字的权利所引发的纠纷。

（17）侵害作品汇编权纠纷，是指侵害著作权人将作品或者作品的片段通过选择或者编排，汇集成新作品的权利所引发的纠纷。

（18）侵害其他著作财产权纠纷，是指侵害应当由著作权人享有的其他权利所引发的纠纷。其他著作财产权是一种兜底性的权利。根据国际公认的著作权理论，利用作品的方式和因此获得的经济利益，即使法律未作明确列举规定，只要法律未作明确排除，仍然属于著作权人针对其作品所享有的权利。

(19) 出版者权权属纠纷，是指双方当事人就图书出版者对著作权人交付出版的作品，按照合同约定享有的专有出版权以及许可或禁止他人使用其出版的图书、期刊的版式设计的权利的归属所产生的纠纷。

(20) 表演者权权属纠纷，是指双方当事人就表演者对其表演所享有的表演者权的归属所引发的纠纷。表演者权作为一项邻接权，其内容包括：表明表演者身份；保护表演形象不受歪曲；许可他人从现场直播和公开传送其现场表演，并获得报酬；许可他人录音录像，并获得报酬；许可他人复制、发行录有表演者表演的录音录像制品，并获得报酬；许可他人通过网络向公众传播其表演，并获得报酬。

(21) 录音录像制作者权权属纠纷，是指双方当事人就录音录像制作者对其制作的录音录像制品，享有许可他人复制、发行、出租、通过信息网络向公众传播并获得报酬的权利的归属所引发的纠纷。录音录像制作者权是一项邻接权，根据《著作权法实施条例》第5条的规定，录音制品是指任何对表演的声音和其他声音的录制品；录像制品是指电影作品和以类似摄制电影的方法创作的作品以外的任何有伴音或者无伴音的连续相关形象、图像的录制品；录音制作者是指录音制品的首次制作人；录像制作者是指录像制品的首次制作人。

(22) 广播组织权权属纠纷，是指双方当事人就广播组织对其自己编排，播放的节目享有的权利的归属所引发的纠纷。广播组织权是一项邻接权，是指广播电台、电视台有权禁止未经其许可的下列行为：将其播放的广播、电视转播；将其播放的广播、电视录制在音像载体上以及复制音像载体。

(23) 侵害出版者权纠纷，是指因侵犯出版社或者杂志对其出版作品的专有出版权和对其出版的图书、期刊的版式设计享有的许可或禁止他人使用的权利而发生的纠纷。

(24) 侵害表演者权纠纷，是指因侵害表演者对其表演所享有的表演者权而发生的纠纷。表演者权作为一项邻接权，其内容包括：表明表演者身份；保护表演形象不受歪曲；许可他人从现场直播和公开传送其现场表演，并获得报酬；许可他人录音录像，并获得报酬；许可他人复制，发行录有表演者表演的录音录像制品，并获得报酬；许可他人通过网络向公众传播其表演，并获得报酬。

(25) 侵害录音录像制作者权纠纷，是指因侵害录音录像制作者对其制作的录音录像制品所享有的许可他人复制、发行、出租、通过信息网络向公众传播并获得报酬的权利而发生的纠纷。

（26）侵害广播组织权纠纷，是指因侵害广播电台、电视台对其播放的广播、电视所享有的禁止未经许可将其播放的广播、电视转播或者将其播放的广播、电视录制在音像载体上以及复制音像载体的权利而发生的纠纷。

（27）计算机软件著作权权属纠纷，是指双方当事人因计算机软件著作权的归属而发生的纠纷。

（28）侵害计算机软件著作权纠纷，是指因侵害软件著作权人享有的发表权、署名权、修改权、复制权、发行权、出租权、信息网络传播权、翻译权以及应由软件著作权人享有的其他权利而发生的纠纷。

【常用法律条文及索引】

《著作权法》（1991 年 6 月 1 日起施行　2010 年 2 月 26 日修正）

第九条　著作权人包括：

（一）作者；

（二）其他依照本法享有著作权的公民、法人或者其他组织。

第十条　著作权包括下列人身权和财产权：

（一）发表权，即决定作品是否公之于众的权利；

（二）署名权，即表明作者身份，在作品上署名的权利；

（三）修改权，即修改或者授权他人修改作品的权利；

（四）保护作品完整权，即保护作品不受歪曲、篡改的权利；

（五）复制权，即以印刷、复印、拓印、录音、录像、翻录、翻拍等方式将作品制作一份或者多份的权利；

（六）发行权，即以出售或者赠与方式向公众提供作品的原件或者复制件的权利；

（七）出租权，即有偿许可他人临时使用电影作品和以类似摄制电影的方法创作的作品、计算机软件的权利，计算机软件不是出租的主要标的的除外；

（八）展览权，即公开陈列美术作品、摄影作品的原件或者复制件的权利；

（九）表演权，即公开表演作品，以及用各种手段公开播送作品的表演的权利；

（十）放映权，即通过放映机、幻灯机等技术设备公开再现美术、摄影、电影和以类似摄制电影的方法创作的作品等的权利；

（十一）广播权，即以无线方式公开广播或者传播作品，以有线传播或者转播的方式向公众传播广播的作品，以及通过扩音器或者其他传送符号、声音、图像的类似工具向公众传播广播的作品的权利；

（十二）信息网络传播权，即以有线或者无线方式向公众提供作品，使公众可以在其个人选定的时间和地点获得作品的权利；

（十三）摄制权，即以摄制电影或者以类似摄制电影的方法将作品固定在载体上的权利；

（十四）改编权，即改变作品，创作出具有独创性的新作品的权利；

（十五）翻译权，即将作品从一种语言文字转换成另一种语言文字的权利；

（十六）汇编权，即将作品或者作品的片段通过选择或者编排，汇集成新作品的权利；

（十七）应当由著作权人享有的其他权利。

著作权人可以许可他人行使前款第（五）项至第（十七）项规定的权利，并依照约定或者本法有关规定获得报酬。

著作权人可以全部或者部分转让本条第一款第（五）项至第（十七）项规定的权利，并依照约定或者本法有关规定获得报酬。

第十一条 著作权属于作者，本法另有规定的除外。

创作作品的公民是作者。

由法人或者其他组织主持，代表法人或者其他组织意志创作，并由法人或者其他组织承担责任的作品，法人或者其他组织视为作者。

如无相反证明，在作品上署名的公民、法人或者其他组织为作者。

第十二条 改编、翻译、注释、整理已有作品而产生的作品，其著作权由改编、翻译、注释、整理人享有，但行使著作权时不得侵犯原作品的著作权。

第十三条 两人以上合作创作的作品，著作权由合作作者共同享有。没有参加创作的人，不能成为合作作者。

合作作品可以分割使用的，作者对各自创作的部分可以单独享有著作权，但行使著作权时不得侵犯合作作品整体的著作权。

第十四条 汇编若干作品、作品的片段或者不构成作品的数据或者其他材料，对其内容的选择或者编排体现独创性的作品，为汇编作品，其著作权由汇编人享有，但行使著作权时，不得侵犯原作品的著作权。

第十五条　电影作品和以类似摄制电影的方法创作的作品的著作权由制片者享有，但编剧、导演、摄影、作词、作曲等作者享有署名权，并有权按照与制片者签订的合同获得报酬。

电影作品和以类似摄制电影的方法创作的作品中的剧本、音乐等可以单独使用的作品的作者有权单独行使其著作权。

第十六条　公民为完成法人或者其他组织工作任务所创作的作品是职务作品，除本条第二款的规定以外，著作权由作者享有，但法人或者其他组织有权在其业务范围内优先使用。作品完成两年内，未经单位同意，作者不得许可第三人以与单位使用的相同方式使用该作品。

有下列情形之一的职务作品，作者享有署名权，著作权的其他权利由法人或者其他组织享有，法人或者其他组织可以给予作者奖励：

（一）主要是利用法人或者其他组织的物质技术条件创作，并由法人或者其他组织承担责任的工程设计图、产品设计图、地图、计算机软件等职务作品；

（二）法律、行政法规规定或者合同约定著作权由法人或者其他组织享有的职务作品。

第十七条　受委托创作的作品，著作权的归属由委托人和受托人通过合同约定。合同未作明确约定或者没有订立合同的，著作权属于受托人。

第十八条　美术等作品原件所有权的转移，不视为作品著作权的转移，但美术作品原件的展览权由原件所有人享有。

第十九条　著作权属于公民的，公民死亡后，其本法第十条第一款第（五）项至第（十七）项规定的权利在本法规定的保护期内，依照继承法的规定转移。

著作权属于法人或者其他组织的，法人或者其他组织变更、终止后，其本法第十条第一款第（五）项至第（十七）项规定的权利在本法规定的保护期内，由承受其权利义务的法人或者其他组织享有；没有承受其权利义务的法人或者其他组织的，由国家享有。

第三十条　图书出版者出版图书应当和著作权人订立出版合同，并支付报酬。

第三十一条　图书出版者对著作权人交付出版的作品，按照合同约定享有的专有出版权受法律保护，他人不得出版该作品。

第三十二条 著作权人应当按照合同约定期限交付作品。图书出版者应当按照合同约定的出版质量、期限出版图书。

图书出版者不按照合同约定期限出版，应当依照本法第五十四条的规定承担民事责任。

图书出版者重印、再版作品的，应当通知著作权人，并支付报酬。图书脱销后，图书出版者拒绝重印、再版的，著作权人有权终止合同。

第三十三条 著作权人向报社、期刊社投稿的，自稿件发出之日起十五日内未收到报社通知决定刊登的，或者自稿件发出之日起三十日内未收到期刊社通知决定刊登的，可以将同一作品向其他报社、期刊社投稿。双方另有约定的除外。

作品刊登后，除著作权人声明不得转载、摘编的外，其他报刊可以转载或者作为文摘、资料刊登，但应当按照规定向著作权人支付报酬。

第三十四条 图书出版者经作者许可，可以对作品修改、删节。

报社、期刊社可以对作品作文字性修改、删节。对内容的修改，应当经作者许可。

第三十五条 出版改编、翻译、注释、整理、汇编已有作品而产生的作品，应当取得改编、翻译、注释、整理、汇编作品的著作权人和原作品的著作权人许可，并支付报酬。

第三十六条 出版者有权许可或者禁止他人使用其出版的图书、期刊的版式设计。

前款规定的权利的保护期为十年，截止于使用该版式设计的图书、期刊首次出版后第十年的12月31日。

第三十七条 使用他人作品演出，表演者（演员、演出单位）应当取得著作权人许可，并支付报酬。演出组织者组织演出，由该组织者取得著作权人许可，并支付报酬。

使用改编、翻译、注释、整理已有作品而产生的作品进行演出，应当取得改编、翻译、注释、整理作品的著作权人和原作品的著作权人许可，并支付报酬。

第三十八条 表演者对其表演享有下列权利：

（一）表明表演者身份；

（二）保护表演形象不受歪曲；

（三）许可他人从现场直播和公开传送其现场表演，并获得报酬；

（四）许可他人录音录像，并获得报酬；

（五）许可他人复制、发行录有其表演的录音录像制品，并获得报酬；

（六）许可他人通过信息网络向公众传播其表演，并获得报酬。

被许可人以前款第（三）项至第（六）项规定的方式使用作品，还应当取得著作权人许可，并支付报酬。

第三十九条　本法第三十八条第一款第（一）项、第（二）项规定的权利的保护期不受限制。

本法第三十七条第一款第（三）项至第（六）项规定的权利的保护期为五十年，截止于该表演发生后第五十年的 12 月 31 日。

第四十条　录音录像制作者使用他人作品制作录音录像制品，应当取得著作权人许可，并支付报酬。

录音录像制作者使用改编、翻译、注释、整理已有作品而产生的作品，应当取得改编、翻译、注释、整理作品的著作权人和原作品著作权人许可，并支付报酬。

录音制作者使用他人已经合法录制为录音制品的音乐作品制作录音制品，可以不经著作权人许可，但应当按照规定支付报酬；著作权人声明不许使用的不得使用。

第四十一条　录音录像制作者制作录音录像制品，应当同表演者订立合同，并支付报酬。

第四十二条　录音录像制作者对其制作的录音录像制品，享有许可他人复制、发行、出租、通过信息网络向公众传播并获得报酬的权利；权利的保护期为五十年，截止于该制品首次制作完成后第五十年的 12 月 31 日。

被许可人复制、发行、通过信息网络向公众传播录音录像制品，还应当取得著作权人、表演者许可，并支付报酬。

第四十三条　广播电台、电视台播放他人未发表的作品，应当取得著作权人许可，并支付报酬。

广播电台、电视台播放他人已发表的作品，可以不经著作权人许可，但应当支付报酬。

第四十四条　广播电台、电视台播放已经出版的录音制品，可以不经著作权人许可，但应当支付报酬。当事人另有约定的除外。具体办法由国务院规定。

第四十五条 广播电台、电视台有权禁止未经其许可的下列行为：

（一）将其播放的广播、电视转播；

（二）将其播放的广播、电视录制在音像载体上以及复制音像载体。

前款规定的权利的保护期为五十年，截止于该广播、电视首次播放后第五十年的12月31日。

第四十六条 电视台播放他人的电影作品和以类似摄制电影的方法创作的作品、录像制品，应当取得制片者或者录像制作者许可，并支付报酬；播放他人的录像制品，还应当取得著作权人许可，并支付报酬。

第四十八条 有下列侵权行为的，应当根据情况，承担停止侵害、消除影响、赔礼道歉、赔偿损失等民事责任；同时损害公共利益的，可以由著作权行政管理部门责令停止侵权行为，没收违法所得，没收、销毁侵权复制品，并可处以罚款；情节严重的，著作权行政管理部门还可以没收主要用于制作侵权复制品的材料、工具、设备等；构成犯罪的，依法追究刑事责任：

（一）未经著作权人许可，复制、发行、表演、放映、广播、汇编、通过信息网络向公众传播其作品的，本法另有规定的除外；

（二）出版他人享有专有出版权的图书的；

（三）未经表演者许可，复制、发行录有其表演的录音录像制品，或者通过信息网络向公众传播其表演的，本法另有规定的除外；

（四）未经录音录像制作者许可，复制、发行、通过信息网络向公众传播其制作的录音录像制品的，本法另有规定的除外；

（五）未经许可，播放或者复制广播、电视的，本法另有规定的除外；

（六）未经著作权人或者与著作权有关的权利人许可，故意避开或者破坏权利人为其作品、录音录像制品等采取的保护著作权或者与著作权有关的权利的技术措施的，法律、行政法规另有规定的除外；

（七）未经著作权人或者与著作权有关的权利人许可，故意删除或者改变作品、录音录像制品等的权利管理电子信息的，法律、行政法规另有规定的除外；

（八）制作、出售假冒他人署名的作品的。

第四十九条 侵犯著作权或者与著作权有关的权利的，侵权人应当按照权利人的实际损失给予赔偿；实际损失难以计算的，可以按照侵权人的违法所得给予赔偿。赔偿数额还应当包括权利人为制止侵权行为所支付的合理开支。

权利人的实际损失或者侵权人的违法所得不能确定的，由人民法院根据侵权行为的情节，判决给予五十万元以下的赔偿。

第五十条 著作权人或者与著作权有关的权利人有证据证明他人正在实施或者即将实施侵犯其权利的行为，如不及时制止将会使其合法权益受到难以弥补的损害的，可以在起诉前向人民法院申请采取责令停止有关行为和财产保全的措施。

人民法院处理前款申请，适用《中华人民共和国民事诉讼法》第九十三条至第九十六条和第九十九条的规定。

第五十一条 为制止侵权行为，在证据可能灭失或者以后难以取得的情况下，著作权人或者与著作权有关的权利人可以在起诉前向人民法院申请保全证据。

人民法院接受申请后，必须在四十八小时内作出裁定；裁定采取保全措施的，应当立即开始执行。

人民法院可以责令申请人提供担保，申请人不提供担保的，驳回申请。

申请人在人民法院采取保全措施后十五日内不起诉的，人民法院应当解除保全措施。

第五十二条 人民法院审理案件，对于侵犯著作权或者与著作权有关的权利的，可以没收违法所得、侵权复制品以及进行违法活动的财物。

第五十三条 复制品的出版者、制作者不能证明其出版、制作有合法授权的，复制品的发行者或者电影作品或者以类似摄制电影的方法创作的作品、计算机软件、录音录像制品的复制品的出租者不能证明其发行、出租的复制品有合法来源的，应当承担法律责任。

第五十四条 当事人不履行合同义务或者履行合同义务不符合约定条件的，应当依照《中华人民共和国民法通则》、《中华人民共和国合同法》等有关法律规定承担民事责任。

第五十五条 著作权纠纷可以调解，也可以根据当事人达成的书面仲裁协议或者著作权合同中的仲裁条款，向仲裁机构申请仲裁。

……

《著作权法实施条例》（2002 年 9 月 15 日起施行 2013 年 1 月 30 日修正）

第九条 合作作品不可以分割使用的，其著作权由各合作作者共同享有，通过协商一致行使；不能协商一致，又无正当理由的，任何一方不得阻止他方行使除转让以外的其他权利，但是所得收益应当合理分配给所有合作作者。

第十条 著作权人许可他人将其作品摄制成电影作品和以类似摄制电影的方法创作的作品的，视为已同意对其作品进行必要的改动，但是这种改动不得歪曲篡改原作品。

第十一条 著作权法第十六条第一款关于职务作品的规定中的“工作任务”，是指公民在该法人或者该组织中应当履行的职责。

著作权法第十六条第二款关于职务作品的规定中的“物质技术条件”，是指该法人或者该组织为公民完成创作专门提供的资金、设备或者资料。

第十二条 职务作品完成两年内，经单位同意，作者许可第三人以与单位使用的相同方式使用作品所获报酬，由作者与单位按约定的比例分配。

作品完成两年的期限，自作者向单位交付作品之日起计算。

第十三条 作者身份不明的作品，由作品原件的所有人行使除署名权以外的著作权。作者身份确定后，由作者或者其继承人行使著作权。

第十四条 合作作者之一死亡后，其对合作作品享有的著作权法第十条第一款第五项至第十七项规定的权利无人继承又无人受遗赠的，由其他合作作者享有。

第十五条 作者死亡后，其著作权中的署名权、修改权和保护作品完整权由作者的继承人或者受遗赠人保护。

著作权无人继承又无人受遗赠的，其署名权、修改权和保护作品完整权由著作权行政管理部门保护。

第十六条 国家享有著作权的作品的使用，由国务院著作权行政管理部门管理。

第十七条 作者生前未发表的作品，如果作者未明确表示不发表，作者死亡后50年内，其发表权可由继承人或者受遗赠人行使；没有继承人又无人受遗赠的，由作品原件的所有人行使。

第十八条 作者身份不明的作品，其著作权法第十条第一款第五项至第十七项规定的权利的保护期截止于作品首次发表后第50年的12月31日。作者身份确定后，适用著作权法第二十一条的规定。

第十九条 使用他人作品的，应当指明作者姓名、作品名称；但是，当事人另有约定或者由于作品使用方式的特性无法指明的除外。

第二十条 著作权法所称已经发表的作品，是指著作权人自行或者许可他人公之于众的作品。

第二十一条　依照著作权法有关规定，使用可以不经著作权人许可的已经发表的作品的，不得影响该作品的正常使用，也不得不合理地损害著作权人的合法利益。

第二十二条　依照著作权法第二十三条、第三十三条第二款、第四十条第三款的规定使用作品的付酬标准，由国务院著作权行政管理部门会同国务院价格主管部门制定、公布。

第二十三条　使用他人作品应当同著作权人订立许可使用合同，许可使用的权利是专有使用权的，应当采取书面形式，但是报社、期刊社刊登作品除外。

第二十四条　著作权法第二十四条规定的专有使用权的内容由合同约定，合同没有约定或者约定不明的，视为被许可人有权排除包括著作权人在内的任何人以同样的方式使用作品；除合同另有约定外，被许可人许可第三人行使同一权利，必须取得著作权人的许可。

《最高人民法院关于审理著作权民事纠纷案件适用法律若干问题的解释》
（法释〔2002〕31 号　2002 年 10 月 15 日起施行）

第十一条　因作品署名顺序发生的纠纷，人民法院按照下列原则处理：有约定的按约定确定署名顺序；没有约定的，可以按照创作作品付出的劳动、作品排列、作者姓氏笔划等确定署名顺序。

第十二条　按照著作权法第十七条规定委托作品著作权属于受托人的情形，委托人在约定的使用范围内享有使用作品的权利；双方没有约定使用作品范围的，委托人可以在委托创作的特定目的范围内免费使用该作品。

第十三条　除著作权法第十一条第三款规定的情形外，由他人执笔，本人审阅定稿并以本人名义发表的报告、讲话等作品，著作权归报告人或者讲话人享有。著作权人可以支付执笔人适当的报酬。

第十四条　当事人合意以特定人物经历为题材完成的自传体作品，当事人对著作权权属有约定的，依其约定；没有约定的，著作权归该特定人物享有，执笔人或整理人对作品完成付出劳动的，著作权人可以向其支付适当的报酬。

第十五条　由不同作者就同一题材创作的作品，作品的表达系独立完成并且有创作性的，应当认定作者各自享有独立著作权。

第十六条　通过大众传播媒介传播的单纯事实消息属于著作权法第五条

第（二）项规定的时事新闻。传播报道他人采编的时事新闻，应当注明出处。

第十七条 著作权法第三十二条第二款规定的转载，是指报纸、期刊登载其他报刊已发表作品的行为。转载未注明被转载作品的作者和最初登载的报刊出处的，应当承担消除影响、赔礼道歉等民事责任。

第十八条 著作权法第二十二条第（十）项规定的室外公共场所的艺术作品，是指设置或者陈列在室外社会公众活动处所的雕塑、绘画、书法等艺术作品。

对前款规定艺术作品的临摹、绘画、摄影、录像人，可以对其成果以合理的方式和范围再行使用，不构成侵权。

第十九条 出版者、制作者应当对其出版、制作有合法授权承担举证责任，发行者、出租者应当对其发行或者出租的复制品有合法来源承担举证责任。举证不能的，依据著作权法第四十六条、第四十七条的相应规定承担法律责任。

第二十条 出版物侵犯他人著作权的，出版者应当根据其过错、侵权程度及损害后果等承担民事赔偿责任。

出版者对其出版行为的授权、稿件来源和署名、所编辑出版物的内容等未尽到合理注意义务的，依据著作权法第四十八条的规定，承担赔偿责任。

出版者尽了合理注意义务，著作权人也无证据证明出版者应当知道其出版涉及侵权的，依据民法通则第一百一十七条第一款的规定，出版者承担停止侵权、返还其侵权所得利润的民事责任。

出版者所尽合理注意义务情况，由出版者承担举证责任。

第二十一条 计算机软件用户未经许可或者超过许可范围商业使用计算机软件的，依据著作权法第四十七条第（一）项、《计算机软件保护条例》第二十四条第（一）项的规定承担民事责任。

【适用本案由需要注意的问题】

◆对于一般民事侵权纠纷案件的地域管辖，根据《民事诉讼法》第28条的规定，因侵权行为提起的诉讼，由侵权行为地或者被告住所地人民法院管辖；上述侵权行为地，根据《最高人民法院关于适用〈中华人民共和国民事诉讼法〉的解释》第24条的规定，包括侵权行为实施地和侵权结果发生地。

根据《最高人民法院关于审理著作权民事纠纷案件适用法律若干问题的解释》第2条和参照相关其他知识产权司法解释的规定，第一审著作权民事纠纷案件原则上由中级以上人民法院管辖，各高级人民法院根据本辖区的实际情况：经最高人民法院批准，可以指定若干基层人民法院管辖。

对于侵害著作权纠纷案件的地域管辖，《最高人民法院关于审理著作权民事纠纷案件适用法律若干问题的解释》对此作出了进一步的明确规定。根据该解释第4条的规定，因侵犯著作权行为提起的民事诉讼，由《著作权法》第46、47条所规定侵权行为的实施地、侵权复制品储藏地或者查封扣押地、被告住所地人民法院管辖。侵权复制品储藏地是指大量经营、储存、隐匿侵权复制品所在地；查封扣押地是指海关、版权、工商等行政机关依法查封、扣押侵权复制品所在地。根据该解释第5条的规定，对涉及不同侵权行为实施地的多个被告提起的共同诉讼，原告可以选择其中一个被告的侵权行为实施地人民法院管辖；仅对其中某一被告提起的诉讼，该被告侵权行为实施地的人民法院有管辖权。

143. 商标权权属、侵权纠纷

（1）商标权权属纠纷

（2）侵害商标权纠纷

【案由解析】

商标权是商标专用权的简称，是指商标主管机关依法授予商标所有人对其注册商标受国家法律保护的专有权。商标注册人依法支配其注册商标并禁止他人侵害的权利，包括商标注册人对其注册商标的排他使用权、收益权、处分权、续展权和禁止他人侵害的权利。商标权是一种无形资产，具有经济价值，可以用于抵债，即依法转让。根据我国《商标法》的规定，商标可以转让，转让注册商标时转让人和受让人应当签订转让协议，并共同向商标局提出申请。

商标权权属、侵权纠纷，是指双方当事人因商标专用权的归属、侵犯商标专用权而发生的纠纷。

商标权的特点主要有以下几点：（1）专有性，商标权的专有性又称为独占性或垄断性，是指注册商标所有人对其注册商标享有专有使用权，其他任何单位及个人非经注册商标所有人的许可，不得使用该注册商标。(2) 时间性，商标权的时间性也称法定时间性，是指商标权为一种有期限的权利，在有效期限内才受法律保护，超过有效期限，商标权即终止，不再受法律保护。(3) 地域性，商标权具有严格的地域性，这是由商标权的国内法性质所决定的。

【典型形态】

在实践中，商标权权属、侵权纠纷主要有：

(1) 商标权权属纠纷，是指当事人之间因商标权的归属而产生的纠纷。

(2) 侵害商标权纠纷，是指当事人之间因侵害了商标的专用权而引发的纠纷。侵害商标权的方式主要有：未经注册商标所有人的许可，在同种商品或者类似商品上使用与其注册商标相近或者近似的商标的；销售明知是假冒注册商标的商品的；伪造、擅自制造他人注册商标标识或者销售伪造、擅自制造的注册商标标识的；故意为侵犯注册商标专用权的行为提供便利条件的；给他人注册商标专用权造成其他损害的。

【常用法律条文及索引】

《商标法》(1983 年 3 月 1 日起施行　2013 年 8 月 30 日修正)

第五十六条　注册商标的专用权，以核准注册的商标和核定使用的商品为限。

第五十七条　有下列行为之一的，均属侵犯注册商标专用权：

(一) 未经商标注册人的许可，在同一种商品上使用与其注册商标相同的商标的；

(二) 未经商标注册人的许可，在同一种商品上使用与其注册商标近似的商标，或者在类似商品上使用与其注册商标相同或者近似的商标，容易导致混淆的；

(三) 销售侵犯注册商标专用权的商品的；

(四) 伪造、擅自制造他人注册商标标识或者销售伪造、擅自制造的注册商标标识的；

(五) 未经商标注册人同意，更换其注册商标并将该更换商标的商品又投入市场的；

(六) 故意为侵犯他人商标专用权行为提供便利条件，帮助他人实施侵犯商标专用权行为的；

（七）给他人的注册商标专用权造成其他损害的。

第五十八条　将他人注册商标、未注册的驰名商标作为企业名称中的字号使用，误导公众，构成不正当竞争行为的，依照《中华人民共和国反不正当竞争法》处理。

第五十九条　注册商标中含有的本商品的通用名称、图形、型号，或者直接表示商品的质量、主要原料、功能、用途、重量、数量及其他特点，或者含有的地名，注册商标专用权人无权禁止他人正当使用。

三维标志注册商标中含有的商品自身的性质产生的形状、为获得技术效果而需有的商品形状或者使商品具有实质性价值的形状，注册商标专用权人无权禁止他人正当使用。

商标注册人申请商标注册前，他人已经在同一种商品或者类似商品上先于商标注册人使用与注册商标相同或者近似并有一定影响的商标的，注册商标专用权人无权禁止该使用人在原使用范围内继续使用该商标，但可以要求其附加适当区别标识。

第六十条　有本法第五十七条所列侵犯注册商标专用权行为之一，引起纠纷的，由当事人协商解决；不愿协商或者协商不成的，商标注册人或者利害关系人可以向人民法院起诉，也可以请求工商行政管理部门处理。

工商行政管理部门处理时，认定侵权行为成立的，责令立即停止侵权行为，没收、销毁侵权商品和主要用于制造侵权商品、伪造注册商标标识的工具，违法经营额五万元以上的，可以处违法经营额五倍以下的罚款，没有违法经营额或者违法经营额不足五万元的，可以处二十五万元以下的罚款。对五年内实施两次以上商标侵权行为或者有其他严重情节的，应当从重处罚。销售不知道是侵犯注册商标专用权的商品，能证明该商品是自己合法取得并说明提供者的，由工商行政管理部门责令停止销售。

对侵犯商标专用权的赔偿数额的争议，当事人可以请求进行处理的工商行政管理部门调解，也可以依照《中华人民共和国民事诉讼法》向人民法院起诉。经工商行政管理部门调解，当事人未达成协议或者调解书生效后不履行的，当事人可以依照《中华人民共和国民事诉讼法》向人民法院起诉。

第六十一条　对侵犯注册商标专用权的行为，工商行政管理部门有权依法查处；涉嫌犯罪的，应当及时移送司法机关依法处理。

第六十七条　未经商标注册人许可，在同一种商品上使用与其注册商标相同的商标，构成犯罪的，除赔偿被侵权人的损失外，依法追究刑事责任。

伪造、擅自制造他人注册商标标识或者销售伪造、擅自制造的注册商标标识，构成犯罪的，除赔偿被侵权人的损失外，依法追究刑事责任。

销售明知是假冒注册商标的商品，构成犯罪的，除赔偿被侵权人的损失外，依法追究刑事责任。

《商标法实施条例》（2002 年 9 月 15 日起实施　2014 年 4 月 29 日修订）

第七十五条　为侵犯他人商标专用权提供仓储、运输、邮寄、印制、隐匿、经营场所、网络商品交易平台等，属于商标法第五十七条第六项规定的提供便利条件。

第七十六条　在同一种商品或者类似商品上将与他人注册商标相同或者近似的标志作为商品名称或者商品装潢使用，误导公众的，属于商标法第五十七条第二项规定的侵犯注册商标专用权的行为。

《最高人民法院关于审理商标民事纠纷案件适用法律若干问题的解释》（法释〔2002〕32 号　2002 年 10 月 16 日起施行）

第一条　下列行为属于商标法第五十二条第（五）项规定的给他人注册商标专用权造成其他损害的行为：

（一）将与他人注册商标相同或者相近似的文字作为企业的字号在相同或者类似商品上突出使用，容易使相关公众产生误认的；

（二）复制、摹仿、翻译他人注册的驰名商标或其主要部分在不相同或者不相类似商品上作为商标使用，误导公众，致使该驰名商标注册人的利益可能受到损害的；

（三）将与他人注册商标相同或者相近似的文字注册为域名，并且通过该域名进行相关商品交易的电子商务，容易使相关公众产生误认的。

第二条　依据商标法第十三条第一款的规定，复制、摹仿、翻译他人未在中国注册的驰名商标或其主要部分，在相同或者类似商品上作为商标使用，容易导致混淆的，应当承担停止侵害的民事法律责任。

【适用本案由需要注意的问题】

◆如因合同原因发生商标权权属争议，应当根据《民事诉讼法》及其司法解释有关合同案件的管辖规则来确定案件的地域管辖。对于商标侵权案件而言，根据《最高人民法院关于审理商标民事纠纷案件适用法律若干问题的解释》第 6 条的规定，因侵犯注册商标专用权行为提起的民事诉讼，由侵权行为的实施地、侵权商品的储藏地或者查封扣押地、被告住所地人民法院管辖。侵权商品的储藏地，是指大量或者经常性储存、隐匿侵权商品所在地；查封扣押地，是指海关、工商等行政机关依法查封、扣押侵权商品所在地。该解释第7条规定，对涉及不同侵权行为实施地的多个被告提起的共同诉讼，原告可以选择其中一个被告的侵权行为实施地人民法院管辖；仅对其中某一被告提起的诉讼，该被告侵权行为实施地的人民法院有管辖权。

对于商标民事纠纷案件的级别管辖，根据《最高人民法院关于审理商标案件有关管辖和法律适用范围问题的解释》第2条的规定，商标民事纠纷一审案件，由中级以上人民法院管辖。各高级人民法院根据本辖区的实际情况，经最高人民法院批准，可以在较大城市确定1～2个基层人民法院受理第一审商标民事纠纷案件。

◆对于涉及驰名商标认定的民事纠纷案件的级别管辖，根据《最高人民法院关于涉及驰名商标认定的民事纠纷案件管辖问题的通知》（法释〔2009〕1号）的规定，凡是涉及驰名商标认定的民事纠纷案件，由省、自治区人民政府所在地的市、计划单列市中级人民法院，以及直辖市辖区内的中级人民法院管辖。其他中级人民法院管辖此类民事纠纷案件，需报经最高人民法院批准；未经批准的中级人民法院不再受理此类案件。

北京、上海、广州三地涉及驰名商标认定的民事纠纷案件的管辖，又存在特殊性。根据《最高人民法院关于北京、上海、广州知识产权法院案件管辖的规定》（法释〔2014〕12号）上述三个知识产权法院分别对所在市辖区内的涉及驰名商标认定的第一审民事案件享有管辖权。

◆在适用本案由时，要注意其与侵害企业名称（商号）权纠纷的区别。（参见本书案由“131. 商标合同纠纷”中的相关部分。）

144. 专利权权属、侵权纠纷

（1）专利申请权权属纠纷

（2）专利权权属纠纷

（3）侵害发明专利权纠纷

（4）侵害实用新型专利权纠纷

（5）侵害外观设计专利权纠纷

（6）假冒他人专利纠纷

（7）发明专利临时保护期使用费纠纷

（8）职务发明创造发明人、设计人奖励、报酬纠纷

（9）发明创造发明人、设计人署名权纠纷

【案由解析】

专利权是发明创造人或其权利受让人对特定的发明创造在一定期限内依法享有的独占实施权，是知识产权的一种。依据《专利法》的规定，该法所称发明创造是指发明、实用新型和外观设计三种。发明，是指对产品、方法或者其改进所提出的新的技术方案。发明必须是一种技术方案，是发明人将自然规律在特定技术领域进行运用和结合的结果，而不是自然规律本身，因而科学发现不属于发明范畴。同时，发明通常是自然科学领域的智力成果，文学、艺术和社会科学领域的成果也不能构成专利法意义上的发明。专利一旦被授予，任何单位和个人未经专利权人许可，都不可为生产经营目的实施其专利。

发明创造要取得专利权，必须具备三个条件：即新颖性、创造性和实用性。新颖性，是指该发明或实用新型不属于现有技术；也没有任何单位或者个人就同样的发明或实用新型在申请日以前向专利局提出过申请，并记载在申请日公布以后的专利申请文件或者公告的专利文件中；创造性是指同申请日以前已有的技术相比，该发明有突出的实质性特点和显著的进步，该实用新型有实质性特点和进步。申请专利的发明或实用新型，必须与申请日前已有的技术相比，在技术方案的构成上有实质性的差别，必须是通过创造性思维活动的结果，不能是现有技术通过简单的分析、归纳、推理就能够自然获得的结果。发明的创造性比实用新型的创造性要求更高。创造性的判断以所属领域普通技术人员的知识和判断能力为准；实用性是指该发明或者实用新型能够制造或者使用，并且能够产生积极效果。它有两层含义：第一，该技术能够在产业中制造或者使用。产业包括了工业、农业、林业、水产业、畜牧业、交通运输业以及服务业等行业。产业中的制造和利用是指具有可实施性及再现性。第二，必须能够产生积极的效果，即同现有的技术相比，申请专利的发明或实用新型能够产生更好的经济效益或社会效益，如能提高产品数量、改善产品质量、增加产品功能、节约能源或资源、防治环境污染等。

专利权权属、侵权纠纷，指的是双方当事人因专利权的归属以及侵犯专利权人有关专利权所引起的纠纷。

专利权的特点主要有以下几点：(1) 排他性，也称独占性或专有性。专利权人对其拥有的专利权享有独占或排他的权利，未经其许可或者出现法律规定的特殊情况，任何人不得使用，否则即构成侵权。这是专利权（知识产权）最重要的法律特点之一。(2) 时间性，指法律对专利权所有人的保护不是无期限的，而有限制，超过这一时间限制则不再予以保护，专利权随即成为人类共同财富，任何人都可以利用。(3) 地域性，指任何一项专利权，只有依一定地域内的法律才得以产生并在该地域内受到法律保护。这也是区别于有形财产的另一个重要法律特征。根据该特征，依一国法律取得的专利权只在该国领域内受到法律保护，而在其他国家则不受该国家的法律保护，除非两国之间有双边的专利（知识产权）保护协定，或共同参加了有关保护专利（知识产权）的国际公约。

【典型形态】

在实践中，专利权权属、侵权纠纷有：

(1) 专利申请权权属纠纷，是指双方当事人就专利申请权的归属所引发的纠纷。专利申请权是指专利权人就其完成的发明创造所享有的申请专利的权利和对该专利申请在授权审查程序中依法所享有的权利。

(2) 专利权权属纠纷，是指双方当事人就专利权的归属所引发的纠纷。

(3) 侵害发明专利权纠纷，是指发明专利权人就侵害其发明专利而与他人发生的纠纷。发明专利权就是对产品、方法或其改进所提出的新技术方案而享有的专有权利。

(4) 侵害实用新型专利权纠纷，是指实用新型专利权人就侵害其实用新型专利权而与他人产生的纠纷。实用新型专利权是指对产品的形状、构造或者其结合所提出的适于实用的新的技术方案而享有的专有权利。

(5) 侵害外观设计专利权纠纷，是指外观设计专利权人就侵害其外观设计而与他人发生的纠纷，外观设计专利权是指对产品的形状、图案或者其结合以及色彩与形状、图案所作出的富有美感并适于工业上应用的新设计所享有的专有权利。

(6) 假冒他人专利纠纷，是指专利权人指控他人假冒其专利权而引发的纠纷。假冒他人专利的行为包括：在其制造或者销售的产品、产品的包装上标注他人的专利号；在广告或者其他宣称材料中使用他人的专利号，使人将所设计的技术误认为是他人的专利技术；在合同中使用他人的专利号，使人将合同设计的技术误认为是他人的专利技术；伪造或者变造他人的专利证书、专利文件或者专利申请文件。

（7）发明专利临时保护期使用费纠纷，是指发明专利权利人要求他人支付在其发明专利申请公布后、专利权授予前实施其发明的使用费而发生的纠纷。

（8）职务发明创造发明人、设计人奖励、报酬纠纷，是指职务发明创造发明人、设计人与被授予专利权的单位就职务发明创造发明人、设计人的奖励、报酬所引发的纠纷。职务发明创造发明人、设计人奖励、报酬是指被授予专利权的单位应当对职务发明创造的发明人或者设计人给予奖励；发明创造专利实施后，根据其推广应用的范围和取得的经济效益，对发明人或者设计人给予合理的报酬。

（9）发明创造发明人、设计人署名权纠纷，是指发明创造的发明人或设计人就其在该发明创造上写明自己是发明人或者设计人的权利而与他人引发的纠纷。

【常用法律条文及索引】

《专利法》（1985 年 4 月 1 日起施行　2008 年 12 月 27 日修正）

第六条　执行本单位的任务或者主要是利用本单位的物质技术条件所完成的发明创造为职务发明创造。职务发明创造申请专利的权利属于该单位；申请被批准后，该单位为专利权人。

非职务发明创造，申请专利的权利属于发明人或者设计人；申请被批准后，该发明人或者设计人为专利权人。

利用本单位的物质技术条件所完成的发明创造，单位与发明人或者设计人订有合同，对申请专利的权利和专利权的归属作出约定的，从其约定。

第八条　两个以上单位或者个人合作完成的发明创造、一个单位或者个人接受其他单位或者个人委托所完成的发明创造，除另有协议的以外，申请专利的权利属于完成或者共同完成的单位或者个人；申请被批准后，申请的单位或者个人为专利权人。

第九条　同样的发明创造只能授予一项专利权。但是，同一申请人同日对同样的发明创造既申请实用新型专利又申请发明专利，先获得的实用新型专利权尚未终止，且申请人声明放弃该实用新型专利权的，可以授予发明专利权。

两个以上的申请人分别就同样的发明创造申请专利的，专利权授予最先申请的人。

第十一条 发明和实用新型专利权被授予后，除本法另有规定的以外，任何单位或者个人未经专利权人许可，都不得实施其专利，即不得为生产经营目的制造、使用、许诺销售、销售、进口其专利产品，或者使用其专利方法以及使用、许诺销售、销售、进口依照该专利方法直接获得的产品。

外观设计专利权被授予后，任何单位或者个人未经专利权人许可，都不得实施其专利，即不得为生产经营目的制造、许诺销售、销售、进口其外观设计专利产品。

第十三条 发明专利申请公布后，申请人可以要求实施其发明的单位或者个人支付适当的费用。

第十七条 发明人或者设计人有权在专利文件中写明自己是发明人或者设计人。

专利权人有权在其专利产品或者该产品的包装上标明专利标识。

第六十条 未经专利权人许可，实施其专利，即侵犯其专利权，引起纠纷的，由当事人协商解决；不愿协商或者协商不成的，专利权人或者利害关系人可以向人民法院起诉，也可以请求管理专利工作的部门处理。管理专利工作的部门处理时，认定侵权行为成立的，可以责令侵权人立即停止侵权行为，当事人不服的，可以自收到处理通知之日起十五日内依照《中华人民共和国行政诉讼法》向人民法院起诉；侵权人期满不起诉又不停止侵权行为的，管理专利工作的部门可以申请人民法院强制执行。进行处理的管理专利工作的部门应当事人的请求，可以就侵犯专利权的赔偿数额进行调解；调解不成的，当事人可以依照《中华人民共和国民事诉讼法》向人民法院起诉。

第六十一条 专利侵权纠纷涉及新产品制造方法的发明专利的，制造同样产品的单位或者个人应当提供其产品制造方法不同于专利方法的证明。

专利侵权纠纷涉及实用新型专利或者外观设计专利的，人民法院或者管理专利工作的部门可以要求专利权人或者利害关系人出具由国务院专利行政部门对相关实用新型或者外观设计进行检索、分析和评价后作出的专利权评价报告，作为审理、处理专利侵权纠纷的证据。

第六十二条 在专利侵权纠纷中，被控侵权人有证据证明其实施的技术或者设计属于现有技术或者现有设计的，不构成侵犯专利权。

第六十三条 假冒专利的，除依法承担民事责任外，由管理专利工作的部门责令改正并予公告，没收违法所得，可以并处违法所得四倍以下的罚款；没有违法所得的，可以处二十万元以下的罚款；构成犯罪的，依法追究刑事责任。

《专利法实施细则》（2001 年 7 月 1 日起施行　2010 年 1 月 9 日修订）

第十三条　专利法所称发明人或者设计人，是指对发明创造的实质性特点作出创造性贡献的人。在完成发明创造过程中，只负责组织工作的人、为物质技术条件的利用提供方便的人或者从事其他辅助工作的人，不是发明人或者设计人。

第四十一条　两个以上的申请人同日（指申请日；有优先权的，指优先权日）分别就同样的发明创造申请专利的，应当在收到国务院专利行政部门的通知后自行协商确定申请人。

同一申请人在同日（指申请日）对同样的发明创造既申请实用新型专利又申请发明专利的，应当在申请时分别说明对同样的发明创造已申请了另一专利；未作说明的，依照专利法第九条第一款关于同样的发明创造只能授予一项专利权的规定处理。

国务院专利行政部门公告授予实用新型专利权，应当公告申请人已依照本条第二款的规定同时申请了发明专利的说明。

发明专利申请经审查没有发现驳回理由，国务院专利行政部门应当通知申请人在规定期限内声明放弃实用新型专利权。申请人声明放弃的，国务院专利行政部门应当作出授予发明专利权的决定，并在公告授予发明专利权时一并公告申请人放弃实用新型专利权声明。申请人不同意放弃的，国务院专利行政部门应当驳回该发明专利申请；申请人期满未答复的，视为撤回该发明专利申请。

实用新型专利权自公告授予发明专利权之日起终止。

第八十四条　下列行为属于专利法第六十三条规定的假冒专利的行为：

（一）在未被授予专利权的产品或者其包装上标注专利标识，专利权被宣告无效后或者终止后继续在产品或者其包装上标注专利标识，或者未经许可在产品或者产品包装上标注他人的专利号；

（二）销售第（一）项所述产品；

（三）在产品说明书等材料中将未被授予专利权的技术或者设计称为专利技术或者专利设计，将专利申请称为专利，或者未经许可使用他人的专利号，使公众将所涉及的技术或者设计误认为是专利技术或者专利设计；

（四）伪造或者变造专利证书、专利文件或者专利申请文件；

（五）其他使公众混淆，将未被授予专利权的技术或者设计误认为是专利技术或者专利设计的行为。

专利权终止前依法在专利产品、依照专利方法直接获得的产品或者其包装上标注专利标识，在专利权终止后许诺销售、销售该产品的，不属于假冒专利行为。

销售不知道是假冒专利的产品，并且能够证明该产品合法来源的，由管理专利工作的部门责令停止销售，但免除罚款的处罚。

《合同法》（1999 年 10 月 1 日起施行）

第三百二十六条　职务技术成果的使用权、转让权属于法人或者其他组织的，法人或者其他组织可以就该项职务技术成果订立技术合同。法人或者其他组织应当从使用和转让该项职务技术成果所取得的收益中提取一定比例，对完成该项职务技术成果的个人给予奖励或者报酬。法人或者其他组织订立技术合同转让职务技术成果时，职务技术成果的完成人享有以同等条件优先受让的权利。

职务技术成果是执行法人或者其他组织的工作任务，或者主要是利用法人或者其他组织的物质技术条件所完成的技术成果。

第三百二十七条　非职务技术成果的使用权、转让权属于完成技术成果的个人，完成技术成果的个人可以就该项非职务技术成果订立技术合同。

第三百二十八条　完成技术成果的个人有在有关技术成果文件上写明自己是技术成果完成者的权利和取得荣誉证书、奖励的权利。

第三百三十九条　委托开发完成的发明创造，除当事人另有约定的以外，申请专利的权利属于研究开发人。研究开发人取得专利权的，委托人可以免费实施该专利。

研究开发人转让专利申请权的，委托人享有以同等条件优先受让的权利。

第三百四十条　合作开发完成的发明创造，除当事人另有约定的以外，申请专利的权利属于合作开发的当事人共有。当事人一方转让其共有的专利申请权的，其他各方享有以同等条件优先受让的权利。

合作开发的当事人一方声明放弃其共有的专利申请权的，可以由另一方单独申请或者由其他各方共同申请。申请人取得专利权的，放弃专利申请权的一方可以免费实施该专利。

合作开发的当事人一方不同意申请专利的，另一方或者其他各方不得申请专利。

第三百四十一条 委托开发或者合作开发完成的技术秘密成果的使用权、转让权以及利益的分配办法，由当事人约定。没有约定或者约定不明确，依照本法第六十一条的规定仍不能确定的，当事人均有使用和转让的权利，但委托开发的研究开发人不得在向委托人交付研究开发成果之前，将研究开发成果转让给第三人。

《最高人民法院关于审理专利纠纷案件适用法律问题的若干规定》（2001年7月1日起施行）

第十四条 2001年7月1日以前利用本单位的物质技术条件所完成的发明创造，单位与发明人或者设计人订有合同，对申请专利的权利和专利权的归属作出约定的，从其约定。

第十五条 人民法院受理的侵犯专利权纠纷案件，涉及权利冲突的，应当保护在先依法享有权利的当事人的合法权益。

第十六条 专利法第二十三条所称的在先取得的合法权利包括：商标权、著作权、企业名称权、肖像权、知名商品特有包装或者装潢使用权等。

第十七条 专利法第五十六条第一款所称的“发明或者实用新型专利权的保护范围以其权利要求的内容为准，说明书及附图可以用于解释权利要求”，是指专利权的保护范围应当以权利要求书中明确记载的必要技术特征所确定的范围为准，也包括与该必要技术特征相等同的特征所确定的范围。

等同特征，是指与所记载的技术特征以基本相同的手段，实现基本相同的功能，达到基本相同的效果，并且本领域普通技术人员在被诉侵权行为发生时无需经过创造性劳动就能够联想到的特征。

第十八条 侵犯专利权行为发生在2001年7月1日以前的，适用修改前专利法的规定确定民事责任；发生在2001年7月1日以后的，适用修改后专利法的规定确定民事责任。

第十九条 假冒他人专利的，人民法院可以依照专利法第六十三条的规定确定其民事责任。管理专利工作的部门未给予行政处罚的，人民法院可以依照民法通则第一百三十四条第三款的规定给予民事制裁，适用民事罚款数额可以参照专利法第六十三条的规定确定。

第二十条 专利法第六十五条规定的权利人因被侵权所受到的实际损失可以根据专利权人的专利产品因侵权所造成销售量减少的总数乘以每件专利

产品的合理利润所得之积计算。权利人销售量减少的总数难以确定的，侵权产品在市场上销售的总数乘以每件专利产品的合理利润所得之积可以视为权利人因被侵权所受到的实际损失。

专利法第六十五条规定的侵权人因侵权所获得的利益可以根据该侵权产品在市场上销售的总数乘以每件侵权产品的合理利润所得之积计算。侵权人因侵权所获得的利益一般按照侵权人的营业利润计算，对于完全以侵权为业的侵权人，可以按照销售利润计算。

第二十一条　权利人的损失或者侵权人获得的利益难以确定，有专利许可使用费可以参照的，人民法院可以根据专利权的类型、侵权行为的性质和情节、专利许可的性质、范围、时间等因素，参照该专利许可使用费的倍数合理确定赔偿数额；没有专利许可使用费可以参照或者专利许可使用费明显不合理的，人民法院可以根据专利权的类型、侵权行为的性质和情节等因素，依照专利法第六十五条第二款的规定确定赔偿数额。

第二十二条　权利人主张其为制止侵权行为所支付合理开支的，人民法院可以在专利法第六十五条确定的赔偿数额之外另行计算。

第二十三条　侵犯专利权的诉讼时效为二年，自专利权人或者利害关系人知道或者应当知道侵权行为之日起计算。权利人超过二年起诉的，如果侵权行为在起诉时仍在继续，在该项专利权有效期内，人民法院应当判决被告停止侵权行为，侵权损害赔偿数额应当自权利人向人民法院起诉之日起向前推算二年计算。

第二十四条　专利法第十一条、第六十九条所称的许诺销售，是指以做广告、在商店橱窗中陈列或者在展销会上展出等方式作出销售商品的意思表示。

第二十五条　人民法院受理的侵犯专利权纠纷案件，已经过管理专利工作的部门作出侵权或者不侵权认定的，人民法院仍应当就当事人的诉讼请求进行全面审查。

第二十六条　以前的有关司法解释与本规定不一致的，以本规定为准。

《最高人民法院关于审理侵犯专利权纠纷案件应用法律若干问题的解释（二）》（法释〔2016〕1号　2016年4月1日起施行）

为正确审理侵犯专利权纠纷案件，根据《中华人民共和国专利法》《中华人民共和国侵权责任法》《中华人民共和国民事诉讼法》等有关法律规定，结合审判实践，制定本解释。

第一条 权利要求书有两项以上权利要求的，权利人应当在起诉状中载明据以起诉被诉侵权人侵犯其专利权的权利要求。起诉状对此未记载或者记载不明的，人民法院应当要求权利人明确。经释明，权利人仍不予明确的，人民法院可以裁定驳回起诉。

第二条 权利人在专利侵权诉讼中主张的权利要求被专利复审委员会宣告无效的，审理侵犯专利权纠纷案件的人民法院可以裁定驳回权利人基于该无效权利要求的起诉。

有证据证明宣告上述权利要求无效的决定被生效的行政判决撤销的，权利人可以另行起诉。

专利权人另行起诉的，诉讼时效期间从本条第二款所称行政判决书送达之日起计算。

第三条 因明显违反专利法第二十六条第三款、第四款导致说明书无法用于解释权利要求，且不属于本解释第四条规定的情形，专利权因此被请求宣告无效的，审理侵犯专利权纠纷案件的人民法院一般应当裁定中止诉讼；在合理期限内专利权未被请求宣告无效的，人民法院可以根据权利要求的记载确定专利权的保护范围。

第四条 权利要求书、说明书及附图中的语法、文字、标点、图形、符号等存有歧义，但本领域普通技术人员通过阅读权利要求书、说明书及附图可以得出唯一理解的，人民法院应当根据该唯一理解予以认定。

第五条 在人民法院确定专利权的保护范围时，独立权利要求的前序部分、特征部分以及从属权利要求的引用部分、限定部分记载的技术特征均有限定作用。

第六条 人民法院可以运用与涉案专利存在分案申请关系的其他专利及其专利审查档案、生效的专利授权确权裁判文书解释涉案专利的权利要求。

专利审查档案，包括专利审查、复审、无效程序中专利申请人或者专利权人提交的书面材料，国务院专利行政部门及其专利复审委员会制作的审查意见通知书、会晤记录、口头审理记录、生效的专利复审请求审查决定书和专利权无效宣告请求审查决定书等。

第七条 被诉侵权技术方案在包含封闭式组合物权利要求全部技术特征的基础上增加其他技术特征的，人民法院应当认定被诉侵权技术方案未落入专利权的保护范围，但该增加的技术特征属于不可避免的常规数量杂质的除外。

前款所称封闭式组合物权利要求，一般不包括中药组合物权利要求。

第八条　功能性特征，是指对于结构、组分、步骤、条件或其之间的关系等，通过其在发明创造中所起的功能或者效果进行限定的技术特征，但本领域普通技术人员仅通过阅读权利要求即可直接、明确地确定实现上述功能或者效果的具体实施方式的除外。

与说明书及附图记载的实现前款所称功能或者效果不可缺少的技术特征相比，被诉侵权技术方案的相应技术特征是以基本相同的手段，实现相同的功能，达到相同的效果，且本领域普通技术人员在被诉侵权行为发生时无须经过创造性劳动就能够联想到的，人民法院应当认定该相应技术特征与功能性特征相同或者等同。

第九条　被诉侵权技术方案不能适用于权利要求中使用环境特征所限定的使用环境的，人民法院应当认定被诉侵权技术方案未落入专利权的保护范围。

第十条　对于权利要求中以制备方法界定产品的技术特征，被诉侵权产品的制备方法与其不相同也不等同的，人民法院应当认定被诉侵权技术方案未落入专利权的保护范围。

第十一条　方法权利要求未明确记载技术步骤的先后顺序，但本领域普通技术人员阅读权利要求书、说明书及附图后直接、明确地认为该技术步骤应当按照特定顺序实施的，人民法院应当认定该步骤顺序对于专利权的保护范围具有限定作用。

第十二条　权利要求采用“至少”“不超过”等用语对数值特征进行界定，且本领域普通技术人员阅读权利要求书、说明书及附图后认为专利技术方案特别强调该用语对技术特征的限定作用，权利人主张与其不相同的数值特征属于等同特征的，人民法院不予支持。

第十三条　权利人证明专利申请人、专利权人在专利授权确权程序中对权利要求书、说明书及附图的限缩性修改或者陈述被明确否定的，人民法院应当认定该修改或者陈述未导致技术方案的放弃。

第十四条　人民法院在认定一般消费者对于外观设计所具有的知识水平和认知能力时，一般应当考虑被诉侵权行为发生时授权外观设计所属相同或者相近种类产品的设计空间。设计空间较大的，人民法院可以认定一般消费者通常不容易注意到不同设计之间的较小区别；设计空间较小的，人民法院可以认定一般消费者通常更容易注意到不同设计之间的较小区别。

第十五条 对于成套产品的外观设计专利，被诉侵权设计与其一项外观设计相同或者近似的，人民法院应当认定被诉侵权设计落入专利权的保护范围。

第十六条 对于组装关系唯一的组件产品的外观设计专利，被诉侵权设计与其组合状态下的外观设计相同或者近似的，人民法院应当认定被诉侵权设计落入专利权的保护范围。

对于各构件之间无组装关系或者组装关系不唯一的组件产品的外观设计专利，被诉侵权设计与其全部单个构件的外观设计均相同或者近似的，人民法院应当认定被诉侵权设计落入专利权的保护范围；被诉侵权设计缺少其单个构件的外观设计或者与之不相同也不近似的，人民法院应当认定被诉侵权设计未落入专利权的保护范围。

第十七条 对于变化状态产品的外观设计专利，被诉侵权设计与变化状态图所示各种使用状态下的外观设计均相同或者近似的，人民法院应当认定被诉侵权设计落入专利权的保护范围；被诉侵权设计缺少其一种使用状态下的外观设计或者与之不相同也不近似的，人民法院应当认定被诉侵权设计未落入专利权的保护范围。

第十八条 权利人依据专利法第十三条 诉请在发明专利申请公布日至授权公告日期间实施该发明的单位或者个人支付适当费用的，人民法院可以参照有关专利许可使用费合理确定。

发明专利申请公布时申请人请求保护的范围与发明专利公告授权时的专利权保护范围不一致，被诉技术方案均落入上述两种范围的，人民法院应当认定被告在前款所称期间内实施了该发明；被诉技术方案仅落入其中一种范围的，人民法院应当认定被告在前款所称期间内未实施该发明。

发明专利公告授权后，未经专利权人许可，为生产经营目的使用、许诺销售、销售在本条第一款所称期间内已由他人制造、销售、进口的产品，且该他人已支付或者书面承诺支付专利法第十三条规定的适当费用的，对于权利人关于上述使用、许诺销售、销售行为侵犯专利权的主张，人民法院不予支持。

第十九条 产品买卖合同依法成立的，人民法院应当认定属于专利法第十一条规定的销售。

第二十条 对于将依照专利方法直接获得的产品进一步加工、处理而获得的后续产品，进行再加工、处理的，人民法院应当认定不属于专利法第十一条规定的"使用依照该专利方法直接获得的产品"。

第二十一条 明知有关产品系专门用于实施专利的材料、设备、零部件、中间物等，未经专利权人许可，为生产经营目的将该产品提供给他人实施了侵犯专利权的行为，权利人主张该提供者的行为属于侵权责任法第九条规定的帮助他人实施侵权行为的，人民法院应予支持。

明知有关产品、方法被授予专利权，未经专利权人许可，为生产经营目的积极诱导他人实施了侵犯专利权的行为，权利人主张该诱导者的行为属于侵权责任法第九条规定的教唆他人实施侵权行为的，人民法院应予支持。

第二十二条 对于被诉侵权人主张的现有技术抗辩或者现有设计抗辩，人民法院应当依照专利申请日时施行的专利法界定现有技术或者现有设计。

第二十三条 被诉侵权技术方案或者外观设计落入在先的涉案专利权的保护范围，被诉侵权人以其技术方案或者外观设计被授予专利权为由抗辩不侵犯涉案专利权的，人民法院不予支持。

第二十四条 推荐性国家、行业或者地方标准明示所涉必要专利的信息，被诉侵权人以实施该标准无须专利权人许可为由抗辩不侵犯该专利权的，人民法院一般不予支持。

推荐性国家、行业或者地方标准明示所涉必要专利的信息，专利权人、被诉侵权人协商该专利的实施许可条件时，专利权人故意违反其在标准制定中承诺的公平、合理、无歧视的许可义务，导致无法达成专利实施许可合同，且被诉侵权人在协商中无明显过错的，对于权利人请求停止标准实施行为的主张，人民法院一般不予支持。

本条第二款所称实施许可条件，应当由专利权人、被诉侵权人协商确定。经充分协商，仍无法达成一致的，可以请求人民法院确定。人民法院在确定上述实施许可条件时，应当根据公平、合理、无歧视的原则，综合考虑专利的创新程度及其在标准中的作用、标准所属的技术领域、标准的性质、标准实施的范围和相关的许可条件等因素。

法律、行政法规对实施标准中的专利另有规定的，从其规定。

第二十五条 为生产经营目的使用、许诺销售或者销售不知道是未经专利权人许可而制造并售出的专利侵权产品，且举证证明该产品合法来源的，对于权利人请求停止上述使用、许诺销售、销售行为的主张，人民法院应予支持，但被诉侵权产品的使用者举证证明其已支付该产品的合理对价的除外。

本条第一款所称不知道，是指实际不知道且不应当知道。

本条第一款所称合法来源，是指通过合法的销售渠道、通常的买卖合同等正常商业方式取得产品。对于合法来源，使用者、许诺销售者或者销售者应当提供符合交易习惯的相关证据。

第二十六条 被告构成对专利权的侵犯，权利人请求判令其停止侵权行为的，人民法院应予支持，但基于国家利益、公共利益的考量，人民法院可以不判令被告停止被诉行为，而判令其支付相应的合理费用。

第二十七条 权利人因被侵权所受到的实际损失难以确定的，人民法院应当依照专利法第六十五条第一款的规定，要求权利人对侵权人因侵权所获得的利益进行举证；在权利人已经提供侵权人所获利益的初步证据，而与专利侵权行为相关的账簿、资料主要由侵权人掌握的情况下，人民法院可以责令侵权人提供该账簿、资料；侵权人无正当理由拒不提供或者提供虚假的账簿、资料的，人民法院可以根据权利人的主张和提供的证据认定侵权人因侵权所获得的利益。

第二十八条 权利人、侵权人依法约定专利侵权的赔偿数额或者赔偿计算方法，并在专利侵权诉讼中主张依据该约定确定赔偿数额的，人民法院应予支持。

第二十九条 宣告专利权无效的决定作出后，当事人根据该决定依法申请再审，请求撤销专利权无效宣告前人民法院作出但未执行的专利侵权的判决、调解书的，人民法院可以裁定中止再审审查，并中止原判决、调解书的执行。

专利权人向人民法院提供充分、有效的担保，请求继续执行前款所称判决、调解书的，人民法院应当继续执行；侵权人向人民法院提供充分、有效的反担保，请求中止执行的，人民法院应当准许。人民法院生效裁判未撤销宣告专利权无效的决定的，专利权人应当赔偿因继续执行给对方造成的损失；宣告专利权无效的决定被人民法院生效裁判撤销，专利权仍有效的，人民法院可以依据前款所称判决、调解书直接执行上述反担保财产。

第三十条 在法定期限内对宣告专利权无效的决定不向人民法院起诉或者起诉后生效裁判未撤销该决定，当事人根据该决定依法申请再审，请求撤销宣告专利权无效前人民法院作出但未执行的专利侵权的判决、调解书的，人民法院应当再审。当事人根据该决定，依法申请终结执行宣告专利权无效前人民法院作出但未执行的专利侵权的判决、调解书的，人民法院应当裁定终结执行。

第三十一条 本解释自2016年4月1日起施行。最高人民法院以前发布的相关司法解释与本解释不一致的，以本解释为准。

《最高人民法院关于审理技术合同纠纷案件适用法律若干问题的解释》（法释〔2004〕20号 2005年1月1日起施行）

第二条 合同法第三百二十六条第二款所称“执行法人或者其他组织的工作任务”，包括：

（一）履行法人或者其他组织的岗位职责或者承担其交付的其他技术开发任务；

（二）离职后一年内继续从事与其原所在法人或者其他组织的岗位职责或者交付的任务有关的技术开发工作，但法律、行政法规另有规定的除外。

法人或者其他组织与其职工就职工在职期间或者离职以后所完成的技术成果的权益有约定的，人民法院应当依约定确认。

第三条 合同法第三百二十六条第二款所称“物质技术条件”，包括资金、设备、器材、原材料、未公开的技术信息和资料等。

第四条 合同法第三百二十六条第二款所称“主要利用法人或者其他组织的物质技术条件”，包括职工在技术成果的研究开发过程中，全部或者大部分利用了法人或者其他组织的资金、设备、器材或者原材料等物质条件，并且这些物质条件对形成该技术成果具有实质性的影响；还包括该技术成果实质性内容是在法人或者其他组织尚未公开的技术成果、阶段性技术成果基础上完成的情形。但下列情况除外：

（一）对利用法人或者其他组织提供的物质技术条件，约定返还资金或者交纳使用费的；

（二）在技术成果完成后利用法人或者其他组织的物质技术条件对技术方案进行验证、测试的。

第五条 个人完成的技术成果，属于执行原所在法人或者其他组织的工作任务，又主要利用了现所在法人或者其他组织的物质技术条件的，应当按照该自然人原所在和现所在法人或者其他组织达成的协议确认权益。不能达成协议的，根据对完成该项技术成果的贡献大小由双方合理分享。

第六条 合同法第三百二十六条、第三百二十七条所称完成技术成果的“个人”，包括对技术成果单独或者共同作出创造性贡献的人，也即技术成果的发明人或者设计人。人民法院在对创造性贡献进行认定时，应当分解所涉及技术成果的实质性技术构成。提出实质性技术构成并由此实现技术方案的人，是作出创造性贡献的人。

提供资金、设备、材料、试验条件，进行组织管理，协助绘制图纸、整理资料、翻译文献等人员，不属于完成技术成果的个人。

第十六条 当事人以技术成果向企业出资但未明确约定权属，接受出资的企业主张该技术成果归其享有的，人民法院一般应当予以支持，但是该技术成果价值与该技术成果所占出资额比例明显不合理损害出资人利益的除外。

当事人对技术成果的权属约定有比例的，视为共同所有，其权利使用和利益分配，按共有技术成果的有关规定处理，但当事人另有约定的，从其约定。

当事人对技术成果的使用权约定有比例的，人民法院可以视为当事人对实施该项技术成果所获收益的分配比例，但当事人另有约定的，从其约定。

【适用本案由需要注意的问题】

◆对于专利申请权权属纠纷和专利权权属纠纷案件的地域管辖，应当区别权属争议发生的原因是合同关系还是侵权行为，分别确定案件管辖。

对于一般民事侵权纠纷案件的地域管辖，根据《民事诉讼法》第 28 条的规定，因侵权行为提起的诉讼，由侵权行为地或者被告住所地人民法院管辖。侵权行为地，包括侵权行为实施地和侵权结果发生地。

对于侵害发明专利权纠纷、侵害实用新型专利权纠纷和侵害外观设计专利权纠纷案件的地域管辖，根据《最高人民法院关于审理专利纠纷案件适用法律问题的若干规定》第 5 ~7 条的规定，因侵犯专利权行为提起的诉讼，由侵权行为地或者被告住所地人民法院管辖。侵权行为地包括：被控侵犯发明、实用新型专利权的产品的制造、使用、许诺销售、销售、进口等行为的实施地；专利方法使用行为的实施地；依照该专利方法直接获得的产品的使用，许诺销售、销售、进口等行为的实施地；外观设计专利产品的制造、销售、进口等行为的实施地；假冒他人专利的行为实施地；上述侵权行为的侵权结果发生地。

原告仅对侵权产品制造者提起诉讼，未起诉销售者，侵权产品制造地与销售地不一致的，制造地人民法院有管辖权；以制造者与销售者为共同被告起诉的，销售地人民法院有管辖权。销售者是制造者分支机构，原告在销售地起诉侵权产品制造者制造、销售行为的，销售地人民法院有管辖权。原告根据1993年1月1日以前提出的专利申请和根据该申请授予的方法发明专利权提起的侵权诉讼，参照前述规定确定管辖。人民法院在上述案件实体审理中依法适用方法发明专利权不延及产品的规定。

对于假冒他人专利纠纷，发明专利临时保护期使用费纠纷，职务发明创造发明人、设计人奖励、报酬纠纷和发明创造发明人、设计人署名权纠纷案件的地域管辖，目前没有明确的法律规定，原则上可以参照上述有关侵害专利权纠纷案件的规定精神确定地域管辖。

与一般的知识产权纠纷的级别管辖不同，对于专利权权属、侵权纠纷的级别管辖，根据《最高人民法院关于审理专利纠纷案件适用法律问题的若干规定》第2条的规定，作为专利纠纷第一审案件，应当由各省、自治区、直辖市人民政府所在地的中级人民法院和最高人民法院指定的中级人民法院管辖。

对于北京、上海、广州而言，专利权属、侵权纠纷案件的管辖，又有一定的特殊性。根据《最高人民法院关于北京、上海、广州知识产权法院案件管辖的规定》第1条的规定，有关专利权属、侵权纠纷一审案件，在北京、上海、广州辖区，全部由相应的北京、上海、广州知识产权法院受理。根据该规定第7条的规定，当事人对知识产权法院作出的专利权属、侵权纠纷案件第一审判决、裁定提起的上诉案件和依法申请上一级法院复议的案件，由知识产权法院所在地的高级人民法院知识产权审判庭审理。

145. 植物新品种权权属、侵权纠纷

（1）植物新品种申请权权属纠纷

（2）植物新品种权权属纠纷

（3）侵害植物新品种权纠纷

【案由解析】

植物新品种是指经过人工培育的或者对发现的野生植物加以开发，具备新颖性、特异性、一致性、稳定性，并有适当的命名的植物新品种。完成育种的单位和个人对其授权的品种，享有排他的独占权，即拥有植物新品种权。

植物新品种权，是指完成育种的单位或个人对其授权的品种依法享有的

排他使用权，是工业产权的一种。

植物新品种权是一种特殊的知识产权，其特点主要有以下几点：（1）排他性，植物品种权主体对其所拥有的品种权具有排他性或独占性。（2）可分解性，对特定的植物品种权而言其各项权能可分属于不同的主体。（3）可让渡性，植物品种权可在不同的主体之间进行转让。在植物品种权交易转让过程中，植物品种权可作为整体进行交易，也可以以其产权权能中的任何一项或几项的组合进行交易。

植物新品种权权属、侵权纠纷，是指双方当事人因植物新品种申请权和植物新品种权的归属以及侵犯植物新品种权及有关权益而发生的纠纷。

【典型形态】

在实践中，植物新品种权权属、侵权纠纷主要有：

（1）植物新品种申请权权属纠纷，是指双方当事人因植物新品种的申请权归谁所有而引发的纠纷。

（2）植物新品种权权属纠纷，是指双方当事人就植物新品种权归谁所有而引发的纠纷。

（3）侵害植物新品种权纠纷，是指双方当事人因侵犯植物新品种权及其有关权益而引发的纠纷。

【常用法律条文及索引】

《植物新品种保护条例》（1997 年 10 月 1 日起施行）

第七条 执行本单位的任务或者主要是利用本单位的物质条件所完成的职务育种，植物新品种的申请权属于该单位；非职务育种，植物新品种的申请权属于完成育种的个人。申请被批准后，品种权属于申请人。

委托育种或者合作育种，品种权的归属由当事人在合同中约定；没有合同约定的，品种权属于受委托完成或者共同完成育种的单位或者个人。

第八条 一个植物新品种只能授予一项品种权。两个以上的申请人分别就同一个植物新品种申请品种权的，品种权授予最先申请的人；同时申请的，品种权授予最先完成该植物新品种育种的人。

《植物新品种保护条例实施细则》（农业部分）（1999 年 6 月 16 日起施行 2014 年 4 月 25 日修订）

第七条 《条例》第七条所称执行本单位任务所完成的职务育种是指下

列情形之一：

（一）在本职工作中完成的育种；

（二）履行本单位交付的本职工作之外的任务所完成的育种；

（三）退职、退休或者调动工作后，3年内完成的与其在原单位承担的工作或者原单位分配的任务有关的育种。

《条例》第七条所称本单位的物质条件是指本单位的资金、仪器设备、试验场地以及单位所有的尚未允许公开的育种材料和技术资料等。

第八条　《条例》第八条所称完成新品种育种的人是指完成新品种育种的单位或者个人（以下简称育种者）。

第九条　完成新品种培育的人员（以下简称培育人）是指对新品种培育作出创造性贡献的人。仅负责组织管理工作、为物质条件的利用提供方便或者从事其他辅助工作的人不能被视为培育人。

第十条　一个植物新品种只能被授予一项品种权。

一个植物新品种由两个以上申请人分别于同一日内提出品种权申请的，由申请人自行协商确定申请权的归属；协商不能达成一致意见的，品种保护办公室可以要求申请人在指定期限内提供证据，证明自己是最先完成该新品种育种的人。逾期未提供证据的，视为撤回申请；所提供证据不足以作为判定依据的，品种保护办公室驳回申请。

《植物新品种保护条例实施细则》（林业部分）（1999年8月10日起施行）

第五条　《条例》第七条所称的职务育种是指：

（一）在本职工作中完成的育种；

（二）履行本单位分配的本职工作之外的任务所完成的育种；

（三）离开原单位后3年内完成的与其在原单位承担的本职工作或者分配的任务有关的育种；

（四）利用本单位的资金、仪器设备、试验场地、育种资源和其他繁殖材料及不对外公开的技术资料等所完成的育种。

除前款规定情形之外的，为非职务育种。

第七条　两个以上申请人就同一个植物新品种在同一日分别提出品种权申请的，植物新品种保护办公室可以要求申请人自行协商确定申请权的归属；协商达不成一致意见的，植物新品种保护办公室可以要求申请人在规定的期限内提供证明自己是最先完成该植物新品种育种的证据；逾期不提供证据的，视为放弃申请。

【适用本案由需要注意的问题】

◆对于植物新品种申请权和植物新品种权属纠纷案件的地域管辖，应当区别权属争议发生的原因是合同关系还是侵权行为，分别确定案件管辖。

对于一般民事侵权纠纷案件的管辖，根据《民事诉讼法》第28条的规定，因侵权行为提起的诉讼，由侵权行为地或者被告住所地人民法院管辖；上述侵权行为地，包括侵权行为实施地和侵权结果发生地。对于侵害植物新品种权纠纷而言，根据《最高人民法院关于审理植物新品种纠纷案件若干问题的解释》第4条规定，其所称的侵权行为地，是指未经品种权所有人许可，以商业目的生产、销售该授权植物新品种的繁殖材料的所在地，或者将该授权品种的繁殖材料重复使用于生产另一品种的繁殖材料的所在地。

对于侵害植物新品种权属纠纷案件的级别管辖，根据《最高人民法院关于审理植物新品种纠纷案件若干问题的解释》第3条的规定，由各省、自治区、直辖市人民政府所在地和最高人民法院指定的中级人民法院作为第一审人民法院审理。

◆在适用本案由时，要注意植物新品种权和专利权的区别。两者的不同主要有：(1) 植物新品种和发明专利之间的本质属性不同。植物新品种不属于发明创造，只是对现有植物的改造。植物新品种是指经过人工培育的或者对发现的野生植物加以开发，具备新颖性、特异性、一致性和稳定性并有适当命名的植物品种。《专利法》上所称的发明创造，是指对产品、方法或者其改进所提出的新的技术方案。发明是可以产生一种全新的产品或者方法的技术方案。植物新品种应当保持不变。植物新品种和发明专利比较，前者是改造，后者是创造；前者是结果，后者是程序；前者保持稳定性，后者追求发展性。(2) 植物新品种权和发明专利权的授权条件不同。授予专利权的发明，应当具备新颖性、创造性和实用性。申请品种权的植物新品种，应当具备新颖性、特异性、一致性、稳定性和有适当的命名。两者相比，除对新颖性的衡量标准不同外，主要区别在于：授予专利权的发明要具有创造性和实用性；授予品种权的植物新品种只要求具有特异性，不要求具有创造性和实用性。(3) 植物新品种和专利产品的生产方式和后果不同。授权品种的繁殖材料和专利产品，虽然都可生产，但是两者的生产方式和后果不同。专利产品的生产方式是制造，通过制造再现专利产品。制造是生产原先没有的，如用配件制造汽车，制造出的产品与所用原料的性能和形态都不同。这种生产是把一个物品或物质改变成另一个物品或物质，发生了质的变化。植物新品种的生产方式是繁殖，通过繁殖实现植物新品种的繁衍。繁殖是生产原先已有的，如种瓜得瓜、种豆得豆，收获的瓜或豆与种植的瓜或豆之间的特征特性都相同。这种生产只是量的变化，不发生质的变异。

146. 集成电路布图设计专有权权属、侵权纠纷

（1）集成电路布图设计专有权权属纠纷

（2）侵害集成电路布图设计专有权纠纷

【案由解析】

集成电路布图设计专有权，是指布图设计权利人享有的对受保护的布图设计的全部或者其中任何具有独创性的部分进行复制，将受保护的布图设计、含有该布图设计的集成电路或者含有该集成电路的物品投入商业利用的专有权。

集成电路布图设计专有权权属、侵权纠纷，是指双方当事人就集成电路布图设计的归属或侵犯权利人集成电路布图设计专有权而引发的纠纷。

集成电路布图设计专有权具有以下特点：（1）具有工业实用性，这是一般知识产权所不具有的。（2）必须经过一定的法律程序，即登记才能取得集成电路布图设计专有权。（3）布图设计专有权的保护期为10年，自布图设计登记申请之日或者在世界任何地方首次投入商业利用之日起计算，以较前日期为准。但是，无论是否登记或者投入商业利用，布图设计自创作完成之日起15年后，不再受条例保护。从保护期限来看，符合其技术更新较快的特点。

【典型形态】

在实践中，集成电路布图设计专有权权属、侵权纠纷主要有：

（1）集成电路布图设计专有权权属纠纷，是指当事人之间就集成电路布图设计专有权归谁所有而引发的纠纷。

（2）侵害集成电路布图设计专有权纠纷，是指集成电路布图设计权利人就是否侵害其集成电路布图设计专有权，而与他人引发的纠纷。

【常用法律条文及索引】

《集成电路布图设计保护条例》（2001年10月1日起施行）

第九条 布图设计专有权属于布图设计创作者，本条例另有规定的除外。

由法人或者其他组织主持，依据法人或者其他组织的意志而创作，并由法人或者其他组织承担责任的布图设计，该法人或者其他组织是创作者。

由自然人创作的布图设计，该自然人是创作者。

第十条 两个以上自然人、法人或者其他组织合作创作的布图设计，其专有权的归属由合作者约定；未作约定或者约定不明的，其专有权由合作者共同享有。

第十一条 受委托创作的布图设计，其专有权的归属由委托人和受托人双方约定；未作约定或者约定不明的，其专有权由受托人享有。

第十二条 布图设计专有权的保护期为10年，自布图设计登记申请之日或者在世界任何地方首次投入商业利用之日起计算，以较前日期为准。但是，无论是否登记或者投入商业利用，布图设计自创作完成之日起15年后，不再受本条例保护。

第十三条 布图设计专有权属于自然人的，该自然人死亡后，其专有权在本条例规定的保护期内依照继承法的规定转移。

布图设计专有权属于法人或者其他组织的，法人或者其他组织变更、终止后，其专有权在本条例规定的保护期内由承继其权利、义务的法人或者其他组织享有；没有承继其权利、义务的法人或者其他组织的，该布图设计进入公有领域。

《集成电路布图设计保护条例实施细则》（2001年10月1日起施行）

第十条 布图设计是2个以上单位或者个人合作创作的，创作者应当共同申请布图设计登记；有合同约定的，从其约定。

涉及共有的布图设计专有权的，每一个共同布图设计权利人在没有征得其他共同布图设计权利人同意的情况下，不得将其所持有的那一部分权利进行转让、出质或者与他人订立独占许可合同或者排他许可合同。

【适用本案由需要注意的问题】

◆对于集成电路布图设计专有权权属、侵权纠纷案件的地域管辖，应当区别权属争议发生的原因是合同关系还是侵权行为，分别确定案件管辖。

对于一般民事侵权纠纷案件的管辖，根据《民事诉讼法》第28条的规定，因侵权行为提起的诉讼，由侵权行为地或者被告住所地人民法院管辖。上述侵权行为地，包括侵权行为实施地和侵权结果发生地。对于侵害集成电路布图设计纠纷而言，目前没有明确的法律规定，可以参照专利纠纷案件确定。

对于侵害集成电路布图设计专有权纠纷案件的级别管辖，根据《最高人民法院关于开展涉及集成电路布图设计案件审判工作的通知》，由各省、自治区、直辖市人民政府所在地，经济特区所在地和大连、青岛、温州、佛山、烟台市的中级人民法院作为第一审人民法院审理。

◆在适用本案由时，要注意集成电路布图设计专有权与著作权的区别。两者的不同主要有：（1）一方面，布图设计专有权的产生方式与著作权不同，只有在履行一定的法律程序，即登记后才能产生，而著作权无须登记，一旦作品完成，就享有著作权利。集成电路作为一种工业产品，一旦投放市场将被应用于各个领域，性能优良的集成电路可能会因其商业价值引来一些不法厂商的仿冒。另一方面，由于集成电路布图设计受到诸多因素的限制，其表现形式是有限的，这就可能存在不同人完全独立地设计出具有相同实质性特点的布图设计的情况。这就是说，布图设计具有一定的客观自然属性，其人身性远不及普通著作权客体那样强。（2）布图设计权中的复制权，与著作权中的复制权相比，受到更多的限制。如果照搬著作权法中关于复制权的规定，实施反向工程将被认为是侵权行为。为了电子工业和集成电路技术的发展，应当对复制权加以一定的限制，允许在一定条件下或合理范围内实施反向工程，美国《半导体芯片保护法》第906条第1款中规定："仅为了教学、分析或评价掩模作品中的概念或技术，或掩模作品中所采用的电路、逻辑流和图及元件的布局而复制该掩模作品者"或进行上述的"分析或评价，以便将这些工作的结果用于为销售而制造的具有原创性的掩模作品之中者"均不构成侵犯掩模作品专有权。与此相反，单纯地为复制布图设计而实施反向工程仍为侵权。反向工程是对复制权的一种限制。（3）布图设计专有权的保护期为10年，自布图设计登记申请之日或者在世界任何地方首次投入商业利用之日起计算，以较前日期为准。但是，无论是否登记或者投入商业利用，布图设计自创作完成之日起15年后，不再受条例保护。而著作权的保护期限为自然人终生及其死亡后50年，截止到自然人死亡后第50年的12月31日；软件是合作开发的，截止到最后死亡的自然人死亡后第50年的12月31日。

147. 侵害企业名称（商号）权纠纷

【案由解析】

企业名称（商号）权，是指国内企业对其注册取得的企业名称在登记范围内享有的专有权利，以及外国企业依据国际条约在我国境内享有的权利。企业名称应当由以下部分依次组成：字号（或者商号）、行业或者经营特点、组织形式，并冠以企业所在地行政区划名称。

侵害企业名称（商号）权纠纷，是指一方当事人因擅自使用他人企业名称（商号）或者其他侵犯他人企业名称权的行为而引发的纠纷。

企业名称（商号）权的特征：（1）企业名称（商号）权的主体，是依法取得商事主体资格的独立商品生产者或经营者，且具有单一性。法律对同一个企业名称（商号），在核准注册的范围内，只授予一个商事主体以专用权，不存在企业名称（商号）权共有的情况，这一特点是由企业名称（商号）的识别功能决定的，它是企业名称（商号）权区别于其他有形财产权的显著特征。（2）企业名称（商号）权的内容，具有人身权和财产权双重属性。企业名称（商号）权与商事主体的人身不可分离，离开了具体的商品生产者或经营者，就无所谓企业名称（商号）权。企业名称（商号）权的财产权属性则是由企业名称自身的无形财产属性所决定的。（3）企业名称（商号）权没有时间限制。只要商事主体存在，其企业名称（商号）权就可以存续，这是由企业名称权强烈的人格性特征所决定的。

【常用法律条文及索引】

《民法通则》（1987 年 1 月 1 日起施行　2009 年 8 月 27 日修正）

第九十九条　公民享有姓名权，有权决定、使用和依照规定改变自己的姓名，禁止他人干涉、盗用、假冒。

法人、个体工商户、个人合伙享有名称权。企业法人、个体工商户、个人合伙有权使用、依法转让自己的名称。

《反不正当竞争法》（1993 年 12 月 1 日起施行　2017 年 11 月 4 日修订）

第六条　经营者不得实施下列混淆行为，引人误认为是他人商品或者与他人存在特定联系：

（一）擅自使用与他人有一定影响的商品名称、包装、装潢等相同或者近似的标识；

（二）擅自使用他人有一定影响的企业名称（包括简称、字号等）、社会组织名称（包括简称等）、姓名（包括笔名、艺名、译名等）；

（三）擅自使用他人有一定影响的域名主体部分、网站名称、网页等；

（四）其他足以引人误认为是他人商品或者与他人存在特定联系的混淆行为。

《企业名称登记管理实施办法》（2004 年 7 月 1 日起施行）

第三条　企业应当依法选择自己的名称，并申请登记注册。企业自成立之日起享有名称权。

第三十四条　外国（地区）企业名称，依据我国参加的国际公约、协定、条约等有关规定予以保护。

第四十一条　已经登记注册的企业名称，在使用中对公众造成欺骗或者误解的，或者损害他人合法权益的，应当认定为不适宜的企业名称予以纠正。

第四十二条　企业因名称与他人发生争议，可以向工商行政管理机关申请处理，也可以向人民法院起诉。

《最高人民法院关于审理注册商标、企业名称与在先权利冲突的民事纠纷案件若干问题的规定》（法释〔2008〕3 号　2008 年 3 月 1 日起施行）

为正确审理注册商标、企业名称与在先权利冲突的民事纠纷案件，根据《中华人民共和国民事诉讼法》、《中华人民共和国民法通则》、《中华人民共和国商标法》和《中华人民共和国反不正当竞争法》等法律的规定，结合审判实践，制定本规定。

第一条　原告以他人注册商标使用的文字、图形等侵犯其著作权、外观设计专利权、企业名称权等在先权利为由提起诉讼，符合民事诉讼法第一百零八条规定的，人民法院应当受理。

原告以他人使用在核定商品上的注册商标与其在先的注册商标相同或者近似为由提起诉讼的，人民法院应当根据民事诉讼法第一百一十一条第（三）项的规定，告知原告向有关行政主管机关申请解决。但原告以他人超出核定商品的范围或者以改变显著特征、拆分、组合等方式使用的注册商标，与其注册商标相同或者近似为由提起诉讼的，人民法院应当受理。

第二条 原告以他人企业名称与其在先的企业名称相同或者近似，足以使相关公众对其商品的来源产生混淆，违反反不正当竞争法第五条第（三）项的规定为由提起诉讼，符合民事诉讼法第一百零八条规定的，人民法院应当受理。

第三条 人民法院应当根据原告的诉讼请求和争议民事法律关系的性质，按照《民事案件案由规定（试行）》，确定注册商标或者企业名称与在先权利冲突的民事纠纷案件的案由，并适用相应的法律。

第四条 被诉企业名称侵犯注册商标专用权或者构成不正当竞争的，人民法院可以根据原告的诉讼请求和案件具体情况，确定被告承担停止使用、规范使用等民事责任。

【适用本案由需要注意的问题】

◆侵害企业名称（商号）权纠纷案件的管辖，根据《民事诉讼法》第28条的规定，由侵权行为地或者被告住所地人民法院管辖。侵权行为地，包括侵权行为实施地和侵权结果发生地。

◆在适用本案由时，要特别注意区分企业名称（商号）与商标的区别。（参见本书案由“131. 商标合同纠纷”中的相关部分。）

148. 侵害特殊标志专有权纠纷

【案由解析】

特殊标志是指经国务院批准举办的全国性或者是国际性的文化、教育、科学研究及其他社会公益活动所使用的由文字、图形组成的名称及缩写、徽记、吉祥物等标志。

特殊标志专有权，指的是特殊标志所有人对特殊标志依法享有的专有权。

侵害特殊标志专有权纠纷，是指特殊标志所有人就他人是否侵害其特殊标志专有权而与他人产生的纠纷。

特殊标志专有权的特征是：（1）权利主体是由国务院批准举办的全国性和国际性的文化、体育、科学研究及其他社会公益活动的组织者或筹备者，是依法成立的企业、事业单位、社会团体、个体工商户。（2）取得该专有权需订立书面合同。(3) 权利的客体是图书标志，是由文字、图形组成的名称及缩写、徽记、吉祥物。

【常用法律条文及索引】

《特殊标志管理条例》（1996 年 7 月 13 日起施行）

第十三条　特殊标志所有人可以在与其公益活动相关的广告、纪念品及其他物品上使用该标志，并许可他人在国务院工商行政管理部门核准使用该标志的商品或者服务项目上使用。

第十六条　有下列行为之一的，由县级以上人民政府工商行政管理部门责令侵权人立即停止侵权行为，没收侵权商品，没收违法所得，并处违法所得 5 倍以下的罚款，没有违法所得的，处 1 万元以下的罚款：

（一）擅自使用与所有人的特殊标志相同或者近似的文字、图形或者其组合的；

（二）未经特殊标志所有人许可，擅自制造、销售其特殊标志或者将其特殊标志用于商业活动的；

（三）有给特殊标志所有人造成经济损失的其他行为的。

【适用本案由需要注意的问题】

◆侵害特殊标志专有权纠纷案件的管辖，根据《民事诉讼法》第 28 条的规定，由侵权行为地或者被告住所地人民法院管辖。侵权行为地，包括侵权行为实施地和侵权结果发生地。

◆在适用本案由时，要特别注意区分特殊标志和商标的区别。（参见本书案由“139. 特殊标志合同纠纷”中的相关部分）。

◆一般来说，世界博览会、奥运会、亚运会等大型活动的举办国或者相关的国际组织都会通过制定专项法律等，以实现对世界博览会、奥运会、亚运会等的特殊标志专有权的全面保护。在我国，更是高度重视对世界博览会、奥运会、亚运会等的特殊标志专有权的保护工作，分别制定了相应的法律保护制度。

◆以世界博览会特殊标志为例。2004 年 10 月 13 日，国务院第六十六次常务会议通过《世界博览会标志保护条例》，并规定自 2004 年 12 月 1 日起施行。《世界博览会标志保护条例》是专门保护世界博览会标志的一部专项法规。因此，只要世界博览会标志权利人（包括国际展览局和每一届世界博览会举办国的具体组织机构）将世界博览会标志报有关机关备案并公告，便会在法律上获得严密保护。凡未经世界博览会标志权利人许可，任何人以商业目的（含潜在商业目的）使用世界博览会标志的行为，都违反了《世界博览会标志保护条例》规定。

◆在一般情况下，对于侵犯特殊标志专有权的违法行为，各级工商机关应首先考虑适用《世界博览会标志保护条例》《奥林匹克标志保护条例》《特殊标志管理条例》等进行立案调查及处理。同时，《世界博览会标志保护条例》第15条规定，世界博览会标志除依照本条例受到保护外，还可以依照《著作权法》《商标法》《专利法》《反不正当竞争法》《特殊标志管理条例》等法律、行政法规的规定获得保护。由此可见，《世界博览会标志保护条例》并不是保护世界博览会标志的唯一一个法规，世界博览会标志同样受到其他法律、法规的保护，只是其他法律、法规对特殊标志的保护是有条件的，是间接的。

149. 网络域名权属、侵权纠纷

（1）网络域名权属纠纷

（2）侵害网络域名纠纷

【案由解析】

网络域名，是指网络域名，就是指互联网上识别和定位计算机层次结构式的字符标识，与该计算机的互联网协议地址相对应。

网络域名权属、侵权纠纷，是指当事人之间就网络域名的归属和侵害网络域名的相关权益所引发的纠纷。

【典型形态】

在实践中，网络域名权属、侵权纠纷主要有：

（1）网络域名权属纠纷，是指双方当事人就网络域名归谁所有所引发的纠纷。

（2）侵害网络域名纠纷，是指网络域名权利人因他人擅自使用权利人已注册的网络域名及其相关权益而发生的纠纷。

【相关法律条文及索引】

《最高人民法院关于审理涉及计算机网络域名民事纠纷案件适用法律若干问题的解释》（法释〔2001〕24 号　2001 年 7 月 24 日起施行）

为了正确审理涉及计算机网络域名注册、使用等行为的民事纠纷案件（以下简称域名纠纷案件），根据《中华人民共和国民法通则》（以下简称民法通则）、《中华人民共和国反不正当竞争法》（以下简称反不正当竞争法）和《中华人民共和国民事诉讼法》（以下简称民事诉讼法）等法律的规定，作如下解释：

第一条　对于涉及计算机网络域名注册、使用等行为的民事纠纷，当事人向人民法院提起诉讼，经审查符合民事诉讼法第一百零八条规定的，人民法院应当受理。

第二条　涉及域名的侵权纠纷案件，由侵权行为地或者被告住所地的中级人民法院管辖。对难以确定侵权行为地和被告住所地的，原告发现该域名的计算机终端等设备所在地可以视为侵权行为地。

涉外域名纠纷案件包括当事人一方或者双方是外国人、无国籍人、外国企业或组织、国际组织，或者域名注册地在外国的域名纠纷案件。在中华人民共和国领域内发生的涉外域名纠纷案件，依照民事诉讼法第四编的规定确定管辖。

第三条　域名纠纷案件的案由，根据双方当事人争议的法律关系的性质确定，并在其前冠以计算机网络域名；争议的法律关系的性质难以确定的，可以通称为计算机网络域名纠纷案件。

第四条　人民法院审理域名纠纷案件，对符合以下各项条件的，应当认定被告注册、使用域名等行为构成侵权或者不正当竞争：

（一）原告请求保护的民事权益合法有效；

（二）被告域名或其主要部分构成对原告驰名商标的复制、模仿、翻译或音译；或者与原告的注册商标、域名等相同或近似，足以造成相关公众的误认；

（三）被告对该域名或其主要部分不享有权益，也无注册、使用该域名的正当理由；

（四）被告对该域名的注册、使用具有恶意。

第五条　被告的行为被证明具有下列情形之一的，人民法院应当认定其具有恶意；

（一）为商业目的将他人驰名商标注册为域名的；

（二）为商业目的注册、使用与原告的注册商标、域名等相同或近似的域名，故意造成与原告提供的产品、服务或者原告网站的混淆，误导网络用户访问其网站或其他在线站点的；

（三）曾要约高价出售、出租或者以其他方式转让该域名获取不正当利益的；

（四）注册域名后自己并不使用也未准备使用，而有意阻止权利人注册该域名的；

（五）具有其他恶意情形的。

被告举证证明在纠纷发生前其所持有的域名已经获得一定的知名度，且能与原告的注册商标、域名等相区别，或者具有其他情形足以证明其不具有恶意的，人民法院可以不认定被告具有恶意。

第六条 人民法院审理域名纠纷案件，根据当事人的请求以及案件的具体情况，可以对涉及的注册商标是否驰名依法作出认定。

第七条 人民法院在审理域名纠纷案件中，对符合本解释第四条规定的情形，依照有关法律规定构成侵权的，应当适用相应的法律规定；构成不正当竞争的，可以适用民法通则第四条、反不正当竞争法第二条第一款的规定。

涉外域名纠纷案件，依照民法通则第八章的有关规定处理。

第八条 人民法院认定域名注册、使用等行为构成侵权或者不正当竞争的，可以判令被告停止侵权、注销域名，或者依原告的请求判令由原告注册使用该域名；给权利人造成实际损害的，可以判令被告赔偿损失。

《中国互联网络域名管理办法》（2004 年 12 月 20 日起施行）

第三十六条 域名注册管理机构可以指定中立的域名争议解决机构解决域名争议。

第三十七条 任何人就已经注册或使用的域名向域名争议解决机构提出投诉，并且符合域名争议解决办法规定的条件的，域名持有者应当参与域名争议解决程序。

第三十八条 域名争议解决机构作出的裁决只涉及争议域名持有者信息的变更。

域名争议解决机构作出的裁决与人民法院或者仲裁机构已经发生法律效

力的裁判不一致的，域名争议解决机构的裁决服从于人民法院或者仲裁机构发生法律效力的裁判。

第三十九条　域名争议在人民法院、仲裁机构或域名争议解决机构处理期间，域名持有者不得转让有争议的域名，但域名受让方以书面形式同意接受人民法院裁判、仲裁裁决或争议解决机构裁决约束的除外。

【适用本案由需要注意的问题】

◆对于网络域名权属纠纷案件的管辖，应当区别权属争议发生的原因是合同关系还是侵权行为，分别确定案件管辖。

◆对于侵害网络域名纠纷案件的管辖，根据《民事诉讼法》第28条的规定，因侵权行为提起的诉讼，由侵权行为地或者被告住所地人民法院管辖。侵权行为地，包括侵权行为实施地和侵权结果发生地。《最高人民法院关于审理涉及计算机网络域名民事纠纷案件适用法律若干问题的解释》第2条对侵害网络域名纠纷案件的地域管辖作出了进一步限定。即对难以确定侵权行为地和被告住所地的，原告发现该域名的计算机终端等设备所在地可以视为侵权行为地。涉外域名纠纷案件包括当事人一方或者双方是外国人、无国籍人、外国企业或组织、国际组织，或者域名注册地在外国的域名纠纷案件。在中华人民共和国领域内发生的涉外域名纠纷案件，依照《民事诉讼法》第4编的“涉外民事诉讼程序的特别规定”确定管辖。对于级别管辖，《最高人民法院关于审理涉及计算机网络域名民事纠纷案件适用法律若干问题的解释》第2条规定，涉及域名的侵权纠纷案件，由侵权行为地或者被告住所地的中级人民法院管辖。

150. 发现权纠纷

【案由解析】

发现权，是指集体或者个人在探索阐明自然现象、特征或者规律的科学研究中，取得前人未知的、对科技发展有重大意义的成果，而依法享有的权利。即发现人因重大科学发现，经评审而获得荣誉和物质奖励的权利。发现权是一种民事权利，包括人身权和财产权。发现与发明不同，发明是对现有生产技术水平的变革所取得的科学技术成就，发现则是对自然界或其客观规律的新认识。发现权纠纷，是指当事人之间就发现权的归属以及因发现权其他有关权益所引发的纠纷。

【相关法律条文及索引】

《民法通则》(1987 年 1 月 1 日起施行　2009 年 8 月 27 日修正)

第九十七条　公民对自己的发现享有发现权。发现人有权申请领取发现证书、奖金或者其他奖励。

公民对自己的发明或者其他科技成果，有权申请领取荣誉证书、奖金或者其他奖励。

第一百一十八条　公民、法人的著作权（版权）、专利权、商标专用权、发现权、发明权和其他科技成果权受到剽窃、篡改、假冒等侵害的，有权要求停止侵害，消除影响，赔偿损失。

《科学技术进步法》(2008 年 7 月 1 日起施行)

第十五条　国家建立科学技术奖励制度，对在科学技术进步活动中做出重要贡献的组织和个人给予奖励。具体办法由国务院规定。

国家鼓励国内外的组织或者个人设立科学技术奖项，对科学技术进步给予奖励。

【适用本案由需要注意的问题】

◆发现权纠纷案件的管辖，按照一般侵权纠纷案件的管辖原则，由侵权行为地或者被告住所地人民法院管辖。侵权行为地，包括侵权行为实施地和侵权结果发生地。对于发现权纠纷案件的级别管辖，虽然目前并无明确的法律和司法解释规定，但作为知识产权案件的一种，该类纠纷案件应由中级以上人民法院和经最高人民法院批准具有知识产权案件管辖权的基层人民法院管辖

◆在适用本案由时，要注意其与发明权纠纷的区别。发现与发明不同之处在于，发明是对现有生产技术水平的变革所取得的科学技术成就，发现则是对自然界或其客观规律的新认识，如对新星球、数学定理、物理理论、地震规律方面新的发现等。这些发现不一定能立即应用于生产实践，但它们扩大了人类的知识领域，使人类能够进一步探索大自然以及人类自己（如在生理学方面）的奥秘，有的还能进一步引进应用科学，为人类带来福利，因此受到各国法律的保护和奖励。取得重大理论成就的发现人能获得国际奖金和荣誉。

151. 发明权纠纷

【案由解析】

发明权是指发明人对其基于发明创造的成果而产生的专利和专利申请以外的其他发明成果所享有的权利。

发明权纠纷，是指双方当事人因专利和专利申请以外的其他发明成果的权利的归属及其有关权益发生的争议。根据民法通则规定，发明权主要包括申请领取荣誉证书、奖金或者其他奖励，并且在受到剽窃、篡改、假冒等侵害时，有权要求停止侵害，消除影响，赔偿损失。

发明权的特点主要有以下几点：（1）发明权的客体是专利和专利申请以外的其他发明成果。（2）发明权包括人身权和财产权，且人身权不得转让和继承。

【常用法律条文及索引】

《民法通则》（1987 年 1 月 1 日起施行 2009 年 8 月 27 日修正）

第九十七条 公民对自己的发现享有发现权。发现人有权申请领取发现证书、奖金或者其他奖励。

公民对自己的发明或者其他科技成果，有权申请领取荣誉证书、奖金或者其他奖励。

第一百一十八条 公民、法人的著作权（版权）、专利权、商标专用权、发现权、发明权和其他科技成果权受到剽窃、篡改、假冒等侵害的，有权要求停止侵害，消除影响，赔偿损失。

《科学技术进步法》（2008 年 7 月 1 日起施行）

第十五条 国家建立科学技术奖励制度，对在科学技术进步活动中做出重要贡献的组织和个人给予奖励。具体办法由国务院规定。

国家鼓励国内外的组织或者个人设立科学技术奖项，对科学技术进步给予奖励。

【适用本案由需要注意的问题】

◆发明权纠纷案件的管辖，按照一般侵权纠纷案件的管辖原则，由侵权行为地或者被告住所地人民法院管辖。侵权行为地，包括侵权行为实施地和侵权结果发生地。对于发明权纠纷案件的级别管辖，虽然目前并无明确的法律和司法解释规定，但作为知识产权案件的一种，该类纠纷案件应由中级以上人民法院和经最高人民法院批准具有知识产权案件管辖权的基层人民法院管辖

◆在适用本案有时，要注意其与发现权纠纷的区别。

152. 其他科技成果权纠纷

【案由解析】

其他科技成果权是《民法通则》第97条第2款明确规定的一类知识产权，是指除《民法通则》之外尚无专门的知识产权法律和行政法规作出规定的、发现和发明之外的科学技术成果的权利。科学技术成果，是指人们在科学和技术活动中通过复杂的智力劳动所得出的成果。

其他科技成果权纠纷，是指双方当事人对除民法通则之外尚无专门的知识产权法律和行政法规作出规定的、发现和发明之外的科学技术成果的权利的归属及其有关权益发生的纠纷。

【常用法律条文及索引】

《民法通则》（1987年1月1日起施行　2009年8月27日修正）

第九十七条　公民对自己的发现享有发现权。发现人有权申请领取发现证书、奖金或者其他奖励。

公民对自己的发明或者其他科技成果，有权申请领取荣誉证书、奖金或者其他奖励。

第一百一十八条　公民、法人的著作权（版权）、专利权、商标专用权、发现权、发明权和其他科技成果权受到剽窃、篡改、假冒等侵害的，有权要求停止侵害，消除影响，赔偿损失。

《促进科技成果转化法》（1996年10月1日起施行　2015年8月29日修正）

第十六条　科技成果持有者可以采用下列方式进行科技成果转化：

（一）自行投资实施转化；

（二）向他人转让该科技成果；

（三）许可他人使用该科技成果；

（四）以该科技成果作为合作条件，与他人共同实施转化；

（五）以该科技成果作价投资，折算股份或者出资比例。

……

第二十六条第二款　合作各方应当签订协议，依法约定合作的组织形成、任务分工、资金投入、知识产权归属、权益分配、风险承担和违约责任等事项。

第四十条　科技成果完成单位与其他单位合作进行科技成果转化的，应当依法由合同约定该科技成果有关权益的归属。合同未作约定的，按照下列原则办理：

（一）在合作转化中无新的发明创造的，该科技成果的权益，归该科技成果完成单位；

（二）在合作转化中产生新的发明创造的，该新发明创造的权益归合作各方共有；

（三）对合作转化中产生的科技成果，各方都有实施该项科技成果的权利，转让该科技成果应经合作各方同意。

【适用本案由需要注意的问题】

◆其他科技成果权纠纷案件的管辖，按照一般侵权纠纷案件的管辖原则，由侵权行为地或者被告住所地人民法院管辖。侵权行为地，包括侵权行为实施地和侵权结果发生地。对于其他科技成果权纠纷案件的级别管辖，虽然目前并无明确的法律和司法解释规定，但作为知识产权案件的一种，该类纠纷案件应由中级以上人民法院和经最高人民法院批准具有知识产权案件管辖权的基层人民法院管辖。

◆在适用本案由时，要注意的是，顾名思义，凡是涉及已经有专门知识产权法律或者行政法规规定的科技成果，均应当确定为相应的知识产权纠纷，只有那些无法归类为某种具体类型的知识产权，也不属于发现权和发明权，可是却又与科学技术有关的智力成果的纠纷，才可以确定为其他科学技术成果纠纷。

153. 确认不侵害知识产权纠纷

（1）确认不侵害专利权纠纷

（2）确认不侵害商标权纠纷

（3）确认不侵害著作权纠纷

【案由解析】

确认不侵害知识产权纠纷，是指行为人的利益受到特定知识产权影响，行为人以该知识产权权利人为被告，提起请求确认其有关行为不侵犯该知识产权的诉讼。“特定知识产权影响”指的是一方当事人受到来自另一方特定知识产权权利人的侵权警告或者侵权威胁，但权利人并未在合理期限内依照法定程序请求人民法院解决有关纠纷。

确认不侵害知识产权纠纷的特点主要有：第一，行为人或第三人提起的是一个消极的确认之诉。第二，是对知识产权的专有性提出的限制。

【典型形态】

在实践中，确认不侵害知识产权纠纷主要有：

（1）确认不侵害专利权纠纷，是指专利权人作为被告，涉嫌侵权人作为原告主动提起诉讼，请求法院确认其行为不构成对被告专利权的侵犯。

（2）确认不侵害商标权纠纷，是指商标权人作为被告，涉嫌侵权人作为原告主动提起诉讼，请求法院确认其行为不构成对被告商标权的侵犯。

（3）确认不侵害著作权纠纷，是指著作权人或者邻接权人作为被告，涉嫌侵权人作为原告主动提起诉讼，请求法院确认其行为不构成对被告著作权或邻接权的侵犯。

【常用法律条文及索引】

《最高人民法院关于苏州龙宝生物工程实业公司与苏州朗力福保健品有限公司请求确认不侵犯专利权纠纷案的批复》（2002 年 7 月 12 日 〔2001〕民三他字第 4 号）

江苏省高级人民法院：

你院〔2001〕苏他字第 1 号关于苏州龙宝生物工程实业公司（以下称龙

宝公司）诉苏州朗力福保健品有限公司（以下称朗力福公司）纠纷一案的请示报告收悉。经研究，现答复如下：

依据《中华人民共和国民事诉讼法》第一百零八条和第一百一十一条的规定，对于符合条件的起诉人民法院应当受理。本案中，由于被告朗力福公司向销售原告龙宝公司产品的商家发函称原告的产品涉嫌侵权，导致经销商停止销售原告的产品，使得原告的利益受到了损害，原告与本案有直接的利害关系；原告在起诉中，有明确的被告；有具体的诉讼请求和事实、理由；属于人民法院受理民事诉讼的范围和受诉人民法院管辖，因此，人民法院对本案应当予以受理。

本案中，原告向人民法院提起诉讼的目的，只是针对被告发函指控其侵权的行为而请求法院确认自己不侵权，并不主张被告的行为侵权并追究其侵权责任。以“请求确认不侵犯专利权纠纷”作为案由，更能直接地反映当事人争议的本质，体现当事人的请求与法院裁判事项的核心内容。

同意你院审判委员会多数人的意见。

《最高人民法院关于审理侵犯专利权纠纷案件应用法律若干问题的解释》（法释〔2009〕21号　2010年1月1日起施行）

第十八条　权利人向他人发出侵犯专利权的警告，被警告人或者利害关系人经书面催告权利人行使诉权，自权利人收到该书面催告之日起一个月内或者自书面催告发出之日起二个月内，权利人不撤回警告也不提起诉讼，被警告人或者利害关系人向人民法院提起请求确认其行为不侵犯专利权的诉讼的，人民法院应当受理。

【适用本案由需要注意的问题】

◆确认不侵害知识产权纠纷，在性质上属于侵权纠纷。故该类纠纷案件的管辖，按照一般侵权纠纷案件的管辖原则，由侵权行为地或者被告住所地人民法院管辖。侵权行为地，包括侵权行为实施地和侵权结果发生地。对于确认不侵害知识产权纠纷案件的级别管辖，虽然目前并无明确的法律和司法解释规定，但作为知识产权案件的一种，该类纠纷案件应由中级以上人民法院和经最高人民法院批准具有知识产权案件管辖权的基层人民法院管辖。

◆在适用本案由时，要注意其与知识产权侵权纠纷的区别。两者区别主要是知识产权侵权纠纷的原告是知识产权权利人，而确认不侵害知识产权纠纷案件的被告是知识产权权利人，且是由于权利人并未在合理期限内依照法定程序请求人民法院解决有关纠纷，涉嫌侵害权利人专有知识产权的一方才提起诉讼。确认不侵害知识产权纠纷是一种消极的确认之诉，而知识产权侵权纠纷是积极确认之诉。

154. 因申请知识产权临时措施损害责任纠纷

（1）因申请诉前停止侵害专利权损害责任纠纷

（2）因申请诉前停止侵害注册商标专用权损害责任纠纷

（3）因申请诉前停止侵害著作权损害责任纠纷

（4）因申请诉前停止侵害植物新品种权损害责任纠纷

（5）因申请海关知识产权保护措施损害责任纠纷

【案由解析】

因申请知识产权临时措施损害责任纠纷，是指在人民法院应知识产权权利人的申请而采取临时措施之后，因申请人不起诉或者申请错误造成被申请人损失而发生的损害责任纠纷。

临时措施，指的是司法机关在对案件事实和法律问题进行全面审查并作出终局决定前，因情况紧急而为权利人采取的临时性的救济措施。目前，我国法律规定的临时措施主要包括三种：责令停让有关行为（一般称为临时禁令）、财产保全和证据保全。

【典型形态】

在实践中，因申请知识产权临时措施损害责任纠纷主要有：

（1）因申请诉前停止侵害专利权损害责任纠纷，是指在人民法院应专利权人的申请而采取临时措施之后，因申请人不起诉或者申请错误造成被申请人损失而发生的损害责任纠纷。

（2）因申请诉前停止侵害注册商标专用权损害责任纠纷，是指在人民法院应商标专用权人的申请而采取临时措施之后，因申请人不起诉或者申请错误造成被申请人损失而发生的损害责任纠纷。

（3）因申请诉前停止侵害著作权损害责任纠纷，是指在人民法院应著作权人或邻接权人的申请而采取临时措施之后，因申请人不起诉或者申请错误造成被申请人损失而发生的损害责任纠纷。

（4）因申请诉前停止侵害植物新品种权损害责任纠纷，是指在人民法院应植物新品种权利人的申请而采取临时措施之后，因申请人不起诉或者申请错误造成被申请人损失而发生的损害责任纠纷。

（5）因申请海关知识产权保护措施损害责任纠纷，是指在海关应知识产权权利人的申请而采取临时措施之后，因申请人不起诉或者申请错误造成被申请人损失而发生的损害责任纠纷。

【常用法律条文及索引】

《民事诉讼法》（1991 年 4 月 9 日起施行 2017 年 6 月 27 日修正）

第一百零一条 利害关系人因情况紧急，不立即申请保全将会使其合法权益受到难以弥补的损害的，可以在提起诉讼或者申请仲裁前向被保全财产所在地、被申请人住所地或者对案件有管辖权的人民法院申请采取保全措施。申请人应当提供担保，不提供担保的，裁定驳回申请。

人民法院接受申请后，必须在四十八小时内作出裁定；裁定采取保全措施的，应当立即开始执行。

申请人在人民法院采取保全措施后三十日内不依法提起诉讼或者申请仲裁的，人民法院应当解除保全。

第一百零五条 申请有错误的，申请人应当赔偿被申请人因财产保全所遭受的损失。

《专利法》（1985 年 4 月 1 日起施行 2008 年 12 月 27 日修正）

第六十六条 专利权人或者利害关系人有证据证明他人正在实施或者即将实施侵犯专利权的行为，如不及时制止将会使其合法权益受到难以弥补的损害的，可以在起诉前向人民法院申请采取责令停止有关行为的措施。

申请人提出申请时，应当提供担保；不提供担保的，驳回申请。

人民法院应当自接受申请之时起四十八小时内作出裁定；有特殊情况需要延长的，可以延长四十八小时。裁定责令停止有关行为的，应当立即执行。当事人对裁定不服的，可以申请复议一次；复议期间不停止裁定的执行。

申请人自人民法院采取责令停止有关行为的措施之日起十五日内不起诉的，人民法院应当解除该措施。

申请有错误的，申请人应当赔偿被申请人因停止有关行为所遭受的损失。

第六十七条 为了制止专利侵权行为，在证据可能灭失或者以后难以取得的情况下，专利权人或者利害关系人可以在起诉前向人民法院申请保全证据。

人民法院采取保全措施，可以责令申请人提供担保；申请人不提供担保的，驳回申请。

人民法院应当自接受申请之时起四十八小时内作出裁定；裁定采取保全措施的，应当立即执行。

申请人自人民法院采取保全措施之日起十五日内不起诉的，人民法院应当解除该措施。

《商标法》（1983 年 3 月 1 日起施行　2013 年 8 月 30 日修正）

第六十五条　商标注册人或者利害关系人有证据证明他人正在实施或者即将实施侵犯其注册商标专用权的行为，如不及时制止将会使其合法权益受到难以弥补的损害的，可以依法在起诉前向人民法院申请采取责令停止有关行为和财产保全的措施。

第六十六条　为制止侵权行为，在证据可能灭失或者以后难以取得的情况下，商标注册人或者利害关系人可以依法在起诉前向人民法院申请保全证据。

《著作权法》（1991 年 6 月 1 日起施行　2010 年 2 月 26 日修正）

第五十六条　当事人对行政处罚不服的，可以在收到行政处罚决定书三个月内向人民法院起诉，期满不起诉又不履行的，著作权行政管理部门可以申请人民法院执行。

第五十七条　本法所称的著作权即版权。

《计算机软件保护条例》（2002 年 1 月 1 日起施行　2013 年 1 月 30 日修正）

第二十六条　软件著作权人有证据证明他人正在实施或者即将实施侵犯其权利的行为，如不及时制止，将会使其合法权益受到难以弥补的损害的，可以依照《中华人民共和国著作权法》第五十条的规定，在提起诉讼前向人民法院申请采取责令停止有关行为和财产保全的措施。

第二十七条　为了制止侵权行为，在证据可能灭失或者以后难以取得的情况下，软件著作权人可以依照《中华人民共和国著作权法》第五十一条的规定，在提起诉讼前向人民法院申请保全证据。

《集成电路布图设计保护条例》（2001 年 10 月 1 日起施行）

第三十二条　布图设计权利人或者利害关系人有证据证明他人正在实施

或者即将实施侵犯其专有权的行为，如不及时制止将会使其合法权益受到难以弥补的损害的，可以在起诉前依法向人民法院申请采取责令停止有关行为和财产保全的措施。

《最高人民法院关于对诉前停止侵犯专利权行为适用法律问题的若干规定》（法释〔2001〕20号　2001年7月1日起施行）

第十三条　申请人不起诉或者申请错误造成被申请人损失的，被申请人可以向有管辖权的人民法院起诉请求申请人赔偿，也可以在专利权人或者利害关系人提起的专利权侵权诉讼中提出损害赔偿的请求，人民法院可以一并处理。

《最高人民法院关于诉前停止侵犯注册商标专用权行为和保全证据适用法律问题的解释》（法释〔2002〕2号　2002年1月22日起施行）

第十三条　申请人不起诉或者申请错误造成被申请人损失的，被申请人可以向有管辖权的人民法院起诉请求申请人赔偿，也可以在商标注册人或者利害关系人提起的侵犯注册商标专用权的诉讼中提出损害赔偿请求，人民法院可以一并处理。

《最高人民法院关于审理著作权民事纠纷案件适用法律若干问题的解释》（法释〔2002〕31号　2002年10月15日起施行）

第三十条　对2001年10月27日前发生的侵犯著作权行为，当事人于2001年10月27日后向人民法院提出申请采取责令停止侵权行为或者证据保全措施的，适用著作权法第四十九条、第五十条的规定。

人民法院采取诉前措施，参照《最高人民法院关于诉前停止侵犯注册商标专用权行为和保全证据适用法律问题的解释》的规定办理。

《最高人民法院关于开展涉及集成电路布图设计案件审判工作的通知》（2001年11月16日起施行）

第三条　对于申请人民法院采取诉前责令停止侵犯布图设计专有权行为措施的，应当参照《最高人民法院关于对诉前停止侵犯专利权行为适用法律问题的若干规定》执行。

《最高人民法院关于审理侵犯植物新品种权纠纷案件具体应用法律问题的若干规定》（法释〔2007〕1号　2007年2月1日起施行）

第五条　品种权人或者利害关系人向人民法院提起侵犯植物新品种权诉讼时，同时提出先行停止侵犯植物新品种权行为或者保全证据请求的，人民法院经审查可以先行作出裁定。

人民法院采取证据保全措施时，可以根据案件具体情况，邀请有关专业技术人员按照相应的技术规程协助取证。

《知识产权海关保护条例》（2004 年 3 月 1 日起施行　2010 年 3 月 24 日修正）

第二十八条　海关接受知识产权保护备案和采取知识产权保护措施的申请后，因知识产权权利人未提供确切情况而未能发现侵权货物、未能及时采取保护措施或者采取保护措施不力的，由知识产权权利人自行承担责任。

知识产权权利人请求海关扣留侵权嫌疑货物后，海关不能认定被扣留的侵权嫌疑货物侵犯知识产权权利人的知识产权，或者人民法院判定不侵犯知识产权权利人的知识产权的，知识产权权利人应当依法承担赔偿责任。

【适用本案由需要注意的问题】

◆关于该类案件的地域管辖，《最高人民法院关于对诉前停止侵犯专利权行为适用法律问题的若干规定》第 2 条规定："诉前责令停止侵犯专利权行为的申请，应当向有专利侵权案件管辖权的人民法院提出。"该规定第 13 条规定："申请人不起诉或者申请错误造成被申请人损失的，被申请人可以向有管辖权的人民法院起诉请求申请人赔偿，也可以在专利权人或者利害关系人提起的专利权侵权诉讼中提出损害赔偿的请求，人民法院可以一并处理。"《最高人民法院关于诉前停止侵犯注册商标专用权行为和保全证据适用法律问题的解释》第 2 条规定："诉前责令停止侵犯注册商标专用权行为或者保全证据的申请，应当向侵权行为地或者被申请人住所地对商标案件有管辖权的人民法院提出。"该解释第 13 条规定："申请人不起诉或者申请错误造成被申请人损失的，被申请人可以向有管辖权的人民法院起诉请求申请人赔偿，也可以在商标注册人或者利害关系人提起的侵犯注册商标专用权的诉讼中提出损害赔偿请求，人民法院可以一并处理。"根据《最高人民法院关于审理著作权民事纠纷案件适用法律若干问题的解释》第 30 条第 2 款，人民法院在著作权案件中采取诉前措施，参照《最高人民法院关于诉前停止侵犯注册商标专用权行为和保全证据适用法律问题的解释》的规定办理。

根据上述规定，因申请知识产权临时措施损害责任纠纷的地域管辖，可以是受理知识产权临时措施案件的法院，也可以是被告住所地或者是在法院裁定采取知识产权临时措施后知识产权权利人提起相应侵权诉讼的审理法院。

对于因申请海关知识产权保护措施损害责任纠纷，根据《最高人民法院关于审理商标民事纠纷案件适用法律若干问题的解释》第6条和《最高人民法院关于审理著作权民事纠纷案件适用法律若干问题的解释》第4条的规定，海关查封扣押地也是侵权行为地。因此，采取查封扣押措施的海关所在地、被告住所地法院和知识产权权利人提起相应侵权诉讼的审理法院均可以行使管辖权。

因申请知识产权临时措施损害责任纠纷案件系属知识产权纠纷案件，故该类纠纷案件应由中级以上人民法院和经最高人民法院批准的具有知识产权案件管辖权的基层人民法院管辖。

155. 因恶意提起知识产权诉讼损害责任纠纷

【案由解析】

因恶意提起知识产权诉讼损害责任纠纷，是指一方为获取非法或不正当利益而恶意提起知识产权诉讼，从而引发的纠纷。

目前，恶意诉讼在我国并无明确的定义，从学理上分析，一般可认为，恶意诉讼指的是一方当事人以虚假的事实提起诉讼，利用诉讼获取自己不正当利益的诉讼行为。也就是说因恶意提起知识产权诉讼损害责任纠纷，就是一种以保护自己的知识产权为幌子，侵害他人合法权益，从而使得他人蒙受利益损失的不合情理的侵权行为。

恶意诉讼的实质是妄图用合法形式掩盖非法目的，其特征主要有以下几点：（1）恶意诉讼是行为人利用诉讼机制而提起的诉讼作为。（2）恶意诉讼行为人的主观动机是恶意的。（3）恶意诉讼具有双重违法性：一是恶意诉讼以损害他人利益追求自己非法利益为目的，具有侵权性质，是一种侵权行为，只不过这种侵权行为与一般的侵权行为相比有其自身的特殊性，它的侵权手段借用了国家正当的诉讼机制，形式的合法性具有较强的迷惑性，一般不易识别；二是恶意诉讼严重扰乱了国家正当的诉讼秩序，浪费了诉讼资源，损害了司法公正、司法权威与诉讼价值，具有恶意的、严重的违法性。

【常用法律条文及索引】

《民法通则》(1987年1月1日起施行 2009年8月27日修正)

第一百零六条 公民、法人违反合同或者不履行其他义务的，应当承担民事责任。

公民、法人由于过错侵害国家的、集体的财产，侵害他人财产、人身的，应当承担民事责任。

没有过错，但法律规定应当承担民事责任的，应当承担民事责任。

《专利法》(1985年4月1日起施行 2008年12月27日修正)

第四十七条 宣告无效的专利权视为自始即不存在。

宣告专利权无效的决定，对在宣告专利权无效前人民法院作出并已执行的专利侵权的判决、调解书，已经履行或者强制执行的专利侵权纠纷处理决定，以及已经履行的专利实施许可合同和专利权转让合同，不具有追溯力。但是因专利权人的恶意给他人造成的损失，应当给予赔偿。

依照前款规定不返还专利侵权赔偿金、专利使用费、专利权转让费，明显违反公平原则的，应当全部或者部分返还。

【适用本案由需要注意的问题】

◆因恶意提起知识产权诉讼损害责任纠纷本质上系属于侵权纠纷，故按照一般侵权纠纷案件的管辖原则，该类纠纷案件由侵权行为地或者被告住所地人民法院管辖。侵权行为地，包括侵权行为实施地和侵权结果发生地。恶意诉讼的受理地一般就属于侵权行为地。

因恶意提起知识产权诉讼损害责任纠纷的级别管辖，目前虽然尚无法律或者司法解释的明确规定，但应当符合知识产权案件的一般管辖规则。对于涉及专利等特殊类型知识产权问题的案件，为确保案件审理的顺利进行，一般应由具有特殊知识产权案件管辖权的法院管辖。

156. 专利权宣告无效后返还费用纠纷

【案由解析】

专利权宣告无效后返还费用纠纷是指因专利权宣布无效后被控专利侵权

人、专利被许可人、专利受让人依法要求专利权人返还专利侵权赔偿金、专利使用费、专利权转让费而提起的诉讼纠纷。

【相关法律条文及索引】

《专利法》（1985 年 4 月 1 日起施行 2008 年 12 月 27 日修正）

第四十七条 宣告无效的专利权视为自始即不存在。

宣告专利权无效的决定，对在宣告专利权无效前人民法院作出并已执行的专利侵权的判决、调解书，已经履行或者强制执行的专利侵权纠纷处理决定，以及已经履行的专利实施许可合同和专利权转让合同，不具有追溯力。但是因专利权人的恶意给他人造成的损失，应当给予赔偿。

依照前款规定不返还专利侵权赔偿金、专利使用费、专利权转让费，明显违反公平原则的，应当全部或者部分返还。

【适用本案由需要注意的问题】

◆对于专利权宣告无效后返还费用纠纷的管辖，首先应区分基础法律关系是侵权法律关系还是合同法律关系。若是因之前存在的专利侵权纠纷而在专利权被宣告无效后被控侵权人提出的返还侵权赔偿金纠纷，一般应按照专利侵权案件的管辖规则来确定管辖（参见本书案由“144. 专利权权属、侵权纠纷”中“适用本案由需要注意的问题”部分）。对于因存在专利权转让合同而在专利权被宣告无效后受让人提出的返还专利权转让费纠纷，可以按照专利权转让合同案件的管辖规则来确定管辖（参见本书案由“132. 专利合同纠纷”中“适用本案由需要注意的问题”部分）。对于因存在专利实施许可合同而在专利权被宣告无效后被许可人提出的返还专利使用费纠纷；可以按照专利实施许可合同案件管辖规则来确定管辖（参见本书案由“132. 专利合同纠纷”中“适用本案由需要注意的问题”部分）。

十五、不正当竞争纠纷

157. 仿冒纠纷

（1）擅自使用知名商品特有名称、包装、装潢纠纷

（2）擅自使用他人企业名称、姓名纠纷

（3）伪造、冒用产品质量标志纠纷

（4）伪造产地纠纷

【案由解析】

仿冒行为是指公民、法人或者其他组织在生产经营过程中为了争夺竞争优势，在自己的商品或者营业标志上不正当地使用他人的标志，使自己的商品或者营业与他人经营的商品、营业相混淆，牟取不正当利益的行为。具体表现为擅自使用其他经营者特有的、为公众所熟知的注册商标、商品的名称、包装、装潢或者各种质量标志，导致消费者混淆和市场混乱。

仿冒纠纷，是指公民、法人或者其他组织在生产经营过程中，擅自使用知名商品特有名称、包装、装潢和他人企业名称和姓名，通过伪造和冒用他人产品质量标志和产地等不正当竞争手段，损害其他公民、法人和组织的合法权益所引起的纠纷。

【典型形态】

在实践中，仿冒纠纷主要有：

（1）擅自使用知名商品特有名称、包装、装潢纠纷，是指公民、法人或者其他组织在生产经营过程中为了争夺竞争优势，未经权利人许可，擅自使用知名商品特有名称、包装和装潢或者使用与知名商品相近似的名称、包装和装潢，导致消费者混淆从而引发的纠纷。知名商品，是指在市场上具有一定知名度，为相关公众所知悉的商品。

（2）擅自使用他人企业名称、姓名纠纷，是指公民、法人或者其他组织在生产经营过程中为了争夺竞争优势，未经权利人许可，擅自使用他人企业名称、名号或者姓名，导致消费者误认为是他人商品所引发的纠纷。

（3）伪造、冒用产品质量标志纠纷，是指公民、法人或者其他组织在生产经营过程中为了争夺竞争优势，未经权利人许可，采取伪造、冒用的手段，将他人的产品质量标志用在自己生产经营的产品上，导致消费者混淆从而引发的纠纷。

（4）伪造产地纠纷，是指公民、法人或者其他组织在生产经营过程中为了争夺竞争优势，伪造自己生产经营的商品或者服务的制造地或者来源地，侵犯他人合法权益而产生的纠纷。

【常用法律条文及索引】

《反不正当竞争法》（1993 年 12 月 1 日起施行　2017 年 11 月 4 日修订）

第六条　经营者不得实施下列混淆行为，引人误认为是他人商品或者与他人存在特定联系：

（一）擅自使用与他人有一定影响的商品名称、包装、装潢等相同或者近似的标识；

（二）擅自使用他人有一定影响的企业名称（包括简称、字号等）、社会组织名称（包括简称等）、姓名（包括笔名、艺名、译名等）；

（三）擅自使用他人有一定影响的域名主体部分、网站名称、网页等；

（四）其他足以引人误认为是他人商品或者与他人存在特定联系的混淆行为。

《最高人民法院关于审理不正当竞争民事案件应用法律若干问题的解释》（法释〔2007〕2 号　2007 年 2 月 1 日起施行）

第一条　在中国境内具有一定的市场知名度，为相关公众所知悉的商品，应当认定为反不正当竞争法第五条第（二）项规定的“知名商品”。人民法院认定知名商品，应当考虑该商品的销售时间、销售区域、销售额和销售对象，进行任何宣传的持续时间、程度和地域范围，作为知名商品受保护的情况等因素，进行综合判断。原告应当对其商品的市场知名度负举证责任。

在不同地域范围内使用相同或者近似的知名商品特有的名称、包装、装潢，在后使用者能够证明其善意使用的，不构成反不正当竞争法第五条第（二）项规定的不正当竞争行为。因后来的经营活动进入相同地域范围而使其商品来源足以产生混淆，在先使用者请求责令在后使用者附加足以区别商品来源的其他标识的，人民法院应当予以支持。

第二条　具有区别商品来源的显著特征的商品的名称、包装、装潢，应当认定为反不正当竞争法第五条第（二）项规定的“特有的名称、包装、装潢”。有下列情形之一的，人民法院不认定为知名商品特有的名称、包装、装潢：

（一）商品的通用名称、图形、型号；

（二）仅仅直接表示商品的质量、主要原料、功能、用途、重量、数量及其他特点的商品名称；

（三）仅由商品自身的性质产生的形状，为获得技术效果而需有的商品形状以及使商品具有实质性价值的形状；

（四）其他缺乏显著特征的商品名称、包装、装潢。

前款第（一）、（二）、（四）项规定的情形经过使用取得显著特征的，可以认定为特有的名称、包装、装潢。

知名商品特有的名称、包装、装潢中含有本商品的通用名称、图形、型号，或者直接表示商品的质量、主要原料、功能、用途、重量、数量以及其他特点，或者含有地名，他人因客观叙述商品而正当使用的，不构成不正当竞争行为。

第三条 由经营者营业场所的装饰、营业用具的式样、营业人员的服饰等构成的具有独特风格的整体营业形象，可以认定为反不正当竞争法第五条第（二）项规定的“装潢”。

第四条 足以使相关公众对商品的来源产生误认，包括误认为与知名商品的经营者具有许可使用、关联企业关系等特定联系的，应当认定为反不正当竞争法第五条第（二）项规定的“造成和他人的知名商品相混淆，使购买者误认为是该知名商品”。

在相同商品上使用相同或者视觉上基本无差别的商品名称、包装、装潢，应当视为足以造成和他人知名商品相混淆。

认定与知名商品特有名称、包装、装潢相同或者近似，可以参照商标相同或者近似的判断原则和方法。

第五条 商品的名称、包装、装潢属于商标法第十条第一款规定的不得作为商标使用的标志，当事人请求依照反不正当竞争法第五条第（二）项规定予以保护的，人民法院不予支持。

第六条 企业登记主管机关依法登记注册的企业名称，以及在中国境内进行商业使用的外国（地区）企业名称，应当认定为反不正当竞争法第五条第（三）项规定的“企业名称”。具有一定的市场知名度、为相关公众所知悉的企业名称中的字号，可以认定为反不正当竞争法第五条第（三）项规定的“企业名称”。

在商品经营中使用的自然人的姓名，应当认定为反不正当竞争法第五条第（三）项规定的“姓名”。具有一定的市场知名度、为相关公众所知悉的自然人的笔名、艺名等，可以认定为反不正当竞争法第五条第（三）项规定的“姓名”。

【适用本案由需要注意的问题】

◆对于仿冒纠纷案件的地域管辖，应当按照一般侵权案件确定管辖，由侵权行为地或者被告住所地人民法院管辖。侵权行为地，包括侵权行为实施地和侵权结果发生地。对于仿冒纠纷的级别管辖，根据《最高人民法院关于审理不正当竞争民事案件应用法律若干问题的解释》第 18 条的规定，一般由中级人民法院管辖。经最高人民法院批准的基层人民法院也可以受理。

◆在适用本案由时，要注意区分仿冒行为与假冒行为的区别：(1) 侵犯的客体不同。仿冒行为侵犯的是市场竞争秩序；假冒侵犯的是商标管理秩序。(2) 违法对象不同。违法对象是违法客体的物质承担者，违法客体是违法对象所体现的社会关系。仿冒行为的违法对象是知名商品的"名称""包装""装潢"；假冒行为的违法对象是他人的"注册商标"。(3) 客观表现不同。仿冒行为客观上表现为违反反不正当竞争法，擅自将知名商品的名称、包装、装潢作相同或近似使用；假冒行为客观上表现为违反商标管理法规，假冒或者伪造、销售他人注册商标。(4) 侵害结果不同。仿冒行为造成和他人知名商品相混淆，使购买者误认为是该知名商品，具有损害竞争对手之目的；假冒行为是构成对商品标志、记号（文字、图形）的误认，对同类商品无法区别，具有侵犯他人注册商标专用权之目的。

158. 商业贿赂不正当竞争纠纷

【案由解析】

商业贿赂行为是不正当竞争行为的一种，是指经营者以排斥竞争对手为目的，为使自己在销售或购买商品或提供服务等业务活动中获得利益，而采取的向交易相对人及其职员或其代理人暗中提供或许诺提供某种利益，从而实现交易的不正当竞争行为。

商业贿赂不正当竞争纠纷，是指公民、法人或其他组织为自己在销售或购买商品或提供服务等业务活动中获得利益，向其交易相对人提供商业贿赂，损害其竞争对手的合法权益而引发的纠纷。

商业贿赂行为的特征主要有：(1) 主体是经营者，贿赂对方单位或者个人。作为商业贿赂主体的经营者不限于法人，除法人外，还包括其他组织和个人。法人也不限于企业法人，还包括从事经营活动的事业单位法人、社会团体法人。(2) 目的是为销售商品或者购买商品，即为达到商业目的，通过贿赂手段，获取优于其他经营者的竞争地位。(3) 手段有两类，即财物手段和其他手段。当然，商业贿赂与其他贿赂都属于贿赂的范畴，触犯刑法的都要给予刑事制裁，但在行政责任上是不同的，商业贿赂由工商行政管理机关根据《反不正当竞争法》给予行政处罚，其他贿赂要受党纪政纪处分。

【常用法律条文及索引】

《反不正当竞争法》(1993 年 12 月 1 日起施行　2017 年 11 月 4 日修订)

第七条　经营者不得采用财物或者其他手段贿赂下列单位或者个人，以谋取交易机会或者竞争优势：

(一) 交易相对方的工作人员；

(二) 受交易相对方委托办理相关事务的单位或者个人；

(三) 利用职权或者影响力影响交易的单位或者个人。

经营者在交易活动中，可以以明示方式向交易相对方支付折扣，或者向中间人支付佣金。经营者向交易相对方支付折扣、向中间人支付佣金的，应当如实入账。接受折扣、佣金的经营者也应当如实入账。

经营者的工作人员进行贿赂的，应当认定为经营者的行为；但是，经营者有证据证明该工作人员的行为与为经营者谋取交易机会或者竞争优势无关的除外。

《关于禁止商业贿赂行为的暂行规定》(1996 年 11 月 15 日起施行)

第二条　经营者不得违反《反不正当竞争法》第八条规定，采用商业贿赂手段销售或者购买商品。

本规定所称商业贿赂，是指经营者为销售或者购买商品而采用财物或者其他手段贿赂对方单位或者个人的行为。

前款所称财物，是指现金和实物，包括经营者为销售或者购买商品，假借促销费、宣传费、赞助费、科研费、劳务费、咨询费、佣金等名义，或者以报销各种费用等方式，给付对方单位或者个人的财物。

第二款所称其他手段，是指提供国内外各种名义的旅游、考虑等给付财物以外的其他利益的手段。

第三条　经营者的职工采用商业贿赂手段为经营者销售或者购买商品的行为，应当认定为经营者的行为。

第四条　任何单位或者个人在销售或者购买商品时不得收受或者索取贿赂。

第五条　在账外暗中给予对方单位或者个人回扣的，以行贿论处；对方单位或者个人在账外暗中收受回扣的，以受贿论处。

本规定所称回扣，是指经营者销售商品时在账外暗中以现金、实物或者其他方式退给对方单位或者个人的一定比例的商品价款。

本规定所称账外暗中，是指未在依法设立的反映其生产经营活动或者行政事业经费收支的财务账上按照财务会计制度规定明确如实记载，包括不记入财务账、转入其他财务账或者做假账等。

第六条　经营者销售商品，可以以明示方式给予对方折扣。经营者给予对方折扣的，必须如实入账；经营者或者其他单位接受折扣的，必须如实入账。

本规定所称折扣，即商品购销中的让利，是指经营者在销售商品时，以明示并如实入账的方式给予对方的价格优惠，包括支付价款时对价款总额按一定比例即时予以扣除和支付价款总额后再按一定比例予以退还两种形式。

本规定所称明示和入账，是指根据合同约定的金额和支付方式，在依法设立的反映其生产经营活动或者行政事业经费收支的财务账上按照财务会计制度规定明确如实记载。

第七条　经营者销售或者购买商品，可以以明示方式给中间人佣金。

经营者给中间人佣金的，必须如实入账；中间人接受佣金的，必须如实入账。

本规定所称佣金，是指经营者在市场交易中给予为其提供服务的具有合法经营资格的中间人的劳务报酬。

第八条　经营者在商品交易中不得向对方单位或者其个人附赠现金或者物品。但按照商业惯例赠送小额广告礼品的除外。

违反前款规定的，视为商业贿赂行为。

【适用本案由需要注意的问题】

◆对于商业贿赂不正当竞争纠纷案件的地域管辖，应当按照一般侵权案件确定管辖，由侵权行为地或者被告住所地人民法院管辖。侵权行为地，包括侵权行为实施地和侵权结果发生地。对于该类案件的级别管辖，根据《最高人民法院关于审理不正当竞争民事案件应用法律若干问题的解释》第18

条的规定，一般由中级人民法院管辖，经最高人民法院批准的基层人民法院也可以受理。

159. 虚假宣传纠纷

【案由解析】

虚假宣传是指在商业活动中经营者利用广告或其他方法对商品或者服务作出与实际内容不相符的虚假信息（包括对商品或服务的质量、制作成分、性能、用途、生产者、有效期限、产地等），导致客户或消费者误解的行为。这种行为违反诚实信用原则，违反公认的商业准则，是一种严重的不正当竞争行为。

虚假宣传纠纷，是指在商业活动中，生产经营者利用广告或者其他方法，对商品的质量、制作成分、性能、用途、生产者、有效期限、产地等作出引人误解的虚假宣传而引发的民事纠纷。

虚假宣传的特征主要有：（1）行为的违法性。虚假宣传之所以是违法行为，在于它违反了我国《广告法》和《反不正当竞争法》的有关规定，妨碍社会公共秩序和有悖社会善良风气，同时损害了消费者或其他生产经营者的合法权益，具有一定的社会危害性。（2）宣传内容的不真实性。虚假宣传的一个重要特征就是宣传内容不能真实地、客观地介绍有关商品或服务的情况，即宣传内容与实际半成品或服务情况明显不符。（3）手段的欺骗性。这主要表现在生产经营者或服务者在宣传中采取虚构事实和扩大事实或隐瞒真相等手段，从而误导消费者，使其产生错误的认识，而购买商品或接受服务。

【常用法律条文及索引】

《反不正当竞争法》（1993 年 12 月 1 日起施行　2017 年 11 月 4 日修订）

第八条　经营者不得对其商品的性能、功能、质量、销售状况、用户评价、曾获荣誉等作虚假或者引人误解的商业宣传，欺骗、误导消费者。

经营者不得通过组织虚假交易等方式，帮助其他经营者进行虚假或者引人误解的商业宣传。

《广告法》（1995 年 2 月 1 日起施行　2015 年 4 月 24 日修订）

第八条　广告中对商品的性能、功能、产地、用途、质量、成分、价格、生产者、有效期限、允诺等或者对服务的内容、提供者、形式、质量、价格、允诺等有表示的，应当准确、清楚、明白。

广告中表明推销的商品或者服务附带赠送的，应当明示所附带赠送商品或者服务的品种、规格、数量、期限和方式。

法律、行政法规规定广告中应当明示的内容，应当显著、清晰表示。

第十一条 广告内容涉及的事项需要取得行政许可的，应当与许可的内容相符合。

广告使用数据、统计资料、调查结果、文摘、引用语等引证内容的，应当真实、准确，并表明出处。引证内容有适用范围和有效期限的，应当明确表示。

第十二条 广告中涉及专利产品或者专利方法的，应当标明专利号和专利种类。

未取得专利权的，不得在广告中谎称取得专利权。

禁止使用未授予专利权的专利申请和已经终止、撤销、无效的专利作广告。

第十三条 广告不得贬低其他生产经营者的商品或者服务。

第十四条 广告应当具有可识别性，能够使消费者辨明其为广告。

大众传播媒介不得以新闻报道形式变相发布广告。通过大众传播媒介发布的广告应当显著标明“广告”，与其他非广告信息相区别，不得使消费者产生误解。

广播电台、电视台发布广告，应当遵守国务院有关部门关于时长、方式的规定，并应当对广告时长作出明显提示。

第十六条 医疗、药品、医疗器械广告不得含有下列内容：

（一）表示功效、安全性的断言或者保证；

（二）说明治愈率或者有效率；

（三）与其他药品、医疗器械的功效和安全性或者其他医疗机构比较；

（四）利用广告代言人作推荐、证明；

（五）法律、行政法规规定禁止的其他内容。

药品广告的内容不得与国务院药品监督管理部门批准的说明书不一致，并应当显著标明禁忌、不良反应。处方药广告应当显著标明“本广告仅供医学药学专业人士阅读”，非处方药广告应当显著标明“请按药品说明书或者在药师指导下购买和使用”。

推荐给个人自用的医疗器械的广告，应当显著标明“请仔细阅读产品说明书或者在医务人员的指导下购买和使用”。医疗器械产品注册证明文件中有禁忌内容、注意事项的，广告中应当显著标明“禁忌内容或者注意事项详见说明书”。

《最高人民法院关于审理不正当竞争民事案件应用法律若干问题的解释》（法释〔2007〕2号 2007年2月1日起施行）

第八条 经营者具有下列行为之一，足以造成相关公众误解的，可以认定为反不正当竞争法第九条第一款规定的引人误解的虚假宣传行为：

（一）对商品作片面的宣传或者对比的；

（二）将科学上未定论的观点、现象等当作定论的事实用于商品宣传的；

（三）以歧义性语言或者其他引人误解的方式进行商品宣传的。

以明显的夸张方式宣传商品，不足以造成相关公众误解的，不属于引人误解的虚假宣传行为。

人民法院应当根据日常生活经验、相关公众一般注意力、发生误解的事实和被宣传对象的实际情况等因素，对引人误解的虚假宣传行为进行认定。

【适用本案由需要注意的问题】

◆对于虚假宣传纠纷案件的地域管辖，应当按照一般侵权案件确定管辖，由侵权行为地或者被告住所地人民法院管辖。侵权行为地，包括侵权行为实施地和侵权结果发生地。对于该类案件的级别管辖，根据《最高人民法院关于审理不正当竞争民事案件应用法律若干问题的解释》第18条的规定，一般由中级人民法院管辖，经最高人民法院批准的基层人民法院也可以受理。

◆在适用本案由时，应注意区分虚假宣传纠纷与仿冒纠纷的区别。仿冒行为是仿冒其他商标或商品等特征，欺骗消费者使其误认为是其他商标或商品；虚假宣传则只是单纯夸大质量、制作成分、性能、用途、生产者、有效期限、产地等，使消费者误解。

160. 侵害商业秘密纠纷

（1）侵害技术秘密纠纷

（2）侵害经营秘密纠纷

【案由解析】

商业秘密，是指不为公众所知悉、能为权利人带来经济利益，具有实用性并经权利人采取保密措施的技术信息和经营信息。因此商业秘密包括两部分：技术信息和经营信息。

侵害商业秘密纠纷，是指公民、法人或其他组织违反法律法规，采取不正当手段获取、使用或者披露权利人的商业秘密而引发的民事纠纷。采取不正当手段侵害商业秘密的行为包括：（1）以盗窃、利诱、胁迫等不正当手段获取利益人的商业秘密；（2）披露、使用或允许他人使用盗窃等手段获取权利人的商业秘密；（3）违反约定或者违反权利人有关保守商业秘密的要求，披露、使用他人的商业秘密等。

商业秘密的特征主要有：（1）秘密性，此一特征是指作为某一信息处于一种不为公众所知悉的状态；（2）价值性，此一特征是指某一项技术信息或者经营信息能够为权利人带来经济利益；（3）保密性，此一特征是指某项技术信息或者经营信息持有人对其技术信息或经营信息所采取合理的保密措施。

【典型形态】

在实践中，侵害商业秘密纠纷主要有：

（1）侵害技术秘密纠纷，是指公民、法人或者其他组织，违反法律规定，采取盗窃、利诱、胁迫等不正当手段，获取、使用或者披露权利人的不为公众所知悉，具有商业价值并经权利人采取保密措施的技术信息而引发的纠纷。

（2）侵害经营秘密纠纷，是指公民、法人或者其他组织，违反法律规定，采取盗窃、利诱、胁迫等不正当手段，获取、使用或者披露权利人的不为公众所知悉，具有商业价值并经权利人采取保密措施的经营信息而引发的纠纷。

【常用法律条文及索引】

《反不正当竞争法》（1993 年 12 月 1 日起施行　2017 年 11 月 4 日修订）

第九条　经营者不得实施下列侵犯商业秘密的行为：

（一）以盗窃、贿赂、欺诈、胁迫或者其他不正当手段获取权利人的商业秘密；

（二）披露、使用或者允许他人使用以前项手段获取的权利人的商业秘密；

（三）违反约定或者违反权利人有关保守商业秘密的要求，披露、使用或者允许他人使用其所掌握的商业秘密。

第三人明知或者应知商业秘密权利人的员工、前员工或者其他单位、个人实施前款所列违法行为，仍获取、披露、使用或者允许他人使用该商业秘密的，视为侵犯商业秘密。

本法所称的商业秘密，是指不为公众所知悉、具有商业价值并经权利人采取相应保密措施的技术信息和经营信息。

《最高人民法院关于审理不正当竞争民事案件应用法律若干问题的解释》（法释〔2007〕2号 2007年2月1日起施行）

第九条 有关信息不为其所属领域的相关人员普遍知悉和容易获得，应当认定为反不正当竞争法第十条第三款规定的“不为公众所知悉”。

具有下列情形之一的，可以认定有关信息不构成不为公众所知悉：

（一）该信息为其所属技术或者经济领域的人的一般常识或者行业惯例；

（二）该信息仅涉及产品的尺寸、结构、材料、部件的简单组合等内容，进入市场后相关公众通过观察产品即可直接获得；

（三）该信息已经在公开出版物或者其他媒体上公开披露；

（四）该信息已通过公开的报告会、展览等方式公开；

（五）该信息从其他公开渠道可以获得；

（六）该信息无需付出一定的代价而容易获得。

第十条 有关信息具有现实的或者潜在的商业价值，能为权利人带来竞争优势的，应当认定为反不正当竞争法第十条第三款规定的“能为权利人带来经济利益、具有实用性”。

第十一条 权利人为防止信息泄漏所采取的与其商业价值等具体情况相适应的合理保护措施，应当认定为反不正当竞争法第十条第三款规定的“保密措施”。

人民法院应当根据所涉信息载体的特性、权利人保密的意愿、保密措施的可识别程度、他人通过正当方式获得的难易程度等因素，认定权利人是否采取了保密措施。

具有下列情形之一，在正常情况下足以防止涉密信息泄漏的，应当认定权利人采取了保密措施：

（一）限定涉密信息的知悉范围，只对必须知悉的相关人员告知其内容；

（二）对于涉密信息载体采取加锁等防范措施；

（三）在涉密信息的载体上标有保密标志；

（四）对于涉密信息采用密码或者代码等；

（五）签订保密协议；

（六）对于涉密的机器、厂房、车间等场所限制来访者或者提出保密要求；

（七）确保信息秘密的其他合理措施。

第十二条 通过自行开发研制或者反向工程等方式获得的商业秘密，不认定为反不正当竞争法第十条第（一）、（二）项规定的侵犯商业秘密行为。

前款所称“反向工程”，是指通过技术手段对从公开渠道取得的产品进行拆卸、测绘、分析等而获得该产品的有关技术信息。当事人以不正当手段知悉了他人的商业秘密之后，又以反向工程为由主张获取行为合法的，不予支持。

第十三条 商业秘密中的客户名单，一般是指客户的名称、地址、联系方式以及交易的习惯、意向、内容等构成的区别于相关公知信息的特殊客户信息，包括汇集众多客户的客户名册，以及保持长期稳定交易关系的特定客户。

客户基于对职工个人的信赖而与职工所在单位进行市场交易，该职工离职后，能够证明客户自愿选择与自己或者其新单位进行市场交易的，应当认定没有采用不正当手段，但职工与原单位另有约定的除外。

《劳动合同法》（2008 年 1 月 1 日起施行 2012 年 12 月 28 日修正）

第二十三条 用人单位与劳动者可以在劳动合同中约定保守用人单位的商业秘密和与知识产权相关的保密事项。

对负有保密义务的劳动者，用人单位可以在劳动合同或者保密协议中与劳动者约定竞业限制条款，并约定在解除或者终止劳动合同后，在竞业限制期限内按月给予劳动者经济补偿。劳动者违反竞业限制约定的，应当按照约定向用人单位支付违约金。

第二十四条 竞业限制的人员限于用人单位的高级管理人员、高级技术人员和其他负有保密义务的人员。竞业限制的范围、地域、期限由用人单位与劳动者约定，竞业限制的约定不得违反法律、法规的规定。

在解除或者终止劳动合同后，前款规定的人员到与本单位生产或者经营同类产品、从事同类业务的有竞争关系的其他用人单位，或者自己开业生产或者经营同类产品、从事同类业务的竞业限制期限，不得超过二年。

《最高人民法院关于审理技术合同纠纷案件适用法律若干问题的解释》（法释〔2004〕20号　2005年1月1日起施行）

第一条　技术成果，是指利用科学技术知识、信息和经验作出的涉及产品、工艺、材料及其改进等的技术方案，包括专利、专利申请、技术秘密、计算机软件、集成电路布图设计、植物新品种等。

技术秘密，是指不为公众所知悉、具有商业价值并经权利人采取保密措施的技术信息。

【适用本案由需要注意的问题】

◆对于侵害商业秘密纠纷案件的地域管辖，应当按照一般侵权案件确定管辖，由侵权行为地或者被告住所地人民法院管辖。侵权行为地，包括侵权行为实施地和侵权结果发生地。对于该类案件的级别管辖，根据《最高人民法院关于审理不正当竞争民事案件应用法律若干问题的解释》第18条的规定，一般由中级人民法院管辖，经最高人民法院批准的基层人民法院也可以受理。

◆在适用本案由时，要注意其与侵害专利权纠纷的区别。商业秘密与专利权相比，有以下不同点：(1) 非公开性，商业秘密的前提是不为公众所知悉，而专利权是要求公开的。(2) 非排他性，商业秘密是一项相对的权利。商业秘密的专有性不是绝对的，不具有排他性。如果其他人以合法方式取得了同一内容的商业秘密，他们就和第一个人有着同样的地位。商业秘密的拥有者既不能阻止在他之前已经开发掌握该信息的人使用、转让该信息，也不能阻止在他之后开发掌握该信息的人使用、转让该信息。而专利权不同，专利权人对其专利享有绝对专有的权利，未经许可，他人不得使用其专利，若是经合法程序转让，那么前专利权人就不再拥有专利，也不得使用。(3) 期限保护，商业秘密的保护期不是法定的，取决于权利人的保密措施和其他人对此项秘密的公开。而专利权的保护期限是有严格的法律限制的，一项技术秘密可能由于权利人保密措施得力和技术本身的应用价值而延续很长时间，远远超过专利技术受保护的期限。

161. 低价倾销不正当竞争纠纷

【案由解析】

根据2017年11月4日第十二届全国人民代表大会常务委员会第三十次会议修订后的《反不正当竞争法》，由于低价倾销行为已由《反垄断法》规制，故2018年1月1日起施行的《反不正当竞争法》已经删除了关于低于成本价格销售商品的条文，两者之间不再存在交叉划分的问题，本案由实际上已经没有存在的必要，也不再有适用的可能，相关因低价倾销引发的纠纷应归入"垄断纠纷"中的"掠夺定价纠纷"案由中。

162. 捆绑销售不正当竞争纠纷

【案由解析】

根据2017年11月4日第十二届全国人民代表大会常务委员会第三十次会议修订后的《反不正当竞争法》，由于捆绑销售行为已由《反垄断法》规制，故2018年1月1日起施行的《反不正当竞争法》已经删除了关于捆绑销售商品的条文，两者之间不再存在交叉划分的问题，本案由实际上已经没有存在的必要，也不再有适用的可能，相关因捆绑销售引发的纠纷应归入"垄断纠纷"中的"捆绑交易纠纷"案由中。

163. 有奖销售纠纷

【案由解析】

有奖销售，是指经营者在销售商品或者提供服务时，附带性地向购买者提供物品、金钱或者其他经济上的利益的行为。包括附赠式有奖销售和抽奖式有奖销售。并非所有的有奖销售行为均构成不正当竞争行为，只有违反法律规定的有奖销售行为才可能构成不正当竞争纠纷。

有奖销售纠纷，是指经营者在销售商品或提供服务时，违反法律规定，附带性地向购买者提供物品、金钱或者其他经济上的利益的行为而引发的纠纷。

有奖销售的特征主要有：（1）销售手段的不正当性。有奖销售必须通过某种手段或措施进行，销售手段是否正当，是区分正当竞争和不正当竞争的重要标志。（2）行为主体的特定性和行为营利的不义性。作为不正当竞争手段的一种形式，不正当有奖销售的实施主体只能是从事商品生产、销售的单位和个人，国家机关和一般事业单位应排除在外；实施不正当有奖销售的主体，其主观的动机、目的完全是为了牟利，并且往往是和抢占市场占有率紧密联系在一起的。一旦行为人通过不正当有奖销售手段抢占了市场，其追逐的利益就得以实现。其销售收入的增加是建立在欺诈客户，排挤竞争对手的基础上的，因此其行为具有不义性。（3）行为侵犯客体的多重性。不正当有奖销售侵犯的客体主要包括：竞争对手的财产权，市场竞争秩序和消费者的合法权益。

【常用法律条文及索引】

《反不正当竞争法》（1993 年 12 月 1 日起施行　2017 年 11 月 4 日修订）

第十条　经营者进行有奖销售不得存在下列情形：

（一）所设奖的种类、兑奖条件、奖金金额或者奖品等有奖销售信息不明确，影响兑奖；

（二）采用谎称有奖或者故意让内定人员中奖的欺骗方式进行有奖销售；

（三）抽奖式的有奖销售，最高奖的金额超过五万元。

《关于禁止有奖销售活动中不正当竞争行为的若干规定》（1993 年 12 月 24 日起施行）

第二条　本规定所称有奖销售，是指经营者销售商品或者提供服务，附带性地向购买者提供物品、金钱或者其他经济上的利益的行为。包括：奖励所有购买者的附赠式有奖销售和奖励部分购买者的抽奖式有奖销售。

凡以抽签、摇号等带有偶然性的方法决定购买者是否中奖的，均属于抽奖方式。

经政府或者政府有关部门依法批准的有奖募捐及其他彩票发售活动，不适用本规定。

第三条　禁止下列欺骗性有奖销售行为：

（一）谎称有奖销售或者对所设奖的种类，中奖概率，最高奖金额，总金额，奖品种类、数量、质量、提供方法等作虚假不实的表示。

（二）采取不正当的手段故意让内定人员中奖。

（三）故意将设有中奖标志的商品、奖券不投放市场或者不与商品、奖券同时投放市场；故意将带有不同 奖金金额或者奖品标志的商品、奖券按不同时间投放市场。

（四）其他欺骗性有奖销售行为。

前款第（四）项行为，由省级以上工商行政管理机关认定。省级工商行政管理机关作出的认定，应当报国家工商行政管理局备案。

第四条　抽奖式的有奖销售，最高奖的金额不得超过5000元。

以非现金的物品或者其他经济利益作奖励的，按照同期市场同类商品或者服务的正常价格折算其金额。

第五条　经营者不得利用有奖销售手段推销质次价高的商品。

前款所称“质次价高”，由工商行政管理机关根据同期市场同类商品的价格、质量和购买者的投诉进行认定，必要时会同有关部门认定。

第六条　经营者举办有奖销售，应当向购买者明示其所设奖的种类、中奖概率、奖金金额或者奖品种类、兑奖时间、方式等事项。属于非现场即时开奖的抽奖式有奖销售，告知事项还应当包括开奖的时间、地点、方式和通知中奖者的时间、方式。

经营者对已经向公众明示的前款事项不得变更。

在销售现场即时开奖的有奖销售活动，对超过五百元以上奖的兑奖情况，经营者应当随时向购买者明示。

第七条　违反本规定第三条、第四条、第五条第一款的，由工商行政管理机关依照《反不正当竞争法》第二十六条的规定处罚。

违反本规定第六条，隐瞒事实真相的，视为欺骗性有奖销售，比照前款规定处理。

第八条　有关当事人因有奖销售活动中的不正当竞争行为而受到侵害的，可以根据《反不正当竞争法》第二十条的规定，向人民法院起诉，请求赔偿。

【适用本案由需要注意的问题】

◆对于有奖销售纠纷案件的地域管辖，应当按照一般侵权案件确定管辖，由侵权行为地或者被告住所地人民法院管辖。侵权行为地，包括侵权行为实施地和侵权结果发生地。对于该类案件的级别管辖，根据《最高人民法院关于审理不正当竞争民事案件应用法律若干问题的解释》第18条的规定，一般由中级人民法院管辖，经最高人民法院批准的基层人民法院也可以受理。

164. 商业诋毁纠纷

【案由解析】

商业诋毁，是指经营者为了谋取不正当利益，通过捏造、散布虚伪事实等不正当手段，对竞争对手的商业信誉、商品声誉进行恶意的诋毁、贬低的行为。

商业诋毁纠纷，是指经营者在生产经营过程中，通过捏造、散布虚伪事实等不正当手段，对竞争对手的商业信誉、商品声誉进行恶意的诋毁、贬低所引发的纠纷。

商业诋毁的主要特征是：(1) 其行为主体必须是经营者，即只有从事商品经营或者营利性服务的法人、其他经济组织和个人所实施的损害竞争对手商誉的行为才构成该类不正当竞争行为。(2) 其行为的主观方面为故意而不是过失。行为人实施商业诋毁行为，是以削弱竞争对手的市场竞争能力，并谋求自己的市场竞争优势为目的，通过捏造、散布虚伪事实等不正当手段，对竞争对手的商业信誉、商品信誉进行恶意的诋毁、贬低，因此，故意行为才构成这种不正当的竞争行为。(3) 其行为的客观方面表现为捏造、散布虚伪事实或者对真实的事件采用不正当的说法，对竞争对手的商誉进行诋毁、贬低，给其造成或可能造成一定的损害后果。(4) 有特定的诋毁对象，即行为所诋毁的对象必须是与行为人存在竞争关系的同业经营者，也即竞争对手，而非其他经营者。

【典型形态】

在实践中，商业诋毁纠纷主要有：

(1) 广告性商业诋毁纠纷，是指利用散发公开信、召开新闻发布会、刊登对比性广告、声明性广告等形式，制造、散布贬损竞争对手商业信誉、商品声誉的虚假事实所引发的纠纷。

（2）散布虚假事实性商业诋毁，是指在对外经营过程中，向业务客户及消费者散布虚假事实，以贬低竞争对手的商业信誉，诋毁其商品或服务的质量声誉所引发的纠纷。

【常用法律条文及索引】

《反不正当竞争法》（1993 年 12 月 1 日起施行　2017 年 11 月 4 日修订）

第十一条　经营者不得编造、传播虚假信息或者误导性信息，损害竞争对手的商业信誉、商品声誉。

《广告法》（1995 年 2 月 1 日起施行　2015 年 4 月 24 日修订）

第十三条　广告不得贬低其他生产经营者的商品或者服务。

【适用本案由需要注意的问题】

◆对于商业诋毁纠纷案件的地域管辖，应当按照一般侵权案件确定管辖，由侵权行为地或者被告住所地人民法院管辖。侵权行为地，包括侵权行为实施地和侵权结果发生地。对于该类案件的级别管辖，根据《最高人民法院关于审理不正当竞争民事案件应用法律若干问题的解释》第 18 条的规定，一般由中级人民法院管辖，经最高人民法院批准的基层人民法院也可以受理。

◆在适用本案由时，要注意区分商业诋毁纠纷和虚假宣传纠纷。二者由于均属不真实的宣传，所以容易导致误解。二者的区别是宣传的对象存在差异：虚假宣传行为只涉及自己的商品或者服务，即对自己的商品或者服务进行虚假宣传，不涉及其他经营者的商品或服务；而商业诋毁除涉及自己的商品或服务外，还涉及其他经营者的商品或服务，并且常常是通过虚假宣传其他经营者的商品或服务而抬高自己商品或者服务的声誉。

165. 串通投标不正当竞争纠纷

【案由解析】

串通投标，是指在投标前和投标过程中，投标人之间私下串通，抬高标价或压低标价，共同损害招标人或其他投标人的利益，或者投标人与招标人之间相互勾结，损害国家、集体、公民的合法权益的行为。

串通投标不正当竞争纠纷，是指投标者为了达到承揽招标项目的目的，在投标前和投标过程中，投标者相互串通投标报价，损害招标人或其他投标人的合法权益，或者投标者与招标者相互勾结，损害国家、集体、公民的合法权益所引发的民事纠纷。

【常用法律条文及索引】

《招标投标法》（2000 年 1 月 1 日起施行）

第三十二条 投标人不得相互串通投标报价，不得排挤其他投标人的公平竞争，损害招标人或者其他投标人的合法权益。

第五十三条 投标人相互串通投标或者与招标人串通投标的，投标人以向招标人或者评标委员会成员行贿的手段谋取中标的，中标无效，处中标项目金额千分之五以上千分之十以下的罚款，对单位直接负责的主管人员和其他直接责任人员处单位罚款数额百分之五以上百分之十以下的罚款；有违法所得的，并处没收违法所得；情节严重的，取消其一年至二年内参加依法必须进行招标的项目的投标资格并予以公告，直至由工商行政管理机关吊销营业执照；构成犯罪的，依法追究刑事责任。给他人造成损失的，依法承担赔偿责任。

《关于禁止串通招标投标行为的暂行规定》（1998 年 1 月 6 日起施行）

第三条 投标者不得违反《反不正当竞争法》第十五条第一款的规定，实施下列串通投标行为：

（一）投标者之间相互约定，一致抬高或者压低投标报价；

（二）投标者之间相互约定，在招标项目中轮流以高价位或者低价位中标；

（三）投标者之间先进行内部竞价，内定中标人，然后再参加投标；

（四）投标者之间其他串通投标行为。

第四条 投标者和招标者不得违反《反不正当竞争法》第十五条第二款的规定，进行相互勾结，实施下列排挤竞争对手的公平竞争的行为：

（一）招标者在公开开标前，开启标书，并将投标情况告知其他投标者，或者协助投标者撤换标书，更改报价；

（二）招标者向投标者泄露标底；

（三）投标者与招标者商定，在招标投标时压低者或者抬高标价，中标后再给投标者或者招标者额外补偿；

（四）招标者预先内定中标者，在确定中标者时以此决定取舍；

（五）招标者和投标者之间其他串通招标投标行为。

【适用本案由需要注意的问题】

◆对于串通投标不正当竞争纠纷案件的地域管辖，应当按照一般侵权案件确定管辖，由侵权行为地或者被告住所地人民法院管辖。侵权行为地，包括侵权行为实施地和侵权结果发生地。对于该类案件的级别管辖，根据《最高人民法院关于审理不正当竞争民事案件应用法律若干问题的解释》第 18 条的规定，一般由中级人民法院管辖，经最高人民法院批准的基层人民法院也可以受理。

◆虽然 2017 年 11 月 4 日第十二届全国人民代表大会常务委员会第三十次会议修订后的《反不正当竞争法》基于串通投标行为已由《招标投标法》规制而删除了关于串通投标引起不正当竞争纠纷的条文，但由于《招标投标法》第 32 条、第 53 条的规定仍然有效，且案由中的“招标投标买卖合同纠纷”并不能涵盖串通投标不正当竞争纠纷，故本案由仍有适用的必要。

十六、垄断纠纷

166. 垄断协议纠纷

（1）横向垄断协议纠纷

（2）纵向垄断协议纠纷

【案由解析】

垄断协议，是指两个或者两个以上的经营者（包括行业协会等经营者团体），通过协议或者其他协同一致的行为，实施固定价格、划分市场、限制产量、排挤其他竞争对手等排除、限制竞争的行为。

垄断协议纠纷，是指两个或两个以上的经营者，通过协议或者其他协同一致的行为实施排除、限制竞争的行为而引起的纠纷。

垄断协议的特征主要有：（1）实施主体是两个或者两个以上的经营者；（2）共同或者联合实施；（3）是以排除、限制竞争为目的。

【典型形态】

在实践中，垄断协议纠纷主要有：

（1）横向垄断协议纠纷，在生产或销售过程中具有同业竞争关系的经营者之间达成的旨在排除和限制竞争的协议所引发的纠纷。

（2）纵向垄断协议纠纷，是指在同一产业中两个或两个以上处于不同经济层次、没有直接竞争关系但是有买卖关系的经营者，通过明示或者默示的方式达成的排除、限制竞争的协议所引发的纠纷。

【常用法律条文及索引】

《反垄断法》（2008 年 8 月 1 日起施行）

第十三条 禁止具有竞争关系的经营者达成下列垄断协议：

（一）固定或者变更商品价格；

（二）限制商品的生产数量或者销售数量；

（三）分割销售市场或者原材料采购市场；

（四）限制购买新技术、新设备或者限制开发新技术、新产品；

（五）联合抵制交易；

（六）国务院反垄断执法机构认定的其他垄断协议。

本法所称垄断协议，是指排除、限制竞争的协议、决定或者其他协同行为。

第十四条 禁止经营者与交易相对人达成下列垄断协议：

（一）固定向第三人转售商品的价格；

（二）限定向第三人转售商品的最低价格；

（三）国务院反垄断执法机构认定的其他垄断协议。

第十五条 经营者能够证明所达成的协议属于下列情形之一的，不适用本法第十三条、第十四条的规定：

（一）为改进技术、研究开发新产品的；

（二）为提高产品质量、降低成本、增进效率，统一产品规格、标准或者实行专业化分工的；

（三）为提高中小经营者经营效率，增强中小经营者竞争力的；

（四）为实现节约能源、保护环境、救灾救助等社会公共利益的；

（五）因经济不景气，为缓解销售量严重下降或者生产明显过剩的；

（六）为保障对外贸易和对外经济合作中的正当利益的；

（七）法律和国务院规定的其他情形。

属于前款第一项至第五项情形，不适用本法第十三条、第十四条规定的，经营者还应当证明所达成的协议不会严重限制相关市场的竞争，并且能够使消费者分享由此产生的利益。

第十六条　行业协会不得组织本行业的经营者从事本章禁止的垄断行为。

第五十条　经营者实施垄断行为，给他人造成损失的，依法承担民事责任。

《最高人民法院关于审理因垄断行为引发的民事纠纷案件应用法律若干问题的规定》（法释〔2012〕5号　2012年6月1日起施行）

第七条　被诉垄断行为属于反垄断法第十三条第一款第（一）项至第（五）项规定的垄断协议的，被告应对该协议不具有排除、限制竞争的效果承担举证责任。

第十一条　证据涉及国家秘密、商业秘密、个人隐私或者其他依法应当保密的内容的，人民法院可以依职权或者当事人的申请采取不公开开庭、限制或者禁止复制、仅对代理律师展示、责令签署保密承诺书等保护措施。

第十二条　当事人可以向人民法院申请一至二名具有相应专门知识的人员出庭，就案件的专门性问题进行说明。

第十三条　当事人可以向人民法院申请委托专业机构或者专业人员就案件的专门性问题作出市场调查或者经济分析报告。经人民法院同意，双方当事人可以协商确定专业机构或者专业人员；协商不成的，由人民法院指定。

人民法院可以参照民事诉讼法及相关司法解释有关鉴定结论的规定，对前款规定的市场调查或者经济分析报告进行审查判断。

第十四条　被告实施垄断行为，给原告造成损失的，根据原告的诉讼请求和查明的事实，人民法院可以依法判令被告承担停止侵害、赔偿损失等民事责任。

根据原告的请求，人民法院可以将原告因调查、制止垄断行为所支付的合理开支计入损失赔偿范围。

第十五条　被诉合同内容、行业协会的章程等违反反垄断法或者其他法律、行政法规的强制性规定的，人民法院应当依法认定其无效。

第十六条　因垄断行为产生的损害赔偿请求权诉讼时效期间，从原告知道或者应当知道权益受侵害之日起计算。

原告向反垄断执法机构举报被诉垄断行为的，诉讼时效从其举报之日起中断。反垄断执法机构决定不立案、撤销案件或者决定终止调查的，诉讼时效期间从原告知道或者应当知道不立案、撤销案件或者终止调查之日起重新计算。反垄断执法机构调查后认定构成垄断行为的，诉讼时效期间从原告知道或者应当知道反垄断执法机构认定构成垄断行为的处理决定发生法律效力之日起重新计算。

原告起诉时被诉垄断行为已经持续超过二年，被告提出诉讼时效抗辩的，损害赔偿应当自原告向人民法院起诉之日起向前推算二年计算。

【适用本案由需要注意的问题】

◆根据《最高人民法院关于审理因垄断行为引发的民事纠纷案件应用法律若干问题的规定》，第一审垄断民事纠纷案件，由省、自治区、直辖市人民政府所在地的市、计划单列市中级人民法院以及最高人民法院指定的中级人民法院管辖。经最高人民法院批准，基层人民法院也可以管辖第一审垄断民事纠纷案件。垄断民事纠纷案件的地域管辖，根据案件具体情况，依照民事诉讼法及相关司法解释有关侵权纠纷、合同纠纷等的管辖规定确定。

◆在适用本案由时，要注意其与合同纠纷的区别，虽然合同纠纷是第二级案由，而垄断协议纠纷是第三级案由，但是由于两者都是协议的一种，容易造成混淆。合同纠纷与垄断协议纠纷的区别是：(1) 主体不同。合同的主体为平等主体的自然人、法人、其他组织；垄断协议的主体为经济实力较强的经营者，垄断协议的当事人，又可以分为具有竞争关系的经营者，或者经营者和交易相对人。(2) 目的不同。订立合同的目的是确定当事人的权利义务，保证双方权益；而垄断协议的目的则是为了排除竞争。(3) 承担后果不同。合同协议上会明确表明违约责任，而垄断协议一般不表明。(4) 法律依据不同。合同依据的是《民法通则》和《合同法》，而垄断协议则依据《反垄断法》有关规定。

167. 滥用市场支配地位纠纷

(1) 垄断定价纠纷

(2) 掠夺定价纠纷

（3）拒绝交易纠纷
（4）限定交易纠纷
（5）捆绑交易纠纷
（6）差别待遇纠纷

【案由解析】

滥用市场支配地位，是指经营者获得一定的市场优势地位后滥用这种地位，对市场中的其他主体进行排除或限制竞争的行为。

滥用市场支配地位纠纷，是指具有市场支配地位的经营者滥用其市场支配地位，对市场中的其他主体进行排除或限制竞争所引起的纠纷。

滥用市场支配地位的特征主要有：（1）行为主体具有特定性，必须是具有市场支配地位的企业。（2）行为目的具有针对性，为了维持或加强支配地位。（3）行为本质具有反竞争性，即对其他竞争主体进行不公平的交易或者从事排斥竞争对手的行为。

【典型形态】

在实践中，滥用市场支配地位纠纷主要有：

（1）垄断定价纠纷，是指具有市场支配地位的经营者滥用其市场支配地位，没有正当理由，以不公平的高价销售商品或者以不公平的低价购买商品，排除、限制竞争所引发的纠纷。

（2）掠夺定价纠纷，是指具有市场支配地位的经营者滥用其市场支配地位，没有正当理由，以挤垮竞争对手为目的，以低于成本的价值销售商品所引发的纠纷。

（3）拒绝交易纠纷，是指具有市场支配地位的经营者滥用其市场支配地位，没有正当理由，拒绝与交易相对人进行交易所引发的纠纷。

（4）限定交易纠纷，是指具有市场支配地位的经营者滥用其市场支配地位，没有正当理由，限定交易相对人只能与其进行交易或者只能与其指定的经营者进行交易所引发的纠纷。

（5）捆绑交易纠纷，是指具有市场支配地位的经营者滥用其市场支配地位，没有正当理由，搭售商品，或者在交易时附加其他不合理的交易条件所引发的纠纷。

（6）差别待遇纠纷，是指具有市场支配地位的经营者滥用其市场支配地位，没有正当理由，对条件相同的交易相对人在交易价格等交易条件上实行差别待遇所引发的纠纷。

【常用法律条文及索引】

《反垄断法》（2008年8月1日起施行）

第十七条 禁止具有市场支配地位的经营者从事下列滥用市场支配地位的行为：

（一）以不公平的高价销售商品或者以不公平的低价购买商品；

（二）没有正当理由，以低于成本的价格销售商品；

（三）没有正当理由，拒绝与交易相对人进行交易；

（四）没有正当理由，限定交易相对人只能与其进行交易或者只能与其指定的经营者进行交易；

（五）没有正当理由搭售商品，或者在交易时附加其他不合理的交易条件；

（六）没有正当理由，对条件相同的交易相对人在交易价格等交易条件上实行差别待遇；

（七）国务院反垄断执法机构认定的其他滥用市场支配地位的行为。

本法所称市场支配地位，是指经营者在相关市场内具有能够控制商品价格、数量或者其他交易条件，或者能够阻碍、影响其他经营者进入相关市场能力的市场地位。

第十八条 认定经营者具有市场支配地位，应当依据下列因素：

（一）该经营者在相关市场的市场份额，以及相关市场的竞争状况；

（二）该经营者控制销售市场或者原材料采购市场的能力；

（三）该经营者的财力和技术条件；

（四）其他经营者对该经营者在交易上的依赖程度；

（五）其他经营者进入相关市场的难易程度；

（六）与认定该经营者市场支配地位有关的其他因素。

第十九条 有下列情形之一的，可以推定经营者具有市场支配地位：

（一）一个经营者在相关市场的市场份额达到二分之一的；

（二）两个经营者在相关市场的市场份额合计达到三分之二的；

（三）三个经营者在相关市场的市场份额合计达到四分之三的。

有前款第二项、第三项规定的情形，其中有的经营者市场份额不足十分之一的，不应当推定该经营者具有市场支配地位。

被推定具有市场支配地位的经营者，有证据证明不具有市场支配地位的，不应当认定其具有市场支配地位。

第五十条　经营者实施垄断行为，给他人造成损失的，依法承担民事责任。

《最高人民法院关于审理因垄断行为引发的民事纠纷案件应用法律若干问题的规定》（法释〔2012〕5号　2012年6月1日起施行）

另参见“166. 垄断协议纠纷”案由相关部分。

【适用本案由需要注意的问题】

◆根据《最高人民法院关于审理因垄断行为引发的民事纠纷案件应用法律若干问题的规定》，第一审垄断民事纠纷案件，由省、自治区、直辖市人民政府所在地的市、计划单列市中级人民法院以及最高人民法院指定的中级人民法院管辖。经最高人民法院批准，基层人民法院也可以管辖第一审垄断民事纠纷案件。垄断民事纠纷案件的地域管辖，根据案件具体情况，依照民事诉讼法及相关司法解释有关侵权纠纷、合同纠纷等的管辖规定确定。

168. 经营者集中纠纷

【案由解析】

经营者集中，是指经营者通过合并、资产购买、股份购买、合同约定（联营、合营）、人事安排、技术控制等方式取得对其他经营者的控制权或者能够对其他经营者施加决定性影响的情形。其中，合并是最重要和最常见的一种经营者集中形式。根据《反垄断法》第20条的规定，经营者集中是指下列情形：（1）经营者合并。（2）经营者通过取得股权或者资产的方式取得对其他经营者的控制权。（3）经营者通过合同等方式取得对其他经营者的控制权或者能够对其他经营者施加决定性影响。

经营者集中纠纷，是指经营者通过合并、资产购买、股份购买、合同约定（联营、合营）、人事安排、技术控制等方式取得对其他经营者的控制权或者能够对其他经营者施加决定性影响所引发的纠纷。

经营者集中的特点主要有：（1）从主观上要求一个或几个企业有控制其

他企业的意思。(2) 从行为上要求控制企业能够对被结合的企业施加控制性影响，控制其主要经营活动。(3) 从效果上要求控制的行为是有计划的长期行为。

【典型形态】

在实践中，经营者集中纠纷主要有：

(1) 横向经营者集中纠纷，是指在相关市场的同一生产经营阶段，从事同样生产经营活动的经营者之间的集中而引发的纠纷。

(2) 纵向经营者集中，是指从事同样生产经营活动、处于不同市场层次的经营者之间的集中而引发的纠纷。

(3) 混合经营者集中，是指处于不同市场上的企业之间的集中，即参与集中的企业既不存在竞争关系，也不存在商品买卖关系的企业因集中而引发的纠纷。

【常用法律条文及索引】

《反垄断法》(2008 年 8 月 1 日起施行)

第十三条 禁止具有竞争关系的经营者达成下列垄断协议：

(一) 固定或者变更商品价格；

(二) 限制商品的生产数量或者销售数量；

(三) 分割销售市场或者原材料采购市场；

(四) 限制购买新技术、新设备或者限制开发新技术、新产品；

(五) 联合抵制交易；

(六) 国务院反垄断执法机构认定的其他垄断协议。

本法所称垄断协议，是指排除、限制竞争的协议、决定或者其他协同行为。

第十四条 禁止经营者与交易相对人达成下列垄断协议：

(一) 固定向第三人转售商品的价格；

(二) 限定向第三人转售商品的最低价格；

(三) 国务院反垄断执法机构认定的其他垄断协议。

第十五条 经营者能够证明所达成的协议属于下列情形之一的，不适用本法第十三条、第十四条的规定：

(一) 为改进技术、研究开发新产品的；

（二）为提高产品质量、降低成本、增进效率，统一产品规格、标准或者实行专业化分工的；

（三）为提高中小经营者经营效率，增强中小经营者竞争力的；

（四）为实现节约能源、保护环境、救灾救助等社会公共利益的；

（五）因经济不景气，为缓解销售量严重下降或者生产明显过剩的；

（六）为保障对外贸易和对外经济合作中的正当利益的；

（七）法律和国务院规定的其他情形。

属于前款第一项至第五项情形，不适用本法第十三条、第十四条规定的，经营者还应当证明所达成的协议不会严重限制相关市场的竞争，并且能够使消费者分享由此产生的利益。

第十六条　行业协会不得组织本行业的经营者从事本章禁止的垄断行为。

第五十条　经营者实施垄断行为，给他人造成损失的，依法承担民事责任。

《最高人民法院关于审理因垄断行为引发的民事纠纷案件应用法律若干问题的规定》（法释〔2012〕5号　2012年6月1日起施行）

另参见“166. 垄断协议纠纷”案由相关部分。

【适用本案由需要注意的问题】

◆根据《最高人民法院关于审理因垄断行为引发的民事纠纷案件应用法律若干问题的规定》，第一审垄断民事纠纷案件，由省、自治区、直辖市人民政府所在地的市、计划单列市中级人民法院以及最高人民法院指定的中级人民法院管辖。经最高人民法院批准，基层人民法院也可以管辖第一审垄断民事纠纷案件。垄断民事纠纷案件的地域管辖，根据案件具体情况，依照民事诉讼法及相关司法解释有关侵权纠纷、合同纠纷等的管辖规定确定。

◆适用本案由时，应注意区分垄断协议纠纷和经营者集中纠纷的区别。垄断协议，是指两个或者两个以上的经营者签订的协议的行为；而经营者集中是指经营者通过合并、资产购买、股份购买、合同约定（联营、合营）、人事安排、技术控制等方式取得对其他经营者的控制权，签订合同只是其中一种实施垄断的方式。

第六部分　劳动争议、人事争议

十七、劳动争议

169. 劳动合同纠纷

（1）确认劳动关系纠纷
（2）集体合同纠纷
（3）劳务派遣合同纠纷
（4）非全日制用工纠纷
（5）追索劳动报酬纠纷
（6）经济补偿金纠纷
（7）竞业限制纠纷

【案由解析】

劳动合同，是指劳动者与用工单位之间确立劳动关系，明确双方权利和义务的协议。

劳动合同纠纷，是指在中国境内的用人单位与劳动者因订立、履行、变更、解除和终止劳动合同所发生的纠纷。

劳动合同的特点主要有：（1）劳动合同是建立劳动关系的一种法律形式，以合同形式确立了劳动者与用人单位的权利义务。（2）劳动合同双方当事人中，一方必须是具有劳动权利能力和劳动行为能力的公民本人，另一方必须是中国境内的企业、个体经济组织以及与劳动者建立劳动合同关系的国家机关、事业组织、社会团体等用人单位。（3）劳动合同的当事人之间存在着职业上的从属关系，即作为劳动合同一方当事人的劳动者，在订立劳动合同后，成为用人单位的一员，用人单位有权指派劳动者完成劳动合同规定的属于劳动者劳动职能范围内的任何任务。这种职业上的从属关系，是劳动合同区别于其他合同的重要特点之一。（4）劳动合同双方当事人的权利和义务是统一的，即双方当事人既是劳动权利主体，又是劳动义务主体，根据签订的劳动合同，劳动者有义务完成工作任务，遵守本单位内部的劳动规则，用人单位有义务按照劳动者劳动数量和质量支付劳动报酬。劳动者有权享受法律、法规及劳动合同规定的劳动保险和生活福利待遇，用人单位有义务提供劳动法律、法规及劳动合同规定的劳动保护条件。

【典型形态】

实践中，劳动合同纠纷主要有：

（1）确认劳动关系纠纷，劳动者与用人单位之间，就劳动关系是否存在，劳动关系是否终止与劳动关系是否有效等问题所引发的纠纷。

（2）集体合同纠纷，是指劳动者一方与用人单位之间，就劳动报酬、工作时间、休息休假、劳动安全卫生、保险福利等事项在集体协商、履行过程中发生的纠纷。

（3）劳务派遣合同纠纷，是指劳动者一方与用人单位之间，就劳务派遣合同的签订、履行发生的纠纷。劳务派遣合同是劳动者与劳务派遣公司签订的合同和用人单位与派遣公司签订的合同，派遣至用人单位工作，它的关系涉及劳动者、派出公司、服务单位三方，由实际用人单位向派遣劳工给付劳务报酬，而实际用人单位和派遣劳工之间并没有签订合同。

（4）非全日制用工纠纷，是指用人单位与非全日制劳动者就非全日制用工合同的签订、履行发生的纠纷。非全日制用工是指以小时计酬、劳动者在同一用人单位平均每日工作时间不超过 4 小时，累计每周工作时间不超过 24 小时的用工形式。从事非全日制工作的劳动者，可以与一个或一个以上用人单位建立劳动关系。用人单位与非全日制劳动者建立劳动关系，应当订立劳动合同。

（5）追索劳动报酬纠纷，是指劳动者与用人单位在履行劳动合同期间，因劳动报酬发生的争议。

（6）经济补偿金纠纷，是指劳动者与用人单位之间解除劳动合同时，就依法应当给予劳动者的经济补偿而引发的纠纷。

（7）竞业限制纠纷，是指劳动者与用人单位之间就竞业限制而发生的纠纷。所谓竞业限制是指禁止特定劳动者在与用人单位存在竞争的行业任职的制度，也称竞业禁止。按照法律依据的不同，竞业限制可分为法定竞业限制和约定竞业限制。约定竞业限制是指当事人自愿达成竞业限制协议，劳动者根据协议承担竞业限制的义务。法定竞业限制是指某些特殊主体根据法律规定必须承担竞业禁止义务。《劳动合同法》赋予了用人单位与劳动者约定竞业限制的权利，其中规定：第一，用人单位与劳动者可以在劳动合同中约定保守用人单位的商业秘密和与知识产权相关的保密事项。对负有保密义务的劳动者，用人单位可以在劳动合同或者保密协议中与劳动者约定竞业限制条款。第二，约定竞业限制条款的，要同时约定在解除或者终止劳动合同后，在竞业限制期限内按月给予劳动者经济补偿。第三，劳动者违反竞业限制约定的，应当按照约定向用人单位支付违约金。

【常用法律条文及索引】

《劳动法》（1995 年 1 月 1 日起施行　2009 年 8 月 27 日修正）

第二十四条　经劳动合同当事人协商一致，劳动合同可以解除。

第二十五条　劳动者有下列情形之一的，用人单位可以解除劳动合同：

（一）在试用期间被证明不符合录用条件的；

（二）严重违反劳动纪律或者用人单位规章制度的；

（三）严重失职，营私舞弊，对用人单位利益造成重大损害的；

（四）被依法追究刑事责任的。

第二十六条　有下列情形之一的，用人单位可以解除劳动合同，但是应当提前三十日以书面形式通知劳动者本人：

（一）劳动者患病或者非因工负伤，医疗期满后，不能从事原工作也不能从事由用人单位另行安排的工作的；

（二）劳动者不能胜任工作，经过培训或者调整工作岗位，仍不能胜任工作的；

（三）劳动合同订立时所依据的客观情况发生重大变化，致使原劳动合同无法履行，经当事人协商不能就变更劳动合同达成协议的。

第二十七条　用人单位濒临破产进行法定整顿期间或者生产经营状况发生严重困难，确需裁减人员的，应当提前三十日向工会或者全体职工说明情况，听取工会或者职工的意见，经向劳动行政部门报告后，可以裁减人员。

用人单位依据本条规定裁减人员，在六个月内录用人员的，应当优先录用被裁减的人员。

第二十八条　用人单位依据本法第二十四条、第二十六条、第二十七条的规定解除劳动合同的，应当依照国家有关规定给予经济补偿。

第三十二条　有下列情形之一的，劳动者可以随时通知用人单位解除劳动合同：

（一）在试用期内的；

（二）用人单位以暴力、威胁或者非法限制人身自由的手段强迫劳动的；

（三）用人单位未按照劳动合同约定支付劳动报酬或者提供劳动条件的。

第三十三条　企业职工一方与企业可以就劳动报酬、工作时间、休息休假、劳动安全卫生、保险福利等事项，签订集体合同。集体合同草案应当提交职工代表大会或者全体职工讨论通过。

……

第七十九条　劳动争议发生后，当事人可以向本单位劳动争议调解委员会申请调解；调解不成，当事人一方要求仲裁的，可以向劳动争议仲裁委员会申请仲裁。当事人一方也可以直接向劳动争议仲裁委员会申请仲裁。对仲裁裁决不服的，可以向人民法院提起诉讼。

第八十二条　提出仲裁要求的一方应当自劳动争议发生之日起六十日内向劳动争议仲裁委员会提出书面申请。仲裁裁决一般应在收到仲裁申请的六十日内作出。对仲裁裁决无异议的，当事人必须履行。

第八十三条　劳动争议当事人对仲裁裁决不服的，可以自收到仲裁裁决书之日起十五日内向人民法院提起诉讼。一方当事人在法定期限内不起诉又不履行仲裁裁决的，另一方当事人可以申请人民法院强制执行。

第九十一条　用人单位有下列侵害劳动者合法权益情形之一的，由劳动行政部门责令支付劳动者的工资报酬、经济补偿，并可以责令支付赔偿金：

（一）克扣或者无故拖欠劳动者工资的；

（二）拒不支付劳动者延长工作时间工资报酬的；

（三）低于当地最低工资标准支付劳动者工资的；

（四）解除劳动合同后，未依照本法规定给予劳动者经济补偿的。

《劳动合同法》（2008 年 1 月 1 日起施行　2012 年 12 月 28 日修正）

第二十三条　用人单位与劳动者可以在劳动合同中约定保守用人单位的商业秘密和与知识产权相关的保密事项。

对负有保密义务的劳动者，用人单位可以在劳动合同或者保密协议中与劳动者约定竞业限制条款，并约定在解除或者终止劳动合同后，在竞业限制期限内按月给予劳动者经济补偿。劳动者违反竞业限制约定的，应当按照约定向用人单位支付违约金。

第二十四条 竞业限制的人员限于用人单位的高级管理人员、高级技术人员和其他负有保密义务的人员。竞业限制的范围、地域、期限由用人单位与劳动者约定，竞业限制的约定不得违反法律、法规的规定。

在解除或者终止劳动合同后，前款规定的人员到与本单位生产或者经营同类产品、从事同类业务的有竞争关系的其他用人单位，或者自己开业生产或者经营同类产品、从事同类业务的竞业限制期限，不得超过二年。

第四十六条 有下列情形之一的，用人单位应当向劳动者支付经济补偿：

（一）劳动者依照本法第三十八条规定解除劳动合同的；

（二）用人单位依照本法第三十六条规定向劳动者提出解除劳动合同并与劳动者协商一致解除劳动合同的；

（三）用人单位依照本法第四十条规定解除劳动合同的；

（四）用人单位依照本法第四十一条第一款规定解除劳动合同的；

（五）除用人单位维持或者提高劳动合同约定条件续订劳动合同，劳动者不同意续订的情形外，依照本法第四十四条第一项规定终止固定期限劳动合同的；

（六）依照本法第四十四条第四项、第五项规定终止劳动合同的；

（七）法律、行政法规规定的其他情形。

第四十七条 经济补偿按劳动者在本单位工作的年限，每满一年支付一个月工资的标准向劳动者支付。六个月以上不满一年的，按一年计算；不满六个月的，向劳动者支付半个月工资的经济补偿。

劳动者月工资高于用人单位所在直辖市、设区的市级人民政府公布的本地区上年度职工月平均工资三倍的，向其支付经济补偿的标准按职工月平均工资三倍的数额支付，向其支付经济补偿的年限最高不超过十二年。

本条所称月工资是指劳动者在劳动合同解除或者终止前十二个月的平均工资。

第五十一条 企业职工一方与用人单位通过平等协商，可以就劳动报酬、工作时间、休息休假、劳动安全卫生、保险福利等事项订立集体合同。集体合同草案应当提交职工代表大会或者全体职工讨论通过。

集体合同由工会代表企业职工一方与用人单位订立；尚未建立工会的用

人单位，由上级工会指导劳动者推举的代表与用人单位订立。

第五十二条　企业职工一方与用人单位可以订立劳动安全卫生、女职工权益保护、工资调整机制等专项集体合同。

第五十三条　在县级以下区域内，建筑业、采矿业、餐饮服务业等行业可以由工会与企业方面代表订立行业性集体合同，或者订立区域性集体合同。

第五十四条　集体合同订立后，应当报送劳动行政部门；劳动行政部门自收到集体合同文本之日起十五日内未提出异议的，集体合同即行生效。

依法订立的集体合同对用人单位和劳动者具有约束力。行业性、区域性集体合同对当地本行业、本区域的用人单位和劳动者具有约束力。

第五十五条　集体合同中劳动报酬和劳动条件等标准不得低于当地人民政府规定的最低标准；用人单位与劳动者订立的劳动合同中劳动报酬和劳动条件等标准不得低于集体合同规定的标准。

第五十六条　用人单位违反集体合同，侵犯职工劳动权益的，工会可以依法要求用人单位承担责任；因履行集体合同发生争议，经协商解决不成的，工会可以依法申请仲裁、提起诉讼。

第五十七条　经营劳动派遣业务应当具备下列条件：

（一）注册资本不得少于人民不二百万元；

（二）有与开展业务相适应的固定的经营场所和设施；

（三）有符合法律、行政法规规定的劳务派遣管理制度；

（四）法律、行政法规规定的其他条件。

第五十八条　劳务派遣单位是本法所称用人单位，应当履行用人单位对劳动者的义务。劳务派遣单位与被派遣劳动者订立的劳动合同，除应当载明本法第十七条规定的事项外，还应当载明被派遣劳动者的用工单位以及派遣期限、工作岗位等情况。

劳务派遣单位应当与被派遣劳动者订立二年以上的固定期限劳动合同，按月支付劳动报酬；被派遣劳动者在无工作期间，劳务派遣单位应当按照所在地人民政府规定的最低工资标准，向其按月支付报酬。

第五十九条　劳务派遣单位派遣劳动者应当与接受以劳务派遣形式用工的单位（以下称用工单位）订立劳务派遣协议。劳务派遣协议应当约定派遣岗位和人员数量、派遣期限、劳动报酬和社会保险费的数额与支付方式以及违反协议的责任。

用工单位应当根据工作岗位的实际需要与劳务派遣单位确定派遣期限，不得将连续用工期限分割订立数个短期劳务派遣协议。

第六十条 劳务派遣单位应当将劳务派遣协议的内容告知被派遣劳动者。

劳务派遣单位不得克扣用工单位按照劳务派遣协议支付给被派遣劳动者的劳动报酬。

劳务派遣单位和用工单位不得向被派遣劳动者收取费用。

第六十一条 劳务派遣单位跨地区派遣劳动者的，被派遣劳动者享有的劳动报酬和劳动条件，按照用工单位所在地的标准执行。

第六十二条 用工单位应当履行下列义务：

（一）执行国家劳动标准，提供相应的劳动条件和劳动保护；

（二）告知被派遣劳动者的工作要求和劳动报酬；

（三）支付加班费、绩效奖金，提供与工作岗位相关的福利待遇；

（四）对在岗被派遣劳动者进行工作岗位所必需的培训；

（五）连续用工的，实行正常的工资调整机制。

用工单位不得将被派遣劳动者再派遣到其他用人单位。

第六十三条 被派遣劳动者享有与用工单位的劳动者同工同酬的权利。用工单位应当按照同工同酬原则，对派遣劳动者与本单位同类岗位的劳动者实行相同的劳动报酬分配办法用工单位无同类岗位劳动者的，参照用工单位所在地相同或者相近岗位劳动者的劳动报酬确定。

第六十四条 被派遣劳动者有权在劳务派遣单位或者用工单位依法参加或者组织工会，维护自身的合法权益。

第六十五条 被派遣劳动者可以依照本法第三十六条、第三十八条的规定与劳务派遣单位解除劳动合同。

被派遣劳动者有本法第三十九条和第四十条第一项、第二项规定情形的，用工单位可以将劳动者退回劳务派遣单位，劳务派遣单位依照本法有关规定，可以与劳动者解除劳动合同。

第六十六条 劳动合同用工是我国的企业基本用工形式。劳务派遣用工是补充形式，只能在临时性、辅助性或者替代性的工作岗位上实施。

……

第六十七条 用人单位不得设立劳务派遣单位向本单位或者所属单位派遣劳动者。

第六十八条　非全日制用工，是指以小时计酬为主，劳动者在同一用人单位一般平均每日工作时间不超过四小时，每周工作时间累计不超过二十四小时的用工形式。

第六十九条　非全日制用工双方当事人可以订立口头协议。

从事非全日制用工的劳动者可以与一个或者一个以上用人单位订立劳动合同；但是，后订立的劳动合同不得影响先订立的劳动合同的履行。

第七十条　非全日制用工双方当事人不得约定试用期。

第七十一条　非全日制用工双方当事人任何一方都可以随时通知对方终止用工。终止用工，用人单位不向劳动者支付经济补偿。

第七十二条　非全日制用工小时计酬标准不得低于用人单位所在地人民政府规定的最低小时工资标准。

非全日制用工劳动报酬结算支付周期最长不得超过十五日。

第八十五条　用人单位有下列情形之一的，由劳动行政部门责令限期支付劳动报酬、加班费或者经济补偿；劳动报酬低于当地最低工资标准的，应当支付其差额部分；逾期不支付的，责令用人单位按应付金额百分之五十以上百分之一百以下的标准向劳动者加付赔偿金：

（一）未按照劳动合同的约定或者国家规定及时足额支付劳动者劳动报酬的；

（二）低于当地最低工资标准支付劳动者工资的；

（三）安排加班不支付加班费的；

（四）解除或者终止劳动合同，未依照本法规定向劳动者支付经济补偿的。

第八十七条　单位违反本法规定解除或者终止劳动合同的，应当依照本法第四十七条规定的经济补偿标准的二倍向劳动者支付赔偿金。

《民事诉讼法》（1991 年 4 月 9 日起施行　2017 年 6 月 27 日修正）

第一百零六条　人民法院对下列案件，根据当事人的申请，可以裁定先予执行：

（一）追索赡养费、扶养费、抚育费、抚恤金、医疗费用的；

（二）追索劳动报酬的；

（三）因情况紧急需要先予执行的。

《劳动争议调解仲裁法》（2008 年 5 月 1 日起施行）

第二条　中华人民共和国境内的用人单位与劳动者发生的下列劳动争

议，适用本法：

（一）因确认劳动关系发生的争议；

（二）因订立、履行、变更、解除和终止劳动合同发生的争议；

（三）因除名、辞退和辞职、离职发生的争议；

（四）因工作时间、休息休假、社会保险、福利、培训以及劳动保护发生的争议；

（五）因劳动报酬、工伤医疗费、经济补偿或者赔偿金等发生的争议；

（六）法律、法规规定的其他劳动争议。

《最高人民法院关于审理劳动争议案件适用法律若干问题的解释》（法释〔2001〕14号 2001年4月30日起施行）

第十三条 因用人单位作出的开除、除名、辞退、解除劳动合同、减少劳动报酬、计算劳动者工作年限等决定而发生的劳动争议，用人单位负举证责任。

第十四条 劳动合同被确认为无效后，用人单位对劳动者付出的劳动，一般可参照本单位同期、同工种、同岗位的工资标准支付劳动报酬。

根据《劳动法》第九十七条之规定，由于用人单位的原因订立的无效合同，给劳动者造成损害的，应当比照违反和解除劳动合同经济补偿金的支付标准，赔偿劳动者因合同无效所造成的经济损失。

第十五条 用人单位有下列情形之一，迫使劳动者提出解除劳动合同的，用人单位应当支付劳动者的劳动报酬和经济补偿，并可支付赔偿金：

（一）以暴力、威胁或者非法限制人身自由的手段强迫劳动的；

（二）未按照劳动合同约定支付劳动报酬或者提供劳动条件的；

（三）克扣或者无故拖欠劳动者工资的；

（四）拒不支付劳动者延长工作时间工资报酬的；

（五）低于当地最低工资标准支付劳动者工资的。

第二十条 用人单位对劳动者作出的开除、除名、辞退等处理，或者因其他原因解除劳动合同确有错误的，人民法院可以依法判决予以撤销。

对于追索劳动报酬、养老金、医疗费以及工伤保险待遇、经济补偿金、培训费及其他相关费用等案件，给付数额不当的，人民法院可以予以变更。

《最高人民法院关于审理劳动争议案件适用法律若干问题的解释（二）》（法释〔2006〕6号 2006年10月1日起施行）

第一条 人民法院审理劳动争议案件，对下列情形，视为劳动法第八十二条规定的"劳动争议发生之日"：

（一）在劳动关系存续期间产生的支付工资争议，用人单位能够证明已经书面通知劳动者拒付工资的，书面通知送达之日为劳动争议发生之日。用人单位不能证明的，劳动者主张权利之日为劳动争议发生之日。

（二）因解除或者终止劳动关系产生的争议，用人单位不能证明劳动者收到解除或者终止劳动关系书面通知时间的，劳动者主张权利之日为劳动争议发生之日。

（三）劳动关系解除或者终止后产生的支付工资、经济补偿金、福利待遇等争议，劳动者能够证明用人单位承诺支付的时间为解除或者终止劳动关系后的具体日期的，用人单位承诺支付之日为劳动争议发生之日。劳动者不能证明的，解除或者终止劳动关系之日为劳动争议发生之日。

第二条　拖欠工资争议，劳动者申请仲裁时劳动关系仍然存续，用人单位以劳动者申请仲裁超过六十日为由主张不再支付的，人民法院不予支持。但用人单位能够证明劳动者已经收到拒付工资的书面通知的除外。

第三条　劳动者以用人单位的工资欠条为证据直接向人民法院起诉，诉讼请求不涉及劳动关系其他争议的，视为拖欠劳动报酬争议，按照普通民事纠纷受理。

第四条　用人单位和劳动者因劳动关系是否已经解除或者终止，以及应否支付解除或终止劳动关系经济补偿金产生的争议，经劳动争议仲裁委员会仲裁后，当事人依法起诉的，人民法院应予受理。

第七条　下列纠纷不属于劳动争议：

（一）劳动者请求社会保险经办机构发放社会保险金的纠纷；

（二）劳动者与用人单位因住房制度改革产生的公有住房转让纠纷；

（三）劳动者对劳动能力鉴定委员会的伤残等级鉴定结论或者对职业病诊断鉴定委员会的职业病诊断鉴定结论的异议纠纷；

（四）家庭或者个人与家政服务人员之间的纠纷；

（五）个体工匠与帮工、学徒之间的纠纷；

（六）农村承包经营户与受雇人之间的纠纷。

第十七条　当事人在劳动争议调解委员会主持下达成的具有劳动权利义务内容的调解协议，具有劳动合同的约束力，可以作为人民法院裁判的根据。

当事人在劳动争议调解委员会主持下仅就劳动报酬争议达成调解协议，

用人单位不履行调解协议确定的给付义务，劳动者直接向人民法院起诉的，人民法院可以按照普通民事纠纷受理。

《最高人民法院关于审理劳动争议案件适用法律若干问题的解释（三）》（法释〔2010〕12号　2010年9月14日起施行）

第三条　劳动者依据劳动合同法第八十五条规定，向人民法院提起诉讼，要求用人单位支付加付赔偿金的，人民法院应予受理。

第七条　用人单位与其招用的已经依法享受养老保险待遇或领取退休金的人员发生用工争议，向人民法院提起诉讼的，人民法院应当按劳务关系处理。

第十条　劳动者与用人单位就解除或者终止劳动合同办理相关手续、支付工资报酬、加班费、经济补偿或者赔偿金等达成的协议，不违反法律、行政法规的强制性规定，且不存在欺诈、胁迫或者乘人之危情形的，应当认定有效。

前款协议存在重大误解或者显失公平情形，当事人请求撤销的，人民法院应予支持。

《最高人民法院关于审理劳动争议案件适用法律若干问题的解释（四）》（法释〔2013〕4号　2013年2月1日起施行）

第五条　劳动者非因本人原因从原用人单位被安排到新用人单位工作，原用人单位未支付经济补偿，劳动者依照劳动合同法第三十八条规定与新用人单位解除劳动合同，或者新用人单位向劳动者提出解除、终止劳动合同，在计算支付经济补偿或赔偿金的工作年限时，劳动者请求把在原用人单位的工作年限合并计算为新用人单位工作年限的，人民法院应予支持。

用人单位符合下列情形之一的，应当认定属于“劳动者非因本人原因从原用人单位被安排到新用人单位工作”：

（一）劳动者仍在原工作场所、工作岗位工作，劳动合同主体由原用人单位变更为新用人单位；

（二）用人单位以组织委派或任命形式对劳动者进行工作调动；

（三）因用人单位合并、分立等原因导致劳动者工作调动；

（四）用人单位及其关联企业与劳动者轮流订立劳动合同；

（五）其他合理情形。

第六条　当事人在劳动合同或者保密协议中约定了竞业限制，但未约定解除或者终止劳动合同后给予劳动者经济补偿，劳动者履行了竞业限制义务，要求用人单位按照劳动者在劳动合同解除或者终止前十二个月平均工资的30%按月支付经济补偿的，人民法院应予支持。

前款规定的月平均工资的30%低于劳动合同履行地最低工资标准的，按照劳动合同履行地最低工资标准支付。

第七条 当事人在劳动合同或者保密协议中约定了竞业限制和经济补偿，当事人解除劳动合同时，除另有约定外，用人单位要求劳动者履行竞业限制义务，或者劳动者履行了竞业限制义务后要求用人单位支付经济补偿的，人民法院应予支持。

第八条 当事人在劳动合同或者保密协议中约定了竞业限制和经济补偿，劳动合同解除或者终止后，因用人单位的原因导致三个月未支付经济补偿，劳动者请求解除竞业限制约定的，人民法院应予支持。

第九条 在竞业限制期限内，用人单位请求解除竞业限制协议时，人民法院应予支持。

在解除竞业限制协议时，劳动者请求用人单位额外支付劳动者三个月的竞业限制经济补偿的，人民法院应予支持。

第十条 劳动者违反竞业限制约定，向用人单位支付违约金后，用人单位要求劳动者按照约定继续履行竞业限制义务的，人民法院应予支持。

第十一条 变更劳动合同未采用书面形式，但已经实际履行了口头变更的劳动合同超过一个月，且变更后的劳动合同内容不违反法律、行政法规、国家政策以及公序良俗，当事人以未采用书面形式为由主张劳动合同变更无效的，人民法院不予支持。

第十二条 建立了工会组织的用人单位解除劳动合同符合劳动合同法第三十九条、第四十条规定，但未按照劳动合同法第四十三条规定事先通知工会，劳动者以用人单位违法解除劳动合同为由请求用人单位支付赔偿金的，人民法院应予支持，但起诉前用人单位已经补正有关程序的除外。

第十三条 劳动合同法施行后，因用人单位经营期限届满不再继续经营导致劳动合同不能继续履行，劳动者请求用人单位支付经济补偿的，人民法院应予支持。

第十四条 外国人、无国籍人未依法取得就业证件即与中国境内的用人单位签订劳动合同，以及香港特别行政区、澳门特别行政区和台湾地区居民未依法取得就业证件即与内地用人单位签订劳动合同，当事人请求确认与用人单位存在劳动关系的，人民法院不予支持。

持有《外国专家证》并取得《外国专家来华工作许可证》的外国人，与中国境内的用人单位建立用工关系的，可以认定为劳动关系。

《第八次全国法院民事商事审判工作会议（民事部分）纪要》（2016年11月21日　法〔2016〕399号）

六、关于劳动争议纠纷案件的审理

劳动争议案件的审理对于构建和谐劳动关系，优化劳动力、资本、技术、管理等要素配置，激发创新创业活力，推动大众创业、万众创新，促进新技术新产业的发展具有重要意义。应当坚持依法保护劳动者合法权益和维护用人单位生存发展并重的原则，严格依法区分劳动关系和劳务关系，防止认定劳动关系泛化。

（一）关于案件受理问题

26. 劳动人事仲裁机构作出仲裁裁决，当事人在法定期限内未提起诉讼但再次申请仲裁，劳动人事仲裁机构作出不予受理裁决、决定或通知，当事人不服提起诉讼，经审查认为前后两次申请仲裁事项属于不同事项的，人民法院予以受理；经审查认为属于同一事项的，人民法院不予受理，已经受理的裁定驳回起诉。

（二）关于仲裁时效问题

27. 当事人在仲裁阶段未提出超过仲裁申请期间的抗辩，劳动人事仲裁机构作出实体裁决后，当事人在诉讼阶段又以超过仲裁时效期间为由进行抗辩的，人民法院不予支持。

当事人未按照规定提出仲裁时效抗辩，又以仲裁时效期间届满为由申请再审或者提出再审抗辩的，人民法院不予支持。

（三）关于竞业限制问题

28. 用人单位和劳动者在竞业限制协议中约定的违约金过分高于或者低于实际损失，当事人请求调整违约金数额的，人民法院可以参照《最高人民法院关于适用〈中华人民共和国合同法〉若干问题的解释（二）》第二十九条的规定予以处理。

（四）关于劳动合同解除问题

29. 用人单位在劳动合同期限内通过“末位淘汰”或“竞争上岗”等形式单方解除劳动合同，劳动者可以用人单位违法解除劳动合同为由，请求用人单位继续履行劳动合同或者支付赔偿金。

【适用本案由需要注意的问题】

◆根据《最高人民法院关于审理劳动争议案件适用法律若干问题的解释》第 8 条的规定，劳动争议案件由用人单位所在地或者劳动合同履行地的基层人民法院管辖。劳动合同履行地不明确的，由用人单位所在地的基层人民法院管辖。

◆在适用本案由时，要特别注意区分劳动合同纠纷与劳务合同纠纷的不同，具体参见本书案由“122. 劳务合同纠纷”部分。

◆对于劳动关系清楚，仅在劳动报酬、工伤医疗费、经济补偿金或者赔偿金等的给付数额和给付时间上存在争议的劳动合同纠纷案件，标的额为各省、自治区、直辖市上年度就业人员年平均工资30%以下的，根据《民事诉讼法》第 162 条的规定，应适用小额诉讼程序进行审理。具体适用可参见本书案由“18. 托养纠纷”中“适用本案由需要注意的问题”的有关内容。

◆根据《第八次全国法院民事商事审判工作会议（民事部分）纪要》第 26 条的规定，劳动人事仲裁机构作出仲裁裁决，当事人在法定期限内未提起诉讼但再次申请仲裁，劳动人事仲裁机构作出不予受理裁决、决定或通知，当事人不服提起诉讼，经审查认为前后两次申请仲裁事项属于不同事项的，人民法院予以受理；经审查认为属于同一事项的，人民法院不予受理，已经受理的裁定驳回起诉。

170. 社会保险纠纷

（1）养老保险待遇纠纷

（2）工伤保险待遇纠纷

（3）医疗保险待遇纠纷

（4）生育保险待遇纠纷

（5）失业保险待遇纠纷

【案由解析】

社会保险，是国家通过立法建立的，用于保障劳动者在因年老、患病、伤残、死亡、失业等原因，丧失劳动能力或中断就业时，能够从国家和社会获得物质帮助的一种社会保障制度。社会保险的主要项目包括养老社会保险、医疗社会保险、失业保险、工伤保险、生育保险，等等。

社会保险纠纷，是指社会保险关系当事人之间因社会保险关系的建立和社会保险权利义务的实现所发生的争议。依据社会保险险种的不同，社会保险争议可以分为养老保险纠纷、医疗保险纠纷、工伤保险纠纷、失业保险纠纷和生育保险纠纷。

社会保险的特征主要有：(1) 保障性。实施社会保险的根本目的，就是保障劳动者在其失去劳动能力之后的基本生活，从而维护社会稳定。(2) 法定性。就是国家立法，强制实施。保险待遇的享受者及其所在单位，双方都必须按照规定参加并依法缴纳社会保险基金，不能自愿。(3) 互济性。这是指社会保险是按照社会共担风险原则进行组织的。社会保险费由国家、企业、个人三方负担，建立社会保险基金。社会保险机构要用互助互济的办法统一调剂基金，支付保险金和提供服务，实行收入再分配，使参加社会保险的劳动者生活得到保障。(4) 福利性。社会保险不以盈利为目的，它以最少的花费，解决最大的社会保障问题，属于社会福利性质。(5) 普遍性。社会保险实施范围广，一般在所有职工及其供养的直系亲属中实行。

【典型形态】

在实践中，社会保险纠纷的典型形态主要有：

(1) 养老保险待遇纠纷，是指养老保险关系当事人之间因养老保险关系的建立和养老保险权利义务的实现所发生的争议。养老保险是指国家和社会根据一定的法律和法规，为解决劳动者在达到国家规定的解除劳动义务的劳动年龄界线，或因年老丧失劳动能力退出劳动岗位后的基本生活而建立的一种社会保险制度。

(2) 工伤保险待遇纠纷，是指工伤保险关系当事人之间因工伤保险关系的建立和工伤保险权利义务的实现所发生的争议。工伤保险是指劳动者在工作中或在规定的特殊情况下，遭受意外伤害或患职业病导致暂时或永久丧失劳动能力以及死亡时，劳动者或其遗属从国家和社会获得物质帮助的一种社会保险制度。

(3) 医疗保险待遇纠纷，是指医疗保险关系当事人之间因医疗保险关系的建立和医疗保险权利义务的实现所发生的争议。医疗保险是为补偿疾病所带来的医疗费用的一种保险。职工因疾病、负伤、生育时，由社会或企业提供必要的医疗服务或物质帮助的社会保险。

（4）生育保险待遇纠纷，是指生育保险关系当事人之间因生育保险关系的建立和生育保险权利义务的实现所发生的争议。生育保险是国家通过立法，在怀孕和分娩的妇女劳动者暂时中断劳动时，由国家和社会提供医疗服务、生育津贴和产假的一种社会保险制度，国家或社会对生育的职工给予必要的经济补偿和医疗保健的社会保险制度。

（5）失业保险待遇纠纷，是指失业保险关系当事人之间因失业保险关系的建立和失业保险权利义务的实现所发生的争议。国家通过立法强制实行的，由社会集中建立基金，对因失业而暂时中断生活来源的劳动者提供物质帮助的制度。

【常用法律条文及索引】

《劳动法》（1995 年 1 月 1 日起施行　2009 年 8 月 27 日修正）

第三条　劳动者享有平等就业和选择职业的权利、取得劳动报酬的权利、休息休假的权利、获得劳动安全卫生保护的权利、接受职业技能培训的权利、享受社会保险和福利的权利、提请劳动争议处理的权利以及法律规定的其他劳动权利。

第五条　国家采取各种措施，促进劳动就业，发展职业教育，制定劳动标准，调节社会收入，完善社会保险，协调劳动关系，逐步提高劳动者的生活水平。

第七十条　国家发展社会保险事业，建立社会保险制度，设立社会保险基金，使劳动者在年老、患病、工伤、失业、生育等情况下获得帮助和补偿。

第七十一条　社会保险水平应当与社会经济发展水平和社会承受能力相适应。

第七十二条　社会保险基金按照保险类型确定资金来源，逐步实行社会统筹。用人单位和劳动者必须依法参加社会保险，缴纳社会保险费。

第七十三条　劳动者在下列情形下，依法享受社会保险待遇：

（一）退休；

（二）患病、负伤；

（三）因工伤残或者患职业病；

（四）失业；

（五）生育。

劳动者死亡后，其遗属依法享受遗属津贴。

劳动者享受社会保险待遇的条件和标准由法律、法规规定。

劳动者享受的社会保险金必须按时足额支付。

第七十四条 社会保险基金经办机构依照法律规定收支、管理和运营社会保险基金，并负有使社会保险基金保值增值的责任。

社会保险基金监督机构依照法律规定，对社会保险基金的收支、管理和运营实施监督。

社会保险基金经办机构和社会保险基金监督机构的设立和职能由法律规定。

任何组织和个人不得挪用社会保险基金。

第七十五条 国家鼓励用人单位根据本单位实际情况为劳动者建立补充保险。

国家提倡劳动者个人进行储蓄性保险。

第七十六条 国家发展社会福利事业，兴建公共福利设施，为劳动者休息、休养和疗养提供条件。

用人单位应当创造条件，改善集体福利，提高劳动者的福利待遇。

第一百条 用人单位无故不缴纳社会保险费的，由劳动行政部门责令其限期缴纳；逾期不缴的，可以加收滞纳金。

第一百零四条 国家工作人员和社会保险基金经办机构的工作人员挪用社会保险基金，构成犯罪的，依法追究刑事责任。

《社会保险法》（2011年7月1日起施行）

第八十四条 用人单位不办理社会保险登记的，由社会保险行政部门责令限期改正；逾期不改正的，对用人单位处应缴社会保险费数额一倍以上三倍以下的罚款，对其直接负责的主管人员和其他直接责任人员处五百元以上三千元以下的罚款。

第八十五条 用人单位拒不出具终止或者解除劳动关系证明的，依照《中华人民共和国劳动合同法》的规定处理。

第八十六条 用人单位未按时足额缴纳社会保险费的，由社会保险费征收机构责令限期缴纳或者补足，并自欠缴之日起，按日加收万分之五的滞纳金；逾期仍不缴纳的，由有关行政部门处欠缴数额一倍以上三倍以下的罚款。

第八十七条 社会保险经办机构以及医疗机构、药品经营单位等社会保险服务机构以欺诈、伪造证明材料或者其他手段骗取社会保险基金支出的，由社会保险行政部门责令退回骗取的社会保险金，处骗取金额二倍以上五倍以下的罚款；属于社会保险服务机构的，解除服务协议；直接负责的主管人员和其他直接责任人员有执业资格的，依法吊销其执业资格。

第八十八条　以欺诈、伪造证明材料或者其他手段骗取社会保险待遇的，由社会保险行政部门责令退回骗取的社会保险金，处骗取金额二倍以上五倍以下的罚款。

第九十条　社会保险费征收机构擅自更改社会保险费缴费基数、费率，导致少收或者多收社会保险费的，由有关行政部门责令其追缴应当缴纳的社会保险费或者退还不应当缴纳的社会保险费；对直接负责的主管人员和其他直接责任人员依法给予处分。

第九十一条　违反本法规定，隐匿、转移、侵占、挪用社会保险基金或者违规投资运营的，由社会保险行政部门、财政部门、审计机关责令追回；有违法所得的，没收违法所得；对直接负责的主管人员和其他直接责任人员依法给予处分。

第九十二条　社会保险行政部门和其他有关行政部门、社会保险经办机构、社会保险费征收机构及其工作人员泄露用人单位和个人信息的，对直接负责的主管人员和其他直接责任人员依法给予处分；给用人单位或者个人造成损失的，应当承担赔偿责任。

【适用本案由需要注意的问题】

◆因社会保险纠纷提起的诉讼，由被告住所地人民法院管辖。

◆在适用本案由时，要特别注意区分其与福利待遇纠纷的不同。社会保险与福利待遇虽然都是社会保障的有机组合，但也有一定的区别：(1) 对象不同。社会保险的对象主要是指过去和现在是属于劳动法律关系的主体——劳动者，旨在保证劳动者在暂时或永久失去劳动能力时获得的基本劳动生活需要的一种制度，因此，社会保险的保障对象是具有活力和创造力的劳动者；社会福利则是指国家和社会为全体社会成员，其中包括对鳏寡孤独、盲聋哑残、精神病人以及其他需要帮助和保护的公民提供物质帮助和福利服务。(2) 权利和义务关系不同。社会保险强调受保的劳动者个人缴纳部分保险费，并以此作为其享受待遇的前提条件，即受保者履行缴费义务与享受社会待遇的权利是相辅相成的，其体现的是部分义务对应全部权利的关系；在社会福利中，各种福利设施是部分免费，部分实行低收费，福利生产则需要收益者付出劳动代价，国家给予政策扶持和减免税待遇。(3) 保障水平不同。由于劳动者是城乡居民家庭中支撑家庭经济的主要支柱，社会保险对劳动者提供的保障水平就不能仅仅是对劳动者本人基本生活的保障问题，而是往往要考虑到其家庭成员的生活保障问题及劳动者本人的生活水平；社会福利往往只能照顾到受益者本人，目的是减轻受益者的家庭负担。(4) 保障的目标和手段不同。社会保险的目标是保障基本生活，其采取的是投入——返还式的与就业关联的手段，社会福利的目标则是提高生活质量，其采用的是普遍性的按人头发放的手段。

◆社会保险争议的民事解决途径主要包括民间调解、劳动仲裁和民事诉讼。依据双方自愿原则，在发生社会保险争议后当事人可以到企业劳动争议调解委员会、依法设立的基层人民调解组织或在乡镇、街道设立的具有劳动争议调解职能的组织申请调解。调解不是劳动仲裁的必经程序。劳动者在知道或应当知道其社会保险权被侵害之日起一年内，可向劳动仲裁委员会申请劳动仲裁。经过劳动仲裁后的社会保险争议，任何一方当事人不服仲裁裁决的，都可以自收到仲裁裁决书之日起15日内向人民法院提起诉讼。

◆在适用本案由时，还要注意的是，劳动者与用人单位之间发生的不交、少交或者迟交社会保险费的纠纷，属于劳动争议的一种，而不应适用本案由。

171. 福利待遇纠纷

【案由解析】

福利待遇，从传统意义上来讲，一般指现在劳动法所规定的劳动保障和社会保障。现在的福利待遇指企业为了保留和激励员工，采用的非现金形式的报酬。福利的形式包括保险、实物、股票期权、培训、带薪假等。

福利待遇纠纷，是指用工单位与劳动者之间因为福利待遇问题而引发的纠纷。

【常用法律条文及索引】

《劳动合同法》（2008 年 1 月 1 日起施行　2012 年 12 月 28 日修正）

第十七条　劳动合同应当具备以下条款：

（一）用人单位的名称、住所和法定代表人或者主要负责人；

（二）劳动者的姓名、住址和居民身份证或者其他有效身份证件号码；

（三）劳动合同期限；

（四）工作内容和工作地点；

（五）工作时间和休息休假；

（六）劳动报酬；

（七）社会保险；

（八）劳动保护、劳动条件和职业危害防护；

（九）法律、法规规定应当纳入劳动合同的其他事项。

劳动合同除前款规定的必备条款外，用人单位与劳动者可以约定试用期、培训、保守秘密、补充保险和福利待遇等其他事项。

第六十二条　用工单位应当履行下列义务：

（一）执行国家劳动标准，提供相应的劳动条件和劳动保护；

（二）告知被派遣劳动者的工作要求和劳动报酬；

（三）支付加班费、绩效奖金，提供与工作岗位相关的福利待遇；

（四）对在岗被派遣劳动者进行工作岗位所必需的培训；

（五）连续用工的，实行正常的工资调整机制。

用工单位不得将被派遣劳动者再派遣到其他用人单位。

《妇女权益保障法》（1992 年 10 月 1 日起施行　2005 年 8 月 28 日修正）

第二十五条　在晋职、晋级、评定专业技术职务等方面，应当坚持男女平等的原则，不得歧视妇女。

《最高人民法院关于审理劳动争议案件适用法律若干问题的解释》（二）（〔2006〕6 号　2006 年 10 月 1 日起施行）

第一条　人民法院审理劳动争议案件，对下列情形，视为劳动法第八十二条规定的“劳动争议发生之日”：

（一）在劳动关系存续期间产生的支付工资争议，用人单位能够证明已经书面通知劳动者拒付工资的，书面通知送达之日为劳动争议发生之日。用人单位不能证明的，劳动者主张权利之日为劳动争议发生之日。

（二）因解除或者终止劳动关系产生的争议，用人单位不能证明劳动者收到解除或者终止劳动关系书面通知时间的，劳动者主张权利之日为劳动争议发生之日。

（三）劳动关系解除或者终止后产生的支付工资、经济补偿金、福利待遇等争议，劳动者能够证明用人单位承诺支付的时间为解除或者终止劳动关系后的具体日期的，用人单位承诺支付之日为劳动争议发生之日。劳动者不能证明的，解除或者终止劳动关系之日为劳动争议发生之日。

【适用本案由需要注意的问题】

◆因福利待遇纠纷提起的诉讼，由被告住所地人民法院管辖。

十八、人事争议

172. 人事争议

（1）辞职争议

（2）辞退争议

（3）聘用合同争议

【案由解析】

人事争议是指聘任制公务员、事业单位工作人员、军队文职人员与所在单位因录用、聘用或聘任合同、职务任免、福利待遇、工资调整、奖励处分、辞职辞退等人事管理事项所引发，人事管理行为侵害相对人（工作人员）权益所引起的纠纷。

人事争议诉讼属于民事诉讼的范围。人事争议诉讼当事人向人民法院提起诉讼，必须是不服人事争议仲裁机构的裁决才受理，没有经过人事争议仲裁机构裁决的人事争议案件，人民法院一般不予受理。

【典型形态】

实践中，人事争议主要有：

（1）辞职争议，是指聘任制公务员、军队文职人员、事业单位工作人员因某种原因主动辞职与单位发生的纠纷。

（2）辞退争议，是指聘任制公务员、军队文职人员、事业单位工作人员由于某种原因被单位强行解除劳动关系与单位发生的纠纷。

（3）聘用合同争议，是指军队文职人员、事业单位工作人员因履行聘用合同关系所引发的争议。聘用合同是劳动合同的一种，是确立聘用单位与应聘的劳动者之间权利义务关系的协议。

【常用法律条文及索引】

《公务员法》（2006 年 1 月 1 日起施行）

第一百条　国家建立人事争议仲裁制度。

人事争议仲裁应当根据合法、公正、及时处理的原则，依法维护争议双方的合法权益。

人事争议仲裁委员会根据需要设立。人事争议仲裁委员会由公务员主管部门的代表、聘用机关的代表、聘任制公务员的代表以及法律专家组成。

聘任制公务员与所在机关之间因履行聘任合同发生争议的，可以自争议发生之日起六十日内向人事争议仲裁委员会申请仲裁。当事人对仲裁裁决不服的，可以自接到仲裁裁决书之日起十五日内向人民法院提起诉讼。仲裁裁决生效后，一方当事人不履行的，另一方当事人可以申请人民法院执行。

《最高人民法院关于人民法院审理事业单位人事争议案件若干问题的规定》（法释〔2003〕13 号　2003 年 9 月 5 日起施行）

第一条　事业单位与其工作人员之间因辞职、辞退及履行聘用合同所发生的争议，适用《中华人民共和国劳动法》的规定处理。

第二条　当事人对依照国家有关规定设立的人事争议仲裁机构所作的人事争议仲裁裁决不服，自收到仲裁裁决之日起十五日内向人民法院提起诉讼的，人民法院应当依法受理。一方当事人在法定期间内不起诉又不履行仲裁裁决，另一方当事人向人民法院申请执行的，人民法院应当依法执行。

第三条　本规定所称人事争议是指事业单位与其工作人员之间因辞职、辞退及履行聘用合同所发生的争议。

《最高人民法院关于事业单位人事争议案件适用法律等问题的答复》（法函〔2004〕30 号　2004 年 4 月 30 日起施行）

一、《最高人民法院关于人民法院审理事业单位人事争议案件若干问题的规定》（法释〔2003〕13 号）第一条规定，“事业单位与其工作人员之间因辞职、辞退及履行聘用合同所发生的争议，适用《中华人民共和国劳动法》的规定处理。”这里“适用《中华人民共和国劳动法》的规定处理”是指人民法院审理事业单位人事争议案件的程序运用《中华人民共和国劳动法》的相关规定。人民法院对事业单位人事争议案件的实体处理应当适用人事方面的法律规定，但涉及事业单位工作人员劳动权利的内容在人事法律中没有规定，适用《中华人民共和国劳动法》的有关规定。

【适用本案由需要注意的问题】

◆因人事争议提起的诉讼，一般由被告住所地人民法院管辖；涉及合同纠纷的，劳动合同履行地人民法院亦有管辖权。

◆在适用本案由时，要注意区分辞职争议和辞退争议的不同：(1) 辞职和辞退行为主体不同。辞职的行为主体只能是职工个人，辞退的行为主体只能是单位。(2) 辞职和辞退成立的事由在性质上不同。以目前的政策法规来看，辞退成立的法定事由，绝大部分是属于职工本人有程度不同的违纪行为。辞职却并非如此，更多的是出于职工本人的意愿。(3) 辞职和辞退的程序不同。辞职首先要由职工本人提出书面申请，而辞退单位无须向任何人提出申请。(4) 辞退和辞职涉及的经济偿付不同。对于被辞退者一定时间内的生活保障和其在本单位工作的补偿，单位需按有关政策的规定向被辞退职工支付法定数额的辞退费。而辞职职工无须向单位偿付任何费用（培训费除外）。在培训费方面，辞职人员需按规定向单位偿付自已使用过的培训费，对于辞退则没有这方面的规定。

附：根据新的法律、司法解释可以增加的案由纠纷类型

*聘任合同纠纷

【案由解析】

聘任合同是劳动合同的一种，是确立聘任制公务员与所在机关之间权利义务关系的协议。

聘任合同纠纷，是指聘任制公务员因履行聘任合同关系所引发的纠纷。

【常用法律条文及索引】

《公务员法》(2006 年 1 月 1 日起施行)

第一百条 国家建立人事争议仲裁制度。

人事争议仲裁应当根据合法、公正、及时处理的原则，依法维护争议双方的合法权益。

人事争议仲裁委员会根据需要设立。人事争议仲裁委员会由公务员主管部门的代表、聘用机关的代表、聘任制公务员的代表以及法律专家组成。

聘任制公务员与所在机关之间因履行聘任合同发生争议的，可以自争议发生之日起六十日内向人事争议仲裁委员会申请仲裁。当事人对仲裁裁决不服的，可以自接到仲裁裁决书之日起十五日内向人民法院提起诉讼。仲裁裁决生效后，一方当事人不履行的，另一方当事人可以申请人民法院执行。

《最高人民法院关于人民法院审理事业单位人事争议案件若干问题的规定》（法释〔2003〕13 号　2003 年 9 月 5 日起施行）

第一条　事业单位与其工作人员之间因辞职、辞退及履行聘用合同所发生的争议，适用《中华人民共和国劳动法》的规定处理。

第二条　当事人对依照国家有关规定设立的人事争议仲裁机构所作的人事争议仲裁裁决不服，自收到仲裁裁决之日起十五日内向人民法院提起诉讼的，人民法院应当依法受理。一方当事人在法定期间内不起诉又不履行仲裁裁决，另一方当事人向人民法院申请执行的，人民法院应当依法执行。

第三条　本规定所称人事争议是指事业单位与其工作人员之间因辞职、辞退及履行聘用合同所发生的争议。

《最高人民法院关于事业单位人事争议案件适用法律等问题的答复》（法函〔2004〕30 号　2004 年 4 月 30 日起施行）

一、《最高人民法院关于人民法院审理事业单位人事争议案件若干问题的规定》（法释〔2003〕13 号）第一条规定，“事业单位与其工作人员之间因辞职、辞退及履行聘用合同所发生的争议，适用《中华人民共和国劳动法》的规定处理。”这里“适用《中华人民共和国劳动法》的规定处理”是指人民法院审理事业单位人事争议案件的程序运用《中华人民共和国劳动法》的相关规定。人民法院对事业单位人事争议案件的实体处理应当适用人事方面的法律规定，但涉及事业单位工作人员劳动权利的内容在人事法律中没有规定，适用《中华人民共和国劳动法》的有关规定。

【适用本案由需要注意的问题】

◆因聘任合同纠纷提起的诉讼，一般由被告住所地人民法院管辖，此外，聘任合同履行地人民法院亦有管辖权。

◆该种争议无法纳入“人事争议”下的四级案由中，目前只能笼统地列为三级案由“人事争议”。

第七部分　海事海商纠纷

十九、海事海商纠纷

173. 船舶碰撞损害责任纠纷

【案由解析】

船舶碰撞损害责任纠纷是指当事人因船舶及船舶属具、其他海上移动式装置相互间在海上或与海相通的可航水域发生碰撞事故而引起的损害责任纠纷。

根据《最高人民法院关于审理船舶碰撞和触碰案件财产损害赔偿的规定》，船舶碰撞是指海上或者与海相通的可航水域，两艘或者两艘以上的船舶之间发生接触或者没有直接接触，造成财产损害的事故。《海商法》第170条规定，“船舶因操纵不当或者不遵守航行规章，虽然实际上没有同其他船舶发生碰撞，但是使其他船舶以及船上的人员、货物或者其他财产遭受损失的”，适用有关船舶碰撞的规定。

船舶碰撞主要有以下几点特征：（1）船舶必须符合我国《海商法》的要求，仅限于海船及其他海上移动式装置，包括船舶属具，但是执行公务的政府和军事船艇除外。（2）碰撞是发生在船舶间的。这里的船舶包括船舶属具及其他海上移动式装置。（3）损害与船舶碰撞间具有因果关系。若损害不是因为碰撞引起的，或者碰撞并未引起损害，船舶碰撞法律关系则不能成立。

船舶碰撞又可分为：（1）直接碰撞，具体又可分为：过失碰撞和不可抗力或意外事故导致的碰撞以及故意碰撞。其中过失碰撞又可具体分为：其一，单方过失责任的碰撞；其二，双方过失责任的碰撞。（2）间接碰撞，是指船舶事实上没有与其他船舶发生碰撞，但是使其他船舶以及船上的人员、货物或财产遭受损失。

【常用法律条文及索引】

《海商法》（1993 年 7 月 1 日起施行）

第三条　本法所称船舶，是指海船和其他海上移动式装置，但是用于军事的、政府公务的船舶和 20 总吨以下的小型船艇除外。

前款所称船舶，包括船舶属具。

第一百六十五条　船舶碰撞，是指船舶在海上或者与海相通的可航水域发生接触造成损害的事故。

前款所称船舶，包括与本法第三条所指船舶碰撞的任何其他非用于军事的或者政府公务的船艇。

第一百六十六条　船舶发生碰撞，当事船舶的船长在不严重危及本船和船上人员安全的情况下，对于相碰的船舶和船上人员必须尽力施救。

碰撞船舶的船长应当尽可能将其船舶名称、船籍港、出发港和目的港通知对方。

第一百六十七条　船舶发生碰撞，是由于不可抗力或者其他不能归责于任何一方的原因或者无法查明的原因造成的，碰撞各方互相不负赔偿责任。

第一百六十八条　船舶发生碰撞，是由于一船的过失造成的，由有过失的船舶负赔偿责任。

第一百六十九条　船舶发生碰撞，碰撞的船舶互有过失的，各船按照过失程度的比例负赔偿责任；过失程度相当或者过失程度的比例无法判定的，平均负赔偿责任。

互有过失的船舶，对碰撞造成的船舶以及船上货物和其他财产的损失，依照前款规定的比例负赔偿责任。碰撞造成第三人财产损失的，各船的赔偿责任均不超过其应当承担的比例。

互有过失的船舶，对造成的第三人的人身伤亡，负连带赔偿责任。一船连带支付的赔偿超过本条第一款规定的比例的，有权向其他有过失的船舶追偿。

第一百七十条　船舶因操纵不当或者不遵守航行规章，虽然实际上没有同其他船舶发生碰撞，但是使其他船舶以及船上的人员、货物或者其他财产遭受损失的，适用本章的规定。

《海事诉讼特别程序法》（2000年7月1日起施行）

第八十二条 原告在起诉时、被告在答辩时，应当如实填写《海事事故调查表》。

第八十四条 当事人应当在开庭审理前完成举证。当事人完成举证并向海事法院出具完成举证说明书后，可以申请查阅有关船舶碰撞的事实证据材料。

《最高人民法院关于适用〈中华人民共和国民事诉讼法〉的解释》（法释〔2015〕5号 2015年2月4日施行）

第二条 专利纠纷案件由知识产权法院、最高人民法院确定的中级人民法院和基层人民法院管辖。

海事、海商案件由海事法院管辖。

第二百七十三条 海事法院可以审理海事、海商小额诉讼案件。案件标的额应当以实际受理案件的海事法院或者其派出法庭所在的省、自治区、直辖市上年度就业人员年平均工资百分之三十为限。

《最高人民法院关于适用〈中华人民共和国海事诉讼特别程序法〉若干问题的解释》（法释〔2003〕3号 2003年2月1日起施行）

第一条 在海上或者通海水域发生的与船舶或者运输、生产、作业相关的海事侵权纠纷、海商合同纠纷，以及法律或者相关司法解释规定的其他海事纠纷案件由海事法院及其上级人民法院专门管辖。

《最高人民法院关于审理船舶碰撞纠纷案件若干问题的规定》（法释〔2008〕7号 2008年5月23日施行）

第一条 本规定所称船舶碰撞，是指海商法第一百六十五条所指的船舶碰撞，不包括内河船舶之间的碰撞。

海商法第一百七十条所指的损害事故，适用本规定。

第二条 审理船舶碰撞纠纷案件，依照海商法第八章的规定确定碰撞船舶的赔偿责任。

第三条 因船舶碰撞导致船舶触碰引起的侵权纠纷，依照海商法第八章的规定确定碰撞船舶的赔偿责任。

非因船舶碰撞导致船舶触碰引起的侵权纠纷，依照民法通则的规定确定触碰船舶的赔偿责任，但不影响海商法第八章之外其他规定的适用。

第四条 船舶碰撞产生的赔偿责任由船舶所有人承担，碰撞船舶在光船租赁期间并经依法登记的，由光船承租人承担。

第五条　因船舶碰撞发生的船上人员的人身伤亡属于海商法第一百六十九条第三款规定的第三人的人身伤亡。

第六条　碰撞船舶互有过失造成船载货物损失，船载货物的权利人对承运货物的本船提起违约赔偿之诉，或者对碰撞船舶一方或者双方提起侵权赔偿之诉的，人民法院应当依法予以受理。

第七条　船载货物的权利人因船舶碰撞造成其货物损失向承运货物的本船提起诉讼的，承运船舶可以依照海商法第一百六十九条第二款的规定主张按照过失程度的比例承担赔偿责任。

前款规定不影响承运人和实际承运人援用海商法第四章关于承运人抗辩理由和限制赔偿责任的规定。

第八条　碰撞船舶船载货物权利人或者第三人向碰撞船舶一方或者双方就货物或其他财产损失提出赔偿请求的，由碰撞船舶方提供证据证明过失程度的比例。无正当理由拒不提供证据的，由碰撞船舶一方承担全部赔偿责任或者由双方承担连带赔偿责任。

前款规定的证据指具有法律效力的判决书、裁定书、调解书和仲裁裁决书。对于碰撞船舶提交的国外的判决书、裁定书、调解书和仲裁裁决书，依照民事诉讼法第二百八十一条和第二百八十二条规定的程序审查。

第九条　因起浮、清除、拆毁由船舶碰撞造成的沉没、遇难、搁浅或被弃船舶及船上货物或者使其无害的费用提出的赔偿请求，责任人不能依照海商法第十一章的规定享受海事赔偿责任限制。

第十条　审理船舶碰撞纠纷案件时，人民法院根据当事人的申请进行证据保全取得的或者向有关部门调查收集的证据，应当在当事人完成举证并出具完成举证说明书后出示。

第十一条　船舶碰撞事故发生后，主管机关依法进行调查取得并经过事故当事人和有关人员确认的碰撞事实调查材料，可以作为人民法院认定案件事实的证据，但有相反证据足以推翻的除外。

《最高人民法院关于海事诉讼管辖问题的规定》（法释〔2016〕2 号 2016 年 3 月 1 日起施行）

为推进“一带一路”建设、海洋强国战略、京津冀一体化、长江经济带发展规划的实施，促进海洋经济发展，及时化解海事纠纷，保证海事法院正确行使海事诉讼管辖权，依法审理海事案件，根据《中华人民共和国民事诉讼法》《中华人民共和国海事诉讼特别程序法》《中华人民共和国行政诉讼

法》以及全国人民代表大会常务委员会《关于在沿海港口城市设立海事法院的决定》等法律规定，现将海事诉讼管辖的几个问题规定如下：

一、关于管辖区域调整

1．根据航运经济发展和海事审判工作的需要，对大连、武汉海事法院的管辖区域作出如下调整：

（1）大连海事法院管辖下列区域：南自辽宁省与河北省的交界处、东至鸭绿江口的延伸海域和鸭绿江水域，其中包括黄海一部分、渤海一部分、海上岛屿；吉林省的松花江、图们江等通海可航水域及港口；黑龙江省的黑龙江、松花江、乌苏里江等通海可航水域及港口。

（2）武汉海事法院管辖下列区域：自四川省宜宾市合江门至江苏省浏河口之间长江干线及支线水域，包括宜宾、泸州、重庆、涪陵、万州、宜昌、荆州、城陵矶、武汉、九江、安庆、芜湖、马鞍山、南京、扬州、镇江、江阴、张家港、南通等主要港口。

2．其他各海事法院依据此前最高人民法院发布的决定或通知确定的管辖区域对海事案件行使管辖权。

三、关于海事海商纠纷管辖权异议案件的审理

1．当事人不服管辖权异议裁定的上诉案件由海事法院所在地的高级人民法院负责海事海商案件的审判庭审理。

2．发生法律效力的管辖权异议裁定违反海事案件专门管辖确需纠正的，人民法院可依照《中华人民共和国民事诉讼法》第一百九十八条规定再审。

四、其他规定

本规定自2016年3月1日起施行。最高人民法院以前作出的有关规定与本规定不一致的，以本规定为准。

《最高人民法院关于海事法院受理案件范围的规定》（法释〔2016〕4号 2016年3月1日起施行）

根据《中华人民共和国民事诉讼法》《中华人民共和国海事诉讼特别程序法》《中华人民共和国行政诉讼法》以及我国缔结或者参加的有关国际条约，结合我国海事审判实际，现将海事法院受理案件的范围规定如下：

一、海事侵权纠纷案件

1．船舶碰撞损害责任纠纷案件，包括浪损等间接碰撞的损害责任纠纷案件；

《最高人民法院关于审理发生在我国管辖海域相关案件若干问题的规定（一）》（法释〔2016〕16 号　自 2016 年 8 月 2 日起施行）

为维护我国领土主权、海洋权益，平等保护中外当事人合法权利，明确我国管辖海域的司法管辖与法律适用，根据《中华人民共和国领海及毗连区法》《中华人民共和国专属经济区和大陆架法》《中华人民共和国刑法》《中华人民共和国出境入境管理法》《中华人民共和国治安管理处罚法》《中华人民共和国刑事诉讼法》《中华人民共和国民事诉讼法》《中华人民共和国海事诉讼特别程序法》《中华人民共和国行政诉讼法》及中华人民共和国缔结或者参加的有关国际条约，结合审判实际，制定本规定。

第一条　本规定所称我国管辖海域，是指中华人民共和国内水、领海、毗连区、专属经济区、大陆架，以及中华人民共和国管辖的其他海域。

第二条　中国公民或组织在我国与有关国家缔结的协定确定的共同管理的渔区或公海从事捕捞等作业的，适用本规定。

第五条　因在我国管辖海域内发生海损事故，请求损害赔偿提起的诉讼，由管辖该海域的海事法院、事故船舶最先到达地的海事法院、船舶被扣押地或者被告住所地海事法院管辖。

因在公海等我国管辖海域外发生海损事故，请求损害赔偿在我国法院提起的诉讼，由事故船舶最先到达地、船舶被扣押地或者被告住所地海事法院管辖。

事故船舶为中华人民共和国船舶的，还可以由船籍港所在地海事法院管辖。

第七条　本规定施行后尚未审结的案件，适用本规定；本规定施行前已经终审，当事人申请再审或者按照审判监督程序决定再审的案件，不适用本规定。

第八条　本规定自 2016 年 8 月 2 日起施行。

《最高人民法院关于审理发生在我国管辖海域相关案件若干问题的规定（二）》（法释〔2016〕17 号　自 2016 年 8 月 2 日起施行）

为正确审理发生在我国管辖海域相关案件，维护当事人合法权益，根据《中华人民共和国刑法》《中华人民共和国渔业法》《中华人民共和国民事诉讼法》《中华人民共和国刑事诉讼法》《中华人民共和国行政诉讼法》，结合审判实际，制定本规定。

第一条　当事人因船舶碰撞、海洋污染等事故受到损害，请求侵权人赔偿渔船、渔具、渔货损失以及收入损失的，人民法院应予支持。

当事人违反渔业法第二十三条，未取得捕捞许可证从事海上捕捞作业，依照前款规定主张收入损失的，人民法院不予支持。

第二条 人民法院在审判执行工作中，发现违法行为，需要有关单位对其依法处理的，应及时向相关单位提出司法建议，必要时可以抄送该单位的上级机关或者主管部门。违法行为涉嫌犯罪的，依法移送刑事侦查部门处理。

第十五条 本规定施行后尚未审结的一审、二审案件，适用本规定；本规定施行前已经终审，当事人申请再审或者按照审判监督程序决定再审的案件，不适用本规定。

第十六条 本规定自 2016 年 8 月 2 日起施行。

【适用本案由需要注意的问题】

◆根据《最高人民法院关于审理船舶碰撞纠纷案件若干问题的规定》第 1 条的规定，本规定所称船舶碰撞，是指《海商法》第 165 条所指的船舶碰撞，不包括内河船舶之间的碰撞。《里斯本规则草案》中明确了船舶碰撞不仅仅指船体的实际接触，因此，船舶间的其他一切侵权行为，包括浪损，船舶间的火灾、爆炸、油污也可以作为船舶碰撞。

◆根据《民事诉讼法》第 30 条、《海事诉讼特别程序法》第 6 条的规定，因船舶碰撞或者其他海事损害事故请求损害赔偿提起的诉讼，由碰撞发生地、碰撞船舶最先到达地、加害船舶被扣留地或者被告住所地人民法院管辖。《最高人民法院关于适用〈中华人民共和国民事诉讼法〉的解释》第 2 条也明确海事、海商案件由海事法院管辖。《最高人民法院关于适用〈中华人民共和国海事诉讼特别程序法〉若干问题的解释》第 1 条进一步明确在海上或者通海水域发生的与船舶或者运输、生产、作业相关的海事侵权纠纷、海商合同纠纷，以及法律或者相关司法解释规定的其他海事纠纷案件由海事法院及其上级人民法院专门管辖。

◆船舶碰撞发生后，没有碰撞的现场，也不可能在周边环境中留下碰撞的轨迹，这一切使得直接有效的证据的获得变得异常困难，所以船舶碰撞案件的证据制度具有与普通民商事案件不同的证据规则。《海事诉讼特别程序法》第 82 条规定，审理船舶碰撞案件时，“原告在起诉时、被告在答辩时，应当如实填写《海事事故调查表》”，第 84 条规定“当事人应当在开庭审理前完成举证”。这是船舶碰撞案件中对证据的固定和保密的要求。

174. 船舶触碰损害责任纠纷

【案由解析】

船舶触碰损害责任纠纷是指船舶与船舶之外的设施或者障碍物发生触碰事故而引起的损害责任纠纷。

船舶触碰是指船舶与非船舶发生接触，造成一方或多方损害的事故。这里的非船舶主要是指海上、与海相通的可航水域及港口的建筑物和构筑物，如码头、灯塔、浮筒、防波堤等。

船舶碰触的主要特征是：（1）主体明确。因客体一般都处于静止或无法移动的状态，故施害方就只有可能是引起船舶触碰的船方。（2）责任明确。在船舶触碰事故责任认定过程中，只有在船方有证据证明损害的原因是不可抗力或者被触碰物体的所有人或使用人的过错的情况下，船方不需承担全部赔偿责任，否则船方就应当承担全部赔偿责任。

【常用法律条文及索引】

《海商法》（1993 年 7 月 1 日起施行）

第一百六十九条 船舶发生碰撞，碰撞的船舶互有过失的，各船按照过失程度的比例负赔偿责任；过失程度相当或者过失程度的比例无法判定的，平均负赔偿责任。

互有过失的船舶，对碰撞造成的船舶以及船上货物和其他财产的损失，依照前款规定的比例负赔偿责任。碰撞造成第三人财产损失的，各船的赔偿责任均不超过其应当承担的比例。

互有过失的船舶，对造成的第三人的人身伤亡，负连带赔偿责任。一船连带支付的赔偿超过本条第一款规定的比例的，有权向其他有过失的船舶追偿。

《海上交通安全法》（1984 年 1 月 1 日起施行 2016 年 11 月 7 日修正）

第二十三条 禁止损坏助航标志和导航设施。损坏助航标志或导航设施的，应当立即向主管机关报告，并承担赔偿责任。

《最高人民法院关于审理船舶碰撞和触碰案件财产损害赔偿的规定》（法发〔1995〕17 号 1995 年 8 月 18 号起施行）

五、船舶触碰造成设施损害的赔偿包括：设施的全损或者部分损坏修复费用；

设施修复前不能正常使用所产生的合理的收益损失。

六、船舶碰撞或者触碰造成第三人财产损失的，应予赔偿。

《民事诉讼法》（1991 年 4 月 9 日起施行 2017 年 6 月 27 日修正）

第二十八条 因侵权行为提起的诉讼，由侵权行为地或者被告住所地人民法院管辖。

第三十条 因船舶碰撞或者其他海事损害事故请求损害赔偿提起的诉讼，由碰撞发生地、碰撞船舶最先到达地、加害船舶被扣留地或者被告住所地人民法院管辖。

《海事诉讼特别程序法》（2000 年 7 月 1 日起施行）

第六条 海事诉讼的地域管辖，依照《中华人民共和国民事诉讼法》的有关规定。

下列海事诉讼的地域管辖，依照以下规定：

（一）因海事侵权行为提起的诉讼，除依照《中华人民共和国民事诉讼法》第二十九条至第三十一条的规定以外，还可以由船籍港所在地海事法院管辖；

……

《最高人民法院关于适用〈中华人民共和国民事诉讼法〉的解释》（法释〔2015〕5 号 2015 年 2 月 4 日施行）

第二条 专利纠纷案件由知识产权法院、最高人民法院确定的中级人民法院和基层人民法院管辖。

海事、海商案件由海事法院管辖。

第二百七十三条 海事法院可以审理海事、海商小额诉讼案件。案件标的额应当以实际受理案件的海事法院或者其派出法庭所在的省、自治区、直辖市上年度就业人员年平均工资百分之三十为限。

《最高人民法院关于适用〈中华人民共和国海事诉讼特别程序法〉若干问题的解释》（法释〔2003〕3 号 2003 年 2 月 1 日起施行）

第六十一条 依据《中华人民共和国海商法》第一百七十条的规定提起的诉讼和因船舶触碰造成损害提起的诉讼，参照海事诉讼特别程序法关于审理船舶碰撞案件的有关规定审理。

《最高人民法院关于海事诉讼管辖问题的规定》（法释〔2016〕2号　2016年3月1日起施行）

为推进“一带一路”建设、海洋强国战略、京津冀一体化、长江经济带发展规划的实施，促进海洋经济发展，及时化解海事纠纷，保证海事法院正确行使海事诉讼管辖权，依法审理海事案件，根据《中华人民共和国民事诉讼法》《中华人民共和国海事诉讼特别程序法》《中华人民共和国行政诉讼法》以及全国人民代表大会常务委员会《关于在沿海港口城市设立海事法院的决定》等法律规定，现将海事诉讼管辖的几个问题规定如下：

一、关于管辖区域调整

1. 根据航运经济发展和海事审判工作的需要，对大连、武汉海事法院的管辖区域作出如下调整：

（1）大连海事法院管辖下列区域：南自辽宁省与河北省的交界处、东至鸭绿江口的延伸海域和鸭绿江水域，其中包括黄海一部分、渤海一部分、海上岛屿；吉林省的松花江、图们江等通海可航水域及港口；黑龙江省的黑龙江、松花江、乌苏里江等通海可航水域及港口。

（2）武汉海事法院管辖下列区域：自四川省宜宾市合江门至江苏省浏河口之间长江干线及支线水域，包括宜宾、泸州、重庆、涪陵、万州、宜昌、荆州、城陵矶、武汉、九江、安庆、芜湖、马鞍山、南京、扬州、镇江、江阴、张家港、南通等主要港口。

2. 其他各海事法院依据此前最高人民法院发布的决定或通知确定的管辖区域对海事案件行使管辖权。

三、关于海事海商纠纷管辖权异议案件的审理

1. 当事人不服管辖权异议裁定的上诉案件由海事法院所在地的高级人民法院负责海事海商案件的审判庭审理。

2. 发生法律效力的管辖权异议裁定违反海事案件专门管辖确需纠正的，人民法院可依照《中华人民共和国民事诉讼法》第一百九十八条规定再审。

四、其他规定

本规定自2016年3月1日起施行。最高人民法院以前作出的有关规定与本规定不一致的，以本规定为准。

《最高人民法院关于海事法院受理案件范围的规定》（法释〔2016〕4号　2016年3月1日起施行）

根据《中华人民共和国民事诉讼法》《中华人民共和国海事诉讼特别程

序法》《中华人民共和国行政诉讼法》以及我国缔结或者参加的有关国际条约，结合我国海事审判实际，现将海事法院受理案件的范围规定如下：

一、海事侵权纠纷案件

2. 船舶触碰海上、通海可航水域、港口及其岸上的设施或者其他财产的损害责任纠纷案件，包括船舶触碰码头、防波堤、栈桥、船闸、桥梁、航标、钻井平台等设施的损害责任纠纷案件；

《最高人民法院关于审理发生在我国管辖海域相关案件若干问题的规定(一)》（法释〔2016〕16号 2016年8月2日起施行）

为维护我国领土主权、海洋权益，平等保护中外当事人合法权利，明确我国管辖海域的司法管辖与法律适用，根据《中华人民共和国领海及毗连区法》《中华人民共和国专属经济区和大陆架法》《中华人民共和国刑法》《中华人民共和国出境入境管理法》《中华人民共和国治安管理处罚法》《中华人民共和国刑事诉讼法》《中华人民共和国民事诉讼法》《中华人民共和国海事诉讼特别程序法》《中华人民共和国行政诉讼法》及中华人民共和国缔结或者参加的有关国际条约，结合审判实际，制定本规定。

第一条 本规定所称我国管辖海域，是指中华人民共和国内水、领海、毗连区、专属经济区、大陆架，以及中华人民共和国管辖的其他海域。

第二条 中国公民或组织在我国与有关国家缔结的协定确定的共同管理的渔区或公海从事捕捞等作业的，适用本规定。

第五条 因在我国管辖海域内发生海损事故，请求损害赔偿提起的诉讼，由管辖该海域的海事法院、事故船舶最先到达地的海事法院、船舶被扣押地或者被告住所地海事法院管辖。

因在公海等我国管辖海域外发生海损事故，请求损害赔偿在我国法院提起的诉讼，由事故船舶最先到达地、船舶被扣押地或者被告住所地海事法院管辖。

事故船舶为中华人民共和国船舶的，还可以由船籍港所在地海事法院管辖。

第六条 在我国管辖海域内，因海上航运、渔业生产及其他海上作业造成污染，破坏海洋生态环境，请求损害赔偿提起的诉讼，由管辖该海域的海事法院管辖。

污染事故发生在我国管辖海域外，对我国管辖海域造成污染或污染威胁，请求损害赔偿或者预防措施费用提起的诉讼，由管辖该海域的海事法院或采取预防措施地的海事法院管辖。

第七条　本规定施行后尚未审结的案件，适用本规定；本规定施行前已经终审，当事人申请再审或者按照审判监督程序决定再审的案件，不适用本规定。

第八条　本规定自2016年8月2日起施行。

《最高人民法院关于审理发生在我国管辖海域相关案件若干问题的规定（二）》（法释〔2016〕17号　2016年8月2日起施行）

为正确审理发生在我国管辖海域相关案件，维护当事人合法权益，根据《中华人民共和国刑法》《中华人民共和国渔业法》《中华人民共和国民事诉讼法》《中华人民共和国刑事诉讼法》《中华人民共和国行政诉讼法》，结合审判实际，制定本规定。

第一条　当事人因船舶碰撞、海洋污染等事故受到损害，请求侵权人赔偿渔船、渔具、渔货损失以及收入损失的，人民法院应予支持。

当事人违反渔业法第二十三条，未取得捕捞许可证从事海上捕捞作业，依照前款规定主张收入损失的，人民法院不予支持。

第二条　人民法院在审判执行工作中，发现违法行为，需要有关单位对其依法处理的，应及时向相关单位提出司法建议，必要时可以抄送该单位的上级机关或者主管部门。违法行为涉嫌犯罪的，依法移送刑事侦查部门处理。

第十五条　本规定施行后尚未审结的一审、二审案件，适用本规定；本规定施行前已经终审，当事人申请再审或者按照审判监督程序决定再审的案件，不适用本规定。

第十六条　本规定自2016年8月2日起施行。

【适用本案由需要注意的问题】

◆因船舶触碰是船舶与非船舶发生接触，客体一般都处于静止或无法移动的状态，故船方一般就是造成损害的施害方，所以因船舶触碰请求损害责任提起的诉讼，由触碰发生地、触碰船舶最先到达地、触碰船舶被扣留地、被告住所地人民法院及船籍港所在地海事法院管辖。《最高人民法院关于适用〈中华人民共和国海事诉讼特别程序法〉若干问题的解释》第1条进一步明确在海上或者通海水域发生的与船舶或者运输、生产、作业相关的海事侵权纠纷、海商合同纠纷，以及法律或者相关司法解释规定的其他海事纠纷案件由海事法院及其上级人民法院专门管辖。

◆在确定本案由时，尤其要注意区分船舶碰撞损害责任纠纷与船舶触碰损害责任纠纷。船舶碰撞是指船舶与船舶或船舶属具之间的碰撞，即海上设施一方或多方在移动状态下的碰撞；而船舶碰触是指在只有船舶一方是移动状态的情况下，船舶与静止的建筑物或构筑物之间的碰撞。

◆船舶与船舶之外的其他设施或障碍物发生触碰，是指船舶与防波堤、灯塔等发生直接的触碰造成的损失。船舶与船舶发生碰撞，造成第三方的损失，是指互有过失的船舶发生碰撞，造成了第三方的财产损失，如两船相撞，同时撞坏航标，这一点我国《海商法》第八章第169条第2款作了相关规定。

175. 船舶损坏空中设施、水下设施损害责任纠纷

【案由解析】

空中设施、水下设施是指海上、通海水域的水上或水下固定物体。

船舶损坏空中设施、水下设施损害责任纠纷是指船舶在航行或停泊时，损坏在空中架设或在海底、通海水域下铺设的设施或其他财产而引起的纠纷。

船舶损坏空中设施、水下设施损害责任主要有以下几点特征：(1) 主体明确。因客体是在空中或者在水下的状态，故施害方就只有可能是船方；(2) 责任明确。在船舶损坏空中设施、水下设施事故责任认定过程中，只有在船方有证据证明损坏的原因是不可抗力或者被损坏物体的所有人或使用人的过错的情况下，船方不需承担全部赔偿责任，否则船方就应当承担全部赔偿责任。

船舶损坏空中设施、水下设施可分为：(1) 船舶在航行或停泊时，损坏架设于水上的跨海架空线，桥梁等；(2) 船舶在航行或停泊时，损坏铺设的海底，水底的管道、电缆等；(3) 互有过失的船舶发生碰撞造成对空中设施、水下设施的损毁。

【常用法律条文及索引】

《海商法》(1993 年 7 月 1 日起施行)

第一百六十九条 船舶发生碰撞，碰撞的船舶互有过失的，各船按照过

失程度的比例负赔偿责任；过失程度相当或者过失程度的比例无法判定的，平均负赔偿责任。

互有过失的船舶，对碰撞造成的船舶以及船上货物和其他财产的损失，依照前款规定的比例负赔偿责任。碰撞造成第三人财产损失的，各船的赔偿责任均不超过其应当承担的比例。

互有过失的船舶，对造成的第三人的人身伤亡，负连带赔偿责任。一船连带支付的赔偿超过本条第一款规定的比例的，有权向其他有过失的船舶追偿。

《海上交通安全法》（1984 年 1 月 1 日起施行　2016 年 11 月 7 日修正）

第二十三条　禁止损坏助航标志和导航设施。损坏助航标志或导航设施的，应当立即向主管机关报告，并承担赔偿责任。

《最高人民法院关于审理船舶碰撞和触碰案件财产损害赔偿的规定》（法发〔1995〕17 号　1995 年 8 月 18 号起施行）

十二、设施损害赔偿的计算：

期限：以实际停止使用期间扣除常规检修的期间为限；

设施部分损坏或者全损，分别以合理的修复费用或者重新建造的费用，扣除已使用年限的折旧费计算；

设施使用的收益损失，以实际减少的净收益，即按停止使用前三个月的平均净盈利计算；部分使用并有收益的，应当扣减。

十六、本规定中下列用语的含义：

……

“设施”是指人为设置的固定或者可移动的构造物，包括固定平台、浮鼓、码头、堤坝、桥梁、敷设或者架设的电缆、管道等。

……

《最高人民法院关于海事诉讼管辖问题的规定》（法释〔2016〕2 号　2016 年 3 月 1 日起施行）

为推进“一带一路”建设、海洋强国战略、京津冀一体化、长江经济带发展规划的实施，促进海洋经济发展，及时化解海事纠纷，保证海事法院正确行使海事诉讼管辖权，依法审理海事案件，根据《中华人民共和国民事诉讼法》《中华人民共和国海事诉讼特别程序法》《中华人民共和国行政诉讼法》以及全国人民代表大会常务委员会《关于在沿海港口城市设立海事法院的决定》等法律规定，现将海事诉讼管辖的几个问题规定如下：

一、关于管辖区域调整

1. 根据航运经济发展和海事审判工作的需要，对大连、武汉海事法院的管辖区域作出如下调整：

(1) 大连海事法院管辖下列区域：南自辽宁省与河北省的交界处、东至鸭绿江口的延伸海域和鸭绿江水域，其中包括黄海一部分、渤海一部分、海上岛屿；吉林省的松花江、图们江等通海可航水域及港口；黑龙江省的黑龙江、松花江、乌苏里江等通海可航水域及港口。

(2) 武汉海事法院管辖下列区域：自四川省宜宾市合江门至江苏省浏河口之间长江干线及支线水域，包括宜宾、泸州、重庆、涪陵、万州、宜昌、荆州、城陵矶、武汉、九江、安庆、芜湖、马鞍山、南京、扬州、镇江、江阴、张家港、南通等主要港口。

2. 其他各海事法院依据此前最高人民法院发布的决定或通知确定的管辖区域对海事案件行使管辖权。

三、关于海事海商纠纷管辖权异议案件的审理

1. 当事人不服管辖权异议裁定的上诉案件由海事法院所在地的高级人民法院负责海事海商案件的审判庭审理。

2. 发生法律效力的管辖权异议裁定违反海事案件专门管辖确需纠正的，人民法院可依照《中华人民共和国民事诉讼法》第一百九十八条规定再审。

四、其他规定

本规定自 2016 年 3 月 1 日起施行。最高人民法院以前作出的有关规定与本规定不一致的，以本规定为准。

《最高人民法院关于海事法院受理案件范围的规定》（法释〔2016〕4 号 2016 年 3 月 1 日起施行）

根据《中华人民共和国民事诉讼法》《中华人民共和国海事诉讼特别程序法》《中华人民共和国行政诉讼法》以及我国缔结或者参加的有关国际条约，结合我国海事审判实际，现将海事法院受理案件的范围规定如下：

一、海事侵权纠纷案件

3. 船舶损坏在空中架设或者在海底、通海可航水域敷设的设施或者其他财产的损害责任纠纷案件；

《最高人民法院关于审理发生在我国管辖海域相关案件若干问题的规定(一)》（法释〔2016〕16 号 2016 年 8 月 2 日起施行）

为维护我国领土主权、海洋权益，平等保护中外当事人合法权利，明确

我国管辖海域的司法管辖与法律适用，根据《中华人民共和国领海及毗连区法》《中华人民共和国专属经济区和大陆架法》《中华人民共和国刑法》《中华人民共和国出境入境管理法》《中华人民共和国治安管理处罚法》《中华人民共和国刑事诉讼法》《中华人民共和国民事诉讼法》《中华人民共和国海事诉讼特别程序法》《中华人民共和国行政诉讼法》及中华人民共和国缔结或者参加的有关国际条约，结合审判实际，制定本规定。

第一条　本规定所称我国管辖海域，是指中华人民共和国内水、领海、毗连区、专属经济区、大陆架，以及中华人民共和国管辖的其他海域。

第二条　中国公民或组织在我国与有关国家缔结的协定确定的共同管理的渔区或公海从事捕捞等作业的，适用本规定。

第五条　因在我国管辖海域内发生海损事故，请求损害赔偿提起的诉讼，由管辖该海域的海事法院、事故船舶最先到达地的海事法院、船舶被扣押地或者被告住所地海事法院管辖。

因在公海等我国管辖海域外发生海损事故，请求损害赔偿在我国法院提起的诉讼，由事故船舶最先到达地、船舶被扣押地或者被告住所地海事法院管辖。

事故船舶为中华人民共和国船舶的，还可以由船籍港所在地海事法院管辖。

第六条　在我国管辖海域内，因海上航运、渔业生产及其他海上作业造成污染，破坏海洋生态环境，请求损害赔偿提起的诉讼，由管辖该海域的海事法院管辖。

污染事故发生在我国管辖海域外，对我国管辖海域造成污染或污染威胁，请求损害赔偿或者预防措施费用提起的诉讼，由管辖该海域的海事法院或采取预防措施地的海事法院管辖。

第七条　本规定施行后尚未审结的案件，适用本规定；本规定施行前已经终审，当事人申请再审或者按照审判监督程序决定再审的案件，不适用本规定。

第八条　本规定自2016年8月2日起施行。

《最高人民法院关于审理发生在我国管辖海域相关案件若干问题的规定（二）》（法释〔2016〕17号　2016年8月2日起施行）

为正确审理发生在我国管辖海域相关案件，维护当事人合法权益，根据《中华人民共和国刑法》《中华人民共和国渔业法》《中华人民共和国民事诉讼法》《中华人民共和国刑事诉讼法》《中华人民共和国行政诉讼法》，结合审判实际，制定本规定。

第一条 当事人因船舶碰撞、海洋污染等事故受到损害，请求侵权人赔偿渔船、渔具、渔货损失以及收入损失的，人民法院应予支持。

当事人违反渔业法第二十三条，未取得捕捞许可证从事海上捕捞作业，依照前款规定主张收入损失的，人民法院不予支持。

第二条 人民法院在审判执行工作中，发现违法行为，需要有关单位对其依法处理的，应及时向相关单位提出司法建议，必要时可以抄送该单位的上级机关或者主管部门。违法行为涉嫌犯罪的，依法移送刑事侦查部门处理。

第十五条 本规定施行后尚未审结的一审、二审案件，适用本规定；本规定施行前已经终审，当事人申请再审或者按照审判监督程序决定再审的案件，不适用本规定。

第十六条 本规定自2016年8月2日起施行。

【适用本案由应当注意的问题】

根据《民事诉讼法》《海事诉讼特别程序法》及《最高人民法院关于适用〈中华人民共和国海事诉讼特别程序法〉若干问题的解释》的规定，因船舶损坏空中设施、水下设施请求损害责任提起的诉讼，应当由损坏空中设施、水下设施发生地、加害船舶最先到达地、碰触船舶被扣留地、被告住所地及船籍港所在地海事法院管辖。

在确定本案由时，尤其要注意其与船舶触碰损害责任纠纷的区别。因为水上或水下设施一般具有特殊用途，此类设施的损毁会影响海上交通秩序和安全，故而造成的影响范围较大，涉及的部门也较多，属于较为特殊的纠纷。

我国《海商法》并未明确对船舶损坏水上或水下设施损害责任作出适用规定，但该法第八章第169条第2款规定，互有过失的船舶，碰撞造成第三人财产损失的，各船的赔偿责任均不超过其应当承担的比例。本款规定即可适用于船舶损毁水上或水下设施的情形。

176. 船舶污染损害责任纠纷

【案由解析】

船舶污染是指船舶在航行、停泊港口、装卸货物的过程中对周围环境环境产生的污染，其中海上石油勘探开发作业中固定和移动式平台除外。

船舶污染损害责任纠纷是指船舶在航行、停泊港口、装卸货物的过程中排放、泄漏、倾倒油类、污水或其他有害物质对周围环境产生污染或对其他船舶、货物及其他财产造成损失的损害责任纠纷。

船舶污染具有以下几点特征：（1）影响范围大。由于水具有流动性，船舶排出、倾倒、泄漏的油类或有害物质会在极短的时间内扩散到极大的区域，极易造成重大的损害；（2）排出危害难度大。船舶污染扩散区域广，涉及部门多，一旦造成污染，处理难度非常大。按污染源不同分为：运营性排放造成的污染和事故性排放造成的污染。按污染物性质不同分为：船舶油类作业和含油污水的排放；船舶装运有毒液体物质的残余物和污水的排放；船舶装运有害物质造成的污染；船舶生活污水的排放；船舶垃圾排放造成的污染；船舶排气、船舶噪声、船舶防腐涂料及疫区载来的压载水等造成的污染。

【常用法律条文及索引】

《民法通则》（1987 年 1 月 1 日起施行　2009 年 8 月 27 日修正）

第一百二十四条　违反国家保护环境防止污染的规定，污染环境造成他人损害的，应当依法承担民事责任。

《侵权责任法》（2010 年 7 月 1 日起施行）

第六十五条　因污染环境造成损害的，污染者应当承担侵权责任。

第六十六条　因污染环境发生纠纷，污染者应当就法律规定的不承担责任或者减轻责任的情形及其行为与损害之间不存在因果关系承担举证责任。

第六十七条　两个以上污染者污染环境，污染者承担责任的大小，根据污染物的种类、排放量等因素确定。

第六十八条　因第三人的过错污染环境造成损害的，被侵权人可以向污染者请求赔偿，也可以向第三人请求赔偿。污染者赔偿后，有权向第三人追偿。

《环境保护法》（2014 年 4 月 24 日修订　2015 年 1 月 1 日起施行）

第六十四条　因污染环境和破坏生态造成损害的，应当依照《中华人民共和国侵权责任法》的有关规定承担侵权责任。

第六十五条　环境影响评价机构、环境监测机构以及从事环境监测设备和防治污染设施维护、运营的机构，在有关环境服务活动中弄虚作假，对造成的环境污染和生态破坏负有责任的，除依照有关法律法规规定予以处罚外，还应当与造成环境污染和生态破坏的其他责任者承担连带责任。

第六十六条 提起环境损害赔偿诉讼的时效期间为三年，从当事人知道或者应当知道其受到损害时起计算。

《海洋环境保护法》（2000 年 4 月 1 日起施行 2017 年 11 月 4 日修正）

第三十三条 禁止向海域排放油类、酸液、碱液、剧毒废液和高、中水平放射性废水。

严格限制向海域排放低水平放射性废水；确需排放的，必须严格执行国家辐射防护规定。

严格控制向海域排放含有不易降解的有机物和重金属的废水。

第八十九条 造成海洋环境污染损害的责任者，应当排除危害，并赔偿损失；完全由于第三者的故意或者过失，造成海洋环境污染损害的，由第三者排除危害，并承担赔偿责任。

对破坏海洋生态、海洋水产资源、海洋保护区，给国家造成重大损失的，由依照本法规定行使海洋环境监督管理权的部门代表国家对责任者提出损害赔偿要求。

第九十一条 完全属于下列情形之一，经过及时采取合理措施，仍然不能避免对海洋环境造成污染损害的，造成污染损害的有关责任者免予承担责任：

（一）战争；

（二）不可抗拒的自然灾害；

（三）负责灯塔或者其他助航设备的主管部门，在执行职责时的疏忽，或者其他过失行为。

《最高人民法院关于海事诉讼管辖问题的规定》（法释〔2016〕2 号 2016 年 3 月 1 日起施行）

为推进“一带一路”建设、海洋强国战略、京津冀一体化、长江经济带发展规划的实施，促进海洋经济发展，及时化解海事纠纷，保证海事法院正确行使海事诉讼管辖权，依法审理海事案件，根据《中华人民共和国民事诉讼法》《中华人民共和国海事诉讼特别程序法》《中华人民共和国行政诉讼法》以及全国人民代表大会常务委员会《关于在沿海港口城市设立海事法院的决定》等法律规定，现将海事诉讼管辖的几个问题规定如下：

一、关于管辖区域调整

1. 根据航运经济发展和海事审判工作的需要，对大连、武汉海事法院

的管辖区域作出如下调整：

（1）大连海事法院管辖下列区域：南自辽宁省与河北省的交界处、东至鸭绿江口的延伸海域和鸭绿江水域，其中包括黄海一部分、渤海一部分、海上岛屿；吉林省的松花江、图们江等通海可航水域及港口；黑龙江省的黑龙江、松花江、乌苏里江等通海可航水域及港口。

（2）武汉海事法院管辖下列区域：自四川省宜宾市合江门至江苏省浏河口之间长江干线及支线水域，包括宜宾、泸州、重庆、涪陵、万州、宜昌、荆州、城陵矶、武汉、九江、安庆、芜湖、马鞍山、南京、扬州、镇江、江阴、张家港、南通等主要港口。

2. 其他各海事法院依据此前最高人民法院发布的决定或通知确定的管辖区域对海事案件行使管辖权。

三、关于海事海商纠纷管辖权异议案件的审理

1. 当事人不服管辖权异议裁定的上诉案件由海事法院所在地的高级人民法院负责海事海商案件的审判庭审理。

2. 发生法律效力的管辖权异议裁定违反海事案件专门管辖确需纠正的，人民法院可依照《中华人民共和国民事诉讼法》第一百九十八条规定再审。

四、其他规定

本规定自2016年3月1日起施行。最高人民法院以前作出的有关规定与本规定不一致的，以本规定为准。

《最高人民法院关于海事法院受理案件范围的规定》（法释〔2016〕4号　2016年3月1日起施行）

根据《中华人民共和国民事诉讼法》《中华人民共和国海事诉讼特别程序法》《中华人民共和国行政诉讼法》以及我国缔结或者参加的有关国际条约，结合我国海事审判实际，现将海事法院受理案件的范围规定如下：

一、海事侵权纠纷案件

4. 船舶排放、泄漏、倾倒油类、污水或者其他有害物质，造成水域污染或者他船、货物及其他财产损失的损害责任纠纷案件；

《最高人民法院关于审理发生在我国管辖海域相关案件若干问题的规定（一）》（法释〔2016〕16号　2016年8月2日起施行）

为维护我国领土主权、海洋权益，平等保护中外当事人合法权利，明确我国管辖海域的司法管辖与法律适用，根据《中华人民共和国领海及毗连区法》《中华人民共和国专属经济区和大陆架法》《中华人民共和国刑法》《中

华人民共和国出境入境管理法》《中华人民共和国治安管理处罚法》《中华人民共和国刑事诉讼法》《中华人民共和国民事诉讼法》《中华人民共和国海事诉讼特别程序法》《中华人民共和国行政诉讼法》及中华人民共和国缔结或者参加的有关国际条约，结合审判实际，制定本规定。

第一条 本规定所称我国管辖海域，是指中华人民共和国内水、领海、毗连区、专属经济区、大陆架，以及中华人民共和国管辖的其他海域。

第二条 中国公民或组织在我国与有关国家缔结的协定确定的共同管理的渔区或公海从事捕捞等作业的，适用本规定。

第五条 因在我国管辖海域内发生海损事故，请求损害赔偿提起的诉讼，由管辖该海域的海事法院、事故船舶最先到达地的海事法院、船舶被扣押地或者被告住所地海事法院管辖。

因在公海等我国管辖海域外发生海损事故，请求损害赔偿在我国法院提起的诉讼，由事故船舶最先到达地、船舶被扣押地或者被告住所地海事法院管辖。

事故船舶为中华人民共和国船舶的，还可以由船籍港所在地海事法院管辖。

第六条 在我国管辖海域内，因海上航运、渔业生产及其他海上作业造成污染，破坏海洋生态环境，请求损害赔偿提起的诉讼，由管辖该海域的海事法院管辖。

污染事故发生在我国管辖海域外，对我国管辖海域造成污染或污染威胁，请求损害赔偿或者预防措施费用提起的诉讼，由管辖该海域的海事法院或采取预防措施地的海事法院管辖。

第七条 本规定施行后尚未审结的案件，适用本规定；本规定施行前已经终审，当事人申请再审或者按照审判监督程序决定再审的案件，不适用本规定。

第八条 本规定自 2016 年 8 月 2 日起施行。

《最高人民法院关于审理发生在我国管辖海域相关案件若干问题的规定（二）》（法释〔2016〕17 号　2016 年 8 月 2 日起施行）

为正确审理发生在我国管辖海域相关案件，维护当事人合法权益，根据《中华人民共和国刑法》《中华人民共和国渔业法》《中华人民共和国民事诉讼法》《中华人民共和国刑事诉讼法》《中华人民共和国行政诉讼法》，结合审判实际，制定本规定。

第一条　当事人因船舶碰撞、海洋污染等事故受到损害，请求侵权人赔偿渔船、渔具、渔货损失以及收入损失的，人民法院应予支持。

当事人违反渔业法第二十三条，未取得捕捞许可证从事海上捕捞作业，依照前款规定主张收入损失的，人民法院不予支持。

第二条　人民法院在审判执行工作中，发现违法行为，需要有关单位对其依法处理的，应及时向相关单位提出司法建议，必要时可以抄送该单位的上级机关或者主管部门。违法行为涉嫌犯罪的，依法移送刑事侦查部门处理。

第十五条　本规定施行后尚未审结的一审、二审案件，适用本规定；本规定施行前已经终审，当事人申请再审或者按照审判监督程序决定再审的案件，不适用本规定。

第十六条　本规定自2016年8月2日起施行。

【适用本案由应当注意的问题】

◆船舶污染损害引发的纠纷系因船舶在航行或停泊、装卸货物过程中造成的环境污染，影响范围较大，故此类纠纷提起的诉讼，由污染发生地、损害结果地或者采取预防污染措施地海事法院管辖。

◆《海洋环境保护法》第89条第1款规定，造成海洋环境污染损害的责任者，应当排除危害，并赔偿损失；完全由于第三者的故意或者过失，造成海洋环境污染损害的，由第三者排除危害，并承担赔偿责任。而《侵权责任法》则对这一规定作了相关修改，在第68条中规定，因第三人的过错污染环境造成损害的，被侵权人可以向污染者请求赔偿，也可以向第三人的请求赔偿。污染者赔偿后，有权向第三人追偿。

177. 海上、通海水域污染损害责任纠纷

【案由解析】

海上、通海水域的污染是指船舶污染以外，在海上或者通海水域的航运、生产、作业或者船舶建造、修理、拆解或者港口作业、建设造成的环境污染。

海上、通海水域污染损害责任纠纷是指船舶污染以外，海上或者通海水

域的航运、生产、作业或者船舶建造、修理、拆解或者港口作业、建设，造成水域污染、滩涂污染或者他船、货物及其他财产损失的损害赔偿纠纷。

海上、通海水域污染的特征主要是污染源来自船舶以外，该类污染是在相关水域进行建造、作业，主要包括船舶建造、修理、拆解，以及位于海岸或者与海岸连接，工程主体位于海岸线向陆一侧，对海洋环境产生影响的新建、改建、扩建工程项目的建设过程中对水域、滩涂等污染及相关损害的纠纷。

【常用法律条文及索引】

《最高人民法院关于海事诉讼管辖问题的规定》（法释〔2016〕2号 2016年3月1日起施行）

为推进“一带一路”建设、海洋强国战略、京津冀一体化、长江经济带发展规划的实施，促进海洋经济发展，及时化解海事纠纷，保证海事法院正确行使海事诉讼管辖权，依法审理海事案件，根据《中华人民共和国民事诉讼法》《中华人民共和国海事诉讼特别程序法》《中华人民共和国行政诉讼法》以及全国人民代表大会常务委员会《关于在沿海港口城市设立海事法院的决定》等法律规定，现将海事诉讼管辖的几个问题规定如下：

一、关于管辖区域调整

1. 根据航运经济发展和海事审判工作的需要，对大连、武汉海事法院的管辖区域作出如下调整：

（1）大连海事法院管辖下列区域：南自辽宁省与河北省的交界处、东至鸭绿江口的延伸海域和鸭绿江水域，其中包括黄海一部分、渤海一部分、海上岛屿；吉林省的松花江、图们江等通海可航水域及港口；黑龙江省的黑龙江、松花江、乌苏里江等通海可航水域及港口。

（2）武汉海事法院管辖下列区域：自四川省宜宾市合江门至江苏省浏河口之间长江干线及支线水域，包括宜宾、泸州、重庆、涪陵、万州、宜昌、荆州、城陵矶、武汉、九江、安庆、芜湖、马鞍山、南京、扬州、镇江、江阴、张家港、南通等主要港口。

2. 其他各海事法院依据此前最高人民法院发布的决定或通知确定的管辖区域对海事案件行使管辖权。

三、关于海事海商纠纷管辖权异议案件的审理

1. 当事人不服管辖权异议裁定的上诉案件由海事法院所在地的高级人

民法院负责海事海商案件的审判庭审理。

2. 发生法律效力的管辖权异议裁定违反海事案件专门管辖确需纠正的，人民法院可依照《中华人民共和国民事诉讼法》第一百九十八条规定再审。

四、其他规定

本规定自2016年3月1日起施行。最高人民法院以前作出的有关规定与本规定不一致的，以本规定为准。

《最高人民法院关于海事法院受理案件范围的规定》（法释〔2016〕4号　2016年3月1日起施行）

根据《中华人民共和国民事诉讼法》《中华人民共和国海事诉讼特别程序法》《中华人民共和国行政诉讼法》以及我国缔结或者参加的有关国际条约，结合我国海事审判实际，现将海事法院受理案件的范围规定如下：

一、海事侵权纠纷案件

10. 其他海事侵权纠纷案件。

《最高人民法院关于审理发生在我国管辖海域相关案件若干问题的规定（一）》（法释〔2016〕16号　2016年8月2日起施行）

为维护我国领土主权、海洋权益，平等保护中外当事人合法权利，明确我国管辖海域的司法管辖与法律适用，根据《中华人民共和国领海及毗连区法》《中华人民共和国专属经济区和大陆架法》《中华人民共和国刑法》《中华人民共和国出境入境管理法》《中华人民共和国治安管理处罚法》《中华人民共和国刑事诉讼法》《中华人民共和国民事诉讼法》《中华人民共和国海事诉讼特别程序法》《中华人民共和国行政诉讼法》及中华人民共和国缔结或者参加的有关国际条约，结合审判实际，制定本规定。

第一条　本规定所称我国管辖海域，是指中华人民共和国内水、领海、毗连区、专属经济区、大陆架，以及中华人民共和国管辖的其他海域。

第二条　中国公民或组织在我国与有关国家缔结的协定确定的共同管理的渔区或公海从事捕捞等作业的，适用本规定。

第五条　因在我国管辖海域内发生海损事故，请求损害赔偿提起的诉讼，由管辖该海域的海事法院、事故船舶最先到达地的海事法院、船舶被扣押地或者被告住所地海事法院管辖。

因在公海等我国管辖海域外发生海损事故，请求损害赔偿在我国法院提起的诉讼，由事故船舶最先到达地、船舶被扣押地或者被告住所地海事法院管辖。

事故船舶为中华人民共和国船舶的，还可以由船籍港所在地海事法院管辖。

第六条 在我国管辖海域内，因海上航运、渔业生产及其他海上作业造成污染，破坏海洋生态环境，请求损害赔偿提起的诉讼，由管辖该海域的海事法院管辖。

污染事故发生在我国管辖海域外，对我国管辖海域造成污染或污染威胁，请求损害赔偿或者预防措施费用提起的诉讼，由管辖该海域的海事法院或采取预防措施地的海事法院管辖。

第七条 本规定施行后尚未审结的案件，适用本规定；本规定施行前已经终审，当事人申请再审或者按照审判监督程序决定再审的案件，不适用本规定。

第八条 本规定自2016年8月2日起施行。

《最高人民法院关于审理发生在我国管辖海域相关案件若干问题的规定（二）》（法释〔2016〕17号 2016年8月2日起施行）

为正确审理发生在我国管辖海域相关案件，维护当事人合法权益，根据《中华人民共和国刑法》《中华人民共和国渔业法》《中华人民共和国民事诉讼法》《中华人民共和国刑事诉讼法》《中华人民共和国行政诉讼法》，结合审判实际，制定本规定。

第一条 当事人因船舶碰撞、海洋污染等事故受到损害，请求侵权人赔偿渔船、渔具、渔货损失以及收入损失的，人民法院应予支持。

当事人违反渔业法第二十三条，未取得捕捞许可证从事海上捕捞作业，依照前款规定主张收入损失的，人民法院不予支持。

第二条 人民法院在审判执行工作中，发现违法行为，需要有关单位对其依法处理的，应及时向相关单位提出司法建议，必要时可以抄送该单位的上级机关或者主管部门。违法行为涉嫌犯罪的，依法移送刑事侦查部门处理。

第十五条 本规定施行后尚未审结的一审、二审案件，适用本规定；本规定施行前已经终审，当事人申请再审或者按照审判监督程序决定再审的案件，不适用本规定。

第十六条 本规定自2016年8月2日起施行。

另参见“176. 船舶污染损害责任纠纷”案由相关部分。

【适用本案由需要注意的问题】

◆因海上生产、作业或者拆船、修船作业给污染发生地的水资源保护乃至经济发展都会产生严重的影响，因此该类纠纷提起的诉讼由污染发生地、损害结果地或者采取预防污染措施地海事法院管辖。

◆在确定本案由时，尤其应注意海上、通海水域污染损害责任纠纷与船舶污染损害责任纠纷的区别。前者污染源来自船舶的建造修理以及海岸或海岸向陆一侧的工程建设，而后者的污染源来自船舶。

◆我国《水污染防治法》中明确规定了海洋污染防治适用《海洋环境保护法》。

178. 海上、通海水域养殖损害责任纠纷

【案由解析】

海上、通海水域养殖是海洋及通海水域开发利用的重要形式，是受到法律保护的生产行为。海上、通海水域养殖损害责任纠纷是指由于船舶航行或其他作业活动造成海上或者通海水域捕捞、养殖设施、水产养殖物损失而引起的损害赔偿纠纷。

海上、通海水域养殖损害责任的特征主要是：（1）在水域、滩涂进行养殖、捕捞办理了合法的许可证件，取得了海域使用权。（2）遭受损害的客体是养殖设施、水产养殖物。是指在一定水域、滩涂合法进行养殖所生产出的水产养殖物及用于养殖、捕捞的设备。

【常用法律条文及索引】

《物权法》（2007年10月1日起施行）

第一百二十二条　依法取得的海域使用权受法律保护。

第一百二十三条　依法取得的探矿权、采矿权、取水权和使用水域、滩涂从事养殖、捕捞的权利受法律保护。

《民法通则》（1987年1月1日起施行　2009年8月27日修正）

第一百二十四条　违反国家保护环境防止污染的规定，污染环境造成他人损害的，应当依法承担民事责任。

《侵权责任法》（2010 年 7 月 1 日起施行）

第六十五条 因污染环境造成损害的，污染者应当承担侵权责任。

第六十六条 因污染环境发生纠纷，污染者应当就法律规定的不承担责任或者减轻责任的情形及其行为与损害之间不存在因果关系承担举证责任。

第六十七条 两个以上污染者污染环境，污染者承担责任的大小，根据污染物的种类、排放量等因素确定。

第六十八条 因第三人的过错污染环境造成损害的，被侵权人可以向污染者请求赔偿，也可以向第三人请求赔偿。污染者赔偿后，有权向第三人追偿。

《海商法》（1993 年 7 月 1 日起施行）

第一百六十九条 船舶发生碰撞，碰撞的船舶互有过失的，各船按照过失程度的比例负赔偿责任；过失程度相当或者过失程度的比例无法判定的，平均负赔偿责任。

互有过失的船舶，对碰撞造成的船舶以及船上货物和其他财产的损失，依照前款规定的比例负赔偿责任。碰撞造成第三人财产损失的，各船的赔偿责任均不超过其应当承担的比例。

互有过失的船舶，对造成的第三人的人身伤亡，负连带赔偿责任。一船连带支付的赔偿超过本条第一款规定的比例的，有权向其他有过失的船舶追偿。

《最高人民法院关于海事诉讼管辖问题的规定》（法释〔2016〕2 号 2016 年 3 月 1 日起施行）

为推进"一带一路"建设、海洋强国战略、京津冀一体化、长江经济带发展规划的实施，促进海洋经济发展，及时化解海事纠纷，保证海事法院正确行使海事诉讼管辖权，依法审理海事案件，根据《中华人民共和国民事诉讼法》《中华人民共和国海事诉讼特别程序法》《中华人民共和国行政诉讼法》以及全国人民代表大会常务委员会《关于在沿海港口城市设立海事法院的决定》等法律规定，现将海事诉讼管辖的几个问题规定如下：

一、关于管辖区域调整

1．根据航运经济发展和海事审判工作的需要，对大连、武汉海事法院的管辖区域作出如下调整：

（1）大连海事法院管辖下列区域：南自辽宁省与河北省的交界处、东至鸭绿江口的延伸海域和鸭绿江水域，其中包括黄海一部分、渤海一部分、海

上岛屿；吉林省的松花江、图们江等通海可航水域及港口；黑龙江省的黑龙江、松花江、乌苏里江等通海可航水域及港口。

（2）武汉海事法院管辖下列区域：自四川省宜宾市合江门至江苏省浏河口之间长江干线及支线水域，包括宜宾、泸州、重庆、涪陵、万州、宜昌、荆州、城陵矶、武汉、九江、安庆、芜湖、马鞍山、南京、扬州、镇江、江阴、张家港、南通等主要港口。

2. 其他各海事法院依据此前最高人民法院发布的决定或通知确定的管辖区域对海事案件行使管辖权。

三、关于海事海商纠纷管辖权异议案件的审理

1. 当事人不服管辖权异议裁定的上诉案件由海事法院所在地的高级人民法院负责海事海商案件的审判庭审理。

2. 发生法律效力的管辖权异议裁定违反海事案件专门管辖确需纠正的，人民法院可依照《中华人民共和国民事诉讼法》第一百九十八条规定再审。

四、其他规定

本规定自2016年3月1日起施行。最高人民法院以前作出的有关规定与本规定不一致的，以本规定为准。

《最高人民法院关于海事法院受理案件范围的规定》（法释〔2016〕4号　2016年3月1日起施行）

根据《中华人民共和国民事诉讼法》《中华人民共和国海事诉讼特别程序法》《中华人民共和国行政诉讼法》以及我国缔结或者参加的有关国际条约，结合我国海事审判实际，现将海事法院受理案件的范围规定如下：

一、海事侵权纠纷案件

5. 船舶的航行或者作业损害捕捞、养殖设施及水产养殖物的责任纠纷案件；

《最高人民法院关于审理发生在我国管辖海域相关案件若干问题的规定（一）》（法释〔2016〕16号　2016年8月2日起施行）

为维护我国领土主权、海洋权益，平等保护中外当事人合法权利，明确我国管辖海域的司法管辖与法律适用，根据《中华人民共和国领海及毗连区法》《中华人民共和国专属经济区和大陆架法》《中华人民共和国刑法》《中华人民共和国出境入境管理法》《中华人民共和国治安管理处罚法》《中华人民共和国刑事诉讼法》《中华人民共和国民事诉讼法》《中华人民共和国海事诉讼特别程序法》《中华人民共和国行政诉讼法》及中华人民共和国缔

结或者参加的有关国际条约，结合审判实际，制定本规定。

第一条 本规定所称我国管辖海域，是指中华人民共和国内水、领海、毗连区、专属经济区、大陆架，以及中华人民共和国管辖的其他海域。

第二条 中国公民或组织在我国与有关国家缔结的协定确定的共同管理的渔区或公海从事捕捞等作业的，适用本规定。

第五条 因在我国管辖海域内发生海损事故，请求损害赔偿提起的诉讼，由管辖该海域的海事法院、事故船舶最先到达地的海事法院、船舶被扣押地或者被告住所地海事法院管辖。

因在公海等我国管辖海域外发生海损事故，请求损害赔偿在我国法院提起的诉讼，由事故船舶最先到达地、船舶被扣押地或者被告住所地海事法院管辖。

事故船舶为中华人民共和国船舶的，还可以由船籍港所在地海事法院管辖。

第六条 在我国管辖海域内，因海上航运、渔业生产及其他海上作业造成污染，破坏海洋生态环境，请求损害赔偿提起的诉讼，由管辖该海域的海事法院管辖。

污染事故发生在我国管辖海域外，对我国管辖海域造成污染或污染威胁，请求损害赔偿或者预防措施费用提起的诉讼，由管辖该海域的海事法院或采取预防措施地的海事法院管辖。

第七条 本规定施行后尚未审结的案件，适用本规定；本规定施行前已经终审，当事人申请再审或者按照审判监督程序决定再审的案件，不适用本规定。

第八条 本规定自2016年8月2日起施行。

《最高人民法院关于审理发生在我国管辖海域相关案件若干问题的规定（二）》（*法释〔2016〕17号　2016年8月2日起施行*）

为正确审理发生在我国管辖海域相关案件，维护当事人合法权益，根据《中华人民共和国刑法》《中华人民共和国渔业法》《中华人民共和国民事诉讼法》《中华人民共和国刑事诉讼法》《中华人民共和国行政诉讼法》，结合审判实际，制定本规定。

第一条 当事人因船舶碰撞、海洋污染等事故受到损害，请求侵权人赔偿渔船、渔具、渔货损失以及收入损失的，人民法院应予支持。

当事人违反渔业法第二十三条，未取得捕捞许可证从事海上捕捞作业，依照前款规定主张收入损失的，人民法院不予支持。

第二条　人民法院在审判执行工作中，发现违法行为，需要有关单位对其依法处理的，应及时向相关单位提出司法建议，必要时可以抄送该单位的上级机关或者主管部门。违法行为涉嫌犯罪的，依法移送刑事侦查部门处理。

第十五条　本规定施行后尚未审结的一审、二审案件，适用本规定；本规定施行前已经终审，当事人申请再审或者按照审判监督程序决定再审的案件，不适用本规定。

第十六条　本规定自2016年8月2日起施行。

【适用本案由需要注意的问题】

◆由于海上、通海水域养殖损害责任纠纷是对具有养殖、捕捞使用权以及对养殖捕捞设施具有所有权人的使用权及所有权的侵害，因此该类纠纷的管辖法院除了可以由损害发生地海事法院管辖外，还包括加害船舶最先到达地、加害船舶被扣留地、被告住所地及船籍港所在地海事法院。

◆在确定本案由时，尤其应注意海上、通海水域养殖损害责任纠纷与船舶碰撞损害责任纠纷及船舶损害空中设施、水下设施损害责任纠纷的区别。海上、通海水域养殖损害责任纠纷的客体主要是在一定水域、滩涂合法进行养殖所生产出的水产养殖物及用于养殖、捕捞的设备；而船舶碰撞的客体是船舶及其他海上移动式装置，其中船舶还包括船舶属具；船舶损害空中设施、水下设施的客体是海上、通海水域的水上或水下固定物体。该类被碰触的物体多为特殊用途。

◆《海商法》并未对海上、通海水域养殖损害责任作出专门规定，但依据该法第169条第2款的规定，互有过失的船舶碰撞造成第三人财产损失的，各船的赔偿责任均不超过其应当承担的比例。本款规定应该可以适用海上、通海水域养殖损害责任的情形。即因船舶碰撞对一定水域具有养殖、捕捞使用权以及对养殖捕捞设施具有所有权人的使用权及所有权造成侵害的情况时，可适用该款规定。

179. 海上、通海水域财产损害责任纠纷

【案由解析】

海上、通海水域财产是指船舶包括船舶属具，船舶上所携带的货物及其

他财产。

海上、通海水域财产损害责任纠纷是指因船舶航行，海上、通海水域进行的生产和作业造成船舶、货物及其他财产损失而产生的民事责任纠纷。

海上、通海水域财产损害责任的特征是：（1）客体的特殊性，该类案件中的财产是指其他船舶、船舶上的货物及其他财产，是不包括加害船舶上的财产损失的；（2）施害方式的特殊性，船舶在航行时，或者在水域上进行生产和作业时对其他船舶、货物及其他财产造成的损害。除了海上、通海水域航运以及生产作业的方式外，还包括船舶建造、修理、拆解，港口作业及建设的方式。

【常用法律条文及索引】

《海商法》（1993 年 7 月 1 日起施行）

第一百六十九条　船舶发生碰撞，碰撞的船舶互有过失的，各船按照过失程度的比例负赔偿责任；过失程度相当或者过失程度的比例无法判定的，平均负赔偿责任。

互有过失的船舶，对碰撞造成的船舶以及船上货物和其他财产的损失，依照前款规定的比例负赔偿责任。碰撞造成第三人财产损失的，各船的赔偿责任均不超过其应当承担的比例。

互有过失的船舶，对造成的第三人的人身伤亡，负连带赔偿责任。一船连带支付的赔偿超过本条第一款规定的比例的，有权向其他有过失的船舶追偿。

《民事诉讼法》（1991 年 4 月 9 日起施行　2017 年 6 月 27 日修正）

第三十条　因船舶碰撞或者其他海事损害事故请求损害赔偿提起的诉讼，由碰撞发生地、碰撞船舶最先到达地、加害船舶被扣留地或者被告住所地人民法院管辖。

《海事诉讼特别程序法》（2000 年 7 月 1 日起施行）

第六条　海事诉讼的地域管辖，依照《中华人民共和国民事诉讼法》的有关规定。

下列海事诉讼的地域管辖，依照以下规定：

（一）因海事侵权行为提起的诉讼，除依照《中华人民共和国民事诉讼法》第二十九条至第三十一条的规定以外，还可以由船籍港所在地海事法院管辖；

……

《最高人民法院关于适用〈中华人民共和国海事诉讼特别程序法〉若干问题的解释》（法释〔2003〕3号 2003年2月1日起施行）

第一条 在海上或者通海水域发生的与船舶或者运输、生产、作业相关的海事侵权纠纷、海商合同纠纷，以及法律或者相关司法解释规定的其他海事纠纷案件由海事法院及其上级人民法院专门管辖。

《民法通则》（1987年1月1日起施行 2009年8月27日修正）

第一百一十七条 侵占国家的、集体的财产或者他人财产的，应当返还财产，不能返还财产的，应当折价赔偿。

损坏国家的、集体的财产或者他人财产的，应当恢复原状或者折价赔偿。

受害人因此遭受其他重大损失的，侵害人并应当赔偿损失。

《民法总则》（2017年10月1日起施行）

第一百二十条 民事权益受到侵害的，被侵权人有权请求侵权人承担侵权责任。

《侵权责任法》（2010年7月1日起施行）

第十九条 侵害他人财产的，财产损失按照损失发生时的市场价格或者其他方式计算。

第二十一条 侵权行为危及他人人身、财产安全的，被侵权人可以请求侵权人承担停止侵害、排除妨碍、消除危险等侵权责任。

第二十五条 损害发生后，当事人可以协商赔偿费用的支付方式。协商不一致的，赔偿费用应当一次性支付；一次性支付确有困难的，可以分期支付，但应当提供相应的担保。

《最高人民法院关于适用〈中华人民共和国民事诉讼法〉的解释》（法释〔2015〕5号 2015年2月4日施行）

第二条 专利纠纷案件由知识产权法院、最高人民法院确定的中级人民法院和基层人民法院管辖。

海事、海商案件由海事法院管辖。

第二百七十三条 海事法院可以审理海事、海商小额诉讼案件。案件标的额应当以实际受理案件的海事法院或者其派出法庭所在的省、自治区、直辖市上年度就业人员年平均工资百分之三十为限。

《最高人民法院关于海事诉讼管辖问题的规定》（法释〔2016〕2号 2016年3月1日起施行）

为推进“一带一路”建设、海洋强国战略、京津冀一体化、长江经济带发展规划的实施，促进海洋经济发展，及时化解海事纠纷，保证海事法院正确行使海事诉讼管辖权，依法审理海事案件，根据《中华人民共和国民事诉讼法》《中华人民共和国海事诉讼特别程序法》《中华人民共和国行政诉讼法》以及全国人民代表大会常务委员会《关于在沿海港口城市设立海事法院的决定》等法律规定，现将海事诉讼管辖的几个问题规定如下：

一、关于管辖区域调整

1. 根据航运经济发展和海事审判工作的需要，对大连、武汉海事法院的管辖区域作出如下调整：

（1）大连海事法院管辖下列区域：南自辽宁省与河北省的交界处、东至鸭绿江口的延伸海域和鸭绿江水域，其中包括黄海一部分、渤海一部分、海上岛屿；吉林省的松花江、图们江等通海可航水域及港口；黑龙江省的黑龙江、松花江、乌苏里江等通海可航水域及港口。

（2）武汉海事法院管辖下列区域：自四川省宜宾市合江门至江苏省浏河口之间长江干线及支线水域，包括宜宾、泸州、重庆、涪陵、万州、宜昌、荆州、城陵矶、武汉、九江、安庆、芜湖、马鞍山、南京、扬州、镇江、江阴、张家港、南通等主要港口。

2. 其他各海事法院依据此前最高人民法院发布的决定或通知确定的管辖区域对海事案件行使管辖权。

三、关于海事海商纠纷管辖权异议案件的审理

1. 当事人不服管辖权异议裁定的上诉案件由海事法院所在地的高级人民法院负责海事海商案件的审判庭审理。

2. 发生法律效力的管辖权异议裁定违反海事案件专门管辖确需纠正的，人民法院可依照《中华人民共和国民事诉讼法》第一百九十八条规定再审。

四、其他规定

本规定自2016年3月1日起施行。最高人民法院以前作出的有关规定与本规定不一致的，以本规定为准。

《最高人民法院关于海事法院受理案件范围的规定》（法释〔2016〕4号 2016年3月1日起施行）

根据《中华人民共和国民事诉讼法》《中华人民共和国海事诉讼特别程

序法》《中华人民共和国行政诉讼法》以及我国缔结或者参加的有关国际条约，结合我国海事审判实际，现将海事法院受理案件的范围规定如下：

一、海事侵权纠纷案件

6. 航道中的沉船沉物及其残骸、废弃物，海上或者通海可航水域的临时或者永久性设施、装置，影响船舶航行，造成船舶、货物及其他财产损失和人身损害的责任纠纷案件；

《最高人民法院关于审理发生在我国管辖海域相关案件若干问题的规定（一）》（法释〔2016〕16号　2016年8月2日起施行）

为维护我国领土主权、海洋权益，平等保护中外当事人合法权利，明确我国管辖海域的司法管辖与法律适用，根据《中华人民共和国领海及毗连区法》《中华人民共和国专属经济区和大陆架法》《中华人民共和国刑法》《中华人民共和国出境入境管理法》《中华人民共和国治安管理处罚法》《中华人民共和国刑事诉讼法》《中华人民共和国民事诉讼法》《中华人民共和国海事诉讼特别程序法》《中华人民共和国行政诉讼法》及中华人民共和国缔结或者参加的有关国际条约，结合审判实际，制定本规定。

第一条　本规定所称我国管辖海域，是指中华人民共和国内水、领海、毗连区、专属经济区、大陆架，以及中华人民共和国管辖的其他海域。

第二条　中国公民或组织在我国与有关国家缔结的协定确定的共同管理的渔区或公海从事捕捞等作业的，适用本规定。

第五条　因在我国管辖海域内发生海损事故，请求损害赔偿提起的诉讼，由管辖该海域的海事法院、事故船舶最先到达地的海事法院、船舶被扣押地或者被告住所地海事法院管辖。

因在公海等我国管辖海域外发生海损事故，请求损害赔偿在我国法院提起的诉讼，由事故船舶最先到达地、船舶被扣押地或者被告住所地海事法院管辖。

事故船舶为中华人民共和国船舶的，还可以由船籍港所在地海事法院管辖。

第六条　在我国管辖海域内，因海上航运、渔业生产及其他海上作业造成污染，破坏海洋生态环境，请求损害赔偿提起的诉讼，由管辖该海域的海事法院管辖。

污染事故发生在我国管辖海域外，对我国管辖海域造成污染或污染威胁，请求损害赔偿或者预防措施费用提起的诉讼，由管辖该海域的海事法院或采取预防措施地的海事法院管辖。

第七条 本规定施行后尚未审结的案件，适用本规定；本规定施行前已经终审，当事人申请再审或者按照审判监督程序决定再审的案件，不适用本规定。

第八条 本规定自2016年8月2日起施行。

《最高人民法院关于审理发生在我国管辖海域相关案件若干问题的规定(二)》（法释〔2016〕17号 2016年8月2日起施行）

为正确审理发生在我国管辖海域相关案件，维护当事人合法权益，根据《中华人民共和国刑法》《中华人民共和国渔业法》《中华人民共和国民事诉讼法》《中华人民共和国刑事诉讼法》《中华人民共和国行政诉讼法》，结合审判实际，制定本规定。

第一条 当事人因船舶碰撞、海洋污染等事故受到损害，请求侵权人赔偿渔船、渔具、渔货损失以及收入损失的，人民法院应予支持。

当事人违反渔业法第二十三条，未取得捕捞许可证从事海上捕捞作业，依照前款规定主张收入损失的，人民法院不予支持。

第二条 人民法院在审判执行工作中，发现违法行为，需要有关单位对其依法处理的，应及时向相关单位提出司法建议，必要时可以抄送该单位的上级机关或者主管部门。违法行为涉嫌犯罪的，依法移送刑事侦查部门处理。

第十五条 本规定施行后尚未审结的一审、二审案件，适用本规定；本规定施行前已经终审，当事人申请再审或者按照审判监督程序决定再审的案件，不适用本规定。

第十六条 本规定自2016年8月2日起施行。

【适用本案由需要注意的问题】

◆由于该类案件涉及财产损害的侵权行为，因此海上、通海水域财产损害责任纠纷提起的诉讼，由损害发生地、加害船舶最先到达地、加害船舶被扣留地、被告住所地及船籍港所在地海事法院管辖。

◆《海商法》并未对海上、通海水域财产损害责任纠纷的处理方式作出专门规定，但是该法第169条第2款中关于互有过失的船舶，碰撞造成第三人财产损失的，各船的赔偿责任均不超过其应当承担的比例的规定，可以适用于此类案件的处理。同时，我国《民法通则》及《侵权责任法》中对财产损害的民事责任的一般性规定，也可以适用于此类案件的处理。

◆由于海上、通海水域中的沉船、沉物机器残骸、废弃物，海上、通海水域的临时或者永久性设施装置不当，而影响船舶航行，造成船舶、货物及其他财产损失而产生的纠纷，也属于海上、通海水域财产损害责任纠纷的范畴。

180. 海上、通海水域人身损害责任纠纷

【案由解析】

海上、通海水域人身损害是指因船舶航行，在海上、通海水域范围内进行生产和作业过程中对相对人的生命权、身体权及健康权造成伤害。

海上、通海水域人身损害责任纠纷是指因船舶航行，在海上、通海水域范围内进行生产和作业过程中对相对人造成人身伤害而产生的民事责任纠纷。

海上、通海水域人身损害责任的特征是：（1）伤害发生在一定的区域内，即人身伤害是发生在海上、通海水域范围内的，并且是由于船舶航行，生产作业，以及船舶建造、修理、拆解，港口作业及建设的过程中。（2）损害的是他人的人身权，即指他人的生命权、身体权及健康权。

【常用法律条文及索引】

《海商法》（1993年7月1日起施行）

第一百六十九条　船舶发生碰撞，碰撞的船舶互有过失的，各船按照过失程度的比例负赔偿责任；过失程度相当或者过失程度的比例无法判定的，平均负赔偿责任。

互有过失的船舶，对碰撞造成的船舶以及船上货物和其他财产的损失，依照前款规定的比例负赔偿责任。碰撞造成第三人财产损失的，各船的赔偿责任均不超过其应当承担的比例。

互有过失的船舶，对造成的第三人的人身伤亡，负连带赔偿责任。一船连带支付的赔偿超过本条第一款规定的比例的，有权向其他有过失的船舶追偿。

《民事诉讼法》（1991年4月9日起施行　2017年6月27日修正）

第二十八条　因侵权行为提起的诉讼，由侵权行为地或者被告住所地人

民法院管辖。

《海事诉讼特别程序法》（2000年7月1日起施行）

第六条 海事诉讼的地域管辖，依照《中华人民共和国民事诉讼法》的有关规定。

下列海事诉讼的地域管辖，依照以下规定：

（一）因海事侵权行为提起的诉讼，除依照《中华人民共和国民事诉讼法》第二十九条至第三十一条的规定以外，还可以由船籍港所在地海事法院管辖；

……

《最高人民法院关于适用〈中华人民共和国民事诉讼法〉的解释》（法释〔2015〕5号 2015年2月4日施行）

第二十四条 民事诉讼法第二十八条规定的侵权行为地，包括侵权行为实施地、侵权结果发生地。

《最高人民法院关于适用〈中华人民共和国海事诉讼特别程序法〉若干问题的解释》（法释〔2003〕3号 2003年2月1日起施行）

第一条 在海上或者通海水域发生的与船舶或者运输、生产、作业相关的海事侵权纠纷、海商合同纠纷，以及法律或者相关司法解释规定的其他海事纠纷案件由海事法院及其上级人民法院专门管辖。

《最高人民法院关于海事诉讼管辖问题的规定》（法释〔2016〕2号 2016年3月1日起施行）

为推进“一带一路”建设、海洋强国战略、京津冀一体化、长江经济带发展规划的实施，促进海洋经济发展，及时化解海事纠纷，保证海事法院正确行使海事诉讼管辖权，依法审理海事案件，根据《中华人民共和国民事诉讼法》《中华人民共和国海事诉讼特别程序法》《中华人民共和国行政诉讼法》以及全国人民代表大会常务委员会《关于在沿海港口城市设立海事法院的决定》等法律规定，现将海事诉讼管辖的几个问题规定如下：

一、关于管辖区域调整

1. 根据航运经济发展和海事审判工作的需要，对大连、武汉海事法院的管辖区域作出如下调整：

（1）大连海事法院管辖下列区域：南自辽宁省与河北省的交界处、东至鸭绿江口的延伸海域和鸭绿江水域，其中包括黄海一部分、渤海一部分、海上岛屿；吉林省的松花江、图们江等通海可航水域及港口；黑龙江省的黑龙江、松花江、乌苏里江等通海可航水域及港口。

（2）武汉海事法院管辖下列区域：自四川省宜宾市合江门至江苏省浏河口之间长江干线及支线水域，包括宜宾、泸州、重庆、涪陵、万州、宜昌、荆州、城陵矶、武汉、九江、安庆、芜湖、马鞍山、南京、扬州、镇江、江阴、张家港、南通等主要港口。

2. 其他各海事法院依据此前最高人民法院发布的决定或通知确定的管辖区域对海事案件行使管辖权。

三、关于海事海商纠纷管辖权异议案件的审理

1. 当事人不服管辖权异议裁定的上诉案件由海事法院所在地的高级人民法院负责海事海商案件的审判庭审理。

2. 发生法律效力的管辖权异议裁定违反海事案件专门管辖确需纠正的，人民法院可依照《中华人民共和国民事诉讼法》第一百九十八条规定再审。

四、其他规定

本规定自 2016 年 3 月 1 日起施行。最高人民法院以前作出的有关规定与本规定不一致的，以本规定为准。

《最高人民法院关于海事法院受理案件范围的规定》（法释〔2016〕4 号 2016 年 3 月 1 日起施行）

根据《中华人民共和国民事诉讼法》《中华人民共和国海事诉讼特别程序法》《中华人民共和国行政诉讼法》以及我国缔结或者参加的有关国际条约，结合我国海事审判实际，现将海事法院受理案件的范围规定如下：

一、海事侵权纠纷案件

6. 航道中的沉船沉物及其残骸、废弃物，海上或者通海可航水域的临时或者永久性设施、装置，影响船舶航行，造成船舶、货物及其他财产损失和人身损害的责任纠纷案件；

7. 船舶航行、营运、作业等活动侵害他人人身权益的责任纠纷案件；

《最高人民法院关于审理发生在我国管辖海域相关案件若干问题的规定（一）》（法释〔2016〕16 号　2016 年 8 月 2 日起施行）

为维护我国领土主权、海洋权益，平等保护中外当事人合法权利，明确我国管辖海域的司法管辖与法律适用，根据《中华人民共和国领海及毗连区法》《中华人民共和国专属经济区和大陆架法》《中华人民共和国刑法》《中华人民共和国出境入境管理法》《中华人民共和国治安管理处罚法》《中华人民共和国刑事诉讼法》《中华人民共和国民事诉讼法》《中华人民共和国

海事诉讼特别程序法》《中华人民共和国行政诉讼法》及中华人民共和国缔结或者参加的有关国际条约，结合审判实际，制定本规定。

第一条 本规定所称我国管辖海域，是指中华人民共和国内水、领海、毗连区、专属经济区、大陆架，以及中华人民共和国管辖的其他海域。

第二条 中国公民或组织在我国与有关国家缔结的协定确定的共同管理的渔区或公海从事捕捞等作业的，适用本规定。

第五条 因在我国管辖海域内发生海损事故，请求损害赔偿提起的诉讼，由管辖该海域的海事法院、事故船舶最先到达地的海事法院、船舶被扣押地或者被告住所地海事法院管辖。

因在公海等我国管辖海域外发生海损事故，请求损害赔偿在我国法院提起的诉讼，由事故船舶最先到达地、船舶被扣押地或者被告住所地海事法院管辖。

事故船舶为中华人民共和国船舶的，还可以由船籍港所在地海事法院管辖。

第六条 在我国管辖海域内，因海上航运、渔业生产及其他海上作业造成污染，破坏海洋生态环境，请求损害赔偿提起的诉讼，由管辖该海域的海事法院管辖。

污染事故发生在我国管辖海域外，对我国管辖海域造成污染或污染威胁，请求损害赔偿或者预防措施费用提起的诉讼，由管辖该海域的海事法院或采取预防措施地的海事法院管辖。

第七条 本规定施行后尚未审结的案件，适用本规定；本规定施行前已经终审，当事人申请再审或者按照审判监督程序决定再审的案件，不适用本规定。

第八条 本规定自2016年8月2日起施行。

《最高人民法院关于审理发生在我国管辖海域相关案件若干问题的规定(二)》（法释〔2016〕17号 自2016年8月2日起施行）

为正确审理发生在我国管辖海域相关案件，维护当事人合法权益，根据《中华人民共和国刑法》《中华人民共和国渔业法》《中华人民共和国民事诉讼法》《中华人民共和国刑事诉讼法》《中华人民共和国行政诉讼法》，结合审判实际，制定本规定。

第一条 当事人因船舶碰撞、海洋污染等事故受到损害，请求侵权人赔偿渔船、渔具、渔货损失以及收入损失的，人民法院应予支持。

当事人违反渔业法第二十三条，未取得捕捞许可证从事海上捕捞作业，依照前款规定主张收入损失的，人民法院不予支持。

第二条 人民法院在审判执行工作中，发现违法行为，需要有关单位对其依法处理的，应及时向相关单位提出司法建议，必要时可以抄送该单位的上级机关或者主管部门。违法行为涉嫌犯罪的，依法移送刑事侦查部门处理。

第十五条 本规定施行后尚未审结的一审、二审案件，适用本规定；本规定施行前已经终审，当事人申请再审或者按照审判监督程序决定再审的案件，不适用本规定。

第十六条 本规定自2016年8月2日起施行。

人身损害赔偿的常用法律条文另参见“1. 生命权、健康权、身体权纠纷”案由相关部分。

【适用本案由需要注意的问题】

◆海上、通海水域人身损害责任纠纷属于海上侵权纠纷，因此该类案件的管辖由损害发生地、加害船舶最先到达地、加害船舶被扣留地、被告住所地及船籍港所在地海事法院管辖。

◆人身伤亡的赔偿请求具体包括三种：第一，在船上发生的人身伤亡；第二，与船舶营运直接相关的人身伤亡；第三，与救助作业直接相关的人身伤亡。其中，第二种和第三种人身伤亡的赔偿请求，包括不是发生在船舶上，但与船舶的营运或者救助直接相关的人身伤亡赔偿请求。这里的人身伤亡赔偿请求，既适用于具有涉外因素的人身伤亡赔偿请求，也适用于没有涉外因素的人身伤亡赔偿请求。

181. 非法留置船舶、船载货物、船用燃油、船用物料损害责任纠纷

【案由解析】

船舶留置权是以船舶为客体的法定担保物权，若非法行使，就会构成侵权。

非法留置船舶、船载货物、船用燃油、船用物料损害责任纠纷是指承运人非法占有船舶、船载货物（包括待运海运货物）、船舶自用燃油和燃料，

造成船舶、船载货物或其他财产损失而引起的损害责任纠纷。

《海商法》规定托运人应当向承运人支付的运费、共同海损分摊、滞期费和承运人为货物垫付的必要费用以及应当向承运人支付的其他费用没有付清，又没有提供适当担保的，承运人可以在合理的限度内留置其货物。若没有出现上述情况而行使留置权的，则构成非法留置。

【常用法律条文及索引】

《海商法》（1993年7月1日起施行）

第八十七条 应当向承运人支付的运费、共同海损分摊、滞期和费承运人为货物垫付的必要费用以及应当向承运人支付的其他费用没有付清，又没有提供适当担保的，承运人可以在合理的限度内留置其货物。

第八十八条 承运人根据本法第八十七条规定留置的货物，自船舶抵达卸货港的次日起满六十日无人提取的，承运人可以申请法院裁定拍卖；货物易腐烂变质或者货物的保管费用可能超过其价值的，可以申请提前拍卖。

拍卖所得价款，用于清偿保管、拍卖货物的费用和运费以及应当向承运人支付的其他有关费用；不足的金额，承运人有权向托运人追偿；剩余的金额，退还托运人；无法退还、自拍卖之日起满一年又无人领取的，上缴国库。

第一百四十一条 承租人未向出租人支付租金或者合同约定的其他款项的，出租人对船上属于承租人的货物和财产以及转租船舶的收入有留置权。

第一百六十一条 被拖方未按照约定支付拖航费和其他合理费用的，承拖方对被拖物有留置权。

《民法通则》（1987年1月1日起施行 2009年8月27日修正）

第八十九条 依照法律的规定或者按照当事人的约定，可以采用下列方式担保债务的履行：

……

（四）按照合同约定一方占有对方的财产，对方不按照合同给付应付款项超过约定期限的，占有人有权留置该财产，依照法律的规定以留置财产折价或者以变卖该财产的价款优先得到偿还。

《物权法》（2007年10月1日起施行）

第二百三十条 债务人不履行到期债务，债权人可以留置已经合法占有的债务人的动产，并有权就该动产优先受偿。

前款规定的债权人为留置权人，占有的动产为留置财产。

《担保法》（1995年10月1日起施行）

第八十四条 因保管合同、运输合同、加工承揽合同发生的债权，债务人不履行债务的，债权人有留置权。

法律规定可以留置的其他合同，适用前款规定。

当事人可以在合同中约定不得留置的物。

《民事诉讼法》（1991年4月9日起施行 2017年6月27日修正）

第二十九条 因侵权行为提起的诉讼，由侵权行为地或者被告住所地人民法院管辖。

《海事诉讼特别程序法》（2000年7月1日起施行）

第六条 海事诉讼的地域管辖，依照《中华人民共和国民事诉讼法》的有关规定。

下列海事诉讼的地域管辖，依照以下规定：

（一）因海事侵权行为提起的诉讼，除依照《中华人民共和国民事诉讼法》第二十九条至第三十一条的规定以外，还可以由船籍港所在地海事法院管辖；

……

《最高人民法院关于适用〈中华人民共和国民事诉讼法〉的解释》（法释〔2015〕5号 2015年2月4日施行）

第二条 专利纠纷案件由知识产权法院、最高人民法院确定的中级人民法院和基层人民法院管辖。

海事、海商案件由海事法院管辖。

第二十四条 民事诉讼法第二十八条规定的侵权行为地，包括侵权行为实施地、侵权结果发生地。

《最高人民法院关于适用〈中华人民共和国海事诉讼特别程序法〉若干问题的解释》（法释〔2003〕3号 2003年2月1日起施行）

第一条 在海上或者通海水域发生的与船舶或者运输、生产、作业相关的海事侵权纠纷、海商合同纠纷，以及法律或者相关司法解释规定的其他海事纠纷案件由海事法院及其上级人民法院专门管辖。

《最高人民法院关于海事诉讼管辖问题的规定》（法释〔2016〕2号 2016年3月1日起施行）

为推进"一带一路"建设、海洋强国战略、京津冀一体化、长江经济带发展规划的实施，促进海洋经济发展，及时化解海事纠纷，保证海事法院正

确行使海事诉讼管辖权，依法审理海事案件，根据《中华人民共和国民事诉讼法》《中华人民共和国海事诉讼特别程序法》《中华人民共和国行政诉讼法》以及全国人民代表大会常务委员会《关于在沿海港口城市设立海事法院的决定》等法律规定，现将海事诉讼管辖的几个问题规定如下：

一、关于管辖区域调整

1. 根据航运经济发展和海事审判工作的需要，对大连、武汉海事法院的管辖区域作出如下调整：

（1）大连海事法院管辖下列区域：南自辽宁省与河北省的交界处、东至鸭绿江口的延伸海域和鸭绿江水域，其中包括黄海一部分、渤海一部分、海上岛屿；吉林省的松花江、图们江等通海可航水域及港口；黑龙江省的黑龙江、松花江、乌苏里江等通海可航水域及港口。

（2）武汉海事法院管辖下列区域：自四川省宜宾市合江门至江苏省浏河口之间长江干线及支线水域，包括宜宾、泸州、重庆、涪陵、万州、宜昌、荆州、城陵矶、武汉、九江、安庆、芜湖、马鞍山、南京、扬州、镇江、江阴、张家港、南通等主要港口。

2. 其他各海事法院依据此前最高人民法院发布的决定或通知确定的管辖区域对海事案件行使管辖权。

三、关于海事海商纠纷管辖权异议案件的审理

1. 当事人不服管辖权异议裁定的上诉案件由海事法院所在地的高级人民法院负责海事海商案件的审判庭审理。

2. 发生法律效力的管辖权异议裁定违反海事案件专门管辖确需纠正的，人民法院可依照《中华人民共和国民事诉讼法》第一百九十八条规定再审。

四、其他规定

本规定自2016年3月1日起施行。最高人民法院以前作出的有关规定与本规定不一致的，以本规定为准。

《最高人民法院关于海事法院受理案件范围的规定》（法释〔2016〕4号 2016年3月1日起施行）

根据《中华人民共和国民事诉讼法》《中华人民共和国海事诉讼特别程序法》《中华人民共和国行政诉讼法》以及我国缔结或者参加的有关国际条约，结合我国海事审判实际，现将海事法院受理案件的范围规定如下：

一、海事侵权纠纷案件

8. 非法留置或者扣留船舶、船载货物和船舶物料、燃油、备品的责任

纠纷案件；

《最高人民法院关于审理发生在我国管辖海域相关案件若干问题的规定（一）》（法释〔2016〕16号　2016年8月2日起施行）

为维护我国领土主权、海洋权益，平等保护中外当事人合法权利，明确我国管辖海域的司法管辖与法律适用，根据《中华人民共和国领海及毗连区法》《中华人民共和国专属经济区和大陆架法》《中华人民共和国刑法》《中华人民共和国出境入境管理法》《中华人民共和国治安管理处罚法》《中华人民共和国刑事诉讼法》《中华人民共和国民事诉讼法》《中华人民共和国海事诉讼特别程序法》《中华人民共和国行政诉讼法》及中华人民共和国缔结或者参加的有关国际条约，结合审判实际，制定本规定。

第一条　本规定所称我国管辖海域，是指中华人民共和国内水、领海、毗连区、专属经济区、大陆架，以及中华人民共和国管辖的其他海域。

第二条　中国公民或组织在我国与有关国家缔结的协定确定的共同管理的渔区或公海从事捕捞等作业的，适用本规定。

第五条　因在我国管辖海域内发生海损事故，请求损害赔偿提起的诉讼，由管辖该海域的海事法院、事故船舶最先到达地的海事法院、船舶被扣押地或者被告住所地海事法院管辖。

因在公海等我国管辖海域外发生海损事故，请求损害赔偿在我国法院提起的诉讼，由事故船舶最先到达地、船舶被扣押地或者被告住所地海事法院管辖。

事故船舶为中华人民共和国船舶的，还可以由船籍港所在地海事法院管辖。

第六条　在我国管辖海域内，因海上航运、渔业生产及其他海上作业造成污染，破坏海洋生态环境，请求损害赔偿提起的诉讼，由管辖该海域的海事法院管辖。

污染事故发生在我国管辖海域外，对我国管辖海域造成污染或污染威胁，请求损害赔偿或者预防措施费用提起的诉讼，由管辖该海域的海事法院或采取预防措施地的海事法院管辖。

第七条　本规定施行后尚未审结的案件，适用本规定；本规定施行前已经终审，当事人申请再审或者按照审判监督程序决定再审的案件，不适用本规定。

第八条　本规定自2016年8月2日起施行。

《最高人民法院关于审理发生在我国管辖海域相关案件若干问题的规定(二)》(法释〔2016〕17号 2016年8月2日起施行)

为正确审理发生在我国管辖海域相关案件，维护当事人合法权益，根据《中华人民共和国刑法》《中华人民共和国渔业法》《中华人民共和国民事诉讼法》《中华人民共和国刑事诉讼法》《中华人民共和国行政诉讼法》，结合审判实际，制定本规定。

第一条 当事人因船舶碰撞、海洋污染等事故受到损害，请求侵权人赔偿渔船、渔具、渔货损失以及收入损失的，人民法院应予支持。

当事人违反渔业法第二十三条，未取得捕捞许可证从事海上捕捞作业，依照前款规定主张收入损失的，人民法院不予支持。

第二条 人民法院在审判执行工作中，发现违法行为，需要有关单位对其依法处理的，应及时向相关单位提出司法建议，必要时可以抄送该单位的上级机关或者主管部门。违法行为涉嫌犯罪的，依法移送刑事侦查部门处理。

第十五条 本规定施行后尚未审结的一审、二审案件，适用本规定；本规定施行前已经终审，当事人申请再审或者按照审判监督程序决定再审的案件，不适用本规定。

第十六条 本规定自2016年8月2日起施行。

【适用本案由需要注意的问题】

◆不合法的留置行为即构成对他人财产的侵权，因此，因非法留置船舶、船载货物、船用燃油、燃用物料损害责任纠纷提起的诉讼，由非法留置行为发生地、被告住所地及船籍港所在地海事法院管辖。

◆非法留置船舶、船载货物、船用燃油、船用物料损害与其他的损害在范围和原因方面略有不同。其他损害范围一般在船舶之间或者船舶与其他水上水下物体发生接触造成的损害纠纷，要求损害与船舶的行为之间存在因果关系，包括过失和故意的情况，而非法留置则不存在过失的情况，构成要件要求行为人出于非法目的非法占有他人财物。

182. 海上、通海水域货物运输合同纠纷

【案由解析】

海上、通海水域运输合同是指由承运人收取运费，负责将托运人托运的

货物从海路或通海水域进行运输的合同。承运人即一般所称的“船方”，通海水域即是与海相通的水域。

海上、通海水域货物运输合同纠纷是指该运输合同的当事人因合同的订立、履行、变更和终止而产生的纠纷。具体包括远洋运输、含有海运区段的国际多式联运、沿海和内河航运，以及水水联运、水陆联运等水上货物运输合同纠纷。

我国《海商法》第四章规定，海上货物运输合同纠纷，包括海上货物运输合同的成立、效力、货损货差、货物灭失、货物交付以及运费、运输单证、合同的解除、违约责任等纠纷。

【常用法律条文及索引】

《海商法》（1993 年 7 月 1 日起施行）

第四十一条　海上货物运输合同，是指承运人收取运费，负责将托运人托运的货物经海路由一港运至另一港的合同。

第四十二条　本章下列用语的含义：

（一）“承运人”，是指本人或者委托他人以本人名义与托运人订立海上货物运输合同的人。

（二）“实际承运人”，是指接受承运人委托，从事货物运输或者部分运输的人，包括接受转委托从事此项运输的其他人。

（三）“托运人”，是指：

1. 本人或者委托他人以本人名义或者委托他人为本人与承运人订立海上货物运输合同的人；

2. 本人或者委托他人以本人名义或者委托他人为本人将货物交给与海上货物运输合同有关的承运人的人。

（四）“收货人”，是指有权提取货物的人。

（五）“货物”，包括活动物和由托运人提供的用于集装货物的集装箱、货盘或者类似的装运器具。

第四十三条　承运人或者托运人可以要求书面确认海上货物运输合同的成立。但是，航次租船合同应当书面订立。电报、电传和传真具有书面效力。

第四十四条　海上货物运输合同和作为合同凭证的提单或者其他运输单证中的条款，违反本章规定的，无效。此类条款的无效，不影响该合同和提单或者其他运输单证中其他条款的效力。将货物的保险利益转让给承运人的条款或者类似条款，无效。

第四十五条 本法第四十四条的规定不影响承运人在本章规定的承运人责任和义务之外，增加其责任和义务。

《合同法》（1999 年 10 月 1 日起施行）

第三百一十一条 承运人对运输过程中货物的毁损、灭失承担损害赔偿责任，但承运人证明货物的毁损、灭失是因不可抗力、货物本身的自然性质或者合理损耗以及托运人、收货人的过错造成的，不承担损害赔偿责任。

《民事诉讼法》（1991 年 4 月 9 日起施行 2017 年 6 月 27 日修正）

第二十七条 因铁路、公路、水上、航空运输和联合运输合同纠纷提起的诉讼，由运输始发地、目的地或者被告住所地人民法院管辖。

《海事诉讼特别程序法》（2000 年 7 月 1 日起施行）

第六条 海事诉讼的地域管辖，依照《中华人民共和国民事诉讼法》的有关规定。

下列海事诉讼的地域管辖，依照以下规定：

……

（二）因海上运输合同纠纷提起的诉讼，除依照《中华人民共和国民事诉讼法》第二十八条的规定以外，还可以由转运港所在地海事法院管辖；

……

《最高人民法院关于适用〈中华人民共和国民事诉讼法〉的解释》（法释〔2015〕5 号 2015 年 2 月 4 日起施行）

第二条 专利纠纷案件由知识产权法院、最高人民法院确定的中级人民法院和基层人民法院管辖。

海事、海商案件由海事法院管辖。

《最高人民法院关于适用〈中华人民共和国海事诉讼特别程序法〉若干问题的解释》（法释〔2003〕3 号 2003 年 2 月 1 日起施行）

第一条 在海上或者通海水域发生的与船舶或者运输、生产、作业相关的海事侵权纠纷、海商合同纠纷，以及法律或者相关司法解释规定的其他海事纠纷案件由海事法院及其上级人民法院专门管辖。

《最高人民法院关于海事诉讼管辖问题的规定》（法释〔2016〕2 号 2016 年 3 月 1 日起施行）

为推进“一带一路”建设、海洋强国战略、京津冀一体化、长江经济带

发展规划的实施，促进海洋经济发展，及时化解海事纠纷，保证海事法院正确行使海事诉讼管辖权，依法审理海事案件，根据《中华人民共和国民事诉讼法》《中华人民共和国海事诉讼特别程序法》《中华人民共和国行政诉讼法》以及全国人民代表大会常务委员会《关于在沿海港口城市设立海事法院的决定》等法律规定，现将海事诉讼管辖的几个问题规定如下：

一、关于管辖区域调整

1. 根据航运经济发展和海事审判工作的需要，对大连、武汉海事法院的管辖区域作出如下调整：

（1）大连海事法院管辖下列区域：南自辽宁省与河北省的交界处、东至鸭绿江口的延伸海域和鸭绿江水域，其中包括黄海一部分、渤海一部分、海上岛屿；吉林省的松花江、图们江等通海可航水域及港口；黑龙江省的黑龙江、松花江、乌苏里江等通海可航水域及港口。

（2）武汉海事法院管辖下列区域：自四川省宜宾市合江门至江苏省浏河口之间长江干线及支线水域，包括宜宾、泸州、重庆、涪陵、万州、宜昌、荆州、城陵矶、武汉、九江、安庆、芜湖、马鞍山、南京、扬州、镇江、江阴、张家港、南通等主要港口。

2. 其他各海事法院依据此前最高人民法院发布的决定或通知确定的管辖区域对海事案件行使管辖权。

三、关于海事海商纠纷管辖权异议案件的审理

1. 当事人不服管辖权异议裁定的上诉案件由海事法院所在地的高级人民法院负责海事海商案件的审判庭审理。

2. 发生法律效力的管辖权异议裁定违反海事案件专门管辖确需纠正的，人民法院可依照《中华人民共和国民事诉讼法》第一百九十八条规定再审。

四、其他规定

本规定自2016年3月1日起施行。最高人民法院以前作出的有关规定与本规定不一致的，以本规定为准。

《最高人民法院关于海事法院受理案件范围的规定》（法释〔2016〕4号 2016年3月1日起施行）

根据《中华人民共和国民事诉讼法》《中华人民共和国海事诉讼特别程序法》《中华人民共和国行政诉讼法》以及我国缔结或者参加的有关国际条约，结合我国海事审判实际，现将海事法院受理案件的范围规定如下：

二、海商合同纠纷案件

25. 海上、通海可航水域货物运输合同纠纷案件，包括含有海运区段的国际多式联运、水陆联运等货物运输合同纠纷案件；

《最高人民法院关于审理发生在我国管辖海域相关案件若干问题的规定(一)》（法释〔2016〕16号　2016年8月2日起施行）

为维护我国领土主权、海洋权益，平等保护中外当事人合法权利，明确我国管辖海域的司法管辖与法律适用，根据《中华人民共和国领海及毗连区法》《中华人民共和国专属经济区和大陆架法》《中华人民共和国刑法》《中华人民共和国出境入境管理法》《中华人民共和国治安管理处罚法》《中华人民共和国刑事诉讼法》《中华人民共和国民事诉讼法》《中华人民共和国海事诉讼特别程序法》《中华人民共和国行政诉讼法》及中华人民共和国缔结或者参加的有关国际条约，结合审判实际，制定本规定。

第一条　本规定所称我国管辖海域，是指中华人民共和国内水、领海、毗连区、专属经济区、大陆架，以及中华人民共和国管辖的其他海域。

第二条　中国公民或组织在我国与有关国家缔结的协定确定的共同管理的渔区或公海从事捕捞等作业的，适用本规定。

第五条　因在我国管辖海域内发生海损事故，请求损害赔偿提起的诉讼，由管辖该海域的海事法院、事故船舶最先到达地的海事法院、船舶被扣押地或者被告住所地海事法院管辖。

因在公海等我国管辖海域外发生海损事故，请求损害赔偿在我国法院提起的诉讼，由事故船舶最先到达地、船舶被扣押地或者被告住所地海事法院管辖。

事故船舶为中华人民共和国船舶的，还可以由船籍港所在地海事法院管辖。

第六条　在我国管辖海域内，因海上航运、渔业生产及其他海上作业造成污染，破坏海洋生态环境，请求损害赔偿提起的诉讼，由管辖该海域的海事法院管辖。

污染事故发生在我国管辖海域外，对我国管辖海域造成污染或污染威胁，请求损害赔偿或者预防措施费用提起的诉讼，由管辖该海域的海事法院或采取预防措施地的海事法院管辖。

第七条　本规定施行后尚未审结的案件，适用本规定；本规定施行前已经终审，当事人申请再审或者按照审判监督程序决定再审的案件，不适用本规定。

第八条　本规定自2016年8月2日起施行。

《最高人民法院关于审理发生在我国管辖海域相关案件若干问题的规定(二)》(法释〔2016〕17号　2016年8月2日起施行)

为正确审理发生在我国管辖海域相关案件，维护当事人合法权益，根据《中华人民共和国刑法》《中华人民共和国渔业法》《中华人民共和国民事诉讼法》《中华人民共和国刑事诉讼法》《中华人民共和国行政诉讼法》，结合审判实际，制定本规定。

第一条　当事人因船舶碰撞、海洋污染等事故受到损害，请求侵权人赔偿渔船、渔具、渔货损失以及收入损失的，人民法院应予支持。

当事人违反渔业法第二十三条，未取得捕捞许可证从事海上捕捞作业，依照前款规定主张收入损失的，人民法院不予支持。

第二条　人民法院在审判执行工作中，发现违法行为，需要有关单位对其依法处理的，应及时向相关单位提出司法建议，必要时可以抄送该单位的上级机关或者主管部门。违法行为涉嫌犯罪的，依法移送刑事侦查部门处理。

第十五条　本规定施行后尚未审结的一审、二审案件，适用本规定；本规定施行前已经终审，当事人申请再审或者按照审判监督程序决定再审的案件，不适用本规定。

第十六条　本规定自2016年8月2日起施行。

《最高人民法院关于国内水路货物运输纠纷案件法律问题的指导意见》(法发〔2012〕28号　2012年12月24日)

近年来，国内水路运输发展迅速，为促进国民经济的发展发挥了重要作用。水路运输市场的健康和有序发展，依赖于良好的市场环境和完善的法律保障。但是，与法律体系相对完善的国际海运相比，国内水路运输法律规范的滞后越来越突出，在一定程度上引发了国内水路货物运输纠纷案件的增长。我国目前没有专门针对内河航运的立法，内河航运的条例、规定多为部门规章，法规制度之间存在矛盾，海事审判存在诸多的不统一。为了加强我国海事司法对国内水路运输的保障作用，促进国内水路运输的规范发展，现就人民法院审理国内水路货物运输纠纷案件中的若干法律问题，提出以下指导意见：

一、尊重当事人意思自治，准确适用法律法规，统一国内水路货物运输纠纷案件裁判尺度本指导意见中的国内水路货物运输纠纷是指由海事法院专门管辖的沿海和内河水路货物运输纠纷。

1. 人民法院审理国内水路货物运输合同纠纷案件，应当适用民法通则、合同法等法律的有关规定，同时可以参照《国内水路货物运输规则》的有关规定。海商法第四章海上货物运输合同的规定，不适用于国内水路货物运输。人民法院参照《国内水路货物运输规则》确定当事人权利义务时，应当在判决书说理部分引用论述，但不应作为判决书引用的法律依据。

2. 当事人在国内水路货物运单或者其他运输合同文件中明确约定其权利义务适用《国内水路货物运输规则》规定的，人民法院可以按照《国内水路货物运输规则》的有关规定确定合同当事人的权利义务。

二、依法认定国内水路货物运输合同效力，维护国内水路货物运输市场秩序

3. 根据《国内水路运输管理条例》和《国内水路运输经营资质管理规定》的有关规定，从事国内水路运输的企业和个人，应当达到并保持相应的经营资质条件，并在核定的经营范围内从事水路运输经营活动。没有取得国内水路运输经营资质的承运人签订的国内水路货物运输合同，人民法院应当根据合同法第五十二条第（五）项的规定认定合同无效。

4. 国内水路货物运输合同无效，但是承运人已经按照运输合同的约定将货物安全运输到约定地点，承运人请求托运人或者收货人参照合同的约定支付运费，人民法院可以适当予以保护。

国内水路货物运输合同无效，而且运输过程中货物发生了毁损、灭失，托运人或者收货人向承运人主张损失赔偿的，人民法院可以综合考虑托运人或者收货人和承运人对合同无效和货物损失的过错程度，依法判定相应的民事责任。

5. 人民法院审理国内水路货物运输纠纷案件过程中发现从事国内水路货物运输的承运人没有取得相应的运输经营资质，应及时向相关行政主管机关发出司法建议。

三、依法审理国内水路货物运输合同纠纷案件，准确认定合同承运人和实际承运人的责任，保障当事人的合法权益

6. 国内水路货物运输的合同承运人将全部或者部分运输委托给实际承运人履行，托运人或者收货人就全部或部分运输向合同承运人、实际承运人主张权利的，人民法院应当准确认定合同承运人和实际承运人的法律地位和法

律责任。人民法院可以参照《国内水路货物运输规则》第四十六条的规定判定合同承运人和实际承运人的赔偿责任，充分保护国内水路货物运输合同托运人或者收货人的合法权益，减少当事人的讼累。

四、准确理解有关留置的法律规定，妥善审理留置权纠纷

7. 国内水路货物运输合同履行完毕，托运人或者收货人没有按照约定支付运费、保管费或者其他运输费用，依照合同法第三百一十五条的规定，承运人对相应的运输货物享有留置权。人民法院在审查承运人的留置权时，应当重点审查承运人留置货物的数量是否是在合理的限度之内，以及承运人留置的货物是否是其合法占有的货物。债务人对留置货物是否具有所有权并不必然影响承运人留置权的行使，除非运输合同当事人对承运人的留置权另有特殊约定。

五、妥善审理与船舶挂靠有关的纠纷，切实保障当事人的合法权益，维护国内水路运输市场的有序发展

8. 没有运营资质的个体运输船舶的实际所有人，为了进入国内水路货物运输市场，规避国家有关水路运输经营资质的管理规定，将船舶所有权登记在具有水路运输经营资质的船舶运输企业名下，向该运输企业交纳管理费，并以该运输企业的名义从事国内水路货物运输活动，是国内水路货物运输中普遍存在的一种挂靠经营方式。这种挂靠经营方式导致挂靠船舶的所有权登记形同虚设，船舶管理混乱，被挂靠企业对挂靠船舶疏于安全管理，严重冲击了航运市场的安全秩序，导致大量国内水路货物运输纠纷的产生。人民法院在审理与船舶挂靠有关的合同纠纷时，应当严格依照现行船舶管理的法律规范确定法律关系，坚持合同相对性的基本原则，根据合同的签订主体和合同的履行等基本事实，准确认定合同当事人。

9. 挂靠船舶的实际所有人以自己的名义签订运输合同，应当认定其为运输合同承运人，承担相应的合同责任。

10. 挂靠船舶的实际所有人以被挂靠企业的名义签订运输合同，被挂靠企业亦签章予以确认，应当认定被挂靠企业为运输合同承运人，承担相应的合同责任。

11. 在没有签订水路货物运输合同的情形下，可以依照运单上承运人的记载判断运输合同的承运人。如果运单上仅仅加盖了承运船舶的船名章，应当认定该承运船舶的登记所有人为运输合同的承运人，承担相应的合同责任。

12. 挂靠船舶因侵权行为造成他人财产、人身损害，依据民法通则、侵权责任法、海商法和有关司法解释的规定，挂靠船舶的实际所有人和被挂靠企业应当承担连带赔偿责任。

六、正确适用关于诉讼时效制度的法律规定，保护当事人的合法权益

13. 最高人民法院《关于如何确定沿海、内河货物运输赔偿请求权时效期间问题的批复》（法释〔2001〕18 号）对国内水路货物运输赔偿请求权诉讼时效期间的中止、中断并没有作出特别规定，人民法院应当适用民法通则有关诉讼时效中止、中断的规定。

【适用本案由需要注意的问题】

◆海上、通海水域货物运输合同纠纷是因合同的订立、履行、变更和终止而产生的纠纷，因此该类纠纷提起的诉讼，由运输始发地、目的地或者被告住所地及转运港所在地海事法院管辖。

◆适用本案由时，应注意海上、通海水域货物运输合同纠纷与海上、通海水域财产损害责任纠纷的区别。海上、通海水域货物运输合同纠纷的客体是托运人委托承运人运送的货物，海上、通海水域财产损害责任纠纷的客体是他人的船舶、货物及其他财产。前者是当事人双方因合同的订立、履行、变更和终止而产生的纠纷，后者是船舶在航行或进行生产作业时对他人的财产造成损失而产生的纠纷。

◆根据我国《海商法》的规定，海上货物运输合同纠纷的形态还应当包括集装箱运输合同纠纷、航次租船合同纠纷和多式联运合同纠纷。

◆我国《海商法》中规定通海水域货物运输合同纠纷，还包括货损货差、货物灭失、货物交付以及运费、运输单证、班轮运输等纠纷，此类纠纷也应当适用我国《合同法》《水陆运输管理条例》中有关货物运输的规定。

183. 海上、通海水域旅客运输合同纠纷

【案由解析】

海上、通海水域旅客运输合同分为海上旅客运输合同和通海水域旅客运输合同。

海上旅客运输合同是指承运人以适合运送旅客的船舶经由海路将旅客从

一港运送至另一港，由旅客支付票款的合同。当事人因该合同的订立、履行、变更和终止而产生的纠纷，就是海上旅客运输合同纠纷。

通海水域旅客运输合同是指承运人以适合客运的船舶将旅客从国内通海水域一港口运至通海水域另一港口，由旅客支付票款的合同。当事人因该合同的订立、履行、变更和终止产生的纠纷，就是通海水域旅客运输合同纠纷。

海上、通海水域旅客运输合同的主要特征是：（1）海上旅客运输合同的当事人是承运人和旅客，其中旅客既是合同的当事人，同时又是运送对象；（2）海上旅客运输合同是诺成双务有偿合同；（3）海上旅客运输合同包括国际和沿海海上旅客运输合同；（4）旅客的客票是海上、通海水域旅客运输合同成立的凭证。

【常用法律条文及索引】

《海商法》（1993 年 7 月 1 日起施行）

第一百零七条　海上旅客运输合同，是指承运人以适合运送旅客的船舶经海路将旅客及其行李从一港运送至另一港，由旅客支付票款的合同。

第一百零八条　本章下列用语的含义：

（一）“承运人”，是指本人或者委托他人以本人名义与旅客订立海上旅客运输合同的人。

（二）“实际承运人”，是指接受承运人委托，从事旅客运送或者部分运送的人，包括接受转委托从事此项运送的其他人。

（三）“旅客”，是指根据海上旅客运输合同运送的人；经承运人同意，根据海上货物运输合同，随船护送货物的人，视为旅客。

（四）“行李”，是指根据海上旅客运输合同由承运人载运的任何物品和车辆，但是活动物除外。

（五）“自带行李”，是指旅客自行携带、保管或者放置在客舱中的行李。

第一百零九条　本章关于承运人责任的规定，适用于实际承运人。本章关于承运人的受雇人、代理人责任的规定，适用于实际承运人的受雇人、代理人。

第一百一十条　旅客客票是海上旅客运输合同成立的凭证。

第一百一十一条　海上旅客运输的运送期间，自旅客登船时起至旅客离船时止。客票票价含接送费用的，运送期间并包括承运人经水路将旅客从岸上接到船上和从船上送到岸上的时间，但是不包括旅客在港站内、码头上或者在港口其他设施内的时间。

旅客的自带行李，运送期间同前款规定。旅客自带行李以外的其他行李。运送期间自旅客将行李交付承运人或者承运人的受雇人、代理人时起至承运人或者承运人的受雇人、代理人交还旅客时止。

第一百一十二条 旅客无票乘船、越级乘船或者超程乘船，应当按照规定补足票款，承运人可以按照规定加收票款；拒不交付的，船长有权在适当地点令其离船，承运人有权向其追偿。

第一百一十五条 经承运人证明，旅客的人身伤亡或者行李的灭失、损坏，是由于旅客本人的过失或者旅客和承运人的共同过失造成的，可以免除或者相应减轻承运人的赔偿责任。

经承运人证明，旅客的人身伤亡或者行李的灭失、损坏，是由于旅客本人的故意造成的，或者旅客的人身伤亡是由于旅客本人健康状况造成的，承运人不负赔偿责任。

第一百一十六条 承运人对旅客的货币、金银、珠宝、有价证券或者其他贵重物品所发生的灭失、损失，不负赔偿责任。

旅客与承运人约定将前款规定的物品交由承运人保管的，承运人应当依照本法第一百一十七条的规定负赔偿责任；双方以书面约定的赔偿限额高于本法第一百一十七条的规定的，承运人应当按照约定的数额负赔偿责任。

第一百一十七条 除本条第四款规定的情形外，承运人在每次海上旅客运输中的赔偿责任限额，依照下列规定执行：

（一）旅客人身伤亡的，每名旅客不超过46666计算单位；

（二）旅客自带行李灭失或者损坏的，每名旅客不超过833计算单位；

（三）旅客车辆包括该车辆所载行李灭失或者损坏的，每一车辆不超过3333计算单位；

（四）本款第（二）、（三）项以外的旅客其他行李灭失或者损坏的，每名旅客不超过1200计算单位。

承运人和旅客可以约定，承运人对旅客车辆和旅客车辆以外的其他行李损失的免赔额。但是，对每一车辆损失的免赔额不得超过117计算单位，对每名旅客的车辆以外的其他行李损失的免赔额不得超过13计算单位。在计算每一车辆或者每名旅客的车辆以外的其他行李的损失赔偿数额时，应当扣除约定的承运人免赔额。

承运人和旅客可以书面约定高于本条第一款规定的赔偿责任限额。

中华人民共和国港口之间的海上旅客运输，承运人的赔偿责任限额，由国务院交通主管部门制定，报国务院批准后施行。

第一百一十八条　经证明，旅客的人身伤亡或者行李的灭失、损坏，是由于承运人的故意或者明知可能造成损害而轻率地作为或者不作为造成的，承运人不得援用本法第一百一十六条和第一百一十七条限制赔偿责任的规定。

经证明，旅客的人身伤亡或者行李的灭失、损坏，是由于承运人的受雇人、代理人的故意或者明知可能造成损害而轻率地作为或者不作为造成的，承运人的受雇人、代理人不得援用本法第一百一十六条和第一百一十七条限制赔偿责任的规定。

第一百二十条　向承运人的受雇人、代理人提出的赔偿请求，受雇人或者代理人证明其行为是在受雇或者受委托的范围内的，有权援用本法第一百一十五条、第一百一十六条和第一百一十七条的抗辩理由和赔偿责任限制的规定。

第一百二十一条　承运人将旅客运送或者部分运送委托给实际承运人履行的，仍然应当依照本章规定，对全程运送负责。实际承运人履行运送的，承运人应当对实际承运人的行为或者实际承运人的受雇人、代理人在受雇或者受委托的范围内的行为负责。

第一百二十二条　承运人承担本章未规定的义务或者放弃本章赋予的权利的任何特别协议，经实际承运人书面明确同意的，对实际承运人发生效力；实际承运人是否同意，不影响此项特别协议对承运人的效力。

第一百二十三条　承运人与实际承运人均负有赔偿责任的，应当在此项责任限度内负连带责任。

第一百二十四条　就旅客的人身伤亡或者行李的灭失、损坏，分别向承运人、实际承运人以及他们的受雇人、代理人提出赔偿请求的，赔偿总额不得超过本法第一百一十七条规定的限额。

第一百二十五条　本法第一百二十一条至第一百二十四条的规定，不影响承运人和实际承运人之间相互追偿。

第一百二十六条　海上旅客运输合同中含有下列内容之一的条款无效：

（一）免除承运人对旅客应当承担的法定责任；

（二）降低本章规定的承运人责任限额；

（三）对本章规定的举证责任作出相反的约定；

（四）限制旅客提出赔偿请求的权利。

前款规定的合同条款的无效，不影响合同其他条款的效力。

第二百一十一条 海上旅客运输的旅客人身伤亡赔偿责任限制，按照46666计算单位乘以船舶证书规定的载客定额计算赔偿限额，但是最高不超过25000000计算单位。

中华人民共和国港口之间海上旅客运输的旅客人身伤亡，赔偿限额由国务院交通主管部门制定，报国务院批准后施行。

《合同法》（1999年10月1日起施行）

第二百九十三条 客运合同自承运人向旅客交付客票时成立，但当事人另有约定或者另有交易习惯的除外。

第二百九十四条 旅客应当持有效客票乘运。旅客无票乘运、超程乘运、越级乘运或者持失效客票乘运的，应当补交票款，承运人可以按照规定加收票款。旅客不交付票款的，承运人可以拒绝运输。

第二百九十五条 旅客因自己的原因不能按照客票记载的时间乘坐的，应当在约定的时间内办理退票或者变更手续。逾期办理的，承运人可以不退票款，并不再承担运输义务。

第二百九十八条 承运人应当向旅客及时告知有关不能正常运输的重要事由和安全运输应当注意的事项。

第二百九十九条 承运人应当按照客票载明的时间和班次运输旅客。承运人迟延运输的，应当根据旅客的要求安排改乘其他班次或者退票。

第三百条 承运人擅自变更运输工具而降低服务标准的，应当根据旅客的要求退票或者减收票款；提高服务标准的，不应当加收票款。

第三百零一条 承运人在运输过程中，应当尽力救助患有急病、分娩、遇险的旅客。

第三百零二条 承运人应当对运输过程中旅客的伤亡承担损害赔偿责任，但伤亡是旅客自身健康原因造成的或者承运人证明伤亡是旅客故意、重大过失造成的除外。

前款规定适用于按照规定免票、持优待票或者经承运人许可搭乘的无票旅客。

《民事诉讼法》（1991年4月9日起施行　2017年6月27日修正）

第二十七条 因铁路、公路、水上、航空运输和联合运输合同纠纷提起的诉讼，由运输始发地、目的地或者被告住所地人民法院管辖。

《海事诉讼特别程序法》（2000 年 7 月 1 日起施行）

第六条 海事诉讼的地域管辖，依照《中华人民共和国民事诉讼法》的有关规定。

下列海事诉讼的地域管辖，依照以下规定：

……

（二）因海上运输合同纠纷提起的诉讼，除依照《中华人民共和国民事诉讼法》第二十八条的规定以外，还可以由转运港所在地海事法院管辖；

……

《最高人民法院关于适用〈中华人民共和国民事诉讼法〉的解释》（法释〔2015〕5 号 2015 年 2 月 4 日起施行）

第二条 专利纠纷案件由知识产权法院、最高人民法院确定的中级人民法院和基层人民法院管辖。

海事、海商案件由海事法院管辖。

《最高人民法院关于适用〈中华人民共和国海事诉讼特别程序法〉若干问题的解释》（法释〔2003〕3 号 2003 年 2 月 1 日起施行）

第一条 在海上或者通海水域发生的与船舶或者运输、生产、作业相关的海事侵权纠纷、海商合同纠纷，以及法律或者相关司法解释规定的其他海事纠纷案件由海事法院及其上级人民法院专门管辖。

《最高人民法院关于海事诉讼管辖问题的规定》（法释〔2016〕2 号 2016 年 3 月 1 日起施行）

为推进“一带一路”建设、海洋强国战略、京津冀一体化、长江经济带发展规划的实施，促进海洋经济发展，及时化解海事纠纷，保证海事法院正确行使海事诉讼管辖权，依法审理海事案件，根据《中华人民共和国民事诉讼法》《中华人民共和国海事诉讼特别程序法》《中华人民共和国行政诉讼法》以及全国人民代表大会常务委员会《关于在沿海港口城市设立海事法院的决定》等法律规定，现将海事诉讼管辖的几个问题规定如下：

一、关于管辖区域调整

1. 根据航运经济发展和海事审判工作的需要，对大连、武汉海事法院的管辖区域作出如下调整：

（1）大连海事法院管辖下列区域：南自辽宁省与河北省的交界处、东至鸭绿江口的延伸海域和鸭绿江水域，其中包括黄海一部分、渤海一部分、海

上岛屿；吉林省的松花江、图们江等通海可航水域及港口；黑龙江省的黑龙江、松花江、乌苏里江等通海可航水域及港口。

（2）武汉海事法院管辖下列区域：自四川省宜宾市合江门至江苏省浏河口之间长江干线及支线水域，包括宜宾、泸州、重庆、涪陵、万州、宜昌、荆州、城陵矶、武汉、九江、安庆、芜湖、马鞍山、南京、扬州、镇江、江阴、张家港、南通等主要港口。

2. 其他各海事法院依据此前最高人民法院发布的决定或通知确定的管辖区域对海事案件行使管辖权。

三、关于海事海商纠纷管辖权异议案件的审理

1. 当事人不服管辖权异议裁定的上诉案件由海事法院所在地的高级人民法院负责海事海商案件的审判庭审理。

2. 发生法律效力的管辖权异议裁定违反海事案件专门管辖确需纠正的，人民法院可依照《中华人民共和国民事诉讼法》第一百九十八条规定再审。

四、其他规定

本规定自2016年3月1日起施行。最高人民法院以前作出的有关规定与本规定不一致的，以本规定为准。

《最高人民法院关于海事法院受理案件范围的规定》（法释〔2016〕4号 2016年3月1日起施行）

根据《中华人民共和国民事诉讼法》《中华人民共和国海事诉讼特别程序法》《中华人民共和国行政诉讼法》以及我国缔结或者参加的有关国际条约，结合我国海事审判实际，现将海事法院受理案件的范围规定如下：

二、海商合同纠纷案件

26. 海上、通海可航水域旅客和行李运输合同纠纷案件；

【适用本案由需要注意的问题】

◆因海上、通海水域旅客运输合同纠纷提起的诉讼，由运输始发地、目的地或者被告住所地及转运港所在地海事法院管辖。

◆在适用本案由时，应注意其与海上、通海水域人身损害责任纠纷的区别。海上、通海水域旅客运输合同纠纷中当事人双方以合同的成立互附有相应的权利和义务，海上、通海水域人身损害责任纠纷中当事人之间并无任何法律上的关系。

◆因海上旅客运输合同而产生的纠纷应当适用《海商法》第五章的规

定。国内港口之间的旅客运输，应适用《合同法》《水路运输管理条例》的有关规定，并要参照有关交通主管部门规章的规定。

◆根据海上货物运输合同的约定，随船护送货物的人，也视为旅客。海上旅客运输合同承运人赔偿责任的免除，均由承运人负举证责任。从"一港运送至另一港"既包括中国港口和外国港口之间的旅客运输，也包括中国港口之间的旅客运输。

184. 海上、通海水域行李运输合同纠纷

【案由解析】

海上、通海水域行李运输合同分为海上行李运输合同和通海水域行李运输合同。

海上行李运输合同是指承运人以适合运送行李的船舶经海路将行李从一港运送至另一港，由旅客支付票款的合同。当事人因该合同的订立、履行、变更和终止而产生的纠纷，就是海上行李运输合同纠纷。

通海水域行李运输合同是指承运人以适合运送行李的船舶将行李从国内通海水域的港口运至通海水域另一港口，由旅客支付票款的合同。当事人因该合同的订立、履行、变更和终止而产生的纠纷，就是通海水域行李运输合同纠纷。

【常用法律条文及索引】

《合同法》(1999 年 10 月 1 日起施行)

第二百九十六条 旅客在运输中应当按照约定的限量携带行李。超过限量携带行李的，应当办理托运手续。

第二百九十七条 旅客不得随身携带或者在行李中夹带易燃、易爆、有毒、有腐蚀性、有放射性以及有可能危及运输工具上人身和财产安全的危险物品或者其他违禁物品。

旅客违反前款规定的，承运人可以将违禁物品卸下、销毁或者送交有关部门。旅客坚持携带或者夹带违禁物品的，承运人应当拒绝运输。

第三百零三条 在运输过程中旅客自带物品毁损、灭失，承运人有过错的，应当承担损害赔偿责任。

旅客托运的行李毁损、灭失的，适用货物运输的有关规定。

《海商法》（1993 年 7 月 1 日起施行）

第一百零八条 本章下列用语的含义：

……

（四）“行李”是指根据海上旅客运输合同由承运人载运的任何物品和车辆，但是活动物除外。

（五）“自带行李”是指旅客自行携带、保管或者放置在客舱中的行李。

第一百一十三条 旅客不得随身携带或者在行李中夹带违禁品或者易燃、易爆、有毒、有腐蚀性、有放射性以及有可能危及船上人身和财产安全的其他危险品。

承运人可以在任何时间、任何地点将旅客违反前款规定随身携带或者在行李中夹带的违禁品、危险品卸下、销毁或者使之不能为害，或者送交有关部门，而不负赔偿责任。

旅客违反本条第一款规定，造成损害的，应当负赔偿责任。

第一百一十四条 在本法第一百一十一条规定的旅客及其行李的运送期间，因承运人或者承运人的受雇人、代理人在受雇或者受委托的范围内的过失引起事故，造成旅客人身伤亡或者行李灭失、损坏的，承运人应当负赔偿责任。

请求人对承运人或者承运人的受雇人、代理人的过失，应当负举证责任；但是，本条第三款和第四款规定的情形除外。

旅客的人身伤亡或者自带行李的灭失、损坏，是由于船舶的沉没、碰撞、搁浅、爆炸、火灾所引起或者是由于船舶的缺陷所引起的，承运人或者承运人的受雇人、代理人除非提出反证，应当视为其有过失。

……

《民事诉讼法》（1991 年 4 月 9 日起施行　2017 年 6 月 27 日修正）

第二十七条 因铁路、公路、水上、航空运输和联合运输合同纠纷提起的诉讼，由运输始发地、目的地或者被告住所地人民法院管辖。

《海事诉讼特别程序法》（2000 年 7 月 1 日起施行）

第六条 海事诉讼的地域管辖，依照《中华人民共和国民事诉讼法》的有关规定。

下列海事诉讼的地域管辖，依照以下规定：

……

（二）因海上运输合同纠纷提起的诉讼，除依照《中华人民共和国民事诉讼法》第二十八条的规定以外，还可以由转运港所在地海事法院管辖；

……

《最高人民法院关于适用〈中华人民共和国民事诉讼法〉的解释》（法释〔2015〕5号　2015年2月4日起施行）

第二条　专利纠纷案件由知识产权法院、最高人民法院确定的中级人民法院和基层人民法院管辖。

海事、海商案件由海事法院管辖。

《最高人民法院关于适用〈中华人民共和国海事诉讼特别程序法〉若干问题的解释》（法释〔2003〕3号　2003年2月1日起施行）

第一条　在海上或者通海水域发生的与船舶或者运输、生产、作业相关的海事侵权纠纷、海商合同纠纷，以及法律或者相关司法解释规定的其他海事纠纷案件由海事法院及其上级人民法院专门管辖。

《最高人民法院关于海事诉讼管辖问题的规定》（法释〔2016〕2号　2016年3月1日起施行）

为推进“一带一路”建设、海洋强国战略、京津冀一体化、长江经济带发展规划的实施，促进海洋经济发展，及时化解海事纠纷，保证海事法院正确行使海事诉讼管辖权，依法审理海事案件，根据《中华人民共和国民事诉讼法》《中华人民共和国海事诉讼特别程序法》《中华人民共和国行政诉讼法》以及全国人民代表大会常务委员会《关于在沿海港口城市设立海事法院的决定》等法律规定，现将海事诉讼管辖的几个问题规定如下：

一、关于管辖区域调整

1. 根据航运经济发展和海事审判工作的需要，对大连、武汉海事法院的管辖区域作出如下调整：

（1）大连海事法院管辖下列区域：南自辽宁省与河北省的交界处、东至鸭绿江口的延伸海域和鸭绿江水域，其中包括黄海一部分、渤海一部分、海上岛屿；吉林省的松花江、图们江等通海可航水域及港口；黑龙江省的黑龙江、松花江、乌苏里江等通海可航水域及港口。

（2）武汉海事法院管辖下列区域：自四川省宜宾市合江门至江苏省浏河口之间长江干线及支线水域，包括宜宾、泸州、重庆、涪陵、万州、宜昌、荆州、城陵矶、武汉、九江、安庆、芜湖、马鞍山、南京、扬州、镇江、江阴、张家港、南通等主要港口。

2. 其他各海事法院依据此前最高人民法院发布的决定或通知确定的管辖区域对海事案件行使管辖权。

三、关于海事海商纠纷管辖权异议案件的审理

1. 当事人不服管辖权异议裁定的上诉案件由海事法院所在地的高级人民法院负责海事海商案件的审判庭审理。

2. 发生法律效力的管辖权异议裁定违反海事案件专门管辖确需纠正的，人民法院可依照《中华人民共和国民事诉讼法》第一百九十八条规定再审。

四、其他规定

本规定自2016年3月1日起施行。最高人民法院以前作出的有关规定与本规定不一致的，以本规定为准。

《最高人民法院关于海事法院受理案件范围的规定》（法释〔2016〕4号 2016年3月1日起施行）

根据《中华人民共和国民事诉讼法》《中华人民共和国海事诉讼特别程序法》《中华人民共和国行政诉讼法》以及我国缔结或者参加的有关国际条约，结合我国海事审判实际，现将海事法院受理案件的范围规定如下：

二、海商合同纠纷案件

26. 海上、通海可航水域旅客和行李运输合同纠纷案件；

【适用本案由需要注意的问题】

◆因海上、通海水域行李运输合同的成立前提需要旅客运输合同也成立，因此有关该类纠纷的诉讼，也应由运输始发地、目的地或者被告住所地及转运港所在地海事法院管辖。

◆在适用本案由时，要注意区分其与海上、通海水域财产损害责任纠纷的不同。海上、通海水域行李运输合同纠纷的客体是以旅客运输合同为依据，由承运人载运以及旅客自行携带、保管或者放置在客舱的任何物品和车辆。海上、通海水域财产损害责任纠纷的客体是其他的船舶、货物和财产。

◆在适用本案由时，要注意其与海上、通海水域旅客运输合同纠纷相的区别。前者系财产损害引起的纠纷，而后者则是人身伤害引起的纠纷，在损害后果上具有本质的区别。

◆从“一港运送至另一港”既包括中国港口和外国港口之间的行李运输，也包括中国港口之间的行李运输。

185. 船舶经营管理合同纠纷

【案由解析】

船舶经营管理合同是指船舶经营人或管理与船东签订的，依约定对船舶进行经营和管理，并由船东向船舶经营管理人支付服务费的合同。

船舶经营管理合同纠纷是指当事人因该合同的订立、履行、变更和终止而产生的纠纷。该类纠纷包括了与船舶经营和船舶管理活动有关的纠纷。

船舶经营管理合同的主要特征是该类合同的客体是针对船舶的经营与管理活动，在船舶经营活动中，船舶经营人对船舶实际占有或控制，并可获取船舶收益，同时对外要承担船舶所有人的责任；而在船舶管理活动中，船舶管理人对船舶不享有直接的占有、控制和获取收益的权利，相应的，对外也不必承担船舶所有人的责任。

【常用法律条文及索引】

《海商法》（1993 年 7 月 1 日起施行）

第四条　中华人民共和国港口之间的海上运输和拖航，由悬挂中华人民共和国国旗的船舶经营。但是，法律、行政法规另有规定的除外。

非经国务院交通主管部门批准，外国籍船舶不得经营中华人民共和国港口之间的海上运输和拖航。

《合同法》（1999 年 10 月 1 日起施行）

第一百二十四条　本法分则或者其他法律没有明文规定的合同，适用本法总则的规定，并可以参照本法分则或者其他法律最相类似的规定。

《民事诉讼法》（1991 年 4 月 9 日起施行　2017 年 6 月 27 日修正）

第二十三条　因合同纠纷提起的诉讼，由被告住所地或者合同履行地人民法院管辖。

《海事诉讼特别程序法》（2000 年 7 月 1 日起施行）

第六条　海事诉讼的地域管辖，依照《中华人民共和国民事诉讼法》的有关规定。

下列海事诉讼的地域管辖，依照以下规定：

……

（七）因海船的船舶所有权、占有权、使用权、优先权纠纷提起的诉讼，由船舶所在地、船籍港所在地、被告住所地海事法院管辖。

《最高人民法院关于适用〈中华人民共和国民事诉讼法〉的解释》（法释〔2015〕5号 2015年2月4日起施行）

第二条 专利纠纷案件由知识产权法院、最高人民法院确定的中级人民法院和基层人民法院管辖。

海事、海商案件由海事法院管辖。

第十八条 合同约定履行地点的，以约定的履行地点为合同履行地。

合同对履行地点没有约定或者约定不明确，争议标的为给付货币的，接收货币一方所在地为合同履行地；交付不动产的，不动产所在地为合同履行地；其他标的，履行义务一方所在地为合同履行地。即时结清的合同，交易行为地为合同履行地。

合同没有实际履行，当事人双方住所地都不在合同约定的履行地的，由被告住所地人民法院管辖。

《最高人民法院关于适用〈中华人民共和国海事诉讼特别程序法〉若干问题的解释》（法释〔2003〕3号 2003年2月1日起施行）

第一条 在海上或者通海水域发生的与船舶或者运输、生产、作业相关的海事侵权纠纷、海商合同纠纷，以及法律或者相关司法解释规定的其他海事纠纷案件由海事法院及其上级人民法院专门管辖。

《最高人民法院关于海事诉讼管辖问题的规定》（法释〔2016〕2号 2016年3月1日起施行）

为推进“一带一路”建设、海洋强国战略、京津冀一体化、长江经济带发展规划的实施，促进海洋经济发展，及时化解海事纠纷，保证海事法院正确行使海事诉讼管辖权，依法审理海事案件，根据《中华人民共和国民事诉讼法》《中华人民共和国海事诉讼特别程序法》《中华人民共和国行政诉讼法》以及全国人民代表大会常务委员会《关于在沿海港口城市设立海事法院的决定》等法律规定，现将海事诉讼管辖的几个问题规定如下：

一、关于管辖区域调整

1. 根据航运经济发展和海事审判工作的需要，对大连、武汉海事法院的管辖区域作出如下调整：

（1）大连海事法院管辖下列区域：南自辽宁省与河北省的交界处、东至鸭绿江口的延伸海域和鸭绿江水域，其中包括黄海一部分、渤海一部分、海

上岛屿；吉林省的松花江、图们江等通海可航水域及港口；黑龙江省的黑龙江、松花江、乌苏里江等通海可航水域及港口。

（2）武汉海事法院管辖下列区域：自四川省宜宾市合江门至江苏省浏河口之间长江干线及支线水域，包括宜宾、泸州、重庆、涪陵、万州、宜昌、荆州、城陵矶、武汉、九江、安庆、芜湖、马鞍山、南京、扬州、镇江、江阴、张家港、南通等主要港口。

2. 其他各海事法院依据此前最高人民法院发布的决定或通知确定的管辖区域对海事案件行使管辖权。

三、关于海事海商纠纷管辖权异议案件的审理

1. 当事人不服管辖权异议裁定的上诉案件由海事法院所在地的高级人民法院负责海事海商案件的审判庭审理。

2. 发生法律效力的管辖权异议裁定违反海事案件专门管辖确需纠正的，人民法院可依照《中华人民共和国民事诉讼法》第一百九十八条规定再审。

四、其他规定

本规定自 2016 年 3 月 1 日起施行。最高人民法院以前作出的有关规定与本规定不一致的，以本规定为准。

《最高人民法院关于海事法院受理案件范围的规定》（法释〔2016〕4 号 2016 年 3 月 1 日起施行）

根据《中华人民共和国民事诉讼法》《中华人民共和国海事诉讼特别程序法》《中华人民共和国行政诉讼法》以及我国缔结或者参加的有关国际条约，结合我国海事审判实际，现将海事法院受理案件的范围规定如下：

二、海商合同纠纷案件

17. 船舶经营管理合同（含挂靠、合伙、承包等形式）、航线合作经营合同纠纷案件；

【适用本案由需要注意的问题】

◆船舶经营管理合同纠纷是因船舶的经营和管理活动所产生的纠纷，因该类纠纷提起的诉讼，由船舶所在地、船籍港所在地、合同履行地、被告住所地海事法院管辖。

◆船舶经营管理合同在《海商法》中没有专门规定，依据《合同法》第 124 条的规定，《合同法》分则或者其他法律没有明文规定的合同，适用本法总则的规定，并可以参照本法分则或者其他法律最相类似的规定。据

此，有关船舶管理合同纠纷应该适用《合同法》总则的相关规定，及《海商法》相类似的规定。

186. 船舶买卖合同纠纷

【案由解析】

船舶买卖合同是指船舶出卖人交付船舶给买受人，该买受人取得船舶所有权并支付价款的合同。

船舶买卖合同纠纷是指买受人与出卖人因船舶买卖合同的订立、履行、变更和终止所产生的纠纷。

【常用法律条文及索引】

《海商法》（1993 年 7 月 1 日起施行）

第九条 船舶所有权的取得、转让和消灭，应当向船舶登记机关登记；未经登记的，不得对抗第三人。

船舶所有权的转让，应当签订书面合同。

第十条 船舶由两个以上的法人或者个人共有的，应当向船舶登记机关登记；未经登记的，不得对抗第三人。

《合同法》（1999 年 10 月 1 日起施行）

第六十条 当事人应当按照约定全面履行自己的义务。

当事人应当遵循诚实信用原则，根据合同的性质、目的和交易习惯履行通知、协助、保密等义务。

第一百零七条 当事人一方不履行合同义务或者履行合同义务不符合约定的，应当承担继续履行、采取补救措施或者赔偿损失等违约责任。

第一百三十条 买卖合同是出卖人转移标的物的所有权于买受人，买受人支付价款的合同。

《民事诉讼法》（1991 年 4 月 9 日起施行 2017 年 6 月 27 日修正）

第二十三条 因合同纠纷提起的诉讼，由被告住所地或者合同履行地人民法院管辖。

《海事诉讼特别程序法》（2000 年 7 月 1 日起施行）

第六条 海事诉讼的地域管辖，依照《中华人民共和国民事诉讼法》的

有关规定。

下列海事诉讼的地域管辖，依照以下规定：

……

（七）因海船的船舶所有权、占有权、使用权、优先权纠纷提起的诉讼，由船舶所在地、船籍港所在地、被告住所地海事法院管辖。

《最高人民法院关于适用〈中华人民共和国民事诉讼法〉的解释》（法释〔2015〕5号　2015年2月4日起施行）

第二条　专利纠纷案件由知识产权法院、最高人民法院确定的中级人民法院和基层人民法院管辖。

海事、海商案件由海事法院管辖。

第十八条　合同约定履行地点的，以约定的履行地点为合同履行地。

合同对履行地点没有约定或者约定不明确，争议标的为给付货币的，接收货币一方所在地为合同履行地；交付不动产的，不动产所在地为合同履行地；其他标的，履行义务一方所在地为合同履行地。即时结清的合同，交易行为地为合同履行地。

合同没有实际履行，当事人双方住所地都不在合同约定的履行地的，由被告住所地人民法院管辖。

《最高人民法院关于适用〈中华人民共和国海事诉讼特别程序法〉若干问题的解释》（法释〔2003〕3号　2003年2月1日起施行）

第一条　在海上或者通海水域发生的与船舶或者运输、生产、作业相关的海事侵权纠纷、海商合同纠纷，以及法律或者相关司法解释规定的其他海事纠纷案件由海事法院及其上级人民法院专门管辖。

《最高人民法院关于海事诉讼管辖问题的规定》（法释〔2016〕2号　2016年3月1日起施行）

为推进“一带一路”建设、海洋强国战略、京津冀一体化、长江经济带发展规划的实施，促进海洋经济发展，及时化解海事纠纷，保证海事法院正确行使海事诉讼管辖权，依法审理海事案件，根据《中华人民共和国民事诉讼法》《中华人民共和国海事诉讼特别程序法》《中华人民共和国行政诉讼法》以及全国人民代表大会常务委员会《关于在沿海港口城市设立海事法院的决定》等法律规定，现将海事诉讼管辖的几个问题规定如下：

一、关于管辖区域调整

1. 根据航运经济发展和海事审判工作的需要，对大连、武汉海事法院

的管辖区域作出如下调整：

（1）大连海事法院管辖下列区域：南自辽宁省与河北省的交界处、东至鸭绿江口的延伸海域和鸭绿江水域，其中包括黄海一部分、渤海一部分、海上岛屿；吉林省的松花江、图们江等通海可航水域及港口；黑龙江省的黑龙江、松花江、乌苏里江等通海可航水域及港口。

（2）武汉海事法院管辖下列区域：自四川省宜宾市合江门至江苏省浏河口之间长江干线及支线水域，包括宜宾、泸州、重庆、涪陵、万州、宜昌、荆州、城陵矶、武汉、九江、安庆、芜湖、马鞍山、南京、扬州、镇江、江阴、张家港、南通等主要港口。

2. 其他各海事法院依据此前最高人民法院发布的决定或通知确定的管辖区域对海事案件行使管辖权。

三、关于海事海商纠纷管辖权异议案件的审理

1. 当事人不服管辖权异议裁定的上诉案件由海事法院所在地的高级人民法院负责海事海商案件的审判庭审理。

2. 发生法律效力的管辖权异议裁定违反海事案件专门管辖确需纠正的，人民法院可依照《中华人民共和国民事诉讼法》第一百九十八条规定再审。

四、其他规定

本规定自2016年3月1日起施行。最高人民法院以前作出的有关规定与本规定不一致的，以本规定为准。

《最高人民法院关于海事法院受理案件范围的规定》（法释〔2016〕4号 2016年3月1日起施行）

根据《中华人民共和国民事诉讼法》《中华人民共和国海事诉讼特别程序法》《中华人民共和国行政诉讼法》以及我国缔结或者参加的有关国际条约，结合我国海事审判实际，现将海事法院受理案件的范围规定如下：

二、海商合同纠纷案件

11. 船舶买卖合同纠纷案件；

【适用本案由需要注意的问题】

◆根据《民事诉讼法》第23条的规定，因合同纠纷提起的诉讼，由被告住所地或者合同履行地人民法院管辖。同时，根据《最高人民法院关于适用〈中华人民共和国海事诉讼特别程序法〉若干问题的解释》第1条的规定，海商合同纠纷由海事法院及其上级人民法院专门管辖。因此，因船舶买

卖合同纠纷提起的诉讼，由船舶买卖合同履行地、被告住所地海事法院管辖。

◆在适用本案由时，要注意船舶买卖合同纠纷与船舶权属纠纷的区别。船舶买卖合同属于物权变动的原因关系，即当事人是对船舶买卖合同的订立、履行、变更和终止而产生纠纷；船舶权属纠纷涉及的是物权权属变动的结果关系，即当事人是对船舶所有权的转让登记或者共有关系以及妨碍船舶所有权行使的情形提起诉讼，则属于船舶权属纠纷。

187. 船舶建造合同纠纷

【案由解析】

船舶建造合同是指船舶建造人按约定条件建造船舶，定造人按约定条件支付价款的合同。船舶建造人又称船舶承揽人，通常是指造船厂家；船舶定造人，又称购买人，通常是指船舶公司。

船舶建造合同纠纷是指当事人因该合同的订立、履行、变更和终止而产生的纠纷。

船舶建造合同的主要特征是：（1）船舶建造合同通常为格式合同。（2）船舶建造合同要有按照约定条件建造船舶的过程，属于广义上的承揽合同的范围，与建设工程合同相类似。

【常用法律条文及索引】

《合同法》（1999 年 10 月 1 日起施行）

第一百二十四条 本法分则或者其他法律没有明文规定的合同，适用本法总则的规定，并可以参照本法分则或者其他法律最相类似的规定。

第二百五十一条 承揽合同是承揽人按照定作人的要求完成工作，交付工作成果，定作人给付报酬的合同。

承揽包括加工、定作、修理、复制、测试、检验等工作。

第二百五十二条 承揽合同的内容包括承揽的标的、数量、质量、报酬、承揽方式、材料的提供、履行期限、验收标准和方法等条款。

第二百五十三条 承揽人应当以自己的设备、技术和劳力，完成主要工作，但当事人另有约定的除外。

承揽人将其承揽的主要工作交由第三人完成的，应当就该第三人完成的工作成果向定作人负责；未经定作人同意的，定作人也可以解除合同。

第二百五十四条 承揽人可以将其承揽的辅助工作交由第三人完成。承揽人将其承揽的辅助工作交由第三人完成的，应当就该第三人完成的工作成果向定作人负责。

第二百五十五条 承揽人提供材料的，承揽人应当按照约定选用材料，并接受定作人检验。

第二百五十六条 定作人提供材料的，定作人应当按照约定提供材料。承揽人对定作人提供的材料，应当及时检验，发现不符合约定时，应当及时通知定作人更换、补齐或者采取其他补救措施。

承揽人不得擅自更换定作人提供的材料，不得更换不需要修理的零部件。

第二百五十七条 承揽人发现定作人提供的图纸或者技术要求不合理的，应当及时通知定作人。因定作人怠于答复等原因造成承揽人损失的，应当赔偿损失。

第二百五十八条 定作人中途变更承揽工作的要求，造成承揽人损失的，应当赔偿损失。

第二百五十九条 承揽工作需要定作人协助的，定作人有协助的义务。定作人不履行协助义务致使承揽工作不能完成的，承揽人可以催告定作人在合理期限内履行义务，并可以顺延履行期限；定作人逾期不履行的，承揽人可以解除合同。

第二百六十条 承揽人在工作期间，应当接受定作人必要的监督检验。定作人不得因监督检验妨碍承揽人的正常工作。

第二百六十一条 承揽人完成工作的，应当向定作人交付工作成果，并提交必要的技术资料和有关质量证明。定作人应当验收该工作成果。

第二百六十二条 承揽人交付的工作成果不符合质量要求的，定作人可以要求承揽人承担修理、重作、减少报酬、赔偿损失等违约责任。

第二百六十三条 定作人应当按照约定的期限支付报酬。对支付报酬的期限没有约定或者约定不明确，依照本法第六十一条的规定仍不能确定的，定作人应当在承揽人交付工作成果时支付；工作成果部分交付的，定作人应当相应支付。

第二百六十四条 定作人未向承揽人支付报酬或者材料费等价款的，承揽人对完成的工作成果享有留置权，但当事人另有约定的除外。

第二百六十五条　承揽人应当妥善保管定作人提供的材料以及完成的工作成果，因保管不善造成毁损、灭失的，应当承担损害赔偿责任。

第二百六十六条　承揽人应当按照定作人的要求保守秘密，未经定作人许可，不得留存复制品或者技术资料。

第二百六十七条　共同承揽人对定作人承担连带责任，但当事人另有约定的除外。

第二百六十八条　定作人可以随时解除承揽合同，造成承揽人损失的，应当赔偿损失。

第二百六十九条　建设工程合同是承包人进行工程建设，发包人支付价款的合同。

建设工程合同包括工程勘察、设计、施工合同。

第二百七十条　建设工程合同应当采用书面形式。

第二百七十一条　建设工程的招标投标活动，应当依照有关法律的规定公开、公平、公正进行。

第二百七十二条　发包人可以与总承包人订立建设工程合同，也可以分别与勘察人、设计人、施工人订立勘察、设计、施工承包合同。发包人不得将应当由一个承包人完成的建设工程肢解成若干部分发包给几个承包人。

总承包人或者勘察、设计、施工承包人经发包人同意，可以将自己承包的部分工作交由第三人完成。第三人就其完成的工作成果与总承包人或者勘察、设计、施工承包人向发包人承担连带责任。承包人不得将其承包的全部建设工程转包给第三人或者将其承包的全部建设工程肢解以后以分包的名义分别转包给第三人。

禁止承包人将工程分包给不具备相应资质条件的单位。禁止分包单位将其承包的工程再分包。建设工程主体结构的施工必须由承包人自行完成。

第二百七十三条　国家重大建设工程合同，应当按照国家规定的程序和国家批准的投资计划、可行性研究报告等文件订立。

第二百七十四条　勘察、设计合同的内容包括提交有关基础资料和文件（包括概预算）的期限、质量要求、费用以及其他协作条件等条款。

第二百七十五条　施工合同的内容包括工程范围、建设工期、中间交工工程的开工和竣工时间、工程质量、工程造价、技术资料交付时间、材料和设备供应责任、拨款和结算、竣工验收、质量保修范围和质量保证期、双方相互协作等条款。

第二百七十六条 建设工程实行监理的，发包人应当与监理人采用书面形式订立委托监理合同。发包人与监理人的权利和义务以及法律责任，应当依照本法委托合同以及其他有关法律、行政法规的规定。

第二百七十七条 发包人在不妨碍承包人正常作业的情况下，可以随时对作业进度、质量进行检查。

第二百七十八条 隐蔽工程在隐蔽以前，承包人应当通知发包人检查。发包人没有及时检查的，承包人可以顺延工程日期，并有权要求赔偿停工、窝工等损失。

第二百七十九条 建设工程竣工后，发包人应当根据施工图纸及说明书、国家颁发的施工验收规范和质量检验标准及时进行验收。验收合格的，发包人应当按照约定支付价款，并接收该建设工程。

建设工程竣工经验收合格后，方可交付使用；未经验收或者验收不合格的，不得交付使用。

第二百八十条 勘察、设计的质量不符合要求或者未按照期限提交勘察、设计文件拖延工期，造成发包人损失的，勘察人、设计人应当继续完善勘察、设计，减收或者免收勘察、设计费并赔偿损失。

第二百八十一条 因施工人的原因致使建设工程质量不符合约定的，发包人有权要求施工人在合理期限内无偿修理或者返工、改建。经过修理或者返工、改建后，造成逾期交付的，施工人应当承担违约责任。

第二百八十二条 因承包人的原因致使建设工程在合理使用期限内造成人身和财产损害的，承包人应当承担损害赔偿责任。

第二百八十三条 发包人未按照约定的时间和要求提供原材料、设备、场地、资金、技术资料的，承包人可以顺延工程日期，并有权要求赔偿停工、窝工等损失。

第二百八十四条 因发包人的原因致使工程中途停建、缓建的，发包人应当采取措施弥补或者减少损失，赔偿承包人因此造成的停工、窝工、倒运、机械设备调迁、材料和构件积压等损失和实际费用。

第二百八十五条 因发包人变更计划，提供的资料不准确，或者未按照期限提供必需的勘察、设计工作条件而造成勘察、设计的返工、停工或者修改设计，发包人应当按照勘察人、设计人实际消耗的工作量增付费用。

第二百八十六条 发包人未按照约定支付价款的，承包人可以催告发包人在合理期限内支付价款。发包人逾期不支付的，除按照建设工程的性质不宜折价、拍卖的以外，承包人可以与发包人协议将该工程折价，也可以申请人民法院将该工程依法拍卖。建设工程的价款就该工程折价或者拍卖的价款优先受偿。

第二百八十七条　本章没有规定的，适用承揽合同的有关规定。

《民事诉讼法》（1991 年 4 月 9 日起施行　2017 年 6 月 27 日修正）

第二十三条　因合同纠纷提起的诉讼，由被告住所地或者合同履行地人民法院管辖。

《最高人民法院关于适用〈中华人民共和国民事诉讼法〉的解释》（法释〔2015〕5 号　2015 年 2 月 4 日起施行）

第二条　专利纠纷案件由知识产权法院、最高人民法院确定的中级人民法院和基层人民法院管辖。

海事、海商案件由海事法院管辖。

第十八条　合同约定履行地点的，以约定的履行地点为合同履行地。

合同对履行地点没有约定或者约定不明确，争议标的为给付货币的，接收货币一方所在地为合同履行地；交付不动产的，不动产所在地为合同履行地；其他标的，履行义务一方所在地为合同履行地。即时结清的合同，交易行为地为合同履行地。

合同没有实际履行，当事人双方住所地都不在合同约定的履行地的，由被告住所地人民法院管辖。

第一百九十八条　诉讼标的物是房屋、土地、林木、车辆、船舶、文物等特定物或者知识产权，起诉时价值难以确定的，人民法院应当向原告释明主张过高或者过低的诉讼风险，以原告主张的价值确定诉讼标的金额。

《最高人民法院关于适用〈中华人民共和国海事诉讼特别程序法〉若干问题的解释》（法释〔2003〕3 号　2003 年 2 月 1 日起施行）

第一条　在海上或者通海水域发生的与船舶或者运输、生产、作业相关的海事侵权纠纷、海商合同纠纷，以及法律或者相关司法解释规定的其他海事纠纷案件由海事法院及其上级人民法院专门管辖。

《最高人民法院关于海事诉讼管辖问题的规定》（法释〔2016〕2 号　2016 年 3 月 1 日起施行）

为推进“一带一路”建设、海洋强国战略、京津冀一体化、长江经济带发展规划的实施，促进海洋经济发展，及时化解海事纠纷，保证海事法院正

确行使海事诉讼管辖权，依法审理海事案件，根据《中华人民共和国民事诉讼法》《中华人民共和国海事诉讼特别程序法》《中华人民共和国行政诉讼法》以及全国人民代表大会常务委员会《关于在沿海港口城市设立海事法院的决定》等法律规定，现将海事诉讼管辖的几个问题规定如下：

一、关于管辖区域调整

1. 根据航运经济发展和海事审判工作的需要，对大连、武汉海事法院的管辖区域作出如下调整：

（1）大连海事法院管辖下列区域：南自辽宁省与河北省的交界处、东至鸭绿江口的延伸海域和鸭绿江水域，其中包括黄海一部分、渤海一部分、海上岛屿；吉林省的松花江、图们江等通海可航水域及港口；黑龙江省的黑龙江、松花江、乌苏里江等通海可航水域及港口。

（2）武汉海事法院管辖下列区域：自四川省宜宾市合江门至江苏省浏河口之间长江干线及支线水域，包括宜宾、泸州、重庆、涪陵、万州、宜昌、荆州、城陵矶、武汉、九江、安庆、芜湖、马鞍山、南京、扬州、镇江、江阴、张家港、南通等主要港口。

2. 其他各海事法院依据此前最高人民法院发布的决定或通知确定的管辖区域对海事案件行使管辖权。

三、关于海事海商纠纷管辖权异议案件的审理

1. 当事人不服管辖权异议裁定的上诉案件由海事法院所在地的高级人民法院负责海事海商案件的审判庭审理。

2. 发生法律效力的管辖权异议裁定违反海事案件专门管辖确需纠正的，人民法院可依照《中华人民共和国民事诉讼法》第一百九十八条规定再审。

四、其他规定

本规定自2016年3月1日起施行。最高人民法院以前作出的有关规定与本规定不一致的，以本规定为准。

《最高人民法院关于海事法院受理案件范围的规定》（法释〔2016〕4号 2016年3月1日起施行）

根据《中华人民共和国民事诉讼法》《中华人民共和国海事诉讼特别程序法》《中华人民共和国行政诉讼法》以及我国缔结或者参加的有关国际条约，结合我国海事审判实际，现将海事法院受理案件的范围规定如下：

二、海商合同纠纷案件

12. 船舶工程合同纠纷案件；

【适用本案由需要注意的问题】

◆根据《民事诉讼法》第23条、《最高人民法院关于适用〈中华人民共和国民事诉讼法〉的解释》第2条及《最高人民法院关于适用〈中华人民共和国海事诉讼特别程序法〉若干问题的解释》第1条的规定，因船舶建造合同纠纷提起的诉讼，由船舶建造合同履行地、被告住所地海事法院管辖。

◆在适用本案由时，要注意其与船舶买卖合同的区别。船舶建造合同要求有按约定条件建造船舶的过程，属于承揽合同范围；而船舶买卖合同要求转移船舶的所有权，属于买卖合同范围。

◆因船舶建造合同属于广义上的承揽合同范围，并与建设工程合同非常类似，我国《海商法》仅在第14条中提到“建造中的船舶办理抵押权登记的，还应当向船舶登记机关提交船舶建造合同”，除此之外并无其他专门规定。因此，船舶建造合同纠纷在法律适用上应该参照《合同法》总则第24条及第十五章有关承揽合同、第十六章有关建设工程合同的规定。

188. 船舶修理合同纠纷

【案由解析】

船舶修理合同是指船舶修理人根据船舶所有人的要求对船舶进行船体修缮、机件更换增减等补正措施，以保证船舶的可航行和可运营性，船舶所有人负责向船舶修理人支付相应修理费用的合同。

船舶修理合同纠纷是指船舶修理人与船舶所有人之间因船舶修理合同的订立、履行、变更和终止所产生的纠纷。

船舶修理合同的特征是：(1) 其客体为已有船舶，订立合同的目的是对出现问题的旧船进行修缮，旨在保证和提高船舶的修理质量，满足船级社、法定主管机关、“国内安全管理规则”要求，使船舶始终处于良好的适航状态，确保救助待命及满足防污染管理规定要求。(2) 船舶修理合同是对船舶进行修缮、更换机件等补正措施，符合承揽的法律属性。

【常用法律条文及索引】

《合同法》(1999年10月1日起施行)

参见“189. 船舶建造合同纠纷”案由相关部分。

《民事诉讼法》（1991年4月9日起施行 2017年6月27日修正）

第二十三条 因合同纠纷提起的诉讼，由被告住所地或者合同履行地人民法院管辖。

《最高人民法院关于适用〈中华人民共和国民事诉讼法〉的解释》（法释〔2015〕5号 2015年2月4日起施行）

第二条 专利纠纷案件由知识产权法院、最高人民法院确定的中级人民法院和基层人民法院管辖。

海事、海商案件由海事法院管辖。

第十八条 合同约定履行地点的，以约定的履行地点为合同履行地。

合同对履行地点没有约定或者约定不明确，争议标的为给付货币的，接收货币一方所在地为合同履行地；交付不动产的，不动产所在地为合同履行地；其他标的，履行义务一方所在地为合同履行地。即时结清的合同，交易行为地为合同履行地。

合同没有实际履行，当事人双方住所地都不在合同约定的履行地的，由被告住所地人民法院管辖。

《最高人民法院关于适用〈中华人民共和国海事诉讼特别程序法〉若干问题的解释》（法释〔2003〕3号 2003年2月1日起施行）

第一条 在海上或者通海水域发生的与船舶或者运输、生产、作业相关的海事侵权纠纷、海商合同纠纷，以及法律或者相关司法解释规定的其他海事纠纷案件由海事法院及其上级人民法院专门管辖。

《最高人民法院关于海事诉讼管辖问题的规定》（法释〔2016〕2号 2016年3月1日起施行）

为推进“一带一路”建设、海洋强国战略、京津冀一体化、长江经济带发展规划的实施，促进海洋经济发展，及时化解海事纠纷，保证海事法院正确行使海事诉讼管辖权，依法审理海事案件，根据《中华人民共和国民事诉讼法》《中华人民共和国海事诉讼特别程序法》《中华人民共和国行政诉讼法》以及全国人民代表大会常务委员会《关于在沿海港口城市设立海事法院的决定》等法律规定，现将海事诉讼管辖的几个问题规定如下：

一、关于管辖区域调整

1. 根据航运经济发展和海事审判工作的需要，对大连、武汉海事法院的管辖区域作出如下调整：

（1）大连海事法院管辖下列区域：南自辽宁省与河北省的交界处、东至鸭绿江口的延伸海域和鸭绿江水域，其中包括黄海一部分、渤海一部分、海上岛屿；吉林省的松花江、图们江等通海可航水域及港口；黑龙江省的黑龙江、松花江、乌苏里江等通海可航水域及港口。

（2）武汉海事法院管辖下列区域：自四川省宜宾市合江门至江苏省浏河口之间长江干线及支线水域，包括宜宾、泸州、重庆、涪陵、万州、宜昌、荆州、城陵矶、武汉、九江、安庆、芜湖、马鞍山、南京、扬州、镇江、江阴、张家港、南通等主要港口。

2. 其他各海事法院依据此前最高人民法院发布的决定或通知确定的管辖区域对海事案件行使管辖权。

三、关于海事海商纠纷管辖权异议案件的审理

1. 当事人不服管辖权异议裁定的上诉案件由海事法院所在地的高级人民法院负责海事海商案件的审判庭审理。

2. 发生法律效力的管辖权异议裁定违反海事案件专门管辖确需纠正的，人民法院可依照《中华人民共和国民事诉讼法》第一百九十八条规定再审。

四、其他规定

本规定自2016年3月1日起施行。最高人民法院以前作出的有关规定与本规定不一致的，以本规定为准。

《最高人民法院关于海事法院受理案件范围的规定》（法释〔2016〕4号 2016年3月1日起施行）

根据《中华人民共和国民事诉讼法》《中华人民共和国海事诉讼特别程序法》《中华人民共和国行政诉讼法》以及我国缔结或者参加的有关国际条约，结合我国海事审判实际，现将海事法院受理案件的范围规定如下：

二、海商合同纠纷案件

12. 船舶工程合同纠纷案件；

【适用本案由需要注意的问题】

◆根据《民事诉讼法》第23条、《海事诉讼特别程序法》第6条、《最高人民法院关于适用〈中华人民共和国民事诉讼法〉的解释》第2条及《最高人民法院关于适用〈中华人民共和国海事诉讼特别程序法〉若干问题的解释》第1条的规定，因船舶修理合同纠纷提起的诉讼，由船舶修理合同履行地、被告住所地海事法院管辖。

◆我国《海商法》并未对船舶修理合同作出专门规定，同时船舶修理合

同又符合承揽合同的法律属性，因此船舶修理合同在法律适用上可以参照我国《合同法》中有关承揽合同的规定。

189. 船舶改建合同纠纷

【案由解析】

船舶改建合同是指船舶修造人按委托人的要求对船舶的船体及用途等进行改造，由委托人向船舶修造人支付改建费用的合同，该合同也属于承揽合同的范围。

船舶改建合同纠纷是指当事人因该合同的订立、履行、变更和终止产生的纠纷。

【常用法律条文及索引】

《民事诉讼法》（1991 年 4 月 9 日起施行　2017 年 6 月 27 日修正）

第二十三条　因合同纠纷提起的诉讼，由被告住所地或者合同履行地人民法院管辖。

《最高人民法院关于适用〈中华人民共和国民事诉讼法〉的解释》（法释〔2015〕5 号　2015 年 2 月 4 日起施行）

第二条　专利纠纷案件由知识产权法院、最高人民法院确定的中级人民法院和基层人民法院管辖。

海事、海商案件由海事法院管辖。

第十八条　合同约定履行地点的，以约定的履行地点为合同履行地。

合同对履行地点没有约定或者约定不明确，争议标的为给付货币的，接收货币一方所在地为合同履行地；交付不动产的，不动产所在地为合同履行地；其他标的，履行义务一方所在地为合同履行地。即时结清的合同，交易行为地为合同履行地。

合同没有实际履行，当事人双方住所地都不在合同约定的履行地的，由被告住所地人民法院管辖。

第一百九十八条　诉讼标的物是房屋、土地、林木、车辆、船舶、文物等特定物或者知识产权，起诉时价值难以确定的，人民法院应当向原告释明主张过高或者过低的诉讼风险，以原告主张的价值确定诉讼标的金额。

《最高人民法院关于适用〈中华人民共和国海事诉讼特别程序法〉若干问题的解释》（法释〔2003〕3 号　2003 年 2 月 1 日起施行）

第一条　在海上或者通海水域发生的与船舶或者运输、生产、作业相关的海事侵权纠纷、海商合同纠纷，以及法律或者相关司法解释规定的其他海事纠纷案件由海事法院及其上级人民法院专门管辖。

《最高人民法院关于海事诉讼管辖问题的规定》（法释〔2016〕2 号　2016 年 3 月 1 日起施行）

为推进“一带一路”建设、海洋强国战略、京津冀一体化、长江经济带发展规划的实施，促进海洋经济发展，及时化解海事纠纷，保证海事法院正确行使海事诉讼管辖权，依法审理海事案件，根据《中华人民共和国民事诉讼法》《中华人民共和国海事诉讼特别程序法》《中华人民共和国行政诉讼法》以及全国人民代表大会常务委员会《关于在沿海港口城市设立海事法院的决定》等法律规定，现将海事诉讼管辖的几个问题规定如下：

一、关于管辖区域调整

1. 根据航运经济发展和海事审判工作的需要，对大连、武汉海事法院的管辖区域作出如下调整：

（1）大连海事法院管辖下列区域：南自辽宁省与河北省的交界处、东至鸭绿江口的延伸海域和鸭绿江水域，其中包括黄海一部分、渤海一部分、海上岛屿；吉林省的松花江、图们江等通海可航水域及港口；黑龙江省的黑龙江、松花江、乌苏里江等通海可航水域及港口。

（2）武汉海事法院管辖下列区域：自四川省宜宾市合江门至江苏省浏河口之间长江干线及支线水域，包括宜宾、泸州、重庆、涪陵、万州、宜昌、荆州、城陵矶、武汉、九江、安庆、芜湖、马鞍山、南京、扬州、镇江、江阴、张家港、南通等主要港口。

2. 其他各海事法院依据此前最高人民法院发布的决定或通知确定的管辖区域对海事案件行使管辖权。

三、关于海事海商纠纷管辖权异议案件的审理

1. 当事人不服管辖权异议裁定的上诉案件由海事法院所在地的高级人民法院负责海事海商案件的审判庭审理。

2. 发生法律效力的管辖权异议裁定违反海事案件专门管辖确需纠正的，人民法院可依照《中华人民共和国民事诉讼法》第一百九十八条规定再审。

四、其他规定

本规定自2016年3月1日起施行。最高人民法院以前作出的有关规定与本规定不一致的，以本规定为准。

《最高人民法院关于海事法院受理案件范围的规定》（法释〔2016〕4号 2016年3月1日起施行）

根据《中华人民共和国民事诉讼法》《中华人民共和国海事诉讼特别程序法》《中华人民共和国行政诉讼法》以及我国缔结或者参加的有关国际条约，结合我国海事审判实际，现将海事法院受理案件的范围规定如下：

二、海商合同纠纷案件

12. 船舶工程合同纠纷案件；

另参见“187. 船舶建造合同纠纷”案由相关部分。

【适用本案由需要注意的问题】

◆根据《民事诉讼法》第23条、《海事诉讼特别程序法》第6条、《最高人民法院关于适用〈中华人民共和国民事诉讼法〉的解释》第2条及《最高人民法院关于适用〈中华人民共和国海事诉讼特别程序法〉若干问题的解释》第1条的规定，因船舶改建合同纠纷提起的诉讼，由船舶改建合同履行地、被告住所地海事法院管辖。

◆在适用本案由时，尤其要注意其与船舶建造合同、船舶修理合同相区分。船舶改建合同是对旧船的船体及用途进行改造，船舶建造合同是建造人根据要求建造出新的船舶，而船舶修理是修理人对船舶的船体进行修缮、更换零件等补正措施来保证船舶的运行状态，不能改变船舶的船体及用途。他们各自的合同项下的权利义务不同，进而合同性质也不同。

◆我国《海商法》对船舶改建合同并未作专门规定，又由于船舶改建合同与船舶建造合同、船舶修理合同一样，都属于承揽合同的范畴，因此船舶改建合同也应该适用《合同法》中有关承揽合同的规定。

190. 船舶拆解合同纠纷

【案由解析】

船舶拆解合同是指船舶拆解人按照船舶所有人的要求对船体进行拆解，

船舶所有人向其支付费用的合同。

船舶拆解合同纠纷是指当事人因船舶拆解合同的订立、履行、变更和终止而产生的纠纷。

【常用法律条文及索引】

《合同法》（1999 年 10 月 1 日起施行）

参见“189. 船舶建造合同纠纷”案由相关部分。

《民事诉讼法》（1991 年 4 月 9 日起施行　2017 年 6 月 27 日修正）

第二十三条　因合同纠纷提起的诉讼，由被告住所地或者合同履行地人民法院管辖。

《最高人民法院关于适用〈中华人民共和国民事诉讼法〉的解释》（法释〔2015〕5 号　2015 年 2 月 4 日起施行）

第二条　专利纠纷案件由知识产权法院、最高人民法院确定的中级人民法院和基层人民法院管辖。

海事、海商案件由海事法院管辖。

第十八条　合同约定履行地点的，以约定的履行地点为合同履行地。

合同对履行地点没有约定或者约定不明确，争议标的为给付货币的，接收货币一方所在地为合同履行地；交付不动产的，不动产所在地为合同履行地；其他标的，履行义务一方所在地为合同履行地。即时结清的合同，交易行为地为合同履行地。

合同没有实际履行，当事人双方住所地都不在合同约定的履行地的，由被告住所地人民法院管辖。

《最高人民法院关于适用〈中华人民共和国海事诉讼特别程序法〉若干问题的解释》（法释〔2003〕3 号　2003 年 2 月 1 日起施行）

第一条　在海上或者通海水域发生的与船舶或者运输、生产、作业相关的海事侵权纠纷、海商合同纠纷，以及法律或者相关司法解释规定的其他海事纠纷案件由海事法院及其上级人民法院专门管辖。

《最高人民法院关于海事诉讼管辖问题的规定》（法释〔2016〕2 号　2016 年 3 月 1 日起施行）

为推进“一带一路”建设、海洋强国战略、京津冀一体化、长江经济带发展规划的实施，促进海洋经济发展，及时化解海事纠纷，保证海事法院正确行使海事诉讼管辖权，依法审理海事案件，根据《中华人民共和国民事诉讼法》《中华人民共和国海事诉讼特别程序法》《中华人民共和国行政诉讼法》以及全国人民代表大会常务委员会《关于在沿海港口城市设立海事法院的决定》等法律规定，现将海事诉讼管辖的几个问题规定如下：

一、关于管辖区域调整

1. 根据航运经济发展和海事审判工作的需要，对大连、武汉海事法院的管辖区域作出如下调整：

（1）大连海事法院管辖下列区域：南自辽宁省与河北省的交界处、东至鸭绿江口的延伸海域和鸭绿江水域，其中包括黄海一部分、渤海一部分、海上岛屿；吉林省的松花江、图们江等通海可航水域及港口；黑龙江省的黑龙江、松花江、乌苏里江等通海可航水域及港口。

（2）武汉海事法院管辖下列区域：自四川省宜宾市合江门至江苏省浏河口之间长江干线及支线水域，包括宜宾、泸州、重庆、涪陵、万州、宜昌、荆州、城陵矶、武汉、九江、安庆、芜湖、马鞍山、南京、扬州、镇江、江阴、张家港、南通等主要港口。

2. 其他各海事法院依据此前最高人民法院发布的决定或通知确定的管辖区域对海事案件行使管辖权。

三、关于海事海商纠纷管辖权异议案件的审理

1. 当事人不服管辖权异议裁定的上诉案件由海事法院所在地的高级人民法院负责海事海商案件的审判庭审理。

2. 发生法律效力的管辖权异议裁定违反海事案件专门管辖确需纠正的，人民法院可依照《中华人民共和国民事诉讼法》第一百九十八条规定再审。

四、其他规定

本规定自2016年3月1日起施行。最高人民法院以前作出的有关规定与本规定不一致的，以本规定为准。

《最高人民法院关于海事法院受理案件范围的规定》（法释〔2016〕4号 2016年3月1日起施行）

根据《中华人民共和国民事诉讼法》《中华人民共和国海事诉讼特别程序法》《中华人民共和国行政诉讼法》以及我国缔结或者参加的有关国际条约，结合我国海事审判实际，现将海事法院受理案件的范围规定如下：

二、海商合同纠纷案件

12. 船舶工程合同纠纷案件；

【适用本案由需要注意的问题】

◆根据《民事诉讼法》第 23 条、《最高人民法院关于适用〈中华人民共和国民事诉讼法〉的解释》第 2 条及《最高人民法院关于适用〈中华人民共和国海事诉讼特别程序法〉若干问题的解释》第 1 条的规定，因船舶拆解合同纠纷提起的诉讼，由船舶拆解合同履行地、被告住所地海事法院管辖。

◆在适用本案由时，尤其要注意其与船舶修理合同相区分。船舶拆解合同时按照要求将船舶解体，导致船舶在物理上消灭的合同，船舶修理合同是在不改变船体和用途的情况下对船舶进行修理和机件更换来实现船舶的性能。

◆我国《海商法》并未对船舶拆解合同的法律规则作出专门规定，而船舶拆解合同和船舶修理合同一样，都属于承揽合同的范畴，因此在法律适用上应该参照《合同法》总则和有关承揽合同的规定。

191. 船舶抵押合同纠纷

【案由解析】

船舶抵押合同是指为担保债务的履行，债务人或者第三人不转移其所有的（或在建的）船舶的占有，将该船舶抵押给债权人，若债务人不履行到期债务或者发生当事人约定的实现抵押权的情形时，债权人有权就该船舶的优先受偿权而设定船舶抵押权的书面合同。船舶抵押权的基本内容是当债务人不履行债务时，抵押权人有权将其抵押的船舶变卖并优先受偿。

船舶抵押合同纠纷，是指合同当事人因船舶抵押合同的订立、履行、变更和终止而产生的纠纷。

【常用法律条文及索引】

《海商法》（1993 年 7 月 1 日起施行）

第十一条　船舶抵押权，是指抵押权人对于抵押人提供的作为债务担保的船舶，在抵押人不履行债务时，可以依法拍卖，从卖得的价款中优先受偿的权利。

第十二条 船舶所有人或者船舶所有人授权的人可以设定船舶抵押权。

船舶抵押权的设定，应当签订书面合同。

第十四条 建造中的船舶可以设定船舶抵押权。

建造中的船舶办理抵押权登记，还应当向船舶登记机关提交船舶建造合同。

《物权法》（2007 年 10 月 1 日起施行）

第一百七十九条 为担保债务的履行，债务人或者第三人不转移财产的占有，将该财产抵押给债权人的，债务人不履行到期债务或者发生当事人约定的实现抵押权的情形，债权人有权就该财产优先受偿。

前款规定的债务人或者第三人为抵押人，债权人为抵押权人，提供担保的财产为抵押财产。

第一百八十条 债务人或者第三人有权处分的下列财产可以抵押：

……

（五）正在建造的建筑物、船舶、航空器；

……

第一百八十八条 以本法第一百八十条第一款第四项、第六项规定的财产或者第五项规定的正在建造的船舶、航空器抵押的，抵押权自抵押合同生效时设立；未经登记，不得对抗善意第三人。

《合同法》（1999 年 10 月 1 日起施行）

第一百二十四条 本法分则或者其他法律没有明文规定的合同，适用本法总则的规定，并可以参照本法分则或者其他法律最相类似的规定。

《民事诉讼法》（1991 年 4 月 9 日起施行 2017 年 6 月 27 日修正）

第二十三条 因合同纠纷提起的诉讼，由被告住所地或者合同履行地人民法院管辖。

《海事诉讼特别程序法》（2000 年 7 月 1 日起施行）

第六条 海事诉讼的地域管辖，依照《中华人民共和国民事诉讼法》的有关规定。

下列海事诉讼的地域管辖，依照以下规定：

……

（六）因海事担保纠纷提起的诉讼，由担保物所在地、被告住所地海事法院管辖；因船舶抵押纠纷提起的诉讼，还可以由船籍港所在地海事法院管辖；

……

《最高人民法院关于适用〈中华人民共和国民事诉讼法〉的解释》（法释〔2015〕5号　2015年2月4日起施行）

第二条　专利纠纷案件由知识产权法院、最高人民法院确定的中级人民法院和基层人民法院管辖。

海事、海商案件由海事法院管辖。

第一百九十八条　诉讼标的物是房屋、土地、林木、车辆、船舶、文物等特定物或者知识产权，起诉时价值难以确定的，人民法院应当向原告释明主张过高或者过低的诉讼风险，以原告主张的价值确定诉讼标的金额。

《最高人民法院关于适用〈中华人民共和国海事诉讼特别程序法〉若干问题的解释》（法释〔2003〕3号　2003年2月1日起施行）

第一条　在海上或者通海水域发生的与船舶或者运输、生产、作业相关的海事侵权纠纷、海商合同纠纷，以及法律或者相关司法解释规定的其他海事纠纷案件由海事法院及其上级人民法院专门管辖。

《最高人民法院关于海事诉讼管辖问题的规定》（法释〔2016〕2号　2016年3月1日起施行）

为推进"一带一路"建设、海洋强国战略、京津冀一体化、长江经济带发展规划的实施，促进海洋经济发展，及时化解海事纠纷，保证海事法院正确行使海事诉讼管辖权，依法审理海事案件，根据《中华人民共和国民事诉讼法》《中华人民共和国海事诉讼特别程序法》《中华人民共和国行政诉讼法》以及全国人民代表大会常务委员会《关于在沿海港口城市设立海事法院的决定》等法律规定，现将海事诉讼管辖的几个问题规定如下：

一、关于管辖区域调整

1. 根据航运经济发展和海事审判工作的需要，对大连、武汉海事法院的管辖区域作出如下调整：

（1）大连海事法院管辖下列区域：南自辽宁省与河北省的交界处、东至鸭绿江口的延伸海域和鸭绿江水域，其中包括黄海一部分、渤海一部分、海上岛屿；吉林省的松花江、图们江等通海可航水域及港口；黑龙江省的黑龙江、松花江、乌苏里江等通海可航水域及港口。

（2）武汉海事法院管辖下列区域：自四川省宜宾市合江门至江苏省浏河口之间长江干线及支线水域，包括宜宾、泸州、重庆、涪陵、万州、宜昌、荆州、城陵矶、武汉、九江、安庆、芜湖、马鞍山、南京、扬州、镇江、江阴、张家港、南通等主要港口。

2. 其他各海事法院依据此前最高人民法院发布的决定或通知确定的管辖区域对海事案件行使管辖权。

三、关于海事海商纠纷管辖权异议案件的审理

1. 当事人不服管辖权异议裁定的上诉案件由海事法院所在地的高级人民法院负责海事海商案件的审判庭审理。

2. 发生法律效力的管辖权异议裁定违反海事案件专门管辖确需纠正的，人民法院可依照《中华人民共和国民事诉讼法》第一百九十八条规定再审。

四、其他规定

本规定自2016年3月1日起施行。最高人民法院以前作出的有关规定与本规定不一致的，以本规定为准。

《最高人民法院关于海事法院受理案件范围的规定》（法释〔2016〕4号 2016年3月1日起施行）

根据《中华人民共和国民事诉讼法》《中华人民共和国海事诉讼特别程序法》《中华人民共和国行政诉讼法》以及我国缔结或者参加的有关国际条约，结合我国海事审判实际，现将海事法院受理案件的范围规定如下：

二、海商合同纠纷案件

21. 船舶抵押合同纠纷案件；

另参见“59. 抵押权纠纷”案由相关部分。

【适用本案由需要注意的问题】

◆因抵押合同的客体是债务人或第三人提供的不转移占有的不动产或特定的动产，故因船舶抵押合同纠纷提起的诉讼，由担保物所在地、船籍港所在地、被告住所地海事法院管辖。

◆在适用本案由时，要注意其与抵押权的权属纠纷的区别。抵押合同属于物权变动的原因关系，是债权性质的合同关系，而抵押权涉及的权属是物权变动结果意义上的法律关系，也就是说若是对船舶抵押合同的订立、履行、变更和终止而提起的诉讼，才应该立船舶抵押合同纠纷案由。

◆我国《海商法》中的船舶抵押权与《物权法》中的抵押权概念基本一致，而我国《海商法》中并未对船舶抵押合同作出专门规定，因此有关船舶抵押合同的纠纷，应该适用《合同法》总则和《物权法》的相关规定。

◆作为抵押标的的船舶应是实际存在的且具有足够担保的价值，已经沉

没或者失踪、发生了其他实际全损或推定全损的船舶均不能设定抵押权，在已设有抵押权的船舶上再设抵押权时，需审查该船上是否存在可提供担保的剩余价值，否则，因后发生且登记在后的抵押权之受偿顺序在后，所余船价如果不足再设抵押权的担保时，后设的抵押权则有可能构成不足额担保甚至致抵押权落空的情况。

192. 航次租船合同纠纷

【案由解析】

航次租船合同又称为程租合同，是货物运输合同的一种，是指船舶出租人向承租人提供船舶或者船舶的部分舱位，装运约定的货物，从一港运至另一港，由承租人按约定支付运费的合同。

航次租船合同纠纷是指当事人因该合同的订立、履行、变更和终止所产生的纠纷。

航次租船合同的特征是：（1）出租人保留船舶的占有权和所有权，并由其雇佣船长和船员，负责经营管理。承担船员工资、港口使费、船用燃料、港口代理费等费用，承租人不直接参与船舶经营，只负责合同中规定应当承担的装卸费等费用。（2）承租人可以租用船舶的全部舱位或部分舱位，运费通常按货物数量计算。（3）出租人不仅对船舶负责，还对货物负责。（4）规定货物装卸的期限和装卸时间的计算办法，并计算滞期费和速遣费。

【常用法律条文及索引】

《海商法》（1993 年 7 月 1 日起施行）

第四十七条　承运人在船舶开航前和开航当时，应当谨慎处理，使船舶处于适航状态，妥善配备船员、装备船舶和配备供应品，并使货舱、冷藏舱、冷气舱和其他载货处所适于并能安全收受、载运和保管货物。

第四十八条　承运人应当妥善地、谨慎地装载、搬移、积载、运输、保管、照料和卸载所运货物。

第四十九条　承运人应当按照约定的或者习惯的或者地理上的船线将货物运往卸货港。船舶在海上为救助或者企图救助人命或者财产而发生的绕航或者其他合理绕航，不属于违反前款规定的行为。

第九十二条 航次租船合同，是指船舶出租人向承担人提供船舶或者船舶的部分舱位，装运约定的货物，从一港运至另一港，由承租人支付约定运费的合同。

第九十三条 航次租船合同的内容，主要包括出租人和承租人的名称、船名、船籍、载货重量、容积、货名、装货港和目的港、受载期限、装卸期限、运费、滞期费、速遣费以及其他有关事项。

第九十四条 本法第四十七条和第四十九条的规定，适用于航次租船合同的出租人。

本章其他有关合同当事人之间的权利、义务的规定，仅在航次租船合同没有约定或者没有不同约定时，适用于航次租船合同的出租人和承租人。

第九十五条 对按照航次租船合同运输的货物签发的提单，提单持有人不是承租人的，承运人与该提单持有人之间的权利、义务关系适用提单的约定。但是，提单中载明适用航次租船合同条款的，适用该航次租船合同的条款。

第九十六条 出租人应当提供约定的船舶；经承租人同意，可以更换船舶。但是，提供的船舶或者更换的船舶不符合合同的约定的，承租人有权拒绝或者解除合同。

因出租人过失未提供约定的船舶致使承租人遭受损失的，出租人应当负赔偿责任。

第九十七条 出租人在约定的受载期限内未能提供船 舶的，承租人有权解除合同。但是，出租人将船舶延误情况和船舶抵达装货港的日期通知承租人的，承租人应当自收到通知时起四十八小时内，将是否解除合同的决定通知出租人。

因出租人过失延误提供船舶致使承租人遭受损失的，出租人应当负赔偿责任。

第九十八条 航次租船合同的装货、卸货期限及其计算办法，超过装货、卸货期限后的滞期费和提前完成装货、卸货的速遣费，由双方约定。

第九十九条 承租人可以将其租用的船舶转租；转租后，原合同约定的权利和义务不受影响。

第一百条 承租人应当提供约定的货物；经出租人同意，可以更换货物。但是，更换的货物对出租人不利的，出租人有权拒绝或者解除合同。

因未提供约定的货物致使出租人遭受损失的，承租人应当负赔偿责任。

第一百零一条　出租人应当在合同约定的卸货港卸货。合同订有承租人选择卸货港条款的，在承租人未按照合同约定及时通知确定的卸货港时，船长可以从约定的选卸港中自行选定一港卸货。承租人未按照合同约定及时通知确定的卸货港，致使出租人遭受损失的，应当负赔偿责任。出租人未按照合同约定，擅自选定港口卸货致使承租人遭受损失的，应当负赔偿责任。

《民事诉讼法》（1991 年 4 月 9 日起施行　2017 年 6 月 27 日修正）

第二十三条　因合同纠纷提起的诉讼，由被告住所地或者合同履行地人民法院管辖。

《海事诉讼特别程序法》（2000 年 7 月 1 日起施行）

第六条　海事诉讼的地域管辖，依照《中华人民共和国民事诉讼法》的有关规定。

下列海事诉讼的地域管辖，依照以下规定：

……

（三）因海船租用合同纠纷提起的诉讼，由交船港、还船港、船籍港所在地、被告住所地海事法院管辖；

……

《最高人民法院关于适用〈中华人民共和国民事诉讼法〉的解释》（法释〔2015〕5 号　2015 年 2 月 4 日起施行）

第二条　专利纠纷案件由知识产权法院、最高人民法院确定的中级人民法院和基层人民法院管辖。

海事、海商案件由海事法院管辖。

《最高人民法院关于适用〈中华人民共和国海事诉讼特别程序法〉若干问题的解释》（法释〔2003〕3 号　2003 年 2 月 1 日起施行）

第一条　在海上或者通海水域发生的与船舶或者运输、生产、作业相关的海事侵权纠纷、海商合同纠纷，以及法律或者相关司法解释规定的其他海事纠纷案件由海事法院及其上级人民法院专门管辖。

《最高人民法院关于海事诉讼管辖问题的规定》（法释〔2016〕2 号　2016 年 3 月 1 日起施行）

为推进“一带一路”建设、海洋强国战略、京津冀一体化、长江经济带发展规划的实施，促进海洋经济发展，及时化解海事纠纷，保证海事法院正确行使海事诉讼管辖权，依法审理海事案件，根据《中华人民共和国民事诉讼法》《中华人民共和国海事诉讼特别程序法》《中华人民共和国行政诉讼

法》以及全国人民代表大会常务委员会《关于在沿海港口城市设立海事法院的决定》等法律规定，现将海事诉讼管辖的几个问题规定如下：

一、关于管辖区域调整

1. 根据航运经济发展和海事审判工作的需要，对大连、武汉海事法院的管辖区域作出如下调整：

（1）大连海事法院管辖下列区域：南自辽宁省与河北省的交界处、东至鸭绿江口的延伸海域和鸭绿江水域，其中包括黄海一部分、渤海一部分、海上岛屿；吉林省的松花江、图们江等通海可航水域及港口；黑龙江省的黑龙江、松花江、乌苏里江等通海可航水域及港口。

（2）武汉海事法院管辖下列区域：自四川省宜宾市合江门至江苏省浏河口之间长江干线及支线水域，包括宜宾、泸州、重庆、涪陵、万州、宜昌、荆州、城陵矶、武汉、九江、安庆、芜湖、马鞍山、南京、扬州、镇江、江阴、张家港、南通等主要港口。

2. 其他各海事法院依据此前最高人民法院发布的决定或通知确定的管辖区域对海事案件行使管辖权。

三、关于海事海商纠纷管辖权异议案件的审理

1. 当事人不服管辖权异议裁定的上诉案件由海事法院所在地的高级人民法院负责海事海商案件的审判庭审理。

2. 发生法律效力的管辖权异议裁定违反海事案件专门管辖确需纠正的，人民法院可依照《中华人民共和国民事诉讼法》第一百九十八条规定再审。

四、其他规定

本规定自2016年3月1日起施行。最高人民法院以前作出的有关规定与本规定不一致的，以本规定为准。

《最高人民法院关于海事法院受理案件范围的规定》（法释〔2016〕4号 2016年3月1日起施行）

根据《中华人民共和国民事诉讼法》《中华人民共和国海事诉讼特别程序法》《中华人民共和国行政诉讼法》以及我国缔结或者参加的有关国际条约，结合我国海事审判实际，现将海事法院受理案件的范围规定如下：

二、海商合同纠纷案件

22. 船舶租用合同（含定期租船合同、光船租赁合同等）纠纷案件；

【适用本案由需要注意的问题】

◆因航次租船合同纠纷提起的诉讼，由交船港、还船港、船籍港所在

地，被告住所地海事法院管辖。

◆根据《海商法》第 94 条之规定，《海商法》第四章海上货物运输合同当事人之间的权利义务的规定，也可以适用于航次租船合同的出租人和承租人。此外，航次租船合同具有货物运输合同的性质，二者的权利义务是相对应的。因此，我们要注意，航次租船合同的承租人支付给出租人的不是租金，而是运费。

193. 船舶租用合同纠纷

（1）定期租船合同纠纷

（2）光船租赁合同纠纷

【案由解析】

船舶租用合同是指船舶出租人按照约定将配备了船员或者无配备船员的船舶提供给承租人，承租人需在约定的期间内按约定的用途使用，并支付租金的合同。

船舶租用合同纠纷是指当事人因船舶租用合同的订立、履行、变更和终止所产生的纠纷。

船舶租用合同的特征：（1）出租人向承租人提供船舶的同时可以配备船员或不配备船员，出租人和承租人之间可以就配备船员事项作约定。（2）承租人必须按照合同中约定的条件和用途使用船舶，不得将船舶用于约定的用途之外。

【典型形态】

（1）定期租船合同，是指船舶出租人按照约定将配备了船员的船舶出租给承租人，承租人在约定期间内按照约定的用途使用并支付租金的合同。出租人和承租人之间因该合同的订立、履行、变更和终止所产生的纠纷就是定期租船合同纠纷。

（2）光船租赁合同，是指船舶出租人向承租人提供不配备船员的船舶，在约定的时间内由承租人占有、使用和营运，并向出租人支付租金的合同。出租人和承租人之间因该合同的订立、履行、变更和终止所产生的纠纷就是光船租赁合同纠纷。

【常用法律条文及索引】

《海商法》(1993 年 7 月 1 日起施行)

第一百二十七条 本章关于出租人和承租人之间权利、义务的规定，仅在船舶租用合同没有约定或者没有不同的约定时适用。

第一百二十八条 船舶租用合同，包括定期租船合同和光船租赁合同，均应当书面订立。

第一百二十九条 定期租船合同，是指船舶出租人向承租人提供约定的由出租人配备船员的船舶，由承租人在约定的期间内按照约定的用途使用，并支付租金的合同。

第一百三十条 定期租船合同的内容，主要包括出租人和承租人的名称、船名、船籍、船级、吨位、容积、船速、燃料消耗、航区、用途、租船期间、交船和还船的时间和地点以及条件、租金及其支付，以及其他有关事项。

第一百四十四条 光船租赁合同，是指船舶出租人向承租人提供不配备船员的船舶，在约定的期间内由承租人占有、使用和营运，并向出租人支付租金的合同。

第一百四十五条 光船租赁合同的内容，主要包括出租人和承租人的名称、船名、船籍、船级、吨位、容积、航区、用途、租船期间、交船和还船的时间和地点以及条件、船舶检验、船舶的保养维修、租金及其支付、船舶保险、合同解除的时间和条件，以及其他有关事项。

第一百四十七条 在光船租赁期间，承租人负责船舶的保养、维修。

第一百四十八条 在光船租赁期间，承租人应当按照合同约定的船舶价值，以出租人同意的保险方式为船舶进行保险，并负担保险费用。

第一百四十九条 在光船租赁期间，因承租人对船舶占有、使用和营运的原因使出租人的利益受到影响或者遭受损失的，承租人应当负责消除影响或者赔偿损失。

因船舶所有权争议或者出租人所负的债务致使船舶被扣押的，出租人应当保证承租人的利益不受影响；致使承租人遭受损失的，出租人应当负赔偿责任。

第一百五十条 在光船租赁期间，未经出租人书面同意，承租人不得转让合同的权利和义务或者以光船租赁的方式将船舶进行转租。

第一百五十一条 未经承租人事先书面同意，出租人不得在光船租赁期间对船舶设定抵押权。

出租人违反前款规定，致使承租人遭受损失的，应当负赔偿责任。

第一百五十三条 本法第一百三十四条、第一百三十五条第一款、第一百四十二条和第一百四十三条的规定，适用于光船租赁合同。

第一百五十四条 订有租购条款的光船租赁合同，承租人按照合同约定向出租人付清租购费时，船舶所有权即归于承租人。

《民事诉讼法》（1991 年 4 月 9 日起施行 2017 年 6 月 27 日修正）

第二十三条 因合同纠纷提起的诉讼，由被告住所地或者合同履行地人民法院管辖。

《海事诉讼特别程序法》（2000 年 7 月 1 日起施行）

第六条 海事诉讼的地域管辖，依照《中华人民共和国民事诉讼法》的有关规定。

下列海事诉讼的地域管辖，依照以下规定：

……

（三）因海船租用合同纠纷提起的诉讼，由交船港、还船港、船籍港所在地、被告住所地海事法院管辖；

……

《最高人民法院关于适用〈中华人民共和国民事诉讼法〉的解释》（法释〔2015〕5 号 2015 年 2 月 4 日起施行）

第二条 专利纠纷案件由知识产权法院、最高人民法院确定的中级人民法院和基层人民法院管辖。

海事、海商案件由海事法院管辖。

《最高人民法院关于适用〈中华人民共和国海事诉讼特别程序法〉若干问题的解释》（法释〔2003〕3 号 2003 年 2 月 1 日起施行）

第一条 在海上或者通海水域发生的与船舶或者运输、生产、作业相关的海事侵权纠纷、海商合同纠纷，以及法律或者相关司法解释规定的其他海事纠纷案件由海事法院及其上级人民法院专门管辖。

《最高人民法院关于海事诉讼管辖问题的规定》（法释〔2016〕2 号 2016 年 3 月 1 日起施行）

为推进“一带一路”建设、海洋强国战略、京津冀一体化、长江经济带发展规划的实施，促进海洋经济发展，及时化解海事纠纷，保证海事法院正

确行使海事诉讼管辖权，依法审理海事案件，根据《中华人民共和国民事诉讼法》《中华人民共和国海事诉讼特别程序法》《中华人民共和国行政诉讼法》以及全国人民代表大会常务委员会《关于在沿海港口城市设立海事法院的决定》等法律规定，现将海事诉讼管辖的几个问题规定如下：

一、关于管辖区域调整

1. 根据航运经济发展和海事审判工作的需要，对大连、武汉海事法院的管辖区域作出如下调整：

（1）大连海事法院管辖下列区域：南自辽宁省与河北省的交界处、东至鸭绿江口的延伸海域和鸭绿江水域，其中包括黄海一部分、渤海一部分、海上岛屿；吉林省的松花江、图们江等通海可航水域及港口；黑龙江省的黑龙江、松花江、乌苏里江等通海可航水域及港口。

（2）武汉海事法院管辖下列区域：自四川省宜宾市合江门至江苏省浏河口之间长江干线及支线水域，包括宜宾、泸州、重庆、涪陵、万州、宜昌、荆州、城陵矶、武汉、九江、安庆、芜湖、马鞍山、南京、扬州、镇江、江阴、张家港、南通等主要港口。

2. 其他各海事法院依据此前最高人民法院发布的决定或通知确定的管辖区域对海事案件行使管辖权。

三、关于海事海商纠纷管辖权异议案件的审理

1. 当事人不服管辖权异议裁定的上诉案件由海事法院所在地的高级人民法院负责海事海商案件的审判庭审理。

2. 发生法律效力的管辖权异议裁定违反海事案件专门管辖确需纠正的，人民法院可依照《中华人民共和国民事诉讼法》第一百九十八条规定再审。

四、其他规定

本规定自2016年3月1日起施行。最高人民法院以前作出的有关规定与本规定不一致的，以本规定为准。

《最高人民法院关于海事法院受理案件范围的规定》（法释〔2016〕4号 2016年3月1日起施行）

根据《中华人民共和国民事诉讼法》《中华人民共和国海事诉讼特别程序法》《中华人民共和国行政诉讼法》以及我国缔结或者参加的有关国际条约，结合我国海事审判实际，现将海事法院受理案件的范围规定如下：

二、海商合同纠纷案件

22. 船舶租用合同（含定期租船合同、光船租赁合同等）纠纷案件；

【适用本案由需要注意的问题】

◆因船舶租用合同纠纷提起的诉讼，由交船港、还船港、船籍所在地、被告住所地海事法院管辖。

◆在适用本案由时，要注意其与航次租船合同的区别。船舶租用合同中承租人在租期内对船舶具有使用权，其中光船租赁合同中的承租人对船舶还具有占有和收益权；航次租船合同中的承租人与出租人是委托的法律关系，承租人将自己的货物交由出租人运输，航次租船合同中的承租人支付给出租人的不是租金，而是运费。

◆在实践中，有相当一部分的船舶租用合同具有涉外因素，我国法院在处理时首先要审查合同双方当事人是否协议过选择其他国家法律作为准据法，只有排除了适用外国法的情况，才可以将《海商法》等其他单行法律、法规作为准据法适用。

◆在定期租船合同下，船舶绝大部分的支配权、管理权均属于出租人，不同于一般的财产租赁，故定期租船合同中有许多条款是直接规定货物运输的，因此在一定程度上体现出运输合同的特征。

194. 船舶融资租赁合同纠纷

【案由解析】

船舶融资租赁合同是指出租人根据承租人选择的出卖人和船舶进行购买后将购买的船舶提供给承租人使用，承租人支付租金的合同。

船舶融资租赁合同纠纷是指船舶融资租赁合同当事人因该合同的订立、履行、变更和终止所产生的纠纷。

船舶融资租赁合同的主要特征是：（1）船舶融资租赁只有在光船租赁的条件下才能进行，包括银行对承租人的租赁和出租人对承租人的融资，其中银行对承租人的租赁是在承租人期望取得船舶所有权的条件下进行。（2）承租人对船舶具有占有和使用权，但不具有所有权。

【常用法律条文及索引】

《海商法》（1993 年 7 月 1 日起施行）

第一百四十四条　光船租赁合同，是指船舶出租人向承租人提供不配备船员的船舶，在约定的期间内由承租人占有、使用和营运，并向出租人支付租金的合同。

第一百四十五条 光船租赁合同的内容，主要包括出租人和承租人的名称、船名、船籍、船级、吨位、容积、航区、用途、租船期间、交船和还船的时间和地点以及条件、船舶检验、船舶的保养维修、租金及其支付、船舶保险、合同解除的时间和条件，以及其他有关事项。

第一百四十六条 出租人应当在合同约定的港口或者地点，按照合同约定的时间，向承租人交付船舶以及船舶证书。交船时，出租人应当做到谨慎处理，使船舶适航。交付的船舶应当适于合同约定的用途。

出租人违反前款规定的，承租人有权解除合同，并有权要求赔偿因此遭受的损失。

第一百四十七条 在光船租赁期间，承租人负责船舶的保养、维修。

第一百四十八条 在光船租赁期间，承租人应当按照合同约定的船舶价值，以出租人同意的保险方式为船舶进行保险，并负担保险费用。

第一百四十九条 在光船租赁期间，因承租人对船舶占有、使用和营运的原因使出租人的利益受到影响或者遭受损失的，承租人应当负责消除影响或者赔偿损失。

因船舶所有权争议或者出租人所负的债务致使船舶被扣押的，出租人应当保证承租人的利益不受影响；致使承租人遭受损失的，出租人应当负赔偿责任。

第一百五十条 在光船租赁期间，未经出租人书面同意，承租人不得转让合同的权利和义务或者以光船租赁的方式将船舶进行转租。

第一百五十一条 未经承租人事先书面同意，出租人不得在光船租赁期间对船舶设定抵押权。

出租人违反前款规定，致使承租人遭受损失的，应当负赔偿责任。

第一百五十二条 承租人应当按照合同约定支付租金。承担人未按照合同约定的时间支付租金连续超过七日的，出租人有权解除合同，并有权要求赔偿因此遭受的损失。

船舶发生灭失或者失踪的，租金应当自船舶灭失或者得知其最后消息之日起停止支付，预付租金应当按照比例退还。

第一百五十三条 本法第一百三十四条、第一百三十五条第一款、第一百四十二条和第一百四十三条的规定，适用于光船租赁合同。

第一百五十四条 订有租购条款的光船租赁合同，承租人按照合同约定向出租人付清租购费时，船舶所有权即归于承租人。

《合同法》（1999年10月1日起施行）

第二百三十七条 融资租赁合同是出租人根据承租人对出卖人、租赁物的选择，向出卖人购买租赁物，提供给承租人使用，承租人支付租金的合同。

第二百三十八条 融资租赁合同的内容包括租赁物名称、数量、规格、技术性能、检验方法、租赁期限、租金构成及其支付期限和方式、币种、租赁期间届满租赁物的归属等条款。

融资租赁合同应当采用书面形式。

第二百四十五条 出租人应当保证承租人对租赁物的占有和使用。

第二百四十八条 承租人应当按照约定支付租金。承租人经催告后在合理期限内仍不支付租金的，出租人可以要求支付全部租金；也可以解除合同，收回租赁物。

《民事诉讼法》（1991年4月9日起施行 2017年6月27日修正）

第二十三条 因合同纠纷提起的诉讼，由被告住所地或者合同履行地人民法院管辖。

《最高人民法院关于适用〈中华人民共和国民事诉讼法〉的解释》（法释〔2015〕5号 2015年2月4日起施行）

第二条 专利纠纷案件由知识产权法院、最高人民法院确定的中级人民法院和基层人民法院管辖。

海事、海商案件由海事法院管辖。

第十八条 合同约定履行地点的，以约定的履行地点为合同履行地。

合同对履行地点没有约定或者约定不明确，争议标的为给付货币的，接收货币一方所在地为合同履行地；交付不动产的，不动产所在地为合同履行地；其他标的，履行义务一方所在地为合同履行地。即时结清的合同，交易行为地为合同履行地。

合同没有实际履行，当事人双方住所地都不在合同约定的履行地的，由被告住所地人民法院管辖。

《最高人民法院关于适用〈中华人民共和国海事诉讼特别程序法〉若干问题的解释》（法释〔2003〕3号 2003年2月1日起施行）

第一条 在海上或者通海水域发生的与船舶或者运输、生产、作业相关

的海事侵权纠纷、海商合同纠纷，以及法律或者相关司法解释规定的其他海事纠纷案件由海事法院及其上级人民法院专门管辖。

《最高人民法院关于海事诉讼管辖问题的规定》（法释〔2016〕2号 2016年3月1日起施行）

为推进“一带一路”建设、海洋强国战略、京津冀一体化、长江经济带发展规划的实施，促进海洋经济发展，及时化解海事纠纷，保证海事法院正确行使海事诉讼管辖权，依法审理海事案件，根据《中华人民共和国民事诉讼法》《中华人民共和国海事诉讼特别程序法》《中华人民共和国行政诉讼法》以及全国人民代表大会常务委员会《关于在沿海港口城市设立海事法院的决定》等法律规定，现将海事诉讼管辖的几个问题规定如下：

一、关于管辖区域调整

1. 根据航运经济发展和海事审判工作的需要，对大连、武汉海事法院的管辖区域作出如下调整：

（1）大连海事法院管辖下列区域：南自辽宁省与河北省的交界处、东至鸭绿江口的延伸海域和鸭绿江水域，其中包括黄海一部分、渤海一部分、海上岛屿；吉林省的松花江、图们江等通海可航水域及港口；黑龙江省的黑龙江、松花江、乌苏里江等通海可航水域及港口。

（2）武汉海事法院管辖下列区域：自四川省宜宾市合江门至江苏省浏河口之间长江干线及支线水域，包括宜宾、泸州、重庆、涪陵、万州、宜昌、荆州、城陵矶、武汉、九江、安庆、芜湖、马鞍山、南京、扬州、镇江、江阴、张家港、南通等主要港口。

2. 其他各海事法院依据此前最高人民法院发布的决定或通知确定的管辖区域对海事案件行使管辖权。

三、关于海事海商纠纷管辖权异议案件的审理

1. 当事人不服管辖权异议裁定的上诉案件由海事法院所在地的高级人民法院负责海事海商案件的审判庭审理。

2. 发生法律效力的管辖权异议裁定违反海事案件专门管辖确需纠正的，人民法院可依照《中华人民共和国民事诉讼法》第一百九十八条规定再审。

四、其他规定

本规定自2016年3月1日起施行。最高人民法院以前作出的有关规定与本规定不一致的，以本规定为准。

《最高人民法院关于海事法院受理案件范围的规定》（法释〔2016〕4号 2016年3月1日起施行）

根据《中华人民共和国民事诉讼法》《中华人民共和国海事诉讼特别程序法》《中华人民共和国行政诉讼法》以及我国缔结或者参加的有关国际条约，结合我国海事审判实际，现将海事法院受理案件的范围规定如下：

二、海商合同纠纷案件

23．船舶融资租赁合同纠纷案件；

【适用本案由需要注意的问题】

◆根据《最高人民法院关于适用〈中华人民共和国海事诉讼特别程序法〉若干问题的解释》和《最高人民法院关于海事法院受理案件范围的规定》的规定，因船舶融资租赁合同纠纷提起的诉讼，由海事法院专门管辖。同时，根据《民事诉讼法》中的有关规定，因船舶融资租赁合同纠纷提起的诉讼，应当由被告所在地或船舶融资租赁合同履行地确定海事法院管辖。此外，根据《民事诉讼法》第34条的规定，在当事人协议管辖的情形下，应依据当事人的协议为依据确定管辖法院，即由原告住所地、被告住所地、合同签订地、合同履行地或标的物所在地的海事法院管辖。

◆在适用本案由时，要注意其与一般的光船租赁合同纠纷的区别，船舶融资租赁合同是出租人按照承租人的要求购买船舶出租给承租人使用，一般的光船租赁合同是出租人将无配备船员的船舶出租给承租人使用，不同的合同项下的权利义务不同，合同的性质也不同。

◆我国法院在处理时，首先要审查合同双方当事人是否协议过选择其他国家法律作为准据法，只有排除了适用国际公约、外国法的情况，才可以将我国法律、法规作为准据法适用。

195．海上、通海水域运输船舶承包合同纠纷

【案由解析】

海上、通海水域运输船舶承包合同是指船舶所有人将船舶交给承包人进行经营管理，承包人交纳承包费给船舶所有人的合同。

海上、通海水域运输船舶承包合同纠纷是指当事人因海上、通海水域运

输船舶承包合同的订立、履行、变更和终止所产生的纠纷。

海上、通海水域运输船舶承包合同的主要特征是：(1) 船舶所有人转移的是船舶的占有和使用权，不涉及船舶所有权的移转。(2) 船舶所有人不参与船舶的经营与管理，只收取合同约定的承包费用。

【常用法律条文及索引】

《合同法》（1999 年 10 月 1 日起施行）

第一百零七条 当事人一方不履行合同义务或者履行合同义务不符合约定的，应当承担继续履行、采取补救措施或者赔偿损失等违约责任。

第一百二十四条 本法分则或者其他法律没有明文规定的合同，适用本法总则的规定，并可以参照本法分则或者其他法律最相类似的规定。

《民事诉讼法》（1991 年 4 月 9 日起施行 2017 年 6 月 27 日修正）

第二十三条 因合同纠纷提起的诉讼，由被告住所地或者合同履行地人民法院管辖。

《最高人民法院关于适用〈中华人民共和国民事诉讼法〉的解释》（法释〔2015〕5 号 2015 年 2 月 4 日起施行）

第二条 专利纠纷案件由知识产权法院、最高人民法院确定的中级人民法院和基层人民法院管辖。

海事、海商案件由海事法院管辖。

第十八条 合同约定履行地点的，以约定的履行地点为合同履行地。

合同对履行地点没有约定或者约定不明确，争议标的为给付货币的，接收货币一方所在地为合同履行地；交付不动产的，不动产所在地为合同履行地；其他标的，履行义务一方所在地为合同履行地。即时结清的合同，交易行为地为合同履行地。

合同没有实际履行，当事人双方住所地都不在合同约定的履行地的，由被告住所地人民法院管辖。

《最高人民法院关于适用〈中华人民共和国海事诉讼特别程序法〉若干问题的解释》（法释〔2003〕3 号 2003 年 2 月 1 日起施行）

第一条 在海上或者通海水域发生的与船舶或者运输、生产、作业相关的海事侵权纠纷、海商合同纠纷，以及法律或者相关司法解释规定的其他海事纠纷案件由海事法院及其上级人民法院专门管辖。

《最高人民法院关于海事诉讼管辖问题的规定》（法释〔2016〕2号 2016年3月1日起施行）

为推进“一带一路”建设、海洋强国战略、京津冀一体化、长江经济带发展规划的实施，促进海洋经济发展，及时化解海事纠纷，保证海事法院正确行使海事诉讼管辖权，依法审理海事案件，根据《中华人民共和国民事诉讼法》《中华人民共和国海事诉讼特别程序法》《中华人民共和国行政诉讼法》以及全国人民代表大会常务委员会《关于在沿海港口城市设立海事法院的决定》等法律规定，现将海事诉讼管辖的几个问题规定如下：

一、关于管辖区域调整

1. 根据航运经济发展和海事审判工作的需要，对大连、武汉海事法院的管辖区域作出如下调整：

（1）大连海事法院管辖下列区域：南自辽宁省与河北省的交界处、东至鸭绿江口的延伸海域和鸭绿江水域，其中包括黄海一部分、渤海一部分、海上岛屿；吉林省的松花江、图们江等通海可航水域及港口；黑龙江省的黑龙江、松花江、乌苏里江等通海可航水域及港口。

（2）武汉海事法院管辖下列区域：自四川省宜宾市合江门至江苏省浏河口之间长江干线及支线水域，包括宜宾、泸州、重庆、涪陵、万州、宜昌、荆州、城陵矶、武汉、九江、安庆、芜湖、马鞍山、南京、扬州、镇江、江阴、张家港、南通等主要港口。

2. 其他各海事法院依据此前最高人民法院发布的决定或通知确定的管辖区域对海事案件行使管辖权。

三、关于海事海商纠纷管辖权异议案件的审理

1. 当事人不服管辖权异议裁定的上诉案件由海事法院所在地的高级人民法院负责海事海商案件的审判庭审理。

2. 发生法律效力的管辖权异议裁定违反海事案件专门管辖确需纠正的，人民法院可依照《中华人民共和国民事诉讼法》第一百九十八条规定再审。

四、其他规定

本规定自2016年3月1日起施行。最高人民法院以前作出的有关规定与本规定不一致的，以本规定为准。

《最高人民法院关于海事法院受理案件范围的规定》（法释〔2016〕4号 2016年3月1日起施行）

根据《中华人民共和国民事诉讼法》《中华人民共和国海事诉讼特别程

序法》《中华人民共和国行政诉讼法》以及我国缔结或者参加的有关国际条约，结合我国海事审判实际，现将海事法院受理案件的范围规定如下：

二、海商合同纠纷案件

17. 船舶经营管理合同（含挂靠、合伙、承包等形式）、航线合作经营合同纠纷案件；

【适用本案由需要注意的问题】

◆根据《最高人民法院关于适用〈中华人民共和国海事诉讼特别程序法〉若干问题的解释》和《最高人民法院关于海事法院受理案件范围的规定》的规定，因海上、通海水域运输船舶承包合同纠纷提起的诉讼，由海事法院专门管辖。同时，根据《民事诉讼法》的有关规定，海上、通海水域运输船舶承包合同纠纷引起的诉讼，应当由被告所在地或海上、通海水域运输船舶承包合同履行地的海事法院管辖。此外，根据《民事诉讼法》第 34 条的规定，在当事人协议管辖的情形下，应依据当事人的协议为依据确定管辖法院，即由原告住所地、被告住所地、合同签订地、合同履行地或标的物所在地的海事法院管辖。

◆我国《海商法》并未对海上、通海水域运输船舶承包合同纠纷作出专门规定，从法律属性上讲，海上、通海水域运输船舶承包合同也属于承包合同的范畴，因此该类纠纷的处理可以参照《合同法》的相关规定。

196. 渔船承包合同纠纷

【案由解析】

渔船承包合同是指渔船所有人将渔船交给承包人进行捕捞作业，承包人交纳承包费用给渔船所有人的合同。

渔船承包合同纠纷是指双方当事人因渔船承包合同的订立、履行、变更和终止所产生的纠纷。

渔船承包合同的主要特征是：（1）其客体仅针对渔船而非其他船舶。（2）承包人只能依据合同约定用途将渔船用于捕捞作业，不可用于合同约定以外的用途。

【常用法律条文及索引】

《合同法》（1999 年 10 月 1 日起施行）

第一百零七条　当事人一方不履行合同义务或者履行合同义务不符合约定的，应当承担继续履行、采取补救措施或者赔偿损失等违约责任。

第一百二十四条　本法分则或者其他法律没有明文规定的合同，适用本法总则的规定，并可以参照本法分则或者其他法律最相类似的规定。

《民事诉讼法》（1991 年 4 月 9 日起施行　2017 年 6 月 27 日修正）

第二十三条　因合同纠纷提起的诉讼，由被告住所地或者合同履行地人民法院管辖。

《最高人民法院关于适用〈中华人民共和国民事诉讼法〉的解释》（法释〔2015〕5 号　2015 年 2 月 4 日起施行）

第二条　专利纠纷案件由知识产权法院、最高人民法院确定的中级人民法院和基层人民法院管辖。海事、海商案件由海事法院管辖。

第十八条　合同约定履行地点的，以约定的履行地点为合同履行地。

合同对履行地点没有约定或者约定不明确，争议标的为给付货币的，接收货币一方所在地为合同履行地；交付不动产的，不动产所在地为合同履行地；其他标的，履行义务一方所在地为合同履行地。即时结清的合同，交易行为地为合同履行地。

合同没有实际履行，当事人双方住所地都不在合同约定的履行地的，由被告住所地人民法院管辖。

《最高人民法院关于适用〈中华人民共和国海事诉讼特别程序法〉若干问题的解释》（法释〔2003〕3 号　2003 年 2 月 1 日起施行）

第一条　在海上或者通海水域发生的与船舶或者运输、生产、作业相关的海事侵权纠纷、海商合同纠纷，以及法律或者相关司法解释规定的其他海事纠纷案件由海事法院及其上级人民法院专门管辖。

《最高人民法院关于海事诉讼管辖问题的规定》（法释〔2016〕2 号　2016 年 3 月 1 日起施行）

为推进"一带一路"建设、海洋强国战略、京津冀一体化、长江经济带发展规划的实施，促进海洋经济发展，及时化解海事纠纷，保证海事法院正确行使海事诉讼管辖权，依法审理海事案件，根据《中华人民共和国民事诉讼法》《中华人民共和国海事诉讼特别程序法》《中华人民共和国行政诉讼

法》以及全国人民代表大会常务委员会《关于在沿海港口城市设立海事法院的决定》等法律规定，现将海事诉讼管辖的几个问题规定如下：

一、关于管辖区域调整

1. 根据航运经济发展和海事审判工作的需要，对大连、武汉海事法院的管辖区域作出如下调整：

(1) 大连海事法院管辖下列区域：南自辽宁省与河北省的交界处、东至鸭绿江口的延伸海域和鸭绿江水域，其中包括黄海一部分、渤海一部分、海上岛屿；吉林省的松花江、图们江等通海可航水域及港口；黑龙江省的黑龙江、松花江、乌苏里江等通海可航水域及港口。

(2) 武汉海事法院管辖下列区域：自四川省宜宾市合江门至江苏省浏河口之间长江干线及支线水域，包括宜宾、泸州、重庆、涪陵、万州、宜昌、荆州、城陵矶、武汉、九江、安庆、芜湖、马鞍山、南京、扬州、镇江、江阴、张家港、南通等主要港口。

2. 其他各海事法院依据此前最高人民法院发布的决定或通知确定的管辖区域对海事案件行使管辖权。

三、关于海事海商纠纷管辖权异议案件的审理

1. 当事人不服管辖权异议裁定的上诉案件由海事法院所在地的高级人民法院负责海事海商案件的审判庭审理。

2. 发生法律效力的管辖权异议裁定违反海事案件专门管辖确需纠正的，人民法院可依照《中华人民共和国民事诉讼法》第一百九十八条规定再审。

四、其他规定

本规定自2016年3月1日起施行。最高人民法院以前作出的有关规定与本规定不一致的，以本规定为准。

《最高人民法院关于海事法院受理案件范围的规定》（法释〔2016〕4号 2016年3月1日起施行）

根据《中华人民共和国民事诉讼法》《中华人民共和国海事诉讼特别程序法》《中华人民共和国行政诉讼法》以及我国缔结或者参加的有关国际条约，结合我国海事审判实际，现将海事法院受理案件的范围规定如下：

二、海商合同纠纷案件

17. 船舶经营管理合同（含挂靠、合伙、承包等形式）、航线合作经营合同纠纷案件；

【适用本案由需要注意的问题】

◆根据《最高人民法院关于适用〈中华人民共和国民事诉讼法〉的解释》《最高人民法院关于适用〈中华人民共和国海事诉讼特别程序法〉若干问题的解释》和《最高人民法院关于海事法院受理案件范围的规定》的规定，因渔船承包合同纠纷提起的诉讼，由海事法院专门管辖。同时，根据《民事诉讼法》的有关规定，因渔船承包合同纠纷提起的诉讼，应当由被告所在地或渔船承包合同履行地的海事法院管辖。此外，根据《民事诉讼法》第 34 条的规定，在当事人协议管辖的情形下，应依据当事人的协议为依据确定管辖法院，即由原告住所地、被告住所地、合同签订地、合同履行地或标的物所在地的海事法院管辖。

◆在确定本案由时，尤其要注意其与海上、通海水域运输船舶承包合同纠纷相区别。渔船承包合同是将渔船的占有和使用权移转，移转的目的是为了进行捕捞作业；海上、通海水域运输船舶承包合同是由承包人对船舶进行经营和管理从而获得收益。

197. 船舶属具租赁合同纠纷

【案由解析】

船舶属具租赁合同是指船舶所有人将船舶属具出租给承租人使用或经营，承租人向船舶所有人支付租金的合同。船舶属具是指附属于船舶的各种用具或机械，如锚链、罗经、绞车、救生艇、起货机等。船舶属具的范围以每条船舶属具清单为准。

船舶属具租赁合同纠纷是指合同当事人因该合同的订立、履行、变更和终止而产生的纠纷。

船舶属具租赁合同的主要特征是：（1）当事人之间的法律关系建立在对船舶的各种用具和机械的租赁关系上，出租人负责交付属具的占有权或使用权，承租人负责支付合同约定的费用。（2）不同船舶搭载的用具和机械并不是统一的，故应以每条船舶属具所列清单为准。

【常用法律条文及索引】

《合同法》(1999 年 10 月 1 日起施行)

第二百一十二条 租赁合同是出租人将租赁物交付承租人使用、收益，承租人支付租金的合同。

第二百一十三条 租赁合同的内容包括租赁物的名称、数量、用途、租赁期限、租金及其支付期限和方式、租赁物维修等条款。

第二百一十六条 出租人应当按照约定将租赁物交付承租人，并在租赁期间保持租赁物符合约定的用途。

第二百一十七条 承租人应当按照约定的方法使用租赁物。对租赁物的使用方法没有约定或者约定不明确，依照本法第六十一条的规定仍不能确定的，应当按照租赁物的性质使用。

第二百一十八条 承租人按照约定的方法或者租赁物的性质使用租赁物，致使租赁物受到损耗的，不承担损害赔偿责任。

第二百一十九条 承租人未按照约定的方法或者租赁物的性质使用租赁物，致使租赁物受到损失的，出租人可以解除合同并要求赔偿损失。

第二百二十条 出租人应当履行租赁物的维修义务，但当事人另有约定的除外。

第二百二十一条 承租人在租赁物需要维修时可以要求出租人在合理期限内维修。出租人未履行维修义务的，承租人可以自行维修，维修费用由出租人负担。因维修租赁物影响承租人使用的，应当相应减少租金或者延长租期。

第二百二十二条 承租人应当妥善保管租赁物，因保管不善造成租赁物毁损、灭失的，应当承担损害赔偿责任。

第二百二十三条 承租人经出租人同意，可以对租赁物进行改善或者增设他物。

承租人未经出租人同意，对租赁物进行改善或者增设他物的，出租人可以要求承租人恢复原状或者赔偿损失。

第二百二十四条 承租人经出租人同意，可以将租赁物转租给第三人。承租人转租的，承租人与出租人之间的租赁合同继续有效，第三人对租赁物造成损失的，承租人应当赔偿损失。

承租人未经出租人同意转租的，出租人可以解除合同。

第二百二十五条 在租赁期间因占有、使用租赁物获得的收益，归承租人所有，但当事人另有约定的除外。

第二百二十六条　承租人应当按照约定的期限支付租金。对支付期限没有约定或者约定不明确，依照本法第六十一条的规定仍不能确定，租赁期间不满一年的，应当在租赁期间届满时支付；租赁期间一年以上的，应当在每届满一年时支付，剩余期间不满一年的，应当在租赁期间届满时支付。

第二百二十七条　承租人无正当理由未支付或者迟延支付租金的，出租人可以要求承租人在合理期限内支付。承租人逾期不支付的，出租人可以解除合同。

第二百二十九条　租赁物在租赁期间发生所有权变动的，不影响租赁合同的效力。

第二百三十五条　租赁期间届满，承租人应当返还租赁物。返还的租赁物应当符合按照约定或者租赁物的性质使用后的状态。

第二百三十六条　租赁期间届满，承租人继续使用租赁物，出租人没有提出异议的，原租赁合同继续有效，但租赁期限为不定期。

《海商法》（1993 年 7 月 1 日起施行）

第三条　本法所称船舶，是指海船和其他海上移动式装置，但是用于军事的、政府公务的船舶和 20 总吨以下的小型船艇除外。

前款所称船舶，包括船舶属具。

《民事诉讼法》（1991 年 4 月 9 日起施行　2017 年 6 月 27 日修正）

第二十三条　因合同纠纷提起的诉讼，由被告住所地或者合同履行地人民法院管辖。

《最高人民法院关于适用〈中华人民共和国民事诉讼法〉的解释》（法释〔2015〕5 号　2015 年 2 月 4 日起施行）

第二条　专利纠纷案件由知识产权法院、最高人民法院确定的中级人民法院和基层人民法院管辖。

海事、海商案件由海事法院管辖。

第十八条　合同约定履行地点的，以约定的履行地点为合同履行地。

合同对履行地点没有约定或者约定不明确，争议标的为给付货币的，接收货币一方所在地为合同履行地；交付不动产的，不动产所在地为合同履行地；其他标的，履行义务一方所在地为合同履行地。即时结清的合同，交易行为地为合同履行地。

合同没有实际履行，当事人双方住所地都不在合同约定的履行地的，由被告住所地人民法院管辖。

《最高人民法院关于适用〈中华人民共和国海事诉讼特别程序法〉若干问题的解释》（法释〔2003〕3号 2003年2月1日起施行）

第一条 在海上或者通海水域发生的与船舶或者运输、生产、作业相关的海事侵权纠纷、海商合同纠纷，以及法律或者相关司法解释规定的其他海事纠纷案件由海事法院及其上级人民法院专门管辖。

《最高人民法院关于海事诉讼管辖问题的规定》（法释〔2016〕2号 2016年3月1日起施行）

为推进"一带一路"建设、海洋强国战略、京津冀一体化、长江经济带发展规划的实施，促进海洋经济发展，及时化解海事纠纷，保证海事法院正确行使海事诉讼管辖权，依法审理海事案件，根据《中华人民共和国民事诉讼法》《中华人民共和国海事诉讼特别程序法》《中华人民共和国行政诉讼法》以及全国人民代表大会常务委员会《关于在沿海港口城市设立海事法院的决定》等法律规定，现将海事诉讼管辖的几个问题规定如下：

一、关于管辖区域调整

1. 根据航运经济发展和海事审判工作的需要，对大连、武汉海事法院的管辖区域作出如下调整：

（1）大连海事法院管辖下列区域：南自辽宁省与河北省的交界处、东至鸭绿江口的延伸海域和鸭绿江水域，其中包括黄海一部分、渤海一部分、海上岛屿；吉林省的松花江、图们江等通海可航水域及港口；黑龙江省的黑龙江、松花江、乌苏里江等通海可航水域及港口。

（2）武汉海事法院管辖下列区域：自四川省宜宾市合江门至江苏省浏河口之间长江干线及支线水域，包括宜宾、泸州、重庆、涪陵、万州、宜昌、荆州、城陵矶、武汉、九江、安庆、芜湖、马鞍山、南京、扬州、镇江、江阴、张家港、南通等主要港口。

2. 其他各海事法院依据此前最高人民法院发布的决定或通知确定的管辖区域对海事案件行使管辖权。

三、关于海事海商纠纷管辖权异议案件的审理

1. 当事人不服管辖权异议裁定的上诉案件由海事法院所在地的高级人民法院负责海事海商案件的审判庭审理。

2. 发生法律效力的管辖权异议裁定违反海事案件专门管辖确需纠正的，人民法院可依照《中华人民共和国民事诉讼法》第一百九十八条规定再审。

四、其他规定

本规定自 2016 年 3 月 1 日起施行。最高人民法院以前作出的有关规定与本规定不一致的，以本规定为准。

《最高人民法院关于海事法院受理案件范围的规定》（法释〔2016〕4 号 2016 年 3 月 1 日起施行）

根据《中华人民共和国民事诉讼法》《中华人民共和国海事诉讼特别程序法》《中华人民共和国行政诉讼法》以及我国缔结或者参加的有关国际条约，结合我国海事审判实际，现将海事法院受理案件的范围规定如下：

二、海商合同纠纷案件

52. 其他海商合同纠纷案件。

【适用本案由需要注意的问题】

◆根据《最高人民法院关于适用〈中华人民共和国民事诉讼法〉的解释》《最高人民法院关于适用〈中华人民共和国海事诉讼特别程序法〉若干问题的解释》和《最高人民法院关于海事法院受理案件范围的规定》的规定，因船舶属具租赁合同纠纷提起的诉讼，由海事法院专门管辖。同时，根据《民事诉讼法》的有关规定，因船舶属具租赁合同纠纷提起的诉讼，应当由被告所在地或船舶属具租赁合同履行地的海事法院管辖。此外，根据《民事诉讼法》第 34 条的规定，在当事人协议管辖的情形下，应依据当事人的协议为依据确定管辖法院，即由原告住所地、被告住所地、合同签订地、合同履行地或标的物所在地的海事法院管辖。

◆在适用本案由时，要注意船舶属具租赁合同纠纷与船舶租用合同纠纷相区别。前者当事人之间的法律关系主要建立在对船舶属具的租赁上，后者的法律关系则主要建立在船舶出租人是否为承租人配备船员上。

◆我国《海商法》对船舶属具租赁合同纠纷并未作专门规定，又因其法律属性属于租赁合同范围，因此有关船舶属具租赁合同纠纷的处理可以参照我国《合同法》中有关租赁合同的规定。

198. 船舶属具保管合同纠纷

【案由解析】

船舶属具保管合同是指保管人替船舶所有人保管船舶属具，船舶所有人支付保管费，保管人依约定返还的合同。船舶属具是指附属于船舶的各种用具或机械，如锚链、罗经、绞车、救生艇、起货机等。船舶属具的范围以每条船舶属具清单为准。

船舶属具保管合同纠纷是指当事人因船舶属具保管合同的订立、履行、变更和终止所产生的纠纷。

船舶属具保管合同的特征主要是：(1) 该合同的法律关系建立在对船舶属具的保管上，船舶所有人移转的是船舶属具的占有权，保管人不具有船舶属具的使用权和所有权。(2) 不同船舶搭载的用具和机械并不是统一的，故应以每条船舶属具所列清单为准。

【常用法律条文及索引】

《合同法》(1999 年 10 月 1 日起施行)

第三百六十五条 保管合同是保管人保管寄存人交付的保管物，并返还该物的合同。

第三百六十六条 寄存人应当按照约定向保管人支付保管费。

当事人对保管费没有约定或者约定不明确，依照本法第六十一条的规定仍不能确定的，保管是无偿的。

第三百六十七条 保管合同自保管物交付时成立，但当事人另有约定的除外。

第三百六十八条 寄存人向保管人交付保管物的，保管人应当给付保管凭证，但另有交易习惯的除外。

第三百六十九条 保管人应当妥善保管保管物。

当事人可以约定保管场所或者方法。除紧急情况或者为了维护寄存人利益的以外，不得擅自改变保管场所或者方法。

第三百七十条 寄存人交付的保管物有瑕疵或者按照保管物的性质需要采取特殊保管措施的，寄存人应当将有关情况告知保管人。寄存人未告知，致使保管物受损失的，保管人不承担损害赔偿责任；保管人因此受损失的，除保管人知道或者应当知道并且未采取补救措施的以外，寄存人应当承担损害赔偿责任。

第三百七十一条 保管人不得将保管物转交第三人保管，但当事人另有约定的除外。

保管人违反前款规定，将保管物转交第三人保管，对保管物造成损失的，应当承担损害赔偿责任。

第三百七十二条　保管人不得使用或者许可第三人使用保管物，但当事人另有约定的除外。

第三百七十三条　第三人对保管物主张权利的，除依法对保管物采取保全或者执行的以外，保管人应当履行向寄存人返还保管物的义务。

第三人对保管人提起诉讼或者对保管物申请扣押的，保管人应当及时通知寄存人。

第三百七十四条　保管期间，因保管人保管不善造成保管物毁损、灭失的，保管人应当承担损害赔偿责任，但保管是无偿的，保管人证明自己没有重大过失的，不承担损害赔偿责任。

第三百七十五条　寄存人寄存货币、有价证券或者其他贵重物品的，应当向保管人声明，由保管人验收或者封存。寄存人未声明的，该物品毁损、灭失后，保管人可以按照一般物品予以赔偿。

第三百七十六条　寄存人可以随时领取保管物。

当事人对保管期间没有约定或者约定不明确的，保管人可以随时要求寄存人领取保管物；约定保管期间的，保管人无特别事由，不得要求寄存人提前领取保管物。

第三百七十七条　保管期间届满或者寄存人提前领取保管物的，保管人应当将原物及其孳息归还寄存人。

第三百七十八条　保管人保管货币的，可以返还相同种类、数量的货币。保管其他可替代物的，可以按照约定返还相同种类、品质、数量的物品。

第三百七十九条　有偿的保管合同，寄存人应当按照约定的期限向保管人支付保管费。

当事人对支付期限没有约定或者约定不明确，依照本法第六十一条的规定仍不能确定的，应当在领取保管物的同时支付。

第三百八十条　寄存人未按照约定支付保管费以及其他费用的，保管人对保管物享有留置权，但当事人另有约定的除外。

《海商法》（1993 年 7 月 1 日起施行）

第三条　本法所称船舶，是指海船和其他海上移动式装置，但是用于军事的、政府公务的船舶和 20 总吨以下的小型船艇除外。

前款所称船舶，包括船舶属具。

《民事诉讼法》（1991年4月9日起施行 2017年6月27日修正）

第二十三条 因合同纠纷提起的诉讼，由被告住所地或者合同履行地人民法院管辖。

《最高人民法院关于适用〈中华人民共和国民事诉讼法〉的解释》（法释〔2015〕5号 2015年2月4日起施行）

第二条 专利纠纷案件由知识产权法院、最高人民法院确定的中级人民法院和基层人民法院管辖。

海事、海商案件由海事法院管辖。

第十八条 合同约定履行地点的，以约定的履行地点为合同履行地。

合同对履行地点没有约定或者约定不明确，争议标的为给付货币的，接收货币一方所在地为合同履行地；交付不动产的，不动产所在地为合同履行地；其他标的，履行义务一方所在地为合同履行地。即时结清的合同，交易行为地为合同履行地。

合同没有实际履行，当事人双方住所地都不在合同约定的履行地的，由被告住所地人民法院管辖。

《最高人民法院关于适用〈中华人民共和国海事诉讼特别程序法〉若干问题的解释》（法释〔2003〕3号 2003年2月1日起施行）

第一条 在海上或者通海水域发生的与船舶或者运输、生产、作业相关的海事侵权纠纷、海商合同纠纷，以及法律或者相关司法解释规定的其他海事纠纷案件由海事法院及其上级人民法院专门管辖。

《最高人民法院关于海事诉讼管辖问题的规定》（法释〔2016〕2号 2016年3月1日起施行）

为推进“一带一路”建设、海洋强国战略、京津冀一体化、长江经济带发展规划的实施，促进海洋经济发展，及时化解海事纠纷，保证海事法院正确行使海事诉讼管辖权，依法审理海事案件，根据《中华人民共和国民事诉讼法》《中华人民共和国海事诉讼特别程序法》《中华人民共和国行政诉讼法》以及全国人民代表大会常务委员会《关于在沿海港口城市设立海事法院的决定》等法律规定，现将海事诉讼管辖的几个问题规定如下：

一、关于管辖区域调整

1. 根据航运经济发展和海事审判工作的需要，对大连、武汉海事法院的管辖区域作出如下调整：

（1）大连海事法院管辖下列区域：南自辽宁省与河北省的交界处、东至鸭绿江口的延伸海域和鸭绿江水域，其中包括黄海一部分、渤海一部分、海上岛屿；吉林省的松花江、图们江等通海可航水域及港口；黑龙江省的黑龙江、松花江、乌苏里江等通海可航水域及港口。

（2）武汉海事法院管辖下列区域：自四川省宜宾市合江门至江苏省浏河口之间长江干线及支线水域，包括宜宾、泸州、重庆、涪陵、万州、宜昌、荆州、城陵矶、武汉、九江、安庆、芜湖、马鞍山、南京、扬州、镇江、江阴、张家港、南通等主要港口。

2. 其他各海事法院依据此前最高人民法院发布的决定或通知确定的管辖区域对海事案件行使管辖权。

三、关于海事海商纠纷管辖权异议案件的审理

1. 当事人不服管辖权异议裁定的上诉案件由海事法院所在地的高级人民法院负责海事海商案件的审判庭审理。

2. 发生法律效力的管辖权异议裁定违反海事案件专门管辖确需纠正的，人民法院可依照《中华人民共和国民事诉讼法》第一百九十八条规定再审。

四、其他规定

本规定自2016年3月1日起施行。最高人民法院以前作出的有关规定与本规定不一致的，以本规定为准。

《最高人民法院关于海事法院受理案件范围的规定》（法释〔2016〕4号 2016年3月1日起施行）

根据《中华人民共和国民事诉讼法》《中华人民共和国海事诉讼特别程序法》《中华人民共和国行政诉讼法》以及我国缔结或者参加的有关国际条约，结合我国海事审判实际，现将海事法院受理案件的范围规定如下：

二、海商合同纠纷案件

52. 其他海商合同纠纷案件。

【适用本案由需要注意的问题】

◆根据《最高人民法院关于适用〈中华人民共和国民事诉讼法〉的解释》《最高人民法院关于适用〈中华人民共和国海事诉讼特别程序法〉若干问题的解释》和《最高人民法院关于海事法院受理案件范围的规定》的规定，因船舶属具保管合同纠纷提起的诉讼，由海事法院专门管辖。同时，根据《民事诉讼法》的有关规定，因船舶属具保管合同纠纷提起的诉讼，应当由被告所在地或船舶属具保管合同履行地的海事法院管辖。此外，根据《民

事诉讼法》第34条的规定，在当事人协议管辖的情形下，应依据当事人的协议为依据确定管辖法院，即由原告住所地、被告住所地、合同签订地、合同履行地或标的物所在地的海事法院管辖。

◆我国《海商法》第3条第2款规定，船舶包括船舶属具，即船舶属具也被视为船舶的一部分。因此，我们在确定案由时应当注意界定船舶属具与船舶的范围。我国《海商法》对船舶属具保管合同纠纷并未作专门规定，又因其法律属性属于保管合同范围，因此有关船舶属具保管合同纠纷的处理可以参照我国《合同法》中有关保管合同的规定。

199. 海运集装箱租赁合同纠纷

【案由解析】

海运集装箱租赁合同是指集装箱所有人或制造商将空箱出租给承租人使用或经营，由承租人支付租金的合同。集装箱租赁方式主要有定期租赁、航次租赁和活期租赁。

海运集装箱租赁合同纠纷是指当事人因海运集装箱租赁合同的订立、履行、变更和终止而产生的纠纷。

海运集装箱租赁合同的主要特征是：(1) 海运集装箱的承租人一般为船公司、货主或者集装箱制造商、租赁公司等。(2) 集装箱租赁要求双方当事人需签订租箱合同来规定双方的权利义务、免责和违约责任。(3) 租箱合同的内容一般为交箱、还箱、租期、租箱数量、损坏赔偿责任、租金支付、保险、转租及其他权利义务方面的条款。

【常用法律条文及索引】

《合同法》(1999年10月1日起施行)

第二百一十二条 租赁合同是出租人将租赁物交付承租人使用、收益，承租人支付租金的合同。

第二百一十三条 租赁合同的内容包括租赁物的名称、数量、用途、租赁期限、租金及其支付期限和方式、租赁物维修等条款。

第二百一十六条 出租人应当按照约定将租赁物交付承租人，并在租赁期间保持租赁物符合约定的用途。

第二百一十七条　承租人应当按照约定的方法使用租赁物。对租赁物的使用方法没有约定或者约定不明确，依照本法第六十一条的规定仍不能确定的，应当按照租赁物的性质使用。

第二百一十八条　承租人按照约定的方法或者租赁物的性质使用租赁物，致使租赁物受到损耗的，不承担损害赔偿责任。

第二百一十九条　承租人未按照约定的方法或者租赁物的性质使用租赁物，致使租赁物受到损失的，出租人可以解除合同并要求赔偿损失。

第二百二十条　出租人应当履行租赁物的维修义务，但当事人另有约定的除外。

第二百二十一条　承租人在租赁物需要维修时可以要求出租人在合理期限内维修。出租人未履行维修义务的，承租人可以自行维修，维修费用由出租人负担。因维修租赁物影响承租人使用的，应当相应减少租金或者延长租期。

第二百二十二条　承租人应当妥善保管租赁物，因保管不善造成租赁物毁损、灭失的，应当承担损害赔偿责任。

第二百二十三条　承租人经出租人同意，可以对租赁物进行改善或者增设他物。

承租人未经出租人同意，对租赁物进行改善或者增设他物的，出租人可以要求承租人恢复原状或者赔偿损失。

第二百二十四条　承租人经出租人同意，可以将租赁物转租给第三人。承租人转租的，承租人与出租人之间的租赁合同继续有效，第三人对租赁物造成损失的，承租人应当赔偿损失。

承租人未经出租人同意转租的，出租人可以解除合同。

第二百二十五条　在租赁期间因占有、使用租赁物获得的收益，归承租人所有，但当事人另有约定的除外。

第二百二十六条　承租人应当按照约定的期限支付租金。对支付期限没有约定或者约定不明确，依照本法第六十一条的规定仍不能确定，租赁期间不满一年的，应当在租赁期间届满时支付；租赁期间一年以上的，应当在每届满一年时支付，剩余期间不满一年的，应当在租赁期间届满时支付。

第二百二十七条　承租人无正当理由未支付或者迟延支付租金的，出租人可以要求承租人在合理期限内支付。承租人逾期不支付的，出租人可以解除合同。

第二百二十九条 租赁物在租赁期间发生所有权变动的，不影响租赁合同的效力。

第二百三十五条 租赁期间届满，承租人应当返还租赁物。返还的租赁物应当符合按照约定或者租赁物的性质使用后的状态。

第二百三十六条 租赁期间届满，承租人继续使用租赁物，出租人没有提出异议的，原租赁合同继续有效，但租赁期限为不定期。

《民事诉讼法》（1991 年 4 月 9 日起施行 2017 年 6 月 27 日修正）

第二十三条 因合同纠纷提起的诉讼，由被告住所地或者合同履行地人民法院管辖。

《最高人民法院关于适用〈中华人民共和国民事诉讼法〉的解释》（法释〔2015〕5 号 2015 年 2 月 4 日起施行）

第二条 专利纠纷案件由知识产权法院、最高人民法院确定的中级人民法院和基层人民法院管辖。

海事、海商案件由海事法院管辖。

第十八条 合同约定履行地点的，以约定的履行地点为合同履行地。

合同对履行地点没有约定或者约定不明确，争议标的为给付货币的，接收货币一方所在地为合同履行地；交付不动产的，不动产所在地为合同履行地；其他标的，履行义务一方所在地为合同履行地。即时结清的合同，交易行为地为合同履行地。

合同没有实际履行，当事人双方住所地都不在合同约定的履行地的，由被告住所地人民法院管辖。

《最高人民法院关于适用〈中华人民共和国海事诉讼特别程序法〉若干问题的解释》（法释〔2003〕3 号 2003 年 2 月 1 日起施行）

第一条 在海上或者通海水域发生的与船舶或者运输、生产、作业相关的海事侵权纠纷、海商合同纠纷，以及法律或者相关司法解释规定的其他海事纠纷案件由海事法院及其上级人民法院专门管辖。

《最高人民法院关于海事诉讼管辖问题的规定》（法释〔2016〕2 号 2016 年 3 月 1 日起施行）

为推进“一带一路”建设、海洋强国战略、京津冀一体化、长江经济带发展规划的实施，促进海洋经济发展，及时化解海事纠纷，保证海事法院正确行使海事诉讼管辖权，依法审理海事案件，根据《中华人民共和国民事诉讼法》《中华人民共和国海事诉讼特别程序法》《中华人民共和国行政诉讼

法》以及全国人民代表大会常务委员会《关于在沿海港口城市设立海事法院的决定》等法律规定，现将海事诉讼管辖的几个问题规定如下：

一、关于管辖区域调整

1．根据航运经济发展和海事审判工作的需要，对大连、武汉海事法院的管辖区域作出如下调整：

（1）大连海事法院管辖下列区域：南自辽宁省与河北省的交界处、东至鸭绿江口的延伸海域和鸭绿江水域，其中包括黄海一部分、渤海一部分、海上岛屿；吉林省的松花江、图们江等通海可航水域及港口；黑龙江省的黑龙江、松花江、乌苏里江等通海可航水域及港口。

（2）武汉海事法院管辖下列区域：自四川省宜宾市合江门至江苏省浏河口之间长江干线及支线水域，包括宜宾、泸州、重庆、涪陵、万州、宜昌、荆州、城陵矶、武汉、九江、安庆、芜湖、马鞍山、南京、扬州、镇江、江阴、张家港、南通等主要港口。

2．其他各海事法院依据此前最高人民法院发布的决定或通知确定的管辖区域对海事案件行使管辖权。

三、关于海事海商纠纷管辖权异议案件的审理

1．当事人不服管辖权异议裁定的上诉案件由海事法院所在地的高级人民法院负责海事海商案件的审判庭审理。

2．发生法律效力的管辖权异议裁定违反海事案件专门管辖确需纠正的，人民法院可依照《中华人民共和国民事诉讼法》第一百九十八条规定再审。

四、其他规定

本规定自2016年3月1日起施行。最高人民法院以前作出的有关规定与本规定不一致的，以本规定为准。

《最高人民法院关于海事法院受理案件范围的规定》（法释〔2016〕4号 2016年3月1日起施行）

根据《中华人民共和国民事诉讼法》《中华人民共和国海事诉讼特别程序法》《中华人民共和国行政诉讼法》以及我国缔结或者参加的有关国际条约，结合我国海事审判实际，现将海事法院受理案件的范围规定如下：

二、海商合同纠纷案件

37．海运集装箱融资租赁合同纠纷案件；

【适用本案由需要注意的问题】

◆根据《最高人民法院关于适用〈中华人民共和国民事诉讼法〉的解

释》《最高人民法院关于适用〈中华人民共和国海事诉讼特别程序法〉若干问题的解释》和《最高人民法院关于海事法院受理案件范围的规定》的规定，因海运集装箱租赁合同纠纷提起的诉讼，由海事法院专门管辖。同时，根据《民事诉讼法》的相关规定，因海运集装箱租赁合同纠纷提起的诉讼，应当由被告所在地或海运集装箱租赁合同履行地的海事法院管辖。此外，根据《民事诉讼法》第34条的规定，在当事人协议管辖的情形下，应依据当事人的协议为依据确定管辖法院，即由原告住所地、被告住所地、合同签订地、合同履行地或标的物所在地的海事法院管辖。

◆我国《海商法》对海运集装箱租赁合同纠纷并未作专门规定，又因其法律属性属于租赁合同范围，因此有关海运集装箱租赁合同纠纷的处理可以参照我国《合同法》中有关租赁合同的规定。

200. 海运集装箱保管合同纠纷

【案由解析】

海运集装箱保管合同是指保管人替集装箱所有人或承租人保管集装箱并收取保管费，到期后依约返还集装箱的合同。

海运集装箱保管合同纠纷是指当事人因海运集装箱保管合同的订立、履行、变更和终止所产生的纠纷。

【常用法律条文及索引】

《合同法》(1999年10月1日起施行)

第三百六十五条 保管合同是保管人保管寄存人交付的保管物，并返还该物的合同。

第三百六十六条 寄存人应当按照约定向保管人支付保管费。

当事人对保管费没有约定或者约定不明确，依照本法第六十一条的规定仍不能确定的，保管是无偿的。

第三百六十七条 保管合同自保管物交付时成立，但当事人另有约定的除外。

第三百六十八条 寄存人向保管人交付保管物的，保管人应当给付保管凭证，但另有交易习惯的除外。

第三百六十九条　保管人应当妥善保管保管物。

当事人可以约定保管场所或者方法。除紧急情况或者为了维护寄存人利益的以外，不得擅自改变保管场所或者方法。

第三百七十条　寄存人交付的保管物有瑕疵或者按照保管物的性质需要采取特殊保管措施的，寄存人应当将有关情况告知保管人。寄存人未告知，致使保管物受损失的，保管人不承担损害赔偿责任；保管人因此受损失的，除保管人知道或者应当知道并且未采取补救措施的以外，寄存人应当承担损害赔偿责任。

第三百七十一条　保管人不得将保管物转交第三人保管，但当事人另有约定的除外。

保管人违反前款规定，将保管物转交第三人保管，对保管物造成损失的，应当承担损害赔偿责任。

第三百七十二条　保管人不得使用或者许可第三人使用保管物，但当事人另有约定的除外。

第三百七十三条　第三人对保管物主张权利的，除依法对保管物采取保全或者执行的以外，保管人应当履行向寄存人返还保管物的义务。

第三人对保管人提起诉讼或者对保管物申请扣押的，保管人应当及时通知寄存人。

第三百七十四条　保管期间，因保管人保管不善造成保管物毁损、灭失的，保管人应当承担损害赔偿责任，但保管是无偿的，保管人证明自己没有重大过失的，不承担损害赔偿责任。

第三百七十五条　寄存人寄存货币、有价证券或者其他贵重物品的，应当向保管人声明，由保管人验收或者封存。寄存人未声明的，该物品毁损、灭失后，保管人可以按照一般物品予以赔偿。

第三百七十六条　寄存人可以随时领取保管物。

当事人对保管期间没有约定或者约定不明确的，保管人可以随时要求寄存人领取保管物；约定保管期间的，保管人无特别事由，不得要求寄存人提前领取保管物。

第三百七十七条　保管期间届满或者寄存人提前领取保管物的，保管人应当将原物及其孳息归还寄存人。

第三百七十八条　保管人保管货币的，可以返还相同种类、数量的货币。保管其他可替代物的，可以按照约定返还相同种类、品质、数量的物品。

第三百七十九条 有偿的保管合同，寄存人应当按照约定的期限向保管人支付保管费。

当事人对支付期限没有约定或者约定不明确，依照本法第六十一条的规定仍不能确定的，应当在领取保管物的同时支付。

第三百八十条 寄存人未按照约定支付保管费以及其他费用的，保管人对保管物享有留置权，但当事人另有约定的除外。

《民事诉讼法》（1991年4月9日起施行 2017年6月27日修正）

第二十三条 因合同纠纷提起的诉讼，由被告住所地或者合同履行地人民法院管辖。

《最高人民法院关于适用〈中华人民共和国民事诉讼法〉的解释》（法释〔2015〕5号 2015年2月4日起施行）

第二条 专利纠纷案件由知识产权法院、最高人民法院确定的中级人民法院和基层人民法院管辖。

海事、海商案件由海事法院管辖。

第十八条 合同约定履行地点的，以约定的履行地点为合同履行地。

合同对履行地点没有约定或者约定不明确，争议标的为给付货币的，接收货币一方所在地为合同履行地；交付不动产的，不动产所在地为合同履行地；其他标的，履行义务一方所在地为合同履行地。即时结清的合同，交易行为地为合同履行地。

合同没有实际履行，当事人双方住所地都不在合同约定的履行地的，由被告住所地人民法院管辖。

《最高人民法院关于适用〈中华人民共和国海事诉讼特别程序法〉若干问题的解释》（法释〔2003〕3号 2003年2月1日起施行）

第一条 在海上或者通海水域发生的与船舶或者运输、生产、作业相关的海事侵权纠纷、海商合同纠纷，以及法律或者相关司法解释规定的其他海事纠纷案件由海事法院及其上级人民法院专门管辖。

《最高人民法院关于海事诉讼管辖问题的规定》（法释〔2016〕2号 2016年3月1日起施行）

为推进“一带一路”建设、海洋强国战略、京津冀一体化、长江经济带发展规划的实施，促进海洋经济发展，及时化解海事纠纷，保证海事法院正确行使海事诉讼管辖权，依法审理海事案件，根据《中华人民共和国民事诉讼法》《中华人民共和国海事诉讼特别程序法》《中华人民共和国行政诉讼

法》以及全国人民代表大会常务委员会《关于在沿海港口城市设立海事法院的决定》等法律规定，现将海事诉讼管辖的几个问题规定如下：

一、关于管辖区域调整

1. 根据航运经济发展和海事审判工作的需要，对大连、武汉海事法院的管辖区域作出如下调整：

（1）大连海事法院管辖下列区域：南自辽宁省与河北省的交界处、东至鸭绿江口的延伸海域和鸭绿江水域，其中包括黄海一部分、渤海一部分、海上岛屿；吉林省的松花江、图们江等通海可航水域及港口；黑龙江省的黑龙江、松花江、乌苏里江等通海可航水域及港口。

（2）武汉海事法院管辖下列区域：自四川省宜宾市合江门至江苏省浏河口之间长江干线及支线水域，包括宜宾、泸州、重庆、涪陵、万州、宜昌、荆州、城陵矶、武汉、九江、安庆、芜湖、马鞍山、南京、扬州、镇江、江阴、张家港、南通等主要港口。

2. 其他各海事法院依据此前最高人民法院发布的决定或通知确定的管辖区域对海事案件行使管辖权。

三、关于海事海商纠纷管辖权异议案件的审理

1. 当事人不服管辖权异议裁定的上诉案件由海事法院所在地的高级人民法院负责海事海商案件的审判庭审理。

2. 发生法律效力的管辖权异议裁定违反海事案件专门管辖确需纠正的，人民法院可依照《中华人民共和国民事诉讼法》第一百九十八条规定再审。

四、其他规定

本规定自2016年3月1日起施行。最高人民法院以前作出的有关规定与本规定不一致的，以本规定为准。

《最高人民法院关于海事法院受理案件范围的规定》（法释〔2016〕4号 2016年3月1日起施行）

根据《中华人民共和国民事诉讼法》《中华人民共和国海事诉讼特别程序法》《中华人民共和国行政诉讼法》以及我国缔结或者参加的有关国际条约，结合我国海事审判实际，现将海事法院受理案件的范围规定如下：

二、海商合同纠纷案件

35. 海运集装箱仓储、堆存、保管合同纠纷案件；

【适用本案由需要注意的问题】

◆根据《最高人民法院关于适用〈中华人民共和国民事诉讼法〉的解

释》《最高人民法院关于适用〈中华人民共和国海事诉讼特别程序法〉若干问题的解释》和《最高人民法院关于海事法院受理案件范围的规定》的规定，因海运集装箱保管合同纠纷提起的诉讼，由海事法院专门管辖。同时，根据《民事诉讼法》的相关规定，因海运集装箱保管合同纠纷提起的诉讼，应当由被告所在地或海运集装箱保管合同履行地的海事法院管辖。此外，根据《民事诉讼法》第34条的规定，在当事人协议管辖的情形下，应依据当事人的协议为依据确定管辖法院，即由原告住所地、被告住所地、合同签订地、合同履行地或标的物所在地的海事法院管辖。

◆我国《海商法》对航运集装箱保管合同纠纷并未作专门规定，又因其法律属性属于保管合同范围，因此有关海运集装箱保管合同纠纷的处理可以参照我国《合同法》中有关保管合同的规定。

201. 港口货物保管合同纠纷

【案由解析】

港口货物保管合同纠纷是指当事人因港口货物保管合同的订立、履行、变更和终止而产生的纠纷。

港口货物一般指在港区内没有装载于进出港船舶上的货物的总称，包括港口陆域中的货物和港口驳运中的货物。港口货物保管合同是指货主将滞留在港区内的货物交由保管人予以保管，并向保管人支付保管费用的合同。港口货物保管合同纠纷的客体是滞留在港区内的货物，正在装运或者正在卸载的货物不属于港口货物保管的范围。

在港口货物的经营实务中，还存在港口货物的仓储业务。仓储营业人须为有仓储设备并专事该类业务的人，涉及仓储业务时当事人双方法律关系在合同签订时成立。

【常用法律条文及索引】

《合同法》(1999年10月1日起施行)

第三百六十五条　保管合同是保管人保管寄存人交付的保管物，并返还该物的合同。

第三百六十六条　寄存人应当按照约定向保管人支付保管费。

当事人对保管费没有约定或者约定不明确，依照本法第六十一条的规定仍不能确定的，保管是无偿的。

第三百六十七条　保管合同自保管物交付时成立，但当事人另有约定的除外。

第三百六十八条　寄存人向保管人交付保管物的，保管人应当给付保管凭证，但另有交易习惯的除外。

第三百六十九条　保管人应当妥善保管保管物。

当事人可以约定保管场所或者方法。除紧急情况或者为了维护寄存人利益的以外，不得擅自改变保管场所或者方法。

第三百七十条　寄存人交付的保管物有瑕疵或者按照保管物的性质需要采取特殊保管措施的，寄存人应当将有关情况告知保管人。寄存人未告知，致使保管物受损失的，保管人不承担损害赔偿责任；保管人因此受损失的，除保管人知道或者应当知道并且未采取补救措施的以外，寄存人应当承担损害赔偿责任。

第三百七十一条　保管人不得将保管物转交第三人保管，但当事人另有约定的除外。

保管人违反前款规定，将保管物转交第三人保管，对保管物造成损失的，应当承担损害赔偿责任。

第三百七十二条　保管人不得使用或者许可第三人使用保管物，但当事人另有约定的除外。

第三百七十三条　第三人对保管物主张权利的，除依法对保管物采取保全或者执行的以外，保管人应当履行向寄存人返还保管物的义务。

第三人对保管人提起诉讼或者对保管物申请扣押的，保管人应当及时通知寄存人。

第三百七十四条　保管期间，因保管人保管不善造成保管物毁损、灭失的，保管人应当承担损害赔偿责任，但保管是无偿的，保管人证明自己没有重大过失的，不承担损害赔偿责任。

第三百七十五条　寄存人寄存货币、有价证券或者其他贵重物品的，应当向保管人声明，由保管人验收或者封存。寄存人未声明的，该物品毁损、灭失后，保管人可以按照一般物品予以赔偿。

第三百七十六条　寄存人可以随时领取保管物。

当事人对保管期间没有约定或者约定不明确的，保管人可以随时要求寄存人领取保管物；约定保管期间的，保管人无特别事由，不得要求寄存人提前领取保管物。

第三百七十七条 保管期间届满或者寄存人提前领取保管物的，保管人应当将原物及其孳息归还寄存人。

第三百七十八条 保管人保管货币的，可以返还相同种类、数量的货币。保管其他可替代物的，可以按照约定返还相同种类、品质、数量的物品。

第三百七十九条 有偿的保管合同，寄存人应当按照约定的期限向保管人支付保管费。

当事人对支付期限没有约定或者约定不明确，依照本法第六十一条的规定仍不能确定的，应当在领取保管物的同时支付。

第三百八十条 寄存人未按照约定支付保管费以及其他费用的，保管人对保管物享有留置权，但当事人另有约定的除外。

《港口法》（2004年1月1日起施行 2017年11月4日修正）

第三章 港口经营

第二十二条 从事港口经营，应当向港口行政管理部门书面申请取得港口经营许可，并依法办理工商登记。

港口行政管理部门实施港口经营许可，应当遵循公开、公正、公平的原则。

港口经营包括码头和其他港口设施的经营，港口旅客运输服务经营，在港区内从事货物的装卸、驳运、仓储的经营和港口拖轮经营等。

第二十三条 取得港口经营许可，应当有固定的经营场所，有与经营业务相适应的设施、设备、专业技术人员和管理人员，并应当具备法律、法规规定的其他条件。

第二十四条 港口行政管理部门应当自收到本法第二十二条第一款规定的书面申请之日起三十日内依法作出许可或者不予许可的决定。予以许可的，颁发港口经营许可证；不予许可的，应当书面通知申请人并告知理由。

第二十五条 经营港口理货业务，应当按照规定取得许可。实施港口理货业务经营许可，应当遵循公开、公正、公平的原则。具体办法由国务院交通主管部门规定。

港口理货业务经营人应当公正、准确地办理理货业务；不得兼营本法第二十二条第三款规定的货物装卸经营业务和仓储经营业务。

第二十六条　港口经营人从事经营活动，必须遵守有关法律、法规，遵守国务院交通主管部门有关港口作业规则的规定，依法履行合同约定的义务，为客户提供公平、良好的服务。

从事港口旅客运输服务的经营人，应当采取保证旅客安全的有效措施，向旅客提供快捷、便利的服务，保持良好的候船环境。

港口经营人应当依照有关环境保护的法律、法规的规定，采取有效措施，防治对环境的污染和危害。

第二十七条　港口经营人应当优先安排抢险物资、救灾物资和国防建设急需物资的作业。

第二十八条　港口经营人应当在其经营场所公布经营服务的收费项目和收费标准；未公布的，不得实施。

港口经营性收费依法实行政府指导价或者政府定价的，港口经营人应当按照规定执行。

第二十九条　国家鼓励和保护港口经营活动的公平竞争。

港口经营人不得实施垄断行为和不正当竞争行为，不得以任何手段强迫他人接受其提供的港口服务。

第三十条　港口行政管理部门依照《中华人民共和国统计法》和有关行政法规的规定要求港口经营人提供的统计资料，港口经营人应当如实提供。

港口行政管理部门应当按照国家有关规定将港口经营人报送的统计资料及时上报，并为港口经营人保守商业秘密。

第三十一条　港口经营人的合法权益受法律保护。任何单位和个人不得向港口经营人摊派或者违法收取费用，不得违法干预港口经营人的经营自主权。

《民事诉讼法》（1991 年 4 月 9 日起施行　2017 年 6 月 27 日修正）

第二十三条　因合同纠纷提起的诉讼，由被告住所地或者合同履行地人民法院管辖。

《最高人民法院关于适用〈中华人民共和国民事诉讼法〉的解释》（法释〔2015〕5 号　2015 年 2 月 4 日起施行）

第二条　专利纠纷案件由知识产权法院、最高人民法院确定的中级人民法院和基层人民法院管辖。

海事、海商案件由海事法院管辖。

第十八条　合同约定履行地点的，以约定的履行地点为合同履行地。

合同对履行地点没有约定或者约定不明确，争议标的为给付货币的，接收货币一方所在地为合同履行地；交付不动产的，不动产所在地为合同履行地；其他标的，履行义务一方所在地为合同履行地。即时结清的合同，交易行为地为合同履行地。

合同没有实际履行，当事人双方住所地都不在合同约定的履行地的，由被告住所地人民法院管辖。

《最高人民法院关于适用〈中华人民共和国海事诉讼特别程序法〉若干问题的解释》（法释〔2003〕3号 2003年2月1日起施行）

第一条 在海上或者通海水域发生的与船舶或者运输、生产、作业相关的海事侵权纠纷、海商合同纠纷，以及法律或者相关司法解释规定的其他海事纠纷案件由海事法院及其上级人民法院专门管辖。

《最高人民法院关于海事诉讼管辖问题的规定》（法释〔2016〕2号 2016年3月1日起施行）

为推进"一带一路"建设、海洋强国战略、京津冀一体化、长江经济带发展规划的实施，促进海洋经济发展，及时化解海事纠纷，保证海事法院正确行使海事诉讼管辖权，依法审理海事案件，根据《中华人民共和国民事诉讼法》《中华人民共和国海事诉讼特别程序法》《中华人民共和国行政诉讼法》以及全国人民代表大会常务委员会《关于在沿海港口城市设立海事法院的决定》等法律规定，现将海事诉讼管辖的几个问题规定如下：

一、关于管辖区域调整

1. 根据航运经济发展和海事审判工作的需要，对大连、武汉海事法院的管辖区域作出如下调整：

（1）大连海事法院管辖下列区域：南自辽宁省与河北省的交界处、东至鸭绿江口的延伸海域和鸭绿江水域，其中包括黄海一部分、渤海一部分、海上岛屿；吉林省的松花江、图们江等通海可航水域及港口；黑龙江省的黑龙江、松花江、乌苏里江等通海可航水域及港口。

（2）武汉海事法院管辖下列区域：自四川省宜宾市合江门至江苏省浏河口之间长江干线及支线水域，包括宜宾、泸州、重庆、涪陵、万州、宜昌、荆州、城陵矶、武汉、九江、安庆、芜湖、马鞍山、南京、扬州、镇江、江阴、张家港、南通等主要港口。

2. 其他各海事法院依据此前最高人民法院发布的决定或通知确定的管辖区域对海事案件行使管辖权。

三、关于海事海商纠纷管辖权异议案件的审理

1. 当事人不服管辖权异议裁定的上诉案件由海事法院所在地的高级人民法院负责海事海商案件的审判庭审理。

2. 发生法律效力的管辖权异议裁定违反海事案件专门管辖确需纠正的，人民法院可依照《中华人民共和国民事诉讼法》第一百九十八条规定再审。

四、其他规定

本规定自2016年3月1日起施行。最高人民法院以前作出的有关规定与本规定不一致的，以本规定为准。

《最高人民法院关于海事法院受理案件范围的规定》（法释〔2016〕4号　2016年3月1日起施行）

根据《中华人民共和国民事诉讼法》《中华人民共和国海事诉讼特别程序法》《中华人民共和国行政诉讼法》以及我国缔结或者参加的有关国际条约，结合我国海事审判实际，现将海事法院受理案件的范围规定如下：

二、海商合同纠纷案件

32. 港口货物堆存、保管、仓储合同纠纷案件；

【适用本案由需要注意的问题】

◆根据《最高人民法院关于适用〈中华人民共和国民事诉讼法〉的解释》《最高人民法院关于适用〈中华人民共和国海事诉讼特别程序法〉若干问题的解释》和《最高人民法院关于海事法院受理案件范围的规定》的规定，因港口货物保管合同纠纷提起的诉讼，由海事法院专门管辖。同时，根据《民事诉讼法》中的相关规定，因港口货物保管合同纠纷提起的诉讼，应当由被告所在地或港口货物保管合同履行地的海事法院管辖。此外，根据《民事诉讼法》第34条的规定，在当事人协议管辖的情形下，应依据当事人的协议为依据确定管辖法院，即由原告住所地、被告住所地、合同签订地、合同履行地或标的物所在地的海事法院管辖。

◆在适用本案由时，要注意仓储合同与保管合同的区别。仓储合同一定是有偿的，而保管合同可以分为无偿和有偿，保管合同与仓储合同属于包容与被包容的关系。由于仓储也属于保管行为，因此在港口货物保管合同纠纷中也应当包括港口货物仓储合同纠纷。

202. 船舶代理合同纠纷

【案由解析】

船舶代理合同是指船舶代理人接受船方的委托，代为办理船舶有关营运业务和进出港手续等业务的合同。船舶代理人一般为法人机构，必须取得相关资质才可从事船舶代理业务。

船舶代理合同纠纷是指当事人因船舶代理合同的订立、履行、变更和终止所产生的纠纷。

船舶代理合同的特征是：（1）船舶代理人除了代理在港船舶的各项业务之外，还应对所代理的在港船舶进行必要的管理并维护船舶所有人的有关利益。（2）船舶代理既接受船方的委托代办定期或不定期船舶的营运业务，也接受货方或租船人委托的营运业务。

【常用法律条文及索引】

《合同法》(1999 年 10 月 1 日起施行)

第三百九十六条　委托合同是委托人和受托人约定，由受托人处理委托人事务的合同。

第三百九十七条　委托人可以特别委托受托人处理一项或者数项事务，也可以概括委托受托人处理一切事务。

第三百九十八条　委托人应当预付处理委托事务的费用。受托人为处理委托事务垫付的必要费用，委托人应当偿还该费用及其利息。

第三百九十九条　受托人应当按照委托人的指示处理委托事务。需要变更委托人指示的，应当经委托人同意；因情况紧急，难以和委托人取得联系的，受托人应当妥善处理委托事务，但事后应当将该情况及时报告委托人。

第四百条　受托人应当亲自处理委托事务。经委托人同意，受托人可以转委托。转委托经同意的，委托人可以就委托事务直接指示转委托的第三人，受托人仅就第三人的选任及其对第三人的指示承担责任。转委托未经同意的，受托人应当对转委托的第三人的行为承担责任，但在紧急情况下受托人为维护委托人的利益需要转委托的除外。

第四百零一条　受托人应当按照委托人的要求，报告委托事务的处理情况。委托合同终止时，受托人应当报告委托事务的结果。

第四百零二条 受托人以自己的名义，在委托人的授权范围内与第三人订立的合同，第三人在订立合同时知道受托人与委托人之间的代理关系的，该合同直接约束委托人和第三人，但有确切证据证明该合同只约束受托人和第三人的除外。

第四百零三条 受托人以自己的名义与第三人订立合同时，第三人不知道受托人与委托人之间的代理关系的，受托人因第三人的原因对委托人不履行义务，受托人应当向委托人披露第三人，委托人因此可以行使受托人对第三人的权利，但第三人与受托人订立合同时如果知道该委托人就不会订立合同的除外。

受托人因委托人的原因对第三人不履行义务，受托人应当向第三人披露委托人，第三人因此可以选择受托人或者委托人作为相对人主张其权利，但第三人不得变更选定的相对人。

委托人行使受托人对第三人的权利的，第三人可以向委托人主张其对受托人的抗辩。第三人选定委托人作为其相对人的，委托人可以向第三人主张其对受托人的抗辩以及受托人对第三人的抗辩。

第四百零四条 受托人处理委托事务取得的财产，应当转交给委托人。

第四百零五条 受托人完成委托事务的，委托人应当向其支付报酬。因不可归责于受托人的事由，委托合同解除或者委托事务不能完成的，委托人应当向受托人支付相应的报酬。当事人另有约定的，按照其约定。

第四百零六条 有偿的委托合同，因受托人的过错给委托人造成损失的，委托人可以要求赔偿损失。无偿的委托合同，因受托人的故意或者重大过失给委托人造成损失的，委托人可以要求赔偿损失。

受托人超越权限给委托人造成损失的，应当赔偿损失。

第四百零七条 受托人处理委托事务时，因不可归责于自己的事由受到损失的，可以向委托人要求赔偿损失。

第四百零八条 委托人经受托人同意，可以在受托人之外委托第三人处理委托事务。因此给受托人造成损失的，受托人可以向委托人要求赔偿损失。

第四百零九条 两个以上的受托人共同处理委托事务的，对委托人承担连带责任。

第四百一十条 委托人或者受托人可以随时解除委托合同。因解除合同给对方造成损失的，除不可归责于该当事人的事由以外，应当赔偿损失。

第四百一十一条 委托人或者受托人死亡、丧失民事行为能力或者破产的，委托合同终止，但当事人另有约定或者根据委托事务的性质不宜终止的除外。

第四百一十二条 因委托人死亡、丧失民事行为能力或者破产，致使委托合同终止将损害委托人利益的，在委托人的继承人、法定代理人或者清算组织承受委托事务之前，受托人应当继续处理委托事务。

第四百一十三条 因受托人死亡、丧失民事行为能力或者破产，致使委托合同终止的，受托人的继承人、法定代理人或者清算组织应当及时通知委托人。因委托合同终止将损害委托人利益的，在委托人作出善后处理之前，受托人的继承人、法定代理人或者清算组织应当采取必要措施。

《国际海运条例实施细则》（2003 年 3 月 1 日起施行 2017 年 3 月 7 日修正）

第三条 《海运条例》和本实施细则中下列用语的含义是：

……

（六）国际船舶代理经营者，是指依照中国法律设立从事《海运条例》第二十五条规定业务的中国企业法人。

……

第七条 设立外商投资企业经营国际船舶代理业务，应当有固定的营业场所和必要的营业设施，其高级业务管理人员中至少应当有 2 人具有 3 年以上从事国际海上运输经营活动的经历。

经营国际船舶代理业务的企业，应当在开业后 30 日内向交通运输部报备企业名称、注册地、联系方式等信息和《企业法人营业执照》复印件。交通运输部定期在其政府网站或者授权发布的网站发布国际船舶代理业务经营者名称。

从事国际船舶代理业务的企业变更企业信息或者不再从事国际船舶代理经营活动的，应当在信息变更或者停止经营活动的 15 日内，向交通运输部备案。

第三十三条 国际船舶代理经营者、国际船舶管理经营者，不得有下列行为：

（一）以非正常、合理的收费水平提供服务，妨碍公平竞争；

（二）在会计账簿之外暗中给予客户回扣，以承揽业务；

（三）滥用优势地位，限制交易当事人自主选择国际海运辅助业务经营者，或者以其相关产业的垄断地位诱导交易当事人，排斥同业竞争；

（四）其他不正当竞争行为。

第三十九条　设立外商投资企业经营国际船舶代理业务，应当通过拟设立企业所在地的省、自治区、直辖市人民政府交通运输主管部门向交通运输部提交符合本实施细则第七条第一款规定条件的申请材料。有关省、自治区、直辖市人民政府交通运输主管部门收到完整齐备的上述材料后，应当于10个工作日内将有关材料及意见转报交通运输部。

交通运输部应当自收到转报的上述材料和意见之日起30个工作日内，按照本实施细则第七条第一款的规定进行审核，作出批准或者不予批准的决定。决定批准的，发给批准文件；不予批准的，应当书面通知申请人并告知理由。

获得批准的申请人应当持交通运输部批准文件，按照国家有关外商投资企业的法律、法规的要求到有关部门办理相应的设立外商投资企业的审批手续。取得相应的批准文件后，到交通运输部领取《国际船舶代理经营资格登记证书》。

第五十四条　班轮公会协议、运营协议和运价协议、国际船舶代理经营者未按规定向交通运输部备案的，由交通运输部依照《海运条例》第四十四条的规定，对本实施细则第七条、第三十条规定的备案人实施处罚。班轮公会不按规定报备的，可对其公会成员予以处罚。

《民事诉讼法》（1991年4月9日起施行　2017年6月27日修正）

第二十三条　因合同纠纷提起的诉讼，由被告住所地或者合同履行地人民法院管辖。

《最高人民法院关于适用〈中华人民共和国民事诉讼法〉的解释》（法释〔2015〕5号　2015年2月4日起施行）

第二条　专利纠纷案件由知识产权法院、最高人民法院确定的中级人民法院和基层人民法院管辖。

海事、海商案件由海事法院管辖。

第十八条　合同约定履行地点的，以约定的履行地点为合同履行地。

合同对履行地点没有约定或者约定不明确，争议标的为给付货币的，接收货币一方所在地为合同履行地；交付不动产的，不动产所在地为合同履行地；其他标的，履行义务一方所在地为合同履行地。即时结清的合同，交易行为地为合同履行地。

合同没有实际履行，当事人双方住所地都不在合同约定的履行地的，由被告住所地人民法院管辖。

《最高人民法院关于适用〈中华人民共和国海事诉讼特别程序法〉若干问题的解释》（法释〔2003〕3号 2003年2月1日起施行）

第一条 在海上或者通海水域发生的与船舶或者运输、生产、作业相关的海事侵权纠纷、海商合同纠纷，以及法律或者相关司法解释规定的其他海事纠纷案件由海事法院及其上级人民法院专门管辖。

《最高人民法院关于海事诉讼管辖问题的规定》（法释〔2016〕2号 2016年3月1日起施行）

为推进“一带一路”建设、海洋强国战略、京津冀一体化、长江经济带发展规划的实施，促进海洋经济发展，及时化解海事纠纷，保证海事法院正确行使海事诉讼管辖权，依法审理海事案件，根据《中华人民共和国民事诉讼法》《中华人民共和国海事诉讼特别程序法》《中华人民共和国行政诉讼法》以及全国人民代表大会常务委员会《关于在沿海港口城市设立海事法院的决定》等法律规定，现将海事诉讼管辖的几个问题规定如下：

一、关于管辖区域调整

1. 根据航运经济发展和海事审判工作的需要，对大连、武汉海事法院的管辖区域作出如下调整：

（1）大连海事法院管辖下列区域：南自辽宁省与河北省的交界处、东至鸭绿江口的延伸海域和鸭绿江水域，其中包括黄海一部分、渤海一部分、海上岛屿；吉林省的松花江、图们江等通海可航水域及港口；黑龙江省的黑龙江、松花江、乌苏里江等通海可航水域及港口。

（2）武汉海事法院管辖下列区域：自四川省宜宾市合江门至江苏省浏河口之间长江干线及支线水域，包括宜宾、泸州、重庆、涪陵、万州、宜昌、荆州、城陵矶、武汉、九江、安庆、芜湖、马鞍山、南京、扬州、镇江、江阴、张家港、南通等主要港口。

2. 其他各海事法院依据此前最高人民法院发布的决定或通知确定的管辖区域对海事案件行使管辖权。

三、关于海事海商纠纷管辖权异议案件的审理

1. 当事人不服管辖权异议裁定的上诉案件由海事法院所在地的高级人民法院负责海事海商案件的审判庭审理。

2. 发生法律效力的管辖权异议裁定违反海事案件专门管辖确需纠正的，人民法院可依照《中华人民共和国民事诉讼法》第一百九十八条规定再审。

四、其他规定

本规定自2016年3月1日起施行。最高人民法院以前作出的有关规定与本规定不一致的，以本规定为准。

《最高人民法院关于海事法院受理案件范围的规定》（法释〔2016〕4号 2016年3月1日起施行）

根据《中华人民共和国民事诉讼法》《中华人民共和国海事诉讼特别程序法》《中华人民共和国行政诉讼法》以及我国缔结或者参加的有关国际条约，结合我国海事审判实际，现将海事法院受理案件的范围规定如下：

二、海商合同纠纷案件

19. 船舶代理合同纠纷案件；

【适用本案由需要注意的问题】

◆根据《最高人民法院关于适用〈中华人民共和国民事诉讼法〉的解释》《最高人民法院关于适用〈中华人民共和国海事诉讼特别程序法〉若干问题的解释》和《最高人民法院关于海事法院受理案件范围的规定》的规定，因船舶代理合同纠纷提起的诉讼，由海事法院专门管辖。同时，根据《民事诉讼法》中的相关规定，因船舶代理合同纠纷提起的诉讼，应当由被告所在地或船舶代理合同履行地的海事法院管辖。此外，根据《民事诉讼法》第34条的规定，在当事人协议管辖的情形下，应依据当事人的协议为依据确定管辖法院，即由原告住所地、被告住所地、合同签订地、合同履行地或标的物所在地的海事法院管辖。

◆我国《海商法》对船舶代理合同纠纷并未作出专门规定，根据法律属性判断船舶代理合同属于委托合同的范畴，故对该类案件的处理应该参照我国《合同法》中有关委托合同的规定，同时《中华人民共和国国际海运条例》中有关国际船舶代理的规定也可以作为处理该类纠纷的依据。

203. 海上、通海水域货运代理合同纠纷

【案由解析】

海上、通海水域货运代理合同是指代理人接受他人委托，为他人利益办

理货物运输，并收取报酬的合同。货运代理人一般为法人机构，必须取得相关资质才可从事货运代理业务。

海上、通海水域货运代理合同纠纷是指代理人与被代理人因该合同的订立、履行、变更和终止所产生的纠纷。

需要注意的是，最高人民法院于2012年颁布的《关于审理海上货运代理纠纷案件若干问题的规定》明确将此类纠纷称为“海上货运代理纠纷”。之所以去掉了“合同”二字，是因为当前货运代理企业提供的服务已远远超出了传统货运代理业务范围，使得“海上货运代理合同纠纷”已不能准确反映货运代理业务中所发生纠纷的性质。商务部于2003年公布实施的《国际货物运输代理业管理规定实施细则》（以下简称《实施细则》）第32条对货运代理企业从事的经营范围作出了详尽的规定，涉及货运代理企业在货物进出口过程中所可能从事的种种业务。在经营活动中，货运代理企业既可能作为代理人以委托人名义或者以自己的名义办理有关业务，如代为订舱，代办保险、报关，还可能直接成为某一具体法律关系的当事人，如将货物寄存在自己控制的仓库中成为保管人，或者成为签发运输单证，履行运输合同的独立经营人。总而言之，货运代理企业为完成货主委托的货物出口或进口事务，其可能会以不同身份从事相关业务活动，从而与委托人之间形成多种法律关系。而“海上货运代理合同纠纷”从法律关系上看仅指基于委托代理关系发生的纠纷，已经不能涵盖在货物进出口过程中所可能发生的种种纠纷。鉴于法律未将货运代理企业与委托人之间的法律关系作为一种有名合同进行调整，而委托人与货运代理企业之间发生的纠纷系在处理海上货运代理业务过程中发生的，且“海上货运代理”名称的使用沿袭已久，为法律界和货运代理业所接受，故《最高人民法院关于审理海上货运代理纠纷案件若干问题的规定》采用了“海上货运代理纠纷”一语对所涉纠纷进行概况性的表述。

【常用法律条文及索引】

《海商法》（1993年7月1日起施行）

第五十九条 经证明，货物的灭失、损坏或者迟延交付是由于承运人的故意或者明知可能造成损失而轻率地作为或者不作为造成的，承运人不得援用本法第五十六条或者第五十七条限制赔偿责任的规定。

经证明，货物的灭失、损坏或者迟延交付是由于承运人的受雇人、代理人的故意或者明知可能造成损失而轻率地作为或者不作为造成的，承运人的受雇人或者代理人不得援用本法第五十六条或者第五十七条限制赔偿责任的规定。

第六十条　承运人将货物运输或者部分运输委托给实际承运人履行的，承运人仍然应当依照本章规定对全部运输负责。对实际承运人承担的运输，承运人应当对实际承运人的行为或者实际承运人的受雇人、代理人在受雇或者受委托的范围内的行为负责。

虽有前款规定，在海上运输合同中明确约定合同所包括的特定的部分运输由承运人以外的指定的实际承运人履行的，合同可以同时约定，货物在指定的实际承运人掌管期间发生的灭失、损坏或者迟延交付，承运人不负赔偿责任。

第七十条　托运人对承运人、实际承运人所遭受的损失或者船舶所遭受的损坏，不负赔偿责任；但是，此种损失或者损坏是由于托运人或者托运人的受雇人、代理人的过失造成的除外。

托运人的受雇人、代理人对承运人、实际承运人所遭受的损失或者船舶所遭受的损坏，不负赔偿责任；但是，这种损失或者损坏是由于托运人的受雇人、代理人的过失造成的除外。

第一百零二条　本法所称多式联运合同，是指多式联运经营人以两种以上的不同运输方式，其中一种是海上运输方式，负责将货物从接收地运至目的地交付收货人，并收取全程运费的合同。

前款所称多式联运经营人，是指本人或者委托他人以本人名义与托运人订立多式联运合同的人。

《合同法》（1999 年 10 月 1 日起施行）

第三百九十六条　委托合同是委托人和受托人约定，由受托人处理委托人事务的合同。

第三百九十九条　受托人应当按照委托人的指示处理委托事务。需要变更委托人指示的，应当经委托人同意；因情况紧急，难以和委托人取得联系的，受托人应当妥善处理委托事务，但事后应当将该情况及时报告委托人。

第四百零五条　受托人完成委托事务的，委托人应当向其支付报酬。因不可归责于受托人的事由，委托合同解除或者委托事务不能完成的，委托人应当向受托人支付相应的报酬。当事人另有约定的，按照其约定。

第四百零六条　有偿的委托合同，因受托人的过错给委托人造成损失的，委托人可以要求赔偿损失。无偿的委托合同，因受托人的故意或者重大过失给委托人造成损失的，委托人可以要求赔偿损失。

受托人超越权限给委托人造成损失的，应当赔偿损失。

《最高人民法院关于审理海上货运代理纠纷案件若干问题的规定》（法释〔2012〕3号 2012年5月1日起施行）

为正确审理海上货运代理纠纷案件，依法保护当事人合法权益，根据《中华人民共和国民法通则》、《中华人民共和国合同法》、《中华人民共和国海商法》、《中华人民共和国民事诉讼法》和《中华人民共和国海事诉讼特别程序法》等有关法律规定，结合审判实践，制定本规定。

第一条 本规定适用于货运代理企业接受委托人委托处理与海上货物运输有关的货运代理事务时发生的下列纠纷：

（一）因提供订舱、报关、报检、报验、保险服务所发生的纠纷；

（二）因提供货物的包装、监装、监卸、集装箱装拆箱、分拨、中转服务所发生的纠纷；

（三）因缮制、交付有关单证、费用结算所发生的纠纷；

（四）因提供仓储、陆路运输服务所发生的纠纷；

（五）因处理其他海上货运代理事务所发生的纠纷。

第二条 人民法院审理海上货运代理纠纷案件，认定货运代理企业因处理海上货运代理事务与委托人之间形成代理、运输、仓储等不同法律关系的，应分别适用相关的法律规定。

第三条 人民法院应根据书面合同约定的权利义务的性质，并综合考虑货运代理企业取得报酬的名义和方式、开具发票的种类和收费项目、当事人之间的交易习惯以及合同实际履行的其他情况，认定海上货运代理合同关系是否成立。

第四条 货运代理企业在处理海上货运代理事务过程中以自己的名义签发提单、海运单或者其他运输单证，委托人据此主张货运代理企业承担承运人责任的，人民法院应予支持。

货运代理企业以承运人代理人名义签发提单、海运单或者其他运输单证，但不能证明取得承运人授权，委托人据此主张货运代理企业承担承运人责任的，人民法院应予支持。

第五条 委托人与货运代理企业约定了转委托权限，当事人就权限范围内的海上货运代理事务主张委托人同意转委托的，人民法院应予支持。

没有约定转委托权限，货运代理企业或第三人以委托人知道货运代理企业将海上货运代理事务转委托或部分转委托第三人处理而未表示反对为由，主张委托人同意转委托的，人民法院不予支持，但委托人的行为明确表明其接受转委托的除外。

第六条　一方当事人根据双方的交易习惯，有理由相信行为人有权代表对方当事人订立海上货运代理合同，该方当事人依据合同法第四十九条的规定主张合同成立的，人民法院应予支持。

第七条　海上货运代理合同约定货运代理企业交付处理海上货运代理事务取得的单证以委托人支付相关费用为条件，货运代理企业以委托人未支付相关费用为由拒绝交付单证的，人民法院应予支持。

合同未约定或约定不明确，货运代理企业以委托人未支付相关费用为由拒绝交付单证的，人民法院应予支持，但提单、海运单或者其他运输单证除外。

第八条　货运代理企业接受契约托运人的委托办理订舱事务，同时接受实际托运人的委托向承运人交付货物，实际托运人请求货运代理企业交付其取得的提单、海运单或者其他运输单证的，人民法院应予支持。

契约托运人是指本人或者委托他人以本人名义或者委托他人为本人与承运人订立海上货物运输合同的人。

实际托运人是指本人或者委托他人以本人名义或者委托他人为本人将货物交给与海上货物运输合同有关的承运人的人。

第九条　货运代理企业按照概括委托权限完成海上货运代理事务，请求委托人支付相关合理费用的，人民法院应予支持。

第十条　委托人以货运代理企业处理海上货运代理事务给委托人造成损失为由，主张由货运代理企业承担相应赔偿责任的，人民法院应予支持，但货运代理企业证明其没有过错的除外。

第十一条　货运代理企业未尽谨慎义务，与未在我国交通主管部门办理提单登记的无船承运业务经营者订立海上货物运输合同，造成委托人损失的，应承担相应的赔偿责任。

第十二条　货运代理企业接受未在我国交通主管部门办理提单登记的无船承运业务经营者的委托签发提单，当事人主张由货运代理企业和无船承运业务经营者对提单项下的损失承担连带责任的，人民法院应予支持。

货运代理企业承担赔偿责任后，有权向无船承运业务经营者追偿。

第十三条　因本规定第一条所列纠纷提起的诉讼，由海事法院管辖。

第十四条 人民法院在案件审理过程中，发现不具有无船承运业务经营资格的货运代理企业违反《中华人民共和国国际海运条例》的规定，以自己的名义签发提单、海运单或者其他运输单证的，应当向有关交通主管部门发出司法建议，建议交通主管部门予以处罚。

第十五条 本规定不适用于与沿海、内河货物运输有关的货运代理纠纷案件。

第十六条 本规定施行前本院作出的有关司法解释与本规定相抵触的，以本规定为准。

本规定施行后，案件尚在一审或者二审阶段的，适用本规定；本规定施行前已经终审的案件，本规定施行后当事人申请再审或者按照审判监督程序决定再审的案件，不适用本规定。

《国际货物运输代理业管理规定实施细则》（2004 年 1 月 1 日起施行）

第二条 国际货物运输代理企业（以下简称国际货运代理企业）可以作为进出口货物收货人、发货人的代理人，也可以作为独立经营人，从事国际货运代理业务。

国际货运代理企业作为代理人从事国际货运代理业务，是指国际货运代理企业接受进出口货物收货人、发货人或其代理人的委托，以委托人名义或者以自己的名义办理有关业务，收取代理费或佣金的行为。

……

《民事诉讼法》（1991 年 4 月 9 日起施行　2017 年 6 月 27 日修正）

第二十三条 因合同纠纷提起的诉讼，由被告住所地或者合同履行地人民法院管辖。

《最高人民法院关于适用〈中华人民共和国民事诉讼法〉的解释》（法释〔2015〕5 号　2015 年 2 月 4 日起施行）

第二条 专利纠纷案件由知识产权法院、最高人民法院确定的中级人民法院和基层人民法院管辖。

海事、海商案件由海事法院管辖。

第十八条 合同约定履行地点的，以约定的履行地点为合同履行地。

合同对履行地点没有约定或者约定不明确，争议标的为给付货币的，接收货币一方所在地为合同履行地；交付不动产的，不动产所在地为合同履行地；其他标的，履行义务一方所在地为合同履行地。即时结清的合同，交易行为地为合同履行地。

合同没有实际履行，当事人双方住所地都不在合同约定的履行地的，由被告住所地人民法院管辖。

《最高人民法院关于适用〈中华人民共和国海事诉讼特别程序法〉若干问题的解释》（法释〔2003〕3号　2003年2月1日起施行）

第一条　在海上或者通海水域发生的与船舶或者运输、生产、作业相关的海事侵权纠纷、海商合同纠纷，以及法律或者相关司法解释规定的其他海事纠纷案件由海事法院及其上级人民法院专门管辖。

《最高人民法院关于海事诉讼管辖问题的规定》（法释〔2016〕2号　2016年3月1日起施行）

为推进"一带一路"建设、海洋强国战略、京津冀一体化、长江经济带发展规划的实施，促进海洋经济发展，及时化解海事纠纷，保证海事法院正确行使海事诉讼管辖权，依法审理海事案件，根据《中华人民共和国民事诉讼法》《中华人民共和国海事诉讼特别程序法》《中华人民共和国行政诉讼法》以及全国人民代表大会常务委员会《关于在沿海港口城市设立海事法院的决定》等法律规定，现将海事诉讼管辖的几个问题规定如下：

一、关于管辖区域调整

1. 根据航运经济发展和海事审判工作的需要，对大连、武汉海事法院的管辖区域作出如下调整：

（1）大连海事法院管辖下列区域：南自辽宁省与河北省的交界处、东至鸭绿江口的延伸海域和鸭绿江水域，其中包括黄海一部分、渤海一部分、海上岛屿；吉林省的松花江、图们江等通海可航水域及港口；黑龙江省的黑龙江、松花江、乌苏里江等通海可航水域及港口。

（2）武汉海事法院管辖下列区域：自四川省宜宾市合江门至江苏省浏河口之间长江干线及支线水域，包括宜宾、泸州、重庆、涪陵、万州、宜昌、荆州、城陵矶、武汉、九江、安庆、芜湖、马鞍山、南京、扬州、镇江、江阴、张家港、南通等主要港口。

2. 其他各海事法院依据此前最高人民法院发布的决定或通知确定的管辖区域对海事案件行使管辖权。

三、关于海事海商纠纷管辖权异议案件的审理

1. 当事人不服管辖权异议裁定的上诉案件由海事法院所在地的高级人民法院负责海事海商案件的审判庭审理。

2. 发生法律效力的管辖权异议裁定违反海事案件专门管辖确需纠正

的，人民法院可依照《中华人民共和国民事诉讼法》第一百九十八条规定再审。

四、其他规定

本规定自2016年3月1日起施行。最高人民法院以前作出的有关规定与本规定不一致的，以本规定为准。

《最高人民法院关于海事法院受理案件范围的规定》（法释〔2016〕4号 2016年3月1日起施行）

根据《中华人民共和国民事诉讼法》《中华人民共和国海事诉讼特别程序法》《中华人民共和国行政诉讼法》以及我国缔结或者参加的有关国际条约，结合我国海事审判实际，现将海事法院受理案件的范围规定如下：

二、海商合同纠纷案件

27. 海上、通海可航水域货运代理合同纠纷案件；

【适用本案由需要注意的问题】

◆根据《最高人民法院关于适用〈中华人民共和国民事诉讼法〉的解释》《最高人民法院关于适用〈中华人民共和国海事诉讼特别程序法〉若干问题的解释》和《最高人民法院关于海事法院受理案件范围的规定》的规定，因海上、通海水域货运代理合同纠纷提起的诉讼，由海事法院专门管辖。同时，根据《民事诉讼法》的规定，因海上、通海水域货运代理合同纠纷提起的诉讼，应当由被告住所地或海上、通海水域货运代理合同履行地的海事法院管辖。此外，根据《民事诉讼法》第34条的规定，在当事人协议管辖的情形下，应以当事人的协议为依据确定管辖法院，即由原告住所地、被告住所地、合同签订地、合同履行地或标的物所在地的海事法院管辖。

◆在适用本案由时，需要注意的是，海上货运代理纠纷是指与国际海上货物运输有关的货运代理纠纷，即货运代理企业接受进出口货物的发货人或收货人的委托，处理与国际海上货物运输有关的货运代理事务过程中发生的纠纷，并不包括“与沿海、内河货物运输有关的货运代理纠纷”。

民事案件案由
新释新解与适用指南

第二版

［下册］

主　　编：景汉朝
执行主编：司　伟
撰 稿 人：司　伟 朱　健 朱世亮
（以姓氏笔画为序）

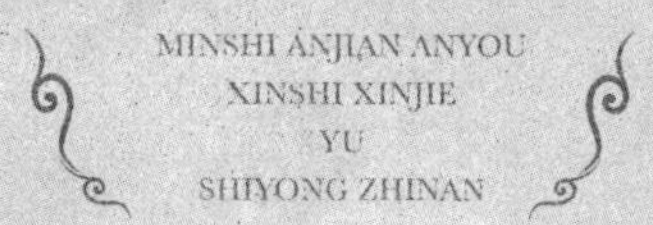

MINSHI ANJIAN ANYOU
XINSHI XINJIE
YU
SHIYONG ZHINAN

中国法制出版社
CHINA LEGAL PUBLISHING HOUSE

总目录

第一部分　人格权纠纷

第二部分　婚姻家庭、继承纠纷

第三部分　物权纠纷

第四部分　合同、无因管理、不当得利纠纷

第五部分　知识产权与竞争纠纷

第六部分　劳动争议、人事争议

第七部分　海事海商纠纷

第八部分　与公司、证券、保险、票据等有关的民事纠纷

第九部分　侵权责任纠纷

第十部分　适用特殊程序案件案由

目　录

（上册）

第一部分　人格权纠纷

第二部分　婚姻家庭、继承纠纷

第三部分　物权纠纷

第四部分　合同、无因管理、不当得利纠纷

第五部分　知识产权与竞争纠纷

第六部分　劳动争议、人事争议

第七部分　海事海商纠纷

（下册）

第八部分　与公司、证券、保险、票据等有关的民事纠纷

第九部分　侵权责任纠纷

第十部分　适用特殊程序案件案由

（第七部分　海事海商纠纷）

（十九、海事海商纠纷）

204. 理货合同纠纷

【案由解析】

理货合同是指理货方与船方、港方三方之间就提供理货服务的权利义务内容达成的协议。理货是指承运人将货物运送至目的地并交付于收货人或其代理人的过程中，按照货物标志进行分唛、验残、计数、制单、编制记录，分清数量和残损责任而设立的一种专业性工作。理货人一般为公司法人。

理货合同纠纷是指理货方、船方和港方三方之间就该合同的订立、履行、变更和终止所产生的纠纷。

理货合同的主要特征是：（1）理货人是代表船方或者港方与承运人进行货物交接，按其性质分为公正性理货和交接性理货，公正性理货是由船方申请专业理货人员进行的，交接性理货是港口为了货物的交接和保管而配备专职人员进行的。（2）理货合同的双方当事人分别是理货人和船方或者理货人和港方，理货人接受船方或者港方的委托，代表船方或港方与承运人交接货物。

【常用法律条文及索引】

《合同法》（1999年10月1日起施行）

第一百零七条　当事人一方不履行合同义务或者履行合同义务不符合约定的，应当承担继续履行、采取补救措施或者赔偿损失等违约责任。

第一百二十四条　本法分则或者其他法律没有明文规定的合同，适用本法总则的规定，并可以参照本法分则或者其他法律最相类似的规定。

第三百九十六条 委托合同是委托人和受托人约定，由受托人处理委托人事务的合同。

第三百九十七条 委托人可以特别委托受托人处理一项或者数项事务，也可以概括委托受托人处理一切事务。

第三百九十九条 受托人应当按照委托人的指示处理委托事务。需要变更委托人指示的，应当经委托人同意；因情况紧急，难以和委托人取得联系的，受托人应当妥善处理委托事务，但事后应当将该情况及时报告委托人。

第四百零一条 受托人应当按照委托人的要求，报告委托事务的处理情况。委托合同终止时，受托人应当报告委托事务的结果。

第四百零五条 受托人完成委托事务的，委托人应当向其支付报酬。因不可归责于受托人的事由，委托合同解除或者委托事务不能完成的，委托人应当向受托人支付相应的报酬。当事人另有约定的，按照其约定。

第四百零七条 受托人处理委托事务时，因不可归责于自己的事由受到损失的，可以向委托人要求赔偿损失。

《民事诉讼法》（1991年4月9日起施行 2017年6月27日修正）

第二十三条 因合同纠纷提起的诉讼，由被告住所地或者合同履行地人民法院管辖。

《最高人民法院关于适用〈中华人民共和国民事诉讼法〉的解释》（法释〔2015〕5号 2015年2月4日起施行）

第二条 专利纠纷案件由知识产权法院、最高人民法院确定的中级人民法院和基层人民法院管辖。

海事、海商案件由海事法院管辖。

第十八条 合同约定履行地点的，以约定的履行地点为合同履行地。

合同对履行地点没有约定或者约定不明确，争议标的为给付货币的，接收货币一方所在地为合同履行地；交付不动产的，不动产所在地为合同履行地；其他标的，履行义务一方所在地为合同履行地。即时结清的合同，交易行为地为合同履行地。

合同没有实际履行，当事人双方住所地都不在合同约定的履行地的，由被告住所地人民法院管辖。

《最高人民法院关于适用〈中华人民共和国海事诉讼特别程序法〉若干问题的解释》（法释〔2003〕3号 2003年2月1日起施行）

第一条 在海上或者通海水域发生的与船舶或者运输、生产、作业相关

的海事侵权纠纷、海商合同纠纷，以及法律或者相关司法解释规定的其他海事纠纷案件由海事法院及其上级人民法院专门管辖。

《最高人民法院关于海事诉讼管辖问题的规定》（法释〔2016〕2号 2016年3月1日起施行）

为推进“一带一路”建设、海洋强国战略、京津冀一体化、长江经济带发展规划的实施，促进海洋经济发展，及时化解海事纠纷，保证海事法院正确行使海事诉讼管辖权，依法审理海事案件，根据《中华人民共和国民事诉讼法》《中华人民共和国海事诉讼特别程序法》《中华人民共和国行政诉讼法》以及全国人民代表大会常务委员会《关于在沿海港口城市设立海事法院的决定》等法律规定，现将海事诉讼管辖的几个问题规定如下：

一、关于管辖区域调整

1. 根据航运经济发展和海事审判工作的需要，对大连、武汉海事法院的管辖区域作出如下调整：

（1）大连海事法院管辖下列区域：南自辽宁省与河北省的交界处、东至鸭绿江口的延伸海域和鸭绿江水域，其中包括黄海一部分、渤海一部分、海上岛屿；吉林省的松花江、图们江等通海可航水域及港口；黑龙江省的黑龙江、松花江、乌苏里江等通海可航水域及港口。

（2）武汉海事法院管辖下列区域：自四川省宜宾市合江门至江苏省浏河口之间长江干线及支线水域，包括宜宾、泸州、重庆、涪陵、万州、宜昌、荆州、城陵矶、武汉、九江、安庆、芜湖、马鞍山、南京、扬州、镇江、江阴、张家港、南通等主要港口。

2. 其他各海事法院依据此前最高人民法院发布的决定或通知确定的管辖区域对海事案件行使管辖权。

三、关于海事海商纠纷管辖权异议案件的审理

1. 当事人不服管辖权异议裁定的上诉案件由海事法院所在地的高级人民法院负责海事海商案件的审判庭审理。

2. 发生法律效力的管辖权异议裁定违反海事案件专门管辖确需纠正的，人民法院可依照《中华人民共和国民事诉讼法》第一百九十八条规定再审。

四、其他规定

本规定自2016年3月1日起施行。最高人民法院以前作出的有关规定与本规定不一致的，以本规定为准。

《最高人民法院关于海事法院受理案件范围的规定》（法释〔2016〕4号 2016年3月1日起施行）

根据《中华人民共和国民事诉讼法》《中华人民共和国海事诉讼特别程序法》《中华人民共和国行政诉讼法》以及我国缔结或者参加的有关国际条约，结合我国海事审判实际，现将海事法院受理案件的范围规定如下：

二、海商合同纠纷案件

29. 海上、通海可航水域运输理货合同纠纷案件；

【适用本案由需要注意的问题】

◆根据《最高人民法院关于适用〈中华人民共和国民事诉讼法〉的解释》《最高人民法院关于适用〈中华人民共和国海事诉讼特别程序法〉若干问题的解释》，因理货合同纠纷提起的诉讼，由海事法院专门管辖。同时，根据《民事诉讼法》有关地域管辖的规定，因理货合同纠纷提起的诉讼，由被告所在地、理货合同履行地的海事法院管辖。此外，根据《民事诉讼法》第34条的规定，在当事人协议管辖的情形下，应以当事人的协议为依据确定管辖法院，即由原告住所地、被告住所地、合同签订地、合同履行地或标的物所在地的海事法院管辖。

◆理货人为船方或者港方提供理货服务，代表船方或者港方与承运人交接货物，在法律属性上属于委托合同的范畴，故处理理货合同纠纷也可以适用《合同法》中有关委托合同的规定。

205. 船舶物料和备品供应合同纠纷

【案由解析】

船舶物料和备品供应合同是指供应方向船方提供船舶所需物资和用品，船方支付相应费用的合同。船舶物料和备品一般指船舶的设备及配件、动力燃料和船员的生活物资。

船舶物料和备品供应合同纠纷是指供应方和船方因该合同的订立、履行、变更和终止而产生的纠纷。

【常用法律条文及索引】

《合同法》（1999 年 10 月 1 日起施行）

第一百零七条　当事人一方不履行合同义务或者履行合同义务不符合约定的，应当承担继续履行、采取补救措施或者赔偿损失等违约责任。

第一百三十条　买卖合同是出卖人转移标的物的所有权于买受人，买受人支付价款的合同。

第一百三十三条　标的物的所有权自标的物交付时起转移，但法律另有规定或者当事人另有约定的除外。

第一百三十五条　出卖人应当履行向买受人交付标的物或者交付提取标的物的单证，并转移标的物所有权的义务。

第一百三十八条　出卖人应当按照约定的期限交付标的物。约定交付期间的，出卖人可以在该交付期间内的任何时间交付。

第一百三十九条　当事人没有约定标的物的交付期限或者约定不明确的，适用本法第六十一条、第六十二条第四项的规定。

《民事诉讼法》（1991 年 4 月 9 日起施行　2017 年 6 月 27 日修正）

第二十三条　因合同纠纷提起的诉讼，由被告住所地或者合同履行地人民法院管辖。

《最高人民法院关于适用〈中华人民共和国民事诉讼法〉的解释》（法释〔2015〕5 号　2015 年 2 月 4 日起施行）

第二条　专利纠纷案件由知识产权法院、最高人民法院确定的中级人民法院和基层人民法院管辖。

海事、海商案件由海事法院管辖。

第十八条　合同约定履行地点的，以约定的履行地点为合同履行地。

合同对履行地点没有约定或者约定不明确，争议标的为给付货币的，接收货币一方所在地为合同履行地；交付不动产的，不动产所在地为合同履行地；其他标的，履行义务一方所在地为合同履行地。即时结清的合同，交易行为地为合同履行地。

合同没有实际履行，当事人双方住所地都不在合同约定的履行地的，由被告住所地人民法院管辖。

《最高人民法院关于适用〈中华人民共和国海事诉讼特别程序法〉若干问题的解释》（法释〔2003〕3号　2003年2月1日起施行）

第一条　在海上或者通海水域发生的与船舶或者运输、生产、作业相关的海事侵权纠纷、海商合同纠纷，以及法律或者相关司法解释规定的其他海事纠纷案件由海事法院及其上级人民法院专门管辖。

《最高人民法院关于海事诉讼管辖问题的规定》（法释〔2016〕2号　2016年3月1日起施行）

为推进"一带一路"建设、海洋强国战略、京津冀一体化、长江经济带发展规划的实施，促进海洋经济发展，及时化解海事纠纷，保证海事法院正确行使海事诉讼管辖权，依法审理海事案件，根据《中华人民共和国民事诉讼法》《中华人民共和国海事诉讼特别程序法》《中华人民共和国行政诉讼法》以及全国人民代表大会常务委员会《关于在沿海港口城市设立海事法院的决定》等法律规定，现将海事诉讼管辖的几个问题规定如下：

一、关于管辖区域调整

1. 根据航运经济发展和海事审判工作的需要，对大连、武汉海事法院的管辖区域作出如下调整：

（1）大连海事法院管辖下列区域：南自辽宁省与河北省的交界处、东至鸭绿江口的延伸海域和鸭绿江水域，其中包括黄海一部分、渤海一部分、海上岛屿；吉林省的松花江、图们江等通海可航水域及港口；黑龙江省的黑龙江、松花江、乌苏里江等通海可航水域及港口。

（2）武汉海事法院管辖下列区域：自四川省宜宾市合江门至江苏省浏河口之间长江干线及支线水域，包括宜宾、泸州、重庆、涪陵、万州、宜昌、荆州、城陵矶、武汉、九江、安庆、芜湖、马鞍山、南京、扬州、镇江、江阴、张家港、南通等主要港口。

2. 其他各海事法院依据此前最高人民法院发布的决定或通知确定的管辖区域对海事案件行使管辖权。

三、关于海事海商纠纷管辖权异议案件的审理

1. 当事人不服管辖权异议裁定的上诉案件由海事法院所在地的高级人民法院负责海事海商案件的审判庭审理。

2. 发生法律效力的管辖权异议裁定违反海事案件专门管辖确需纠正的，人民法院可依照《中华人民共和国民事诉讼法》第一百九十八条规定再审。

四、其他规定

本规定自2016年3月1日起施行。最高人民法院以前作出的有关规定与本规定不一致的，以本规定为准。

《最高人民法院关于海事法院受理案件范围的规定》（法释〔2016〕4号 2016年3月1日起施行）

根据《中华人民共和国民事诉讼法》《中华人民共和国海事诉讼特别程序法》《中华人民共和国行政诉讼法》以及我国缔结或者参加的有关国际条约，结合我国海事审判实际，现将海事法院受理案件的范围规定如下：

二、海商合同纠纷案件

18. 与特定船舶营运相关的物料、燃油、备品供应合同纠纷案件；

【适用本案由需要注意的问题】

◆根据《最高人民法院关于适用〈中华人民共和国民事诉讼法〉的解释》《最高人民法院关于适用〈中华人民共和国海事诉讼特别程序法〉若干问题的解释》和《最高人民法院关于海事法院受理案件范围的规定》的规定，因船舶物料和备品供应合同纠纷提起的诉讼，由海事法院专门管辖。同时，根据《民事诉讼法》有关地域管辖的规定，因船舶物料和备品供应合同纠纷提起的诉讼，由被告所在地、船舶物料和备品供应合同履行地的海事法院管辖。此外，根据《民事诉讼法》第34条的规定，在当事人协议管辖的情形下，应以当事人的协议为依据确定管辖法院，即由原告住所地、被告住所地、合同签订地、合同履行地或标的物所在地的海事法院管辖。

◆供应方向船方提供物资，船方付给费用，是典型的买卖关系，船舶物料和备品供应合同在法律属性上也属于买卖合同范畴，因此处理船舶物料和备品供应合同纠纷也应该适用《合同法》关于买卖合同的规定。

206. 船员劳务合同纠纷

【案由解析】

船员劳务合同是指船员在船上尽职工作或服务，船舶所有人或经营人向船员支付工资报酬的合同。

船员劳务合同纠纷是指船员与船舶所有人或经营人就劳务合同的订立、

履行、变更和终止所产生的纠纷。

船员劳务合同的特征是：（1）内容限制性较多，当事人在合同中的权利义务都由法律所规定，当事人不能作出更改。（2）合同签订的方式较特殊，我国一般不是由船员个人直接与船舶所有人、船舶经营人签订劳务合同，而是由船员向船员劳务服务机构提出申请，由该机构与船舶所有人或经营人签订合同。

【常用法律条文及索引】

《劳动法》（1995 年 1 月 1 日起施行　2009 年 8 月 27 日修正）

第三条　劳动者享有平等就业和选择职业的权利、取得劳动报酬的权利、休息休假的权利、获得劳动安全卫生保护的权利、接受职业技能培训的权利、享受社会保险和福利的权利、提请劳动争议处理的权利以及法律规定的其他劳动权利。

劳动者应当完成劳动任务，提高职业技能，执行劳动安全卫生规程，遵守劳动纪律和职业道德。

第四条　用人单位应当依法建立和完善规章制度，保障劳动者享有劳动权利和履行劳动义务。

《海商法》（1993 年 7 月 1 日起施行）

第二十二条　下列各项海事请求具有船舶优先权：

（一）船长、船员和在船上工作的其他在编人员根据劳动法律、行政法规或者劳动合同所产生的工资、其他劳动报酬、船员遣返费用和社会保险费用的给付请求；

……

第三十一条　船员，是指包括船长在内的船上一切任职人员。

第三十二条　船长、驾驶员、轮机长、轮机员、电机员、报务员、必须由持有相应适任证书的人担任。

第三十三条　从事国际航行的船舶的中国籍船员，必须持有中华人民共和国港务监督机构颁发的海员证和有关证书。

第三十四条　船员的任用和劳动方面的权利、义务，本法没有规定的，适用有关法律、行政法规的规定。

《船员条例》（2007 年 9 月 1 日起施行　2017 年 3 月 1 日修订）

第四条　本条例所称船员，是指依照本条例的规定经船员注册取得船员服务簿的人员，包括船长、高级船员、普通船员。

本条例所称船长，是指依照本条例的规定取得船长任职资格，负责管理和指挥船舶的人员。

本条例所称高级船员，是指依照本条例的规定取得相应任职资格的大副、二副、三副、轮机长、大管轮、二管轮、三管轮、通信人员以及其他在船舶上任职的高级技术或者管理人员。

本条例所称普通船员，是指除船长、高级船员外的其他船员。

第五条　申请船员注册，应当具备下列条件：

（一）年满18周岁（在船实习、见习人员年满16周岁）但不超过60周岁；

（二）符合船员健康要求；

（三）经过船员基本安全培训，并经海事管理机构考试合格。

申请注册国际航行船舶船员的，还应当通过船员专业外语考试。

第六条　申请船员注册，可以由申请人或者其代理人向任何海事管理机构提出书面申请，并附送申请人符合本条例第五条规定条件的证明材料。

海事管理机构应当自受理船员注册申请之日起10日内做出注册或者不予注册的决定。对符合本条例第五条规定条件的，应当给予注册，发给船员服务簿，但是申请人被依法吊销船员服务簿未满5年的，不予注册。

第十条　申请船员适任证书，应当向海事管理机构提出书面申请，并附送申请人符合本条例第九条规定条件的证明材料。对符合规定条件并通过国家海事管理机构组织的船员任职考试的，海事管理机构应当发给相应的船员适任证书。

第十六条　海事管理机构应当自受理申请之日起7日内做出批准或者不予批准的决定。予以批准的，发给中华人民共和国海员证；不予批准的，应当书面通知申请人并说明理由。

第二十五条　船员用人单位和船员应当按照国家有关规定参加工伤保险、医疗保险、养老保险、失业保险以及其他社会保险，并依法按时足额缴纳各项保险费用。

船员用人单位应当为在驶往或者驶经战区、疫区或者运输有毒、有害物质的船舶上工作的船员，办理专门的人身、健康保险，并提供相应的防护措施。

第二十六条　船舶上船员生活和工作的场所，应当符合国家船舶检验规范中有关船员生活环境、作业安全和防护的要求。

船员用人单位应当为船员提供必要的生活用品、防护用品、医疗用品，建立船员健康档案，并为船员定期进行健康检查，防治职业疾病。

船员在船工作期间患病或者受伤的，船员用人单位应当及时给予救治；船员失踪或者死亡的，船员用人单位应当及时做好相应的善后工作。

第二十七条 船员用人单位应当依照有关劳动合同的法律、法规和中华人民共和国缔结或者加入的有关船员劳动与社会保障国际条约的规定，与船员订立劳动合同。

船员用人单位不得招用未取得本条例规定证件的人员上船工作。

第二十八条 船员工会组织应当加强对船员合法权益的保护，指导、帮助船员与船员用人单位订立劳动合同。

第二十九条 船员用人单位应当根据船员职业的风险性、艰苦性、流动性等因素，向船员支付合理的工资，并按时足额发放给船员。任何单位和个人不得克扣船员的工资。

船员用人单位应当向在劳动合同有效期内的待派船员，支付不低于船员用人单位所在地人民政府公布的最低工资。

第三十条 船员在船工作时间应当符合国务院交通主管部门规定的标准，不得疲劳值班。

船员除享有国家法定节假日的假期外，还享有在船舶上每工作 2 个月不少于 5 日的年休假。

船员用人单位应当在船员年休假期间，向其支付不低于该船员在船工作期间平均工资的报酬。

第三十一条 船员在船工作期间，有下列情形之一的，可以要求遣返：

（一）船员的劳动合同终止或者依法解除的；

（二）船员不具备履行船上岗位职责能力的；

（三）船舶灭失的；

（四）未经船员同意，船舶驶往战区、疫区的；

（五）由于破产、变卖船舶、改变船舶登记或者其他原因，船员用人单位、船舶所有人不能继续履行对船员的法定或者约定义务的。

第三十二条 船员可以从下列地点中选择遣返地点：

（一）船员接受招用的地点或者上船任职的地点；

（二）船员的居住地、户籍所在地或者船籍登记国；

（三）船员与船员用人单位或者船舶所有人约定的地点。

第三十三条　船员的遣返费用由船员用人单位支付。遣返费用包括船员乘坐交通工具的费用、旅途中合理的食宿及医疗费用和30公斤行李的运输费用。

第三十四条　船员的遣返权利受到侵害的，船员当时所在地民政部门或者中华人民共和国驻境外领事机构，应当向船员提供援助；必要时，可以直接安排船员遣返。民政部门或者中华人民共和国驻境外领事机构为船员遣返所垫付的费用，船员用人单位应当及时返还。

《民事诉讼法》（1991年4月9日起施行　2017年6月27日修正）

第二十三条　因合同纠纷提起的诉讼，由被告住所地或者合同履行地人民法院管辖。

《海事诉讼特别程序法》（2000年7月1日起施行）

第六条　海事诉讼的地域管辖，依照《中华人民共和国民事诉讼法》的有关规定。

下列海事诉讼的地域管辖，依照以下规定：

……

（五）因海船的船员劳务合同纠纷提起的诉讼，由原告住所地、合同签订地、船员登船港或者离船港所在地、被告住所地海事法院管辖；

……

《最高人民法院关于适用〈中华人民共和国民事诉讼法〉的解释》（法释〔2015〕5号　2015年2月4日起施行）

第二条　专利纠纷案件由知识产权法院、最高人民法院确定的中级人民法院和基层人民法院管辖。

海事、海商案件由海事法院管辖。

第十八条　合同约定履行地点的，以约定的履行地点为合同履行地。

合同对履行地点没有约定或者约定不明确，争议标的为给付货币的，接收货币一方所在地为合同履行地；交付不动产的，不动产所在地为合同履行地；其他标的，履行义务一方所在地为合同履行地。即时结清的合同，交易行为地为合同履行地。

合同没有实际履行，当事人双方住所地都不在合同约定的履行地的，由被告住所地人民法院管辖。

《最高人民法院关于适用〈中华人民共和国海事诉讼特别程序法〉若干问题的解释》（法释〔2003〕3号 2003年2月1日起施行）

第一条 在海上或者通海水域发生的与船舶或者运输、生产、作业相关的海事侵权纠纷、海商合同纠纷，以及法律或者相关司法解释规定的其他海事纠纷案件由海事法院及其上级人民法院专门管辖。

第八条 因船员劳务合同纠纷直接向海事法院提起的诉讼，海事法院应当受理。

《最高人民法院关于海事诉讼管辖问题的规定》（法释〔2016〕2号 2016年3月1日起施行）

为推进“一带一路”建设、海洋强国战略、京津冀一体化、长江经济带发展规划的实施，促进海洋经济发展，及时化解海事纠纷，保证海事法院正确行使海事诉讼管辖权，依法审理海事案件，根据《中华人民共和国民事诉讼法》《中华人民共和国海事诉讼特别程序法》《中华人民共和国行政诉讼法》以及全国人民代表大会常务委员会《关于在沿海港口城市设立海事法院的决定》等法律规定，现将海事诉讼管辖的几个问题规定如下：

一、关于管辖区域调整

1. 根据航运经济发展和海事审判工作的需要，对大连、武汉海事法院的管辖区域作出如下调整：

（1）大连海事法院管辖下列区域：南自辽宁省与河北省的交界处、东至鸭绿江口的延伸海域和鸭绿江水域，其中包括黄海一部分、渤海一部分、海上岛屿；吉林省的松花江、图们江等通海可航水域及港口；黑龙江省的黑龙江、松花江、乌苏里江等通海可航水域及港口。

（2）武汉海事法院管辖下列区域：自四川省宜宾市合江门至江苏省浏河口之间长江干线及支线水域，包括宜宾、泸州、重庆、涪陵、万州、宜昌、荆州、城陵矶、武汉、九江、安庆、芜湖、马鞍山、南京、扬州、镇江、江阴、张家港、南通等主要港口。

2. 其他各海事法院依据此前最高人民法院发布的决定或通知确定的管辖区域对海事案件行使管辖权。

三、关于海事海商纠纷管辖权异议案件的审理

1. 当事人不服管辖权异议裁定的上诉案件由海事法院所在地的高级人民法院负责海事海商案件的审判庭审理。

2. 发生法律效力的管辖权异议裁定违反海事案件专门管辖确需纠正的，

人民法院可依照《中华人民共和国民事诉讼法》第一百九十八条规定再审。

四、其他规定

本规定自2016年3月1日起施行。最高人民法院以前作出的有关规定与本规定不一致的，以本规定为准。

《最高人民法院关于海事法院受理案件范围的规定》（法释〔2016〕4号 2016年3月1日起施行）

根据《中华人民共和国民事诉讼法》《中华人民共和国海事诉讼特别程序法》《中华人民共和国行政诉讼法》以及我国缔结或者参加的有关国际条约，结合我国海事审判实际，现将海事法院受理案件的范围规定如下：

二、海商合同纠纷案件

24. 船员劳动合同、劳务合同（含船员劳务派遣协议）项下与船员登船、在船服务、离船遣返相关的报酬给付及人身伤亡赔偿纠纷案件；

【适用本案由需要注意的问题】

◆根据《最高人民法院关于适用〈中华人民共和国民事诉讼法〉的解释》第2条、《最高人民法院关于适用〈中华人民共和国海事诉讼特别程序法〉若干问题的解释》第6条第2款第5项、《最高人民法院关于海事法院受理案件范围的规定》以及《最高人民法院关于适用〈中华人民共和国海事诉讼特别程序法〉若干问题的解释》第8条的规定，因船员劳务合同纠纷提起的诉讼应由原告住所地、合同签订地、船员登船港或者离船港所在地、被告住所地的海事法院管辖。

207. 海难救助合同纠纷

【案由解析】

海难救助又称海上救助，是《海商法》中特有的法律制度，它是针对海上的特殊风险而产生的。是指遭遇海难的船舶、货物等，由他人进行救助的行为。

海难救助合同是指遭遇海难无力自行施救的船舶，与救助人就救助事项达成的有关权利义务方面的书面或口头协议。

海难救助合同纠纷是指救助人与被救助人因海难救助合同的订立、履行、变更和终止所产生的纠纷。

海难救助合同的特征是：(1) 由于救助合同一般是在紧急的情况下订立的，双方当事人没有充分的时间对合同的条款进行协商，因此救助合同不是一种完全意思自治的合同。(2) 海难救助包括对物的救助也包括对人的救助，对人的救助是国际法规定的义务，是一种基于道德的救助。在仅救助人命的情况下，是不能取得救助报酬的。(3) 合同救助采用的是“无效果，无报酬”的救助原则，在救助成功前，救助人均无救助报酬的请求权。为避免拖延救助的时机，“无效果、无报酬”的救助一般均采用格式合同。

【常用法律条文及索引】

《海商法》(1993 年 7 月 1 日起施行)

第一百七十一条 本章规定适用于在海上或者与海相通的河航水域，对遇险的船舶和其他财产进行救助。

第一百七十二条 本章下列用语的含义：

(一)“船舶”，是指本法第三条所称的船舶和与其发生救助关系的任何其他非用于军事的或者是政府公务的船艇。

(二)“财产”，是指非永久地和非有意地依附于岸线的任何财产，包括有风险的运费。

(三)“救助款项”，是指依照本章规定，被救助方应当向救助方支付的任何救助报酬、酬金或者补偿。

第一百七十三条 本章规定，不适用于海上已经就位的从事海底矿物资源的勘探、开发或者生产的固定式、浮动式平台和移动式近海钻井装置。

第一百七十四条 船长在不严重危及本船和船上人员安全的情况下，有义务尽力救助海上人命。

第一百七十五条 救助方与被救助方就海难救助达成协议，救助合同成立。

遇险船舶的船长有权代表船舶所有人订立救助合同。遇险船舶的船长或者船舶所有人有权代表船上财产所有人订立救助合同。

第一百七十六条 有下列情形之一，经一方当事人起诉或者双方当事人协议仲裁的，受理争议的法院或者仲裁机构可以判决或者裁决变更救助合同：

(一) 合同在不正当的或者危险情况的影响下订立，合同条款显失公平的；

（二）根据合同支付的救助款项明显过高或者过低于实际提供的救助服务的。

第一百七十七条 在救助作业过程中，救助方对被救助方负有下列义务：

（一）以应有的谨慎进行救助；

（二）以应有的谨慎防止或者减少环境污染损害；

（三）在合同需要的情况下，寻求其他救助方援助；

（四）当被救助方合理地要求其他救助方参与救助作业时，接受此种要求，但是要求不合理的，原救助方的救助报酬金额不受影响。

第一百七十八条 在救助作业过程中，被救助方对救助方负有以下列义务：

（一）与救助方通力合作；

（二）以应有的谨慎防止或者减少环境污染损害；

（三）当获救的船舶或者其他财产已经被送至安全地点时，及时接受救助方提出的合理的移交要求。

第一百七十九条 救助方对遇险的船舶和其他财产的救助，取得效果的，有权获得救助报酬；救助未取得效果的，除本法第一百八十二条或其他法律另有规定或者合同另有约定外，无权获得救助款项。

第一百八十条 确定救助报酬，应当体现对救助作业的鼓励，并综合考虑下列各项因素：

（一）船舶和其他财产的获救的价值；

（二）救助方在防止或者减少环境污染损害方面的技能和努力；

（三）救助方的救助成效；

（四）危险的性质和程度；

（五）救助方在救助船舶、其他财产和人命方面的技能和努力；

（六）救助方所用的时间、支出的费用和遭受的损失；

（七）救助方或者救助设备所冒的责任风险和其他风险；

（八）救助方提供救助服务的及时性；

（九）用于救助作业的船舶和其他设备的可用性和使用情况；

（十）救助设备的备用状况、效能和设备的价值。

救助报酬不得超过船舶和其他财产的获救价值。

第一百八十一条　船舶和其他财产的获救价值，是指船舶和其他财产获救后的估计价值或者实际出卖的收入，扣除有关税款和海关、检疫、检验费用以及进行卸载、保管、估价、出卖而产生的费用后的价值。

前款规定的价值不包括船员的获救的私人物品和旅客的获救的自带行李的价值。

第一百八十二条　对构成环境污染损害危险的船舶或者船上货物进行的救助，救助方依照本法第一百八十条规定获得的救助报酬，少于依照本条规定可以得到的特别补偿的，救助方有权依照本条规定，从船舶所有人处获得相当于救助费用的特别补偿。

救助人进行前款规定的救助作业，取得防止或者减少环境污染损害效果的，船舶所有人依照前款规定应当向救助方支付的特别补偿可以另行增加，增加的数额可以达到救助费用的百分之三十。受理争议的法院或者仲裁机构认为适当，并且考虑到本法第一百八十条第一款的规定，可以判决或者裁决进一步增加特别数额；但是，在任何情况下，增加部分不得超过救助费用的百分之一百。

本条所称救助费用，是指救助方在救助作业中直接支付的合理费用以及实际使用救助设备、投入救助人员的合理费用。确定救助费用应当考虑本法第一百八十条第一款（八）、（九）、（十）项的规定。

在任何情况下，本条规定的全部特别补偿，只有在超过救助方依照本法第一百八十条规定能够获得的救助报酬时，方可支付，支付金额为特别补偿超过救助报酬的差额部分。

由于救助方的过失未能防止或者减少环境污染损害的，可以全部或者部分地剥夺救助方获得特别补偿的权利。

本条规定不影响船舶所有人对其他被救助方的追偿权。

第一百八十三条　救助报酬的金额，应当由获救的船舶和其他财产的各所有人，按照船舶和其他各项财产各自的获救价值占全部获救价值的比例承担。

第一百八十四条　参加同一救助作业的各救助方的救助报酬，应当根据本法第一百八十条规定的标准，由各方协商确定；协商不成的，可以提请受理争议的法院判决或者经各方协议提请仲裁机构裁决。

第一百八十五条　在救助作业中救助人命的救助方，对获救人员不得请求酬金，但是有权从救助船舶或者其他财产、防止或者减少环境污染损害的救助方获得的救助款项中，获得合理的份额。

第一百八十六条 下列救助行为无权获得救助款项：

（一）正常履行拖航合同或者其服务合同的义务进行救助的，但是提供不属于履行上述义务的特殊劳务除外；

（二）不顾遇险的船舶的船长、船舶所有人或者其他财产所有人明确的和合理的拒绝，仍然进行救助的。

第一百八十七条 由于救助方的过失致使救助作业成为必需或者更加困难的，可能救助方有欺诈或者其他不诚实行为的，应当取消或者减少向救助方支付的救助款项。

第一百八十八条 被救助方在救助作业结束后，应当根据救助方的要求，对救助款项提供满意的担保。

在不影响前款规定的情况下，获救船舶的船舶所有人应当在获救的货物交还前，尽力使货物的所有人对其应当承担的求助款项提供满意的担保。

在未根据救助人的要求对获救的船舶或者其他财产提供满意的提保以前，未经救助方同意，不得将获救的船舶和其他财产从救助作业完成后最初到达的港口或者地点移走。

《民事诉讼法》（1991 年 4 月 9 日起施行 2017 年 6 月 27 日修正）

第三十一条 因海难救助费用提起的诉讼，由救助地或者被救助船舶最先到达地人民法院管辖。

《最高人民法院关于适用〈中华人民共和国民事诉讼法〉的解释》（法释〔2015〕5 号 2015 年 2 月 4 日起施行）

第二条 专利纠纷案件由知识产权法院、最高人民法院确定的中级人民法院和基层人民法院管辖。

海事、海商案件由海事法院管辖。

第十八条 合同约定履行地点的，以约定的履行地点为合同履行地。

合同对履行地点没有约定或者约定不明确，争议标的为给付货币的，接收货币一方所在地为合同履行地；交付不动产的，不动产所在地为合同履行地；其他标的，履行义务一方所在地为合同履行地。即时结清的合同，交易行为地为合同履行地。

合同没有实际履行，当事人双方住所地都不在合同约定的履行地的，由被告住所地人民法院管辖。

《最高人民法院关于适用〈中华人民共和国海事诉讼特别程序法〉若干问题的解释》（法释〔2003〕3号 2003年2月1日起施行）

第九条 因海难救助费用提起的诉讼，除依照民事诉讼法第三十二条的规定确定管辖外，还可以由被救助的船舶以外的其他获救财产所在地的海事法院管辖。

《最高人民法院关于海事诉讼管辖问题的规定》（法释〔2016〕2号 2016年3月1日起施行）

为推进“一带一路”建设、海洋强国战略、京津冀一体化、长江经济带发展规划的实施，促进海洋经济发展，及时化解海事纠纷，保证海事法院正确行使海事诉讼管辖权，依法审理海事案件，根据《中华人民共和国民事诉讼法》《中华人民共和国海事诉讼特别程序法》《中华人民共和国行政诉讼法》以及全国人民代表大会常务委员会《关于在沿海港口城市设立海事法院的决定》等法律规定，现将海事诉讼管辖的几个问题规定如下：

一、关于管辖区域调整

1. 根据航运经济发展和海事审判工作的需要，对大连、武汉海事法院的管辖区域作出如下调整：

（1）大连海事法院管辖下列区域：南自辽宁省与河北省的交界处、东至鸭绿江口的延伸海域和鸭绿江水域，其中包括黄海一部分、渤海一部分、海上岛屿；吉林省的松花江、图们江等通海可航水域及港口；黑龙江省的黑龙江、松花江、乌苏里江等通海可航水域及港口。

（2）武汉海事法院管辖下列区域：自四川省宜宾市合江门至江苏省浏河口之间长江干线及支线水域，包括宜宾、泸州、重庆、涪陵、万州、宜昌、荆州、城陵矶、武汉、九江、安庆、芜湖、马鞍山、南京、扬州、镇江、江阴、张家港、南通等主要港口。

2. 其他各海事法院依据此前最高人民法院发布的决定或通知确定的管辖区域对海事案件行使管辖权。

三、关于海事海商纠纷管辖权异议案件的审理

1. 当事人不服管辖权异议裁定的上诉案件由海事法院所在地的高级人民法院负责海事海商案件的审判庭审理。

2. 发生法律效力的管辖权异议裁定违反海事案件专门管辖确需纠正的，人民法院可依照《中华人民共和国民事诉讼法》第一百九十八条规定再审。

四、其他规定

本规定自2016年3月1日起施行。最高人民法院以前作出的有关规定与本规定不一致的，以本规定为准。

《最高人民法院关于海事法院受理案件范围的规定》（法释〔2016〕4号　2016年3月1日起施行）

根据《中华人民共和国民事诉讼法》《中华人民共和国海事诉讼特别程序法》《中华人民共和国行政诉讼法》以及我国缔结或者参加的有关国际条约，结合我国海事审判实际，现将海事法院受理案件的范围规定如下：

四、其他海事海商纠纷案件

72. 海难救助纠纷案件；

《最高人民法院关于审理发生在我国管辖海域相关案件若干问题的规定（一）》（法释〔2016〕16号　2016年8月2日起施行）

为维护我国领土主权、海洋权益，平等保护中外当事人合法权利，明确我国管辖海域的司法管辖与法律适用，根据《中华人民共和国领海及毗连区法》《中华人民共和国专属经济区和大陆架法》《中华人民共和国刑法》《中华人民共和国出境入境管理法》《中华人民共和国治安管理处罚法》《中华人民共和国刑事诉讼法》《中华人民共和国民事诉讼法》《中华人民共和国海事诉讼特别程序法》《中华人民共和国行政诉讼法》及中华人民共和国缔结或者参加的有关国际条约，结合审判实际，制定本规定。

第一条　本规定所称我国管辖海域，是指中华人民共和国内水、领海、毗连区、专属经济区、大陆架，以及中华人民共和国管辖的其他海域。

第二条　中国公民或组织在我国与有关国家缔结的协定确定的共同管理的渔区或公海从事捕捞等作业的，适用本规定。

第五条　因在我国管辖海域内发生海损事故，请求损害赔偿提起的诉讼，由管辖该海域的海事法院、事故船舶最先到达地的海事法院、船舶被扣押地或者被告住所地海事法院管辖。

因在公海等我国管辖海域外发生海损事故，请求损害赔偿在我国法院提起的诉讼，由事故船舶最先到达地、船舶被扣押地或者被告住所地海事法院管辖。

事故船舶为中华人民共和国船舶的，还可以由船籍港所在地海事法院管辖。

第六条　在我国管辖海域内，因海上航运、渔业生产及其他海上作业造成污染，破坏海洋生态环境，请求损害赔偿提起的诉讼，由管辖该海域的海事法院管辖。

污染事故发生在我国管辖海域外，对我国管辖海域造成污染或污染威胁，请求损害赔偿或者预防措施费用提起的诉讼，由管辖该海域的海事法院或采取预防措施地的海事法院管辖。

第七条 本规定施行后尚未审结的案件，适用本规定；本规定施行前已经终审，当事人申请再审或者按照审判监督程序决定再审的案件，不适用本规定。

第八条 本规定自2016年8月2日起施行。

《最高人民法院关于审理发生在我国管辖海域相关案件若干问题的规定(二)》（法释〔2016〕17号 2016年8月2日起施行）

为正确审理发生在我国管辖海域相关案件，维护当事人合法权益，根据《中华人民共和国刑法》《中华人民共和国渔业法》《中华人民共和国民事诉讼法》《中华人民共和国刑事诉讼法》《中华人民共和国行政诉讼法》，结合审判实际，制定本规定。

第一条 当事人因船舶碰撞、海洋污染等事故受到损害，请求侵权人赔偿渔船、渔具、渔货损失以及收入损失的，人民法院应予支持。

当事人违反渔业法第二十三条，未取得捕捞许可证从事海上捕捞作业，依照前款规定主张收入损失的，人民法院不予支持。

第二条 人民法院在审判执行工作中，发现违法行为，需要有关单位对其依法处理的，应及时向相关单位提出司法建议，必要时可以抄送该单位的上级机关或者主管部门。违法行为涉嫌犯罪的，依法移送刑事侦查部门处理。

第十五条 本规定施行后尚未审结的一审、二审案件，适用本规定；本规定施行前已经终审，当事人申请再审或者按照审判监督程序决定再审的案件，不适用本规定。

第十六条 本规定自2016年8月2日起施行。

【适用本案由需要注意的问题】

◆根据《最高人民法院关于适用〈中华人民共和国民事诉讼法〉的解释》《最高人民法院关于适用〈中华人民共和国海事诉讼特别程序法〉若干问题的解释》和《民事诉讼法》的规定，因海难救助合同纠纷提起的诉讼，应该由救助地或者被救船舶最先到达地、被救助的船舶以外的其他获救财产所在地的海事法院管辖。

◆处理具有涉外因素的海难救助合同时，法院要先审查合同双方当事人是否协议选择了外国法作为准据法，只有在排除了适用国际公约、国际惯例和外国法的情况下，才可以将我国法律作为准据法予以适用。

◆为了鼓励对油轮的救助，在涉及环境污染的救助中采用“无效果，也给予补偿”的特别补偿原则，在救助人无过失的情况下，救助人的救助防止了环境损害，但无效果，仍可补偿其实际支出；若救助人成功防止了环境损害，则可取得高于实际支出的补偿。海上救助不同于陆上救助之处在于救助人在海上或者其他可航水域，如能成功帮助遇险船舶、货物脱离危险，即有权为自己的救助行为请求报酬，并对获救的财产享有留置权。

208. 海上、通海水域打捞合同纠纷

【案由解析】

海上、通海水域打捞合同是指打捞人就沉船沉物进行打捞活动，包括扫测探摸、实施打捞及相关活动所签订的合同。打捞的客体分为两种，一种是具有商业价值的沉船沉物的打捞，另一种是沉船沉物所有人对沉船沉物的打捞。

海上、通海水域打捞合同纠纷是指当事人因该合同的订立、履行、变更和终止而产生的纠纷。

【常用法律条文及索引】

《合同法》（1999 年 10 月 1 日起施行）

第一百零七条 当事人一方不履行合同义务或者履行合同义务不符合约定的，应当承担继续履行、采取补救措施或者赔偿损失等违约责任。

第一百二十四条 本法分则或者其他法律没有明文规定的合同，适用本法总则的规定，并可以参照本法分则或者其他法律最相类似的规定。

《打捞沉船管理办法》（1957 年 10 月 11 日起施行）

第三条 下列沉船应当进行打捞：

（一）妨碍船舶航行、航道整治或者工程建筑的沉船；

（二）有修复使用价值的沉船；

（三）虽无修复使用价值而有拆卸利用价值的沉船。

第五条 妨碍船舶航行、航道整治或者工程建筑的沉船，有关港（航）务主管机关应当根据具体情况规定申请期限和打捞期限，通知或公告沉船所有人。

沉船所有人必须在规定期限以内提出申请和进行打捞；否则，有关港（航）务主管机关可以进行打捞或者予以解体清除。

第六条 其他不属于第五条规定范围的沉船，沉船所有人应当自船舶沉没之日起1年以内提出打捞计划和完工期限，经有关港（航）务主管机关批准后进行打捞。

第七条 沉船所有人除遇有特殊情况向有关港（航）务主管机关申请延期并经核准外，在下列情况下即丧失各该沉船的所有权：

（一）妨碍船舶航行、航道整治或者工程建筑的沉船，在申请期限以内没有申请或者声明放弃；或者打捞期限届满，而没有完成打捞；

（二）其他不属于第五条规定范围的沉船自沉没之日起1年以内没有申请打捞；或者完工期限已经届满，而没有打捞。

第八条 有关港（航）务主管机关根据第四条规定所捞起的船体、船用器物、货物或者解体所得的钢材、机件等，在无法或者不易保管的情况下，可以作价处理。

沉船所有人自船舶沉没之日起1年以内，可以申请发还捞起的原物或者处理原物所得的价款，过期如不申请即丧失其所有权。

沉船所有人在领回原物或者价款时，应当偿还有关打捞、保管和处理等费用。

《民事诉讼法》（1991年4月9日起施行　2017年6月27日修正）

第二十三条 因合同纠纷提起的诉讼，由被告住所地或者合同履行地人民法院管辖。

《最高人民法院关于适用〈中华人民共和国民事诉讼法〉的解释》（法释〔2015〕5号　2015年2月4日起施行）

第二条 专利纠纷案件由知识产权法院、最高人民法院确定的中级人民法院和基层人民法院管辖。

海事、海商案件由海事法院管辖。

第十八条 合同约定履行地点的，以约定的履行地点为合同履行地。

合同对履行地点没有约定或者约定不明确，争议标的为给付货币的，接收货币一方所在地为合同履行地；交付不动产的，不动产所在地为合同履行地；其他标的，履行义务一方所在地为合同履行地。即时结清的合同，交易行为地为合同履行地。

合同没有实际履行，当事人双方住所地都不在合同约定的履行地的，由被告住所地人民法院管辖。

《最高人民法院关于适用〈中华人民共和国海事诉讼特别程序法〉若干问题的解释》（法释〔2003〕3号　2003年2月1日起施行）

第一条　在海上或者通海水域发生的与船舶或者运输、生产、作业相关的海事侵权纠纷、海商合同纠纷，以及法律或者相关司法解释规定的其他海事纠纷案件由海事法院及其上级人民法院专门管辖。

《最高人民法院关于海事诉讼管辖问题的规定》（法释〔2016〕2号　2016年3月1日起施行）

为推进“一带一路”建设、海洋强国战略、京津冀一体化、长江经济带发展规划的实施，促进海洋经济发展，及时化解海事纠纷，保证海事法院正确行使海事诉讼管辖权，依法审理海事案件，根据《中华人民共和国民事诉讼法》《中华人民共和国海事诉讼特别程序法》《中华人民共和国行政诉讼法》以及全国人民代表大会常务委员会《关于在沿海港口城市设立海事法院的决定》等法律规定，现将海事诉讼管辖的几个问题规定如下：

一、关于管辖区域调整

1. 根据航运经济发展和海事审判工作的需要，对大连、武汉海事法院的管辖区域作出如下调整：

（1）大连海事法院管辖下列区域：南自辽宁省与河北省的交界处、东至鸭绿江口的延伸海域和鸭绿江水域，其中包括黄海一部分、渤海一部分、海上岛屿；吉林省的松花江、图们江等通海可航水域及港口；黑龙江省的黑龙江、松花江、乌苏里江等通海可航水域及港口。

（2）武汉海事法院管辖下列区域：自四川省宜宾市合江门至江苏省浏河口之间长江干线及支线水域，包括宜宾、泸州、重庆、涪陵、万州、宜昌、荆州、城陵矶、武汉、九江、安庆、芜湖、马鞍山、南京、扬州、镇江、江阴、张家港、南通等主要港口。

2. 其他各海事法院依据此前最高人民法院发布的决定或通知确定的管辖区域对海事案件行使管辖权。

三、关于海事海商纠纷管辖权异议案件的审理

1. 当事人不服管辖权异议裁定的上诉案件由海事法院所在地的高级人

民法院负责海事海商案件的审判庭审理。

2. 发生法律效力的管辖权异议裁定违反海事案件专门管辖确需纠正的，人民法院可依照《中华人民共和国民事诉讼法》第一百九十八条规定再审。

四、其他规定

本规定自2016年3月1日起施行。最高人民法院以前作出的有关规定与本规定不一致的，以本规定为准。

《最高人民法院关于海事法院受理案件范围的规定》（法释〔2016〕4号 2016年3月1日起施行）

根据《中华人民共和国民事诉讼法》《中华人民共和国海事诉讼特别程序法》《中华人民共和国行政诉讼法》以及我国缔结或者参加的有关国际条约，结合我国海事审判实际，现将海事法院受理案件的范围规定如下：

四、其他海事海商纠纷案件

73. 海上、通海可航水域打捞清除纠纷案件；

【适用本案由需要注意的问题】

◆根据《最高人民法院关于适用〈中华人民共和国民事诉讼法〉的解释》及《最高人民法院关于适用〈中华人民共和国海事诉讼特别程序法〉若干问题的解释》，海上、通海水域打捞合同纠纷由海事法院专门管辖。同时，根据《民事诉讼法》有关地域管辖的规定，因海上、通海水域打捞合同纠纷提起的诉讼，由被告所在地、打捞合同履行地的海事法院管辖。此外，根据《民事诉讼法》第34条的规定，在当事人协议管辖的情形下，应以当事人的协议为依据确定管辖法院，即由原告住所地、被告住所地、合同签订地、合同履行地或标的物所在地的海事法院管辖。

◆若海上、通海水域打捞合同具有涉外因素，法院在处理时应当先审查合同双方当事人是否协议选择了外国法作为准据法，只有排除了适用外国法、国际公约的情况下，才可以将我国的法律作为准据法予以适用。

209. 海上、通海水域拖航合同纠纷

【案由解析】

海上、通海水域拖航合同是指承拖方用拖轮将被拖物经海路从一地拖至

另一地，被拖方支付拖航费的合同。拖航合同应当书面订立。

海上、通海水域拖航合同纠纷是指双方当事人因该合同的订立、履行、变更和终止所产生的纠纷。

海上、通海水域拖航合同的特征是：(1) 如果被拖方未依合同约定支付拖航费及其他合同费用，承拖方对被拖物有留置权。但如果承拖方已经交付的被拖物，视为放弃其留置权。(2) 拖带被拖物的船舶既可以是专门设计拖带的船舶，也允许运输船舶或其他有动力的船舶拖带被拖物的情况。

【常用法律条文及索引】

《海商法》(1993 年 7 月 1 日起施行)

第一百五十五条　海上拖航合同，是指承拖方用拖轮将被拖物经海路从一地拖至另一地，而由被拖方支付拖航费的合同。

本章规定不适用于在港区内对船舶提供的拖轮服务。

第一百五十六条　海上拖航合同应当书面订立。海上拖航合同的内容，主要包括承拖方和被拖方的名称和住所、拖轮和被拖物的名称和主要尺度、拖轮马力、起拖地和目的地、起拖日期、拖航费及其支付方式，以及其他有关事项。

第一百五十七条　承拖方在起拖前和起拖当时，应当谨慎处理，使拖轮处于适航、适拖状态，妥善配备船员，配置拖航索具和配备供应品以及该航次必备的其他装置、设备。

被拖方在起拖前和起拖当时，应当做好被拖物的拖航准备，谨慎处理，使被拖物处于适拖状态，并向承拖方如实说明被拖物的情况，提供有关检验机构签发的被拖物适合拖航的证书和有关文件。

第一百五十八条　起拖前，因不可抗力或者其他不能归责于双方的原因致使合同不能履行的，双方均可以解除合同，并互相不负赔偿责任。除合同另有约定处，拖航费已经支付的，承拖方应当退还给被拖方。

第一百五十九条　起拖后，因不可抗力或者其他不能归责于双方的原因致使合同不能继续履行的，双方均可以解除合同，并互相不负赔偿责任。

第一百六十条　因不可抗力或者其他不能归责于双方的原因致使被拖物不能拖至目的地的，除合同另有约定外，承拖方可以在目的地的邻近地点或者拖轮船长选定的安全的港口或者锚泊地，将被拖物移交给被拖方或者其代理人，视为已经履行合同。

第一百六十一条 被拖方未按照约定支付拖航费和其他合理费用的，承拖方对被拖物有留置权。

第一百六十二条 在海上拖航过程中，承拖方或者被拖方遭受的损失，由一方的过失造成的，有过失的一方应当负赔偿责任；由双方过失造成的，各方按照过失程度的比例负赔偿责任。

虽有前款规定，经承拖方证明，被拖方的损失是由于下列原因之一造成的，承拖方不负赔偿责任：

（一）拖轮船长、船员、引航员或者承拖方的其他受雇人、代理人在驾驶拖轮或者管理拖轮中的过失；

（二）拖轮在海上救助或者企图救助人命或者财产时的过失。

本条规定仅在海上拖航合同没有约定或者没有不同约定的适用。

第一百六十三条 在海上拖航过程中，由于承拖方或者被拖方的过失，造成第三人人身伤亡或者财产损失的，承拖方和被拖方对第三人负连带赔偿责任。除合同另有约定外，一方连带支付的赔偿超过其应当承担的比例的，对另一方有追偿权。

第一百六十四条 拖轮所有人拖带其所有的或者经营的驳船载运货物，经海路由一港运至另一港的，视为海上货物运输。

《民事诉讼法》（1991 年 4 月 9 日起施行 2017 年 6 月 27 日修正）

第二十三条 因合同纠纷提起的诉讼，由被告住所地或者合同履行地人民法院管辖。

《最高人民法院关于适用〈中华人民共和国民事诉讼法〉的解释》（法释〔2015〕5 号 2015 年 2 月 4 日起施行）

第二条 专利纠纷案件由知识产权法院、最高人民法院确定的中级人民法院和基层人民法院管辖。

海事、海商案件由海事法院管辖。

第十八条 合同约定履行地点的，以约定的履行地点为合同履行地。

合同对履行地点没有约定或者约定不明确，争议标的为给付货币的，接收货币一方所在地为合同履行地；交付不动产的，不动产所在地为合同履行地；其他标的，履行义务一方所在地为合同履行地。即时结清的合同，交易行为地为合同履行地。

合同没有实际履行，当事人双方住所地都不在合同约定的履行地的，由被告住所地人民法院管辖。

《最高人民法院关于适用〈中华人民共和国海事诉讼特别程序法〉若干问题的解释》（法释〔2003〕3号 2003年2月1日起施行）

第一条 在海上或者通海水域发生的与船舶或者运输、生产、作业相关的海事侵权纠纷、海商合同纠纷，以及法律或者相关司法解释规定的其他海事纠纷案件由海事法院及其上级人民法院专门管辖。

《最高人民法院关于海事诉讼管辖问题的规定》（法释〔2016〕2号 2016年3月1日起施行）

为推进“一带一路”建设、海洋强国战略、京津冀一体化、长江经济带发展规划的实施，促进海洋经济发展，及时化解海事纠纷，保证海事法院正确行使海事诉讼管辖权，依法审理海事案件，根据《中华人民共和国民事诉讼法》《中华人民共和国海事诉讼特别程序法》《中华人民共和国行政诉讼法》以及全国人民代表大会常务委员会《关于在沿海港口城市设立海事法院的决定》等法律规定，现将海事诉讼管辖的几个问题规定如下：

一、关于管辖区域调整

1. 根据航运经济发展和海事审判工作的需要，对大连、武汉海事法院的管辖区域作出如下调整：

（1）大连海事法院管辖下列区域：南自辽宁省与河北省的交界处、东至鸭绿江口的延伸海域和鸭绿江水域，其中包括黄海一部分、渤海一部分、海上岛屿；吉林省的松花江、图们江等通海可航水域及港口；黑龙江省的黑龙江、松花江、乌苏里江等通海可航水域及港口。

（2）武汉海事法院管辖下列区域：自四川省宜宾市合江门至江苏省浏河口之间长江干线及支线水域，包括宜宾、泸州、重庆、涪陵、万州、宜昌、荆州、城陵矶、武汉、九江、安庆、芜湖、马鞍山、南京、扬州、镇江、江阴、张家港、南通等主要港口。

2. 其他各海事法院依据此前最高人民法院发布的决定或通知确定的管辖区域对海事案件行使管辖权。

三、关于海事海商纠纷管辖权异议案件的审理

1. 当事人不服管辖权异议裁定的上诉案件由海事法院所在地的高级人民法院负责海事海商案件的审判庭审理。

2. 发生法律效力的管辖权异议裁定违反海事案件专门管辖确需纠正的，人民法院可依照《中华人民共和国民事诉讼法》第一百九十八条规定再审。

四、其他规定

本规定自2016年3月1日起施行。最高人民法院以前作出的有关规定与本规定不一致的，以本规定为准。

《最高人民法院关于海事法院受理案件范围的规定》（法释〔2016〕4号 2016年3月1日起施行）

根据《中华人民共和国民事诉讼法》《中华人民共和国海事诉讼特别程序法》《中华人民共和国行政诉讼法》以及我国缔结或者参加的有关国际条约，结合我国海事审判实际，现将海事法院受理案件的范围规定如下：

二、海商合同纠纷案件

30. 海上、通海可航水域拖航合同纠纷案件；

【适用本案由需要注意的问题】

◆根据《最高人民法院关于适用〈中华人民共和国民事诉讼法〉的解释》及《最高人民法院关于适用〈中华人民共和国海事诉讼特别程序法〉若干问题的解释》，因海上、通海水域拖航合同纠纷提起的诉讼，由海事法院专门管辖。同时，根据《民事诉讼法》中有关地域管辖的规定，因海上、通海水域拖航合同纠纷提起的诉讼，由被告所在地、拖航合同履行地的海事法院管辖。此外，根据《民事诉讼法》第34条的规定，在当事人协议管辖的情形下，应依据当事人的协议为依据确定管辖法院，即由原告住所地、被告住所地、合同签订地、合同履行地或标的物所在地的海事法院管辖。

◆我国《海商法》规定有关拖航合同的规定不适用于三种情况：（1）在港区内对船舶提供的拖轮服务；（2）救助方拖带被救助物的拖带行为；（3）拖轮所有人拖带其所有的或者经营的驳船载运货物，经海路由一港运至另一港的。

210. 海上、通海水域保险合同纠纷

【案由解析】

海上、通海水域保险合同是指保险人按照约定的承保范围和险别，对被保险人遭遇海上风险所致的损失负责赔偿的合同。海上风险就是保险人与被保险人约定的任何海上事故，包括与海上航行有关的发生于内河或陆上的

事故。

海上、通海水域保险合同纠纷是指保险人和被保险人因该合同的订立、履行、变更和终止所产生的纠纷。

海上、通海水域保险合同的特征是：（1）海上保险合同是由保险事故的偶然性决定的，保险人所承担的危险是否会发生并不能确定，其具备射幸合同的机会性特征。（2）有关财产保险的海上保险合同是一种特殊的补偿合同，目的是补偿被保险人的经济损失，对被保险可能遭遇危险的财产利益进行保险保障。（3）海上保险合同是双务的、有偿的保险合同。

【常用法律条文及索引】

《海商法》（1993 年 7 月 1 日起施行）

第二百一十六条　海上保险合同，是指保险人按照约定，对被保险人遭受保险事故造成保险标的损失和产生的责任负责赔偿，而由被保险人支付保险费的合同。

前款所称保险事故，是指保险人与被保险人约定的任何海上事故，包括与海上航行有关的发生于内河或者陆上的事故。

第二百一十九条　保险标的的保险价值由保险人与被保险人约定。

保险人与被保险人未约定保险价值的，保险价值依照下列规定计算：

（一）船舶的保险价值，是保险责任开始时船舶的价值，包括船壳、机器、设备的价值，以及船上燃料、物料、索具、给养、淡水的价值和保险费的总和；

（二）货物的保险价值，是保险责任开始时货物在起运地的发票价格或者非贸易商品在起运地的实际价值以及运费和保险费的总和；

（三）运费的保险价值，是保险责任开始时承运人应收运费总额和保险费的总和；

（四）其他保险标的的保险价值，是保险责任开始时保险标的的实际价值和保险费的总和。

第二百二十条　保险金额由保险人与被保险人约定。保险金额不得超过保险价值；超过保险价值的，超过部分无效。

第二百二十一条　被保险人提出保险要求，经保险人同意承保，并就海上保险合同的条款达成协议后，合同成立。保险人应当及时向被保险人签发保险单或者其他保险单证，并在保险单或者其他保险单证中载明当事人双方约定的合同内容。

第二百三十七条 发生保险事故造成损失后，保险人应当及时向被保险人支付保险赔偿。

第二百三十八条 保险人赔偿保险事故造成的损失，以保险金额为限。保险金额低于保险价值的，在保险标的发生部分损失时，保险人按照保险金额与保险价值的比例负赔偿责任。

第二百四十五条 保险标的发生保险事故后灭失，或者受到严重损坏完全失去原有形体、效用，或者不能再归被保险人所拥有的，为实际全损。

第二百四十六条 船舶发生保险事故后，认为实际全损已经不可避免，或者为避免发生实际全损所需支付的费用超过保险价值的，为推定全损。

货物发生保险事故后，认为实际全损已经不可避免，或者为避免发生实际全损所需支付的费用与继续将货物运抵目的地的费用之和超过保险价值的，为推定全损。

第二百四十七条 不属于实际全损和推定全损的损失，为部分损失。

第二百五十一条 保险事故发生后，保险人向被保险人支付保险赔偿前，可以要求被保险人提供与确认保险事故性质和损失程度有关的证明和资料。

第二百五十二条 保险标的发生保险责任范围内的损失是由第三人造成的，被保险人向第三人要求赔偿的权利，自保险人支付赔偿之日起，相应转移给保险人。

被保险人应当向保险人提供必要的文件和其所需要知道的情况，并尽力协助保险人向第三人追偿。

《最高人民法院关于适用〈中华人民共和国民事诉讼法〉的解释》（法释〔2015〕5号 2015年2月4日起施行）

第二条 专利纠纷案件由知识产权法院、最高人民法院确定的中级人民法院和基层人民法院管辖。

海事、海商案件由海事法院管辖。

第十八条 合同约定履行地点的，以约定的履行地点为合同履行地。

合同对履行地点没有约定或者约定不明确，争议标的为给付货币的，接收货币一方所在地为合同履行地；交付不动产的，不动产所在地为合同履行地；其他标的，履行义务一方所在地为合同履行地。即时结清的合同，交易行为地为合同履行地。

合同没有实际履行，当事人双方住所地都不在合同约定的履行地的，由被告住所地人民法院管辖。

《最高人民法院关于海事诉讼管辖问题的规定》（法释〔2016〕2号　2016年3月1日起施行）

为推进"一带一路"建设、海洋强国战略、京津冀一体化、长江经济带发展规划的实施，促进海洋经济发展，及时化解海事纠纷，保证海事法院正确行使海事诉讼管辖权，依法审理海事案件，根据《中华人民共和国民事诉讼法》《中华人民共和国海事诉讼特别程序法》《中华人民共和国行政诉讼法》以及全国人民代表大会常务委员会《关于在沿海港口城市设立海事法院的决定》等法律规定，现将海事诉讼管辖的几个问题规定如下：

一、关于管辖区域调整

1. 根据航运经济发展和海事审判工作的需要，对大连、武汉海事法院的管辖区域作出如下调整：

（1）大连海事法院管辖下列区域：南自辽宁省与河北省的交界处、东至鸭绿江口的延伸海域和鸭绿江水域，其中包括黄海一部分、渤海一部分、海上岛屿；吉林省的松花江、图们江等通海可航水域及港口；黑龙江省的黑龙江、松花江、乌苏里江等通海可航水域及港口。

（2）武汉海事法院管辖下列区域：自四川省宜宾市合江门至江苏省浏河口之间长江干线及支线水域，包括宜宾、泸州、重庆、涪陵、万州、宜昌、荆州、城陵矶、武汉、九江、安庆、芜湖、马鞍山、南京、扬州、镇江、江阴、张家港、南通等主要港口。

2. 其他各海事法院依据此前最高人民法院发布的决定或通知确定的管辖区域对海事案件行使管辖权。

三、关于海事海商纠纷管辖权异议案件的审理

1. 当事人不服管辖权异议裁定的上诉案件由海事法院所在地的高级人民法院负责海事海商案件的审判庭审理。

2. 发生法律效力的管辖权异议裁定违反海事案件专门管辖确需纠正的，人民法院可依照《中华人民共和国民事诉讼法》第一百九十八条规定再审。

四、其他规定

本规定自2016年3月1日起施行。最高人民法院以前作出的有关规定与本规定不一致的，以本规定为准。

《最高人民法院关于海事法院受理案件范围的规定》（法释〔2016〕4号 2016年3月1日起施行）

根据《中华人民共和国民事诉讼法》《中华人民共和国海事诉讼特别程序法》《中华人民共和国行政诉讼法》以及我国缔结或者参加的有关国际条约，结合我国海事审判实际，现将海事法院受理案件的范围规定如下：

二、海商合同纠纷案件

40. 海上保险、保赔合同纠纷案件；

《最高人民法院关于审理海上保险纠纷案件若干问题的规定》（法释〔2006〕10号 2007年1月1日起施行）

第一条 审理海上保险合同纠纷案件，适用海商法的规定；海商法没有规定的，适用保险法的有关规定；海商法、保险法均没有规定的，适用合同法等其他相关法律的规定。

第二条 审理非因海上事故引起的港口设施或者码头作为保险标的的保险合同纠纷案件，适用保险法等法律的规定。

第三条 审理保险人因发生船舶触碰港口设施或者码头等保险事故，行使代位请求赔偿权利向造成保险事故的第三人追偿的案件，适用海商法的规定。

第四条 保险人知道被保险人未如实告知海商法第二百二十二条第一款规定的重要情况，仍收取保险费或者支付保险赔偿，保险人又以被保险人未如实告知重要情况为由请求解除合同的，人民法院不予支持。

第五条 被保险人未按照海商法第二百三十四条的规定向保险人支付约定的保险费的，保险责任开始前，保险人有权解除保险合同，但保险人已经签发保险单证的除外；保险责任开始后，保险人以被保险人未支付保险费请求解除合同的，人民法院不予支持。

第六条 保险人以被保险人违反合同约定的保证条款未立即书面通知保险人为由，要求从违反保证条款之日起解除保险合同的，人民法院应予支持。

第七条 保险人收到被保险人违反合同约定的保证条款书面通知后仍支付保险赔偿，又以被保险人违反合同约定的保证条款为由请求解除合同的，人民法院不予支持。

第八条 保险人收到被保险人违反合同约定的保证条款的书面通知后，就修改承保条件、增加保险费等事项与被保险人协商未能达成一致的，保险合同于违反保证条款之日解除。

第九条　在航次之中发生船舶转让的，未经保险人同意转让的船舶保险合同至航次终了时解除。船舶转让时起至航次终了时止的船舶保险合同的权利、义务由船舶出让人享有、承担，也可以由船舶受让人继受。

船舶受让人根据前款规定向保险人请求赔偿时，应当提交有效的保险单证及船舶转让合同的证明。

第十条　保险人与被保险人在订立保险合同时均不知道保险标的已经发生保险事故而遭受损失，或者保险标的已经不可能因发生保险事故而遭受损失的，不影响保险合同的效力。

第十一条　海上货物运输中因承运人无正本提单交付货物造成的损失不属于保险人的保险责任范围。保险合同当事人另有约定的，依约定。

第十二条　发生保险事故后，被保险人为防止或者减少损失而采取的合理措施没有效果，要求保险人支付由此产生的合理费用的，人民法院应予支持。

第十三条　保险人在行使代位请求赔偿权利时，未依照海事诉讼特别程序法的规定，向人民法院提交其已经向被保险人实际支付保险赔偿凭证的，人民法院不予受理；已经受理的，裁定驳回起诉。

第十四条　受理保险人行使代位请求赔偿权利纠纷案件的人民法院应当仅就造成保险事故的第三人与被保险人之间的法律关系进行审理。

第十五条　保险人取得代位请求赔偿权利后，以被保险人向第三人提起诉讼、提交仲裁、申请扣押船舶或者第三人同意履行义务为由主张诉讼时效中断的，人民法院应予支持。

第十六条　保险人取得代位请求赔偿权利后，主张享有被保险人因申请扣押船舶取得的担保权利的，人民法院应予支持。

《最高人民法院关于海上保险合同的保险人行使代位请求赔偿权利的诉讼时效期间起算日的批复》（法释〔2014〕15号　2014年12月26日起施行）

上海市高级人民法院：

你院《关于海事诉讼中保险人代位求偿的诉讼时效期间起算日相关法律问题的请示》（沪高法〔2014〕89号）收悉。经研究，批复如下：

依照《中华人民共和国海商法》及《最高人民法院关于审理海上保险纠纷案件若干问题的规定》关于保险人行使代位请求赔偿权利的相关规定，

结合海事审判实践，海上保险合同的保险人行使代位请求赔偿权利的诉讼时效期间起算日，应按照《中华人民共和国海商法》第十三章规定的相关请求权之诉讼时效起算时间确定。

此复。

【适用本案由需要注意的问题】

◆根据《最高人民法院关于适用〈中华人民共和国民事诉讼法〉的解释》及《最高人民法院关于适用〈中华人民共和国海事诉讼特别程序法〉若干问题的解释》，因海上、通海水域保险合同纠纷提起的诉讼，由海事法院专门管辖。同时，根据《民事诉讼法》中有关地域管辖的规定，因海上、通海水域保险合同纠纷提起的诉讼，由被告所在地、保险标的物所在地海事法院管辖。根据《最高人民法院关于适用〈中华人民共和国民事诉讼法〉若干问题的意见》第25条的规定，因保险合同纠纷提起的诉讼，如果保险标的物是运输工具或者运输中的货物，由被告住所地或者运输工具登记注册地、运输目的地、保险事故发生地的人民法院管辖。此外，根据《民事诉讼法》第34条的规定，在当事人协议管辖的情形下，应依据当事人的协议为依据确定管辖法院，即由原告住所地、被告住所地、合同签订地、合同履行地或标的物所在地的海事法院管辖。

◆保险关系具有特殊性，因为保险人主要依靠投保人所提供的保险标的的情况来确定是否承保及承保费率的高低，如果投保人欺诈或隐瞒，极有可能导致保险人判断失误和上当受骗，所有法律对于保险合同诚实信用的要求远远大于一般民事法律关系。

◆海上保险合同的一个重要内容就是保险费率，它是依照大数法则根据特定风险发生的概率厘定的。就具体的被保险人而言，他所交纳的保险费比起约定风险发生后所获得的补偿是微不足道的，就这一点而言，保险与赌博具有同样的数学基础。为了防止有人利用保险业务进行赌博，投保人对保险标的应当具有可保利益。若投保人对保险标的不具有可保利益的，保险合同无效。

211. 海上、通海水域保赔合同纠纷

【案由解析】

海上、通海水域保赔合同是指船东或船舶经营人或租船人对其所有或占

有、管理、经营、租用的船舶的潜在责任风险向船东互保协会投保，订立的保险合同。保赔合同实际就是保赔保险合同。船东互保协会是船东们自己的组织，其目的是共同承担属于船东责任的损害赔偿。是非营利性组织，没有外来资金。

海上、通海水域保赔合同纠纷是指双方当事人因海上保赔合同的订立、履行、变更和终止而产生的纠纷。

海上、通海水域保赔合同的特征是：(1) 船东或船舶经营人或租船人需要加入船东互保协会并承认协会章程缴纳保险费；(2) 合同的当事人即使投保人，又是承保人，其责任得到承保，不是基于保险合同，而是基于对协会章程的承认以及缴纳的保险费和成为协会成员，因此船东互保协会的入会证书，就是船东与船东互保协会之间保险合同的证明；(3) 保赔保险的实质是船东们组织起自己的力量，分摊保险公司不承保的责任。

【常用法律条文及索引】

《海商法》(1993 年 7 月 1 日起施行)

第二百一十六条 海上保险合同，是指保险人按照约定，对被保险人遭受保险事故造成保险标的损失和产生的责任负责赔偿，而由被保险人支付保险费的合同。

前款所称保险事故，是指保险人与被保险人约定的任何海上事故，包括与海上航行有关的发生于内河或者陆上的事故。

第二百一十九条 保险标的的保险价值由保险人与被保险人约定。

保险人与被保险人未约定保险价值的，保险价值依照下列规定计算：

(一) 船舶的保险价值，是保险责任开始时船舶的价值，包括船壳、机器、设备的价值，以及船上燃料、物料、索具、给养、淡水的价值和保险费的总和；

(二) 货物的保险价值，是保险责任开始时货物在起运地的发票价格或者非贸易商品在起运地的实际价值以及运费和保险费的总和；

(三) 运费的保险价值，是保险责任开始时承运人应收运费总额和保险费的总和；

(四) 其他保险标的的保险价值，是保险责任开始时保险标的的实际价值和保险费的总和。

《民事诉讼法》（1991 年 4 月 9 日起施行　2017 年 6 月 27 日修正）

第二十四条　因保险合同纠纷提起的诉讼，由被告住所地或者保险标的物所在地人民法院管辖。

《海事诉讼特别程序法》（2000 年 7 月 1 日起施行）

第六条　海事诉讼的地域管辖，依照《中华人民共和国民事诉讼法》的有关规定。

下列海事诉讼的地域管辖，依照以下规定：

……

（四）因海上保赔合同纠纷提起的诉讼，由保赔标的物所在地、事故发生地、被告住所地海事法院管辖；

……

《最高人民法院关于适用〈中华人民共和国民事诉讼法〉的解释》（法释〔2015〕5 号　2015 年 2 月 4 日起施行）

第二条　专利纠纷案件由知识产权法院、最高人民法院确定的中级人民法院和基层人民法院管辖。

海事、海商案件由海事法院管辖。

第十八条　合同约定履行地点的，以约定的履行地点为合同履行地。

合同对履行地点没有约定或者约定不明确，争议标的为给付货币的，接收货币一方所在地为合同履行地；交付不动产的，不动产所在地为合同履行地；其他标的，履行义务一方所在地为合同履行地。即时结清的合同，交易行为地为合同履行地。

合同没有实际履行，当事人双方住所地都不在合同约定的履行地的，由被告住所地人民法院管辖。

《最高人民法院关于适用〈中华人民共和国海事诉讼特别程序法〉若干问题的解释》（法释〔2003〕3 号　2003 年 2 月 1 日起施行）

第六条　海事诉讼特别程序法第六条第二款（四）项的保赔标的物所在地指保赔船舶的所在地。

《最高人民法院关于海事诉讼管辖问题的规定》（法释〔2016〕2 号　2016 年 3 月 1 日起施行）

为推进“一带一路”建设、海洋强国战略、京津冀一体化、长江经济带发展规划的实施，促进海洋经济发展，及时化解海事纠纷，保证海事法院正确行使海事诉讼管辖权，依法审理海事案件，根据《中华人民共和国民事诉讼法》《中华人民共和国海事诉讼特别程序法》《中华人民共和国行政诉讼法》以及全国人民代表大会常务委员会《关于在沿海港口城市设立海事法院的决定》等法律规定，现将海事诉讼管辖的几个问题规定如下：

一、关于管辖区域调整

1. 根据航运经济发展和海事审判工作的需要，对大连、武汉海事法院的管辖区域作出如下调整：

（1）大连海事法院管辖下列区域：南自辽宁省与河北省的交界处、东至鸭绿江口的延伸海域和鸭绿江水域，其中包括黄海一部分、渤海一部分、海上岛屿；吉林省的松花江、图们江等通海可航水域及港口；黑龙江省的黑龙江、松花江、乌苏里江等通海可航水域及港口。

（2）武汉海事法院管辖下列区域：自四川省宜宾市合江门至江苏省浏河口之间长江干线及支线水域，包括宜宾、泸州、重庆、涪陵、万州、宜昌、荆州、城陵矶、武汉、九江、安庆、芜湖、马鞍山、南京、扬州、镇江、江阴、张家港、南通等主要港口。

2. 其他各海事法院依据此前最高人民法院发布的决定或通知确定的管辖区域对海事案件行使管辖权。

三、关于海事海商纠纷管辖权异议案件的审理

1. 当事人不服管辖权异议裁定的上诉案件由海事法院所在地的高级人民法院负责海事海商案件的审判庭审理。

2. 发生法律效力的管辖权异议裁定违反海事案件专门管辖确需纠正的，人民法院可依照《中华人民共和国民事诉讼法》第一百九十八条规定再审。

四、其他规定

本规定自2016年3月1日起施行。最高人民法院以前作出的有关规定与本规定不一致的，以本规定为准。

《最高人民法院关于海事法院受理案件范围的规定》（法释〔2016〕4号 2016年3月1日起施行）

根据《中华人民共和国民事诉讼法》《中华人民共和国海事诉讼特别程序法》《中华人民共和国行政诉讼法》以及我国缔结或者参加的有关国际条约，结合我国海事审判实际，现将海事法院受理案件的范围规定如下：

二、海商合同纠纷案件

40. 海上保险、保赔合同纠纷案件；

有关海上保险的司法解释另参见“210. 海上、通海水域保险合同纠纷”

案由相关部分。

【适用本案由需要注意的问题】

◆保赔合同具有保险合同的性质，但又有所区别，故其管辖的海事法院与海上、通海水域保险合同也有区别。根据《海事诉讼特别程序法》第6条第2款第4项和《最高人民法院关于适用〈中华人民共和国海事诉讼特别程序法〉若干问题的解释》的规定，因海上、通海水域保赔合同纠纷提起的诉讼，由保赔标的物所在地、事故发生地、被告住所地的海事法院管辖，其中保赔标的物所在地指保赔船舶所在地。

◆在适用本案由时，应注意海上、通海水域保赔合同与海上、通海水域保险合同的区别。保赔合同是船东自己组织起来利用自己的力量分担自己船舶的潜在风险，船东既是投保人又是承保人；保险合同中一方提出保险要求，一方同意承保，双方就合同条款达成协议，合同即告成立。保赔合同就是保赔保险合同，保险合同与保赔保险合同是包容与被包容的关系。

212. 海上、通海水域运输联营合同纠纷

【案由解析】

海上、通海水域运输联营合同是指船舶所有人或者船舶经营人、货物所有人、港口经营人等，在平等的基础上，为追求一定经济目的而实行的联合经营所达成的合同。

海上、通海水域运输联营合同纠纷是指当事人因运输联营合同的订立、履行、变更和终止所产生的纠纷。

【常用法律条文及索引】

《民法通则》（1987年1月1日起施行　2009年8月27日修正）

第五十一条　企业之间或者企业、事业单位之间联营，组成新的经济实体，独立承担民事责任、具备法人条件的，经主管机关核准登记，取得法人资格。

第五十二条　企业之间或者企业、事业单位之间联营，共同经营、不具备法人条件的，由联营各方按照出资比例或者协议的约定，以各自所有的或

者经营管理的财产承担民事责任。依照法律的规定或者协议的约定负连带责任的，承担连带责任。

第五十三条 企业之间或者企业、事业单位之间联营，按照合同的约定各自独立经营的，它的权利和义务由合同约定，各自承担民事责任。

《最高人民法院关于审理联营合同纠纷案件若干问题的解答》（法（经）法〔1990〕27 号 1990 年 11 月 12 日起施行）

三、关于联营合同的主体资格认定问题

（一）联营合同的主体应当是实行独立核算，能够独立承担民事责任的企业法人和事业法人。

个体工商户、农村承包经营户、个人合伙，以及不具备法人资格的私营企业和其他经济组织与企业法人或者事业法人联营的，也可以成为联营合同的主体。

（二）企业法人、事业法人的分支机构不具备法人条件的，未经法人授权，不得以自己的名义对外签订联营合同；擅自以自己名义对外签订联营合同且未经法人追认的，应当确认无效。

党政机关和隶属党政机关编制序列的事业单位、军事机关、工会、共青团、妇联、文联、科协和各种协会、学会及民主党派等，不能成为联营合同的主体。

四、关于联营合同中的保底条款问题

（一）联营合同中的保底条款，通常是指联营一方虽向联营体投资，并参与共同经营，分享联营的盈利，但不承担联营的亏损责任，在联营体亏损时，仍要收回其出资和收取固定利润的条款。保底条款违背了联营活动中应当遵循的共负盈亏、共担风险的原则，损害了其他联营方和联营体的债权人的合法权益，因此，应当确认无效。联营企业发生亏损的，联营一方依保底条款收取的固定利润，应当如数退出，用于补偿联营的亏损，如无亏损，或补偿后仍有剩余的，剩余部分可作为联营的盈余，由双方重新商定合理分配或按联营各方的投资比例重新分配。

（二）企业法人、事业法人作为联营一方向联营体投资，但不参加共同经营，也不承担联营的风险责任，不论盈亏均按期收回本息，或者按期收取固定利润的，是明为联营，实为借贷，违反了有关金融法规，应当确认合同无效。除本金可以返还外，对出资方已经取得或者约定取得的利息应予收缴，对另一方则应处以相当于银行利息的罚款。

（三）金融信托投资机构作为联营一方依法向联营体投资的，可以按照合同约定分享固定利润，但亦应承担联营的亏损责任。

五、关于在联营期间退出联营的处理问题

（一）组成法人型联营体或者合伙型联营体的一方或者数方在联营期间中途退出联营的，如果联营体并不因此解散，应当清退退出方作为出资投入的财产。原物存在的，返还原物；原物已不存在或者返还确有困难的，折价偿还。退出方对于退出前联营所得的盈利和发生的债务，应当按照联营合同的约定或者出资比例分享和分担。合伙型联营体的退出方还应对退出前联营的全部债务承担连带清偿责任。如果联营体因联营一方或者数方中途退出联营而无法继续存在的，可以解除联营合同，并对联营的财产和债务作出处理。

（二）不符合法律规定或者合同约定的条件而中途退出联营的，退出方应当赔偿由此给联营体造成的实际经济损失。但如联营其他方对此也有过错的，则应按联营各方的过错大小，各自承担相应的经济责任。

六、关于联营合同的违约金、赔偿金的计算问题

根据民法通则第一百一十二条第二款规定，联营合同订明违约金数额或比例的，按照合同的约定处理。约定的违约金数额或比例过高的，人民法院可根据实际经济损失酌减；约定的违约金不足补偿实际经济损失的，可由赔偿金补足。联营合同订明赔偿金计算方法的，按照约定的计算方法及实际情况计算过错方应支付的赔偿金。联营合同既未订明违约金数额或比例，又未订明赔偿金计算方法的，应由过错方赔偿实际经济损失。

七、关于联营合同解除后的财产处理问题

（一）联营体为企业法人的，联营体因联营合同的解除而终止。联营的财产经过清算清偿债务有剩余的，按照约定或联营各方的出资比例进行分配。

联营体为合伙经营组织的，联营合同解除后，联营的财产经清偿债务有剩余的，按照联营合同约定的盈余分配比例，清退投资，分配利润。联营合同未约定，联营各方又协商不成的，按照出资比例进行分配。

（二）在清退联营投资时，联营各方原投入的设备、房屋等固定资产，原物存在的，返还原物；原物已不存在或者返还原物确有困难的，作价还款。

（三）联营体在联营期间购置的房屋、设备等固定资产不能分割的，可

以作价变卖后进行分配。变卖时，联营各方有优先购买权。

（四）联营体在联营期间取得的商标权、专利权，解除联营合同后的归属及归属后的经济补偿，应当根据《中华人民共和国商标法》、《中华人民共和国专利法》的有关规定处理。商标权应当归联营一方享有。专利权可以归联营一方享有，也可以归联营各方共同享有，联营一方单独享有商标权、专利权的，应当给予其他联营方适当的经济补偿。

八、关于无效联营收益的处理问题

联营合同被确认无效后，联营体在联营合同履行期间的收益，应先用于清偿联营的债务及补偿无过错方因合同无效所遭受的经济损失。

当事人恶意串通，损害国家利益、集体或第三人的合法利益，或者因合同内容违反国家利益或社会公共利益而导致联营合同无效的，根据民法通则第六十一条第二款和第一百三十四条第三款规定，对联营体在联营合同履行期间的收益，应当作为非法所得予以收缴，收归国家、集体所有或者返还第三人。对联营各方还可并处罚款；构成犯罪的，移送公安、检察机关查处。

九、关于联营各方对联营债务的承担问题

（一）联营各方对联营债务的责任应依联营的不同形式区别对待：

1. 联营体是企业法人的，以联营体的全部财产对外承担民事责任。联营各方对联营体的责任则以各自认缴的出资额为限。对抽逃认缴资金以逃避债务的，人民法院除应责令抽逃者如数缴回外，还可对责任人员处以罚款。

2. 联营体是合伙经营组织的，可先以联营体的财产清偿联营债务。联营体的财产不足以抵债的，由联营各方按照联营合同约定的债务承担比例，以各自所有或经营管理的财产承担民事责任；合同未约定债务承担比例，联营各方又协商不成的，按照出资比例或盈余分配比例确认联营各方应承担的责任。

合伙型联营各方应当依照有关法律、法规的规定或者合同的约定对联营债务负连带清偿责任。

3. 联营是协作型的，联营各方按照合同的约定，分别以各自所有或经营管理的财产承担民事责任。

（二）农业集体经济组织以提供自己所有的土地使用权参加合伙型联营的，应当按照联营合同的约定承担联营债务，如合同未约定债务承担比例的，可参照出资比例或者盈余分配比例承担。

（三）以提供技术使用权作为合伙型联营投资的联营一方，应当按照联营合同的约定承担联营债务，如其自己所有的或者经营管理的财产不足清偿联营债务的，可以一定期限的技术使用权折价抵偿债务。

《民事诉讼法》（1991 年 4 月 9 日起施行　2017 年 6 月 27 日修正）

第二十三条　因合同纠纷提起的诉讼，由被告住所地或者合同履行地人民法院管辖。

《最高人民法院关于适用〈中华人民共和国民事诉讼法〉的解释》（法释〔2015〕5 号　2015 年 2 月 4 日起施行）

第二条　专利纠纷案件由知识产权法院、最高人民法院确定的中级人民法院和基层人民法院管辖。

海事、海商案件由海事法院管辖。

第十八条　合同约定履行地点的，以约定的履行地点为合同履行地。

合同对履行地点没有约定或者约定不明确，争议标的为给付货币的，接收货币一方所在地为合同履行地；交付不动产的，不动产所在地为合同履行地；其他标的，履行义务一方所在地为合同履行地。即时结清的合同，交易行为地为合同履行地。

合同没有实际履行，当事人双方住所地都不在合同约定的履行地的，由被告住所地人民法院管辖。

《最高人民法院关于适用〈中华人民共和国海事诉讼特别程序法〉若干问题的解释》（法释〔2003〕3 号　2003 年 2 月 1 日起施行）

第一条　在海上或者通海水域发生的与船舶或者运输、生产、作业相关的海事侵权纠纷、海商合同纠纷，以及法律或者相关司法解释规定的其他海事纠纷案件由海事法院及其上级人民法院专门管辖。

《最高人民法院关于海事诉讼管辖问题的规定》（法释〔2016〕2 号　2016 年 3 月 1 日起施行）

为推进“一带一路”建设、海洋强国战略、京津冀一体化、长江经济带发展规划的实施，促进海洋经济发展，及时化解海事纠纷，保证海事法院正确行使海事诉讼管辖权，依法审理海事案件，根据《中华人民共和国民事诉讼法》《中华人民共和国海事诉讼特别程序法》《中华人民共和国行政诉讼法》以及全国人民代表大会常务委员会《关于在沿海港口城市设立海事法院的决定》等法律规定，现将海事诉讼管辖的几个问题规定如下：

一、关于管辖区域调整

1. 根据航运经济发展和海事审判工作的需要，对大连、武汉海事法院

的管辖区域作出如下调整：

（1）大连海事法院管辖下列区域：南自辽宁省与河北省的交界处、东至鸭绿江口的延伸海域和鸭绿江水域，其中包括黄海一部分、渤海一部分、海上岛屿；吉林省的松花江、图们江等通海可航水域及港口；黑龙江省的黑龙江、松花江、乌苏里江等通海可航水域及港口。

（2）武汉海事法院管辖下列区域：自四川省宜宾市合江门至江苏省浏河口之间长江干线及支线水域，包括宜宾、泸州、重庆、涪陵、万州、宜昌、荆州、城陵矶、武汉、九江、安庆、芜湖、马鞍山、南京、扬州、镇江、江阴、张家港、南通等主要港口。

2. 其他各海事法院依据此前最高人民法院发布的决定或通知确定的管辖区域对海事案件行使管辖权。

三、关于海事海商纠纷管辖权异议案件的审理

1. 当事人不服管辖权异议裁定的上诉案件由海事法院所在地的高级人民法院负责海事海商案件的审判庭审理。

2. 发生法律效力的管辖权异议裁定违反海事案件专门管辖确需纠正的，人民法院可依照《中华人民共和国民事诉讼法》第一百九十八条规定再审。

四、其他规定

本规定自2016年3月1日起施行。最高人民法院以前作出的有关规定与本规定不一致的，以本规定为准。

《最高人民法院关于海事法院受理案件范围的规定》（法释〔2016〕4号 2016年3月1日起施行）

根据《中华人民共和国民事诉讼法》《中华人民共和国海事诉讼特别程序法》《中华人民共和国行政诉讼法》以及我国缔结或者参加的有关国际条约，结合我国海事审判实际，现将海事法院受理案件的范围规定如下：

二、海商合同纠纷案件

25. 海上、通海可航水域货物运输合同纠纷案件，包括含有海运区段的国际多式联运、水陆联运等货物运输合同纠纷案件；

【适用本案由需要注意的问题】

◆根据《最高人民法院关于适用〈中华人民共和国民事诉讼法〉的解释》《最高人民法院关于适用〈中华人民共和国海事诉讼特别程序法〉若干问题的解释》和《最高人民法院关于海事法院受理案件范围的规定》的规

定，因海上、通海水域运输联营合同纠纷提起的诉讼，由海事法院专门管辖。同时，根据《民事诉讼法》中有关地域管辖的规定，因海上、通海水域运输联营合同纠纷提起的诉讼，由被告所在地，海上、通海水域运输联营合同履行地的海事法院管辖。此外，根据《民事诉讼法》第 34 条的规定，在当事人协议管辖的情形下，应依据当事人的协议为依据确定管辖法院，即由原告住所地、被告住所地、合同签订地、合同履行地或标的物所在地的海事法院管辖。

213. 船舶营运借款合同纠纷

【案由解析】

船舶营运借款合同是指借款人向贷款人借款，用于船舶的经营和运输生产，到期返还借款并支付利息的合同。

船舶营运借款合同纠纷是指双方当事人因船舶营运借款合同的订立、履行、变更和终止所产生的纠纷。

【常用法律条文及索引】

《合同法》（1999 年 10 月 1 日起施行）

第一百九十六条 借款合同是借款人向贷款人借款，到期返还借款并支付利息的合同。

第一百九十七条 借款合同采用书面形式，但自然人之间借款另有约定的除外。

借款合同的内容包括借款种类、币种、用途、数额、利率、期限和还款方式等条款。

第二百零一条 贷款人未按照约定的日期、数额提供借款，造成借款人损失的，应当赔偿损失。

借款人未按照约定的日期、数额收取借款的，应当按照约定的日期、数额支付利息。

《民事诉讼法》（1991 年 4 月 9 日起施行 2017 年 6 月 27 日修正）

第二十三条 因合同纠纷提起的诉讼，由被告住所地或者合同履行地人民法院管辖。

《最高人民法院关于适用〈中华人民共和国民事诉讼法〉的解释》（法释〔2015〕5号　2015年2月4日起施行）

第二条　专利纠纷案件由知识产权法院、最高人民法院确定的中级人民法院和基层人民法院管辖。

海事、海商案件由海事法院管辖。

第十八条　合同约定履行地点的，以约定的履行地点为合同履行地。

合同对履行地点没有约定或者约定不明确，争议标的为给付货币的，接收货币一方所在地为合同履行地；交付不动产的，不动产所在地为合同履行地；其他标的，履行义务一方所在地为合同履行地。即时结清的合同，交易行为地为合同履行地。

合同没有实际履行，当事人双方住所地都不在合同约定的履行地的，由被告住所地人民法院管辖。

《最高人民法院关于适用〈中华人民共和国海事诉讼特别程序法〉若干问题的解释》（法释〔2003〕3号　2003年2月1日起施行）

第一条　在海上或者通海水域发生的与船舶或者运输、生产、作业相关的海事侵权纠纷、海商合同纠纷，以及法律或者相关司法解释规定的其他海事纠纷案件由海事法院及其上级人民法院专门管辖。

第十条　与船舶担保或者船舶优先权有关的借款合同纠纷，由被告住所地、合同履行地、船舶的船籍港、船舶所在地的海事法院管辖。

《最高人民法院关于海事诉讼管辖问题的规定》（法释〔2016〕2号　2016年3月1日起施行）

为推进“一带一路”建设、海洋强国战略、京津冀一体化、长江经济带发展规划的实施，促进海洋经济发展，及时化解海事纠纷，保证海事法院正确行使海事诉讼管辖权，依法审理海事案件，根据《中华人民共和国民事诉讼法》《中华人民共和国海事诉讼特别程序法》《中华人民共和国行政诉讼法》以及全国人民代表大会常务委员会《关于在沿海港口城市设立海事法院的决定》等法律规定，现将海事诉讼管辖的几个问题规定如下：

一、关于管辖区域调整

1．根据航运经济发展和海事审判工作的需要，对大连、武汉海事法院的管辖区域作出如下调整：

（1）大连海事法院管辖下列区域：南自辽宁省与河北省的交界处、东至鸭绿江口的延伸海域和鸭绿江水域，其中包括黄海一部分、渤海一部分、海

上岛屿；吉林省的松花江、图们江等通海可航水域及港口；黑龙江省的黑龙江、松花江、乌苏里江等通海可航水域及港口。

（2）武汉海事法院管辖下列区域：自四川省宜宾市合江门至江苏省浏河口之间长江干线及支线水域，包括宜宾、泸州、重庆、涪陵、万州、宜昌、荆州、城陵矶、武汉、九江、安庆、芜湖、马鞍山、南京、扬州、镇江、江阴、张家港、南通等主要港口。

2. 其他各海事法院依据此前最高人民法院发布的决定或通知确定的管辖区域对海事案件行使管辖权。

三、关于海事海商纠纷管辖权异议案件的审理

1. 当事人不服管辖权异议裁定的上诉案件由海事法院所在地的高级人民法院负责海事海商案件的审判庭审理。

2. 发生法律效力的管辖权异议裁定违反海事案件专门管辖确需纠正的，人民法院可依照《中华人民共和国民事诉讼法》第一百九十八条规定再审。

四、其他规定

本规定自2016年3月1日起施行。最高人民法院以前作出的有关规定与本规定不一致的，以本规定为准。

《最高人民法院关于海事法院受理案件范围的规定》（法释〔2016〕4号 2016年3月1日起施行）

根据《中华人民共和国民事诉讼法》《中华人民共和国海事诉讼特别程序法》《中华人民共和国行政诉讼法》以及我国缔结或者参加的有关国际条约，结合我国海事审判实际，现将海事法院受理案件的范围规定如下：

二、海商合同纠纷案件

49. 为购买、建造、经营特定船舶而发生的借款合同纠纷案件；

【适用本案由需要注意的问题】

◆根据《最高人民法院关于适用〈中华人民共和国民事诉讼法〉的解释》《最高人民法院关于适用〈中华人民共和国海事诉讼特别程序法〉若干问题的解释》和《最高人民法院关于海事法院受理案件范围的规定》的规定，因船舶营运借款合同纠纷提起的诉讼，由海事法院专门管辖。同时，根据《民事诉讼法》中有关地域管辖的规定，因船舶营运借款合同纠纷提起的诉讼，由被告所在地、合同履行地的海事法院管辖。根据《最高人民法院关于适用〈中华人民共和国海事诉讼特别程序法〉若干问题的解释》第10条

的规定，若借款合同是涉及船舶的担保或船舶的优先权的，则该类案由引起的纠纷还应由船籍港所在地、船舶所在地的海事法院管辖。此外，根据《民事诉讼法》第34条的规定，在当事人协议管辖的情形下，应以当事人的协议为依据确定管辖法院，即由原告住所地、被告住所地、合同签订地、合同履行地或标的物所在地的海事法院管辖。

◆我国《海商法》对船舶营运借款合同纠纷的处理并未作出专门规定，从法律属性上讲，船舶营运借款合同也属于借款合同的范畴，因此处理该类案由引起的纠纷时应该参照《合同法》中有关借款合同的规定。

214. 海事担保合同纠纷

【案由解析】

海事担保合同是指为担保海事请求的实现，海事请求人或者第三人与被请求人签订的担保合同。海事担保的方式主要有提供现金或保证、设置抵押或质押。

海事担保合同纠纷是指当事人因海事担保合同的订立、履行、变更和终止所产生的纠纷。

海事担保合同的特征是：(1) 海事担保是一种独立的责任保证，不依附于任何其他合同。(2) 海事担保包括两方面的担保，一方面是海事请求的请求人对于保证其所负责人而提供的担保，另一方面试海事请求人对于避免因申请错误造成被请求人损害而提供的担保。

【常用法律条文及索引】

《海事诉讼特别程序法》（2000年7月1日起施行）

第六条 海事诉讼的地域管辖，依照《中华人民共和国民事诉讼法》的有关规定。

下列海事诉讼的地域管辖，依照以下规定：

……

（六）因海事担保纠纷提起的诉讼，由担保物所在地、被告住所地海事法院管辖；因船舶抵押纠纷提起的诉讼，还可以由船籍港所在地海事法院管辖；

……

第七十三条 海事担保包括本法规定的海事请求保全、海事强制令、海事证据保全等程序中所涉及的担保。

担保的方式为提供现金或者保证、设置抵押或者质押。

第七十四条 海事请求人的担保应当提交给海事法院；被请求人的担保可以提交给海事法院，也可以提供给海事请求人。

第七十五条 海事请求人提供的担保，其方式、数额由海事法院决定。被请求人提供的担保，其方式、数额由海事请求人和被请求人协商；协商不成的，由海事法院决定。

第七十六条 海事请求人要求被请求人就海事请求保全提供担保的数额，应当与其债权数额相当，但不得超过被保全的财产价值。

海事请求人提供担保的数额，应当相当于因其申请可能给被请求人造成的损失。具体数额由海事法院决定。

第七十八条 海事请求人请求担保的数额过高，造成被请求人损失的，应当承担赔偿责任。

《最高人民法院关于适用〈中华人民共和国民事诉讼法〉的解释》（法释〔2015〕5号　2015年2月4日起施行）

第二条 专利纠纷案件由知识产权法院、最高人民法院确定的中级人民法院和基层人民法院管辖。

海事、海商案件由海事法院管辖。

《最高人民法院关于适用〈中华人民共和国海事诉讼特别程序法〉若干问题的解释》（法释〔2003〕3号　2003年2月1日起施行）

第五十二条 海事诉讼特别程序法第七十七条规定的正当理由指：

（1）海事请求人请求担保的数额过高；

（2）被请求人已采取其他有效的担保方式；

（3）海事请求人的请求权消灭。

《担保法》（1995年10月1日起施行）

第六条 本法所称保证，是指保证人和债权人约定，当债务人不履行债务时，保证人按照约定履行债务或者承担责任的行为。

第三十三条 本法所称抵押，是指债务人或者第三人不转移对本法第三十四条所列财产的占有，将该财产作为债权的担保。债务人不履行债务时，债权人有权依照本法规定以该财产折价或者以拍卖、变卖该财产的价款优先受偿。

前款规定的债务人或者第三人为抵押人，债权人为抵押权人，提供担保的财产为抵押物。

第六十三条　本法所称动产质押，是指债务人或者第三人将其动产移交债权人占有，将该动产作为债权的担保。债务人不履行债务时，债权人有权依照本法规定以该动产折价或者以拍卖、变卖该动产的价款优先受偿。

前款规定的债务人或者第三人为出质人，债权人为质权人，移交的动产为质物。

《最高人民法院关于海事诉讼管辖问题的规定》（法释〔2016〕2号 2016年3月1日起施行）

为推进“一带一路”建设、海洋强国战略、京津冀一体化、长江经济带发展规划的实施，促进海洋经济发展，及时化解海事纠纷，保证海事法院正确行使海事诉讼管辖权，依法审理海事案件，根据《中华人民共和国民事诉讼法》《中华人民共和国海事诉讼特别程序法》《中华人民共和国行政诉讼法》以及全国人民代表大会常务委员会《关于在沿海港口城市设立海事法院的决定》等法律规定，现将海事诉讼管辖的几个问题规定如下：

一、关于管辖区域调整

1. 根据航运经济发展和海事审判工作的需要，对大连、武汉海事法院的管辖区域作出如下调整：

（1）大连海事法院管辖下列区域：南自辽宁省与河北省的交界处、东至鸭绿江口的延伸海域和鸭绿江水域，其中包括黄海一部分、渤海一部分、海上岛屿；吉林省的松花江、图们江等通海可航水域及港口；黑龙江省的黑龙江、松花江、乌苏里江等通海可航水域及港口。

（2）武汉海事法院管辖下列区域：自四川省宜宾市合江门至江苏省浏河口之间长江干线及支线水域，包括宜宾、泸州、重庆、涪陵、万州、宜昌、荆州、城陵矶、武汉、九江、安庆、芜湖、马鞍山、南京、扬州、镇江、江阴、张家港、南通等主要港口。

2. 其他各海事法院依据此前最高人民法院发布的决定或通知确定的管辖区域对海事案件行使管辖权。

三、关于海事海商纠纷管辖权异议案件的审理

1. 当事人不服管辖权异议裁定的上诉案件由海事法院所在地的高级人民法院负责海事海商案件的审判庭审理。

2. 发生法律效力的管辖权异议裁定违反海事案件专门管辖确需纠正的，人民法院可依照《中华人民共和国民事诉讼法》第一百九十八条规定再审。

四、其他规定

本规定自2016年3月1日起施行。最高人民法院以前作出的有关规定与本规定不一致的，以本规定为准。

《最高人民法院关于海事法院受理案件范围的规定》（法释〔2016〕4号 2016年3月1日起施行）

根据《中华人民共和国民事诉讼法》《中华人民共和国海事诉讼特别程序法》《中华人民共和国行政诉讼法》以及我国缔结或者参加的有关国际条约，结合我国海事审判实际，现将海事法院受理案件的范围规定如下：

二、海商合同纠纷案件

47. 港航设备设施抵押、质押等担保合同纠纷案件；

48. 以船舶、海运集装箱、港航设备设施设定担保的借款合同纠纷案件，但当事人仅就借款合同纠纷起诉的案件除外；

50. 为担保海上运输、船舶买卖、船舶工程、港口生产经营相关债权实现而发生的担保、独立保函、信用证等纠纷案件；

【适用本案由需要注意的问题】

◆根据《海事诉讼特别程序法》第6条第6项的规定，因海事担保纠纷提起的诉讼，由担保物所在地、被告住所地海事法院管辖；因船舶抵押纠纷提起的诉讼，还可以由船籍港所在地海事法院管辖。

◆海事请求人与被请求人或者第三人为海事担保而订立的保证、抵押或者质押合同均属于海事担保合同，因此有关海事担保合同纠纷的处理也应该参照《担保法》中有关保证、抵押、质押的规定。

215. 航道、港口疏浚合同纠纷

【案由解析】

航道、港口疏浚合同是指为疏通航道、港口的水域，航道、港口管理部门与疏浚作业人签订的疏浚工程，由航道、港口管理部门向疏浚作业人支付报酬的合同。

航道、港口疏浚合同纠纷是指双方当事人因该合同的订立、履行、变更和终止所产生的纠纷。

【常用法律条文及索引】

《合同法》（1999 年 10 月 1 日起施行）

第一百零七条　当事人一方不履行合同义务或者履行合同义务不符合约定的，应当承担继续履行、采取补救措施或者赔偿损失等违约责任。

第一百二十四条　本法分则或者其他法律没有明文规定的合同，适用本法总则的规定，并可以参照本法分则或者其他法律最相类似的规定。

《民事诉讼法》（1991 年 4 月 9 日起施行　2017 年 6 月 27 日修正）

第二十三条　因合同纠纷提起的诉讼，由被告住所地或者合同履行地人民法院管辖。

《最高人民法院关于适用〈中华人民共和国民事诉讼法〉的解释》（法释〔2015〕5 号　2015 年 2 月 4 日起施行）

第二条　专利纠纷案件由知识产权法院、最高人民法院确定的中级人民法院和基层人民法院管辖。

海事、海商案件由海事法院管辖。

第十八条　合同约定履行地点的，以约定的履行地点为合同履行地。

合同对履行地点没有约定或者约定不明确，争议标的为给付货币的，接收货币一方所在地为合同履行地；交付不动产的，不动产所在地为合同履行地；其他标的，履行义务一方所在地为合同履行地。即时结清的合同，交易行为地为合同履行地。

合同没有实际履行，当事人双方住所地都不在合同约定的履行地的，由被告住所地人民法院管辖。

《最高人民法院关于适用〈中华人民共和国海事诉讼特别程序法〉若干问题的解释》（法释〔2003〕3 号　2003 年 2 月 1 日起施行）

第一条　在海上或者通海水域发生的与船舶或者运输、生产、作业相关的海事侵权纠纷、海商合同纠纷，以及法律或者相关司法解释规定的其他海事纠纷案件由海事法院及其上级人民法院专门管辖。

《最高人民法院关于海事诉讼管辖问题的规定》（法释〔2016〕2 号　2016 年 3 月 1 日起施行）

为推进“一带一路”建设、海洋强国战略、京津冀一体化、长江经济带

发展规划的实施，促进海洋经济发展，及时化解海事纠纷，保证海事法院正确行使海事诉讼管辖权，依法审理海事案件，根据《中华人民共和国民事诉讼法》《中华人民共和国海事诉讼特别程序法》《中华人民共和国行政诉讼法》以及全国人民代表大会常务委员会《关于在沿海港口城市设立海事法院的决定》等法律规定，现将海事诉讼管辖的几个问题规定如下：

一、关于管辖区域调整

1. 根据航运经济发展和海事审判工作的需要，对大连、武汉海事法院的管辖区域作出如下调整：

（1）大连海事法院管辖下列区域：南自辽宁省与河北省的交界处、东至鸭绿江口的延伸海域和鸭绿江水域，其中包括黄海一部分、渤海一部分、海上岛屿；吉林省的松花江、图们江等通海可航水域及港口；黑龙江省的黑龙江、松花江、乌苏里江等通海可航水域及港口。

（2）武汉海事法院管辖下列区域：自四川省宜宾市合江门至江苏省浏河口之间长江干线及支线水域，包括宜宾、泸州、重庆、涪陵、万州、宜昌、荆州、城陵矶、武汉、九江、安庆、芜湖、马鞍山、南京、扬州、镇江、江阴、张家港、南通等主要港口。

2. 其他各海事法院依据此前最高人民法院发布的决定或通知确定的管辖区域对海事案件行使管辖权。

三、关于海事海商纠纷管辖权异议案件的审理

1. 当事人不服管辖权异议裁定的上诉案件由海事法院所在地的高级人民法院负责海事海商案件的审判庭审理。

2. 发生法律效力的管辖权异议裁定违反海事案件专门管辖确需纠正的，人民法院可依照《中华人民共和国民事诉讼法》第一百九十八条规定再审。

四、其他规定

本规定自2016年3月1日起施行。最高人民法院以前作出的有关规定与本规定不一致的，以本规定为准。

《最高人民法院关于海事法院受理案件范围的规定》（法释〔2016〕4号 2016年3月1日起施行）

根据《中华人民共和国民事诉讼法》《中华人民共和国海事诉讼特别程序法》《中华人民共和国行政诉讼法》以及我国缔结或者参加的有关国际条约，结合我国海事审判实际，现将海事法院受理案件的范围规定如下：

三、海洋及通海可航水域开发利用与环境保护相关纠纷案件

55. 海洋、通海可航水域工程建设（含水下疏浚、围海造地、电缆或者管道敷设以及码头、船坞、钻井平台、人工岛、隧道、大桥等建设）纠纷案件；

【适用本案由需要注意的问题】

◆根据《最高人民法院关于适用〈中华人民共和国民事诉讼法〉的解释》《最高人民法院关于适用〈中华人民共和国海事诉讼特别程序法〉若干问题的解释》和《最高人民法院关于海事法院受理案件范围的规定》的规定，因航道、港口疏浚合同纠纷提起的诉讼，由海事法院专门管辖。同时，根据《民事诉讼法》中有关地域管辖的规定，因航道、港口疏浚合同纠纷提起的诉讼，由被告所在地、合同履行地的海事法院管辖。此外，根据《民事诉讼法》第34条的规定，在当事人协议管辖的情形下，应依据当事人的协议为依据确定管辖法院，即由原告住所地、被告住所地、合同签订地、合同履行地或标的物所在地的海事法院管辖。

216. 船坞、码头建造合同纠纷

【案由解析】

船坞、码头建造合同是指发包人将建造船坞、码头的工程项目交由承包人进行建设，发包人支付价款的合同。船坞是用于建造或检验船舶用的建筑物，码头是用于船舶停靠、装卸货物或上下旅客、船舶补给、检疫的水上建筑物。船坞、码头建造合同均属于建设工程合同的一种。

船坞、码头建造合同纠纷是指当事人因建造合同的订立、履行、变更和终止所产生的纠纷。

【常用法律条文及索引】

《合同法》（1999年10月1日起施行）

第二百六十九条　建设工程合同是承包人进行工程建设，发包人支付价款的合同。

建设工程合同包括工程勘察、设计、施工合同。

第二百七十条　建设工程合同应当采用书面形式。

第二百七十一条 建设工程的招标投标活动，应当依照有关法律的规定公开、公平、公正进行。

第二百七十二条 发包人可以与总承包人订立建设工程合同，也可以分别与勘察人、设计人、施工人订立勘察、设计、施工承包合同。发包人不得将应当由一个承包人完成的建设工程肢解成若干部分发包给几个承包人。

总承包人或者勘察、设计、施工承包人经发包人同意，可以将自己承包的部分工作交由第三人完成。第三人就其完成的工作成果与总承包人或者勘察、设计、施工承包人向发包人承担连带责任。承包人不得将其承包的全部建设工程转包给第三人或者将其承包的全部建设工程肢解以后以分包的名义分别转包给第三人。

禁止承包人将工程分包给不具备相应资质条件的单位。禁止分包单位将其承包的工程再分包。建设工程主体结构的施工必须由承包人自行完成。

《民事诉讼法》（1991 年 4 月 9 日起施行　2017 年 6 月 27 日修正）

第二十三条 因合同纠纷提起的诉讼，由被告住所地或者合同履行地人民法院管辖。

《最高人民法院关于适用〈中华人民共和国民事诉讼法〉的解释》（法释〔2015〕5 号　2015 年 2 月 4 日起施行）

第二条 专利纠纷案件由知识产权法院、最高人民法院确定的中级人民法院和基层人民法院管辖。

海事、海商案件由海事法院管辖。

第十八条 合同约定履行地点的，以约定的履行地点为合同履行地。

合同对履行地点没有约定或者约定不明确，争议标的为给付货币的，接收货币一方所在地为合同履行地；交付不动产的，不动产所在地为合同履行地；其他标的，履行义务一方所在地为合同履行地。即时结清的合同，交易行为地为合同履行地。

合同没有实际履行，当事人双方住所地都不在合同约定的履行地的，由被告住所地人民法院管辖。

《最高人民法院关于适用〈中华人民共和国海事诉讼特别程序法〉若干问题的解释》（法释〔2003〕3 号　2003 年 2 月 1 日起施行）

第一条 在海上或者通海水域发生的与船舶或者运输、生产、作业相关的海事侵权纠纷、海商合同纠纷，以及法律或者相关司法解释规定的其他海事纠纷案件由海事法院及其上级人民法院专门管辖。

《最高人民法院关于海事诉讼管辖问题的规定》（法释〔2016〕2 号 2016 年 3 月 1 日起施行）

为推进“一带一路”建设、海洋强国战略、京津冀一体化、长江经济带发展规划的实施，促进海洋经济发展，及时化解海事纠纷，保证海事法院正确行使海事诉讼管辖权，依法审理海事案件，根据《中华人民共和国民事诉讼法》《中华人民共和国海事诉讼特别程序法》《中华人民共和国行政诉讼法》以及全国人民代表大会常务委员会《关于在沿海港口城市设立海事法院的决定》等法律规定，现将海事诉讼管辖的几个问题规定如下：

一、关于管辖区域调整

1. 根据航运经济发展和海事审判工作的需要，对大连、武汉海事法院的管辖区域作出如下调整：

（1）大连海事法院管辖下列区域：南自辽宁省与河北省的交界处、东至鸭绿江口的延伸海域和鸭绿江水域，其中包括黄海一部分、渤海一部分、海上岛屿；吉林省的松花江、图们江等通海可航水域及港口；黑龙江省的黑龙江、松花江、乌苏里江等通海可航水域及港口。

（2）武汉海事法院管辖下列区域：自四川省宜宾市合江门至江苏省浏河口之间长江干线及支线水域，包括宜宾、泸州、重庆、涪陵、万州、宜昌、荆州、城陵矶、武汉、九江、安庆、芜湖、马鞍山、南京、扬州、镇江、江阴、张家港、南通等主要港口。

2. 其他各海事法院依据此前最高人民法院发布的决定或通知确定的管辖区域对海事案件行使管辖权。

三、关于海事海商纠纷管辖权异议案件的审理

1. 当事人不服管辖权异议裁定的上诉案件由海事法院所在地的高级人民法院负责海事海商案件的审判庭审理。

2. 发生法律效力的管辖权异议裁定违反海事案件专门管辖确需纠正的，人民法院可依照《中华人民共和国民事诉讼法》第一百九十八条规定再审。

四、其他规定

本规定自 2016 年 3 月 1 日起施行。最高人民法院以前作出的有关规定与本规定不一致的，以本规定为准。

《最高人民法院关于海事法院受理案件范围的规定》（法释〔2016〕4 号 2016 年 3 月 1 日起施行）

根据《中华人民共和国民事诉讼法》《中华人民共和国海事诉讼特别程

序法》《中华人民共和国行政诉讼法》以及我国缔结或者参加的有关国际条约，结合我国海事审判实际，现将海事法院受理案件的范围规定如下：

三、海洋及通海可航水域开发利用与环境保护相关纠纷案件

55. 海洋、通海可航水域工程建设（含水下疏浚、围海造地、电缆或者管道敷设以及码头、船坞、钻井平台、人工岛、隧道、大桥等建设）纠纷案件；

【适用本案由需要注意的问题】

◆根据《最高人民法院关于适用〈中华人民共和国民事诉讼法〉的解释》《最高人民法院关于适用〈中华人民共和国海事诉讼特别程序法〉若干问题的解释》和《最高人民法院关于海事法院受理案件范围的规定》的规定，因船坞、码头建造合同纠纷提起的诉讼，由海事法院专门管辖。同时，根据《民事诉讼法》中有关地域管辖的规定，因船坞、码头建造合同纠纷提起的诉讼，由被告所在地或者合同履行地的海事法院管辖。此外，根据《民事诉讼法》第34条的规定，在当事人协议管辖的情形下，应以当事人的协议为依据确定管辖法院，即由原告住所地、被告住所地、合同签订地、合同履行地或标的物所在地的海事法院管辖。

◆由于船坞、码头建造合同实际属于建设工程合同的一种，其具有建设工程合同的法律属性，在处理船坞、码头建造合同纠纷时也应当参照《合同法》中有关建设工程合同的规定。

217. 船舶检验合同纠纷

【案由解析】

船舶检验合同是指船舶所有人与船舶检验机构订立的，由船舶检验机构以自己的技术和机器、设备对船舶进行技术检验，船舶所有人接受检验结果并支付检验费用的合同。船舶检验的目的在于通过对船舶及其设备的检验，促使船公司保持船舶的良好技术状况，以保证船舶的营运安全和防止污染、损害海洋环境；保证船旗国和港口国政府对船舶实施有效的管理和控制；同时也为船舶所有人提高船舶在航运市场的竞争力，降低保险费率以及为公证、索赔、海事处理等提供必要的技术依据。

船舶检验合同是指双方当事人因船舶检验合同的订立、履行、变更和终

止所产生的纠纷。

船舶检验合同的特征是：（1）船舶检验合同是一种有偿合同，是船舶所有人为保证船舶适航与船舶检验机构订立的合同，船舶检验机构负责对船舶进行检验，船舶所有人负责支付费用。（2）该合同的一方当事人是固定的，即合同的一方当事人必须是具备检验资格的船舶检验机构。

【常用法律条文及索引】

《合同法》（1999 年 10 月 1 日起施行）

第一百零七条　当事人一方不履行合同义务或者履行合同义务不符合约定的，应当承担继续履行、采取补救措施或者赔偿损失等违约责任。

第一百二十四条　本法分则或者其他法律没有明文规定的合同，适用本法总则的规定，并可以参照本法分则或者其他法律最相类似的规定。

《船舶和海上设施检验条例》（1993 年 2 月 14 日起施行）

第六条　船舶检验分别由下列机构实施：

（一）船检局设置的船舶检验机构；

（二）省、自治区、直辖市人民政府交通主管部门设置的地方船舶检验机构；

（三）船检局委托、指定或者认可的检验机构。

前款所列机构，以下统称船舶检验机构。

第七条　中国籍船舶的所有人或者经营人，必须向船舶检验机构申请下列检验：

（一）建造或者改建船舶时，申请建造检验；

（二）营运中的船舶，申请定期检验；

（三）由外国籍船舶改为中国籍船舶的，申请初次检验。

《民事诉讼法》（1991 年 4 月 9 日起施行　2017 年 6 月 27 日修正）

第二十三条　因合同纠纷提起的诉讼，由被告住所地或者合同履行地人民法院管辖。

《最高人民法院关于适用〈中华人民共和国民事诉讼法〉的解释》（法释〔2015〕5 号　2015 年 2 月 4 日起施行）

第二条　专利纠纷案件由知识产权法院、最高人民法院确定的中级人民法院和基层人民法院管辖。

海事、海商案件由海事法院管辖。

第十八条 合同约定履行地点的，以约定的履行地点为合同履行地。

合同对履行地点没有约定或者约定不明确，争议标的为给付货币的，接收货币一方所在地为合同履行地；交付不动产的，不动产所在地为合同履行地；其他标的，履行义务一方所在地为合同履行地。即时结清的合同，交易行为地为合同履行地。

合同没有实际履行，当事人双方住所地都不在合同约定的履行地的，由被告住所地人民法院管辖。

《最高人民法院关于适用〈中华人民共和国海事诉讼特别程序法〉若干问题的解释》（法释〔2003〕3 号　2003 年 2 月 1 日起施行）

第一条 在海上或者通海水域发生的与船舶或者运输、生产、作业相关的海事侵权纠纷、海商合同纠纷，以及法律或者相关司法解释规定的其他海事纠纷案件由海事法院及其上级人民法院专门管辖。

《最高人民法院关于海事诉讼管辖问题的规定》（法释〔2016〕2 号　2016 年 3 月 1 日起施行）

为推进"一带一路"建设、海洋强国战略、京津冀一体化、长江经济带发展规划的实施，促进海洋经济发展，及时化解海事纠纷，保证海事法院正确行使海事诉讼管辖权，依法审理海事案件，根据《中华人民共和国民事诉讼法》《中华人民共和国海事诉讼特别程序法》《中华人民共和国行政诉讼法》以及全国人民代表大会常务委员会《关于在沿海港口城市设立海事法院的决定》等法律规定，现将海事诉讼管辖的几个问题规定如下：

一、关于管辖区域调整

1. 根据航运经济发展和海事审判工作的需要，对大连、武汉海事法院的管辖区域作出如下调整：

（1）大连海事法院管辖下列区域：南自辽宁省与河北省的交界处、东至鸭绿江口的延伸海域和鸭绿江水域，其中包括黄海一部分、渤海一部分、海上岛屿；吉林省的松花江、图们江等通海可航水域及港口；黑龙江省的黑龙江、松花江、乌苏里江等通海可航水域及港口。

（2）武汉海事法院管辖下列区域：自四川省宜宾市合江门至江苏省浏河口之间长江干线及支线水域，包括宜宾、泸州、重庆、涪陵、万州、宜昌、荆州、城陵矶、武汉、九江、安庆、芜湖、马鞍山、南京、扬州、镇江、江阴、张家港、南通等主要港口。

2. 其他各海事法院依据此前最高人民法院发布的决定或通知确定的管

辖区域对海事案件行使管辖权。

三、关于海事海商纠纷管辖权异议案件的审理

1. 当事人不服管辖权异议裁定的上诉案件由海事法院所在地的高级人民法院负责海事海商案件的审判庭审理。

2. 发生法律效力的管辖权异议裁定违反海事案件专门管辖确需纠正的，人民法院可依照《中华人民共和国民事诉讼法》第一百九十八条规定再审。

四、其他规定

本规定自2016年3月1日起施行。最高人民法院以前作出的有关规定与本规定不一致的，以本规定为准。

《最高人民法院关于海事法院受理案件范围的规定》（法释〔2016〕4号 2016年3月1日起施行）

根据《中华人民共和国民事诉讼法》《中华人民共和国海事诉讼特别程序法》《中华人民共和国行政诉讼法》以及我国缔结或者参加的有关国际条约，结合我国海事审判实际，现将海事法院受理案件的范围规定如下：

二、海商合同纠纷案件

15. 船舶检验合同纠纷案件；

【适用本案由需要注意的问题】

◆根据《最高人民法院关于适用〈中华人民共和国民事诉讼法〉的解释》《最高人民法院关于适用〈中华人民共和国海事诉讼特别程序法〉若干问题的解释》和《最高人民法院关于海事法院受理案件范围的规定》的规定，因船舶检验合同纠纷提起的诉讼，由海事法院专门管辖。同时，根据《民事诉讼法》中有关地域管辖的规定，因船舶检验合同纠纷提起的诉讼，由被告所在地或者合同履行地的海事法院管辖。此外，根据《民事诉讼法》第34条的规定，在当事人协议管辖的情形下，应以当事人的协议为依据确定管辖法院，即由原告住所地、被告住所地、合同签订地、合同履行地或标的物所在地的海事法院管辖。

218. 海事请求担保纠纷

【案由解析】

海事请求担保纠纷是指海事请求人和被请求人因海事请求提供担保而产

生的纠纷。

海事请求人为保证其海事请求得以实现，往往在提出海事请求申请的同时，要求被请求人提供担保。被请求人提供担保的方式、数额一般需与海事请求人协商确定。海事请求人请求担保的数额应与被请求人所承担的责任相当。

【常用法律条文及索引】

《海事诉讼特别程序法》（2000年7月1日起施行）

第六条 海事诉讼的地域管辖，依照《中华人民共和国民事诉讼法》的有关规定。

下列海事诉讼的地域管辖，依照以下规定：

……

（六）因海事担保纠纷提起的诉讼，由担保物所在地、被告住所地海事法院管辖；因船舶抵押纠纷提起的诉讼，还可以由船籍港所在地海事法院管辖；

……

第七十五条 海事请求人提供的担保，其方式、数额由海事法院决定。被请求人提供的担保，其方式、数额由海事请求人和被请求人协商；协商不成的，由海事法院决定。

第七十六条 海事请求人要求被请求人就海事请求保全提供担保的数额，应当与其债权数额相当，但不得超过被保全的财产价值。

海事请求人提供担保的数额，应当相当于因其申请可能给被请求人造成的损失。具体数额由海事法院决定。

第七十八条 海事请求人请求担保的数额过高，造成被请求人损失的，应当承担赔偿责任。

《最高人民法院关于适用〈中华人民共和国民事诉讼法〉的解释》（法释〔2015〕5号 2015年2月4日起施行）

第二条 专利纠纷案件由知识产权法院、最高人民法院确定的中级人民法院和基层人民法院管辖。

海事、海商案件由海事法院管辖。

《最高人民法院关于海事诉讼管辖问题的规定》（法释〔2016〕2号 2016年3月1日起施行）

为推进“一带一路”建设、海洋强国战略、京津冀一体化、长江经济带

发展规划的实施，促进海洋经济发展，及时化解海事纠纷，保证海事法院正确行使海事诉讼管辖权，依法审理海事案件，根据《中华人民共和国民事诉讼法》《中华人民共和国海事诉讼特别程序法》《中华人民共和国行政诉讼法》以及全国人民代表大会常务委员会《关于在沿海港口城市设立海事法院的决定》等法律规定，现将海事诉讼管辖的几个问题规定如下：

一、关于管辖区域调整

1. 根据航运经济发展和海事审判工作的需要，对大连、武汉海事法院的管辖区域作出如下调整：

（1）大连海事法院管辖下列区域：南自辽宁省与河北省的交界处、东至鸭绿江口的延伸海域和鸭绿江水域，其中包括黄海一部分、渤海一部分、海上岛屿；吉林省的松花江、图们江等通海可航水域及港口；黑龙江省的黑龙江、松花江、乌苏里江等通海可航水域及港口。

（2）武汉海事法院管辖下列区域：自四川省宜宾市合江门至江苏省浏河口之间长江干线及支线水域，包括宜宾、泸州、重庆、涪陵、万州、宜昌、荆州、城陵矶、武汉、九江、安庆、芜湖、马鞍山、南京、扬州、镇江、江阴、张家港、南通等主要港口。

2. 其他各海事法院依据此前最高人民法院发布的决定或通知确定的管辖区域对海事案件行使管辖权。

三、关于海事海商纠纷管辖权异议案件的审理

1. 当事人不服管辖权异议裁定的上诉案件由海事法院所在地的高级人民法院负责海事海商案件的审判庭审理。

2. 发生法律效力的管辖权异议裁定违反海事案件专门管辖确需纠正的，人民法院可依照《中华人民共和国民事诉讼法》第一百九十八条规定再审。

四、其他规定

本规定自2016年3月1日起施行。最高人民法院以前作出的有关规定与本规定不一致的，以本规定为准。

【适用本案由需要注意的问题】

◆关于本案由纠纷的管辖，《海事诉讼特别程序法》第6条第6项规定，由担保物所在地、被告住所地的海事法院管辖；因船舶抵押纠纷提起的诉讼，还可以由船籍港所在地的海事法院管辖。

219. 海上、通海水域运输重大责任事故责任纠纷

【案由解析】

海上、通海水域运输重大责任事故责任纠纷是指因在海上、通海水域运输或者从事其他海上作业的过程中，造成人身和财产重大损害或者其他严重不良后果的事故而引起的损害赔偿纠纷。

海上、通海水域运输重大责任事故的特征是：(1) 行为人违反国家法律法规和规章制度的失职行为是造成事故的原因。(2) 除对人身和财产造成重大损害外，造成大面积的环境污染等事故也属于严重的不良后果。

【常用法律条文及索引】

《民法通则》（1987 年 1 月 1 日起施行 2009 年 8 月 27 日修正）

第一百零六条 公民、法人违反合同或者不履行其他义务的，应当承担民事责任。

公民、法人由于过错侵害国家的、集体的财产，侵害他人财产、人身的应当承担民事责任。

没有过错，但法律规定应当承担民事责任的，应当承担民事责任。

《侵权责任法》（2010 年 7 月 1 日起施行）

第六条 行为人因过错侵害他人民事权益，应当承担侵权责任。

根据法律规定推定行为人有过错，行为人不能证明自己没有过错的，应当承担侵权责任。

第七条 行为人损害他人民事权益，不论行为人有无过错，法律规定应当承担侵权责任的，依照其规定。

《海商法》（1993 年 7 月 1 日起施行）

第四十七条 承运人在船舶开航前和开航当时，应当谨慎处理，使船舶处于适航状态，妥善配备船员、装备船舶和配备供应品，并使货舱、冷藏舱、冷气舱和其他载货处所适于并能安全收受、载运和保管货物。

第五十九条 经证明，货物的灭失、损坏或者迟延交付是由于承运人的故意或者明知可能造成损失而轻率地作为或者不作为造成的，承运人不得援用本法第五十六条或者第五十七条限制赔偿责任的规定。

经证明，货物的灭失、损坏或者迟延交付是由于承运人的受雇人、代理人的故意或者明知可能造成损失而轻率地作为或者不作为造成的，承运人的受雇人或者代理人不得援用本法第五十六条或者第五十七条限制赔偿责任的规定。

《民事诉讼法》（1991 年 4 月 9 日起施行　2017 年 6 月 27 日修正）

第二十八条　因侵权行为提起的诉讼，由侵权行为地或者被告住所地人民法院管辖。

《海事诉讼特别程序法》（2000 年 7 月 1 日起施行）

第六条　海事诉讼的地域管辖，依照《中华人民共和国民事诉讼法》的有关规定。

下列海事诉讼的地域管辖，依照以下规定：

（一）因海事侵权行为提起的诉讼，除依照《中华人民共和国民事诉讼法》第二十九条至第三十一条的规定以外，还可以由船籍港所在地海事法院管辖；

……

《最高人民法院关于适用〈中华人民共和国海事诉讼特别程序法〉若干问题的解释》（法释〔2003〕3 号　2003 年 2 月 1 日起施行）

第一条　在海上或者通海水域发生的与船舶或者运输、生产、作业相关的海事侵权纠纷、海商合同纠纷，以及法律或者相关司法解释规定的其他海事纠纷案件由海事法院及其上级人民法院专门管辖。

【适用本案由需要注意的问题】

◆根据《最高人民法院关于适用〈中华人民共和国海事诉讼特别程序法〉若干问题的解释》和《最高人民法院关于海事法院受理案件范围的若干规定》的规定，因海上、通海水域运输重大责任事故责任纠纷提起的诉讼，由海事法院专门管辖。同时，根据《民事诉讼法》《海事诉讼特别程序法》中有关地域管辖的规定，因海上、通海水域运输重大责任事故责任纠纷提起的诉讼，由被告所在地、事故发生地、船籍港所在地的海事法院管辖。

220. 港口作业重大责任事故责任纠纷

【案由解析】

港口作业重大责任事故责任纠纷是指在港口进行有关运输作业的过程

中，造成人身和财产重大损害或者其他严重不良后果的事故所引起的损害赔偿纠纷。

造成港口作业重大责任事故的原因是行为人违反国家法律法规和规章制度的失职行为。除对人身和财产造成重大损害外，大面积的环境污染等事故也属于严重的不良后果。但港口作业重大责任事故的侵权地位于港口范围内。

【常用法律条文及索引】

《民法通则》（1987 年 1 月 1 日起施行　2009 年 8 月 27 日修正）

第一百零六条　公民、法人违反合同或者不履行其他义务的，应当承担民事责任。

公民、法人由于过错侵害国家的、集体的财产，侵害他人财产、人身的应当承担民事责任。

没有过错，但法律规定应当承担民事责任的，应当承担民事责任。

《侵权责任法》（2010 年 7 月 1 日起施行）

第六条　行为人因过错侵害他人民事权益，应当承担侵权责任。

根据法律规定推定行为人有过错，行为人不能证明自己没有过错的，应当承担侵权责任。

第七条　行为人损害他人民事权益，不论行为人有无过错，法律规定应当承担侵权责任的，依照其规定。

《民事诉讼法》（1991 年 4 月 9 日起施行　2017 年 6 月 27 日修正）

第三十三条　下列案件，由本条规定的人民法院专属管辖：

……

（二）因港口作业中发生纠纷提起的诉讼，由港口所在地人民法院管辖；

……

《海事诉讼特别程序法》（2000 年 7 月 1 日起施行）

第七条　下列海事诉讼，由本条规定的海事法院专属管辖：

（一）因沿海港口作业纠纷提起的诉讼，由港口所在地海事法院管辖；

……

《最高人民法院关于适用〈中华人民共和国海事诉讼特别程序法〉若干问题的解释》（法释〔2003〕3 号　2003 年 2 月 1 日起施行）

第一条　在海上或者通海水域发生的与船舶或者运输、生产、作业相关的海事侵权纠纷、海商合同纠纷，以及法律或者相关司法解释规定的其他海

事纠纷案件由海事法院及其上级人民法院专门管辖。

《最高人民法院关于海事诉讼管辖问题的规定》（法释〔2016〕2号 2016年3月1日起施行）

为推进“一带一路”建设、海洋强国战略、京津冀一体化、长江经济带发展规划的实施，促进海洋经济发展，及时化解海事纠纷，保证海事法院正确行使海事诉讼管辖权，依法审理海事案件，根据《中华人民共和国民事诉讼法》《中华人民共和国海事诉讼特别程序法》《中华人民共和国行政诉讼法》以及全国人民代表大会常务委员会《关于在沿海港口城市设立海事法院的决定》等法律规定，现将海事诉讼管辖的几个问题规定如下：

一、关于管辖区域调整

1. 根据航运经济发展和海事审判工作的需要，对大连、武汉海事法院的管辖区域作出如下调整：

（1）大连海事法院管辖下列区域：南自辽宁省与河北省的交界处、东至鸭绿江口的延伸海域和鸭绿江水域，其中包括黄海一部分、渤海一部分、海上岛屿；吉林省的松花江、图们江等通海可航水域及港口；黑龙江省的黑龙江、松花江、乌苏里江等通海可航水域及港口。

（2）武汉海事法院管辖下列区域：自四川省宜宾市合江门至江苏省浏河口之间长江干线及支线水域，包括宜宾、泸州、重庆、涪陵、万州、宜昌、荆州、城陵矶、武汉、九江、安庆、芜湖、马鞍山、南京、扬州、镇江、江阴、张家港、南通等主要港口。

2. 其他各海事法院依据此前最高人民法院发布的决定或通知确定的管辖区域对海事案件行使管辖权。

三、关于海事海商纠纷管辖权异议案件的审理

1. 当事人不服管辖权异议裁定的上诉案件由海事法院所在地的高级人民法院负责海事海商案件的审判庭审理。

2. 发生法律效力的管辖权异议裁定违反海事案件专门管辖确需纠正的，人民法院可依照《中华人民共和国民事诉讼法》第一百九十八条规定再审。

四、其他规定本规定自2016年3月1日起施行。最高人民法院以前作出的有关规定与本规定不一致的，以本规定为准。

《最高人民法院关于海事法院受理案件范围的规定》（法释〔2016〕4号 2016年3月1日起施行）

根据《中华人民共和国民事诉讼法》《中华人民共和国海事诉讼特别程

序法》《中华人民共和国行政诉讼法》以及我国缔结或者参加的有关国际条约，结合我国海事审判实际，现将海事法院受理案件的范围规定如下：

一、海事侵权纠纷案件

10. 其他海事侵权纠纷案件。

《港口法》（2004 年 1 月 1 日起施行 2017 年 11 月 4 日修正）

第三十二条 港口经营人必须依照《中华人民共和国安全生产法》等有关法律、法规和国务院交通主管部门有关港口安全作业规则的规定，加强安全生产管理，建立健全安全生产责任制等规章制度，完善安全生产条件，采取保障安全生产的有效措施，确保安全生产。

港口经营人应当依法制定本单位的危险货物事故应急预案、重大生产安全事故的旅客紧急疏散和救援预案以及预防自然灾害预案，保障组织实施。

第三十三条 港口行政管理部门应当依法制定可能危及社会公共利益的港口危险货物事故应急预案、重大生产安全事故的旅客紧急疏散和救援预案以及预防自然灾害预案，建立健全港口重大生产安全事故的应急救援体系。

第三十四条 船舶进出港口，应当依照有关水上交通安全的法律、行政法规的规定向海事管理机构报告。海事管理机构接到报告后，应当及时通报港口行政管理部门。

船舶载运危险货物进出港口，应当按照国务院交通主管部门的规定将危险货物的名称、特性、包装和进出港口的时间报告海事管理机构。海事管理机构接到报告后，应当在国务院交通主管部门规定的时间内作出是否同意的决定，通知报告人，并通报港口行政管理部门。但是，定船舶、定航线、定货种的船舶可以定期报告。

第三十五条 在港口内进行危险货物的装卸、过驳作业，应当按照国务院交通主管部门的规定将危险货物的名称、特性、包装和作业的时间、地点报告港口行政管理部门。港口行政管理部门接到报告后，应当在国务院交通主管部门规定的时间内作出是否同意的决定，通知报告人，并通报海事管理机构。

第三十六条 港口行政管理部门应当依法对港口安全生产情况实施监督检查，对旅客上下集中、货物装卸量较大或者有特殊用途的码头进行重点巡查；检查中发现安全隐患的，应当责令被检查人立即排除或者限期排除。

负责安全生产监督管理的部门和其他有关部门依照法律、法规的规定，在各自职责范围内对港口安全生产实施监督检查。

【适用本案由需要注意的问题】

◆根据《最高人民法院关于适用〈中华人民共和国海事诉讼特别程序法〉若干问题的解释》和《最高人民法院关于海事法院受理案件范围的若干规定》的规定，因港口作业重大责任事故责任纠纷提起的诉讼，由海事法院专门管辖。同时，根据《民事诉讼法》《海事诉讼特别程序法》中有关地域管辖的规定，因港口重大责任事故责任纠纷提起的诉讼，由港口所在地海事法院管辖。此外，根据《最高人民法院关于军事法院管辖民事案件若干问题的规定》（法释〔2012〕11 号）第 2 条的规定，《民事诉讼法》第 33 条规定的港口所在地在营区内，且当事人一方为军人或者军队单位的案件，地方当事人向军事法院提起诉讼或者提出申请的，军事法院应当受理。

221. 港口作业纠纷

【案由解析】

港口作业纠纷是指在港区内进行的工程建设、疏浚、打捞、救助、水上水下施工以及与运输相关的作业活动引起的各种纠纷。

港口作业纠纷的主要特征是港口作业包括在港区内进行的工程建设和与运输相关的作业，其中港区内的工程建设是指工程的测量、勘探、建造等；与运输相关的作业是指货物的装卸、驳运和保管等。

【常用法律条文及索引】

《民法通则》（1987 年 1 月 1 日起施行　2009 年 8 月 27 日修正）

第一百零六条　公民、法人违反合同或者不履行其他义务的，应当承担民事责任。

公民、法人由于过错侵害国家的、集体的财产，侵害他人财产、人身的应当承担民事责任。

没有过错，但法律规定应当承担民事责任的，应当承担民事责任。

《民法总则》（2017 年 10 月 1 日起施行）

第一百七十六条　民事主体依照法律规定和当事人约定，履行民事义务，承担民事责任。

第一百七十七条 二人以上依法承担按份责任，能够确定责任大小的，各自承担相应的责任；难以确定责任大小的，平均承担责任。

第一百七十八条 二人以上依法承担连带责任的，权利人有权请求部分或者全部连带责任人承担责任。

连带责任人的责任份额根据各自责任大小确定；难以确定责任大小的，平均承担责任。实际承担责任超过自己责任份额的连带责任人，有权向其他连带责任人追偿。

连带责任，由法律规定或者当事人约定。

《侵权责任法》（2010年7月1日起施行）

第六条 行为人因过错侵害他人民事权益，应当承担侵权责任。

根据法律规定推定行为人有过错，行为人不能证明自己没有过错的，应当承担侵权责任。

第七条 行为人损害他人民事权益，不论行为人有无过错，法律规定应当承担侵权责任的，依照其规定。

《民事诉讼法》（1991年4月9日起施行 2017年6月27日修正）

第三十三条 下列案件，由本条规定的人民法院专属管辖：

……

（二）因港口作业中发生纠纷提起的诉讼，由港口所在地人民法院管辖；

……

《海事诉讼特别程序法》（2000年7月1日起施行）

第七条 下列海事诉讼，由本条规定的海事法院专属管辖：

（一）因沿海港口作业纠纷提起的诉讼，由港口所在地海事法院管辖；

……

《最高人民法院关于适用〈中华人民共和国民事诉讼法〉的解释》（法释〔2015〕5号 2015年2月4日起施行）

第二条 专利纠纷案件由知识产权法院、最高人民法院确定的中级人民法院和基层人民法院管辖。

海事、海商案件由海事法院管辖。

《最高人民法院关于适用〈中华人民共和国海事诉讼特别程序法〉若干问题的解释》（法释〔2003〕3号 2003年2月1日起施行）

第一条 在海上或者通海水域发生的与船舶或者运输、生产、作业相关的海事侵权纠纷、海商合同纠纷，以及法律或者相关司法解释规定的其他海

事纠纷案件由海事法院及其上级人民法院专门管辖。

《港口法》（2004 年 1 月 1 日起施行　2017 年 11 月 4 日修正）

第三十二条　港口经营人必须依照《中华人民共和国安全生产法》等有关法律、法规和国务院交通主管部门有关港口安全作业规则的规定，加强安全生产管理，建立健全安全生产责任制等规章制度，完善安全生产条件，采取保障安全生产的有效措施，确保安全生产。

港口经营人应当依法制定本单位的危险货物事故应急预案、重大生产安全事故的旅客紧急疏散和救援预案以及预防自然灾害预案，保障组织实施。

第三十三条　港口行政管理部门应当依法制定可能危及社会公共利益的港口危险货物事故应急预案、重大生产安全事故的旅客紧急疏散和救援预案以及预防自然灾害预案，建立健全港口重大生产安全事故的应急救援体系。

第三十四条　船舶进出港口，应当依照有关水上交通安全的法律、行政法规的规定向海事管理机构报告。海事管理机构接到报告后，应当及时通报港口行政管理部门。

船舶载运危险货物进出港口，应当按照国务院交通主管部门的规定将危险货物的名称、特性、包装和进出港口的时间报告海事管理机构。海事管理机构接到报告后，应当在国务院交通主管部门规定的时间内作出是否同意的决定，通知报告人，并通报港口行政管理部门。但是，定船舶、定航线、定货种的船舶可以定期报告。

第三十五条　在港口内进行危险货物的装卸、过驳作业，应当按照国务院交通主管部门的规定将危险货物的名称、特性、包装和作业的时间、地点报告港口行政管理部门。港口行政管理部门接到报告后，应当在国务院交通主管部门规定的时间内作出是否同意的决定，通知报告人，并通报海事管理机构。

第三十六条　港口行政管理部门应当依法对港口安全生产情况实施监督检查，对旅客上下集中、货物装卸量较大或者有特殊用途的码头进行重点巡查；检查中发现安全隐患的，应当责令被检查人立即排除或者限期排除。

负责安全生产监督管理的部门和其他有关部门依照法律、法规的规定，在各自职责范围内对港口安全生产实施监督检查。

《最高人民法院关于海事诉讼管辖问题的规定》（法释〔2016〕2 号　2016 年 3 月 1 日起施行）

为推进“一带一路”建设、海洋强国战略、京津冀一体化、长江经济带发展规划的实施，促进海洋经济发展，及时化解海事纠纷，保证海事法院正

确行使海事诉讼管辖权，依法审理海事案件，根据《中华人民共和国民事诉讼法》《中华人民共和国海事诉讼特别程序法》《中华人民共和国行政诉讼法》以及全国人民代表大会常务委员会《关于在沿海港口城市设立海事法院的决定》等法律规定，现将海事诉讼管辖的几个问题规定如下：

一、关于管辖区域调整

1. 根据航运经济发展和海事审判工作的需要，对大连、武汉海事法院的管辖区域作出如下调整：

（1）大连海事法院管辖下列区域：南自辽宁省与河北省的交界处、东至鸭绿江口的延伸海域和鸭绿江水域，其中包括黄海一部分、渤海一部分、海上岛屿；吉林省的松花江、图们江等通海可航水域及港口；黑龙江省的黑龙江、松花江、乌苏里江等通海可航水域及港口。

（2）武汉海事法院管辖下列区域：自四川省宜宾市合江门至江苏省浏河口之间长江干线及支线水域，包括宜宾、泸州、重庆、涪陵、万州、宜昌、荆州、城陵矶、武汉、九江、安庆、芜湖、马鞍山、南京、扬州、镇江、江阴、张家港、南通等主要港口。

2. 其他各海事法院依据此前最高人民法院发布的决定或通知确定的管辖区域对海事案件行使管辖权。

三、关于海事海商纠纷管辖权异议案件的审理

1. 当事人不服管辖权异议裁定的上诉案件由海事法院所在地的高级人民法院负责海事海商案件的审判庭审理。

2. 发生法律效力的管辖权异议裁定违反海事案件专门管辖确需纠正的，人民法院可依照《中华人民共和国民事诉讼法》第一百九十八条规定再审。

四、其他规定

本规定自2016年3月1日起施行。最高人民法院以前作出的有关规定与本规定不一致的，以本规定为准。

《最高人民法院关于海事法院受理案件范围的规定》（法释〔2016〕4号 2016年3月1日起施行）

根据《中华人民共和国民事诉讼法》《中华人民共和国海事诉讼特别程序法》《中华人民共和国行政诉讼法》以及我国缔结或者参加的有关国际条约，结合我国海事审判实际，现将海事法院受理案件的范围规定如下：

四、其他海事海商纠纷案件

75. 港口作业纠纷案件；

【适用本案由需要注意的问题】

◆根据《最高人民法院关于适用〈中华人民共和国民事诉讼法〉的解释》《最高人民法院关于适用〈中华人民共和国海事诉讼特别程序法〉若干问题的解释》和《最高人民法院关于海事法院受理案件范围的规定》的规定，因港口作业纠纷提起的诉讼，由海事法院专门管辖。同时，根据《民事诉讼法》《海事诉讼特别程序法》中有关地域管辖的规定，因港口作业纠纷提起的诉讼，由港口所在地的海事法院管辖。此外，根据《最高人民法院关于军事法院管辖民事案件若干问题的规定》（法释〔2012〕11 号）第 2 条的规定，《民事诉讼法》第 33 条规定的港口所在地在营区内，且当事人一方为军人或者军队单位的案件，地方当事人向军事法院提起诉讼或者提出申请的，军事法院应当受理。

222. 共同海损纠纷

【案由解析】

共同海损纠纷是指在同一海上航程中，船舶、货物和其他财产遭遇共同危险，为了共同安全，有意地合理地采取措施所直接造成的特殊牺牲、支付的特殊费用所产生的纠纷。

共同海损的特征是：（1）共同海损是由于船舶和货物遭受共同危险后，为了船舶和货物的共同安全，有意而合理的采取某种会造成一定损失的措施。（2）措施必须是有效果的，否则共同海损就失去了赖以存在的经济基础。（3）共同海损的损失部分由收益的船方和货方按比例分摊。

【常用法律条文及索引】

《海商法》（1993 年 7 月 1 日起施行）

第一百九十三条 共同海损，是指在同一海上航程中，船舶、货物和其他财产遭遇共同危险，为了共同安全，有意地合理地采取措施所直接造成的特殊特殊、支付的牺牲费用。

无论在航程中或者在航程结束后发生的船舶或者货物因迟延所造成的损失，包括船期损失和行市损失以及其他间接损失，均不得列入共同海损。

第一百九十四条 船舶因发生意外、牺牲或者其他特殊情况而损坏时，为了安全完成本航程，驶入避难港口、避难地点或者驶回装货港口、装货地点进行必要的修理，在该港口或者地点额外停留期间所支付的港口费，船员工资、给养，船舶所消耗的燃料、物料，为修理而卸载、储存、重装或者搬移船上货物、燃料、物料以及其他财产所造成的损失、支付的费用，应当列入共同海损。

第一百九十五条 为代替可以列为共同海损的特殊费用而支付的额外费用，可以作为代替费用列入共同海损；但是，列入共同海损的代替费用的金额，不得超过被代替的共同海损的特殊费用。

第一百九十六条 提出共同海损分摊请求的一方应当负举证责任，证明其损失应当列入共同海损。

第一百九十七条 引起共同海损特殊牺牲、特殊费用的事故，可能是由航程中一方的过失造成的，不影响该方要求分摊共同海损的权利；但是，非过失方或者过失方可以就此项过失提出赔偿请求或者进行抗辩。

第一百九十八条 船舶、货物和运费的共同海损牺牲的金额，依照下列规定确定：

（一）船舶共同海损牺牲的金额，按照实际支付的修理费，减除合理的以新换旧的扣减额计算。船舶尚未修理的，按照牺牲造成的合理贬值计算，但是不得超过估计的修理费。

船舶发生实际全损或者修理费用超过修复后的船舶价值的，共同海损牺牲金额按照该船舶在完好状态下的估计价值，减除不属于共同海损损坏的估计的修理费和该船舶受损后的价值的余额计算。

（二）货物共同海损牺牲的金额，货物灭失的，按照货物在装船时的价值加保险费加运费，减除由于牺牲无需支付的运费计算。货物损坏，在就损坏程度达成协议前售出的，按照货物在装船时的价值加保险费加运费，与出售货物净得的差额计算。

（三）运费共同海损牺牲的金额，按照货物遭受牺牲造成的运费的损失金额，减除为取得这笔运费本应支付，但是由于牺牲无需支付的营运费用计算。

第一百九十九条 共同海损应当由受益方按照各自的分摊价值的比例分摊。

船舶、货物和运费的共同海损分摊价值，分别依照下列规定确定：

（一）船舶共同海损分摊价值，按照船舶在航程终止时的完好价值，减除不属于共同海损的损失金额计算，或者按照船舶在航程终止时的实际价值，加上共同海损牺牲的金额计算。

（二）货物共同海损分摊价值，按照货物在装船时的价值加保险费加运费，减除不属于共同海损的损失金额和承运人承担风险的运费计算。货物在抵达目的港以前售出的，按照出售净得金额，加上共同海损牺牲的金额计算。

旅客的行李和私人物品，不分摊共同海损。

（三）运费分摊价值，按照承运人承担风险并于航程终止时有权收取的运费，减除为取得该项运费而在共同海损事故发生后，为完成本航程所支付的营运费用，加上共同海损牺牲的金额计算。

第二百条　未申报的货物或者谎报的货物，应当参加共同海损分摊；其遭受的特殊牺牲，不得列入共同海损。

不正当地以低于货物实际价值作为申报价值的，按照实际价值分摊共同海损；在发生共同海损牺牲时，按照申报价值计算牺牲金额。

第二百零一条　对共同海损特殊牺牲和垫付的共同海损特殊费用，应当计算利息。对垫付的共同海损特殊费用，除船员工资、给养和船舶消耗的燃料、物料外，应当计算手续费。

第二百零二条　经利益关系人要求，各分摊方应当提供共同海损担保。

以提供保证金方式进行共同海损担保的，保证金应当交由海损理算师以保管人名义存入银行。

保证金的提供、使用或者退还，不影响各方最终的分摊责任。

第二百零三条　共同海损理算，适用合同约定的理算规则；合同未约定的，适用本章的规定。

《海事诉讼特别程序法》（2000 年 7 月 1 日起施行）

第六条　海事诉讼的地域管辖，依照《中华人民共和国民事诉讼法》的有关规定。

下列海事诉讼的地域管辖，依照以下规定：

（一）因海事侵权行为提起的诉讼，除依照《中华人民共和国民事诉讼法》第二十九条至第三十一条的规定以外，还可以由船籍港所在地海事法院管辖；

……

第二十一条 下列海事请求，可以申请扣押船舶：

……

（九）共同海损；

……

第八十八条 当事人就共同海损的纠纷，可以协议委托理算机构理算，也可以直接向海事法院提起诉讼。海事法院受理未经理算的共同海损纠纷，可以委托理算机构理算。

第八十九条 理算机构作出的共同海损理算报告，当事人没有提出异议的，可以作为分摊责任的依据；当事人提出异议的，由海事法院决定是否采纳。

第九十条 当事人可以不受因同一海损事故提起的共同海损诉讼程序的影响，就非共同海损损失向责任人提起诉讼。

第九十一条 当事人就同一海损事故向受理共同海损案件的海事法院提起非共同海损的诉讼，以及对共同海损分摊向责任人提起追偿诉讼的，海事法院可以合并审理。

第九十二条 海事法院审理共同海损案件，应当在立案后一年内审结。有特殊情况需要延长的，由本院院长批准。

《民事诉讼法》（1991 年 4 月 9 日起施行 2017 年 6 月 27 日修正）

第三十二条 因共同海损提起的诉讼，由船舶最先到达地、共同海损理算地或者航程终止地的人民法院管辖。

《最高人民法院关于适用〈中华人民共和国民事诉讼法〉的解释》（法释〔2015〕5 号 2015 年 2 月 4 日起施行）

第二条 专利纠纷案件由知识产权法院、最高人民法院确定的中级人民法院和基层人民法院管辖。

海事、海商案件由海事法院管辖。

《最高人民法院关于适用〈中华人民共和国海事诉讼特别程序法〉若干问题的解释》（法释〔2003〕3 号 2003 年 2 月 1 日起施行）

第一条 在海上或者通海水域发生的与船舶或者运输、生产、作业相关的海事侵权纠纷、海商合同纠纷，以及法律或者相关司法解释规定的其他海事纠纷案件由海事法院及其上级人民法院专门管辖。

第六十二条 未经理算的共同海损纠纷诉至海事法院的，海事法院应责令当事人自行委托共同海损理算。确有必要由海事法院委托理算的，由当事人提出申请，委托理算的费用由主张共同海损的当事人垫付。

第六十三条　当事人对共同海损理算报告提出异议，经海事法院审查异议成立，需要补充理算或者重新理算的，应当由原委托人通知理算人进行理算。原委托人不通知理算的，海事法院可以通知理算人重新理算，有关费用由异议人垫付；异议人拒绝垫付费用的，视为撤销异议。

第六十四条　因与共同海损纠纷有关的非共同海损损失向责任人提起的诉讼，适用海事诉讼特别程序法第九十二条规定的审限。

《最高人民法院关于海事诉讼管辖问题的规定》（法释〔2016〕2号　2016年3月1日起施行）

为推进“一带一路”建设、海洋强国战略、京津冀一体化、长江经济带发展规划的实施，促进海洋经济发展，及时化解海事纠纷，保证海事法院正确行使海事诉讼管辖权，依法审理海事案件，根据《中华人民共和国民事诉讼法》《中华人民共和国海事诉讼特别程序法》《中华人民共和国行政诉讼法》以及全国人民代表大会常务委员会《关于在沿海港口城市设立海事法院的决定》等法律规定，现将海事诉讼管辖的几个问题规定如下：

一、关于管辖区域调整

1. 根据航运经济发展和海事审判工作的需要，对大连、武汉海事法院的管辖区域作出如下调整：

（1）大连海事法院管辖下列区域：南自辽宁省与河北省的交界处、东至鸭绿江口的延伸海域和鸭绿江水域，其中包括黄海一部分、渤海一部分、海上岛屿；吉林省的松花江、图们江等通海可航水域及港口；黑龙江省的黑龙江、松花江、乌苏里江等通海可航水域及港口。

（2）武汉海事法院管辖下列区域：自四川省宜宾市合江门至江苏省浏河口之间长江干线及支线水域，包括宜宾、泸州、重庆、涪陵、万州、宜昌、荆州、城陵矶、武汉、九江、安庆、芜湖、马鞍山、南京、扬州、镇江、江阴、张家港、南通等主要港口。

2. 其他各海事法院依据此前最高人民法院发布的决定或通知确定的管辖区域对海事案件行使管辖权。

三、关于海事海商纠纷管辖权异议案件的审理

1. 当事人不服管辖权异议裁定的上诉案件由海事法院所在地的高级人民法院负责海事海商案件的审判庭审理。

2. 发生法律效力的管辖权异议裁定违反海事案件专门管辖确需纠正的，

人民法院可依照《中华人民共和国民事诉讼法》第一百九十八条规定再审。

四、其他规定

本规定自2016年3月1日起施行。最高人民法院以前作出的有关规定与本规定不一致的，以本规定为准。

《最高人民法院关于海事法院受理案件范围的规定》（法释〔2016〕4号 2016年3月1日起施行）

根据《中华人民共和国民事诉讼法》《中华人民共和国海事诉讼特别程序法》《中华人民共和国行政诉讼法》以及我国缔结或者参加的有关国际条约，结合我国海事审判实际，现将海事法院受理案件的范围规定如下：

四、其他海事海商纠纷案件

74. 共同海损纠纷案件；

《最高人民法院关于审理发生在我国管辖海域相关案件若干问题的规定（一）》（法释〔2016〕16号 2016年8月2日起施行）

为维护我国领土主权、海洋权益，平等保护中外当事人合法权利，明确我国管辖海域的司法管辖与法律适用，根据《中华人民共和国领海及毗连区法》《中华人民共和国专属经济区和大陆架法》《中华人民共和国刑法》《中华人民共和国出境入境管理法》《中华人民共和国治安管理处罚法》《中华人民共和国刑事诉讼法》《中华人民共和国民事诉讼法》《中华人民共和国海事诉讼特别程序法》《中华人民共和国行政诉讼法》及中华人民共和国缔结或者参加的有关国际条约，结合审判实际，制定本规定。

第一条 本规定所称我国管辖海域，是指中华人民共和国内水、领海、毗连区、专属经济区、大陆架，以及中华人民共和国管辖的其他海域。

第二条 中国公民或组织在我国与有关国家缔结的协定确定的共同管理的渔区或公海从事捕捞等作业的，适用本规定。

第五条 因在我国管辖海域内发生海损事故，请求损害赔偿提起的诉讼，由管辖该海域的海事法院、事故船舶最先到达地的海事法院、船舶被扣押地或者被告住所地海事法院管辖。

因在公海等我国管辖海域外发生海损事故，请求损害赔偿在我国法院提起的诉讼，由事故船舶最先到达地、船舶被扣押地或者被告住所地海事法院管辖。

事故船舶为中华人民共和国船舶的，还可以由船籍港所在地海事法院管辖。

第六条 在我国管辖海域内，因海上航运、渔业生产及其他海上作业造成污染，破坏海洋生态环境，请求损害赔偿提起的诉讼，由管辖该海域的海事法院管辖。

污染事故发生在我国管辖海域外，对我国管辖海域造成污染或污染威胁，请求损害赔偿或者预防措施费用提起的诉讼，由管辖该海域的海事法院或采取预防措施地的海事法院管辖。

第七条 本规定施行后尚未审结的案件，适用本规定；本规定施行前已经终审，当事人申请再审或者按照审判监督程序决定再审的案件，不适用本规定。

第八条 本规定自2016年8月2日起施行。

《最高人民法院关于审理发生在我国管辖海域相关案件若干问题的规定（二）》（法释〔2016〕17号 2016年8月2日起施行）

为正确审理发生在我国管辖海域相关案件，维护当事人合法权益，根据《中华人民共和国刑法》《中华人民共和国渔业法》《中华人民共和国民事诉讼法》《中华人民共和国刑事诉讼法》《中华人民共和国行政诉讼法》，结合审判实际，制定本规定。

第一条 当事人因船舶碰撞、海洋污染等事故受到损害，请求侵权人赔偿渔船、渔具、渔货损失以及收入损失的，人民法院应予支持。

当事人违反渔业法第二十三条，未取得捕捞许可证从事海上捕捞作业，依照前款规定主张收入损失的，人民法院不予支持。

第二条 人民法院在审判执行工作中，发现违法行为，需要有关单位对其依法处理的，应及时向相关单位提出司法建议，必要时可以抄送该单位的上级机关或者主管部门。违法行为涉嫌犯罪的，依法移送刑事侦查部门处理。

第十五条 本规定施行后尚未审结的一审、二审案件，适用本规定；本规定施行前已经终审，当事人申请再审或者按照审判监督程序决定再审的案件，不适用本规定。

第十六条 本规定自2016年8月2日起施行。

【适用本案由需要注意的问题】

◆根据《最高人民法院关于适用〈中华人民共和国民事诉讼法〉的解释》《最高人民法院关于适用〈中华人民共和国海事诉讼特别程序法〉若干

问题的解释》和《最高人民法院关于海事法院受理案件范围的规定》的规定，因共同海损纠纷提起的诉讼，由海事法院专门管辖。同时，根据《民事诉讼法》的规定，因共同海损纠纷提起的诉讼，由船舶最先到达地、共同海损理算地及航程终止地的海事法院管辖。

◆采取共同海损措施后必须要有效果，如果采取措施后未能避免船货和其他财产的全损，则不能构成共同海损。但这里所指的"效果"，并非要求财产全部获救，即使只有部分财产获救，也不影响共同海损的成立。

◆在任何情况下，船舶或者货物因迟延所造成的损失，包括船期损失和行市损失以及其他间接损失，均不得列入共同海损。未申报的货物或者谎报的货物，应当参加共同海损分摊；其遭受的特殊牺牲，不得列入共同海损。

223. 海洋开发利用纠纷

【案由解析】

海洋开发利用纠纷是指因开展对海洋石油、天然气的开采，对海水进行淡化和综合利用，海洋水下工程的建设，对海洋生态和矿产等进行科学考察和利用等活动所产生的纠纷。

【常用法律条文及索引】

《海洋环境保护法》（2000 年 4 月 1 日起施行　2017 年 11 月 4 日修订）

第二条　本法适用于中华人民共和国内水、领海、毗连区、专属经济区、大陆架以及中华人民共和国管辖的其他海域。

在中华人民共和国管辖海域内从事航行、勘探、开发、生产、旅游、科学研究及其他活动，或者在沿海陆域内从事影响海洋环境活动的任何单位和个人，都必须遵守本法。

在中华人民共和国管辖海域以外，造成中华人民共和国管辖海域污染的，也适用本法。

《领海及毗连区法》（1992 年 2 月 25 日起施行）

第十一条　任何国际组织、外国的组织或者个人，在中华人民共和国领海内进行科学研究、海洋作业等活动，须经中华人民共和国政府或者其有关主管部门批准，遵守中华人民共和国法律、法规。

违反前款规定，非法进入中华人民共和国领海进行科学研究、海洋作业等活动的，由中华人民共和国有关机关依法处理。

《专属经济区和大陆架法》（1998 年 6 月 26 日起施行）

第三条　中华人民共和国在专属经济区为勘查、开发、养护和管理海床上覆水域、海床及其底土的自然资源，以及进行其他经济性开发和勘查，如利用海水、海流和风力生产能等活动，行使主权权利。

中华人民共和国对专属经济区的人工岛屿、设施和结构的建造、使用和海洋科学研究、海洋环境的保护和保全，行使管辖权。

本法所称专属经济区的自然资源，包括生物资源和非生物资源。

第四条　中华人民共和国为勘查大陆架和开发大陆架的自然资源，对大陆架行使主权权利。

中华人民共和国对大陆架的人工岛屿、设施和结构的建造、使用和海洋科学研究、海洋环境的保护和保全，行使管辖权。

中华人民共和国拥有授权和管理为一切目的在大陆架上进行钻探的专属权利。

本法所称大陆架的自然资源，包括海床和底土的矿物和其他非生物资源，以及属于定居种的生物，即在可捕捞阶段在海床上或者海床下不能移动或者其躯体须与海床或者底土保持接触才能移动的生物。

第五条　任何国际组织、外国的组织或者个人进入中华人民共和国的专属经济区从事渔业活动，必须经中华人民共和国主管机关批准，并遵守中华人民共和国的法律、法规及中华人民共和国与有关国家签订的条约、协定。

中华人民共和国主管机关有权采取各种必要的养护和管理措施，确保专属经济区的生物资源不受过度开发的危害。

第六条　中华人民共和国主管机关有权对专属经济区的跨界种群、高度洄游鱼种、海洋哺乳动物、源自中华人民共和国河流的溯河产卵种群、在中华人民共和国水域内度过大部分生命周期的降河产卵鱼种，进行养护和管理。

中华人民共和国对源自本国河流的溯河产卵种群，享有主要利益。

第七条　任何国际组织、外国的组织或者个人对中华人民共和国的专属经济区和大陆架的自然资源进行勘查、开发活动或者在中华人民共和国的大陆架上为任何目的进行钻探，必须经中华人民共和国主管机关批准，并遵守中华人民共和国的法律、法规。

第八条 中华人民共和国在专属经济区和大陆架有专属权利建造并授权和管理建造、操作和使用人工岛屿、设施和结构。

中华人民共和国对专属经济区和大陆架的人工岛屿、设施和结构行使专属管辖权，包括有关海关、财政、卫生、安全和出境入境的法律和法规方面的管辖权。

中华人民共和国主管机关有权在专属经济区和大陆架的人工岛屿、设施和结构周围设置安全地带，并可以在该地带采取适当措施，确保航行安全以及人工岛屿、设施和结构的安全。

第九条 任何国际组织、外国的组织或者个人在中华人民共和国的专属经济区和大陆架进行海洋科学研究，必须经中华人民共和国主管机关批准，并遵守中华人民共和国的法律、法规。

第十条 中华人民共和国主管机关有权采取必要的措施，防止、减少和控制海洋环境的污染，保护和保全专属经济区和大陆架的海洋环境。

第十一条 任何国家在遵守国际法和中华人民共和国的法律、法规的前提下，在中华人民共和国的专属经济区享有航行、飞越的自由，在中华人民共和国的专属经济区和大陆架享有铺设海底电缆和管道的自由，以及与上述自由有关的其他合法使用海洋的便利。铺设海底电缆和管道的路线，必须经中华人民共和国主管机关同意。

第十二条 中华人民共和国在行使勘查、开发、养护和管理专属经济区的生物资源的主权权利时，为确保中华人民共和国的法律、法规得到遵守，可以采取登临、检查、逮捕、扣留和进行司法程序等必要的措施。

……

《最高人民法院关于适用〈中华人民共和国民事诉讼法〉的解释》（法释〔2015〕5号　2015年2月4日起施行）

第二条 专利纠纷案件由知识产权法院、最高人民法院确定的中级人民法院和基层人民法院管辖。

海事、海商案件由海事法院管辖。

第十八条 合同约定履行地点的，以约定的履行地点为合同履行地。

合同对履行地点没有约定或者约定不明确，争议标的为给付货币的，接收货币一方所在地为合同履行地；交付不动产的，不动产所在地为合同履行地；其他标的，履行义务一方所在地为合同履行地。即时结清的合同，交易行为地为合同履行地。

合同没有实际履行，当事人双方住所地都不在合同约定的履行地的，由被告住所地人民法院管辖。

《最高人民法院关于海事诉讼管辖问题的规定》（法释〔2016〕2号 2016年3月1日起施行）

为推进“一带一路”建设、海洋强国战略、京津冀一体化、长江经济带发展规划的实施，促进海洋经济发展，及时化解海事纠纷，保证海事法院正确行使海事诉讼管辖权，依法审理海事案件，根据《中华人民共和国民事诉讼法》《中华人民共和国海事诉讼特别程序法》《中华人民共和国行政诉讼法》以及全国人民代表大会常务委员会《关于在沿海港口城市设立海事法院的决定》等法律规定，现将海事诉讼管辖的几个问题规定如下：

一、关于管辖区域调整

1. 根据航运经济发展和海事审判工作的需要，对大连、武汉海事法院的管辖区域作出如下调整：

（1）大连海事法院管辖下列区域：南自辽宁省与河北省的交界处、东至鸭绿江口的延伸海域和鸭绿江水域，其中包括黄海一部分、渤海一部分、海上岛屿；吉林省的松花江、图们江等通海可航水域及港口；黑龙江省的黑龙江、松花江、乌苏里江等通海可航水域及港口。

（2）武汉海事法院管辖下列区域：自四川省宜宾市合江门至江苏省浏河口之间长江干线及支线水域，包括宜宾、泸州、重庆、涪陵、万州、宜昌、荆州、城陵矶、武汉、九江、安庆、芜湖、马鞍山、南京、扬州、镇江、江阴、张家港、南通等主要港口。

2. 其他各海事法院依据此前最高人民法院发布的决定或通知确定的管辖区域对海事案件行使管辖权。

三、关于海事海商纠纷管辖权异议案件的审理

1. 当事人不服管辖权异议裁定的上诉案件由海事法院所在地的高级人民法院负责海事海商案件的审判庭审理。

2. 发生法律效力的管辖权异议裁定违反海事案件专门管辖确需纠正的，人民法院可依照《中华人民共和国民事诉讼法》第一百九十八条规定再审。

四、其他规定

本规定自2016年3月1日起施行。最高人民法院以前作出的有关规定与本规定不一致的，以本规定为准。

《最高人民法院关于海事法院受理案件范围的规定》（法释〔2016〕4号 2016年3月1日起施行）

根据《中华人民共和国民事诉讼法》《中华人民共和国海事诉讼特别程序法》《中华人民共和国行政诉讼法》以及我国缔结或者参加的有关国际条约，结合我国海事审判实际，现将海事法院受理案件的范围规定如下：

三、海洋及通海可航水域开发利用与环境保护相关纠纷案件

53. 海洋、通海可航水域能源和矿产资源勘探、开发、输送纠纷案件；

54. 海水淡化和综合利用纠纷案件；

55. 海洋、通海可航水域工程建设（含水下疏浚、围海造地、电缆或者管道敷设以及码头、船坞、钻井平台、人工岛、隧道、大桥等建设）纠纷案件；

56. 海岸带开发利用相关纠纷案件；

57. 海洋科学考察相关纠纷案件；

58. 海洋、通海可航水域渔业经营（含捕捞、养殖等）合同纠纷案件；

59. 海洋开发利用设备设施融资租赁合同纠纷案件；

60. 海洋开发利用设备设施抵押、质押等担保合同纠纷案件；

61. 以海洋开发利用设备设施设定担保的借款合同纠纷案件，但当事人仅就借款合同纠纷起诉的案件除外；

62. 为担保海洋及通海可航水域工程建设、海洋开发利用等海上生产经营相关债权实现而发生的担保、独立保函、信用证等纠纷案件；

63. 海域使用权纠纷（含承包、转让、抵押等合同纠纷及相关侵权纠纷）案件，但因申请海域使用权引起的确权纠纷案件除外；

64. 与上述第53项至63项规定的合同或者行为相关的居间、委托合同纠纷案件；

65. 污染海洋环境、破坏海洋生态责任纠纷案件；

66. 污染通海可航水域环境、破坏通海可航水域生态责任纠纷案件；

67. 海洋或者通海可航水域开发利用、工程建设引起的其他侵权责任纠纷及相邻关系纠纷案件。

《最高人民法院关于审理发生在我国管辖海域相关案件若干问题的规定（一）》（法释〔2016〕16号 2016年8月2日起施行）

为维护我国领土主权、海洋权益，平等保护中外当事人合法权利，明确我国管辖海域的司法管辖与法律适用，根据《中华人民共和国领海及毗连区

法》《中华人民共和国专属经济区和大陆架法》《中华人民共和国刑法》《中华人民共和国出境入境管理法》《中华人民共和国治安管理处罚法》《中华人民共和国刑事诉讼法》《中华人民共和国民事诉讼法》《中华人民共和国海事诉讼特别程序法》《中华人民共和国行政诉讼法》及中华人民共和国缔结或者参加的有关国际条约，结合审判实际，制定本规定。

第一条 本规定所称我国管辖海域，是指中华人民共和国内水、领海、毗连区、专属经济区、大陆架，以及中华人民共和国管辖的其他海域。

第二条 中国公民或组织在我国与有关国家缔结的协定确定的共同管理的渔区或公海从事捕捞等作业的，适用本规定。

第五条 因在我国管辖海域内发生海损事故，请求损害赔偿提起的诉讼，由管辖该海域的海事法院、事故船舶最先到达地的海事法院、船舶被扣押地或者被告住所地海事法院管辖。

因在公海等我国管辖海域外发生海损事故，请求损害赔偿在我国法院提起的诉讼，由事故船舶最先到达地、船舶被扣押地或者被告住所地海事法院管辖。

事故船舶为中华人民共和国船舶的，还可以由船籍港所在地海事法院管辖。

第六条 在我国管辖海域内，因海上航运、渔业生产及其他海上作业造成污染，破坏海洋生态环境，请求损害赔偿提起的诉讼，由管辖该海域的海事法院管辖。

污染事故发生在我国管辖海域外，对我国管辖海域造成污染或污染威胁，请求损害赔偿或者预防措施费用提起的诉讼，由管辖该海域的海事法院或采取预防措施地的海事法院管辖。

第七条 本规定施行后尚未审结的案件，适用本规定；本规定施行前已经终审，当事人申请再审或者按照审判监督程序决定再审的案件，不适用本规定。

第八条 本规定自2016年8月2日起施行。

《最高人民法院关于审理发生在我国管辖海域相关案件若干问题的规定(二)》（法释〔2016〕17号 2016年8月2日起施行）

为正确审理发生在我国管辖海域相关案件，维护当事人合法权益，根据《中华人民共和国刑法》《中华人民共和国渔业法》《中华人民共和国民事诉讼法》《中华人民共和国刑事诉讼法》《中华人民共和国行政诉讼法》，结合审判实际，制定本规定。

第一条 当事人因船舶碰撞、海洋污染等事故受到损害，请求侵权人赔偿渔船、渔具、渔货损失以及收入损失的，人民法院应予支持。

当事人违反渔业法第二十三条，未取得捕捞许可证从事海上捕捞作业，依照前款规定主张收入损失的，人民法院不予支持。

第二条 人民法院在审判执行工作中，发现违法行为，需要有关单位对其依法处理的，应及时向相关单位提出司法建议，必要时可以抄送该单位的上级机关或者主管部门。违法行为涉嫌犯罪的，依法移送刑事侦查部门处理。

第十五条 本规定施行后尚未审结的一审、二审案件，适用本规定；本规定施行前已经终审，当事人申请再审或者按照审判监督程序决定再审的案件，不适用本规定。

第十六条 本规定自2016年8月2日起施行。

【适用本案由需要注意的问题】

◆根据《最高人民法院关于适用〈中华人民共和国民事诉讼法〉的解释》《最高人民法院关于适用〈中华人民共和国海事诉讼特别程序法〉若干问题的解释》和《最高人民法院关于海事法院受理案件范围的规定》的规定，海洋开发利用纠纷由海事法院专门管辖。根据《海事诉讼特别程序法》第7条第3项的规定，因在中华人民共和国领域和有管辖权的海域履行的海洋勘探开发合同纠纷提起的诉讼，由合同履行地海事法院管辖。根据《最高人民法院关于适用〈中华人民共和国海事诉讼特别程序法〉若干问题的解释》第11、12条的规定，《海事诉讼特别程序法》第7条第3项规定的有管辖权的海域指中华人民共和国的毗连区、专属经济区、大陆架以及有管辖权的其他海域；合同履行地指合同的实际履行地；合同未实际履行的，为合同约定的履行地。

224. 船舶共有纠纷

【案由解析】

船舶共有是指两个或两个以上民事主体共同享有同一船舶的所有权。是基于当事人共同投资建造新船及共同购买船舶而发生的。

船舶共有纠纷是指从事海上、通海水域运输、渔业生产的船舶共有人之间因对船舶的共同经营、收益、分配、处分、修缮和财产分割所引发的纠纷。

船舶共有纠纷的特征是：（1）该类纠纷仅存在于从事海上、通海水域运输、渔业生产的船舶共有人之间。（2）船舶共有要求当事人之间有共同投资建造新船及共同购买船舶的行为。（3）船舶共有需经登记方才发生法律效力。

【常用法律条文及索引】

《海商法》（1993 年 7 月 1 日起施行）

第十条　船舶由两个以上的法人或者个人共有的，应当向船舶登记机关登记；未经登记的，不得对抗第三人。

《物权法》（2007 年 10 月 1 日起施行）

第二条　因物的归属和利用而产生的民事关系，适用本法。

本法所称物，包括不动产和动产。法律规定权利作为物权客体的，依照其规定。

本法所称物权，是指权利人依法对特定的物享有直接支配和排他的权利，包括所有权、用益物权和担保物权。

《民法通则》（1987 年 1 月 1 日起施行　2009 年 8 月 27 日修正）

第七十八条　财产可以由两个以上的公民、法人共有。

共有分为按份共有和共同共有。按份共有人按照各自的份额，对共有财产分享权利，分担义务。共同共有人对共有财产享有权利，承担义务。

按份共有财产的每个共有人有权要求将自己的份额分出或者转让。但在出售时，其他共有人在同等条件下，有优先购买的权利。

《最高人民法院关于适用〈中华人民共和国民事诉讼法〉的解释》（法释〔2015〕5 号　2015 年 2 月 4 日起施行）

第二条　专利纠纷案件由知识产权法院、最高人民法院确定的中级人民法院和基层人民法院管辖。

海事、海商案件由海事法院管辖。

《海事诉讼特别程序法》（2000 年 7 月 1 日起施行）

第六条　海事诉讼的地域管辖，依照《中华人民共和国民事诉讼法》的

有关规定。

下列海事诉讼的地域管辖，依照以下规定：

……

（七）因海船的船舶所有权、占有权、使用权、优先权纠纷提起的诉讼，由船舶所在地、船籍港所在地、被告住所地海事法院管辖。

《最高人民法院关于适用〈中华人民共和国海事诉讼特别程序法〉若干问题的解释》（法释〔2003〕3号　2003年2月1日起施行）

第七条　海事诉讼特别程序法第六条第二款（七）项规定的船舶所在地指起诉时船舶的停泊地或者船舶被扣押地。

《最高人民法院关于海事诉讼管辖问题的规定》（法释〔2016〕2号　2016年3月1日起施行）

为推进“一带一路”建设、海洋强国战略、京津冀一体化、长江经济带发展规划的实施，促进海洋经济发展，及时化解海事纠纷，保证海事法院正确行使海事诉讼管辖权，依法审理海事案件，根据《中华人民共和国民事诉讼法》《中华人民共和国海事诉讼特别程序法》《中华人民共和国行政诉讼法》以及全国人民代表大会常务委员会《关于在沿海港口城市设立海事法院的决定》等法律规定，现将海事诉讼管辖的几个问题规定如下：

一、关于管辖区域调整

1. 根据航运经济发展和海事审判工作的需要，对大连、武汉海事法院的管辖区域作出如下调整：

（1）大连海事法院管辖下列区域：南自辽宁省与河北省的交界处、东至鸭绿江口的延伸海域和鸭绿江水域，其中包括黄海一部分、渤海一部分、海上岛屿；吉林省的松花江、图们江等通海可航水域及港口；黑龙江省的黑龙江、松花江、乌苏里江等通海可航水域及港口。

（2）武汉海事法院管辖下列区域：自四川省宜宾市合江门至江苏省浏河口之间长江干线及支线水域，包括宜宾、泸州、重庆、涪陵、万州、宜昌、荆州、城陵矶、武汉、九江、安庆、芜湖、马鞍山、南京、扬州、镇江、江阴、张家港、南通等主要港口。

2. 其他各海事法院依据此前最高人民法院发布的决定或通知确定的管辖区域对海事案件行使管辖权。

三、关于海事海商纠纷管辖权异议案件的审理

1. 当事人不服管辖权异议裁定的上诉案件由海事法院所在地的高级人

民法院负责海事海商案件的审判庭审理。

2. 发生法律效力的管辖权异议裁定违反海事案件专门管辖确需纠正的，人民法院可依照《中华人民共和国民事诉讼法》第一百九十八条规定再审。

四、其他规定

本规定自2016年3月1日起施行。最高人民法院以前作出的有关规定与本规定不一致的，以本规定为准。

《最高人民法院关于海事法院受理案件范围的规定》（法释〔2016〕4号 2016年3月1日起施行）

根据《中华人民共和国民事诉讼法》《中华人民共和国海事诉讼特别程序法》《中华人民共和国行政诉讼法》以及我国缔结或者参加的有关国际条约，结合我国海事审判实际，现将海事法院受理案件的范围规定如下：

四、其他海事海商纠纷案件

68. 船舶所有权、船舶优先权、船舶留置权、船舶抵押权等船舶物权纠纷案件；

【适用本案由需要注意的问题】

◆根据《最高人民法院关于适用〈中华人民共和国民事诉讼法〉的解释》《最高人民法院关于适用〈中华人民共和国海事诉讼特别程序法〉若干问题的解释》和《最高人民法院关于海事法院受理案件范围的规定》的规定，因船舶共有纠纷提起的诉讼，由海事法院专门管辖。同时，根据《海事诉讼特别程序法》和《最高人民法院关于适用〈中华人民共和国海事诉讼特别程序法〉若干问题的解释》的规定，因船舶共有纠纷提起的诉讼，由船舶所在地、船籍港所在地、被告住所地的海事法院管辖。其中船舶所在地指起诉时船舶的停泊地或者船舶被扣押地。

225. 船舶权属纠纷

【案由解析】

船舶权属纠纷是指因船舶的所有权、使用权、抵押权、留置权及优先权等权利的成立、归属方面的争议引发的纠纷。

【常用法律条文及索引】

《海商法》（1993 年 7 月 1 日起施行）

第九条 船舶所有权的取得、转让和消灭，应当向船舶登记机关登记；未经登记的，不得对抗第三人。

船舶所有权的转让，应当签订书面合同。

第十条 船舶由两个以上的法人或者个人共有的，应当向船舶登记机关登记；未经登记的，不得对抗第三人。

第十三条 设定船舶抵押权，由抵押权人和抵押人共同向船舶登记机关办理抵押权登记；未经登记的，不得对抗第三人。

船舶抵押权登记，包括下列主要项目：

（一）船舶抵押权人和抵押人的姓名或者名称、地址；

（二）被抵押船舶的名称、国籍、船舶所有权证书的颁发机关和证书号码；

（三）所担保的债权数额、利息率、受偿期限。

船舶抵押权的登记状况，允许公众查询。

第二十一条 船舶优先权，是指海事请求人依照本法第二十二条的规定，向船舶所有人、光船承租人、船舶经营人提出海事请求，对产生该海事请求的船舶具有优先受偿的权利。

《物权法》（2007 年 7 月 10 日起施行）

第二条 因物的归属和利用而产生的民事关系，适用本法。

本法所称物，包括不动产和动产。法律规定权利作为物权客体的，依照其规定。

本法所称物权，是指权利人依法对特定的物享有直接支配和排他的权利，包括所有权、用益物权和担保物权。

《最高人民法院关于适用〈中华人民共和国民事诉讼法〉的解释》（法释〔2015〕5 号 2015 年 2 月 4 日起施行）

第二条 专利纠纷案件由知识产权法院、最高人民法院确定的中级人民法院和基层人民法院管辖。

海事、海商案件由海事法院管辖。

《海事诉讼特别程序法》（2000 年 7 月 1 日起施行）

第六条 海事诉讼的地域管辖，依照《中华人民共和国民事诉讼法》的

有关规定。

下列海事诉讼的地域管辖，依照以下规定：

……

（七）因海船的船舶所有权、占有权、使用权、优先权纠纷提起的诉讼，由船舶所在地、船籍港所在地、被告住所地海事法院管辖。

《最高人民法院关于适用〈中华人民共和国海事诉讼特别程序法〉若干问题的解释》（法释〔2003〕3号　2003年2月1日起施行）

第七条　海事诉讼特别程序法第六条第二款（七）项规定的船舶所在地指起诉时船舶的停泊地或者船舶被扣押地。

《最高人民法院关于海事诉讼管辖问题的规定》（法释〔2016〕2号　2016年3月1日起施行）

为推进"一带一路"建设、海洋强国战略、京津冀一体化、长江经济带发展规划的实施，促进海洋经济发展，及时化解海事纠纷，保证海事法院正确行使海事诉讼管辖权，依法审理海事案件，根据《中华人民共和国民事诉讼法》《中华人民共和国海事诉讼特别程序法》《中华人民共和国行政诉讼法》以及全国人民代表大会常务委员会《关于在沿海港口城市设立海事法院的决定》等法律规定，现将海事诉讼管辖的几个问题规定如下：

一、关于管辖区域调整

1. 根据航运经济发展和海事审判工作的需要，对大连、武汉海事法院的管辖区域作出如下调整：

（1）大连海事法院管辖下列区域：南自辽宁省与河北省的交界处、东至鸭绿江口的延伸海域和鸭绿江水域，其中包括黄海一部分、渤海一部分、海上岛屿；吉林省的松花江、图们江等通海可航水域及港口；黑龙江省的黑龙江、松花江、乌苏里江等通海可航水域及港口。

（2）武汉海事法院管辖下列区域：自四川省宜宾市合江门至江苏省浏河口之间长江干线及支线水域，包括宜宾、泸州、重庆、涪陵、万州、宜昌、荆州、城陵矶、武汉、九江、安庆、芜湖、马鞍山、南京、扬州、镇江、江阴、张家港、南通等主要港口。

2. 其他各海事法院依据此前最高人民法院发布的决定或通知确定的管辖区域对海事案件行使管辖权。

三、关于海事海商纠纷管辖权异议案件的审理

1. 当事人不服管辖权异议裁定的上诉案件由海事法院所在地的高级人

民法院负责海事海商案件的审判庭审理。

2. 发生法律效力的管辖权异议裁定违反海事案件专门管辖确需纠正的，人民法院可依照《中华人民共和国民事诉讼法》第一百九十八条规定再审。

四、其他规定

本规定自2016年3月1日起施行。最高人民法院以前作出的有关规定与本规定不一致的，以本规定为准。

《最高人民法院关于海事法院受理案件范围的规定》（法释〔2016〕4号 2016年3月1日起施行）

根据《中华人民共和国民事诉讼法》《中华人民共和国海事诉讼特别程序法》《中华人民共和国行政诉讼法》以及我国缔结或者参加的有关国际条约，结合我国海事审判实际，现将海事法院受理案件的范围规定如下：

四、其他海事海商纠纷案件

68. 船舶所有权、船舶优先权、船舶留置权、船舶抵押权等船舶物权纠纷案件；

【适用本案由需要注意的问题】

◆根据《最高人民法院关于适用〈中华人民共和国民事诉讼法〉的解释》《最高人民法院关于适用〈中华人民共和国海事诉讼特别程序法〉若干问题的解释》和《最高人民法院关于海事法院受理案件范围的规定》的规定，因船舶权属纠纷提起的诉讼，由海事法院专门管辖。同时，根据《海事诉讼特别程序法》和《最高人民法院关于适用〈中华人民共和国海事诉讼特别程序法〉若干问题的解释》的规定，因船舶权属纠纷提起的诉讼，由船舶所在地、船籍港所在地、被告住所地的海事法院管辖。其中船舶所在地指起诉时船舶的停泊地或者船舶被扣押地。

226. 海运欺诈纠纷

【案由解析】

海运欺诈纠纷是指由于采用欺骗手段在海上运输及与海上运输相关的国际贸易活动中获取非法利益而引起的海运纠纷。海运欺诈主要有制造虚假海运单证、鬼船、非法绕航、沉船等手段。

【常用法律条文及索引】

《海商法》（1993 年 7 月 1 日起施行）

第一百八十七条 由于救助方的过失致使救助作业成为必需或者更加困难的，或者救助方有欺诈或者其他不诚实行为的，应当取消或者减少向救助方支付的救助款项。

《合同法》（1999 年 10 月 1 日起施行）

第五十二条 有下列情形之一的，合同无效：

（一）一方以欺诈、胁迫的手段订立合同，损害国家利益；

（二）恶意串通，损害国家、集体或者第三人利益；

（三）以合法形式掩盖非法目的；

（四）损害社会公共利益；

（五）违反法律、行政法规的强制性规定

第五十四条 下列合同，当事人一方有权请求人民法院或者仲裁机构变更或者撤销：

（一）因重大误解订立的；

（二）在订立合同时显失公平的。

一方以欺诈、胁迫的手段或者乘人之危，使对方在违背真实意思的情况下订立的合同，受损害方有权请求人民法院或者仲裁机构变更或者撤销。

当事人请求变更的，人民法院或者仲裁机构不得撤销。

《民法通则》（1987 年 1 月 1 日起施行 2009 年 8 月 27 日修正）

第五十八条 下列民事行为无效：

（一）无民事行为能力人实施的；

（二）限制民事行为能力人依法不能独立实施的；

（三）一方以欺诈、胁迫的手段或者乘人之危，使对方在违背真实意思的情况下所为的；

（四）恶意串通，损害国家、集体或者第三人利益的；

（五）违反法律或者社会公共利益的；

（六）以合法形式掩盖非法目的的。

无效的民事行为，从行为开始起就没有法律约束力。

第六十一条 民事行为被确认为无效或者被撤销后，当事人因该行为取得的财产，应当返还给受损失的一方。有过错的一方应当赔偿对方因此所受的损失，双方都有过错的，应当各自承担相应的责任。

双方恶意串通，实施民事行为损害国家的、集体的或者第三人的利益的，应当追缴双方取得的财产，收归国家、集体所有或者返还第三人。

《民法总则》（2017年10月1日起施行）

第一百四十四条 无民事行为能力人实施的民事法律行为无效。

第一百四十五条 限制民事行为能力人实施的纯获利益的民事法律行为或者与其年龄、智力、精神健康状况相适应的民事法律行为有效；实施的其他民事法律行为经法定代理人同意或者追认后有效。

相对人可以催告法定代理人自收到通知之日起一个月内予以追认。法定代理人未作表示的，视为拒绝追认。民事法律行为被追认前，善意相对人有撤销的权利。撤销应当以通知的方式作出。

第一百四十六条 行为人与相对人以虚假的意思表示实施的民事法律行为无效。

以虚假的意思表示隐藏的民事法律行为的效力，依照有关法律规定处理。

第一百四十七条 基于重大误解实施的民事法律行为，行为人有权请求人民法院或者仲裁机构予以撤销。

第一百四十八条 一方以欺诈手段，使对方在违背真实意思的情况下实施的民事法律行为，受欺诈方有权请求人民法院或者仲裁机构予以撤销。

第一百四十九条 第三人实施欺诈行为，使一方在违背真实意思的情况下实施的民事法律行为，对方知道或者应当知道该欺诈行为的，受欺诈方有权请求人民法院或者仲裁机构予以撤销。

第一百五十条 一方或者第三人以胁迫手段，使对方在违背真实意思的情况下实施的民事法律行为，受胁迫方有权请求人民法院或者仲裁机构予以撤销。

第一百五十一条 一方利用对方处于危困状态、缺乏判断能力等情形，致使民事法律行为成立时显失公平的，受损害方有权请求人民法院或者仲裁机构予以撤销。

第一百五十二条 有下列情形之一的，撤销权消灭：

（一）当事人自知道或者应当知道撤销事由之日起一年内、重大误解的当事人自知道或者应当知道撤销事由之日起三个月内没有行使撤销权；

（二）当事人受胁迫，自胁迫行为终止之日起一年内没有行使撤销权；

（三）当事人知道撤销事由后明确表示或者以自己的行为表明放弃撤销权。

当事人自民事法律行为发生之日起五年内没有行使撤销权的，撤销权消灭。

第一百五十三条 违反法律、行政法规的强制性规定的民事法律行为无效，但是该强制性规定不导致该民事法律行为无效的除外。

违背公序良俗的民事法律行为无效。

第一百五十四条 行为人与相对人恶意串通，损害他人合法权益的民事法律行为无效。

第一百五十五条 无效的或者被撤销的民事法律行为自始没有法律约束力。

第一百五十六条 民事法律行为部分无效，不影响其他部分效力的，其他部分仍然有效。

第一百五十七条 民事法律行为无效、被撤销或者确定不发生效力后，行为人因该行为取得的财产，应当予以返还；不能返还或者没有必要返还的，应当折价补偿。有过错的一方应当赔偿对方由此所受到的损失；各方都有过错的，应当各自承担相应的责任。法律另有规定的，依照其规定。

《最高人民法院关于适用〈中华人民共和国民事诉讼法〉的解释》（法释〔2015〕5号 2015年2月4日起施行）

第二条 专利纠纷案件由知识产权法院、最高人民法院确定的中级人民法院和基层人民法院管辖。

海事、海商案件由海事法院管辖。

第十八条 合同约定履行地点的，以约定的履行地点为合同履行地。

合同对履行地点没有约定或者约定不明确，争议标的为给付货币的，接收货币一方所在地为合同履行地；交付不动产的，不动产所在地为合同履行地；其他标的，履行义务一方所在地为合同履行地。即时结清的合同，交易行为地为合同履行地。

合同没有实际履行，当事人双方住所地都不在合同约定的履行地的，由被告住所地人民法院管辖。

《最高人民法院关于适用〈中华人民共和国海事诉讼特别程序法〉若干问题的解释》（法释〔2003〕3号 2003年2月1日起施行）

第一条 在海上或者通海水域发生的与船舶或者运输、生产、作业相关

的海事侵权纠纷、海商合同纠纷，以及法律或者相关司法解释规定的其他海事纠纷案件由海事法院及其上级人民法院专门管辖。

《最高人民法院关于海事诉讼管辖问题的规定》（法释〔2016〕2号 2016年3月1日起施行）

为推进“一带一路”建设、海洋强国战略、京津冀一体化、长江经济带发展规划的实施，促进海洋经济发展，及时化解海事纠纷，保证海事法院正确行使海事诉讼管辖权，依法审理海事案件，根据《中华人民共和国民事诉讼法》《中华人民共和国海事诉讼特别程序法》《中华人民共和国行政诉讼法》以及全国人民代表大会常务委员会《关于在沿海港口城市设立海事法院的决定》等法律规定，现将海事诉讼管辖的几个问题规定如下：

一、关于管辖区域调整

1. 根据航运经济发展和海事审判工作的需要，对大连、武汉海事法院的管辖区域作出如下调整：

（1）大连海事法院管辖下列区域：南自辽宁省与河北省的交界处、东至鸭绿江口的延伸海域和鸭绿江水域，其中包括黄海一部分、渤海一部分、海上岛屿；吉林省的松花江、图们江等通海可航水域及港口；黑龙江省的黑龙江、松花江、乌苏里江等通海可航水域及港口。

（2）武汉海事法院管辖下列区域：自四川省宜宾市合江门至江苏省浏河口之间长江干线及支线水域，包括宜宾、泸州、重庆、涪陵、万州、宜昌、荆州、城陵矶、武汉、九江、安庆、芜湖、马鞍山、南京、扬州、镇江、江阴、张家港、南通等主要港口。

2. 其他各海事法院依据此前最高人民法院发布的决定或通知确定的管辖区域对海事案件行使管辖权。

三、关于海事海商纠纷管辖权异议案件的审理

1. 当事人不服管辖权异议裁定的上诉案件由海事法院所在地的高级人民法院负责海事海商案件的审判庭审理。

2. 发生法律效力的管辖权异议裁定违反海事案件专门管辖确需纠正的，人民法院可依照《中华人民共和国民事诉讼法》第一百九十八条规定再审。

四、其他规定

本规定自2016年3月1日起施行。最高人民法院以前作出的有关规定与本规定不一致的，以本规定为准。

《最高人民法院关于海事法院受理案件范围的规定》（法释〔2016〕4号 2016年3月1日起施行）

根据《中华人民共和国民事诉讼法》《中华人民共和国海事诉讼特别程序法》《中华人民共和国行政诉讼法》以及我国缔结或者参加的有关国际条约，结合我国海事审判实际，现将海事法院受理案件的范围规定如下：

四、其他海事海商纠纷案件

77. 海运欺诈纠纷案件；

【适用本案由需要注意的问题】

◆根据《最高人民法院关于适用〈中华人民共和国民事诉讼法〉的解释》《最高人民法院关于适用〈中华人民共和国海事诉讼特别程序法〉若干问题的解释》和《最高人民法院关于海事法院受理案件范围的规定》的规定，因海运欺诈纠纷提起的诉讼，由海事法院专门管辖。同时，根据《海事诉讼特别程序法》和《民事诉讼法》有关地域管辖的规定，因海运欺诈纠纷提起的诉讼，由被告住所地或海运合同履行地的海事法院管辖。

227. 海事债权确权纠纷

【案由解析】

海事债权确权纠纷是指在海事法院强制拍卖船舶或者设立海事赔偿责任限制基金的公告发布后，债权人在公告期间向海事法院申请债权登记，并提供法院裁判文书、仲裁裁决书或者公证债权文书，以及其他证明具有海事债权的证据材料，由法院对上述材料的真实合法性进行审查，并裁定予以确认的纠纷。

海事债权确权的特征是：（1）债权人提供证明债权的判决书、海事法院经审查认定上述文书真实合法的，裁定予以确认，该债权是否存在、数额多少，由证明债权的判决书决定。（2）该裁定无实体效力，仅具有决定此种债权性质是否为相关海事请求，能否参加分配的效力。

【常用法律条文及索引】

《海事诉讼特别程序法》（2000年7月1日起施行）

第一百一十一条 海事法院裁定强制拍卖船舶的公告发布后，债权人应当在公告期间，就与被拍卖船舶有关的债权申请登记。公告期间届满不登记的，视为放弃在本次拍卖船舶价款中受偿的权利。

第一百一十二条 海事法院受理设立海事赔偿责任限制基金的公告发布后，债权人应当在公告期间就与特定场合发生的海事事故有关的债权申请登记。公告期间届满不登记的，视为放弃债权。

第一百一十三条 债权人向海事法院申请登记债权的，应当提交书面申请，并提供有关债权证据。

债权证据，包括证明债权的具有法律效力的判决书、裁定书、调解书、仲裁裁决书和公证债权文书，以及其他证明具有海事请求的证据材料。

第一百一十四条 海事法院应当对债权人的申请进行审查，对提供债权证据的，裁定准予登记；对不提供债权证据的，裁定驳回申请。

第一百一十五条 债权人提供证明债权的判决书、裁定书、调解书、仲裁裁决书或者公证债权文书的，海事法院经审查认定上述文书真实合法的，裁定予以确认。

第一百一十六条 债权人提供其他海事请求证据的，应当在办理债权登记以后，在受理债权登记的海事法院提起确权诉讼。当事人之间有仲裁协议的，应当及时申请仲裁。

海事法院对确权诉讼作出的判决、裁定具有法律效力，当事人不得提起上诉。

第一百一十七条 海事法院审理并确认债权后，应当向债权人发出债权人会议通知书，组织召开债权人会议。

第一百一十八条 债权人会议可以协商提出船舶价款或者海事赔偿责任限制基金的分配方案，签订受偿协议。

受偿协议经海事法院裁定认可，具有法律效力。

债权人会议协商不成的，由海事法院依照《中华人民共和国海商法》以及其他有关法律规定的受偿顺序，裁定船舶价款或者海事赔偿责任限制基金的分配方案。

第一百一十九条 拍卖船舶所得价款及其利息，或者海事赔偿责任限制基金及其利息，应当一并予以分配。

分配船舶价款时，应当由责任人承担的诉讼费用，为保存、拍卖船舶和分配船舶价款产生的费用，以及为债权人的共同利益支付的其他费用，应当从船舶价款中先行拨付。

清偿债务后的余款，应当退还船舶原所有人或者海事赔偿责任限制基金设立人。

《最高人民法院关于适用〈中华人民共和国海事诉讼特别程序法〉若干问题的解释》（法释〔2003〕3号　2003年2月1日起施行）

第八十七条　海事诉讼特别程序法第一百一十一条规定的与被拍卖船舶有关的债权指与被拍卖船舶有关的海事债权。

第八十八条　海事诉讼特别程序法第一百一十五条规定的判决书、裁定书、调解书和仲裁裁决书指我国国内的判决书、裁定书、调解书和仲裁裁决书。对于债权人提供的国外的判决书、裁定书、调解书和仲裁裁决书，适用民事诉讼法第二百六十六条和第二百六十七条规定的程序审查。

第八十九条　在债权登记前，债权人已向受理债权登记的海事法院以外的海事法院起诉的，受理案件的海事法院应当将案件移送至登记债权的海事法院一并审理，但案件已经进入二审的除外。

第九十条　债权人依据海事诉讼特别程序法第一百一十六条规定向受理债权登记的海事法院提起确权诉讼的，应当在办理债权登记后七日内提起。

《民事诉讼法》（1991年4月9日起施行　2017年6月27日修正）

第二百八十一条　外国法院作出的发生法律效力的判决、裁定，需要中华人民共和国人民法院承认和执行的，可以由当事人直接向中华人民共和国有管辖权的中级人民法院申请承认和执行，也可以由外国法院依照该国与中华人民共和国缔结或者参加的国际条约的规定，或者按照互惠原则，请求人民法院承认和执行。

第二百八十二条　人民法院对申请或者请求承认和执行的外国法院作出的发生法律效力的判决、裁定，依照中华人民共和国缔结或者参加的国际条约，或者按照互惠原则进行审查后，认为不违反中华人民共和国法律的基本原则或者国家主权、安全、社会公共利益的，裁定承认其效力，需要执行的，发出执行令，依照本法的有关规定执行。违反中华人民共和国法律的基本原则或者国家主权、安全、社会公共利益的，不予承认和执行。

《最高人民法院关于适用〈中华人民共和国民事诉讼法〉的解释》（法释〔2015〕5号　2015年2月4日起施行）

第二条　专利纠纷案件由知识产权法院、最高人民法院确定的中级人民法院和基层人民法院管辖。

海事、海商案件由海事法院管辖。

第五百四十条 申请人向人民法院申请执行中华人民共和国涉外仲裁机构的裁决，应当提出书面申请，并附裁决书正本。如申请人为外国当事人，其申请书应当用中文文本提出。

第五百四十一条 人民法院强制执行涉外仲裁机构的仲裁裁决时，被执行人以有民事诉讼法第二百七十四条第一款规定的情形为由提出抗辩的，人民法院应当对被执行人的抗辩进行审查，并根据审查结果裁定执行或者不予执行。

第五百四十二条 依照民事诉讼法第二百七十二条规定，中华人民共和国涉外仲裁机构将当事人的保全申请提交人民法院裁定的，人民法院可以进行审查，裁定是否进行保全。裁定保全的，应当责令申请人提供担保，申请人不提供担保的，裁定驳回申请。

当事人申请证据保全，人民法院经审查认为无需提供担保的，申请人可以不提供担保。

第五百四十三条 申请人向人民法院申请承认和执行外国法院作出的发生法律效力的判决、裁定，应当提交申请书，并附外国法院作出的发生法律效力的判决、裁定正本或者经证明无误的副本以及中文译本。外国法院判决、裁定为缺席判决、裁定的，申请人应当同时提交该外国法院已经合法传唤的证明文件，但判决、裁定已经对此予以明确说明的除外。

中华人民共和国缔结或者参加的国际条约对提交文件有规定的，按照规定办理。

第五百四十四条 当事人向中华人民共和国有管辖权的中级人民法院申请承认和执行外国法院作出的发生法律效力的判决、裁定的，如果该法院所在国与中华人民共和国没有缔结或者共同参加国际条约，也没有互惠关系的，裁定驳回申请，但当事人向人民法院申请承认外国法院作出的发生法律效力的离婚判决的除外。

承认和执行申请被裁定驳回的，当事人可以向人民法院起诉。

第五百四十五条 对临时仲裁庭在中华人民共和国领域外作出的仲裁裁决，一方当事人向人民法院申请承认和执行的，人民法院应当依照民事诉讼法第二百八十三条规定处理。

第五百四十六条 对外国法院作出的发生法律效力的判决、裁定或者外国仲裁裁决，需要中华人民共和国法院执行的，当事人应当先向人民法院申请承认。人民法院经审查，裁定承认后，再根据民事诉讼法第三编的规定予以执行。

当事人仅申请承认而未同时申请执行的，人民法院仅对应否承认进行审查并作出裁定。

第五百四十七条 当事人申请承认和执行外国法院作出的发生法律效力的判决、裁定或者外国仲裁裁决的期间，适用民事诉讼法第二百三十九条的规定。

当事人仅申请承认而未同时申请执行的，申请执行的期间自人民法院对承认申请作出的裁定生效之日起重新计算。

第五百四十八条 承认和执行外国法院作出的发生法律效力的判决、裁定或者外国仲裁裁决的案件，人民法院应当组成合议庭进行审查。

人民法院应当将申请书送达被申请人。被申请人可以陈述意见。

人民法院经审查作出的裁定，一经送达即发生法律效力。

《最高人民法院关于海事诉讼管辖问题的规定》（法释〔2016〕2号 2016年3月1日起施行）

为推进"一带一路"建设、海洋强国战略、京津冀一体化、长江经济带发展规划的实施，促进海洋经济发展，及时化解海事纠纷，保证海事法院正确行使海事诉讼管辖权，依法审理海事案件，根据《中华人民共和国民事诉讼法》《中华人民共和国海事诉讼特别程序法》《中华人民共和国行政诉讼法》以及全国人民代表大会常务委员会《关于在沿海港口城市设立海事法院的决定》等法律规定，现将海事诉讼管辖的几个问题规定如下：

一、关于管辖区域调整

1. 根据航运经济发展和海事审判工作的需要，对大连、武汉海事法院的管辖区域作出如下调整：

（1）大连海事法院管辖下列区域：南自辽宁省与河北省的交界处、东至鸭绿江口的延伸海域和鸭绿江水域，其中包括黄海一部分、渤海一部分、海上岛屿；吉林省的松花江、图们江等通海可航水域及港口；黑龙江省的黑龙江、松花江、乌苏里江等通海可航水域及港口。

（2）武汉海事法院管辖下列区域：自四川省宜宾市合江门至江苏省浏河口之间长江干线及支线水域，包括宜宾、泸州、重庆、涪陵、万州、宜昌、荆州、城陵矶、武汉、九江、安庆、芜湖、马鞍山、南京、扬州、镇江、江阴、张家港、南通等主要港口。

2. 其他各海事法院依据此前最高人民法院发布的决定或通知确定的管

辖区域对海事案件行使管辖权。

三、关于海事海商纠纷管辖权异议案件的审理

1. 当事人不服管辖权异议裁定的上诉案件由海事法院所在地的高级人民法院负责海事海商案件的审判庭审理。

2. 发生法律效力的管辖权异议裁定违反海事案件专门管辖确需纠正的，人民法院可依照《中华人民共和国民事诉讼法》第一百九十八条规定再审。

四、其他规定

本规定自2016年3月1日起施行。最高人民法院以前作出的有关规定与本规定不一致的，以本规定为准。

《最高人民法院关于海事法院受理案件范围的规定》（法释〔2016〕4号 2016年3月1日起施行）

根据《中华人民共和国民事诉讼法》《中华人民共和国海事诉讼特别程序法》《中华人民共和国行政诉讼法》以及我国缔结或者参加的有关国际条约，结合我国海事审判实际，现将海事法院受理案件的范围规定如下：

六、海事特别程序案件

101. 与拍卖船舶或者设立海事赔偿责任限制基金（含油污损害赔偿责任限制基金）相关的确权诉讼案件；

【适用本案由需要注意的问题】

◆根据《最高人民法院关于适用〈中华人民共和国民事诉讼法〉的解释》《最高人民法院关于适用〈中华人民共和国海事诉讼特别程序法〉若干问题的解释》和《最高人民法院关于海事法院受理案件范围的规定》的规定，海事债权确权纠纷由海事法院专门管辖。

附：根据新的法律、司法解释可以增加的案由纠纷类型

＊船舶挂靠合同纠纷

【案由解析】

现行法律并未对船舶挂靠经营的含义进行规定。一般而言，船舶挂靠合同是指没有运营资质的个体运输船舶的实际所有人，为了进入水路运输市

场，规避国家有关水路运输经营资质的管理规定，将船舶所有权登记在具有水路运输经营资质的船舶运输企业名下，向该运输企业交纳管理费，并以该运输企业的名义从事水路运输活动，而达成的相关合同。

船舶挂靠合同纠纷是指当事人因船舶挂靠合同的订立、履行、变更和终止所产生的纠纷。

【常用法律条文及索引】

《合同法》（1999 年 10 月 1 日起施行）

第一百零七条　当事人一方不履行合同义务或者履行合同义务不符合约定的，应当承担继续履行、采取补救措施或者赔偿损失等违约责任。

第一百二十四条　本法分则或者其他法律没有明文规定的合同，适用本法总则的规定，并可以参照本法分则或者其他法律最相类似的规定。

《民事诉讼法》（1991 年 4 月 9 日起施行　2017 年 6 月 27 日修正）

第二十三条　因合同纠纷提起的诉讼，由被告住所地或者合同履行地人民法院管辖。

《最高人民法院关于适用〈中华人民共和国民事诉讼法〉的解释》（法释〔2015〕5 号　2015 年 2 月 4 日起施行）

第二条　专利纠纷案件由知识产权法院、最高人民法院确定的中级人民法院和基层人民法院管辖。

海事、海商案件由海事法院管辖。

第十八条　合同约定履行地点的，以约定的履行地点为合同履行地。

合同对履行地点没有约定或者约定不明确，争议标的为给付货币的，接收货币一方所在地为合同履行地；交付不动产的，不动产所在地为合同履行地；其他标的，履行义务一方所在地为合同履行地。即时结清的合同，交易行为地为合同履行地。

合同没有实际履行，当事人双方住所地都不在合同约定的履行地的，由被告住所地人民法院管辖。

《最高人民法院关于适用〈中华人民共和国海事诉讼特别程序法〉若干问题的解释》（法释〔2003〕3 号　2003 年 2 月 1 日起施行）

第一条　在海上或者通海水域发生的与船舶或者运输、生产、作业相关的海事侵权纠纷、海商合同纠纷，以及法律或者相关司法解释规定的其他海事纠纷案件由海事法院及其上级人民法院专门管辖。

《最高人民法院关于海事诉讼管辖问题的规定》（法释〔2016〕2号 2016年3月1日起施行）

为推进“一带一路”建设、海洋强国战略、京津冀一体化、长江经济带发展规划的实施，促进海洋经济发展，及时化解海事纠纷，保证海事法院正确行使海事诉讼管辖权，依法审理海事案件，根据《中华人民共和国民事诉讼法》《中华人民共和国海事诉讼特别程序法》《中华人民共和国行政诉讼法》以及全国人民代表大会常务委员会《关于在沿海港口城市设立海事法院的决定》等法律规定，现将海事诉讼管辖的几个问题规定如下：

一、关于管辖区域调整

1. 根据航运经济发展和海事审判工作的需要，对大连、武汉海事法院的管辖区域作出如下调整：

（1）大连海事法院管辖下列区域：南自辽宁省与河北省的交界处、东至鸭绿江口的延伸海域和鸭绿江水域，其中包括黄海一部分、渤海一部分、海上岛屿；吉林省的松花江、图们江等通海可航水域及港口；黑龙江省的黑龙江、松花江、乌苏里江等通海可航水域及港口。

（2）武汉海事法院管辖下列区域：自四川省宜宾市合江门至江苏省浏河口之间长江干线及支线水域，包括宜宾、泸州、重庆、涪陵、万州、宜昌、荆州、城陵矶、武汉、九江、安庆、芜湖、马鞍山、南京、扬州、镇江、江阴、张家港、南通等主要港口。

2. 其他各海事法院依据此前最高人民法院发布的决定或通知确定的管辖区域对海事案件行使管辖权。

三、关于海事海商纠纷管辖权异议案件的审理

1. 当事人不服管辖权异议裁定的上诉案件由海事法院所在地的高级人民法院负责海事海商案件的审判庭审理。

2. 发生法律效力的管辖权异议裁定违反海事案件专门管辖确需纠正的，人民法院可依照《中华人民共和国民事诉讼法》第一百九十八条规定再审。

四、其他规定

本规定自2016年3月1日起施行。最高人民法院以前作出的有关规定与本规定不一致的，以本规定为准。

《最高人民法院关于海事法院受理案件范围的规定》（法释〔2016〕4号 2016年3月1日起施行）

根据《中华人民共和国民事诉讼法》《中华人民共和国海事诉讼特别程

序法》《中华人民共和国行政诉讼法》以及我国缔结或者参加的有关国际条约，结合我国海事审判实际，现将海事法院受理案件的范围规定如下：

二、海商合同纠纷案件

17. 船舶经营管理合同（含挂靠、合伙、承包等形式）、航线合作经营合同纠纷案件；

《最高人民法院关于国内水路货物运输纠纷案件法律问题的指导意见》

（法发〔2012〕28号　2012年12月24日起施行）

近年来，国内水路运输发展迅速，为促进国民经济的发展发挥了重要作用。水路运输市场的健康和有序发展，依赖于良好的市场环境和完善的法律保障。但是，与法律体系相对完善的国际海运相比，国内水路运输法律规范的滞后越来越突出，在一定程度上引发了国内水路货物运输纠纷案件的增长。我国目前没有专门针对内河航运的立法，内河航运的条例、规定多为部门规章，法规制度之间存在矛盾，海事审判存在诸多的不统一。为了加强我国海事司法对国内水路运输的保障作用，促进国内水路运输的规范发展，现就人民法院审理国内水路货物运输纠纷案件中的若干法律问题，提出以下指导意见：

一、尊重当事人意思自治，准确适用法律法规，统一国内水路货物运输纠纷案件裁判尺度

本指导意见中的国内水路货物运输纠纷是指由海事法院专门管辖的沿海和内河水路货物运输纠纷。

1. 人民法院审理国内水路货物运输合同纠纷案件，应当适用民法通则、合同法等法律的有关规定，同时可以参照《国内水路货物运输规则》的有关规定。海商法第四章海上货物运输合同的规定，不适用于国内水路货物运输。人民法院参照《国内水路货物运输规则》确定当事人权利义务时，应当在判决书说理部分引用论述，但不应作为判决书引用的法律依据。

2. 当事人在国内水路货物运单或者其他运输合同文件中明确约定其权利义务适用《国内水路货物运输规则》规定的，人民法院可以按照《国内水路货物运输规则》的有关规定确定合同当事人的权利义务。

二、依法认定国内水路货物运输合同效力，维护国内水路货物运输市场秩序

3. 根据《国内水路运输管理条例》和《国内水路运输经营资质管理规定》的有关规定，从事国内水路运输的企业和个人，应当达到并保持相应的

经营资质条件，并在核定的经营范围内从事水路运输经营活动。没有取得国内水路运输经营资质的承运人签订的国内水路货物运输合同，人民法院应当根据合同法第五十二条第（五）项的规定认定合同无效。

4. 国内水路货物运输合同无效，但是承运人已经按照运输合同的约定将货物安全运输到约定地点，承运人请求托运人或者收货人参照合同的约定支付运费，人民法院可以适当予以保护。

国内水路货物运输合同无效，而且运输过程中货物发生了毁损、灭失，托运人或者收货人向承运人主张损失赔偿的，人民法院可以综合考虑托运人或者收货人和承运人对合同无效和货物损失的过错程度，依法判定相应的民事责任。

5. 人民法院审理国内水路货物运输纠纷案件过程中发现从事国内水路货物运输的承运人没有取得相应的运输经营资质，应及时向相关行政主管机关发出司法建议。

三、依法审理国内水路货物运输合同纠纷案件，准确认定合同承运人和实际承运人的责任，保障当事人的合法权益

6. 国内水路货物运输的合同承运人将全部或者部分运输委托给实际承运人履行，托运人或者收货人就全部或部分运输向合同承运人、实际承运人主张权利的，人民法院应当准确认定合同承运人和实际承运人的法律地位和法律责任。人民法院可以参照《国内水路货物运输规则》第四十六条的规定判定合同承运人和实际承运人的赔偿责任，充分保护国内水路货物运输合同托运人或者收货人的合法权益，减少当事人的讼累。

四、准确理解有关留置的法律规定，妥善审理留置权纠纷

7. 国内水路货物运输合同履行完毕，托运人或者收货人没有按照约定支付运费、保管费或者其他运输费用，依照合同法第三百一十五条的规定，承运人对相应的运输货物享有留置权。人民法院在审查承运人的留置权时，应当重点审查承运人留置货物的数量是否在合理的限度之内，以及承运人留置的货物是否是其合法占有的货物。债务人对留置货物是否具有所有权并不必然影响承运人留置权的行使，除非运输合同当事人对承运人的留置权另有特殊约定。

五、妥善审理与船舶挂靠有关的纠纷，切实保障当事人的合法权益，维护国内水路运输市场的有序发展

8. 没有运营资质的个体运输船舶的实际所有人，为了进入国内水路货物运输市场，规避国家有关水路运输经营资质的管理规定，将船舶所有权登记

在具有水路运输经营资质的船舶运输企业名下，向该运输企业交纳管理费，并以该运输企业的名义从事国内水路货物运输活动，是国内水路货物运输中普遍存在的一种挂靠经营方式。这种挂靠经营方式导致挂靠船舶的所有权登记形同虚设，船舶管理混乱，被挂靠企业对挂靠船舶疏于安全管理，严重冲击了航运市场的安全秩序，导致大量国内水路货物运输纠纷的产生。人民法院在审理与船舶挂靠有关的合同纠纷时，应当严格依照现行船舶管理的法律规范确定法律关系，坚持合同相对性的基本原则，根据合同的签订主体和合同的履行等基本事实，准确认定合同当事人。

9. 挂靠船舶的实际所有人以自己的名义签订运输合同，应当认定其为运输合同承运人，承担相应的合同责任。

10. 挂靠船舶的实际所有人以被挂靠企业的名义签订运输合同，被挂靠企业亦签章予以确认，应当认定被挂靠企业为运输合同承运人，承担相应的合同责任。

11. 在没有签订水路货物运输合同的情形下，可以依照运单上承运人的记载判断运输合同的承运人。如果运单上仅仅加盖了承运船舶的船名章，应当认定该承运船舶的登记所有人为运输合同的承运人，承担相应的合同责任。

12. 挂靠船舶因侵权行为造成他人财产、人身损害，依据民法通则、侵权责任法、海商法和有关司法解释的规定，挂靠船舶的实际所有人和被挂靠企业应当承担连带赔偿责任。

六、正确适用关于诉讼时效制度的法律规定，保护当事人的合法权益

13. 最高人民法院《关于如何确定沿海、内河货物运输赔偿请求权时效期间问题的批复》（法释〔2001〕18号）对国内水路货物运输赔偿请求权诉讼时效期间的中止、中断并没有作出特别规定，人民法院应当适用民法通则有关诉讼时效中止、中断的规定。

【适用本案由需要注意的问题】

◆根据《最高人民法院关于适用〈中华人民共和国民事诉讼法〉的解释》《最高人民法院关于适用〈中华人民共和国海事诉讼特别程序法〉若干问题的解释》和《最高人民法院关于海事法院受理案件范围的规定》的规定，因船舶挂靠合同纠纷提起的诉讼，由海事法院专门管辖。同时，根据《民事诉讼法》的有关规定，船舶挂靠合同纠纷引起的诉讼，应当由被告所在地或船舶挂靠合同纠纷的海事法院管辖。此外，根据《民事诉讼法》第

34 条的规定，在当事人协议管辖的情形下，应依据当事人的协议为依据确定管辖法院，即由原告住所地、被告住所地、合同签订地、合同履行地或标的物所在地的海事法院管辖。

＊船舶设计合同纠纷

【案由解析】

船舶设计合同是指船舶设计方按委托人的要求对船舶进行设计，由委托人向船舶设计方支付设计费用的合同。

船舶设计合同纠纷是指当事人因该合同的订立、履行、变更和终止而产生的纠纷。

【常用法律条文及索引】

《合同法》（1999 年 10 月 1 日起施行）

第一百二十四条 本法分则或者其他法律没有明文规定的合同，适用本法总则的规定，并可以参照本法分则或者其他法律最相类似的规定。

第二百六十九条 建设工程合同是承包人进行工程建设，发包人支付价款的合同。

建设工程合同包括工程勘察、设计、施工合同。

第二百七十条 建设工程合同应当采用书面形式。

第二百七十一条 建设工程的招标投标活动，应当依照有关法律的规定公开、公平、公正进行。

第二百七十二条 发包人可以与总承包人订立建设工程合同，也可以分别与勘察人、设计人、施工人订立勘察、设计、施工承包合同。发包人不得将应当由一个承包人完成的建设工程肢解成若干部分发包给几个承包人。

总承包人或者勘察、设计、施工承包人经发包人同意，可以将自己承包的部分工作交由第三人完成。第三人就其完成的工作成果与总承包人或者勘察、设计、施工承包人向发包人承担连带责任。承包人不得将其承包的全部建设工程转包给第三人或者将其承包的全部建设工程肢解以后以分包的名义分别转包给第三人。

禁止承包人将工程分包给不具备相应资质条件的单位。禁止分包单位将其承包的工程再分包。建设工程主体结构的施工必须由承包人自行完成。

第二百七十三条　国家重大建设工程合同，应当按照国家规定的程序和国家批准的投资计划、可行性研究报告等文件订立。

第二百七十四条　勘察、设计合同的内容包括提交有关基础资料和文件（包括概预算）的期限、质量要求、费用以及其他协作条件等条款。

第二百七十五条　施工合同的内容包括工程范围、建设工期、中间交工工程的开工和竣工时间、工程质量、工程造价、技术资料交付时间、材料和设备供应责任、拨款和结算、竣工验收、质量保修范围和质量保证期、双方相互协作等条款。

第二百七十六条　建设工程实行监理的，发包人应当与监理人采用书面形式订立委托监理合同。发包人与监理人的权利和义务以及法律责任，应当依照本法委托合同以及其他有关法律、行政法规的规定。

第二百七十七条　发包人在不妨碍承包人正常作业的情况下，可以随时对作业进度、质量进行检查。

第二百七十八条　隐蔽工程在隐蔽以前，承包人应当通知发包人检查。发包人没有及时检查的，承包人可以顺延工程日期，并有权要求赔偿停工、窝工等损失。

第二百七十九条　建设工程竣工后，发包人应当根据施工图纸及说明书、国家颁发的施工验收规范和质量检验标准及时进行验收。验收合格的，发包人应当按照约定支付价款，并接收该建设工程。

建设工程竣工经验收合格后，方可交付使用；未经验收或者验收不合格的，不得交付使用。

第二百八十条　勘察、设计的质量不符合要求或者未按照期限提交勘察、设计文件拖延工期，造成发包人损失的，勘察人、设计人应当继续完善勘察、设计，减收或者免收勘察、设计费并赔偿损失。

第二百八十一条　因施工人的原因致使建设工程质量不符合约定的，发包人有权要求施工人在合理期限内无偿修理或者返工、改建。经过修理或者返工、改建后，造成逾期交付的，施工人应当承担违约责任。

第二百八十二条　因承包人的原因致使建设工程在合理使用期限内造成人身和财产损害的，承包人应当承担损害赔偿责任。

第二百八十三条　发包人未按照约定的时间和要求提供原材料、设备、场地、资金、技术资料的，承包人可以顺延工程日期，并有权要求赔偿停工、窝工等损失。

第二百八十四条 因发包人的原因致使工程中途停建、缓建的，发包人应当采取措施弥补或者减少损失，赔偿承包人因此造成的停工、窝工、倒运、机械设备调迁、材料和构件积压等损失和实际费用。

第二百八十五条 因发包人变更计划，提供的资料不准确，或者未按照期限提供必需的勘察、设计工作条件而造成勘察、设计的返工、停工或者修改设计，发包人应当按照勘察人、设计人实际消耗的工作量增付费用。

第二百八十六条 发包人未按照约定支付价款的，承包人可以催告发包人在合理期限内支付价款。发包人逾期不支付的，除按照建设工程的性质不宜折价、拍卖的以外，承包人可以与发包人协议将该工程折价，也可以申请人民法院将该工程依法拍卖。建设工程的价款就该工程折价或者拍卖的价款优先受偿。

第二百八十七条 本章没有规定的，适用承揽合同的有关规定。

《民事诉讼法》（1991 年 4 月 9 日起施行　2017 年 6 月 27 日修正）

第二十三条 因合同纠纷提起的诉讼，由被告住所地或者合同履行地人民法院管辖。

《最高人民法院关于适用〈中华人民共和国民事诉讼法〉的解释》（法释〔2015〕5 号　2015 年 2 月 4 日起施行）

第二条 专利纠纷案件由知识产权法院、最高人民法院确定的中级人民法院和基层人民法院管辖。

海事、海商案件由海事法院管辖。

第十八条 合同约定履行地点的，以约定的履行地点为合同履行地。

合同对履行地点没有约定或者约定不明确，争议标的为给付货币的，接收货币一方所在地为合同履行地；交付不动产的，不动产所在地为合同履行地；其他标的，履行义务一方所在地为合同履行地。即时结清的合同，交易行为地为合同履行地。

合同没有实际履行，当事人双方住所地都不在合同约定的履行地的，由被告住所地人民法院管辖。

《最高人民法院关于适用〈中华人民共和国海事诉讼特别程序法〉若干问题的解释》（法释〔2003〕3 号　2003 年 2 月 1 日起施行）

第一条 在海上或者通海水域发生的与船舶或者运输、生产、作业相关的海事侵权纠纷、海商合同纠纷，以及法律或者相关司法解释规定的其他海

事纠纷案件由海事法院及其上级人民法院专门管辖。

《最高人民法院关于海事诉讼管辖问题的规定》（法释〔2016〕2 号 2016 年 3 月 1 日起施行）

为推进“一带一路”建设、海洋强国战略、京津冀一体化、长江经济带发展规划的实施，促进海洋经济发展，及时化解海事纠纷，保证海事法院正确行使海事诉讼管辖权，依法审理海事案件，根据《中华人民共和国民事诉讼法》《中华人民共和国海事诉讼特别程序法》《中华人民共和国行政诉讼法》以及全国人民代表大会常务委员会《关于在沿海港口城市设立海事法院的决定》等法律规定，现将海事诉讼管辖的几个问题规定如下：

一、关于管辖区域调整

1. 根据航运经济发展和海事审判工作的需要，对大连、武汉海事法院的管辖区域作出如下调整：

（1）大连海事法院管辖下列区域：南自辽宁省与河北省的交界处、东至鸭绿江口的延伸海域和鸭绿江水域，其中包括黄海一部分、渤海一部分、海上岛屿；吉林省的松花江、图们江等通海可航水域及港口；黑龙江省的黑龙江、松花江、乌苏里江等通海可航水域及港口。

（2）武汉海事法院管辖下列区域：自四川省宜宾市合江门至江苏省浏河口之间长江干线及支线水域，包括宜宾、泸州、重庆、涪陵、万州、宜昌、荆州、城陵矶、武汉、九江、安庆、芜湖、马鞍山、南京、扬州、镇江、江阴、张家港、南通等主要港口。

2. 其他各海事法院依据此前最高人民法院发布的决定或通知确定的管辖区域对海事案件行使管辖权。

三、关于海事海商纠纷管辖权异议案件的审理

1. 当事人不服管辖权异议裁定的上诉案件由海事法院所在地的高级人民法院负责海事海商案件的审判庭审理。

2. 发生法律效力的管辖权异议裁定违反海事案件专门管辖确需纠正的，人民法院可依照《中华人民共和国民事诉讼法》第一百九十八条规定再审。

四、其他规定本规定自 2016 年 3 月 1 日起施行。最高人民法院以前作出的有关规定与本规定不一致的，以本规定为准。

《最高人民法院关于海事法院受理案件范围的规定》（法释〔2016〕4 号 2016 年 3 月 1 日起施行）

根据《中华人民共和国民事诉讼法》《中华人民共和国海事诉讼特别程

序法》《中华人民共和国行政诉讼法》以及我国缔结或者参加的有关国际条约，结合我国海事审判实际，现将海事法院受理案件的范围规定如下：

二、海商合同纠纷案件

12. 船舶工程合同纠纷案件；

【适用本案由需要注意的问题】

◆根据《民事诉讼法》第23条、《最高人民法院关于适用〈中华人民共和国民事诉讼法〉的解释》第2条及《最高人民法院关于适用〈中华人民共和国海事诉讼特别程序法〉若干问题的解释》第1条的规定，因船舶设计合同纠纷提起的诉讼，由船舶设计合同履行地、被告住所地的海事法院管辖。

◆在适用本案由时，要注意其与船舶买卖合同的区别。船舶建造合同要求有按约定条件建造船舶的过程，属于承揽合同范围；而船舶买卖合同要求转移船舶的所有权，属于买卖合同范围。

◆因船舶建造合同属于广义上的承揽合同范围，并与建设工程合同非常类似，而我国《海商法》仅在第14条中提到"建造中的船舶办理抵押权登记的，还应当向船舶登记机关提交船舶建造合同"，除此之外并无其他专门规定。因此，船舶建造合同纠纷在法律适用上应该参照《合同法》总则第24条及第十五章有关承揽合同、第十六章有关建设工程合同的规定。

＊轮渡运输合同纠纷

【案由解析】

轮渡运输合同是指承运人用渡船将旅客、汽车或列车等客货、车辆渡过河流、港湾或海峡，由旅客或托运人支付票款的合同。

轮渡运输合同纠纷是指当事人因轮渡运输合同的订立、履行、变更和终止而产生的纠纷。

【常用法律条文及索引】

《民事诉讼法》（1991年4月9日起施行　2017年6月27日修正）

第二十七条　因铁路、公路、水上、航空运输和联合运输合同纠纷提起的诉讼，由运输始发地、目的地或者被告住所地人民法院管辖。

《海事诉讼特别程序法》（2000 年 7 月 1 日起施行）

第六条　海事诉讼的地域管辖，依照《中华人民共和国民事诉讼法》的有关规定。

下列海事诉讼的地域管辖，依照以下规定：

……

（二）因海上运输合同纠纷提起的诉讼，除依照《中华人民共和国民事诉讼法》第二十八条的规定以外，还可以由转运港所在地海事法院管辖；

……

《最高人民法院关于适用〈中华人民共和国民事诉讼法〉的解释》（法释〔2015〕5 号　2015 年 2 月 4 日起施行）

第二条　专利纠纷案件由知识产权法院、最高人民法院确定的中级人民法院和基层人民法院管辖。

海事、海商案件由海事法院管辖。

《最高人民法院关于适用〈中华人民共和国海事诉讼特别程序法〉若干问题的解释》（法释〔2003〕3 号　2003 年 2 月 1 日起施行）

第一条　在海上或者通海水域发生的与船舶或者运输、生产、作业相关的海事侵权纠纷、海商合同纠纷，以及法律或者相关司法解释规定的其他海事纠纷案件由海事法院及其上级人民法院专门管辖。

《最高人民法院关于海事诉讼管辖问题的规定》（法释〔2016〕2 号　2016 年 3 月 1 日起施行）

为推进“一带一路”建设、海洋强国战略、京津冀一体化、长江经济带发展规划的实施，促进海洋经济发展，及时化解海事纠纷，保证海事法院正确行使海事诉讼管辖权，依法审理海事案件，根据《中华人民共和国民事诉讼法》《中华人民共和国海事诉讼特别程序法》《中华人民共和国行政诉讼法》以及全国人民代表大会常务委员会《关于在沿海港口城市设立海事法院的决定》等法律规定，现将海事诉讼管辖的几个问题规定如下：

一、关于管辖区域调整

1. 根据航运经济发展和海事审判工作的需要，对大连、武汉海事法院的管辖区域作出如下调整：

（1）大连海事法院管辖下列区域：南自辽宁省与河北省的交界处、东至鸭绿江口的延伸海域和鸭绿江水域，其中包括黄海一部分、渤海一部分、海

上岛屿；吉林省的松花江、图们江等通海可航水域及港口；黑龙江省的黑龙江、松花江、乌苏里江等通海可航水域及港口。

（2）武汉海事法院管辖下列区域：自四川省宜宾市合江门至江苏省浏河口之间长江干线及支线水域，包括宜宾、泸州、重庆、涪陵、万州、宜昌、荆州、城陵矶、武汉、九江、安庆、芜湖、马鞍山、南京、扬州、镇江、江阴、张家港、南通等主要港口。

2. 其他各海事法院依据此前最高人民法院发布的决定或通知确定的管辖区域对海事案件行使管辖权。

三、关于海事海商纠纷管辖权异议案件的审理

1. 当事人不服管辖权异议裁定的上诉案件由海事法院所在地的高级人民法院负责海事海商案件的审判庭审理。

2. 发生法律效力的管辖权异议裁定违反海事案件专门管辖确需纠正的，人民法院可依照《中华人民共和国民事诉讼法》第一百九十八条规定再审。

四、其他规定

本规定自2016年3月1日起施行。最高人民法院以前作出的有关规定与本规定不一致的，以本规定为准。

《最高人民法院关于海事法院受理案件范围的规定》（法释〔2016〕4号 2016年3月1日起施行）

根据《中华人民共和国民事诉讼法》《中华人民共和国海事诉讼特别程序法》《中华人民共和国行政诉讼法》以及我国缔结或者参加的有关国际条约，结合我国海事审判实际，现将海事法院受理案件的范围规定如下：

二、海商合同纠纷案件

31. 轮渡运输合同纠纷案件；

另参见“182. 海上、通海水域货物运输合同纠纷”“183. 海上、通海水域旅客运输合同纠纷”“184. 海上、通海水域行李运输合同纠纷”案由相关部分。

【适用本案由需要注意的问题】

◆因轮渡运输合同纠纷提起的诉讼，由运输始发地、目的地或者被告住所地的海事法院管辖。

第八部分　与公司、证券、保险、票据等有关的民事纠纷

二十、与企业有关的纠纷

228. 企业出资人权益确认纠纷

【案由解析】

出资人权益是指企业出资人（自然人、法人或者其他组织）依据法律和企业章程的规定在企业中享有的资产收益、重大决策以及选择经营管理者等权利。该权益内容由法律规定和企业章程来确定。对于国有企业，由国务院或地方人民政府授权本级人民政府国有资产管理机构履行出资人职责，享有出资人权益；对于非国有企业，相关法律法规对出资人权益予以保护，出资人按照约定或者出资比例享有出资人权益并履行义务。

企业出资人权益确认纠纷是指企业出资人之间或者企业出资人与企业之间就出资权益是否存在或者持有出资比例多少发生争议时，出资人向人民法院提请民事诉讼，请求确认其在企业中享有一定出资权益的纠纷。

【常用法律条文及索引】

《物权法》（2007 年 10 月 1 日起施行）

第五十五条　国家出资的企业，由国务院、地方人民政府依照法律、行政法规规定分别代表国家履行出资人职责，享有出资人权益。

第六十七条　国家、集体和私人依法可以出资设立有限责任公司、股份有限公司或者其他企业。国家、集体和私人所有的不动产或者动产，投到企业的，由出资人按照约定或者出资比例享有资产收益、重大决策以及选择经营管理者等权利并履行义务。

《公司法》（2006 年 1 月 1 日起施行　2013 年 12 月 28 日修正）

第十五条　公司可以向其他企业投资；但是，除法律另有规定外，不得成为对所投资企业的债务承担连带责任的出资人。

《中小企业促进法》（2003 年 1 月 1 日起施行）

第六条　国家保护中小企业及其出资人的合法投资，及因投资取得的合法收益。任何单位和个人不得侵犯中小企业财产及其合法收益。

任何单位不得违反法律、法规向中小企业收费和罚款，不得向中小企业摊派财物。中小企业对违反上述规定的行为有权拒绝和有权举报、控告。

《企业国有资产监督管理暂行条例》（国务院令第 378 号　2003 年 5 月 27 日起施行　2011 年 1 月 8 日修订）

第五条　国务院代表国家对关系国民经济命脉和国家安全的大型国有及国有控股、国有参股企业，重要基础设施和重要自然资源等领域的国有及国有控股、国有参股企业，履行出资人职责。国务院履行出资人职责的企业，由国务院确定、公布。

省、自治区、直辖市人民政府和社区的市、自治州级人民政府分别代表国家对由国务院履行出资人职责以外的国有及国有控股、国有参股企业，履行出资人职责。其中，省、自治区、直辖市人民政府履行出资人职责的国有及国有控股、国有参股企业，由省、自治区、直辖市人民政府确定、公布，并报国务院国有资产监督管理机构备案；其他由设区的市、自治州级人民政府履行出资人职责的国有及国有控股、国有参股企业，由设区的市、自治州级人民政府确定、公布，并报省、自治州、直辖市人民政府国有资产监督管理机构备案。

国务院，省、自治区、直辖市人民政府，设区的市、自治州级人民政府履行出资人职责的企业，以下统称所出资企业。

第十条　所出资企业及其投资设立的企业，享有有关法律、行政法规规定的企业经营自主权。

国有资产监督管理机构应当支持企业依法自主经营，除履行出资人职责以外，不得干预企业的生产经营活动。

第二十三条　国有资产监督管理机构决定其所出资企业的国有股权转让。其中，转让全部国有股权或者转让部分国有股权致使国家不再拥有控股地位的，报本级人民政府批准。

第二十四条　所出资企业投资设立的重要子企业的重大事项，需由所出资企业报国有资产监督管理机构批准的，管理办法由国务院国有资产监督管理机构另行制定，报国务院批准。

第三十九条　所出资企业中的国有独资企业、国有独资公司未按照规定向国有资产监督管理机构报告财务状况、生产经营状况和国有资产保值增值状况的，予以警告；情节严重的，对直接负责的主管人员和其他直接责任人员依法给予纪律处分。

《最高人民法院关于审理中央级财政资金转为部分中央企业国家资本金有关纠纷案件的通知》（法〔2012〕295号　2012年12月11日起施行）

各省、自治区、直辖市高级人民法院，解放军军事法院，新疆维吾尔自治区高级人民法院生产建设兵团分院：

7月18日，国务院国有资产监督管理委员会、国家发展和改革委员会、财政部联合下发了《关于进一步做好中央级财政资金转为部分中央企业国家资本金有关工作的通知》（国资发法规〔2012〕103号，以下简称《通知》）。为妥善审理涉及中央级财政资金转为部分中央企业国家资本金的有关纠纷案件，现将该《通知》转发给你们。同时，经商国务院相关部委，就有关问题通知如下：

一、有关中央企业就《通知》所涉中央级财政资金转为国家资本金引发的确认公司或企业出资人权益、返还资金等纠纷提起民事诉讼的，人民法院应予受理。《通知》发布前人民法院已经受理的相关案件，人民法院可以继续审理。

有关中央企业请求返还资金案件的案由为资金返还纠纷。

二、《通知》发布前，当事人之间就确认公司或企业出资人权益、资金返还等达成的协议，不违反国家相关政策规定的，其效力应予认可。

三、除人民法院已经受理的案件外，有关中央企业返还资金请求权的诉讼时效期间自《通知》第五条规定的期限届满之日起算。

当事人主张确认公司或企业出资人权益请求权不适用诉讼时效的规定。

四、有关中央企业请求用资企业返还资金，并请求按照银行同时期同档次贷款基准利率自《通知》第五条规定的期限届满之日起计付利息的，人民法院应予支持。

五、本通知发布前尚未审结的一、二审案件适用本通知；本通知发布前已经审结的案件，当事人申请再审或按审判监督程序提起再审的案件，不适用本通知。但依照最高人民法院《关于因政府调整划转企业国有资产引起的纠纷是否受理问题的批复》（法复〔1996〕4号）的规定或者以相关政策不明确为由，作出不予受理或者驳回起诉裁定的案件除外。

各级人民法院在审理涉及中央级财政资金转为部分中央企业国家资本金纠纷案件过程中遇到的问题，可逐级报告最高人民法院。

【适用本案由需要注意的问题】

◆企业出资人权益确认纠纷案件系出资人请求法院确认当事人是否享有所争议的出资权益，属于确认之诉，依据《民事诉讼法》第21条的规定，由被告所在地人民法院管辖。

◆在确定本案由时，尤其要注意区分其与股东资格确认纠纷的不同，股东资格确认纠纷主要是涉及公司法人的出资人权益确认的纠纷，而企业出资人权益纠纷主要是指涉及非公司制法人的出资人的权益确认纠纷。

◆企业出资人要获得实际的出资人权益，应以出资义务的实际履行为前提，因此，实际出资人若向企业主张权利，应首先提起确认之诉，需提供出资证明文件、公司章程和工商登记等证据材料。

229. 侵害企业出资人权益纠纷

【案由解析】

侵害企业出资人权益纠纷，是指企业或者企业的出资人侵犯企业其他出资人的合法权益，或者是企业的经营管理者侵犯企业的出资人的合法权益及因投资取得的合法收益所引发的民事争议。

在司法实践中，侵害企业出资人权益纠纷主要是侵权人违反法律规定或者违反企业章程规定，损害了企业出资人在企业享有的资产收益、重大决策和选择经营管理者等权利。这种纠纷往往与企业出资人权益确认纠纷紧密相连，企业出资人权益的确认是人民法院审理侵害企业出资人权益纠纷的前提和基础。没有权益的确认，就没有权益的保护。

【常用法律条文及索引】

《物权法》（2007年10月1日起施行）

第五十五条 国家出资的企业，由国务院、地方人民政府依照法律、行政法规规定分别代表国家履行出资人职责，享有出资人权益。

第六十七条　国家、集体和私人依法可以出资设立有限责任公司、股份有限公司或者其他企业。国家、集体和私人所有的不动产或者动产，投到企业的，由出资人按照约定或者出资比例享有资产收益、重大决策以及选择经营管理者等权利并履行义务。

《公司法》（2006年1月1日起施行　2013年12月28日修正）

第十五条　公司可以向其他企业投资；但是，除法律另有规定外，不得成为对所投资企业的债务承担连带责任的出资人。

《中小企业促进法》（2003年1月1日起施行）

第六条　国家保护中小企业及其出资人的合法投资，及因投资取得的合法收益。任何单位和个人不得侵犯中小企业财产及其合法收益。

任何单位不得违反法律、法规向中小企业收费和罚款，不得向中小企业摊派财物。中小企业对违反上述规定的行为有权拒绝和有权举报、控告。

《企业国有资产监督管理暂行条例》（国务院令第378号　2003年5月27日起施行　2011年1月8日修订）

第五条　国务院代表国家对关系国民经济命脉和国家安全的大型国有及国有控股、国有参股企业，重要基础设施和重要自然资源等领域的国有及国有控股、国有参股企业，履行出资人职责。国务院履行出资人职责的企业，由国务院确定、公布。

省、自治区、直辖市人民政府和社区的市、自治州级人民政府分别代表国家对由国务院履行出资人职责以外的国有及国有控股、国有参股企业，履行出资人职责。其中，省、自治区、直辖市人民政府履行出资人职责的国有及国有控股、国有参股企业，由省、自治区、直辖市人民政府确定、公布，并报国务院国有资产监督管理机构备案；其他由设区的市、自治州级人民政府履行出资人职责的国有及国有控股、国有参股企业，由设区的市、自治州级人民政府确定、公布，并报省、自治州、直辖市人民政府国有资产监督管理机构备案。

国务院，省、自治区、直辖市人民政府，设区的市、自治州级人民政府履行出资人职责的企业，以下统称所出资企业。

第十条　所出资企业及其投资设立的企业，享有有关法律、行政法规规定的企业经营自主权。

国有资产监督管理机构应当支持企业依法自主经营，除履行出资人职责以外，不得干预企业的生产经营活动。

第十一条 所出资企业应当努力提高经济效益，对其经营管理的企业国有资产承担保值增值责任。

所出资企业应当接受国有资产监督管理机构依法实施的监督管理，不得损害企业国有资产所有者和其他出资人的合法权益。

第二十三条 国有资产监督管理机构决定其所出资企业的国有股权转让。其中，转让全部国有股权或者转让部分国有股权致使国家不再拥有控股地位的，报本级人民政府批准。

第二十四条 所出资企业投资设立的重要子企业的重大事项，需由所出资企业报国有资产监督管理机构批准的，管理办法由国务院国有资产监督管理机构另行制定，报国务院批准。

第三十九条 所出资企业中的国有独资企业、国有独资公司未按照规定向国有资产监督管理机构报告财务状况、生产经营状况和国有资产保值增值状况的，予以警告；情节严重的，对直接负责的主管人员和其他直接责任人员依法给予纪律处分。

《最高人民法院关于审理与企业改制相关的民事纠纷案件若干问题的规定》（法释〔2003〕1号 2003年2月1日起施行）

第十一条 企业在进行股份合作制改造时，参照公司法的有关规定，公告通知了债权人。企业股份合作制改造后，债权人就原企业资产管理人（出资人）隐瞒或者遗漏的债务起诉股份合作制企业的，如债权人在公告期内申报过该债权，股份合作制企业在承担民事责任后，可再向原企业资产管理人（出资人）追偿。如债权人在公告期内未申报过该债权，则股份合作制企业不承担民事责任，人民法院可告知债权人另行起诉原企业资产管理人（出资人）。

第三十二条 企业进行吸收合并时，参照公司法的有关规定，公告通知了债权人。企业吸收合并后，债权人就被兼并企业原资产管理人（出资人）隐瞒或者遗漏的企业债务起诉兼并方的，如债权人在公告期内申报过该笔债权，兼并方在承担民事责任后，可再行向被兼并企业原资产管理人（出资人）追偿。如债权人在公告期内未申报过该笔债权，则兼并方不承担民事责任。人民法院可告知债权人另行起诉被兼并企业原资产管理人（出资人）。

《最高人民法院关于适用〈中华人民共和国民事诉讼法〉的解释》（法释〔2015〕5号　2015年2月4日起施行）

第二十四条　民事诉讼法第二十八条规定的侵权行为地，包括侵权行为实施地、侵权结果发生地。

【适用本案由需要注意的问题】

◆侵害企业出资人权益纠纷系出资人的合法权益受到侵害所引起，依据《民事诉讼法》第28条的规定，该类纠纷案件由侵权行为地或者被告住所地人民法院管辖。

◆在司法实践中，处理侵害企业出资人权益纠纷案件时，应先确认出资人是否享有法律和企业章程规定的资产收益、重大决策和选择经营管理者等权利。企业出资人权益的确认是人民法院审理侵害企业出资人权益纠纷的前提。

230. 企业公司制改造合同纠纷

【案由解析】

企业公司制改造是指依据公司法和国有企业改制的相关规定，将企业改造为有限责任公司或股份有限公司的法律行为。企业公司制改造合同纠纷是指在企业改制过程中，由于企业公司制改造合同的签订，合同的效力、履行、变更、终止等产生的纠纷。

人民法院在确认企业改制合同效力时，采取慎重原则。对当事人围绕企业改制所签订的合同，除合同内容违反法律、法规的强制性规定，应当确认合同无效外，原则上确认合同有效。

【常用法律条文及索引】

《全民所有制工业企业法》（2009年8月27日修正）

第二条　全民所有制工业企业（以下简称企业）是依法自主经营、自负盈亏、独立核算的社会主义商品生产的经营单位。

企业的财产属于全民所有，国家依照所有权和经营权分离的原则授予企业经营管理。企业对国家授予其经营管理的财产享有占有、使用和依法处分的权利。

企业依法取得法人资格，以国家授予其经营管理的财产承担民事责任。

第十八条 企业合并或者分立，依照法律、行政法规的规定，由政府或者政府主管部门批准。

《全民所有制工业企业转换经营机制条例》（2011 年 1 月 8 日修订）

第二条 企业转换经营机制的目标是：使企业适应市场的要求，成为依法自主经营、自负盈亏、自我发展、自我约束的商品生产和经营单位，成为独立享有民事权利和承担民事义务的企业法人。

第十四条 企业享有留用资金支配权。

企业在保证实现企业财产保值、增值的前提下，有权自主确定税后留用利润中各项基金的比例和用途，报政府有关部门备案。

企业可以将生产发展基金用于购置固定资产、进行技术改造、开发新产品或者补充流动资金，也可以将折旧费、大修理费和其他生产性资金合并用于技术改造或者生产性投资。

企业有权拒绝任何部门和单位无偿调拨企业留用资金或者强令企业以折旧费、大修理费补交上交利润。国务院有特殊规定的，从其规定。

《最高人民法院关于审理与企业改制相关的民事纠纷案件若干问题的规定》（法释〔2003〕1 号　2003 年 2 月 1 日起施行）

第四条 国有企业依公司法整体改造为国有独资有限责任公司的，原企业的债务，由改造后的有限责任公司承担。

第五条 企业通过增资扩股或者转让部分产权，实现他人对企业的参股，将企业整体改造为有限责任公司或者股份有限公司的，原企业债务由改造后的新设公司承担。

第六条 企业以其部分财产和相应债务与他人组建新公司，对所转移的债务债权人认可的，由新组建的公司承担民事责任；对所转移的债务未通知债权人或者虽通知债权人，而债权人不予认可的，由原企业承担民事责任。原企业无力偿还债务，债权人就此向新设公司主张债权的，新设公司在所接收的财产范围内与原企业承担连带民事责任。

第七条 企业以其优质财产与他人组建新公司，而将债务留在原企业，债权人以新设公司和原企业作为共同被告提起诉讼主张债权的，新设公司应当在所接收的财产范围内与原企业共同承担连带责任。

【适用本案由需要注意的问题】

◆企业公司制改造合同纠纷系企业因签订、履行改造合同而引起的纠纷，依据《民事诉讼法》第23条的规定，该类纠纷案件由被告住所地或者合同履行地人民法院管辖。

◆企业公司制改造受相关法律法规及政策调整，但企业公司制改造后的债务承担，尤其是对企业部分改造为公司后的债务承担问题，缺少具体的规定。因此，2003年2月1日实施的《最高人民法院关于审理与企业改制相关的民事纠纷案件若干问题的规定》第4条至第7条对企业公司制改造过程中的债务承担问题作了具体规定，第4条是关于企业整体改造为国有独资有限责任公司后债务承担的规定；第5条是关于企业整体改造为有限责任公司或者股份有限公司后债务承担的规定；第6条是企业部分改造为公司后债务承担的问题；第7条是关于债务人借企业公司制改造逃债的处理规定。

◆企业公司制改造分为整体改造和部分改造。所谓整体改造就是国有企业依据公司法整体改造为国有独资有限责任公司，或者企业通过增资扩股或转让部分产权，实现他人对企业参股，整体改造为有限责任公司或者股份有限公司。整体改造的特点是企业依法将其全部资产投入改制后设立的公司，原企业终止。改制后的公司不仅承接原企业全部资产，而且整体承接原企业债务。原企业债务由改制后的有限责任公司或者新设公司承担。

◆所谓部分改造就是企业以其部分财产和相应债务与他人组建新公司，或者企业以其优质财产与他人组建新公司而将债务留在原企业。部分改造的特点是原企业剥离部分资产吸收其他投资人改造为公司，原企业不消灭，只是资产结构发生变化。在这种情况下，改造后的公司与原企业债务的承接关系存在以下几种实际情况：(1) 企业既以部分财产又以相应部分债务与他人组建新公司，债权人，对所转移的债务认可的，债务已经依法转移，债务由新组建的公司承担。(2) 对所转移债务未通知债权人或者通知了债权人而债权人不予认可，虽然债务未依法转移，但是新组建的公司有足够能力清偿该债务的，应当根据实际情况确定由新组建的公司承担该债务的清偿责任，这样有利于企业改制前原有债务债权的实现。(3) 原企业因部分改造而无力偿还或以优质财产实现部分改造导致无力偿还债务的，新设公司应当在所接受财产范围内与原企业对原有债务承担连带责任，防止利用公司制改造逃避债务，保护债权人权益。

231. 企业股份合作制改造合同纠纷

【案由解析】

企业股份合作制改造是指将企业改造为以合作制为基础，吸收股份制的一些做法，实行以企业职工的劳动联合与资本联合为主的企业组织形式。主要包括以下三种形式：一是由企业职工出资买断企业产权，将企业改造为股份合作制企业；二是企业向职工转让部分产权，由企业与职工共同组建股份合作制企业；三是企业通过职工增资扩股，将原企业改造成股份合作制企业。

企业股份合作制的主要特征是：（1）股份合作制企业是独立的企业法人，能够独立承担责任。（2）企业的股东主要是本企业的职工，原则上不吸收他人入股。（3）依法设立董事会、监事会、经理等管理机构，企业职工通过职工股东大会的形式实行民主管理。（4）股份合作制体现了劳动合作和资本合作的有机结合。在股份合作制企业中，职工既是企业的劳动者，又是企业的出资者。（5）在分配方式上，实行按资分配和按劳分配相结合。企业职工取得的收入有工资收入和资本分红两种途径。

企业股份合作制改造合同纠纷是指在保留企业法人资格的前提下，吸收股份制的做法将企业改造成股份合作制企业，在此过程中因合同的效力、履行、变更、终止等产生的纠纷。

【常用法律条文及索引】

《最高人民法院关于审理与企业改制相关的民事纠纷案件若干问题的规定》（法释〔2003〕1号　2003年2月1日起施行）

第八条　由企业职工买断企业产权，将原企业改造为股份合作制的，原企业的债务，由改造后的股份合作制企业承担。

第九条　企业向其职工转让部分产权，由企业与职工共同组建股份合作制企业的，原企业的债务由改造后的股份合作制企业承担。

第十条　企业通过其职工投资增资扩股，将原企业改造为股份合作制企业的，原企业的债务由改造后的股份合作制企业承担。

第十一条　企业在进行股份合作制改造时，参照公司法的有关规定，公告通知了债权人。企业股份合作制改造后，债权人就原企业资产管理人（出资人）隐瞒或者遗漏的债务起诉股份合作制企业的，如债权人在公告期内申报过该债权，股份合作制企业在承担民事责任后，可再向原企业资产管理人（出资人）追偿。如债权人在公告期内未申报过该债权，则股份合作制企业不承担民事责任，人民法院可告知债权人另行起诉原企业资产管理人（出资人）。

《轻工集体企业股份合作制试行办法》（1993年3月1日起施行）

第二条 股份合作制是按照合作制原则，吸引股份制形式，兼有劳动联合和资金联合的一种企业经营组织形式。

第三条 股份合作制企业（以下简称企业）是劳动群众自愿组合，自筹资金，并以股份形式投入，财产属于举办该企业的劳动群众集体所有与按股所有相结合，实行集体占有，共同劳动，民主管理，按劳分配，按股分红的社会主义集体所有制经济组织。

第四条 本办法适用于改组为股份合作制的轻工集体企业和新组合的股份合作制企业。

《农民股份合作企业暂行规定》（1990年2月12日起施行 1997年12月25日修正）

第二条 本暂行规定所称农民股份合作企业是指，由三户以上劳动农民，按照协议，以资金、实物、技术、劳力等作为股份，自愿组织起来从事生产经营活动，接受国家计划指导，实行民主管理，以按劳分配为主，又有一定比例的股金分红，有公共积累，能独立承担民事责任，经依法批准建立的经济组织。

【适用本案由需要注意的问题】

◆企业股份合作制改造合同纠纷系企业在股份合作制改造中企业与职工的合同纠纷，依据《民事诉讼法》第23条的规定，该类案件由被告住所地或者合同履行地人民法院管辖。

◆关于企业股份制合作制改造后的债务承担问题，相关司法解释作出了专门规定。股份合作制改造，改变的仅是企业性质、资本构成、组织形式等，原企业法人资格并不消灭，企业法人责任财产仍然维持原有状态，企业资产价值并不减少，企业对外债权债务关系不受企业改制的影响。因此，被改制企业的债务由改造后的股份合作制企业承担。

◆企业股份合作制改造后，债权人就原企业资产管理人隐瞒或者遗漏的债务起诉股份合作制企业的，如债权人在公告期申报过该债权，股份合作制企业在承担民事责任后，可再向原企业资产管理人追偿；如债权人在公告期内未申报该债权，则股份合作制企业不再承担民事责任，人民法院可告知债权人另行起诉原企业资产管理人。

232. 企业债权转股权合同纠纷

【案由解析】

企业债权转股权是指债权人将其对债务人企业所享有的合法债权按约定的方法折抵为一定的股权，增加债务人企业注册资本，成为该企业的股东，相关债务由此消灭的行为。

目前，我国并存着两种企业债权转股权形式：(1) 国有企业政策性债权转股权，是指国家决定由四大国有资产管理公司操作，剥离银行不良资产和解除国有企业负债，将国有企业的债权依法转变为股权。(2) 非政策性企业债权转股权纠纷，是指出于企业当事人的自由意志，将债权依法转变为股权。两者都是债权人将其对债务人企业的债权折资入股，成为公司股东的法律行为。但程序上存在着差异，前者按照国务院有关部门的规定必须经过特殊的审批程序，后者无须特殊的审批程序，完全出于当事人的自愿。

企业债权转股权将债权转换为股权，实质上等于股东以债权出资，但这不等于对债权出资的完全认可，这种债转股与一般的债权出资在实际的法律后果上，有着重要的区别。债权转股权的结果使债务人公司的相应债务消灭，股东权益相应增加，债权出资的财产价值当即实现，这种债转股不存在一般债权出资价值实现方面的障碍和风险，这与一般的债权出资的法律后果显然不同。

企业债权转股权合同纠纷是指企业债权人在将其对企业享有的债权依法转变为股权的过程中因合同效力、合同履行等发生的民事纠纷。

【常用法律条文及索引】

《合同法》(1999 年 10 月 1 日起施行)

第七十七条 当事人协商一致，可以变更合同。

……

《关于实施债权转股权若干问题的意见》（国经贸产业〔1999〕727号　1999年7月30日起施行）

四、金融资产管理公司与企业的关系

1. 金融资产管理公司在债权转股权后，即成为企业的股东，对企业持股或控股，派员参加企业董事会、监事会，参与企业重大决策，但不参与企业的日常生产经营活动。

2. 企业按照《中华人民共和国公司法》规定进行改制，并认真建立规范的法人治理结构，重新进行工商注册登记。

3. 金融资产管理公司持有的股权，可按有关规定向境内外投资者转让，也可由债权转股权企业依法回购；符合上市条件的企业，可以上市。关系国计民生且国家必须控制的企业，在转让或上市时，要保证国家控股。

《金融资产管理公司资产处置管理办法》（财金〔2008〕85号　2008年7月9日起施行）

第十六条　资产公司可通过追偿债务、租赁、转让、重组、资产置换、委托处置、债权转股权、资产证券化等多种方式处置资产。资产公司应在金融监管部门批准的业务许可范围内，探索处置方式，以实现处置收益最大化的目标。

第十八条　资产公司在资产处置过程中，根据每一个资产处置项目的具体情况，按照公正合理原则、成本效益原则和效率原则确定是否评估和具体评估方式。

资产公司对债权资产进行处置时，可由外部独立评估机构进行偿债能力分析，或采取尽职调查、内部估值方式确定资产价值，不需向财政部办理资产评估的备案手续。

资产公司以债转股、出售股权资产（含国务院批准的债转股项目股权资产，下同）或出售不动产的方式处置资产时，除上市公司可流通股权资产外，均应由外部独立评估机构对资产进行评估。国务院批准的债转股项目股权资产，按照国家国有资产评估项目管理的有关规定进行备案；其他股权资产和不动产处置项目不需报财政部备案，由资产公司办理内部备案手续。

资产公司应参照评估价值或内部估值确定拟处置资产的折股价或底价。

第二十二条　资产公司直接协议转让非上市公司股权资产的，除以下情形外，转让价格不得低于资产评估结果：

（一）资产公司向国务院批准的债转股项目原国有出资人转让股权的，经财政部商国资委审核后，可不进行资产评估，以审计的每股资产净值为基础，由双方依商业原则协商确定收购价格，不得低于最近一期经审计的资产净值。

（二）国务院批准的债转股项目原股东用债转股企业所得税返还购买资产公司持有的债转股企业股权，无须经过处置公告和资产评估，双方应根据企业经审计的每股净资产在协商的基础上确定转让价格，不得低于最近一期经审计的资产净值。

《金融资产管理公司条例》（国务院令〔2000〕第 297 号　2000 年 11 月 10 日起施行）

第十六条　金融资产管理公司可以将收购国有银行不良贷款取得的债权转为对借款企业的股权。

金融资产管理公司持有的股权，不受本公司净资产额或者注册资本的比例限制。

第十七条　实施债权转股权，应当贯彻国家产业政策，有利于优化经济结构，促进有关企业的技术进步和产品升级。

第十八条　实施债权转股权的企业，由国家经济贸易委员会向金融资产管理公司推荐。金融资产管理公司对被推荐的企业进行独立评审，制定企业债权转股权的方案并与企业签订债权转股权协议。债权转股权的方案和协议由国家经济贸易委员会会同财政部、中国人民银行审核，报国务院批准后实施。

第十九条　实施债权转股权的企业，应当按照现代企业制度的要求，转换经营机制，建立规范的公司法人治理结构，加强企业管理。有关地方人民政府应当帮助企业减员增效、下岗分流，分离企业办社会的职能。

第二十条　金融资产管理公司的债权转股权后，作为企业的股东，可以派员参加企业董事会、监事会，依法行使股东权利。

第二十一条　金融资产管理公司持有的企业股权，可以按照国家有关规定向境内外投资者转让，也可以由债权转股权企业依法回购。

第二十二条　企业实施债权转股权后，应当按照国家有关规定办理企业产权变更等有关登记。

第二十三条　国家经济贸易委员会负责组织、指导、协调企业债权转股权工作。

《最高人民法院关于审理与企业改制相关的民事纠纷案件若干问题的规定》（法释〔2003〕1号　2003年2月1日起施行）

第十四条　债权人与债务人自愿达成债权转股权协议，且不违反法律和行政法规强制性规定的，人民法院在审理相关的民事纠纷案件中，应当确认债权转股权协议有效。

政策性债权转股权，按照国务院有关部门的规定处理。

第十五条　债务人以隐瞒企业资产或者虚列企业资产为手段，骗取债权人与其签订债权转股权协议，债权人在法定期间内行使撤销权的，人民法院应当予以支持。

债权转股权协议被撤销后，债权人有权要求债务人清偿债务。

第十六条　部分债权人进行债权转股权的行为，不影响其他债权人向债务人主张债权。

【适用本案由需要注意的问题】

◆企业债权转股权合同纠纷系企业债权人享有的债权依法转变为股权的过程中发生的合同纠纷，依据《民事诉讼法》第23条的规定，该类案件由被告住所地或者合同履行地人民法院管辖。

◆债权转股权程序在本质上是对个别债权人的一种债务清偿，而并非对一般债务的清偿程序，故与破产清算程序不同。债权转股权是债权人与债务人企业之间的合同行为，债权人成为债务人企业的股东，享有股东地位和权益；而破产清算程序中，除享有优先权的债权人外，债权人的地位和清偿标准是相同的。

233. 企业分立合同纠纷

【案由解析】

企业分立是指一个企业依照有关法律规定或者合同约定，依法变更为两个或两个以上企业的法律行为。企业分立包括存续分立和新设分立两种形式。存续分立是指原企业存续，新设立一个或者一个以上的企业；新设分立是指原企业解散，分立出的各方（两个或者两个以上）分别设立为新的企业。

企业分立合同纠纷是指在将一个企业分为两个或两个以上企业的过程中，因合同的签订、效力、履行、终止等发生的纠纷。

【常用法律条文及索引】

《民法通则》（1987 年 1 月 1 日起施行　2009 年 7 月 28 日修正）

第四十四条　企业法人分立、合并或者有其他重要事项变更，应当向登记机关办理登记并公告。

企业法人分立、合并，它的权利和义务由变更后的法人享有和承担。

《民法总则》（2017 年 10 月 1 日起施行）

第六十七条　法人合并的，其权利和义务由合并后的法人享有和承担。

法人分立的，其权利和义务由分立后的法人享有连带债权，承担连带债务，但是债权人和债务人另有约定的除外。

《合同法》（1999 年 10 月 1 日起施行）

第七十七条　当事人协商一致，可以变更合同。

法律、行政法规规定变更合同应当办理批准、登记等手续的，依照其规定。

第七十八条　当事人对合同变更的内容约定不明确的，推定为未变更。

第七十九条　债权人可以将合同的权利全部或者部分转让给第三人，但有下列情形之一的除外：

（一）根据合同性质不得转让；

（二）按照当事人约定不得转让；

（三）依照法律规定不得转让。

第八十条　债权人转让权利的，应当通知债务人。未经通知，该转让对债务人不发生效力。

债权人转让权利的通知不得撤销，但经受让人同意的除外。

第八十一条　债权人转让权利的，受让人取得与债权有关的从权利，但该从权利专属于债权人自身的除外。

第八十二条　债务人接到债权转让通知后，债务人对让与人的抗辩，可以向受让人主张。

第八十三条　债务人接到债权转让通知时，债务人对让与人享有债权，并且债务人的债权先于转让的债权到期或者同时到期的，债务人可以向受让人主张抵销。

第八十四条　债务人将合同的义务全部或者部分转移给第三人的，应当经债权人同意。

第八十五条　债务人转移义务的，新债务人可以主张原债务人对债权人的抗辩。

第八十六条　债务人转移义务的，新债务人应当承担与主债务有关的从债务，但该从债务专属于原债务人自身的除外。

第八十七条　法律、行政法规规定转让权利或者转移义务应当办理批准、登记等手续的，依照其规定。

第八十八条　当事人一方经对方同意，可以将自己在合同中的权利和义务一并转让给第三人。

第八十九条　权利和义务一并转让的，适用本法第七十九条、第八十一条至第八十三条、第八十五条至第八十七条的规定。

第九十条　当事人订立合同后合并的，由合并后的法人或者其他组织行使合同权利，履行合同义务。当事人订立合同后分立的，除债权人和债务人另有约定的以外，由分立的法人或者其他组织对合同的权利和义务享有连带债权，承担连带债务。

《全民所有制工业企业法》（2009 年 8 月 27 日修正）

第十八条　企业合并或者分立，依照法律、行政法规的规定，由政府或者政府主管部门批准。

《全民所有制工业企业转换经营机制条例》（国务院令〔1992〕第 103 号　2011 年 1 月 8 日修订）

第三十一条　企业可以通过转产、停产整顿、合并、分立、解散、破产等方式，进行产品结构和组织结构调整，实现资源合理配置和企业的优胜劣汰。

第三十五条　经政府批准，企业可以分立。企业分立时，应当由分立各方签订分立协议，明确划分分立各方的财产和债权债务等。

《最高人民法院关于审理与企业改制相关的民事纠纷案件若干问题的规定》（法释〔2003〕1 号　2003 年 2 月 1 日起施行）

第八条　由企业职工买断企业产权，将原企业改造为股份合作制的，原企业的债务，由改造后的股份合作制企业承担。

第九条　企业向其职工转让部分产权，由企业与职工共同组建股份合作制企业的，原企业的债务由改造后的股份合作制企业承担。

第十条 企业通过其职工投资增资扩股，将原企业改造为股份合作制企业的，原企业的债务由改造后的股份合作制企业承担。

第十一条 企业在进行股份合作制改造时，参照公司法的有关规定，公告通知了债权人。企业股份合作制改造后，债权人就原企业资产管理人（出资人）隐瞒或者遗漏的债务起诉股份合作制企业的，如债权人在公告期内申报过该债权，股份合作制企业在承担民事责任后，可再向原企业资产管理人（出资人）追偿。如债权人在公告期内未申报过该债权，则股份合作制企业不承担民事责任，人民法院可告知债权人另行起诉原企业资产管理人（出资人）。

第十二条 债权人向分立后的企业主张债权，企业分立时对原企业的债务承担有约定，并经债权人认可的，按照当事人的约定处理；企业分立时对原企业债务承担没有约定或者约定不明，或者虽然有约定但债权人不予认可的，分立后的企业应当承担连带责任。

第十三条 分立的企业在承担连带责任后，各分立的企业间对原企业债务承担有约定的，按照约定处理；没有约定或者约定不明的，根据企业分立时的资产比例分担。

【适用本案由需要注意的问题】

◆ 企业分立合同纠纷系企业在分立的过程中产生的合同纠纷，依据《民事诉讼法》第23条的规定，该类纠纷案件由被告住所地或者合同履行地人民法院管辖。

◆ 在适用本案由时，要注意其与公司分立纠纷的不同。公司分立纠纷的主体是公司法人，而企业分立合同纠纷的主体则是非公司制法人。

234. 企业租赁经营合同纠纷

【案由解析】

企业租赁经营是指在不改变全民所有制企业性质的条件下，实行所有权与经营权的分离，国家授权单位为出租方将企业有期限地交给承租方经营，承租方向出租方交付租金并依照合同规定对企业实行自主经营的方式。与企业承包经营合同相比，企业租赁经营合同的特点在于：（1）企业承包合同的基本内容，是承包上缴利润指标以及由此产生当事人之间的其他权利义务；企业租赁经营合同的基本内容，是承租方对企业财产进行租赁经营，并向出租方交纳租金，这里利润和租金是最大的区别。（2）从适用范围上看，承包经营合同多运用于大中型国营企业，而租赁合同则多用于小型国营企业和集体企业。（3）在承包经营合同中，承包方提供抵押财产担保不是合同的有效条件；而在租赁经营合同中，必须明确承租人所提供的抵押财产人担保。（4）发生亏损时，承包企业只要用企业的自有资金补偿即可，而租赁合同的承租方则必须以抵押财产进行补偿。（5）在承包经营的情况下，承包期间新增资产的所有权性质与承包方的企业所有权性质是一致的；而在租赁经营的情况下，租赁期间承租方用其收入追加投资所添置的资产，则属于承租方。企业租赁经营合同纠纷是指当事人之间因企业租赁经营合同的成立、效力、履行、终止等产生的纠纷。

【常用法律条文及索引】

《全民所有制小型工业企业租赁经营暂行条例》（国务院令〔1988〕第2号　1988年7月1日起施行　1990年2月24日修订）

第三条　本条例所称租赁经营，是指在不改变企业的全民所有制性质的条件下，实行所有权与经营权的分离，国家授权单位为出租方将企业有期限地交给承租方经营，承租方向出租方交付租金并依照合同规定对企业实行自主经营的方式。

第六条　国家授权企业所在地方人民政府委托的部门为出租方，代表国家行使企业的出租权。

第七条　按照本条例规定承租经营企业的为承租方。

承租方可以采取下列形式承租经营企业：

（一）1个人承租经营企业（以下简称个人承租）；

（二）2至5人合伙承租经营企业（以下简称合伙承租）；

（三）本企业全体职工承租经营企业（以下简称全员承租）；

（四）一个企业承租经营另一个企业（以下简称企业承租）；

（五）国家允许的其他租赁经营形式。

第八条　租赁期限每届为3至5年。承租方不得将企业转租。

第九条　承租经营者是指承租经营企业的个人，或者合伙承租、全员承租确定的厂长，或者承租企业派出的厂长。承租经营者是企业租赁期间的法定代表人，行使厂长职权，对企业全面负责。

第十条 承租经营者必须具备国家规定的厂长条件。

第十一条 承租方必须提供下列担保：

（一）个人承租的，必须出具与租赁企业资产成一定比例的个人财产（其中应当有一定比例的现金）作为担保，现金必须专款存入银行，并有不少于两名有相应财产可资担保的保证人；

（二）合伙承租、全员承租的承租成员必须出具与租赁企业资产成一定比例的个人财产（其中应当有一定比例的现金）作为担保，现金必须专款存入银行；

（三）企业承租的，必须出具与租赁企业资产成一定比例的留用资金作为担保，并存入银行。存入银行后，除征得出租方同意可作为流动资金参加周转外，不得挪作他用。

前款各项担保财产与租赁企业的资产的具体比例，由出租方所在地方人民政府根据具体情况确定。

第十二条 出租方在企业出租前必须会同有关部门对企业进行清产核资、清理债权债务、评估资产（包括有形资产和无形资产），根据行业和本企业资金利润率确定标底。

第十三条 出租方选择承租方的步骤：

（一）公布招标通告，进行招标登记，对招标登记者进行资格审查，确定投标者；

（二）组织投标者进厂考察，由投标者编制投标书，提出治厂方案；

（三）组织投标者公开答辩，对投标者进行综合考评，征求职工代表大会（职工大会）的意见，确定中标者。

第十四条 企业、事业单位的干部或者职工按照国家有关规定参加租赁企业投标的，其所在单位应当允许，并支持中标者到租赁企业任职。

第十五条 出租方选定承租方后，出租方与承租方必须订立租赁经营合同，按照国家有关规定办理法人变更登记手续。

第十六条 租赁期满，出租方同意承租方继续承租的，必须重新订立合同并按照国家有关规定办理法人变更登记手续。

租赁期满前6个月，出租方和承租方应当互相明确是否继续租赁关系。

第十七条 租赁经营合同应当采用书面形式。订立租赁经营合同的双方必须坚持自愿、平等、协商的原则。

租赁经营合同依照本条例订立，即具有法律约束力。

第十八条 租赁经营合同应当具备下列条款：

（一）标的；

（二）租赁经营合同的生效条件和有效期限；

（三）租赁期内经营总目标及年度经营目标；

（四）租金数额、交付期限及计算办法；

（五）承租方的收益及企业各项基金的分配比例；

（六）企业租赁前债权债务及遗留亏损的处理；

（七）租赁双方的权利和义务；

（八）担保的形式和要求；

（九）合同的变更、解除及合同纠纷处理办法；

（十）违约责任；

（十一）租赁期满后资产返还和验收；

（十二）租赁双方约定的其他条款。

第十九条 未经协商同意，任何一方不得擅自变更、解除租赁经营合同。

第二十条 有下列情况之一，使租赁经营合同无法履行时，允许变更或者解除合同：

（一）由于不可抗力，或者由于一方当事人虽无过失但无法防止的外因；

（二）由于承租方经营管理不善达不到合同规定的年度经营目标；

（三）由于一方违约；

（四）由于合同规定的其他变更或者解除合同的条件出现。

第二十一条 租赁经营合同一方要求变更或者解除合同时，应当及时以书面形式通知对方，双方未达成书面协议以前，原合同仍然有效。

租赁经营合同一方接到另一方要求变更或者解除合同的书面通知后，应当自收到书面通知之日起 15 日内作出书面答复，逾期未作出答复的，即视为默认。

第二十二条 租赁经营合同双方发生纠纷，应当协商解决。协商不成的，可以根据合同规定向工商行政管理机关申请调解或者仲裁。租赁经营合同任何一方对仲裁机关的仲裁决定不服的，可以在接到仲裁决定书之日起 10 日内向上一级仲裁机关申请复议。上一级仲裁机关作出的决定，即为终局裁决。逾期未申请复议，发生法律效力的仲裁决定，即为终局裁决。

租赁经营合同任何一方可以根据租赁经营合同规定直接向人民法院起诉。

……

第二十三条 出租方的权利：

（一）监督承租方遵守国家方针政策、法律法规，完成国家下达的计划；

（二）监督租赁企业的财产不受损害；

（三）收取承租方按照合同规定交付的租金。

第二十四条 出租方的义务：

（一）按照合同规定保障承租方的经营自主权，依法维护企业租赁前享有的各项优惠待遇；

（二）为租赁企业的生产发展提供必要的服务；

（三）根据承租方的要求，会同有关部门协助租赁企业解决经营活动中的困难。

第二十五条 承租方的权利：

（一）享有国家规定的厂长权利；

（二）任免厂级行政副职，并报有关部门备案；

（三）决定企业脱产人员编制；

（四）根据市场需求，调整企业的经营方向，并按照国家有关规定办理变更登记手续。

第二十六条 承租方的义务：

（一）履行国家规定的厂长职责；

（二）执行价格政策，维护用户和消费者的利益；

（三）维护职工的合法权益；

（四）维护租赁经营企业资产，保证设备完好，办理企业财产保险；

（五）按期交付租金。

第二十七条 承租经营者作为承租方的代表享有和履行本条例第二十五条、第二十六条规定的权利和义务。

第二十八条 出租方可视企业技术改造任务情况，将承租方交付租金的全部或者一部交给企业，用于生产发展和技术改造，或者清偿企业租赁前的债务及遗留亏损。

第二十九条 租赁经营企业实现的利润依法纳税后，分为承租方的收入（含租金）、企业生产发展基金、职工集体福利基金、职工奖励基金四部分，按照合同规定的比例进行分配。

第三十条 租赁经营企业可以在规定的工资总额（包括奖励基金）范围内，自主确定企业内部分配的制度、形式和方法，并依法纳税。

第三十一条 企业租赁经营前的债权债务及遗留亏损的处理办法，按照租赁经营合同规定办理。

第三十二条 自租赁经营合同生效之日起，停发承租经营者及合伙承租成员的工资、奖金，预支生活费。承租经营者及合伙承租成员的收入可以按照本条例第三十三条的规定分年度结算或者租赁期满一次结算。

承租经营者及合伙承租成员的原工资和租赁期间按照国家规定应当调整的工资，计入档案，作为承租期满后恢复工资的依据。

全员承租的承租成员的工资收入，企业承租的收入，由租赁双方协商确定。

第三十三条 承租经营者的收入，原则上不超过本企业职工平均工资（含奖金）的五倍。其他承租成员的收入应当低于承租经营者的收入。

承租方个人所得收入按月平均超过个人收入调节税起征标准的部分，应当照章纳税。

第二十四条 承租方按照租赁经营合同规定的比例取得的收入，在交付租金和实际支付给承租成员以后仍有余额的，应当作为企业的风险保证金留存。

第三十五条 租赁经营合同解除时，出租方应当会同有关部门对承租方经营成果进行审查。凡达到租赁经营合同规定的经营总目标并按照租赁经营合同规定交付租金的，出租方应当根据企业的经营情况，商得职工代表大会（职工大会）的同意，从企业的风险保证金中按照承租方担保现金数额的一至五倍支付给承租方。承租方在租赁期内达不到租赁经营合同规定的经营总目标或者欠交租金时，应当以企业的风险保证金、预支的生活费（或承租成员的年度收入）抵补；不足部分，由承租方、保证人提供的担保财产抵补。保证人以其保证财产抵补后，有权向承租方追偿。

第三十六条 个人承租的承租经营者对保证人的风险补偿，应当从个人收入中支付并订立书面协议。

【适用本案由需要注意的问题】

◆企业租赁经营合同纠纷系企业租赁经营过程中产生的合同纠纷，依据

《民事诉讼法》第23条之规定，该类纠纷案件由被告住所地或者合同履行地人民法院管辖。

◆在适用本案由时，要注意其与挂靠经营合同纠纷的不同。在企业租赁经营合同纠纷中，承租方交付租金后对企业自主经营，因此而发生的债权债务由承租方承担。而在挂靠经营合同中，挂靠方使用被挂靠方的经营资格和凭证等进行经营活动，因此而发生的债权债务一般由挂靠企业与被挂靠企业承担连带责任。

235. 企业出售合同纠纷

【案由解析】

企业出售是指双方协议将企业的所有权以及企业的债权债务等事项转移给受让人的法律行为。通常是将企业的债权债务和职工安置等一系列事项一并转让。

企业出售合同纠纷是指在出售企业所有权过程中，企业出售方和购买方基于企业出售合同的成立、效力、履行、变更和终止等发生的民事纠纷。

【常用法律条文及索引】

《最高人民法院关于审理与企业改制相关的民事纠纷案件若干问题的规定》（法释〔2003〕1号　2003年2月1日起施行）

第十七条　以协议转让形式出售企业，企业出售合同未经有审批权的地方人民政府或其授权的职能部门审批的，人民法院在审理相关的民事纠纷案件时，应当确认该企业出售合同不生效。

第十八条　企业出售中，当事人双方恶意串通，损害国家利益的，人民法院在审理相关的民事纠纷案件时，应当确认该企业出售行为无效。

第十九条　企业出售中，出卖人实施的行为具有合同法第五十四条规定的情形，买受人在法定期限内行使撤销权的，人民法院应当予以支持。

第二十条　企业出售合同约定的履行期限届满，一方当事人拒不履行合同，或者未完全履行合同义务，致使合同目的不能实现，对方当事人要求解除合同并要求赔偿损失的，人民法院应当予以支持。

第二十一条　企业出售合同约定的履行期限届满，一方当事人未完全履行合同义务，对方当事人要求继续履行合同并要求赔偿损失的，人民法院应当予以支持。双方当事人均未完全履行合同义务的，应当根据当事人的过错，确定各自应当承担的民事责任。

第二十二条　企业出售时，出卖人对所售企业的资产负债状况、损益状况等重大事项未履行如实告知义务，影响企业出售价格，买受人就此向人民法院起诉主张补偿的，人民法院应当予以支持。

第二十三条　企业出售合同被确认无效或者被撤销的，企业售出后买受人经营企业期间发生的经营盈亏，由买受人享有或者承担。

第二十四条　企业售出后，买受人将所购企业资产纳入本企业或者将所购企业变更为所属分支机构的，所购企业的债务，由买受人承担。但买卖双方另有约定，并经债权人认可的除外。

第二十五条　企业售出后，买受人将所购企业资产作价入股与他人重新组建新公司，所购企业法人予以注销的，对所购企业出售前的债务，买受人应当以其所有财产，包括在新组建公司中的股权承担民事责任。

第二十六条　企业售出后，买受人将所购企业重新注册为新的企业法人，所购企业法人被注销的，所购企业出售前的债务，应当由新注册的企业法人承担。但买卖双方另有约定，并经债权人认可的除外。

第二十七条　企业售出后，应当办理而未办理企业法人注销登记，债权人起诉该企业的，人民法院应当根据企业资产转让后的具体情况，告知债权人追加责任主体，并判令责任主体承担民事责任。

第二十八条　出售企业时，参照公司法的有关规定，出卖人公告通知了债权人。企业售出后，债权人就出卖人隐瞒或者遗漏的原企业债务起诉买受人的，如债权人在公告期内申报过该债权，买受人在承担民事责任后，可再行向出卖人追偿。如债权人在公告期内未申报过该债权，则买受人不承担民事责任。人民法院可告知债权人另行起诉出卖人。

第二十九条　出售企业的行为具有合同法第七十四条规定的情形，债权人在法定期限内行使撤销权的，人民法院应当予以支持。

《国家经济贸易委员会、财政部、中国人民银行关于出售国有小型企业中若干问题意见的通知》（国经贸中小企〔1999〕89号　1999年2月11日起施行）

一、全面理解、正确贯彻党的十五大关于国有小型企业改革的方针。党的十五大提出，国有小型企业改革要采取改组、联合、兼并、租赁、承包经营和股份合作制、出售等多种形式。国有小型企业不是不能出售，但出售不是主要形式，更不能统统“一卖了之”。要坚持从实际出发，因地制宜，因企业制宜，采取多种有效形式放开搞活国有小型企业。要抵制各种错误言论的误导，坚决制止出售企业之风，特别要制止名卖实送、半卖半送、逃废银行债务、拖欠税款和规避安置职工的错误做法。国有小型企业出售要按照国家法律、法规和规章操作。

二、出售企业是指将国有小型企业出让给其他经济组织或者个人的行为。国有小型企业在企业划型标准调整前，按现行标准确定；企业划型标准调整后，按新标准确定。严格控制出售企业的范围和数量。不得出售社会公益性企业和法律、法规规定不能出售的企业。向国外（境外）购买者出售企业，依照国家有关规定执行。

出售企业必须坚持公开、公平、公正的原则，严格维护国家所有者权益，不得造成国有资产流失；不得悬空银行及其他债权人债权；必须妥善安置在职职工和离退休人员。

三、出售企业的审批主体和审批权限。出售县（旗、区、市）属企业，由县级人民政府提出方案，报地级市人民政府（含州、盟，下同）审批，并由地级市人民政府报省级人民政府备案，省级人民政府认为不宜出售的企业，不得出售；出售地级市属企业，由地级市人民政府提出方案，报省级人民政府审批。除地级市以上地方人民政府有权审批其管辖范围内的企业出售外，其他任何部门、机构、企业和个人均不得决定出售企业。

四、出售企业应遵循的程序：

（一）地级市以下人民政府（含地级市人民政府，以下简称出售方）将出售方案征求有关企业职工代表大会（以下简称职代会）或职工大会意见后，须向上一级人民政府提出申请，经批准后发布出售信息；

（二）拟购买者须向出售方提出购买申请，由出售方审查其资信情况；

（三）出售方要指定具备资格的审计机构对原企业法定代表人进行离任审计，财政部门和土地管理部门要对企业进行资产清查、土地使用权界定；

（四）出售方委托具备资格的评估机构对企业资产（包括无形资产）和土地使用权进行评估，评估结果应按有关规定经有关部门确认；

（五）出售方应以有关主管部门确认的评估值为依据，合理确定出售底价，通过拍卖、招标或协议转让等方式确定企业出售价格及购买者；

（六）购买者须与社会保险经办机构落实企业职工社会保险的有关事宜，

与出售企业的债权经营机构签订转贷和还款协议，并提供相应担保；

（七）出售方与购买者签订出售协议。采取协议转让方式出售的企业，经上一级人民政府审核批准后协议方可生效。出售方与购买者要及时办理产权变更、企业法人变更和税务登记等有关手续。

五、购买者应具备的条件及付款方式。购买者应出具不低于所购买企业价款（以下简称价款）的有效资信证明，不得以所购买企业的资产作抵押，获取银行贷款购买该企业。购买者应一次性支付价款；确有困难的，经出售方同意可以分期支付价款。分期支付价款的，首期付款额不得低于价款的30%，一年内应支付价款的70%，两年内必须付清价款。未付价款部分参照银行贷款利率由购买者向出售方支付利息。购买者在尚未全额支付价款前单方面终止协议的，已付款项不予退还。

购买者尚未全额支付价款前，出售方应派人监督企业财务状况；购买者确因生产经营需对企业固定资产进行处置的，应经出售方同意；购买者不得将企业有偿转让给其他所有制企业法人、合伙制企业或自然人。购买者全额支付价款后，财政部门、土地管理部门方可按规定为企业办理产权变动证明和土地使用权证书。

六、出售企业的资产清查及原法定代表人的离任审计。企业出售前，有关部门应依法对其进行资产清查，在清查中发现的盘亏、报损、财务呆坏账等，需要核销的，按国家有关规定报有关部门审批后处置。出售方应指定具备资格的审计机构对出售企业的原法定代表人进行审计，在审计中发现由于原企业法定代表人以权谋私、恶意经营等造成企业损失的，要由有关部门依照有关规定追究其责任。未经资产清查和原法定代表人离任审计的企业，不得出售。

七、对出售企业的产权界定和资产评估及出售价格的确认。出售企业前，出售方应根据国家有关规定界定企业产权。被出售企业的资产和土地使用权，由出售方委托具备资格的评估机构进行评估。对于不同性质和用途的资产，应选择正确的评估方法进行资产评估。评估基准日应定在资产清查、审计和产权界定后，评估结果报经上级人民政府有关部门确认，并以确认值作为确定出售企业底价的依据，出售价格不得低于底价。地方各级人民政府及其部门不得超出国家有关规定，在出售价格上给予购买者优惠。

出售企业的用地原为国有划拨土地，购买者应与县级以上人民政府土地管理部门签订国有土地使用权出让合同。

出售企业的非经营性资产一般应从企业中剥离，可以留在企业由购买者有偿使用，并交纳不低于该部分资产评估金额同期银行贷款利息的使用费。有关部门要加强对这部分资产使用的监督。

出售企业前，原企业拖欠职工的所有医疗费和生活费、欠缴的各项社会保险费用、离退休人员的安置费（包括养老保险费和医疗保险费）、自谋职业职工的安置费用、未退还的职工集资款，经上一级财政部门审批后方可从出售价款中相应抵扣。

八、严格保护债权人利益。出售企业过程中要充分尊重债权人的意见，依法落实各项债权。已为债权金融机构的贷款设定抵押或质押的企业财产，出售方在出售时必须征得债权金融机构的同意。出售时，银行贷款已到期的，出售收入必须优先用于清偿贷款本息；未到期的，购买者应与出售企业的债权金融机构签订转贷和还款协议，并提供相应担保。出售企业已为其他单位和个人的贷款提供担保的，出售后，购买者应继续承担原企业的担保责任。地方各级人民政府及其部门不得以任何形式要求银行减免出售企业的债务，也不得随意减免税收；银行不得违反国家金融政策规定减免出售企业的债务。非银行的债务经债权人同意，可将其对企业的债权转为股权。购买双方与债权人就债务处理问题未达成一致意见的企业，不得批准出售。

九、确保企业职工合法权益不受侵犯。出售方应在申请出售前征求职工对出售方案和职工安置方案的意见。职工安置方案应经企业职代会或职工大会讨论通过。

出售企业的全部职工原则上由购买者负责妥善安置，并负责参加各项社会保险。对原来未参加基本养老保险、医疗保险、失业保险等社会保险的企业，按当地政府有关规定，由购买者与社会保险经办机构落实参加基本养老保险、基本医疗保险、失业保险等社会保险的有关事宜。对出售后愿意继续留在该企业工作的职工，购买者应与其重新签订劳动合同，明确职工与购买者的劳动关系，按照《中华人民共和国劳动法》的规定，履行应尽义务。劳动合同期限一般应不短于职工与出售企业原签订劳动合同的期限。不愿留在该企业工作的职工，可自谋职业。自谋职业的职工，应与企业解除劳动关系，可按当地政府规定领取安置费，并可按照当地政府规定继续参加社会保险。任何部门和单位不得在企业出售中终止职工社会保险关系。不得借出售企业之机，违反国家有关规定对职工“买断工龄”或为职工办理提前退休，把职工推向社会。

十、出售企业的净收入要上交财政，在预算上单设科目反映，专项用于补充国有企业资本金或支持国有中小企业发展，不得挪作他用，不得留在原企业继续使用，不得作为借贷资金借给其他企业使用。集团或母公司出售所属小型企业的净收入，专项用于该集团或母公司的资本再投入或技术改造。地方各级人民政府有关部门要加强对出售企业收入使用的监督。

十一、对出售后的企业进行必要的监督和管理。地方各级人民政府及有关部门和银行要监督购买者执行还贷协议，防止购买者抽逃资金，防止恶意经营、故意恶化劳动条件，严格执行企业出售和职工安置方案，维护职工合法权益不受侵犯。

十二、加强对企业出售工作的检查和监督。各级监察部门应加强对企业出售过程的监督、检查，设立和公布举报电话，及时发现和纠正出售中的违法、违纪问题。对于违反程序和有关规定或利用职权徇私舞弊、谋取非法收入、与购买者串通、故意压价出售企业的单位和个人，要依法追究其行政责任或者刑事责任。购买者购买企业后不执行协议规定，或在购买企业过程中有违法行为的，应当依法承担民事责任或者刑事责任。

地方各级人民政府要加强对企业出售工作的组织领导，指定部门负责出售企业的组织、协调工作，防止多头管理、政出多门和无人负责。要加强监督，规范操作，不得以强迫命令、压指标、定任务和规定时限等方式出售企业。

《最高人民法院关于人民法院在审理企业破产和改制案件中切实防止债务人逃废债务的紧急通知》（法〔2001〕105号　2001年8月10日起施行）

八、人民法院审理国有企业改制案件，凡是改制行为发生时国务院有关主管部门的规范性文件明确规定须履行审批手续，对未履行审批手续，且事后又未补办审批手续的，或者当事人双方恶意串通，损害国家或债权人利益的，应当依法确认有关协议无效；在小型企业出售中，出售方借出售企业逃废债务，受让人知情的，对债权人撤销企业出售合同的主张，应当依法予以支持。

九、人民法院审理国有企业改制案件，应当依法认真处理好改制企业遗留债务的承担问题。对于改制企业遗留债务，当事人之间约定了新的债务承担人、并经债权人同意的，可依当事人的约定；对于虽未经债权人同意，但新的债务承担人有足够能力清偿债务的，可按照实际情况确认由新的债务承担人承担债务；对于仅对改制企业的财产进行了处理，而未处理改制企业债务的，原则上应当由改制变更后的企业在所接受财产的等值范围内承担原企业遗留债务。

十、人民法院审理国有企业改制案件，对企业出售中，卖方隐瞒或遗漏原企业债务的，应当由卖方对所隐瞒或遗漏的债务向原企业的债权人承担责任；对企业股份合作制改造及吸收合并中，被兼并或被改制企业原资产管理人隐瞒或遗漏债务的，应当由被兼并或被改制企业原资产管理人对所隐瞒或遗漏的债务承担民事责任；对借企业分立剥离企业有效资产，以逃避债务的，应当将分立后的企业列为共同被告，并依法确认由其承担连带责任。

【适用本案由需要注意的问题】

◆企业出售合同纠纷系企业出售其所有权过程中产生的合同纠纷，依据《民事诉讼法》第23条的规定，该类纠纷案件由被告住所地或者合同履行地人民法院管辖。

◆企业出售一般是指国有小型企业出售，是国家深化国企改革的一项重要措施，不同于一般的买卖合同，有其特殊性和政策性。国有小企业的出售须经政府审批。企业出售转移的是企业所有权，而非经营权，这是与企业租赁经营合同纠纷、挂靠经营合同纠纷的重要区别。

236. 挂靠经营合同纠纷

【案由解析】

现行法律并未对挂靠经营的含义进行规定。一般意义上挂靠经营是指经营主体（多为自然人、个体工商户、私营企业）与另一经营主体（多为具备一定实力、信誉、资格的国有或者集体法人企业）协议约定，由挂靠方使用被挂靠企业的经营资格和凭证等进行经营活动，并向被挂靠企业提供挂靠费用的经营形式。挂靠经营一般是指以被挂靠企业的名义进行经营活动，同时支付一定的挂靠费用。

挂靠经营合同纠纷，是指公民、法人或者其他组织为了获得较好的经营资格、凭证、信誉或国家优惠政策等便利条件，与另一方主体（挂靠单位）达成协议，以该主体的经营资格、凭证或名义等进行经营活动，并向该主体支付一定报酬或“管理费”，由此在生产经营过程中所发生的民事争议。

实践中的挂靠经营形式繁多，如建筑施工队挂靠建筑公司、个体车辆挂靠有资质的出租汽车营运公司等。现行法律对于挂靠经营并未进行专门的规定，相关条文大多散见于部门规章之中。

【常用法律条文及索引】

《对外贸易经济合作部、国家税务总局关于重申规范进出口企业经营行为严禁各种借权经营和挂靠经营的通知》（〔2000〕外经贸发展发第450号 2000年9月7日起施行）

一、各类进出口企业不得让其它企业以进出口企业名义对外签订进出口合同或以挂靠经营的方式从事进出口业务，对已经挂靠的企业要立即解除挂靠关系，不得继续经营。

二、各级外经贸主管部门要加强对各类进出口企业的政策宣传和法制教育，要求企业自觉遵守国家的法律、法规，牢固树立守法经营的观念。对存在借权经营和挂靠经营问题的企业，要采取有效措施，坚决制止，责令其进行整顿并立即终止借权经营和挂靠经营。

三、各级税务部门要严格执行《财政部、国家税务总局关于出口货物税收若干问题的补充通知》（财税字〔1997〕14号）的有关规定，并严格审查办理的出口退税是否符合规定，对属于借权、挂靠经营的企业不得办理出口退税。

四、从事进出口代理业务的企业要严格执行《对外贸易经济合作部、海关总署、国家外汇管理局关于印发〈规范进出口代理业务的若干规定〉的通知》（〔1998〕外经贸政发第725号）的有关规定，切实履行进出口业务代理人的职责，坚决杜绝以“四自三不见”的方式从事借权经营和挂靠经营。

【适用本案由需要注意的问题】

◆挂靠经营合同纠纷系挂靠方与被挂靠方在生产经营过程中产生的合同纠纷，依据《民事诉讼法》第23条的规定，该类纠纷案件由被告住所地或者合同履行地人民法院管辖。

◆在适用本案由时，要注意其与企业租赁经营合同纠纷的不同。在挂靠经营合同纠纷中，挂靠方使用被挂靠方的经营资格和凭证等进行经营活动，由此而发生的债权债务一般由挂靠企业与被挂靠企业承担连带责任。而在企业租赁经营合同纠纷中，承租方交付租金后对企业自主经营，发生的债权债务由承租方承担。

237. 企业兼并合同纠纷

【案由解析】

企业兼并是指一个企业购买其他企业的产权，使其他企业失去法人资格或改变法人实体的一种行为。

企业兼并合同纠纷是指一个企业在通过划转、购买、控股等形式取得其他企业产权，使其他企业失去法人资格或改变法人实体的过程中，围绕企业兼并合同的效力、履行、变更、终止等所发生的纠纷。

【常用法律条文及索引】

《最高人民法院关于审理与企业改制相关的民事纠纷案件若干问题的规定》（法释〔2003〕1号　2003年2月1日起施行）

第三十条　企业兼并协议自当事人签字盖章之日起生效。需经政府主管部门批准的，兼并协议自批准之日起生效；未经批准的，企业兼并协议不生效。但当事人在一审法庭辩论终结前补办报批手续的，人民法院应当确认该兼并协议有效。

第三十一条　企业吸收合并后，被兼并企业的债务应当由兼并方承担。

第三十二条　企业进行吸收合并时，参照公司法的有关规定，公告通知了债权人。企业吸收合并后，债权人就被兼并企业原资产管理人（出资人）隐瞒或者遗漏的企业债务起诉兼并方的，如债权人在公告期内申报过该笔债权，兼并方在承担民事责任后，可再行向被兼并企业原资产管理人（出资人）追偿。如债权人在公告期内未申报过该笔债权，则兼并方不承担民事责任。人民法院可告知债权人另行起诉被兼并企业原资产管理人（出资人）。

第三十三条　企业新设合并后，被兼并企业的债务由新设合并后的企业法人承担。

第三十四条　企业吸收合并或新设合并后，被兼并企业应当办理而未办理工商注销登记，债权人起诉被兼并企业的，人民法院应当根据企业兼并后的具体情况，告知债权人追加责任主体，并判令责任主体承担民事责任。

第三十五条　以收购方式实现对企业控股的，被控股企业的债务，仍由其自行承担。但因控股企业抽逃资金、逃避债务，致被控股企业无力偿还债务的，被控股企业的债务则由控股企业承担。

《全民所有制工业企业转换经营机制条例》（国务院令〔1992〕第103号 2011年1月8日修订）

第十六条 企业享有联营、兼并权。

企业有权按照下列方式与其他企业、事业单位联营：

（一）与其他企业、事业单位组成新的经济实体，独立承担民事责任、具备法人条件的，经政府有关部门核准登记，取得法人资格；

（二）与其他企业、事业单位共同经营，联营各方按照出资比例或者协议的约定，承担民事责任；

（三）与其他企业、事业单位订立联营合同，确立各方的权利和义务。联营各方各自独立经营、各自承担民事责任。

企业按照自愿、有偿的原则，可以兼并其他企业，报政府主管部门备案。

《关于企业兼并的暂行办法》（〔1989〕体改经38号 1989年2月19日起施行）

四、企业兼并的形式

企业兼并主要有以下几种形式：

（一）承担债务式，即在资产与债务等价的情况下，兼并方以承担被兼并方债务为条件接收其资产。

（二）购买式，即兼并方出资购买被兼并方企业的资产。

（三）吸收股份式，即被兼并企业的所有者将被兼并企业的净资产作为股金投入兼并方，成为兼并方企业的一个股东。

（四）控股式，即一个企业通过购买其它企业的股权，达到控股，实现兼并。

【适用本案由需要注意的问题】

◆企业兼并合同纠纷系企业在兼并其他企业过程中产生的合同纠纷，依据我国《民事诉讼法》第23条的规定，该类纠纷案件由被告住所地或者合同履行地人民法院管辖。

◆在适用本案由时，要注意区分企业合并与企业兼并这两个易混淆的概念。企业兼并是企业合并的上位概念，企业合并是企业兼并的一种形式。以收购形式实现对企业控股的属于企业兼并，不同于企业合并，两者主要区别在于：(1) 企业控股是企业收购形式，属于企业股东行为；企业合并是企业行为，但需经股东大会决议同意。(2) 企业控股不发生被控股企业主体资格的消灭，企业合并导致被吸收企业或者合并各方（新设合并）主体资格消灭。(3) 企业控股的法律后果仅为被控股企业股权发生变动，该企业资产和负债不发生转移；企业合并的法律后果是参与合并的企业可不经清算而消灭，消灭的企业资产和负债概括性地转移至存续企业或新设企业。

238. 联营合同纠纷

【案由解析】

联营是指企业法人之间或企业法人与事业单位法人之间通过协议或者章程而进行经济联合的组织形式，当事人以此达成的协议称为联营合同。

联营合同纠纷是指企业法人之间或事业单位法人之间在通过协议或者章程进行经济联合经营的过程中，联营各方因联营合同的效力、履行、变更和解除所发生的合同纠纷。根据相关法律规定，联营主要包括三种类型：法人型联营、合伙型联营和合同型联营。法人型联营，是指企业法人之间或企业法人与事业单位法人之间以财务、资金、技术等形式出资并组成新的经济实体，在具备法人条件，能独立承担民事责任时，经工商行政管理机关核准登记，取得法人资格。合伙型联营，是指企业法人之间或企业法人与事业单位法人之间共同出资、共同经营，但不具备法人条件，联营各方以各自所有的或者经营管理的财产承担民事责任。合同型联营，是指企业法人之间或企业法人与事业单位法人之间按照协议约定相互协作但各自独立经营，联营各方的权利义务由联营协议加以约定，各自独立承担责任。

【常用法律条文及索引】

《民法通则》(1987 年 1 月 1 日起施行　2009 年 8 月 27 日修正)

第五十一条　企业之间或者企业、事业单位之间联营，组成新的经济实体，独立承担民事责任、具备法人条件的，经主管机关核准登记，取得法人资格。

第五十二条　企业之间或者企业、事业单位之间联营，共同经营、不具备法人条件的，由联营各方按照出资比例或者协议的约定，以各自所有的或者经营管理的财产承担民事责任。依照法律的规定或者协议的约定负连带责任的，承担连带责任。

第五十三条　企业之间或者企业、事业单位之间联营，按照合同的约定各自独立经营的，它的权利和义务由合同约定，各自承担民事责任。

《全民所有制工业企业转换经营机制条例》（国务院令〔1992〕第103号　2011年1月8日修订）

第十六条　企业享有联营、兼并权。

企业有权按照下列方式与其他企业、事业单位联营：

（一）与其他企业、事业单位组成新的经济实体，独立承担民事责任、具备法人条件的，经政府有关部门核准登记，取得法人资格；

（二）与其他企业、事业单位共同经营，联营各方按照出资比例或者协议的约定，承担民事责任；

（三）与其他企业、事业单位订立联营合同，确立各方的权利和义务。联营各方各自独立经营、各自承担民事责任。

……

《最高人民法院关于审理联营合同纠纷案件若干问题的解答》［法（经）发〔1990〕27号　1990年11月12日起施行］

根据《中华人民共和国民法通则》和其他有关法律、法规，现就人民法院在审理联营合同纠纷案件中提出的一些问题，解答如下：

一、关于联营合同纠纷案件的受理问题

（一）联营各方因联营合同的履行、变更、解除所发生的经济纠纷，如联营投资、盈余分配、违约责任、债务承担、资产清退等纠纷向人民法院起诉的，凡符合民事诉讼法（试行）第八十一条规定的起诉条件的，人民法院应予受理。

（二）联营各方因联营体内部机构设置、人员组成等管理方面的问题发生纠纷向人民法院起诉的，人民法院不予受理。

二、关于联营合同纠纷案件的管辖问题

（一）联营合同纠纷案件的地域管辖，因不同的联营形式而有所区别：

1. 法人型联营合同纠纷案件，由法人型联营体的主要办事机构所在地人民法院管辖。

2. 合伙型联营合同纠纷案件，由合伙型联营体注册登记地人民法院管辖。

3. 协作型联营合同纠纷案件，由被告所在地人民法院管辖。

（二）由联营体主要办事机构所在地或联营体注册登记地人民法院管辖确有困难的，如法人型联营体已经办理了注销手续，合伙型联营体应经工商部门注册登记而未办理注册登记，或者联营期限届满已经解体的，可由被告所在地人民法院管辖。

三、关于联营合同的主体资格认定问题

（一）联营合同的主体应当是实行独立核算，能够独立承担民事责任的企业法人和事业法人。

个体工商户、农村承包经营户、个人合伙，以及不具备法人资格的私营企业和其他经济组织与企业法人或者事业法人联营的，也可以成为联营合同的主体。

（二）企业法人、事业法人的分支机构不具备法人条件的，未经法人授权，不得以自己的名义对外签订联营合同；擅自以自己名义对外签订联营合同且未经法人追认的，应当确认无效。

党政机关和隶属党政机关编制序列的事业单位、军事机关、工会、共青团、妇联、文联、科协和各种协会、学会及民主党派等，不能成为联营合同的主体。

四、关于联营合同中的保底条款问题

（一）联营合同中的保底条款，通常是指联营一方虽向联营体投资，并参与共同经营，分享联营的盈利，但不承担联营的亏损责任，在联营体亏损时，仍要收回其出资和收取固定利润的条款。保底条款违背了联营活动中应当遵循的共负盈亏、共担风险的原则，损害了其他联营方和联营体的债权人的合法权益，因此，应当确认无效。联营企业发生亏损的，联营一方依保底条款收取的固定利润，应当如数退出，用于补偿联营的亏损，如无亏损，或补偿后仍有剩余的，剩余部分可作为联营的盈余，由双方重新商定合理分配或按联营各方的投资比例重新分配。

（二）企业法人、事业法人作为联营一方向联营体投资，但不参加共同经营，也不承担联营的风险责任，不论盈亏均按期收回本息，或者按期收取固定利润的，是明为联营，实为借贷，违反了有关金融法规，应当确认合同无效。除本金可以返还外，对出资方已经取得或者约定取得的利息应予收缴，对另一方则应处以相当于银行利息的罚款。

（三）金融信托投资机构作为联营一方依法向联营体投资的，可以按照合同约定分享固定利润，但亦应承担联营的亏损责任。

五、关于在联营期间退出联营的处理问题

（一）组成法人型联营体或者合伙型联营体的一方或者数方在联营期间中途退出联营的，如果联营体并不因此解散，应当清退退出方作为出资投入的财产。原物存在的，返还原物；原物已不存在或者返还确有困难的，折价偿还。退出方对于退出前联营所得的盈利和发生的债务，应当按照联营合同的约定或者出资比例分享和分担。合伙型联营体的退出方还应对退出前联营的全部债务承担连带清偿责任。如果联营体因联营一方或者数方中途退出联营而无法继续存在的，可以解除联营合同，并对联营的财产和债务作出处理。

（二）不符合法律规定或者合同约定的条件而中途退出联营的，退出方应当赔偿由此给联营体造成的实际经济损失。但如联营其他方对此也有过错的，则应按联营各方的过错大小，各自承担相应的经济责任。

六、关于联营合同的违约金、赔偿金的计算问题

根据民法通则第一百一十二条第二款规定，联营合同订明违约金数额或比例的，按照合同的约定处理。约定的违约金数额或比例过高的，人民法院可根据实际经济损失酌减；约定的违约金不足补偿实际经济损失的，可由赔偿金补足。联营合同订明赔偿金计算方法的，按照约定的计算方法及实际情况计算过错方应支付的赔偿金。联营合同既未订明违约金数额或比例，又未订明赔偿金计算方法的，应由过错方赔偿实际经济损失。

七、关于联营合同解除后的财产处理问题

（一）联营体为企业法人的，联营体因联营合同的解除而终止。联营的财产经过清算清偿债务有剩余的，按照约定或联营各方的出资比例进行分配。

联营体为合伙经营组织的，联营合同解除后，联营的财产经清偿债务有剩余的，按照联营合同约定的盈余分配比例，清退投资，分配利润。联营合同未约定，联营各方又协商不成的，按照出资比例进行分配。

（二）在清退联营投资时，联营各方原投入的设备、房屋等固定资产，原物存在的，返还原物；原物已不存在或者返还原物确有困难的，作价还款。

（三）联营体在联营期间购置的房屋、设备等固定资产不能分割的，可以作价变卖后进行分配。变卖时，联营各方有优先购买权。

（四）联营体在联营期间取得的商标权、专利权，解除联营合同后的归属及归属后的经济补偿，应当根据《中华人民共和国商标法》、《中华人民共和国专利法》的有关规定处理。商标权应当归联营一方享有。专利权可以归联营一方享有，也可以归联营各方共同享有，联营一方单独享有商标权、专利权的，应当给予其他联营方适当的经济补偿。

八、关于无效联营收益的处理问题

联营合同被确认无效后，联营体在联营合同履行期间的收益，应先用于清偿联营的债务及补偿无过错方因合同无效所遭受的经济损失。

当事人恶意串通，损害国家利益、集体或第三人的合法利益，或者因合同内容违反国家利益或社会公共利益而导致联营合同无效的，根据民法通则第六十一条第二款和第一百三十四条第三款规定，对联营体在联营合同履行期间的收益，应当作为非法所得予以收缴，收归国家、集体所有或者返还第三人。对联营各方还可并处罚款；构成犯罪的，移送公安、检察机关查处。

九、关于联营各方对联营债务的承担问题

（一）联营各方对联营债务的责任应依联营的不同形式区别对待：

1. 联营体是企业法人的，以联营体的全部财产对外承担民事责任。联营各方对联营体的责任则以各自认缴的出资额为限。对抽逃认缴资金以逃避债务的，人民法院除应责令抽逃者如数缴回外，还可对责任人员处以罚款。

2. 联营体是合伙经营组织的，可先以联营体的财产清偿联营债务。联营体的财产不足以抵债的，由联营各方按照联营合同约定的债务承担比例，以各自所有或经营管理的财产承担民事责任；合同未约定债务承担比例，联营各方又协商不成的，按照出资比例或盈余分配比例确认联营各方应承担的责任。

合伙型联营各方应当依照有关法律、法规的规定或者合同的约定对联营债务负连带清偿责任。

3. 联营是协作型的，联营各方按照合同的约定，分别以各自所有或经营管理的财产承担民事责任。

（二）农业集体经济组织以提供自己所有的土地使用权参加合伙型联营的，应当按照联营合同的约定承担联营债务，如合同未约定债务承担比例的，可参照出资比例或者盈余分配比例承担。

（三）以提供技术使用权作为合伙型联营投资的联营一方，应当按照联营合同的约定承担联营债务，如其自己所有的或者经营管理的财产不足清偿联营债务的，可以一定期限的技术使用权折价抵偿债务。

【适用本案由需要注意的问题】

◆关于联营合同纠纷案件的管辖问题，《最高人民法院关于审理联营合同纠纷案件若干问题的解答》规定，法人型联营合同纠纷案件，由法人联营体的主要办事机构所在地人民法院管辖；合伙型联营合同纠纷案件，由合伙型联营体注册登记地人民法院管辖；合同型联营合同纠纷案件，由被告住所地人民法院管辖。由联营体主要办事机构所在地或联营体注册登记地人民法院管辖确有困难的，如法人型联营体已经办理了注销手续，合伙型联营体应经工商部门注册登记而未办理注册登记，或者联营期限届满已经解体的，可由被告所在地人民法院管辖。

◆对于法人型联营合同纠纷，如果成立符合《公司法》条件的联营体，确定案由既可适用联营合同纠纷案由，也可适用第二级案由“与公司有关的纠纷”项下的案由；如果成立非公司法人联营体的，适用联营合同纠纷案由。对于合伙型联营合同纠纷，如果合伙型联营申请登记并领取营业执照的，确定案由既可适用联营合同纠纷案由，也可适用合伙企业纠纷案由；如果没有登记的，则适用联营合同纠纷案由。对于合同型联营合同纠纷，按照合同基础法律关系确定案由即可。

239. 企业承包经营合同纠纷

（1）中外合资经营企业承包经营合同纠纷

（2）中外合作经营企业承包经营合同纠纷

（3）外商独资企业承包经营合同纠纷

（4）乡镇企业承包经营合同纠纷

【案由解析】

企业承包经营合同是指在保持企业所有制不变的基础上，按照所有权与经营权分离的原则，确定企业所有权人与企业经营者之间的权利义务关系的协议。

企业承包经营合同纠纷，是指企业与承包人之间因签订、履行、变更、终止企业承包经营合同发生的权利义务纠纷。实践中，宾馆、饭店、会所、停车场等承包经营合同纠纷，农村集体或个人所有的砖窑厂、矿场承包经营合同纠纷等，均应归入此类。

【典型形态】

在实践中，企业承包经营合同纠纷主要有：

(1) 中外合资经营企业承包经营合同纠纷，是指中外合资经营企业与承包者约定将中外合资经营企业的部分或者全部经营管理权在一定期限内交给承包者，由承包者对中外合资经营企业进行经营管理，在中外合资经营企业与承包者之间因合同的订立、履行、变更以及终止等产生的纠纷。

(2) 中外合作经营企业承包经营合同纠纷，是指中外合作经营企业与承包者约定将中外合作经营企业的部分或者全部经营管理权在一定期限内交给承包者，由承包者对中外合作经营企业进行经营管理，在中外合作经营企业与承包者之间因合同的订立、履行、变更以及终止等产生的纠纷。

(3) 外商独资企业承包经营合同纠纷，是指外商独资企业在经营过程中将企业承包给中国或外国的承包者，由承包者在一定期限内对企业进行经营管理，获取企业部分收益并承担经营风险，在经营管理过程中因合同的订立、履行、变更以及终止等产生的纠纷。

(4) 乡镇企业承包经营合同纠纷，是指乡镇企业与承包者就乡镇企业的部分或者全部经营管理权达成协议，由承包者对乡镇企业在一定期限内进行经营管理，在乡镇企业与承包者之间因合同的订立、履行、变更及终止等产生的纠纷。

【常用法律条文及索引】

《最高人民法院关于审理涉外民事或商事合同纠纷案件法律适用若干问题的规定》（法释〔2007〕14号　2007年8月8日起施行）

第八条　在中华人民共和国领域内履行的下列合同，适用中华人民共和国法律：

（一）中外合资经营企业合同；

（二）中外合作经营企业合同；

（三）中外合作勘探、开发自然资源合同；

（四）中外合资经营企业、中外合作经营企业、外商独资企业股份转让合同；

（五）外国自然人、法人或者其他组织承包经营在中华人民共和国领域内设立的中外合资经营企业、中外合作经营企业的合同；

（六）外国自然人、法人或者其他组织购买中华人民共和国领域内的非外商投资企业股东的股权的合同；

（七）外国自然人、法人或者其他组织认购中华人民共和国领域内的非外商投资有限责任公司或者股份有限公司增资的合同；

（八）外国自然人、法人或者其他组织购买中华人民共和国领域内的非外商投资企业资产的合同；

（九）中华人民共和国法律、行政法规规定应适用中华人民共和国法律的其他合同。

【适用本案由需要注意的问题】

◆企业承包经营合同纠纷系企业所有权人与企业承包者在企业经营管理过程中产生的合同纠纷，依据我国《民事诉讼法》第 23 条的规定，该类纠纷案件由被告住所地或者合同履行地人民法院管辖。

◆如果案件系涉外案件，则应当依据《民事诉讼法》第 24 章的规定确定管辖。《民事诉讼法》第 265 条规定，因合同纠纷或者其他财产权益纠纷，对在中华人民共和国领域内没有住所的被告提起的诉讼，如果合同在中华人民共和国领域内签订或者履行，或者诉讼标的物在中华人民共和国领域内，或者被告在中华人民共和国领域内有可供扣押的财产，或者被告在中华人民共和国领域内设有代表机构，可以由合同签订地、合同履行地、诉讼标的物所在地、可供扣押财产所在地、侵权行为地或者代表机构住所地人民法院管辖。

◆全民所有制和集体所有制企业实行承包经营，因承包经营合同发生纠纷，由合同的双方当事人作为诉讼主体。发包方是指企业的所有者。全民所有制的所有者是国家，由人民政府指定的国有资产管理部门或企业所属的上级主管部门和财政部门代表国家行使职权。集体所有制企业的所有者是本企业的劳动群众。

◆在审理企业承包经营合同纠纷时，应该注意区别违约性损失和经营性损失的界限。承包经营企业在经营过程中的损失同其他合同标的因一方违约给对方造成的经济损失不同，有的不是违约所造成的，而是由于经营不善造成的，这种损失应由经营者承担而不是违约者承担。违约性损失是指因一方的违约行为而引起的经济损失，损失后果与违约行为有着直接的必然联系，它们之间存在因果关系。经营性损失是经营者因经营管理不善或经营上的失误引起的财产损失，这类损失与违约行为没有联系，它们之间不存在因果关系。

240. 中外合资经营企业合同纠纷

【案由解析】

中外合资经营企业合同是指外国的企业、公司和其他经济组织或个人，按照平等互利的原则，经中国政府批准在中华人民共和国境内同中国的公司、企业或者其他经济组织共同投资、共同经营管理、共享利益、共担风险的股权式合营企业而订立的合同。

中外合资经营企业合同纠纷是指中外合资经营企业的合同当事人因合同的订立、履行、变更以及终止等产生的纠纷。

【常用法律条文及索引】

《合同法》（1999 年 10 月 1 日起施行）

第一百二十六条 涉外合同的当事人可以选择处理合同争议所适用的法律，但法律另有规定的除外。涉外合同的当事人没有选择的，适用与合同有最密切联系的国家的法律。

在中华人民共和国境内履行的中外合资经营企业合同、中外合作经营企业合同、中外合作勘探开发自然资源合同，适用中华人民共和国法律。

《中外合资经营企业法》（1979 年 7 月 1 日起施行 2016 年 9 月 3 日修正）

第一条 中华人民共和国为了扩大国际经济合作和技术交流，允许外国公司、企业和其它经济组织或个人（以下简称外国合营者），按照平等互利的原则，经中国政府批准，在中华人民共和国境内，同中国的公司、企业或其它经济组织（以下简称中国合营者）共同举办合营企业。

第三条 合营各方签订的合营协议、合同、章程，应报国家对外经济贸易主管部门（以下称审查批准机关）审查批准。审查批准机关应在三个月内决定批准或不批准。合营企业经批准后，向国家工商行政管理主管部门登记，领取营业执照，开始营业。

第四条　合营企业的形式为有限责任公司。

在合营企业的注册资本中，外国合营者的投资比例一般不低于百分之二十五。

合营各方按注册资本比例分享利润和分担风险及亏损。

合营者的注册资本如果转让必须经合营各方同意。

第五条　合营企业各方可以现金、实物、工业产权等进行投资。

外国合营者作为投资的技术和设备，必须确实是适合我国需要的先进技术和设备。如果有意以落后的技术和设备进行欺骗，造成损失的，应赔偿损失。

中国合营者的投资可包括为合营企业经营期间提供的场地使用权。如果场地使用权未作为中国合营者投资的一部分，合营企业应向中国政府缴纳使用费。

上述各项投资应在合营企业的合同和章程中加以规定，其价格（场地除外）由合营各方评议商定。

第十三条　合营企业的合营期限，按不同行业、不同情况，作不同的约定。有的行业的合营企业，应当约定合营期限；有的行业的合营企业，可以约定合营期限，也可以不约定合营期限。约定合营期限的合营企业，合营各方同意延长合营期限的，应在距合营期满六个月前向审查批准机关提出申请。审查批准机关应自接到申请之日起一个月内决定批准或不批准。

第十四条　合营企业如发生严重亏损、一方不履行合同和章程规定的义务、不可抗力等，经合营各方协商同意，报请审查批准机关批准，并向国家工商行政管理主管部门登记，可终止合同。如果因违反合同而造成损失的，应由违反合同的一方承担经济责任。

第十五条　举办合营企业不涉及国家规定实施准入特别管理措施的，对本法第三条、第十三条、第十四条规定的审批事项，适用备案管理。国家规定的准入特别管理措施由国务院发布或者批准发布。

第十六条　合营各方发生纠纷，董事会不能协商解决时，由中国仲裁机构进行调解或仲裁，也可由合营各方协议在其它仲裁机构仲裁。

合营各方没有在合同中订有仲裁条款的或者事后没有达成书面仲裁协议的，可以向人民法院起诉。

《中外合资经营企业法实施条例》（1983 年 9 月 20 日起施行　2014 年 2 月 19 日修订）

第十条　本条例所称合营企业协议，是指合营各方对设立合营企业的某些要点和原则达成一致意见而订立的文件；所称合营企业合同，是指合营各方为设立合营企业就相互权利、义务关系达成一致意见而订立的文件；所称合营企业章程，是指按照合营企业合同规定的原则，经合营各方一致同意，规定合营企业的宗旨、组织原则和经营管理方法等事项的文件。

合营企业协议与合营企业合同有抵触时，以合营企业合同为准。

经合营各方同意，也可以不订立合营企业协议而只订立合营企业合同、章程。

第十一条　合营企业合同应当包括下列主要内容：

（一）合营各方的名称、注册国家、法定地址和法定代表人的姓名、职务、国籍；

（二）合营企业名称、法定地址、宗旨、经营范围和规模；

（三）合营企业的投资总额，注册资本，合营各方的出资额、出资比例、出资方式、出资的缴付期限以及出资额欠缴、股权转让的规定；

（四）合营各方利润分配和亏损分担的比例；

（五）合营企业董事会的组成、董事名额的分配以及总经理、副总经理及其他高级管理人员的职责、权限和聘用办法；

（六）采用的主要生产设备、生产技术及其来源；

（七）原材料购买和产品销售方式；

（八）财务、会计、审计的处理原则；

（九）有关劳动管理、工资、福利、劳动保险等事项的规定；

（十）合营企业期限、解散及清算程序；

（十一）违反合同的责任；

（十二）解决合营各方之间争议的方式和程序；

（十三）合同文本采用的文字和合同生效的条件。

合营企业合同的附件，与合营企业合同具有同等效力。

第十二条　合营企业合同的订立、效力、解释、执行及其争议的解决，均应当适用中国的法律。

第十四条　合营企业协议、合同和章程经审批机构批准后生效，其修改时同。

《最高人民法院关于审理外商投资企业纠纷案件若干问题的规定（一）》（法释〔2010〕9号　2010年8月16日起施行）

第一条　当事人在外商投资企业设立、变更等过程中订立的合同，依法律、行政法规的规定应当经外商投资企业审批机关批准后才生效的，自批准之日起生效；未经批准的，人民法院应当认定该合同未生效。当事人请求确认该合同无效的，人民法院不予支持。

前款所述合同因未经批准而被认定未生效的，不影响合同中当事人履行报批义务条款及因该报批义务而设定的相关条款的效力。

第二条　当事人就外商投资企业相关事项达成的补充协议对已获批准的合同不构成重大或实质性变更的，人民法院不应以未经外商投资企业审批机关批准为由认定该补充协议未生效。

前款规定的重大或实质性变更包括注册资本、公司类型、经营范围、营业期限、股东认缴的出资额、出资方式的变更以及公司合并、公司分立、股权转让等。

第三条　人民法院在审理案件中，发现经外商投资企业审批机关批准的外商投资企业合同具有法律、行政法规规定的无效情形的，应当认定合同无效；该合同具有法律、行政法规规定的可撤销情形，当事人请求撤销的，人民法院应予支持。

【适用本案由需要注意的问题】

◆中外合资经营企业合同纠纷虽涉及外国投资者，但是依据《民事诉讼法》第266条的规定，在中华人民共和国履行中外合资经营企业合同发生纠纷提起的诉讼，由中华人民共和国人民法院管辖。因此，按照我国《民事诉讼法》第23条的规定，该类纠纷案件由被告住所地或者合同履行地人民法院管辖。

◆审判实践中，经常遇到中外合营企业一方当事人向人民法院提起诉讼，要求解散合营企业，并追究对方违约责任的情况。由于我国法律对合营企业的成立规定了行政审批的前置程序，所以无论当事人的诉讼请求是否含有确定合营协议效力的内容，人民法院均应予以审查。若合同无效，则处理时仅涉及损失的承担；若合同有效，则涉及合营合同应否终止和追究违反合同一方当事人违约责任的问题。

241. 中外合作经营企业合同纠纷

【案由解析】

中外合作经营企业合同是指由外国的企业、公司、其他经济组织或者个人同中国的企业、公司或其他经济组织，按照平等互利的原则和中国的法律，经中国政府批准在中国境内共同投资创办、共同经营、共担风险、共享权益的契约式合营企业而订立的合同。

中外合作经营企业合同纠纷是指中外合作经营企业合同当事人因合同的订立、履行、变更以及终止等产生的纠纷。

【常用法律条文及索引】

《合同法》（1999 年 10 月 1 日起施行）

第一百二十六条 涉外合同的当事人可以选择处理合同争议所适用的法律，但法律另有规定的除外。涉外合同的当事人没有选择的，适用与合同有最密切联系的国家的法律。

在中华人民共和国境内履行的中外合资经营企业合同、中外合作经营企业合同、中外合作勘探开发自然资源合同，适用中华人民共和国法律。

《中外合作经营企业法》（1988 年 4 月 13 日起施行 2017 年 11 月 4 日修正）

第二条 中外合作者举办合作企业，应当依照本法的规定，在合作企业合同中约定投资或者合作条件、收益或者产品的分配、风险和亏损的分担、经营管理的方式和合作企业终止时财产的归属等事项。

合作企业符合中国法律关于法人条件的规定的，依法取得中国法人资格。

第五条 申请设立合作企业，应当将中外合作者签订的协议、合同、章程等文件报国务院对外经济贸易主管部门或者国务院授权的部门和地方政府（以下简称审查批准机关）审查批准。审查批准机关应当自接到申请之日起四十五天内决定批准或者不批准。

第六条 设立合作企业的申请经批准后，应当自接到批准证书之日起三十天内向工商行政管理机关申请登记，领取营业执照。合作企业的营业执照签发日期，为该企业的成立日期。

合作企业应当自成立之日起三十天内向税务机关办理税务登记。

第七条　中外合作者在合作期限内协商同意对合作企业合同作重大变更的，应当报审查批准机关批准；变更内容涉及法定工商登记项目、税务登记项目的，应当向工商行政管理机关、税务机关办理变更登记手续。

第八条　中外合作者的投资或者提供的合作条件可以是现金、实物、土地使用权、工业产权、非专利技术和其他财产权利。

第十条　中外合作者的一方转让其在合作企业合同中的全部或者部分权利、义务的，必须经他方同意，并报审查批准机关批准。

第十一条　合作企业依照经批准的合作企业合同、章程进行经营管理活动。合作企业的经营管理自主权不受干涉。

第二十一条　中外合作者依照合作企业合同的约定，分配收益或者产品，承担风险和亏损。

中外合作者在合作企业合同中约定合作期满时合作企业的全部固定资产归中国合作者所有的，可以在合作企业合同中约定外国合作者在合作期限内先行回收投资的办法。……

依照前款规定外国合作者在合作期限内先行回收投资的，中外合作者应当依照有关法律的规定和合作企业合同的约定对合作企业的债务承担责任。

第二十五条　举办合作企业不涉及国家规定实施准入特别管理措施的，对本法第五条、第七条、第十条、第二十四条规定的审批事项，适用备案管理。国家规定的准入特别管理措施由国务院发布或者批准发布。

第二十六条　中外合作者履行合作企业合同、章程发生争议时，应当通过协商或者调解解决。中外合作者不愿通过协商、调解解决的，或者协商、调解不成的，可以依照合作企业合同中的仲裁条款或者事后达成的书面仲裁协议，提交中国仲裁机构或者其他仲裁机构仲裁。

中外合作者没有在合作企业合同中订立仲裁条款，事后又没有达成书面仲裁协议的，可以向中国法院起诉。

《中外合作经营企业法实施细则》（1995 年 9 月 4 日起施行　2017 年 3 月 1 日修订）

第十条　本实施细则所称合作企业协议，是指合作各方对设立合作企业的原则和主要事项达成一致意见后形成的书面文件。

本实施细则所称合作企业合同，是指合作各方为设立合作企业就相互之间的权利、义务关系达成一致意见后形成的书面文件。

本实施细则所称合作企业章程，是指按照合作企业合同的约定，经合作各方一致同意，约定合作企业的组织原则，经营管理方法等事项的书面文件。

合作企业协议、章程的内容与合作企业合同不一致的，以合作企业合同为准。

合作各方可以不订立合作企业协议。

第十一条 合作企业协议、合同、章程自审查批准机关颁发批准证书之日起生效。在合作期限内，合作企业协议、合同、章程有重大变更的，须经审查批准机关批准。

第五十五条 合作企业合同的订立、效力、解释、履行及其争议的解决，适用中国法律。

【适用本案由需要注意的问题】

◆中外合作经营企业合同纠纷虽涉及外国投资者，但是依据《民事诉讼法》第266条的规定，在中华人民共和国履行中外合作经营企业合同发生纠纷提起的诉讼，由中华人民共和国人民法院管辖。因此，按照《民事诉讼法》第23条的规定，该类纠纷案件由被告住所地或者合同履行地人民法院管辖。

◆在适用本案由时，要注意其与中外合资经营企业合同纠纷的不同。中外合作经营企业与中外合资经营企业的主要区别在于：中外各方的投资一般不折价计算投资比例，利润也不按出资比例分配，各方的权利义务都在合作各方签订的合同中确定。中外合作经营企业既可组成具有法人资格的企业组织，也可组成非法人资格的企业组织，而中外合资企业的组织方式为有限责任公司。

二十一、与公司有关的纠纷

242. 股东资格确认纠纷

【案由解析】

股东资格又称股东地位，是指民事主体作为公司股东的一种身份和地位。具有股东资格，就意味着股东享有包括自益权和共益权在内的各项权利；同时，也意味着需要承担股东应当承担的相应义务，主要是指在出资范围内对公司债务承担责任。

股东资格确认纠纷是指股东与股东之间或者股东与公司之间就股东资格是否存在，或者股东持有数额、比例等争议产生的纠纷。该类纠纷既可以发生在股东与公司之间，也可以发生在股东与股东之间。

【常用法律条文及索引】

《公司法》（2006 年 1 月 1 日起施行　2013 年 12 月 28 日修正）

第三十一条　有限责任公司成立后，应当向股东签发出资证明书。

出资证明书应当载明下列事项：

（一）公司名称；

（二）公司成立日期；

（三）公司注册资本；

（四）股东的姓名或者名称、缴纳的出资额和出资日期；

（五）出资证明书的编号和核发日期。

出资证明书由公司盖章。

第三十二条　有限责任公司应当置备股东名册，记载下列事项：

（一）股东的姓名或者名称及住所；

（二）股东的出资额；

（三）出资证明书编号。

记载于股东名册的股东，可以依股东名册主张行使股东权利。

公司应当将股东的姓名或者名称及其出资额向公司登记机关登记；登记事项发生变更的，应当办理变更登记。未经登记或者变更登记的，不得对抗第三人。

第七十三条　依照本法第七十一条、第七十二条　转让股权后，公司应当注销原股东的出资证明书，向新股东签发出资证明书，并相应修改公司章程和股东名册中有关股东及其出资额的记载。对公司章程的该项修改不需再由股东会表决。

第一百二十九条　公司发行的股票，可以为记名股票，也可以为无记名股票。

公司向发起人、法人发行的股票，应当为记名股票，并应当记载该发起人、法人的名称或者姓名，不得另立户名或者以代表人姓名记名。

第一百三十条 公司发行记名股票的，应当置备股东名册，记载下列事项：

（一）股东的姓名或者名称及住所；

（二）各股东所持股份数；

（三）各股东所持股票的编号；

（四）各股东取得股份的日期。

发行无记名股票的，公司应当记载其股票数量、编号及发行日期。

第一百三十九条 记名股票，由股东以背书方式或者法律、行政法规规定的其他方式转让；转让后由公司将受让人的姓名或者名称及住所记载于股东名册。

股东大会召开前二十日内或者公司决定分配股利的基准日前五日内，不得进行前款规定的股东名册的变更登记。但是，法律对上市公司股东名册变更登记另有规定的，从其规定。

第一百四十条 无记名股票的转让，由股东将该股票交付给受让人后即发生转让的效力。

《最高人民法院关于适用〈中华人民共和国公司法〉若干问题的规定（三）》（法释〔2011〕3号 2011年2月16日起施行 2014年2月17日修正）

第二十一条 当事人向人民法院起诉请求确认其股东资格的，应当以公司为被告，与案件争议股权有利害关系的人作为第三人参加诉讼。

第二十二条 当事人之间对股权归属发生争议，一方请求人民法院确认其享有股权的，应当证明以下事实之一：

（一）已经依法向公司出资或者认缴出资，且不违反法律法规强制性规定；

（二）已经受让或者以其他形式继受公司股权，且不违反法律法规强制性规定。

第二十三条 当事人依法履行出资义务或者依法继受取得股权后，公司未根据公司法第三十一条、第三十二条的规定签发出资证明书、记载于股东名册并办理公司登记机关登记，当事人请求公司履行上述义务的，人民法院应予支持。

《公司登记管理条例》（1994 年 6 月 24 日起施行　2005 年 12 月 18 日修正）

第九条　公司的登记事项包括：

（一）名称；

（二）住所；

（三）法定代表人姓名；

（四）注册资本；

（五）实收资本；

（六）公司类型；

（七）经营范围；

（八）营业期限；

（九）有限责任公司股东或者股份有限公司发起人的姓名或者名称，以及认缴和实缴的出资额、出资时间、出资方式。

第三十五条　有限责任公司股东转让股权的，应当自转让股权之日起 30 日内申请变更登记，并应当提交新股东的主体资格证明或者自然人身份证明。

有限责任公司的自然人股东死亡后，其合法继承人继承股东资格的，公司应当依照前款规定申请变更登记。

有限责任公司的股东或者股份有限公司的发起人改变姓名或者名称的，应当自改变姓名或者名称之日起 30 日内申请变更登记。

【适用本案由需要注意的问题】

◆因确认股东资格纠纷提起的诉讼，根据《民事诉讼法》第 26 条的规定，由公司住所地人民法院管辖。公司住所地指公司主要办事机构所在地。公司办事机构不明确的，由其注册地人民法院管辖。

◆在适用本案由时，要注意其与企业出资人权益确认纠纷的不同，参见本书案由“229. 企业出资人权益确认纠纷”中的相关部分。

243. 股东名册记载纠纷

【案由解析】

股东名册是指有限责任公司和股份有限公司依据公司法的规定必须置备

的，用以记载股东及其所持股份数量、种类等事宜的薄册。

股东名册记载纠纷是指依照公司法规定股东名册必须记载股东的姓名或名称、持股数量等内容，在股东转让股权或者其他发生应当变更股东名册记载事项时，由于转让方股东或公司懈怠或者过失而未变更股东名册所产生的纠纷。

【典型形态】

实践中，股东名册记载纠纷主要有：

（1）转让人怠于履行变更登记义务产生的纠纷，是指负有协助办理股东名册变更登记义务的转让人股东不履行该义务而引发的纠纷。

（2）公司不履行记载义务产生的纠纷，是指负有保管、维护股东名册事宜义务的公司怠于履行该义务而引发的纠纷。

【常用法律条文及索引】

《公司法》（2006 年 1 月 1 日起施行　2013 年 12 月 28 日修正）

第三十二条　有限责任公司应当置备股东名册，记载下列事项：

（一）股东的姓名或者名称及住所；

（二）股东的出资额；

（三）出资证明书编号。

记载于股东名册的股东，可以依股东名册主张行使股东权利。

公司应当将股东的姓名或者名称及其出资额向公司登记机关登记；登记事项发生变更的，应当办理变更登记。未经登记或者变更登记的，不得对抗第三人。

第七十三条　依照本法第七十一条、第七十二条转让股权后，公司应当注销原股东的出资证明书，向新股东签发出资证明书，并相应修改公司章程和股东名册中有关股东及其出资额的记载。对公司章程的该项修改不需再由股东会表决。

第一百三十条　公司发行记名股票的，应当置备股东名册，记载下列事项：

（一）股东的姓名或者名称及住所；

（二）各股东所持股份数；

（三）各股东所持股票的编号；

（四）各股东取得股份的日期。

发行无记名股票的，公司应当记载其股票数量、编号及发行日期。

《最高人民法院关于适用〈中华人民共和国公司法〉若干问题的规定（三）》（法释〔2011〕3号　2011年2月16日起施行　2014年2月17日修正）

第二十三条　当事人依法履行出资义务或者依法继受取得股权后，公司未根据公司法第三十一条、第三十二条的规定签发出资证明书、记载于股东名册并办理公司登记机关登记，当事人请求公司履行上述义务的，人民法院应予支持。

【适用本案由需要注意的问题】

◆因股东名册记载纠纷提起的诉讼，应以《民事诉讼法》规定的关于地域管辖的一般原则为基础，并结合《民事诉讼法》第26条的规定综合考虑确定管辖法院。

◆在适用本案由时，要注意其与请求变更公司登记纠纷的区别。两者适用情形中，均包含《公司法》第32条规定的情形，但前者不限于此，还包括《公司法》第73条、第130条规定的情形，而后者仅限于《公司法》第32条规定的情形；前者适用于对置备于公司处的股东名册记载事项存在异议而发生的纠纷，其诉讼的目的在于变更股东名册相关记载事项，而后者适用于对公司在登记机关登记事项存在异议而发生的纠纷，其诉讼目的在于变更公司在登记机关登记的相关事项；前者作为被告一方的诉讼主体的可能是公司，也可能是其他股东，后者作为被告一方的诉讼主体则限于公司。

244. 请求变更公司登记纠纷

【案由解析】

请求变更公司登记纠纷是指股东转让股权或者发生其他应当变更股东姓名或名称及其出资额时，依照公司法规定，公司应当向公司登记机关申请变更登记而未予办理，进而损害相应股东利益而产生的纠纷。

【常用法律条文及索引】

《公司法》（2006年1月1日起施行　2013年12月28日修正）

第三十二条　有限责任公司应当置备股东名册，记载下列事项：

（一）股东的姓名或者名称及住所；

（二）股东的出资额；

（三）出资证明书编号。

记载于股东名册的股东，可以依股东名册主张行使股东权利。

公司应当将股东的姓名或者名称及其出资额向公司登记机关登记；登记事项发生变更的，应当办理变更登记。未经登记或者变更登记的，不得对抗第三人。

第一百三十六条 公司发行新股募足股款后，必须向公司登记机关办理变更登记，并公告。

《最高人民法院关于适用〈中华人民共和国公司法〉若干问题的规定(三)》（法释〔2011〕3号 2011年2月16日起施行 2014年2月17日修正）

第二十七条 股权转让后尚未向公司登记机关办理变更登记，原股东将仍登记于其名下的股权转让、质押或者以其他方式处分，受让股东以其对于股权享有实际权利为由，请求认定处分股权行为无效的，人民法院可以参照物权法第一百零六条的规定处理。

原股东处分股权造成受让股东损失，受让股东请求原股东承担赔偿责任、对于未及时办理变更登记有过错的董事、高级管理人员或者实际控制人承担相应责任的，人民法院应予支持；受让股东对于未及时办理变更登记也有过错的，可以适当减轻上述董事、高级管理人员或者实际控制人的责任。

第二十八条 冒用他人名义出资并将该他人作为股东在公司登记机关登记的，冒名登记行为人应当承担相应责任；公司、其他股东或者公司债权人以未履行出资义务为由，请求被冒名登记为股东的承担补足出资责任或者对公司债务不能清偿部分的赔偿责任的，人民法院不予支持。

【适用本案由需要注意的问题】

◆因请求变更公司登记纠纷提起的诉讼，应以《民事诉讼法》规定的关于地域管辖的一般原则为基础，并结合《民事诉讼法》第26条的规定综合考虑确定管辖法院。

◆在适用本案由时，要注意其与股东名册记载纠纷的区别（参见本书案由“243. 股东名册记载纠纷”中的相关部分）。

245. 股东出资纠纷

【案由解析】

股东出资是指公司股东（包括发起人和认购人）在公司设立或者增加资本时，为取得股份或股权，根据协议的约定以及法律和章程的规定向公司交付财产或履行其他给付义务的法律行为。

股东出资纠纷是指公司股东违反出资义务造成公司或者其他已履行出资义务的出资人损失而产生的纠纷。

【典型形态】

在实践中，股东出资纠纷的典型形态主要有：

（1）虚假出资纠纷，是指公司股东认购出资取得股权而事实上并未出资所引发的纠纷。虚假出资为欺诈行为，具体表现形式包括：以无实际货币的虚假银行进账单、对账单骗取验资报告和公司登记；以虚假的实物投资手续骗取验资报告和公司登记等。

（2）出资不足纠纷，是指公司股东只履行了部分出资义务，未按规定数额足额交付而引发的纠纷，具体表现形式包括：货币出资的不足；出资的实物、知识产权等非货币出资的价值显著低于章程所确定的价额等。

（3）逾期出资纠纷，是指公司股东不按规定期限交付出资或办理实物等财产权的转移手续而引发的纠纷。实践中经常发生的逾期出资是股东首次出资后未及时履行后续分期出资义务。

（4）抽逃出资纠纷，是指公司股东在公司成立或资本验资之后，将已缴纳的出资抽回而产生的纠纷。抽逃出资属于欺诈行为，具体表现形式包括：将款项转入公司账户验资后又转出；公司成立后，无根据地向股东转移公司资金或其他财产；未依法提取法定公积金或未弥补上一年亏损前而先行分配利润；在公司非盈利状态下，制作虚假财务报表虚增利润进行分配；公司回购股东的股权但未办理减资手续、股东依然行使股东权利；股东通过其控制的其他民事主体与公司之间的关联交易，增加交易成本，变相获取公司财产等。

【常用法律条文及索引】

《公司法》（2006 年 1 月 1 日起施行　2013 年 12 月 28 日修正）

第二十六条　有限责任公司的注册资本为在公司登记机关登记的全体股东认缴的出资额。

法律、行政法规以及国务院决定对有限责任公司注册资本实缴、注册资本最低限额另有规定的，从其规定。

第二十七条　股东可以用货币出资，也可以用实物、知识产权、土地使用权等可以用货币估价并可以依法转让的非货币财产作价出资；但是，法律、行政法规规定不得作为出资的财产除外。

对作为出资的非货币财产应当评估作价，核实财产，不得高估或者低估作价。法律、行政法规对评估作价有规定的，从其规定。

第二十八条　股东应当按期足额缴纳公司章程中规定的各自所认缴的出资额。股东以货币出资的，应当将货币出资足额存入有限责任公司在银行开设的账户；以非货币财产出资的，应当依法办理其财产权的转移手续。

股东不按照前款规定缴纳出资的，除应当向公司足额缴纳外，还应当向已按期足额缴纳出资的股东承担违约责任。

第二十九条　股东认足公司章程规定的出资后，由全体股东指定的代表或者共同委托的代理人向公司登记机关报送公司登记申请书、公司章程等文件，申请设立登记。

第三十条　有限责任公司成立后，发现作为设立公司出资的非货币财产的实际价额显著低于公司章程所定价额的，应当由交付该出资的股东补足其差额；公司设立时的其他股东承担连带责任。

第三十五条　公司成立后，股东不得抽逃出资。

第八十条　股份有限公司采取发起设立方式设立的，注册资本为在公司登记机关登记的全体发起人认购的股本总额。在发起人认购的股份缴足前，不得向他人募集股份。

股份有限公司采取募集方式设立的，注册资本为在公司登记机关登记的实收股本总额。

法律、行政法规以及国务院决定对股份有限公司注册资本实缴、注册资本最低限额另有规定的，从其规定。

第八十二条　发起人的出资方式，适用本法第二十七条的规定。

第八十三条　以发起设立方式设立股份有限公司的，发起人应当书面认足公司章程规定其认购的股份，并按照公司章程规定缴纳出资。以非货币财产出资的，应当依法办理其财产权的转移手续。

发起人不依照前款规定缴纳出资的，应当按照发起人协议承担违约责任。

发起人认足公司章程规定的出资后，应当选举董事会和监事会，由董事会向公司登记机关报送公司章程以及法律、行政法规规定的其他文件，申请设立登记。

第八十四条　以募集设立方式设立股份有限公司的，发起人认购的股份不得少于公司股份总数的百分之三十五；但是，法律、行政法规另有规定的，从其规定。

第九十一条　发起人、认股人缴纳股款或者交付抵作股款的出资后，除未按期募足股份、发起人未按期召开创立大会或者创立大会决议不设立公司的情形外，不得抽回其股本。

第九十三条　股份有限公司成立后，发起人未按照公司章程的规定缴足出资的，应当补缴；其他发起人承担连带责任。

股份有限公司成立后，发现作为设立公司出资的非货币财产的实际价额显著低于公司章程所定价额的，应当由交付该出资的发起人补足其差额；其他发起人承担连带责任。

第一百九十九条　公司的发起人、股东虚假出资，未交付或者未按期交付作为出资的货币或者非货币财产的，由公司登记机关责令改正，处以虚假出资金额百分之五以上百分之十五以下的罚款。

第二百条　公司的发起人、股东在公司成立后，抽逃其出资的，由公司登记机关责令改正，处以所抽逃出资金额百分之五以上百分之十五以下的罚款。

《最高人民法院关于适用〈中华人民共和国公司法〉若干问题的规定(三)》（法释〔2011〕3号　2011年2月16日起施行　2014年2月17日修正）

第七条　出资人以不享有处分权的财产出资，当事人之间对于出资行为效力产生争议的，人民法院可以参照物权法第一百零六条的规定予以认定。

以贪污、受贿、侵占、挪用等违法犯罪所得的货币出资后取得股权的，对违法犯罪行为予以追究、处罚时，应当采取拍卖或者变卖的方式处置其股权。

第八条 出资人以划拨土地使用权出资，或者以设定权利负担的土地使用权出资，公司、其他股东或者公司债权人主张认定出资人未履行出资义务的，人民法院应当责令当事人在指定的合理期间内办理土地变更手续或者解除权利负担；逾期未办理或者未解除的，人民法院应当认定出资人未依法全面履行出资义务。

第九条 出资人以非货币财产出资，未依法评估作价，公司、其他股东或者公司债权人请求认定出资人未履行出资义务的，人民法院应当委托具有合法资格的评估机构对该财产评估作价。评估确定的价额显著低于公司章程所定价额的，人民法院应当认定出资人未依法全面履行出资义务。

第十条 出资人以房屋、土地使用权或者需要办理权属登记的知识产权等财产出资，已经交付公司使用但未办理权属变更手续，公司、其他股东或者公司债权人主张认定出资人未履行出资义务的，人民法院应当责令当事人在指定的合理期间内办理权属变更手续；在前述期间内办理了权属变更手续的，人民法院应当认定其已经履行了出资义务；出资人主张自其实际交付财产给公司使用时享有相应股东权利的，人民法院应予支持。

出资人以前款规定的财产出资，已经办理权属变更手续但未交付给公司使用，公司或者其他股东主张其向公司交付、并在实际交付之前不享有相应股东权利的，人民法院应予支持。

第十一条 出资人以其他公司股权出资，符合下列条件的，人民法院应当认定出资人已履行出资义务：

（一）出资的股权由出资人合法持有并依法可以转让；

（二）出资的股权无权利瑕疵或者权利负担；

（三）出资人已履行关于股权转让的法定手续；

（四）出资的股权已依法进行了价值评估。

股权出资不符合前款第（一）、（二）、（三）项的规定，公司、其他股东或者公司债权人请求认定出资人未履行出资义务的，人民法院应当责令该出资人在指定的合理期间内采取补正措施，以符合上述条件；逾期未补正的，人民法院应当认定其未依法全面履行出资义务。

股权出资不符合本条第一款第（四）项的规定，公司、其他股东或者公司债权人请求认定出资人未履行出资义务的，人民法院应当按照本规定第九条的规定处理。

第十二条　公司成立后，公司、股东或者公司债权人以相关股东的行为符合下列情形之一且损害公司权益为由，请求认定该股东抽逃出资的，人民法院应予支持：

（一）制作虚假财务会计报表虚增利润进行分配；

（二）通过虚构债权债务关系将其出资转出；

（三）利用关联交易将出资转出；

（四）其他未经法定程序将出资抽回的行为。

第十三条　股东未履行或者未全面履行出资义务，公司或者其他股东请求其向公司依法全面履行出资义务的，人民法院应予支持。

公司债权人请求未履行或者未全面履行出资义务的股东在未出资本息范围内对公司债务不能清偿的部分承担补充赔偿责任的，人民法院应予支持；未履行或者未全面履行出资义务的股东已经承担上述责任，其他债权人提出相同请求的，人民法院不予支持。

股东在公司设立时未履行或者未全面履行出资义务，依照本条第一款或者第二款提起诉讼的原告，请求公司的发起人与被告股东承担连带责任的，人民法院应予支持；公司的发起人承担责任后，可以向被告股东追偿。

股东在公司增资时未履行或者未全面履行出资义务，依照本条第一款或者第二款提起诉讼的原告，请求未尽公司法第一百四十七条第一款规定的义务而使出资未缴足的董事、高级管理人员承担相应责任的，人民法院应予支持；董事、高级管理人员承担责任后，可以向被告股东追偿。

第十八条　有限责任公司的股东未履行或者未全面履行出资义务即转让股权，受让人对此知道或者应当知道，公司请求该股东履行出资义务、受让人对此承担连带责任的，人民法院应予支持；公司债权人依照本规定第十三条第二款向该股东提起诉讼，同时请求前述受让人对此承担连带责任的，人民法院应予支持。

受让人根据前款规定承担责任后，向该未履行或者未全面履行出资义务的股东追偿的，人民法院应予支持。但是，当事人另有约定的除外。

第十九条　公司股东未履行或者未全面履行出资义务或者抽逃出资，公司或者其他股东请求其向公司全面履行出资义务或者返还出资，被告股东以诉讼时效为由进行抗辩的，人民法院不予支持。

公司债权人的债权未过诉讼时效期间，其依照本规定第十三条第二款、第十四条第二款的规定请求未履行或者未全面履行出资义务或者抽逃出资的股东承担赔偿责任，被告股东以出资义务或者返还出资义务超过诉讼时效期间为由进行抗辩的，人民法院不予支持。

【适用本案由需要注意的问题】

◆因股东出资纠纷提起的诉讼，应以《民事诉讼法》中关于地域管辖的一般原则为基础，并结合《民事诉讼法》第26条的规定综合考虑确定管辖法院。

◆在适用本案由时，要注意其与新增资本认购纠纷的不同。股东出资纠纷针对的是股东违反出资义务的情形；而新增资本认购纠纷针对的是公司新增注册资本的情形。

246. 新增资本认购纠纷

【案由解析】

新增资本认购纠纷是指有限责任公司新增资本认购、股份有限公司发行新股认购而产生的纠纷。

新增资本认购纠纷主要有以下类型：股东或者公司之外的其他人起诉要求确认享有公司股权纠纷和因行使优先认股权产生的纠纷。

【常用法律条文及索引】

《公司法》(2006年1月1日起施行　2013年12月28日修正)

第三十四条　股东按照实缴的出资比例分取红利；公司新增资本时，股东有权优先按照实缴的出资比例认缴出资。但是，全体股东约定不按照出资比例分取红利或者不按照出资比例优先认缴出资的除外。

第一百三十三条　公司发行新股，股东大会应当对下列事项作出决议：

(一) 新股种类及数额；

(二) 新股发行价格；

(三) 新股发行的起止日期；

(四) 向原有股东发行新股的种类及数额。

第一百三十四条　公司经国务院证券监督管理机构核准公开发行新股时，必须公告新股招股说明书和财务会计报告，并制作认股书。

本法第八十七条、第八十八条的规定适用于公司公开发行新股。

第一百三十五条　公司发行新股，可以根据公司经营情况和财务状况，确定其作价方案。

第一百三十六条　公司发行新股募足股款后，必须向公司登记机关办理变更登记，并公告。

《最高人民法院关于适用〈中华人民共和国公司法〉若干问题的规定(三)》（法释〔2011〕3号　2011年2月16日起施行　2014年2月17日修正）

第十一条　出资人以其他公司股权出资，符合下列条件的，人民法院应当认定出资人已履行出资义务：

（一）出资的股权由出资人合法持有并依法可以转让；

（二）出资的股权无权利瑕疵或者权利负担；

（三）出资人已履行关于股权转让的法定手续；

（四）出资的股权已依法进行了价值评估。

股权出资不符合前款第（一）、（二）、（三）项的规定，公司、其他股东或者公司债权人请求认定出资人未履行出资义务的，人民法院应当责令该出资人在指定的合理期间内采取补正措施，以符合上述条件；逾期未补正的，人民法院应当认定其未依法全面履行出资义务。

股权出资不符合本条第一款第（四）项的规定，公司、其他股东或者公司债权人请求认定出资人未履行出资义务的，人民法院应当按照本规定第九条的规定处理。

第十二条　公司成立后，公司、股东或者公司债权人以相关股东的行为符合下列情形之一且损害公司权益为由，请求认定该股东抽逃出资的，人民法院应予支持：

（一）制作虚假财务会计报表虚增利润进行分配；

（二）通过虚构债权债务关系将其出资转出；

（三）利用关联交易将出资转出；

（四）其他未经法定程序将出资抽回的行为。

第十三条　股东未履行或者未全面履行出资义务，公司或者其他股东请求其向公司依法全面履行出资义务的，人民法院应予支持。

公司债权人请求未履行或者未全面履行出资义务的股东在未出资本息范围内对公司债务不能清偿的部分承担补充赔偿责任的，人民法院应予支持；

未履行或者未全面履行出资义务的股东已经承担上述责任，其他债权人提出相同请求的，人民法院不予支持。

股东在公司设立时未履行或者未全面履行出资义务，依照本条第一款或者第二款提起诉讼的原告，请求公司的发起人与被告股东承担连带责任的，人民法院应予支持；公司的发起人承担责任后，可以向被告股东追偿。

股东在公司增资时未履行或者未全面履行出资义务，依照本条第一款或者第二款提起诉讼的原告，请求未尽公司法第一百四十七条第一款规定的义务而使出资未缴足的董事、高级管理人员承担相应责任的，人民法院应予支持；董事、高级管理人员承担责任后，可以向被告股东追偿。

【适用本案由需要注意的问题】

◆因新增资本认购纠纷提起的诉讼，应以《民事诉讼法》规定的关于地域管辖的一般原则为基础，并结合《民事诉讼法》第26条的规定综合考虑确定管辖法院。

◆在适用本案由时，要注意其与股东出资纠纷的不同。新增资本认购纠纷针对的是公司新增注册资本的情形；而股东出资纠纷针对的是股东违反出资义务的情形。

247. 股东知情权纠纷

【案由解析】

股东知情权为法律赋予股东通过查阅公司财务报告资料、账簿等有关公司经营、决策、管理的相关资料以及询问与上述有关的问题，实现了解公司运营状况和公司高级管理人员的业务活动的权利。股东知情权是一个权利体系，股东知情权并非是股东所享有的单一权利而是一个权利体系。由查阅公司章程权、查阅股东会会议记录权、查阅公司会计报告权、查阅董事会会议决议权等一系列权利构成。现代公司实行所有权与控制权的分离，股东不直接营运公司事务，股东要对公司事务参与和监管，首先要获取公司经营的有关信息，只有在获取了公司经营信息的基础上，才可能行使对公司的监督权和在重大经营决策上维护股东的终极利益，从而达到维护股东利益的目的，所以可以说股东知情权是实现其他权利的前提和基础。股东知情权纠纷是指公司限制或剥夺股东了解公司运营状况和公司高级管理人员的业务活动的相关权利而产生的纠纷。

【常用法律条文及索引】

《公司法》（2006 年 1 月 1 日起施行　2013 年 12 月 28 日修正）

第三十三条　股东有权查阅、复制公司章程、股东会会议记录、董事会会议决议、监事会会议决议和财务会计报告。

股东可以要求查阅公司会计账簿。股东要求查阅公司会计账簿的，应当向公司提出书面请求，说明目的。公司有合理根据认为股东查阅会计账簿有不正当目的，可能损害公司合法利益的，可以拒绝提供查阅，并应当自股东提出书面请求之日起十五日内书面答复股东并说明理由。公司拒绝提供查阅的，股东可以请求人民法院要求公司提供查阅。

第九十六条　股份有限公司应当将公司章程、股东名册、公司债券存根、股东大会会议记录、董事会会议记录、监事会会议记录、财务会计报告置备于本公司。

第九十七条　股东有权查阅公司章程、股东名册、公司债券存根、股东大会会议记录、董事会会议决议、监事会会议决议、财务会计报告，对公司的经营提出建议或者质询。

第一百一十六条　公司应当定期向股东披露董事、监事、高级管理人员从公司获得报酬的情况。

第一百六十五条　有限责任公司应当依照公司章程规定的期限将财务会计报告送交各股东。

股份有限公司的财务会计报告应当在召开股东大会年会的二十日前置备于本公司，供股东查阅；公开发行股票的股份有限公司必须公告其财务会计报告。

《最高人民法院关于适用〈中华人民共和国公司法〉若干问题的规定（四）》（法释〔2017〕16 号　2017 年 9 月 1 日起施行）

第七条　股东依据公司法第三十三条、第九十七条或者公司章程的规定，起诉请求查阅或者复制公司特定文件材料的，人民法院应当依法予以受理。

公司有证据证明前款规定的原告在起诉时不具有公司股东资格的，人民法院应当驳回起诉，但原告有初步证据证明在持股期间其合法权益受到损害，请求依法查阅或者复制其持股期间的公司特定文件材料的除外。

第八条 有限责任公司有证据证明股东存在下列情形之一的，人民法院应当认定股东有公司法第三十三条第二款规定的“不正当目的”：

（一）股东自营或者为他人经营与公司主营业务有实质性竞争关系业务的，但公司章程另有规定或者全体股东另有约定的除外；

（二）股东为了向他人通报有关信息查阅公司会计账簿，可能损害公司合法利益的；

（三）股东在向公司提出查阅请求之日前的三年内，曾通过查阅公司会计账簿，向他人通报有关信息损害公司合法利益的；

（四）股东有不正当目的的其他情形。

第九条 公司章程、股东之间的协议等实质性剥夺股东依据公司法第三十三条、第九十七条规定查阅或者复制公司文件材料的权利，公司以此为由拒绝股东查阅或者复制的，人民法院不予支持。

第十条 人民法院审理股东请求查阅或者复制公司特定文件材料的案件，对原告诉讼请求予以支持的，应当在判决中明确查阅或者复制公司特定文件材料的时间、地点和特定文件材料的名录。

股东依据人民法院生效判决查阅公司文件材料的，在该股东在场的情况下，可以由会计师、律师等依法或者依据执业行为规范负有保密义务的中介机构执业人员辅助进行。

第十一条 股东行使知情权后泄露公司商业秘密导致公司合法利益受到损害，公司请求该股东赔偿相关损失的，人民法院应当予以支持。

根据本规定第十条辅助股东查阅公司文件材料的会计师、律师等泄露公司商业秘密导致公司合法利益受到损害，公司请求其赔偿相关损失的，人民法院应当予以支持。

第十二条 公司董事、高级管理人员等未依法履行职责，导致公司未依法制作或者保存公司法第三十三条、第九十七条规定的公司文件材料，给股东造成损失，股东依法请求负有相应责任的公司董事、高级管理人员承担民事赔偿责任的，人民法院应当予以支持。

【适用本案由需要注意的问题】

◆因股东知情权纠纷提起的诉讼，应以《民事诉讼法》中关于地域管辖的一般原则为基础，并结合《民事诉讼法》第26条的规定综合考虑确定管辖法院。

◆实践中，对于行使知情权的股东同时又是公司董事的情况，依据《公司法》规定，应当以股东名义提起知情权诉讼。此外，股东请求委托他人查阅公司有关档案材料，或者公司未依照法律或者公司章程规定建立相关档案材料、公司建立的相关档案材料虚假或者丢失，股东起诉请求公司依照法律或者公司章程规定重新建立并提供给股东查阅的，适用本案由纠纷。如公司没有法律或章程规定建立相关档案材料义务的，股东主张知情权诉讼要求公司承担赔偿责任的，不适用本案由纠纷，应另行起诉。

248. 请求公司收购股份纠纷

【案由解析】

本案由是异议股东行使《公司法》的股份收购请求权时产生纠纷的案由。股份收购请求权是指公司股东大会基于资本多数表决就有关公司的重大行动作出决议后，持异议的少数股东有权要求公司以公平价格购买其持有股份，从而退出该公司的权利。

请求公司收购股份纠纷是指异议股东在法定情形下要求公司对其所持股份以公平价格予以购买而产生的纠纷。

【常用法律条文及索引】

《公司法》（2006 年 1 月 1 日起施行　2013 年 12 月 28 日修正）

第七十四条　有下列情形之一的，对股东会该项决议投反对票的股东可以请求公司按照合理的价格收购其股权：

（一）公司连续五年不向股东分配利润，而公司该五年连续盈利，并且符合本法规定的分配利润条件的；

（二）公司合并、分立、转让主要财产的；

（三）公司章程规定的营业期限届满或者章程规定的其他解散事由出现，股东会会议通过决议修改章程使公司存续的。

自股东会会议决议通过之日起六十日内，股东与公司不能达成股权收购协议的，股东可以自股东会会议决议通过之日起九十日内向人民法院提起诉讼。

第一百四十二条 公司不得收购本公司股份。但是，有下列情形之一的除外：

（一）减少公司注册资本；

（二）与持有本公司股份的其他公司合并；

（三）将股份奖励给本公司职工；

（四）股东因对股东大会作出的公司合并、分立决议持异议，要求公司收购其股份的。

公司因前款第（一）项至第（三）项的原因收购本公司股份的，应当经股东大会决议。公司依照前款规定收购本公司股份后，属于第（一）项情形的，应当自收购之日起十日内注销；属于第（二）项、第（四）项情形的，应当在六个月内转让或者注销。

公司依照第一款第（三）项规定收购的本公司股份，不得超过本公司已发行股份总额的百分之五；用于收购的资金应当从公司的税后利润中支出；所收购的股份应当在一年内转让给职工。

公司不得接受本公司的股票作为质押权的标的。

【适用本案由需要注意的问题】

◆因请求公司收购股份纠纷提起的诉讼，应以《民事诉讼法》规定的关于地域管辖的一般原则为基础，并结合《民事诉讼法》第26条的规定综合考虑确定管辖法院。

◆在适用本案由时，要注意其与股权转让纠纷的不同。在股权转让纠纷中，股权的受让方是公司之外的其他主体；而在请求公司收购股份纠纷中，股权的受让方是公司本身。

249. 股权转让纠纷

【案由解析】

股权转让是指公司的股东将自己所持有的出资额或股份转让给他人，使他人成为公司的股东。

股权转让纠纷是指公司股东之间、股东与非股东之间进行股权转让而产生的纠纷。

【典型形态】

在实践中，股权转让纠纷主要有：

（1）股权转让合同效力纠纷，是指公司股东之间或股东与非股东之间在股权转让过程中因合同的效力问题而产生的纠纷。

（2）股权转让合同履行纠纷，是指公司股东之间或股东与非股东之间在股权转让过程中因合同的履行问题而产生的纠纷。

（3）瑕疵出资股东股权转让纠纷，是指公司股东在转让股权过程中因其出资存在瑕疵而产生的纠纷。

（4）股权转让中的瑕疵责任纠纷，是指公司股东在转让股权过程中因股权存在瑕疵而产生的责任纠纷。

【常用法律条文及索引】

《公司法》（2006 年 1 月 1 日起施行　2013 年 12 月 28 日修正）

第七十一条　有限责任公司的股东之间可以相互转让其全部或者部分股权。

股东向股东以外的人转让股权，应当经其他股东过半数同意。股东应就其股权转让事项书面通知其他股东征求同意，其他股东自接到书面通知之日起满三十日未答复的，视为同意转让。其他股东半数以上不同意转让的，不同意的股东应当购买该转让的股权；不购买的，视为同意转让。

经股东同意转让的股权，在同等条件下，其他股东有优先购买权。两个以上股东主张行使优先购买权的，协商确定各自的购买比例；协商不成的，按照转让时各自的出资比例行使优先购买权。

公司章程对股权转让另有规定的，从其规定。

第七十二条　人民法院依照法律规定的强制执行程序转让股东的股权时，应当通知公司及全体股东，其他股东在同等条件下有优先购买权。其他股东自人民法院通知之日起满二十日不行使优先购买权的，视为放弃优先购买权。

第七十五条　自然人股东死亡后，其合法继承人可以继承股东资格；但是，公司章程另有规定的除外。

第一百三十八条　股东转让其股份，应当在依法设立的证券交易场所进行或者按照国务院规定的其他方式进行。

第一百三十九条 记名股票，由股东以背书方式或者法律、行政法规规定的其他方式转让；转让后由公司将受让人的姓名或者名称及住所记载于股东名册。

股东大会召开前二十日内或者公司决定分配股利的基准日前五日内，不得进行前款规定的股东名册的变更登记。但是，法律对上市公司股东名册变更登记另有规定的，从其规定。

第一百四十条 无记名股票的转让，由股东将该股票交付给受让人后即发生转让的效力。

第一百四十一条 发起人持有的本公司股份，自公司成立之日起一年内不得转让。公司公开发行股份前已发行的股份，自公司股票在证券交易所上市交易之日起一年内不得转让。

公司董事、监事、高级管理人员应当向公司申报所持有的本公司的股份及其变动情况，在任职期间每年转让的股份不得超过其所持有本公司股份总数的百分之二十五；所持本公司股份自公司股票上市交易之日起一年内不得转让。上述人员离职后半年内，不得转让其所持有的本公司股份。公司章程可以对公司董事、监事、高级管理人员转让其所持有的本公司股份作出其他限制性规定。

第一百四十四条 上市公司的股票，依照有关法律、行政法规及证券交易所交易规则上市交易。

《最高人民法院关于适用〈中华人民共和国公司法〉若干问题的规定(四)》（法释〔2017〕16号 2017年9月1日起施行）

第十六条 有限责任公司的自然人股东因继承发生变化时，其他股东主张依据公司法第七十一条第三款规定行使优先购买权的，人民法院不予支持，但公司章程另有规定或者全体股东另有约定的除外。

第十七条 有限责任公司的股东向股东以外的人转让股权，应就其股权转让事项以书面或者其他能够确认收悉的合理方式通知其他股东征求同意。其他股东半数以上不同意转让，不同意的股东不购买的，人民法院应当认定视为同意转让。

经股东同意转让的股权，其他股东主张转让股东应当向其以书面或者其他能够确认收悉的合理方式通知转让股权的同等条件的，人民法院应当予以支持。

经股东同意转让的股权，在同等条件下，转让股东以外的其他股东主张优先购买的，人民法院应当予以支持，但转让股东依据本规定第二十条放弃转让的除外。

第十八条 人民法院在判断是否符合公司法第七十一条第三款及本规定所称的“同等条件”时，应当考虑转让股权的数量、价格、支付方式及期限等因素。

第十九条 有限责任公司的股东主张优先购买转让股权的，应当在收到通知后，在公司章程规定的行使期间内提出购买请求。公司章程没有规定行使期间或者规定不明确的，以通知确定的期间为准，通知确定的期间短于三十日或者未明确行使期间的，行使期间为三十日。

第二十条 有限责任公司的转让股东，在其他股东主张优先购买后又不同意转让股权的，对其他股东优先购买的主张，人民法院不予支持，但公司章程另有规定或者全体股东另有约定的除外。其他股东主张转让股东赔偿其损失合理的，人民法院应当予以支持。

第二十一条 有限责任公司的股东向股东以外的人转让股权，未就其股权转让事项征求其他股东意见，或者以欺诈、恶意串通等手段，损害其他股东优先购买权，其他股东主张按照同等条件购买该转让股权的，人民法院应当予以支持，但其他股东自知道或者应当知道行使优先购买权的同等条件之日起三十日内没有主张，或者自股权变更登记之日起超过一年的除外。

前款规定的其他股东仅提出确认股权转让合同及股权变动效力等请求，未同时主张按照同等条件购买转让股权的，人民法院不予支持，但其他股东非因自身原因导致无法行使优先购买权，请求损害赔偿的除外。

股东以外的股权受让人，因股东行使优先购买权而不能实现合同目的的，可以依法请求转让股东承担相应民事责任。

第二十二条 通过拍卖向股东以外的人转让有限责任公司股权的，适用公司法第七十一条第二款、第三款或者第七十二条规定的“书面通知”“通知”“同等条件”时，根据相关法律、司法解释确定。

在依法设立的产权交易场所转让有限责任公司国有股权的，适用公司法第七十一条第二款、第三款或者第七十二条规定的“书面通知”“通知”“同等条件”时，可以参照产权交易场所的交易规则。

【适用本案由需要注意的问题】

◆因股权转让纠纷提起的诉讼，应以《民事诉讼法》中关于地域管辖的一般原则为基础，并结合《民事诉讼法》第26条的规定综合考虑确定管辖法院。

◆在确定本案由时，尤其要注意区分其与请求公司收购股份纠纷的不同。此外，本案由与一般的买卖纠纷也存在不同。在一般的买卖合同中，买受人取得的是商品的所有权；而在股权转让中，受让方取得的是公司的股东资格，享有股东地位和权益。

250. 公司决议纠纷

（1）公司决议效力确认纠纷

（2）公司决议撤销纠纷

【案由解析】

公司决议纠纷是指公司股东会或股东大会、董事会决议内容或者会议召集程序、表决方式违反法律、行政法规或者公司章程，股东向人民法院提起诉讼，要求确认股东会或股东大会、董事会决议的效力或者撤销股东会或股东大会、董事会决议而产生的纠纷。

公司决议瑕疵是指由于公司决议违反法律、行政法规或公司章程的规定，导致公司决议不能体现所有股东的真实意思。决议的瑕疵既可能存在于形成决议的程序中，又可能存在于决议的内容中；前者属于程序瑕疵，后者属于内容瑕疵。

公司决议的产生要通过履行一定程序方可形成，只有按照规定的程序形成的决议才能保证决议参与者平等、充分的表达意思，也才能发生公司决议的效力。倘若公司决议在程序上存在瑕疵，就不能体现为所有应当享有表决权的决议参与者的真实意思表示，除非该决议做出后取得所有应当享有表决权的决议参与者的一致追认或默认。程序瑕疵发生于决议形成的过程之中，主要体现在会议召集程序和表决方式两个方面。程序瑕疵表现为会议召集程序、表决方式违反法律、行政法规或者公司章程。

内容瑕疵与程序瑕疵相比其具有不可逆转性，被一些学者称之为“不可逆转的缺陷”，即不论公司采取何种补救措施均不得作出与此内容相同的决议。内容瑕疵主要表现为：决议内容违反民法、公司法的基本原则和具体规定；违反其他法律、行政法规的规定；违反公司章程。

我国《公司法》第22条的规定，把公司决议瑕疵诉讼区分为“决议内容违反法律、行政法规”的确认决议无效诉讼和“会议召集程序、表决方式违反法律、行政法规或者公司章程，或者决议内容违反公司章程”的撤销决议诉讼两种情形，作此区分也并不是完全按照程序瑕疵和内容瑕疵的区分而进行的诉讼区分，而是把决议内容违法作为无效之诉；把程序违反法律、章程和内容违反章程合并作为撤销之诉。

【常用法律条文及索引】

《公司法》（2006年1月1日起施行　2013年12月28日修正）

第二十二条　公司股东会或者股东大会、董事会的决议内容违反法律、行政法规的无效。

股东会或者股东大会、董事会的会议召集程序、表决方式违反法律、行政法规或者公司章程，或者决议内容违反公司章程的，股东可以自决议作出之日起六十日内，请求人民法院撤销。

股东依照前款规定提起诉讼的，人民法院可以应公司的请求，要求股东提供相应担保。

公司根据股东会或者股东大会、董事会决议已办理变更登记的，人民法院宣告该决议无效或者撤销该决议后，公司应当向公司登记机关申请撤销变更登记。

《最高人民法院关于适用〈中华人民共和国公司法〉若干问题的规定(四)》（法释〔2017〕16号　2017年9月1日起施行）

第一条　公司股东、董事、监事等请求确认股东会或者股东大会、董事会决议无效或者不成立的，人民法院应当依法予以受理。

第二条　依据公司法第二十二条第二款请求撤销股东会或者股东大会、董事会决议的原告，应当在起诉时具有公司股东资格。

第三条　原告请求确认股东会或者股东大会、董事会决议不成立、无效或者撤销决议的案件，应当列公司为被告。对决议涉及的其他利害关系人，可以依法列为第三人。

一审法庭辩论终结前，其他有原告资格的人以相同的诉讼请求申请参加前款规定诉讼的，可以列为共同原告。

第四条　股东请求撤销股东会或者股东大会、董事会决议，符合公司法第二十二条第二款规定的，人民法院应当予以支持，但会议召集程序或者表决方式仅有轻微瑕疵，且对决议未产生实质影响的，人民法院不予支持。

第五条 股东会或者股东大会、董事会决议存在下列情形之一，当事人主张决议不成立的，人民法院应当予以支持：

（一）公司未召开会议的，但依据公司法第三十七条第二款或者公司章程规定可以不召开股东会或者股东大会而直接作出决定，并由全体股东在决定文件上签名、盖章的除外；

（二）会议未对决议事项进行表决的；

（三）出席会议的人数或者股东所持表决权不符合公司法或者公司章程规定的；

（四）会议的表决结果未达到公司法或者公司章程规定的通过比例的；

（五）导致决议不成立的其他情形。

第六条 股东会或者股东大会、董事会决议被人民法院判决确认无效或者撤销的，公司依据该决议与善意相对人形成的民事法律关系不受影响。

【适用本案由需要注意的问题】

◆因股权决议纠纷提起的诉讼，应以《民事诉讼法》规定的关于地域管辖的一般原则为基础，并结合《民事诉讼法》第26条的规定综合考虑确定管辖法院。

◆在适用本案由时，需注意的是，在股东决议纠纷中，公司其他股东以与原告相同理由请求参加诉讼的，应当列为共同原告；由于股东会或者股东大会和董事会为公司机关，因此被告为公司，对决议涉及的相关利害关系人，可以列为共同被告或者第三人。

251. 公司设立纠纷

【案由解析】

公司设立是指发起人依照公司法的规定在公司成立之前为组建公司进行的、目的在于取得法律主体资格的活动。

公司设立纠纷是指公司设立过程中，发起人、设立中的公司和债权人等利害关系人因相互之间的权利义务争议而产生的纠纷。

【典型形态】

在实践中，公司设立纠纷的典型形态主要有：

（1）发起人为设立公司以自己的名义对外签订合同而产生的纠纷。

（2）发起人为设立公司以设立中的公司的名义签订合同而产生的纠纷。

【常用法律条文及索引】

《最高人民法院关于适用〈中华人民共和国公司法〉若干问题的规定（三）》（法释〔2011〕3号 2011年2月16日起施行 2014年2月17日修正）

第二条 发起人为设立公司以自己名义对外签订合同，合同相对人请求该发起人承担合同责任的，人民法院应予支持。

公司成立后对前款规定的合同予以确认，或者已经实际享有合同权利或者履行合同义务，合同相对人请求公司承担合同责任的，人民法院应予支持。

第三条 发起人以设立中公司名义对外签订合同，公司成立后合同相对人请求公司承担合同责任的，人民法院应予支持。

公司成立后有证据证明发起人利用设立中公司的名义为自己的利益与相对人签订合同，公司以此为由主张不承担合同责任的，人民法院应予支持，但相对人为善意的除外。

第四条 公司因故未成立，债权人请求全体或者部分发起人对设立公司行为所产生的费用和债务承担连带清偿责任的，人民法院应予支持。

部分发起人依照前款规定承担责任后，请求其他发起人分担的，人民法院应当判令其他发起人按照约定的责任承担比例分担责任；没有约定责任承担比例的，按照约定的出资比例分担责任；没有约定出资比例的，按照均等份额分担责任。

因部分发起人的过错导致公司未成立，其他发起人主张其承担设立行为所产生的费用和债务的，人民法院应当根据过错情况，确定过错一方的责任范围。

第五条 发起人因履行公司设立职责造成他人损害，公司成立后受害人请求公司承担侵权赔偿责任的，人民法院应予支持；公司未成立，受害人请求全体发起人承担连带赔偿责任的，人民法院应予支持。

公司或者无过错的发起人承担赔偿责任后，可以向有过错的发起人追偿。

第十三条 股东未履行或者未全面履行出资义务，公司或者其他股东请求其向公司依法全面履行出资义务的，人民法院应予支持。

公司债权人请求未履行或者未全面履行出资义务的股东在未出资本息范围内对公司债务不能清偿的部分承担补充赔偿责任的，人民法院应予支持；未履行或者未全面履行出资义务的股东已经承担上述责任，其他债权人提出相同请求的，人民法院不予支持。

股东在公司设立时未履行或者未全面履行出资义务，依照本条第一款或者第二款提起诉讼的原告，请求公司的发起人与被告股东承担连带责任的，人民法院应予支持；公司的发起人承担责任后，可以向被告股东追偿。

股东在公司增资时未履行或者未全面履行出资义务，依照本条第一款或者第二款提起诉讼的原告，请求未尽公司法第一百四十七条第一款规定的义务而使出资未缴足的董事、高级管理人员承担相应责任的，人民法院应予支持；董事、高级管理人员承担责任后，可以向被告股东追偿。

【适用本案由需要注意的问题】

◆因公司设立纠纷提起的诉讼，根据《民事诉讼法》第26条的规定，由公司住所地人民法院管辖。公司住所地是指公司主要办事机构所在地。公司办事机构不明确的，由其注册地人民法院管辖。

◆在适用本案由时，要注意其与发起人责任纠纷的不同。发起人责任纠纷主要是规范公司设立过程中发起人的责任承担问题，而公司设立纠纷主要规范的是公司设立过程中发起人与设立中公司、债权人之间的权利义务争议问题。

252. 公司证照返还纠纷

【案由解析】

公司证照返还纠纷是指保管、持有公司证照的公司相关人员不履行在特定情形下将公司证照返还给公司的义务而产生的纠纷。个别情况下，公司人员之外的第三人也有可能非法侵占公司证照拒不返还。

【常用法律条文及索引】

《物权法》（2007年10月1日起施行）

第三十四条 无权占有不动产或者动产的，权利人可以请求返还原物。

《民法通则》（1987年1月1日起施行 2009年8月27日修正）

第一百一十七条 侵占国家的、集体的财产或者他人财产的，应当返还财产，不能返还财产的，应当折价赔偿。

损坏国家的、集体的财产或者他人财产的，应当恢复原状或者折价赔偿。

受害人因此遭受其他重大损失的，侵害人并应当赔偿损失。

《公司法》（2006年1月1日起施行 2013年12月28日修正）

第一百四十七条 董事、监事、高级管理人员应当遵守法律、行政法规和公司章程，对公司负有忠实义务和勤勉义务。

董事、监事、高级管理人员不得利用职权收受贿赂或者其他非法收入，不得侵占公司的财产。

第一百四十九条 董事、监事、高级管理人员执行公司职务时违反法律、行政法规或者公司章程的规定，给公司造成损失的，应当承担赔偿责任。

【适用本案由需要注意的问题】

◆因公司证照返还纠纷提起的诉讼，应以《民事诉讼法》规定的关于地域管辖的一般原则为基础，并结合《民事诉讼法》第26条的规定综合考虑确定管辖法院。

◆因公司证照返还引发的纠纷，其实质往往是对公司控制权的争夺。因此此类纠纷与普通的损害公司权益的财产返还纠纷有所区别。

253. 发起人责任纠纷

【案由解析】

发起人是指依照公司法的规定为设立公司而签署公司章程、向公司认购出资或者股份、履行公司设立职责并对公司设立承担责任的人，包括有限责任公司设立时的出资人和股份有限公司的发起人。

发起人责任纠纷是指发起人在公司设立过程中，因公司不能成立对认股人所应承担的责任，或者在公司成立时因发起人自身的过失行为致使公司利益受损应当承担相应责任的纠纷。

【典型形态】

在实践中，发起人责任纠纷的典型形态主要有：

（1）公司设立失败时的发起人责任纠纷，是指因为各种原因导致公司不能成立时，发起人应承担公司设立失败的责任而引发的纠纷。

（2）公司成立时的发起人责任纠纷，是指发起人在公司成立时应承担资本充实、损害赔偿等责任，在公司设立过程中因发起人的过失致使公司利益受到损害而产生的纠纷。

【常用法律条文及索引】

《公司法》（2006 年 1 月 1 日起施行　2013 年 12 月 28 日修正）

第三十条　有限责任公司成立后，发现作为设立公司出资的非货币财产的实际价额显著低于公司章程所定价额的，应当由交付该出资的股东补足其差额；公司设立时的其他股东承担连带责任。

第八十三条　以发起设立方式设立股份有限公司的，发起人应当书面认足公司章程规定其认购的股份，并按照公司章程规定缴纳出资。以非货币财产出资的，应当依法办理其财产权的转移手续。

发起人不依照前款规定缴纳出资的，应当按照发起人协议承担违约责任。

发起人认足公司章程规定的出资后，应当选举董事会和监事会，由董事会向公司登记机关报送公司章程以及法律、行政法规规定的其他文件，申请设立登记。

第九十三条　股份有限公司成立后，发起人未按照公司章程的规定缴足出资的，应当补缴；其他发起人承担连带责任。

股份有限公司成立后，发现作为设立公司出资的非货币财产的实际价额显著低于公司章程所定价额的，应当由交付该出资的发起人补足其差额；其他发起人承担连带责任。

第九十四条　股份有限公司的发起人应当承担下列责任：

（一）公司不能成立时，对设立行为所产生的债务和费用负连带责任；

（二）公司不能成立时，对认股人已缴纳的股款，负返还股款并加算银行同期存款利息的连带责任；

（三）在公司设立过程中，由于发起人的过失致使公司利益受到损害的，应当对公司承担赔偿责任。

【适用本案由需要注意的问题】

◆因发起人责任纠纷提起的诉讼，应以《民事诉讼法》规定的关于地域管辖的一般原则为基础，并结合《民事诉讼法》第 26 条的规定综合考虑确定管辖法院。

◆如前所述，在确定本案由时，要注意区分其与公司设立纠纷的不同。

254. 公司盈余分配纠纷

【案由解析】

股东盈余分配请求权是指股东依法享有请求公司按照出资或股份比例分配股利的权利。

公司盈余分配纠纷是指公司或公司大股东利用股利政策损害中小股东盈余分配请求权而产生的纠纷。

【常用法律条文及索引】

《公司法》（2006 年 1 月 1 日起施行 2013 年 12 月 28 日修正）

第四条 公司股东依法享有资产收益、参与重大决策和选择管理者等权利。

第三十四条 股东按照实缴的出资比例分取红利；公司新增资本时，股东有权优先按照实缴的出资比例认缴出资。但是，全体股东约定不按照出资比例分取红利或者不按照出资比例优先认缴出资的除外。

第一百六十六条 公司分配当年税后利润时，应当提取利润的百分之十列入公司法定公积金。公司法定公积金累计额为公司注册资本的百分之五十以上的，可以不再提取。

公司的法定公积金不足以弥补以前年度亏损的，在依照前款规定提取法定公积金之前，应当先用当年利润弥补亏损。

公司从税后利润中提取法定公积金后，经股东会或者股东大会决议，还可以从税后利润中提取任意公积金。

公司弥补亏损和提取公积金后所余税后利润，有限责任公司依照本法第三十五条的规定分配；股份有限公司按照股东持有的股份比例分配，但股份有限公司章程规定不按持股比例分配的除外。

股东会、股东大会或者董事会违反前款规定，在公司弥补亏损和提取法定公积金之前向股东分配利润的，股东必须将违反规定分配的利润退还公司。

公司持有的本公司股份不得分配利润。

《最高人民法院关于适用〈中华人民共和国公司法〉若干问题的规定(四)》（法释〔2017〕16号　2017年9月1日起施行）

第十三条　股东请求公司分配利润案件，应当列公司为被告。

一审法庭辩论终结前，其他股东基于同一分配方案请求分配利润并申请参加诉讼的，应当列为共同原告。

第十四条　股东提交载明具体分配方案的股东会或者股东大会的有效决议，请求公司分配利润，公司拒绝分配利润且其关于无法执行决议的抗辩理由不成立的，人民法院应当判决公司按照决议载明的具体分配方案向股东分配利润。

第十五条　股东未提交载明具体分配方案的股东会或者股东大会决议，请求公司分配利润的，人民法院应当驳回其诉讼请求，但违反法律规定滥用股东权利导致公司不分配利润，给其他股东造成损失的除外。

【适用本案由需要注意的问题】

◆因公司盈余分配纠纷提起的诉讼，应以《民事诉讼法》规定的关于地域管辖的一般原则为基础，并结合《民事诉讼法》第26条的规定综合考虑确定管辖法院。

255. 损害股东利益责任纠纷

【案由解析】

损害股东利益责任纠纷是指公司董事、高级管理人员违反法律、行政法规或者公司章程的规定，损害股东利益而产生的纠纷。

【常用法律条文及索引】

《公司法》（2006 年 1 月 1 日起施行　2013 年 12 月 28 日修正）

第一百五十二条　董事、高级管理人员违反法律、行政法规或者公司章程的规定，损害股东利益的，股东可以向人民法院提起诉讼。

【适用本案由需要注意的问题】

◆因损害股东利益责任纠纷提起的诉讼，根据《民事诉讼法》第 26 条的规定，由公司住所地人民法院管辖。公司住所地是指公司主要办事机构所在地。公司办事机构不明确的，由其注册地人民法院管辖。

◆该案由以董事、高级管理人员违反法律、法规或公司章程规定为前提，与一般侵权行为不同。

256. 损害公司利益责任纠纷

【案由解析】

损害公司利益责任纠纷是指公司股东滥用股东权利或者董事、监事、高级管理人员违反法定义务，损害公司利益引起的纠纷。

【典型形态】

在实践中，损害公司利益责任纠纷的典型形态主要有：

（1）股东滥用股东权利损害公司利益责任纠纷，是指因股东滥用股东权利，违反法律、行政法规或者公司章程规定，给公司利益造成损害而发生的纠纷。

（2）公司董事、监事、高级管理人员损害公司利益责任纠纷，是指董事、监事、高级管理人员执行公司职务时违反法律、行政法规或者公司章程规定，给公司利益造成损害而发生的纠纷。

【常用法律条文及索引】

《公司法》（2006 年 1 月 1 日起施行　2013 年 12 月 28 日修正）

第二十条　公司股东应当遵守法律、行政法规和公司章程，依法行使股东权利，不得滥用股东权利损害公司或者其他股东的利益；不得滥用公司法人独立地位和股东有限责任损害公司债权人的利益。

公司股东滥用股东权利给公司或者其他股东造成损失的，应当依法承担赔偿责任。

公司股东滥用公司法人独立地位和股东有限责任，逃避债务，严重损害公司债权人利益的，应当对公司债务承担连带责任。

第一百四十七条 董事、监事、高级管理人员应当遵守法律、行政法规和公司章程，对公司负有忠实义务和勤勉义务。

董事、监事、高级管理人员不得利用职权收受贿赂或者其他非法收入，不得侵占公司的财产。

第一百四十八条 董事、高级管理人员不得有下列行为：

（一）挪用公司资金；

（二）将公司资金以其个人名义或者以其他个人名义开立账户存储；

（三）违反公司章程的规定，未经股东会、股东大会或者董事会同意，将公司资金借贷给他人或者以公司财产为他人提供担保；

（四）违反公司章程的规定或者未经股东会、股东大会同意，与本公司订立合同或者进行交易；

（五）未经股东会或者股东大会同意，利用职务便利为自己或者他人谋取属于公司的商业机会，自营或者为他人经营与所任职公司同类的业务；

（六）接受他人与公司交易的佣金归为己有；

（七）擅自披露公司秘密；

（八）违反对公司忠实义务的其他行为。

董事、高级管理人员违反前款规定所得的收入应当归公司所有。

第一百四十九条 董事、监事、高级管理人员执行公司职务时违反法律、行政法规或者公司章程的规定，给公司造成损失的，应当承担赔偿责任。

第一百五十一条 董事、高级管理人员有本法第一百四十九条规定的情形的，有限责任公司的股东、股份有限公司连续一百八十日以上单独或者合计持有公司百分之一以上股份的股东，可以书面请求监事会或者不设监事会的有限责任公司的监事向人民法院提起诉讼；监事有本法第一百四十九条规定的情形的，前述股东可以书面请求董事会或者不设董事会的有限责任公司的执行董事向人民法院提起诉讼。

监事会、不设监事会的有限责任公司的监事，或者董事会、执行董事收到前款规定的股东书面请求后拒绝提起诉讼，或者自收到请求之日起三十日内未提起诉讼，或者情况紧急、不立即提起诉讼将会使公司利益受到难以弥补的损害的，前款规定的股东有权为了公司的利益以自己的名义直接向人民法院提起诉讼。

他人侵犯公司合法权益，给公司造成损失的，本条第一款规定的股东可以依照前两款的规定向人民法院提起诉讼。

《最高人民法院关于适用〈中华人民共和国公司法〉若干问题的规定（四）》（法释〔2017〕16号　2017年9月1日起施行）

第二十三条　监事会或者不设监事会的有限责任公司的监事依据公司法第一百五十一条第一款规定对董事、高级管理人员提起诉讼的，应当列公司为原告，依法由监事会主席或者不设监事会的有限责任公司的监事代表公司进行诉讼。

董事会或者不设董事会的有限责任公司的执行董事依据公司法第一百五十一条第一款规定对监事提起诉讼的，或者依据公司法第一百五十一条第三款规定对他人提起诉讼的，应当列公司为原告，依法由董事长或者执行董事代表公司进行诉讼。

第二十四条　符合公司法第一百五十一条第一款规定条件的股东，依据公司法第一百五十一条第二款、第三款规定，直接对董事、监事、高级管理人员或者他人提起诉讼的，应当列公司为第三人参加诉讼。

一审法庭辩论终结前，符合公司法第一百五十一条第一款规定条件的其他股东，以相同的诉讼请求申请参加诉讼的，应当列为共同原告。

第二十五条　股东依据公司法第一百五十一条第二款、第三款规定直接提起诉讼的案件，胜诉利益归属于公司。股东请求被告直接向其承担民事责任的，人民法院不予支持。

第二十六条　股东依据公司法第一百五十一条第二款、第三款规定直接提起诉讼的案件，其诉讼请求部分或者全部得到人民法院支持的，公司应当承担股东因参加诉讼支付的合理费用。

【适用本案由需要注意的问题】

◆因损害公司利益责任纠纷提起的诉讼，应以《民事诉讼法》规定的关于地域管辖的一般原则为基础，并结合《民事诉讼法》第26条的规定综合考虑确定管辖法院。

◆本案由针对的是公司股东滥用股东权利或者公司董事、监事、高级管理人员违反法定义务的行为，对于第三人的侵权行为或违约行为损害公司利益的，不适用本案由。

257. 股东损害公司债权人利益责任纠纷

【案由解析】

股东损害公司债权人利益纠纷是指公司股东通过滥用公司法人独立地位和股东有限责任逃避债务，损害公司债权人利益引起的纠纷。

《公司法》对公司股东滥用公司法人地位和股东有限责任作出了规定，确立了公司法人格否认制度。公司法人格否认制度，又称揭开公司面纱、刺破公司面纱制度，是指为阻止公司独立人格的滥用和保护公司债权人利益及社会公共利益，就具体法律关系中的特定事实，否认公司与股东各自独立的人格及股东的有限责任，责令股东对公司债权人或公共利益直接负责，以实现公平、正义的法律制度。

【常用法律条文及索引】

《公司法》（2006年1月1日起施行　2013年12月28日修正）

第二十条　公司股东应当遵守法律、行政法规和公司章程，依法行使股东权利，不得滥用股东权利损害公司或者其他股东的利益；不得滥用公司法人独立地位和股东有限责任损害公司债权人的利益。

公司股东滥用股东权利给公司或者其他股东造成损失的，应当依法承担赔偿责任。

公司股东滥用公司法人独立地位和股东有限责任，逃避债务，严重损害公司债权人利益的，应当对公司债务承担连带责任。

第二百一十六条　本法下列用语的含义：

（三）实际控制人，是指虽不是公司的股东，但通过投资关系、协议或者其他安排，能够实际支配公司行为的人。

《最高人民法院关于适用〈中华人民共和国公司法〉若干问题的规定(二)》（法释〔2008〕6号　自2008年5月19日起施行　2014年2月17日修正）

第十八条　有限责任公司的股东、股份有限公司的董事和控股股东未在法定期限内成立清算组开始清算，导致公司财产贬值、流失、毁损或者灭失，债权人主张其在造成损失范围内对公司债务承担赔偿责任的，人民法院应依法予以支持。

有限责任公司的股东、股份有限公司的董事和控股股东因怠于履行义务，导致公司主要财产、账册、重要文件等灭失，无法进行清算，债权人主张其对公司债务承担连带清偿责任的，人民法院应依法予以支持。

上述情形系实际控制人原因造成，债权人主张实际控制人对公司债务承担相应民事责任的，人民法院应依法予以支持。

【适用本案由需要注意的问题】

◆因股东损害公司债权人利益责任纠纷提起的诉讼，故应以《民事诉讼法》规定的关于地域管辖的一般原则为基础，并结合《民事诉讼法》第26条的规定综合考虑确定管辖法院。

◆在适用本案由时，尤其要注意严格把握公司法人格否认适用的条件：(1) 公司必须具有独立法人人格。(2) 适用的对象必须是具体的双方当事人。一是公司人格的滥用者；二是因公司法人人格滥用而受到损害，并有权提起诉讼的相对人。(3) 存在股东滥用公司人格的事实和行为，如滥用公司人格回避合同义务、滥用公司人格造成公司形骸化等。(4) 股东滥用行为造成逃避债务、严重损害公司债权人利益的结果。

◆此外，还需要注意的是，根据我国《公司法》第20条第3款的规定，公司法人格否认适用的公司类型并未区分有限责任公司还是股份有限责任公司。因此，只要符合《公司法》第20条第3款的条件，不论是什么类型的公司，都可以适用法人格否认制度。

258. 公司关联交易损害责任纠纷

【案由解析】

公司关联交易损害责任纠纷是指公司的控股股东、实际控制人、董事、监事、高级管理人员利用其关联关系损害公司利益，给公司造成损失而产生的纠纷。

关联交易，就是企业关联方之间的交易，关联交易是公司运作中经常出现的而又易于发生不公平结果的交易。关联交易在市场经济条件下主为存在，从有利的方面讲，交易双方因存在关联关系，可以节约大量商业谈判等方面的交易成本，并可运用行政的力量保证商业合同的优先执行，从而提高交易效率。从不利的方面讲，由于关联交易方可以运用行政力量撮合交易的进行，从而有可能使交易的价格、方式等在非竞争的条件下出现不公正情况，形成对股东或部分股东权益的侵犯，也易导致债权人利益受到损害。

【常用法律条文及索引】

《公司法》（2006 年 1 月 1 日起施行　2013 年 12 月 28 日修正）

第二十一条　公司的控股股东、实际控制人、董事、监事、高级管理人员不得利用其关联关系损害公司利益。

违反前款规定，给公司造成损失的，应当承担赔偿责任。

第二百一十六条　本法下列用语的含义：

（四）关联关系，是指公司控股股东、实际控制人、董事、监事、高级管理人员与其直接或者间接控制的企业之间的关系，以及可能导致公司利益转移的其他关系。但是，国家控股的企业之间不仅因为同受国家控股而具有关联关系。

【适用本案由需要注意的问题】

◆因公司关联交易损害责任纠纷提起的诉讼，应以《民事诉讼法》规定的关于地域管辖的一般原则为基础，并结合《民事诉讼法》第 26 条的规定综合考虑确定管辖法院。

◆需要注意的是，本案由以利用关联关系为前提，如果相关关联方损害了公司利益，但并非利用关联关系，则不属于本案由。

259. 公司合并纠纷

【案由解析】

公司合并是指两个或两个以上公司订立合并协议，依照法定条件和程序，合并为一个公司的法律行为。公司合并分为吸收合并和新设合并两种类型。吸收合并是指一个公司吸收其他公司，被吸收的公司解散；新设合并是指两个以上公司合并设立一个新的公司，合并各方解散。

公司合并纠纷是指公司合并没有依照合并协议或公司章程进行，或者违反了法律、行政法规的强制性规定引起的纠纷。

【常用法律条文及索引】

《公司法》（2006 年 1 月 1 日起施行　2013 年 12 月 28 日修正）

第三十七条　股东会行使下列职权：

（一）决定公司的经营方针和投资计划；

（二）选举和更换非由职工代表担任的董事、监事，决定有关董事、监事的报酬事项；

（三）审议批准董事会的报告；

（四）审议批准监事会或者监事的报告；

（五）审议批准公司的年度财务预算方案、决算方案；

（六）审议批准公司的利润分配方案和弥补亏损方案；

（七）对公司增加或者减少注册资本作出决议；

（八）对发行公司债券作出决议；

（九）对公司合并、分立、解散、清算或者变更公司形式作出决议；

（十）修改公司章程；

（十一）公司章程规定的其他职权。

对前款所列事项股东以书面形式一致表示同意的，可以不召开股东会会议，直接作出决定，并由全体股东在决定文件上签名、盖章。

第九十九条　本法第三十八条第一款关于有限责任公司股东会职权的规定，适用于股份有限公司股东大会。

第一百七十三条　公司合并，应当由合并各方签订合并协议，并编制资产负债表及财产清单。公司应当自作出合并决议之日起十日内通知债权人，并于三十日内在报纸上公告。债权人自接到通知书之日起三十日内，未接到通知书的自公告之日起四十五日内，可以要求公司清偿债务或者提供相应的担保。

第一百七十四条　公司合并时，合并各方的债权、债务，应当由合并后存续的公司或者新设的公司承继。

【适用本案由需要注意的问题】

◆因公司合并纠纷提起的诉讼，应以《民事诉讼法》规定的关于地域管辖的一般原则为基础，并结合《民事诉讼法》第26条的规定综合考虑确定管辖法院。

◆在适用本案由中，比较常见的是公司合并无效纠纷，如公司股东认为公司合并协议未经股东会通过等情形而提起的公司合并无效之诉。若债权人不主张公司合并无效而只是向合并后的公司主张债权的，则不适用本案由纠纷，应适用普通的债权债务纠纷。

260. 公司分立纠纷

【案由解析】

公司分立是指一个公司通过签订协议并依照法定条件和程序，分为两个或者两个以上公司的行为。公司分立主要有派生分立和新设分立两种形式。派生分立是指本公司继续存在，并设立一个以上的新公司；新设分立是指本公司解散，并设立两个以上的新公司。

公司分立的主要特征是：（1）公司分立是在原有公司基础上的“一分为二”或“一分为多”。（2）公司分立是公司组织法定变更的一种特殊形式。公司分立不是公司的完全解散，无论是新设分立还是派生分立，均无须经过清算程序而实现在原公司基础上成立两个或两个以上公司。（3）公司分立须依照法定的程序和条件进行。

公司分立纠纷是指公司分立未依照该公司分立计划、分立协议或公司章程进行，或者违反法律、行政法规的强制性规定引起的纠纷。

【常用法律条文及索引】

《公司法》（2006年1月1日起施行　2013年12月28日修正）

第一百七十五条　公司分立，其财产作相应的分割。

公司分立，应当编制资产负债表及财产清单。公司应当自作出分立决议之日起十日内通知债权人，并于三十日内在报纸上公告。

第一百七十六条　公司分立前的债务由分立后的公司承担连带责任。但是，公司在分立前与债权人就债务清偿达成的书面协议另有约定的除外。

【适用本案由需要注意的问题】

◆因公司分立纠纷提起的诉讼，应以《民事诉讼法》规定的关于地域管辖的一般原则为基础，并结合《民事诉讼法》第26条的规定综合考虑确定管辖法院。

◆若债权人不主张公司分立无效而只是向分立后的公司主张债权的，则不适用本案由，而是直接适用普通的债权债务纠纷案由，但公司在分立前与债权人就债务清偿达成的书面协议另有约定的除外。

261. 公司减资纠纷

【案由解析】

公司减资是指公司基于实际情况或需要，依照法定条件和程序对注册资本予以减少的行为。公司减资是受到严格限制的，而作出这种限制的根本目的，是为了确保交易安全，保护股东和债权人利益。因此在减资的程序中，减资协议必须经股东代表2/3以上表决权的股东通过，且要公告或通知债权人，保证债权人有提出清偿或要求提供担保的机会。

公司减资纠纷是指公司注册资本减少过程中因减资行为引起的民事纠纷。

【常用法律条文及索引】

《公司法》（2006年1月1日起施行　2013年12月28日修正）

第一百七十七条　公司需要减少注册资本时，必须编制资产负债表及财产清单。

公司应当自作出减少注册资本决议之日起十日内通知债权人，并于三十日内在报纸上公告。债权人自接到通知书之日起三十日内，未接到通知书的自公告之日起四十五日内，有权要求公司清偿债务或者提供相应的担保。

【适用本案由需要注意的问题】

◆因公司减资纠纷提起的诉讼，应以《民事诉讼法》规定的关于地域管辖辖的一般原则为基础，并结合《民事诉讼法》第26条的规定综合考虑确定管辖法院。

262. 公司增资纠纷

【案由解析】

公司增资是指公司基于筹集资金、扩大经营等目的，依照法定条件和程序增加公司注册资本的行为。公司资本增加必然调整现有的股权结构，直接影响现有股东的利益并可能在股东之间引发利益之争。因此，《公司法》规定，有限责任公司或者股份有限公司增加资本的，需经公司股东（大）会作出决议，并且有限责任公司增加资本时，除非全体股东约定不按照出资比例优先认缴出资，股东有权优先按照实缴的出资比例认缴出资；对于违反程序作出的决议，股东可以向人民法院提起诉讼请求确认增资决议无效。

公司增资纠纷是指公司在增加注册资本过程中因增资行为引起的民事纠纷。

【常用法律条文及索引】

《公司法》（2006年1月1日起施行　2013年12月28日修正）

第三十四条　股东按照实缴的出资比例分取红利；公司新增资本时，股东有权优先按照实缴的出资比例认缴出资。但是，全体股东约定不按照出资比例分取红利或者不按照出资比例优先认缴出资的除外。

第三十七条　股东会行使下列职权：

（一）决定公司的经营方针和投资计划；

（二）选举和更换非由职工代表担任的董事、监事，决定有关董事、监事的报酬事项；

（三）审议批准董事会的报告；

（四）审议批准监事会或者监事的报告；

（五）审议批准公司的年度财务预算方案、决算方案；

（六）审议批准公司的利润分配方案和弥补亏损方案；

（七）对公司增加或者减少注册资本作出决议；

（八）对发行公司债券作出决议；

（九）对公司合并、分立、解散、清算或者变更公司形式作出决议；

（十）修改公司章程；

（十一）公司章程规定的其他职权。

……

第一百零三条　股东出席股东大会会议，所持每一股份有一表决权。但是，公司持有的本公司股份没有表决权。

股东大会作出决议，必须经出席会议的股东所持表决权过半数通过。但是，股东大会作出修改公司章程、增加或者减少注册资本的决议，以及公司合并、分立、解散或者变更公司形式的决议，必须经出席会议的股东所持表决权的三分之二以上通过。

第一百七十八条　有限责任公司增加注册资本时，股东认缴新增资本的出资，依照本法设立有限责任公司缴纳出资的有关规定执行。

股份有限公司为增加注册资本发行新股时，股东认购新股，依照本法设立股份有限公司缴纳股款的有关规定执行。

《最高人民法院关于适用〈中华人民共和国公司法〉若干问题的规定(三)》（法释〔2011〕3号　2011年2月16日起施行　2014年2月17日修正）

第十三条　股东未履行或者未全面履行出资义务，公司或者其他股东请求其向公司依法全面履行出资义务的，人民法院应予支持。

公司债权人请求未履行或者未全面履行出资义务的股东在未出资本息范围内对公司债务不能清偿的部分承担补充赔偿责任的，人民法院应予支持；未履行或者未全面履行出资义务的股东已经承担上述责任，其他债权人提出相同请求的，人民法院不予支持。

股东在公司设立时未履行或者未全面履行出资义务，依照本条第一款或者第二款提起诉讼的原告，请求公司的发起人与被告股东承担连带责任的，人民法院应予支持；公司的发起人承担责任后，可以向被告股东追偿。

股东在公司增资时未履行或者未全面履行出资义务，依照本条第一款或者第二款提起诉讼的原告，请求未尽公司法第一百四十七条第一款规定的义务而使出资未缴足的董事、高级管理人员承担相应责任的，人民法院应予支持；董事、高级管理人员承担责任后，可以向被告股东追偿。

【适用本案由需要注意的问题】

◆因公司增资纠纷提起的诉讼，应以《民事诉讼法》规定的关于地域管辖的一般原则为基础，并结合《民事诉讼法》第26条的规定综合考虑确定管辖法院。

◆在适用本案由时，要注意其与新增资本认购纠纷的不同。新增资本认购纠纷主要是发生在新出资人与公司之间以及原股东与公司之间；而公司增资纠纷主要是公司增资过程中因增资行为而产生的纠纷。

263. 公司解散纠纷

【案由解析】

公司解散是指公司经营出现显著困难或董事、股东之间出现僵局时发生的股东依据公司章程或法律规定申请解散公司的纠纷。公司解散分为任意解散和强制解散两种类型。任意解散是指依公司章程或股东决议而解散；强制解散是指因政府有关机关或法院判决而发生的解散，即行政解散和司法解散。司法解散又称裁判解散，是指公司的目的和行为违反法律、公共秩序和善良风俗的，依法律的规定命令其解散；或者公司经营出现显著困难、重大损害或董事、股东之间出现僵局时，依据股东的申请，由法院裁判解散公司。这里所指的公司解散纠纷主要是指公司僵局出现时，公司股东提起解散公司申请而引发的纠纷。

公司解散纠纷是指在公司出现特定情形时，股东申请公司解散而产生的纠纷。

【常用法律条文及索引】

《公司法》（2006年1月1日起施行　2013年12月28日修正）

第一百八十二条　公司经营管理发生严重困难，继续存续会使股东利益受到重大损失，通过其他途径不能解决的，持有公司全部股东表决权百分之十以上的股东，可以请求人民法院解散公司。

《最高人民法院关于适用〈中华人民共和国公司法〉若干问题的规定（二）》（法释〔2008〕6号　2008年5月19日起施行　2014年2月17日修正）

第一条　单独或者合计持有公司全部股东表决权百分之十以上的股东，以下列事由之一提起解散公司诉讼，并符合公司法第一百八十二条规定的，人民法院应予受理：

（一）公司持续两年以上无法召开股东会或者股东大会，公司经营管理发生严重困难的；

（二）股东表决时无法达到法定或者公司章程规定的比例，持续两年以上不能做出有效的股东会或者股东大会决议，公司经营管理发生严重困难的；

（三）公司董事长期冲突，且无法通过股东会或者股东大会解决，公司经营管理发生严重困难的；

（四）经营管理发生其他严重困难，公司继续存续会使股东利益受到重大损失的情形。

股东以知情权、利润分配请求权等权益受到损害，或者公司亏损、财产不足以偿还全部债务，以及公司被吊销企业法人营业执照未进行清算等为由，提起解散公司诉讼的，人民法院不予受理。

第四条 股东提起解散公司诉讼应当以公司为被告。

原告以其他股东为被告一并提起诉讼的，人民法院应当告知原告将其他股东变更为第三人；原告坚持不予变更的，人民法院应当驳回原告对其他股东的起诉。

原告提起解散公司诉讼应当告知其他股东，或者由人民法院通知其参加诉讼。其他股东或者有关利害关系人申请以共同原告或者第三人身份参加诉讼的，人民法院应予准许。

第六条 人民法院关于解散公司诉讼作出的判决，对公司全体股东具有法律约束力。

人民法院判决驳回解散公司诉讼请求后，提起该诉讼的股东或者其他股东又以同一事实和理由提起解散公司诉讼的，人民法院不予受理。

【适用本案由需要注意的问题】

◆因公司解散纠纷提起的诉讼，根据《民事诉讼法》第26条的规定，由公司住所地人民法院管辖。公司住所地是指公司主要办事机构所在地。公司办事机构不明确的，由其注册地人民法院管辖。

◆我国公司法上的司法解散适用的法律要件主要有：（1）公司经营管理发生严重困难，继续存续会使股东利益受到重大损失。（2）公司经营管理的严重困难通过其他途径无法解决。（3）需持有公司全部股东表决权10%以上的股东提出请求。

264. 申请公司清算

【案由解析】

公司清算是指在公司面临解散的情况下，负有清算义务的主体依照法定程序了结公司事务，收回债权、清偿债务并分配财产，终止公司法律人格的行为。公司清算分为普通清算和特别清算，普通清算是指公司在解散后依法自行组织清算机构按照法定程序进行的清算；特别清算是指公司因某些法定事由解散或者被宣告破产后，或者在普通清算发生显著障碍无法继续进行时，由政府有关部门或者法院介入而进行的清算。

申请公司清算是指在公司特别清算过程中，公司董事、控股股东和实际控制人在公司解散后，怠于履行职责，未在公司法规定的期限内组成清算组进行清算，或者虽然成立清算组但故意拖延清算，或者存在其他违法清算可能严重损害公司股东或者债权人利益的行为，公司股东或者债权人依法向人民法院申请对公司进行清算。

【常用法律条文及索引】

《公司法》（2006 年 1 月 1 日起施行　2013 年 12 月 28 日修正）

第一百八十条　公司因下列原因解散：

（一）公司章程规定的营业期限届满或者公司章程规定的其他解散事由出现；

（二）股东会或者股东大会决议解散；

（三）因公司合并或者分立需要解散；

（四）依法被吊销营业执照、责令关闭或者被撤销；

（五）人民法院依照本法第一百八十三条的规定予以解散。

第一百八十一条　公司有本法第一百八十条第（一）项情形的，可以通过修改公司章程而存续。

依照前款规定修改公司章程，有限责任公司须经持有三分之二以上表决权的股东通过，股份有限公司须经出席股东大会会议的股东所持表决权的三分之二以上通过。

第一百八十二条　公司经营管理发生严重困难，继续存续会使股东利益受到重大损失，通过其他途径不能解决的，持有公司全部股东表决权百分之十以上的股东，可以请求人民法院解散公司。

第一百八十三条　公司因本法第一百八十条第（一）项、第（二）项、第（四）项、第（五）项规定而解散的，应当在解散事由出现之日起十五日内成立清算组，开始清算。有限责任公司的清算组由股东组成，股份有限公司的清算组由董事或者股东大会确定的人员组成。逾期不成立清算组进行清算的，债权人可以申请人民法院指定有关人员组成清算组进行清算。人民法院应当受理该申请，并及时组织清算组进行清算。

第一百八十四条　清算组在清算期间行使下列职权：

（一）清理公司财产，分别编制资产负债表和财产清单；

（二）通知、公告债权人；

（三）处理与清算有关的公司未了结的业务；

（四）清缴所欠税款以及清算过程中产生的税款；

（五）清理债权、债务；

（六）处理公司清偿债务后的剩余财产；

（七）代表公司参与民事诉讼活动。

第一百八十五条　清算组应当自成立之日起十日内通知债权人，并于六十日内在报纸上公告。债权人应当自接到通知书之日起三十日内，未接到通知书的自公告之日起四十五日内，向清算组申报其债权。

债权人申报债权，应当说明债权的有关事项，并提供证明材料。清算组应当对债权进行登记。

在申报债权期间，清算组不得对债权人进行清偿。

第一百八十六条　清算组在清理公司财产、编制资产负债表和财产清单后，应当制定清算方案，并报股东会、股东大会或者人民法院确认。

公司财产在分别支付清算费用、职工的工资、社会保险费用和法定补偿金，缴纳所欠税款，清偿公司债务后的剩余财产，有限责任公司按照股东的出资比例分配，股份有限公司按照股东持有的股份比例分配。

清算期间，公司存续，但不得开展与清算无关的经营活动。公司财产在未依照前款规定清偿前，不得分配给股东。

第一百八十七条　清算组在清理公司财产、编制资产负债表和财产清单后，发现公司财产不足清偿债务的，应当依法向人民法院申请宣告破产。

公司经人民法院裁定宣告破产后，清算组应当将清算事务移交给人民法院。

第一百八十八条 公司清算结束后，清算组应当制作清算报告，报股东会、股东大会或者人民法院确认，并报送公司登记机关，申请注销公司登记，公告公司终止。

《最高人民法院关于适用〈中华人民共和国公司法〉若干问题的规定（二）》（法释〔2008〕6号 2008年5月19日起施行 2014年2月17日修正）

第七条 公司应当依照公司法第一百八十三条的规定，在解散事由出现之日起十五日内成立清算组，开始自行清算。

有下列情形之一，债权人申请人民法院指定清算组进行清算的，人民法院应予受理：

（一）公司解散逾期不成立清算组进行清算的；

（二）虽然成立清算组但故意拖延清算的；

（三）违法清算可能严重损害债权人或者股东利益的。

具有本条第二款所列情形，而债权人未提起清算申请，公司股东申请人民法院指定清算组对公司进行清算的，人民法院应予受理。

第九条 人民法院指定的清算组成员有下列情形之一的，人民法院可以根据债权人、股东的申请，或者依职权更换清算组成员：

（一）有违反法律或者行政法规的行为；

（二）丧失执业能力或者民事行为能力；

（三）有严重损害公司或者债权人利益的行为。

《最高人民法院关于审理公司强制清算案件工作座谈会纪要》（法发〔2009〕52号）

2. 对于公司强制清算案件的管辖应当分别从地域管辖和级别管辖两个角度确定。地域管辖法院应为公司住所地的人民法院，即公司主要办事机构所在地法院；公司主要办事机构所在地不明确、存在争议的，由公司注册登记地人民法院管辖。级别管辖应当按照公司登记机关的级别予以确定，即基层人民法院管辖县、县级市或者区的公司登记机关核准登记公司的公司强制清算案件；中级人民法院管辖地区、地级市以上的公司登记机关核准登记公司的公司强制清算案件。存在特殊原因的，也可参照适用《中华人民共和国企业破产法》第四条、《中华人民共和国民事诉讼法》第三十七条和第三十九条的规定，确定公司强制清算案件的审理法院。

7. 公司债权人或者股东向人民法院申请强制清算应当提交清算申请书。申请书应当载明申请人、被申请人的基本情况和申请的事实和理由。同时，申请人应当向人民法院提交被申请人已经发生解散事由以及申请人对被申请人享有债权或者股权的有关证据。公司解散后已经自行成立清算组进行清算，但债权人或者股东以其故意拖延清算，或者存在其他违法清算可能严重损害债权人或者股东利益为由，申请人民法院强制清算的，申请人还应当向人民法院提交公司故意拖延清算，或者存在其他违法清算行为可能严重损害其利益的相应证据材料。

8. 申请人提交的材料需要更正、补充的，人民法院应当责令申请人于七日内予以更正、补充。申请人由于客观原因无法按时更正、补充的，应当向人民法院予以书面说明并提出延期申请，由人民法院决定是否延长期限。

9. 审理强制清算案件的审判庭审查决定是否受理强制清算申请时，一般应当召开听证会。对于事实清楚、法律关系明确、证据确实充分的案件，经书面通知被申请人，其对书面审查方式无异议的，也可决定不召开听证会，而采用书面方式进行审查。

10. 人民法院决定召开听证会的，应当于听证会召开五日前通知申请人、被申请人，并送达相关申请材料。公司股东、实际控制人等利害关系人申请参加听证的，人民法院应予准许。听证会中，人民法院应当组织有关利害关系人对申请人是否具备申请资格、被申请人是否已经发生解散事由、强制清算申请是否符合法律规定等内容进行听证。因补充证据等原因需要再次召开听证会的，应在补充期限届满后十日内进行。

11. 人民法院决定不召开听证会的，应当及时通知申请人和被申请人，并向被申请人送达有关申请材料，同时告知被申请人若对申请人的申请有异议，应当自收到人民法院通知之日起七日内向人民法院书面提出。

12. 人民法院应当在听证会召开之日或者自异议期满之日起十日内，依法作出是否受理强制清算申请的裁定。

13. 被申请人就申请人对其是否享有债权或者股权，或者对被申请人是否发生解散事由提出异议的，人民法院对申请人提出的强制清算申请应不予受理。申请人可就有关争议单独提起诉讼或者仲裁予以确认后，另行向人民法院提起强制清算申请。但对上述异议事项已有生效法律文书予以确认，以及发生被吊销企业法人营业执照、责令关闭或者被撤销等解散事由有明确、充分证据的除外。

14. 申请人提供被申请人自行清算中故意拖延清算，或者存在其他违法清算可能严重损害债权人或者股东利益的相应证据材料后，被申请人未能举出相反证据的，人民法院对申请人提出的强制清算申请应予受理。债权人申请强制清算，被申请人的主要财产、账册、重要文件等灭失，或者被申请人人员下落不明，导致无法清算的，人民法院不得以此为由不予受理。

15. 人民法院受理强制清算申请后，经审查发现强制清算申请不符合法律规定的，可以裁定驳回强制清算申请。

16. 人民法院裁定不予受理或者驳回受理申请，申请人不服的，可以向上一级人民法院提起上诉。

17. 人民法院裁定受理公司强制清算申请前，申请人请求撤回其申请的，人民法院应予准许。

18. 公司因公司章程规定的营业期限届满或者公司章程规定的其他解散事由出现，或者股东会、股东大会决议自愿解散的，人民法院受理强制清算申请后，清算组对股东进行剩余财产分配前，申请人以公司修改章程，或者股东会、股东大会决议公司继续存续为由，请求撤回强制清算申请的，人民法院应予准许。

19. 公司因依法被吊销营业执照、责令关闭或者被撤销，或者被人民法院判决强制解散的，人民法院受理强制清算申请后，清算组对股东进行剩余财产分配前，申请人向人民法院申请撤回强制清算申请的，人民法院应不予准许。但申请人有证据证明相关行政决定被撤销，或者人民法院作出解散公司判决后当事人又达成公司存续和解协议的除外。

21. 人民法院裁定受理强制清算申请前，申请人请求撤回申请，人民法院准许的，强制清算案件的申请费不再从被申请人财产中予以拨付；人民法院受理强制清算申请后，申请人请求撤回申请，人民法院准许的，已经从被申请人财产中优先拨付的强制清算案件申请费不予退回。

30. 人民法院受理强制清算申请前已经开始，人民法院受理强制清算申请时尚未审结的有关被强制清算公司的民事诉讼，由原受理法院继续审理，但应依法将原法定代表人变更为清算组负责人。

31. 人民法院受理强制清算申请后，就强制清算公司的权利义务产生争议的，应当向受理强制清算申请的人民法院提起诉讼，并由清算组负责人代表清算中公司参加诉讼活动。受理强制清算申请的人民法院对此类案件，可以适用民事诉讼法第三十七条和第三十九条的规定确定审理法院。上述案件在受理法院内部各审判庭之间按照业务分工进行审理。人民法院受理强制清算申请后，就强制清算公司的权利义务产生争议，当事人双方就产生争议约定有明确有效的仲裁条款的，应当按照约定通过仲裁方式解决。

【适用本案由需要注意的问题】

◆因申请公司清算提起的诉讼，应以《民事诉讼法》规定的关于地域管辖的一般原则为基础，并结合《民事诉讼法》第26条的规定综合考虑确定管辖法院。

◆适用本案由时，需要注意的是，公司清算案件受理的理论前提是公司财产足以偿还全部债务，故在债权人或者股东向人民法院申请对公司进行强制清算时，如果公司已经出现明显的破产原因的，从公司强制清算程序启动的原因和节约诉讼成本、提高清算效率的角度看，则不宜按照公司清算案件受理，而应当告知其根据企业破产法的规定直接向人民法院申请破产清算。

265. 清算责任纠纷

【案由解析】

清算责任是指清算组成员对其在清算期间因故意或者重大过失行为给公司、股东、债权人造成损失所应承担的责任。

清算责任纠纷是指清算组成员在清算期间的故意或者重大过失行为给公司、股东、债权人造成损失而引发的纠纷。

【常用法律条文及索引】

《公司法》（2006年1月1日起施行　2013年12月28日修正）

第一百八十九条　清算组成员应当忠于职守，依法履行清算义务。

清算组成员不得利用职权收受贿赂或者其他非法收入，不得侵占公司财产。

清算组成员因故意或者重大过失给公司或者债权人造成损失的，应当承担赔偿责任。

《最高人民法院关于适用〈中华人民共和国公司法〉若干问题的规定(二)》（法释〔2008〕6号 2008年5月19日起施行 2014年2月17日修正）

第十八条 有限责任公司的股东、股份有限公司的董事和控股股东未在法定期限内成立清算组开始清算，导致公司财产贬值、流失、毁损或者灭失，债权人主张其在造成损失范围内对公司债务承担赔偿责任的，人民法院应依法予以支持。

有限责任公司的股东、股份有限公司的董事和控股股东因怠于履行义务，导致公司主要财产、账册、重要文件等灭失，无法进行清算，债权人主张其对公司债务承担连带清偿责任的，人民法院应依法予以支持。

上述情形系实际控制人原因造成，债权人主张实际控制人对公司债务承担相应民事责任的，人民法院应依法予以支持。

第十九条 有限责任公司的股东、股份有限公司的董事和控股股东，以及公司的实际控制人在公司解散后，恶意处置公司财产给债权人造成损失，或者未经依法清算，以虚假的清算报告骗取公司登记机关办理法人注销登记，债权人主张其对公司债务承担相应赔偿责任的，人民法院应依法予以支持。

第二十条 公司解散应当在依法清算完毕后，申请办理注销登记。公司未经清算即办理注销登记，导致公司无法进行清算，债权人主张有限责任公司的股东、股份有限公司的董事和控股股东，以及公司的实际控制人对公司债务承担清偿责任的，人民法院应依法予以支持。

公司未经依法清算即办理注销登记，股东或者第三人在公司登记机关办理注销登记时承诺对公司债务承担责任，债权人主张其对公司债务承担相应民事责任的，人民法院应依法予以支持。

【适用本案由需要注意的问题】

◆因清算责任纠纷提起的诉讼，应以《民事诉讼法》规定的关于地域管辖的一般原则为基础，并结合《民事诉讼法》第26条的规定综合考虑确定管辖法院。

◆在适用本案由时，要注意其与申请公司清算纠纷的不同。申请公司清算主要是由于公司董事等相关责任人怠于履行职责所引起的纠纷；而清算责任纠纷则是因为清算组成员故意或者重大过失行为造成损失所引起的。

266. 上市公司收购纠纷

【案由解析】

上市公司收购是指为取得或巩固对上市公司的控制权而购买该上市公司股份的行为。按照收购方式不同，可以分为要约收购、协议收购以及其他方式的收购等。

上市公司收购纠纷是指购买者在购买上市公司股份以获得该公司控制权的过程中与被收购者之间发生的纠纷。

【常用法律条文及索引】

《证券法》（2006 年 1 月 1 日起施行　2014 年 8 月 31 日修正）

第八十八条　通过证券交易所的证券交易，投资者持有或者通过协议、其他安排与他人共同持有一个上市公司已发行的股份达到百分之三十时，继续进行收购的，应当依法向该上市公司所有股东发出收购上市公司全部或者部分股份的要约。

收购上市公司部分股份的收购要约应当约定，被收购公司股东承诺出售的股份数额超过预定收购的股份数额的，收购人按比例进行收购。

第八十九条　依照前条规定发出收购要约，收购人公告上市公司收购报告书，并载明下列事项：

（一）收购人的名称、住所；

（二）收购人关于收购的决定；

（三）被收购的上市公司名称；

（四）收购目的；

（五）收购股份的详细名称和预定收购的股份数额；

（六）收购期限、收购价格；

（七）收购所需资金额及资金保证；

（八）报送上市公司收购报告书时持有被收购公司股份数占该公司已发行的股份总数的比例。

第九十条 收购要约约定的收购期限不得少于三十日，并不得超过六十日。

第九十一条 在收购要约确定的承诺期限内，收购人不得撤销其收购要约。收购人需要变更收购要约的，必须及时公告，载明具体变更事项。

第九十二条 收购要约提出的各项收购条件，适用于被收购公司的所有股东。

第九十三条 采取要约收购方式的，收购人在收购期限内，不得卖出被收购公司的股票，也不得采取要约规定以外的形式和超出要约的条件买入被收购公司的股票。

第九十四条 采取协议收购方式的，收购人可以依照法律、行政法规的规定同被收购公司的股东以协议方式进行股份转让。

以协议方式收购上市公司时，达成协议后，收购人必须在三日内将该收购协议向国务院证券监督管理机构及证券交易所作出书面报告，并予公告。

在公告前不得履行收购协议。

第九十五条 采取协议收购方式的，协议双方可以临时委托证券登记结算机构保管协议转让的股票，并将资金存放于指定的银行。

第九十六条 采取协议收购方式的，收购人收购或者通过协议、其他安排与他人共同收购一个上市公司已发行的股份达到百分之三十时，继续进行收购的，应当向该上市公司所有股东发出收购上市公司全部或者部分股份的要约。但是，经国务院证券监督管理机构免除发出要约的除外。

收购人依照前款规定以要约方式收购上市公司股份，应当遵守本法第八十九条　至第九十三条的规定。

【适用本案由需要注意的问题】

◆因上市公司收购纠纷提起的诉讼，应以《民事诉讼法》规定的关于地域管辖的一般原则为基础，并结合《民事诉讼法》第26条的规定综合考虑确定管辖法院。

◆本案由主要针对收购者与被收购者之间发生的纠纷，收购者的目的是为了实现对目标公司的控制或者取得控制权。对于收购者之间的纠纷不适用本案由。

二十二、合伙企业纠纷

267. 入伙纠纷

【案由解析】

入伙是指在合伙企业存续期间，原来不具有合伙人身份的公民、法人或其他组织，经其他合伙人同意而取得合伙人资格的民事法律行为。

入伙纠纷是指因第三人加入合伙企业而产生的纠纷。

【常用法律条文及索引】

《合伙企业法》（2007 年 6 月 1 日起施行）

第二条 本法所称合伙企业，是指自然人、法人和其他组织依照本法在中国境内设立的普通合伙企业和有限合伙企业。

普通合伙企业由普通合伙人组成，合伙人对合伙企业债务承担无限连带责任。本法对普通合伙人承担责任的形式有特别规定的，从其规定。

有限合伙企业由普通合伙人和有限合伙人组成，普通合伙人对合伙企业债务承担无限连带责任，有限合伙人以其认缴的出资额为限对合伙企业债务承担责任。

第四十三条 新合伙人入伙，除合伙协议另有约定外，应当经全体合伙人一致同意，并依法订立书面入伙协议。

订立入伙协议时，原合伙人应当向新合伙人如实告知原合伙企业的经营状况和财务状况。

第四十四条 入伙的新合伙人与原合伙人享有同等权利，承担同等责任。入伙协议另有约定的，从其约定。

新合伙人对入伙前合伙企业的债务承担无限连带责任。

【适用本案由需要注意的问题】

◆入伙纠纷系基于合同而发生的纠纷，故因入伙纠纷提起的诉讼，应根据《民事诉讼法》第 23 条的规定，由被告住所地或合同履行地人民法院管辖。

◆在适用本案由时，要注意其与“合同纠纷”案由中的三级案由“合伙协议纠纷”的不同。合伙协议纠纷为一般性的合伙纠纷适用案由；而入伙纠纷应理解为特别规定。即合伙企业内部产生的入伙纠纷适用本案由，合伙组织形式的其他入伙纠纷则适用“合伙协议纠纷”。

268. 退伙纠纷

【案由解析】

退伙是指已经取得合伙人身份的公民、法人、其他组织退出合伙组织，消灭合伙人身份的法律行为。

退伙纠纷是指合伙人因退出合伙企业，与其他合伙人脱离合伙关系而产生的纠纷。

【常用法律条文及索引】

《合伙企业法》（2007 年 6 月 1 日起施行）

第四十五条 合伙协议约定合伙期限的，在合伙企业存续期间，有下列情形之一的，合伙人可以退伙：

（一）合伙协议约定的退伙事由出现；

（二）经全体合伙人一致同意；

（三）发生合伙人难以继续参加合伙的事由；

（四）其他合伙人严重违反合伙协议约定的义务。

第四十六条 合伙协议未约定合伙期限的，合伙人在不给合伙企业事务执行造成不利影响的情况下，可以退伙，但应当提前三十日通知其他合伙人。

第四十七条 合伙人违反本法第四十五条、第四十六条的规定退伙的，应当赔偿由此给合伙企业造成的损失。

第四十八条 合伙人有下列情形之一的，当然退伙：

（一）作为合伙人的自然人死亡或者被依法宣告死亡；

（二）个人丧失偿债能力；

（三）作为合伙人的法人或者其他组织依法被吊销营业执照、责令关闭、撤销，或者被宣告破产；

（四）法律规定或者合伙协议约定合伙人必须具有相关资格而丧失该资格；

（五）合伙人在合伙企业中的全部财产份额被人民法院强制执行。

合伙人被依法认定为无民事行为能力人或者限制民事行为能力人的，经其他合伙人一致同意，可以依法转为有限合伙人，普通合伙企业依法转为有限合伙企业。其他合伙人未能一致同意的，该无民事行为能力或者限制民事行为能力的合伙人退伙。

退伙事由实际发生之日为退伙生效日。

第四十九条 合伙人有下列情形之一的，经其他合伙人一致同意，可以决议将其除名：

（一）未履行出资义务；

（二）因故意或者重大过失给合伙企业造成损失；

（三）执行合伙事务时有不正当行为；

（四）发生合伙协议约定的事由。

对合伙人的除名决议应当书面通知被除名人。被除名人接到除名通知之日，除名生效，被除名人退伙。

被除名人对除名决议有异议的，可以自接到除名通知之日起三十日内，向人民法院起诉。

第五十条 合伙人死亡或者被依法宣告死亡的，对该合伙人在合伙企业中的财产份额享有合法继承权的继承人，按照合伙协议的约定或者经全体合伙人一致同意，从继承开始之日起，取得该合伙企业的合伙人资格。

有下列情形之一的，合伙企业应当向合伙人的继承人退还被继承合伙人的财产份额：

（一）继承人不愿意成为合伙人；

（二）法律规定或者合伙协议约定合伙人必须具有相关资格，而该继承人未取得该资格；

（三）合伙协议约定不能成为合伙人的其他情形。

合伙人的继承人为无民事行为能力人或者限制民事行为能力人的，经全体合伙人一致同意，可以依法成为有限合伙人，普通合伙企业依法转为有限合伙企业。全体合伙人未能一致同意的，合伙企业应当将被继承合伙人的财产份额退还该继承人。

第五十一条　合伙人退伙，其他合伙人应当与该退伙人按照退伙时的合伙企业财产状况进行结算，退还退伙人的财产份额。退伙人对给合伙企业造成的损失负有赔偿责任的，相应扣减其应当赔偿的数额。

退伙时有未了结的合伙企业事务的，待该事务了结后进行结算。

第五十二条　退伙人在合伙企业中财产份额的退还办法，由合伙协议约定或者由全体合伙人决定，可以退还货币，也可以退还实物。

第五十三条　退伙人对基于其退伙前的原因发生的合伙企业债务，承担无限连带责任。

第五十四条　合伙人退伙时，合伙企业财产少于合伙企业债务的，退伙人应当依照本法第三十三条第一款的规定分担亏损。

【适用本案由需要注意的问题】

◆退伙纠纷系基于合同而发生的纠纷，故因退伙纠纷提起的诉讼，应根据《民事诉讼法》第23条的规定，由被告住所地或合同履行地人民法院管辖。

◆在适用本案由时，要注意其与“合同纠纷”案由中的三级案由“合伙协议纠纷”的不同。合伙协议纠纷为一般性的合伙纠纷适用案由；而退伙纠纷应理解为特别规定。即合伙企业内部产生的退伙纠纷适用本案由，其他合伙组织形式的退伙纠纷则适用“合伙协议纠纷”。

269. 合伙企业财产份额转让纠纷

【案由解析】

合伙企业财产份额转让是指在合伙企业存续期间，合伙人向合伙人以外的人转让其在合伙企业中的全部或者部分财产份额。合伙人进行财产份额转让，须经其他合伙人一致同意。

合伙企业财产份额转让纠纷是指合伙人因向合伙人以外的人转让其合伙财产份额时，与其他合伙人产生的纠纷。

【常用法律条文及索引】

《合伙企业法》（2007年6月1日起施行）

第二十二条　除合伙协议另有约定外，合伙人向合伙人以外的人转让其在合伙企业中的全部或者部分财产份额时，须经其他合伙人一致同意。

合伙人之间转让在合伙企业中的全部或者部分财产份额时，应当通知其他合伙人。

第二十三条　合伙人向合伙人以外的人转让其在合伙企业中的财产份额的，在同等条件下，其他合伙人有优先购买权；但是，合伙协议另有约定的除外。

第四十二条　合伙人的自有财产不足清偿其与合伙企业无关的债务的，该合伙人可以以其从合伙企业中分取的收益用于清偿；债权人也可以依法请求人民法院强制执行该合伙人在合伙企业中的财产份额用于清偿。

人民法院强制执行合伙人的财产份额时，应当通知全体合伙人，其他合伙人有优先购买权；其他合伙人未购买，又不同意将该财产份额转让给他人的，依照本法第五十一条的规定为该合伙人办理退伙结算，或者办理削减该合伙人相应财产份额的结算。

第七十三条　有限合伙人可以按照合伙协议的约定向合伙人以外的人转让其在有限合伙企业中的财产份额，但应当提前三十日通知其他合伙人。

【适用本案由需要注意的问题】

◆合伙企业财产份额转让纠纷系基于合同而发生的纠纷，故因合伙企业财产份额转让纠纷提起的诉讼，应根据《民事诉讼法》第23条的规定，由被告住所地或合同履行地人民法院管辖。

◆在适用本案由时，要注意其与“合同纠纷”案由中的三级案由“合伙协议纠纷”的不同。合伙协议纠纷为一般性的合伙纠纷适用案由；而合伙企业财产份额转让纠纷应理解为特别规定。即合伙企业内部产生的财产份额转让纠纷适用本案由，其他合伙组织形式的财产份额纠纷则适用“合伙协议纠纷”。

二十三、与破产有关的纠纷

270. 申请破产清算

破产清算是指当债务人不能清偿到期债务时，由法院根据债权人或债务人的申请，依法宣告债务人破产，并将其全部财产公平分配给全体债权人的法律制度。

申请破产清算是指当事人或者利害关系人向法院提出申请，要求宣告债务人破产清算以清偿债务。

破产清算的主要特征：(1) 破产清算程序乃狭义上的破产程序，故在我国破产法上，法院对破产清算申请的受理被称为“破产宣告”，而破产重整申请与破产和解申请的受理则被称为“债务人重整”与“裁定和解”。(2) 破产重整程序与破产和解程序相对于破产清算程序有优先适用的效力，但这种优先性主要表现为适用不同破产程序的申请一并提出时，应优先适用破产重整或破产和解程序。(3) 在破产清算程序中，债务人彻底丧失了对破产财产的管理与处分权，破产财产将依法定程序变价和分配。(4) 绝大多数国家和地区的破产法都规定，破产程序非经当事人申请不得启动，但许多国家和地区的破产法都有特定情况下法院依职权宣告破产的规定。

【常用法律条文及索引】

《公司法》(2006 年 1 月 1 日起施行　2013 年 12 月 28 日修正)

第一百八十七条　清算组在清理公司财产、编制资产负债表和财产清单后，发现公司财产不足清偿债务的，应当依法向人民法院申请宣告破产。

公司经人民法院裁定宣告破产后，清算组应当将清算事务移交给人民法院。

第一百九十条　公司被依法宣告破产的，依照有关企业破产的法律实施破产清算。

《企业破产法》(2007 年 6 月 1 日起施行)

第二条　企业法人不能清偿到期债务，并且资产不足以清偿全部债务或者明显缺乏清偿能力的，依照本法规定清理债务。

企业法人有前款规定情形，或者有明显丧失清偿能力可能的，可以依照本法规定进行重整。

第七条　债务人有本法第二条规定的情形，可以向人民法院提出重整、和解或者破产清算申请。

债务人不能清偿到期债务，债权人可以向人民法院提出对债务人进行重整或者破产清算的申请。

企业法人已解散但未清算或者未清算完毕，资产不足以清偿债务的，依法负有清算责任的人应当向人民法院申请破产清算。

第八条　向人民法院提出破产申请，应当提交破产申请书和有关证据。

破产申请书应当载明下列事项：

（一）申请人、被申请人的基本情况；

（二）申请目的；

（三）申请的事实和理由；

（四）人民法院认为应当载明的其他事项。

债务人提出申请的，还应当向人民法院提交财产状况说明、债务清册、债权清册、有关财务会计报告、职工安置预案以及职工工资的支付和社会保险费用的缴纳情况。

第九条　人民法院受理破产申请前，申请人可以请求撤回申请。

第一百零七条　人民法院依照本法规定宣告债务人破产的，应当自裁定作出之日起五日内送达债务人和管理人，自裁定作出之日起十日内通知已知债权人，并予以公告。

债务人被宣告破产后，债务人称为破产人，债务人财产称为破产财产，人民法院受理破产申请时对债务人享有的债权称为破产债权。

第一百零八条　破产宣告前，有下列情形之一的，人民法院应当裁定终结破产程序，并予以公告：

（一）第三人为债务人提供足额担保或者为债务人清偿全部到期债务的；

（二）债务人已清偿全部到期债务的。

第一百零九条　对破产人的特定财产享有担保权的权利人，对该特定财产享有优先受偿的权利。

第一百一十条　享有本法第一百零九条规定权利的债权人行使优先受偿权利未能完全受偿的，其未受偿的债权作为普通债权；放弃优先受偿权利的，其债权作为普通债权。

第一百一十一条　管理人应当及时拟订破产财产变价方案，提交债权人会议讨论。

管理人应当按照债权人会议通过的或者人民法院依照本法第六十五条第一款规定裁定的破产财产变价方案，适时变价出售破产财产。

第一百一十二条　变价出售破产财产应当通过拍卖进行。但是，债权人会议另有决议的除外。

破产企业可以全部或者部分变价出售。企业变价出售时，可以将其中的无形资产和其他财产单独变价出售。

按照国家规定不能拍卖或者限制转让的财产，应当按照国家规定的方式处理。

第一百一十三条 破产财产在优先清偿破产费用和共益债务后，依照下列顺序清偿：

（一）破产人所欠职工的工资和医疗、伤残补助、抚恤费用，所欠的应当划入职工个人账户的基本养老保险、基本医疗保险费用，以及法律、行政法规规定应当支付给职工的补偿金；

（二）破产人欠缴的除前项规定以外的社会保险费用和破产人所欠税款；

（三）普通破产债权。

破产财产不足以清偿同一顺序的清偿要求的，按照比例分配。

破产企业的董事、监事和高级管理人员的工资按照该企业职工的平均工资计算。

第一百一十四条 破产财产的分配应当以货币分配方式进行。但是，债权人会议另有决议的除外。

第一百一十五条 管理人应当及时拟订破产财产分配方案，提交债权人会议讨论。

破产财产分配方案应当载明下列事项：

（一）参加破产财产分配的债权人名称或者姓名、住所；

（二）参加破产财产分配的债权额；

（三）可供分配的破产财产数额；

（四）破产财产分配的顺序、比例及数额；

（五）实施破产财产分配的方法。

债权人会议通过破产财产分配方案后，由管理人将该方案提请人民法院裁定认可。

第一百一十六条 破产财产分配方案经人民法院裁定认可后，由管理人执行。

管理人按照破产财产分配方案实施多次分配的，应当公告本次分配的财产额和债权额。管理人实施最后分配的，应当在公告中指明，并载明本法第一百一十七条第二款规定的事项。

第一百一十七条 对于附生效条件或者解除条件的债权，管理人应当将其分配额提存。

管理人依照前款规定提存的分配额，在最后分配公告日，生效条件未成就或者解除条件成就的，应当分配给其他债权人；在最后分配公告日，生效条件成就或者解除条件未成就的，应当交付给债权人。

第一百一十八条　债权人未受领的破产财产分配额，管理人应当提存。债权人自最后分配公告之日起满二个月仍不领取的，视为放弃受领分配的权利，管理人或者人民法院应当将提存的分配额分配给其他债权人。

第一百一十九条　破产财产分配时，对于诉讼或者仲裁未决的债权，管理人应当将其分配额提存。自破产程序终结之日起满二年仍不能受领分配的，人民法院应当将提存的分配额分配给其他债权人。

第一百二十条　破产人无财产可供分配的，管理人应当请求人民法院裁定终结破产程序。

管理人在最后分配完结后，应当及时向人民法院提交破产财产分配报告，并提请人民法院裁定终结破产程序。

人民法院应当自收到管理人终结破产程序的请求之日起十五日内作出是否终结破产程序的裁定。裁定终结的，应当予以公告。

第一百二十一条　管理人应当自破产程序终结之日起十日内，持人民法院终结破产程序的裁定，向破产人的原登记机关办理注销登记。

第一百二十二条　管理人于办理注销登记完毕的次日终止执行职务。但是，存在诉讼或者仲裁未决情况的除外。

第一百二十三条　自破产程序依照本法第四十三条第四款或者第一百二十条的规定终结之日起二年内，有下列情形之一的，债权人可以请求人民法院按照破产财产分配方案进行追加分配：

（一）发现有依照本法第三十一条、第三十二条、第三十三条、第三十六条规定应当追回的财产的；

（二）发现破产人有应当供分配的其他财产的。

有前款规定情形，但财产数量不足以支付分配费用的，不再进行追加分配，由人民法院将其上交国库。

第一百二十四条　破产人的保证人和其他连带债务人，在破产程序终结后，对债权人依照破产清算程序未受清偿的债权，依法继续承担清偿责任。

第一百三十四条　商业银行、证券公司、保险公司等金融机构有本法第二条规定情形的，国务院金融监督管理机构可以向人民法院提出对该金融机构进行重整或者破产清算的申请。国务院金融监督管理机构依法对出现重大经营风险的金融机构采取接管、托管等措施的，可以向人民法院申请中止以该金融机构为被告或者被执行人的民事诉讼程序或者执行程序。

金融机构实施破产的，国务院可以依据本法和其他有关法律的规定制定实施办法。

【适用本案由需要注意的问题】

◆关于申请破产清算案件的地域管辖，根据《企业破产法》第3条、《最高人民法院关于审理企业破产案件若干问题的规定》第1条的规定，破产案件由债务人住所地人民法院管辖。《最高人民法院关于审理企业破产案件若干问题的规定》第1条进一步规定："……债务人住所地指债务人的主要办事机构所在地。债务人无办事机构的，由其住所地人民法院管辖。"关于申请破产清算案件的级别管辖，《最高人民法院关于审理企业破产案件若干问题的规定》第2条规定："基层人民法院一般管辖县、县级市或区的工商行政管理机关核定登记企业的破产案件；中级人民法院一般管辖地区、地级市（含本级）以上工商行政管理机关核准登记企业的破产案件；纳入国家计划调整的企业破产案件，由中级人民法院管辖。"

◆应当注意的是，依我国《企业破产法》第134条之规定，商业银行、证券公司、保险公司等金融机构有《企业破产法》规定的原因的，国务院金融管理机构可以向人民法院提出对该金融机构进行重整或者破产清算的申请。只有国务院金融管理机构才有金融机构破产清算申请权，并且其具体规则适用国务院另行制定的实施办法，而不直接适用《破产企业法》的一般规定。

◆《企业破产法》规定的破产法律制度包括了破产清算、破产和解和破产重整。在适用本案由时，一定要明确的是，当事人提出的申请材料明确为对债务人进行清算的申请，而非破产重整或破产和解的申请。

271. 申请破产重整

【案由解析】

破产重整是指经由利害关系人的申请，在法院的主持和利害关系人的参与下，对具有重整原因和重整能力的债务人进行经营上的整顿和债权债务关系上的清理，以使其摆脱财务困境，重获经营能力的破产预防制度。

申请破产重整案件是指当事人或利害关系人向人民法院提出对债务人破产重整申请引起的案件。

破产重整的主要特征：（1）重整的对象一般为大型企业。重整虽可积极拯救企业，但其程序比较复杂、费用较高、社会代价较大，因此，多数国家的破产立法均将其对象限制在较小的范围之内，即一般适用于大型企业。（2）重整的原因比较宽泛。在债务人发生破产原因时或者有可能发生破产原因时，即可申请开始进行。（3）重整的措施具有多样性。重整的措施除包括债权人对债务人的妥协让步外，还包括企业的部分或整体出让、合并与分立、追加投资、租赁经营等。（4）参与重整程序的主体具有广泛性。在重整程序中，其参与者不仅包括债权人和债务人，还包括股东（出资人）。股东不仅可以申请企业重整，而且对重整计划草案的通过有表决权。（5）重整程序优先适用。在同时存在破产、和解与重整申请的情况下，重整申请优先受理。重整程序启动后，所有执行程序、清算程序和和解程序均中止或终结，重整程序优先适用。

【常用法律条文及索引】

《企业破产法》（2007 年 6 月 1 日起施行）

第二条　企业法人不能清偿到期债务，并且资产不足以清偿全部债务或者明显缺乏清偿能力的，依照本法规定清理债务。

企业法人有前款规定情形，或者有明显丧失清偿能力可能的，可以依照本法规定进行重整。

第七条　债务人有本法第二条规定的情形，可以向人民法院提出重整、和解或者破产清算申请。

债务人不能清偿到期债务，债权人可以向人民法院提出对债务人进行重整或者破产清算的申请。

企业法人已解散但未清算或者未清算完毕，资产不足以清偿债务的，依法负有清算责任的人应当向人民法院申请破产清算。

第八条　向人民法院提出破产申请，应当提交破产申请书和有关证据。

破产申请书应当载明下列事项：

（一）申请人、被申请人的基本情况；

（二）申请目的；

（三）申请的事实和理由；

（四）人民法院认为应当载明的其他事项。

债务人提出申请的，还应当向人民法院提交财产状况说明、债务清册、债权清册、有关财务会计报告、职工安置预案以及职工工资的支付和社会保险费用的缴纳情况。

第九条 人民法院受理破产申请前，申请人可以请求撤回申请。

第七十条 债务人或者债权人可以依照本法规定，直接向人民法院申请对债务人进行重整。

债权人申请对债务人进行破产清算的，在人民法院受理破产申请后、宣告债务人破产前，债务人或者出资额占债务人注册资本十分之一以上的出资人，可以向人民法院申请重整。

第七十一条 人民法院经审查认为重整申请符合本法规定的，应当裁定债务人重整，并予以公告。

第七十二条 自人民法院裁定债务人重整之日起至重整程序终止，为重整期间。

第七十三条 在重整期间，经债务人申请，人民法院批准，债务人可以在管理人的监督下自行管理财产和营业事务。

有前款规定情形的，依照本法规定已接管债务人财产和营业事务的管理人应当向债务人移交财产和营业事务，本法规定的管理人的职权由债务人行使。

第七十四条 管理人负责管理财产和营业事务的，可以聘任债务人的经营管理人员负责营业事务。

第七十五条 在重整期间，对债务人的特定财产享有的担保权暂停行使。但是，担保物有损坏或者价值明显减少的可能，足以危害担保权人权利的，担保权人可以向人民法院请求恢复行使担保权。

在重整期间，债务人或者管理人为继续营业而借款的，可以为该借款设定担保。

第七十六条 债务人合法占有的他人财产，该财产的权利人在重整期间要求取回的，应当符合事先约定的条件。

第七十七条 在重整期间，债务人的出资人不得请求投资收益分配。

在重整期间，债务人的董事、监事、高级管理人员不得向第三人转让其持有的债务人的股权。但是，经人民法院同意的除外。

第七十八条　在重整期间，有下列情形之一的，经管理人或者利害关系人请求，人民法院应当裁定终止重整程序，并宣告债务人破产：

（一）债务人的经营状况和财产状况继续恶化，缺乏挽救的可能性；

（二）债务人有欺诈、恶意减少债务人财产或者其他显著不利于债权人的行为；

（三）由于债务人的行为致使管理人无法执行职务。

第七十九条　债务人或者管理人应当自人民法院裁定债务人重整之日起六个月内，同时向人民法院和债权人会议提交重整计划草案。

前款规定的期限届满，经债务人或者管理人请求，有正当理由的，人民法院可以裁定延期三个月。

债务人或者管理人未按期提出重整计划草案的，人民法院应当裁定终止重整程序，并宣告债务人破产。

第八十条　债务人自行管理财产和营业事务的，由债务人制作重整计划草案。

管理人负责管理财产和营业事务的，由管理人制作重整计划草案。

第八十一条　重整计划草案应当包括下列内容：

（一）债务人的经营方案；

（二）债权分类；

（三）债权调整方案；

（四）债权受偿方案；

（五）重整计划的执行期限；

（六）重整计划执行的监督期限；

（七）有利于债务人重整的其他方案。

第八十二条　下列各类债权的债权人参加讨论重整计划草案的债权人会议，依照下列债权分类，分组对重整计划草案进行表决：

（一）对债务人的特定财产享有担保权的债权；

（二）债务人所欠职工的工资和医疗、伤残补助、抚恤费用，所欠的应当划入职工个人账户的基本养老保险、基本医疗保险费用，以及法律、行政法规规定应当支付给职工的补偿金；

（三）债务人所欠税款；

（四）普通债权。

人民法院在必要时可以决定在普通债权组中设小额债权组对重整计划草

案进行表决。

第八十三条 重整计划不得规定减免债务人欠缴的本法第八十二条第一款第二项规定以外的社会保险费用；该项费用的债权人不参加重整计划草案的表决。

第八十四条 人民法院应当自收到重整计划草案之日起三十日内召开债权人会议，对重整计划草案进行表决。

出席会议的同一表决组的债权人过半数同意重整计划草案，并且其所代表的债权额占该组债权总额的三分之二以上的，即为该组通过重整计划草案。

债务人或者管理人应当向债权人会议就重整计划草案作出说明，并回答询问。

第八十五条 债务人的出资人代表可以列席讨论重整计划草案的债权人会议。

重整计划草案涉及出资人权益调整事项的，应当设出资人组，对该事项进行表决。

第八十六条 各表决组均通过重整计划草案时，重整计划即为通过。

自重整计划通过之日起十日内，债务人或者管理人应当向人民法院提出批准重整计划的申请。人民法院经审查认为符合本法规定的，应当自收到申请之日起三十日内裁定批准，终止重整程序，并予以公告。

第八十七条 部分表决组未通过重整计划草案的，债务人或者管理人可以同未通过重整计划草案的表决组协商。该表决组可以在协商后再表决一次。双方协商的结果不得损害其他表决组的利益。

未通过重整计划草案的表决组拒绝再次表决或者再次表决仍未通过重整计划草案，但重整计划草案符合下列条件的，债务人或者管理人可以申请人民法院批准重整计划草案：

（一）按照重整计划草案，本法第八十二条第一款第一项所列债权就该特定财产将获得全额清偿，其因延期清偿所受的损失将得到公平补偿，并且其担保权未受到实质性损害，或者该表决组已经通过重整计划草案；

（二）按照重整计划草案，本法第八十二条第一款第二项、第三项所列债权将获得全额清偿，或者相应表决组已经通过重整计划草案；

（三）按照重整计划草案，普通债权所获得的清偿比例，不低于其在重整计划草案被提请批准时依照破产清算程序所能获得的清偿比例，或者该表决组已经通过重整计划草案；

（四）重整计划草案对出资人权益的调整公平、公正，或者出资人组已经通过重整计划草案；

（五）重整计划草案公平对待同一表决组的成员，并且所规定的债权清偿顺序不违反本法第一百一十三条的规定；

（六）债务人的经营方案具有可行性。

人民法院经审查认为重整计划草案符合前款规定的，应当自收到申请之日起三十日内裁定批准，终止重整程序，并予以公告。

第八十八条　重整计划草案未获得通过且未依照本法第八十七条的规定获得批准，或者已通过的重整计划未获得批准的，人民法院应当裁定终止重整程序，并宣告债务人破产。

第八十九条　重整计划由债务人负责执行。

人民法院裁定批准重整计划后，已接管财产和营业事务的管理人应当向债务人移交财产和营业事务。

第九十条　自人民法院裁定批准重整计划之日起，在重整计划规定的监督期内，由管理人监督重整计划的执行。

在监督期内，债务人应当向管理人报告重整计划执行情况和债务人财务状况。

第九十一条　监督期届满时，管理人应当向人民法院提交监督报告。自监督报告提交之日起，管理人的监督职责终止。

管理人向人民法院提交的监督报告，重整计划的利害关系人有权查阅。

经管理人申请，人民法院可以裁定延长重整计划执行的监督期限。

第九十二条　经人民法院裁定批准的重整计划，对债务人和全体债权人均有约束力。

债权人未依照本法规定申报债权的，在重整计划执行期间不得行使权利；在重整计划执行完毕后，可以按照重整计划规定的同类债权的清偿条件行使权利。

债权人对债务人的保证人和其他连带债务人所享有的权利，不受重整计划的影响。

第九十三条　债务人不能执行或者不执行重整计划的，人民法院经管理人或者利害关系人请求，应当裁定终止重整计划的执行，并宣告债务人破产。

人民法院裁定终止重整计划执行的，债权人在重整计划中作出的债权调整的承诺失去效力。债权人因执行重整计划所受的清偿仍然有效，债权未受清偿的部分作为破产债权。

前款规定的债权人，只有在其他同顺位债权人同自己所受的清偿达到同一比例时，才能继续接受分配。

有本条第一款规定情形的，为重整计划的执行提供的担保继续有效。

第九十四条 按照重整计划减免的债务，自重整计划执行完毕时起，债务人不再承担清偿责任。

第一百三十四条 商业银行、证券公司、保险公司等金融机构有本法第二条规定情形的，国务院金融监督管理机构可以向人民法院提出对该金融机构进行重整或者破产清算的申请。国务院金融监督管理机构依法对出现重大经营风险的金融机构采取接管、托管等措施的，可以向人民法院申请中止以该金融机构为被告或者被执行人的民事诉讼程序或者执行程序。

金融机构实施破产的，国务院可以依据本法和其他有关法律的规定制定实施办法。

【适用本案由需要注意的问题】

◆关于申请破产重整案件的管辖，与前述申请破产清算案件相同，参见本书案由“270. 申请破产清算”中的相关部分。

◆我国《企业破产法》第 70 条第 1 款和第 2 款均包含了对债务人破产重整申请权的规定，但前者未对重整申请时间作明确规定，后者则将申请时间限定在“人民法院受理破产案件后、宣告债务人破产前”。如果该条第 1 款所规定的债务人重整申请权的行使期限同样为人民法院“宣告债务人破产前”，则该条第 2 款规定的债务人重整申请权就属于重复规定，从逻辑上讲就是矛盾的。由此可见，《企业破产法》第 70 条第 1 款所谓“债务人或者债权人可以依照本法规定，直接向人民法院申请对债务人进行重整”，其含义应为债务人或者债权人可在债务人具备破产要件时，直接提出破产重整申请，而不是在破产程序进行过程中可随时提出破产重整申请。

◆《企业破产法》规定的破产法律制度包括了破产清算、破产和解和破产重整。在适用本案由时，一定要明确的是，当事人提出的申请材料明确为对债务人进行重整的申请，而非破产清算或破产和解的申请。

◆破产重整申请受理后会产生一系列的法律效力，除一般破产程序启动后所具有的效力外，还具有以下效力：(1) 在重整期间，经债务人申请，人民法院批准，债务人可以在破产管理人的监督下自行管理财产和营业事务。已接管债务人财产和营业事务的破产管理人应当向债务人移交财产和营业事务，破产管理人的职权由债务人行使。(2) 破产管理人负责管理财产和营业事务的，可以聘任债务人的经营管理人员负责营业事务。(3) 在重整期间，对债务人的特定财产享有的担保权暂停行使。但是，担保物有损坏或者价值明显减少的可能，足以危害担保权人权利的，担保权人可以向人民法院请求行使担保权。债务人或者管理人为继续营业而借款的，可以为该借款设定担保。(4) 债务人合法占有的他人财产，该财产的权利人在重整期间要求取回的，应当符合事先约定的条件。(5) 在重整期间，债务人的出资人不得请求投资收益分配。(6) 在重整期间，债务人的董事、监事、高级管理人员不得向第三人转让其持有的债务人的股权，经人民法院同意的除外。

272. 申请破产和解

【案由解析】

破产和解是指经由具备破产原因或已进入破产程序的债务人申请，在法院的主持下，由债务人与债权人会议达成协议，就债务人延期清偿债务、减免债务等事项达成协议，以了结债权债务关系从而避免进入破产清算程序或进行破产分配的破产预防制度。

申请破产和解案件是指债务人向法院提出和解申请而引起的案件。

破产和解的主要特征：(1) 和解的目的是为了避免破产清算。债务人与债权人会议达成的减少、延缓债务或者第三人承担清偿的和解协议生效后，破产程序即予中止。只要债务人履行和解协议约定的义务，就可避免破产清算，并可终结破产程序。(2) 和解的成立一般由债务人向法院提出申请并经债权人会议同意，债权人以及其他利害关系人通常不能申请和解。(3) 破产和解须由债务人与债权人会议之间达成协议。和解协议草案应由债务人提出，经由债权人会议表决通过，达成和解协议。(4) 和解协议须经法院裁定认可后才能生效。为防止和解协议违反法律，尤其是损害少数债权人的利益，在债务人与债权人会议达成和解协议后，必须报请法院裁定认可。

【常用法律条文及索引】

《企业破产法》（2007 年 6 月 1 日起施行）

第二条 企业法人不能清偿到期债务，并且资产不足以清偿全部债务或者明显缺乏清偿能力的，依照本法规定清理债务。

企业法人有前款规定情形，或者有明显丧失清偿能力可能的，可以依照本法规定进行重整。

第七条 债务人有本法第二条规定的情形，可以向人民法院提出重整、和解或者破产清算申请。

债务人不能清偿到期债务，债权人可以向人民法院提出对债务人进行重整或者破产清算的申请。

企业法人已解散但未清算或者未清算完毕，资产不足以清偿债务的，依法负有清算责任的人应当向人民法院申请破产清算。

第八条 向人民法院提出破产申请，应当提交破产申请书和有关证据。

破产申请书应当载明下列事项：

（一）申请人、被申请人的基本情况；

（二）申请目的；

（三）申请的事实和理由；

（四）人民法院认为应当载明的其他事项。

债务人提出申请的，还应当向人民法院提交财产状况说明、债务清册、债权清册、有关财务会计报告、职工安置预案以及职工工资的支付和社会保险费用的缴纳情况。

第九条 人民法院受理破产申请前，申请人可以请求撤回申请。

第九十五条 债务人可以依照本法规定，直接向人民法院申请和解；也可以在人民法院受理破产申请后、宣告债务人破产前，向人民法院申请和解。

债务人申请和解，应当提出和解协议草案。

第九十六条 人民法院经审查认为和解申请符合本法规定的，应当裁定和解，予以公告，并召集债权人会议讨论和解协议草案。

对债务人的特定财产享有担保权的权利人，自人民法院裁定和解之日起可以行使权利。

第九十七条 债权人会议通过和解协议的决议，由出席会议的有表决权的债权人过半数同意，并且其所代表的债权额占无财产担保债权总额的三分之二以上。

第九十八条　债权人会议通过和解协议的，由人民法院裁定认可，终止和解程序，并予以公告。管理人应当向债务人移交财产和营业事务，并向人民法院提交执行职务的报告。

第九十九条　和解协议草案经债权人会议表决未获得通过，或者已经债权人会议通过的和解协议未获得人民法院认可的，人民法院应当裁定终止和解程序，并宣告债务人破产。

第一百条　经人民法院裁定认可的和解协议，对债务人和全体和解债权人均有约束力。

和解债权人是指人民法院受理破产申请时对债务人享有无财产担保债权的人。

和解债权人未依照本法规定申报债权的，在和解协议执行期间不得行使权利；在和解协议执行完毕后，可以按照和解协议规定的清偿条件行使权利。

第一百零一条　和解债权人对债务人的保证人和其他连带债务人所享有的权利，不受和解协议的影响。

第一百零二条　债务人应当按照和解协议规定的条件清偿债务。

第一百零三条　因债务人的欺诈或者其他违法行为而成立的和解协议，人民法院应当裁定无效，并宣告债务人破产。

有前款规定情形的，和解债权人因执行和解协议所受的清偿，在其他债权人所受清偿同等比例的范围内，不予返还。

第一百零四条　债务人不能执行或者不执行和解协议的，人民法院经和解债权人请求，应当裁定终止和解协议的执行，并宣告债务人破产。

人民法院裁定终止和解协议执行的，和解债权人在和解协议中作出的债权调整的承诺失去效力。和解债权人因执行和解协议所受的清偿仍然有效，和解债权未受清偿的部分作为破产债权。

前款规定的债权人，只有在其他债权人同自己所受的清偿达到同一比例时，才能继续接受分配。

有本条第一款规定情形的，为和解协议的执行提供的担保继续有效。

第一百零五条　人民法院受理破产申请后，债务人与全体债权人就债权债务的处理自行达成协议的，可以请求人民法院裁定认可，并终结破产程序。

第一百零六条 按照和解协议减免的债务，自和解协议执行完毕时起，债务人不再承担清偿责任。

【适用本案由需要注意的问题】

◆关于申请破产和解案件的管辖，与前述申请破产清算案件相同，参见案由“270. 申请破产清算”中的相关部分。

◆《企业破产法》规定的破产法律制度包括了破产清算、破产和解和破产重整。在适用本案由时，一定要明确的是，当事人提出的申请材料明确为对债务人进行和解的申请，而非破产清算或破产重整的申请。

◆债务人申请破产和解，应当提交和解协议草案。在司法实践中，和解协议草案一般包括以下内容：（1）债务人财务状况说明。（2）债务承认。（3）债务清偿的方式和期限。（4）确保执行和解协议的措施。和解协议草案只是债务人申请和解时提交的供债权人会议讨论、评价的各项和解条件，并不妨碍债务人与债权人会议期间对和解协议草案予以适当的变更，以使和解协议草案的内容更加完善。

273. 请求撤销个别清偿行为纠纷

【案由解析】

所谓个别清偿行为，是指债务人在法院受理破产申请前6个月内，且出现破产原因的情况下，仍对个别债权人进行清偿，使相关债权人获得多于其在破产清算程序中所获得清偿的行为。

请求撤销个别清偿行为纠纷是指当债务人出现破产原因时，为确保全体债权人得到公平受偿，对于债务人在破产程序开始前6个月实施有害于债权人利益的个别清偿行为，在破产程序开始后予以撤销并将撤销利益复归破产财团，管理人在破产程序中以诉讼的方式向人民法院提起所引发的纠纷。

个别清偿行为构成要件有：（1）个别清偿行为是对个别债权人进行清偿的行为，并且清偿的债务不是未到期的债务，而是已经届至清偿期的债务。（2）只有在人民法院受理破产案件前6个月内发生的个别清偿行为才属于可撤销的个别清偿行为。（3）个别清偿行为必须在债务人已经出现破产原因后作出。

【常用法律条文及索引】

《企业破产法》（2007 年 6 月 1 日起施行）

第三十二条　人民法院受理破产申请前六个月内，债务人有本法第二条第一款规定的情形，仍对个别债权人进行清偿的，管理人有权请求人民法院予以撤销。但是，个别清偿使债务人财产受益的除外。

第三十四条　因本法第三十一条、第三十二条或者第三十三条规定的行为而取得的债务人的财产，管理人有权追回。

【适用本案由需要注意的问题】

◆依据《企业破产法》第 21 条之规定，人民法院受理破产申请后，有关债务人的民事诉讼，只能向受理破产申请的人民法院提起。由于请求撤销个别清偿行为的诉讼系针对债务人的特定行为，故应由受理破产申请的人民法院管辖。

◆在适用本案由时，尤其要注意区分其与破产撤销权纠纷的区别。本案由仅适用于破产申请受理前 6 个月内个别清偿行为的撤销纠纷，其所依据的是《企业破产法》第 32 条；而破产撤销权纠纷适用于行使一般破产撤销权所引发的纠纷，其所依据的是《企业破产法》第 31 条。

274. 请求确认债务人行为无效纠纷

【案由解析】

请求债务人行为无效是指债务人在人民法院受理企业破产案件后，其所实施的行为被破产管理人主张无效。

请求确认债务人行为无效纠纷是指债务人进入法院破产案件审理程序后，破产管理人主张债务人实施行为无效而向人民法院提起诉讼所引起的纠纷。

【常用法律条文及索引】

《企业破产法》（2007 年 6 月 1 日起施行）

第三十三条　涉及债务人财产的下列行为无效：

（一）为逃避债务而隐匿、转移财产的；

（二）虚构债务或者承认不真实的债务的。

【适用本案由需要注意的问题】

◆请求确认债务人行为无效纠纷系有关债务人的纠纷，依据《企业破产法》第21条的规定，应由受理债务人破产申请的人民法院管辖。

◆在适用本案由时，尤其要注意其与破产撤销权纠纷、请求撤销个别清偿行为纠纷的不同。区别主要体现在债务人的具体行为和法律后果方面：破产撤销权纠纷和请求撤销个别清偿行为纠纷针对的是债务人在进入破产程序前一段时间内以有偿或无偿的方式转让或放弃财产权益的行为，被撤销行为自始无效，但属于可撤销的民事行为，在被撤销前不应认定其为无效；请求确认债务人行为无效纠纷针对的是债务人通过实施隐匿、转移财产和虚构债务或者承认不真实债务的行为导致债务人财产的不当减少，因此应认定其自始无效。

◆根据该规定，对债务人财产的无效行为应注意以下几个问题：（1）发生该行为的主体是开放的，可以是债务人、管理人或者债务人财产的其他保管人等。（2）客观行为上表现为隐匿、转移财产和虚构债务、承认不真实的债务。（3）对行为发生的时间没有限制。对上述无效行为发生在破产申请受理之前，还是发生在破产申请之后，或者是破产程序终结之后，没有限制性规定。（4）破产程序属于执行程序，对隐匿或者转移的财产，管理人可以直接追回，必要时请求人民法院采取强制措施。

275. 对外追收债权纠纷

【案由解析】

对外追收债权是指管理人在债务人进入破产程序后，对债务人的债权或者其他权益予以收回的行为。

对外追收债权纠纷是指在人民法院受理破产审理后，管理人与破产企业的债务人因清偿破产企业债权而引发的纠纷。

【常用法律条文及索引】

《企业破产法》（2007年6月1日起施行）

第十七条 人民法院受理破产申请后，债务人的债务人或者财产持有人应当向管理人清偿债务或者交付财产。

债务人的债务人或者财产持有人故意违反前款规定向债务人清偿债务或者交付财产，使债权人受到损失的，不免除其清偿债务或者交付财产的义务。

【适用本案由需要注意的问题】

◆对外追收债权纠纷系有关债务人的纠纷，依据《企业破产法》第21条的规定，应由受理债务人破产申请的人民法院管辖。

◆在适用本案由时，要注意其与追收未缴出资纠纷、追收抽逃出资纠纷和追收非正常收入纠纷的不同。追收未缴出资纠纷、追收抽逃出资纠纷和追收非正常收入纠纷的对象为债务人企业的出资人或董事、监事及高级管理人员。而对外追收债权纠纷的对象为破产企业的债务人。

276. 追收未缴出资纠纷

【案由解析】

追收未缴出资是指管理人在债务人进入破产程序后，对于破产企业的出资人所拖欠的出资款予以追回的行为。

追收未缴出资纠纷是指破产企业的出资人因为履行或者未适当履行出资义务，管理人在破产程序中进行追收所引发的纠纷。

【常用法律条文及索引】

《企业破产法》（2007 年 6 月 1 日起施行）

第三十五条　人民法院受理破产申请后，债务人的出资人尚未完全履行出资义务的，管理人应当要求该出资人缴纳所认缴的出资，而不受出资期限的限制。

《公司法》（2006 年 1 月 1 日起施行　2013 年 12 月 28 日修正）

第二十八条　股东应当按期足额缴纳公司章程中规定的各自所认缴的出资额。股东以货币出资的，应当将货币出资足额存入有限责任公司在银行开设的账户；以非货币财产出资的，应当依法办理其财产权的转移手续。

股东不按照前款规定缴纳出资的，除应当向公司足额缴纳外，还应当向已按期足额缴纳出资的股东承担违约责任。

第三十条 有限责任公司成立后，发现作为设立公司出资的非货币财产的实际价额显著低于公司章程所定价额的，应当由交付该出资的股东补足其差额；公司设立时的其他股东承担连带责任。

第九十三条 股份有限公司成立后，发起人未按照公司章程的规定缴足出资的，应当补缴；其他发起人承担连带责任。

股份有限公司成立后，发现作为设立公司出资的非货币财产的实际价额显著低于公司章程所定价额的，应当由交付该出资的发起人补足其差额；其他发起人承担连带责任。

【适用本案由需要注意的问题】

◆追收未缴出资纠纷系有关债务人的纠纷，依据《企业破产法》第21条的规定，应由受理债务人破产申请的人民法院管辖。

◆依据《企业破产法》第35条之规定，无论公司是否实际成立，未完全履行出资义务的出资人，都应在破产程序中补足出资，补足部分属于破产财产。企业出资人拖欠企业的出资，属于出资人的出资不到位，对出资人拖欠的出资款应予以追究，没有诉讼时效和除斥期间的限制。

277. 追收抽逃出资纠纷

【案由解析】

追收抽逃出资是指管理人在债务人进入破产程序后，对于股东抽逃其按照公司章程规定足额缴纳的出资予以追回的行为。

追收抽逃出资纠纷是指管理人在破产程序中对债务人股东抽逃已经投入到公司的出资予以追收而产生的纠纷。

【常用法律条文及索引】

《企业破产法》（2007年6月1日起施行）

第二十五条 管理人履行下列职责：

（一）接管债务人的财产、印章和账簿、文书等资料；

（二）调查债务人财产状况，制作财产状况报告；

（三）决定债务人的内部管理事务；

（四）决定债务人的日常开支和其他必要开支；

（五）在第一次债权人会议召开之前，决定继续或者停止债务人的营业；

（六）管理和处分债务人的财产；

（七）代表债务人参加诉讼、仲裁或者其他法律程序；

（八）提议召开债权人会议；

（九）人民法院认为管理人应当履行的其他职责。

本法对管理人的职责另有规定的，适用其规定。

《公司法》（2006 年 1 月 1 日起施行　2013 年 12 月 28 日修正）

第三十五条　公司成立后，股东不得抽逃出资。

【适用本案由需要注意的问题】

◆追收抽逃出资纠纷系有关债务人财产权利的纠纷，依据《企业破产法》第 21 条的规定，应由受理债务人破产申请的人民法院管辖。

◆债务人股东抽逃出资的行为虽属于广义上未适当履行出资义务的情形，但由于专门规定有追收未缴出资纠纷的案由，故本条案由仅适用于出资人在公司设立已根据章程规定足额缴纳出资，但在公司设立后又通过各种方式不当收回出资的情形。追收抽逃出资纠纷在性质上属于公司诉讼中的出资瑕疵纠纷，但基于破产程序的特殊性，故对在破产程序中因抽逃出资引发的纠纷专门规定本条案由。

278. 追收非正常收入纠纷

【案由解析】

追收非正常收入是指管理人在债务人进入破产程序后，对于破产企业的董事、经理或者其他负责人通过控制、操纵公司的董事会以及利用公司规则漏洞或模糊之处，给自己过高的薪酬、奖金或者期权计划等财产予以追回的行为。

追收非正常收入纠纷是指管理人在破产程序中，对于债务人的董事、经理和高级管理人员利用职权从企业获取的非正常收入和侵占的企业财产予以追回。

【常用法律条文及索引】

《企业破产法》(2007 年 6 月 1 日起施行)

第三十六条 债务人的董事、监事和高级管理人员利用职权从企业获取的非正常收入和侵占的企业财产，管理人应当追回。

【适用本案由需要注意的问题】

◆追收非正常收入纠纷系有关债务人财产权利的纠纷，依据《企业破产法》第 21 条的规定，应由受理债务人破产申请的人民法院管辖。

◆对于是否属于非正常收入，应从以下几个标准出发予以认定：(1) 同行标准，即参考同行业、同等规模企业同等职业的收入和待遇，来认定董事、经理和其他负责人的收入是否过高。(2) 企业经营标准，即根据企业的经营状况，认定董事、经理和其他负责人的收入是否过高。(3) 职业收入标准，即参考本企业职工收入标准来确定管理层的收入是否过高。

279. 破产债权确认纠纷

(1) 职工破产债权确认纠纷

(2) 普通破产债权确认纠纷

【案由解析】

破产债权确认是指在债权申报与债权调查完成后，由法定机关对申报债权进行认定的程序。

破产债权确认纠纷是指债务人、债权人和管理人对于债权是否存在、是否合法有效、债权数额、有无财产担保以及是否到期或者附期限或条件等事实予以确认的纠纷。

【典型形态】

在实践中，破产债权确认纠纷的典型形态主要有：

(1) 职工破产债权确认纠纷，是指对于职工债权是够存在、数额多少等事实予以确认的纠纷。

(2) 普通破产债权确认纠纷，是指对于普通债权人申报的债权是否存在、债权数额以及有无担保等事实予以确认的纠纷。

【常用法律条文及索引】

《企业破产法》（2007年6月1日起施行）

第四十八条　债权人应当在人民法院确定的债权申报期限内向管理人申报债权。

债务人所欠职工的工资和医疗、伤残补助、抚恤费用，所欠的应当划入职工个人账户的基本养老保险、基本医疗保险费用，以及法律、行政法规规定应当支付给职工的补偿金，不必申报，由管理人调查后列出清单并予以公示。职工对清单记载有异议的，可以要求管理人更正；管理人不予更正的，职工可以向人民法院提起诉讼。

第五十六条　在人民法院确定的债权申报期限内，债权人未申报债权的，可以在破产财产最后分配前补充申报；但是，此前已进行的分配，不再对其补充分配。为审查和确认补充申报债权的费用，由补充申报人承担。

债权人未依照本法规定申报债权的，不得依照本法规定的程序行使权利。

第五十八条　依照本法第五十七条规定编制的债权表，应当提交第一次债权人会议核查。

债务人、债权人对债权表记载的债权无异议的，由人民法院裁定确认。

债务人、债权人对债权表记载的债权有异议的，可以向受理破产申请的人民法院提起诉讼。

《最高人民法院关于税务机关就破产企业欠缴税款产生的滞纳金提起的债权确认之诉应否受理问题的批复》（法释〔2012〕9号　2012年7月12日起施行）

青海省高级人民法院：

你院《关于税务机关就税款滞纳金提起债权确认之诉应否受理问题的请示》（青民他字〔2011〕1号）收悉。经研究，答复如下：

税务机关就破产企业欠缴税款产生的滞纳金提起的债权确认之诉，人民法院应依法受理。依照企业破产法、税收征收管理法的有关规定，破产企业在破产案件受理前因欠缴税款产生的滞纳金属于普通破产债权。对于破产案件受理后因欠缴税款产生的滞纳金，人民法院应当依照《最高人民法院关于审理企业破产案件若干问题的规定》第六十一条规定处理。

此复。

【适用本案由需要注意的问题】

◆破产债权确认纠纷系有关债务人的纠纷，依据《企业破产法》第21条的规定，应由受理破产申请的人民法院管辖。

◆对于职工破产债权确认纠纷，这类债权无须进行债权申报，管理人应当在法定期限内通过调查列出清单，职工作为原告，对清单所列事项可以提起诉讼；对于普通破产债权确认纠纷，应区分两种类型：第一，债务人起诉，此时应将受到异议的债权人列为被告；第二，债权人起诉，此时包括债权人对债权表是否自身债权及记载内容有异议的情形，也包括债权人对债权表记载的他人债权有异议的情形。两种情形均可以将债务人列为被告，管理人代表债务人进行。对他人债权有异议，被记载的债权人可以作为第三人参加诉讼。

280. 取回权纠纷

（1）一般取回权纠纷
（2）出卖人取回权纠纷

【案由解析】

破产取回权是指在破产程序中，对于不属于债务人财产而由其占有或支配的财产，其所有人或者其他权利人不依照破产程序，通过破产管理人直接将该财产取回的权利。

取回权纠纷是指在人民法院受理破产申请后，债务人占有的不属于债务人的财产或者法律规定的其他情形下，该财产的所有人或者其他权利人通过破产企业的管理人对此财产予以取回引起的纠纷。

取回权的主要特征：（1）取回权的标的物并不归属于破产债务人所有。这在某种程度上与别除权区别开来。（2）取回权的权利基础主要是所有权以及其他物权，是物的返还请求权在破产法上的体现。（3）取回权的形式虽须向破产管理人提出，但不受破产程序尤其是破产清算程序的限制。

【典型形态】

在实践中，取回权纠纷主要有：

（1）一般取回权纠纷，是指不属于破产财产法定范围内的财产，已经为破产管理人所实际占有或支配，取回权人不依破产程序而取回财产所引发的纠纷。

（2）出卖人取回权纠纷，是指法院受理破产申请时，出卖人已将买卖标的物向作为买受人的债务人发运，债务人尚未收到且未付清全部价款时，出卖人请求取回在运途中的标的物所引起的纠纷。

【常用法律条文及索引】

《企业破产法》（2007 年 6 月 1 日起施行）

第三十八条　人民法院受理破产申请后，债务人占有的不属于债务人的财产，该财产的权利人可以通过管理人取回。但是，本法另有规定的除外。

第三十九条　人民法院受理破产申请时，出卖人已将买卖标的物向作为买受人的债务人发运，债务人尚未收到且未付清全部价款的，出卖人可以取回在运途中的标的物。但是，管理人可以支付全部价款，请求出卖人交付标的物。

【适用本案由需要注意的问题】

◆取回权纠纷系有关债务人财产的纠纷，依据《企业破产法》第 21 条的规定，应由受理破产申请案件的人民法院管辖。

◆当事人在行使一般取回权时需要注意以下问题：（1）一般取回权的行使有时间限制。破产取回权成立于破产申请受理后，应在破产财产按照破产程序分配前行使，否则将视为放弃行使破产取回权。（2）一般取回权的行使不受破产程序限制，也无须通过诉讼程序，但取回财产须通过破产管理人行使，不得擅自从债务人处取回财产。（3）权利人在取回定作物、管理物等财产时，存在相应给付义务的，应向破产管理人交付加工、保管等费用后，方可取回其所有物。（4）一般取回权的行使只限于取回原物。若在破产案件受理前，原物已被破产人转让给他人，则不能再依一般取回权要求取回价款。

◆出卖人取回权包括以下构成要件：（1）出卖人已经发送货物并且货物尚在途中。（2）买受人尚未受领货物时受破产宣告。（3）买受人未付或未付清全部价款。（4）买受人的破产管理人未要求在支付全部价款的情况下取得标的物的所有权。

281. 破产抵销权纠纷

【案由解析】

破产抵销权是指债权人在破产案件受理前对债务人负有债务的，不论其债权与所负债务种类是否相同，也不论其债权是否已经届至清偿期，均可向破产管理人主张以其债权抵销其对债务人所负债务的权利。

破产抵销权纠纷是指债权人与管理人之间因行使破产抵销权而引起的纠纷。

破产抵销权的主要特征：（1）破产抵销权的行使主体只能是债权人。（2）破产抵销权不受债务种类和旅行期限或条件的限制。（3）破产债权人主张抵销的债务，只能成立于破产申请受理前。

【常用法律条文及索引】

《企业破产法》（2007年6月1日起施行）

第四十条 债权人在破产申请受理前对债务人负有债务的，可以向管理人主张抵销。但是，有下列情形之一的，不得抵销：

（一）债务人的债务人在破产申请受理后取得他人对债务人的债权的；

（二）债权人已知债务人有不能清偿到期债务或者破产申请的事实，对债务人负担债务的；但是，债权人因为法律规定或者有破产申请一年前所发生的原因而负担债务的除外；

（三）债务人的债务人已知债务人有不能清偿到期债务或者破产申请的事实，对债务人取得债权的；但是，债务人的债务人因为法律规定或者有破产申请一年前所发生的原因而取得债权的除外。

【适用本案由需要注意的问题】

◆破产抵销权纠纷系有关债务人财产的纠纷，依据《企业破产法》第21条的规定，应由受理破产申请案件的人民法院管辖。

◆破产抵销权纠纷属于破产派生诉讼，仅限于因行使破产抵销权而引发的纠纷，对于破产程序中因破产债权人与债务人互负种类相同且均已届清偿期的债务，债权人主张抵销的，应适用民法中关于抵销权的相关规定，而非属于本案由规定的纠纷。

282. 别除权纠纷

【案由解析】

破产别除权是指在破产程序开始之前，在债务人的特定财产上设定了担保物权或者存在有其他特别优先权的，于债权人宣告破产后，权利人享有就该特定财产不依照破产清算程序个别优先受偿的权利。

别除权纠纷是指债权人与管理人之间因别除权的行使而引发的纠纷。

破产别除权的主要特征：（1）别除权是针对破产人的特定财产行使的权利。（2）别除权是担保物权和法定特别优先权在破产法上的转化形式。（3）别除权或者可转化为别除权的基础权利的设定应当在破产程序开始之前，破产程序开始之后。（4）别除权的行使受破产程序的适当约束。别除权人不仅应当参加债权申报，接受债权调查，并且在法院裁定认可和解协议、裁定批准重整计划之前，应当暂停别除权的行使。

【常用法律条文及索引】

《企业破产法》（2007 年 6 月 1 日起施行）

第四十九条　债权人申报债权时，应当书面说明债权的数额和有无财产担保，并提交有关证据。申报的债权是连带债权的，应当说明。

第五十九条　依法申报债权的债权人为债权人会议的成员，有权参加债权人会议，享有表决权。

债权尚未确定的债权人，除人民法院能够为其行使表决权而临时确定债权额的外，不得行使表决权。

对债务人的特定财产享有担保权的债权人，未放弃优先受偿权利的，对于本法第六十一条第一款第七项、第十项规定的事项不享有表决权。

债权人可以委托代理人出席债权人会议，行使表决权。代理人出席债权人会议，应当向人民法院或者债权人会议主席提交债权人的授权委托书。

债权人会议应当有债务人的职工和工会的代表参加，对有关事项发表意见。

第一百零九条　对破产人的特定财产享有担保权的权利人，对该特定财产享有优先受偿的权利。

第一百一十条 享有本法第一百零九条规定权利的债权人行使优先受偿权利未能完全受偿的，其未受偿的债权作为普通债权；放弃优先受偿权利的，其债权作为普通债权。

第一百三十二条 本法施行后，破产人在本法公布之日前所欠职工的工资和医疗、伤残补助、抚恤费用，所欠的应当划入职工个人账户的基本养老保险、基本医疗保险费用，以及法律、行政法规规定应当支付给职工的补偿金，依照本法第一百一十三条的规定清偿后不足以清偿的部分，以本法第一百零九条规定的特定财产优先于对该特定财产享有担保权的权利人受偿。

【适用本案由需要注意的问题】

◆别除权纠纷系有关债务人财产的纠纷，依据《企业破产法》第21条的规定，应由受理破产申请案件的人民法院管辖。

◆别除权的行使通常还需注意以下问题：(1) 别除权人应于法定期间内申报其债权，说明其性质和数额；担保标的物为别除权人占有而管理人要求提示标的物进行估价时，别除权人应予配合而不得拒绝。(2) 别除权人于破产宣告后不主动行使别除权时，除非放弃优先权，否则不得拒绝管理人对标的物进行拍卖，别除权人只能就拍卖价款优先受偿。(3) 当债务人是以自己的财产为自己的债务担保时，别除权人就担保标的物行使优先权不能得到满足的部分，可作为破产债权参加分配。但在中间分配中，别除权人如不能向管理人证明其已着手行使权利并说明其残余额的，不能参加中间分配。(4) 在最后分配期间，别除权人如果未表示放弃别除权或不能证明已行使别除权的不足额的，可从最后分配中被除斥。

283. 破产撤销权纠纷

【案由解析】

破产撤销权是指破产管理人拥有的，对于债务人在临近破产程序开始的期间内实施的有害于债权人利益的行为，于破产程序开始后予以撤销并将撤销利益复归破产财团的权利。

破产撤销权纠纷是指债务人在破产程序开始前一段时间实施有害于债权人利益的行为，管理人行使破产撤销权而引起的纠纷。

破产撤销权的主要特征：（1）破产撤销权是一种独立的权利。破产撤销权并不依附于债权，可以独立存在和行使，该项权利的保护对象也不限于债权人，除了破产债权人因此间接受益外，破产管理人亦可由此受益。（2）破产撤销权的内容具有复合性。破产撤销权的本质属性表现为破产管理人的职权，兼具权利与义务的属性，若破产管理人怠于行使该项权利，将依法承担法律责任。（3）权利的行使主体具有专门性。破产撤销权的行使受到法律的限制，一般规定为破产管理人。

【常用法律条文及索引】

《企业破产法》（2007年6月1日起施行）

第三十一条　人民法院受理破产申请前一年内，涉及债务人财产的下列行为，管理人有权请求人民法院予以撤销：

（一）无偿转让财产的；

（二）以明显不合理的价格进行交易的；

（三）对没有财产担保的债务提供财产担保的；

（四）对未到期的债务提前清偿的；

（五）放弃债权的。

第三十四条　因本法第三十一条、第三十二条或者第三十三条规定的行为而取得的债务人的财产，管理人有权追回。

【适用本案由需要注意的问题】

◆破产撤销权纠纷系有关债务人财产的纠纷，依据《企业破产法》第21条的规定，应由受理破产申请案件的人民法院管辖。

◆在适用本案由时，要注意其与请求撤销个别清偿行为纠纷的不同。本案由适用于行使一般破产撤销权所引发的纠纷，其所依据的是《企业破产法》第31条。而请求撤销个别清偿行为纠纷仅适用于破产申请受理前6个月内个别清偿行为的撤销纠纷，其所依据的是《企业破产法》第32条。

284. 损害债务人利益赔偿纠纷

【案由解析】

损害债务人利益赔偿纠纷是指债务人的董事、监事、高级管理人员、法定代表人等有关人员不当执行职务或有破产法规定的损害债权人利益行为，造成债务人财产利益的损失，在破产程序中被要求承担损害赔偿责任而引发的纠纷。

【常用法律条文及索引】

《企业破产法》（2007年6月1日起施行）

第一百二十五条 企业董事、监事或者高级管理人员违反忠实义务、勤勉义务，致使所在企业破产的，依法承担民事责任。

有前款规定情形的人员，自破产程序终结之日起三年内不得担任任何企业的董事、监事、高级管理人员。

第一百二十八条 债务人有本法第三十一条、第三十二条、第三十三条规定的行为，损害债权人利益的，债务人的法定代表人和其他直接责任人员依法承担赔偿责任。

《公司法》（2006年1月1日起施行 2013年12月28日修正）

第一百四十七条 董事、监事、高级管理人员应当遵守法律、行政法规和公司章程，对公司负有忠实义务和勤勉义务。

董事、监事、高级管理人员不得利用职权收受贿赂或者其他非法收入，不得侵占公司的财产。

第一百四十九条 董事、监事、高级管理人员执行公司职务时违反法律、行政法规或者公司章程的规定，给公司造成损失的，应当承担赔偿责任。

【适用本案由需要注意的问题】

◆损害债务人利益赔偿纠纷系有关债务人利益的纠纷，依据《企业破产法》第21条的规定，应由受理破产申请案件的人民法院管辖。

◆本案由针对的是债务人的董事、监事、高级管理人员、法定代表人等有关人员不当执行职务或有破产法规定的损害债权人利益行为，造成债务人财产利益的损失，性质上属于公司法中规定的有关企业高级管理人员违反对公司的忠实和勤勉义务给公司造成损害的赔偿纠纷。基于完善破产责任制度，将此种情形纳入损害债务人利益赔偿案由纠纷。

285. 管理人责任纠纷

【案由解析】

破产管理人是指依照破产法规定，在破产重整、破产和解和破产清算程序中负责债务人财产管理和其他事项的专门机构。

管理人责任纠纷是指管理人违反勤勉忠实义务，不当履行职责给债权人、债务人或第三人造成损失而产生的纠纷。

破产管理人的主要特征是：（1）独立性。破产管理人具有身份上的独立性，能够以自己的名义从事职责范围内的活动；此外，其还具有意思表示上的独立性，能够按照自身意愿做出职责范围内的相关决定。（2）中立性。破产管理人在履行职责过程中，应严格恪守客观中立的立场从事具体的管理和处分破产财产的行为，而不应为某一方当事人或利害关系人谋求利益。（3）专业性。破产管理人必须具备相应的专业知识和技能。（4）法定性。破产管理人的选任虽由法院指定，但其职责并非由法院或债权人委员会选定，而是由法律明确规定。

【常用法律条文及索引】

《企业破产法》（2007 年 6 月 1 日起施行）

第一百三十条　管理人未依照本法规定勤勉尽责，忠实执行职务的，人民法院可以依法处以罚款；给债权人、债务人或者第三人造成损失的，依法承担赔偿责任。

【适用本案由需要注意的问题】

◆管理人责任纠纷的管辖问题，目前没有明确规定。但根据《最高人民法院关于破产清算组在履行职责过程中违约或侵权等民事纠纷案件诉讼管辖问题的批复》之规定，该类纠纷案件应由受理破产案件的法院管辖。

◆本案由适用主要针对的是管理人违反忠实勤勉义务造成损失的行为。对于管理人正当执行职务所产生的债务或违约责任等则属于共益债务；对于管理人非职务行为造成债务人、债权人等相关利害关系人损失的，则根据相应的侵权责任或违约责任确定纠纷。

二十四、证券纠纷

286. 证券权利确认纠纷

(1) 股票权利确认纠纷
(2) 公司债券权利确认纠纷
(3) 国债权利确认纠纷
(4) 证券投资基金权利确认纠纷

【案由解析】

一般法律意义上的证券，是指记载并代表一定权利的法律凭证，是广义上的证券，包括三大类型，即免责证券、金券和有价证券。有价证券又可分为财产证券、货币证券和资本证券。其中，财产证券（又称物权证券），如仓单、提单等，由民法或者相关法律调整和规范；货币证券，如支票、本票、汇票，由票据法调整和规范；资本证券则由专门的证券法调整和规范。

《证券法》所规定的证券主要包括股票、公司债券、政府债券和证券投资基金份额等。股票是指由公司发行的，用以证明股东享有股份权利和承担义务的可转让的书面凭证，按持有人的身份特征可分为国家股、法人股、公众股和外资股。公司债券是公司发行的，承诺在未来特定日期向债券持有人还本付息的一种债务凭证，《证券法》规定了普通公司债券和可转换公司债券，可转换公司债券是指公司债权人可以将公司债券转换为公司股份的公司债。政府债券是指中央政府或地方政府为筹措资金或其他目的向投资者出具的、承诺到期还本付息的一种债务凭证。证券投资基金是一种利益共存、风险共担的集合证券投资方式，即通过发行基金份额，集中投资者的资金，由基金托管人托管，由基金管理人管理和运用资金，从事股票、债券等金融工具投资，并将投资收益按基金投资者的投资比例进行分配的一种间接投资方式。按投资对象的不同可分为股票基金、债券基金、货币基金、期货基金等。证券权利确认纠纷是指当事人之间因股票、债券、基金份额等权利归属发生争议引起的纠纷。

【典型形态】

在实践中，证券权利确认纠纷主要有：

（1）股票权利确认纠纷，是指股东与股东之间或股东与公司之间就股权是否存在以及持有多少比例发生争议而引起的纠纷。可分为三种类型：股东与股东之间因隐名出资发生的股权确认纠纷；股东与股东之间因股权转让产生的股权确认纠纷；股东与公司之间的股权确认纠纷。

（2）公司债券权利确认纠纷，是指当事人之间因确认公司债券权利的归属而产生的纠纷。

（3）国债权利确认纠纷，是指当事人因国库券的权利归属发生争议产生的纠纷。

（4）证券投资基金权利确认纠纷，是指当事人之间对基金份额产生争议引发的纠纷。

【常用法律条文及索引】

《证券法》（2006 年 1 月 1 日起施行　2014 年 8 月 31 日修正）

第二条　在中华人民共和国境内，股票、公司债券和国务院依法认定的其他证券的发行和交易，适用本法；本法未规定的，适用《中华人民共和国公司法》和其他法律、行政法规的规定。

政府债券、证券投资基金份额的上市交易，适用本法；其他法律、行政法规另有规定的，适用其规定。

证券衍生品种发行、交易的管理办法，由国务院依照本法的原则规定。

《证券投资基金法》（2013 年 6 月 1 日起施行　2015 年 4 月 24 日修正）

第二条　在中华人民共和国境内，公开或者非公开募集资金设立证券投资基金（以下简称基金），由基金管理人管理，基金托管人托管，为基金份额持有人的利益，进行证券投资活动，适用本法；本法未规定的，适用《中华人民共和国信托法》、《中华人民共和国证券法》和其他有关法律、行政法规的规定。

《最高人民法院关于适用〈中华人民共和国公司法〉若干问题的规定（三）》（法释〔2011〕3 号　2011 年 2 月 16 日起施行　2014 年 2 月 17 日修正）

第二十一条　当事人向人民法院起诉请求确认其股东资格的，应当以公司为被告，与案件争议股权有利害关系的人作为第三人参加诉讼。

第二十二条 当事人之间对股权归属发生争议，一方请求人民法院确认其享有股权的，应当证明以下事实之一：

（一）已经依法向公司出资或者认缴出资，且不违反法律法规强制性规定；

（二）已经受让或者以其他形式继受公司股权，且不违反法律法规强制性规定。

【适用本案由需要注意的问题】

◆证券权利确认纠纷案件，适用《民事诉讼法》第21条所规定的一般地域管辖原则，即“对公民提起的民事诉讼，由被告住所地人民法院管辖；被告住所地与经常居住地不一致的，由经常居住地人民法院管辖。对法人或者其他组织提起的民事诉讼，由被告住所地人民法院管辖。同一诉讼的几个被告住所地、经常居住地在两个以上人民法院辖区的，各该人民法院都有管辖权”。

◆处理证券权利确认纠纷的法律依据主要是《证券法》，《证券法》没有规定的，适用《公司法》的相关规定。

287. 证券交易合同纠纷

（1）股票交易纠纷

（2）公司债券交易纠纷

（3）国债交易纠纷

（4）证券投资基金交易纠纷

【案由解析】

从广义上讲，证券交易是指投资者之间以证券为标的进行买卖、质押、赠与、设立担保等行为的总称，证券买卖是证券交易的主要形式。证券法上的证券交易是指当事人之间就依法发行并交付的证券在特定交易场所进行买卖的行为。证券交易可分为场内交易和场外交易。场内交易（又称挂牌交易），是指在证券交易场所内以公开竞价方式进行的交易。场外交易（又称柜台交易），是指在证券交易市场以外的场所以非集中竞价的方式进行的交易。因此，证券交易方式可分为集中竞价方式和非集中竞价方式，集中竞价，是指所有购售该证券的买方和买方在证券交易所公开申报，竞价交易，交易按照价格优先、时间优先的原则成交；非集中竞价方式通常是利用电子报价系统的做市商方式进行，主要包括证券协议转让、证券大宗交易、证券的裁判转让等。

证券交易合同是当事人之间设立、变更、终止证券买卖关系的协议。证券交易合同纠纷是指当事人之间因证券交易合同的成立、内容、变更、终止等发生的纠纷。

证券交易区别于一般商品的买卖行为，具有以下特征：(1) 证券交易的主体为具有民事权利能力和民事行为能力的自然人和法人，包括个人投资者和机构投资者、中国投资者和外国投资者。(2) 交易的证券必须是依法发行并交付的证券。(3) 证券交易的场所为证券交易市场，指证券的流通市场(又称二级市场)，是证券交易的法定场所。

【典型形态】

在实践中，证券交易合同纠纷主要有：

(1) 股票交易纠纷，是指当事人在股票交易市场因股票买卖、转让等产生的纠纷。股票市场可分为股票发行市场（一级市场）和股票交易市场(二级市场)，股票交易市场是对已经发行的股票进行买卖、转让的法定场所。

(2) 公司债券交易纠纷，是指当事人之间因公司债券的买卖、转让、质押等产生的纠纷，公司债券可分为记名公司债券和无记名公司债券。

(3) 国债交易纠纷，是指当事人之间因买卖、转让已经发行的国债而产生的纠纷。国债可分为凭证式国债和记账式国债。凭证式国债是通过银行系统发行的，由财政部和中国人民银行确定利率的国家储蓄债；记账式国债通过证券交易市场买卖流通，利率由国债承购包销团成员投标确定。

(4) 证券投资基金交易纠纷，是指当事人因证券投资基金的买卖、转让等产生的纠纷。根据基金是否可增加或赎回，可分为开放式基金和封闭式基金。开放式基金可通过基金管理人随时赎回或发行新的基金份额；封闭式基金在发行完毕和规定时期内的基金规模是固定不变的，且不允许投资者随时赎回。

【常用法律条文及索引】

《证券法》（2006 年 1 月 1 日起施行　2014 年 8 月 31 日修正）

第三条　证券的发行、交易活动，必须实行公开、公平、公正的原则。

第四条　证券发行、交易活动的当事人具有平等的法律地位，应当遵守自愿、有偿、诚实信用的原则。

第五条　证券的发行、交易活动，必须遵守法律、行政法规；禁止欺诈、内幕交易和操纵证券市场的行为。

第三十七条　证券交易当事人依法买卖的证券，必须是依法发行并交付的证券。

非依法发行的证券，不得买卖。

第三十八条　依法发行的股票、公司债券及其他证券，法律对其转让期限有限制性规定的，在限定的期限内不得买卖。

第三十九条　依法公开发行的股票、公司债券及其他证券，应当在依法设立的证券交易所上市交易或者在国务院批准的其他证券交易场所转让。

第四十条　证券在证券交易所上市交易，应当采用公开的集中交易方式或者国务院证券监督管理机构批准的其他方式。

第四十一条　证券交易当事人买卖的证券可以采用纸面形式或者国务院证券监督管理机构规定的其他形式。

第四十二条　证券交易以现货和国务院规定的其他方式进行交易。

《公司法》（2006 年 1 月 1 日起施行　2013 年 12 月 28 日修正）

第一百三十七条　股东持有的股份可以依法转让。

第一百三十八条　股东转让其股份，应当在依法设立的证券交易场所进行或者按照国务院规定的其他方式进行。

第一百三十九条　记名股票，由股东以背书方式或者法律、行政法规规定的其他方式转让；转让后由公司将受让人的姓名或者名称及住所记载于股东名册。

股东大会召开前二十日内或者公司决定分配股利的基准日前五日内，不得进行前款规定的股东名册的变更登记。但是，法律对上市公司股东名册变更登记另有规定的，从其规定。

第一百四十条　无记名股票的转让，由股东将该股票交付给受让人后即发生转让的效力。

《证券投资基金法》（2013 年 6 月 1 日起施行　2015 年 4 月 24 日修正）

第四十四条　基金合同应当约定基金的运作方式。

第四十五条　基金的运作方式可以采用封闭式、开放式或者其他方式。

采用封闭式运作方式的基金（以下简称封闭式基金），是指基金份额总额在基金合同期限内固定不变，基金份额持有人不得申请赎回的基金；采用开放式运作方式的基金（以下简称开放式基金），是指基金份额总额不固定，基金份额可以在基金合同约定的时间和场所申购或者赎回的基金。

采用其他运作方式的基金的基金份额发售、交易、申购、赎回的办法，由国务院证券监督管理机构另行规定。

第六十一条　申请基金份额上市交易，基金管理人应当向证券交易所提出申请，证券交易所依法审核同意的，双方应当签订上市协议。

第六十二条　基金份额上市交易，应当符合下列条件：

（一）基金的募集符合本法规定；

（二）基金合同期限为五年以上；

（三）基金募集金额不低于二亿元人民币；

（四）基金份额持有人不少于一千人；

（五）基金份额上市交易规则规定的其他条件。

第六十三条　基金份额上市交易规则由证券交易所制定，报国务院证券监督管理机构批准。

第六十四条　基金份额上市交易后，有下列情形之一的，由证券交易所终止其上市交易，并报国务院证券监督管理机构备案：

（一）不再具备本法第六十三条规定的上市交易条件；

（二）基金合同期限届满；

（三）基金份额持有人大会决定提前终止上市交易；

（四）基金合同约定的或者基金份额上市交易规则规定的终止上市交易的其他情形。

【适用本案由需要注意的问题】

◆证券交易合同纠纷案件的管辖，适用合同纠纷案件的管辖的一般原则，根据《民事诉讼法》第 23 条的规定，由被告住所地或者合同履行地人民法院管辖。

288. 金融衍生品种交易纠纷

【案由解析】

金融衍生产品（又称衍生金融工具）是一种金融合约，其价值取决于一种或多种基础资产或指数，基础资产主要包括股票、债券、利率、汇率、商品等。按产品形态的不同，金融衍生产品可分为远期、期货、期权和掉期(互换)。金融衍生品交易可分为场内交易和场外交易。场内交易（又称交易所交易），指交易双方在交易所内以公开竞价的方式进行集中交易的交易形式，场内交易的衍生产品是交易所事先设计好的标准化金融合约，期货交易和部分标准化期权交易属于场内交易的方式。场外交易（又称柜台交易），指交易双方直接互为交易对手的交易方式，这种交易方式下的衍生产品是根据交易双方的具体要求设计的，主要交易对象为未在交易所上市的股票、债券以及不具有标准化合约的期货期权等金融资产。

金融衍生产品具有以下特征：(1) 高杠杆效应和高危险性。衍生产品交易采用保证金（margin）制度，即交易所需的最低资金只需满足基础资产价值的某个百分比，因此衍生品交易具有高风险高收益的特点。(2) 具有未来性，金融衍生产品在现时对基础资产的未来预期进行交易，交易的盈亏要在未来一段时间才能看到。(3) 具有规避风险、价格发现和投机的功能。

金融衍生品种交易纠纷是指当事人之间因金融衍生品种的交易所发生的纠纷。

【典型形态】

在实践中，金融衍生产品交易纠纷主要有：

(1) 远期交易纠纷，是指当事人之间因远期合约的订立、履行、变更等发生的纠纷。远期合约主要包括远期利率协议、远期外汇协议、远期股票合约等，远期交易属于场外交易。

(2) 期货交易纠纷，是指当事人之间因期货合约的订立、履行等产生的纠纷。期货主要包括股票期货、债券期货、利率期货、汇率期货、商品期货等，期货合约时高度标准化的合约。

(3) 期权交易纠纷，是指当事人之间因期货合约的订立、履行等发生的纠纷。根据期权内容的不同可分为买入期权、卖出期权，按对象不同可分为股票期权、股指期权、利率期权、商品期权等。

（4）掉期（互换）交易纠纷，是指当事人之间因互换合约的订立、变更、履行等产生的纠纷。常见的互换交易主要包括利率互换、汇率互换、商品互换等。

【常用法律条文及索引】

《证券法》（2006 年 1 月 1 日起施行　2014 年 8 月 31 日修正）

第二条　在中华人民共和国境内，股票、公司债券和国务院依法认定的其他证券的发行和交易，适用本法；本法未规定的，适用《中华人民共和国公司法》和其他法律、行政法规的规定。

政府债券、证券投资基金份额的上市交易，适用本法；其他法律、行政法规另有规定的，适用其规定。

证券衍生品种发行、交易的管理办法，由国务院依照本法的原则规定。

《银行业金融机构衍生产品交易业务管理办法》（中国银行业监督管理委员会令 2011 年第 1 号　2011 年 1 月 5 日起施行）

第三条　本办法所称衍生产品是一种金融合约，其价值取决于一种或多种基础资产或指数，合约的基本种类包括远期、期货、掉期（互换）和期权。衍生产品还包括具有远期、期货、掉期（互换）和期权中一种或多种特征的混合金融工具。

第四条　本办法所称银行业金融机构衍生产品交易业务按照交易目的分为两类：

（一）套期保值类衍生产品交易。即银行业金融机构主动发起，为规避自有资产、负债的信用风险、市场风险或流动性风险而进行的衍生产品交易。此类交易需符合套期会计规定，并划入银行账户管理。

（二）非套期保值类衍生产品交易。即除套期保值类以外的衍生产品交易。包括由客户发起，银行业金融机构为满足客户需求提供的代客交易和银行业金融机构为对冲前述交易相关风险而进行的交易；银行业金融机构为承担做市义务持续提供市场买、卖双边价格，并按其报价与其他市场参与者进行的做市交易；以及银行业金融机构主动发起，运用自有资金，根据对市场走势的判断，以获利为目的的进行的自营交易。此类交易划入交易账户管理。

第六条　银行业金融机构开办衍生产品交易业务，应当经中国银监会批准，接受中国银监会的监督与检查。

获得衍生产品交易业务资格的银行业金融机构，应当从事与其自身风险管理能力相适应的业务活动。

第七条 银行业金融机构从事与外汇、商品、能源和股权有关的衍生产品交易以及场内衍生产品交易，应当具有中国银监会批准的衍生产品交易业务资格，并遵守国家外汇管理及其他相关规定。

【适用本案由需要注意的问题】

◆金融衍生产品是一种金融合约，该类纠纷案件的管辖适用合同纠纷案件的管辖的一般原则，根据《民事诉讼法》第23条的规定，由被告住所地或者合同履行地人民法院管辖。

289. 证券承销合同纠纷

（1）证券代销合同纠纷

（2）证券包销合同纠纷

【案由解析】

证券承销（亦称间接发行），是指证券发行人委托证券承销人（证券公司），向证券市场上的不特定投资者公开销售证券的行为。证券承销合同，是指证券承销人与发行人之间就证券承销事宜订立的各自权利义务明确的书面协议。证券承销合同纠纷是指当事人之间因证券承销合同的成立、履行、终止等发生的纠纷。

证券承销分为代销和包销两种形式：代销是指证券承销人代发行人发售证券，在承销期结束后，将未售出的证券全部退还发行人的承销方式，双方就此订立的协议为证券代销合同；包销是指证券承销人将发行人的证券全部购入或者在承销期满后将售后剩余证券全部自行购入的承销方式，双方就此订立的协议为证券包销合同。

证券承销合同具有以下主要特征：（1）合同主体的证券发行人和证券公司双方必须获得相关许可和资质。（2）合同的客体必须是经核准而公开发行的证券。（3）承销合同属于要式合同，与以书面形式签订。合同需具备必要记载事项（当事人具体信息，代销、包销证券的种类、数量发行价格、期限、付款方式等）。

【典型形态】

在实践中，证券包销合同纠纷主要有：

（1）证券代销合同纠纷，是指证券代销当事人（发行人、承销人、发行担保人、证券购买人）之间就证券代销合同的成立、履行、终止等产生的纠纷。常见形式又包括证券销售款支付纠纷和企业证券兑付纠纷。

（2）证券包销合同纠纷，是指当事人之间就证券包销合同的成立、履行、终止等产生的纠纷。相应地，包销合同纠纷又可分为定额包销纠纷和余额包销纠纷。

【常用法律条文及索引】

《证券法》（2006 年 1 月 1 日起施行　2014 年 8 月 31 日修正）

第二十八条　发行人向不特定对象发行的证券，法律、行政法规规定应当由证券公司承销的，发行人应当同证券公司签订承销协议。证券承销业务采取代销或者包销方式。

证券代销是指证券公司代发行人发售证券，在承销期结束时，将未售出的证券全部退还给发行人的承销方式。

证券包销是指证券公司将发行人的证券按照协议全部购入或者在承销期结束时将售后剩余证券全部自行购入的承销方式。

第二十九条　公开发行证券的发行人有权依法自主选择承销的证券公司。证券公司不得以不正当竞争手段招揽证券承销业务。

第三十条　证券公司承销证券，应当同发行人签订代销或者包销协议，载明下列事项

（一）当事人的名称、住所及法定代表人姓名；

（二）代销、包销证券的种类、数量、金额及发行价格；

（三）代销、包销的期限及起止日期；

（四）代销、包销的付款方式及日期；

（五）代销、包销的费用和结算办法；

（六）违约责任；

（七）国务院证券监督管理机构规定的其他事项。

第三十一条　证券公司承销证券，应当对公开发行募集文件的真实性、

准确性、完整性进行核查；发现有虚假记载、误导性陈述或者重大遗漏的，不得进行销售活动；已经销售的，必须立即停止销售活动，并采取纠正措施。

第三十二条 向不特定对象发行的证券票面总值超过人民币五千万元的，应当由承销团承销。承销团应当由主承销和参与承销的证券公司组成。

第三十三条 证券的代销、包销期限最长不得超过九十日。

证券公司在代销、包销期内，对所代销、包销的证券应当保证先行出售给认购人，证券公司不得为本公司预留所代销的证券和预先购入并留存所包销的证券。

第三十四条 股票发行采取溢价发行的，其发行价格由发行人与承销的证券公司协商确定。

第三十五条 股票发行采用代销方式，代销期限届满，向投资者出售的股票数量未达到拟公开发行股票数量百分之七十的，为发行失败。发行人应当按照发行价并加算银行同期存款利息返还股票认购人。

第三十六条 公开发行股票，代销、包销期限届满，发行人应当在规定的期限内将股票发行情况报国务院证券监督管理机构备案。

第一百九十条 证券公司承销或者代理买卖未经核准擅自公开发行的证券的，责令停止承销或者代理买卖，没收违法所得，并处以违法所得一倍以上五倍以下的罚款；没有违法所得或者违法所得不足三十万元的，处以三十万元以上六十万元以下的罚款。给投资者造成损失的，应当与发行人承担连带赔偿责任。对直接负责的主管人员和其他直接责任人员给予警告，撤销任职资格或者证券从业资格，并处以三万元以上三十万元以下的罚款。

第一百九十一条 证券公司承销证券，有下列行为之一的，责令改正，给予警告，没收违法所得，可以并处三十万元以上六十万元以下的罚款；情节严重的，暂停或者撤销相关业务许可。给其他证券承销机构或者投资者造成损失的，依法承担赔偿责任。对直接负责的主管人员和其他直接责任人员给予警告，可以并处三万元以上三十万元以下的罚款；情节严重的，撤销任职资格或者证券从业资格：

（一）进行虚假的或者误导投资者的广告或者其他宣传推介活动；

（二）以不正当竞争手段招揽承销业务；

（三）其他违反证券承销业务规定的行为。

《公司法》（2006 年 1 月 1 日起施行　2013 年 12 月 28 日修正）

第八十七条 发起人向社会公开募集股份，应当由依法设立的证券公司承销，签订承销协议。

《证券发行与承销管理办法》（2012 年 5 月 18 日起施行）

第四十三条　承销团成员应当按照承销团协议及承销协议的规定进行承销活动，不得进行虚假承销。

第四十四条　承销协议和承销团协议可以在发行价格确定后签订。

第四十六条　证券公司在承销过程中，不得以提供透支、回扣或者中国证监会认定的其他不正当手段诱使他人申购股票。

【适用本案由需要注意的问题】

◆证券承销合同纠纷属于合同纠纷案件，该类纠纷案件的管辖适用合同纠纷案件的管辖的一般原则，根据《民事诉讼法》第 23 条的规定，由被告住所地或者合同履行地人民法院管辖。

◆在适用本案由时，要注意证券代销与证券包销的区别：证券代销合同属于行纪合同，发行人与证券承销人之间是一种委托代理关系；证券包销合同则属于买卖合同的一种，证券承销人要承担未售出证券的风险。

290. 证券投资咨询纠纷

【案由解析】

证券投资咨询是指取得相应资质的机构及咨询人员为证券投资者或客户提供证券投资的相关信息、分析、预测或建议，并直接或间接收取服务费的活动。证券投资咨询纠纷是指证券投资人或客户与提供证券投资咨询服务的机构及其人员之间关于证券投资咨询活动引起的纠纷。

证券投资咨询服务既可因合同产生，引发合同纠纷，也可因侵权行为而产生侵权纠纷。根据服务对象的不同，证券投资咨询可以分为：面向公众的投资咨询业务；为签订了咨询服务合同的特定对象提供的证券投资咨询业务；为本公司投资管理部门、投资银行部门的投资咨询服务。

【典型形态】

在实践中，证券投资咨询纠纷主要有：

（1）证券投资咨询合同纠纷，是指当事人之间因证券投资咨询合同的成立、履行、终止等发生的纠纷。证券投资咨询合同时投资人或客户与证券投资咨询业务机构就证券、期货投资咨询服务签订的服务协议。

（2）证券投资咨询侵权纠纷，是指当事人在证券投资咨询活动过程中发生的损害赔偿责任的纠纷。

【常用法律条文及索引】

《证券法》（2006 年 1 月 1 日起施行　2014 年 8 月 31 日修正）

第一百六十九条　投资咨询机构、财务顾问机构、资信评级机构、资产评估机构、会计师事务所从事证券服务业务，必须经国务院证券监督管理机构和有关主管部门批准。

投资咨询机构、财务顾问机构、资信评级机构、资产评估机构、会计师事务所从事证券服务业务的审批管理办法，由国务院证券监督管理机构和有关主管部门制定。

第一百七十条　投资咨询机构、财务顾问机构、资信评级机构从事证券服务业务的人员，必须具备证券专业知识和从事证券业务或者证券服务业务二年以上经验。认定其证券从业资格的标准和管理办法，由国务院证券监督管理机构制定。

第一百七十一条　投资咨询机构及其从业人员从事证券服务业务不得有下列行为：

（一）代理委托人从事证券投资；

（二）与委托人约定分享证券投资收益或者分担证券投资损失；

（三）买卖本咨询机构提供服务的上市公司股票；

（四）利用传播媒介或者通过其他方式提供、传播虚假或者误导投资者的信息；

（五）法律、行政法规禁止的其他行为。

有前款所列行为之一，给投资者造成损失的，依法承担赔偿责任。

第一百七十二条　从事证券服务业务的投资咨询机构和资信评级机构，应当按照国务院有关主管部门规定的标准或者收费办法收取服务费用。

第一百七十三条　证券服务机构为证券的发行、上市、交易等证券业务活动制作、出具审计报告、资产评估报告、财务顾问报告、资信评级报告或者法律意见书等文件，应当勤勉尽责，对所依据的文件资料内容的真实性、准确性、完整性进行核查和验证。其制作、出具的文件有虚假记载、误导性陈述或者重大遗漏，给他人造成损失的，应当与发行人、上市公司承担连带赔偿责任，但是能够证明自己没有过错的除外。

《证券、期货投资咨询管理暂行办法》（1998 年 4 月 1 日起施行）

第三条　从事证券、期货投资咨询业务，必须依照本办法的规定，取得中国证监会的业务许可。未经中国证监会许可，任何机构和个人均不得从事本办法第二条所列各种形式证券、期货投资咨询业务。

证券经营机构、期货经纪机构及其工作人员从事超出本机构范围的证券、期货投资咨询业务，应当遵守本办法的规定。

第四条　从事证券、期货投资咨询业务，必须遵守有关法律、法规、规章和中国证监会的有关规定，遵循客观、公正和诚实信用的原则。

第五条　中国证监会及其授权的地方证券、期货监管部门（以下简称地方证管办（证监会））负责对证券、期货投资咨询业务的监督管理，并负责本办法的实施。

【适用本案由需要注意的问题】

◆证券投资咨询纠纷中有关合同关系纠纷的，根据《民事诉讼法》第 23 条的规定，由被告住所地或者合同履行地人民法院管辖。证券投资咨询侵权纠纷，根据《民事诉讼法》第 28 条的规定，由侵权行为地或者被告住所地人民法院管辖。

◆在适用本案由时，要注意以下几点：（1）证券投资咨询机构及其从业人员必须是具有相关资质并取得国家批准的。（2）证券、期货投资咨询的主要形式有：接受投资人或者客户委托，提供证券、期货投资咨询服务；举办有关证券、期货投资咨询的讲座、报告会、分析会等；在报刊上发表证券、期货投资咨询的文章、评论、报告，以及通过电台、电视台等公众传播媒体提供证券、期货投资咨询服务；通过电话、传真、电脑网络等电信设备系统，提供证券、期货投资咨询服务。

291. 证券资信评级服务合同纠纷

【案由解析】

证券资信评级是指专门从事有价证券评级业务的机构，对证券发行公司的信誉、财务状况、偿债能力、投资人的投资风险等进行测定评级的活动。证券资信评级服务合同是证券发行人与证券资信评级机构就证券评级业务签订的合同。证券资信评级服务合同纠纷是指证券发行者与证券资信评级机构因证券资信评级服务合同的成立、履行、内容等发生的各种纠纷。

根据《证券市场资信评级业务管理暂行办法》（2007 年 9 月 1 日起实施）第 2 条的规定，证券资信评级的对象主要有：（1）中国证监会依法核准发行的债券、资产支持证券以及其他固定收益或者债务型结构性融资证券。（2）在证券交易所上市交易的债券、资产支持证券以及其他固定收益或者债务型结构性融资证券，国债除外。（3）本款第（1）项和第（2）项规定的证券的发行人、上市公司、非上市公众公司、证券公司、证券投资基金管理公司。

【常用法律条文及索引】

《证券法》（2006 年 1 月 1 日起施行　2014 年 8 月 31 日修正）

第一百六十九条　投资咨询机构、财务顾问机构、资信评级机构、资产评估机构、会计师事务所从事证券服务业务，必须经国务院证券监督管理机构和有关主管部门批准。

投资咨询机构、财务顾问机构、资信评级机构、资产评估机构、会计师事务所从事证券服务业务的审批管理办法，由国务院证券监督管理机构和有关主管部门制定。

第一百七十条　投资咨询机构、财务顾问机构、资信评级机构从事证券服务业务的人员，必须具备证券专业知识和从事证券业务或者证券服务业务二年以上经验。认定其证券从业资格的标准和管理办法，由国务院证券监督管理机构制定。

第一百七十一条　投资咨询机构及其从业人员从事证券服务业务不得有下列行为：

（一）代理委托人从事证券投资；

（二）与委托人约定分享证券投资收益或者分担证券投资损失；

（三）买卖本咨询机构提供服务的上市公司股票；

（四）利用传播媒介或者通过其他方式提供、传播虚假或者误导投资者的信息；

（五）法律、行政法规禁止的其他行为。

有前款所列行为之一，给投资者造成损失的，依法承担赔偿责任。

第一百七十二条　从事证券服务业务的投资咨询机构和资信评级机构，应当按照国务院有关主管部门规定的标准或者收费办法收取服务费用。

第一百七十三条　证券服务机构为证券的发行、上市、交易等证券业务活动制作、出具审计报告、资产评估报告、财务顾问报告、资信评级报告或者法律意见书等文件，应当勤勉尽责，对所依据的文件资料内容的真实性、准确性、完整性进行核查和验证。其制作、出具的文件有虚假记载、误导性陈述或者重大遗漏，给他人造成损失的，应当与发行人、上市公司承担连带赔偿责任，但是能够证明自己没有过错的除外。

第二百二十六条　未经国务院证券监督管理机构批准，擅自设立证券登记结算机构的，由证券监督管理机构予以取缔，没收违法所得，并处以违法所得一倍以上五倍以下的罚款。

投资咨询机构、财务顾问机构、资信评级机构、资产评估机构、会计师事务所未经批准，擅自从事证券服务业务的，责令改正，没收违法所得，并处以违法所得一倍以上五倍以下的罚款。

证券登记结算机构、证券服务机构违反本法规定或者依法制定的业务规则的，由证券监督管理机构责令改正，没收违法所得，并处以违法所得一倍以上五倍以下的罚款；没有违法所得或者违法所得不足十万元的，处以十万元以上三十万元以下的罚款；情节严重的，责令关闭或者撤销证券服务业务许可。

《资信评级机构出具证券公司债券信用评级报告准则》（证监发行字〔2003〕106 号　2003 年 10 月 8 日起施行）

第五条　资信评级机构应建立健全统一的内部信用评级标准和程序，并在出具评级报告时保持所依据的标准和程序的一致性。

第十二条　评级结论应包括发行人名称、受评债券名称、信用级别及释义、评级结论的主要依据等，并简要说明本次评级的过程和发行人、受评债券的风险程度。

发行人为受评债券提供担保的，应对比说明有无担保情况下评级结论的差异。

第十四条　评级报告分析应当针对证券行业和发行人的特点，重点揭示风险，反映发行人及受评债券的信用水平及信用风险。

第十五条　评级报告分析可在显要位置作“特别风险提示”，必要时应详细分析该风险及其形成的原因，说明过去特别是最近一个会计年度曾经因该风险因素遭受的损失，判断将来遭受损失的可能程度。

【适用本案由需要注意的问题】

◆证券资信评级服务合同纠纷属于合同纠纷，该类纠纷案件的管辖适用合同纠纷案件的管辖的一般原则，根据《民事诉讼法》第23条的规定，由被告住所地或者合同履行地人民法院管辖。

◆在适用本案由时，所依据法律法规可参照中国证券监督管理委员会颁布的《资信评级机构出具证券公司证券信用评级报告准则》的相关规定。本案由适用于因证券发行者与资信评级机构签订资信评级服务合同后由资信评级机构所出具的评级报告产生的纠纷。

292. 证券回购合同纠纷

（1）股票回购合同纠纷

（2）国债回购合同纠纷

（3）公司债券回购合同纠纷

（4）证券投资基金回购合同纠纷

（5）质押式证券回购纠纷

【案由解析】

证券回购，是指证券持有人在卖出证券的同时，与买方签订协议，约定一定期限和价格买回同一笔证券的融资活动。证券回购合同纠纷是指证券持有人与买受人之间因证券回购合同的成立、履行、内容等发生的各种纠纷。

证券回购实质上是一种以有价证券作为抵押品拆借资金的信用行为。证券回购业务的品种有股票、国债、公司债券和证券投资基金等，证券持有人与资金贷出方签订的回购合同分别为股票回购合同、国债回购合同、公司债券回购合同和证券投资基金回购合同。质押式证券回购，是指卖出回购方在将证券出质给买入返售方的同时，双方约定在将来指定日期，由卖出回购方按约定的回购利率计算的资金额，向买入返售方返回出质证券的融资行为。

我国证券回购交易的主体主要是商业银行、城市信用社及信托投资公司、证券公司等金融机构。回购交易采取场内交易和场外交易两种方式。

【典型形态】

在实践中，证券回购合同纠纷主要有：

（1）股票回购合同纠纷，是指股票持有人与买受人之间因股票回购合同的成立、履行、内容等发生的各种纠纷。一般表现为上市公司通过二级市场买回股票的行为。

（2）国债回购合同纠纷，是指国债持有人与买受人因国债回购合同的成立、履行、内容等发生的各种纠纷。

（3）公司债券回购合同纠纷，是指公司证券持有人与买受人因公司证券回购合同的成立、履行、内容等发生的各种纠纷。

（4）证券投资基金回购合同纠纷，是指证券投资基金持有人与买受人因证券投资基金回购合同的成立、履行、内容等发生的各种纠纷。

（5）质押式证券回购纠纷，是指质押式证券持有人与买受人因质押式证券回购合同的成立、履行、内容等发生的各种纠纷。

【常用法律条文及索引】

《证券法》（2006 年 1 月 1 日起施行　2014 年 8 月 31 日修正）

第三条　证券的发行、交易活动，必须实行公开、公平、公正的原则。

第四条　证券发行、交易活动的当事人具有平等的法律地位，应当遵守自愿、有偿、诚实信用的原则。

第五条　证券的发行、交易活动，必须遵守法律、行政法规；禁止欺诈、内幕交易和操纵证券市场的行为。

第三十七条　证券交易当事人依法买卖的证券，必须是依法发行并交付的证券。

非依法发行的证券，不得买卖。

第三十八条　依法发行的股票、公司债券及其他证券，法律对其转让期限有限制性规定的，在限定的期限内不得买卖。

第三十九条　依法公开发行的股票、公司债券及其他证券，应当在依法设立的证券交易所上市交易或者在国务院批准的其他证券交易场所转让。

《全国银行间债券市场债券交易管理办法》（中国人民银行令〔2000〕第 2 号　2000 年 4 月 30 日起施行）

第八条　下列机构可成为全国银行间债券市场参与者，从事债券交易业务：

（一）在中国境内具有法人资格的商业银行及其授权分支机构；

（二）在中国境内具有法人资格的非银行金融机构和非金融机构；

（三）经中国人民银行批准经营人民币业务的外国银行分行。

第九条 上述机构进入全国银行间债券市场，应签署债券回购主协议。

第十条 金融机构可直接进行债券交易和结算，也可委托结算代理人进行债券交易和结算；非金融机构应委托结算代理人进行债券交易和结算。

第十七条 以债券为质押进行回购交易，应办理登记；回购合同在办理质押登记后生效。

第十八条 合同一经成立，交易双方应全面履行合同规定的义务，不得擅自变更或解除合同。

第十九条 债券交易现券买卖价格或回购利率由交易双方自行确定。

第二十条 参与者进行债券交易不得在合同约定的价款或利息之外收取未经批准的其他费用。

第二十一条 回购期间，交易双方不得动用质押的债券。

第二十二条 回购期限最长为365天。回购到期应按照合同约定全额返还回购项下的资金，并解除质押关系，不得以任何方式展期。

《关于重申对进一步规范证券回购业务有关问题的通知》（1995年8月7日）

三、证券回购券种只能是国库券和经中国人民银行批准发行的金融债券；回购期限最长不得超过1年；回购资金不得用于固定资产投资，不得用于期货市场投资和股本投资，不得以贷款、拆借等任何名义用于企业。

四、回购方必须有百分之百的属于自己所有的国库券和金融债券，并将国库券和金融债券集中在中国人民银行省、自治区、直辖市、计划单列市分行指定的一家证券登记托管机构保管。代保管单只能由该机构出具。凡出具虚假代保管单的机构，比照全国人大《关于惩治破坏金融秩序犯罪的决定》中的第十条、第十五条等规定惩治。返售方在回购期内不得动用回购证券。禁止任何金融机构挪用个人或机构委托其保管的证券。

五、禁止任何金融机构以租券、借券等方式从事证券回购业务。

六、凡从事证券回购业务的金融机构必须在8月30日以前到当地人民银行逐笔填写《证券回购业务登记表》由人民银行省、自治区、直辖市、计划单列市分行汇总并报中国人民银行总行和财政部。逾期不登记者，取消其从事证券回购业务的资格。

【适用本案由需要注意的问题】

◆证券回购合同纠纷案件的管辖适用《民事诉讼法》第23条规定的因合同纠纷案件的一般管辖原则。《最高人民法院关于如何确定证券回购合同履行地问题的批复》（法复〔1996〕第9号）对此进行了进一步的细化，规定：凡通过证券交易所进行的证券回购交易产生的纠纷，证券交易所所在地或者被告所在地人民法院有管辖权；对未通过交易所进行的回购交易产生的纠纷，最初付款方（返售方）所在地或者被告所在地的人民法院有管辖权。

293. 证券上市合同纠纷

【案由解析】

证券上市合同是指申请证券上市交易的公司在其申请被证券交易所审核同意后与证券交易所就证券上市交易日期、暂停或中止上市、内部审计制度、上市费用缴纳等各项权利义务签订的协议。该协议各方因协议订立、履行、终止等产生的纠纷称为证券上市合同纠纷。

通常证券上市包括股票的上市交易和公司证券的上市交易。股票上市必须有符合要求的业绩记录、最低的股本数额、最低的净资产值、最低的公众持股数和比例等。公司债券上市条件要求主要侧重公司债券的期限、发行数额以及是否仍然维持公司发行债券时的条件。

【典型形态】

在实践中，证券上市合同纠纷主要有：

（1）股票上市合同纠纷，是指申请股票上市交易的公司与证券交易所之间因股票上市合同的订立、履行、终止等发生的各种纠纷。股票上市合同是由证券交易所依照法律规定预先制作、具有固定格式、报经主管机关核准的、明确证券交易所与上市公司之间权利义务关系的协议。

（2）公司债券上市合同纠纷，是指申请上市交易的公司与证券交易所之间就签订的上市合同的成立、履行、终止等发生的各种纠纷。公司证券上市条件的核心在于保证公司债券交易的流动性合同偿还能力。

【常用法律条文及索引】

《证券法》（2006 年 1 月 1 日起施行 2014 年 8 月 31 日修正）

第四十八条 申请证券上市交易，应当向证券交易所提出申请，由证券交易所依法审核同意，并由双方签订上市协议。

证券交易所根据国务院授权的部门的决定安排政府债券上市交易。

第五十条 股份有限公司申请股票上市，应当符合下列条件：

（一）股票经国务院证券监督管理机构核准已公开发行；

（二）公司股本总额不少于人民币三千万元；

（三）公开发行的股份达到公司股份总数的百分之二十五以上；公司股本总额超过人民币四亿元的，公开发行股份的比例为百分之十以上；

（四）公司最近三年无重大违法行为，财务会计报告无虚假记载。

证券交易所可以规定高于前款规定的上市条件，并报国务院证券监督管理机构批准。

第五十一条 国家鼓励符合产业政策并符合上市条件的公司股票上市交易。

第五十六条 上市公司有下列情形之一的，由证券交易所决定终止其股票上市交易：

（一）公司股本总额、股权分布等发生变化不再具备上市条件，在证券交易所规定的期限内仍不能达到上市条件；

（二）公司不按照规定公开其财务状况，或者对财务会计报告作虚假记载，且拒绝纠正；

（三）公司最近三年连续亏损，在其后一个年度内未能恢复盈利；

（四）公司解散或者被宣告破产；

（五）证券交易所上市规则规定的其他情形。

第五十七条 公司申请公司债券上市交易，应当符合下列条件：

（一）公司债券的期限为一年以上；

（二）公司债券实际发行额不少于人民币五千万元；

（三）公司申请债券上市时仍符合法定的公司债券发行条件。

第五十九条 公司债券上市交易申请经证券交易所审核同意后，签订上市协议的公司应当在规定的期限内公告公司债券上市文件及有关文件，并将其申请文件置备于指定场所供公众查阅。

第六十条　公司债券上市交易后，公司有下列情形之一的，由证券交易所决定暂停其公司债券上市交易：

（一）公司有重大违法行为；

（二）公司情况发生重大变化不符合公司债券上市条件；

（三）发行公司债券所募集的资金不按照核准的用途使用；

（四）未按照公司债券募集办法履行义务；

（五）公司最近二年连续亏损。

第六十一条　公司有前条第（一）项、第（四）项所列情形之一经查实后果严重的，或者有前条第（二）项、第（三）项、第（五）项所列情形之一，在限期内未能消除的，由证券交易所决定终止其公司债券上市交易。

公司解散或者被宣告破产的，由证券交易所终止其公司债券上市交易。

《股票发行与交易管理暂行条例》（国务院令第112号　1993年4月22日起施行）

第三十一条　公开发行股票符合前条规定条件的股份有限公司，申请其股票在证券交易所交易，应当向证券交易所的上市委员会提出申请；上市委员会应当自收到申请之日起二十个工作日内作出审批，确定具体上市时间。审批文件报证监会备案，并抄报证券委。

【适用本案由需要注意的问题】

◆证券上市合同纠纷属于合同纠纷，该类纠纷案件的管辖适用合同纠纷案件的管辖的一般原则，根据《民事诉讼法》第23条的规定，由被告住所地或者合同履行地人民法院管辖。

◆本案由适用于申请证券上市交易的公司在其申请被证券交易所审核后与证券交易所就证券上市交易日期、暂停或中止上市、内部审计制度、上市费用交纳等各项权利义务所签订的协议产生纠纷的案件。

294. 证券交易代理合同纠纷

【案由解析】

证券交易代理合同是指证券公司与投资者签订证券公司为代理人，以被代理人投资者的名义参加证券交易，交易的结果由委托的投资者承担的协议。因该协议的订立、履行、终止等产生的纠纷，即为证券交易代理合同纠纷。

证券交易代理行为具有以下几个特征：(1)《证券法》规定证券交易所采用会员制，因此直接进入证券交易所进行证券交易的是具有会员身份的证券公司，投资者不能直接进入交易所。(2) 证券公司与投资者之间的法律关系是代理关系，证券公司以投资者的名义进行证券交易，交易结果由投资者承担。

【常用法律条文及索引】

《证券法》(2006 年 1 月 1 日起施行　2014 年 8 月 31 日修正)

第一百四十一条　证券公司接受证券买卖的委托，应当根据委托书载明的证券名称、买卖数量、出价方式、价格幅度等，按照交易规则代理买卖证券，如实进行交易记录；买卖成交后，应当按照规定制作买卖成交报告单交付客户。

证券交易中确认交易行为及其交易结果的对账单必须真实，并由交易经办人员以外的审核人员逐笔审核，保证账面证券余额与实际持有的证券相一致。

《民法通则》(1987 年 1 月 1 日起施行　2009 年 8 月 27 日修正)

第六十五条　民事法律行为的委托代理，可以用书面形式，也可以用口头形式。法律规定用书面形式的，应当用书面形式。

书面委托代理的授权委托书应当载明代理人的姓名或者名称、代理事项、权限和期间，并由委托人签名或者盖章。

委托书授权不明的，被代理人应当向第三人承担民事责任，代理人负连带责任。

第六十六条　没有代理权、超越代理权或者代理权终止后的行为，只有经过被代理人的追认，被代理人才承担民事责任。未经追认的行为，由行为人承担民事责任。本人知道他人以本人名义实施民事行为而不作否认表示的，视为同意。

代理人不履行职责而给被代理人造成损害的，应当承担民事责任。

代理人和第三人串通，损害被代理人的利益的，由代理人和第三人负连带责任。

第三人知道行为人没有代理权、超越代理权或者代理权已终止还与行为人实施民事行为给他人造成损害的，由第三人和行为人负连带责任。

《民法总则》（2017 年 10 月 1 日起施行）

第七章　代理

第一节　一般规定

第一百六十一条　民事主体可以通过代理人实施民事法律行为。

依照法律规定、当事人约定或者民事法律行为的性质，应当由本人亲自实施的民事法律行为，不得代理。

第一百六十二条　代理人在代理权限内，以被代理人名义实施的民事法律行为，对被代理人发生效力。

第一百六十三条　代理包括委托代理和法定代理。

委托代理人按照被代理人的委托行使代理权。法定代理人依照法律的规定行使代理权。

第一百六十四条　代理人不履行或者不完全履行职责，造成被代理人损害的，应当承担民事责任。

代理人和相对人恶意串通，损害被代理人合法权益的，代理人和相对人应当承担连带责任。

第二节　委托代理

第一百六十五条　委托代理授权采用书面形式的，授权委托书应当载明代理人的姓名或者名称、代理事项、权限和期间，并由被代理人签名或者盖章。

第一百六十六条　数人为同一代理事项的代理人的，应当共同行使代理权，但是当事人另有约定的除外。

第一百六十七条　代理人知道或者应当知道代理事项违法仍然实施代理行为，或者被代理人知道或者应当知道代理人的代理行为违法未作反对表示的，被代理人和代理人应当承担连带责任。

第一百六十八条　代理人不得以被代理人的名义与自己实施民事法律行为，但是被代理人同意或者追认的除外。

代理人不得以被代理人的名义与自己同时代理的其他人实施民事法律行为，但是被代理的双方同意或者追认的除外。

第一百六十九条　代理人需要转委托第三人代理的，应当取得被代理人的同意或者追认。

转委托代理经被代理人同意或者追认的，被代理人可以就代理事务直接指示转委托的第三人，代理人仅就第三人的选任以及对第三人的指示承担责任。

转委托代理未经被代理人同意或者追认的，代理人应当对转委托的第三人的行为承担责任，但是在紧急情况下代理人为了维护被代理人的利益需要转委托第三人代理的除外。

第一百七十条 执行法人或者非法人组织工作任务的人员，就其职权范围内的事项，以法人或者非法人组织的名义实施民事法律行为，对法人或者非法人组织发生效力。

法人或者非法人组织对执行其工作任务的人员职权范围的限制，不得对抗善意相对人。

第一百七十一条 行为人没有代理权、超越代理权或者代理权终止后，仍然实施代理行为，未经被代理人追认的，对被代理人不发生效力。

相对人可以催告被代理人自收到通知之日起一个月内予以追认。被代理人未作表示的，视为拒绝追认。行为人实施的行为被追认前，善意相对人有撤销的权利。撤销应当以通知的方式作出。

行为人实施的行为未被追认的，善意相对人有权请求行为人履行债务或者就其受到的损害请求行为人赔偿，但是赔偿的范围不得超过被代理人追认时相对人所能获得的利益。

相对人知道或者应当知道行为人无权代理的，相对人和行为人按照各自的过错承担责任。

第一百七十二条 行为人没有代理权、超越代理权或者代理权终止后，仍然实施代理行为，相对人有理由相信行为人有代理权的，代理行为有效。

第三节 代理终止

第一百七十三条 有下列情形之一的，委托代理终止：

（一）代理期间届满或者代理事务完成；

（二）被代理人取消委托或者代理人辞去委托；

（三）代理人丧失民事行为能力；

（四）代理人或者被代理人死亡；

（五）作为代理人或者被代理人的法人、非法人组织终止。

第一百七十四条 被代理人死亡后，有下列情形之一的，委托代理人实施的代理行为有效：

（一）代理人不知道并且不应当知道被代理人死亡；

（二）被代理人的继承人予以承认；

（三）授权中明确代理权在代理事务完成时终止；

（四）被代理人死亡前已经实施，为了被代理人的继承人的利益继续代理。

作为被代理人的法人、非法人组织终止的，参照适用前款规定。

《合同法》（1999 年 10 月 1 日起施行）

第四百零六条　有偿的委托合同，因受托人的过错给委托人造成损失的，委托人可以要求赔偿损失。无偿的委托合同，因受托人的故意或者重大过失给委托人造成损失的，委托人可以要求赔偿损失。

受托人超越权限给委托人造成损失的，应当赔偿损失。

第四百零七条　受托人处理委托事务时，因不可归责于自己的事由受到损失的，可以向委托人要求赔偿损失。

第四百零八条　委托人经受托人同意，可以在受托人之外委托第三人处理委托事务。因此给受托人造成损失的，受托人可以向委托人要求赔偿损失。

第四百零九条　两个以上的受托人共同处理委托事务的，对委托人承担连带责任。

第四百一十条　委托人或者受托人可以随时解除委托合同。因解除合同给对方造成损失的，除不可归责于该当事人的事由以外，应当赔偿损失。

【适用本案由需要注意的问题】

◆证券交易代理合同纠纷属于合同纠纷，该类纠纷案件的管辖适用合同纠纷案件的管辖的一般原则，根据《民事诉讼法》第 23 条的规定，由被告住所地或者合同行地人民法院管辖。

◆在适用本案由时要注意与“证券交易合同纠纷”的区别，证券交易代理合同纠纷的当事人双方是投资者与证券公司，而证券交易合同纠纷是投资者之间因证券交易合同而产生的纠纷。

295. 证券上市保荐合同纠纷

【案由解析】

证券上市保荐合同是指证券发行人就聘请具有保荐资格的证券公司为其

证券上市担任保荐人而签订的协议。协议的主要内容是约定聘请事宜、协商确定相关费用、保荐协议终止事项以及双方在证券发行上市期间和上市之后一系列行为中的权力义务和内部责任承担等事项。合同当事人各方就该合同的订立、履行、终止等发生的各种纠纷，就是证券上市保荐合同纠纷。

保荐人制度则是由保荐人负责发行人的上市推荐和辅导，核实公司发行文件和上市文件的真实性、准确性和完整性，协助发行人建立严格的信息披露制度，并承担风险防范责任，并在公司上市后的规定时间内继续协助发行人建立规范的法人治理结构，督促公司遵守上市规定，完成招股计划书中的承诺，同时对上市公司的信息披露负有连带责任。

【典型形态】

在实践中，证券上市保荐合同纠纷主要有：

（1）股票上市保荐合同纠纷，是指股票发行人与保荐人之间因股票上市保荐合同的成立、履行、终止等发生的各种纠纷。通常又包括股份有限公司首次公开发行的股票的保荐合同纠纷、上市公司发行新股的保荐合同纠纷等。

（2）可转换公司证券的上市保荐合同纠纷，可发行可转换公司证券的上市公司与保荐人之间就可转换公司证券的上市发行签订合同，合同当事人就该合同的成立、履行、终止等发生的各种纠纷。可转换公司证券是指可转换为公司股票的公司证券。

【常用法律条文及索引】

《证券法》（2006 年 1 月 1 日起施行　2014 年 8 月 31 日修正）

第十一条　发行人申请公开发行股票、可转换为股票的公司债券，依法采取承销方式的，或者公开发行法律、行政法规规定实行保荐制度的其他证券的，应当聘请具有保荐资格的机构担任保荐人。

保荐人应当遵守业务规则和行业规范，诚实守信，勤勉尽责，对发行人的申请文件和信息披露资料进行审慎核查，督导发行人规范运作。

保荐人的资格及其管理办法由国务院证券监督管理机构规定。

第四十九条　申请股票、可转换为股票的公司债券或者法律、行政法规规定实行保荐制度的其他证券上市交易，应当聘请具有保荐资格的机构担任保荐人。

本法第十一条第二款、第三款的规定适用于上市保荐人。

第一百九十二条　保荐人出具有虚假记载、误导性陈述或者重大遗漏的保荐书，或者不履行其他法定职责的，责令改正，给予警告，没收业务收入，并处以业务收入一倍以上五倍以下的罚款；情节严重的，暂停或者撤销相关业务许可。对直接负责的主管人员和其他直接责任人员给予警告，并处以三万元以上三十万元以下的罚款；情节严重的，撤销任职资格或者证券从业资格。

《证券发行上市保荐业务管理办法》（2008 年 12 月 1 日起施行　2009 年 5 月 13 日修订）

第三十三条　在发行保荐书和上市保荐书中，保荐机构应当就下列事项做出承诺：

（一）有充分理由确信发行人符合法律法规及中国证监会有关证券发行上市的相关规定；

（二）有充分理由确信发行人申请文件和信息披露资料不存在虚假记载、误导性陈述或者重大遗漏；

（三）有充分理由确信发行人及其董事在申请文件和信息披露资料中表达意见的依据充分合理；

（四）有充分理由确信申请文件和信息披露资料与证券服务机构发表的意见不存在实质性差异；

（五）保证所指定的保荐代表人及本保荐机构的相关人员已勤勉尽责，对发行人申请文件和信息披露资料进行了尽职调查、审慎核查；

（六）保证保荐书、与履行保荐职责有关的其他文件不存在虚假记载、误导性陈述或者重大遗漏；

（七）保证对发行人提供的专业服务和出具的专业意见符合法律、行政法规、中国证监会的规定和行业规范；

（八）自愿接受中国证监会依照本办法采取的监管措施；

（九）中国证监会规定的其他事项。

第三十四条　保荐机构提交发行保荐书后，应当配合中国证监会的审核，并承担下列工作：

（一）组织发行人及证券服务机构对中国证监会的意见进行答复；

（二）按照中国证监会的要求对涉及本次证券发行上市的特定事项进行尽职调查或者核查；

（三）指定保荐代表人与中国证监会职能部门进行专业沟通，保荐代表人在发行审核委员会会议上接受委员质询；

（四）中国证监会规定的其他工作。

第三十五条 保荐机构应当针对发行人的具体情况，确定证券发行上市后持续督导的内容，督导发行人履行有关上市公司规范运作、信守承诺和信息披露等义务，审阅信息披露文件及向中国证监会、证券交易所提交的其他文件，并承担下列工作：

（一）督导发行人有效执行并完善防止控股股东、实际控制人、其他关联方违规占用发行人资源的制度；

（二）督导发行人有效执行并完善防止其董事、监事、高级管理人员利用职务之便损害发行人利益的内控制度；

（三）督导发行人有效执行并完善保障关联交易公允性和合规性的制度，并对关联交易发表意见；

（四）持续关注发行人募集资金的专户存储、投资项目的实施等承诺事项；

（五）持续关注发行人为他人提供担保等事项，并发表意见；

（六）中国证监会、证券交易所规定及保荐协议约定的其他工作。

【适用本案由需要注意的问题】

◆证券上市保荐合同纠纷属于合同纠纷，该类纠纷案件的管辖适用合同纠纷案件的管辖的一般原则，根据《民事诉讼法》第23条的规定，由被告住所地或者合同履行地人民法院管辖。

◆在适用本案由时要注意与“证券上市合同纠纷”的区别：证券上市保荐合同纠纷产生于证券发行人与具有保荐资格的证券公司因双方签订的协议而产生的各种纠纷，证券上市合同纠纷是证券发行人与证券交易所关于证券发行活动签订的协议而产生的纠纷，两者合同的主体不同。同时本案由在适用时还要与“证券资信评级服务合同纠纷”的区别，两者的显著区别也在于合同主体之间的不同。

296. 证券发行纠纷

（1）证券认购纠纷

（2）证券发行失败纠纷

【案由解析】

证券发行是指包括证券申购与认购活动在内的一个完整的过程，包括证券发行的要约邀请、要约和证券的销售等。证券发行纠纷是指在证券发行过程中，因证券认购、申购、赎回，证券发行失败，或者因证券信息披露违法被撤销等产生的纠纷。在实践中较常见、多发的纠纷主要有证券认购纠纷和证券发行失败纠纷。

证券发行是一种直接融资方式，以筹集资金为目的。证券发行根据发行价格与票面面额的关系，可分为溢价发行、平价发行和折价发行。按发行对象和发行方式，可分为公开发行和非公开发行。

证券申购即申请配售证券，就是投资者提交购买证券的意愿。证券认购是指在申请配售得到批准后付款购买证券的行为。证券发行失败，如股票发行失败，指采用代销方式发行股票，代销期限届满，向投资者出售的股票数量未达到拟公开发行股票数量70%的情形。

【典型形态】

在实践中，证券发行纠纷主要有：

（1）证券认购纠纷，是指认购人与证券发行人之间在证券认购过程中产生的合同纠纷和侵权纠纷。按发行标的的不同可分为股票认购纠纷、基金认购纠纷、公司证券认购纠纷等。

（2）证券发行失败纠纷，是指证券认购人与发行人之间因证券发行失败而产生的各种纠纷。按发行标的的不同可分为股票发行失败纠纷、公司证券发行失败纠纷等。

【常用法律条文及索引】

《证券法》（2006年1月1日起施行 2014年8月31日修正）

第二十三条 国务院证券监督管理机构依照法定条件负责核准股票发行申请。核准程序应当公开，依法接受监督。

参与审核和核准股票发行申请的人员，不得与发行申请人有利害关系，不得直接或者间接接受发行申请人的馈赠，不得持有所核准的发行申请的股票，不得私下与发行申请人进行接触。

第三十三条 证券的代销、包销期限最长不得超过九十日。

证券公司在代销、包销期内，对所代销、包销的证券应当保证先行出售给认购人，证券公司不得为本公司预留所代销的证券和预先购入并留存所包销的证券。

第三十四条 股票发行采取溢价发行的，其发行价格由发行人与承销的证券公司协商确定。

第三十五条 股票发行采用代销方式，代销期限届满，向投资者出售的股票数量未达到拟公开发行股票数量百分之七十的，为发行失败。发行人应当按照发行价并加算银行同期存款利息返还股票认购人。

《公司法》（2006 年 1 月 1 日起施行 2013 年 12 月 28 日修正）

第二十六条 有限责任公司的注册资本为在公司登记机关登记的全体股东认缴的出资额。

法律、行政法规以及国务院决定对有限责任公司注册资本实缴、注册资本最低限额另有规定的，从其规定。

第二十七条 股东可以用货币出资，也可以用实物、知识产权、土地使用权等可以用货币估价并可以依法转让的非货币财产作价出资；但是，法律、行政法规规定不得作为出资的财产除外。

对作为出资的非货币财产应当评估作价，核实财产，不得高估或者低估作价。法律、行政法规对评估作价有规定的，从其规定。

第二十八条 股东应当按期足额缴纳公司章程中规定的各自所认缴的出资额。股东以货币出资的，应当将货币出资足额存入有限责任公司在银行开设的账户；以非货币财产出资的，应当依法办理其财产权的转移手续。

股东不按照前款规定缴纳出资的，除应当向公司足额缴纳外，还应当向已按期足额缴纳出资的股东承担违约责任。

《股票发行与交易管理暂行条例》（国务院令第 112 号 1993 年 4 月 22 日起施行）

第七条 股票发行人必须是具有股票发行资格的股份有限公司。

前款所称股份有限公司，包括已经成立的股份有限公司和经批准拟成立的股份有限公司。

第十九条 在获准公开发行股票前，任何人不得以任何形式泄露招股说明书的内容。在获准公开发行股票后，发行人应当在承销期开始前二个至五个工作日期间公布招股说明书。

发行人应当向认购人提供招股说明书。证券承销机构应当将招股说明书备置于营业场所，并有义务提醒认购人阅读招股说明书。

招股说明书的有效期为六个月，自招股说明书签署完毕之日起计算。招股说明书失效后，股票发行必须立即停止。

第二十七条　证券经营机构在承销期结束后，将其持有的发行人的股票向发行人以外的社会公众作出要约邀请、要约或者销售，应当经证监会批准，按照规定的程序办理。

《上市公司证券发行管理办法》（中国证券监督管理委员会令第30号 2006年5月8日起施行　2008年10月9日修正）

第十二条　向原股东配售股份（简称“配股”），除符合本章第一节规定外，还应当符合下列规定：

（一）拟配售股份数量不超过本次配售股份前股本总额的百分之三十；

（二）控股股东应当在股东大会召开前公开承诺认配股份的数量；

（三）采用证券法规定的代销方式发行。

控股股东不履行认配股份的承诺，或者代销期限届满，原股东认购股票的数量未达到拟配售数量百分之七十的，发行人应当按照发行价并加算银行同期存款利息返还已经认购的股东。

第十三条　向不特定对象公开募集股份（简称“增发”），除符合本章第一节规定外，还应当符合下列规定：

（一）最近三个会计年度加权平均净资产收益率平均不低于百分之六。扣除非经常性损益后的净利润与扣除前的净利润相比，以低者作为加权平均净资产收益率的计算依据；

（二）除金融类企业外，最近一期末不存在持有金额较大的交易性金融资产和可供出售的金融资产、借予他人款项、委托理财等财务性投资的情形；

（三）发行价格应不低于公告招股意向书前二十个交易日公司股票均价或前一个交易日的均价。

【适用本案由需要注意的问题】

◆发行人、承销商与投资者因证券发行产生的纠纷，如果是合同纠纷，则根据《民事诉讼法》第23条的规定，由被告住所地或者合同履行地人民法院管辖；如果是侵权纠纷，则根据《民事诉讼法》第28条的规定，由侵权行为地或者被告住所地人民法院管辖。

◆在证券发行过程中，因证券认购、申购、赎回、证券发行失败、信息违法披露被撤销等产生的纠纷，都应按照证券发行纠纷来处理。

◆根据《证券法》和《股票发行与交易管理暂行条例》第 81 条的相关规定，证券发行应当包括要约邀请、要约和销售活动在内的完整过程。

297. 证券返还纠纷

【案由解析】

证券返还纠纷是指一方当事人主张其对他人证券账户中的特定证券享有所有权，进而要求对方返还证券而引发的纠纷。此类纠纷通常包括借用他人名义开设账户，或者利用他人账户从事证券买卖等情形。

【典型形态】

在实践中，证券返还纠纷主要有：

（1）利用他人账户从事证券买卖而产生的返还请求权人要求对方返还证券而引发的纠纷。

（2）借用他人名义开设账户或者委托他人以他人名义从事证券买卖而引起证券返还请求权人要求对方返还证券产生的纠纷。

【常用法律条文及索引】

《证券法》（2006 年 1 月 1 日起施行　2014 年 8 月 31 日修正）

第八十条　禁止法人非法利用他人账户从事证券交易；禁止法人出借自己或者他人的证券账户。

第一百一十一条　投资者应当与证券公司签订证券交易委托协议，并在证券公司开立证券交易账户，以书面、电话以及其他方式，委托该证券公司代其买卖证券。

第一百六十六条　投资者委托证券公司进行证券交易，应当申请开立证券账户。证券登记结算机构应当按照规定以投资者本人的名义为投资者开立证券账户。

投资者申请开立账户，必须持有证明中国公民身份或者中国法人资格的合法证件。国家另有规定的除外。

第二百零八条　违反本法规定，法人以他人名义设立账户或者利用他人账户买卖证券的，责令改正，没收违法所得，并处以违法所得一倍以上五倍以下的罚款；没有违法所得或者违法所得不足三万元的，处以三万元以上三十万元以下的罚款。对直接负责的主管人员和其他直接责任人员给予警告，并处以三万元以上十万元以下的罚款。

证券公司为前款规定的违法行为提供自己或者他人的证券交易账户的，除依照前款的规定处罚外，还应当撤销直接负责的主管人员和其他直接责任人员的任职资格或者证券从业资格。

《合同法》（1999 年 10 月 1 日起施行）

第四百零三条　受托人以自己的名义与第三人订立合同时，第三人不知道受托人与委托人之间的代理关系的，受托人因第三人的原因对委托人不履行义务，受托人应当向委托人披露第三人，委托人因此可以行使受托人对第三人的权利，但第三人与受托人订立合同时如果知道该委托人就不会订立合同的除外。

受托人因委托人的原因对第三人不履行义务，受托人应当向第三人披露委托人，第三人因此可以选择受托人或者委托人作为相对人主张其权利，但第三人不得变更选定的相对人。

委托人行使受托人对第三人的权利的，第三人可以向委托人主张其对受托人的抗辩。第三人选定委托人作为其相对人的，委托人可以向第三人主张其对受托人的抗辩以及受托人对第三人的抗辩。

第四百零六条　有偿的委托合同，因受托人的过错给委托人造成损失的，委托人可以要求赔偿损失。无偿的委托合同，因受托人的故意或者重大过失给委托人造成损失的，委托人可以要求赔偿损失。

受托人超越权限给委托人造成损失的，应当赔偿损失。

第四百零七条　受托人处理委托事务时，因不可归责于自己的事由受到损失的，可以向委托人要求赔偿损失。

《证券登记结算管理办法》（中国证券监督管理委员会令第 65 号　2009 年 12 月 21 日修改后施行）

第十七条　投资者通过证券账户持有证券，证券账户用于记录投资者持有证券的余额及其变动情况。

第十八条　证券应当记录在证券持有人本人的证券账户内，但依据法律、行政法规和中国证监会的规定，证券记录在名义持有人证券账户内的，从其规定。

证券登记结算机构为依法履行职责，可以要求名义持有人提供其名下证券权益拥有人的相关资料。

第二十二条 投资者不得将本人的证券账户提供给他人使用。

第二十三条 证券登记结算机构应当根据业务规则，对开户代理机构开立证券账户的活动进行监督。开户代理机构违反业务规则的，证券登记结算机构可以根据业务规则暂停、取消其开户代理资格，并提请中国证监会按照相关规定采取暂停或撤销其相关证券业务许可；对直接负责的主管人员和其他直接责任人员，单处或并处警告、罚款、撤销任职资格或证券从业资格等处罚措施。

第二十四条 证券公司应当掌握其客户的资料及资信状况，并对其客户证券账户的使用情况进行监督。证券公司发现其客户在证券账户使用过程中存在违规行为的，应当按照证券登记结算机构的业务规则处理，并及时向证券登记结算机构和证券交易所报告。涉及法人以他人名义设立证券账户或者利用他人证券账户买卖证券的，还应当向中国证监会报告，由中国证监会依法予以处罚。

第二十五条 投资者在证券账户开立和使用过程中存在违规行为的，证券登记结算机构应当依法对违规证券账户采取限制使用、注销等处置措施。

【适用本案由需要注意的问题】

◆证券返还纠纷属于侵权纠纷案件，根据《民事诉讼法》第28条的规定，由侵权行为地或者被告住所地人民法院管辖。

◆现实中存在大量借用他人账户以及隐名委托他人从事证券买卖进而引起纠纷的情形，证券返还纠纷首先要确认账户中资金或证券的所有权，若返还请求权人不能证明系借用他人账户从事证券买卖，或者委托他人以他人名义从事证券买卖，则其返还请求权的主张便难以实现。

298. 证券欺诈责任纠纷

（1）证券内幕交易责任纠纷

（2）操纵证券交易市场责任纠纷

（3）证券虚假陈述责任纠纷

（4）欺诈客户责任纠纷

【案由解析】

证券欺诈的内涵及外延表现形式，存在着多种表述和理解。根据《证券法》的相关规定，证券欺诈纠纷是指在证券发行、交易及相关活动中因内幕交易、操纵市场、欺诈客户、虚假陈述等行为引发的一系列纠纷。

内幕交易，是指知悉证券交易内幕信息的知情人员或非法获取内幕信息的其他人员，在该信息公开之前，买入或卖出该证券，泄漏该信息或者建议他人买卖该证券的行为。

操纵证券市场，是指个人或集团组织利用其资金优势、信息优势、持股优势或者滥用职权，人为干预证券市场行情，即抬高、压低或维持某种证券的价格水平，制造证券市场假象，诱使普通投资者盲目跟从、参与买卖，进而为自己谋取利益的行为。操纵市场通常具体表现为连续买卖（连续高价买入或低价卖出证券）和联合操纵（组成临时性操纵集团，操纵市场）两种情形。

虚假陈述是指证券市场的参与主体及相关人员违反证券信息披露制度，在证券活动中作出虚假陈述或者信息误导的行为。对虚假陈述行为的认定，具体表现为虚假记载、误导性陈述、重大遗漏、不正当披露等。

欺诈客户的行为，《证券法》中列举了以下类型：（1）违背客户委托为其买卖证券；（2）不在规定时间内向客户提供交易的书面确认文件。（3）挪用客户所委托买卖的证券或客户账户上的资金。（4）未经客户委托，擅自为客户买卖证券，或假借客户名义买卖证券。（5）为谋取佣金，诱使客户进行不必要的证券买卖。（6）利用传播媒介或其他方式提供、传播虚假或误导性信息。

【典型形态】

在实践中，证券欺诈责任纠纷主要有：

（1）证券内幕交易责任纠纷，是指知悉证券交易内幕信息的知情人员或非法获取内幕信息的其他人员，在该信息公开之前，买入或卖出该证券，泄漏该信息或者建议他人买卖该证券所应当承担相应责任的纠纷。

（2）操纵证券交易市场责任纠纷，是指个人或集团组织利用其资金优势、信息优势、持股优势或者滥用职权，人为干预证券市场行情，即抬高、压低或维持某种证券的价格水平，制造证券市场假象，诱使普通投资者盲目跟从、参与买卖，损害普通投资者利益所应当承担的相应责任的纠纷。

(3) 证券虚假陈述责任纠纷，是指证券信息披露人违反信息披露义务，在提交或公布信息披露文件中作出违背事实真相的陈述或记载，侵犯投资者合法权益而发生的民事侵权责任纠纷。

(4) 欺诈客户责任纠纷，是指证券公司及其从业人员因欺诈客户，损害客户利益的行为所应当承担相应侵权责任的纠纷。

【常用法律条文及索引】

《证券法》（2006 年 1 月 1 日起施行　2014 年 8 月 31 日修正）

第七十三条　禁止证券交易内幕信息的知情人和非法获取内幕信息的人利用内幕信息从事证券交易活动。

第七十四条　证券交易内幕信息的知情人包括：

（一）发行人的董事、监事、高级管理人员；

（二）持有公司百分之五以上股份的股东及其董事、监事、高级管理人员，公司的实际控制人及其董事、监事、高级管理人员；

（三）发行人控股的公司及其董事、监事、高级管理人员；

（四）由于所任公司职务可以获取公司有关内幕信息的人员；

（五）证券监督管理机构工作人员以及由于法定职责对证券的发行、交易进行管理的其他人员；

（六）保荐人、承销的证券公司、证券交易所、证券登记结算机构、证券服务机构的有关人员；

（七）国务院证券监督管理机构规定的其他人。

第七十五条　证券交易活动中，涉及公司的经营、财务或者对该公司证券的市场价格有重大影响的尚未公开的信息，为内幕信息。

下列信息皆属内幕信息：

（一）本法第六十七条第二款所列重大事件；

（二）公司分配股利或者增资的计划；

（三）公司股权结构的重大变化；

（四）公司债务担保的重大变更；

（五）公司营业用主要资产的抵押、出售或者报废一次超过该资产的百分之三十；

（六）公司的董事、监事、高级管理人员的行为可能依法承担重大损害赔偿责任；

（七）上市公司收购的有关方案；

（八）国务院证券监督管理机构认定的对证券交易价格有显著影响的其他重要信息。

第七十六条　证券交易内幕信息的知情人和非法获取内幕信息的人，在内幕信息公开前，不得买卖该公司的证券，或者泄露该信息，或者建议他人买卖该证券。

持有或者通过协议、其他安排与他人共同持有公司百分之五以上股份的自然人、法人、其他组织收购上市公司的股份，本法另有规定的，适用其规定。

内幕交易行为给投资者造成损失的，行为人应当依法承担赔偿责任。

第七十七条　禁止任何人以下列手段操纵证券市场：

（一）单独或者通过合谋，集中资金优势、持股优势或者利用信息优势联合或者连续买卖，操纵证券交易价格或者证券交易量；

（二）与他人串通，以事先约定的时间、价格和方式相互进行证券交易，影响证券交易价格或者证券交易量；

（三）在自己实际控制的账户之间进行证券交易，影响证券交易价格或者证券交易；

（四）以其他手段操纵证券市场。

操纵证券市场行为给投资者造成损失的，行为人应当依法承担赔偿责任。

第七十八条　禁止国家工作人员、传播媒介从业人员和有关人员编造、传播虚假信息，扰乱证券市场。

禁止证券交易所、证券公司、证券登记结算机构、证券服务机构及其从业人员，证券业协会、证券监督管理机构及其工作人员，在证券交易活动中作出虚假陈述或者信息误导。

各种传播媒介传播证券市场信息必须真实、客观，禁止误导。

第七十九条　禁止证券公司及其从业人员从事下列损害客户利益的欺诈行为：

（一）违背客户的委托为其买卖证券；

（二）不在规定时间内向客户提供交易的书面确认文件；

（三）挪用客户所委托买卖的证券或者客户账户上的资金；

（四）未经客户的委托，擅自为客户买卖证券，或者假借客户的名义买卖证券；

（五）为牟取佣金收入，诱使客户进行不必要的证券买卖；

（六）利用传播媒介或者通过其他方式提供、传播虚假或者误导投资者的信息；

（七）其他违背客户真实意思表示，损害客户利益的行为。

欺诈客户行为给客户造成损失的，行为人应当依法承担赔偿责任。

第八十条 禁止法人非法利用他人账户从事证券交易；禁止法人出借自己或者他人的证券账户。

《最高人民法院关于审理证券市场因虚假陈述引发的民事赔偿案件的若干规定》（法释〔2003〕2号 2003年2月1日起施行）

第十七条 证券市场虚假陈述，是指信息披露义务人违反证券法律规定，在证券发行或者交易过程中，对重大事件作出违背事实真相的虚假记载、误导性陈述，或者在披露信息时发生重大遗漏、不正当披露信息的行为。

对于重大事件，应当结合证券法第五十九条、第六十条、第六十一条、第六十二条、第七十二条及相关规定的内容认定。

虚假记载，是指信息披露义务人在披露信息时，将不存在的事实在信息披露文件中予以记载的行为。

误导性陈述，是指虚假陈述行为人在信息披露文件中或者通过媒体，作出使投资人对其投资行为发生错误判断并产生重大影响的陈述。

重大遗漏，是指信息披露义务人在信息披露文件中，未将应当记载的事项完全或者部分予以记载。

不正当披露，是指信息披露义务人未在适当期限内或者未以法定方式公开披露应当披露的信息。

第二十一条 发起人、发行人或者上市公司对其虚假陈述给投资人造成的损失承担民事赔偿责任。

发行人、上市公司负有责任的董事、监事和经理等高级管理人员对前款的损失承担连带赔偿责任。但有证据证明无过错的，应予免责。

第二十二条 实际控制人操纵发行人或者上市公司违反证券法律规定，

以发行人或者上市公司名义虚假陈述并给投资人造成损失的，可以由发行人或者上市公司承担赔偿责任。发行人或者上市公司承担赔偿责任后，可以向实际控制人追偿。

实际控制人违反证券法第四条、第五条　以及第一百八十八条规定虚假陈述，给投资人造成损失的，由实际控制人承担赔偿责任。

第二十三条　证券承销商、证券上市推荐人对虚假陈述给投资人造成的损失承担赔偿责任。但有证据证明无过错的，应予免责。

负有责任的董事、监事和经理等高级管理人员对证券承销商、证券上市推荐人承担的赔偿责任负连带责任。其免责事由同前款规定。

【适用本案由需要注意的问题】

◆证券欺诈责任行为属于侵权行为，该类纠纷案件的管辖，根据《民事诉讼法》第 28 条的规定，由侵权行为地或者被告住所地人民法院管辖。

◆在适用本案由时，要注意以下几点：（1）证券内幕交易责任纠纷中，界定“知情人员”和“内幕信息”是适用本案由的关键，《证券法》第 74 条和 75 条对此分别作了规定。（2）在很多情况下操纵市场行为人与上市公司及其内部人员有关联，在操纵市场责任纠纷中的受害者中特殊情况下上市公司也可能成为主张赔偿损失的权利人。（3）在实践中认定证券欺诈行为时，结合证券法律、法规关于证券欺诈行为的具体规定，没有明确规定的按照《民法通则》关于民事欺诈的相关规定，结合具体案情予以处理。（4）处理证券欺诈责任纠纷还应结合《侵权责任法》《股票发行与交易管理条例》及《最高人民法院关于受理证券市场因虚假陈述引发的民事侵权纠纷案件有关问题的通知》的相关规定来处理。

299. 证券托管纠纷

【案由解析】

证券托管是指中央证券存管机构（在我国，是指中国证券登记结算公司）的代理机构接受投资者的委托，为其提供证券登记变更、股票分红派息以及证券账户查询挂失等服务的行为。在我国，投资者买卖证券，应当与证券公司签订证券交易、托管与结算协议。证券托管纠纷即指客户与证券公司之间就证券托管协议的订立、履行、终止等发生的纠纷。

【常用法律条文及索引】

《证券登记结算管理办法》（中国证券监督管理委员会令第65号 2009年11月20日修改后施行）

第三十四条 投资者应当委托证券公司托管其持有的证券，证券公司应当将其自有证券和所托管的客户证券交由证券登记结算机构存管，但法律、行政法规和中国证监会另有规定的除外。

第三十六条 投资者买卖证券，应当与证券公司签订证券交易、托管与结算协议。

证券登记结算机构应当制定和公布证券交易、托管与结算协议中与证券登记结算业务有关的必备条款。必备条款应当包括但不限于以下内容：

（一）证券公司根据客户的委托，按照证券交易规则提出交易申报，根据成交结果完成其与客户的证券和资金的交收，并承担相应的交收责任；客户应当同意集中交易结束后，由证券公司委托证券登记结算机构办理其证券账户与证券公司证券交收账户之间的证券划付；

（二）实行质押式回购交易的，投资者和证券公司应当按照业务规则的规定向证券登记结算机构提交用于回购的质押券。投资者和证券公司之间债权债务关系不影响证券登记结算机构按照业务规则对证券公司提交的质押券行使质押权；

（三）客户出现资金交收违约时，证券公司可以委托证券登记结算机构将客户净买入证券划付到其证券处置账户内，并要求客户在约定期限内补足资金。客户出现证券交收违约时，证券公司可以将相当于证券交收违约金额的资金暂不划付给该客户。

第三十七条 证券公司应当将其与客户之间建立、变更和终止证券托管关系的事项报送证券登记结算机构。

证券登记结算机构应当对上述事项加以记录。

《证券投资基金法》（2013年6月1日起施行 2015年4月24日修正）

第十五条 有下列情形之一的，不得担任公开募集基金的基金管理人的董事、监事、高级管理人员和其他从业人员：

（一）因犯有贪污贿赂、渎职、侵犯财产罪或者破坏社会主义市场经济秩序罪，被判处刑罚的；

（二）对所任职的公司、企业因经营不善破产清算或者因违法被吊销营业执照负有个人责任的董事、监事、厂长、高级管理人员，自该公司、企业破产清算终结或者被吊销营业执照之日起未逾五年的；

（三）个人所负债务数额较大，到期未清偿的；

（四）因违法行为被开除的基金管理人、基金托管人、证券交易所、证券公司、证券登记结算机构、期货交易所、期货公司及其他机构的从业人员和国家机关工作人员；

（五）因违法行为被吊销执业证书或者被取消资格的律师、注册会计师和资产评估机构、验证机构的从业人员、投资咨询从业人员；

（六）法律、行政法规规定不得从事基金业务的其他人员。

第十七条　公开募集基金的基金管理人的董事、监事、高级管理人员和其他从业人员，其本人、配偶、利害关系人进行证券投资，应当事先向基金管理人申报，并不得与基金份额持有人发生利益冲突。

公开募集基金的基金管理人应当建立前款规定人员进行证券投资的申报、登记、审查、处置等管理制度，并报国务院证券监督管理机构备案。

第十九条　公开募集基金的基金管理人应当履行下列职责：

（一）依法募集资金，办理基金份额的发售和登记事宜；

（二）办理基金备案手续；

（三）对所管理的不同基金财产分别管理、分别记账，进行证券投资；

（四）按照基金合同的约定确定基金收益分配方案，及时向基金份额持有人分配收益；

（五）进行基金会计核算并编制基金财务会计报告；

（六）编制中期和年度基金报告；

（七）计算并公告基金资产净值，确定基金份额申购、赎回价格；

（八）办理与基金财产管理业务活动有关的信息披露事项；

（九）按照规定召集基金份额持有人大会；

（十）保存基金财产管理业务活动的记录、账册、报表和其他相关资料；

（十一）以基金管理人名义，代表基金份额持有人利益行使诉讼权利或者实施其他法律行为；

（十二）国务院证券监督管理机构规定的其他职责。

第二十条　公开募集基金的基金管理人及其董事、监事、高级管理人员和其他从业人员不得有下列行为：

（一）将其固有财产或者他人财产混同于基金财产从事证券投资；

（二）不公平地对待其管理的不同基金财产；

（三）利用基金财产或者职务之便为基金份额持有人以外的人牟取利益；

（四）向基金份额持有人违规承诺收益或者承担损失；

（五）侵占、挪用基金财产；

（六）泄露因职务便利获取的未公开信息、利用该信息从事或者明示、暗示他人从事相关的交易活动；

（七）玩忽职守，不按照规定履行职责；

（八）法律、行政法规和国务院证券监督管理机构规定禁止的其他行为。

第二十二条 公开募集基金的基金管理人应当从管理基金的报酬中计提风险准备金。

公开募集基金的基金管理人因违法违规、违反基金合同等原因给基金财产或者基金份额持有人合法权益造成损失，应当承担赔偿责任的，可以优先使用风险准备金予以赔偿。

第三十二条 基金托管人由依法设立的商业银行或者其他金融机构担任。

商业银行担任基金托管人的，由国务院证券监督管理机构会同国务院银行业监督管理机构核准；其他金融机构担任基金托管人的，由国务院证券监督管理机构核准。

第三十三条 担任基金托管人，应当具备下列条件：

（一）净资产和风险控制指标符合有关规定；

（二）设有专门的基金托管部门；

（三）取得基金从业资格的专职人员达到法定人数；

（四）有安全保管基金财产的条件；

（五）有安全高效的清算、交割系统；

（六）有符合要求的营业场所、安全防范设施和与基金托管业务有关的其他设施；

（七）有完善的内部稽核监控制度和风险控制制度；

（八）法律、行政法规规定的和经国务院批准的国务院证券监督管理机构、国务院银行业监督管理机构规定的其他条件。

第三十四条 本法第十五条、第十八条、第十九条的规定，适用于基金托管人的专门基金托管部门的高级管理人员和其他从业人员。

本法第十六条的规定，适用于基金托管人的专门基金托管部门的高级管理人员。

第三十五条　基金托管人与基金管理人不得为同一机构，不得相互出资或者持有股份。

第三十六条　基金托管人应当履行下列职责：

（一）安全保管基金财产；

（二）按照规定开设基金财产的资金账户和证券账户；

（三）对所托管的不同基金财产分别设置账户，确保基金财产的完整与独立；

（四）保存基金托管业务活动的记录、账册、报表和其他相关资料；

（五）按照基金合同的约定，根据基金管理人的投资指令，及时办理清算、交割事宜；

（六）办理与基金托管业务活动有关的信息披露事项；

（七）对基金财务会计报告、中期和年度基金报告出具意见；

（八）复核、审查基金管理人计算的基金资产净值和基金份额申购、赎回价格；

（九）按照规定召集基金份额持有人大会；

（十）按照规定监督基金管理人的投资运作；

（十一）国务院证券监督管理机构规定的其他职责。

第三十七条　基金托管人发现基金管理人的投资指令违反法律、行政法规和其他有关规定，或者违反基金合同约定的，应当拒绝执行，立即通知基金管理人，并及时向国务院证券监督管理机构报告。

基金托管人发现基金管理人依据交易程序已经生效的投资指令违反法律、行政法规和其他有关规定，或者违反基金合同约定的，应当立即通知基金管理人，并及时向国务院证券监督管理机构报告。

第三十八条　本法第二十一条、第二十三条的规定，适用于基金托管人。

第三十九条　基金托管人不再具备本法规定的条件，或者未能勤勉尽责，在履行本法规定的职责时存在重大失误的，国务院证券监督管理机构、国务院银行业监督管理机构应当责令其改正；逾期未改正，或者其行为严重影响所托管基金的稳健运行、损害基金份额持有人利益的，国务院证券监督管理机构、国务院银行业监督管理机构可以区别情形，对其采取下列措施：

（一）限制业务活动，责令暂停办理新的基金托管业务；

（二）责令更换负有责任的专门基金托管部门的高级管理人员。

基金托管人整改后，应当向国务院证券监督管理机构、国务院银行业监督管理机构提交报告；经验收，符合有关要求的，应当自验收完毕之日起三日内解除对其采取的有关措施。

第四十条 国务院证券监督管理机构、国务院银行业监督管理机构对有下列情形之一的基金托管人，可以取消其基金托管资格：

（一）连续三年没有开展基金托管业务的；

（二）违反本法规定，情节严重的；

（三）法律、行政法规规定的其他情形。

第四十一条 有下列情形之一的，基金托管人职责终止：

（一）被依法取消基金托管资格；

（二）被基金份额持有人大会解任；

（三）依法解散、被依法撤销或者被依法宣告破产；

（四）基金合同约定的其他情形。

第四十二条 基金托管人职责终止的，基金份额持有人大会应当在六个月内选任新基金托管人；新基金托管人产生前，由国务院证券监督管理机构指定临时基金托管人。

基金托管人职责终止的，应当妥善保管基金财产和基金托管业务资料，及时办理基金财产和基金托管业务的移交手续，新基金托管人或者临时基金托管人应当及时接收。

第四十三条 基金托管人职责终止的，应当按照规定聘请会计师事务所对基金财产进行审计，并将审计结果予以公告，同时报国务院证券监督管理机构备案。

【适用本案由需要注意的问题】

◆证券托管纠纷属于合同纠纷，该类纠纷案件的管辖适用合同纠纷案件的管辖的一般原则，根据《民事诉讼法》第23条的规定，由被告住所地或者合同履行地人民法院管辖。该类纠纷的合同履行地应该是托管行为的实施地，即证券公司营业部从事托管行为所在地。

◆在适用本案由时，应当注意与证券存管纠纷的区别。证券托管一般指投资者将持有的证券委托给证券公司保管，并由后者代为处理有关证券权益事务的行为。证券存管一般指证券公司进而将投资者交给其持有的证券以及自身持有的证券统一送交给中央证券存管机构保管，并由后者代为处理有关证券权益事务的行为。在账户记录上，中央证券存管机构一般以证券公司为单位，采用电脑记账方式记载证券公司送存的证券；证券公司也采用电脑记账的方式记载投资者送存的证券。对存管后的证券，实行非流动性制度。对股权、债权变更引起的证券转移，不签发实物证券，而是通过账面予以划转。可见，证券存管法律关系的主体是中央证券存管机构和证券公司，而证券托管法律关系的主体是投资者（客户）与证券公司。

300. 证券登记、存管、结算纠纷

【案由解析】

证券登记、存管、结算纠纷是指证券公司与证券登记结算机构之间因证券登记、存管、结算协议的订立、履行、终止等产生的各种纠纷。

证券登记是指证券登记结算机构接受证券发行人的委托，通过设立和维护证券持有人名册确认证券持有人持有证券事实的行为。

证券存管是指证券登记结算机构接受证券公司的委托，集中保管证券公司的客户证券和自有证券并提供代收红利等权益维护服务的行为。

证券结算包括证券的清算和证券的代收。清算是指在每一个证券交易日中，证券公司对其成交的证券数量及价款分别予以札记并对证券及资金的应收和应付净额进行计算的处理过程。交割是指买方需要支付一定的价款得到所购证券；交收是指买方支付证券取得价款的过程。清算是交收和交割的基础和前提，交收和交割是清算的后续。

【典型形态】

在实践中，证券登记、存管、结算纠纷主要有：

（1）证券登记纠纷，是指证券登记协议当事人之间因证券登记协议的订立、履行等发生的各种纠纷。表现为证券登记结算机构的工作人员违章操作、恶意修改系统数据等行为。

（2）证券存管纠纷，是指证券登记结算机构与证券公司之间因证券存管协议的订立。履行等发生的各种纠纷。

（3）证券结算纠纷，是指证券结算协议的当事人之间因协议的订立、履行等发生的各种纠纷，其中又表现为证券清算、交割、交收过程中的各种纠纷。

【常用法律条文及索引】

《证券登记结算管理办法》（中国证券监督管理委员会令第65号 2009年11月20日修改后施行）

第二十六条 上市证券的发行人，应当委托证券登记结算机构办理其所发行证券的登记业务。

证券登记结算机构应当与委托其办理证券登记业务的证券发行人签订证券登记及服务协议，明确双方的权利义务。

证券登记结算机构应当制定并公布证券登记及服务协议的范本。

证券登记结算机构可以根据政府债券主管部门的要求办理上市政府债券的登记业务。

第三十四条 投资者应当委托证券公司托管其持有的证券，证券公司应当将其自有证券和所托管的客户证券交由证券登记结算机构存管，但法律、行政法规和中国证监会另有规定的除外。

第三十五条 证券登记结算机构为证券公司设立客户证券总账和自有证券总账，用以统计证券公司交存的客户证券和自有证券。

证券公司应当委托证券登记结算机构维护其客户及自有证券账户，但法律、行政法规和中国证监会另有规定的除外。

第四十一条 证券公司参与证券和资金的集中清算交收，应当向证券登记结算机构申请取得结算参与人资格，与证券登记结算机构签订结算协议，明确双方的权利义务。

没有取得结算参与人资格的证券公司，应当与结算参与人签订委托结算协议，委托结算参与人代其进行证券和资金的集中清算交收。

证券登记结算机构应当制定并公布结算协议和委托结算协议范本。

《证券法》（2006年1月1日起施行 2014年8月31日修正）

第一百五十五条 证券登记结算机构是为证券交易提供集中登记、存管与结算服务，不以营利为目的的法人。

设立证券登记结算机构必须经国务院证券监督管理机构批准。

第一百五十六条 设立证券登记结算机构，应当具备下列条件：

（一）自有资金不少于人民币二亿元；

（二）具有证券登记、存管和结算服务所必须的场所和设施；

（三）主要管理人员和从业人员必须具有证券从业资格；

（四）国务院证券监督管理机构规定的其他条件。

证券登记结算机构的名称中应当标明证券登记结算字样。

【适用本案由需要注意的问题】

◆证券登记、存管、结算纠纷属于合同纠纷，该类纠纷案件的管辖适用合同纠纷案件的管辖的一般原则，根据《民事诉讼法》第23条的规定，由被告住所地或者合同履行地人民法院管辖。

◆在适用本案由时，应当注意证券存管纠纷与证券托管纠纷的区别。（参见本书案由“299. 证券托管纠纷”中的相关部分。）

301. 融资融券交易纠纷

【案由解析】

融资融券交易，又称证券信用交易，是指具有证券交易所会员资格的证券公司向投资者出借资金供其买入上市证券或者出借上市证券供其卖出，并收取担保物的经营活动，包括券商对投资者的融资、融券和金融机构对券商的融资、融券四种类型。

融资融券交易纠纷是指证券公司与投资者之间因融资融券的交易活动而产生的各种纠纷。

【典型形态】

在实践中，融资融券交易纠纷主要有：

（1）融资交易纠纷，是指证券公司向投资者借入资金供其买入证券，并提供担保物的经营活动中产生的各种纠纷，包括券商对投资者的融资纠纷和金融机构对券商的融资纠纷。

（2）融券交易纠纷，是指证券公司向投资者借入上市证券供其卖出并提供担保物的经营活动中产生的各种纠纷，包括券商对投资者的融券纠纷和金融机构对券商的融券纠纷。

【常用法律条文及索引】

《证券公司融资融券业务管理办法》（2015 年 7 月 1 日起施行）

第十条 证券公司经营融资融券业务，应当以自己的名义，在证券登记结算机构分别开立融券专用证券账户、客户信用交易担保证券账户、信用交易证券交收账户和信用交易资金交收账户。

融券专用证券账户用于记录证券公司持有的拟向客户融出的证券和客户归还的证券，不得用于证券买卖；客户信用交易担保证券账户用于记录客户委托证券公司持有、担保证券公司因向客户融资融券所生债权的证券；信用交易证券交收账户用于客户融资融券交易的证券结算；信用交易资金交收账户用于客户融资融券交易的资金结算。

第十一条 证券公司经营融资融券业务，应当以自己的名义，在商业银行分别开立融资专用资金账户和客户信用交易担保资金账户。

融资专用资金账户用于存放证券公司拟向客户融出的资金及客户归还的资金；客户信用交易担保资金账户用于存放客户交存的、担保证券公司因向客户融资融券所生债权的资金。

第十三条 证券公司在向客户融资、融券前，应当与其签订载有中国证券业协会规定的必备条款的融资融券合同，明确约定下列事项：

（一）融资、融券的额度、期限、利率（费率）、利息（费用）的计算方式；

（二）保证金比例、维持担保比例、可充抵保证金的证券的种类及折算率、担保债权范围；

（三）追加保证金的通知方式、追加保证金的期限；

（四）客户清偿债务的方式及证券公司对担保物的处分权利；

（五）融资买入证券和融券卖出证券的权益处理；

（六）违约责任；

（七）纠纷解决途径；

（八）其他有关事项。

第十四条 融资融券合同应当约定，证券公司客户信用交易担保证券账户内的证券和客户信用交易担保资金账户内的资金，为担保证券公司因融资融券所生对客户债权的信托财产。

证券公司与客户约定的融资、融券期限不得超过证券交易所规定的期限；融资利率、融券费率由证券公司与客户自主商定。

合约到期前，证券公司可以根据客户的申请为客户办理展期，每次展期期限不得超过证券交易所规定的期限。

证券公司在为客户办理合约展期前，应当对客户的信用状况、负债情况、维持担保比例水平等进行评估。

第十五条　证券公司与客户签订融资融券合同前，应当采用适当的方式向客户讲解业务规则和合同内容，明确告知客户权利、义务及风险，特别是关于违约处置的风险控制安排，并将融资融券交易风险揭示书交由客户书面确认。

第十八条　证券公司向客户融资，只能使用融资专用资金账户内的资金；向客户融券，只能使用融券专用证券账户内的证券。客户融资买入、融券卖出的证券，不得超出证券交易所规定的范围。

客户在融券期间卖出其持有的、与所融入证券相同的证券的，应当符合证券交易所的规定，不得以违反规定卖出该证券的方式操纵市场。

第二十一条　客户融资买入证券的，应当以卖券还款或者直接还款的方式偿还向证券公司融入的资金。

客户融券卖出的，应当以买券还券或者直接还券的方式偿还向证券公司融入的证券。

客户融券卖出的证券暂停交易的，可以按照约定以现金等方式偿还向证券公司融入的证券。

第二十二条　客户融资买入或者融券卖出的证券暂停交易，且交易恢复日在融资融券债务到期日之后的，融资融券的期限顺延。

融资融券合同另有约定的，从其约定。

第二十三条　客户融资买入或者融券卖出的证券预定终止交易，且最后交易日在融资融券债务到期日之前的，融资融券的期限缩短至最后交易日的前一交易日。融资融券合同另有约定的，从其约定。

第二十四条　证券公司向客户融资、融券，应当向客户收取一定比例的保证金。保证金可以证券充抵。

第二十五条　证券公司应当将收取的保证金以及客户融资买入的全部证券和融券卖出所得全部价款，分别存放在客户信用交易担保证券账户和客户信用交易担保资金账户，作为对该客户融资融券所生债权的担保物。

第二十六条　证券公司应当在符合证券交易所规定的前提下，根据客户信用状况、担保物质量等情况，与客户约定最低维持担保比例、补足担保物的期限以及违约处置方式等。

证券公司应当逐日计算客户交存的担保物价值与其所欠债务的比例。当该比例低于约定的维持担保比例时，应当通知客户在约定的期限内补交担保物，客户经证券公司认可后，可以提交除可充抵保证金证券以外的其他证券、不动产、股权等资产。

客户未能按期交足担保物或者到期未偿还债务的，证券公司可以按照约定处分其担保物。

第二十七条 本办法第二十四条规定的保证金比例和可充抵保证金的证券的种类、折算率，第二十六条规定的最低维持担保比例和客户补交担保物的期限，由证券交易所规定。

证券交易所应当对可充抵保证金的各类证券制定不同的折算率要求。

证券公司在符合证券交易所规定的前提下，应当对可充抵保证金的证券折算率实行动态管理和差异化控制。

第二十八条 除下列情形外，任何人不得动用证券公司客户信用交易担保证券账户内的证券和客户信用交易担保资金账户内的资金：

（一）为客户进行融资融券交易的结算；

（二）收取客户应当归还的资金、证券；

（三）收取客户应当支付的利息、费用、税款；

（四）按照本办法的规定以及与客户的约定处分担保物；

（五）收取客户应当支付的违约金；

（六）客户提取还本付息、支付税费及违约金后的剩余证券和资金；

（七）法律、行政法规和本办法规定的其他情形。

第二十九条 客户交存的担保物价值与其债务的比例，超过证券交易所规定水平的，客户可以按照证券交易所的规定和融资融券合同的约定，提取担保物。

第三十条 司法机关依法对客户信用证券账户或者信用资金账户记载的权益采取财产保全或者强制执行措施的，证券公司应当处分担保物，实现因向客户融资融券所生债权，并协助司法机关执行。

第三十四条 客户融入证券后、归还证券前，证券发行人分配投资收益、向证券持有人配售或者无偿派发证券、发行证券持有人有优先认购权的证券的，客户应当按照融资融券合同的约定，在偿还债务时，向证券公司支付与所融入证券可得利益相等的证券或者资金。

【适用本案由需要注意的问题】

◆投资者与证券公司的融资融券交易关系是基于合同关系建立的，故该类纠纷案件的管辖适用合同纠纷案件的管辖的一般原则，根据《民事诉讼法》第23条的规定，由被告住所地或者合同履行地人民法院管辖。

◆在适用本案由时，要注意与“证券回购合同纠纷”的区别。证券回购是指证券持有人在卖出一笔证券的同时，与买方签订协议，约定一定期限和价格买回同一笔证券的融资活动；证券公司的融资融券是指具有证券交易所会员资格的证券公司向投资者出借资金供其买入上市证券或者出借上市证券供其卖出，并收取担保物的经营活动。

302. 客户交易结算资金纠纷

【案由解析】

客户交易结算资金是指证券投资者在委托证券公司买卖证券时，预先在该证券公司存放的用于买卖证券的资金。

客户交易结算资金纠纷是指对客户交易结算资金的挪用或者在其自营业务及其他业务中，由于未将其自有资金和客户交易结算资金分户管理，使用超出自有资金额度所产生的各种纠纷。

【常用法律条文及索引】

《证券法》（2006年1月1日起施行　2014年8月31日修正）

第七十九条　禁止证券公司及其从业人员从事下列损害客户利益的欺诈行为：

（一）违背客户的委托为其买卖证券；

（二）不在规定时间内向客户提供交易的书面确认文件；

（三）挪用客户所委托买卖的证券或者客户账户上的资金；

（四）未经客户的委托，擅自为客户买卖证券，或者假借客户的名义买卖证券；

（五）为牟取佣金收入，诱使客户进行不必要的证券买卖；

（六）利用传播媒介或者通过其他方式提供、传播虚假或者误导投资者的信息；

（七）其他违背客户真实意思表示，损害客户利益的行为。

欺诈客户行为给客户造成损失的，行为人应当依法承担赔偿责任。

第一百三十九条 证券公司客户的交易结算资金应当存放在商业银行，以每个客户的名义单独立户管理。具体办法和实施步骤由国务院规定。

证券公司不得将客户的交易结算资金和证券归入其自有财产。禁止任何单位或者个人以任何形式挪用客户的交易结算资金和证券。证券公司破产或者清算时，客户的交易结算资金和证券不属于其破产财产或者清算财产。非因客户本身的债务或者法律规定的其他情形，不得查封、冻结、扣划或者强制执行客户的交易结算资金和证券。

第一百六十八条 证券登记结算机构按照业务规则收取的各类结算资金和证券，必须存放于专门的清算交收账户，只能按业务规则用于已成交的证券交易的清算交收，不得被强制执行。

《股票发行与交易管理暂行条例》（1993 年 4 月 22 日起施行）

第七十一条 证券经营机构违反本条例规定，有下列行为之一的，根据不同情况，单处或者并处警告、没收非法获取的股票和其他非法所得、罚款；情节严重的，限制、暂停其证券经营业务或者撤销其证券经营业务许可：

（一）未按照规定的时间、程序、方式承销股票的；

（二）未按照规定发放股票认购申请表的；

（三）将客户的股票借与他人或者作为担保物的；

（四）收取不合理的佣金和其他费用的；

（五）以客户的名义为本机构买卖股票的；

（六）挪用客户保证金的；

（七）在代理客户买卖股票活动中，与客户分享股票交易的利润或者分担股票交易的损失，或者向客户提供避免损失的保证的；

（八）为股票交易提供融资的。

对前款所列行为负有责任的证券经营机构的主管人员和直接责任人员，给予警告或者处以三万元以上三十万元以下的罚款。

【适用本案由需要注意的问题】

◆由于客户交易结算资金纠纷主要是因证券公司挪用客户交易结算资金

而产生的违约纠纷和侵权纠纷。因此，在处理该类纠纷时，属于合同纠纷的，根据《民事诉讼法》第23条的规定，由被告住所地或者合同履行地人民法院管辖；属于侵权纠纷的，根据《民事诉讼法》第28条的规定，由侵权行为地或者被告住所地人民法院管辖。

二十五、期货交易纠纷

303. 期货经纪合同纠纷

【案由解析】

行纪合同是行纪人以自己的名义为委托人从事贸易活动，委托人支付报酬的合同。期货经纪合同是指期货公司接受客户的委托，以自己的名义为客户进行期货交易，交易结果由客户承担的合同。经纪公司与客户之间因期货经纪合同的订立、履行等发生的纠纷称为期货经纪合同纠纷。

期货经纪合同具有以下几个特点：（1）期货经纪合同的标的是期货投资活动，属于金融证券领域的贸易活动。（2）期货经纪合同是双务合同和有偿合同，期货公司为客户提供投资服务，客户需为委托交易的完成支付交易和结算手续费。（3）期货经纪合同中期货公司以自己的名义进行交易，交易结果最终由客户承担，但在进行经济活动时应当严格执行客户的交易指令。

【典型形态】

在实践中较常见的期货经纪合同纠纷主要有以下形态：

（1）因缔约过失引起的期货经纪合同纠纷。期货公司有提醒客户注意《期货交易风险说明书》的义务，期货公司未履行该义务造成客户直接经济损失的，依据《合同法》第42条的规定承担缔约过失责任。

（2）因格式条款及当事人约定引起的期货经纪合同纠纷。期货公司事先为所有客户制定了“标准合同”，允许双方在不违反法律法规的情况下对格式化条款进行补充和修改，若格式条款违反了《合同法》第40条的规定，按照《合同法》的有关规定处理。

（3）因交易结算结果引起的期货经纪合同纠纷。包括以下两种情况：因期货公司履行交易结果通知义务产生的纠纷；因客户对交易结果提出异议产生的纠纷。

（4）因期货经纪合同无效引起的纠纷。《最高人民法院关于审理期货纠纷案件若干问题的规定》第 13 条规定了期货经纪合同无效的三种情形：没有从事期货经纪业务的主体资格而从事期货经纪业务；不具备从事期货主体资格的客户从事期货交易的；违反法律、法规禁止性规定的。

【常用法律条文及索引】

《期货交易管理条例》（国务院令第 676 号　2017 年 3 月 1 日修订）

第十七条　期货公司业务实行许可制度，由国务院期货监督管理机构按照其商品期货、金融期货业务种类颁发许可证。期货公司除申请经营境内期货经纪业务外，还可以申请经营境外期货经纪、期货投资咨询以及国务院期货监督管理机构规定的其他期货业务。

期货公司不得从事与期货业务无关的活动，法律、行政法规或者国务院期货监督管理机构另有规定的除外。

期货公司不得从事或者变相从事期货自营业务。

期货公司不得为其股东、实际控制人或者其他关联人提供融资，不得对外担保。

第十八条　期货公司从事经纪业务，接受客户委托，以自己的名义为客户进行期货交易，交易结果由客户承担。

第二十四条　期货公司接受客户委托为其进行期货交易，应当事先向客户出示风险说明书，经客户签字确认后，与客户签订书面合同。期货公司不得未经客户委托或者不按照客户委托内容，擅自进行期货交易。

期货公司不得向客户作获利保证；不得在经纪业务中与客户约定分享利益或者共担风险。

第三十条　期货公司经营期货经纪业务又同时经营其他期货业务的，应当严格执行业务分离和资金分离制度，不得混合操作。

《最高人民法院关于审理期货纠纷案件若干问题的规定》（法释〔2003〕10 号　2003 年 7 月 1 日起施行）

第十三条　有下列情形之一的，应当认定期货经纪合同无效：

（一）没有从事期货经纪业务的主体资格而从事期货经纪业务的；

（二）不具备从事期货交易主体资格的客户从事期货交易的；

（三）违反法律、法规禁止性规定的。

第十七条 期货公司接受客户全权委托进行期货交易的，对交易产生的损失，承担主要赔偿责任，赔偿额不超过损失的80%，法律、行政法规另有规定的除外。

第十六条 期货公司在与客户订立期货经纪合同时，未提示客户注意《期货交易风险说明书》内容，并由客户签字或者盖章，对于客户在交易中的损失，应当依据合同法第四十二条第（三）项的规定承担相应的赔偿责任。但是，根据以往交易结果记载，证明客户已有交易经历的，应当免除期货公司的责任。

第十八条 期货公司与客户签订的期货经纪合同对下达交易指令的方式未作约定或者约定不明确的，期货公司不能证明其所进行的交易是依据客户交易指令进行的，对该交易造成客户的损失，期货公司应当承担赔偿责任，客户予以追认的除外。

第十九条 期货公司执行非受托人的交易指令造成客户损失，应当由期货公司承担赔偿责任，非受托人承担连带责任，客户予以追认的除外。

第二十条 客户下达的交易指令没有品种、数量、买卖方向的，期货公司未予拒绝而进行交易造成客户的损失，由期货公司承担赔偿责任，客户予以追认的除外。

第二十一条 客户下达的交易指令数量和买卖方向明确，没有有效期限的，应当视为当日有效；没有成交价格的，应当视为按市价交易；没有开平仓方向的，应当视为开仓交易。

第二十二条 期货公司错误执行客户交易指令，除客户认可的以外，交易的后果由期货公司承担，并按下列方式分别处理：

（一）交易数量发生错误的，多于指令数量的部分由期货公司承担，少于指令数量的部分，由期货公司补足或者赔偿直接损失；

（二）交易价格超出客户指令价位范围的，交易差价损失或者交易结果由期货公司承担。

第二十三条 期货公司不当延误执行客户交易指令给客户造成损失的，应当承担赔偿责任，但由于市场原因致客户交易指令未能全部或者部分成交的，期货公司不承担责任。

第二十四条 期货公司超出客户指令价位的范围，将高于客户指令价格卖出或者低于客户指令价格买入后的差价利益占为己有的，客户要求期货公司返还的，人民法院应予支持，期货公司与客户另有约定的除外。

第二十五条 期货交易所未按交易规则规定的期限、方式，将交易或者持仓头寸的结算结果通知期货公司，造成期货公司损失的，由期货交易所承担赔偿责任。

期货公司未按期货经纪合同约定的期限、方式，将交易或者持仓头寸的结算结果通知客户，造成客户损失的，由期货公司承担赔偿责任。

《最高人民法院关于审理期货纠纷案件若干问题的规定（二）》（法释〔2011〕1号 2011年1月17日起施行）

为解决相关期货纠纷案件的管辖、保全与执行等法律适用问题，根据《中华人民共和国民事诉讼法》等有关法律、行政法规的规定以及审判实践的需要，制定本规定。

第一条 以期货交易所为被告或者第三人的因期货交易所履行职责引起的商事案件，由期货交易所所在地的中级人民法院管辖。

第二条 期货交易所履行职责引起的商事案件是指：

（一）期货交易所会员及其相关人员、保证金存管银行及其相关人员、客户、其他期货市场参与者，以期货交易所违反法律法规以及国务院期货监督管理机构的规定，履行监督管理职责不当，造成其损害为由提起的商事诉讼案件；

（二）期货交易所会员及其相关人员、保证金存管银行及其相关人员、客户、其他期货市场参与者，以期货交易所违反其章程、交易规则、实施细则的规定以及业务协议的约定，履行监督管理职责不当，造成其损害为由提起的商事诉讼案件；

（三）期货交易所因履行职责引起的其他商事诉讼案件。

【适用本案由需要注意的问题】

◆根据《民事诉讼法》第23条以及《最高人民法院关于审理期货纠纷案件若干问题的规定》第4条、5条、7条的规定，期货经纪合同纠纷案件，由被告住所地或者合同履行地人民法院管辖；在期货公司的分公司、营业部等分支机构进行期货交易的，该分支机构为合同履行地；期货纠纷案件由中级人民法院管辖，高级人民法院根据需要可以确定部分基层人民法院受理期货纠纷案件。根据《最高人民法院关于审理期货纠纷案件若干问题的规定（二）》第1条的规定，以期货交易所为被告或者第三人的因期货交易所履行职责引起的商事案件，由期货交易所所在地的中级人民法院管辖。

◆在适用本案由时，要注意其与期货交易代理合同纠纷的区别。期货交易代理合同是期货经纪合同的核心内容，期货交易代理合同主要规定了客户资格、客户的授权、交易指令、客户代理人、保证金、交易、结算和账户清算、资金调拨、佣金等内容。

304. 期货透支交易纠纷

【案由解析】

期货透支交易是指客户在没有保证金或者交易保证金不足的情况下，占用期货公司或者其他客户的资金，允许继续持仓或者进行期货合约交易的行为。发生在期货公司与期货交易所之间以及期货公司与客户之间因期货投资交易引发的各种纠纷称为期货投资交易纠纷。

期货透支交易包括开仓透支交易和持仓透支交易。开仓透支交易是指期货交易所会员或者期货公司客户在保证金不足时进行的期货交易；持仓透支交易是指期货交易者或者期货公司在其保证金账户中的可用保证金为零或者负值时，不追加保证金，或在保证金没有到位时，利用期货公司或在期货交易所的自有或其管理的资金维持现有头寸的行为。

【典型形态】

在实践中，期货透支交易纠纷主要有：

（1）开仓透支交易纠纷，是指期货交易所会员或期货公司客户在保证金不足时进行期货交易而产生的纠纷。

（2）持仓透支交易纠纷，是指期货交易所会员或期货公司客户在保证金不足或没有到位时利用期货公司或期货交易所的自有资金或其管理的资金维持现有头寸而产生的纠纷。

【常用法律条文及索引】

《最高人民法院关于审理期货纠纷案件若干问题的规定》（法释〔2003〕10号　2003年7月1日起施行）

第三十一条　期货交易所在期货公司没有保证金或者保证金不足的情况

下，允许期货公司开仓交易或者继续持仓，应当认定为透支交易。

期货公司在客户没有保证金或者保证金不足的情况下，允许客户开仓交易或者继续持仓，应当认定为透支交易。

审查期货公司或者客户是否透支交易，应当以期货交易所规定的保证金比例为标准。

第三十二条 期货公司的交易保证金不足，期货交易所未按规定通知期货公司追加保证金的，由于行情向持仓不利的方向变化导致期货公司透支发生的扩大损失，期货交易所应当承担主要赔偿责任，赔偿额不超过损失的60%。

客户的交易保证金不足，期货公司未按约定通知客户追加保证金的，由于行情向持仓不利的方向变化导致客户透支发生的扩大损失，期货公司应当承担主要赔偿责任，赔偿额不超过损失的80%。

第三十三条 期货公司的交易保证金不足，期货交易所履行了通知义务，而期货公司未及时追加保证金，期货公司要求保留持仓并经书面协商一致的，对保留持仓期间造成的损失，由期货公司承担；穿仓造成的损失，由期货交易所承担。

客户的交易保证金不足，期货公司履行了通知义务而客户未及时追加保证金，客户要求保留持仓并经书面协商一致的，对保留持仓期间造成的损失，由客户承担；穿仓造成的损失，由期货公司承担。

第三十四条 期货交易所允许期货公司开仓透支交易的，对透支交易造成的损失，由期货交易所承担主要赔偿责任，赔偿额不超过损失的60%。

期货公司允许客户开仓透支交易的，对透支交易造成的损失，由期货公司承担主要赔偿责任，赔偿额不超过损失的80%。

第三十五条 期货交易所允许期货公司透支交易，并与其约定分享利益，共担风险的，对透支交易造成的损失，期货交易所承担相应的赔偿责任。

期货公司允许客户透支交易，并与其约定分享利益，共担风险的，对透支交易造成的损失，期货公司承担相应的赔偿责任。

《最高人民法院关于审理期货纠纷案件若干问题的规定（二）》（法释〔2011〕1号 2011年1月17日起施行）

为解决相关期货纠纷案件的管辖、保全与执行等法律适用问题，根据《中华人民共和国民事诉讼法》等有关法律、行政法规的规定以及审判实践的需要，制定本规定。

第一条 以期货交易所为被告或者第三人的因期货交易所履行职责引起

的商事案件，由期货交易所所在地的中级人民法院管辖。

第二条　期货交易所履行职责引起的商事案件是指：

（一）期货交易所会员及其相关人员、保证金存管银行及其相关人员、客户、其他期货市场参与者，以期货交易所违反法律法规以及国务院期货监督管理机构的规定，履行监督管理职责不当，造成其损害为由提起的商事诉讼案件；

（二）期货交易所会员及其相关人员、保证金存管银行及其相关人员、客户、其他期货市场参与者，以期货交易所违反其章程、交易规则、实施细则的规定以及业务协议的约定，履行监督管理职责不当，造成其损害为由提起的商事诉讼案件；

（三）期货交易所因履行职责引起的其他商事诉讼案件。

【适用本案由需要注意的问题】

◆根据《民事诉讼法》第23条以及《最高人民法院关于审理期货纠纷案件若干问题的规定》第4条、5条、7条的规定，期货透支交易纠纷案件，由被告住所地或者合同履行地人民法院管辖；在期货公司的分公司、营业部等分支机构进行期货交易的，该分支机构为合同履行地；期货纠纷案件由中级人民法院管辖，高级人民法院根据需要可以确定部分基层人民法院受理期货纠纷案件。根据《最高人民法院关于审理期货纠纷案件若干问题的规定(二)》第1条的规定，以期货交易所为被告或者第三人的因期货交易所履行职责引起的商事案件，由期货交易所所在地的中级人民法院管辖。

◆我国实行金融业务专营制度，只有国家批准的金融机构有权从事融资、信贷业务，因此期货交易所或期货公司进行透支交易，这种融资的法律关系因违反国家法律、法规的禁止性规定而无效，对无效融资法律关系双方当事人存在缔约上的过失责任，由双方当事人根据其过错承担责任。如期货公司或期货交易所未履行通知追加保证金义务，导致透支发生扩大损失的，期货公司或期货交易所承担赔偿责任。

305. 期货强行平仓纠纷

【案由解析】

强行平仓是指在期货交易过程中，期货公司或客户持仓所需的保证金低于期货交易所规定的比例，其又未及时足额追加保证金，期货交易所或期货公司有权对期货交易者的期货持仓进行反向交易，将所得资金补足保证金的法律行为。期货强行平仓纠纷就是指发生在期货交易所、期货公司与期货交易者之间因强行平仓行为产生的纠纷。

强行平仓必须符合法律规定的条件：（1）期货交易者的保证金不足。（2）履行通知义务，将追加保证金的合理时间和数额通知客户。（3）追加保证金的时间应合理。（4）应适度强行平仓。（5）按法律规定的平仓顺序强行平仓。

【典型形态】

在实践中，期货强行平仓纠纷主要有：

（1）未履行强行平仓通知义务产生的纠纷。期货公司与客户在订立期货经纪合同时要明确约定通知强行平仓的时间、条件、方式等。期货交易所或期货公司在强行平仓前应履行通知义务，未履行通知义务给被平仓者造成的损失要承担赔偿责任。

（2）强行平仓过程中产生的纠纷。期货交易所或期货公司违规或违约强行平仓或超量平仓，或应当平仓而未平仓产生的损失，期货交易所或期货公司应承担责任。

（3）因强行平仓费用产生的纠纷。

【常用法律条文及索引】

《最高人民法院关于审理期货纠纷案件若干问题的规定》（法释〔2003〕10 号　2003 年 7 月 1 日起施行）

第三十六条　期货公司的交易保证金不足，又未能按期货交易所规定的时间追加保证金的，按交易规则的规定处理；规定不明确的，期货交易所有权就其未平仓的期货合约强行平仓，强行平仓所造成的损失，由期货公司承担。

客户的交易保证金不足，又未能按期货经纪合同约定的时间追加保证金的，按期货经纪合同的约定处理；约定不明确的，期货公司有权就其未平仓的期货合约强行平仓，强行平仓造成的损失，由客户承担。

第三十七条　期货交易所因期货公司违规超仓或者其他违规行为而必须强行平仓的，强行平仓所造成的损失，由期货公司承担。

期货公司因客户违规超仓或者其他违规行为而必须强行平仓的，强行平仓所造成的损失，由客户承担。

第三十八条 期货公司或者客户交易保证金不足，符合强行平仓条件后，应当自行平仓而未平仓造成的扩大损失，由期货公司或者客户自行承担。法律、行政法规另有规定或者当事人另有约定的除外。

第三十九条 期货交易所或者期货公司强行平仓数额应当与期货公司或者客户需追加的保证金数额基本相当。因超量平仓引起的损失，由强行平仓者承担。

第四十条 期货交易所对期货公司、期货公司对客户未按期货交易所交易规则规定或者期货经纪合同约定的强行平仓条件、时间、方式进行强行平仓，造成期货公司或者客户损失的，期货交易所或者期货公司应当承担赔偿责任。

第四十一条 期货交易所依法或依交易规则强行平仓发生的费用，由被平仓的期货公司承担；期货公司承担责任后有权向有过错的客户追偿。

期货公司依法或依约定强行平仓所发生的费用，由客户承担。

《最高人民法院关于审理期货纠纷案件若干问题的规定（二）》（法释〔2011〕1号 2011年1月17日起施行）

为解决相关期货纠纷案件的管辖、保全与执行等法律适用问题，根据《中华人民共和国民事诉讼法》等有关法律、行政法规的规定以及审判实践的需要，制定本规定。

第一条 以期货交易所为被告或者第三人的因期货交易所履行职责引起的商事案件，由期货交易所所在地的中级人民法院管辖。

第二条 期货交易所履行职责引起的商事案件是指：

（一）期货交易所会员及其相关人员、保证金存管银行及其相关人员、客户、其他期货市场参与者，以期货交易所违反法律法规以及国务院期货监督管理机构的规定，履行监督管理职责不当，造成其损害为由提起的商事诉讼案件；

（二）期货交易所会员及其相关人员、保证金存管银行及其相关人员、客户、其他期货市场参与者，以期货交易所违反其章程、交易规则、实施细则的规定以及业务协议的约定，履行监督管理职责不当，造成其损害为由提起的商事诉讼案件；

（三）期货交易所因履行职责引起的其他商事诉讼案件。

《期货交易所管理办法》（中国证券监督管理委员会令第42号 2007年4月15日起施行）

第八十五条 有根据认为会员或者客户违反期货交易所交易规则及其实施细则并且对市场正在产生或者即将产生重大影响，为防止违规行为后果进一步扩大，期货交易所可以对该会员或者客户采取下列临时处置措施：

（一）限制入金；

（二）限制出金；

（三）限制开仓；

（四）提高保证金标准；

（五）限期平仓；

（六）强行平仓。

期货交易所按交易规则及其实施细则规定的程序采取前款第（四）项、第（五）项或者第（六）项措施的，应当在采取措施后及时报告中国证监会。

期货交易所对会员或者客户采取临时处置措施，应当按照期货交易所交易规则及其实施细则规定的方式通知会员或者客户，并列明采取临时处置措施的根据。

第一百零七条 中国证监会派出机构对期货交易所会员进行风险处置，采取监管措施的，经中国证监会批准，期货交易所应当在限制会员资金划转、限制会员开仓、移仓和强行平仓等方面予以配合。

【适用本案由需要注意的问题】

◆根据《民事诉讼法》第23条、第28条以及《最高人民法院关于审理期货纠纷案件若干问题的规定》第4条、5条、7条的规定，期货强行平仓纠纷案件，由被告住所地、合同履行地或者强行平仓侵权行为地人民法院管辖；在期货公司的分公司、营业部等分支机构进行期货交易的，该分支机构为合同履行地；期货纠纷案件由中级人民法院管辖，高级人民法院根据需要可以确定部分基层人民法院受理期货纠纷案件。根据《最高人民法院关于审理期货纠纷案件若干问题的规定（二）》第1条的规定，以期货交易所为被告或者第三人的因期货交易所履行职责引起的商事案件，由期货交易所所在地的中级人民法院管辖。

◆在适用本案由时，要注意其与期货透支交易纠纷的关系。一般而言，出现透支交易，必然引来强行平仓，但采用强行平仓行为却并不必然出现透支交易。《最高人民法院关于审理期货纠纷案件若干问题的规定》还明确规定了期货交易所或者期货公司对客户或者会员违规超仓或者其他违规行为有权予以强行平仓，可知，在保证金不足和违规持仓的两种情况下都可以强行平仓。

306. 期货实物交割纠纷

【案由解析】

期货实物交割，是指期货合约到期时，根据期货交易所的交易规则和程序，交易双方通过该期货合约所载商品所有权的转移，了结到期未平仓合约的过程。因实物交割各方（期货交易所、期货公司、客户、交割仓库）在实物交割过程中违反法律规定的义务而产生的各种纠纷称为期货实物交割纠纷。

实物交割主要用于商品期货的交割，包括集中交割和滚动交割两种方式。

【典型形态】

在实践中，期货实物交割纠纷的典型形态主要有：

（1）期货交易所或者期货公司拒绝实物交割申请纠纷。

（2）交割违约纠纷，包括在规定期限内，卖方未能如数交付标准仓单或者买方未能如数交付货款两种违约情形。

（3）交割仓库交割不能纠纷。

【常用法律条文及索引】

《最高人民法院关于审理期货纠纷案件若干问题的规定》（法释〔2003〕10号　2003年7月1日起施行）

第四十二条　交割仓库未履行货物验收职责或者因保管不善给仓单持有人造成损失的，应当承担赔偿责任。

第四十三条　期货公司没有代客户履行申请交割义务的，应当承担违约责任；造成客户损失的，应当承担赔偿责任。

第四十四条 在交割日，卖方期货公司未向期货交易所交付标准仓单，或者买方期货公司未向期货交易所账户交付足额货款，构成交割违约。

构成交割违约的，违约方应当承担违约责任；具有合同法第九十四条第（四）项规定情形的，对方有权要求终止交割或者要求违约方继续交割。

征购或者竞卖失败的，应当由违约方按照交易所有关赔偿办法的规定承担赔偿责任。

第四十五条 在期货合约交割期内，买方或者卖方客户违约的，期货交易所应当代期货公司、期货公司应当代客户向对方承担违约责任。

第四十六条 买方客户未在期货交易所交易规则规定的期限内对货物的质量、数量提出异议的，应视为其对货物的数量、质量无异议。

第四十七条 交割仓库不能在期货交易所交易规则规定的期限内，向标准仓单持有人交付符合期货合约要求的货物，造成标准仓单持有人损失的，交割仓库应当承担责任，期货交易所承担连带责任。

期货交易所承担责任后，有权向交割仓库追偿。

《最高人民法院关于审理期货纠纷案件若干问题的规定（二）》（法释〔2011〕1号 2011年1月17日起施行）

为解决相关期货纠纷案件的管辖、保全与执行等法律适用问题，根据《中华人民共和国民事诉讼法》等有关法律、行政法规的规定以及审判实践的需要，制定本规定。

第一条 以期货交易所为被告或者第三人的因期货交易所履行职责引起的商事案件，由期货交易所所在地的中级人民法院管辖。

第二条 期货交易所履行职责引起的商事案件是指：

（一）期货交易所会员及其相关人员、保证金存管银行及其相关人员、客户、其他期货市场参与者，以期货交易所违反法律法规以及国务院期货监督管理机构的规定，履行监督管理职责不当，造成其损害为由提起的商事诉讼案件；

（二）期货交易所会员及其相关人员、保证金存管银行及其相关人员、客户、其他期货市场参与者，以期货交易所违反其章程、交易规则、实施细则的规定以及业务协议的约定，履行监督管理职责不当，造成其损害为由提起的商事诉讼案件；

（三）期货交易所因履行职责引起的其他商事诉讼案件。

《期货交易所管理办法》（中国证券监督管理委员会令第42号　2007年4月15日起施行）

第九十条　期货交易所应当以适当方式发布下列信息：

（一）即时行情；

（二）持仓量、成交量排名情况；

（三）期货交易所交易规则及其实施细则规定的其他信息。

期货交易涉及商品实物交割的，期货交易所还应当发布标准仓单数量和可用库容情况。

《期货交易管理条例》（国务院令第676号　2017年3月1日修订）

第三十五条　期货交易的交割，由期货交易所统一组织进行。

交割仓库由期货交易所指定。期货交易所不得限制实物交割总量，并应当与交割仓库签订协议，明确双方的权利和义务。交割仓库不得有下列行为：

（一）出具虚假仓单；

（二）违反期货交易所业务规则，限制交割商品的入库、出库；

（三）泄露与期货交易有关的商业秘密；

（四）违反国家有关规定参与期货交易；

（五）国务院期货监督管理机构规定的其他行为。

第六十四条　期货交易所、非期货公司结算会员有下列行为之一的，责令改正，给予警告，没收违法所得：

（一）违反规定接纳会员的；

（二）违反规定收取手续费的；

（三）违反规定使用、分配收益的；

（四）不按照规定公布即时行情的，或者发布价格预测信息的；

（五）不按照规定向国务院期货监督管理机构履行报告义务的；

（六）不按照规定向国务院期货监督管理机构报送有关文件、资料的；

（七）不按照规定建立、健全结算担保金制度的；

（八）不按照规定提取、管理和使用风险准备金的；

（九）违反国务院期货监督管理机构有关保证金安全存管监控规定的；

（十）限制会员实物交割总量的；

（十一）任用不具备资格的期货从业人员的；

（十二）违反国务院期货监督管理机构规定的其他行为。

有前款所列行为之一的，对直接负责的主管人员和其他直接责任人员给予纪律处分，处1万元以上10万元以下的罚款。

有本条第一款第二项所列行为的，应当责令退还多收取的手续费。

期货保证金安全存管监控机构有本条第一款第五项、第六项、第九项、第十一项、第十二项所列行为的，依照本条第一款、第二款的规定处罚、处分。期货保证金存管银行有本条第一款第九项、第十二项所列行为的，依照本条第一款、第二款的规定处罚、处分。

【适用本案由需要注意的问题】

◆根据《民事诉讼法》第23条以及《最高人民法院关于审理期货纠纷案件若干问题的规定》第4条、5条、7条的规定，期货实物交割纠纷案件，由被告住所地或者合同履行地或者强行平仓侵权行为地人民法院管辖；因实物交割发生纠纷的，期货交易所住所地为合同履行地；期货纠纷案件由中级人民法院管辖，高级人民法院根据需要可以确定部分基层人民法院受理期货纠纷案件。根据《最高人民法院关于审理期货纠纷案件若干问题的规定（二）》第1条的规定，以期货交易所为被告或者第三人的因期货交易所履行职责引起的商事案件，由期货交易所所在地的中级人民法院管辖。

307. 期货保证合约纠纷

【案由解析】

期货经纪公司、期货交易所负有保证期货合约履行的责任，因期货交易所或者期货经纪公司不履行其保证责任而引发的纠纷，就是期货保证合约纠纷。

期货经纪公司的保证责任，是指当期货交易中客户违约时，期货经纪公司必须承担代为履行期货合约的责任。期货交易所的保证责任是指在期货交易中对方违约时，期货交易所代为履行或者承担赔偿责任。

【常用法律条文及索引】

《最高人民法院关于审理期货纠纷案件若干问题的规定》（法释〔2003〕10号　2003年7月1日起施行）

第四十八条　期货公司未按照每日无负债结算制度的要求，履行相应的金钱给付义务，期货交易所亦未代期货公司履行，造成交易对方损失的，期货交易所应当承担赔偿责任。

期货交易所代期货公司履行义务或者承担赔偿责任后，有权向不履行义务的一方追偿。

第四十九条　期货交易所未代期货公司履行期货合约，期货公司应当根据客户请求向期货交易所主张权利。

期货公司拒绝代客户向期货交易所主张权利的，客户可直接起诉期货交易所，期货公司可作为第三人参加诉讼。

第五十条　因期货交易所的过错导致信息发布、交易指令处理错误，造成期货公司或者客户直接经济损失的，期货交易所应当承担赔偿责任，但其能够证明系不可抗力的除外。

第五十一条　期货交易所依据有关规定对期货市场出现的异常情况采取合理的紧急措施造成客户损失的，期货交易所不承担赔偿责任。

期货公司执行期货交易所的合理的紧急措施造成客户损失的，期货公司不承担赔偿责任。

《最高人民法院关于审理期货纠纷案件若干问题的规定（二）》（法释〔2011〕1号　2011年1月17日起施行）

为解决相关期货纠纷案件的管辖、保全与执行等法律适用问题，根据《中华人民共和国民事诉讼法》等有关法律、行政法规的规定以及审判实践的需要，制定本规定。

第一条　以期货交易所为被告或者第三人的因期货交易所履行职责引起的商事案件，由期货交易所所在地的中级人民法院管辖。

第二条　期货交易所履行职责引起的商事案件是指：

（一）期货交易所会员及其相关人员、保证金存管银行及其相关人员、客户、其他期货市场参与者，以期货交易所违反法律法规以及国务院期货监督管理机构的规定，履行监督管理职责不当，造成其损害为由提起的商事诉讼案件；

（二）期货交易所会员及其相关人员、保证金存管银行及其相关人员、客户、其他期货市场参与者，以期货交易所违反其章程、交易规则、实施细则的规定以及业务协议的约定，履行监督管理职责不当，造成其损害为由提起的商事诉讼案件；

（三）期货交易所因履行职责引起的其他商事诉讼案件。

《期货交易管理条例》（国务院令第676号　2017年3月1日修订）

第十条　期货交易所应当依照本条例和国务院期货监督管理机构的规定，建立、健全各项规章制度，加强对交易活动的风险控制和对会员以及交易所工作人员的监督管理。期货交易所履行下列职责：

（一）提供交易的场所、设施和服务；

（二）设计合约，安排合约上市；

（三）组织并监督交易、结算和交割；

（四）为期货交易提供集中履约担保；

（五）按照章程和交易规则对会员进行监督管理；

（六）国务院期货监督管理机构规定的其他职责。

期货交易所不得直接或者间接参与期货交易。未经国务院期货监督管理机构审核并报国务院批准，期货交易所不得从事信托投资、股票投资、非自用不动产投资等与其职责无关的业务。

第三十六条　会员在期货交易中违约的，期货交易所先以该会员的保证金承担违约责任；保证金不足的，期货交易所应当以风险准备金和自有资金代为承担违约责任，并由此取得对该会员的相应追偿权。

客户在期货交易中违约的，期货公司先以该客户的保证金承担违约责任；保证金不足的，期货公司应当以风险准备金和自有资金代为承担违约责任，并由此取得对该客户的相应追偿权。

【适用本案由需要注意的问题】

◆根据《民事诉讼法》第23条以及《最高人民法院关于审理期货纠纷案件若干问题的规定》第4条、5条、7条的规定，期货保证合约纠纷案件，由被告住所地或者合同履行地人民法院管辖；在期货公司的分公司、营业部等分支机构进行期货交易的，该分支机构为合同履行地；期货纠纷案件由中级人民法院管辖，高级人民法院根据需要可以确定部分基层人民法院受理期货纠纷案件。根据《最高人民法院关于审理期货纠纷案件若干问题的规定（二）》第1条的规定，以期货交易所为被告或者第三人的因期货交易所履行职责引起的商事案件，由期货交易所所在地的中级人民法院管辖。

◆在适用本案由时，要注意以下几点：(1) 期货交易所承担的保证责任是替代责任，即债权人无须向交易对方提出清偿要求，而直接向交易所请求债务的履行。(2) 在期货交易所破产时，交易者对期货交易所的财产并没有优先权，只能参加破产程序分得自己的财产。(3) 除期货交易所应当提供担保外，期货经纪公司也负有保证合约履行的义务，但在经纪机构是交易所会员时直接履行的情况很少见。

308. 期货交易代理合同纠纷

【案由解析】

期货交易代理合同是指特定客户与期货经纪公司协商签订的、客户委托期货经纪公司按照客户指令代其进行商品期货交易的协议。因此该类协议在订立、履行等过程中产生的各种权利义务纠纷称为期货交易代理合同纠纷。

期货交易代理合同主要规定了客户的资格、资金调拨、佣金及有关费用、合同生效、变更和终止、术语解释等内容。期货交易代理合同是期货经纪合同的核心内容。

【常用法律条文及索引】

《最高人民法院关于审理期货纠纷案件若干问题的规定》（法释〔2003〕10 号 2003 年 7 月 1 日起施行）

第十六条 期货公司在与客户订立期货经纪合同时，未提示客户注意《期货交易风险说明书》内容，并由客户签字或者盖章，对于客户在交易中的损失，应当依据合同法第四十二条第（三）项的规定承担相应的赔偿责任。但是，根据以往交易结果记载，证明客户已有交易经历的，应当免除期货公司的责任。

第十七条 期货公司接受客户全权委托进行期货交易的，对交易产生的损失，承担主要赔偿责任，赔偿额不超过损失的 80%，法律、行政法规另有规定的除外。

第十八条 期货公司与客户签订的期货经纪合同对下达交易指令的方式未作约定或者约定不明确的，期货公司不能证明其所进行的交易是依据客户交易指令进行的，对该交易造成客户的损失，期货公司应当承担赔偿责任，客户予以追认的除外。

第十九条 期货公司执行非受托人的交易指令造成客户损失，应当由期货公司承担赔偿责任，非受托人承担连带责任，客户予以追认的除外。

第二十条 客户下达的交易指令没有品种、数量、买卖方向的，期货公司未予拒绝而进行交易造成客户的损失，由期货公司承担赔偿责任，客户予以追认的除外。

第二十一条 客户下达的交易指令数量和买卖方向明确，没有有效期限的，应当视为当日有效；没有成交价格的，应当视为按市价交易；没有开平仓方向的，应当视为开仓交易。

第二十二条 期货公司错误执行客户交易指令，除客户认可的以外，交易的后果由期货公司承担，并按下列方式分别处理：

（一）交易数量发生错误的，多于指令数量的部分由期货公司承担，少于指令数量的部分，由期货公司补足或者赔偿直接损失；

（二）交易价格超出客户指令价位范围的，交易差价损失或者交易结果由期货公司承担。

第二十三条 期货公司不当延误执行客户交易指令给客户造成损失的，应当承担赔偿责任，但由于市场原因致客户交易指令未能全部或者部分成交的，期货公司不承担责任。

第二十四条 期货公司超出客户指令价位的范围，将高于客户指令价格卖出或者低于客户指令价格买入后的差价利益占为己有的，客户要求期货公司返还的，人民法院应予支持，期货公司与客户另有约定的除外。

第二十五条 期货交易所未按交易规则规定的期限、方式，将交易或者持仓头寸的结算结果通知期货公司，造成期货公司损失的，由期货交易所承担赔偿责任。

期货公司未按期货经纪合同约定的期限、方式，将交易或者持仓头寸的结算结果通知客户，造成客户损失的，由期货公司承担赔偿责任。

第二十六条 期货公司与客户对交易结算结果的通知方式未作约定或者约定不明确，期货公司未能提供证据证明已经发出上述通知的，对客户因继续持仓而造成扩大的损失，应当承担主要赔偿责任，赔偿额不超过损失的百分之八十。

第二十七条 客户对当日交易结算结果的确认，应当视为对该日之前所有持仓和交易结算结果的确认，所产生的交易后果由客户自行承担。

第二十八条 期货公司对交易结算结果提出异议，期货交易所未及时采取措施导致损失扩大的，对造成期货公司扩大的损失应当承担赔偿责任。

客户对交易结算结果提出异议，期货公司未及时采取措施导致损失扩大的，期货公司对造成客户扩大的损失应当承担赔偿责任。

第二十九条　期货公司对期货交易所或者客户对期货公司的交易结算结果有异议，而未在期货交易所交易规则规定或者期货经纪合同约定的时间内提出的，视为期货公司或者客户对交易结算结果已予以确认。

第三十条　期货公司进行混码交易的，客户不承担责任，但期货公司能够举证证明其已按照客户交易指令入市交易的，客户应当承担相应的交易结果。

《最高人民法院关于审理期货纠纷案件若干问题的规定（二）》（法释〔2011〕1号　2011年1月17日起施行）

为解决相关期货纠纷案件的管辖、保全与执行等法律适用问题，根据《中华人民共和国民事诉讼法》等有关法律、行政法规的规定以及审判实践的需要，制定本规定。

第一条　以期货交易所为被告或者第三人的因期货交易所履行职责引起的商事案件，由期货交易所所在地的中级人民法院管辖。

第二条　期货交易所履行职责引起的商事案件是指：

（一）期货交易所会员及其相关人员、保证金存管银行及其相关人员、客户、其他期货市场参与者，以期货交易所违反法律法规以及国务院期货监督管理机构的规定，履行监督管理职责不当，造成其损害为由提起的商事诉讼案件；

（二）期货交易所会员及其相关人员、保证金存管银行及其相关人员、客户、其他期货市场参与者，以期货交易所违反其章程、交易规则、实施细则的规定以及业务协议的约定，履行监督管理职责不当，造成其损害为由提起的商事诉讼案件；

（三）期货交易所因履行职责引起的其他商事诉讼案件。

【适用本案由需要注意的问题】

◆根据《民事诉讼法》第23条以及《最高人民法院关于审理期货纠纷案件若干问题的规定》第4条、5条、7条的规定，期货交易代理合同纠纷案件，由被告住所地或者合同履行地人民法院管辖；在期货公司的分公司、营业部等分支机构进行期货交易的，该分支机构为合同履行地；期货纠纷案件由中级人民法院管辖，高级人民法院根据需要可以确定部分基层人民法院受理期货纠纷案件。根据《最高人民法院关于审理期货纠纷案件若干问题的规定（二）》第1条的规定，以期货交易所为被告或者第三人的因期货交易所履行职责引起的商事案件，由期货交易所所在地的中级人民法院管辖。

◆在适用本案由时，要注意其与期货经纪合同纠纷的区别。期货交易代理合同是期货经纪合同的核心内容，签订期货经纪合同是客户从事期货交易的首个步骤，其以后在期货市场的所有行为、与期货公司的权利义务除受法律、法规调整外，还受期货经纪合同约定的内容调整。

309. 侵占期货交易保证金纠纷

【案由解析】

期货交易保证金，又称履约保证金，是指参与期货交易的人为了保证其履行合约而交的资金，是一种在期货交易中起担保作用的押金或定金。因期货公司未经客户的允许，非法占用客户的保证金进行期货交易而造成客户损失所引起的纠纷，统称为侵占期货交易保证金纠纷。

【典型形态】

在实践中，侵占客户保证金，主要有以下几种表现形式：

（1）期货公司假借客户的名义用客户的保证金来为自己买卖期货的行为；

（2）期货公司直接从客户的保证金账户中挪用资金给其他客户进行期货交易的行为；

（3）将客户保证金挪作他用。

【常用法律条文及索引】

《最高人民法院关于审理期货纠纷案件若干问题的规定》（法释〔2003〕10号 2003年7月1日起施行）

第五十五条 期货公司挪用客户保证金，或者违反有关规定划转客户保证金造成客户损失的，应当承担赔偿责任。

《期货公司管理办法》（中国证券监督管理委员会令第43号 2007年4月15日起施行）

第四条 期货公司的控股股东、实际控制人和其他关联人不得滥用权利，不得占用期货公司的资产或者挪用客户保证金和其他资产，不得损害期货公司、客户的合法权益。

《最高人民法院关于审理期货纠纷案件若干问题的规定（二）》（法释〔2011〕1号　2011年1月17日起施行）

为解决相关期货纠纷案件的管辖、保全与执行等法律适用问题，根据《中华人民共和国民事诉讼法》等有关法律、行政法规的规定以及审判实践的需要，制定本规定。

第一条　以期货交易所为被告或者第三人的因期货交易所履行职责引起的商事案件，由期货交易所所在地的中级人民法院管辖。

第二条　期货交易所履行职责引起的商事案件是指：

（一）期货交易所会员及其相关人员、保证金存管银行及其相关人员、客户、其他期货市场参与者，以期货交易所违反法律法规以及国务院期货监督管理机构的规定，履行监督管理职责不当，造成其损害为由提起的商事诉讼案件；

（二）期货交易所会员及其相关人员、保证金存管银行及其相关人员、客户、其他期货市场参与者，以期货交易所违反其章程、交易规则、实施细则的规定以及业务协议的约定，履行监督管理职责不当，造成其损害为由提起的商事诉讼案件；

（三）期货交易所因履行职责引起的其他商事诉讼案件。

【适用本案由需要注意的问题】

◆根据《民事诉讼法》第23条、第28条以及《最高人民法院关于审理期货纠纷案件若干问题的规定》第4条、5条、7条的规定，侵占期货交易保证金纠纷案件，由被告住所地、合同履行地或者侵权行为地人民法院管辖；在期货公司的分公司、营业部等分支机构进行期货交易的，该分支机构为合同履行地；侵权与违约竞合的期货纠纷案件，依当事人选择的诉由确定管辖。当事人既以违约又以侵权起诉的，以当事人起诉状中在先的诉讼请求确定管辖；期货纠纷案件由中级人民法院管辖，高级人民法院根据需要可以确定部分基层人民法院受理期货纠纷案件。根据《最高人民法院关于审理期货纠纷案件若干问题的规定（二）》第1条的规定，以期货交易所为被告或者第三人的因期货交易所履行职责引起的商事案件，由期货交易所所在地的中级人民法院管辖。

◆在适用本案由时，要注意以下几点：(1) 期货公司侵占客户期货交易保证金的行为，侵犯的是客户对保证金的支配权，是一种非法占用客户资金的侵权行为。(2) 期货公司挪用保证金的行为同时又属于违约行为，是民事侵权行为与违约行为的竞合，当事人既可以提侵权之诉也可提违约之诉。(3) 我国法律规定了期货公司侵占期货交易保证金的行政责任和民事责任，随着我国期货市场法制的健全，可将侵占期货保证金作为一种犯罪行为进行处罚。

310. 期货欺诈责任纠纷

【案由解析】

期货欺诈是指期货公司在期货交易活动中，为了获取非法利益，违反公开、公平、公正和诚实信用原则，故意隐瞒实情或制造虚假事实，使客户产生错误认识并实施一定行为的商业欺诈行为。因期货欺诈行为引发的纠纷，适用本案由。

《期货交易管理条例》第67条规定了9种期货欺诈行为：(1) 向客户做获利保证或者不按照规定向客户出示风险说明书的。(2) 在经纪业务中与客户约定分享利益、共担风险的。(3) 不按照规定接受客户委托或者不按照客户委托内容擅自进行期货交易的。(4) 隐瞒重要事项或者使用其他不正当手段，诱骗客户发出交易指令的。(5) 向客户提供虚假成交回报的。(6) 未将客户交易指令下达到期货交易所的。(7) 挪用客户保证金的。(8) 不按照规定在期货保证金存管银行开立保证金账户，或者违规划转客户保证金的。(9) 国务院期货监督管理机构规定的其他欺诈客户的行为。

【常用法律条文及索引】

《期货交易管理条例》（国务院令第676号　2017年3月1日修订）

第三条　从事期货交易活动，应当遵循公开、公平、公正和诚实信用的原则。禁止欺诈、内幕交易和操纵期货交易价格等违法行为。

第六十七条　期货公司有下列欺诈客户行为之一的，责令改正，给予警告，没收违法所得，并处违法所得1倍以上5倍以下的罚款；没有违法所得或者违法所得不满10万元的，并处10万元以上50万元以下的罚款；情节严重的，责令停业整顿或者吊销期货业务许可：

（一）向客户做获利保证或者不按照规定向客户出示风险说明书的；

（二）在经纪业务中与客户约定分享利益、共担风险的；

（三）不按照规定接受客户委托或者不按照客户委托内容擅自进行期货交易的；

（四）隐瞒重要事项或者使用其他不正当手段，诱骗客户发出交易指令的；

（五）向客户提供虚假成交回报的；

（六）未将客户交易指令下达到期货交易所的；

（七）挪用客户保证金的；

（八）不按照规定在期货保证金存管银行开立保证金账户，或者违规划转客户保证；

（九）国务院期货监督管理机构规定的其他欺诈客户的行为。

期货公司有前款所列行为之一的，对直接负责的主管人员和其他直接责任人员给予警告，并处 1 万元以上 10 万元以下的罚款；情节严重的，暂停或者撤销任职资格、期货从业人员资格。

任何单位或者个人编造并且传播有关期货交易的虚假信息，扰乱期货交易市场的，依照本条第一款、第二款的规定处罚。

《最高人民法院关于审理期货纠纷案件若干问题的规定（二）》（法释〔2011〕1 号　2011 年 1 月 17 日起施行）

为解决相关期货纠纷案件的管辖、保全与执行等法律适用问题，根据《中华人民共和国民事诉讼法》等有关法律、行政法规的规定以及审判实践的需要，制定本规定。

第一条　以期货交易所为被告或者第三人的因期货交易所履行职责引起的商事案件，由期货交易所所在地的中级人民法院管辖。

第二条　期货交易所履行职责引起的商事案件是指：

（一）期货交易所会员及其相关人员、保证金存管银行及其相关人员、客户、其他期货市场参与者，以期货交易所违反法律法规以及国务院期货监督管理机构的规定，履行监督管理职责不当，造成其损害为由提起的商事诉讼案件；

（二）期货交易所会员及其相关人员、保证金存管银行及其相关人员、客户、其他期货市场参与者，以期货交易所违反其章程、交易规则、实施细则的规定以及业务协议的约定，履行监督管理职责不当，造成其损害为由提起的商事诉讼案件；

（三）期货交易所因履行职责引起的其他商事诉讼案件。

《期货从业人员管理办法》（中国证券管理委员会令第48号　2007年7月4日起施行）

第十五条　期货公司的期货从业人员不得有下列行为：

（一）进行虚假宣传，诱骗客户参与期货交易；

（二）挪用客户的期货保证金或者其他资产；

（三）中国证监会禁止的其他行为。

【适用本案由需要注意的问题】

◆根据《民事诉讼法》第23条、第28条以及《最高人民法院关于审理期货纠纷案件若干问题的规定》第4条、5条、7条的规定，期货欺诈责任纠纷案件，由被告住所地、合同履行地或者侵权行为地人民法院管辖；在期货公司的分公司、营业部等分支机构进行期货交易的，该分支机构为合同履行地；侵权与违约竞合的期货纠纷案件，依当事人选择的诉由确定管辖。当事人既以违约又以侵权起诉的，以当事人起诉状中在先的诉讼请求确定管辖；期货纠纷案件由中级人民法院管辖，高级人民法院根据需要可以确定部分基层人民法院受理期货纠纷案件。根据《最高人民法院关于审理期货纠纷案件若干问题的规定（二）》第1条的规定，以期货交易所为被告或者第三人的因期货交易所履行职责引起的商事案件，由期货交易所所在地的中级人民法院管辖。

◆在适用本案由确定民事责任时，根据《最高人民法院关于审理期货纠纷案件会谈纪要》的规定，以欺诈手段诱骗对方违背真实意思所为的为无效行为，无效行为给当事人造成保证金或佣金等损失的，应当根据无效行为与损失之间的因果关系确定责任的承担，如果一方的损失确系对方行为所致，则应判令对方承担赔偿损失的责任；如果一方的损失属于正常风险，而非另一方的行为所致，则不应判令另一方承担赔偿损失的责任。例如，未经批准而从事期货经纪业务的，如果有证据证明期货经纪公司已经按照客户的指令，进入期货交易市场进行交易，客户的损失属于正常风险损失，经纪公司对此不应承担民事赔偿责任。

311. 操纵期货交易市场责任纠纷

【案由解析】

操纵期货交易市场是指交易所会员或客户为了获取不正当的利益，故意违反国家有关期货交易规定，违背期货交易公开、公平、公正的原则，利用资金、信息优势或滥用职权，制造实际或表面的频繁交易影响期货市场价格，以引诱他人买卖期货，严重扭曲期货市场价格，扰乱市场秩序的行为。操纵期货交易市场的行为违背了民法的公平和诚实信用的原则，属于侵权行为，给受害者造成了财产损失，由此而引发的民事诉讼纠纷被称为操纵期货交易市场责任纠纷。

《期货交易管理条例》的第70条对期货市场操纵行为列举了以下几种情形：(1) 单独或者合谋，集中资金优势、持仓优势或者利用信息优势联合或者连续买卖合约，操纵期货交易价格的。(2) 蓄意串通，按事先约定的时间、价格和方式相互进行期货交易，影响期货交易价格或者期货交易量的。(3) 以自己为交易对象，自买自卖，影响期货交易价格或者期货交易量的。(4) 为影响期货市场行情囤积现货的。(5) 国务院期货监督管理机构规定的其他操纵期货交易价格的行为。

【常用法律条文及索引】

《期货交易管理条例》（国务院令第676号 2017年3月1日修订）

第三十九条 任何单位或者个人不得编造、传播有关期货交易的虚假信息，不得恶意串通、联手买卖或者以其他方式操纵期货交易价格。

第七十条 任何单位或者个人有下列行为之一，操纵期货交易价格的，责令改正，没收违法所得，并处违法所得1倍以上5倍以下的罚款；没有违法所得或者违法所得不满20万元的，处20万元以上100万元以下的罚款：

（一）单独或者合谋，集中资金优势、持仓优势或者利用信息优势联合或者连续买卖合约，操纵期货交易价格的；

（二）蓄意串通，按事先约定的时间、价格和方式相互进行期货交易，影响期货交易价格或者期货交易量的；

（三）以自己为交易对象，自买自卖，影响期货交易价格或者期货交易量的；

（四）为影响期货市场行情囤积现货的；

（五）国务院期货监督管理机构规定的其他操纵期货交易价格的行为。

单位有前款所列行为之一的，对直接负责的主管人员和其他直接责任人员给予警告，并处1万元以上10万元以下的罚款。

《最高人民法院关于审理期货纠纷案件若干问题的规定（二）》（法释〔2011〕1号　2011年1月17日起施行）

为解决相关期货纠纷案件的管辖、保全与执行等法律适用问题，根据《中华人民共和国民事诉讼法》等有关法律、行政法规的规定以及审判实践的需要，制定本规定。

第一条　以期货交易所为被告或者第三人的因期货交易所履行职责引起的商事案件，由期货交易所所在地的中级人民法院管辖。

第二条　期货交易所履行职责引起的商事案件是指：

（一）期货交易所会员及其相关人员、保证金存管银行及其相关人员、客户、其他期货市场参与者，以期货交易所违反法律法规以及国务院期货监督管理机构的规定，履行监督管理职责不当，造成其损害为由提起的商事诉讼案件；

（二）期货交易所会员及其相关人员、保证金存管银行及其相关人员、客户、其他期货市场参与者，以期货交易所违反其章程、交易规则、实施细则的规定以及业务协议的约定，履行监督管理职责不当，造成其损害为由提起的商事诉讼案件；

（三）期货交易所因履行职责引起的其他商事诉讼案件。

《刑法修正案（六）》（2006年6月29日起施行）

十一、将刑法第一百八十二条修改为："有下列情形之一，操纵证券、期货市场，情节严重的，处五年以下有期徒刑或者拘役，并处或者单处罚金；情节特别严重的，处五年以上十年以下有期徒刑，并处罚金：

"（一）单独或者合谋，集中资金优势、持股或者持仓优势或者利用信息优势联合或者连续买卖，操纵证券、期货交易价格或者证券、期货交易量的；

"（二）与他人串通，以事先约定的时间、价格和方式相互进行证券、期货交易，影响证券、期货交易价格或者证券、期货交易量的；

"（三）在自己实际控制的账户之间进行证券交易，或者以自己为交易对象，自买自卖期货合约，影响证券、期货交易价格或者证券、期货交易量的；

“（四）以其他方法操纵证券、期货市场的。

“单位犯前款罪的，对单位判处罚金，并对其直接负责的主管人员和其他直接责任人员，依照前款的规定处罚。”

【适用本案由需要注意的问题】

◆根据《民事诉讼法》第23条、第28条以及《最高人民法院关于审理期货纠纷案件若干问题的规定》第4条、5条、7条的规定，操纵期货交易市场责任纠纷案件，由被告住所地、合同履行地或者侵权行为地人民法院管辖；在期货公司的分公司、营业部等分支机构进行期货交易的，该分支机构为合同履行地；侵权与违约竞合的期货纠纷案件，依当事人选择的诉由确定管辖。当事人既以违约又以侵权起诉的，以当事人起诉状中在先的诉讼请求确定管辖；期货纠纷案件由中级人民法院管辖，高级人民法院根据需要可以确定部分基层人民法院受理期货纠纷案件。根据《最高人民法院关于审理期货纠纷案件若干问题的规定（二）》第1条的规定，以期货交易所为被告或者第三人的因期货交易所履行职责引起的商事案件，由期货交易所所在地的中级人民法院管辖。

◆在适用本案由时，要注意其与期货内幕交易责任纠纷的区别。操纵期货交易市场的行为也可利用信息等优势地位以扭曲市场价格的行为，但还可是利用资金方面的优势地位等。期货内幕交易与操纵期货市场的行为扰乱了期货交易市场的运行秩序，都属于重大期货违法行为。

312. 期货内幕交易责任纠纷

【案由解析】

期货内幕交易是指期货交易内幕信息的知情人或者非法获取期货交易内幕信息的人，在内幕信息尚未公布之前，利用内幕信息从事期货交易，或者向他人泄露内幕信息，使他人利用内幕信息进行期货交易的违法行为。由此引发的纠纷称为期货内幕交易纠纷。

内幕信息包括：国务院期货监督管理机构以及其他相关部门制定的对期

货交易价格可能发生重大影响的政策，期货交易所做出的可能对期货交易价格发生重大影响的决定，期货交易所会员、客户的资金和交易动向以及国务院期货监督管理机构认定的对期货交易价格有显著影响的其他重要信息。

内幕信息的知情人员，是指由于其管理地位、监督地位或者职业地位，或者作为雇员、专业顾问履行职务，能够接触或者获得内幕信息的人员，包括：期货交易所的管理人员以及其他由于任职可获取内幕信息的从业人员，国务院期货监督管理机构和其他有关部门的工作人员以及国务院期货监督管理机构规定的其他人员。

【常用法律条文及索引】

《期货交易管理条例》（国务院令第676号　2017年3月1日修订）

第四十七条　国务院期货监督管理机构依法履行职责，可以采取下列措施：

（一）对期货交易所、期货公司及其他期货经营机构、非期货公司结算会员、期货保证金安全存管监控机构和交割仓库进行现场检查；

（二）进入涉嫌违法行为发生场所调查取证；

（三）询问当事人和与被调查事件有关的单位和个人，要求其对与被调查事件有关的事项做出说明；

（四）查阅、复制与被调查事件有关的财产权登记等资料；

（五）查阅、复制当事人和与被调查事件有关的单位和个人的期货交易记录、财务会计资料以及其他相关文件和资料；对可能被转移、隐匿或者毁损的文件和资料，可以予以封存；

（六）查询与被调查事件有关的单位的保证金账户和银行账户；

（七）在调查操纵期货交易价格、内幕交易等重大期货违法行为时，经国务院期货监督管理机构主要负责人批准，可以限制被调查事件当事人的期货交易，但限制的时间不得超过15个交易日；案情复杂的，可以延长至30个交易日；

（八）法律、行政法规规定的其他措施。

第六十九条　期货交易内幕信息的知情人或者非法获取期货交易内幕信息的人，在对期货交易价格有重大影响的信息尚未公开前，利用内幕信息从事期货交易，或者向他人泄露内幕信息，使他人利用内幕信息进行期货交易的，没收违法所得，并处违法所得1倍以上5倍以下的罚款；没有违法所得或者违法所得不满10万元的，处10万元以上50万元以下的罚款。单位从事内幕交易的，还应当对直接负责的主管人员和其他直接责任人员给予警告，并处3万元以上30万元以下的罚款。

国务院期货监督管理机构、期货交易所和期货保证金安全存管监控机构的工作人员进行内幕交易的，从重处罚。

《最高人民法院关于审理期货纠纷案件若干问题的规定（二）》（法释〔2011〕1号 2011年1月17日起施行）

为解决相关期货纠纷案件的管辖、保全与执行等法律适用问题，根据《中华人民共和国民事诉讼法》等有关法律、行政法规的规定以及审判实践的需要，制定本规定。

第一条 以期货交易所为被告或者第三人的因期货交易所履行职责引起的商事案件，由期货交易所所在地的中级人民法院管辖。

第二条 期货交易所履行职责引起的商事案件是指：

（一）期货交易所会员及其相关人员、保证金存管银行及其相关人员、客户、其他期货市场参与者，以期货交易所违反法律法规以及国务院期货监督管理机构的规定，履行监督管理职责不当，造成其损害为由提起的商事诉讼案件；

（二）期货交易所会员及其相关人员、保证金存管银行及其相关人员、客户、其他期货市场参与者，以期货交易所违反其章程、交易规则、实施细则的规定以及业务协议的约定，履行监督管理职责不当，造成其损害为由提起的商事诉讼案件；

（三）期货交易所因履行职责引起的其他商事诉讼案件。

【适用本案由需要注意的问题】

◆根据《民事诉讼法》第23条、第28条以及《最高人民法院关于审理期货纠纷案件若干问题的规定》第4条、5条、7条的规定，期货内幕交易责任纠纷案件，由被告住所地、合同履行地或者侵权行为地人民法院管辖；在期货公司的分公司、营业部等分支机构进行期货交易的，该分支机构为合同履行地；侵权与违约竞合的期货纠纷案件，依当事人选择的诉由确定管辖。当事人既以违约又以侵权起诉的，以当事人起诉状中在先的诉讼请求确定管辖；期货纠纷案件由中级人民法院管辖，高级人民法院根据需要可以确定部分基层人民法院受理期货纠纷案件。根据《最高人民法院关于审理期货纠纷案件若干问题的规定（二）》第1条的规定，以期货交易所为被告或者第三人的因期货交易所履行职责引起的商事案件，由期货交易所所在地的中级人民法院管辖。

◆在适用本案由时，要注意其与期货虚假信息责任纠纷的区别。制造虚假信息的主体是特定的，虚假信息的实施者是期货交易所、期货公司及公司的负责人、信息发布人员。内幕信息的知情人员，包括由于管理地位、监督地位或者职业地位，或者作为雇员、专业顾问履行职务能够获取内幕信息的人员。虚假信息是无中生有或者不完全真实的市场信息，而内幕信息是指能对期货交易价格产生重大影响的尚未公开的信息。

313. 期货虚假信息责任纠纷

【案由解析】

期货虚假信息责任纠纷是指期货交易所和期货公司及其工作人员或其他有关机构有权发布信息的人员，在特定场所制造、散布虚假的市场信息，使期货交易者对期货市场行情产生错误的认识而进行的期货交易并发生交易亏损，期货交易者要求虚假信息散布者承担相应民事责任的纠纷。

构成期货虚假信息责任的要件包括：（1）制造虚假信息的主体是特定的，虚假信息的实施者是期货交易所、期货公司及公司有关人员，包括期货交易所负责人、信息发布人员；期货公司的负责人、信息发布人。（2）期货交易者因虚假信息产生误导并因此形成错误认识，实施期货交易行为。（3）制造虚假信息与期货交易损失之间有因果关系。

【常用法律条文及索引】

《期货交易管理条例》（国务院令第676号　2017年3月1日修订）

第六十七条　期货公司有下列欺诈客户行为之一的，责令改正，给予警告，没收违法所得，并处违法所得1倍以上5倍以下的罚款；没有违法所得或者违法所得不满10万元的，并处10万元以上50万元以下的罚款；情节严重的，责令停业整顿或者吊销期货业务许可证：

（一）向客户作获利保证或者不按照规定向客户出示风险说明书的；

（二）在经纪业务中与客户约定分享利益、共担风险的；

（三）不按照规定接受客户委托或者不按照客户委托内容擅自进行期货交易的；

（四）隐瞒重要事项或者使用其他不正当手段，诱骗客户发出交易指令的；

（五）向客户提供虚假成交回报的；

（六）未将客户交易指令下达到期货交易所的；

（七）挪用客户保证金的；

（八）不按照规定在期货保证金存管银行开立保证金账户，或者违规划转客户保证金的；

（九）国务院期货监督管理机构规定的其他欺诈客户的行为。

期货公司有前款所列行为之一的，对直接负责的主管人员和其他直接责任人员给予警告，并处 1 万元以上 10 万元以下的罚款；情节严重的，暂停或者撤销任职资格、期货从业人员资格。

任何单位或者个人编造并且传播有关期货交易的虚假信息，扰乱期货交易市场的，依照本条第一款、第二款的规定处罚。

《最高人民法院关于审理期货纠纷案件若干问题的规定》（法释〔2003〕10 号　2003 年 7 月 1 日起施行）

第五十二条　期货交易所、期货公司故意提供虚假信息误导客户下单的，由此造成客户的经济损失由期货交易所、期货公司承担。

《最高人民法院关于审理期货纠纷案件若干问题的规定（二）》（法释〔2011〕1 号　2011 年 1 月 17 日起施行）

为解决相关期货纠纷案件的管辖、保全与执行等法律适用问题，根据《中华人民共和国民事诉讼法》等有关法律、行政法规的规定以及审判实践的需要，制定本规定。

第一条　以期货交易所为被告或者第三人的因期货交易所履行职责引起的商事案件，由期货交易所所在地的中级人民法院管辖。

第二条　期货交易所履行职责引起的商事案件是指：

（一）期货交易所会员及其相关人员、保证金存管银行及其相关人员、客户、其他期货市场参与者，以期货交易所违反法律法规以及国务院期货监督管理机构的规定，履行监督管理职责不当，造成其损害为由提起的商事诉讼案件；

（二）期货交易所会员及其相关人员、保证金存管银行及其相关人员、客户、其他期货市场参与者，以期货交易所违反其章程、交易规则、实施细则的规定以及业务协议的约定，履行监督管理职责不当，造成其损害为由提起的商事诉讼案件；

（三）期货交易所因履行职责引起的其他商事诉讼案件。

【适用本案由需要注意的问题】

◆根据《民事诉讼法》第23条以及《最高人民法院关于审理期货纠纷案件若干问题的规定》第4条、5条、7条的规定，期货虚假信息责任纠纷案件，由被告住所地或者合同履行地人民法院管辖；在期货公司的分公司、营业部等分支机构进行期货交易的，该分支机构为合同履行地；期货纠纷案件由中级人民法院管辖，高级人民法院根据需要可以确定部分基层人民法院受理期货纠纷案件。根据《最高人民法院关于审理期货纠纷案件若干问题的规定（二）》第1条的规定，以期货交易所为被告或者第三人的因期货交易所履行职责引起的商事案件，由期货交易所所在地的中级人民法院管辖。

◆在适用本案由时，要注意其与期货内幕交易责任纠纷的区别。（参见本书案由“312. 期货内幕交易责任纠纷”中的相关部分。）

二十六、信托纠纷

314. 民事信托纠纷

【案由解析】

民事信托是指信托事项所涉及的法律依据在民事法律范围之内的信托。民事法律范围主要包括：民法、继承法、婚姻法、劳动法等法律，信托事项涉及的法律依据在此范围之内的为民事信托。例如，涉及个人财产的管理、抵押、变卖，遗产的继承和管理等事项的信托。即为民事信托。民事信托通常以自然人为委托人、不具有营业性或不以营业为目的。民事信托纠纷是因民事信托关系产生的各种纠纷，是公民个人生活信托纠纷，主要表现为以个人财产为抚养、赡养、处理遗产等目的设立的信托。

【典型形态】

在实践中，民事信托纠纷主要有：

（1）抚养信托纠纷，是指当事人一方以个人财产为抚养目的设立信托关系而产生的纠纷。

（2）赡养信托纠纷，是指当事人一方以个人财产为赡养目的设立信托而产生的纠纷。

（3）遗产信托纠纷，是指当事人一方为处理个人遗产为目的设立信托而产生的纠纷。

【常用法律条文及索引】

《信托法》（2001 年 10 月 1 日起施行）

第二条　本法所称信托，是指委托人基于对受托人的信任，将其财产权委托给受托人，由受托人按委托人的意愿以自己的名义，为受益人的利益或者特定目的，进行管理或者处分的行为。

第三条　委托人、受托人、受益人（以下统称信托当事人）在中华人民共和国境内进行民事、营业、公益信托活动，适用本法。

第五条　信托当事人进行信托活动，必须遵守法律、行政法规，遵循自愿、公平和诚实信用原则，不得损害国家利益和社会公共利益。

第六条　设立信托，必须有合法的信托目的。

第七条　设立信托，必须有确定的信托财产，并且该信托财产必须是委托人合法所有的财产。

本法所称财产包括合法的财产权利。

第八条　设立信托，应当采取书面形式。

书面形式包括信托合同、遗嘱或者法律、行政法规规定的其他书面文件等。

采取信托合同形式设立信托的，信托合同签订时，信托成立。采取其他书面形式设立信托的，受托人承诺信托时，信托成立。

第九条　设立信托，其书面文件应当载明下列事项：

（一）信托目的；

（二）委托人、受托人的姓名或者名称、住所；

（三）受益人或者受益人范围；

（四）信托财产的范围、种类及状况；

（五）受益人取得信托利益的形式、方法。

除前款所列事项外，可以载明信托期限、信托财产的管理方法、受托人的报酬、新受托人的选任方式、信托终止事由等事项。

第十条 设立信托，对于信托财产，有关法律、行政法规规定应当办理登记手续的，应当依法办理信托登记。

未依照前款规定办理信托登记的，应当补办登记手续；不补办的，该信托不产生效力。

第十一条 有下列情形之一的，信托无效：

（一）信托目的违反法律、行政法规或者损害社会公共利益；

（二）信托财产不能确定；

（三）委托人以非法财产或者本法规定不得设立信托的财产设立信托；

（四）专以诉讼或者讨债为目的设立信托；

（五）受益人或者受益人范围不能确定；

（六）法律、行政法规规定的其他情形。

第十二条 委托人设立信托损害其债权人利益的，债权人有权申请人民法院撤销该信托。

人民法院依照前款规定撤销信托的，不影响善意受益人已经取得的信托利益。

本条第一款规定的申请权，自债权人知道或者应当知道撤销原因之日起一年内不行使的，归于消灭。

第十三条 设立遗嘱信托，应当遵守继承法关于遗嘱的规定。

遗嘱指定的人拒绝或者无能力担任受托人的，由受益人另行选任受托人；受益人为无民事行为能力人或者限制民事行为能力人的，依法由其监护人代行选任。遗嘱对选任受托人另有规定的，从其规定。

第三章 信托财产

第十四条 受托人因承诺信托而取得的财产是信托财产。

受托人因信托财产的管理运用、处分或者其他情形而取得的财产，也归入信托财产。

法律、行政法规禁止流通的财产，不得作为信托财产。

法律、行政法规限制流通的财产，依法经有关主管部门批准后，可以作为信托财产。

第十五条 信托财产与委托人未设立信托的其他财产相区别。设立信托后，委托人死亡或者依法解散、被依法撤销、被宣告破产时，委托人是唯一受益人的，信托终止，信托财产作为其遗产或者清算财产；委托人不是唯一受益人的，信托存续，信托财产不作为其遗产或者清算财产；但作为共同受益人的委托人死亡或者依法解散、被依法撤销、被宣告破产时，其信托受益权作为其遗产或者清算财产。

第十六条 信托财产与属于受托人所有的财产（以下简称固有财产）相区别，不得归入受托人的固有财产或者成为固有财产的一部分。

受托人死亡或者依法解散、被依法撤销、被宣告破产而终止，信托财产不属于其遗产或者清算财产。

第十七条 除因下列情形之一外，对信托财产不得强制执行：

（一）设立信托前债权人已对该信托财产享有优先受偿的权利，并依法行使该权利的；

（二）受托人处理信托事务所产生债务，债权人要求清偿该债务的；

（三）信托财产本身应担负的税款；

（四）法律规定的其他情形。

对于违反前款规定而强制执行信托财产，委托人、受托人或者受益人有权向人民法院提出异议。

第十八条 受托人管理运用、处分信托财产所产生的债权，不得与其固有财产产生的债务相抵销。

受托人管理运用、处分不同委托人的信托财产所产生的债权债务，不得相互抵销。

第四章 信托当事人

第一节 委托人

第十九条 委托人应当是具有完全民事行为能力的自然人、法人或者依法成立的其他组织。

第二十条 委托人有权了解其信托财产的管理运用、处分及收支情况，并有权要求受托人作出说明。

委托人有权查阅、抄录或者复制与其信托财产有关的信托账目以及处理信托事务的其他文件。

第二十一条 因设立信托时未能预见的特别事由，致使信托财产的管理方法不利于实现信托目的或者不符合受益人的利益时，委托人有权要求受托人调整该信托财产的管理方法。

第二十二条 受托人违反信托目的处分信托财产或者因违背管理职责、处理信托事务不当致使信托财产受到损失的，委托人有权申请人民法院撤销该处分行为，并有权要求受托人恢复信托财产的原状或者予以赔偿；该信托财产的受让人明知是违反信托目的而接受该财产的，应当予以返还或者予以赔偿。

前款规定的申请权，自委托人知道或者应当知道撤销原因之日起一年内不行使的，归于消灭。

第二十三条 受托人违反信托目的处分信托财产或者管理运用、处分信托财产有重大过失的，委托人有权依照信托文件的规定解任受托人，或者申请人民法院解任受托人。

第二节 受托人

第二十四条 受托人应当是具有完全民事行为能力的自然人、法人。

法律、行政法规对受托人的条件另有规定的，从其规定。

第二十五条 受托人应当遵守信托文件的规定，为受益人的最大利益处理信托事务。

受托人管理信托财产，必须恪尽职守，履行诚实、信用、谨慎、有效管理的义务。

第二十六条 受托人除依照本法规定取得报酬外，不得利用信托财产为自己谋取利益。

受托人违反前款规定，利用信托财产为自己谋取利益的，所得利益归入信托财产。

第二十七条 受托人不得将信托财产转为其固有财产。受托人将信托财产转为其固有财产的，必须恢复该信托财产的原状；造成信托财产损失的，应当承担赔偿责任。

第二十八条 受托人不得将其固有财产与信托财产进行交易或者将不同委托人的信托财产进行相互交易，但信托文件另有规定或者经委托人或者受益人同意，并以公平的市场价格进行交易的除外。

受托人违反前款规定，造成信托财产损失的，应当承担赔偿责任。

第二十九条 受托人必须将信托财产与其固有财产分别管理、分别记账，并将不同委托人的信托财产分别管理、分别记账。

第三十条 受托人应当自己处理信托事务，但信托文件另有规定或者有不得已事由的，可以委托他人代为处理。

受托人依法将信托事务委托他人代理的，应当对他人处理信托事务的行为承担责任。

第三十一条　同一信托的受托人有两个以上的，为共同受托人。

共同受托人应当共同处理信托事务，但信托文件规定对某些具体事务由受托人分别处理的，从其规定。

共同受托人共同处理信托事务，意见不一致时，按信托文件规定处理；信托文件未规定的，由委托人、受益人或者其利害关系人决定。

第三十二条　共同受托人处理信托事务对第三人所负债务，应当承担连带清偿责任。第三人对共同受托人之一所作的意思表示，对其他受托人同样有效。

共同受托人之一违反信托目的处分信托财产或者因违背管理职责、处理信托事务不当致使信托财产受到损失的，其他受托人应当承担连带赔偿责任。

第三十三条　受托人必须保存处理信托事务的完整记录。

受托人应当每年定期将信托财产的管理运用、处分及收支情况，报告委托人和受益人。

受托人对委托人、受益人以及处理信托事务的情况和资料负有依法保密的义务。

第三十四条　受托人以信托财产为限向受益人承担支付信托利益的义务。

第三十五条　受托人有权依照信托文件的约定取得报酬。信托文件未作事先约定的，经信托当事人协商同意，可以作出补充约定；未作事先约定和补充约定的，不得收取报酬。

约定的报酬经信托当事人协商同意，可以增减其数额。

第三十六条　受托人违反信托目的处分信托财产或者因违背管理职责、处理信托事务不当致使信托财产受到损失的，在未恢复信托财产的原状或者未予赔偿前，不得请求给付报酬。

第三十七条　受托人因处理信托事务所支出的费用、对第三人所负债务，以信托财产承担。受托人以其固有财产先行支付的，对信托财产享有优先受偿的权利。

受托人违背管理职责或者处理信托事务不当对第三人所负债务或者自己

所受到的损失，以其固有财产承担。

第三十八条 设立信托后，经委托人和受益人同意，受托人可以辞任。本法对公益信托的受托人辞任另有规定的，从其规定。

受托人辞任的，在新受托人选出前仍应履行管理信托事务的职责。

第三十九条 受托人有下列情形之一的，其职责终止：

（一）死亡或者被依法宣告死亡；

（二）被依法宣告为无民事行为能力人或者限制民事行为能力人；

（三）被依法撤销或者被宣告破产；

（四）依法解散或者法定资格丧失；

（五）辞任或者被解任；

（六）法律、行政法规规定的其他情形。

受托人职责终止时，其继承人或者遗产管理人、监护人、清算人应当妥善保管信托财产，协助新受托人接管信托事务。

第四十条 受托人职责终止的，依照信托文件规定选任新受托人；信托文件未规定的，由委托人选任；委托人不指定或者无能力指定的，由受益人选任；受益人为无民事行为能力人或者限制民事行为能力人的，依法由其监护人代行选任。

原受托人处理信托事务的权利和义务，由新受托人承继。

第四十一条 受托人有本法第 三十九条第一款第（三）项至第（六）项所列情形之一，职责终止的，应当作出处理信托事务的报告，并向新受托人办理信托财产和信托事务的移交手续。

前款报告经委托人或者受益人认可，原受托人就报告中所列事项解除责任。但原受托人有不正当行为的除外。

第四十二条 共同受托人之一职责终止的，信托财产由其他受托人管理和处分。

第三节 受益人

第四十三条 受益人是在信托中享有信托受益权的人。受益人可以是自然人、法人或者依法成立的其他组织。

委托人可以是受益人，也可以是同一信托的唯一受益人。

受托人可以是受益人，但不得是同一信托的唯一受益人。

第四十四条 受益人自信托生效之日起享有信托受益权。信托文件另有规定的，从其规定。

第四十五条 共同受益人按照信托文件的规定享受信托利益。信托文件对信托利益的分配比例或者分配方法未作规定的，各受益人按照均等的比例享受信托利益。

第四十六条 受益人可以放弃信托受益权。

全体受益人放弃信托受益权的，信托终止。

部分受益人放弃信托受益权的，被放弃的信托受益权按下列顺序确定归属：

（一）信托文件规定的人；

（二）其他受益人；

（三）委托人或者其继承人。

第四十七条 受益人不能清偿到期债务的，其信托受益权可以用于清偿债务，但法律、行政法规以及信托文件有限制性规定的除外。

第四十八条 受益人的信托受益权可以依法转让和继承，但信托文件有限制性规定的除外。

第四十九条 受益人可以行使本法第二十条至第二十三条规定的委托人享有的权利。受益人行使上述权利，与委托人意见不一致时，可以申请人民法院作出裁定。

受托人有本法第 二十二条第一款所列行为，共同受益人之一申请人民法院撤销该处分行为的，人民法院所作出的撤销裁定，对全体共同受益人有效。

第五章 变更与终止

第五十条 委托人是唯一受益人的，委托人或者其继承人可以解除信托。信托文件另有规定的，从其规定。

第五十一条 设立信托后，有下列情形之一的，委托人可以变更受益人或者处分受益人的信托受益权：

（一）受益人对委托人有重大侵权行为；

（二）受益人对其他共同受益人有重大侵权行为；

（三）经受益人同意；

（四）信托文件规定的其他情形。

有前款第（一）项、第（三）项、第（四）项所列情形之一的，委托人可以解除信托。

第五十二条 信托不因委托人或者受托人的死亡、丧失民事行为能力、依法解散、被依法撤销或者被宣告破产而终止，也不因受托人的辞任而终止。但本法或者信托文件另有规定的除外。

第五十三条 有下列情形之一的，信托终止：

（一）信托文件规定的终止事由发生；

（二）信托的存续违反信托目的；

（三）信托目的已经实现或者不能实现；

（四）信托当事人协商同意；

（五）信托被撤销；

（六）信托被解除。

第五十四条 信托终止的，信托财产归属于信托文件规定的人；信托文件未规定的，按下列顺序确定归属：

（一）受益人或者其继承人；

（二）委托人或者其继承人。

第五十五条 依照前条规定，信托财产的归属确定后，在该信托财产转移给权利归属人的过程中，信托视为存续，权利归属人视为受益人。

第五十六条 信托终止后，人民法院依据本法第十七条的规定对原信托财产进行强制执行的，以权利归属人为被执行人。

第五十七条 信托终止后，受托人依照本法规定行使请求给付报酬、从信托财产中获得补偿的权利时，可以留置信托财产或者对信托财产的权利归属人提出请求。

第五十八条 信托终止的，受托人应当作出处理信托事务的清算报告。受益人或者信托财产的权利归属人对清算报告无异议的，受托人就清算报告所列事项解除责任。但受托人有不正当行为的除外。

【适用本案由需要注意的问题】

◆民事信托纠纷属于合同纠纷，该类纠纷案件的管辖适用合同纠纷案件的管辖的一般原则，根据《民事诉讼法》第23条的规定，由被告住所地或者合同履行地人民法院管辖。《最高人民法院关于适用〈中华人民共和国民事诉讼法〉的解释》第18条规定："合同约定履行地点的，以约定的履行地点为合同履行地。合同对履行地点没有约定或者约定不明确，争议标的为给付货币的，接收货币一方所在地为合同履行地；交付不动产的，不动产所在地为合同履行地；其他标的，履行义务一方所在地为合同履行地。即时结清的合同，交易行为地为合同履行地。合同没有实际履行，当事人双方住所地都不在合同约定的履行地的，由被告住所地人民法院管辖。”

◆在适用本案由时，应当注意民事信托、营业信托和公益信托的不同。相对于营业信托（商事信托），民事信托属于非营业信托，是以个人财产为抚养、赡养、遗产继承等目的而设立的信托。

315. 营业信托纠纷

【案由解析】

营业信托主要是以法人（机构）为受托人，个人或者法人以财产增值为目的，委托营业性信托机构进行财产经营而设立的信托。营业信托纠纷是指信托当事人之间因营业信托关系而产生的纠纷。

《信托公司管理办法》第 16 条规定的信托公司所从事的信托业务都属于营业信托的范畴。

【典型形态】

在实践中，营业信托纠纷的典型形态主要表现为《信托公司管理办法》第 16 条规定的因资金信托、动产信托、不动产信托、有价证券信托和其他财产或财产权信托而产生的各种纠纷。

【常用法律条文及索引】

《信托法》（2001 年 10 月 1 日起施行）

参见本书案由“314. 民事信托纠纷”【常用法律条文及索引】部分。

《信托公司管理办法》（中国证券监督管理委员会令〔2007〕2 号　2007 年 3 月 1 日起施行）

第十六条　信托公司可以申请经营下列部分或者全部本外币业务：

（一）资金信托；

（二）动产信托；

（三）不动产信托；

（四）有价证券信托；

（五）其他财产或财产权信托；

（六）作为投资基金或者基金管理公司的发起人从事投资基金业务；

（七）经营企业资产的重组、购并及项目融资、公司理财、财务顾问等业务；

（八）受托经营国务院有关部门批准的证券承销业务；

（九）办理居间、咨询、资信调查等业务；

（十）代保管及保管箱业务；

（十一）法律法规规定或中国银行业监督管理委员会批准的其他业务。

第三十四条 信托公司开展信托业务，不得有下列行为：

（一）利用受托人地位谋取不当利益；

（二）将信托财产挪用于非信托目的的用途；

（三）承诺信托财产不受损失或者保证最低收益；

（四）以信托财产提供担保；

（五）法律法规和中国银行业监督管理委员会禁止的其他行为。

第三十五条 信托公司开展关联交易，应以公平的市场价格进行，逐笔向中国银行业监督管理委员会事前报告，并按照有关规定进行信息披露。

第三十六条 信托公司经营信托业务，应依照信托文件约定以手续费或者佣金的方式收取报酬，中国银行业监督管理委员会另有规定的除外。

信托公司收取报酬，应当向受益人公开，并向受益人说明收费的具体标准。

第三十七条 信托公司违反信托目的处分信托财产，或者因违背管理职责、处理信托事务不当致使信托财产受到损失的，在恢复信托财产的原状或者予以赔偿前，信托公司不得请求给付报酬。

第三十八条 信托公司因处理信托事务而支出的费用、负担的债务，以信托财产承担，但应在信托合同中列明或明确告知受益人。信托公司以其固有财产先行支付的，对信托财产享有优先受偿的权利。因信托公司违背管理职责或者管理信托事务不当所负债务及所受到的损害，以其固有财产承担。

【适用本案由需要注意的问题】

◆营业信托纠纷属于合同纠纷，该类纠纷案件的管辖适用合同纠纷案件的管辖的一般原则，根据《民事诉讼法》第23条的规定，由被告住所地或者合同行地人民法院管辖。对于以上海证券交易所和深圳证券交易所为被告或第三人的、与证券交易所监督管理相关的第一审民事信托纠纷案件的管辖，根据《最高人民法院关于对于证券交易所监管职能相关的诉讼案件的、管辖与受理问题的规定》，由上海证券交易所和深圳证券交易所所在地的中级人民法院管辖。

◆在适用本案由时，应当注意民事信托、营业信托和公益信托的不同。营业信托的委托人是以营利为目的，区别于民事信托中委托人以个人财产为抚养、赡养、遗产继承等为主要目。

316. 公益信托纠纷

【案由解析】

公益信托是委托人为了不特定的社会公众利益而设立的信托。信托当事人基于信托关系而产生的一系列纠纷称为公益信托纠纷。为《信托法》第60条规定的情形设立的信托均属于公益信托。

公益信托的特点主要有：（1）目的必须是完全为了社会公共利益。（2）受益人是不完全确定的。（3）公益信托必须取得有关主管部门批准。（4）接受社会公众和国家有关机构监督。（5）不得中途解除合同。公益信托的种类主要有：（1）公众信托，委托人为一定范围内的公众的利益而设立的信托。（2）公共机构信托，为促进公共机构的管理发展而设立的信托。可以提高公共机构的运行效率。（3）慈善性剩余信托，由捐款人设立的一种慈善信托，捐款人可将一部分信托收益用于自己及家庭的生活，剩余部分转给慈善机构。慈善性剩余信托有三种做法：慈善性剩余年金信托、慈善性剩余单一信托、共同收入基金。

【常用法律条文及索引】

《信托法》（2001年10月1日起施行）

第五十九条　公益信托适用本章规定。本章未规定的，适用本法及其他相关法律的规定。

第六十条　为了下列公共利益目的之一而设立的信托，属于公益信托：

（一）救济贫困；

（二）救助灾民；

（三）扶助残疾人；

（四）发展教育、科技、文化、艺术、体育事业；

（五）发展医疗卫生事业；

（六）发展环境保护事业，维护生态环境；

（七）发展其他社会公益事业。

第六十一条 国家鼓励发展公益信托。

第六十二条 公益信托的设立和确定其受托人，应当经有关公益事业的管理机构（以下简称公益事业管理机构）批准。

未经公益事业管理机构的批准，不得以公益信托的名义进行活动。

公益事业管理机构对于公益信托活动应当给予支持。

第六十三条 公益信托的信托财产及其收益，不得用于非公益目的。

第六十四条 公益信托应当设置信托监察人。

信托监察人由信托文件规定。信托文件未规定的，由公益事业管理机构指定。

第六十五条 信托监察人有权以自己的名义，为维护受益人的利益，提起诉讼或者实施其他法律行为。

第六十六条 公益信托的受托人未经公益事业管理机构批准，不得辞任。

第六十七条 公益事业管理机构应当检查受托人处理公益信托事务的情况及财产状况。

受托人应当至少每年一次作出信托事务处理情况及财产状况报告，经信托监察人认可后，报公益事业管理机构核准，并由受托人予以公告。

第六十八条 公益信托的受托人违反信托义务或者无能力履行其职责的，由公益事业管理机构变更受托人。

第六十九条 公益信托成立后，发生设立信托时不能预见的情形，公益事业管理机构可以根据信托目的，变更信托文件中的有关条款。

第七十条 公益信托终止的，受托人应当于终止事由发生之日起十五日内，将终止事由和终止日期报告公益事业管理机构。

第七十一条 公益信托终止的，受托人作出的处理信托事务的清算报告，应当经信托监察人认可后，报公益事业管理机构核准，并由受托人予以公告。

第七十二条 公益信托终止，没有信托财产权利归属人或者信托财产权利归属人是不特定的社会公众的，经公益事业管理机构批准，受托人应当将信托财产用于与原公益目的相近似的目的，或者将信托财产转移给具有近似目的的公益组织或者其他公益信托。

第七十三条　公益事业管理机构违反本法规定的，委托人、受托人或者受益人有权向人民法院起诉。

【适用本案由需要注意的问题】

◆公益信托纠纷属于合同纠纷，该类纠纷案件的管辖适用合同纠纷案件管辖的一般原则，根据《民事诉讼法》第23条的规定，由被告住所地或者合同行地人民法院管辖。

◆在适用本案由时，应当注意民事信托、营业信托和公益信托的不同。公益信托的最大特点在于它的公益性，不是以谋取私人利益、谋取盈利为目的的。

二十七、保险纠纷

317. 财产保险合同纠纷

（1）财产损失保险合同纠纷

（2）责任保险合同纠纷

（3）信用保险合同纠纷

（4）保证保险合同纠纷

（5）保险人代位求偿权纠纷

【案由解析】

财产保险合同是指以特定的财产或财产利益为保险标的所订立的合同。财产具体包括财产损失保险、责任保险、信用保险、保证保险等。

财产损失保险合同是指以各种有形的物质财富，也可以是无形的、与财产有关的利益为保险标的所订立的合同；责任保险合同是以被保险人的民事损害赔偿责任作为保险对象所订立的保险合同；信用保险合同是以信用风险作为保险标的的财产保险合同；保证保险合同是指保险人向被保险人提供担保而成立的保险合同；保险人的代位求偿权是指因第三者对保险标的的损害而造成保险事故的，保险人自向被保险人赔偿保险金之日起，在赔偿金额范围内代位行使被保险人对第三者请求赔偿的权利。

财产保险合同除具备一般保险合同的特征外，还有以下特点：（1）财产保险合同的标的是特定的财产或者与财产有关的利益，其保险标的既包括有形的物质财富，又包括无形的经济利益。（2）财产保险合同是一种填补损失的合同，被保险人不得获取超过实际损失的赔偿。（3）财产保险合同中约定的保险金额不得超过保险价值。

【典型形态】

在实践中，财产保险合同纠纷主要有：

（1）财产损失保险合同纠纷，是指当事人之间因以各种有形的物质财产、相关的利益及其责任为保险标的的财产损失保险合同的订立、履行等产生的各种纠纷。财产损失保险合同包括企业财产保险合同、家庭财产保险合同、运输保险合同、货物运输保险合同、农业保险合同等。

（2）责任保险合同纠纷，是指当事人之间因责任保险合同的订立、履行、终止等发生的各种纠纷。包括以下几种主要责任保险：公众责任保险，产品责任保险，雇主责任保险，职业责任保险等。

（3）信用保险合同纠纷，是指当事人之间因信用保险合同的成立、履行等发生的各种纠纷，包括商业信用保险、投资信用保险、出口信用保险。

（4）保证保险合同纠纷，是指当事人之间因保证保险合同的订立、履行等产生的各种纠纷。

（5）保险人代位求偿权纠纷，是指保险人在行使代位求偿权中所产生的各种纠纷。行使代位求偿权时应注意：保险事故必须是第三人造成的，且必须与第三人的过错存在因果关系；代位权的取得须以保险人已给付保险赔偿金为前提。

【常用法律条文及索引】

《保险法》（2015 年 4 月 24 日起施行）

第十条 保险合同是投保人与保险人约定保险权利义务关系的协议。

投保人是指与保险人订立保险合同，并按照合同约定负有支付保险费义务的人。

保险人是指与投保人订立保险合同，并按照合同约定承担赔偿或者给付保险金责任的保险公司。

第十一条 订立保险合同，应当协商一致，遵循公平原则确定各方的权利和义务。

除法律、行政法规规定必须保险的外，保险合同自愿订立。

第十七条 订立保险合同，采用保险人提供的格式条款的，保险人向投保人提供的投保单应当附格式条款，保险人应当向投保人说明合同的内容。

对保险合同中免除保险人责任的条款，保险人在订立合同时应当在投保单、保险单或者其他保险凭证上作出足以引起投保人注意的提示，并对该条款的内容以书面或者口头形式向投保人作出明确说明；未作提示或者明确说明的，该条款不产生效力。

第十八条 保险合同应当包括下列事项：

（一）保险人的名称和住所；

（二）投保人、被保险人的姓名或者名称、住所，以及人身保险的受益人的姓名或者名称、住所；

（二）保险标的；

（四）保险责任和责任免除；

（五）保险期间和保险责任开始时间；

（六）保险金额；

（七）保险费以及支付办法；

（八）保险金赔偿或者给付办法；

（九）违约责任和争议处理；

（十）订立合同的年、月、日。

投保人和保险人可以约定与保险有关的其他事项。

受益人是指人身保险合同中由被保险人或者投保人指定的享有保险金请求权的人。投保人、被保险人可以为受益人。

保险金额是指保险人承担赔偿或者给付保险金责任的最高限额。

第十九条 采用保险人提供的格式条款订立的保险合同中的下列条款无效：

（一）免除保险人依法应承担的义务或者加重投保人、被保险人责任的；

（二）排除投保人、被保险人或者受益人依法享有的权利的。

第二十条 投保人和保险人可以协商变更合同内容。

变更保险合同的，应当由保险人在保险单或者其他保险凭证上批注或者附贴批单，或者由投保人和保险人订立变更的书面协议。

第三十条 采用保险人提供的格式条款订立的保险合同，保险人与投保人、被保险人或者受益人对合同条款有争议的，应当按照通常理解予以解释。对合同条款有两种以上解释的，人民法院或者仲裁机构应当作出有利于被保险人和受益人的解释。

第四十八条 保险事故发生时，被保险人对保险标的不具有保险利益的，不得向保险人请求赔偿保险金。

第四十九条 保险标的转让的，保险标的的受让人承继被保险人的权利和义务。

保险标的转让的，被保险人或者受让人应当及时通知保险人，但货物运输保险合同和另有约定的合同除外。

因保险标的转让导致危险程度显著增加的，保险人自收到前款规定的通知之日起三十日内，可以按照合同约定增加保险费或者解除合同。保险人解除合同的，应当将已收取的保险费，按照合同约定扣除自保险责任开始之日起至合同解除之日止应收的部分后，退还投保人。

被保险人、受让人未履行本条第二款规定的通知义务的，因转让导致保险标的危险程度显著增加而发生的保险事故，保险人不承担赔偿保险金的责任。

第五十条 货物运输保险合同和运输工具航程保险合同，保险责任开始后，合同当事人不得解除合同。

第五十一条 被保险人应当遵守国家有关消防、安全、生产操作、劳动保护等方面的规定，维护保险标的的安全。

保险人可以按照合同约定对保险标的的安全状况进行检查，及时向投保人、被保险人提出消除不安全因素和隐患的书面建议。

投保人、被保险人未按照约定履行其对保险标的的安全应尽责任的，保险人有权要求增加保险费或者解除合同。

保险人为维护保险标的的安全，经被保险人同意，可以采取安全预防措施。

第五十二条 在合同有效期内，保险标的的危险程度显著增加的，被保险人应当按照合同约定及时通知保险人，保险人可以按照合同约定增加保险费或者解除合同。保险人解除合同的，应当将已收取的保险费，按照合同约定扣除自保险责任开始之日起至合同解除之日止应收的部分后，退还投保人。

被保险人未履行前款规定的通知义务的，因保险标的的危险程度显著增加而发生的保险事故，保险人不承担赔偿保险金的责任。

第五十三条 有下列情形之一的，除合同另有约定外，保险人应当降低保险费，并按日计算退还相应的保险费：

（一）据以确定保险费率的有关情况发生变化，保险标的的危险程度明显减少的；

（二）保险标的的保险价值明显减少的。

第五十四条 保险责任开始前，投保人要求解除合同的，应当按照合同约定向保险人支付手续费，保险人应当退还保险费。保险责任开始后，投保人要求解除合同的，保险人应当将已收取的保险费，按照合同约定扣除自保险责任开始之日起至合同解除之日止应收的部分后，退还投保人。

第五十五条 投保人和保险人约定保险标的的保险价值并在合同中载明的，保险标的发生损失时，以约定的保险价值为赔偿计算标准。

投保人和保险人未约定保险标的的保险价值的，保险标的发生损失时，以保险事故发生时保险标的的实际价值为赔偿计算标准。

保险金额不得超过保险价值。超过保险价值的，超过部分无效，保险人应当退还相应的保险费。

保险金额低于保险价值的，除合同另有约定外，保险人按照保险金额与保险价值的比例承担赔偿保险金的责任。

第五十六条 重复保险的投保人应当将重复保险的有关情况通知各保险人。

重复保险的各保险人赔偿保险金的总和不得超过保险价值。除合同另有约定外，各保险人按照其保险金额与保险金额总和的比例承担赔偿保险金的责任。

重复保险的投保人可以就保险金额总和超过保险价值的部分，请求各保险人按比例返还保险费。

重复保险是指投保人对同一保险标的、同一保险利益、同一保险事故分别与两个以上保险人订立保险合同，且保险金额总和超过保险价值的保险。

第五十七条 保险事故发生时，被保险人应当尽力采取必要的措施，防止或者减少损失。

保险事故发生后，被保险人为防止或者减少保险标的的损失所支付的必要的、合理的费用，由保险人承担；保险人所承担的费用数额在保险标的损失赔偿金额以外另行计算，最高不超过保险金额的数额。

第五十八条 保险标的发生部分损失的，自保险人赔偿之日起三十日内，投保人可以解除合同；除合同另有约定外，保险人也可以解除合同，但应当提前十五日通知投保人。

合同解除的，保险人应当将保险标的未受损失部分的保险费，按照合同约定扣除自保险责任开始之日起至合同解除之日止应收的部分后，退还投保人。

第五十九条 保险事故发生后，保险人已支付了全部保险金额，并且保险金额等于保险价值的，受损保险标的的全部权利归于保险人；保险金额低于保险价值的，保险人按照保险金额与保险价值的比例取得受损保险标的的部分权利。

第六十条 因第三者对保险标的的损害而造成保险事故的，保险人自向被保险人赔偿保险金之日起，在赔偿金额范围内代位行使被保险人对第三者请求赔偿的权利。

前款规定的保险事故发生后，被保险人已经从第三者取得损害赔偿的，保险人赔偿保险金时，可以相应扣减被保险人从第三者已取得的赔偿金额。

保险人依照本条第一款规定行使代位请求赔偿的权利，不影响被保险人就未取得赔偿的部分向第三者请求赔偿的权利。

第六十一条 保险事故发生后，保险人未赔偿保险金之前，被保险人放弃对第三者请求赔偿的权利的，保险人不承担赔偿保险金的责任。

保险人向被保险人赔偿保险金后，被保险人未经保险人同意放弃对第三者请求赔偿的权利的，该行为无效。

被保险人故意或者因重大过失致使保险人不能行使代位请求赔偿的权利的，保险人可以扣减或者要求返还相应的保险金。

第六十二条 除被保险人的家庭成员或者其组成人员故意造成本法第六十条第一款规定的保险事故外，保险人不得对被保险人的家庭成员或者其组成人员行使代位请求赔偿的权利。

第六十三条 保险人向第三者行使代位请求赔偿的权利时，被保险人应当向保险人提供必要的文件和所知道的有关情况。

第六十四条 保险人、被保险人为查明和确定保险事故的性质、原因和保险标的的损失程度所支付的必要的、合理的费用，由保险人承担。

第六十五条　保险人对责任保险的被保险人给第三者造成的损害，可以依照法律的规定或者合同的约定，直接向该第三者赔偿保险金。

责任保险的被保险人给第三者造成损害，被保险人对第三者应负的赔偿责任确定的，根据被保险人的请求，保险人应当直接向该第三者赔偿保险金。被保险人怠于请求的，第三者有权就其应获赔偿部分直接向保险人请求赔偿保险金。

责任保险的被保险人给第三者造成损害，被保险人未向该第三者赔偿的，保险人不得向被保险人赔偿保险金。

责任保险是指以被保险人对第三者依法应负的赔偿责任为保险标的的保险。

第六十六条　责任保险的被保险人因给第三者造成损害的保险事故而被提起仲裁或者诉讼的，被保险人支付的仲裁或者诉讼费用以及其他必要的、合理的费用，除合同另有约定外，由保险人承担。

《最高人民法院关于适用〈中华人民共和国保险法〉若干问题的解释(一)》（法释〔2009〕12号　2009年10月1日起施行）

第一条　保险法施行后成立的保险合同发生的纠纷，适用保险法的规定。保险法施行前成立的保险合同发生的纠纷，除本解释另有规定外，适用当时的法律规定；当时的法律没有规定的，参照适用保险法的有关规定。

认定保险合同是否成立，适用合同订立时的法律。

第二条　对于保险法施行前成立的保险合同，适用当时的法律认定无效而适用保险法认定有效的，适用保险法的规定。

第三条　保险合同成立于保险法施行前而保险标的转让、保险事故、理赔、代位求偿等行为或事件，发生于保险法施行后的，适用保险法的规定。

第四条　保险合同成立于保险法施行前，保险法施行后，保险人以投保人未履行如实告知义务或者申报被保险人年龄不真实为由，主张解除合同的，适用保险法的规定。

第五条　保险法施行前成立的保险合同，下列情形下的期间自2009年10月1日起计算：

（一）保险法施行前，保险人收到赔偿或者给付保险金的请求，保险法施行后，适用保险法第二十三条规定的三十日的；

（二）保险法施行前，保险人知道解除事由，保险法施行后，按照保险法第十六条、第三十二条的规定行使解除权，适用保险法第十六条规定的三十日的；

（三）保险法施行后，保险人按照保险法第十六条第二款的规定请求解除合同，适用保险法第十六条规定的二年的；

（四）保险法施行前，保险人收到保险标的转让通知，保险法施行后，以保险标的转让导致危险程度显著增加为由请求按照合同约定增加保险费或者解除合同，适用保险法第四十九条规定的三十日的。

第六条 保险法施行前已经终审的案件，当事人申请再审或者按照审判监督程序提起再审的案件，不适用保险法的规定。

《最高人民法院关于适用〈中华人民共和国保险法〉若干问题的解释（二）》（法释〔2013〕14号 2013年6月8日起施行）

第一条 财产保险中，不同投保人就同一保险标的分别投保，保险事故发生后，被保险人在其保险利益范围内依据保险合同主张保险赔偿的，人民法院应予支持。

第三条 投保人或者投保人的代理人订立保险合同时没有亲自签字或者盖章，而由保险人或者保险人的代理人代为签字或者盖章的，对投保人不生效。但投保人已经交纳保险费的，视为其对代签字或者盖章行为的追认。

保险人或者保险人的代理人代为填写保险单证后经投保人签字或者盖章确认的，代为填写的内容视为投保人的真实意思表示。但有证据证明保险人或者保险人的代理人存在保险法第一百一十六条、第一百三十一条相关规定情形的除外。

第四条 保险人接受了投保人提交的投保单并收取了保险费，尚未作出是否承保的意思表示，发生保险事故，被保险人或者受益人请求保险人按照保险合同承担赔偿或者给付保险金责任，符合承保条件的，人民法院应予支持；不符合承保条件的，保险人不承担保险责任，但应当退还已经收取的保险费。

保险人主张不符合承保条件的，应承担举证责任。

第五条 保险合同订立时，投保人明知的与保险标的或者被保险人有关的情况，属于保险法第十六条第一款规定的投保人“应当如实告知”的内容。

第六条 投保人的告知义务限于保险人询问的范围和内容。当事人对询问范围及内容有争议的，保险人负举证责任。

保险人以投保人违反了对投保单询问表中所列概括性条款的如实告知义

务为由请求解除合同的，人民法院不予支持。但该概括性条款有具体内容的除外。

第七条　保险人在保险合同成立后知道或者应当知道投保人未履行如实告知义务，仍然收取保险费，又依照保险法第十六条第二款的规定主张解除合同的，人民法院不予支持。

第八条　保险人未行使合同解除权，直接以存在保险法第十六条第四款、第五款规定的情形为由拒绝赔偿的，人民法院不予支持。但当事人就拒绝赔偿事宜及保险合同存续另行达成一致的情况除外。

第九条　保险人提供的格式合同文本中的责任免除条款、免赔额、免赔率、比例赔付或者给付等免除或者减轻保险人责任的条款，可以认定为保险法第十七条第二款规定的“免除保险人责任的条款”。

保险人因投保人、被保险人违反法定或者约定义务，享有解除合同权利的条款，不属于保险法第十七条第二款规定的“免除保险人责任的条款”。

第十条　保险人将法律、行政法规中的禁止性规定情形作为保险合同免责条款的免责事由，保险人对该条款作出提示后，投保人、被保险人或者受益人以保险人未履行明确说明义务为由主张该条款不生效的，人民法院不予支持。

第十一条　保险合同订立时，保险人在投保单或者保险单等其他保险凭证上，对保险合同中免除保险人责任的条款，以足以引起投保人注意的文字、字体、符号或者其他明显标志作出提示的，人民法院应当认定其履行了保险法第十七条第二款规定的提示义务。

保险人对保险合同中有关免除保险人责任条款的概念、内容及其法律后果以书面或者口头形式向投保人作出常人能够理解的解释说明的，人民法院应当认定保险人履行了保险法第十七条第二款规定的明确说明义务。

第十二条　通过网络、电话等方式订立的保险合同，保险人以网页、音频、视频等形式对免除保险人责任条款予以提示和明确说明的，人民法院可以认定其履行了提示和明确说明义务。

第十三条　保险人对其履行了明确说明义务负举证责任。

投保人对保险人履行了符合本解释第十一条第二款要求的明确说明义务在相关文书上签字、盖章或者以其他形式予以确认的，应当认定保险人履行了该项义务。但另有证据证明保险人未履行明确说明义务的除外。

第十四条　保险合同中记载的内容不一致的，按照下列规则认定：

（一）投保单与保险单或者其他保险凭证不一致的，以投保单为准。但不一致的情形系经保险人说明并经投保人同意的，以投保人签收的保险单或者其他保险凭证载明的内容为准；

（二）非格式条款与格式条款不一致的，以非格式条款为准；

（三）保险凭证记载的时间不同的，以形成时间在后的为准；

（四）保险凭证存在手写和打印两种方式的，以双方签字、盖章的手写部分的内容为准。

第十五条 保险法第二十三条规定的三十日核定期间，应自保险人初次收到索赔请求及投保人、被保险人或者受益人提供的有关证明和资料之日起算。

保险人主张扣除投保人、被保险人或者受益人补充提供有关证明和资料期间的，人民法院应予支持。扣除期间自保险人根据保险法第二十二条规定作出的通知到达投保人、被保险人或者受益人之日起，至投保人、被保险人或者受益人按照通知要求补充提供的有关证明和资料到达保险人之日止。

第十六条 保险人应以自己的名义行使保险代位求偿权。

根据保险法第六十条第一款的规定，保险人代位求偿权的诉讼时效期间应自其取得代位求偿权之日起算。

第十七条 保险人在其提供的保险合同格式条款中对非保险术语所作的解释符合专业意义，或者虽不符合专业意义，但有利于投保人、被保险人或者受益人的，人民法院应予认可。

第十八条 行政管理部门依据法律规定制作的交通事故认定书、火灾事故认定书等，人民法院应当依法审查并确认其相应的证明力，但有相反证据能够推翻的除外。

第十九条 保险事故发生后，被保险人或者受益人起诉保险人，保险人以被保险人或者受益人未要求第三者承担责任为由抗辩不承担保险责任的，人民法院不予支持。

财产保险事故发生后，被保险人就其所受损失从第三者取得赔偿后的不足部分提起诉讼，请求保险人赔偿的，人民法院应予依法受理。

第二十条 保险公司依法设立并取得营业执照的分支机构属于《中华人民共和国民事诉讼法》第四十八条规定的其他组织，可以作为保险合同纠纷案件的当事人参加诉讼。

第二十一条 本解释施行后尚未终审的保险合同纠纷案件，适用本解释；本解释施行前已经终审，当事人申请再审或者按照审判监督程序决定再审的案件，不适用本解释。

【适用本案由需要注意的问题】

◆根据《民事诉讼法》第24条的规定，因保险合同纠纷提起的诉讼，由被告住所地或者保险标的物所在地人民法院管辖。根据《最高人民法院关于适用〈中华人民共和国民事诉讼法〉的解释》第21条的规定，因财产保险合同纠纷提起的诉讼，如果保险标的物是运输工具或者运输中的货物，可以由运输工具登记注册地、运输目的地、保险事故发生地人民法院管辖。

318. 人身保险合同纠纷

（1）人寿保险合同纠纷

（2）意外伤害保险合同纠纷

（3）健康保险合同纠纷

【案由解析】

人身保险合同是指以人的寿命和身体为保险标的的保险合同。根据所保障的风险不同，可将其分为人寿保险合同、意外伤害保险合同、健康保险合同等类型。

人寿保险合同是以被保险人的寿命为保险标的的保险合同，其基本种类有死亡保险合同、生存保险合同、生死两全保险合同、简易人身保险和年金保险等。

意外伤害保险合同（伤害保险合同）是以被保险人遭受意外伤害及由此致残或死亡为保险标的的人身保险合同。伤害保险可分为：普通伤害保险，团体伤害保险，旅行伤害保险，交通事故伤害保险，职业伤害保险等。

健康保险合同（又称疾病保险合同），是指以被保险人患病、分娩及因此而引发的疾病或死亡为保险标的的保险合同。健康保险包括医疗费给付保险、工资收入保险、业务所得保险以及残疾、死亡保险等。

【典型形态】

在实践中，人身保险合同纠纷的典型形态主要有：

（1）人寿保险合同纠纷，是指当事人之间因人寿保险合同的订立、履行等产生的各种纠纷。

（2）意外伤害保险合同纠纷，是指当事人之间因意外伤害保险合同的订立、履行、终止等发生的各种纠纷。

（3）健康保险合同纠纷，是指当事人之间因健康保险合同的成立、履行等发生的各种纠纷。

【常用法律条文及索引】

《保险法》（2015 年 4 月 24 日起施行）

第三十一条 投保人对下列人员具有保险利益：

（一）本人；

（二）配偶、子女、父母；

（三）前项以外与投保人有抚养、赡养或者扶养关系的家庭其他成员、近亲属；

（四）与投保人有劳动关系的劳动者。

除前款规定外，被保险人同意投保人为其订立合同的，视为投保人对被保险人具有保险利益。

订立合同时，投保人对被保险人不具有保险利益的，合同无效。

第三十二条 投保人申报的被保险人年龄不真实，并且其真实年龄不符合合同约定的年龄限制的，保险人可以解除合同，并按照合同约定退还保险单的现金价值。保险人行使合同解除权，适用本法第十六条第三款、第六款的规定。

投保人申报的被保险人年龄不真实，致使投保人支付的保险费少于应付保险费的，保险人有权更正并要求投保人补交保险费，或者在给付保险金时按照实付保险费与应付保险费的比例支付。

投保人申报的被保险人年龄不真实，致使投保人支付的保险费多于应付保险费的，保险人应当将多收的保险费退还投保人。

第三十三条 投保人不得为无民事行为能力人投保以死亡为给付保险金条件的人身保险，保险人也不得承保。

父母为其未成年子女投保的人身保险，不受前款规定限制。但是，因被保险人死亡给付的保险金总和不得超过国务院保险监督管理机构规定的限额。

第三十四条　以死亡为给付保险金条件的合同，未经被保险人同意并认可保险金额的，合同无效。

按照以死亡为给付保险金条件的合同所签发的保险单，未经被保险人书面同意，不得转让或者质押。

父母为其未成年子女投保的人身保险，不受本条第一款规定限制。

第三十五条　投保人可以按照合同约定向保险人一次支付全部保险费或者分期支付保险费。

第三十六条　合同约定分期支付保险费，投保人支付首期保险费后，除合同另有约定外，投保人自保险人催告之日起超过三十日未支付当期保险费，或者超过约定的期限六十日未支付当期保险费的，合同效力中止，或者由保险人按照合同约定的条件减少保险金额。

被保险人在前款规定期限内发生保险事故的，保险人应当按照合同约定给付保险金，但可以扣减欠交的保险费。

第三十七条　合同效力依照本法第三十六条规定中止的，经保险人与投保人协商并达成协议，在投保人补交保险费后，合同效力恢复。但是，自合同效力中止之日起满二年双方未达成协议的，保险人有权解除合同。

保险人依照前款规定解除合同的，应当按照合同约定退还保险单的现金价值。

第三十八条　保险人对人寿保险的保险费，不得用诉讼方式要求投保人支付。

第三十九条　人身保险的受益人由被保险人或者投保人指定。

投保人指定受益人时须经被保险人同意。投保人为与其有劳动关系的劳动者投保人身保险，不得指定被保险人及其近亲属以外的人为受益人。

被保险人为无民事行为能力人或者限制民事行为能力人的，可以由其监护人指定受益人。

第四十条　被保险人或者投保人可以指定一人或者数人为受益人。

受益人为数人的，被保险人或者投保人可以确定受益顺序和受益份额；未确定受益份额的，受益人按照相等份额享有受益权。

第四十一条　被保险人或者投保人可以变更受益人并书面通知保险人。保险人收到变更受益人的书面通知后，应当在保险单或者其他保险凭证上批注或者附贴批单。

投保人变更受益人时须经被保险人同意。

第四十二条 被保险人死亡后，有下列情形之一的，保险金作为被保险人的遗产，由保险人依照《中华人民共和国继承法》的规定履行给付保险金的义务：

（一）没有指定受益人，或者受益人指定不明无法确定的；

（二）受益人先于被保险人死亡，没有其他受益人的；

（三）受益人依法丧失受益权或者放弃受益权，没有其他受益人的。

受益人与被保险人在同一事件中死亡，且不能确定死亡先后顺序的，推定受益人死亡在先。

第四十三条 投保人故意造成被保险人死亡、伤残或者疾病的，保险人不承担给付保险金的责任。投保人已交足二年以上保险费的，保险人应当按照合同约定向其他权利人退还保险单的现金价值。

受益人故意造成被保险人死亡、伤残、疾病的，或者故意杀害被保险人未遂的，该受益人丧失受益权。

第四十四条 以被保险人死亡为给付保险金条件的合同，自合同成立或者合同效力恢复之日起二年内，被保险人自杀的，保险人不承担给付保险金的责任，但被保险人自杀时为无民事行为能力人的除外。

保险人依照前款规定不承担给付保险金责任的，应当按照合同约定退还保险单的现金价值。

第四十五条 因被保险人故意犯罪或者抗拒依法采取的刑事强制措施导致其伤残或者死亡的，保险人不承担给付保险金的责任。投保人已交足二年以上保险费的，保险人应当按照合同约定退还保险单的现金价值。

第四十六条 被保险人因第三者的行为而发生死亡、伤残或者疾病等保险事故的，保险人向被保险人或者受益人给付保险金后，不享有向第三者追偿的权利，但被保险人或者受益人仍有权向第三者请求赔偿。

第四十七条 投保人解除合同的，保险人应当自收到解除合同通知之日起三十日内，按照合同约定退还保险单的现金价值。

《最高人民法院关于适用〈中华人民共和国保险法〉若干问题的解释（二）》（法释〔2013〕14号 2013年6月8日起施行）

第二条 人身保险中，因投保人对被保险人不具有保险利益导致保险合同无效，投保人主张保险人退还扣减相应手续费后的保险费的，人民法院应予支持。

《最高人民法院关于适用〈中华人民共和国保险法〉若干问题的解释（三）》（法释〔2015〕21号　2015年12月1日起施行）

第一条　当事人订立以死亡为给付保险金条件的合同，根据保险法第三十四条的规定，“被保险人同意并认可保险金额”可以采取书面形式、口头形式或者其他形式；可以在合同订立时作出，也可以在合同订立后追认。

有下列情形之一的，应认定为被保险人同意投保人为其订立保险合同并认可保险金额：

（一）被保险人明知他人代其签名同意而未表示异议的；

（二）被保险人同意投保人指定的受益人的；

（三）有证据足以认定被保险人同意投保人为其投保的其他情形。

第二条　被保险人以书面形式通知保险人和投保人撤销其依据保险法第三十四条第一款规定所作出的同意意思表示的，可认定为保险合同解除。

第三条　人民法院审理人身保险合同纠纷案件时，应主动审查投保人订立保险合同时是否具有保险利益，以及以死亡为给付保险金条件的合同是否经过被保险人同意并认可保险金额。

第四条　保险合同订立后，因投保人丧失对被保险人的保险利益，当事人主张保险合同无效的，人民法院不予支持。

第五条　保险合同订立时，被保险人根据保险人的要求在指定医疗服务机构进行体检，当事人主张投保人如实告知义务免除的，人民法院不予支持。

保险人知道被保险人的体检结果，仍以投保人未就相关情况履行如实告知义务为由要求解除合同的，人民法院不予支持。

第六条　未成年人父母之外的其他履行监护职责的人为未成年人订立以死亡为给付保险金条件的合同，当事人主张参照保险法第三十三条第二款、第三十四条第三款的规定认定该合同有效的，人民法院不予支持，但经未成年人父母同意的除外。

第七条　当事人以被保险人、受益人或者他人已经代为支付保险费为由，主张投保人对应的交费义务已经履行的，人民法院应予支持。

第八条　保险合同效力依照保险法第三十六条规定中止，投保人提出恢复效力申请并同意补交保险费的，除被保险人的危险程度在中止期间显著增加外，保险人拒绝恢复效力的，人民法院不予支持。

保险人在收到恢复效力申请后，三十日内未明确拒绝的，应认定为同意恢复效力。

保险合同自投保人补交保险费之日恢复效力。保险人要求投保人补交相应利息的，人民法院应予支持。

第九条 投保人指定受益人未经被保险人同意的，人民法院应认定指定行为无效。

当事人对保险合同约定的受益人存在争议，除投保人、被保险人在保险合同之外另有约定外，按以下情形分别处理：

（一）受益人约定为“法定”或者“法定继承人”的，以继承法规定的法定继承人为受益人；

（二）受益人仅约定为身份关系，投保人与被保险人为同一主体的，根据保险事故发生时与被保险人的身份关系确定受益人；投保人与被保险人为不同主体的，根据保险合同成立时与被保险人的身份关系确定受益人；

（三）受益人的约定包括姓名和身份关系，保险事故发生时身份关系发生变化的，认定为未指定受益人。

第十条 投保人或者被保险人变更受益人，当事人主张变更行为自变更意思表示发出时生效的，人民法院应予支持。

投保人或者被保险人变更受益人未通知保险人，保险人主张变更对其不发生效力的，人民法院应予支持。

投保人变更受益人未经被保险人同意，人民法院应认定变更行为无效。

第十一条 投保人或者被保险人在保险事故发生后变更受益人，变更后的受益人请求保险人给付保险金的，人民法院不予支持。

第十二条 投保人或者被保险人指定数人为受益人，部分受益人在保险事故发生前死亡、放弃受益权或者依法丧失受益权的，该受益人应得的受益份额按照保险合同的约定处理；保险合同没有约定或者约定不明的，该受益人应得的受益份额按照以下情形分别处理：

（一）未约定受益顺序及受益份额的，由其他受益人平均享有；

（二）未约定受益顺序但约定受益份额的，由其他受益人按照相应比例享有；

（三）约定受益顺序但未约定受益份额的，由同顺序的其他受益人平均享有；同一顺序没有其他受益人的，由后一顺序的受益人平均享有；

（四）约定受益顺序和受益份额的，由同顺序的其他受益人按照相应比例享有；同一顺序没有其他受益人的，由后一顺序的受益人按照相应比例享有。

第十三条　保险事故发生后，受益人将与本次保险事故相对应的全部或者部分保险金请求权转让给第三人，当事人主张该转让行为有效的，人民法院应予支持，但根据合同性质、当事人约定或者法律规定不得转让的除外。

第十四条　保险金根据保险法第四十二条规定作为被保险人遗产，被保险人的继承人要求保险人给付保险金，保险人以其已向持有保险单的被保险人的其他继承人给付保险金为由抗辩的，人民法院应予支持。

第十五条　受益人与被保险人存在继承关系，在同一事件中死亡且不能确定死亡先后顺序的，人民法院应依据保险法第四十二条第二款的规定推定受益人死亡在先，并按照保险法及本解释的相关规定确定保险金归属。

第十六条　保险合同解除时，投保人与被保险人、受益人为不同主体，被保险人或者受益人要求退还保险单的现金价值的，人民法院不予支持，但保险合同另有约定的除外。

投保人故意造成被保险人死亡、伤残或者疾病，保险人依照保险法第四十三条规定退还保险单的现金价值的，其他权利人按照被保险人、被保险人的继承人的顺序确定。

第十七条　投保人解除保险合同，当事人以其解除合同未经被保险人或者受益人同意为由主张解除行为无效的，人民法院不予支持，但被保险人或者受益人已向投保人支付相当于保险单现金价值的款项并通知保险人的除外。

第十八条　保险人给付费用补偿型的医疗费用保险金时，主张扣减被保险人从公费医疗或者社会医疗保险取得的赔偿金额的，应当证明该保险产品在厘定医疗费用保险费率时已经将公费医疗或者社会医疗保险部分相应扣除，并按照扣减后的标准收取保险费。

第十九条　保险合同约定按照基本医疗保险的标准核定医疗费用，保险人以被保险人的医疗支出超出基本医疗保险范围为由拒绝给付保险金的，人民法院不予支持；保险人有证据证明被保险人支出的费用超过基本医疗保险同类医疗费用标准，要求对超出部分拒绝给付保险金的，人民法院应予支持。

第二十条　保险人以被保险人未在保险合同约定的医疗服务机构接受治疗为由拒绝给付保险金的，人民法院应予支持，但被保险人因情况紧急必须立即就医的除外。

第二十一条 保险人以被保险人自杀为由拒绝给付保险金的，由保险人承担举证责任。

受益人或者被保险人的继承人以被保险人自杀时无民事行为能力为由抗辩的，由其承担举证责任。

第二十二条 保险法第四十五条规定的“被保险人故意犯罪”的认定，应当以刑事侦查机关、检察机关和审判机关的生效法律文书或者其他结论性意见为依据。

第二十三条 保险人主张根据保险法第四十五条的规定不承担给付保险金责任的，应当证明被保险人的死亡、伤残结果与其实施的故意犯罪或者抗拒依法采取的刑事强制措施的行为之间存在因果关系。

被保险人在羁押、服刑期间因意外或者疾病造成伤残或者死亡，保险人主张根据保险法第四十五条的规定不承担给付保险金责任的，人民法院不予支持。

第二十四条 投保人为被保险人订立以死亡为给付保险金条件的保险合同，被保险人被宣告死亡后，当事人要求保险人按照保险合同约定给付保险金的，人民法院应予支持。

被保险人被宣告死亡之日在保险责任期间之外，但有证据证明下落不明之日在保险责任期间之内，当事人要求保险人按照保险合同约定给付保险金的，人民法院应予支持。

第二十五条 被保险人的损失系由承保事故或者非承保事故、免责事由造成难以确定，当事人请求保险人给付保险金的，人民法院可以按照相应比例予以支持。

第二十六条 本解释自2015年12月1日起施行。本解释施行后尚未终审的保险合同纠纷案件，适用本解释；本解释施行前已经终审，当事人申请再审或者按照审判监督程序决定再审的案件，不适用本解释。

【适用本案由需要注意的问题】

◆根据《民事诉讼法》第24条的规定，因保险合同纠纷提起的诉讼，由被告住所地或者保险标的物所在地人民法院管辖。

◆根据《最高人民法院关于适用〈中华人民共和国民事诉讼法〉的解释》第21条的规定，因人身保险合同纠纷提起的诉讼，可以由被保险人住所地人民法院管辖。

319. 再保险合同纠纷

【案由解析】

再保险合同是指一个保险人（再保险分出人）分出一定的保费给另一个保险人（再保险接受人），再保险接受人对再保险分出人因原保险合同引起的赔付成本及其他相关费用进行补偿的保险合同。因此类保险合同的订立、履行、终止等发生的各种纠纷，称为再保险合同纠纷。

再保险合同具有以下的特点：（1）再保险合同的主体都是保险人。（2）再保险的保险标的是承保的保险业务。（3）再保险合同的直接目的是分摊原保险人的承担责任。

【常用法律条文及索引】

《保险法》（2015 年 4 月 24 日起施行）

第二十八条　保险人将其承担的保险业务，以分保形式部分转移给其他保险人的，为再保险。

应再保险接受人的要求，再保险分出人应当将其自负责任及原保险的有关情况书面告知再保险接受人。

第二十九条　再保险接受人不得向原保险的投保人要求支付保险费。

原保险的被保险人或者受益人不得向再保险接受人提出赔偿或者给付保险金的请求。

再保险分出人不得以再保险接受人未履行再保险责任为由，拒绝履行或者迟延履行其原保险责任。

《再保险业务管理规定》（中国保险监督管理委员会令 2010 年第 8 号 2010 年 7 月 1 日起施行）

第五条　保险人、保险联合体和保险经纪人办理再保险业务，应当遵循审慎和最大诚信原则。

第六条　再保险分出人、再保险接受人和保险经纪人，对在办理再保险业务中知悉的商业秘密，应当负有保密义务。

第九条　再保险业务分为寿险再保险和非寿险再保险。保险人对寿险再保险和非寿险再保险应当单独列账、分别核算。

第十条 保险人应当依照《保险法》规定，确定当年总自留保险费和每一危险单位自留责任；超过的部分，应当办理再保险。

第十五条 再保险分出人应当将影响再保险定价和分保条件的重要信息向再保险接受人书面告知。再保险合同成立后，再保险分出人应及时向再保险接受人提供重大赔案信息、赔款准备金等对再保险接受人的准备金建立及预期赔付有重大影响的信息。

第十六条 保险人和保险经纪人可以利用金融工具开发设计新型风险转移产品。保险人应当按照有关规定向中国保监会报告。

第十七条 中国境内的专业再保险接受人，应当配备在中国境内有住所的专职再保险核保人和再保险核赔人。

第三十四条 保险公司、保险经纪人违反本规定办理再保险分出业务的，由中国保监会责令改正，并处以5万元以上30万元以下罚款；情节严重的，可以限制业务范围、责令停止接受新业务或者吊销经营保险业务许可证。

对未按照本规定办理再保险的行为负直接责任的主管人员和其他直接责任人员给予警告，并处1万元以上10万元以下的罚款；情节严重的，撤销任职资格或从业资格；并可以禁止有关责任人员一定期限直至终身进入保险业。

【适用本案由需要注意的问题】

◆根据《民事诉讼法》第24条的规定，因保险合同纠纷提起的诉讼，由被告住所地或者保险标的物所在地人民法院管辖。根据《最高人民法院关于适用〈中华人民共和国民事诉讼法〉的解释》第21条的规定，因财产保险合同纠纷提起的诉讼，如果保险标的物是运输工具或者运输中的货物，可以由运输工具登记注册地、运输目的地、保险事故发生地人民法院管辖。

◆再保险合同中的再保险分出人不得以再保险人不履行为由，拒绝或延迟履行其对原被保险人的给付义务。

320. 保险经纪合同纠纷

【案由解析】

保险经纪合同是指保险经纪人与投保人订立的基于投保人的利益，为投保人与保险人订立保险合同提供中介服务，并依法收取佣金的合同。因保险经纪合同的成立、履行、终止等发生的各种纠纷称为保险经纪合同纠纷。

保险经纪人所从事的业务包括保险代理业务、保险居间业务和保险咨询业务。

【典型形态】

在实践中，保险经纪合同纠纷的典型形态主要有：

（1）保险委托合同纠纷，是指保险经纪人接受保险人或投保人的委托为其订立保险合同而订立的保险委托合同产生的各种纠纷；

（2）保险咨询合同纠纷，是指保险经纪人接受保险人或投保人的委托为其订立保险合同而订立的保险咨询合同产生的各种纠纷；

（3）保险居间合同纠纷，是指保险经纪人接受保险人或投保人的委托为其订立保险合同而订立的保险居间合同产生的各种纠纷。

【常用法律条文及索引】

《保险法》（2015 年 4 月 24 日起施行）

第一百一十八条　保险经纪人是基于投保人的利益，为投保人与保险人订立保险合同提供中介服务，并依法收取佣金的机构。

第一百一十九条　保险代理机构、保险经纪人应当具备国务院保险监督管理机构规定的条件，取得保险监督管理机构颁发的经营保险代理业务许可证、保险经纪业务许可证。

第一百二十条　以公司形式设立保险专业代理机构、保险经纪人，其注册资本最低限额适用《中华人民共和国公司法》的规定。

国务院保险监督管理机构根据保险专业代理机构、保险经纪人的业务范围和经营规模，可以调整其注册资本的最低限额，但不得低于《中华人民共和国公司法》规定的限额。

保险专业代理机构、保险经纪人的注册资本或者出资额必须为实缴货币资本。

第一百二十一条　保险专业代理机构、保险经纪人的高级管理人员，应当品行良好，熟悉保险法律、行政法规，具有履行职责所需的经营管理能力，并在任职前取得保险监督管理机构核准的任职资格。

第一百二十二条　个人保险代理人、保险代理机构的代理从业人员、保险经纪人的经纪从业人员，应当品行良好，具有从事保险代理业务或者保险经纪业务所需的专业能力。

第一百二十三条 保险代理机构、保险经纪人应当有自己的经营场所，设立专门账簿记载保险代理业务、经纪业务的收支情况。

第一百二十四条 保险代理机构、保险经纪人应当按照国务院保险监督管理机构的规定缴存保证金或者投保职业责任保险。

第一百二十五条 个人保险代理人在代为办理人寿保险业务时，不得同时接受两个以上保险人的委托。

第一百二十六条 保险人委托保险代理人代为办理保险业务，应当与保险代理人签订委托代理协议，依法约定双方的权利和义务。

第一百二十七条 保险代理人根据保险人的授权代为办理保险业务的行为，由保险人承担责任。

保险代理人没有代理权、超越代理权或者代理权终止后以保险人名义订立合同，使投保人有理由相信其有代理权的，该代理行为有效。保险人可以依法追究越权的保险代理人的责任。

第一百二十八条 保险经纪人因过错给投保人、被保险人造成损失的，依法承担赔偿责任。

第一百二十九条 保险活动当事人可以委托保险公估机构等依法设立的独立评估机构或者具有相关专业知识的人员，对保险事故进行评估和鉴定。

接受委托对保险事故进行评估和鉴定的机构和人员，应当依法、独立、客观、公正地进行评估和鉴定，任何单位和个人不得干涉。

前款规定的机构和人员，因故意或者过失给保险人或者被保险人造成损失的，依法承担赔偿责任。

第一百三十条 保险佣金只限于向保险代理人、保险经纪人支付，不得向其他人支付。

第一百三十一条 保险代理人、保险经纪人及其从业人员在办理保险业务活动中不得有下列行为：

（一）欺骗保险人、投保人、被保险人或者受益人；

（二）隐瞒与保险合同有关的重要情况；

（三）阻碍投保人履行本法规定的如实告知义务，或者诱导其不履行本法规定的如实告知义务；

（四）给予或者承诺给予投保人、被保险人或者受益人保险合同约定以外的利益；

（五）利用行政权力、职务或者职业便利以及其他不正当手段强迫、引诱或者限制投保人订立保险合同；

（六）伪造、擅自变更保险合同，或者为保险合同当事人提供虚假证明材料；

（七）挪用、截留、侵占保险费或者保险金；

（八）利用业务便利为其他机构或者个人牟取不正当利益；

（九）串通投保人、被保险人或者受益人，骗取保险金；

（十）泄露在业务活动中知悉的保险人、投保人、被保险人的商业秘密。

第一百三十二条　本法第八十六条第一款、第一百一十三条的规定，适用于保险代理机构和保险经纪人。

第八十六条第一款　保险公司应当按照保险监督管理机构的规定，报送有关报告、报表、文件和资料。

第一百一十三条　保险公司及其分支机构应当依法使用经营保险业务许可证，不得转让、出租、出借经营保险业务许可证。

【适用本案由需要注意的问题】

◆根据《民事诉讼法》第24条的规定，因保险合同纠纷提起的诉讼，由被告住所地或者保险标的物所在地人民法院管辖。根据《最高人民法院关于适用〈中华人民共和国民事诉讼法〉的解释》第21条的规定，因保险合同纠纷提起的诉讼，如果保险标的物是运输工具或者运输中的货物，由被告住所地或者运输工具登记注册地、运输目的地、保险事故发生地的人民法院管辖。

◆在适用本案由时要注意与“保险代理合同纠纷”案由的区别，保险经纪合同的主体是保险经纪人和投保人，而保险代理合同的主体是保险代理人和保险人。

321．保险代理合同纠纷

【案由解析】

保险代理合同是指保险代理人向保险人收取代理手续费，并在保险人授权的范围内代其办理保险业务的合同。因保险代理合同的成立、履行、终止等产生的各种纠纷称为保险代理合同纠纷。

保险代理人按所代理的险种不同可以分为产险代理人和寿险代理人。产险代理人是从事办理财产保险业务的保险代理人，寿险代理人是从事办理人身保险业务的保险代理人。

【典型形态】

在实践中，保险代理合同纠纷的典型形态主要有：

（1）财产险代理合同纠纷，是指财产险代理人与保险人因财产险代理合同的订立、履行、终止等产生的各种纠纷。

（2）寿险代理合同纠纷，是指寿险代理人与保险人因寿险代理合同的订立、履行、终止等产生的各种纠纷。

【常用法律条文及索引】

《保险法》（2015 年 4 月 24 日起施行）

第一百一十七条 保险代理人是根据保险人的委托，向保险人收取佣金，并在保险人授权的范围内代为办理保险业务的机构或者个人。

保险代理机构包括专门从事保险代理业务的保险专业代理机构和兼营保险代理业务的保险兼业代理机构。

《民法总则》（2017 年 10 月 1 日起施行）

第七章 代 理

第一节 一般规定

第一百六十一条 民事主体可以通过代理人实施民事法律行为。

依照法律规定、当事人约定或者民事法律行为的性质，应当由本人亲自实施的民事法律行为，不得代理。

第一百六十二条 代理人在代理权限内，以被代理人名义实施的民事法律行为，对被代理人发生效力。

第一百六十三条 代理包括委托代理和法定代理。

委托代理人按照被代理人的委托行使代理权。法定代理人依照法律的规定行使代理权。

第一百六十四条 代理人不履行或者不完全履行职责，造成被代理人损害的，应当承担民事责任。

代理人和相对人恶意串通，损害被代理人合法权益的，代理人和相对人应当承担连带责任。

第二节　委托代理

第一百六十五条　委托代理授权采用书面形式的，授权委托书应当载明代理人的姓名或者名称、代理事项、权限和期间，并由被代理人签名或者盖章。

第一百六十六条　数人为同一代理事项的代理人的，应当共同行使代理权，但是当事人另有约定的除外。

第一百六十七条　代理人知道或者应当知道代理事项违法仍然实施代理行为，或者被代理人知道或者应当知道代理人的代理行为违法未作反对表示的，被代理人和代理人应当承担连带责任。

第一百六十八条　代理人不得以被代理人的名义与自己实施民事法律行为，但是被代理人同意或者追认的除外。

代理人不得以被代理人的名义与自己同时代理的其他人实施民事法律行为，但是被代理的双方同意或者追认的除外。

第一百六十九条　代理人需要转委托第三人代理的，应当取得被代理人的同意或者追认。

转委托代理经被代理人同意或者追认的，被代理人可以就代理事务直接指示转委托的第三人，代理人仅就第三人的选任以及对第三人的指示承担责任。

转委托代理未经被代理人同意或者追认的，代理人应当对转委托的第三人的行为承担责任，但是在紧急情况下代理人为了维护被代理人的利益需要转委托第三人代理的除外。

第一百七十条　执行法人或者非法人组织工作任务的人员，就其职权范围内的事项，以法人或者非法人组织的名义实施民事法律行为，对法人或者非法人组织发生效力。

法人或者非法人组织对执行其工作任务的人员职权范围的限制，不得对抗善意相对人。

第一百七十一条　行为人没有代理权、超越代理权或者代理权终止后，仍然实施代理行为，未经被代理人追认的，对被代理人不发生效力。

相对人可以催告被代理人自收到通知之日起一个月内予以追认。被代理人未作表示的，视为拒绝追认。行为人实施的行为被追认前，善意相对人有撤销的权利。撤销应当以通知的方式作出。

行为人实施的行为未被追认的，善意相对人有权请求行为人履行债务或者就其受到的损害请求行为人赔偿，但是赔偿的范围不得超过被代理人追认时相对人所能获得的利益。

相对人知道或者应当知道行为人无权代理的，相对人和行为人按照各自的过错承担责任。

第一百七十二条 行为人没有代理权、超越代理权或者代理权终止后，仍然实施代理行为，相对人有理由相信行为人有代理权的，代理行为有效。

第三节 代理终止

第一百七十三条 有下列情形之一的，委托代理终止：

（一）代理期间届满或者代理事务完成；

（二）被代理人取消委托或者代理人辞去委托；

（三）代理人丧失民事行为能力；

（四）代理人或者被代理人死亡；

（五）作为代理人或者被代理人的法人、非法人组织终止。

第一百七十四条 被代理人死亡后，有下列情形之一的，委托代理人实施的代理行为有效：

（一）代理人不知道并且不应当知道被代理人死亡；

（二）被代理人的继承人予以承认；

（三）授权中明确代理权在代理事务完成时终止；

（四）被代理人死亡前已经实施，为了被代理人的继承人的利益继续代理。

作为被代理人的法人、非法人组织终止的，参照适用前款规定。

另参见本书案由“320. 保险经纪合同纠纷”案由相关部分。

【适用本案由需要注意的问题】

◆根据《民事诉讼法》第24条的规定，因保险合同纠纷提起的诉讼，由被告住所地或者保险标的物所在地人民法院管辖。根据《最高人民法院关于适用〈中华人民共和国民事诉讼法〉的解释》第21条的规定，因保险合同纠纷提起的诉讼，如果保险标的物是运输工具或者运输中的货物，由被告住所地或者运输工具登记注册地、运输目的地、保险事故发生地的人民法院管辖。

◆在适用本案由时，要注意其与保险经纪合同纠纷案由的区别。保险经纪合同的主体是保险经纪人和投保人，而保险代理合同的主体是保险代理人和保险人。

322. 进出口信用保险合同纠纷

【案由解析】

信用保险（又称商业信用保险合同）是指以信用风险作为保险标的的一种分散信用风险的财产保险，在实务上，信用保险合同主要有进出口信用保险合同、国内商业信用保险合同和投资信用保险合同三种形式。

进出口信用保险合同是以进出口信用保险为保险标的的保险合同，是国家为了推动本国进出口贸易而制定的政策性保险。因该合同的订立、履行、终止等发生的各种纠纷称为进出口信用保险合同纠纷。

【常用法律条文及索引】

《关于组建出口信用保险公司的通知》（国发〔2001〕9 号　2001 年 5 月 29 日）

中国出口信用保险公司是从事政策性出口信用保险业务的国有独资保险公司。其主要任务是：依据国家外交、外贸、产业、财政、金融等政策，通过政府性出口信用保险手段，支持货物、技术和服务等出口，特别是高科技、附加值大的机电产品等资本性货物出口，积极开拓海外市场，为企业提供收汇风险保障，促进国民经济的健康发展。《中国出口信用保险公司组建方案》和《中国出口信用保险公司章程》已经国务院批准，各有关方面要认真贯彻执行。

公司的性质是从事政策性出口信用保险业务的国有独资保险公司。

另参见《保险法》第二章关于保险合同的一般规定。

【适用本案由需要注意的问题】

◆根据《民事诉讼法》第 24 条的规定，因保险合同纠纷提起的诉讼，由被告住所地或者保险标的物所在地人民法院管辖。根据《最高人民法院关于适用〈中华人民共和国民事诉讼法〉的解释》第 21 条的规定，因保险合同纠纷提起的诉讼，如果保险标的物是运输工具或者运输中的货物，由被告住所地或者运输工具登记注册地、运输目的地、保险事故发生地的人民法院管辖。

◆在适用本案由时，要注意其与“财产保险合同纠纷”下的四级案由“信用保险合同纠纷”的区别。进出口信用保险是以进出口信用风险作为保险标的，“信用保险合同纠纷”主要适用国内商业信用保险合同纠纷和投资信用保险合同纠纷的案件。若争议纠纷性质可以明确为进出口信用保险合同纠纷的，适用进出口信用保险合同纠纷案由；属于其他信用保险合同纠纷的，适用信用保险合同纠纷案由。

323. 保险费纠纷

【案由解析】

保险费是投保人为了取得保险保障，按合同约定的保险费率向保险人缴纳的费用。因投保人和保险人缴纳和收取保险费而产生的纠纷就是保险费纠纷

【典型形态】

在实践中，保险费纠纷的典型形态主要有：

（1）财产保险费纠纷，是指投保人与保险人之间因财产保险费的缴纳等而产生的各种纠纷；

（2）人身保险费纠纷，是指投保人与保险人之间因人身保险费的缴纳等而产生的各种纠纷；

（3）强制险保险费纠纷，是指投保人与保险人之间因机动车第三者强制险保险费的缴纳等而产生的各种纠纷；

【常用法律条文及索引】

《保险法》（2015 年 4 月 24 日起施行）

第二条　本法所称保险，是指投保人根据合同约定，向保险人支付保险费，保险人对于合同约定的可能发生的事故因其发生所造成的财产损失承担赔偿保险金责任，或者当被保险人死亡、伤残、疾病或者达到合同约定的年

龄、期限等条件时承担给付保险金责任的商业保险行为。

第十条　保险合同是投保人与保险人约定保险权利义务关系的协议。

投保人是指与保险人订立保险合同，并按照合同约定负有支付保险费义务的人。

保险人是指与投保人订立保险合同，并按照合同约定承担赔偿或者给付保险金责任的保险公司。

第十四条　保险合同成立后，投保人按照约定交付保险费，保险人按照约定的时间开始承担保险责任。

第十六条　订立保险合同，保险人就保险标的或者被保险人的有关情况提出询问的，投保人应当如实告知。

投保人故意或者因重大过失未履行前款规定的如实告知义务，足以影响保险人决定是否同意承保或者提高保险费率的，保险人有权解除合同。

前款规定的合同解除权，自保险人知道有解除事由之日起，超过三十日不行使而消灭。自合同成立之日起超过二年的，保险人不得解除合同；发生保险事故的，保险人应当承担赔偿或者给付保险金的责任。

投保人故意不履行如实告知义务的，保险人对于合同解除前发生的保险事故，不承担赔偿或者给付保险金的责任，并不退还保险费。

投保人因重大过失未履行加实告知义务，对保险事故的发生有严重影响的，保险人对于合同解除前发生的保险事故，不承担赔偿或者给付保险金的责任，但应当退还保险费。

保险人在合同订立时已经知道投保人未如实告知的情况的，保险人不得解除合同；发生保险事故的，保险人应当承担赔偿或者给付保险金的责任。

保险事故是指保险合同约定的保险责任范围内的事故。

第十八条　保险合同应当包括下列事项：

（一）保险人的名称和住所；

（二）投保人、被保险人的姓名或者名称、住所，以及人身保险的受益人的姓名或者名称、住所；

（二）保险标的；

（四）保险责任和责任免除；

（五）保险期间和保险责任开始时间；

（六）保险金额；

（七）保险费以及支付办法；

（八）保险金赔偿或者给付办法；

（九）违约责任和争议处理；

（十）订立合同的年、月、日。

投保人和保险人可以约定与保险有关的其他事项。

受益人是指人身保险合同中由被保险人或者投保人指定的享有保险金请求权的人。投保人、被保险人可以为受益人。

保险金额是指保险人承担赔偿或者给付保险金责任的最高限额。

第二十七条 未发生保险事故，被保险人或者受益人谎称发生了保险事故，向保险人提出赔偿或者给付保险金请求的，保险人有权解除合同，并不退还保险费。

投保人、被保险人故意制造保险事故的，保险人有权解除合同，不承担赔偿或者给付保险金的责任；除本法第四十三条规定外，不退还保险费。

保险事故发生后，投保人、被保险人或者受益人以伪造、变造的有关证明、资料或者其他证据，编造虚假的事故原因或者夸大损失程度的，保险人对其虚报的部分不承担赔偿或者给付保险金的责任。

投保人、被保险人或者受益人有前三款规定行为之一，致使保险人支付保险金或者支出费用的，应当退回或者赔偿。

第二十九条 再保险接受人不得向原保险的投保人要求支付保险费。

原保险的被保险人或者受益人不得向再保险接受人提出赔偿或者给付保险金的请求。

再保险分出人不得以再保险接受人未履行再保险责任为由，拒绝履行或者迟延履行其原保险责任。

第三十二条 投保人申报的被保险人年龄不真实，并且其真实年龄不符合合同约定的年龄限制的，保险人可以解除合同，并按照合同约定退还保险单的现金价值。保险人行使合同解除权，适用本法第十六条第三款、第六款的规定。

投保人申报的被保险人年龄不真实，致使投保人支付的保险费少于应付保险费的，保险人有权更正并要求投保人补交保险费，或者在给付保险金时按照实付保险费与应付保险费的比例支付。

投保人申报的被保险人年龄不真实，致使投保人支付的保险费多于应付保险费的，保险人应当将多收的保险费退还投保人。

第三十五条 投保人可以按照合同约定向保险人一次支付全部保险费或

者分期支付保险费。

第三十六条　合同约定分期支付保险费，投保人支付首期保险费后，除合同另有约定外，投保人自保险人催告之日起超过三十日未支付当期保险费，或者超过约定的期限六十日未支付当期保险费的，合同效力中止，或者由保险人按照合同约定的条件减少保险金额。

被保险人在前款规定期限内发生保险事故的，保险人应当按照合同约定给付保险金，但可以扣减欠交的保险费。

第三十七条　合同效力依照本法第三十六条规定中止的，经保险人与投保人协商并达成协议，在投保人补交保险费后，合同效力恢复。但是，自合同效力中止之日起满二年双方未达成协议的，保险人有权解除合同。

保险人依照前款规定解除合同的，应当按照合同约定退还保险单的现金价值。

第三十八条　保险人对人寿保险的保险费，不得用诉讼方式要求投保人支付。

第四十三条　投保人故意造成被保险人死亡、伤残或者疾病的，保险人不承担给付保险金的责任。投保人已交足二年以上保险费的，保险人应当按照合同约定向其他权利人退还保险单的现金价值。

受益人故意造成被保险人死亡、伤残、疾病的，或者故意杀害被保险人未遂的，该受益人丧失受益权。

第四十五条　因被保险人故意犯罪或者抗拒依法采取的刑事强制措施导致其伤残或者死亡的，保险人不承担给付保险金的责任。投保人已交足二年以上保险费的，保险人应当按照合同约定退还保险单的现金价值。

第四十九条　保险标的转让的，保险标的的受让人承继被保险人的权利和义务。

保险标的转让的，被保险人或者受让人应当及时通知保险人，但货物运输保险合同和另有约定的合同除外。

因保险标的转让导致危险程度显著增加的，保险人自收到前款规定的通知之日起三十日内，可以按照合同约定增加保险费或者解除合同。保险人解除合同的，应当将已收取的保险费，按照合同约定扣除自保险责任开始之日起至合同解除之日止应收的部分后，退还投保人。

被保险人、受让人未履行本条第二款规定的通知义务的，因转让导致保险标的的危险程度显著增加而发生的保险事故，保险人不承担赔偿保险金的责任。

第五十一条 被保险人应当遵守国家有关消防、安全、生产操作、劳动保护等方面的规定，维护保险标的的安全。

保险人可以按照合同约定对保险标的的安全状况进行检查，及时向投保人、被保险人提出消除不安全因素和隐患的书面建议。

投保人、被保险人未按照约定履行其对保险标的的安全应尽责任的，保险人有权要求增加保险费或者解除合同。

保险人为维护保险标的的安全，经被保险人同意，可以采取安全预防措施。

第五十二条 在合同有效期内，保险标的的危险程度显著增加的，被保险人应当按照合同约定及时通知保险人，保险人可以按照合同约定增加保险费或者解除合同。保险人解除合同的，应当将已收取的保险费，按照合同约定扣除自保险责任开始之日起至合同解除之日止应收的部分后，退还投保人。

被保险人未履行前款规定的通知义务的，因保险标的的危险程度显著增加而发生的保险事故，保险人不承担赔偿保险金的责任。

第五十三条 有下列情形之一的，除合同另有约定外，保险人应当降低保险费，并按日计算退还相应的保险费：

（一）据以确定保险费率的有关情况发生变化，保险标的的危险程度明显减少的；

（二）保险标的的保险价值明显减少的。

第五十四条 保险责任开始前，投保人要求解除合同的，应当按照合同约定向保险人支付手续费，保险人应当退还保险费。保险责任开始后，投保人要求解除合同的，保险人应当将已收取的保险费，按照合同约定扣除自保险责任开始之日起至合同解除之日止应收的部分后，退还投保人。

第五十五条 投保人和保险人约定保险标的的保险价值并在合同中载明的，保险标的发生损失时，以约定的保险价值为赔偿计算标准。

投保人和保险人未约定保险标的的保险价值的，保险标的发生损失时，以保险事故发生时保险标的的实际价值为赔偿计算标准。

保险金额不得超过保险价值。超过保险价值的，超过部分无效，保险人应当退还相应的保险费。

保险金额低于保险价值的，除合同另有约定外，保险人按照保险金额与保险价值的比例承担赔偿保险金的责任。

第五十六条　重复保险的投保人应当将重复保险的有关情况通知各保险人。

重复保险的各保险人赔偿保险金的总和不得超过保险价值。除合同另有约定外，各保险人按照其保险金额与保险金额总和的比例承担赔偿保险金的责任。

重复保险的投保人可以就保险金额总和超过保险价值的部分，请求各保险人按比例返还保险费。

重复保险是指投保人对同一保险标的、同一保险利益、同一保险事故分别与两个以上保险人订立保险合同，且保险金额总和超过保险价值的保险。

第五十八条　保险标的发生部分损失的，自保险人赔偿之日起三十日内，投保人可以解除合同；除合同另有约定外，保险人也可以解除合同，但应当提前十五日通知投保人。

合同解除的，保险人应当将保险标的未受损失部分的保险费，按照合同约定扣除自保险责任开始之日起至合同解除之日止应收的部分后，退还投保人。

【适用本案由需要注意的问题】

◆根据《民事诉讼法》第24条的规定，因保险合同纠纷提起的诉讼，由被告住所地或者保险标的物所在地人民法院管辖。根据《最高人民法院关于适用〈中华人民共和国民事诉讼法〉的解释》第21条的规定，因保险合同纠纷提起的诉讼，如果保险标的物是运输工具或者运输中的货物，由被告住所地或者运输工具登记注册地、运输目的地、保险事故发生地的人民法院管辖。因人身保险合同纠纷提起的诉讼，可以由被保险人住所地人民法院管辖。

二十八、票据纠纷

324. 票据付款请求权纠纷

【案由解析】

票据权利是指持票人向票据债务人请求支付票据金额的权利，包括付款请求权和追索权。付款请求权是持票人享有的第一顺序权利，追索权是持票人享有的第二顺序权利 。

票据付款请求权，是指票据的持票人（最后持票人或者票据上记载的收款人）向票据主债务人（汇票的承兑人、本票的出票人、支票的付款人）或者其他付款义务人（包括参加承兑人、参加付款人、担当付款人、预备付款人、保证人等）请求按照票据上记载的全额付款的权利。

票据付款请求权纠纷，是指票据的持票人（最后持票人或者票据上记载的收款人）向票据主债务人（汇票的承兑人、本票的出票人、支票的付款人）或者其他付款义务人（包括参加承兑人、参加付款人、担当付款人、预备付款人、保证人等）请求按照票据上记载的全额付款遭到拒绝而引起的票据纠纷。

【典型形态】

在实践中，票据付款请求权纠纷主要有：

（1）汇票付款请求权纠纷，是指汇票的持票人向票据的主债务人或其他付款义务人请求按照票据上记载的金额付款遭到拒绝而引起的纠纷。

（2）本票付款请求权纠纷，是指本票的持票人向票据的主债务人或其他付款义务人请求按照票据上记载的金额付款遭到拒绝而引起的纠纷。

（3）支票付款请求权纠纷，是指支票的持票人向票据的主债务人或其他付款义务人请求按照票据上记载的金额付款遭到拒绝而引起的纠纷。

【常用法律条文及索引】

《票据法》（1996 年 1 月 1 日起施行　2004 年 8 月 28 日修正）

第四条　票据出票人制作票据，应当按照法定条件在票据上签章，并按照所记载的事项承担票据责任。

持票人行使票据权利，应当按照法定程序在票据上签章，并出示票据。

其他票据债务人在票据上签章的，按照票据所记载的事项承担票据责任。

本法所称票据权利，是指持票人向票据债务人请求支付票据金额的权利，包括付款请求权和追索权。

本法所称票据责任，是指票据债务人向持票人支付票据金额的义务。

第十六条　持票人对票据债务人行使票据权利，或者保全票据权利，应当在票据当事人的营业场所和营业时间内进行，票据当事人无营业场所的，应当在其住所进行。

第十七条　票据权利在下列期限内不行使而消灭：

（一）持票人对票据的出票人和承兑人的权利，自票据到期日起二年。见票即付的汇票、本票，自出票日起二年；

（二）持票人对支票出票人的权利，自出票日起六个月；

（三）持票人对前手的追索权，自被拒绝承兑或者被拒绝付款之日起六个月；

（四）持票人对前手的再追索权，自清偿日或者被提起诉讼之日起三个月。

票据的出票日、到期日由票据当事人依法确定。

第五十三条　持票人应当按照下列期限提示付款：

（一）见票即付的汇票，自出票日起一个月内向付款人提示付款；

（二）定日付款、出票后定期付款或者见票后定期付款的汇票，自到期日起10日内向承兑人提示付款。

持票人未按照前款规定期限提示付款的，在作出说明后，承兑人或者付款人仍应当继续对持票人承担付款责任。

通过委托收款银行或者通过票据交换系统向付款人提示付款的，视同持票人提示付款。

第五十四条　持票人依照前条规定提示付款的，付款人必须在当日足额付款。

第五十五条　持票人获得付款的，应当在汇票上签收，并将汇票交给付款人。持票人委托银行收款的，受委托的银行将代收的汇票金额转账收入持票人账户，视同签收。

第五十六条　持票人委托的收款银行的责任，限于按照汇票上记载事项将汇票金额转入持票人账户。

付款人委托的付款银行的责任，限于按照汇票上记载事项从付款人账户支付汇票金额。

第五十七条　付款人及其代理付款人付款时，应当审查汇票背书的连续，并审查提示付款人的合法身份证明或者有效证件。

付款人及其代理付款人以恶意或者有重大过失付款的，应当自行承担责任。

第五十八条 对定日付款、出票后定期付款或者见票后定期付款的汇票，付款人在到期日前付款的，由付款人自行承担所产生的责任。

第五十九条 汇票金额为外币的，按照付款日的市场汇价，以人民币支付。

汇票当事人对汇票支付的货币种类另有约定的，从其约定。

第六十条 付款人依法足额付款后，全体汇票债务人的责任解除。

【适用本案由需要注意的问题】

◆根据《民事诉讼法》第25条的规定，因票据纠纷提起的诉讼，由票据支付地或者被告住所地人民法院管辖。根据《最高人民法院关于审理票据纠纷案件若干问题的规定》第6条的规定，因票据权利纠纷提起的诉讼，依法由票据支付地或者被告住所地人民法院管辖，票据支付地是指票据上载明的付款地，票据上未载明付款地的，以汇票付款人或者代理付款人的营业场所、住所或者经常居住地，本票出票人的营业场所，支票付款人或者代理付款人的营业场所所在地为票据付款地。代理付款人即付款人的委托代理人，是指根据付款人的委托代为支付票据金额的银行、信用合作社等金融机构。依法享有票据付款请求权的权利人，是指票据的持票人，即最后持票人或者票据上记载的收款人。票据付款请求权的义务人，是指票据主债务人（汇票的承兑人、本票的出票人、支票的付款人）或者其他付款义务人（包括参加承兑人、参加付款人、担当付款人、预备付款人、保证人等）。

325. 票据追索权纠纷

【案由解析】

票据追索权是指持票人在行使付款请求权不获实现时，或有其他法定原因时，在保全票据权利的基础上，向其前手请求支付票据金额、利息及有关费用的权利。

按照追索权行使的时间条件，可将其分为期前追索权和到期追索权两种。期前追索权是指在汇票不获承兑或者在付款人破产、死亡时，持票人在付款到期日前即可依法对其前手行使的追索权；到期追索权则是指当汇票到期而不获付款时，持票人在付款到期日后方可依法对其前手行使的追索权。

按照追索权行使主体的标准，还可将追索权分为初次追索权和再追索权两种。初次追索权是指当汇票被拒绝承兑或拒绝付款时，由持票人或收款人依法对其所有前手行使的追索权；而再追索权则是指当初次追索权人因行使追索权而获偿付之后，由偿付该债务的当事人依法再向其前手进行追索的请求权。

票据追索权纠纷是指持票人因行使追索权而引起的纠纷。

【典型形态】

在实践中，票据追索权纠纷主要有：

（1）汇票追索权纠纷，是指汇票的持票人因行使追索权而引起的纠纷。

（2）本票追索权纠纷，是指本票的持票人因行使追索权而引起的纠纷。

（3）支票追索权纠纷，是指支票的持票人因行使追索权而引起的纠纷。

【常用法律条文及索引】

《票据法》（1996 年 1 月 1 日起施行　2004 年 8 月 28 日修正）

第六十一条　汇票到期被拒绝付款的，持票人可以对背书人、出票人以及汇票的其他债务人行使追索权。

汇票到期日前，有下列情形之一的，持票人也可以行使追索权：

（一）汇票被拒绝承兑的；

（二）承兑人或者付款人死亡、逃匿的；

（三）承兑人或者付款人被依法宣告破产的或者因违法被责令终止业务活动的。

第六十二条　持票人行使追索权时，应当提供被拒绝承兑或者被拒绝付款的有关证明。

持票人提示承兑或者提示付款被拒绝的，承兑人或者付款人必须出具拒绝证明，或者出具退票理由书。未出具拒绝证明或者退票理由书的，应当承担由此产生的民事责任。

第六十三条　持票人因承兑人或者付款人死亡、逃匿或者其他原因，不能取得拒绝证明的，可以依法取得其他有关证明。

第六十四条　承兑人或者付款人被人民法院依法宣告破产的，人民法院的有关司法文书具有拒绝证明的效力。

承兑人或者付款人因违法被责令终止业务活动的，有关行政主管部门的处罚决定具有拒绝证明的效力。

第六十五条 持票人不能出示拒绝证明、退票理由书或者未按照规定期限提供其他合法证明的，丧失对其前手的追索权。但是，承兑人或者付款人仍应当对持票人承担责任。

第六十六条 持票人应当自收到被拒绝承兑或者被拒绝付款的有关证明之日起三日内，将被拒绝事由书面 通知其前手；其前手应当自收到通知之日起三日内书面通知其再前手。持票人也可以同时向各汇票债务人发出书面通知。

未按照前款规定期限通知的，持票人仍可以行使追索权。因延期通知给其前手或者出票人造成损失的，由没有按照规定期限通知的汇票当事人，承担对该损失的赔偿责任，但是所赔偿的金额以汇票金额为限。

在规定期限内将通知按照法定地址或者约定的地址邮寄的，视为已经发出通知。

第六十七条 依照前条第一款所作的书面通知，应当记明汇票的主要记载事项，并说明该汇票已被退票。

第六十八条 汇票的出票人、背书人、承兑人和保证人对持票人承担连带责任。

持票人可以不按照汇票债务人的先后顺序，对其中任何一人、数人或者全体行使追索权。

持票人对汇票债务人中的一人或者数人已经进行追索的，对其他汇票债务人仍可以行使追索权。被追索人清偿债务后，与持票人享有同一权利。

第六十九条 持票人为出票人的，对其前手无追索权。持票人为背书人的，对其后手无追索权。

第七十条 持票人行使追索权，可以请求被追索人支付下列金额和费用：

（一）被拒绝付款的汇票金额；

（二）汇票金额自到期日或者提示付款日起至清偿日止，按照中国人民银行规定的利率计算的利息；

（三）取得有关拒绝证明和发出通知书的费用。

被追索人清偿债务时，持票人应当交出汇票和有关拒绝证明，并出具所收到利息和费用的收据。

第七十一条 被追索人依照前条规定清偿后，可以向其他汇票债务人行使再追索权，请求其他汇票债务人支付下列金额和费用：

（一）已清偿的全部金额；

（二）前项金额自清偿日起至再追索清偿日止，按照中国人民银行规定的利率计算的利息；

（三）发出通知书的费用。

行使再追索权的被追索人获得清偿时，应当交出汇票和有关拒绝证明，并出具所收到利息和费用的收据。

第七十二条　被追索人依照前二条规定清偿债务后，其责任解除。

第八十条第一款　本票的背书、保证、付款行为和追索权的行使，除本章规定外，适用本法第二章有关汇票的规定。

第九十三条第一款　支票的背书、付款行为和追索权的行使，除本章规定外，适用本法第二章有关汇票的规定。

《最高人民法院关于审理票据纠纷案件若干问题的规定》（法释〔2000〕32号　2000年11月21日起施行）

第三条　依照票据法第三十六条的规定，票据被拒绝承兑、被拒绝付款或者汇票、支票超过提示付款期限后，票据持有人背书转让的，被背书人以背书人为被告行使追索权而提起诉讼的，人民法院应当依法受理。

第四条　持票人不先行使付款请求权而先行使追索权遭拒绝提起诉讼的，人民法院不予受理。除有票据法第六十一条第二款和本规定第三条所列情形外，持票人只能在首先向付款人行使付款请求权而得不到付款时，才可以行使追索权。

第五条　付款请求权是持票人享有的第一顺序权利，追索权是持票人享有的第二顺序权利，即汇票到期被拒绝付款或者具有票据法第六十一条第二款所列情形的，持票人请求背书人、出票人以及汇票的其他债务人支付票据法第七十条第一款所列金额和费用的权利。

【适用本案由需要注意的问题】

◆根据《民事诉讼法》第25条的规定，因票据纠纷提起的诉讼，由票据支付地或者被告住所地人民法院管辖。根据《最高人民法院关于审理票据纠纷案件若干问题的规定》第6条的规定，因票据权利纠纷提起的诉讼，依法由票据支付地或者被告住所地人民法院管辖，票据支付地是指票据上载明的付款地，票据上未载明付款地的，以汇票付款人或者代理付款人的营业场所、住所或者经常居住地，本票出票人的营业场所，支票付款人或者代理付款人的营业场所所在地为票据付款地。代理付款人即付款人的委托代理人，是指根据付款人的委托代为支付票据金额的银行、信用合作社等金融机构。依法享有票据付款请求权的权利人，是指票据的持票人，即最后持票人或者票据上记载的收款人。票据付款请求权的义务人，是指票据主债务人（汇票的承兑人、本票的出票人、支票的付款人）或者其他付款义务人（包括参加承兑人、参加付款人、担当付款人、预备付款人、保证人等）。

◆追索权人包括持票人和因清偿而取得票据的当事人。被追索人应为背书人、出票人、承兑人、保证人等票据债务人。

◆在适用本案由时，要注意其与票据付款请求权的区别。(1) 行使的次序不同。付款请求权是持票人享有的第一顺序权利，追索权是持票人享有的第二顺序权利。只有当付款请求权被拒绝或者因法定事由没有可能实现时，持票人方可行使追索权。(2) 行使的条件不同。付款请求权的行使条件是：票据未过时效；持票人持有票据原件；票据所载金额必须一次性得以完整履行；持票人得到付款后必须向付款人移转票据。追索权行使条件是：有法定追索原因（参见《票据法》第61条）；已按《票据法》提示承兑或提示付款；作成相关证明；在追索时效内。(3) 对方当事人不同。付款请求权的对方当事人只能是票据第一义务人或者关系人，汇票中承兑人为第一义务人，未承兑的付款人为关系人。本票中出票人为第一义务人，一般不存在关系人。支票中没有第一义务人，与出票人办理支票存款业务的银行为该支票的关系人。追索权的对方当事人包括所有的票据义务人。即票据的出票人、背书人、承兑人和保证人对持票人承担连带责任。(4) 行使次数不同。付款请求权只能行使一次。追索权可多次行使，可一直追索至票据权利义务消灭。(5) 请求支付的金额数目不同。付款请求权请求支付的金额为票据金额。追索权请求支付的金额包括：票据金额、法定利息、取得有关拒绝证明和发出通知之费用。(6) 权利消灭时效不同。持票人对票据的出票人和承兑人的付款请求权利，自票据到期日起2年。见票即付的汇票、本票，自出票日起3年；持票人对支票出票人的付款请求权利，自出票日起6个月。持票人对前手的追索权，自被拒绝承兑或者被拒绝付款之日起6个月；持票人对前手的再追索权，自清偿日或者被提起诉讼之日起3个月。

326. 票据交付请求权纠纷

【案由解析】

票据交付是指票据行为人将记载完毕的票据交给持票人持有的行为。

票据行为成立要件为三个方面的内容：票据上的合法记载、票据签章和票据交付。从我国《票据法》规定可知，出票由两个行为构成，一是签发票据，二是交付票据的行为。背书也由两个行为构成，一是背书，二是交付票据的行为。在我国票据法中，交付是票据行为成立生效必不可少的要件。

受领票据金额后的交付票据是票据债权人的一项义务，因为这样才能使票据上的权利义务消灭，或者由给付票据金额的票据债务人向其前手行使追索权。如果不交付票据，一旦该票据由善意第三人取得，付款人或者被追索人就有可能承担二次付款的责任，这加重了票据债务人的责任。

票据交付请求权纠纷是指在出票、背书和付款等环节因票据交付而引起的纠纷。

【典型形态】

在实践中，票据交付请求权纠纷主要有：

（1）汇票交付请求权纠纷，是指汇票在出票、背书和付款等环节因汇票的交付而引起的各种纠纷。

（2）本票交付请求权纠纷，是指本票在出票、背书和付款等环节因本票的交付而引起的各种纠纷。

（3）支票交付请求权纠纷，是指支票在出票、背书和付款等环节因支票的交付而引起的各种纠纷。

【常用法律条文及索引】

《票据法》（1996 年 1 月 1 日起施行　2004 年 8 月 28 日修正）

第二十条　出票是指出票人签发票据并将其交付给收款人的票据行为。

第二十七条　持票人可以将汇票权利转让给他人或者将一定的汇票权利授予他人行使。

出票人在汇票上记载“不得转让”字样的，汇票不得转让。

持票人行使第一款规定的权利时，应当背书并交付汇票。

背书是指在票据背面或者粘单上记载有关事项并签章的票据行为。

第五十五条 持票人获得付款的，应当在汇票上签收，并将汇票交给付款人。持票人委托银行收款的，受委托的银行将代收的汇票金额转账收入持票人账户，视同签收。

第七十条 持票人行使追索权，可以请求被追索人支付下列金额和费用：

（一）被拒绝付款的汇票金额；

（二）汇票金额自到期日或者提示付款日起至清偿日止，按照中国人民银行规定的利率计算的利息；

（三）取得有关拒绝证明和发出通知书的费用。

被追索人清偿债务时，持票人应当交出汇票和有关拒绝证明，并出具所收到利息和费用的收据。

【适用本案由需要注意的问题】

◆根据《民事诉讼法》第25条的规定，因票据纠纷提起的诉讼，由票据支付地或者被告住所地人民法院管辖。《最高人民法院关于审理票据纠纷案件若干问题的规定》第7条规定："因非票据权利纠纷提起的诉讼，依法由被告住所地人民法院管辖。"从票据行为理论的角度看，票据交付请求权属于票据上的权利。受领票据金额后的票据交付义务（即票据交付请求权）属于票据法上的非票据权利。票据交付请求权纠纷一般被认为是非票据权利纠纷，应当由被告住所地人民法院管辖。

◆票据交付义务人：出票人、背书人、持票人。票据交付请求权人：收款人、被背书人、付款人、被追索人。

327. 票据返还请求权纠纷

【案由解析】

票据返还请求权是指丧失票据占有的人，对于以恶意或因重大过失而取得票据的人，有请求其返还票据的权利。

票据返还请求权纠纷，是指丧失票据占有的人，因行使票据返还请求权而与因恶意或者因重大过失取得票据的持票人发生的纠纷。

票据返还请求权本质上是一种物权返还请求权。票据返还请求权的权利人，是并非出于自己的本意而丧失对票据占有的票据原持票人。原票据占有人丧失对票据的占有通常系自己主观意志以外的原因，如因票据被盗、骗取、冒领、丢失等原因而丧失票据的占有。票据返还请求权的义务人，是以恶意或重大过失而占有票据的人，即票据的无权占有人。

【典型形态】

在实践中，票据返还请求权纠纷主要有：

（1）汇票返还请求权纠纷，是指原汇票占有人在丧失该汇票时，对现汇票的无权占有人请求返还该汇票而引发的纠纷。

（2）本票返还请求权纠纷，是指原本票占有人在丧失该本票时，对现本票的无权占有人请求返还该本票而引发的纠纷。

（3）支票返还请求权纠纷，是指原支票占有人在丧失该汇票时，对现支票的无权占有人请求返还该支票而引发的纠纷。

【常用法律条文及索引】

《民法通则》（1987 年 1 月 1 日起施行　2009 年 8 月 27 日修正）

第一百一十七条　侵占国家的、集体的财产或者他人财产的，应当返还财产，不能返还财产的，应当折价赔偿。

损坏国家的、集体的财产或者他人财产的，应当恢复原状或者折价赔偿。

受害人因此遭受其他重大损失的，侵害人并应当赔偿损失。

第一百三十四条　承担民事责任的方式主要有：

（一）停止侵害；

（二）排除妨碍；

（三）消除危险；

（四）返还财产；

（五）恢复原状；

（六）修理、重作、更换；

（七）赔偿损失；

（八）支付违约金；

（九）消除影响、恢复名誉；

（十）赔礼道歉。

以上承担民事责任的方式，可以单独适用，也可以合并适用。

人民法院审理民事案件，除适用上述规定外，还可以予以训诫、责令具结悔过、收缴进行非法活动的财物和非法所得，并可以依照法律规定处以罚款、拘留。

《民法总则》（2017年10月1日起施行）

第一百一十三条 民事主体的财产权利受法律平等保护。

第一百一十四条 民事主体依法享有物权。

物权是权利人依法对特定的物享有直接支配和排他的权利，包括所有权、用益物权和担保物权。

第一百一十五条 物包括不动产和动产。法律规定权利作为物权客体的，依照其规定。

第一百一十六条 物权的种类和内容，由法律规定。

第一百一十七条 为了公共利益的需要，依照法律规定的权限和程序征收、征用不动产或者动产的，应当给予公平、合理的补偿。

第一百七十九条 承担民事责任的方式主要有：

（一）停止侵害；

（二）排除妨碍；

（三）消除危险；

（四）返还财产；

（五）恢复原状；

（六）修理、重作、更换；

（七）继续履行；

（八）赔偿损失；

（九）支付违约金；

（十）消除影响、恢复名誉；

（十一）赔礼道歉。

法律规定惩罚性赔偿的，依照其规定。

本条规定的承担民事责任的方式，可以单独适用，也可以合并适用。

《物权法》（2007年10月1日起施行）

第三十四条 无权占有不动产或者动产的，权利人可以请求返还原物。

《票据法》（1996 年 1 月 1 日起施行　2004 年 8 月 28 日修正）

第十条　票据的签发、取得和转让，应当遵循诚实信用的原则，具有真实的交易关系和债权债务关系。

票据的取得，必须给付对价，即应当给付票据双方当事人认可的相对应的代价。

第十二条　以欺诈、偷盗或者胁迫等手段取得票据的，或者明知有前列情形，出于恶意取得票据的，不得享有票据权利。

持票人因重大过失取得不符合本法规定的票据的，也不得享有票据权利。

《最高人民法院关于审理票据纠纷案件若干问题的规定》（法释〔2000〕32 号　2000 年 11 月 21 日起施行）

第二条　依照票据法第十条的规定，票据债务人（即出票人）以在票据未转让时的基础关系违法、双方不具有真实的交易关系和债权债务关系、持票人应付对价而未付对价为由，要求返还票据而提起诉讼的，人民法院应当依法受理。

【适用本案由需要注意的问题】

◆在适用本案由时，要特别注意的是，不能机械地、望文生义地认为票据返还请求权纠纷案件属于“非票据权利纠纷”案件。事实上，此类纠纷实质或者内涵的主要民事法律关系是“确定票据权利”，即主要和最终确认谁是票据权利的享有者，也就确认谁有权利向承兑行行使付款请求权，故应属于票据权利案件。根据《民事诉讼法》第 25 条的规定，因票据纠纷提起的诉讼，由票据支付地或者被告住所地人民法院管辖。根据《最高人民法院关于审理票据纠纷案件若干问题的规定》第 6 条的规定，因票据权利纠纷提起的诉讼，依法由票据支付地或者被告住所地人民法院管辖，票据支付地是指票据上载明的付款地，票据上未载明付款地的，以汇票付款人或者代理付款人的营业场所、住所或者经常居住地，本票出票人的营业场所，支票付款人或者代理付款人的营业场所所在地为票据付款地。代理付款人即付款人的委托代理人，是指根据付款人的委托代为支付票据金额的银行、信用合作社等金融机构。依法享有票据付款请求权的权利人，是指票据的持票人，即最后持票人或者票据上记载的收款人。票据付款请求权的义务人，是指票据主债务人（汇票的承兑人、本票的出票人、支票的付款人）或者其他付款义务人

(包括参加承兑人、参加付款人、担当付款人、预备付款人、保证人等)。也就是说，该类案件的管辖法院有两个，对此，当事人有选择权。如果机械地理解为这类案由属于非票据权利纠纷，则管辖法院只有被告所在地法院。然而，如果原告只能去被告所在地法院立案，不能选择票据付款地立案的话，这样一来，在需要向付款地银行（在我国一般是出票行也是承兑行）申请保全，需要向付款地银行查明案件的事实，需要最终向付款地银行执行等需要在付款地银行才能具体进行民事法律行为的时候，如果当事人不能选择在付款地银行所在地法院提起诉讼的话，不仅仅是当事人要一次次的申请查询、申请担保、申请执行，法院也要一次次的到付款地出差。这将加重当事人的诉累，也会浪费司法资源。

◆实践中，票据返还请求权纠纷案件，是各当事方所争议的焦点，也是案件审理围绕的核心内容是：确认票据权利的法律关系。即原告或者被告究竟谁是该诉争票据的票据权利享有者。判断依据一般为《票据法》第 30 条、第 31 条、第 80 条第 1 款、第 93 条第 1 款。第 30 条：汇票以背书转让或者以背书将一定的汇票权利授予他人行使时，必须记载被背书人名称。第 31 条：以背书转让的汇票，背书应当连续。持票人以背书的连续，证明其汇票权利；非经背书转让，而以其他合法方式取得汇票的，依法举证，证明其汇票权利。前款所称背书连续，是指在票据转让中，转让汇票的背书人与受让汇票的被背书人在汇票上的签章依次前后衔接。第 80 条第 1 款：本票的背书、保证、付款行为和追索权的行使，除本章规定外，适用本法第二章有关汇票的规定。第 93 条第 1 款：支票的背书、付款行为和追索权的行使，除本章规定外，适用本法第二章有关汇票的规定。

328. 票据损害责任纠纷

【案由解析】

票据损害责任纠纷是指票据当事人或者金融机构工作人员因违反《票据法》的规定从事票据行为或者其他与票据相关的行为，给票据当事人或者其他人造成损失而引起的纠纷。

在实践中常见的票据损害责任主要有：(1) 伪造、变造票据，造成他人损失的。(2) 付款人及其代理人未尽附带审查义务而造成他人损失的。

（3）承兑人或者付款人未出具拒绝证明或退票理由书的。（4）持票人延期通知给其前手或者出票人造成损失的。（5）签发空头支票给他人造成损失的。（6）金融机构工作人员因其玩忽职守给当事人造成损失的。（7）付款人故意压票，拖延支付，给持票人造成损失的。（8）其他违反《票据法》规定的行为给他人造成损失的。

【典型形态】

在实践中，票据损害责任纠纷主要有：

（1）因伪造、变造票据给他人造成损失而引发的纠纷。

（2）因签发空头支票给他人造成损失而引发的纠纷。

（3）付款人故意压票，拖延支付给持票人造成损失而引发的各种纠纷。

（4）金融机构工作人员因玩忽职守给当事人造成损失而引发的各种纠纷。

（5）持票人延期通知给其前手或出票人造成损失引起的各种纠纷。

【常用法律条文及索引】

《票据法》（1996 年 1 月 1 日起施行　2004 年 8 月 28 日修正）

第十四条　票据上的记载事项应当真实，不得伪造、变造。伪造、变造票据上的签章和其他记载事项的，应当承担法律责任。

票据上有伪造、变造的签章的，不影响票据上其他真实签章的效力。

票据上其他记载事项被变造的，在变造之前签章的人，对原记载事项负责；在变造之后签章的人，对变造之后的记载事项负责；不能辨别是在票据被变造之前或者之后签章的，视同在变造之前签章。

第五十五条　持票人获得付款的，应当在汇票上签收，并将汇票交给付款人。持票人委托银行收款的，受委托的银行将代收的汇票金额转账收入持票人账户，视同签收。

第五十七条　付款人及其代理付款人付款时，应当审查汇票背书的连续，并审查提示付款人的合法身份证明或者有效证件。

付款人及其代理付款人以恶意或者有重大过失付款的，应当自行承担责任。

第六十二条　持票人行使追索权时，应当提供被拒绝承兑或者被拒绝付款的有关证明。

持票人提示承兑或者提示付款被拒绝的，承兑人或者付款人必须出具拒绝证明，或者出具退票理由书。未出具拒绝证明或者退票理由书的，应当承担由此产生的民事责任。

第六十五条 持票人不能出示拒绝证明、退票理由书或者未按照规定期限提供其他合法证明的，丧失对其前手的追索权。但是，承兑人或者付款人仍应当对持票人承担责任。

第六十六条 持票人应当自收到被拒绝承兑或者被拒绝付款的有关证明之日起三日内，将被拒绝事由书面通知其前手；其前手应当自收到通知之日起三日内书面通知其再前手。持票人也可以同时向各汇票债务人发出书面通知。

未按照前款规定期限通知的，持票人仍可以行使追索权。因延期通知给其前手或者出票人造成损失的，由没有按照规定期限通知的汇票当事人，承担对该损失的赔偿责任，但是所赔偿的金额以汇票金额为限。

在规定期限内将通知按照法定地址或者约定的地址邮寄的，视为已经发出通知。

第八十七条 支票的出票人所签发的支票金额不得超过其付款时在付款人处实有的存款金额。

出票人签发的支票金额超过其付款时在付款人处实有的存款金额的，为空头支票。禁止签发空头支票。

第一百零四条 金融机构工作人员在票据业务中玩忽职守，对违反本法规定的票据予以承兑、付款或者保证的，给予处分；造成重大损失，构成犯罪的，依法追究刑事责任。

由于金融机构工作人员因前款行为给当事人造成损失的，由该金融机构和直接责任人员依法承担赔偿责任。

第一百零五条 票据的付款人对见票即付或者到期的票据，故意压票，拖延支付的，由金融行政管理部门处以罚款，对直接责任人员给予处分。

票据的付款人故意压票，拖延支付，给持票人造成损失的，依法承担赔偿责任。

第一百零六条 依照本法规定承担赔偿责任以外的其他违反本法规定的行为，给他人造成损失的，应当依法承担民事责任。

《最高人民法院关于审理票据纠纷案件若干问题的规定》（法释〔2000〕32 号 2000 年 11 月 21 日起施行）

第六十一条 票据保证无效的，票据的保证人应当承担与其过错相应的民事责任。

第六十七条　依照票据法第十四条、第一百零三条、第一百零四条的规定，伪造、变造票据者除应当依法承担刑事、行政责任外，给他人造成损失的，还应当承担民事赔偿责任。被伪造签章者不承担票据责任。

第六十八条　对票据未记载事项或者未完全记载事项作补充记载，补充事项超出授权范围的，出票人对补充后的票据应当承担票据责任。给他人造成损失的，出票人还应当承担相应的民事责任。

第六十九条　付款人或者代理付款人未能识别出伪造、变造的票据或者身份证件而错误付款，属于票据法第五十七条规定的“重大过失”，给持票人造成损失的，应当依法承担民事责任。付款人或者代理付款人承担责任后有权向伪造者、变造者依法追偿。

持票人有过错的，也应当承担相应的民事责任。

第七十条　付款人及其代理付款人有下列情形之一的，应当自行承担责任：

（一）未依照票据法第五十七条的规定对提示付款人的合法身份证明或者有效证件以及汇票背书的连续性履行审查义务而错误付款的；

（二）公示催告期间对公示催告的票据付款的；

（三）收到人民法院的止付通知后付款的；

（四）其他以恶意或者重大过失付款的。

第七十三条　因出票人签发空头支票、与其预留本名的签名式样或者印鉴不符的支票给他人造成损失的，支票的出票人和背书人应当依法承担民事责任。

第七十五条　依照票据法第一百零五条的规定，由于金融机构工作人员在票据业务中玩忽职守，对违反票据法规定的票据予以承兑、付款、贴现或者保证，给当事人造成损失的，由该金融机构与直接责任人员依法承担连带责任。

第七十六条　依照票据法第一百零七条的规定，由于出票人制作票据，或者其他票据债务人未按照法定条件在票据上签章，给他人造成损失的，除应当按照所记载事项承担票据责任外，还应当承担相应的民事责任。

持票人明知或者应当知道前款情形而接受的，可以适当减轻出票人或者票据债务人的责任。

【适用本案由需要注意的问题】

◆票据损害责任纠纷属于票据法上的非票据权利纠纷，根据《最高人民法院关于审理票据纠纷案件若干问题的规定》第7条的规定，该类纠纷案件由被告住所地人民法院管辖。

329. 票据利益返还请求权纠纷

【案由解析】

票据利益返还请求权是指票据上的权利因时效届满或手续欠缺而消灭时，持票人请求出票人或承兑人在其所受利益限度内予以偿还的权利。票据利益返还请求权纠纷是因持票人请求出票人或者承兑人在其所受利益的限度内返还其利益而引起的纠纷。

持票人有效行使票据利益返还请求权的前提有二：一是持票人因超过票据权利时效或者因票据记载事项欠缺而丧失票据权利；二是出票人或者承兑人享有与未支付票据金额相当的利益。

票据利益返还请求权是由票据法的特别规定而产生的一种权利，其立法本意是通过补偿丧失票据的权利人的损失，来谋求票据当事人之间的利益平衡。它是票据法上的一种权利，但它不是票据上的权利。它不是依据票据行为而产生的，其法律关系也不是票据关系。

票据利益返还请求权与票据返还请求权的区别：票据返还请求权是一种物上请求权，而票据利益返还请求权则是一种票据法上特别规定的权利，具有普通民事债权的属性。

【典型形态】

在实践中，票据利益返还请求权纠纷有：

（1）持票人的票据权利因时效经过而归于消灭时要求返还其利益而产生的纠纷。

（2）因票据行为要件不齐全导致票据权利丧失时要求返还票据利益而产生的各种纠纷。

（3）因票据权利的保全手续欠缺导致其消灭时产生的要求返还票据利益

的各种纠纷。

【常用法律法规及索引】

《票据法》（1996 年 1 月 1 日起施行　2004 年 8 月 28 日修正）

第十八条　持票人因超过票据权利时效或者因票据记载事项欠缺而丧失票据权利的，仍享有民事权利，可以请求出票人或者承兑人返还其与未支付的票据金额相当的利益。

【适用本案由需要注意的问题】

◆票据利益返还请求权既不属于票据权利，也不是对票据本身的权利，根据《最高人民法院关于审理票据纠纷案件若干问题的规定》第 7 条的规定，该类纠纷案件由被告住所地人民法院管辖，即由出票人或承兑人住所地的人民法院管辖。

◆票据利益返还请求权关系之中，权利人为持票人，即在票据权利消灭后的持票人，此时的持票人不以最后的被背书人为限，还包括因被追索而履行了票据债务以后取得票据的背书人，因履行了票据债务而取得追索权的保证人等。义务人则是各种票据的出票人或者汇票的承兑人，不应当包括背书人，因为一般情况下对于背书人而言，其并无受有额外利益的情况，背书人受让票据一般是支付对价的；票据保证人也没有因此受有额外利益，所以也不能成为义务人。

◆原告要提起票据利益返还请求权之诉，须对以下事实承担举证证明的责任，主要包括：

（1）票据上的权利曾经有效存在过。利益偿还请求权虽然不是票据权利，但是该权利因票据而产生，只不过因为票据权利人行使票据权利时超过了法律规定的时效期间而致其票据权利消灭，所以持票人的票据权利必须是曾经有效地存在过，否则不能享有利益偿还请求权。

（2）票据上的权利是因为时效期满或者手续的欠缺而消灭，我国《票据法》规定了票据权利的消灭时效期间，超过这一期间未行使票据权利的才可以行使票据利益偿还请求权；有关手续的欠缺则主要是指持票人没有在法律规定的时间内提示票据或者依法取证，从而对其前手丧失了追索权。而至于持票人对权利的丧失是否在主观上存在故意或者过失，则不影响利益偿还请求权的行使。

330. 汇票回单签发请求权纠纷

【案由解析】

汇票回单签发请求权是指汇票的持票人在向付款人提示承兑时，依法享有的要求付款人向其签发汇票回单，以证明自己为汇票持票者的权利。

汇票回单签发请求权纠纷，是付款人拒绝为向其提示承兑的持票人签发汇票回单而引起的纠纷。

【常用法律条文及索引】

《票据法》（1996 年 1 月 1 日起施行　2004 年 8 月 28 日修正）

第四十一条　付款人对向其提示承兑的汇票，应当自收到提示承兑的汇票之日起三日内承兑或者拒绝承兑。

付款人收到持票人提示承兑的汇票时，应当向持票人签发收到汇票的回单。回单上应当记明汇票提示承兑日期并签章。

【适用本案由需要注意的问题】

◆汇票回单签发请求权纠纷属于非票据权利纠纷，根据《最高人民法院关于审理票据纠纷案件若干问题的规定》第七条的规定，该类纠纷案件由被告住所地人民法院管辖。

331. 票据保证纠纷

【案由解析】

票据保证是指票据债务人以外的第三人以担保特定票据债务人履行票据债务为目的，而在票据或者粘单上明确记载“保证”字样的一种附属票据行为。

票据保证具有以下特征：（1）票据保证是一种单方票据行为，它具有要式行为、独立行为和单方行为特征。（2）票据保证是一种附属票据行为。（3）票据保证是为担保特定票据债务的履行而为的票据行为。（4）票据保证是由票据债务人以外的人所为的票据行为。

票据保证纠纷，是指票据债务人以外的人作为保证人与票据债务人作为被保证人之间因票据保证债务的履行而发生的纠纷。

【典型形态】

在实践中，票据保证纠纷主要表现为保函提货纠纷和票据承兑合同引发的票据保证纠纷。

【常用法律条文及索引】

《票据法》（1996 年 1 月 1 日起施行　2004 年 8 月 28 日修正）

第四十五条　汇票的债务可以由保证人承担保证责任。

保证人由汇票债务人以外的他人担当。

第四十六条　保证人必须在汇票或者粘单上记载下列事项：

（一）表明“保证”的字样；

（二）保证人名称和住所；

（三）被保证人的名称；

（四）保证日期；

（五）保证人签章。

第四十七条　保证人在汇票或者粘单上未记载前条第（三）项的，已承兑的汇票，承兑人为被保证人；未承兑的汇票，出票人为被保证人。

保证人在汇票或者粘单上未记载前条第（四）项的，出票日期为保证日期。

第四十八条　保证不得附有条件；附有条件的，不影响对汇票的保证责任。

第四十九条　保证人对合法取得汇票的持票人所享有的汇票权利，承担保证责任。但是，被保证人的债务因汇票记载事项欠缺而无效的除外。

第五十条　被保证的汇票，保证人应当与被保证人对持票人承担连带责任。汇票到期后得不到付款的，持票人有权向保证人请求付款，保证人应当足额付款。

第五十一条　保证人为二人以上的，保证人之间承担连带责任。

第五十二条　保证人清偿汇票债务后，可以行使持票人对被保证人及其前手的追索权。

第八十条 本票的背书、保证、付款行为和追索权的行使，除本章规定外，适用本法第二章有关汇票的规定。

本票的出票行为，除本章规定外，适用本法第二十四条关于汇票的规定。

《最高人民法院关于审理票据纠纷案件若干问题的规定》（法释〔2000〕32号 2000年11月21日起施行）

第六十条 国家机关、以公益为目的的事业单位、社会团体、企业法人的分支机构和职能部门作为票据保证人的，票据保证无效，但经国务院批准为使用外国政府或者国际经济组织贷款进行转贷，国家机关提供票据保证的，以及企业法人的分支机构在法人书面授权范围内提供票据保证的除外。

第六十二条 保证人未在票据或者粘单上记载"保证"字样而另行签订保证合同或者保证条款的，不属于票据保证，人民法院应当适用《中华人民共和国担保法》的有关规定。

【适用本案由需要注意的问题】

◆根据《民事诉讼法》第25条的规定，因票据纠纷提起的诉讼，由票据支付地或者被告住所地人民法院管辖。根据《最高人民法院关于审理票据纠纷案件若干问题的规定》第6条的规定，因票据权利纠纷提起的诉讼，依法由票据支付地或者被告住所地人民法院管辖，票据支付地是指票据上载明的付款地，票据上未载明付款地的，以汇票付款人或者代理付款人的营业场所、住所或者经常居住地，本票出票人的营业场所，支票付款人或者代理付款人的营业场所所在地为票据付款地。代理付款人即付款人的委托代理人，是指根据付款人的委托代为支付票据金额的银行、信用合作社等金融机构。依法享有票据付款请求权的权利人，是指票据的持票人，即最后持票人或者票据上记载的收款人。票据付款请求权的义务人，是指票据主债务人（汇票的承兑人、本票的出票人、支票的付款人）或者其他付款义务人（包括参加承兑人、参加付款人、担当付款人、预备付款人、保证人等）。

332. 确认票据无效纠纷

【案由解析】

票据无效是指票据因不具备《票据法》规定的形式要件而缺乏票据上的

法律约束效力，此时，所有的票据行为人均自始不承担票据责任，持票人也自始没有票据权利。

认定票据无效有以下几种情形：(1) 票据金额以中文大写和数码同时记载，二者不一致的票据无效。(2) 欠缺法定必要记载事项或者不符合法定格式的。(3) 伪造、变造的票据无效。(4) 人民法院作出除权判决已经发生法律效力的。(5) 签章不符合规定的票据无效。

确认票据无效纠纷是指票据因不具备《票据法》规定的形式要件而被确认缺乏票据上的法律约束效力而引起的纠纷。

【常用法律条文及索引】

《票据法》(1996 年 1 月 1 日起施行　2004 年 8 月 28 日修正)

第八条　票据金额以中文大写和数码同时记载，二者必须一致，二者不一致的，票据无效。

第九条　票据上的记载事项必须符合本法的规定。

票据金额、日期、收款人名称不得更改，更改的票据无效。

对票据上的其他记载事项，原记载人可以更改，更改时应当由原记载人签章证明。

第十四条　票据上的记载事项应当真实，不得伪造、变造。伪造、变造票据上的签章和其他记载事项的，应当承担法律责任。

票据上有伪造、变造的签章的，不影响票据上其他真实签章的效力。

票据上其他记载事项被变造的，在变造之前签章的人，对原记载事项负责；在变造之后签章的人，对变造之后的记载事项负责；不能辨别是在票据被变造之前或者之后签章的，视同在变造之前签章。

第十五条　票据丧失，失票人可以及时通知票据的付款人挂失止付，但是，未记载付款人或者无法确定付款人及其代理付款人的票据除外。

收到挂失止付通知的付款人，应当暂停支付。

失票人应当在通知挂失止付后三日内，也可以在票据丧失后，依法向人民法院申请公示催告，或者向人民法院提起诉讼。

第二十二条　汇票必须记载下列事项：

（一）表明“汇票”的字样；

（二）无条件支付的委托；

（三）确定的金额；

（四）付款人名称；

（五）收款人名称；

（六）出票日期；

（七）出票人签章。

汇票上未记载前款规定事项之一的，汇票无效。

第七十五条 本票必须记载下列事项：

（一）表明“本票”的字样；

（二）无条件支付的承诺；

（三）确定的金额；

（四）收款人名称；

（五）出票日期；

（六）出票人签章。

本票上未记载前款规定事项之一的，本票无效。

第八十四条 支票必须记载下列事项：

（一）表明“支票”的字样；

（二）无条件支付的委托；

（三）确定的金额；

（四）付款人名称；

（五）出票日期；

（六）出票人签章。

支票上未记载前款规定事项之一的，支票无效。

《最高人民法院关于审理票据纠纷案件若干问题的规定》（法释〔2000〕32号 2000年11月21日起施行）

第四十条 依照票据法第一百零九条 以及经国务院批准的《票据管理实施办法》的规定，票据当事人使用的不是中国人民银行规定的统一格式票据的，按照《票据管理实施办法》的规定认定，但在中国境外签发的票据除外。

第四十一条 票据出票人在票据上的签章上不符合票据法以及下述规定的，该签章不具有票据法上的效力：

（一）商业汇票上的出票人的签章，为该法人或者该单位的财务专用章或者公章加其法定代表人、单位负责人或者其授权的代理人的签名或者盖章；

（二）银行汇票上的出票人的签章和银行承兑汇票的承兑人的签章，为该银行汇票专用章加其法定代表人或者其授权的代理人的签名或者盖章；

（三）银行本票上的出票人的签章，为该银行的本票专用章加其法定代表人或者其授权的代理人的签名或者盖章；

（四）支票上的出票人的签章，出票人为单位的，为与该单位在银行预留签章一致的财务专用章或者公章加其法定代表人或者其授权的代理人的签名或者盖章；出票人为个人的，为与该个人在银行预留签章一致的签名或者盖章。

第四十二条　银行汇票、银行本票的出票人以及银行承兑汇票的承兑人在票据上未加盖规定的专用章而加盖该银行的公章，支票的出票人在票据上未加盖与该单位在银行预留签章一致的财务专用章而加盖该出票人公章的，签章人应当承担票据责任。

第四十三条　依照票据法第九条以及《票据管理实施办法》的规定，票据金额的中文大写与数码不一致，或者票据载明的金额、出票日期或者签发日期、收款人名称更改，或者违反规定加盖银行部门印章代替专用章，付款人或者代理付款人对此类票据付款的，应当承担责任。

第四十四条　因更改银行汇票的实际结算金额引起纠纷而提起诉讼，当事人请求认定汇票效力的，人民法院应当认定该银行汇票无效。

第四十五条　空白授权票据的持票人行使票据权利时未对票据必须记载事项补充完全，因付款人或者代理付款人拒绝接收该票据而提起诉讼的，人民法院不予支持。

第四十六条　票据的背书人、承兑人、保证人在票据上的签章不符合票据法以及《票据管理实施办法》规定的，或者无民事行为能力人、限制民事行为能力人在票据上签章的，其签章无效，但不影响人民法院对票据上其他签章效力的认定。

【适用本案由需要注意的问题】

◆根据《民事诉讼法》第25条的规定，因票据纠纷提起的诉讼，由票据支付地或者被告住所地人民法院管辖。根据《最高人民法院关于审理票据纠纷案件若干问题的规定》第6条的规定，因票据权利纠纷提起的诉讼，依法由票据支付地或者被告住所地人民法院管辖，票据支付地是指票据上载明的付款地，票据上未载明付款地的，以汇票付款人或者代理付款人的营业场所、住所或者经常居住地，本票出票人的营业场所，支票付款人或者代理付款人的营业场所所在地为票据付款地。代理付款人即付款人的委托代理人，是指根据付款人的委托代为支付票据金额的银行、信用合作社等金融机构。依法享有票据付款请求权的权利人，是指票据的持票人，即最后持票人或者票据上记载的收款人。票据付款请求权的义务人，是指票据主债务人（汇票的承兑人、本票的出票人、支票的付款人）或者其他付款义务人（包括参加承兑人、参加付款人、担当付款人、预备付款人、保证人等）。

333. 票据代理纠纷

【案由解析】

票据代理是指票据代理人根据本人的授权，在票据上载明本人的名称，并表明代理的意思，在票据上签章的行为。

票据代理的形式要件：（1）必须在票据上记明本人的姓名或名称。（2）必须在票据上表明代理的意思。（3）票据代理人应当在票据上签名或盖章。

票据代理的实质要件：票据代理人依法或者依本人授权而取得代理权。即票据代理人的代理权产生的原因有两个：委托代理与法定代理。

票据代理纠纷是指票据当事人作为委托人（被代理人）与其代理人、相对人之间因为代理关系而发生的纠纷。

【常用法律条文及索引】

《票据法》（1996 年 1 月 1 日起施行　2004 年 8 月 28 日修正）

第五条　票据当事人可以委托其代理人在票据上签章，并应当在票据上表明其代理关系。

没有代理权而以代理人名义在票据上签章的，应当由签章人承担票据责任；代理人超越代理权限的，应当就其超越权限的部分承担票据责任。

《民法总则》（2017 年 10 月 1 日起施行）

第七章　代　理

第一节　一般规定

第一百六十一条　民事主体可以通过代理人实施民事法律行为。

依照法律规定、当事人约定或者民事法律行为的性质，应当由本人亲自实施的民事法律行为，不得代理。

第一百六十二条　代理人在代理权限内，以被代理人名义实施的民事法律行为，对被代理人发生效力。

第一百六十三条　代理包括委托代理和法定代理。

委托代理人按照被代理人的委托行使代理权。法定代理人依照法律的规定行使代理权。

第一百六十四条　代理人不履行或者不完全履行职责，造成被代理人损害的，应当承担民事责任。

代理人和相对人恶意串通，损害被代理人合法权益的，代理人和相对人应当承担连带责任。

第二节　委托代理

第一百六十五条　委托代理授权采用书面形式的，授权委托书应当载明代理人的姓名或者名称、代理事项、权限和期间，并由被代理人签名或者盖章。

第一百六十六条　数人为同一代理事项的代理人的，应当共同行使代理权，但是当事人另有约定的除外。

第一百六十七条　代理人知道或者应当知道代理事项违法仍然实施代理行为，或者被代理人知道或者应当知道代理人的代理行为违法未作反对表示的，被代理人和代理人应当承担连带责任。

第一百六十八条　代理人不得以被代理人的名义与自己实施民事法律行为，但是被代理人同意或者追认的除外。

代理人不得以被代理人的名义与自己同时代理的其他人实施民事法律行为，但是被代理的双方同意或者追认的除外。

第一百六十九条　代理人需要转委托第三人代理的，应当取得被代理人的同意或者追认。

转委托代理经被代理人同意或者追认的，被代理人可以就代理事务直接指示转委托的第三人，代理人仅就第三人的选任以及对第三人的指示承担责任。

转委托代理未经被代理人同意或者追认的，代理人应当对转委托的第三人的行为承担责任，但是在紧急情况下代理人为了维护被代理人的利益需要转委托第三人代理的除外。

第一百七十条 执行法人或者非法人组织工作任务的人员，就其职权范围内的事项，以法人或者非法人组织的名义实施民事法律行为，对法人或者非法人组织发生效力。

法人或者非法人组织对执行其工作任务的人员职权范围的限制，不得对抗善意相对人。

第一百七十一条 行为人没有代理权、超越代理权或者代理权终止后，仍然实施代理行为，未经被代理人追认的，对被代理人不发生效力。

相对人可以催告被代理人自收到通知之日起一个月内予以追认。被代理人未作表示的，视为拒绝追认。行为人实施的行为被追认前，善意相对人有撤销的权利。撤销应当以通知的方式作出。

行为人实施的行为未被追认的，善意相对人有权请求行为人履行债务或者就其受到的损害请求行为人赔偿，但是赔偿的范围不得超过被代理人追认时相对人所能获得的利益。

相对人知道或者应当知道行为人无权代理的，相对人和行为人按照各自的过错承担责任。

第一百七十二条 行为人没有代理权、超越代理权或者代理权终止后，仍然实施代理行为，相对人有理由相信行为人有代理权的，代理行为有效。

第三节 代理终止

第一百七十三条 有下列情形之一的，委托代理终止：

（一）代理期间届满或者代理事务完成；

（二）被代理人取消委托或者代理人辞去委托；

（三）代理人丧失民事行为能力；

（四）代理人或者被代理人死亡；

（五）作为代理人或者被代理人的法人、非法人组织终止。

第一百七十四条 被代理人死亡后，有下列情形之一的，委托代理人实施的代理行为有效：

（一）代理人不知道并且不应当知道被代理人死亡；

（二）被代理人的继承人予以承认；

（三）授权中明确代理权在代理事务完成时终止；

（四）被代理人死亡前已经实施，为了被代理人的继承人的利益继续代理。

作为被代理人的法人、非法人组织终止的，参照适用前款规定。

第一百七十五条　有下列情形之一的，法定代理终止：

（一）被代理人取得或者恢复完全民事行为能力；

（二）代理人丧失民事行为能力；

（三）代理人或者被代理人死亡；

（四）法律规定的其他情形。

【适用本案由需要注意的问题】

◆根据《民事诉讼法》第25条的规定，因票据纠纷提起的诉讼，由票据支付地或者被告住所地人民法院管辖。根据《最高人民法院关于审理票据纠纷案件若干问题的规定》第6条的规定，因票据权利纠纷提起的诉讼，依法由票据支付地或者被告住所地人民法院管辖，票据支付地是指票据上载明的付款地，票据上未载明付款地的，以汇票付款人或者代理付款人的营业场所、住所或者经常居住地，本票出票人的营业场所，支票付款人或者代理付款人的营业场所所在地为票据付款地。代理付款人即付款人的委托代理人，是指根据付款人的委托代为支付票据金额的银行、信用合作社等金融机构。依法享有票据付款请求权的权利人，是指票据的持票人，即最后持票人或者票据上记载的收款人。票据付款请求权的义务人，是指票据主债务人（汇票的承兑人、本票的出票人、支票的付款人）或者其他付款义务人（包括参加承兑人、参加付款人、担当付款人、预备付款人、保证人等）。

334. 票据回购纠纷

【案由解析】

票据回购即回购式（返售式）票据（主要是商业汇票）转贴现。回购式商业汇票转贴现是指对金融机构合法取得、具备真实交易关系、尚未到期的商业汇票实施限时购买，持票人按约定的时间价格和方式将商业汇票买回的行为。

票据回购纠纷是指票据回购行将未到期的已贴现或转贴现的商业汇票以回购方式向其他商业银行或系统内进行融资的行为引起的纠纷。

【常用法律条文及索引】

目前，我国没有关于票据回购方面的法律、法规、规章或司法解释，在审判实践中可参考有关银行指定的相关业务规则。

【适用本案由需要注意的问题】

◆根据《民事诉讼法》第25条的规定，因票据纠纷提起的诉讼，由票据支付地或者被告住所地人民法院管辖。根据《最高人民法院关于审理票据纠纷案件若干问题的规定》第6条的规定，因票据权利纠纷提起的诉讼，依法由票据支付地或者被告住所地人民法院管辖，票据支付地是指票据上载明的付款地，票据上未载明付款地的，以汇票付款人或者代理付款人的营业场所、住所或者经常居住地，本票出票人的营业场所，支票付款人或者代理付款人的营业场所所在地为票据付款地。代理付款人即付款人的委托代理人，是指根据付款人的委托代为支付票据金额的银行、信用合作社等金融机构。依法享有票据付款请求权的权利人，是指票据的持票人，即最后持票人或者票据上记载的收款人。票据付款请求权的义务人，是指票据主债务人（汇票的承兑人、本票的出票人、支票的付款人）或者其他付款义务人（包括参加承兑人、参加付款人、担当付款人、预备付款人、保证人等）。

二十九、信用证纠纷

335. 委托开立信用证纠纷

【案由解析】

信用证是银行（即开证行）依照进口商（即开证申请人）的要求和指示，对出口商（即受益人）发出的、授权出口商签发以银行或进口商为付款人的汇票，保证在交来符合信用证条款规定的汇票和单据时，必定承兑和付款的保证文件。信用证以其是否跟随单据，分为光票信用证和跟单信用证两大类，在国际贸易中主要使用的是跟单信用证。

委托开立信用证纠纷，是指委托人和受托人之间因委托开立信用证产生的纠纷，其实质是委托代理纠纷。

【常用法律条文及索引】

《民法总则》(2017 年 10 月 1 日起施行)

第一百六十五条　委托代理授权采用书面形式的，授权委托书应当载明代理人的姓名或者名称、代理事项、权限和期间，并由被代理人签名或者盖章。

第一百六十六条　数人为同一代理事项的代理人的，应当共同行使代理权，但是当事人另有约定的除外。

第一百六十七条　代理人知道或者应当知道代理事项违法仍然实施代理行为，或者被代理人知道或者应当知道代理人的代理行为违法未作反对表示的，被代理人和代理人应当承担连带责任。

第一百六十八条　代理人不得以被代理人的名义与自己实施民事法律行为，但是被代理人同意或者追认的除外。

代理人不得以被代理人的名义与自己同时代理的其他人实施民事法律行为，但是被代理的双方同意或者追认的除外。

第一百六十九条　代理人需要转委托第三人代理的，应当取得被代理人的同意或者追认。

转委托代理经被代理人同意或者追认的，被代理人可以就代理事务直接指示转委托的第三人，代理人仅就第三人的选任以及对第三人的指示承担责任。

转委托代理未经被代理人同意或者追认的，代理人应当对转委托的第三人的行为承担责任，但是在紧急情况下代理人为了维护被代理人的利益需要转委托第三人代理的除外。

第一百七十条　执行法人或者非法人组织工作任务的人员，就其职权范围内的事项，以法人或者非法人组织的名义实施民事法律行为，对法人或者非法人组织发生效力。

法人或者非法人组织对执行其工作任务的人员职权范围的限制，不得对抗善意相对人。

第一百七十一条　行为人没有代理权、超越代理权或者代理权终止后，仍然实施代理行为，未经被代理人追认的，对被代理人不发生效力。

相对人可以催告被代理人自收到通知之日起一个月内予以追认。被代理人未作表示的，视为拒绝追认。行为人实施的行为被追认前，善意相对人有撤销的权利。撤销应当以通知的方式作出。

行为人实施的行为未被追认的，善意相对人有权请求行为人履行债务或者就其受到的损害请求行为人赔偿，但是赔偿的范围不得超过被代理人追认时相对人所能获得的利益。

相对人知道或者应当知道行为人无权代理的，相对人和行为人按照各自的过错承担责任。

第一百七十二条 行为人没有代理权、超越代理权或者代理权终止后，仍然实施代理行为，相对人有理由相信行为人有代理权的，代理行为有效。

《合同法》（1999 年 10 月 1 日起施行）

第三百九十六条 委托合同是委托人和受托人约定，由受托人处理委托人事务的合同。

第三百九十七条 委托人可以特别委托受托人处理一项或者数项事务，也可以概括委托受托人处理一切事务。

第三百九十八条 委托人应当预付处理委托事务的费用。受托人为处理委托事务垫付的必要费用，委托人应当偿还该费用及其利息。

第三百九十九条 受托人应当按照委托人的指示处理委托事务。需要变更委托人指示的，应当经委托人同意；因情况紧急，难以和委托人取得联系的，受托人应当妥善处理委托事务，但事后应当将该情况及时报告委托人。

第四百条 受托人应当亲自处理委托事务。经委托人同意，受托人可以转委托。转委托经同意的，委托人可以就委托事务直接指示转委托的第三人，受托人仅就第三人的选任及其对第三人的指示承担责任。转委托未经同意的，受托人应当对转委托的第三人的行为承担责任，但在紧急情况下受托人为维护委托人的利益需要转委托的除外。

第四百零一条 受托人应当按照委托人的要求，报告委托事务的处理情况。委托合同终止时，受托人应当报告委托事务的结果。

第四百零二条 受托人以自己的名义，在委托人的授权范围内与第三人订立的合同，第三人在订立合同时知道受托人与委托人之间的代理关系的，该合同直接约束委托人和第三人，但有确切证据证明该合同只约束受托人和第三人的除外。

第四百零三条 受托人以自己的名义与第三人订立合同时，第三人不知道受托人与委托人之间的代理关系的，受托人因第三人的原因对委托人不履行义务，受托人应当向委托人披露第三人，委托人因此可以行使受托人对第三人的权利，但第三人与受托人订立合同时如果知道该委托人就不会订立合同的除外。

受托人因委托人的原因对第三人不履行义务，受托人应当向第三人披露委托人，第三人因此可以选择受托人或者委托人作为相对人主张其权利，但第三人不得变更选定的相对人。

委托人行使受托人对第三人的权利的，第三人可以向委托人主张其对受托人的抗辩。第三人选定委托人作为其相对人的，委托人可以向第三人主张其对受托人的抗辩以及受托人对第三人的抗辩。

第四百零四条　受托人处理委托事务取得的财产，应当转交给委托人。

第四百零五条　受托人完成委托事务的，委托人应当向其支付报酬。因不可归责于受托人的事由，委托合同解除或者委托事务不能完成的，委托人应当向受托人支付相应的报酬。当事人另有约定的，按照其约定。

第四百零六条　有偿的委托合同，因受托人的过错给委托人造成损失的，委托人可以要求赔偿损失。无偿的委托合同，因受托人的故意或者重大过失给委托人造成损失的，委托人可以要求赔偿损失。

受托人超越权限给委托人造成损失的，应当赔偿损失。

第四百零七条　受托人处理委托事务时，因不可归责于自己的事由受到损失的，可以向委托人要求赔偿损失。

第四百零八条　委托人经受托人同意，可以在受托人之外委托第三人处理委托事务。因此给受托人造成损失的，受托人可以向委托人要求赔偿损失。

第四百零九条　两个以上的受托人共同处理委托事务的，对委托人承担连带责任。

第四百一十条　委托人或者受托人可以随时解除委托合同。因解除合同给对方造成损失的，除不可归责于该当事人的事由以外，应当赔偿损失。

第四百一十一条　委托人或者受托人死亡、丧失民事行为能力或者破产的，委托合同终止，但当事人另有约定或者根据委托事务的性质不宜终止的除外。

第四百一十二条　因委托人死亡、丧失民事行为能力或者破产，致使委托合同终止将损害委托人利益的，在委托人的继承人、法定代理人或者清算组织承受委托事务之前，受托人应当继续处理委托事务。

第四百一十三条　因受托人死亡、丧失民事行为能力或者破产，致使委托合同终止的，受托人的继承人、法定代理人或者清算组织应当及时通知委托人。因委托合同终止将损害委托人利益的，在委托人作出善后处理之前，受托人的继承人、法定代理人或者清算组织应当采取必要措施。

《最高人民法院关于审理信用证纠纷案件若干问题的规定》（法释〔2005〕13号 2006年1月1日起施行）

第三条 开证申请人与开证行之间因申请开立信用证而产生的欠款纠纷、委托人和受托人之间因委托开立信用证产生的纠纷、担保人为申请开立信用证或者委托开立信用证提供担保而产生的纠纷以及信用证项下融资产生的纠纷，适用本规定。

第四条 因申请开立信用证而产生的欠款纠纷、委托开立信用证纠纷和因此产生的担保纠纷以及信用证项下融资产生的纠纷应当适用中华人民共和国相关法律。涉外合同当事人对法律适用另有约定的除外。

【适用本案由需要注意的问题】

◆委托开立信用证纠纷属于合同纠纷，该类纠纷案件的管辖适用合同纠纷案件的管辖的一般原则，根据《民事诉讼法》第23条的规定，由被告住所地或者合同行地人民法院管辖。

336. 信用证开证纠纷

【案由解析】

信用证开证纠纷，是指开证申请人与开证行之间因申请以及受理并开立信用证等一系列行为而产生的纠纷。

开证行和开证申请人之间是授信和代为付款审单委托关系。

一般的理解是开证申请人是开证行的客户，开证申请人向开证行提出开证申请，或者开证申请人在开证行有授信额度，或者开证行从开证申请人获得足够的担保品，开证行才对外开立以货物的卖方为受益人的信用证，保证一旦受益人提交了符合信用证要求的合格单据，开证行将兑付交单。开证行当然是开证申请人的代理人，但是开证行开立的信用证是一个独立的有条件的付款保证。开证行以自己的信用向受益人作出独立的保证。开证行必须合理谨慎地严格按照信用证条件和条款的要求审查受益人提交的单据，以确定单据是否符合信用证的要求。如果开证行对不符合的单据作出兑付，开证行应该就自己的不当兑付承担责任。

开证行审查单据和对外拒付是开证行的独立权利，开证申请人无权强迫开证行接受不符单据。

开证行在开证时除了要求开证申请人提供足够的保证和担保之外，开证行还控制了清洁的不记名的提单作为自己垫款的附属保证，开证行在单据上具有担保权。如果开证行丢失受益人提交的相符单据，使开证申请人由于无法获得单据提货而导致损失，开证行应该负责赔偿。

【常用法律条文及索引】

《最高人民法院关于审理信用证纠纷案件若干问题的规定》（法释〔2005〕13号 2006年1月1日起施行）

第三条 开证申请人与开证行之间因申请开立信用证而产生的欠款纠纷、委托人和受托人之间因委托开立信用证产生的纠纷、担保人为申请开立信用证或者委托开立信用证提供担保而产生的纠纷以及信用证项下融资产生的纠纷，适用本规定。

第四条 因申请开立信用证而产生的欠款纠纷、委托开立信用证纠纷和因此产生的担保纠纷以及信用证项下融资产生的纠纷应当适用中华人民共和国相关法律。涉外合同当事人对法律适用另有约定的除外。

第五条 开证行在作出付款、承兑或者履行信用证项下其他义务的承诺后，只要单据与信用证条款、单据与单据之间在表面上相符，开证行应当履行在信用证规定的期限内付款的义务。当事人以开证申请人与受益人之间的基础交易提出抗辩的，人民法院不予支持。具有本规定第八条的情形除外。

第六条 人民法院在审理信用证纠纷案件中涉及单证审查的，应当根据当事人约定适用的相关国际惯例或者其他规定进行；当事人没有约定的，应当按照国际商会《跟单信用证统一惯例》以及国际商会确定的相关标准，认定单据与信用证条款、单据与单据之间是否在表面上相符。

信用证项下单据与信用证条款之间、单据与单据之间在表面上不完全一致，但并不导致相互之间产生歧义的，不应认定为不符点。

第七条 开证行有独立审查单据的权利和义务，有权自行作出单据与信用证条款、单据与单据之间是否在表面上相符的决定，并自行决定接受或者拒绝接受单据与信用证条款、单据与单据之间的不符点。

开证行发现信用证项下存在不符点后，可以自行决定是否联系开证申请人接受不符点。开证申请人决定是否接受不符点，并不影响开证行最终决定是否接受不符点。开证行和开证申请人另有约定的除外。

开证行向受益人明确表示接受不符点的，应当承担付款责任。

开证行拒绝接受不符点时，受益人以开证申请人已接受不符点为由要求开证行承担信用证项下付款责任的，人民法院不予支持。

第八条 凡有下列情形之一的，应当认定存在信用证欺诈：

（一）受益人伪造单据或者提交记载内容虚假的单据；

（二）受益人恶意不交付货物或者交付的货物无价值；

（三）受益人和开证申请人或者其他第三方串通提交假单据，而没有真实的基础交易；

（四）其他进行信用证欺诈的情形。

第九条 开证申请人、开证行或者其他利害关系人发现有本规定第八条的情形，并认为将会给其造成难以弥补的损害时，可以向有管辖权的人民法院申请中止支付信用证项下的款项。

第十条 人民法院认定存在信用证欺诈的，应当裁定中止支付或者判决终止支付信用证项下款项，但有下列情形之一的除外：

（一）开证行的指定人、授权人已按照开证行的指令善意地进行了付款；

（二）开证行或者其指定人、授权人已对信用证项下票据善意地作出了承兑；

（三）保兑行善意地履行了付款义务；

（四）议付行善意地进行了议付。

《跟单信用证统一惯例》（UCP600）（2007 年 7 月 1 日起施行）

第一条 UCP 的适用范围

《跟单信用证统一惯例——2007 年修订本，国际商会第 600 号出版物》（简称“UCP”）乃一套规则，适用于所有的其文本中明确表明受本惯例约束的跟单信用证（下称信用证）（在其可适用的范围内，包括备用信用证）。除非信用证明确修改或排除，本惯例各条文对信用证所有当事人均具有约束力。

第四条 信用证与合同

a 就其性质而言，信用证与可能作为其开立基础的销售合同或其他合同是相互独立的交易，即使信用证中含有对此类合同的任何援引，银行也与该合同无关，且不受其约束。因此，银行关于承付、议付或履行信用证项下其他义务的承诺，不受申请人基于与开证行或与受益人之间的关系而产生的任何请求或抗辩的影响。

受益人在任何情况下不得利用银行之间或申请人与开证行之间的合同关系。

b 开证行应劝阻申请人试图将基础合同、形式发票等文件作为信用证组成部分的做法。

第七条　开证行责任

a 只要规定的单据提交给指定银行或开证行，并且构成相符交单，则开证行必须承付，如果信用证为以下情形之一：

i 信用证规定由开证行即期付款，延期付款或承兑；

ii 信用证规定由指定银行即期付款但其未付款；

iii 信用证规定由指定银行延期付款但其未承诺延期付款，或虽已承诺延期付款，但未在到期日付款；

iv 信用证规定由指定银行承兑，但其未承兑以其为付款人的汇票，或虽然承兑了汇票，但未在到期日付款。

v 信用证规定由指定银行议付但其未议付。

b 开证行自开立信用证之时起即不可撤销地承担承付责任。

c 指定银行承付或议付相符交单并将单据转给开证行之后，开证行即承担偿付该指定银行的责任。对承兑或延期付款信用证下相符交单金额的偿付应在到期日办理，无论指定银行是否在到期日之前预付或购买了单据。开证行偿付指定银行的责任独立于开证行对受益人的责任。

【适用本案由需要注意的问题】

◆信用证开证纠纷属于合同纠纷，该类纠纷案件的管辖适用合同纠纷案件的管辖的一般原则，根据《民事诉讼法》第 23 条的规定，由被告住所地或者合同行地人民法院管辖。

337. 信用证议付纠纷

【案由解析】

信用证议付，是指指定银行在相符交单下，在其应获偿付的银行工作日当天或之前向受益人预付或者同意预付款项，从而购买汇票（其付款人为指定银行以外的其他银行）及/或单据的行为。

信用证议付纠纷，是指受益人与议付行之间以及议付行与开证行之间因议付信用证而产生的纠纷。

【常用法律条文及索引】

《跟单信用证统一惯例》（UCP600）（2007 年 7 月 1 日起施行）

第二条 定义

就本惯例而言

通知行 指应开证行的要求通知信用证的银行。

申请人 指要求开立信用证的一方。

银行工作日 指银行在其履行受本惯例约束的行为的地点通常开业的一天。

受益人 指接受信用证并享受其利益的一方。

相符交单 指与信用证条款、本惯例的相关适用条款以及国际标准银行实务一致的交单。

保兑 指保兑行在开证行承诺之外做出的承付或议付相符交单的确定承诺。

保兑行 指根据开证行的授权或要求对信用证加具保兑的银行。

信用证 指一项不可撤销的安排，无论其名称或描述如何，该项安排构成开证行对相符交单予以承付的确定承诺。

承付 指：

a. 如果信用证为即期付款信用证，则即期付款。

b. 如果信用证为延期付款信用证，则承诺延期付款并在承诺到期日付款。

c. 如果信用证为承兑信用证，则承兑受益人开出的汇票并在汇票到期日付款。

开证行 指应申请人要求或者代表自己开出信用证的银行。

议付 指指定银行在相符交单下，在其应获偿付的银行工作日当天或之前向受益人预付或者同意预付款项，从而购买汇票（其付款人为指定银行以外的其他银行）及/或单据的行为。

指定银行 指信用证可在其处兑用的银行，如信用证可在任一银行兑用，则任何银行均为指定银行。

交单 指向开证行或指定银行提交信用证项下单据的行为，或指按此方式提交的单据。

交单人 指实施交单行为的受益人、银行或其他人。

第十二条 指定

a. 除非指定银行为保兑行，对于承付或议付的授权并不赋予指定银行承付或议付的义务，除非该指定银行明确表示同意并且告知受益人。

b. 开证行指定一银行承兑汇票或做出延期付款承诺，即为授权该指定银行预付或购买其已承兑的汇票或已做出的延期付款承诺。

c. 非保兑行的指定银行收到或审核并转递单据的行为并不使其承担承付或议付的责任，也不构成其承付或议付的行为。

第十三条 银行之间的偿付安排

a. 如果信用证规定指定银行（“索偿行”）向另一方（“偿付行”）获取偿付时，必须同时规定该偿付是否按信用证开立时有效的 ICC 银行间偿付规则进行。

b. 如果信用证没有规定偿付遵守 ICC 银行间偿付规则，则按照以下规定：

i. 开证行必须给予偿付行有关偿付的授权，授权应符合信用证关于兑用方式的规定，且不应设定截止日。

ii. 开证行不应要求索偿行向偿付行提供与信用证条款相符的证明。

iii. 如果偿付行未按信用证条款见索即偿，开证行将承担利息损失以及产生的任何其他费用。

iv. 偿付行的费用应由开证行承担。然而，如果此项费用由受益人承担，开证行有责任在信用证及偿付授权中注明。如果偿付行的费用由受益人承担，该费用应在偿付时从付给索偿行的金额中扣取。如果偿付未发生，偿付行的费用仍由开证行负担。

c. 如果偿付行未能见索即偿，开证行不能免除偿付责任。

第十四条 单据审核标准

a. 按指定行事的指定银行、保兑行（如果有的话）及开证行须审核交单，并仅基于单据本身确定其是否在表面上构成相符交单。

b. 按指定行事的指定银行、保兑行（如有的话）及开证行各有从交单次日起至多五个银行工作日用以确定交单是否相符。这一期限不因在交单日当天或之后信用证截止日或最迟交单日届至而受到缩减或影响。

c. 如果单据中包含一份或多份受第十九、二十、二十一、二十二、二十三、二十四或二十五条规制的正本运输单据，则须由受益人或其代表在不迟于本惯例所指的发运日之后的二十一个日历日内交单，但是在任何情况下都不得迟于信用证的截止日。

d. 单据中的数据，在与信用证、单据本身以及国际标准银行实务参照解读时，无须与该单据本身中的数据、其他要求的单据或信用证中的数据等同一致、但不得矛盾。

e. 除商业发票外，其他单据中的货物、服务或履约行为的描述，如果有的话，可使用与信用证中的描述不矛盾的概括性用语。

f. 如果信用证要求提交运输单据、保险单据或者商业发票之外的单据，却未规定出单人或其数据内容，则只要提交的单据内容看似满足所要求单据的功能，且其他方面符合第十四条 d 款，银行将接受该单据。

g. 提交的非信用证所要求的单据将被不予理会，并可被退还给交单人。

h. 如果信用证含有一项条件，但未规定用以表明该条件得到满足的单据，银行将视为未作规定并不予理会。

i. 单据日期可以早于信用证的开立日期，但不得晚于交单日期。

j. 当受益人和申请人的地址出现在任何规定的单据中时，无须与信用证或其他规定单据中所载相同，但必须与信用证中规定的相应地址同在一国。联络细节（传真、电话、电子邮件及类似细节）作为受益人和申请人地址的一部分时将被不予理会。然而，如果申请人的地址和联络细节为第十九、二十、二十一、二十二、二十三、二十四或二十五条规定的运输单据上的收货人或通知方细节的一部分时，应与信用证规定的相同。

k. 在任何单据中注明的托运人或发货人无须为信用证的受益人。

l. 运输单据可以由任何人出具，无须为承运人、船东、船长或租船人，只要其符合第十九、二十、二十一、二十二、二十三或二十四条的要求。

第十五条　相符交单

a. 当开证行确定交单相符时，必须承付。

b. 当保兑行确定交单相符时，必须承付或者议付并将单据转递给开证行。

c. 当指定银行确定交单相符并承付或议付时，必须将单据转递给保兑行或开证行。

第十六条 不符单据、放弃及通知

a. 当按照指定行事的指定银行、保兑行（如有的话）或者开证行确定交单不符时，可以拒绝承付或议付。

b. 当开证行确定交单不符时，可以自行决定联系申请人放弃不符点。然而这并不能延长第十四条b款所指的期限。

c. 当按照指定行事的指定银行、保兑行（如有的话）或开证行决定拒绝承付或议付时，必须给予交单人一份单独的拒付通知。

该通知必须声明：

i. 银行拒绝承付或议付；及

ii. 银行拒绝承付或者议付所依据的每一个不符点；及

iii. a）银行留存单据听候交单人的进一步指示；或者

b）开证行留存单据直到其从申请人处接到放弃不符点的通知并同意接受该放弃，或者其同意接受对不符点的放弃之前从交单人处收到其进一步指示；或者

c）银行将退回单据；或者

d）银行将按之前从交单人处获得的指示处理。

d. 第十六条c款要求的通知必须以电讯方式，如不可能，则以其他快捷方式，在不迟于自交单之翌日起第五个银行工作日结束前发出。

e. 按照指定行事的指定银行、保兑行（如有的话）或开证行在按照第十六条c款iii项a）或b）发出了通知后，可以在任何时候将单据退还交单人。

f. 如果开证行或保兑行未能按照本条行事，则无权宣称交单不符。

g. 当开证行拒绝承付或保兑行拒绝承付或者议付，并且按照本条发出了拒付通知后，有权要求返还已偿付的款项及利息。

《最高人民法院关于审理信用证纠纷案件若干问题的规定》（法释〔2005〕13号 2006年1月1日起施行）

第十条 人民法院认定存在信用证欺诈的，应当裁定中止支付或者判决终止支付信用证项下款项，但有下列情形之一的除外：

（一）开证行的指定人、授权人已按照开证行的指令善意地进行了付款；

（二）开证行或者其指定人、授权人已对信用证项下票据善意地作出了承兑；

（三）保兑行善意地履行了付款义务；

（四）议付行善意地进行了议付。

第十四条 人民法院在审理信用证欺诈案件过程中，必要时可以将信用证纠纷与基础交易纠纷一并审理。

当事人以基础交易欺诈为由起诉的，可以将与案件有关的开证行、议付行或者其他信用证法律关系的利害关系人列为第三人；第三人可以申请参加诉讼，人民法院也可以通知第三人参加诉讼。

【适用本案由需要注意的问题】

◆ 信用证议付纠纷案件一般是涉外案件。在当事人没有明确选择的情况下，由被告住所地或者合同履行地人民法院管辖。此外，根据《民事诉讼法》第265条的规定，因合同纠纷或者其他财产权益纠纷，对在中华人民共和国领域内没有住所的被告提起的诉讼，如果合同在中华人民共和国领域内签订或者履行，或者诉讼标的物在中华人民共和国领域内，或者被告在中华人民共和国领域内有可供扣押的财产，或者被告在中华人民共和国领域内设有代表机构，可以由合同签订地、合同履行地、诉讼标的物所在地、可供扣押财产所在地、侵权行为地或者代表机构住所地人民法院管辖。

◆ 根据《最高人民法院关于适用〈中华人民共和国民事诉讼法〉的解释》第531条的规定，涉外合同或者其他财产权益纠纷的当事人，可以书面协议选择被告住所地、合同履行地、合同签订地、原告住所地、标的物所在地、侵权行为地等与争议有实际联系地点的外国法院管辖。

338. 信用证欺诈纠纷

【案由解析】

信用证欺诈纠纷，是指当事人在信用证交易过程中欺诈行为的确认以及欺诈一方的民事责任承担方面的纠纷。

对于信用证欺诈问题，《跟单信用证统一惯例》并未作出规定，这是留待各国国内法解决的问题。

【典型形态】

在实践中，信用证欺诈纠纷主要有通过伪造信用证项下的单据，达到单单相符、单证相符的要求，从而使开证行支付信用证项下款项或者成为付款责任人，给开证行或相关利益当事人带来损失而产生的纠纷。

【常用法律条文及索引】

《最高人民法院关于审理信用证纠纷案件若干问题的规定》（法释〔2005〕13号　2006年1月1日起施行）

第八条　凡有下列情形之一的，应当认定存在信用证欺诈：

（一）受益人伪造单据或者提交记载内容虚假的单据；

（二）受益人恶意不交付货物或者交付的货物无价值；

（三）受益人和开证申请人或者其他第三方串通提交假单据，而没有真实的基础交易；

（四）其他进行信用证欺诈的情形。

第九条　开证申请人、开证行或者其他利害关系人发现有本规定第八条的情形，并认为将会给其造成难以弥补的损害时，可以向有管辖权的人民法院申请中止支付信用证项下的款项。

第十条　人民法院认定存在信用证欺诈的，应当裁定中止支付或者判决终止支付信用证项下款项，但有下列情形之一的除外：

（一）开证行的指定人、授权人已按照开证行的指令善意地进行了付款；

（二）开证行或者其指定人、授权人已对信用证项下票据善意地作出了承兑；

（三）保兑行善意地履行了付款义务；

（四）议付行善意地进行了议付。

第十四条　人民法院在审理信用证欺诈案件过程中，必要时可以将信用证纠纷与基础交易纠纷一并审理。

当事人以基础交易欺诈为由起诉的，可以将与案件有关的开证行、议付行或者其他信用证法律关系的利害关系人列为第三人；第三人可以申请参加诉讼，人民法院也可以通知第三人参加诉讼。

第十五条　人民法院通过实体审理，认定构成信用证欺诈并且不存在本规定第十条的情形的，应当判决终止支付信用证项下的款项。

【适用本案由需要注意的问题】

◆ 人民法院在审理信用证欺诈案件过程中，必要时可以将信用证纠纷与基础交易纠纷一并审理。因此，可以根据基础交易纠纷确定信用证欺诈纠纷的管辖法院。基础交易一般是国际买卖合同。这类案件一般是涉外案件，在当事人没有明确选择的情况下，由被告住所地或者合同履行地人民法院管辖。此外，根据《民事诉讼法》第265条的规定，因合同纠纷或者其他财产权益纠纷，对在中华人民共和国领域内没有住所的被告提起的诉讼，如果合同在中华人民共和国领域内签订或者履行，或者诉讼标的物在中华人民共和国领域内，或者被告在中华人民共和国领域内有可供扣押的财产，或者被告在中华人民共和国领域内设有代表机构，可以由合同签订地、合同履行地、诉讼标的物所在地、可供扣押财产所在地、侵权行为地或者代表机构住所地人民法院管辖。

◆ 根据《最高人民法院关于适用〈中华人民共和国民事诉讼法〉的解释》第531条的规定，涉外合同或者其他财产权益纠纷的当事人，可以书面协议选择被告住所地、合同履行地、合同签订地、原告住所地、标的物所在地、侵权行为地等与争议有实际联系地点的外国法院管辖。

339. 信用证融资纠纷

【案由解析】

信用证融资是国际贸易中使用最为广泛的融资产品，信用证的优点及生命力正是能为买卖双方提供融资服务。信用证融资是银行一项影响较大、利润丰厚、周转期短的融资业务，银行都把贸易融资放在重要地位。

信用证融资的主要方式有：（1）银行向进口商提供的贸易融资方式，主要包括提供信用证融资额度、担保提货、进口押汇、承兑信用额度。（2）银行向出口商提供的贸易融资方式，主要包括打包放款、票据贴现、出口押汇、福费廷（也称“包买票据”）、利用出口信用保险融资。

信用证融资纠纷，是指在信用证交易中因开证行与开证申请人之间特殊的融资安排而产生的纠纷。

【常用法律条文及索引】

《最高人民法院关于审理信用证纠纷案件若干问题的规定》（法释〔2005〕13号　2006年1月1日起施行）

第三条　开证申请人与开证行之间因申请开立信用证而产生的欠款纠

纷、委托人和受托人之间因委托开立信用证产生的纠纷、担保人为申请开立信用证或者委托开立信用证提供担保而产生的纠纷以及信用证项下融资产生的纠纷，适用本规定。

第四条 因申请开立信用证而产生的欠款纠纷、委托开立信用证纠纷和因此产生的担保纠纷以及信用证项下融资产生的纠纷应当适用中华人民共和国相关法律。涉外合同当事人对法律适用另有约定的除外。

【适用本案由需要注意的问题】

◆信用证融资纠纷实质是开证行与开证申请人之间的合同纠纷，该类纠纷案件的管辖适用合同纠纷案件的管辖的一般原则，根据《民事诉讼法》第23条的规定，由被告住所地或者合同行地人民法院管辖。

◆《最高人民法院关于审理信用证纠纷案件若干问题的规定》第1、3、4条将信用证纠纷案件归纳为两大类，第一类为“信用证纠纷案件”，是“指在信用证开立、通知、修改、撤销、保兑、议付、偿付等环节产生的纠纷”；第二类是“与信用证相关的纠纷案件”，主要是指“开证申请人与开证行之间因申请开立信用证而产生的欠款纠纷、委托人和受托人之间因委托开立信用证产生的纠纷、担保人为申请开立信用证或者委托开立信用证提供担保而产生的纠纷以及信用证项下融资产生的纠纷”。第二类案件即“与信用证相关的纠纷案件”在法律适用上完全受国内法律的调整，应当适用《民法通则》《合同法》《担保法》等有关的民商事法律以及相应的司法解释来认定合同的效力、违约责任、担保责任等。

340. 信用证转让纠纷

【案由解析】

信用证转让，是指可转让信用证的所有权力全部或是一部分转让给信用证获益者（第一获益人）所制定的第三者（第二获益人）。

信用证转让纠纷是指信用证在转让过程中产生的纠纷。

【常用法律条文及索引】

《跟单信用证统一惯例》（UCP600）（2007 年 7 月 1 日起施行）

第三十八条 可转让信用证

a. 银行无办理信用证转让的义务，除非其明确同意。

b. 就本条而言：

可转让信用证系指特别注明“可转让（transferable）”字样的信用证。可转让信用证可应受益人（第一受益人）的要求转为全部或部分由另一受益人（第二受益人）兑用。

转让行系指办理信用证转让的指定银行，或当信用证规定可在任何银行兑用时，指开证行特别如此授权并实际办理转让的银行。开证行也可担任转让行。

已转让信用证指已由转让行转为可由第二受益人兑用的信用证。

c. 除非转让时另有约定，有关转让的所有费用（诸如佣金、手续费，成本或开支）须由第一受益人支付。

d. 只要信用证允许部分支款或部分发运，信用证可以分部分地转让给数名第二受益人。

已转让信用证不得应第二受益人的要求转让给任何其后受益人。第一受益人不视为其后受益人。

e. 任何转让要求须说明是否允许及在何条件下允许将修改通知第二受益人。已转让信用证须明确说明该项条件。

f. 如果信用证转让给数名第二受益人，其中一名或多名第二受益人对信用证修改的拒绝并不影响其他第二受益人接受修改。对接受者而言该已转让信用证即被相应修改，而对拒绝改的第二受益人而言，该信用证未被修改。

g. 已转让信用证须准确转载原证条款，包括保兑（如果有的话），但下列项目除外：

——信用证金额，

——规定的任何单价，

——截止日，

——交单期限，或

——最迟发运日或发运期间。

以上任何一项或全部均可减少或缩短。

必须投保的保险比例可以增加，以达到原信用证或本惯例规定的保险金额。

可用第一受益人的名称替换原证中的开证申请人名称。

如果原证特别要求开证申请人名称应在除发票以外的任何单据出现时，已转让信用证必须反映该项要求。

h. 第一受益人有权以自己的发票和汇票（如有的话）替换第二受益人的发票的汇票，其金额不得超过原信用证的金额。经过替换后，第一受益人可在原信用证项下支取自己发票与第二受益人发票间的差价（如有的话）。

i. 如果第一受益人应提交其自己的发票和汇票（如有的话），但未能在第一次要求的照办，或第一受益人提交的发票导致了第二受益人的交单中本不存在的不符点，而其未能在第一次要求时修正，转让行有权将从第二受益人处收到的单据照交开证行，并不再对第一受益人承担责任。

j. 在要求转让时，第一受益人可以要求在信用证转让后的兑用地点，在原信用证的截止日之前（包括截止日），对第二受益人承付或议付。本规定并不得损害第一受益人在第三十八条 h 款下的权利。

k. 第二受益人或代表第二受益人的交单必须交给转让行。

【适用本案由需要注意的问题】

◆ 信用证转让纠纷案件一般是涉外案件。在当事人没有明确选择的情况下，由被告住所地或者合同履行地人民法院管辖。此外，根据《民事诉讼法》第 265 条的规定，因合同纠纷或者其他财产权益纠纷，对在中华人民共和国领域内没有住所的被告提起的诉讼，如果合同在中华人民共和国领域内签订或者履行，或者诉讼标的物在中华人民共和国领域内，或者被告在中华人民共和国领域内有可供扣押的财产，或者被告在中华人民共和国领域内设有代表机构，可以由合同签订地、合同履行地、诉讼标的物所在地、可供扣押财产所在地、侵权行为地或者代表机构住所地人民法院管辖。

◆ 根据《最高人民法院关于适用〈中华人民共和国民事诉讼法〉的解释》第 531 条的规定，涉外合同或者其他财产权益纠纷的当事人，可以书面协议选择被告住所地、合同履行地、合同签订地、原告住所地、标的物所在地、侵权行为地等与争议有实际联系地点的外国法院管辖。

附：根据新的法律、司法解释可以增加的案由纠纷类型

*机动车交通事故责任强制保险合同纠纷

【案由解析】

机动车交通事故责任强制保险合同，是指由保险公司对被保险机动车发生道路交通事故造成本车人员、被保险人以外的受害人的人身伤亡、财产损失，在责任限额内予以赔偿的强制性责任保险合同。当事人之间因签署、履行机动车交通事故责任强制保险合同产生的纠纷为机动车交通事故责任强制保险合同纠纷。

根据《机动车交通事故责任强制保险条例》的规定，交强险与前述财产保险和人身保险（商业险）有所不同，且保险合同中既有财产保险内容，也有人身保险内容，加之实践中交强险合同纠纷多发，故应当单列为一个案由。

【典型形态】

司法实践中，较为常见的是投保人与保险公司之间因机动车交通事故责任强制保险合同履行产生的纠纷。

【常用法律条文及索引】

《道路交通安全法》（2011 年 5 月 1 日起施行）

第十七条 国家实行机动车第三者责任强制保险制度，设立道路交通事故社会救助基金。具体办法由国务院规定。

《机动车交通事故责任强制保险条例》（2013 年 3 月 11 日起施行）

第一章 总 则

第一条 为了保障机动车道路交通事故受害人依法得到赔偿，促进道路交通安全，根据《中华人民共和国道路交通安全法》、《中华人民共和国保险法》，制定本条例。

第二条 在中华人民共和国境内道路上行驶的机动车的所有人或者管理人，应当依照《中华人民共和国道路交通安全法》的规定投保机动车交通事

故责任强制保险。

机动车交通事故责任强制保险的投保、赔偿和监督管理，适用本条例。

第三条　本条例所称机动车交通事故责任强制保险，是指由保险公司对被保险机动车发生道路交通事故造成本车人员、被保险人以外的受害人的人身伤亡、财产损失，在责任限额内予以赔偿的强制性责任保险。

第四条　国务院保险监督管理机构（以下称保监会）依法对保险公司的机动车交通事故责任强制保险业务实施监督管理。

公安机关交通管理部门、农业（农业机械）主管部门（以下统称机动车管理部门）应当依法对机动车参加机动车交通事故责任强制保险的情况实施监督检查。对未参加机动车交通事故责任强制保险的机动车，机动车管理部门不得予以登记，机动车安全技术检验机构不得予以检验。

公安机关交通管理部门及其交通警察在调查处理道路交通安全违法行为和道路交通事故时，应当依法检查机动车交通事故责任强制保险的保险标志。

第二章　投　保

第五条　保险公司经保监会批准，可以从事机动车交通事故责任强制保险业务。

为了保证机动车交通事故责任强制保险制度的实行，保监会有权要求保险公司从事机动车交通事故责任强制保险业务。

除保险公司外，任何单位或者个人不得从事机动车交通事故责任强制保险业务。

第六条　机动车交通事故责任强制保险实行统一的保险条款和基础保险费率。保监会按照机动车交通事故责任强制保险业务总体上不盈利不亏损的原则审批保险费率。

保监会在审批保险费率时，可以聘请有关专业机构进行评估，可以举行听证会听取公众意见。

第七条　保险公司的机动车交通事故责任强制保险业务，应当与其他保险业务分开管理，单独核算。

保监会应当每年对保险公司的机动车交通事故责任强制保险业务情况进行核查，并向社会公布；根据保险公司机动车交通事故责任强制保险业务的总体盈利或者亏损情况，可以要求或者允许保险公司相应调整保险费率。

调整保险费率的幅度较大的，保监会应当进行听证。

第八条 被保险机动车没有发生道路交通安全违法行为和道路交通事故的，保险公司应当在下一年度降低其保险费率。在此后的年度内，被保险机动车仍然没有发生道路交通安全违法行为和道路交通事故的，保险公司应当继续降低其保险费率，直至最低标准。被保险机动车发生道路交通安全违法行为或者道路交通事故的，保险公司应当在下一年度提高其保险费率。多次发生道路交通安全违法行为、道路交通事故，或者发生重大道路交通事故的，保险公司应当加大提高其保险费率的幅度。在道路交通事故中被保险人没有过错的，不提高其保险费率。降低或者提高保险费率的标准，由保监会会同国务院公安部门制定。

第九条 保监会、国务院公安部门、国务院农业主管部门以及其他有关部门应当逐步建立有关机动车交通事故责任强制保险、道路交通安全违法行为和道路交通事故的信息共享机制。

第十条 投保人在投保时应当选择具备从事机动车交通事故责任强制保险业务资格的保险公司，被选择的保险公司不得拒绝或者拖延承保。

保监会应当将具备从事机动车交通事故责任强制保险业务资格的保险公司向社会公示。

第十一条 投保人投保时，应当向保险公司如实告知重要事项。

重要事项包括机动车的种类、厂牌型号、识别代码、牌照号码、使用性质和机动车所有人或者管理人的姓名（名称）、性别、年龄、住所、身份证或者驾驶证号码（组织机构代码）、续保前该机动车发生事故的情况以及保监会规定的其他事项。

第十二条 签订机动车交通事故责任强制保险合同时，投保人应当一次支付全部保险费；保险公司应当向投保人签发保险单、保险标志。保险单、保险标志应当注明保险单号码、车牌号码、保险期限、保险公司的名称、地址和理赔电话号码。

被保险人应当在被保险机动车上放置保险标志。

保险标志式样全国统一。保险单、保险标志由保监会监制。任何单位或者个人不得伪造、变造或者使用伪造、变造的保险单、保险标志。

第十三条 签订机动车交通事故责任强制保险合同时，投保人不得在保险条款和保险费率之外，向保险公司提出附加其他条件的要求。

签订机动车交通事故责任强制保险合同时，保险公司不得强制投保人订立商业保险合同以及提出附加其他条件的要求。

第十四条　保险公司不得解除机动车交通事故责任强制保险合同；但是，投保人对重要事项未履行如实告知义务的除外。

投保人对重要事项未履行如实告知义务，保险公司解除合同前，应当书面通知投保人，投保人应当自收到通知之日起 5 日内履行如实告知义务；投保人在上述期限内履行如实告知义务的，保险公司不得解除合同。

第十五条　保险公司解除机动车交通事故责任强制保险合同的，应当收回保险单和保险标志，并书面通知机动车管理部门。

第十六条　投保人不得解除机动车交通事故责任强制保险合同，但有下列情形之一的除外：

（一）被保险机动车被依法注销登记的；

（二）被保险机动车办理停驶的；

（三）被保险机动车经公安机关证实丢失的。

第十七条　机动车交通事故责任强制保险合同解除前，保险公司应当按照合同承担保险责任。

合同解除时，保险公司可以收取自保险责任开始之日起至合同解除之日止的保险费，剩余部分的保险费退还投保人。

第十八条　被保险机动车所有权转移的，应当办理机动车交通事故责任强制保险合同变更手续。

第十九条　机动车交通事故责任强制保险合同期满，投保人应当及时续保，并提供上一年度的保险单。

第二十条　机动车交通事故责任强制保险的保险期间为 1 年，但有下列情形之一的，投保人可以投保短期机动车交通事故责任强制保险：

（一）境外机动车临时入境的；

（二）机动车临时上道路行驶的；

（三）机动车距规定的报废期限不足 1 年的；

（四）保监会规定的其他情形。

第三章　赔　偿

第二十一条　被保险机动车发生道路交通事故造成本车人员、被保险人以外的受害人人身伤亡、财产损失的，由保险公司依法在机动车交通事故责任强制保险责任限额范围内予以赔偿。

道路交通事故的损失是由受害人故意造成的，保险公司不予赔偿。

第二十二条　有下列情形之一的，保险公司在机动车交通事故责任强制保险责任限额范围内垫付抢救费用，并有权向致害人追偿：

（一）驾驶人未取得驾驶资格或者醉酒的；

（二）被保险机动车被盗抢期间肇事的；

（三）被保险人故意制造道路交通事故的。

有前款所列情形之一，发生道路交通事故的，造成受害人的财产损失，保险公司不承担赔偿责任。

第二十三条 机动车交通事故责任强制保险在全国范围内实行统一的责任限额。责任限额分为死亡伤残赔偿限额、医疗费用赔偿限额、财产损失赔偿限额以及被保险人在道路交通事故中无责任的赔偿限额。

机动车交通事故责任强制保险责任限额由保监会会同国务院公安部门、国务院卫生主管部门、国务院农业主管部门规定。

第二十四条 国家设立道路交通事故社会救助基金（以下简称救助基金）。有下列情形之一时，道路交通事故中受害人人身伤亡的丧葬费用、部分或者全部抢救费用，由救助基金先行垫付，救助基金管理机构有权向道路交通事故责任人追偿：

（一）抢救费用超过机动车交通事故责任强制保险责任限额的；

（二）肇事机动车未参加机动车交通事故责任强制保险的；

（三）机动车肇事后逃逸的。

第二十五条 救助基金的来源包括：

（一）按照机动车交通事故责任强制保险的保险费的一定比例提取的资金；

（二）对未按照规定投保机动车交通事故责任强制保险的机动车的所有人、管理人的罚款；

（三）救助基金管理机构依法向道路交通事故责任人追偿的资金；

（四）救助基金孳息；

（五）其他资金。

第二十六条 救助基金的具体管理办法，由国务院财政部门会同保监会、国务院公安部门、国务院卫生主管部门、国务院农业主管部门制定试行。

第二十七条 被保险机动车发生道路交通事故，被保险人或者受害人通知保险公司的，保险公司应当立即给予答复，告知被保险人或者受害人具体的赔偿程序等有关事项。

第二十八条　被保险机动车发生道路交通事故的，由被保险人向保险公司申请赔偿保险金。保险公司应当自收到赔偿申请之日起 1 日内，书面告知被保险人需要向保险公司提供的与赔偿有关的证明和资料。

第二十九条　保险公司应当自收到被保险人提供的证明和资料之日起 5 日内，对是否属于保险责任作出核定，并将结果通知被保险人；对不属于保险责任的，应当书面说明理由；对属于保险责任的，在与被保险人达成赔偿保险金的协议后 10 日内，赔偿保险金。

第三十条　被保险人与保险公司对赔偿有争议的，可以依法申请仲裁或者向人民法院提起诉讼。

第三十一条　保险公司可以向被保险人赔偿保险金，也可以直接向受害人赔偿保险金。但是，因抢救受伤人员需要保险公司支付或者垫付抢救费用的，保险公司在接到公安机关交通管理部门通知后，经核对应当及时向医疗机构支付或者垫付抢救费用。

因抢救受伤人员需要救助基金管理机构垫付抢救费用的，救助基金管理机构在接到公安机关交通管理部门通知后，经核对应当及时向医疗机构垫付抢救费用。

第三十二条　医疗机构应当参照国务院卫生主管部门组织制定的有关临床诊疗指南，抢救、治疗道路交通事故中的受伤人员。

第三十三条　保险公司赔偿保险金或者垫付抢救费用，救助基金管理机构垫付抢救费用，需要向有关部门、医疗机构核实有关情况的，有关部门、医疗机构应当予以配合。

第三十四条　保险公司、救助基金管理机构的工作人员对当事人的个人隐私应当保密。

第三十五条　道路交通事故损害赔偿项目和标准依照有关法律的规定执行。

第四章　罚　则

第三十六条　保险公司以外的单位或者个人，非法从事机动车交通事故责任强制保险业务的，由保监会予以取缔；构成犯罪的，依法追究刑事责任；尚不构成犯罪的，由保监会没收违法所得，违法所得 20 万元以上的，并处违法所得 1 倍以上 5 倍以下罚款；没有违法所得或者违法所得不足 20 万元的，处 20 万元以上 100 万元以下罚款。

第三十七条　保险公司违反本条例规定，有下列行为之一的，由保监会责令改正，处5万元以上30万元以下罚款；情节严重的，可以限制业务范围、责令停止接受新业务或者吊销经营保险业务许可证：

（一）拒绝或者拖延承保机动车交通事故责任强制保险的；

（二）未按照统一的保险条款和基础保险费率从事机动车交通事故责任强制保险业务的；

（三）未将机动车交通事故责任强制保险业务和其他保险业务分开管理，单独核算的；

（四）强制投保人订立商业保险合同的；

（五）违反规定解除机动车交通事故责任强制保险合同的；

（六）拒不履行约定的赔偿保险金义务的；

（七）未按照规定及时支付或者垫付抢救费用的。

第三十八条 机动车所有人、管理人未按照规定投保机动车交通事故责任强制保险的，由公安机关交通管理部门扣留机动车，通知机动车所有人、管理人依照规定投保，处依照规定投保最低责任限额应缴纳的保险费的2倍罚款。

机动车所有人、管理人依照规定补办机动车交通事故责任强制保险的，应当及时退还机动车。

第三十九条 上道路行驶的机动车未放置保险标志的，公安机关交通管理部门应当扣留机动车，通知当事人提供保险标志或者补办相应手续，可以处警告或者20元以上200元以下罚款。

当事人提供保险标志或者补办相应手续的，应当及时退还机动车。

第四十条 伪造、变造或者使用伪造、变造的保险标志，或者使用其他机动车的保险标志，由公安机关交通管理部门予以收缴，扣留该机动车，处200元以上2000元以下罚款；构成犯罪的，依法追究刑事责任。

当事人提供相应的合法证明或者补办相应手续的，应当及时退还机动车。

第五章　附　则

第四十一条 本条例下列用语的含义：

（一）投保人，是指与保险公司订立机动车交通事故责任强制保险合同，并按照合同负有支付保险费义务的机动车的所有人、管理人。

（二）被保险人，是指投保人及其允许的合法驾驶人。

（三）抢救费用，是指机动车发生道路交通事故导致人员受伤时，医疗机构参照国务院卫生主管部门组织制定的有关临床诊疗指南，对生命体征不平稳和虽然生命体征平稳但如果不采取处理措施会产生生命危险，或者导致残疾、器官功能障碍，或者导致病程明显延长的受伤人员，采取必要的处理措施所发生的医疗费用。

第四十二条　挂车不投保机动车交通事故责任强制保险。发生道路交通事故造成人身伤亡、财产损失的，由牵引车投保的保险公司在机动车交通事故责任强制保险责任限额范围内予以赔偿；不足的部分，由牵引车方和挂车方依照法律规定承担赔偿责任。

第四十三条　机动车在道路以外的地方通行时发生事故，造成人身伤亡、财产损失的赔偿，比照适用本条例。

第四十四条　中国人民解放军和中国人民武装警察部队在编机动车参加机动车交通事故责任强制保险的办法，由中国人民解放军和中国人民武装警察部队另行规定。

第四十五条　机动车所有人、管理人自本条例施行之日起3个月内投保机动车交通事故责任强制保险；本条例施行前已经投保商业性机动车第三者责任保险的，保险期满，应当投保机动车交通事故责任强制保险。

第四十六条　本条例自2006年7月1日起施行。

《最高人民法院关于审理道路交通事故损害赔偿案件适用法律若干问题的解释》（法释〔2012〕19号　2012年12月21日起施行）

第十六条　同时投保机动车第三者责任强制保险（以下简称“交强险”）和第三者责任商业保险（以下简称“商业三者险”）的机动车发生交通事故造成损害，当事人同时起诉侵权人和保险公司的，人民法院应当按照下列规则确定赔偿责任：

（一）先由承保交强险的保险公司在责任限额范围内予以赔偿；

（二）不足部分，由承保商业三者险的保险公司根据保险合同予以赔偿；

（三）仍有不足的，依照道路交通安全法和侵权责任法的相关规定由侵权人予以赔偿。

被侵权人或者其近亲属请求承保交强险的保险公司优先赔偿精神损害的，人民法院应予支持。

第十七条　投保人允许的驾驶人驾驶机动车致使投保人遭受损害，当事人请求承保交强险的保险公司在责任限额范围内予以赔偿的，人民法院应予支持，但投保人为本车上人员的除外。

第十八条 有下列情形之一导致第三人人身损害，当事人请求保险公司在交强险责任限额范围内予以赔偿，人民法院应予支持：

（一）驾驶人未取得驾驶资格或者未取得相应驾驶资格的；

（二）醉酒、服用国家管制的精神药品或者麻醉药品后驾驶机动车发生交通事故的；

（三）驾驶人故意制造交通事故的。

保险公司在赔偿范围内向侵权人主张追偿权的，人民法院应予支持。追偿权的诉讼时效期间自保险公司实际赔偿之日起计算。

第十九条 未依法投保交强险的机动车发生交通事故造成损害，当事人请求投保义务人在交强险责任限额范围内予以赔偿的，人民法院应予支持。

投保义务人和侵权人不是同一人，当事人请求投保义务人和侵权人在交强险责任限额范围内承担连带责任的，人民法院应予支持。

第二十条 具有从事交强险业务资格的保险公司违法拒绝承保、拖延承保或者违法解除交强险合同，投保义务人在向第三人承担赔偿责任后，请求该保险公司在交强险责任限额范围内承担相应赔偿责任的，人民法院应予支持。

第二十一条 多辆机动车发生交通事故造成第三人损害，损失超出各机动车交强险责任限额之和的，由各保险公司在各自责任限额范围内承担赔偿责任；损失未超出各机动车交强险责任限额之和，当事人请求由各保险公司按照其责任限额与责任限额之和的比例承担赔偿责任的，人民法院应予支持。

依法分别投保交强险的牵引车和挂车连接使用时发生交通事故造成第三人损害，当事人请求由各保险公司在各自的责任限额范围内平均赔偿的，人民法院应予支持。

多辆机动车发生交通事故造成第三人损害，其中部分机动车未投保交强险，当事人请求先由已承保交强险的保险公司在责任限额范围内予以赔偿的，人民法院应予支持。保险公司就超出其应承担的部分向未投保交强险的投保义务人或者侵权人行使追偿权的，人民法院应予支持。

第二十二条 同一交通事故的多个被侵权人同时起诉的，人民法院应当按照各被侵权人的损失比例确定交强险的赔偿数额。

第二十三条 机动车所有权在交强险合同有效期内发生变动，保险公司在交通事故发生后，以该机动车未办理交强险合同变更手续为由主张免除赔偿责任的，人民法院不予支持。

机动车在交强险合同有效期内发生改装、使用性质改变等导致危险程度增加的情形，发生交通事故后，当事人请求保险公司在责任限额范围内予以赔偿的，人民法院应予支持。

前款情形下，保险公司另行起诉请求投保义务人按照重新核定后的保险费标准补足当期保险费的，人民法院应予支持。

第二十四条　当事人主张交强险人身伤亡保险金请求权转让或者设定担保的行为无效的，人民法院应予支持。

第二十六条　被侵权人因道路交通事故死亡，无近亲属或者近亲属不明，未经法律授权的机关或者有关组织向人民法院起诉主张死亡赔偿金的，人民法院不予受理。

侵权人以已向未经法律授权的机关或者有关组织支付死亡赔偿金为理由，请求保险公司在交强险责任限额范围内予以赔偿的，人民法院不予支持。

被侵权人因道路交通事故死亡，无近亲属或者近亲属不明，支付被侵权人医疗费、丧葬费等合理费用的单位或者个人，请求保险公司在交强险责任限额范围内予以赔偿的，人民法院应予支持。

【适用本案由需要注意的问题】

◆根据《民事诉讼法》第 24 条的规定，因保险合同纠纷提起的诉讼，由被告住所地或者保险标的物所在地人民法院管辖。

◆根据《最高人民法院关于适用〈中华人民共和国民事诉讼法〉的解释》第 21 条的规定，因财产保险合同纠纷提起的诉讼，如果保险标的物是运输工具或者运输中的货物，可以由运输工具登记注册地、运输目的地、保险事故发生地人民法院管辖。

◆根据《最高人民法院关于审理道路交通事故损害赔偿案件适用法律若干问题的解释》第 25 条的规定，人民法院审理道路交通事故损害赔偿案件，应当将承保交强险的保险公司列为共同被告。但该保险公司已经在交强险责任限额范围内予以赔偿且当事人无异议的除外。

第九部分　侵权责任纠纷

三十、侵权责任纠纷

341. 监护人责任纠纷

【案由解析】

监护人责任，是指监护人因被监护人实施的侵权行为而应承担的侵权责任。我国《民法总则》第 34 条第 1 款规定："监护人的职责是代理被监护人实施民事法律行为，保护被监护人的人身权利、财产权利以及其他合法权益等。"我国《民法通则》第 133 条第 1 款规定："无民事行为能力人、限制民事行为能力人造成他人损害的，由监护人承担民事责任。"

监护人责任纠纷，是指无民事行为能力人、限制民事行为能力人造成他人损害，依法应由监护人承担民事责任所引发的纠纷。

监护人责任是一种替代责任。监护人责任的特点主要有：（1）监护人责任是无过错的特殊侵权责任。（2）监护人责任以被监护人实施侵权行为为前提。（3）监护人责任是一种替代责任，是对他人行为的责任。（4）监护人责任属于补充责任，被监护人有财产的，从其本人的财产中支付赔偿费用，不足部分，由监护人承担。

【典型形态】

在实践中，监护人责任纠纷主要有未成年人致人损害责任纠纷和精神病病人致人损害责任纠纷等。

【常用法律条文及索引】

《民法总则》（2017 年 10 月 1 日起施行）

第二十六条　父母对未成年子女负有抚养、教育和保护的义务。

成年子女对父母负有赡养、扶助和保护的义务。

第二十七条　父母是未成年子女的监护人。

未成年人的父母已经死亡或者没有监护能力的，由下列有监护能力的人按顺序担任监护人：

（一）祖父母、外祖父母；

（二）兄、姐；

（三）其他愿意担任监护人的个人或者组织，但是须经未成年人住所地的居民委员会、村民委员会或者民政部门同意。

第二十八条　无民事行为能力或者限制民事行为能力的成年人，由下列有监护能力的人按顺序担任监护人：

（一）配偶；

（二）父母、子女；

（三）其他近亲属；

（四）其他愿意担任监护人的个人或者组织，但是须经被监护人住所地的居民委员会、村民委员会或者民政部门同意。

第二十九条　被监护人的父母担任监护人的，可以通过遗嘱指定监护人。

第三十条　依法具有监护资格的人之间可以协议确定监护人。协议确定监护人应当尊重被监护人的真实意愿。

第三十一条　对监护人的确定有争议的，由被监护人住所地的居民委员会、村民委员会或者民政部门指定监护人，有关当事人对指定不服的，可以向人民法院申请指定监护人；有关当事人也可以直接向人民法院申请指定监护人。

居民委员会、村民委员会、民政部门或者人民法院应当尊重被监护人的真实意愿，按照最有利于被监护人的原则在依法具有监护资格的人中指定监护人。

依照本条第一款规定指定监护人前，被监护人的人身权利、财产权利以及其他合法权益处于无人保护状态的，由被监护人住所地的居民委员会、村民委员会、法律规定的有关组织或者民政部门担任临时监护人。

监护人被指定后，不得擅自变更；擅自变更的，不免除被指定的监护人的责任。

第三十二条 没有依法具有监护资格的人的，监护人由民政部门担任，也可以由具备履行监护职责条件的被监护人住所地的居民委员会、村民委员会担任。

第三十三条 具有完全民事行为能力的成年人，可以与其近亲属、其他愿意担任监护人的个人或者组织事先协商，以书面形式确定自己的监护人。协商确定的监护人在该成年人丧失或者部分丧失民事行为能力时，履行监护职责。

第三十四条 监护人的职责是代理被监护人实施民事法律行为，保护被监护人的人身权利、财产权利以及其他合法权益等。

监护人依法履行监护职责产生的权利，受法律保护。

监护人不履行监护职责或者侵害被监护人合法权益的，应当承担法律责任。

第三十五条 监护人应当按照最有利于被监护人的原则履行监护职责。监护人除为维护被监护人利益外，不得处分被监护人的财产。

未成年人的监护人履行监护职责，在作出与被监护人利益有关的决定时，应当根据被监护人的年龄和智力状况，尊重被监护人的真实意愿。

成年人的监护人履行监护职责，应当最大程度地尊重被监护人的真实意愿，保障并协助被监护人实施与其智力、精神健康状况相适应的民事法律行为。对被监护人有能力独立处理的事务，监护人不得干涉。

第三十六条 监护人有下列情形之一的，人民法院根据有关个人或者组织的申请，撤销其监护人资格，安排必要的临时监护措施，并按照最有利于被监护人的原则依法指定监护人：

（一）实施严重损害被监护人身心健康行为的；

（二）怠于履行监护职责，或者无法履行监护职责并且拒绝将监护职责部分或者全部委托给他人，导致被监护人处于危困状态的；

（三）实施严重侵害被监护人合法权益的其他行为的。

本条规定的有关个人和组织包括：其他依法具有监护资格的人，居民委员会、村民委员会、学校、医疗机构、妇女联合会、残疾人联合会、未成年人保护组织、依法设立的老年人组织、民政部门等。

前款规定的个人和民政部门以外的组织未及时向人民法院申请撤销监护人资格的，民政部门应当向人民法院申请。

第三十七条　依法负担被监护人抚养费、赡养费、扶养费的父母、子女、配偶等，被人民法院撤销监护人资格后，应当继续履行负担的义务。

第三十八条　被监护人的父母或者子女被人民法院撤销监护人资格后，除对被监护人实施故意犯罪的外，确有悔改表现的，经其申请，人民法院可以在尊重被监护人真实意愿的前提下，视情况恢复其监护人资格，人民法院指定的监护人与被监护人的监护关系同时终止。

第三十九条　有下列情形之一的，监护关系终止：

（一）被监护人取得或者恢复完全民事行为能力；

（二）监护人丧失监护能力；

（三）被监护人或者监护人死亡；

（四）人民法院认定监护关系终止的其他情形。

监护关系终止后，被监护人仍然需要监护的，应当依法另行确定监护人。

《民法通则》（1987 年 1 月 1 日起施行　2009 年 8 月 27 日修正）

第一百三十三条　无民事行为能力人、限制民事行为能力人造成他人损害的，由监护人承担民事责任。监护人尽了监护责任的，可以适当减轻他的民事责任。

有财产的无民事行为能力人、限制民事行为能力人造成他人损害的，从本人财产中支付赔偿费用。不足部分，由监护人适当赔偿，但单位担任监护人的除外。

《侵权责任法》（2010 年 7 月 1 日起施行）

第三十二条　无民事行为能力人、限制民事行为能力人造成他人损害的，由监护人承担侵权责任。监护人尽到监护责任的，可以减轻其侵权责任。

有财产的无民事行为能力人、限制民事行为能力人造成他人损害的，从本人财产中支付赔偿费用。不足部分，由监护人赔偿。

【适用本案由需要注意的问题】

◆监护人责任纠纷案件的管辖，适用《民事诉讼法》第 28 条的规定，即由侵权行为地或者被告住所地人民法院管辖。根据《最高人民法院关于适用〈中华人民共和国民事诉讼法〉的解释》第 24 条的规定，《民事诉讼法》

第28条规定的侵权行为地，包括侵权行为实施地、侵权结果发生地。根据《最高人民法院关于军事法院管辖民事案件若干问题的规定》（法释〔2012〕11号）第2条的规定，当事人一方为军人或者军队单位，侵权行为发生在营区内的侵权责任纠纷案件，地方当事人向军事法院提起诉讼或者提出申请的，军事法院应当受理，该管辖原则适用于一级案由“侵权责任纠纷”下的所有案件，下文不赘。

◆本案由的确定，特别应当同监护权纠纷相区别。监护权纠纷与监护人责任纠纷的法律基础不同，前者是就监护权本身产生的争议，而后者并不涉及监护权本身，是在监护关系存在的情况下，关于是否由监护人承担侵权责任的问题。

◆在适用本案由时，要注意区分监护人责任纠纷与教育机构校园事故责任纠纷的竞合问题。无民事行为能力人、限制民事行为能力人在学校、幼儿园学习生活期间致人损害的，应当由其法定监护人承担监护责任。同时，教育机构未尽到保护义务的，依据《侵权责任法》第38条的规定承担责任。

342. 用人单位责任纠纷

【案由解析】

用人单位责任，是指用人单位因其单位工作人员基于执行工作任务而造成他人损失，所应承担的责任。

用人单位责任纠纷，是指用人单位的工作人员基于执行工作任务造成他人损害，依法应由用人单位承担侵权责任而引发的纠纷。

用人单位责任的特点主要有：（1）前提是单位工作人员执行工作任务。（2）适用无过错责任原则。（3）是一种替代责任，用人单位责任是对他人行为责任。（4）在工作人员存在故意或重大过失时，用人单位享有追偿权。

【典型形态】

在实践中，用人单位责任纠纷主要有工作人员在职权范围内以用人单位名义实施的行为致人损害赔偿的纠纷、工作人员超越职权范围以用人单位名义实施的行为致人损害赔偿的纠纷、工作人员以用人单位名义实施的超出用人单位经营范围的行为致人损害赔偿的纠纷等。

【常用法律条文及索引】

《民法通则》（1987 年 1 月 1 日起施行 2009 年 8 月 27 日修正）

第一百二十一条 国家机关或者国家机关工作人员在执行职务，侵犯公民、法人的合法权益造成损害的，应当承担民事责任。

《侵权责任法》（2010 年 7 月 1 日起施行）

第三十四条第一款 用人单位的工作人员因执行工作任务造成他人损害的，由用人单位承担侵权责任。

【适用本案由需要注意的问题】

◆用人单位责任纠纷案件的管辖，适用《民事诉讼法》第 28 条的规定，即由侵权行为地或者被告住所地人民法院管辖。根据《最高人民法院关于适用〈中华人民共和国民事诉讼法〉的解释》第 24 条的规定，《民事诉讼法》第 28 条规定的侵权行为地，包括侵权行为实施地、侵权结果发生地。根据《最高人民法院关于军事法院管辖民事案件若干问题的规定》第 2 条的规定，军人或者军队单位执行职务过程中造成他人损害的侵权责任纠纷案件，地方当事人向军事法院提起诉讼或者提出申请的，军事法院应当受理。

◆本案由下的用人单位，不限于《劳动合同法》领域下的用人单位，而是包括企业、事业单位、国家机关、社会团体、个人经济组织等。

◆本案由下的工作人员，不限于《劳动合同法》领域下的劳动者，还包括公务员、参照公务员进行管理的其他工作人员、事业单位实行聘任制的人员等；不仅包括一般工作人员，还包括用人单位的法定代表人、负责人，公司董事、监事、经理、清算人等；不仅包括正式在编人员，还包括临时雇佣人员。

◆由于本案由下的用人单位包括国家机关，故适用本案由时要注意区分与国家赔偿责任的关系。广义的国家赔偿责任包括立法损害责任、国家行政赔偿责任、国家司法赔偿责任和国家民事责任。目前，我国立法尚未规定立法损害责任，国家行政赔偿责任、国家司法赔偿责任规定在《国家赔偿法》中，本案由下的国家机关作为用人单位的责任仅指国家民事责任，适用的情形是在从事非行使公共管理职权的行为。也就是说，只有在侵权人行使公共管理职权过程中发生的或者与行使公共管理职权有直接关系的情况下，受害人才能依据《国家赔偿法》提起诉讼。

343. 劳务派遣工作人员侵权责任纠纷

【案由解析】

劳务派遣，是指由劳务派遣机构与派遣劳工订立劳动合同，并支付报酬，把劳动者派向其他用工单位，再由其用工单位向派遣机构支付一笔服务费用的一种用工形式。劳动力给付的事实发生于派遣劳工与要派企业（实际用工单位）之间，要派企业向劳务派遣机构支付服务费，劳务派遣机构向劳动者支付劳动报酬。

劳务派遣工作人员侵权责任纠纷，是指劳务派遣工作人员因执行职务致人损害，依法应由接受劳务派遣的单位承担侵权责任所引发的纠纷。

劳务派遣工作人员侵权责任是用人单位侵权责任的特殊形式，其特点主要有：(1) 前提是劳务派遣工作人员执行的是工作任务。(2) 适用无过错责任原则。(3) 是一种替代责任。

【常用法律条文及索引】

《侵权责任法》(2010 年 7 月 1 日起施行)

第三十四条第二款 劳务派遣期间，被派遣的工作人员因执行工作任务造成他人损害的，由接受劳务派遣的用工单位承担侵权责任；劳务派遣单位有过错的，承担相应的补充责任。

【适用本案由需要注意的问题】

◆劳务派遣工作人员侵权责任纠纷案件的管辖，适用《民事诉讼法》第 28 条的规定，即由侵权行为地或者被告住所地人民法院管辖。根据《最高人民法院关于适用〈中华人民共和国民事诉讼法〉的解释》第 24 条的规定，《民事诉讼法》第 28 条规定的侵权行为地，包括侵权行为实施地、侵权结果发生地。

◆在适用本案由时，受害人可以单独起诉直接侵权责任人用工单位，也可以以用人单位和派遣单位为共同被告。

344. 提供劳务者致害责任纠纷

【案由解析】

提供劳务者致害责任，是指个人之间形成劳务关系，接受劳务一方，在劳务的提供者因劳务活动造成他人损害时，依法应当承担的侵权责任。

提供劳务者致害责任纠纷，是指个人之间形成劳务关系，劳务的提供者因劳务活动造成他人损害，依法应由接受劳务一方承担侵权责任所引发的纠纷。

提供劳务者致害责任的特点主要有：（1）前提是提供劳务一方根据接受劳务一方的指示进行劳动并接受其管理，提供劳务一方的劳动成果也由接受劳务一方享有。（2）适用的是无过错的特殊责任原则。（3）是一种替代性责任。

【典型形态】

在实践中，提供劳务者致害责任纠纷主要有雇佣的保姆为完成工作对第三人造成损害的赔偿责任纠纷、雇佣的建筑物装修工人为完成工作对第三人造成损害的赔偿责任纠纷、承揽人和定作人为完成工作对第三人造成损害的赔偿责任纠纷、帮工人在帮工活动中对第三人造成损害的赔偿责任纠纷等。

【常用法律条文及索引】

《侵权责任法》（2010 年 7 月 1 日起施行）

第三十五条　个人之间形成劳务关系，提供劳务一方因劳务造成他人损害的，由接受劳务一方承担侵权责任。提供劳务一方因劳务自己受到损害的，根据双方各自的过错承担相应的责任。

《最高人民法院关于审理人身损害赔偿案件适用法律若干问题的解释》（法释〔2003〕20 号　2004 年 5 月 1 日起施行）

第十条　承揽人在完成工作过程中对第三人造成损害或者造成自身损害的，定作人不承担赔偿责任。但定作人对定作、指示或者选任有过失的，应当承担相应的赔偿责任。

第十三条　为他人无偿提供劳务的帮工人，在从事帮工活动中致人损害的，被帮工人应当承担赔偿责任。被帮工人明确拒绝帮工的，不承担赔偿责任。帮工人存在故意或者重大过失，赔偿权利人请求帮工人和被帮工人承担连带责任的，人民法院应予支持。

【适用本案由需要注意的问题】

◆提供劳务者致害责任纠纷案件的管辖，适用《民事诉讼法》第28条的规定，即由侵权行为地或者被告住所地人民法院管辖。根据《最高人民法院关于适用〈中华人民共和国民事诉讼法〉的解释》第24条的规定，《民事诉讼法》第28条规定的侵权行为地，包括侵权行为实施地、侵权结果发生地。

◆在适用本案由时，要注意区分其与用人单位责任纠纷。用人单位责任纠纷中，责任主体是用人单位，而本案由下的责任主体是作为接受劳务一方的个人。

345. 提供劳务者受害责任纠纷

【案由解析】

提供劳务者受害责任，是指个人之间形成劳务关系，在劳务的提供者因劳务活动自身受到损害的，提供劳务一方向接受劳务一方主张损害赔偿时，由双方根据各自的过错程度承担相应的民事责任。

提供劳务者受害责任纠纷，是指个人之间形成劳务关系，提供劳务一方与接受劳务一方，在劳务提供者因劳务活动自身受到损害时，由双方根据各自的过错程度承担相应的民事责任所引发的纠纷。

提供劳务者受害责任的特点主要有：（1）前提是提供劳务一方根据接受劳务一方的指示进行劳动并接受其管理，提供劳务一方的劳动成果也由接受劳务一方享有，形成劳务关系。（2）适用过错责任原则。（3）劳务者是在提供劳务过程中自身受到损害。

【典型形态】

在实践中，提供劳务者受害责任纠纷主要有雇佣的保姆为完成工作中受到损害的赔偿责任纠纷、雇佣的建筑物装修工为完成工作受到损害的赔偿责任纠纷、承揽人和定作人为完成工作受到损害的赔偿责任纠纷。

【常用法律条文及索引】

《侵权责任法》（2010 年 7 月 1 日起施行）

第三十五条　个人之间形成劳务关系，提供劳务一方因劳务造成他人损害的，由接受劳务一方承担侵权责任。提供劳务一方因劳务自己受到损害的，根据双方各自的过错承担相应的责任。

《最高人民法院关于审理人身损害赔偿案件适用法律若干问题的解释》（法释〔2003〕20 号　2004 年 5 月 1 日起施行）

第十条　承揽人在完成工作过程中对第三人造成损害或者造成自身损害的，定作人不承担赔偿责任。但定作人对定作、指示或者选任有过失的，应当承担相应的赔偿责任。

【适用本案由需要注意的问题】

◆提供劳务者受害责任纠纷案件的管辖，适用《民事诉讼法》第 28 条的规定，即由侵权行为地或者被告住所地人民法院管辖。根据《最高人民法院关于适用〈中华人民共和国民事诉讼法〉的解释》第 24 条的规定，《民事诉讼法》第 28 条规定的侵权行为地，包括侵权行为实施地、侵权结果发生地。

346. 网络侵权责任纠纷

【案由解析】

网络侵权责任，是指网络用户、网络服务提供者利用网络作为手段和工具侵害他人民事权益，所应承担的民事责任。

网络侵权责任纠纷，是指网络用户、网络服务提供者通过利用网络作为手段和工具侵害他人民事权益，依法应承担民事责任所引发的纠纷。

网络侵权责任的特点主要有：（1）主体的特殊性。网络侵权责任的主体是网络用户或网络服务提供者。（2）侵权手段的特殊性。行为人利用网络作为手段和工具侵害他人的民事权益。（3）适用过错责任原则。

【典型形态】

在实践中，网络侵权责任纠纷主要有网络隐私权侵权责任纠纷、网络名誉权侵权责任纠纷、网络著作权侵权责任纠纷等。

【常用法律条文及索引】

《侵权责任法》（2010年7月1日起施行）

第三十六条 网络用户、网络服务提供者利用网络侵害他人民事权益的，应当承担侵权责任。

网络用户利用网络服务实施侵权行为的，被侵权人有权通知网络服务提供者采取删除、屏蔽、断开链接等必要措施。网络服务提供者接到通知后未及时采取必要措施的，对损害的扩大部分与该网络用户承担连带责任。

网络服务提供者知道网络用户利用其网络服务侵害他人民事权益，未采取必要措施的，与该网络用户承担连带责任。

【适用本案由需要注意的问题】

◆网络侵权责任纠纷案件的管辖，适用《民事诉讼法》第28条的规定，即由侵权行为地或者被告住所地人民法院管辖。根据《最高人民法院关于适用〈中华人民共和国民事诉讼法〉的解释》第24条的规定，《民事诉讼法》第28条规定的侵权行为地，包括侵权行为实施地、侵权结果发生地。该解释第25条规定，信息网络侵权行为实施地包括实施被诉侵权行为的计算机等信息设备所在地，侵权结果发生地包括被侵权人住所地。

◆网络侵权责任纠纷案件具有不同于其他类型案件的一些显著特征，如网络空间的全球化、虚拟化、传播不受地域限制和网站之间的无限链接等特点，从网络的特性来看，由于侵权行为通过网络来实施，使侵权行为的影响力不断扩大，被告通过其侵权行为侵害了原告的利益，其侵权后果往往在原告所在地最为严重，该地法院应该拥有优先的管辖权。比如网络侵权责任纠纷案件中占大多数的名誉权纠纷，《最高人民法院关于审理名誉权案件若干问题的解释》规定“受侵权的公民、法人和其他组织的住所地，可以认定为侵权结果发生地。”此类案件中，侵权行为实施地、侵权结果发生地、被告住所地或者受侵权的公民、法人和其他组织的住所地人民法院有管辖权。但若由于案件的特殊性，受侵权的公民、法人和其他组织的住所地不是其名誉受损害最严重的地方，如果被告提出管辖异议，则受诉法院应考虑将案件移送原告名誉受损最大的地方的法院审理。

◆本案由下的侵权人之一的网络服务提供者包括技术服务提供者和内容服务提供者。技术服务提供者主要是指接入、缓存、信息存储空间、搜索以及连接等服务类型的网络主体，如微博空间、BBS 空间、服务器空间出租者、电信运营商等。内容服务提供者是指主动向网络用户提供内容的网络主体。

347. 违反安全保障义务责任纠纷

（1）公共场所管理人责任纠纷

（2）群众性活动组织者责任纠纷

【案由解析】

安全保障义务，是指宾馆、商场、银行、车站、娱乐场所等公共场所的管理人或者群众性活动的组织者，所负有的在合理限度范围内保护他人人身和财产安全的义务。

违反安全保障义务责任，是指宾馆、商场、银行、车站、娱乐场所等公共场所的管理人或者群众性活动的组织者，未尽到其依法所负有的在合理限度范围内保护他人人身和财产安全的义务，致他人人身财产损害依法所应承担的责任。

违反安全保障义务责任纠纷，是指宾馆、商场、银行、车站、娱乐场所等公共场所的管理人或者群众性活动的组织者，未尽到其依法所负有的在合理限度范围内保护他人人身和财产安全的义务，致他人人身财产损害所引发的纠纷。

违反安全保障义务责任的特点主要有：（1）责任主体的特殊性。违反安全保障义务责任的主体是宾馆、商场、银行、车站、娱乐场所等公共场所的管理人或者群众性活动的组织者。（2）适用过错责任原则，而且在责任承担上又有直接责任和补充责任两种情形。

【典型形态】

在实践中，违反安全保障义务责任纠纷主要有：

（1）公共场所管理人责任纠纷，是指宾馆、商场、银行、车站、娱乐场所等公共场所的管理人，未尽到其依法所负有的在合理限度范围内保护他人人身和财产安全的义务，致他人人身财产损害所引发的纠纷。

（2）群众性活动组织者责任纠纷，是指群众性活动的组织者，未尽到其依法所负有的在合理限度范围内保护他人人身和财产安全的义务，致他人人身财产损害所引发的纠纷。

【常用法律条文及索引】

《侵权责任法》（2010年7月1日起施行）

第三十七条第一款 宾馆、商场、银行、车站、娱乐场所等公共场所的管理人或者群众性活动的组织者，未尽到安全保障义务，造成他人损害的，应当承担侵权责任。

《最高人民法院关于审理人身损害赔偿案件适用法律若干问题的解释》（法释〔2003〕20号 2004年5月1日起施行）

第六条 从事住宿、餐饮、娱乐等经营活动或者其他社会活动的自然人、法人、其他组织，未尽合理限度范围内的安全保障义务致使他人遭受人身损害，赔偿权利人请求其承担相应赔偿责任的，人民法院应予支持。

因第三人侵权导致损害结果发生的，由实施侵权行为的第三人承担赔偿责任。安全保障义务人有过错的，应当在其能够防止或者制止损害的范围内承担相应的补充赔偿责任。安全保障义务人承担责任后，可以向第三人追偿。赔偿权利人起诉安全保障义务人的，应当将第三人作为共同被告，但第三人不能确定的除外。

【适用本案由需要注意的问题】

◆违反安全保障义务责任纠纷案件的管辖，适用《民事诉讼法》第28条的规定，即由侵权行为地或者被告住所地人民法院管辖。根据《最高人民法院关于适用〈中华人民共和国民事诉讼法〉的解释》第24条的规定，《民事诉讼法》第28条规定的侵权行为地，包括侵权行为实施地、侵权结果发生地。

◆在适用本案由时，要特别注意其与教育机构责任纠纷的区别。二者的主要区别在于责任主体的不同。教育机构责任的责任主体是幼儿园、学校和其他教育机构；而违反安全保障义务责任的责任主体是宾馆、商场、银行、车站、娱乐场所等公共场所的管理人或者群众性活动的组织者，这里所指的公共场所和群众性活动都不包括教育机构。

◆从事经营活动或者其他社会活动组织者违反应负的安全保障义务，造成消费者和其他社会活动参与者人身、财产损害，应当承担侵权责任。经营者与其他社会活动参与者违反安全保障义务应承担的侵权责任分为两种情况：一是由于自身未尽合理限度范围内的安全保障义务致使他人遭受人身损害，应当承担侵权责任；二是因第三人侵权导致损害结果发生的，由实施侵权行为的第三人承担赔偿责任。由于安全保障义务人有过错的，应当在其能够防止或者制止损害的范围内承担补充责任。安全保障义务人承担补充责任后，可以向第三人追偿。安全保障义务人的责任是一种替代责任。

348. 教育机构责任纠纷

【案由解析】

教育机构责任，是指在幼儿园、学校和其他教育机构的教育、教学活动中或者在其负有管理责任的校舍、场地、其他教学设施、生活设施中，由于幼儿园、学校或者其他教育机构未尽教育、管理职责，致使在其中学习或者生活的无民事行为能力人和限制民事行为能力人遭受人身损害的，学校、幼儿园或者其他教育机构依法应当承担的侵权责任。

教育机构责任纠纷，是指幼儿园、学校或其他教育机构，未尽其应尽的教育、管理职责，致使在其中学习或者生活的无民事行为能力人和限制民事行为能力人遭受人身损害，教育机构应当承担相应的侵权责任而引发的纠纷。

教育机构责任的特点主要有：（1）教育机构侵权责任的受害人具有特定性。教育机构侵权责任的受害人是在教育机构学习、生活的未成年学生，即《侵权责任法》第 38 条规定的在学校学习和生活期间的无民事行为能力人和限制民事行为能力人。（2）教育机构侵权责任的侵权行为人具有不特定性。教育机构侵权责任的侵权行为人可以是教育机构的从业人员（如教师等），也可以是在教育机构学习、生活的无民事行为能力人或者限制民事行为能力人（如学生等），还有可能是教育机构以外的自然人（如校外人员等）。（3）教育机构侵权责任的损害后果具有多重性。受害人在教育机构学习、生活期间所可能遭受的损害后果包括人身损害、财产损害和精神损害等多种损害类型。(4)教育机构侵权责任的方式具有多样性。教育机构侵权责任包括人身损害赔偿责任、财产损害赔偿责任、精神损害赔偿责任。在责任方式上既包括财产责任(如赔偿损失),也包括非财产责任(如赔礼道歉、停止侵害等)。(5)教育机构侵权责任的救济途径具有可选择性。解决教育机构侵权责任的途径包括和解、协商、调解、诉讼等多种途径。

【典型形态】

在实践中,教育机构责任纠纷主要有无民事行为能力学生在校园受到人身损害的赔偿责任纠纷、限制民事行为能力学生在校园受到人身损害的赔偿责任纠纷等。

【常用法律条文及索引】

《侵权责任法》(2010 年 7 月 1 日起施行)

第三十八条 无民事行为能力人在幼儿园、学校或者其他教育机构学习、生活期间受到人身损害的,幼儿园、学校或者其他教育机构应当承担责任,但能够证明尽到教育、管理职责的,不承担责任。

第三十九条 限制民事行为能力人在学校或者其他教育机构学习、生活期间受到人身损害,学校或者 其他教育机构未尽到教育、管理职责的,应当承担责任。

第四十条 无民事行为能力人或者限制民事行为能力人在幼儿园、学校或者其他教育机构学习、生活期间,受到幼儿园、学校或者其他教育机构以外的人员人身损害的,由侵权人承担侵权责任;幼儿园、学校或者其他教育机构未尽到管理职责的,承担相应的补充责任。

【适用本案由需要注意的问题】

◆违反教育机构责任纠纷案件的管辖,适用《民事诉讼法》第 28 条的规定,即由侵权行为地或者被告住所地人民法院管辖。根据《最高人民法院关于适用〈中华人民共和国民事诉讼法〉的解释》第 24 条的规定,《民事诉讼法》第 28 条规定的侵权行为地,包括侵权行为实施地、侵权结果发生地。

◆在适用本案由时,要注意区分其与违反安全保障义务责任纠纷的区

别。（见“违反安全保障义务责任纠纷”中“适用本案由需要注意的问题”部分）

349. 产品责任纠纷

（1）产品生产者责任纠纷
（2）产品销售者责任纠纷
（3）产品运输者责任纠纷
（4）产品仓储者责任纠纷

【案由解析】

产品责任，是指因产品存在缺陷，造成了产品的消费者、使用者或第三人的人身、财产受到损害，或者有使他人遭受人身、财产损害的危险的，依法应由生产者或销售者分别或共同负责赔偿的一种民事责任。

产品责任纠纷，是指因产品存在缺陷，造成了他人人身、财产受到损害，或者有使他人遭受人身、财产损害的危险的，依法应由生产者或销售者分别或共同承担民事责任所引发的纠纷。

产品责任的特点主要有：（1）产品责任发生在产品流通领域。产品进入流通领域的标志，是产品经过交易、转让等合同行为，由制造、生产者之手，转由消费者之手，中间可以经过若干个流通环节，即批发、销售、仓储、运输等过程。（2）致人损害的产品必须存在缺陷。产品责任并不是产品质量问题和自身损坏造成的产品本身的财产损失，而是产品因缺陷造成使用人的人身伤害或者缺陷产品以外的财产损害。这个问题关系到产品责任的性质是侵权责任还是合同责任。（3）产品责任是特殊侵权责任。产品致人损害时，与该致害产品有关联的人，即制造者、销售者等需对所造成的损害承担赔偿责任。

【典型形态】

在实践中，产品责任纠纷主要有：

（1）产品生产者责任纠纷，是指因产品存在缺陷，造成他人人身、财产遭受损害，产品的生产者（即为流通目的而加工、制作产品的人）应当承担民事责任所引发的纠纷。

(2) 产品销售者责任纠纷，是指因产品存在缺陷，造成他人人身、财产遭受损害，产品的销售者（实施使产品流通的行为的人）应当承担民事责任所引发的纠纷。

(3) 产品运输者责任纠纷，是指因产品的运输者的过错导致产品存在缺陷而致他人人身、财产遭受损害时，其依法应当承担相应责任所引发的纠纷。

(4) 产品仓储者责任纠纷，是指因产品的仓储者的过错导致产品存在缺陷而致他人人身、财产遭受损害时，其依法应当承担相应责任所引发的纠纷。

【常用法律条文及索引】

《民法通则》(1987 年 1 月 1 日起施行　2009 年 8 月 27 日修正)

第一百二十二条　因产品质量不合格造成他人财产、人身损害的，产品制造者、销售者应当依法承担民事责任。运输者仓储者对此负有责任的，产品制造者、销售者有权要求赔偿损失。

《侵权责任法》(2010 年 7 月 1 日起施行)

第四十一条　因产品存在缺陷造成他人损害的，生产者应当承担侵权责任。

第四十二条　因销售者的过错使产品存在缺陷，造成他人损害的，销售者应当承担侵权责任。

销售者不能指明缺陷产品的生产者也不能指明缺陷产品的供货者的，销售者应当承担侵权责任。

第四十三条　因产品存在缺陷造成损害的，被侵权人可以向产品的生产者请求赔偿，也可以向产品的销售者请求赔偿。

产品缺陷由生产者造成的，销售者赔偿后，有权向生产者追偿。

因销售者的过错使产品存在缺陷的，生产者赔偿后，有权向销售者追偿。

第四十四条　因运输者、仓储者等第三人的过错使产品存在缺陷，造成他人损害的，产品的生产者、销售者赔偿后，有权向第三人追偿。

第四十五条　因产品缺陷危及他人人身、财产安全的，被侵权人有权请求生产者、销售者承担排除妨碍、消除危险等侵权责任。

第四十六条　产品投入流通后发现存在缺陷的，生产者、销售者应当及时采取警示、召回等补救措施。未及时采取补救措施或者补救措施不力造成损害的，应当承担侵权责任。

第四十七条　明知产品存在缺陷仍然生产、销售，造成他人死亡或者健康严重损害的，被侵权人有权请求相应的惩罚性赔偿。

《产品质量法》（1993 年 9 月 1 日起施行　2000 年 7 月 8 日修正）

第四十一条　因产品存在缺陷造成人身、缺陷产品以外的其他财产（以下简称他人财产）损害的，生产者应当承担赔偿责任。

生产者能够证明有下列情形之一的，不承担赔偿责任：

（一）未将产品投入流通的；

（二）产品投入流通时，引起损害的缺陷尚不存在的；

（三）将产品投入流通时的科学技术水平尚不能发现缺陷的存在的。

第四十二条　由于销售者的过错使产品存在缺陷，造成人身、他人财产损害的，销售者应当承担赔偿责任。

销售者不能指明缺陷产品的生产者也不能指明缺陷产品的供货者的，销售者应当承担赔偿责任。

第四十三条　因产品存在缺陷造成人身、他人财产损害的，受害人可以向产品的生产者要求赔偿，也可以向产品的销售者要求赔偿。属于产品的生产者的责任，产品的销售者赔偿的，产品的销售者有权向产品的生产者追偿。属于产品的销售者的责任，产品的生产者赔偿的，产品的生产者有权向产品的销售者追偿。

第四十四条　因产品存在缺陷造成受害人人身伤害的，侵害人应当赔偿医疗费、治疗期间的护理费、因误工减少的收入等费用；造成残疾的，还应当支付残疾者生活自助具费、生活补助费、残疾赔偿金以及由其扶养的人所必需的生活费等费用；造成受害人死亡的，并应当支付丧葬费、死亡赔偿金以及由死者生前扶养的人所必需的生活费等费用。

因产品存在缺陷造成受害人财产损失的，侵害人应当恢复原状或者折价赔偿。受害人因此遭受其他重大损失的，侵害人应当赔偿损失。

第四十五条　因产品存在缺陷造成损害要求赔偿的诉讼时效期间为二年，自当事人知道或者应当知道其权益受到损害时起计算。

因产品存在缺陷造成损害要求赔偿的请求权，在造成损害的缺陷产品交付最初消费者满十年丧失；但是，尚未超过明示的安全使用期的除外。

第四十六条　本法所称缺陷，是指产品存在危及人身、他人财产安全的不合理的危险；产品有保障人体健康和人身、财产安全的国家标准、行业标准的，是指不符合该标准。

【适用本案由需要注意的问题】

◆产品责任纠纷案件的管辖，适用《民事诉讼法》第28条的规定，即由侵权行为地或者被告住所地人民法院管辖。根据《最高人民法院关于适用〈中华人民共和国民事诉讼法〉的解释》第24条的规定，《民事诉讼法》第28条规定的侵权行为地，包括侵权行为实施地、侵权结果发生地。该解释第25条规定，因产品、服务质量不合格造成他人财产、人身损害提起的诉讼，产品制造地、产品销售地、服务提供地、侵权行为地和被告住所地人民法院都有管辖权。

◆在因产品缺陷造成他人人身、财产损害的情况下，往往会产生违约责任与侵权责任的竞合。根据《合同法》第122条的规定，权利人只能选择一个请求权主张权利。因此，如果权利人提起违约之诉，则原告只能是合同一方当事人而不能是其他受害人，被告只能是产品的销售者，由被告住所地、合同履行地或者当事人协议确定的人民法院管辖，诉讼时效一般为3年，但出售质量不合格的商品未声明的案件为1年。如果权利人提起侵权之诉，则构成本案由所规定的产品责任纠纷，凡受害人均可成为原告，被告可以是生产者或者销售者，诉讼时效为3年。

◆因产品缺陷侵害消费者权益引起的纠纷是产品责任纠纷中的主要类型，由此引发的诉讼是侵害消费者权益诉讼的主要表现形式。对此，根据《民事诉讼法》第55条的规定，如果侵权行为侵害了众多消费者的合法权益，并且损害了公共利益，法律规定的机关和有关组织则可基于维护社会公共利益的目的提起公益诉讼。对此类诉讼，需要注意如下主要问题：(1) 如果针对侵害消费者合法权益的行为，直接请求保护个体利益，即使如代表人诉讼涉及众多当事人，但受害人可以确定，则属于一般普通民事诉讼即私益诉讼，而非公益诉讼的范围。(2) 起诉主体为"法律规定的机关和有关组织"，可以提起公益诉讼的机关，其可以提起公益诉讼的权利要由法律明确规定；"有关组织"则不受"法律规定的"限制，但应当与起诉事项有一定的关联。(3) 该类诉讼原则上由侵权行为地或者被告住所地中级人民法院受理。(4) 人民法院受理民事公益诉讼时，除核对起诉人是否具备《民事诉讼法》第119条第2项至第4项规定的条件外，还应当注意根据《民事诉讼法》第121条关于起诉状的规定，要求起诉人提供初步证据证明环境污染或者侵害众多消费者合法权益等侵权行为及其对社会公共利益的危害性，并说明其诉讼请求的合理性。（5）原告可以依据《侵权责任法》第15条的规定，请求责任人承担停止侵害、排除妨碍、消除危险、恢复原状、赔偿损失等责任。但该类诉讼的性质决定了原告不能通过诉讼获得私利，故人民法院判决责任人承担赔偿责任的，应一并判决原告受领赔款后向国库交纳。原告申请人民法院执行有关生效判决时，人民法院应当要求其提供财政部门指定的收款账户。（6）人民法院受理法律规定的机关或者有关组织提起的民事公益诉讼后，其他法律规定的机关或者有关组织又就同一损害社会公共利益的行为，对同一被告提出相同或者同类诉讼请求的，人民法院不宜受理；法律规定的机关或者有关组织就同一环境污染事故，对同一责任人分别起诉提出不同种类的请求，或者分别起诉不同责任人的，符合合并审理条件的，人民法院应合并审理。

350. 交通事故责任纠纷

【案由解析】

机动车交通事故责任，是指机动车的所有人或使用人在机动车发生交通事故，过失或者意外造成他人人身伤害或者财产损失所应承担的相应的民事侵权责任。

机动车交通事故责任纠纷，是指机动车的所有人或使用人在机动车发生交通事故，造成他人人身伤害或者财产损失所应承担的相应的民事侵权责任所引发的纠纷。

非机动车交通事故损害责任，是指行人与行人、行人与非机动车、非机动车与非机动车之间发生交通事故造成人身伤害或者财产损失所应承担的民事侵权责任。

非机动车交通事故损害责任纠纷，是指行人与行人、行人与非机动车、非机动车与非机动车之间发生交通事故造成人身伤害或者财产损失所应承担民事侵权责任所引发的纠纷。

交通事故责任的特点主要有：（1）发生在道路交通领域。（2）责任人与受害人在事故发生之前不存在相对性的民事法律关系。（3）主要形式是人身损害赔偿，但也包括财产损害赔偿。(4) 责任主体具有多样性。

【典型形态】

在实践中，交通事故责任纠纷主要为机动车交通事故损害责任纠纷和非机动车交通事故损害责任纠纷。其中，前者主要有驾驶人为机动车所有人的机动车交通事故责任纠纷、租赁、借用等机动车所有人与使用人分离的情形下的机动车交通事故责任纠纷、转让并交付但未办理登记情形下的机动车交通事故责任纠纷、转让拼装或者已达到报废标准的机动车情形下的机动车交通事故责任纠纷、盗抢的机动车发生交通事故的损害赔偿责任纠纷等；后者主要是行人与行人、行人与非机动车、非机动车与非机动车之间发生交通事故造成人身损害引发的纠纷。

【常用法律条文及索引】

《道路交通安全法》(2004 年 5 月 1 日起施行　2011 年 4 月 22 日修正)

第七十六条　机动车发生交通事故造成人身伤亡、财产损失的，由保险公司在机动车第三者责任强制保险责任限额范围内予以赔偿；不足的部分，按照下列规定承担赔偿责任：

（一）机动车之间发生交通事故的，由有过错的一方承担赔偿责任；双方都有过错的，按照各自过错的比例分担责任。

（二）机动车与非机动车驾驶人、行人之间发生交通事故，非机动车驾驶人、行人没有过错的，由机动车一方承担赔偿责任；有证据证明非机动车驾驶人、行人有过错的，根据过错程度适当减轻机动车一方的赔偿责任；机动车一方没有过错的，承担不超过百分之十的赔偿责任。

交通事故的损失是由非机动车驾驶人、行人故意碰撞机动车造成的，机动车一方不承担赔偿责任。

《侵权责任法》(2010 年 7 月 1 日起施行)

第四十八条　机动车发生交通事故造成损害的，依照道路交通安全法的有关规定承担赔偿责任。

第四十九条　因租赁、借用等情形机动车所有人与使用人不是同一人时，发生交通事故后属于该机动车一方责任的，由保险公司在机动车强制保险责任限额范围内予以赔偿。不足部分，由机动车使用人承担赔偿责任；机动车所有人对损害的发生有过错的，承担相应的赔偿责任。

第五十条　当事人之间已经以买卖等方式转让并交付机动车但未办理所有权转移登记，发生交通事故后属于该机动车一方责任的，由保险公司在机动车强制保险责任限额范围内予以赔偿。不足部分，由受让人承担赔偿责任。

第五十一条　以买卖等方式转让拼装或者已达到报废标准的机动车，发生交通事故造成损害的，由转让人和受让人承担连带责任。

第五十二条　盗窃、抢劫或者抢夺的机动车发生交通事故造成损害的，由盗窃人、抢劫人或者抢夺人承担赔偿责任。保险公司在机动车强制保险责任限额范围内垫付抢救费用的，有权向交通事故责任人追偿。

第五十三条　机动车驾驶人发生交通事故后逃逸，该机动车参加强制保险的，由保险公司在机动车强制保险责任限额范围内予以赔偿；机动车不明或者该机动车未参加强制保险，需要支付被侵权人人身伤亡的抢救、丧葬等费用的，由道路交通事故社会救助基金垫付。道路交通事故社会救助基金垫付后，其管理机构有权向交通事故责任人追偿。

《最高人民法院关于审理道路交通事故损害赔偿案件适用法律若干问题的解释》（法释〔2012〕19号　2012年12月21日起施行）

为正确审理道路交通事故损害赔偿案件，根据《中华人民共和国侵权责任法》《中华人民共和国合同法》《中华人民共和国道路交通安全法》《中华人民共和国保险法》《中华人民共和国民事诉讼法》等法律的规定，结合审判实践，制定本解释。

一、关于主体责任的认定

第一条　机动车发生交通事故造成损害，机动车所有人或者管理人有下列情形之一，人民法院应当认定其对损害的发生有过错，并适用侵权责任法第四十九条的规定确定其相应的赔偿责任：

（一）知道或者应当知道机动车存在缺陷，且该缺陷是交通事故发生原因之一的；

（二）知道或者应当知道驾驶人无驾驶资格或者未取得相应驾驶资格的；

（三）知道或者应当知道驾驶人因饮酒、服用国家管制的精神药品或者麻醉药品，或者患有妨碍安全驾驶机动车的疾病等依法不能驾驶机动车的；

（四）其他应当认定机动车所有人或者管理人有过错的。

第二条　未经允许驾驶他人机动车发生交通事故造成损害，当事人依照侵权责任法第四十九条的规定请求由机动车驾驶人承担赔偿责任的，人民法院应予支持。机动车所有人或者管理人有过错的，承担相应的赔偿责任，但具有侵权责任法第五十二条规定情形的除外。

第三条 以挂靠形式从事道路运输经营活动的机动车发生交通事故造成损害，属于该机动车一方责任，当事人请求由挂靠人和被挂靠人承担连带责任的，人民法院应予支持。

第四条 被多次转让但未办理转移登记的机动车发生交通事故造成损害，属于该机动车一方责任，当事人请求由最后一次转让并交付的受让人承担赔偿责任的，人民法院应予支持。

第五条 套牌机动车发生交通事故造成损害，属于该机动车一方责任，当事人请求由套牌机动车的所有人或者管理人承担赔偿责任的，人民法院应予支持；被套牌机动车所有人或者管理人同意套牌的，应当与套牌机动车的所有人或者管理人承担连带责任。

第六条 拼装车、已达到报废标准的机动车或者依法禁止行驶的其他机动车被多次转让，并发生交通事故造成损害，当事人请求由所有的转让人和受让人承担连带责任的，人民法院应予支持。

第七条 接受机动车驾驶培训的人员，在培训活动中驾驶机动车发生交通事故造成损害，属于该机动车一方责任，当事人请求驾驶培训单位承担赔偿责任的，人民法院应予支持。

第八条 机动车试乘过程中发生交通事故造成试乘人损害，当事人请求提供试乘服务者承担赔偿责任的，人民法院应予支持。试乘人有过错的，应当减轻提供试乘服务者的赔偿责任。

第九条 因道路管理维护缺陷导致机动车发生交通事故造成损害，当事人请求道路管理者承担相应赔偿责任的，人民法院应予支持，但道路管理者能够证明已按照法律、法规、规章、国家标准、行业标准或者地方标准尽到安全防护、警示等管理维护义务的除外。

依法不得进入高速公路的车辆、行人，进入高速公路发生交通事故造成自身损害，当事人请求高速公路管理者承担赔偿责任的，适用侵权责任法第七十六条的规定。

第十条 因在道路上堆放、倾倒、遗撒物品等妨碍通行的行为，导致交通事故造成损害，当事人请求行为人承担赔偿责任的，人民法院应予支持。道路管理者不能证明已按照法律、法规、规章、国家标准、行业标准或者地方标准尽到清理、防护、警示等义务的，应当承担相应的赔偿责任。

第十一条　未按照法律、法规、规章或者国家标准、行业标准、地方标准的强制性规定设计、施工，致使道路存在缺陷并造成交通事故，当事人请求建设单位与施工单位承担相应赔偿责任的，人民法院应予支持。

第十二条　机动车存在产品缺陷导致交通事故造成损害，当事人请求生产者或者销售者依照侵权责任法第五章的规定承担赔偿责任的，人民法院应予支持。

第十三条　多辆机动车发生交通事故造成第三人损害，当事人请求多个侵权人承担赔偿责任的，人民法院应当区分不同情况，依照侵权责任法第十条、第十一条或者第十二条的规定，确定侵权人承担连带责任或者按份责任。

二、关于赔偿范围的认定

第十四条　道路交通安全法第七十六条规定的“人身伤亡”，是指机动车发生交通事故侵害被侵权人的生命权、健康权等人身权益所造成的损害，包括侵权责任法第十六条和第二十二条规定的各项损害。

道路交通安全法第七十六条规定的“财产损失”，是指因机动车发生交通事故侵害被侵权人的财产权益所造成的损失。

第十五条　因道路交通事故造成下列财产损失，当事人请求侵权人赔偿的，人民法院应予支持：

（一）维修被损坏车辆所支出的费用、车辆所载物品的损失、车辆施救费用；

（二）因车辆灭失或者无法修复，为购买交通事故发生时与被损坏车辆价值相当的车辆重置费用；

（三）依法从事货物运输、旅客运输等经营性活动的车辆，因无法从事相应经营活动所产生的合理停运损失；

（四）非经营性车辆因无法继续使用，所产生的通常替代性交通工具的合理费用。

三、关于责任承担的认定

第十六条　同时投保机动车第三者责任强制保险（以下简称“交强险”）和第三者责任商业保险（以下简称“商业三者险”）的机动车发生交通事故造成损害，当事人同时起诉侵权人和保险公司的，人民法院应当按照下列规则确定赔偿责任：

（一）先由承保交强险的保险公司在责任限额范围内予以赔偿；

（二）不足部分，由承保商业三者险的保险公司根据保险合同予以赔偿；

（三）仍有不足的，依照道路交通安全法和侵权责任法的相关规定由侵权人予以赔偿。

被侵权人或者其近亲属请求承保交强险的保险公司优先赔偿精神损害的，人民法院应予支持。

第十七条 投保人允许的驾驶人驾驶机动车致使投保人遭受损害，当事人请求承保交强险的保险公司在责任限额范围内予以赔偿的，人民法院应予支持，但投保人为本车上人员的除外。

第十八条 有下列情形之一导致第三人人身损害，当事人请求保险公司在交强险责任限额范围内予以赔偿，人民法院应予支持：

（一）驾驶人未取得驾驶资格或者未取得相应驾驶资格的；

（二）醉酒、服用国家管制的精神药品或者麻醉药品后驾驶机动车发生交通事故的；

（三）驾驶人故意制造交通事故的。

保险公司在赔偿范围内向侵权人主张追偿权的，人民法院应予支持。追偿权的诉讼时效期间自保险公司实际赔偿之日起计算。

第十九条 未依法投保交强险的机动车发生交通事故造成损害，当事人请求投保义务人在交强险责任限额范围内予以赔偿的，人民法院应予支持。

投保义务人和侵权人不是同一人，当事人请求投保义务人和侵权人在交强险责任限额范围内承担连带责任的，人民法院应予支持。

第二十条 具有从事交强险业务资格的保险公司违法拒绝承保、拖延承保或者违法解除交强险合同，投保义务人在向第三人承担赔偿责任后，请求该保险公司在交强险责任限额范围内承担相应赔偿责任的，人民法院应予支持。

第二十一条 多辆机动车发生交通事故造成第三人损害，损失超出各机动车交强险责任限额之和的，由各保险公司在各自责任限额范围内承担赔偿责任；损失未超出各机动车交强险责任限额之和，当事人请求由各保险公司按照其责任限额与责任限额之和的比例承担赔偿责任的，人民法院应予支持。

依法分别投保交强险的牵引车和挂车连接使用时发生交通事故造成第三人损害，当事人请求由各保险公司在各自的责任限额范围内平均赔偿的，人民法院应予支持。

多辆机动车发生交通事故造成第三人损害，其中部分机动车未投保交强险，当事人请求先由已承保交强险的保险公司在责任限额范围内予以赔偿的，人民法院应予支持。保险公司就超出其应承担的部分向未投保交强险的投保义务人或者侵权人行使追偿权的，人民法院应予支持。

第二十二条　同一交通事故的多个被侵权人同时起诉的，人民法院应当按照各被侵权人的损失比例确定交强险的赔偿数额。

第二十三条　机动车所有权在交强险合同有效期内发生变动，保险公司在交通事故发生后，以该机动车未办理交强险合同变更手续为由主张免除赔偿责任的，人民法院不予支持。

机动车在交强险合同有效期内发生改装、使用性质改变等导致危险程度增加的情形，发生交通事故后，当事人请求保险公司在责任限额范围内予以赔偿的，人民法院应予支持。

前款情形下，保险公司另行起诉请求投保义务人按照重新核定后的保险费标准补足当期保险费的，人民法院应予支持。

第二十四条　当事人主张交强险人身伤亡保险金请求权转让或者设定担保的行为无效的，人民法院应予支持。

四、关于诉讼程序的规定

第二十五条　人民法院审理道路交通事故损害赔偿案件，应当将承保交强险的保险公司列为共同被告。但该保险公司已经在交强险责任限额范围内予以赔偿且当事人无异议的除外。

人民法院审理道路交通事故损害赔偿案件，当事人请求将承保商业三者险的保险公司列为共同被告的，人民法院应予准许。

第二十六条　被侵权人因道路交通事故死亡，无近亲属或者近亲属不明，未经法律授权的机关或者有关组织向人民法院起诉主张死亡赔偿金的，人民法院不予受理。

侵权人以已向未经法律授权的机关或者有关组织支付死亡赔偿金为理由，请求保险公司在交强险责任限额范围内予以赔偿的，人民法院不予支持。

被侵权人因道路交通事故死亡，无近亲属或者近亲属不明，支付被侵权人医疗费、丧葬费等合理费用的单位或者个人，请求保险公司在交强险责任限额范围内予以赔偿的，人民法院应予支持。

第二十七条　公安机关交通管理部门制作的交通事故认定书，人民法院应依法审查并确认其相应的证明力，但有相反证据推翻的除外。

五、关于适用范围的规定

第二十八条 机动车在道路以外的地方通行时引发的损害赔偿案件，可以参照适用本解释的规定。

第二十九条 本解释施行后尚未终审的案件，适用本解释；本解释施行前已经终审，当事人申请再审或者按照审判监督程序决定再审的案件，不适用本解释。

【适用本案由需要注意的问题】

◆机动车交通事故责任纠纷案件的管辖，适用《民事诉讼法》第28条的规定，即由侵权行为地或者被告住所地人民法院管辖。根据《最高人民法院关于适用〈中华人民共和国民事诉讼法〉的解释》第24条的规定，《民事诉讼法》第28条规定的侵权行为地，包括侵权行为实施地、侵权结果发生地。

◆对于责任明确、原告主张的损失金额确定的机动车交通事故责任纠纷案件，标的额为各省、自治区、直辖市上年度就业人员年平均工资30%以下的，根据《民事诉讼法》第162条的规定，应适用小额诉讼程序进行审理。

◆2008年《民事案件案由规定》中的“道路交通事故人身损害赔偿纠纷”案由，系根据《道路交通安全法》的规定而制定，包括机动车交通事故人身损害赔偿纠纷与非机动车交通事故人身损害赔偿纠纷两种情形，而2011年版《民事案件案由规定》将之修改为“机动车交通事故责任纠纷”，显然严格按照《侵权责任法》的条文规定进行了修改，涵盖机动车交通事故责任的内容更广，但是，却将非机动车交通事故人身损害赔偿纠纷这种情形排除在该案由之外。由此，在确定非机动车交通事故人身损害赔偿纠纷具体案由时，只能选择“生命权、健康权、身体权”案由。既不符合传统的习惯做法，也不利于对该类案由进行准确的司法统计。因此，最新的《民事案件案由规定》将该案由修改为交通事故损害赔偿责任纠纷。

351. 医疗损害责任纠纷

（1）侵害患者知情同意权责任纠纷

（2）医疗产品责任纠纷

【案由解析】

医疗损害责任，是指医疗机构及其从业人员在医疗护理活动中发生过错，并因这种过错导致患者在医疗机构就医时受到人身损害，医疗机构依法所应承担的民事法律责任。

医疗损害责任纠纷，是指由于医疗机构及其从业人员在医疗护理活动中发生过错，导致患者在医疗机构就医时受到人身损害，医疗机构依法应承担侵权赔偿责任所引起的民事纠纷。

医疗损害责任的特点主要有：（1）责任主体是医疗机构，行为主体是医务人员。（2）损害责任发生在医疗护理活动中。（3）患者是由于医疗机构或医务人员的过错遭受损害。（4）是一种替代责任，即由医疗机构对其医务人员给患者造成的损害承担赔偿责任。

【典型形态】

在实践中，医疗损害责任纠纷主要有：

（1）侵害患者知情同意权责任纠纷，是指医疗机构的医务人员在诊疗活动中，应当向患者说明病情和医疗措施等情况而未予说明，或者在实施手术、特殊检查和特殊治疗时，应当向患者或其近亲属说明医疗风险、替代医疗方案等情况并取得其书面同意而未尽到义务的，医疗机构应当对患者由此造成的损害承担赔偿责任。

（2）医疗产品责任纠纷，是指医疗机构在诊疗过程中使用有缺陷的药品、消毒药剂、医疗器械等医疗产品，或者输入不合格的血液，因此造成患者人身损害的，医疗机构或者医疗产品的生产者、血液提供机构所应当承担的侵权损害赔偿责任。

【常用法律条文及索引】

《侵权责任法》（2010 年 7 月 1 日起施行）

第五十四条　患者在诊疗活动中受到损害，医疗机构及其医务人员有过错的，由医疗机构承担赔偿责任。

第五十五条　医务人员在诊疗活动中应当向患者说明病情和医疗措施。需要实施手术、特殊检查、特殊治疗的，医务人员应当及时向患者说明医疗风险、替代医疗方案等情况，并取得其书面同意；不宜向患者说明的，应当向患者的近亲属说明，并取得其书面同意。

医务人员未尽到前款义务，造成患者损害的，医疗机构应当承担赔偿责任。

第五十六条 因抢救生命垂危的患者等紧急情况，不能取得患者或者其近亲属意见的，经医疗机构负责人或者授权的负责人批准，可以立即实施相应的医疗措施。

第五十七条 医务人员在诊疗活动中未尽到与当时的医疗水平相应的诊疗义务，造成患者损害的，医疗机构应当承担赔偿责任。

第五十八条 患者有损害，因下列情形之一的，推定医疗机构有过错：

（一）违反法律、行政法规、规章以及其他有关诊疗规范的规定；

（二）隐匿或者拒绝提供与纠纷有关的病历资料；

（三）伪造、篡改或者销毁病历资料。

第五十九条 因药品、消毒药剂、医疗器械的缺陷，或者输入不合格的血液造成患者损害的，患者可以向生产者或者血液提供机构请求赔偿，也可以向医疗机构请求赔偿。患者向医疗机构请求赔偿的，医疗机构赔偿后，有权向负有责任的生产者或者血液提供机构追偿。

第六十条 患者有损害，因下列情形之一的，医疗机构不承担赔偿责任：

（一）患者或者其近亲属不配合医疗机构进行符合诊疗规范的诊疗；

（二）医务人员在抢救生命垂危的患者等紧急情况下已经尽到合理诊疗义务；

（三）限于当时的医疗水平难以诊疗。

前款第一项情形中，医疗机构及其医务人员也有过错的，应当承担相应的赔偿责任。

第六十一条 医疗机构及其医务人员应当按照规定填写并妥善保管住院志、医嘱单、检验报告、手术及麻醉记录、病理资料、护理记录、医疗费用等病历资料。

患者要求查阅、复制前款规定的病历资料的，医疗机构应当提供。

第六十二条 医疗机构及其医务人员应当对患者的隐私保密。泄露患者隐私或者未经患者同意公开其病历资料，造成患者损害的，应当承担侵权责任。

第六十三条 医疗机构及其医务人员不得违反诊疗规范实施不必要的检查。

第六十四条　医疗机构及其医务人员的合法权益受法律保护。干扰医疗秩序，妨害医务人员工作、生活的，应当依法承担法律责任。

《第八次全国法院民事商事审判工作会议（民事部分）纪要》（2016 年 11 月 21 日　法〔2016〕399 号）

11. 患者一方请求医疗机构承担侵权责任，应证明与医疗机构之间存在医疗关系及受损害的事实。对于是否存在医疗关系，应综合挂号单、交费单、病历、出院证明以及其他能够证明存在医疗行为的证据加以认定。

12. 对当事人所举证据材料，应根据法律、法规及司法解释的相关规定进行综合审查。因当事人采取伪造、篡改、涂改等方式改变病历资料内容，或者遗失、销毁、抢夺病历，致使医疗行为与损害后果之间的因果关系或医疗机构及其医务人员的过错无法认定的，改变或者遗失、销毁、抢夺病历资料一方当事人应承担相应的不利后果；制作方对病历资料内容存在的明显矛盾或错误不能作出合理解释的，应承担相应的不利后果；病历仅存在错别字、未按病历规范格式书写等形式瑕疵的，不影响对病历资料真实性的认定。

【适用本案有需要注意的问题】

◆医疗损害责任纠纷案件的管辖，适用《民事诉讼法》第 28 条的规定，即由侵权行为地或者被告住所地人民法院管辖。根据《最高人民法院关于适用〈中华人民共和国民事诉讼法〉的解释》第 24 条的规定，《民事诉讼法》第 28 条规定的侵权行为地，包括侵权行为实施地、侵权结果发生地。

◆在适用本案由时，要注意其与医疗违约之诉的区别。

◆对于责任明确、原告主张的损失金额确定的医疗损害责任纠纷案件，标的额为各省、自治区、直辖市上年度就业人员年平均工资 30% 以下的，根据《民事诉讼法》第 162 条的规定，应适用小额诉讼程序进行审理。

352. 环境污染责任纠纷

（1）大气污染责任纠纷

（2）水污染责任纠纷

（3）噪声污染责任纠纷

（4）放射性污染责任纠纷

（5）土壤污染责任纠纷

（6）电子废物污染责任纠纷

（7）固体废物污染责任纠纷

【案由解析】

环境污染责任，是指因工业活动或是其他人为的原因，污染者以作为或者不作为方式，污染环境造成他人人身财产损害，或者其他公共环境、公共财产遭受损害，或者有造成损害的危险时，依法应当承担损害赔偿的特殊侵权责任。

环境污染责任纠纷，是指责任人因工业活动或是其他人为的原因，污染生活环境、生态环境，造成他人人身财产损害，或者其他公共环境、公共财产遭受损害，或者有造成损害的危险时，依法应当承担侵权责任所引发的纠纷。

环境污染责任的特点主要有：（1）具有承担环境法律责任的特殊性。（2）侵害时间的长期性。（3）适用无过错责任原则。

【典型形态】

在实践中，环境污染责任纠纷主要有：

（1）大气污染责任纠纷，是指因工业活动或是其他人为的原因，引起某些物质进入大气中，呈现出足够的浓度，达到足够的时间，造成大气质量下降，引起污染，使他人人身财产损害，或者公共财产遭受损害，或者有造成损害的危险时，责任人依法应当承担侵权责任所引发的纠纷。

（2）水污染责任纠纷，是指由于人类排放的各种外源性物质（包括自然界中原先就有的和没有的），进入水体后，超出了水体本身自净作用（就是江河湖海可以通过各种物理、化学、生物方法来消除外源性物质）所能承受的范围，造成水体污染，使他人人身财产损害，或者公共财产遭受损害，或者有造成损害的危险时，责任人依法应当承担侵权责任所引发的纠纷。

（3）噪声污染责任纠纷，是指责任人因工业活动或是其他人为的原因，排放噪声造成污染，使他人人身财产受到损害，或者其他公共环境、公共财产遭受损害，或者有造成损害的危险时，依法应当承担侵权责任所引发的纠纷。

（4）放射性污染责任纠纷，是指由于人类活动造成物料、人体、场所、环境介质表面或者内部出现超过国家标准的放射性物质或者射线造成污染，使他人人身财产受到损害，或者其他公共环境、公共财产遭受损害，或者有造成损害的危险时，责任人依法应当承担侵权责任所引发的纠纷。

（5）土壤污染责任纠纷，是指由于人类活动产生的污染物进入土壤并积累到一定程度，引起土壤质量恶化，并进而造成农作物中某些指标超过国家标准，使他人人身财产受到损害，或者其他公共环境、公共财产遭受损害，或者有造成损害的危险时，责任人依法应当承担侵权责任所引发的纠纷。

（6）电子废物污染责任纠纷，是指电子废物由于人类活动排入环境所引起的环境质量下降而造成他人人身财产受到损害，或者其他公共环境、公共财产遭受损害，或者有造成损害的危险时，责任人依法应当承担侵权责任所引发的纠纷。

（7）固体废物污染责任纠纷，是指固体废物由于人类活动排入环境所引起的环境质量下降而造成他人人身财产受到损害，或者其他公共环境、公共财产遭受损害，或者有造成损害的危险时，责任人依法应当承担侵权责任所引发的纠纷。

【常用法律条文及索引】

《民法通则》（1987 年 1 月 1 日起施行　2009 年 8 月 27 日修正）

第一百二十四条　违反国家保护环境防止污染的规定，污染环境造成他人损害的，应当依法承担民事责任。

《侵权责任法》（2010 年 7 月 1 日起施行）

第六十五条　因污染环境造成损害的，污染者应当承担侵权责任。

第六十六条　因污染环境发生纠纷，污染者应当就法律规定的不承担责任或者减轻责任的情形及其行为与损害之间不存在因果关系承担举证责任。

第六十七条　两个以上污染者污染环境，污染者承担责任的大小，根据污染物的种类、排放量等因素确定。

第六十八条　因第三人的过错污染环境造成损害的，被侵权人可以向污染者请求赔偿，也可以向第三人请求赔偿。污染者赔偿后，有权向第三人追偿。

《环境保护法》（2015 年 1 月 1 日起施行）

第四十条　国家促进清洁生产和资源循环利用。

国务院有关部门和地方各级人民政府应当采取措施，推广清洁能源的生产和使用。

企业应当优先使用清洁能源，采用资源利用率高、污染物排放量少的工艺、设备以及废弃物综合利用技术和污染物无害化处理技术，减少污染物的产生。

第四十一条 建设项目中防治污染的设施，应当与主体工程同时设计、同时施工、同时投产使用。防治污染的设施应当符合经批准的环境影响评价文件的要求，不得擅自拆除或者闲置。

第四十二条 排放污染物的企业事业单位和其他生产经营者，应当采取措施，防治在生产建设或者其他活动中产生的废气、废水、废渣、医疗废物、粉尘、恶臭气体、放射性物质以及噪声、振动、光辐射、电磁辐射等对环境的污染和危害。

排放污染物的企业事业单位，应当建立环境保护责任制度，明确单位负责人和相关人员的责任。

重点排污单位应当按照国家有关规定和监测规范安装使用监测设备，保证监测设备正常运行，保存原始监测记录。

严禁通过暗管、渗井、渗坑、灌注或者篡改、伪造监测数据，或者不正常运行防治污染设施等逃避监管的方式违法排放污染物。

第四十三条 排放污染物的企业事业单位和其他生产经营者，应当按照国家有关规定缴纳排污费。排污费应当全部专项用于环境污染防治，任何单位和个人不得截留、挤占或者挪作他用。

依照法律规定征收环境保护税的，不再征收排污费。

第四十四条 国家实行重点污染物排放总量控制制度。重点污染物排放总量控制指标由国务院下达，省、自治区、直辖市人民政府分解落实。企业事业单位在执行国家和地方污染物排放标准的同时，应当遵守分解落实到本单位的重点污染物排放总量控制指标。

对超过国家重点污染物排放总量控制指标或者未完成国家确定的环境质量目标的地区，省级以上人民政府环境保护主管部门应当暂停审批其新增重点污染物排放总量的建设项目环境影响评价文件。

第四十五条 国家依照法律规定实行排污许可管理制度。

实行排污许可管理的企业事业单位和其他生产经营者应当按照排污许可证的要求排放污染物；未取得排污许可证的，不得排放污染物。

第四十六条 国家对严重污染环境的工艺、设备和产品实行淘汰制度。

任何单位和个人不得生产、销售或者转移、使用严重污染环境的工艺、设备和产品。

禁止引进不符合我国环境保护规定的技术、设备、材料和产品。

第四十七条　各级人民政府及其有关部门和企业事业单位，应当依照《中华人民共和国突发事件应对法》的规定，做好突发环境事件的风险控制、应急准备、应急处置和事后恢复等工作。

县级以上人民政府应当建立环境污染公共监测预警机制，组织制定预警方案；环境受到污染，可能影响公众健康和环境安全时，依法及时公布预警信息，启动应急措施。

企业事业单位应当按照国家有关规定制定突发环境事件应急预案，报环境保护主管部门和有关部门备案。在发生或者可能发生突发环境事件时，企业事业单位应当立即采取措施处理，及时通报可能受到危害的单位和居民，并向环境保护主管部门和有关部门报告。

突发环境事件应急处置工作结束后，有关人民政府应当立即组织评估事件造成的环境影响和损失，并及时将评估结果向社会公布。

第四十八条　生产、储存、运输、销售、使用、处置化学物品和含有放射性物质的物品，应当遵守国家有关规定，防止污染环境。

第四十九条　各级人民政府及其农业等有关部门和机构应当指导农业生产经营者科学种植和养殖，科学合理施用农药、化肥等农业投入品，科学处置农用薄膜、农作物秸秆等农业废弃物，防止农业面源污染。

禁止将不符合农用标准和环境保护标准的固体废物、废水施入农田。施用农药、化肥等农业投入品及进行灌溉，应当采取措施，防止重金属和其他有毒有害物质污染环境。

畜禽养殖场、养殖小区、定点屠宰企业等的选址、建设和管理应当符合有关法律法规规定。从事畜禽养殖和屠宰的单位和个人应当采取措施，对畜禽粪便、尸体和污水等废弃物进行科学处置，防止污染环境。

县级人民政府负责组织农村生活废弃物的处置工作。

第五十条　各级人民政府应当在财政预算中安排资金，支持农村饮用水水源地保护、生活污水和其他废弃物处理、畜禽养殖和屠宰污染防治、土壤污染防治和农村工矿污染治理等环境保护工作。

第五十一条　各级人民政府应当统筹城乡建设污水处理设施及配套管网，固体废物的收集、运输和处置等环境卫生设施，危险废物集中处置设施、场所以及其他环境保护公共设施，并保障其正常运行。

第五十二条 国家鼓励投保环境污染责任保险。

第六十四条 因污染环境和破坏生态造成损害的，应当依照《中华人民共和国侵权责任法》的有关规定承担侵权责任。

第六十五条 环境影响评价机构、环境监测机构以及从事环境监测设备和防治污染设施维护、运营的机构，在有关环境服务活动中弄虚作假，对造成的环境污染和生态破坏负有责任的，除依照有关法律法规规定予以处罚外，还应当与造成环境污染和生态破坏的其他责任者承担连带责任。

第六十六条 提起环境损害赔偿诉讼的时效期间为三年，从当事人知道或者应当知道其受到损害时起计算。

《海洋环境保护法》（2000 年 4 月 1 日起施行　2017 年 11 月 4 日修订）

第四章　防治陆源污染物对海洋环境的污染损害

第二十九条 向海域排放陆源污染物，必须严格执行国家或者地方规定的标准和有关规定。

第三十条 入海排污口位置的选择，应当根据海洋功能区划、海水动力条件和有关规定，经科学论证后，报设区的市级以上人民政府环境保护行政主管部门备案。

环境保护行政主管部门应当在完成备案后十五个工作日内将入海排污口设置情况通报海洋、海事、渔业行政主管部门和军队环境保护部门。

在海洋自然保护区、重要渔业水域、海滨风景名胜区和其他需要特别保护的区域，不得新建排污口。

在有条件的地区，应当将排污口深海设置，实行离岸排放。设置陆源污染物深海离岸排放排污口，应当根据海洋功能区划、海水动力条件和海底工程设施的有关情况确定，具体办法由国务院规定。

第三十一条 省、自治区、直辖市人民政府环境保护行政主管部门和水行政主管部门应当按照水污染防治有关法律的规定，加强入海河流管理，防治污染，使入海河口的水质处于良好状态。

第三十二条 排放陆源污染物的单位，必须向环境保护行政主管部门申报拥有的陆源污染物排放设施、处理设施和在正常作业条件下排放陆源污染物的种类、数量和浓度，并提供防治海洋环境污染方面的有关技术和资料。

排放陆源污染物的种类、数量和浓度有重大改变的，必须及时申报。

第三十三条 禁止向海域排放油类、酸液、碱液、剧毒废液和高、中水平放射性废水。

严格限制向海域排放低水平放射性废水；确需排放的，必须严格执行国家辐射防护规定。

严格控制向海域排放含有不易降解的有机物和重金属的废水。

第三十四条　含病原体的医疗污水、生活污水和工业废水必须经过处理，符合国家有关排放标准后，方能排入海域。

第三十五条　含有机物和营养物质的工业废水、生活污水，应当严格控制向海湾、半封闭海及其他自净能力较差的海域排放。

第三十六条　向海域排放含热废水，必须采取有效措施，保证邻近渔业水域的水温符合国家海洋环境质量标准，避免热污染对水产资源的危害。

第三十七条　沿海农田、林场施用化学农药，必须执行国家农药安全使用的规定和标准。

沿海农田、林场应当合理使用化肥和植物生长调节剂。

第三十八条　在岸滩弃置、堆放和处理尾矿、矿渣、煤灰渣、垃圾和其他固体废物的，依照《中华人民共和国固体废物污染环境防治法》的有关规定执行。

第三十九条　禁止经中华人民共和国内水、领海转移危险废物。

经中华人民共和国管辖的其他海域转移危险废物的，必须事先取得国务院环境保护行政主管部门的书面同意。

第四十条　沿海城市人民政府应当建设和完善城市排水管网，有计划地建设城市污水处理厂或者其他污水集中处理设施，加强城市污水的综合整治。

建设污水海洋处置工程，必须符合国家有关规定。

第四十一条　国家采取必要措施，防止、减少和控制来自大气层或者通过大气层造成的海洋环境污染损害。

第五章　防治海岸工程建设项目对海洋环境的污染损害

第四十二条　新建、改建、扩建海岸工程建设项目，必须遵守国家有关建设项目环境保护管理的规定，并把防治污染所需资金纳入建设项目投资计划。

在依法划定的海洋自然保护区、海滨风景名胜区、重要渔业水域及其他需要特别保护的区域，不得从事污染环境、破坏景观的海岸工程项目建设或者其他活动。

第四十三条 海岸工程建设项目的单位，必须在建设项目可行性研究阶段，对海洋环境进行科学调查，根据自然条件和社会条件，合理选址，编报环境影响报告书（表）。环境影响报告书（表）报环境保护行政主管部门审查批准。

环境保护行政主管部门在批准环境影响报告书（表）之前，必须征求海洋、海事、渔业行政主管部门和军队环境保护部门的意见。

第四十四条 海岸工程建设项目的环境保护设施，必须与主体工程同时设计、同时施工、同时投产使用。环境保护设施应当符合经批准的环境评价报告书（表）的要求。

第四十五条 禁止在沿海陆域内新建不具备有效治理措施的化学制浆造纸、化工、印染、制革、电镀、酿造、炼油、岸边冲滩拆船以及其他严重污染海洋环境的工业生产项目。

第四十六条 兴建海岸工程建设项目，必须采取有效措施，保护国家和地方重点保护的野生动植物及其生存环境和海洋水产资源。

严格限制在海岸采挖砂石。露天开采海滨砂矿和从岸上打井开采海底矿产资源，必须采取有效措施，防止污染海洋环境。

第六章 防治海洋工程建设项目对海洋环境的污染损害

第四十七条 海洋工程建设项目必须符合海洋功能区规划、海洋功能区划、海洋环境保护规划和国家有关环境保护标准。海洋工程建设项目单位应当对海洋环境进行科学调查，编制海洋环境影响报告书（表），并在建设项目开工前，报海洋行政主管部门审查批准。

海洋行政主管部门在核准海洋环境影响报告书（表）之前，必须征求海事、渔业行政主管部门和军队环境保护部门的意见。

第四十八条 海洋工程建设项目的环境保护设施，必须与主体工程同时设计、同时施工、同时投产使用。环境保护设施未经海洋行政主管部门验收，或者经验收不合格的，建设项目不得投入生产或者使用。

拆除或者闲置环境保护设施，必须事先征得海洋行政主管部门的同意。

第四十九条 海洋工程建设项目，不得使用含超标准放射性物质或者易溶出有毒有害物质的材料。

第五十条 海洋工程建设项目需要爆破作业时，必须采取有效措施，保护海洋资源。

海洋石油勘探开发及输油过程中，必须采取有效措施，避免溢油事故的发生。

第五十一条　海洋石油钻井船、钻井平台和采油平台的含油污水和油性混合物，必须经过处理达标后排放；残油、废油必须予以回收，不得排放入海。经回收处理后排放的，其含油量不得超过国家规定的标准。

钻井所使用的油基泥浆和其他有毒复合泥浆不得排放入海。水基泥浆和无毒复合泥浆及钻屑的排放，必须符合国家有关规定。

第五十二条　海洋石油钻井船、钻井平台和采油平台及其有关海上设施，不得向海域处置含油的工业垃圾。处置其他工业垃圾，不得造成海洋环境污染。

第五十三条　海上试油时，应当确保油气充分燃烧，油和油性混合物不得排放入海。

第五十四条　勘探开发海洋石油，必须按有关规定编制溢油应急计划，报国家海洋行政主管部门的海区派出机构备案。

第七章　防治倾倒废弃物对海洋环境的污染损害

第五十五条　任何单位未经国家海洋行政主管部门批准，不得向中华人民共和国管辖海域倾倒任何废弃物。

需要倾倒废弃物的单位，必须向国家海洋行政主管部门提出书面申请，经国家海洋行政主管部门审查批准，发给许可证后，方可倾倒。

禁止中华人民共和国境外的废弃物在中华人民共和国管辖海域倾倒。

第五十六条　国家海洋行政主管部门根据废弃物的毒性、有毒物质含量和对海洋环境影响程度，制定海洋倾倒废弃物评价程序和标准。

向海洋倾倒废弃物，应当按照废弃物的类别和数量实行分级管理。

可以向海洋倾倒的废弃物名录，由国家海洋行政主管部门拟定，经国务院环境保护行政主管部门提出审核意见后，报国务院批准。

第五十七条　国家海洋行政主管部门按照科学、合理、经济、安全的原则选划海洋倾倒区，经国务院环境保护行政主管部门提出审核意见后，报国务院批准。

临时性海洋倾倒区由国家海洋行政主管部门批准，并报国务院环境保护行政主管部门备案。

国家海洋行政主管部门在选划海洋倾倒区和批准临时性海洋倾倒区之前，必须征求国家海事、渔业行政主管部门的意见。

第五十八条　国家海洋行政主管部门监督管理倾倒区的使用，组织倾倒区的环境监测，对经确认不宜继续使用的倾倒区，国家海洋行政主管部门应当予以封闭，终止在该倾倒区的一切倾倒活动，并报国务院备案。

第五十九条 获准倾倒废弃物的单位，必须按照许可证注明的期限及条件，到指定的区域进行倾倒。废弃物装载之后，批准部门应当予以核实。

第六十条 获准倾倒废弃物的单位，应当详细记录倾倒的情况，并在倾倒后向批准部门作出书面报告。倾倒废弃物的船舶必须向驶出港的海事行政主管部门作出书面报告。

第六十一条 禁止在海上焚烧废弃物。

禁止在海上处置放射性废弃物或者其他放射性物质。废弃物中的放射性物质的豁免浓度由国务院制定。

第八章 防治船舶及有关作业活动对海洋环境的污染损害

第六十二条 在中华人民共和国管辖海域，任何船舶及相关作业不得违反本法规定向海洋排放污染物、废弃物和压载水、船舶垃圾及其他有害物质。

从事船舶污染物、废弃物、船舶垃圾接收、船舶清舱、洗舱作业活动的，必须具备相应的接收处理能力。

第六十三条 船舶必须按照有关规定持有防止海洋环境污染的证书与文书，在进行涉及污染物排放及操作时，应当如实记录。

第六十四条 船舶必须配置相应的防污设备和器材。

载运具有污染危害性货物的船舶，其结构与设备应当能够防止或者减轻所载货物对海洋环境的污染。

第六十五条 船舶应当遵守海上交通安全法律、法规的规定，防止因碰撞、触礁、搁浅、火灾或者爆炸等引起的海难事故，造成海洋环境的污染。

第六十六条 国家完善并实施船舶油污损害民事赔偿责任制度；按照船舶油污损害赔偿责任由船东和货主共同承担风险的原则，建立船舶油污保险、油污损害赔偿基金制度。

实施船舶油污保险、油污损害赔偿基金制度的具体办法由国务院规定。

第六十七条 载运具有污染危害性货物进出港口的船舶，其承运人、货物所有人或者代理人，必须事先向海事行政主管部门申报。经批准后，方可进出港口、过境停留或者装卸作业。

第六十八条 交付船舶装运污染危害性货物的单证、包装、标志、数量限制等，必须符合对所装货物的有关规定。

需要船舶装运污染危害性不明的货物，应当按照有关规定事先进行评估。

装卸油类及有毒有害货物的作业，船岸双方必须遵守安全防污操作规程。

第六十九条　港口、码头、装卸站和船舶修造厂必须按照有关规定备有足够的用于处理船舶污染物、废弃物的接收设施，并使该设施处于良好状态。

装卸油类的港口、码头、装卸站和船舶必须编制溢油污染应急计划，并配备相应的溢油污染应急设备和器材。

第七十条　船舶及有关作业活动应当遵守有关法律法规和标准，采取有效措施，防止造成海洋环境污染。海事行政主管部门等有关部门应当加强对船舶及有关作业活动的监督管理。

船舶进行散装液体污染危害性货物的过驳作业，应当事先按照有关规定报经海事行政主管部门批准。

第七十一条　船舶发生海难事故，造成或者可能造成海洋环境重大污染损害的，国家海事行政主管部门有权强制采取避免或者减少污染损害的措施。

对在公海上因发生海难事故，造成中华人民共和国管辖海域重大污染损害后果或者具有污染威胁的船舶、海上设施，国家海事行政主管部门有权采取与实际的或者可能发生的损害相称的必要措施。

第七十二条　所有船舶均有监视海上污染的义务，在发现海上污染事故或者违反本法规定的行为时，必须立即向就近的依照本法规定行使海洋环境监督管理权的部门报告。

民用航空器发现海上排污或者污染事件，必须及时向就近的民用航空空中交通管制单位报告。接到报告的单位，应当立即向依照本法规定行使海洋环境监督管理权的部门通报。

第八十九条第一款　造成海洋环境污染损害的责任者，应当排除危害，并赔偿损失；完全由于第三者的故意或者过失，造成海洋环境污染损害的，由第三者排除危害，并承担赔偿责任。

《最高人民法院关于审理环境侵权责任纠纷案件适用法律若干问题的解释》（法释〔2015〕12号　2015年6月3日起施行）

为正确审理环境侵权责任纠纷案件，根据《中华人民共和国侵权责任法》《中华人民共和国环境保护法》《中华人民共和国民事诉讼法》等法律的规定，结合审判实践，制定本解释。

第一条 因污染环境造成损害，不论污染者有无过错，污染者应当承担侵权责任。污染者以排污符合国家或者地方污染物排放标准为由主张不承担责任的，人民法院不予支持。

污染者不承担责任或者减轻责任的情形，适用海洋环境保护法、水污染防治法、大气污染防治法等环境保护单行法的规定；相关环境保护单行法没有规定的，适用侵权责任法的规定。

第二条 两个以上污染者共同实施污染行为造成损害，被侵权人根据侵权责任法第八条规定请求污染者承担连带责任的，人民法院应予支持。

第三条 两个以上污染者分别实施污染行为造成同一损害，每一个污染者的污染行为都足以造成全部损害，被侵权人根据侵权责任法第十一条规定请求污染者承担连带责任的，人民法院应予支持。

两个以上污染者分别实施污染行为造成同一损害，每一个污染者的污染行为都不足以造成全部损害，被侵权人根据侵权责任法第十二条规定请求污染者承担责任的，人民法院应予支持。

两个以上污染者分别实施污染行为造成同一损害，部分污染者的污染行为足以造成全部损害，部分污染者的污染行为只造成部分损害，被侵权人根据侵权责任法第十一条规定请求足以造成全部损害的污染者与其他污染者就共同造成的损害部分承担连带责任，并对全部损害承担责任的，人民法院应予支持。

第四条 两个以上污染者污染环境，对污染者承担责任的大小，人民法院应当根据污染物的种类、排放量、危害性以及有无排污许可证、是否超过污染物排放标准、是否超过重点污染物排放总量控制指标等因素确定。

第五条 被侵权人根据侵权责任法第六十八条规定分别或者同时起诉污染者、第三人的，人民法院应予受理。

被侵权人请求第三人承担赔偿责任的，人民法院应当根据第三人的过错程度确定其相应赔偿责任。

污染者以第三人的过错污染环境造成损害为由主张不承担责任或者减轻责任的，人民法院不予支持。

第六条 被侵权人根据侵权责任法第六十五条规定请求赔偿的，应当提供证明以下事实的证据材料：

（一）污染者排放了污染物；

（二）被侵权人的损害；

（三）污染者排放的污染物或者其次生污染物与损害之间具有关联性。

第七条　污染者举证证明下列情形之一的，人民法院应当认定其污染行为与损害之间不存在因果关系：

（一）排放的污染物没有造成该损害可能的；

（二）排放的可造成该损害的污染物未到达该损害发生地的；

（三）该损害于排放污染物之前已发生的；

（四）其他可以认定污染行为与损害之间不存在因果关系的情形。

第八条　对查明环境污染案件事实的专门性问题，可以委托具备相关资格的司法鉴定机构出具鉴定意见或者由国务院环境保护主管部门推荐的机构出具检验报告、检测报告、评估报告或者监测数据。

第九条　当事人申请通知一至两名具有专门知识的人出庭，就鉴定意见或者污染物认定、损害结果、因果关系等专业问题提出意见的，人民法院可以准许。当事人未申请，人民法院认为有必要的，可以进行释明。

具有专门知识的人在法庭上提出的意见，经当事人质证，可以作为认定案件事实的根据。

第十条　负有环境保护监督管理职责的部门或者其委托的机构出具的环境污染事件调查报告、检验报告、检测报告、评估报告或者监测数据等，经当事人质证，可以作为认定案件事实的根据。

第十一条　对于突发性或者持续时间较短的环境污染行为，在证据可能灭失或者以后难以取得的情况下，当事人或者利害关系人根据民事诉讼法第八十一条规定申请证据保全的，人民法院应当准许。

第十二条　被申请人具有环境保护法第六十三条规定情形之一，当事人或者利害关系人根据民事诉讼法第一百条或者第一百零一条规定申请保全的，人民法院可以裁定责令被申请人立即停止侵害行为或者采取污染防治措施。

第十三条　人民法院应当根据被侵权人的诉讼请求以及具体案情，合理判定污染者承担停止侵害、排除妨碍、消除危险、恢复原状、赔礼道歉、赔偿损失等民事责任。

第十四条　被侵权人请求恢复原状的，人民法院可以依法裁判污染者承担环境修复责任，并同时确定被告不履行环境修复义务时应当承担的环境修复费用。

污染者在生效裁判确定的期限内未履行环境修复义务的，人民法院可以委托其他人进行环境修复，所需费用由污染者承担。

第十五条 被侵权人起诉请求污染者赔偿因污染造成的财产损失、人身损害以及为防止污染扩大、消除污染而采取必要措施所支出的合理费用的，人民法院应予支持。

第十六条 下列情形之一，应当认定为环境保护法第六十五条规定的弄虚作假：

（一）环境影响评价机构明知委托人提供的材料虚假而出具严重失实的评价文件的；

（二）环境监测机构或者从事环境监测设备维护、运营的机构故意隐瞒委托人超过污染物排放标准或者超过重点污染物排放总量控制指标的事实的；

（三）从事防治污染设施维护、运营的机构故意不运行或者不正常运行环境监测设备或者防治污染设施的；

（四）有关机构在环境服务活动中其他弄虚作假的情形。

第十七条 被侵权人提起诉讼，请求污染者停止侵害、排除妨碍、消除危险的，不受环境保护法第六十六条规定的时效期间的限制。

第十八条 本解释适用于审理因污染环境、破坏生态造成损害的民事案件，但法律和司法解释对环境民事公益诉讼案件另有规定的除外。

相邻污染侵害纠纷、劳动者在职业活动中因受污染损害发生的纠纷，不适用本解释。

第十九条 本解释施行后，人民法院尚未审结的一审、二审案件适用本解释规定。本解释施行前已经作出生效裁判的案件，本解释施行后依法再审的，不适用本解释。

本解释施行后，最高人民法院以前颁布的司法解释与本解释不一致的，不再适用。

【适用本案由需要注意的问题】

◆环境污染责任纠纷案件的管辖，适用《民事诉讼法》第28条的规定，即由侵权行为地或者被告住所地人民法院管辖。根据《最高人民法院关于适用〈中华人民共和国民事诉讼法〉的解释》第24条的规定，《民事诉讼法》

第28条规定的侵权行为地，包括侵权行为实施地、侵权结果发生地。

◆居民之间生活污染适用过错责任，主要由《物权法》规定的相邻关系解决。而企业生产污染等污染环境的适用无过错责任，主要由《侵权责任法》《环境保护法》《海洋环境保护法》《大气污染防治法》《水污染防治法》等相关法律调整。

◆对于责任明确、原告主张的损失金额确定的环境污染责任纠纷案件，标的额为各省、自治区、直辖市上年度就业人员年平均工资30%以下的，根据《民事诉讼法》第162条的规定，应适用小额诉讼程序进行审理。

353. 高度危险责任纠纷

（1）民用核设施损害责任纠纷

（2）民用航空器损害责任纠纷

（3）占有、使用高度危险物损害责任纠纷

（4）高度危险活动损害责任纠纷

（5）遗失、抛弃高度危险物损害责任纠纷

（6）非法占有高度危险物损害责任纠纷

【案由解析】

高度危险责任，是指高度危险行为人实施高度危险活动或者管理高度危险物，造成他人人身损害或者财产损害，应当承担损害赔偿责任的特殊侵权责任。

高度危险责任纠纷，是指高度危险行为人实施高度危险活动或者管理高度危险物，造成他人人身损害或者财产损害，依法应当承担的损害赔偿责任所引发的纠纷。

高度危险责任的特点主要有：（1）责任主体是实施高度危险活动或者管理高度危险物的高度危险行为人。（2）责任的前提是高度危险行为人实施的高度危险活动或者管理高度危险物与造成他人人身损害或者财产损害有因果关系。（3）适用无过错责任原则。

【典型形态】

在实践中，高度危险责任纠纷主要有：

（1）民用核设施损害责任纠纷，是指民用核设施发生核事故造成他人损害的，民用核设施的经营者依法所应当承担的侵权责任所引发的纠纷。根据《民用核设施安全监督管理条例》的规定，民用核设施包括核动力厂（核电厂、核热电厂、核供气供热厂），其他反应堆、核燃料生产、加工、贮存及处理设施、放射性废物的处理和处置设施以及其他需要严格监督的核设施；而核事故是指核设施内的核燃料、放射性产物、废料或运入运出核设施的核材料所发生的放射性、毒害性、爆炸性或其他危害性事故，或一系列事故。

（2）民用航空器损害责任纠纷，民用航空器损害责任是指除用于执行军事、海关、警察飞行任务之外的航空器（包括飞机、飞艇、气球等）造成他人损害的，航空器的经营者依法所应当承担的侵权责任所引发的纠纷。

（3）占有、使用高度危险物损害责任纠纷，是指占有或者使用易燃、易爆、剧毒、放射性等高度危险物品造成他人损害的，物品占有人或者使用人就其依法所应当承担的侵权责任所引发的纠纷。

（4）高度危险活动损害责任纠纷，是指从事高空、高压、地下挖掘或者高速轨道运输工具等高度危险活动造成他人损害的，高度危险活动的经营者就其所应当承担的侵权责任所引发的纠纷。

（5）遗失、抛弃高度危险物损害责任纠纷，是指遗失、抛弃易燃、易爆、剧毒、放射性等高度危险物品造成他人损害的，物品的所有人或管理人就其依法应当承担的侵权责任所引发的纠纷。

（6）非法占有高度危险物损害责任纠纷，是指非法占有易燃、易爆、剧毒、放射性等高度危险物品造成他人损害的，非法占有人就其依法应承担的侵权责任所引发的纠纷。

【常用法律条文及索引】

《民法通则》（1987 年 1 月 1 日起施行　2009 年 8 月 27 日修正）

第一百二十三条　从事高空、高压、易燃、易爆、剧毒、放射性、高速运输工具等对周围环境有高度危险的作业造成他人损害的，应当承担民事责任；如果能够证明损害是由受害人故意造成的，不承担民事责任。

《侵权责任法》（2010 年 7 月 1 日起施行）

第六十九条　从事高度危险作业造成他人损害的，应当承担侵权责任。

第七十条　民用核设施发生核事故造成他人损害的，民用核设施的经营者应当承担侵权责任，但能够证明损害是因战争等情形或者受害人故意造成的，不承担责任。

第七十一条　民用航空器造成他人损害的，民用航空器的经营者应当承担侵权责任，但能够证明损害是因受害人故意造成的，不承担责任。

第七十二条　占有或者使用易燃、易爆、剧毒、放射性等高度危险物造成他人损害的，占有人或者使用人应当承担侵权责任，但能够证明损害是因受害人故意或者不可抗力造成的，不承担责任。被侵权人对损害的发生有重大过失的，可以减轻占有人或者使用人的责任。

第七十三条　从事高空、高压、地下挖掘活动或者使用高速轨道运输工具造成他人损害的，经营者应当承担侵权责任，但能够证明损害是因受害人故意或者不可抗力造成的，不承担责任。被侵权人对损害的发生有过失的，可以减轻经营者的责任。

第七十四条　遗失、抛弃高度危险物造成他人损害的，由所有人承担侵权责任。所有人将高度危险物交由他人管理的，由管理人承担侵权责任；所有人有过错的，与管理人承担连带责任。

第七十五条　非法占有高度危险物造成他人损害的，由非法占有人承担侵权责任。所有人、管理人不能证明对防止他人非法占有尽到高度注意义务的，与非法占有人承担连带责任。

第七十六条　未经许可进入高度危险活动区域或者高度危险物存放区域受到损害，管理人已经采取安全措施并尽到警示义务的，可以减轻或者不承担责任。

第七十七条　承担高度危险责任，法律规定赔偿限额的，依照其规定。

【适用本案由需要注意的问题】

◆高度危险责任纠纷案件的管辖，一般适用《民事诉讼法》第 28 条的规定，即由侵权行为地或者被告住所地人民法院管辖。根据《最高人民法院关于适用〈中华人民共和国民事诉讼法〉的解释》第 24 条的规定，《民事诉讼法》第 28 条规定的侵权行为地，包括侵权行为实施地、侵权结果发生地。需要注意的是，对于民用核设施损害责任纠纷，国务院 1986 年 3 月 29 日《关于处理第三方核责任问题给核工业部国家核安全局国务院核电领导小组的批复》第 7 条规定："由于在中华人民共和国境内发生核事故造成核损害而引起的有关第三方核责任的一切诉讼，都必须遵照中华人民共和国法律规定，提请对该核事故发生地有管辖权的人民法院受理。"

◆在适用本案由时，要注意高度危险作业责任纠纷与环境污染责任纠纷、破坏生态责任纠纷竞合时的处理。高度危险作业造成损害一般有两种情况：一种是危险物质直接作用于人体或者财产，造成人身、财产损失。如运送硫酸的汽车发生事故使硫酸溢出，灼伤人体。另一种是危险物质溢出污染环境或破坏生态，造成人身、财产损失。在第二种情形下，既符合高度危险责任构成要件，又符合环境污染责任、破坏生态责任构成要件，因此，构成法规竞合。此时，由权利人选择适用其中一种规定主张权利。

◆在适用本案由时，要注意非法占有高度危险物造成他人损害与未经许可进入高度危险活动区域或者高度危险物存放区域遭受损害的区别。首先，赔偿权利人不同。前者的权利人是除非法占有人以外的人，当然也有可能造成所有人、管理人自身的损害；而后者的权利人是非法进入者本身。其次，责任主体不同。前者责任主体是非法占有人，如果所有人、管理人不能证明对防止他人非法占有尽到高度注意义务的，也要承担责任；后者是高度危险活动或者高度危险物的管理者。最后，免责事由不同。前者是所有人、管理人尽到高度注意义务；后者是管理人采取安全措施并尽到警示义务，并经许可进入高度危险活动区域或者高度危险物存放区域的，可以看作受害人的故意行为，而构成高度危险责任的免责事由。

◆对于责任明确、原告主张的损失金额确定的高度危险责任纠纷案件，标的额为各省、自治区、直辖市上年度就业人员年平均工资30%以下的，根据《民事诉讼法》第162条的规定，应适用小额诉讼程序进行审理。

354. 饲养动物损害责任纠纷

【案由解析】

饲养动物损害责任，是指动物的饲养人或管理人因为其饲养或管理的动物造成他人损害的，依法应当承担的侵权责任。

饲养动物损害责任纠纷，是指动物的饲养人或管理人因为其饲养或管理的动物造成他人损害的，就其依法应当承担侵权责任而与他人引发的纠纷。

饲养动物损害责任的特征主要有：（1）责任主体是动物的饲养人或管理人。（2）适用无过错责任原则。

【典型形态】

在实践中，饲养动物损害责任纠纷主要有：

（1）一般的饲养动物损害责任纠纷，是指违反《侵权责任法》第 78 条规定产生的饲养的动物致人损害责任的纠纷。

（2）违反管理规定的动物损害责任纠纷，是指在违反有关饲养人资格、登记、办证、年检及缴费、注销、犬只安全性维持义务及犬只伤人时的救助和危险预防义务等饲养动物的管理规定的情形下，饲养的动物致人损害责任的纠纷。

（3）禁养的危险饲养动物损害责任纠纷，是指禁止在居民区、商业区、工业区以及有关主管部门划定的其他禁止饲养的区域饲养的具有较强攻击性和野性的危险动物致人损害责任的纠纷。

（4）动物园的动物损害责任纠纷，是指综合性动物园、专业性动物园、野生动物园、城市公园的动物展区、珍稀濒危动物饲养繁殖研究场所等饲养的动物致人损害责任的纠纷。

（5）遗弃、逃逸的动物损害责任纠纷，是指遗弃、逃逸的动物在遗弃、逃逸期间致人损害责任的纠纷。

【常用法律条文及索引】

《民法通则》（1987 年 1 月 1 日起施行　2009 年 8 月 27 日修正）

第一百二十七条　饲养的动物造成他人损害的，动物饲养人或者管理人应当承担民事责任；由于受害人的过错造成损害的，动物饲养人或者管理人不承担民事责任；由于第三人的过错造成损害的，第三人应当承担民事责任。

《侵权责任法》（2010 年 7 月 1 日起施行）

第七十八条　饲养的动物造成他人损害的，动物饲养人或者管理人应当承担侵权责任，但能够证明损害是因被侵权人故意或者重大过失造成的，可以不承担或者减轻责任。

第七十九条　违反管理规定，未对动物采取安全措施造成他人损害的，动物饲养人或者管理人应当承担侵权责任。

第八十条　禁止饲养的烈性犬等危险动物造成他人损害的，动物饲养人或者管理人应当承担侵权责任。

第八十一条 动物园的动物造成他人损害的，动物园应当承担侵权责任，但能够证明尽到管理职责的，不承担责任。

第八十二条 遗弃、逃逸的动物在遗弃、逃逸期间造成他人损害的，由原动物饲养人或者管理人承担侵权责任。

第八十三条 因第三人的过错致使动物造成他人损害的，被侵权人可以向动物饲养人或者管理人请求赔偿，也可以向第三人请求赔偿。动物饲养人或者管理人赔偿后，有权向第三人追偿。

第八十四条 饲养动物应当遵守法律，尊重社会公德，不得妨害他人生活。

【适用本案由需要注意的问题】

◆饲养动物损害责任纠纷案件的管辖，适用《民事诉讼法》第28条的规定，即由侵权行为地或者被告住所地人民法院管辖。根据《最高人民法院关于适用〈中华人民共和国民事诉讼法〉的解释》第24条的规定，《民事诉讼法》第28条规定的侵权行为地，包括侵权行为实施地、侵权结果发生地。

◆野生动物保护区的动物造成他人损害的，依法应当属于国家赔偿的范围，不是本案由适用的情形。

◆动物园饲养的动物在逃逸期间造成他人损害的，应当适用《侵权责任法》第82条关于遗弃、逃逸的动物侵权的规定。

◆对于责任明确、原告主张的损失金额确定的饲养动物损害责任纠纷案件，标的额为各省、自治区、直辖市上年度就业人员年平均工资30%以下的，根据《民事诉讼法》第162条的规定，应适用小额诉讼程序进行审理。

355. 物件损害责任纠纷

（1）物件脱落、坠落损害责任纠纷

（2）建筑物、构筑物倒塌损害责任纠纷

（3）不明抛掷物、坠落物损害责任纠纷

（4）堆放物倒塌致害责任纠纷

（5）公共道路妨碍通行损害责任纠纷

（6）林木折断损害责任纠纷

（7）地面施工、地下设施损害责任纠纷

【案由解析】

物件损害责任，是指管理物件或使用物件的人未尽适当注意义务，致使物件造成他人损害，物件管理人或使用人依法应当承担的侵权责任。在我国，物件损害责任主要包括建筑物等设施及其搁置物、悬挂物脱落损害责任，建筑物等设施倒塌损害责任，不明抛掷物、坠落物损害责任，堆放物倒塌损害责任，妨碍通行物损害责任，林木折断损害责任以及地面施工损害责任。

物件损害责任纠纷，是指因建筑物、构筑物、抛掷物、坠落物、堆放物或者公共道路、地面施工、地下设施等致人损害时，物件的所有人、管理人或者使用人所应当承担的侵权责任所引发的纠纷。在我国，物件损害责任主要包括建筑物等设施及其搁置物、悬挂物脱落损害责任，建筑物等设施倒塌损害责任，不明抛掷物、坠落物损害责任，堆放物倒塌损害责任，妨碍通行物损害责任，林木折断损害责任以及地面施工损害责任。

【典型形态】

在实践中，物件损害责任纠纷主要有：

（1）物件脱落、坠落损害责任纠纷，是指因建筑物、构筑物或者其他设施及其搁置物、悬挂物发生脱落、坠落造成他人损害的，所有人、管理人或者使用人所应当承担的侵权责任所引发的纠纷。

（2）建筑物、构筑物倒塌损害责任纠纷，是指因建筑物、构筑物及其他设施倒塌造成他人损害的，建设单位、施工单位或者其他责任人依法应当承担侵权责任所引发的纠纷。

（3）不明抛掷物、坠落物损害责任纠纷，是指从建筑物中抛掷物品或者从建筑物上坠落的物品造成他人损害的，可能加害的建筑物的使用人需依法承担补偿责任（能够证明自己不是侵权人的除外）所引发的纠纷。

（4）堆放物倒塌致害责任纠纷，是指堆放物倒塌造成他人损害的，堆放人依法所应当承担的侵权责任所引发的纠纷。

（5）公共道路妨碍通行损害责任纠纷，是指因在公共道路上堆放、倾倒、遗撒妨碍通行的物品造成他人损害，有关责任人依法所应当承担的侵权责任而引发的纠纷。

（6）林木折断损害责任纠纷，是指因林木折断造成他人损害的，林木的所有人或者管理人依法应当承担的侵权责任而引发的纠纷。

（7）地面施工、地下设施损害责任纠纷，是指在公共场所或者道路上施工、安装地下设施等没有设置明显标志和采取安全措施而造成他人损害的，或者窨井等地下设施造成他人损害的，施工人、管理人依法应当承担的侵权责任所引发的纠纷。

【常用法律条文及索引】

《民法通则》（1987 年 1 月 1 日起施行　2009 年 8 月 27 日修正）

第一百二十六条　建筑物或者其他设施以及建筑物上的搁置物、悬挂物发生倒塌、脱落、坠落造成他人损害的，它的所有人或者管理人应当承担民事责任，但能够证明自己没有过错的除外。

《侵权责任法》（2010 年 7 月 1 日起施行）

第八十五条　建筑物、构筑物或者其他设施及其搁置物、悬挂物发生脱落、坠落造成他人损害，所有人、管理人或者使用人不能证明自己没有过错的，应当承担侵权责任。所有人、管理人或者使用人赔偿后，有其他责任人的，有权向其他责任人追偿。

第八十六条　建筑物、构筑物或者其他设施倒塌造成他人损害的，由建设单位与施工单位承担连带责任。建设单位、施工单位赔偿后，有其他责任人的，有权向其他责任人追偿。

因其他责任人的原因，建筑物、构筑物或者其他设施倒塌造成他人损害的，由其他责任人承担侵权责任。

第八十七条　从建筑物中抛掷物品或者从建筑物上坠落的物品造成他人损害，难以确定具体侵权人的，除能够证明自己不是侵权人的外，由可能加害的建筑物使用人给予补偿。

第八十八条　堆放物倒塌造成他人损害，堆放人不能证明自己没有过错的，应当承担侵权责任。

第八十九条　在公共道路上堆放、倾倒、遗撒妨碍通行的物品造成他人损害的，有关单位或者个人应当承担侵权责任。

第九十条　因林木折断造成他人损害，林木的所有人或者管理人不能证明自己没有过错的，应当承担侵权责任。

第九十一条　在公共场所或者道路上挖坑、修缮安装地下设施等，没有设置明显标志和采取安全措施造成他人损害的，施工人应当承担侵权责任。

窨井等地下设施造成他人损害，管理人不能证明尽到管理职责的，应当承担侵权责任。

【适用本案由需要注意的问题】

◆物件损害责任纠纷案件的管辖，适用《民事诉讼法》第 28 条的规定，即由侵权行为地或者被告住所地人民法院管辖。根据《最高人民法院关于适用〈中华人民共和国民事诉讼法〉的解释》第 24 条的规定，《民事诉讼法》第 28 条规定的侵权行为地，包括侵权行为实施地、侵权结果发生地。

◆在适用本案由时，要注意公共道路妨碍通行损害责任纠纷和相邻关系纠纷的区别。相邻关系纠纷，是指相互毗邻的不动产所有人、用益物权人或占有人之间在行使该不动产的所有权或使用权时，包括了因用水、排水、通行、通风和采光等行为而引起的纠纷。而公共道路妨碍通行损害责任是指因在公共道路上堆放、倾倒、遗撒物品，妨碍他人通行，造成他人损害，有关责任人依法所应当承担的侵权责任而引发的纠纷。这里的损害仅指通行，不包括用水、排水、通风、采光等。而且相邻关系纠纷属于所有权纠纷，公共道路妨碍通行损害责任纠纷属于侵权责任纠纷。

◆对于责任明确、原告主张的损失金额确定的物件损害责任纠纷案件，标的额为各省、自治区、直辖市上年度就业人员年平均工资 30% 以下的，根据《民事诉讼法》第 162 条的规定，应适用小额诉讼程序进行审理。具体适用可参见本书案由“18. 抚养纠纷”中“适用本案由需要注意的问题”的有关内容。

356. 触电人身损害责任纠纷

【案由解析】

触电人身损害责任，是指受害人因触电导致人身遭受损害的，该电力设施的产权人依法应当承担的损害赔偿责任。

触电人身损害责任纠纷，是指受害人因触电导致人身遭受损害的，该电力设施的产权人就其依法应当承担的损害赔偿责任而与他人引发的纠纷。

触电人身损害责任的特点主要有：（1）承担责任的前提是受害人是因为

触电遭受人身损害。（2）责任主体是电力设施的产权人。（3）不是单一适用某一侵权责任归责原则，而是根据电力设施输送的电力的电压等级的不同，适用不同的侵权责任归责原则。

【常用法律条文及索引】

《电力法》（1996 年 4 月 1 日起施行　2009 年 8 月 27 日修正）

第五十九条　电力企业或者用户违反供用电合同，给对方造成损失的，应当依法承担赔偿责任。

电力企业违反本法第二十八条、第二十九条第一款的规定，未保证供电质量或者未事先通知用户中断供电，给用户造成损失的，应当依法承担赔偿责任。

第六十条　因电力运行事故给用户或者第三人造成损害的，电力企业应当依法承担赔偿责任。

电力运行事故由下列原因之一造成的，电力企业不承担赔偿责任：

（一）不可抗力；

（二）用户自身的过错。

因用户或者第三人的过错给电力企业或者其他用户造成损害的，该用户或者第三人应当依法承担赔偿责任。

【适用本案由需要注意的问题】

◆触电人身损害责任纠纷案件的管辖，适用《民事诉讼法》第 28 条的规定，即由侵权行为地或者被告住所地人民法院管辖。根据《最高人民法院关于适用〈中华人民共和国民事诉讼法〉的解释》第 24 条的规定，《民事诉讼法》第 28 条规定的侵权行为地，包括侵权行为实施地、侵权结果发生地。

◆归责原则：在触电人身损害赔偿案件中，根据案件性质的不同，采用不同的归责原则。在低压（小于 1000 伏）触电案件中，适用过错归责原则，即根据各方当事人在事故中所存在的过错程度划分责任。在高压（大于或等于 1000 伏）触电案件中，适用无过错责任原则。

◆对于责任明确、原告主张的损失金额确定的触电人身损害责任纠纷案件，标的额为各省、自治区、直辖市上年度就业人员年平均工资 30% 以下的，根据《民事诉讼法》第 162 条的规定，应适用小额诉讼程序进行审理。

357. 义务帮工人受害责任纠纷

【案由解析】

义务帮工人受害责任纠纷，是指为他人无偿提供劳务的义务帮工人，在其义务劳动中遭受人身财产的损害，就接受其无偿提供劳务的一方依法应当承担的损害赔偿责任所引发的纠纷。

义务帮工人受害责任的特点主要有：（1）前提是受害人无偿为他人提供劳务。（2）责任主体是接受无偿提供劳务的一方。（3）适用无过错责任原则和公平责任原则。

【常用法律条文及索引】

《最高人民法院关于审理人身损害赔偿案件适用法律若干问题的解释》（法释〔2003〕20号　2004年5月1日起施行）

第十四条　帮工人因帮工活动遭受人身损害的，被帮工人应当承担赔偿责任。被帮工人明确拒绝帮工的，不承担赔偿责任；但可以在受益范围内予以适当补偿。

帮工人因第三人侵权遭受人身损害的，由第三人承担赔偿责任。第三人不能确定或者没有赔偿能力的，可以由被帮工人予以适当补偿。

【适用本案由需要注意的问题】

◆义务帮工人受害责任纠纷案件的管辖，适用《民事诉讼法》第28条的规定，即由侵权行为地或者被告住所地人民法院管辖。根据《最高人民法院关于适用〈中华人民共和国民事诉讼法〉的解释》第24条的规定，《民事诉讼法》第28条规定的侵权行为地，包括侵权行为实施地、侵权结果发生地。

◆在适用本案由时，要注意提供劳务者致害责任纠纷与义务帮工致人损害法律责任的区别。在劳务关系中，提供劳务的一方（雇工）履行职务过程中受害或致害，应由接受劳务的一方（雇主）承担无过错责任，雇工有过错的可适当减轻雇主责任，而无偿为他人提供劳务的帮工，在从事帮工活动中受到损害或者致人损害的，由义工使用人承担赔偿责任。义工使用人与受益人不一致的，可以酌情由受益人适当补偿。义工有故意或者重大过失的，应当适当承担责任。

◆在适用本案由时，在帮工人因帮工受到第三人侵害时，如果第三人因下落不明不能确定，则不列其为当事人；第三人确定但没有赔偿能力的，第三人与被帮工人为共同被告。

◆对于责任明确、原告主张的损失金额确定的义务帮工人受害责任纠纷案件，标的额为各省、自治区、直辖市上年度就业人员年平均工资30%以下的，根据《民事诉讼法》第162条的规定，应适用小额诉讼程序进行审理。

358. 见义勇为人受害责任纠纷

【案由解析】

见义勇为人受害责任，是指见义勇为人在实施见义勇为行为时，其自身的人身财产遭受到他人损害的，侵权人或受益人对其承担的侵权损害赔偿责任。在这里，见义勇为是指行为人没有约定或法定义务，为了保护国家利益、公共利益或他人的合法权益不受或免受损害，而实施的制止侵害，防止损失的行为。

见义勇为人受害责任纠纷，是指见义勇为人在实施见义勇为行为时，其自身的人身财产遭受到他人损害的，就该损害赔偿责任所引发的纠纷。在这里，见义勇为是指行为人没有约定或法定义务，为了保护国家利益、公共利益或他人的合法权益不受或免受损害，而实施的制止侵害，防止损失的行为。

见义勇为受害责任的特点主要有：（1）前提是见义勇为人是在实施见义勇为行为过程中，自身遭受损害。（2）见义勇为人没有法定或约定的义务。（3）责任主体包括侵权人和受益人。

【典型形态】

（1）见义勇为行为人与侵权人之间的赔偿纠纷，即见义勇为行为人为制止侵权行为而实施见义勇为行为时，见义勇为行为人对侵权人存在的损害赔偿请求权所引发的纠纷。

（2）见义勇为行为人与受益人之间的补偿纠纷，即没有侵权人，不能确定侵权人或侵权人没有赔偿能力的情况下，行为人有权主张受益人对其遭受的损害进行适当补偿所引发的纠纷。

【常用法律条文及索引】

《民法总则》（2017 年 10 月 1 日起施行）

第一百八十三条　因保护他人民事权益使自己受到损害的，由侵权人承担民事责任，受益人可以给予适当补偿。没有侵权人、侵权人逃逸或者无力承担民事责任，受害人请求补偿的，受益人应当给予适当补偿。

第一百八十四条　因自愿实施紧急救助行为造成受助人损害的，救助人不承担民事责任。

《民法通则》（1987 年 1 月 1 日起施行　2009 年 8 月 27 日修正）

第一百零九条　因防止、制止国家的、集体的财产或者他人的财产、人身遭受侵害而使自己受到损害的，由侵害人承担赔偿责任，受益人也可以给予适当的补偿。

《最高人民法院关于审理人身损害赔偿案件适用法律若干问题的解释》（法释〔2003〕20 号　2004 年 5 月 1 日起施行）

第十五条　为维护国家、集体或者他人的合法权益而使自己受到人身损害，因没有侵权人、不能确定侵权人或者侵权人没有赔偿能力，赔偿权利人请求受益人在受益范围内予以适当补偿的，人民法院应予支持。

【适用本案由需要注意的问题】

◆见义勇为人受害责任纠纷案件的管辖，适用《民事诉讼法》第 28 条的规定，即由侵权行为地或者被告住所地人民法院管辖。根据《最高人民法院关于适用〈中华人民共和国民事诉讼法〉的解释》第 24 条的规定，《民事诉讼法》第 28 条规定的侵权行为地，包括侵权行为实施地、侵权结果发生地。

◆对于责任明确、原告主张的损失金额确定的见义勇为人受害责任纠纷案件，标的额为各省、自治区、直辖市上年度就业人员年平均工资 30% 以下的，根据《民事诉讼法》第 162 条的规定，应适用小额诉讼程序进行审理。

359. 公证损害责任纠纷

【案由解析】

公证损害责任，是指公证机构及其公证人员在履行公证职务的过程中，给公证人、当事人或者公证事项的利害关系人造成损失的，公证机构依法所应当承担的损害赔偿责任。

公证损害责任纠纷，是指因公证机构及其公证人员在履行公证职务的过程中，给公证人、当事人或者公证事项的利害关系人造成损失，公证机构依法所应当承担的损害赔偿责任所引发的纠纷。

公证损害责任的特点主要有：（1）责任主体是公证机构及其公证员。（2）责任性质是侵权责任而非违约责任。公证民事法律责任的产生是由于公证机构和公证员违反了法定义务，而不是基于公证机构与公证申请人的约定。当证明行为为不法行为损害到他们的利益，就会产生民事侵权责任即公证民事法律责任。（3）责任内容主要是财产赔偿。（4）是一种替代责任。

【常用法律条文及索引】

《公证法》（2006 年 3 月 1 日起施行）

第四十三条 公证机构及其公证员因过错给当事人、公证事项的利害关系人造成损失的，由公证机构承担相应的赔偿责任；公证机构赔偿后，可以向有故意或者重大过失的公证员追偿。

当事人、公证事项的利害关系人与公证机构因赔偿发生争议的，可以向人民法院提起民事诉讼。

《公证程序规则》（2006 年 7 月 1 日起施行）

第六十九条 公证机构及其公证员因过错给当事人、公证事项的利害关系人造成损失的，由公证机构承担相应的赔偿责任；公证机构赔偿后，可以向有故意或者重大过失的公证员追偿。

当事人、公证事项的利害关系人与公证机构因过错责任和赔偿数额发生争议，协商不成的，可以向人民法院提起民事诉讼，也可以申请地方公证协会调解。

【适用本案由需要注意的问题】

◆公证损害责任纠纷案件的管辖，适用《民事诉讼法》第 28 条的规定，即由侵权行为地或者被告住所地人民法院管辖。根据《最高人民法院关于适用〈中华人民共和国民事诉讼法〉的解释》第 24 条的规定，《民事诉讼法》第 28 条规定的侵权行为地，包括侵权行为实施地、侵权结果发生地。

◆在适用本案由时，要特别注意公证损害责任纠纷与用人单位责任纠纷的区别。公证损害责任与用人单位责任具有一定的相似性，即都属于单位为其工作人员的行为承担责任，在性质上都属于替代责任。二者之区别在于，用人单位责任中，单位对其工作人员对外应承担的侵权责任适用无过错责任原则，其工作人员是否构成侵权则依照《侵权责任法》的相关规定来确定；公证损害责任中，依《公证法》的规定，公证机构对其公证人员对他人的侵权责任以及公证人员是否构成侵权，均适用过错责任原则。

360. 防卫过当损害责任纠纷

【案由解析】

防卫过当，是指防卫行为明显超过必要限度，给实施不法侵害行为的人造成重大人身财产损害。防卫过当具有两方面的特征：(1) 在客观上表现为防卫行为明显超过了必要限度并造成了重大损害；(2) 防卫行为必须明显超过必要限度且对实施不法侵害行为的人造成重大损害。

防卫过当损害责任，是指行为人实施防卫行为明显超过必要限度，给实施不法侵害行为的人造成重大人身财产损害，依法需要承担的民事侵权责任。

防卫过当损害责任纠纷，是指因行为人实施防卫行为明显超过必要限度，给实施不法侵害行为的人造成重大人身财产损害，行为人依法应当承担的民事侵权责任所引发的纠纷。防卫过当，是指防卫行为明显超过必要限度，给实施不法侵害行为的人造成重大人身财产损害。防卫过当具有两方面的特征：一是在客观上表现为防卫行为明显超过了必要限度并造成了重大损害，二是防卫行为必须明显超过必要限度且对实施不法侵害行为的人造成重大损害。

防卫过当损害责任的特点主要有：(1) 前提是防卫行为明显超过了必要限度并造成了重大损害。(2) 适用过错责任原则。

【常用法律条文及索引】

《民法总则》(2017 年 10 月 1 日起施行)

第一百八十一条 因正当防卫造成损害的，不承担民事责任。

正当防卫超过必要的限度，造成不应有的损害的，正当防卫人应当承担适当的民事责任。

《民法通则》(1987年1月1日起施行 2009年8月27日修正)

第一百二十八条 因正当防卫造成损害的，不承担民事责任。正当防卫超过必要的限度，造成不应有的损害的，应当承担适当的民事责任。

《侵权责任法》(2010年7月1日起施行)

第三十条 因正当防卫造成损害的，不承担责任。正当防卫超过必要的限度，造成不应有的损害的，正当防卫人应当承担适当的责任。

【适用本案由需要注意的问题】

◆防卫过当损害责任纠纷案件的管辖，适用《民事诉讼法》第28条的规定，即由侵权行为地或者被告住所地人民法院管辖。根据《最高人民法院关于适用〈中华人民共和国民事诉讼法〉的解释》第24条的规定，《民事诉讼法》第28条规定的侵权行为地，包括侵权行为实施地、侵权结果发生地。

◆在适用本案由时，要特别注意其与紧急避险损害责任纠纷的区别。紧急避险，是指为了使国家、公共利益、本人或者他人的人身、财产和其他权利免受正在发生的危险，不得已采取的紧急避险行为。紧急避险损害责任纠纷，是指因紧急避险造成损害所引起的纠纷。这里造成损害的原因是避险超过必要限度。而防卫过当损害责任纠纷的前提是正当防卫超出必要限度。正当防卫与紧急避险的区别主要体现在：第一，危险的来源不同。正当防卫的危险来源是人的不法侵害行为；而紧急避险的危险来源比较广泛，可以是不法侵害，也可以是自然灾害、动物的侵袭。在遭遇到人的不法侵害时，如果行为人是对不法侵害人进行反击，属于正当防卫的范畴；如果为了躲避不法侵害，而损害第三人（不法侵害之外的人）利益的，属于紧急避险的范畴。第二，紧急避险必须是出于迫不得已，而正当防卫无此要求。第三，对主体的要求不同。紧急避险要求主体不能有特定的身份（如警察、军人或消防队员等）。而正当防卫就没有这样的要求。任何人均有正当防卫的权利。第四，避险保护的是合法利益，损害的也是合法的利益（第三者的利益），在这种情况下法律怎么样选择，避险所保护的利益必须要大于避险行为所损害的第三者的利益，如果等于或者小于所损害的利益，避险就没有意义，法律也就没有保护的必要。第五，实施对象不同。正当防卫只能对不法侵害人实施，而紧急避险必须是向第三者实施。

◆对于责任明确、原告主张的损失金额确定的防卫过当损害责任纠纷案件，标的额为各省、自治区、直辖市上年度就业人员年平均工资30%以下的，根据《民事诉讼法》第162条的规定，应适用小额诉讼程序进行审理。具体适用可参见本书案由“18. 抚养纠纷”中“适用本案由需要注意的问题”的有关内容。

361. 紧急避险损害责任纠纷

【案由解析】

紧急避险，是指为了使国家、公共利益、本人或者他人的人身、财产和其他权利免受正在发生的危险，不得已采取的紧急避险行为。

紧急避险损害责任，是指行为人实施紧急避险超过必要限度，造成他人人身财产受到损害，行为人引法应承担的民事侵权责任。

紧急避险损害责任纠纷，是指因行为人实施紧急避险超过必要限度，而造成他人人身财产受到损害，行为人依法应承担的民事侵权责任所引发的纠纷。

紧急避险损害责任的特点主要有：（1）前提是行为人实施紧急避险超过必要限度并造成他人人身、财产受到损害。（2）适用过错责任原则。

【常用法律条文及索引】

《民法总则》（2017年10月1日起施行）

第一百八十二条 因紧急避险造成损害的，由引起险情发生的人承担民事责任。

危险由自然原因引起的，紧急避险人不承担民事责任，可以给予适当补偿。

紧急避险采取措施不当或者超过必要的限度，造成不应有的损害的，紧急避险人应当承担适当的民事责任。

《民法通则》（1987年1月1日起施行 2009年8月27日修正）

第一百二十九条 因紧急避险造成损害的，由引起险情发生的人承担民事责任。如果危险是由自然原因引起的，紧急避险人不承担民事责任或者承担适当的民事责任。因紧急避险采取措施不当或者超过必要的限度，造成不应有的损害的，紧急避险人应当承担适当的民事责任。

《侵权责任法》（2010 年 7 月 1 日起施行）

第三十一条 因紧急避险造成损害的，由引起险情发生的人承担责任。如果危险是由自然原因引起的，紧急避险人不承担责任或者给予适当补偿。紧急避险采取措施不当或者超过必要的限度，造成不应有的损害的，紧急避险人应当承担适当的责任。

【适用本案由需要注意的问题】

◆紧急避险损害责任纠纷案件的管辖，适用《民事诉讼法》第 28 条的规定，即由侵权行为地或者被告住所地人民法院管辖。根据《最高人民法院关于适用〈中华人民共和国民事诉讼法〉的解释》第 24 条的规定，《民事诉讼法》第 28 条规定的侵权行为地，包括侵权行为实施地、侵权结果发生地。

◆在适用本案由时，要注意其与防卫过当损害责任纠纷的区别。参见本书案由“360. 防卫过当损害责任纠纷”中“适用本案由需要注意的问题”部分。

◆对于责任明确、原告主张的损失金额确定的紧急避险损害责任纠纷案件，标的额为各省、自治区、直辖市上年度就业人员年平均工资 30% 以下的，根据《民事诉讼法》第 162 条的规定，应适用小额诉讼程序进行审理。具体适用可参见本书案由“18. 抚养纠纷”中“适用本案由需要注意的问题”的有关内容。

362. 驻香港、澳门特别行政区军人执行职务侵权责任纠纷

【案由解析】

驻香港、澳门特别行政区军人执行职务侵权责任，是指驻香港、澳门特别行政区军人在执行职务的过程中侵害他人合法权益依法应当承担的民事侵权责任。

驻香港、澳门特别行政区军人执行职务侵权责任纠纷，是指因驻香港、澳门特别行政区军人在执行职务的过程中侵害他人合法权益，造成他人人身、财产的损害，依法应当承担民事侵权责任所引发的纠纷。

驻香港、澳门特别行政区军人执行职务侵权责任的特点主要是：（1）责任主体的特殊性。责任主体是驻香港、澳门特别行政区军人。（2）是一种特殊的职务侵权责任。

【常用法律条文及索引】

《香港特别行政区驻军法》（1997 年 7 月 1 日起施行）

第二十三条 香港驻军人员违反香港特别行政区的法律，侵害香港居民、香港驻军以外的其他人的民事权利的，当事人可以通过协商、调解解决；不愿通过协商、调解解决或者协商、调解不成的，被侵权人可以向法院提起诉讼。香港驻军人员非执行职务的行为引起的民事侵权案件，由香港特别行政区法院管辖；执行职务的行为引起的民事侵权案件，由中华人民共和国最高人民法院管辖，侵权行为的损害赔偿适用香港特别行政区法律。

《澳门特别行政区驻军法》（1999 年 12 月 20 日起施行）

第二十三条 澳门驻军人员违反澳门特别行政区的法律，侵害澳门居民、澳门驻军以外的其他人的民事权利的，当事人可以通过协商、调解解决；不愿通过协商、调解解决或者协商、调解不成的，被侵权人可以向法院提起诉讼。澳门驻军人员非执行职务的行为引起的民事侵权案件，由澳门特别行政区法院管辖；执行职务的行为引起的民事侵权案件，由中华人民共和国最高人民法院管辖，侵权行为的损害赔偿适用澳门特别行政区法律。

【适用本案由需要注意的问题】

◆香港驻军人员非执行职务的行为引起的民事侵权案件，由香港特别行政区法院管辖；执行职务的行为引起的民事侵权案件，由中华人民共和国最高人民法院管辖，侵权行为的损害赔偿适用香港特别行政区法律。

◆澳门驻军人员非执行职务的行为引起的民事侵权案件，由澳门特别行政区法院管辖；执行职务的行为引起的民事侵权案件，由中华人民共和国最高人民法院管辖，侵权行为的损害赔偿适用澳门特别行政区法律。

363. 铁路运输损害责任纠纷

（1）铁路运输人身损害责任纠纷

（2）铁路运输财产损害责任纠纷

【案由解析】

铁路运输损害责任，是指铁路运输企业发生铁路行车事故或者发生其他铁路运营事故，造成他人人身伤害和财产损失，依法应当承担的损害赔偿责任。

铁路运输损害责任纠纷，是指因铁路运输企业发生铁路行车事故或者发生其他铁路运营事故，造成他人人身伤害和财产损失，依法应当承担的损害赔偿责任所引发的纠纷。

铁路运输损害责任的特点主要有：（1）是在铁路运输过程中发生事故，造成他人人身损害和财产损失。（2）责任主体是铁路运输企业。（3）适用无过错责任原则。

【典型形态】

在实践中，铁路运输损害责任纠纷主要有：

（1）铁路运输人身损害责任纠纷，是指因发生行车事故或者其他铁路运营事故造成路外人员或乘客人身伤害的，铁路运输企业依法所应当承担的损害赔偿责任。

（2）铁路运输财产损害责任纠纷，是指因发生行车事故或者其他铁路运营事故造成他人财产损失或者承运的货物损失的，铁路运输企业所应当承担的损害赔偿责任。

【常用法律条文及索引】

《铁路法》（1991 年 5 月 1 日起施行　2009 年 8 月 27 日修正）

第五十八条　因铁路行车事故及其他铁路运营事故造成人身伤亡的，铁路运输企业应当承担赔偿责任；如果人身伤亡是因不可抗力或者由于受害人自身的原因造成的，铁路运输企业不承担赔偿责任。

违章通过平交道口或者人行过道，或者在铁路线路上行走、坐卧造成的人身伤亡，属于受害人自身的原因造成的人身伤亡。

《最高人民法院关于审理铁路运输人身损害赔偿纠纷案件适用法律若干问题的解释》（法释〔2010〕5 号　2010 年 3 月 16 日起施行）

第二条　铁路运输人身损害的受害人、依法由受害人承担扶养义务的被扶养人以及死亡受害人的近亲属为赔偿权利人，有权请求赔偿。

第三条　赔偿权利人要求对方当事人承担侵权责任的，由事故发生地、列车最先到达地或者被告住所地铁路运输法院管辖；赔偿权利人依照合同法要求承运人承担违约责任予以人身损害赔偿的，由运输始发地、目的地或者被告住所地铁路运输法院管辖。

第四条　铁路运输造成人身损害的，铁路运输企业应当承担赔偿责任；法律另有规定的，依照其规定。

第五条　铁路运输中发生人身损害，铁路运输企业举证证明有下列情形之一的，不承担赔偿责任：

（一）不可抗力造成的；

（二）受害人故意以卧轨、碰撞等方式造成的。

第六条　因受害人翻越、穿越、损毁、移动铁路线路两侧防护围墙、栅栏或者其他防护设施穿越铁路线路，偷乘货车，攀附行进中的列车，在未设置人行通道的铁路桥梁、隧道内通行，攀爬高架铁路线路，以及其他未经许可进入铁路线路、车站、货场等铁路作业区域的过错行为，造成人身损害的，应当根据受害人的过错程度适当减轻铁路运输企业的赔偿责任，并按照以下情形分别处理：

（一）铁路运输企业未充分履行安全防护、警示等义务，受害人有上述过错行为的，铁路运输企业应当在全部损失的百分之八十至百分之二十之间承担赔偿责任；

（二）铁路运输企业已充分履行安全防护、警示等义务，受害人仍施以上述过错行为的，铁路运输企业应当在全部损失的百分之二十至百分之十之间承担赔偿责任。

第七条　受害人横向穿越未封闭的铁路线路时存在过错，造成人身损害的，按照前条规定处理。

受害人不听从值守人员劝阻或者无视禁行警示信号、标志硬行通过铁路平交道口、人行过道，或者沿铁路线路纵向行走，或者在铁路线路上坐卧，造成人身损害，铁路运输企业举证证明已充分履行安全防护、警示等义务的，不承担赔偿责任。

第八条　铁路运输造成无民事行为能力人人身损害的，铁路运输企业应当承担赔偿责任；监护人有过错的，按照过错程度减轻铁路运输企业的赔偿责任，但铁路运输企业承担的赔偿责任应当不低于全部损失的百分之五十。

铁路运输造成限制民事行为能力人人身损害的，铁路运输企业应当承担赔偿责任；监护人及受害人自身有过错的，按照过错程度减轻铁路运输企业的赔偿责任，但铁路运输企业承担的赔偿责任应当不低于全部损失的百分之四十。

第九条 铁路机车车辆与机动车发生碰撞造成机动车驾驶人员以外的人人身损害的，由铁路运输企业与机动车一方对受害人承担连带赔偿责任。铁路运输企业与机动车一方之间，按照各自的过错分担责任；双方均无过错的，按照公平原则分担责任。对受害人实际承担赔偿责任超出应当承担份额的一方，有权向另一方追偿。

铁路机车车辆与机动车发生碰撞造成机动车驾驶人员人身损害的，按照本解释第四条至第七条的规定处理。

第十条 在非铁路运输企业实行监护的铁路无人看守道口发生事故造成人身损害的，由铁路运输企业按照本解释的有关规定承担赔偿责任。道口管理单位有过错的，铁路运输企业对赔偿权利人承担赔偿责任后，有权向道口管理单位追偿。

第十一条 对于铁路桥梁、涵洞等设施负有管理、维护等职责的单位，因未尽职责使该铁路桥梁、涵洞等设施不能正常使用，导致行人、车辆穿越铁路线路造成人身损害的，铁路运输企业按照本解释有关规定承担赔偿责任后，有权向该单位追偿。

第十二条 铁路旅客运送期间发生旅客人身损害，赔偿权利人要求铁路运输企业承担违约责任的，人民法院应当依照《中华人民共和国合同法》第二百九十条、第三百零一条、第三百零二条等规定，确定铁路运输企业是否承担责任及责任的大小；赔偿权利人要求铁路运输企业承担侵权赔偿责任的，人民法院应当依照有关侵权责任的法律规定，确定铁路运输企业是否承担赔偿责任及责任的大小。

第十三条 铁路旅客运送期间因第三人侵权造成旅客人身损害的，由实施侵权行为的第三人承担赔偿责任。铁路运输企业有过错的，应当在能够防止或者制止损害的范围内承担相应的补充赔偿责任。铁路运输企业承担赔偿责任后，有权向第三人追偿。

车外第三人投掷石块等击打列车造成车内旅客人身损害，赔偿权利人要求铁路运输企业先予赔偿的，人民法院应当予以支持。铁路运输企业赔付后，有权向第三人追偿。

第十四条 有权作出事故认定的组织依照《铁路交通事故应急救援和调

查处理条例》等有关规定制作的事故认定书，经庭审质证，对于事故认定书所认定的事实，当事人没有相反证据和理由足以推翻的，人民法院应当作为认定事实的根据。

第十五条　在专用铁路及铁路专用线上因运输造成人身损害，依法应当由肇事工具或者设备的所有人、使用人或者管理人承担赔偿责任的，适用本解释。

【适用本案由需要注意的问题】

◆铁路运输损害责任纠纷案件的管辖，适用《民事诉讼法》第28条的规定，即由侵权行为地或者被告住所地人民法院管辖。根据《最高人民法院关于适用〈中华人民共和国民事诉讼法〉的解释》第24条的规定，《民事诉讼法》第28条规定的侵权行为地包括侵权行为实施地、侵权结果发生地。

◆根据《民事诉讼法》第29条的规定，因铁路、公路、水上和航空事故请求损害赔偿提起的诉讼，由事故发生地或者车辆、船舶最先到达地、航空器最先降落地或者被告住所地人民法院管辖。根据《最高人民法院关于审理铁路运输人身损害赔偿纠纷案件适用法律若干问题的解释》第3条的规定，赔偿权利人要求对方当事人承担侵权责任的，由事故发生地、列车最先到达地或者被告住所地铁路运输法院管辖；赔偿权利人依照合同法要求承运人承担违约责任予以人身损害赔偿的，由运输始发地、目的地或者被告住所地铁路运输法院管辖。

◆在适用本案由时，要注意其与产品运输者责任纠纷的区别。产品运输者责任中，造成他人人身财产损害的原因主要是由于运输者的过错导致产品存在缺陷；而铁路运输损害责任中造成他人人身财产损害的原因主要是因为发生铁路行车事故或者发生其他铁路运营事故。

◆铁路运输损害责任纠纷的侵权行为归责原则适用无过错责任原则。所谓无过错责任原则，是指当事人实施了加害行为，虽然其主观上无过错，但根据法律规定仍应承担责任的归责原则。《最高人民法院关于审理铁路运输人身损害赔偿纠纷案件适用法律若干问题的解释》第4条规定，铁路运输造成人身损害的，铁路运输企业应当承担赔偿责任；法律另有规定的，依照其规定。该条明确了铁路运输人身损害赔偿纠纷适用无过错责任原则。

◆对于责任明确、原告主张的损失金额确定的铁路运输损害责任纠纷案件，标的额为各省、自治区、直辖市上年度就业人员年平均工资30%以下的，根据《民事诉讼法》第162条的规定，应适用小额诉讼程序进行审理。

364. 水上运输损害责任纠纷

(1) 水上运输人身损害责任纠纷

(2) 水上运输财产损害责任纠纷

【案由解析】

水上运输损害责任，是指在水路运输过程中，水上运输的经营者对他人或者其承运的旅客、货物造成损害，依法应当承担的民事侵权责任。

水上运输损害责任纠纷，是指因在水路运输过程中，水上运输的经营者对他人或者其承运的旅客、货物造成损害，依法应当承担民事侵权责任所引发的纠纷。

水上运输损害责任的特点主要有：(1) 前提是在水路运输过程中，造成他人损害。(2) 责任人是水上运输的经营者。

【典型形态】

在实践中，水上运输损害责任纠纷主要有：

(1) 水上运输人身损害责任纠纷，是指因在水路运输过程中，水上运输的经营者对他人或者其承运的旅客的人身造成损害，依法应当承担民事侵权责任所引发的纠纷。

(2) 水上运输财产损害责任纠纷，是指因在水路运输过程中，水上运输的经营者对他人或者其承运的旅客的财产、承运的货物造成损失，依法应当承担民事侵权责任所引发的纠纷。

【常用法律条文及索引】

《侵权责任法》(2010年7月1日起施行)

第六条 行为人因过错侵害他人民事权益，应当承担侵权责任。

根据法律规定推定行为人有过错，行为人不能证明自己没有过错的，应当承担侵权责任。

第七条 行为人损害他人民事权益，不论行为人有无过错，法律规定应当承担侵权责任的，依照其规定。

【适用本案由需要注意的问题】

◆水上运输损害责任纠纷案件的管辖，适用《民事诉讼法》第28条的规定，即由侵权行为地或者被告住所地人民法院管辖。根据《最高人民法院关于适用〈中华人民共和国民事诉讼法〉的解释》第24条的规定，《民事诉讼法》第28条规定的侵权行为地，包括侵权行为实施地、侵权结果发生地。根据《民事诉讼法》第29条的规定，因铁路、公路、水上和航空事故请求损害赔偿提起的诉讼，由事故发生地或者车辆、船舶最先到达地、航空器最先降落地或者被告住所地人民法院管辖。

◆在适用本案由时，要注意其与海事海商纠纷案由的区别。海事海商纠纷案由仅适用于海事法院专属管辖的案件；而水上运输损害责任纠纷适用于普通法院管辖的侵权案件。

◆对于责任明确、原告主张的损失金额确定的水上运输损害责任纠纷案件，标的额为各省、自治区、直辖市上年度就业人员年平均工资30%以下的，根据《民事诉讼法》第162条的规定，应适用小额诉讼程序进行审理。

365. 航空运输损害责任纠纷

（1）航空运输人身损害责任纠纷

（2）航空运输财产损害责任纠纷

【案由解析】

航空运输损害责任，是指在民用航空器运行过程中，造成航空器内部或者地面、水面的他人的人身或财产遭受损失，承运人依法应当承担的民事侵权责任。

航空运输损害责任纠纷，是指因民用航空器运行过程中，造成航空器内部或者地面、水面的他人的人身或财产遭受损失，承运人依法应当承担的民事侵权责任所引发的纠纷。

航空运输损害责任的特点主要有：（1）前提是在民用航空器的运行过程中造成他人人身或财产的损失。（2）责任人是民用航空器的承运人。

【典型形态】

在实践中，航空运输损害责任纠纷主要有：

（1）航空运输人身损害责任纠纷，是指因民用航空器运行过程中，造成航空器内部或者地面、水面的他人的人身伤害，承运人依法应当承担的民事侵权责任所引发的纠纷。

（2）航空运输财产损害责任纠纷，是指因民用航空器运行过程中，造成航空器内部乘客的财产、货物，或者地面、水面的他人的财产损失，承运人依法应当承担的民事侵权责任所引发的纠纷。

【常用法律条文及索引】

《民用航空法》（1996 年 3 月 1 日起施行　2017 年 11 月 4 日修正）

第一百二十四条　因发生在民用航空器上或者在旅客上、下民用航空器过程中的事件，造成旅客人身伤亡的，承运人应当承担责任；但是，旅客的人身伤亡完全是由于旅客本人的健康状况造成的，承运人不承担责任。

第一百二十五条　因发生在民用航空器上或者在旅客上、下民用航空器过程中的事件，造成旅客随身携带物品毁灭、遗失或者损坏的，承运人应当承担责任。因发生在航空运输期间的事件，造成旅客的托运行李毁灭、遗失或者损坏的，承运人应当承担责任。

旅客随身携带物品或者托运行李的毁灭、遗失或者损坏完全是由于行李本身的自然属性、质量或者缺陷造成的，承运人不承担责任。

本章所称行李，包括托运行李和旅客随身携带的物品。

因发生在航空运输期间的事件，造成货物毁灭、遗失或者损坏的，承运人应当承担责任；但是，承运人证明货物的毁灭、遗失或者损坏完全是由于下列原因之一造成的，不承担责任：

（一）货物本身的自然属性、质量或者缺陷；

（二）承运人或者其受雇人、代理人以外的人包装货物的，货物包装不良；

（三）战争或者武装冲突；

（四）政府有关部门实施的与货物入境、出境或者过境有关的行为。

本条所称航空运输期间，是指在机场内、民用航空器上或者机场外降落的任何地点，托运行李、货物处于承运人掌管之下的全部期间。

航空运输期间，不包括机场外的任何陆路运输、海上运输、内河运输过程；但是，此种陆路运输、海上运输、内河运输是为了履行航空运输合同而装载、交付或者转运，在没有相反证据的情况下，所发生的损失视为在航空运输期间发生的损失。

第一百二十六条　旅客、行李或者货物在航空运输中因延误造成的损失，承运人应当承担责任；但是，承运人证明本人或者其受雇人、代理人为了避免损失的发生，已经采取一切必要措施或者不可能采取此种措施的，不承担责任。

第一百二十七条　在旅客、行李运输中，经承运人证明，损失是由索赔人的过错造成或者促成的，应当根据造成或者促成此种损失的过错的程度，相应免除或者减轻承运人的责任。旅客以外的其他人就旅客死亡或者受伤提出赔偿请求时，经承运人证明，死亡或者受伤是旅客本人的过错造成或者促成的，同样应当根据造成或者促成此种损失的过错的程度，相应免除或者减轻承运人的责任。

在货物运输中，经承运人证明，损失是由索赔人或者代行权利人的过错造成或者促成的，应当根据造成或者促成此种损失的过错的程度，相应免除或者减轻承运人的责任。

第一百二十八条　国内航空运输承运人的赔偿责任限额由国务院民用航空主管部门制定，报国务院批准后公布执行。

旅客或者托运人在交运托运行李或者货物时，特别声明在目的地点交付时的利益，并在必要时支付附加费的，除承运人证明旅客或者托运人声明的金额高于托运行李或者货物在目的地点交付时的实际利益外，承运人应当在声明金额范围内承担责任；本法第一百二十九条的其他规定，除赔偿责任限额外，适用于国内航空运输。

第一百二十九条　国际航空运输承运人的赔偿责任限额按照下列规定执行：

（一）对每名旅客的赔偿责任限额为16600计算单位；但是，旅客可以同承运人书面约定高于本项规定的赔偿责任限额。

（二）对托运行李或者货物的赔偿责任限额，每公斤为17计算单位。旅客或者托运人在交运托运行李或者货物时，特别声明在目的地点交付时的利益，并在必要时支付附加费的，除承运人证明旅客或者托运人声明的金额高于托运行李或者货物在目的地点交付时的实际利益外，承运人应当在声明金额范围内承担责任。

托运行李或者货物的一部分或者托运行李、货物中的任何物件毁灭、遗失、损坏或者延误的，用以确定承运人赔偿责任限额的重量，仅为该一包件或者数包件的总重量；但是，因托运行李或者货物的一部分或者托运行李、货物中的任何物件的毁灭、遗失、损坏或者延误，影响同一份行李票或者同一份航空货运单所列其他包件的价值的，确定承运人的赔偿责任限额时，此种包件的总重量也应当考虑在内。

（三）对每名旅客随身携带的物品的赔偿责任限额为332计算单位。

第一百三十条 任何旨在免除本法规定的承运人责任或者降低本法规定的赔偿责任限额的条款，均属无效；但是，此种条款的无效，不影响整个航空运输合同的效力。

第一百三十一条 有关航空运输中发生的损失的诉讼，不论其根据如何，只能依照本法规定的条件和赔偿责任限额提出，但是不妨碍谁有权提起诉讼以及他们各自的权利。

第一百三十二条 经证明，航空运输中的损失是由于承运人或者其受雇人、代理人的故意或者明知可能造成损失而轻率地作为或者不作为造成的，承运人无权援用本法第一百二十八条、第一百二十九条有关赔偿责任限制的规定；证明承运人的受雇人、代理人有此种作为或者不作为的，还应当证明该受雇人、代理人是在受雇、代理范围内行事。

第一百三十三条 就航空运输中的损失向承运人的受雇人、代理人提起诉讼时，该受雇人、代理人证明他是在受雇、代理范围内行事的，有权援用本法第一百二十八条、第一百二十九条有关赔偿责任限制的规定。

在前款规定情形下，承运人及其受雇人、代理人的赔偿总额不得超过法定的赔偿责任限额。

经证明，航空运输中的损失是由于承运人的受雇人、代理人的故意或者明知可能造成损失而轻率地作为或者不作为造成的，不适用本条第一款和第二款的规定。

第一百三十四条 旅客或者收货人收受托运行李或者货物而未提出异议，为托运行李或者货物已经完好交付并与运输凭证相符的初步证据。

托运行李或者货物发生损失的，旅客或者收货人应当在发现损失后向承运人提出异议。托运行李发生损失的，至迟应当自收到托运行李之日起七日内提出；货物发生损失的，至迟应当自收到货物之日起十四日内提出。托运行李或者货物发生延误的，至迟应当自托运行李或者货物交付旅客或者收货人处置之日起二十一日内提出。

任何异议均应当在前款规定的期间内写在运输凭证上或者另以书面

提出。

除承运人有欺诈行为外，旅客或者收货人未在本条第二款规定的期间内提出异议的，不能向承运人提出索赔诉讼。

第一百三十五条　航空运输的诉讼时效期间为二年，自民用航空器到达目的地点、应当到达目的地点或者运输终止之日起计算。

第一百三十六条　由几个航空承运人办理的连续运输，接受旅客、行李或者货物的每一个承运人应当受本法规定的约束，并就其根据合同办理的运输区段作为运输合同的订约一方。

对前款规定的连续运输，除合同明文约定第一承运人应当对全程运输承担责任外，旅客或者其继承人只能对发生事故或者延误的运输区段的承运人提起诉讼。

托运行李或者货物的毁灭、遗失、损坏或者延误，旅客或者托运人有权对第一承运人提起诉讼，旅客或者收货人有权对最后承运人提起诉讼，旅客、托运人和收货人均可以对发生毁灭、遗失、损坏或者延误的运输区段的承运人提起诉讼。上述承运人应当对旅客、托运人或者收货人承担连带责任。

第一百五十七条　因飞行中的民用航空器或者从飞行中的民用航空器上落下的人或者物，造成地面（包括水面，下同）上的人身伤亡或者财产损害的，受害人有权获得赔偿；但是，所受损害并非造成损害的事故的直接后果，或者所受损害仅是民用航空器依照国家有关的空中交通规则在空中通过造成的，受害人无权要求赔偿。

前款所称飞行中，是指自民用航空器为实际起飞而使用动力时起至着陆冲程终了时止；就轻于空气的民用航空器而言，飞行中是指自其离开地面时起至其重新着地时止。

第一百五十八条　本法第一百五十七条规定的赔偿责任，由民用航空器的经营人承担。

前款所称经营人，是指损害发生时使用民用航空器的人。民用航空器的使用权已经直接或者间接地授予他人，本人保留对该民用航空器的航行控制权的，本人仍被视为经营人。

经营人的受雇人、代理人在受雇、代理过程中使用民用航空器，无论是否在其受雇、代理范围内行事，均视为经营人使用民用航空器。

民用航空器登记的所有人应当被视为经营人，并承担经营人的责任；除非在判定其责任的诉讼中，所有人证明经营人是他人，并在法律程序许可的范围内采取适当措施使该人成为诉讼当事人之一。

第一百五十九条 未经对民用航空器有航行控制权的人同意而使用民用航空器，对地面第三人造成损害的，有航行控制权的人除证明本人已经适当注意防止此种使用外，应当与该非法使用人承担连带责任。

第一百六十条 损害是武装冲突或者骚乱的直接后果，依照本章规定应当承担责任的人不承担责任。

依照本章规定应当承担责任的人对民用航空器的使用权业经国家机关依法剥夺的，不承担责任。

第一百六十一条 依照本章规定应当承担责任的人证明损害是完全由于受害人或者其受雇人、代理人的过错造成的，免除其赔偿责任；应当承担责任的人证明损害是部分由于受害人或者其受雇人、代理人的过错造成的，相应减轻其赔偿责任。但是，损害是由于受害人的受雇人、代理人的过错造成时，受害人证明其受雇人、代理人的行为超出其所授权的范围的，不免除或者不减轻应当承担责任的人的赔偿责任。

一人对另一人的死亡或者伤害提起诉讼，请求赔偿时，损害是该另一人或者其受雇人、代理人的过错造成的，适用前款规定。

第一百六十二条 两个以上的民用航空器在飞行中相撞或者相扰，造成本法第一百五十七条规定的应当赔偿的损害，或者两个以上的民用航空器共同造成此种损害的，各有关民用航空器均应当被认为已经造成此种损害，各有关民用航空器的经营人均应当承担责任。

第一百六十三条 本法第一百五十八条第四款和第一百五十九条规定的人，享有依照本章规定经营人所能援用的抗辩权。

第一百六十四条 除本章有明确规定外，经营人、所有人和本法第一百五十九条规定的应当承担责任的人，以及他们的受雇人、代理人，对于飞行中的民用航空器或者从飞行中的民用航空器上落下的人或者物造成的地面上的损害不承担责任，但是故意造成此种损害的人除外。

第一百六十五条 本章不妨碍依照本章规定应当对损害承担责任的人向他人追偿的权利。

第一百六十六条 民用航空器的经营人应当投保地面第三人责任险或者取得相应的责任担保。

第一百六十七条 保险人和担保人除享有与经营人相同的抗辩权，以及对伪造证件进行抗辩的权利外，对依照本章规定的提出的赔偿请求只能进行下列抗辩：

（一）损害发生在保险或者担保终止有效后；然而保险或者担保在飞行中期满的，该项保险或者担保在飞行计划中所载下一次降落前继续有效，但是不得超过二十四小时；

（二）损害发生在保险或者担保所指定的地区范围外，除非飞行超出该范围是由于不可抗力、援助他人所必需，或者驾驶、航行或者领航上的差错造成的。

前款关于保险或者担保继续有效的规定，只在对受害人有利时适用。

第一百六十八条　仅在下列情形下，受害人可以直接对保险人或者担保人提起诉讼，但是不妨碍受害人根据有关保险合同或者担保合同的法律规定提起直接诉讼的权利：

（一）根据本法第一百六十七条第（一）项、第（二）项规定，保险或者担保继续有效的；

（二）经营人破产的。

除本法第一百六十七条第一款规定的抗辩权，保险人或者担保人对受害人依照本章规定提起的直接诉讼不得以保险或者担保的无效或者追溯力终止为由进行抗辩。

第一百六十九条　依照本法第一百六十六条规定提供的保险或者担保，应当被专门指定优先支付本章规定的赔偿。

第一百七十条　保险人应当支付给经营人的款项，在本章规定的第三人的赔偿请求未满足前，不受经营人的债权人的扣留和处理。

第一百七十一条　地面第三人损害赔偿的诉讼时效期间为二年，自损害发生之日起计算；但是，在任何情况下，时效期间不得超过自损害发生之日起三年。

第一百七十二条　本章规定不适用于下列损害：

（一）对飞行中的民用航空器或者对该航空器上的人或者物造成的损害；

（二）为受害人同经营人或者同发生损害时对民用航空器有使用权的人订立的合同所约束，或者为适用两方之间的劳动合同的法律有关职工赔偿的规定所约束的损害；

（三）核损害。

【适用本案由需要注意的问题】

◆航空运输损害责任纠纷案件的管辖，适用《民事诉讼法》第 28 条的规定，即由侵权行为地或者被告住所地人民法院管辖。根据《最高人民法院关于适用〈中华人民共和国民事诉讼法〉的解释》第24条的规定，《民事诉讼法》第28条规定的侵权行为地，包括侵权行为实施地、侵权结果发生地。根据《民事诉讼法》第29条的规定，因铁路、公路、水上和航空事故请求损害赔偿提起的诉讼，由事故发生地或者车辆、船舶最先到达地、航空器最先降落地或者被告住所地人民法院管辖。

◆对于航空运输损害责任的归责问题，我国适用的是过错推定责任原则。过错责任原则一般实行“谁主张、谁举证”的原则，但在过错推定责任的情况下，对过错的认定则实行举证责任倒置原则。受害人只需要证明加害人实施了加害行为，造成了损害后果，加害行为与损害后果存在因果关系，无须对加害人的主观过错情况进行证明，就可推定加害人主观上有过错，应承担相应的责任。加害人要想免除其责任，则需要证明自己主观上无过错。

◆对于责任明确、原告主张的损失金额确定的航空运输损害责任纠纷案件，标的额为各省、自治区、直辖市上年度就业人员年平均工资30%以下的，根据《民事诉讼法》第162条的规定，应适用小额诉讼程序进行审理。

366. 因申请诉前财产保全损害责任纠纷

【案由解析】

诉前财产保全，也就是诉前保全，是指利害关系人因情况紧急，不立即申请财产保全将会使其合法权益受到难以弥补的损害的，可以在起诉前向人民法院申请，由人民法院所采取的一种财产保全措施。

诉前财产保全的特点主要有：（1）提起诉前财产保全的主体只能是利害关系人。这里的利害关系人包括产生纠纷的双方当事人，也包括对相应民事权利负有保护责任的人。诉前财产保全与诉讼中的财产保全不同，诉前财产保全只能由一方当事人提起申请，而诉讼中的财产保全不仅可以由一方当事人提起申请，而且人民法院也可以依职权主动采取财产保全措施。（2）提起诉讼前财产保全的原因是情况紧急，利害关系人来不及起诉，不立即申请财产保全将会使其合法权益受到难以弥补的损害。（3）诉前财产保全的申请人，应当提供相应担保，否则人民法院将驳回其申请。这是由于诉前财产保全会给被申请人带来相应的损失，而案件尚未受理，是非也难以断定，一旦采取的保全措施错误，则相应的损失必须由申请人承担，因此申请人应当提供担保。（4）诉前财产保全的申请对人民法院作出相应裁定的时间要求较严格。根据我国《民事诉讼法》第 93 条规定，人民法院接受申请后，必须在四十八小时内作出裁定；并且如果裁定采取财产保全措施，应当立即开始执行。（5）诉前财产保全措施的解除条件为如果申请人在人民法院采取保全措施后十五日内不起诉的，人民法院应当解除财产保全。当然，申请人在十五日内起诉后，如果被申请人提供了担保，该保全措施也应解除。因申请诉前财产保全损害责任纠纷，是指财产保全的申请人申请诉前财产保全措施错误或者申请诉前财产保全措施后未在十五日内提起诉讼，造成被保全人财产损失而引起的纠纷。

【常用法律条文及索引】

《民事诉讼法》（1991 年 4 月 9 日起施行　2017 年 6 月 27 日修正）

第一百条　人民法院对于可能因当事人一方的行为或者其他原因，使判决难以执行或者造成当事人其他损害的案件，根据对方当事人的申请，可以裁定对其财产进行保全、责令其作出一定行为或者禁止其作出一定行为；当事人没有提出申请的，人民法院在必要时也可以裁定采取保全措施。

人民法院采取保全措施，可以责令申请人提供担保，申请人不提供担保的，裁定驳回申请。

人民法院接受申请后，对情况紧急的，必须在四十八小时内作出裁定；裁定采取保全措施的，应当立即开始执行。

第一百零一条　利害关系人因情况紧急，不立即申请保全将会使其合法权益受到难以弥补的损害的，可以在提起诉讼或者申请仲裁前向被保全财产所在地、被申请人住所地或者对案件有管辖权的人民法院申请采取保全措施。申请人应当提供担保，不提供担保的，裁定驳回申请。

人民法院接受申请后，必须在四十八小时内作出裁定；裁定采取保全措施的，应当立即开始执行。

申请人在人民法院采取保全措施后三十日内不依法提起诉讼或者申请仲裁的，人民法院应当解除保全。

第一百零二条　保全限于请求的范围，或者与本案有关的财物。

第一百零三条　财产保全采取查封、扣押、冻结或者法律规定的其他方法。人民法院保全财产后，应当立即通知被保全财产的人。

财产已被查封、冻结的，不得重复查封、冻结。

第一百零四条 财产纠纷案件，被申请人提供担保的，人民法院应当裁定解除保全。

第一百零五条 申请有错误的，申请人应当赔偿被申请人因保全所遭受的损失。

第一百零八条 当事人对保全或者先予执行的裁定不服的，可以申请复议一次。复议期间不停止裁定的执行。

《最高人民法院关于适用〈中华人民共和国民事诉讼法〉的解释》（法释〔2015〕5号 2015年2月4日起施行）

第一百六十六条 裁定采取保全措施后，有下列情形之一的，人民法院应当作出解除保全裁定：

（一）保全错误的；

（二）申请人撤回保全申请的；

（三）申请人的起诉或者诉讼请求被生效裁判驳回的；

（四）人民法院认为应当解除保全的其他情形。

解除以登记方式实施的保全措施的，应当向登记机关发出协助执行通知书。

第一百六十七条 财产保全的被保全人提供其他等值担保财产且有利于执行的，人民法院可以裁定变更保全标的物为被保全人提供的担保财产。

第一百六十八条 保全裁定未经人民法院依法撤销或者解除，进入执行程序后，自动转为执行中的查封、扣押、冻结措施，期限连续计算，执行法院无需重新制作裁定书，但查封、扣押、冻结期限届满的除外。

第一百七十一条 当事人对保全或者先予执行裁定不服的，可以自收到裁定书之日起五日内向作出裁定的人民法院申请复议。人民法院应当在收到复议申请后十日内审查。裁定正确的，驳回当事人的申请；裁定不当的，变更或者撤销原裁定。

第一百七十二条 利害关系人对保全或者先予执行的裁定不服申请复议的，由作出裁定的人民法院依照民事诉讼法第一百零八条规定处理。

【适用本案由需要注意的问题】

◆因申请财产保全损害责任纠纷案件的管辖，适用《民事诉讼法》第28条的规定，即由侵权行为地或者被告住所地人民法院管辖。根据《最高人民法院关于适用〈中华人民共和国民事诉讼法〉的解释》第24条的规定，《民事诉讼法》第28条规定的侵权行为地，包括侵权行为实施地、侵权结果发生地。根据上述解释第28条规定，当事人申请诉前保全后没有在法定期间起诉或者申请仲裁，给被申请人、利害关系人造成损失引起的诉讼，由采取保全措施的人民法院管辖。当事人申请诉前保全后在法定期间内起诉或者申请仲裁，被申请人、利害关系人因保全受到损失提起的诉讼，由受理起诉的人民法院或者采取保全措施的人民法院管辖。

◆需要注意的是，本案由解决的是因申请人错误申请造成被申请人损害的情形，因法院错误依职权采取保全措施造成被申请人损害的，应当根据国家赔偿法规定申请国家赔偿。《国家赔偿法》第38条规定，人民法院在民事诉讼、行政诉讼过程中，违法采取对妨害民事诉讼的强制措施、保全措施或者对判决、裁定及其他生效法律文书执行错误，造成损害的，赔偿请求人要求赔偿的程序，适用本法刑事赔偿程序的规定。

367. 因申请诉前证据保全损害责任纠纷

【案由解析】

因申请诉前证据保全损害责任纠纷，是指申请人因在起诉前申请人民法院采取证据保全措施错误造成他人损害，依法应当承担损害赔偿责任而引起的纠纷。

【常用法律条文及索引】

《中华人民共和国民事诉讼法》（1991年4月9日起施行　2017年6月27日修正）

第八十一条　在证据可能灭失或者以后难以取得的情况下，当事人可以在诉讼过程中向人民法院申请保全证据，人民法院也可以主动采取保全措施。

因情况紧急，在证据可能灭失或者以后难以取得的情况下，利害关系人可以在提起诉讼或者申请仲裁前向证据所在地、被申请人住所地或者对案件有管辖权的人民法院申请保全证据。

证据保全的其他程序，参照适用本法第九章保全的有关规定。

其他常用法律条文请参照本书案由“366. 因申请诉前财产保全损害责任纠纷”相应部分。

【适用本案由需要注意的问题】

◆因申请诉前证据保全损害责任纠纷案件的管辖，适用《民事诉讼法》第 28 条的规定，即由侵权行为地或者被告住所地人民法院管辖。根据《最高人民法院关于适用〈中华人民共和国民事诉讼法〉的解释》第 24 条的规定，《民事诉讼法》第 28 条规定的侵权行为地，包括侵权行为实施地、侵权结果发生地。根据上述解释第 28 条规定，当事人申请诉前保全后没有在法定期间起诉或者申请仲裁，给被申请人、利害关系人造成损失引起的诉讼，由采取保全措施的人民法院管辖。当事人申请诉前保全后在法定期间内起诉或者申请仲裁，被申请人、利害关系人因保全受到损失提起的诉讼，由受理起诉的人民法院或者采取保全措施的人民法院管辖。

◆需要注意的是，本案由解决的是因申请人错误申请造成被申请人损害的情形，因法院错误依职权采取保全措施造成被申请人损害的，应当根据国家赔偿法规定申请国家赔偿。《国家赔偿法》第 38 条规定，人民法院在民事诉讼、行政诉讼过程中，违法采取对妨害民事诉讼的强制措施、保全措施或者对判决、裁定及其他生效法律文书执行错误，造成损害的，赔偿请求人要求赔偿的程序，适用本法刑事赔偿程序的规定。

368. 因申请诉中财产保全损害责任纠纷

【案由解析】

诉中财产保全，是指人民法院在受理案件之后、作出判决之前，对当事人的财产或者争执标的物采取限制当事人处分的强制措施。

诉中财产保全的特征主要有：(1) 是由于当事人一方的行为或者其他原因，有可能使判决不能执行或难以执行。这种可能性必须是客观存在的，不是主观臆断的。(2) 采取诉讼保全的案件应当具有给付内容，比如给付一定的金钱、给付某一物品。(3) 诉讼财产保全主要根据当事人的申请而采取，但当事人没有提出申请的，人民法院在必要时也可以依职权裁定采取诉讼保全措施。(4) 申请必须向受诉人民法院提出，不得向非受诉人民法院申请诉讼财产保全。非受诉人民法院也不得受理申请。

因申请诉中财产保全损害责任纠纷，是指当事人在诉讼过程中申请财产保全错误造成对方当事人财产损失，应当依法承担民事侵权责任所引发的纠纷。

【常用法律条文及索引】

《民事诉讼法》（1991 年 4 月 9 日起施行　2017 年 6 月 27 日修正）

第一百条　人民法院对于可能因当事人一方的行为或者其他原因，使判决难以执行或者造成当事人其他损害的案件，根据对方当事人的申请，可以裁定对其财产进行保全、责令其作出一定行为或者禁止其作出一定行为；当事人没有提出申请的，人民法院在必要时也可以裁定采取保全措施。

人民法院采取保全措施，可以责令申请人提供担保，申请人不提供担保的，裁定驳回申请。

人民法院接受申请后，对情况紧急的，必须在四十八小时内作出裁定；裁定采取保全措施的，应当立即开始执行。

【适用本案由需要注意的问题】

◆因申请诉中财产保全损害责任纠纷案件的管辖，适用《民事诉讼法》第 24 条的规定，即由侵权行为地或者被告住所地人民法院管辖。根据《最高人民法院关于适用〈中华人民共和国民事诉讼法〉若干问题的意见》第 24 条的规定，侵权行为地包括侵权行为实施地、侵权结果发生地。

◆在适用本案由时，要注意其与因申请诉前财产保全损害责任纠纷的区别。参见本书案由“366. 因申请诉前财产保全损害责任纠纷”中“适用本案由需要注意的问题”部分。

369. 因申请诉中证据保全损害责任纠纷

【案由解析】

诉中证据保全，是指人民法院在受理案件之后、作出判决之前，遇到证据有可能灭失或以后难以取得的情况，根据诉讼参加人的请求或法院依职权采取措施，对证据予以固定、提取和保存的措施。

诉中证据保全的特点主要有:（1）必须在人民法院在受理案件之后、作出判决之前进行。（2）不仅可以通过当事人或者当事人的利害关系人申请，法院也能主动进行诉讼中的证据保全。（3）诉中证据保全的目的是为了固定和保护证据，防止一方当事人人为地修改证据原貌。

因申请诉中证据保全损害责任纠纷，是指因诉讼参与人在诉讼过程中申请证据保全措施错误而导致其他诉讼参与人或者案外人损失，依法应当承担侵权责任而引起的纠纷。

【常用法律条文及索引】

《民事诉讼法》（1991 年 4 月 9 日起施行　2017 年 6 月 27 日修正）

第八十一条　在证据可能灭失或者以后难以取得的情况下，当事人可以在诉讼过程中向人民法院申请保全证据，人民法院也可以主动采取保全措施。

因情况紧急，在证据可能灭失或者以后难以取得的情况下，利害关系人可以在提起诉讼或者申请仲裁前向证据所在地、被申请人住所地或者对案件有管辖权的人民法院申请保全证据。

证据保全的其他程序，参照适用本法第九章保全的有关规定。

【适用本案由需要注意的问题】

◆因申请诉中证据保全损害责任纠纷案件的管辖，适用《民事诉讼法》第 28 条的规定，即由侵权行为地或者被告住所地人民法院管辖。根据《最高人民法院关于适用〈中华人民共和国民事诉讼法〉若干问题的意见》第 24 条的规定，侵权行为地包括侵权行为实施地、侵权结果发生地。

◆在适用本案由时，要注意其与因申请诉前证据保全损害责任纠纷的区别。参见本书案由“367. 因申请诉前证据保全损害责任纠纷”中“适用本案由需要注意的问题”部分。

370. 因申请先予执行损害责任纠纷

【案由解析】

先予执行，是指人民法院在终局判决之前，根据一方当事人的申请，为解决其生活或生产经营的急需，依法裁定对方当事人预先履行一定数额的金钱、财物或者立即停止实施某种行为的制度。

因申请先予执行损害责任纠纷，是指当事人因申请财产先予执行给对方当事人造成财产损失，依法应当承担侵权责任所引起的纠纷。

【常用法律条文及索引】

《民事诉讼法》（1991 年 4 月 9 日起施行　2017 年 6 月 27 日修正）

第一百零六条　人民法院对下列案件，根据当事人的申请，可以裁定先予执行：

（一）追索赡养费、扶养费、抚育费、抚恤金、医疗费用的；

（二）追索劳动报酬的；

（三）因情况紧急需要先予执行的。

第一百零七条　人民法院裁定先予执行的，应当符合下列条件：

（一）当事人之间权利义务关系明确，不先予执行将严重影响申请人的生活或者生产经营的；

（二）被申请人有履行能力。

人民法院可以责令申请人提供担保，申请人不提供担保的，驳回申请。申请人败诉的，应当赔偿被申请人因先予执行遭受的财产损失。

第一百零八条　当事人对保全或者先予执行的裁定不服的，可以申请复议一次。复议期间不停止裁定的执行。

第二百三十三条　执行完毕后，据以执行的判决、裁定和其他法律文书确有错误，被人民法院撤销的，对已被执行的财产，人民法院应当作出裁定，责令取得财产的人返还；拒不返还的，强制执行。

《最高人民法院关于适用〈中华人民共和国民事诉讼法〉的解释》（法释〔2015〕5 号　2015 年 2 月 4 日起施行）

第一百六十九条　民事诉讼法规定的先予执行，人民法院应当在受理案件后终审判决作出前采取。先予执行应当限于当事人诉讼请求的范围，并以当事人的生活、生产经营的急需为限。

第一百七十条　民事诉讼法第一百零六条第三项规定的情况紧急，包括：

（一）需要立即停止侵害、排除妨碍的；

（二）需要立即制止某项行为的；

（三）追索恢复生产、经营急需的保险理赔费的；

（四）需要立即返还社会保险金、社会救助资金的；

（五）不立即返还款项，将严重影响权利人生活和生产经营的。

第一百七十一条 当事人对保全或者先予执行裁定不服的，可以自收到裁定书之日起五日内向作出裁定的人民法院申请复议。人民法院应当在收到复议申请后十日内审查。裁定正确的，驳回当事人的申请；裁定不当的，变更或者撤销原裁定。

第一百七十二条 利害关系人对保全或者先予执行的裁定不服申请复议的，由作出裁定的人民法院依照民事诉讼法第一百零八条规定处理。

第一百七十三条 人民法院先予执行后，根据发生法律效力的判决，申请人应当返还因先予执行所取得的利益的，适用民事诉讼法第二百三十三条的规定。

【适用本案由需要注意的问题】

◆因申请先予执行损害责任纠纷案件的管辖，适用《民事诉讼法》第28条的规定，即由侵权行为地或者被告住所地人民法院管辖。根据《最高人民法院关于适用〈中华人民共和国民事诉讼法〉的解释》第24条的规定，《民事诉讼法》第28条规定的侵权行为地，包括侵权行为实施地、侵权结果发生地。

第十部分　适用特殊程序案件案由

三十一、选民资格案件

371. 申请确定选民资格

【案由解析】

根据《宪法》和《选举法》的规定，凡年满18周岁的中华人民共和国公民不分民族、种族、性别、职业、社会出身、宗教信仰、教育程度、财产状况和居住期限，都有选举权和被选举权，都是本选区的选民。经过登记的选民，选举委员会应当根据审查登记的情况，制作选民名单，在选举日前20日内公布，并发给选民证，承认其选民资格。

申请确定选民资格案件是指公民认为选举委员会公布的选民名单有误，向选举委员会申请处理后，对选举委员会作出的处理决定不服，向人民法院提起诉讼的案件。所谓选民名单有误，是指应当列入选民资格名单的人没有列入，或不应列入的人却列入了选民名单。人民法院审理选民资格案件，通过对公民提出的申请进行审查，判明选举委员会对公民的申诉所作的决定是否正确、合法，并以判决的形式予以确认。

申请确定选民资格案件的主要特征是：（1）选民资格案件以公民对选民名单申诉为前置程序。（2）提起案件的主体应为有民事诉讼能力的公民。（3）选民资格案件的起诉与裁判均有时间限制。

【典型形态】

在实践中，申请确定选民资格的典型形态主要有：

（1）有利害关系的公民申请确定选民资格，是指有利害关系的公民对选举委员会确定的选民资格名单有不同意见时，经向选举委员会申诉，仍不服选举委员会所作的处理决定，依法向人民法院起诉的案件。

（2）其他公民申请确定选民资格纠纷，是指与选民名单无利害关系的公民对选举委员会确定的选民资格名单有不同意见时，经向选举委员会申诉，仍不服选举委员会所作的处理决定，依法向人民法院起诉的案件。

【常用法律条文及索引】

《民事诉讼法》（1991 年 4 月 9 日起施行　2017 年 6 月 27 日修正）

第一百七十七条　人民法院审理选民资格案件、宣告失踪或者宣告死亡案件、认定公民无民事行为能力或者限制民事行为能力案件、认定财产无主案件、确认调解协议案件和实现担保物权案件，适用本章规定。本章没有规定的，适用本法和其他法律的有关规定。

第一百七十八条　依照本章程序审理的案件，实行一审终审。选民资格案件或者重大、疑难的案件，由审判员组成合议庭审理；其他案件由审判员一人独任审理。

第一百七十九条　人民法院在依照本章程序审理案件的过程中，发现本案属于民事权益争议的，应当裁定终结特别程序，并告知利害关系人可以另行起诉。

第一百八十条　人民法院适用特别程序审理的案件，应当在立案之日起三十日内或者公告期满后三十日内审结。有特殊情况需要延长的，由本院院长批准。但审理选民资格的案件除外。

第一百八十一条　公民不服选举委员会对选民资格的申诉所作的处理决定，可以在选举日的五日以前向选区所在地基层人民法院起诉。

第一百八十二条　人民法院受理选民资格案件后，必须在选举日前审结。

审理时，起诉人、选举委员会的代表和有关公民必须参加。

人民法院的判决书，应当在选举日前送达选举委员会和起诉人，并通知有关公民。

《全国人民代表大会和地方各级人民代表大会选举法》（1980 年 1 月 1 日起施行　2010 年 3 月 14 日修正）

第二十六条　选民登记按选区进行，经登记确认的选民资格长期有效。

每次选举前对上次选民登记以后新满十八周岁的、被剥夺政治权利期满后恢复政治权利的选民，予以登记。对选民经登记后迁出原选区的，列入新迁入的选区的选民名单；对死亡的和依照法律被剥夺政治权利的人，从选民名单上除名。

精神病患者不能行使选举权利的，经选举委员会确认，不列入选民名单。

第二十七条　选民名单应在选举日的二十日以前公布，实行凭选民证参加投票选举的，并应当发给选民证。

第二十八条　对于公布的选民名单有不同意见的，可以在选民名单公布之日起五日内向选举委员会提出申诉。选举委员会对申诉意见，应在三日内作出处理决定。申诉人如果对处理决定不服，可以在选举日的五日以前向人民法院起诉，人民法院应在选举日以前作出判决。人民法院的判决为最后决定。

【适用本案由需要注意的问题】

◆根据《民事诉讼法》第181条规定，公民不服选举委员会对选民资格的申诉所作的处理决定，可以在选举日的五日以前向选区所在地基层人民法院起诉。根据《最高人民法院关于军事法院管辖民事案件若干问题的规定》（法释〔2012〕11号）第1条的规定，军队设立选举委员会的选民资格案件，由军事法院管辖。

◆提起选民资格案件诉讼的人可以是与选民资格名单有直接利害关系的公民，也可以是与选民资格名单无直接利害关系的公民，任何有诉讼行为能力的公民，只要认为公布的选民资格名单存有错误，都有起诉的权利。选民资格案件关系到一个公民的政治权利，人民法院审理选民资格案件，必须由审判员组织合议庭进行审理。人民法院对选民资格案件经过审理，认为选民名单没有错误，应当判决维持选举委员会的处理决定，驳回起诉人的诉讼请求；认为选民名单和选举委员会的处理决定确有错误的，应当直接以判决的方式纠正错误。

三十二、宣告失踪、宣告死亡案件

372. 申请宣告公民失踪

【案由解析】

宣告失踪，是指公民离开自己的住所下落不明，经过法律规定的期限仍无音讯，利害关系人申请人民法院宣告该公民为失踪人的一项制度。

申请宣告公民失踪案件，是指公民离开自己的住所或经常居住地，下落不明达到一定的期限，经利害关系人的申请，人民法院宣告该公民为失踪人的案件。

宣告公民失踪案件的主要特征是：（1）由利害关系人向人民法院提出申请。（2）必须有下落不明满两年的事实。（3）宣告失踪案件必须以书面形式向人民法院提出申请，经过法院依据法定程序宣告。

【常用法律条文及索引】

《民法总则》（2017 年 10 月 1 日起施行）

第四十条 自然人下落不明满二年的，利害关系人可以向人民法院申请宣告该自然人为失踪人。

第四十一条 自然人下落不明的时间从其失去音讯之日起计算。战争期间下落不明的，下落不明的时间自战争结束之日或者有关机关确定的下落不明之日起计算。

第四十二条 失踪人的财产由其配偶、成年子女、父母或者其他愿意担任财产代管人的人代管。

代管有争议，没有前款规定的人，或者前款规定的人无代管能力的，由人民法院指定的人代管。

第四十三条 财产代管人应当妥善管理失踪人的财产，维护其财产权益。

失踪人所欠税款、债务和应付的其他费用，由财产代管人从失踪人的财产中支付。

财产代管人因故意或者重大过失造成失踪人财产损失的，应当承担赔偿责任。

第四十四条 财产代管人不履行代管职责、侵害失踪人财产权益或者丧失代管能力的，失踪人的利害关系人可以向人民法院申请变更财产代管人。

财产代管人有正当理由的，可以向人民法院申请变更财产代管人。

人民法院变更财产代管人的，变更后的财产代管人有权要求原财产代管人及时移交有关财产并报告财产代管情况。

第四十五条 失踪人重新出现，经本人或者利害关系人申请，人民法院应当撤销失踪宣告。

失踪人重新出现，有权要求财产代管人及时移交有关财产并报告财产代管情况。

《民法通则》（1987年1月1日起施行 2009年8月27日修正）

第二十条 公民下落不明满二年的，利害关系人可以向人民法院申请宣告他为失踪人。

战争期间下落不明的，下落不明的时间从战争结束之日起计算。

第二十一条 失踪人的财产由他的配偶、父母、成年子女或者关系密切的其他亲属、朋友代管。代管有争议的，没有以上规定的人或者以上规定的人无能力代管的，由人民法院指定的人代管。

失踪人所欠税款、债务和应付的其他费用，由代管人从失踪人的财产中支付。

第二十二条 被宣告失踪的人重新出现或者确知他的下落，经本人或者利害关系人申请，人民法院应当撤销对他的失踪宣告。

《民事诉讼法》（1991年4月9日起施行 2017年6月27日修正）

第一百八十三条 公民下落不明满二年，利害关系人申请宣告其失踪的，向下落不明人住所地基层人民法院提出。

申请书应当写明失踪的事实、时间和请求，并附有公安机关或者其他有关机关关于该公民下落不明的书面证明。

第一百八十五条 人民法院受理宣告失踪、宣告死亡案件后，应当发出寻找下落不明人的公告。宣告失踪的公告期间为三个月，宣告死亡的公告期间为一年。因意外事故下落不明，经有关机关证明该公民不可能生存的，宣告死亡的公告期间为三个月。

公告期间届满，人民法院应当根据被宣告失踪、宣告死亡的事实是否得到确认，作出宣告失踪、宣告死亡的判决或者驳回申请的判决。

《最高人民法院关于贯彻执行〈中华人民共和国民法通则〉若干问题的意见（试行）》（法（办）发〔1988〕6号　1988年4月2日起施行）

24. 申请宣告失踪的利害关系人，包括被申请宣告失踪人的配偶、父母、子女、兄弟姐妹、祖父母、外祖父母、孙子女、外孙子女以及其他与被申请人有民事权利义务关系的人。

26. 下落不明是指公民离开最后居住地后没有音讯的状况。对于在台湾或者在国外，无法正常通讯联系的，不得以下落不明宣告死亡。

28. 民法通则第二十条第一款、第二十三条第一款第一项中的下落不明的起算时间，从公民音讯消失之次日起算。

宣告失踪的案件，由被宣告失踪人住所地的基层人民法院管辖。住所地与居住地不一致的，由最后居住地基层人民法院管辖。

34. 人民法院审理宣告失踪的案件，比照民事诉讼法（试行）规定的特别程序进行。

人民法院审理宣告失踪的案件，应当查清被申请宣告失踪人的财产，指定临时管理人或者采取诉讼保全措施，发出寻找失踪人的公告，公告期间为半年。公告期间届满，人民法院根据被宣告失踪人失踪的事实是否得到确认，作出宣告失踪的判决或者终结审理的裁定。如果判决宣告为失踪人，应当同时指定失踪人的财产代管人。

《最高人民法院关于适用〈中华人民共和国民事诉讼法〉的解释》（法释〔2015〕5号　2015年2月4日起施行）

第三百四十三条　宣告失踪或者宣告死亡案件，人民法院可以根据申请人的请求，清理下落不明人的财产，并指定案件审理期间的财产管理人。公告期满后，人民法院判决宣告失踪的，应当同时依照民法通则第二十一条第一款的规定指定失踪人的财产代管人。

第三百四十四条　失踪人的财产代管人经人民法院指定后，代管人申请变更代管的，比照民事诉讼法特别程序的有关规定进行审理。申请理由成立的，裁定撤销申请人的代管人身份，同时另行指定财产代管人；申请理由不成立的，裁定驳回申请。

失踪人的其他利害关系人申请变更代管的，人民法院应当告知其以原指定的代管人为被告起诉，并按普通程序进行审理。

第三百四十五条　人民法院判决宣告公民失踪后，利害关系人向人民法院申请宣告失踪人死亡，自失踪之日起满四年的，人民法院应当受理，宣告失踪的判决即是该公民失踪的证明，审理中仍应依照民事诉讼法第一百八十五条规定进行公告。

第三百四十六条 符合法律规定的多个利害关系人提出宣告失踪、宣告死亡申请的，列为共同申请人。

第三百四十七条 寻找下落不明人的公告应当记载下列内容：

（一）被申请人应当在规定期间内向受理法院申报其具体地址及其联系方式。否则，被申请人将被宣告失踪、宣告死亡；

（二）凡知悉被申请人生存现状的人，应当在公告期间内将其所知道情况向受理法院报告。

第三百四十八条 人民法院受理宣告失踪、宣告死亡案件后，作出判决前，申请人撤回申请的，人民法院应当裁定终结案件，但其他符合法律规定的利害关系人加入程序要求继续审理的除外。

【适用本案由需要注意的问题】

◆根据《民事诉讼法》第183条的规定，公民下落不明满两年，利害关系人申请宣告其失踪的，向下落不明人住所地基层人民法院提出。根据《最高人民法院关于军事法院管辖民事案件若干问题的规定》（法释〔2012〕11号）第2条的规定，申请宣告军人失踪或者死亡的案件，地方当事人向军事法院提起诉讼或者提出申请的，军事法院应当受理，该管辖原则适用于本二级案由“宣告失踪、宣告死亡案件”下的所有案件，下文不赘。

◆在适用本案由时，要注意其与申请宣告公民死亡案由的区别。申请宣告公民失踪与申请宣告公民死亡的条件和法律后果均有不同，且申请宣告公民死亡不以申请宣告公民失踪为条件。

◆宣告公民失踪，必须由利害关系人向人民法院申请。利害关系人，是指与被申请宣告失踪的公民之间存在民事权利义务的人，主要包括被申请宣告失踪公民的配偶、父母、子女、兄弟姐妹、祖父母、外祖父母、孙子女、外孙子女以及被申请宣告失踪公民的债权人、合伙人等。没有利害关系人的申请，人民法院不能依职权主动宣告公民为失踪人。

◆人民法院受理宣告公民失踪案件后，应当发出寻找下落不明人的公告，公告期间为3个月，从公告之日起计算。公告是人民法院审理宣告公民失踪案件的必经程序。宣告公民失踪的判决生效后，人民法院应当同时为失踪人的财产指定财产代管人。

373. 申请撤销宣告失踪

【案由解析】

申请撤销宣告失踪，是指当被宣告失踪的公民重新出现时，经该公民本人或者利害关系人的申请，人民法院在查证属实后，应当撤销原判决。

申请撤销宣告失踪案件，是指被宣告失踪的人重新出现或他人确知失踪人的下落的，本人或利害关系人向人民法院申请撤销对宣告失踪人的判决，以恢复该公民失踪前的事实状态和法律状态的案件。

申请撤销宣告失踪案件的主要特征是：(1) 申请撤销宣告失踪要以宣告失踪为前提。(2) 经本人或者利害关系人的申请。

【常用法律条文及索引】

《民法总则》（2017 年 10 月 1 日起施行）

第四十五条 失踪人重新出现，经本人或者利害关系人申请，人民法院应当撤销失踪宣告。

失踪人重新出现，有权要求财产代管人及时移交有关财产并报告财产代管情况。

《民法通则》（1987 年 1 月 1 日起施行 2009 年 8 月 27 日修正）

第二十二条 被宣告失踪的人重新出现或者确知他的下落，经本人或者利害关系人申请，人民法院应当撤销对他的失踪宣告。

《民事诉讼法》（1991 年 4 月 9 日起施行 2017 年 6 月 27 日修正）

第一百八十六条 被宣告失踪、宣告死亡的公民重新出现，经本人或者利害关系人申请，人民法院应当作出新判决，撤销原判决。

【适用本案由需要注意的问题】

◆《民法总则》《民法通则》以及《民事诉讼法》并没有明确申请撤销宣告失踪的管辖法院。根据《民事诉讼法》的规定，被宣告失踪的公民重新出现，经本人或者利害关系人的申请，人民法院应当作出新判决、撤销原判决。这里的“人民法院”应当是指作出宣告失踪判决的人民法院。

◆在确定本案由时，尤其要注意其与申请宣告公民失踪案由的区别。申请撤销宣告失踪案件以宣告失踪案件为前提。

◆在判决宣告公民失踪后，如果经该公民或者利害关系人申请，人民法院查证属实后，应当作出新判决，撤销原判决。与撤销宣告失踪有密切联系的失踪人的财产代管人的代管职责也相应消灭。财产代管人应当将代管的财产及其收益返还给重新出现的失踪人，代管人因代管而支出的必要费用，有权要求失踪人偿付。

374. 申请为失踪人财产指定、变更代管人

【案由解析】

申请为失踪人财产指定代管人，是指人民法院作出宣告失踪的判决后，失踪人的财产应由其配偶、父母、成年子女或者关系密切的亲属、朋友代管，对财产代管发生争议的，上述人员可以向人民法院申请为失踪人指定财产代管人，失踪人无财产代管人或虽有但不宜作为财产代管人的，有关组织可以申请人民法院指定该组织为代管人。

申请为失踪人财产变更代管人，是指人民法院判决指定失踪人财产代管人后，代管人认为无力履行代管职责或者利害关系人认为失踪人的财产代管人不履行代管职责，损害失踪人的财产利益的，可以申请人民法院变更代管人。

法院在宣告失踪的判决中，为失踪人指定财产代管人。按照有利于管理失踪人的财产来确定财产代管人。财产代管人在涉及失踪人的诉讼里面是直接作为原告或者被告的身份出现，而不是以失踪人的代理人的身份出现。这里的代管就是暂时的看管，比如若失踪人之前有债务，在债务到期时，代管人必须用失踪人的财产来还债。相反，若有人欠失踪人的钱，代管人也可以以失踪人的名义要求他还款。若失踪人有另外一些费用需要缴纳，比如税，代管人还必须从失踪人的财产中，替失踪人支付。

【常用法律条文及索引】

《民法总则》（2017 年 10 月 1 日起施行）

第四十二条　失踪人的财产由其配偶、成年子女、父母或者其他愿意担任财产代管人的人代管。

代管有争议，没有前款规定的人，或者前款规定的人无代管能力的，由人民法院指定的人代管。

第四十三条 财产代管人应当妥善管理失踪人的财产，维护其财产权益。

失踪人所欠税款、债务和应付的其他费用，由财产代管人从失踪人的财产中支付。

财产代管人因故意或者重大过失造成失踪人财产损失的，应当承担赔偿责任。

第四十四条 财产代管人不履行代管职责、侵害失踪人财产权益或者丧失代管能力的，失踪人的利害关系人可以向人民法院申请变更财产代管人。

财产代管人有正当理由的，可以向人民法院申请变更财产代管人。

人民法院变更财产代管人的，变更后的财产代管人有权要求原财产代管人及时移交有关财产并报告财产代管情况。

《民法通则》（1987年1月1日起施行 2009年8月27日修正）

第二十一条 失踪人的财产由他的配偶、父母、成年子女或者关系密切的其他亲属、朋友代管。代管有争议的，没有以上规定的人或者以上规定的人无能力代管的，由人民法院指定的人代管。

失踪人所欠税款、债务和应付的其他费用，由代管人从失踪人的财产中支付。

《最高人民法院关于贯彻执行〈中华人民共和国民法通则〉若干问题的意见（试行）》（法（办）发〔1988〕6号 1988年4月2日起施行）

30. 人民法院指定失踪人的财产代管人，应当根据有利于保护失踪人财产的原则指定。没有民法通则第二十一条规定的代管人，或者他们无能力作代管人，或者不宜作代管人的，人民法院可以指定公民或者有关组织为失踪人的财产代管人。

无民事行为能力人、限制民事行为能力人失踪的，其监护人即为财产代管人。

34. 人民法院审理宣告失踪的案件，比照民事诉讼法（试行）规定的特别程序进行。

人民法院审理宣告失踪的案件，应当查清被申请宣告失踪人的财产，指定临时管理人或者采取诉讼保全措施，发出寻找失踪人的公告，公告期间为半年。公告期间届满，人民法院根据被宣告失踪人失踪的事实是否得到确认，作出宣告失踪的判决或者终结审理的裁定。如果判决宣告为失踪人，应当同时指定失踪人的财产代管人。

35. 失踪人的财产代管人以无力履行代管职责，申请变更代管人的，人民法院比照特别程序进行审理。

失踪人的财产代管人不履行代管职责或者侵犯失踪人财产权益的，失踪人的利害关系人可以向人民法院请求财产代管人承担民事责任。如果同时申请人民法院变更财产代管人的，变更之诉比照特别程序单独审理。

《最高人民法院关于适用〈中华人民共和国民事诉讼法〉的解释》（法释〔2015〕5号　2015年2月4日起施行）

第三百四十四条　失踪人的财产代管人经人民法院指定后，代管人申请变更代管的，比照民事诉讼法特别程序的有关规定进行审理。申请理由成立的，裁定撤销申请人的代管人身份，同时另行指定财产代管人；申请理由不成立的，裁定驳回申请。

失踪人的其他利害关系人申请变更代管的，人民法院应当告知其以原指定的代管人为被告起诉，并按普通程序进行审理。

【适用本案由需要注意的问题】

◆申请为失踪人财产变更代管人案件的管辖问题应当根据不同的申请主体确定不同的管辖法院。原财产代管人申请变更代管人的，按照特别程序审理，由原作出指定失踪人的财产代管人决定的法院管辖。而失踪人的其他利害关系人申请变更代管的，《最高人民法院关于贯彻执行〈中华人民共和国民法通则〉若干问题的意见（试行）》与《最高人民法院关于适用〈中华人民共和国民事诉讼法〉的解释》规定不尽一致。根据新法优于旧法的适用原则，应当适用《最高人民法院关于适用〈中华人民共和国民事诉讼法〉的解释》的规定，其他利害关系人申请变更失踪人的财产代管人的，应当以原财产代管人为被告按照普通程序审理。同时，根据普通程序的管辖原则，应当由被告住所地法院管辖，即应当由原财产代管人的住所地或者经常居住地人民法院管辖。

◆在确定本案由时，尤其要注意区分其与申请宣告公民失踪案由的关系。申请变更失踪人财产代管人以宣告公民失踪为前提。

◆需要说明的是，《最高人民法院关于适用〈中华人民共和国民事诉讼法〉的解释》第三百四十三条规定："宣告失踪或者宣告死亡案件，人民法院可以根据申请人的请求，清理下落不明人的财产，并指定案件审理期间的财产管理人。公告期满后，人民法院判决宣告失踪的，应同时依照民法通则第二十一条第一款的规定指定失踪人的财产代管人。”人民法院在宣告公民失踪或者死亡的同时，应当为失踪人指定财产代管人。也就是说，为失踪人财产指定代管人的，附属于申请宣告失踪或者死亡案件，无须单独立案，故严格而言，并不需要“申请为失踪人财产指定代管人”这一案由，本案由表述为“申请变更失踪人财产代管人”更为科学合理。

375. 失踪人债务支付纠纷

【案由解析】

失踪人债务支付，是指失踪人在失踪前所负的债务，该债务由财产代管人从失踪人的财产中支付。

失踪人债务支付纠纷，是指失踪人在失踪前负有债务，由财产代管人从失踪人的财产中支付，代管人拒绝支付的，债权人可以代管人为被告提起诉讼或代管人作为原告起诉要求失踪人的债务人清偿债务。

失踪人债务支付纠纷案件的主要特征是：（1）失踪人债务支付以代管人管理的失踪人的财产为限。（2）失踪人债务支付纠纷的原告是债权人或者财产代管人。

【常用法律条文及索引】

《民法通则》（1987年1月1日起施行　2009年8月27日修正）

第二十一条　失踪人的财产由他的配偶、父母、成年子女或者关系密切的其他亲属、朋友代管。代管有争议的，没有以上规定的人或者以上规定的人无能力代管的，由人民法院指定的人代管。

失踪人所欠税款、债务和应付的其他费用，由代管人从失踪人的财产中支付。

《最高人民法院关于贯彻执行〈中华人民共和国民法通则〉若干问题的意见（试行）》（法（办）发〔1988〕6号　1988年4月2日起施行）

32. 失踪人的财产代管人拒绝支付失踪人所欠的税款、债务和其他费用，债权人提起诉讼的，人民法院应当将代管人列为被告。

失踪人的财产代管人向失踪人的债务人要求偿还债务的，可以作为原告提起诉讼。

【适用本案由需要注意的问题】

◆失踪人债务支付纠纷应按照《民事诉讼法》的普通程序审理，故适用《民事诉讼法》有关级别管辖、地域管辖的规定。

◆失踪人的财产代管人应当尽职尽责管理好失踪人的财产。人民法院作出宣告失踪的判决后失踪人的财产代管人应当清理失踪人的债权债务，对失踪人所欠税款、债务和应当支付的其他费用，由代管人从失踪人的财产中支付。如果代管人拒绝从失踪人财产中支付失踪人所欠税款、债务及其他应付费用，债权人有权以代管人为被告向人民法院起诉；代管人也可以作为原告向人民法院起诉，要求失踪人的债务人清偿债务。失踪人的债务并不按照特别程序审理，而是通过普通程序解决。但这一诉讼是在宣告失踪的判决基础上作出的，且失踪人债务支付纠纷与申请为失踪人财产指定代管人密切相关。

376. 申请宣告公民死亡

【案由解析】

宣告公民死亡，是法律上的一种推定死亡，是公民自然死亡的对称。公民因法律上规定的下落不明的事实状态，持续一定期间，经利害关系人的申请，法院依法查清事实，确认宣告死亡的事实存在，作出判决，从法律上推定该公民死亡的，称为宣告死亡。

申请宣告公民死亡案件，是指公民离开自己的住所地或者最后居住地，下落不明满法定期限，利害关系人向人民法院申请宣告公民死亡的案件。

申请宣告公民死亡的主要特征是：（1）有下落不明的事实且必须达到法定期限。（2）申请宣告公民死亡的主体是利害关系人。（3）有利害关系人的书面申请。

【常用法律条文及索引】

《民法总则》（2017 年 10 月 1 日起施行）

第四十六条　自然人有下列情形之一的，利害关系人可以向人民法院申请宣告该自然人死亡：

（一）下落不明满四年；

（二）因意外事件，下落不明满二年。

因意外事件下落不明，经有关机关证明该自然人不可能生存的，申请宣告死亡不受二年时间的限制。

第四十七条 对同一自然人，有的利害关系人申请宣告死亡，有的利害关系人申请宣告失踪，符合本法规定的宣告死亡条件的，人民法院应当宣告死亡。

第四十八条 被宣告死亡的人，人民法院宣告死亡的判决作出之日视为其死亡的日期；因意外事件下落不明宣告死亡的，意外事件发生之日视为其死亡的日期。

第四十九条 自然人被宣告死亡但是并未死亡的，不影响该自然人在被宣告死亡期间实施的民事法律行为的效力。

第五十条 被宣告死亡的人重新出现，经本人或者利害关系人申请，人民法院应当撤销死亡宣告。

第五十一条 被宣告死亡的人的婚姻关系，自死亡宣告之日起消灭。死亡宣告被撤销的，婚姻关系自撤销死亡宣告之日起自行恢复，但是其配偶再婚或者向婚姻登记机关书面声明不愿意恢复的除外。

第五十二条 被宣告死亡的人在被宣告死亡期间，其子女被他人依法收养的，在死亡宣告被撤销后，不得以未经本人同意为由主张收养关系无效。

第五十三条 被撤销死亡宣告的人有权请求依照继承法取得其财产的民事主体返还财产。无法返还的，应当给予适当补偿。

利害关系人隐瞒真实情况，致使他人被宣告死亡取得其财产的，除应当返还财产外，还应当对由此造成的损失承担赔偿责任。

《民法通则》（1987年1月1日起施行 2009年8月27日修正）

第二十三条 公民有下列情形之一的，利害关系人可以向人民法院申请宣告他死亡：

（一）下落不明满四年的；

（二）因意外事故下落不明，从事故发生之日起满二年的。

战争期间下落不明的，下落不明的时间从战争结束之日起计算。

《民事诉讼法》（1991年4月9日起施行 2017年6月27日修正）

第一百八十四条 公民下落不明满四年，或者因意外事故下落不明满二年，或者因意外事故下落不明，经有关机关证明该公民不可能生存，利害关系人申请宣告其死亡的，向下落不明人住所地基层人民法院提出。

申请书应当写明下落不明的事实、时间和请求，并附有公安机关或者其他有关机关关于该公民下落不明的书面证明。

第一百八十五条　人民法院受理宣告失踪、宣告死亡案件后，应当发出寻找下落不明人的公告。宣告失踪的公告期间为三个月，宣告死亡的公告期间为一年。因意外事故下落不明，经有关机关证明该公民不可能生存的，宣告死亡的公告期间为三个月。

公告期间届满，人民法院应当根据被宣告失踪、宣告死亡的事实是否得到确认，作出宣告失踪、宣告死亡的判决或者驳回申请的判决。

《最高人民法院关于贯彻执行〈中华人民共和国民法通则〉若干问题的意见（试行）》（法（办）发〔1988〕6号　1988年4月2日起施行）

25. 申请宣告死亡的利害关系人的顺序是：

（一）配偶；

（二）父母、子女；

（三）兄弟姐妹、祖父母、外祖父母、孙子女、外孙子女；

（四）其他有民事权利义务关系的人。

申请撤销死亡宣告不受上列顺序限制。

26. 下落不明是指公民离开最后居住地后没有音讯的状况。对于在台湾或者在国外，无法正常通讯联系的，不得以下落不明宣告死亡。

27. 战争期间下落不明的，申请宣告死亡的期间适用民法通则第二十三条第一款第一项的规定。

36. 被宣告死亡的人，判决宣告之日为其死亡的日期。判决书除发给申请人外，还应当在被宣告死亡人住所地和人民法院所在地公告。

被宣告死亡和自然死亡的时间不一致的，被宣告死亡所引起的法律后果仍然有效，但自然死亡前实施的民事法律行为与被宣告死亡引起的法律后果相抵触的，则以其实施的民事法律行为为准。

37. 被宣告死亡的人与配偶的婚姻关系，自死亡宣告之日起消灭。死亡宣告被人民法院撤销，如果其配偶尚未再婚的，夫妻关系从撤销死亡宣告之日起自行恢复；如果其配偶再婚后又离婚或者再婚后配偶又死亡的，则不得认定夫妻关系自行恢复。

38. 被宣告死亡的人在被宣告死亡期间，其子女被他人依法收养，被宣告死亡的人在死亡宣告被撤销后，仅以未经本人同意而主张收养关系无效的，一般不应准许，但收养人和被收养人同意的除外。

《最高人民法院关于适用〈中华人民共和国民事诉讼法〉的解释》（法释〔2015〕5号　2015年2月4日起施行）

第三百四十三条　宣告失踪或者宣告死亡案件，人民法院可以根据申请人的请求，清理下落不明人的财产，并指定案件审理期间的财产管理人。公告期满后，人民法院判决宣告失踪的，应当同时依照民法通则第二十一条第一款的规定指定失踪人的财产代管人。

第三百四十五条　人民法院判决宣告公民失踪后，利害关系人向人民法院申请宣告失踪人死亡，自失踪之日起满四年的，人民法院应当受理，宣告失踪的判决即是该公民失踪的证明，审理中仍应依照民事诉讼法第一百八十五条规定进行公告。

第三百四十六条　符合法律规定的多个利害关系人提出宣告失踪、宣告死亡申请的，列为共同申请人。

第三百四十七条　寻找下落不明人的公告应当记载下列内容：

（一）被申请人应当在规定期间内向受理法院申报其具体地址及其联系方式。否则，被申请人将被宣告失踪、宣告死亡；

（二）凡知悉被申请人生存现状的人，应当在公告期间内将其所知道情况向受理法院报告。

第三百四十八条　人民法院受理宣告失踪、宣告死亡案件后，作出判决前，申请人撤回申请的，人民法院应当裁定终结案件，但其他符合法律规定的利害关系人加入程序要求继续审理的除外。

【适用本案由需要注意的问题】

◆根据《民法总则》第46条及《民事诉讼法》第184条第1款的规定，自然人下落不明满4年，或者因意外事件下落不明满2年，或者因意外事件下落不明经有关机关证明该自然人不可能生存，利害关系人申请宣告其死亡的，向下落不明人所在地基层人民法院提出。

◆申请人必须向人民法院提交申请书。申请书应当写明该公民下落不明的事实、时间和请求，并附有公安机关或者其他机关关于该公民下落不明的书面证明。

◆宣告死亡是法律上的推定死亡，产生同公民自然死亡同样的法律后果。申请宣告公民死亡有一定的顺序限制，法定顺序是：第一，配偶；第二，父母、子女；第三，兄弟姐妹、祖父母、外祖父母、孙子女、外孙子女；第四，其他有民事权利义务关系的人。同一顺序的利害关系人，有的申请宣告死亡，有的不同意宣告死亡的，法院应当宣告死亡。

377. 申请撤销宣告公民死亡

【案由解析】

撤销宣告公民死亡，是指被宣告死亡的公民重新出现或他人确知其生存的，经本人或者利害关系人的申请，法院应当作出新的判决，撤销原判决。

申请撤销宣告公民死亡案件，是指被宣告死亡的人重新出现或他人确知其生存的，本人或利害关系人向人民法院申请，撤销宣告公民死亡的判决，恢复被宣告死亡人权利的案件。

撤销宣告公民死亡案件的主要特征是：（1）申请撤销宣告死亡要以已经宣告死亡为前提。（2）有本人或者利害关系人的申请。（3）如果公民并未死亡，公民被宣告死亡期间所从事的民事法律行为仍然有效。

【典型形态】

在实践中，申请撤销宣告公民死亡主要有：

（1）本人申请撤销宣告公民死亡，是指被宣告死亡的人重新出现或他人确知其生存的，本人向人民法院申请，撤销宣告公民死亡的判决，恢复被宣告死亡人权利的案件。

（2）其他利害关系人申请撤销宣告公民死亡，是指被宣告死亡的人重新出现或他人确知其生存的，利害关系人向人民法院申请，撤销宣告公民死亡的判决，恢复被宣告死亡人权利的案件。

【常用法律条文及索引】

《民法总则》（2017 年 10 月 1 日起施行）

第五十条 被宣告死亡的人重新出现，经本人或者利害关系人申请，人民法院应当撤销死亡宣告。

第五十一条 被宣告死亡的人的婚姻关系，自死亡宣告之日起消灭。死亡宣告被撤销的，婚姻关系自撤销死亡宣告之日起自行恢复，但是其配偶再婚或者向婚姻登记机关书面声明不愿意恢复的除外。

第五十二条 被宣告死亡的人在被宣告死亡期间，其子女被他人依法收养的，在死亡宣告被撤销后，不得以未经本人同意为由主张收养关系无效。

第五十三条 被撤销死亡宣告的人有权请求依照继承法取得其财产的民事主体返还财产。无法返还的，应当给予适当补偿。

利害关系人隐瞒真实情况，致使他人被宣告死亡取得其财产的，除应当返还财产外，还应当对由此造成的损失承担赔偿责任。

《民法通则》（1987年1月1日起施行　2009年8月27日修正）

第二十四条 被宣告死亡的人重新出现或者确知他没有死亡，经本人或者利害关系人申请，人民法院应当撤销对他的死亡宣告。

有民事行为能力人在被宣告死亡期间实施的民事法律行为有效。

第二十五条 被撤销死亡宣告的人有权请求返还财产。依照继承法取得他的财产的公民或者组织，应当返还原物；原物不存在的，给予适当补偿。

《最高人民法院关于贯彻执行〈中华人民共和国民法通则〉若干问题的意见（试行）》（法（办）发〔1988〕6号　1988年4月2日起施行）

36. 被宣告死亡的人，判决宣告之日为其死亡的日期。判决书除发给申请人外，还应当在被宣告死亡人住所地和人民法院所在地公告。

被宣告死亡和自然死亡的时间不一致的，被宣告死亡所引起的法律后果仍然有效，但自然死亡前实施的民事法律行为与被宣告死亡引起的法律后果相抵触的，则以其实施的民事法律行为为准。

37. 被宣告死亡的人与配偶的婚姻关系，自死亡宣告之日起消灭。死亡宣告被人民法院撤销，如果其配偶尚未再婚的，夫妻关系从撤销死亡宣告之日起自行恢复；如果其配偶再婚后又离婚或者再婚后配偶又死亡的，则不得认定夫妻关系自行恢复。

38. 被宣告死亡的人在被宣告死亡期间，其子女被他人依法收养，被宣告死亡的人在死亡宣告被撤销后，仅以未经本人同意而主张收养关系无效的，一般不应准许，但收养人和被收养人同意的除外。

39. 利害关系人隐瞒真实情况使他人被宣告死亡而取得其财产的，除应返还原物及孳息外，还应对造成的损失予以赔偿。

40. 被撤销死亡宣告的人请求返还财产，其原物已被第三人合法取得的，第三人可不予返还。但依继承法取得原物的公民或者组织，应当返还原物或者给予适当补偿。

《民事诉讼法》（1991 年 4 月 9 日起施行　2017 年 6 月 27 日修正）

第一百八十六条　被宣告失踪、宣告死亡的公民重新出现，经本人或者利害关系人申请，人民法院应当作出新判决，撤销原判决。

【适用本案由需要注意的问题】

◆根据《民事诉讼法》的规定，被宣告死亡的公民重新出现的，经本人或者利害关系人的申请，人民法院应当作出新判决、撤销原判决。这里的“人民法院”应当是指作出宣告死亡判决的人民法院。因此，申请撤销宣告死亡案件应当由作出宣告死亡判决的人民法院管辖。

378. 被撤销死亡宣告人请求返还财产纠纷

【案由解析】

被撤销死亡宣告人请求返还财产，是指人民法院判决撤销死亡宣告后，被撤销死亡宣告人可以向取得其财产的第三人请求返还财产。

被撤销死亡宣告人请求返还财产纠纷，是指人民法院判决撤销死亡宣告后，被撤销死亡宣告人可以向取得其财产的第三人请求返还财产而产生的纠纷。对返还财产有争议的，可以向人民法院提起诉讼。

被撤销死亡宣告人请求返还财产纠纷的主要特征是：（1）该纠纷的主体为被宣告死亡人。（2）该纠纷以主体已经撤销死亡宣告为前提。（3）被请求返还的财产以取得的财产为限。

【常用法律条文及索引】

《民法通则》（1987 年 1 月 1 日起施行　2009 年 8 月 27 日修正）

第二十五条　被撤销死亡宣告的人有权请求返还财产。依照继承法取得他的财产的公民或者组织，应当返还原物；原物不存在的，给予适当补偿。

《最高人民法院关于贯彻执行〈中华人民共和国民法通则〉若干问题的意见（试行）》（法（办）发〔1988〕6 号　1988 年 4 月 2 日起施行）

39. 利害关系人隐瞒真实情况使他人被宣告死亡而取得其财产的，除应返还原物及孳息外，还应对造成的损失予以赔偿。

40. 被撤销死亡宣告的人请求返还财产，其原物已被第三人合法取得的，第三人可不予返还。但依继承法取得原物的公民或者组织，应当返还原物或者给予适当补偿。

【适用本案由需要注意的问题】

◆被撤销死亡宣告人请求返还财产纠纷按照《民事诉讼法》的普通程序审理，故适用《民事诉讼法》有关级别管辖、地域管辖的规定，即由被告住所地人民法院管辖。请求返还财产涉及不动产的，可以由不动产所在地法院管辖。

◆被撤销死亡宣告人重现出现在财产关系上体现为宣告死亡时对被宣告死亡人财产的处理要恢复到宣告死亡前的状态，即被宣告死亡人享有请求返还财产的权利。被宣告死亡人的财产，在宣告死亡期间被他人取得的，宣告死亡判决撤销后，该公民有权请求返还；依照继承法取得该公民财产的个人或组织，应当返还原物；原物不存在的，给予适当的补偿。利害关系人隐瞒真实情况，使他人被宣告死亡而取得财产的，该利害关系人除返还原物及孳息外，还应赔偿所造成的损失。

三十三、认定公民无民事行为能力、限制民事行为能力案件

379. 申请宣告公民无民事行为能力

【案由解析】

申请宣告公民无民事行为能力，是指法院根据利害关系人的申请，依照法定程序，对不能辨认自己行为的精神病病人，依法予以认定，并判决宣告其为无民事行为能力人。

申请宣告公民无民事行为能力案件，是指申请人依据一定的事实依据，请求人民法院宣告特定公民为无民事行为能力人的案件。

申请宣告公民无民事行为能力的主要特征是：（1）该案件由其近亲属或其他利害关系人申请。（2）被申请的公民是精神病病人且有不能辨认自己的

行为的事实存在。（3）申请必须采用书面形式。

【常用法律条文及索引】

《民法总则》（2017年10月1日起施行）

第十九条　八周岁以上的未成年人为限制民事行为能力人，实施民事法律行为由其法定代理人代理或者经其法定代理人同意、追认，但是可以独立实施纯获利益的民事法律行为或者与其年龄、智力相适应的民事法律行为。

第二十条　不满八周岁的未成年人为无民事行为能力人，由其法定代理人代理实施民事法律行为。

第二十一条　不能辨认自己行为的成年人为无民事行为能力人，由其法定代理人代理实施民事法律行为。

八周岁以上的未成年人不能辨认自己行为的，适用前款规定。

第二十二条　不能完全辨认自己行为的成年人为限制民事行为能力人，实施民事法律行为由其法定代理人代理或者经其法定代理人同意、追认，但是可以独立实施纯获利益的民事法律行为或者与其智力、精神健康状况相适应的民事法律行为。

第二十三条　无民事行为能力人、限制民事行为能力人的监护人是其法定代理人。

第二十四条　不能辨认或者不能完全辨认自己行为的成年人，其利害关系人或者有关组织，可以向人民法院申请认定该成年人为无民事行为能力人或者限制民事行为能力人。

被人民法院认定为无民事行为能力人或者限制民事行为能力人的，经本人、利害关系人或者有关组织申请，人民法院可以根据其智力、精神健康恢复的状况，认定该成年人恢复为限制民事行为能力人或者完全民事行为能力人。

本条规定的有关组织包括：居民委员会、村民委员会、学校、医疗机构、妇女联合会、残疾人联合会、依法设立的老年人组织、民政部门等。

《民法通则》（1987年1月1日起施行　2009年8月27日修正）

第十九条　精神病人的利害关系人，可以向人民法院申请宣告精神病人为无民事行为能力人或者限制民事行为能力人。

被人民法院宣告为无民事行为能力人或者限制民事行为能力人的，根据他健康恢复的状况，经本人或者利害关系人申请，人民法院可以宣告他为限制民事行为能力人或者完全民事行为能力人。

《最高人民法院关于贯彻执行〈中华人民共和国民法通则〉若干问题的意见（试行）》（法（办）发〔1988〕6号 1988年4月2日起施行）

8. 在诉讼中，当事人及利害关系人提出一方当事人患有精神病（包括痴呆症），人民法院认为确有必要认定的，应当按照民事诉讼法（试行）规定的特别程序，先作出当事人有无民事行为能力的判决。

确认精神病人（包括痴呆症人）为限制民事行为能力人的，应当比照民事诉讼法（试行）规定的特别程序进行审理。

《民事诉讼法》（1991年4月9日起施行 2017年6月27日修正）

第一百七十七条 人民法院审理选民资格案件、宣告失踪或者宣告死亡案件、认定公民无民事行为能力或者限制民事行为能力案件、认定财产无主案件、确认调解协议案件和实现担保物权案件，适用本章规定。本章没有规定的，适用本法和其他法律的有关规定。

第一百八十七条 申请认定公民无民事行为能力或者限制民事行为能力，由其近亲属或者其他利害关系人向该公民住所地基层人民法院提出。

申请书应当写明该公民无民事行为能力或者限制民事行为能力的事实和根据。

第一百八十八条 人民法院受理申请后，必要时应当对被请求认定为无民事行为能力或者限制民事行为能力的公民进行鉴定。申请人已提供鉴定意见的，应当对鉴定意见进行审查。

第一百八十九条 人民法院审理认定公民无民事行为能力或者限制民事行为能力的案件，应当由该公民的近亲属为代理人，但申请人除外。近亲属互相推诿的，由人民法院指定其中一人为代理人。该公民健康情况许可的，还应当询问本人的意见。

人民法院经审理认定申请有事实根据的，判决该公民为无民事行为能力或者限制民事行为能力人；认定申请没有事实根据的，应当判决予以驳回。

第一百九十条 人民法院根据被认定为无民事行为能力人、限制民事行为能力人或者他的监护人的申请，证实该公民无民事行为能力或者限制民事行为能力的原因已经消除的，应当作出新判决，撤销原判决。

《最高人民法院关于适用〈中华人民共和国民事诉讼法〉的解释》（法释〔2015〕5号 2015年2月4日起施行）

第三百四十九条 在诉讼中，当事人的利害关系人提出该当事人患有精神病，要求宣告该当事人无民事行为能力或者限制民事行为能力的，应由利害关系人向人民法院提出申请，由受诉人民法院按照特别程序立案审理，原诉讼中止。

第三百五十二条　申请认定公民无民事行为能力或者限制民事行为能力的案件，被申请人没有近亲属的，人民法院可以指定其他亲属为代理人。被申请人没有亲属的，人民法院可以指定经被申请人所在单位或者住所地的居民委员会、村民委员会同意，且愿意担任代理人的关系密切的朋友为代理人。

没有前款规定的代理人的，由被申请人所在单位或者住所地的居民委员会、村民委员会或者民政部门担任代理人。

代理人可以是一人，也可以是同一顺序中的两人。

【适用本案由需要注意的问题】

◆根据《民事诉讼法》第187条的规定，申请宣告公民无民事行为能力的，由被申请人住所地基层人民法院管辖。根据《最高人民法院关于军事法院管辖民事案件若干问题的规定》（法释〔2012〕11号）第2条的规定，申请认定军人无民事行为能力或者限制民事行为能力的案件，地方当事人向军事法院提起诉讼或者提出申请的，军事法院应当受理，该管辖原则适用于本二级案由“认定公民无民事行为能力、限制民事行为能力案件”下的所有案件，下文不赘。

◆在实践中，申请宣告公民无民事行为能力有两种情况：一种是利害关系人单独向人民法院申请宣告公民无民事行为能力，法院根据特别程序审理；另一种是在诉讼过程中，当事人及利害关系人提出一方当事人患有精神病的情况，人民法院认为有必要对其行为予以确认的，应按照《民事诉讼法》的特别程序处理，先作出当事人有无民事行为能力的判决，原诉讼中止。诉讼中人民法院对民事行为能力认定判决与原诉是两个不同的诉，分属于不同的民事案件案由。

380. 申请宣告公民限制民事行为能力

【案由解析】

申请宣告公民限制民事行为能力，是指法院根据利害关系人的申请，依照法定程序，对不能完全辨认自己行为的精神病人，依法予以认定，并判决宣告其为限制民事行为能力人。

申请宣告公民限制民事行为能力案件，是指申请人依据一定的事实依据，请求人民法院宣告特定公民为限制民事行为能力人的案件。

申请宣告公民限制民事行为能力的主要特征是：(1) 该案件由其近亲属或其他利害关系人申请。(2) 被申请的公民是精神病病人且有不能完全辨认自己的行为的事实存在。(3) 申请必须采用书面形式。

【常用法律条文及索引】

参见本书案由“379. 申请宣告公民无民事行为能力”中“常用法律条文及索引”部分。

【适用本案由需要注意的问题】

◆根据《民事诉讼法》第187条的规定，申请宣告公民限制民事行为能力的，由被申请人住所地基层人民法院管辖。

◆《民法总则》和《民法通则》规定了8周岁以上的未成年人和不能完全辨认自己行为的精神病人是限制民事行为能力人。申请人民法院认定的受宣告人必须是不能完全辨认自己行为的精神病人，申请人是精神病病人的利害关系人。人民法院审理认定公民限制民事行为能力案件，应当由该公民的近亲属为代理人，但申请人除外。近亲属互相推诿的，由人民法院指定其中一人为代理人。如果该公民健康状况许可，还应当询问本人的意见。

381. 申请宣告公民恢复限制民事行为能力

【案由解析】

申请宣告公民恢复限制民事行为能力，是指人民法院依法作出宣告公民为无民事行为能力的判决后，该公民经过治疗，由不能辨认自己的行为转变为不能完全辨认自己行为，造成无民事行为能力的原因部分消灭，本人或者其利害关系人向人民法院提出申请宣告公民恢复限制民事行为能力。申请宣告公民恢复限制民事行为能力是通过法定程序恢复无民事行为能力人为限制民事行为能力人，使其能够参与一定的民事活动。

申请宣告公民恢复限制民事行为能力案件，是指人民法院作出宣告公民为无民事行为能力的判决后，符合法定条件又经申请宣告其为限制民事行为能力的案件。

申请宣告公民恢复限制民事行为能力的主要特征是：（1）该案件由本人或利害关系人申请。（2）申请宣告公民恢复限制民事行为能力通过医院鉴定予以确认。（3）申请采用书面形式。（4）申请宣告公民恢复限制行为能力的对象是经人民法院宣告的无民事行为能力人。

【常用法律条文及索引】

参见本书案由“379. 申请宣告公民无民事行为能力”中“常用法律条文及索引”部分。

【适用本案由需要注意的问题】

◆申请宣告公民恢复限制民事行为能力案件应由原作出宣告公民无民事行为能力判决的基层人民法院管辖。

382. 申请宣告公民恢复完全民事行为能力

【案由解析】

申请宣告公民恢复完全民事行为能力，是指人民法院依法作出宣告公民为无民事行为能力人或限制民事行为能力人的判决后，如果造成该公民无民事行为能力或限制民事行为能力的原因已经消除的，其本人或者其他利害关系人可以申请人民法院宣告该公民恢复为完全民事行为能力人。人民法院根据本人或利害关系人的申请，经查证属实的，应当作出新判决，撤销原判决。

申请宣告公民恢复完全民事行为能力案件，是指人民法院作出宣告公民为无民事行为能力或者限制民事行为能力的判决后，符合法定条件又经申请宣告其为完全民事行为能力的案件。

申请宣告公民恢复完全民事行为能力案件的主要特征是：（1）该案件由本人或利害关系人申请。（2）申请宣告公民恢复完全民事行为能力通过医院鉴定予以确认。（3）申请应当采用书面形式。（4）申请宣告公民恢复完全行为能力的对象是经人民法院宣告的无民事行为能力人或者限制民事行为能力人。

【常用法律条文及索引】

参见本书案由“379. 申请宣告公民无民事行为能力”中“常用法律条文及索引”部分。

【适用本案由需要注意的问题】

◆申请宣告公民恢复完全民事行为能力案件应由原作出宣告公民无民事行为能力或者限制民事行为能力判决的基层人民法院管辖。

三十四、认定财产无主案件

383. 申请认定财产无主

【案由解析】

申请认定财产无主，是指公民、法人或者其他组织向人民法院申请，通过法定程序将某项所有人归属不明或者所有人不存在的财产认定为无主财产，并判决国家或者集体所有。

申请认定财产无主案件，是指法院根据公民、法人或者其他组织的申请，依据法律将某项财产宣布为无主财产，并收归国家或者集体所有的案件。

申请认定财产无主案件的主要特征是：(1) 被认定的无主财产，以有形财产为限。无形财产或精神财富，不属于认定无主财产的范围。(2) 申请的理由是被认定财产的权利主体不明。主要包括财产所有权人不明确、所有权人不明的埋藏物、遗失物等，有明确权利主体的财产不能被申请认定财产无主。(3) 财产没有所有人或者所有人不明的状态持续满法定期间。(4) 申请应当以书面形式提出。

【常用法律条文及索引】

《民事诉讼法》(1991 年 4 月 9 日起施行　2017 年 6 月 27 日修正)

第一百九十一条　申请认定财产无主，由公民、法人或者其他组织向财产所在地基层人民法院提出。

申请书应当写明财产的种类、数量以及要求认定财产无主的根据。

第一百九十二条　人民法院受理申请后，经审查核实，应当发出财产认领公告。公告满一年无人认领的，判决认定财产无主，收归国家或者集体所有。

第一百九十三条　判决认定财产无主后，原财产所有人或者继承人出现，在民法通则规定的诉讼时效期间可以对财产提出请求，人民法院审查属实后，应当作出新判决，撤销原判决。

《最高人民法院关于适用〈中华人民共和国民事诉讼法〉的解释》（法释〔2015〕5号　2015年2月4日起施行）

第三百五十条　认定财产无主案件，公告期间有人对财产提出请求的，人民法院应当裁定终结特别程序，告知申请人另行起诉，适用普通程序审理。

【适用本案由需要注意的问题】

◆根据《民事诉讼法》第191条的规定，申请认定财产无主的案件，由财产所在地的基层人民法院管辖。根据《最高人民法院关于军事法院管辖民事案件若干问题的规定》（法释〔2012〕11号）第1条的规定，认定营区内无主财产案件，由军事法院管辖，该管辖原则适用于本二级案由“认定财产无主案件”下的所有案件，下文不赘。

◆《民事诉讼法》对认定财产无主案件的申请人没有作严格限制，公民、法人或者其他组织均可以向人民法院提出认定财产无主的申请。在实践中，认定财产无主案件的申请人主要有：该项财产的发现人、保管人、该项财产原所有人所在的单位或基层组织等。

384. 申请撤销认定财产无主

【案由解析】

申请撤销财产无主是指在人民法院作出认定财产无主的判决后，原财产所有人或者继承人出现，在法律规定的诉讼时效期间内，对财产提出诉讼请求，要求撤销认定财产无主判决。

申请撤销认定财产无主案件是指在人民法院作出认定财产无主的判决后，原财产所有人或者其继承人出现，可以在法律规定的诉讼时效期间主张权利的案件。

申请撤销认定财产无主的主要特征是：（1）申请撤销认定财产无主要在人民法院作出认定财产无主的判决后作出。（2）申请撤销认定财产无主必须在法律规定的期间内提出，原财产所有人或者其继承人从知道或者应当知道人民法院判决认定财产无主之日起，必须在2年内行使请求权，申请法院撤销原判决，作出新判决。超过该诉讼时效期间，原财产所有人或者继承人请求返还财产的，不予保护。（3）提起申请的主体为原财产所有人或者继承人。

【常用法律条文及索引】

参见本书案由“383. 申请认定财产无主”中“常用法律条文及索引”部分。

【适用本案由需要注意的问题】

◆申请撤销认定财产无主案件由作出认定财产无主案件的基层人民法院管辖。

三十五、监护权特别程序案件

385. 申请确定监护人

【案由解析】

如果对担任法律规定的未成年人、无民事行为能力人、限制民事行为能力人的监护人有争议的，由被监护人住所地的居民委员会、村民委员会或者民政部门指定，对前述指定不服的，可以向人民法院申请确定监护人。

申请确定监护人案件，是指对被监护人住所地的居民委员会、村民委员会或者民政部门指定的监护人不服的，可以向人民法院申请确定监护人的案件。

申请确定监护人的主要特征有：(1) 必须先由有关组织予以指定，对指定不服的，才可以向人民法院起诉，未经指定而向人民法院起诉的，人民法院不予受理。(2) 人民法院确定监护人按照法律规定的顺序指定。

【常用法律条文及索引】

《民法总则》(2017 年 10 月 1 日起施行)

第二十六条　父母对未成年子女负有抚养、教育和保护的义务。

成年子女对父母负有赡养、扶助和保护的义务。

第二十七条　父母是未成年子女的监护人。

未成年人的父母已经死亡或者没有监护能力的，由下列有监护能力的人按顺序担任监护人：

（一）祖父母、外祖父母；

（二）兄、姐；

（三）其他愿意担任监护人的个人或者组织，但是须经未成年人住所地的居民委员会、村民委员会或者民政部门同意。

第二十八条　无民事行为能力或者限制民事行为能力的成年人，由下列有监护能力的人按顺序担任监护人：

（一）配偶；

（二）父母、子女；

（三）其他近亲属；

（四）其他愿意担任监护人的个人或者组织，但是须经被监护人住所地的居民委员会、村民委员会或者民政部门同意。

第二十九条　被监护人的父母担任监护人的，可以通过遗嘱指定监护人。

第三十条　依法具有监护资格的人之间可以协议确定监护人。协议确定监护人应当尊重被监护人的真实意愿。

第三十一条　对监护人的确定有争议的，由被监护人住所地的居民委员会、村民委员会或者民政部门指定监护人，有关当事人对指定不服的，可以向人民法院申请指定监护人；有关当事人也可以直接向人民法院申请指定监护人。

居民委员会、村民委员会、民政部门或者人民法院应当尊重被监护人的真实意愿，按照最有利于被监护人的原则在依法具有监护资格的人中指定监护人。

依照本条第一款规定指定监护人前，被监护人的人身权利、财产权利以及其他合法权益处于无人保护状态的，由被监护人住所地的居民委员会、村民委员会、法律规定的有关组织或者民政部门担任临时监护人。

监护人被指定后，不得擅自变更；擅自变更的，不免除被指定的监护人的责任。

第三十二条 没有依法具有监护资格的人的，监护人由民政部门担任，也可以由具备履行监护职责条件的被监护人住所地的居民委员会、村民委员会担任。

第三十三条 具有完全民事行为能力的成年人，可以与其近亲属、其他愿意担任监护人的个人或者组织事先协商，以书面形式确定自己的监护人。协商确定的监护人在该成年人丧失或者部分丧失民事行为能力时，履行监护职责。

第三十四条 监护人的职责是代理被监护人实施民事法律行为，保护被监护人的人身权利、财产权利以及其他合法权益等。

监护人依法履行监护职责产生的权利，受法律保护。

监护人不履行监护职责或者侵害被监护人合法权益的，应当承担法律责任。

第三十五条 监护人应当按照最有利于被监护人的原则履行监护职责。监护人除为维护被监护人利益外，不得处分被监护人的财产。

未成年人的监护人履行监护职责，在作出与被监护人利益有关的决定时，应当根据被监护人的年龄和智力状况，尊重被监护人的真实意愿。

成年人的监护人履行监护职责，应当最大程度地尊重被监护人的真实意愿，保障并协助被监护人实施与其智力、精神健康状况相适应的民事法律行为。对被监护人有能力独立处理的事务，监护人不得干涉。

《民法通则》（1987 年 1 月 1 日起施行 2009 年 8 月 27 日修正）

第十六条 未成年人的父母是未成年人的监护人。

未成年人的父母已经死亡或者没有监护能力的，由下列人员中有监护能力的人担任监护人：

（一）祖父母、外祖父母；

（二）兄、姐；

（三）关系密切的其他亲属、朋友愿意承担监护责任，经未成年人的父、母的所在单位或者未成年人住所地的居民委员会、村民委员会同意的。

对担任监护人有争议的，由未成年人的父、母的所在单位或者未成年人住所地的居民委员会、村民委员会在近亲属中指定。对指定不服提起诉讼的，由人民法院裁决。

没有第一款、第二款规定的监护人的，由未成年人的父、母的所在单位或者未成年人住所地的居民委员会、村民委员会或者民政部门担任监护人。

第十七条　无民事行为能力或者限制民事行为能力的精神病人，由下列人员担任监护人：

（一）配偶；

（二）父母；

（三）成年子女；

（四）其他近亲属；

（五）关系密切的其他亲属、朋友愿意承担监护责任，经精神病人的所在单位或者住所地的居民委员会、村民委员会同意的。

对担任监护人有争议的，由精神病人的所在单位或者住所地的居民委员会、村民委员会在近亲属中指定。对指定不服提起诉讼的，由人民法院裁决。

没有第一款规定的监护人的，由精神病人的所在单位或者住所地的居民委员会、村民委员会或者民政部门担任监护人。

《最高人民法院关于贯彻执行〈中华人民共和国民法通则〉若干问题的意见（试行）》（法（办）发〔1988〕6号　1988年4月2日起施行）

10. 监护人的监护职责包括：保护被监护人的身体健康，照顾被监护人的生活，管理和保护被监护人的财产，代理被监护人进行民事活动，对被监护人进行管理和教育，在被监护人合法权益受到侵害或者与人发生争议时，代理其进行诉讼。

11. 认定监护人监护能力，应当根据监护人的身体健康状况、经济条件，以及与被监护人在生活上的联系状况等因素确定。

12. 民法通则中规定的近亲属，包括配偶、父母、子女、兄弟姐妹、祖父母、外祖父母、孙子女、外孙子女。

13. 为患有精神病的未成年人设定监护人，适用民法通则第十六条的规定。

14. 人民法院指定监护人时，可以将民法通则第十六条第二款中（一）、

(二)、(三)项或第十七条第一款中的(一)、(二)、(三)、(四)、(五)项规定视为指定监护人的顺序。前一顺序有监护资格的人无监护能力或者对被监护人明显不利的，人民法院可以根据对被监护人有利的原则，从后一顺序有监护资格的人中择优确定。被监护人有识别能力的，应视情况征求被监护人的意见。

监护人可以是一人，也可以是同一顺序中的数人。

15. 有监护资格的人之间协议确定监护人的，应当由协议确定的监护人对被监护人承担监护责任。

16. 对于担任监护人有争议的，应当按照民法通则第十六条第三款或者第十七条第二款的规定，由有关组织予以指定。未经指定而向人民法院起诉的，人民法院不予受理。

17. 有关组织依照民法通则规定指定监护人，以书面或者口头通知了被指定人的，应当认定指定成立。被指定人不服的，应当在接到通知的次日起三十日内向人民法院起诉。逾期起诉的，按变更监护关系处理。

18. 监护人被指定后，不得自行变更。擅自变更的，由原被指定的监护人和变更后的监护人承担监护责任。

19. 被指定人对指定不服提起诉讼的，人民法院应当根据本意见第十四条的规定，作出维持或者撤销指定监护人的判决。如果判决是撤销原指定的，可以同时另行指定监护人。此类案件，比照民事诉讼法（试行）规定的特别程序进行审理。

在人民法院作出判决前的监护责任，一般应当按照指定监护人的顺序，由有关监护资格人承担。

20. 监护人不履行监护职责，或者侵害了被监护人的合法权益，民法通则第十六条、第十七条规定的其他有监护资格的人或者单位向人民法院起诉，要求监护人承担民事责任的，按照普通程序审理；要求变更监护关系的，按照特别程序审理；既要求承担民事责任，又要求变更监护关系的，分别审理。

21. 夫妻离婚后，与子女共同生活的一方无权取消对方对该子女的监护权，但是，未与该子女共同生活的一方，对该子女有犯罪行为、虐待行为或者对该子女明显不利的，人民法院认为可以取消的除外。

22. 监护人可以将监护职责部分或者全部委托给他人。因被监护人的侵权行为需要承担民事责任的，应当由监护人承担，但另有约定的除外；被委托人确有过错的，负连带责任。

23. 夫妻一方死亡后，另一方将子女送给他人收养，如收养对子女的健康成长并无不利，又办了合法收养手续的，认定收养关系成立；其他有监护资格的人不得以收养未经其同意而主张收养关系无效。

《最高人民法院关于适用〈中华人民共和国民事诉讼法〉的解释》（法释〔2015〕5号　2015年2月4日起施行）

第十条　不服指定监护或者变更监护关系的案件，可以由被监护人住所地人民法院管辖。

【适用本案由需要注意的问题】

◆根据《最高人民法院关于适用〈中华人民共和国民事诉讼法〉的解释》第10条的规定，不服指定监护或者变更监护关系的案件，可以由被监护人住所地人民法院管辖。

◆申请确定监护人的，并不必然经过有关组织指定。对监护人的确定有争议的，由被监护人住所地的居民委员会、村民委员会或者民政部门指定监护人，有关当事人对指定不服的，可以向人民法院申请指定监护人；有关当事人也可以直接向人民法院申请指定监护人。

◆根据《最高人民法院关于贯彻执行〈中华人民共和国民法通则〉若干问题的意见（试行）》第19条的规定，被指定人对指定不服提起诉讼的，人民法院应当根据本意见第14条的规定，作出维持或者撤销指定监护人的判决。如果判决是撤销原指定的，可以同时另行指定监护人。此类案件，比照民事诉讼法（试行）规定的特别程序进行审理。

386. 申请变更监护人

【案由解析】

被申请人的监护人不能履行监护职责，或者不服有关组织指定的监护人且又未在法律规定期限内起诉的，其他有监护资格的人员或者有关单位可以向人民法院提出申请变更被申请人的监护人。

申请变更监护人案件，是指在出现法定情况时，有监护资格的人员或者有关单位向人民法院提出申请变更被申请人的监护人案件。

申请变更监护人的主要特征有：(1) 申请变更监护人的主体是有监护资格的人员或者有关单位。(2) 申请变更监护人以监护人已经确定为前提。

【常用法律条文及索引】

《民法总则》（2017 年 10 月 1 日起施行）

第三十一条 对监护人的确定有争议的，由被监护人住所地的居民委员会、村民委员会或者民政部门指定监护人，有关当事人对指定不服的，可以向人民法院申请指定监护人；有关当事人也可以直接向人民法院申请指定监护人。

居民委员会、村民委员会、民政部门或者人民法院应当尊重被监护人的真实意愿，按照最有利于被监护人的原则在依法具有监护资格的人中指定监护人。

依照本条第一款规定指定监护人前，被监护人的人身权利、财产权利以及其他合法权益处于无人保护状态的，由被监护人住所地的居民委员会、村民委员会、法律规定的有关组织或者民政部门担任临时监护人。

监护人被指定后，不得擅自变更；擅自变更的，不免除被指定的监护人的责任。

《最高人民法院关于贯彻执行〈中华人民共和国民法通则〉若干问题的意见（试行）》（法（办）发〔1988〕6 号，1988 年 4 月 2 日起施行）

17. 有关组织依照民法通则规定指定监护人，以书面或者口头通知了被指定人的，应当认定指定成立。被指定人不服的，应当在接到通知的次日起三十日内向人民法院起诉。逾期起诉的，按变更监护关系处理。

18. 监护人被指定后，不得自行变更。擅自变更的，由原被指定的监护人和变更后的监护人承担监护责任。

19. 被指定人对指定不服提起诉讼的，人民法院应当根据本意见第十四条的规定，作出维持或者撤销指定监护人的判决。如果判决是撤销原指定的，可以同时另行指定监护人。此类案件，比照民事诉讼法（试行）规定的特别程序进行审理。

在人民法院作出判决前的监护责任，一般应当按照指定监护人的顺序，由有关监护资格人承担。

20. 监护人不履行监护职责，或者侵害了被监护人的合法权益，民法通则第十六条、第十七条规定的其他有监护资格的人或者单位向人民法院起诉，要求监护人承担民事责任的，按照普通程序审理；要求变更监护关系的，按照特别程序审理；既要求承担民事责任，又要求变更监护关系的，分别审理。

《最高人民法院关于适用〈中华人民共和国民事诉讼法〉的解释》（法释〔2015〕5号 2015年2月4日起施行）

第十条 不服指定监护或者变更监护关系的案件，可以由被监护人住所地人民法院管辖。

【适用本案由需要注意的问题】

◆根据《最高人民法院关于适用〈中华人民共和国民事诉讼法〉的解释》第10条的规定，不服指定监护或者变更监护关系的案件，可以由被监护人住所地人民法院管辖。

◆在适用本案由时，尤其要注意区分其与申请撤销监护人资格案由的关系。申请撤销监护人资格是指监护人不履行监护职责，或者侵害被监护人的合法权益的，人民法院可以根据有关人员或者有关单位的申请，撤销监护人资格。申请变更监护人是指被申请人的监护人不能履行监护职责，或者不服有关组织指定的监护人且又未在法律规定期限内起诉的，其他有监护资格的人员或者有关单位向人民法院提出申请变更被申请人的监护人。两者的主要区别是发生的事由不同。申请变更监护人的事由也可以是监护人不履行监护职责，申请人同时要求撤销监护人资格并变更监护人。

387. 申请撤销监护人资格

【案由解析】

申请撤销监护人资格，是指监护人不履行监护职责或侵害被监护人的合法权益的，其他有监护资格的人员或者有关单位可以申请撤销监护人的监护资格。监护人应当履行保护被监护人的人身、财产及其他合法权益的职责。

申请撤销监护人资格案件，是指监护人不履行监护职责或侵害被监护人的合法权益的，其他有监护资格的人员或者有关单位可以申请撤销监护人的监护资格的案件。

申请撤销监护人资格的主要特征有：(1) 申请撤销监护人资格的主体是

有监护资格的人员或者有关单位。(2) 申请撤销监护人资格以监护人已经确定为前提。

【常用法律条文及索引】

《民法总则》(2017 年 10 月 1 日起施行)

第三十四条 监护人的职责是代理被监护人实施民事法律行为，保护被监护人的人身权利、财产权利以及其他合法权益等。

监护人依法履行监护职责产生的权利，受法律保护。

监护人不履行监护职责或者侵害被监护人合法权益的，应当承担法律责任。

第三十五条 监护人应当按照最有利于被监护人的原则履行监护职责。监护人除为维护被监护人利益外，不得处分被监护人的财产。

未成年人的监护人履行监护职责，在作出与被监护人利益有关的决定时，应当根据被监护人的年龄和智力状况，尊重被监护人的真实意愿。

成年人的监护人履行监护职责，应当最大程度地尊重被监护人的真实意愿，保障并协助被监护人实施与其智力、精神健康状况相适应的民事法律行为。对被监护人有能力独立处理的事务，监护人不得干涉。

第三十六条 监护人有下列情形之一的，人民法院根据有关个人或者组织的申请，撤销其监护人资格，安排必要的临时监护措施，并按照最有利于被监护人的原则依法指定监护人：

(一) 实施严重损害被监护人身心健康行为的；

(二) 怠于履行监护职责，或者无法履行监护职责并且拒绝将监护职责部分或者全部委托给他人，导致被监护人处于危困状态的；

(三) 实施严重侵害被监护人合法权益的其他行为的。

本条规定的有关个人和组织包括：其他依法具有监护资格的人，居民委员会、村民委员会、学校、医疗机构、妇女联合会、残疾人联合会、未成年人保护组织、依法设立的老年人组织、民政部门等。

前款规定的个人和民政部门以外的组织未及时向人民法院申请撤销监护人资格的，民政部门应当向人民法院申请。

第三十七条 依法负担被监护人抚养费、赡养费、扶养费的父母、子女、配偶等，被人民法院撤销监护人资格后，应当继续履行负担的义务。

第三十八条 被监护人的父母或者子女被人民法院撤销监护人资格后，

除对被监护人实施故意犯罪的外，确有悔改表现的，经其申请，人民法院可以在尊重被监护人真实意愿的前提下，视情况恢复其监护人资格，人民法院指定的监护人与被监护人的监护关系同时终止。

《民法通则》（1987 年 1 月 1 日起施行　2009 年 8 月 27 日修正）

第十八条　监护人应当履行监护职责，保护被监护人的人身、财产及其他合法权益，除为被监护人的利益外，不得处理被监护人的财产。

监护人依法履行监护的权利，受法律保护。

监护人不履行监护职责或者侵害被监护人的合法权益的，应当承担责任；给被监护人造成财产损失的，应当赔偿损失。人民法院可以根据有关人员或者有关单位的申请，撤销监护人的资格。

《最高人民法院关于贯彻执行〈中华人民共和国民法通则〉若干问题的意见（试行）》（法（办）发〔1988〕6 号　1988 年 4 月 2 日起施行）

19. 被指定人对指定不服提起诉讼的，人民法院应当根据本意见第十四条的规定，作出维持或者撤销指定监护人的判决。如果判决是撤销原指定的，可以同时另行指定监护人。此类案件，比照民事诉讼法（试行）规定的特别程序进行审理。

在人民法院作出判决前的监护责任，一般应当按照指定监护人的顺序，由有关监护资格人承担。

20. 监护人不履行监护职责，或者侵害了被监护人的合法权益，民法通则第十六条、第十七条规定的其他有监护资格的人或者单位向人民法院起诉，要求监护人承担民事责任的，按照普通程序审理；要求变更监护关系的，按照特别程序审理；既要求承担民事责任，又要求变更监护关系的，分别审理。

21. 夫妻离婚后，与子女共同生活的一方无权取消对方对该子女的监护权，但是，未与该子女共同生活的一方，对该子女有犯罪行为、虐待行为或者对该子女明显不利的，人民法院认为可以取消的除外。

【适用本案由需要注意的问题】

◆根据《最高人民法院关于适用〈中华人民共和国民事诉讼法〉的解释》第 10 条的规定，不服指定监护或者变更监护关系的案件，可以由被监护人住所地人民法院管辖。

三十六、督促程序案件

388. 申请支付令

【案由解析】

支付令的申请，是指债权人向人民法院提出书面文件，请求人民法院签发支付令，要求债务人履行债务。提出申请的债权人称为申请人，被请求履行义务的债务人称为被申请人。申请支付令的案件是指债权人依法请求法院发出支付令的案件。

申请支付令的条件是：（1）请求支付令的标的是金钱或者汇票、本票、支票以及股票、债券、国库券、可转让的存款单等有价证券。（2）请求给付的金钱或有价证券已到期且数额确定，并写明了请求所根据的事实和证据。（3）债权人与债务人之间没有其他债务纠纷，即债权人没有对待给付义务。（4）支付令必须能够送达债务人。能够送达，主要指能够通过法定的送达方式将支付令实际送达债务人，主要包括直接送达、留置送达等法定送达方式。人民法院对于债务人不在我国境内，需要域外送达，或者虽在我国境内，但需要公告送达支付令的，不适用督促程序。

【常用法律条文及索引】

《民事诉讼法》（1991 年 4 月 9 日起施行　2017 年 6 月 27 日修正）

第二百一十四条　债权人请求债务人给付金钱、有价证券，符合下列条件的，可以向有管辖权的基层人民法院申请支付令：

（一）债权人与债务人没有其他债务纠纷的；

（二）支付令能够送达债务人的。

申请书应当写明请求给付金钱或者有价证券的数量和所根据的事实、证据。

第二百一十五条　债权人提出申请后，人民法院应当在五日内通知债权人是否受理。

第二百一十六条　人民法院受理申请后，经审查债权人提供的事实、证据，对债权债务关系明确、合法的，应当在受理之日起十五日内向债务人发出支付令；申请不成立的，裁定予以驳回。

债务人应当自收到支付令之日起十五日内清偿债务，或者向人民法院提出书面异议。

债务人在前款规定的期间不提出异议又不履行支付令的，债权人可以向人民法院申请执行。

第二百一十七条　人民法院收到债务人提出的书面异议后，经审查，异议成立的，应当裁定终结督促程序，支付令自行失效。

支付令失效的，转入诉讼程序，但申请支付令的一方当事人不同意提起诉讼的除外。

《最高人民法院关于适用〈中华人民共和国民事诉讼法〉的解释》（法释〔2015〕5号　2015年2月4日起施行）

第二十三条　债权人申请支付令，适用民事诉讼法第二十一条规定，由债务人住所地基层人民法院管辖。

第一百九十五条　支付令失效后转入诉讼程序的，债权人应当按照《诉讼费用交纳办法》补交案件受理费。

支付令被撤销后，债权人另行起诉的，按照《诉讼费用交纳办法》交纳诉讼费用。

第四百二十七条　两个以上人民法院都有管辖权的，债权人可以向其中一个基层人民法院申请支付令。

债权人向两个以上有管辖权的基层人民法院申请支付令的，由最先立案的人民法院管辖。

第四百二十八条　人民法院收到债权人的支付令申请书后，认为申请书不符合要求的，可以通知债权人限期补正。人民法院应当自收到补正材料之日起五日内通知债权人是否受理。

第四百二十九条　债权人申请支付令，符合下列条件的，基层人民法院应当受理，并在收到支付令申请书后五日内通知债权人：

（一）请求给付金钱或者汇票、本票、支票、股票、债券、国库券、可转让的存款单等有价证券；

（二）请求给付的金钱或者有价证券已到期且数额确定，并写明了请求所根据的事实、证据；

（三）债权人没有对待给付义务；

（四）债务人在我国境内且未下落不明；

（五）支付令能够送达债务人；

（六）收到申请书的人民法院有管辖权；

（七）债权人未向人民法院申请诉前保全。

不符合前款规定的，人民法院应当在收到支付令申请书后五日内通知债权人不予受理。

基层人民法院受理申请支付令案件，不受债权金额的限制。

第四百三十条 人民法院受理申请后，由审判员一人进行审查。经审查，有下列情形之一的，裁定驳回申请：

（一）申请人不具备当事人资格的；

（二）给付金钱或者有价证券的证明文件没有约定逾期给付利息或者违约金、赔偿金，债权人坚持要求给付利息或者违约金、赔偿金的；

（三）要求给付的金钱或者有价证券属于违法所得的；

（四）要求给付的金钱或者有价证券尚未到期或者数额不确定的。

人民法院受理支付令申请后，发现不符合本解释规定的受理条件的，应当在受理之日起十五日内裁定驳回申请。

第四百三十一条 向债务人本人送达支付令，债务人拒绝接收的，人民法院可以留置送达。

第四百三十二条 有下列情形之一的，人民法院应当裁定终结督促程序，已发出支付令的，支付令自行失效：

（一）人民法院受理支付令申请后，债权人就同一债权债务关系又提起诉讼的；

（二）人民法院发出支付令之日起三十日内无法送达债务人的；

（三）债务人收到支付令前，债权人撤回申请的。

第四百三十三条 债务人在收到支付令后，未在法定期间提出书面异议，而向其他人民法院起诉的，不影响支付令的效力。

债务人超过法定期间提出异议的，视为未提出异议。

第四百三十四条 债权人基于同一债权债务关系，在同一支付令申请中向债务人提出多项支付请求，债务人仅就其中一项或者几项请求提出异议的，不影响其他各项请求的效力。

第四百三十五条 债权人基于同一债权债务关系，就可分之债向多个债务人提出支付请求，多个债务人中的一人或者几人提出异议的，不影响其他请求的效力。

第四百三十六条　对设有担保的债务的主债务人发出的支付令，对担保人没有拘束力。

债权人就担保关系单独提起诉讼的，支付令自人民法院受理案件之日起失效。

第四百三十七条　经形式审查，债务人提出的书面异议有下列情形之一的，应当认定异议成立，裁定终结督促程序，支付令自行失效：

（一）本解释规定的不予受理申请情形的；

（二）本解释规定的裁定驳回申请情形的；

（三）本解释规定的应当裁定终结督促程序情形的；

（四）人民法院对是否符合发出支付令条件产生合理怀疑的。

第四百三十八条　债务人对债务本身没有异议，只是提出缺乏清偿能力、延缓债务清偿期限、变更债务清偿方式等异议的，不影响支付令的效力。

人民法院经审查认为异议不成立的，裁定驳回。

债务人的口头异议无效。

第四百三十九条　人民法院作出终结督促程序或者驳回异议裁定前，债务人请求撤回异议的，应当裁定准许。

债务人对撤回异议反悔的，人民法院不予支持。

第四百四十条　支付令失效后，申请支付令的一方当事人不同意提起诉讼的，应当自收到终结督促程序裁定之日起七日内向受理申请的人民法院提出。

申请支付令的一方当事人不同意提起诉讼的，不影响其向其他有管辖权的人民法院提起诉讼。

第四百四十一条　支付令失效后，申请支付令的一方当事人自收到终结督促程序裁定之日起七日内未向受理申请的人民法院表明不同意提起诉讼的，视为向受理申请的人民法院起诉。

债权人提出支付令申请的时间，即为向人民法院起诉的时间。

第四百四十二条　债权人向人民法院申请执行支付令的期间，适用民事诉讼法第二百三十九条的规定。

第四百四十三条　人民法院院长发现本院已经发生法律效力的支付令确有错误，认为需要撤销的，应当提交本院审判委员会讨论决定后，裁定撤销支付令，驳回债权人的申请。

《劳动合同法》（2008 年 1 月 1 日起施行 2012 年 12 月 28 日修正）

第三十条 用人单位应当按照劳动合同约定和国家规定，向劳动者及时足额支付劳动报酬。

用人单位拖欠或者未足额支付劳动报酬的，劳动者可以依法向当地人民法院申请支付令，人民法院应当依法发出支付令。

【适用本案由需要注意的问题】

◆申请支付令案件，根据《最高人民法院关于适用〈中华人民共和国民事诉讼法〉的解释》第 23 条的规定，由债务人住所地的基层人民法院管辖。

◆债权人向人民法院提出支付令申请，必须提交申请书，其内容应包括：（1）债权人、债务人双方的姓名或名称等基本情况。（2）债权人要求债务人给付的金钱或有价证券的种类、数量。（3）债权人请求所依据的事实和证据。（4）债务人的财产状况和可供执行的财产。债权人向人民法院提交申请书的同时，应提交必要的证据材料，如证明债权债务关系存在的合同、收据等。

◆支付令失效后，申请支付令的一方当事人不同意提起诉讼的，应当自收到终结督促程序裁定之日起七日内向受理申请的人民法院提出，如未向受理申请的人民法院表明不同意提起诉讼的，视为向受理申请的人民法院起诉。申请支付令的一方当事人不同意提起诉讼的，不影响其向其他有管辖权的人民法院提起诉讼。

三十七、公示催告程序案件

389. 申请公示催告

【案由解析】

公示催告程序，是指在票据持有人之票据被盗、遗失或者灭失的情况下，人民法院根据当事人的申请，以公告的方式催告利害关系人在一定期间内申报权利，如果逾期无人申报，根据申请人的申请，依法作出除权判决的程序。

申请公示催告，是指人民法院根据票据持有人的申请，以公告的方法通知并催促不明确的利害关系人在规定的期间内申报权利，如果逾期不申报权利，则判决宣告其丧失某项民事权利的程序。

申请公示催告案件，是指人民法院根据票据持有人的申请，以公告的方法通知并催促不明确的利害关系人在规定的期间内申报权利，如果逾期不申报权利，则判决宣告其丧失某项民事权利的案件。

公示催告程序的主要特征有：（1）适用范围的限定性。公示催告程序仅适用于可以背书转让的票据被盗、遗失或者灭失的案件以及法律明确规定的可以申请公示催告的其他事项。（2）程序制度的非诉性。公示催告程序过程中，只有申请人而无被申请人，不存在利害关系对立的双方当事人。（3）申请人的特定性。公示催告程序的申请人，只能是票据的最后合法持有人，即票据被盗、遗失或丢失前的最后持票人。（4）审判组织和审理方式的独特性。公司催告程序分为两个阶段，分别由不同的审判组织来审理，即在公示催告阶段以及申请人逾期不申请除权判决的，可由一名审判员独任审理，但申请除权判决的，则应当由合议庭进行审理。公示催告以书面审查和公告的方式进行审理。

【常用法律条文及索引】

《民事诉讼法》（1991 年 4 月 9 日起施行　2017 年 6 月 27 日修正）

第二百一十八条　按照规定可以背书转让的票据持有人，因票据被盗、遗失或者灭失，可以向票据支付地的基层人民法院申请公示催告。依照法律规定可以申请公示催告的其他事项，适用本章规定。

申请人应当向人民法院递交申请书，写明票面金额、发票人、持票人、背书人等票据主要内容和申请的理由、事实。

第二百一十九条　人民法院决定受理申请，应当同时通知支付人停止支付，并在三日内发出公告，催促利害关系人申报权利。公示催告的期间，由人民法院根据情况决定，但不得少于六十日。

第二百二十条　支付人收到人民法院停止支付的通知，应当停止支付，至公示催告程序终结。

公示催告期间，转让票据权利的行为无效。

第二百二十一条　利害关系人应当在公示催告期间向人民法院申报。

人民法院收到利害关系人的申报后，应当裁定终结公示催告程序，并通知申请人和支付人。

申请人或者申报人可以向人民法院起诉。

第二百二十二条 没有人申报的，人民法院应当根据申请人的申请，作出判决，宣告票据无效。判决应当公告，并通知支付人。自判决公告之日起，申请人有权向支付人请求支付。

第二百二十三条 利害关系人因正当理由不能在判决前向人民法院申报的，自知道或者应当知道判决公告之日起一年内，可以向作出判决的人民法院起诉。

《最高人民法院关于适用〈中华人民共和国民事诉讼法〉的解释》（法释〔2015〕5号 2015年2月4日起施行）

第四百四十四条 民事诉讼法第二百一十八条规定的票据持有人，是指票据被盗、遗失或者灭失前的最后持有人。

第四百四十五条 人民法院收到公示催告的申请后，应当立即审查，并决定是否受理。经审查认为符合受理条件的，通知予以受理，并同时通知支付人停止支付；认为不符合受理条件的，七日内裁定驳回申请。

第四百四十六条 因票据丧失，申请公示催告的，人民法院应结合票据存根、丧失票据的复印件、出票人关于签发票据的证明、申请人合法取得票据的证明、银行挂失止付通知书、报案证明等证据，决定是否受理。

第四百四十七条 人民法院依照民事诉讼法第二百一十九条规定发出的受理申请的公告，应当写明下列内容：

（一）公示催告申请人的姓名或者名称；

（二）票据的种类、号码、票面金额、出票人、背书人、持票人、付款期限等事项以及其他可以申请公示催告的权利凭证的种类、号码、权利范围、权利人、义务人、行权日期等事项；

（三）申报权利的期间；

（四）在公示催告期间转让票据等权利凭证，利害关系人不申报的法律后果。

第四百四十八条 公告应当在有关报纸或者其他媒体上刊登，并于同日公布于人民法院公告栏内。人民法院所在地有证券交易所的，还应当同日在该交易所公布。

第四百四十九条 公告期间不得少于六十日，且公示催告期间届满日不得早于票据付款日后十五日。

第四百五十条 在申报期届满后、判决作出之前，利害关系人申报权利的，应当适用民事诉讼法第二百二十一条第二款、第三款规定处理。

第四百五十一条 利害关系人申报权利，人民法院应当通知其向法院出示票据，并通知公示催告申请人在指定的期间查看该票据。公示催告申请人申请公示催告的票据与利害关系人出示的票据不一致的，应当裁定驳回利害关系人的申报。

第四百五十二条 在申报权利的期间无人申报权利，或者申报被驳回的，申请人应当自公示催告期间届满之日起一个月内申请作出判决。逾期不申请判决的，终结公示催告程序。

裁定终结公示催告程序的，应当通知申请人和支付人。

第四百五十三条 判决公告之日起，公示催告申请人有权依据判决向付款人请求付款。

付款人拒绝付款，申请人向人民法院起诉，符合民事诉讼法第一百一十九条规定的起诉条件的，人民法院应予受理。

第四百五十四条 适用公示催告程序审理案件，可由审判员一人独任审理；判决宣告票据无效的，应当组成合议庭审理。

第四百五十五条 公示催告申请人撤回申请，应在公示催告前提出；公示催告期间申请撤回的，人民法院可以径行裁定终结公示催告程序。

第四百五十六条 人民法院依照民事诉讼法第二百二十条规定通知支付人停止支付，应当符合有关财产保全的规定。支付人收到停止支付通知后拒不止付的，除可依照民事诉讼法第一百一十一条、第一百一十四条规定采取强制措施外，在判决后，支付人仍应承担付款义务。

第四百五十七条 人民法院依照民事诉讼法第二百二十一条规定终结公示催告程序后，公示催告申请人或者申报人向人民法院提起诉讼，因票据权利纠纷提起的，由票据支付地或者被告住所地人民法院管辖；因非票据权利纠纷提起的，由被告住所地人民法院管辖。

第四百五十八条 依照民事诉讼法第二百二十一条规定制作的终结公示催告程序的裁定书，由审判员、书记员署名，加盖人民法院印章。

第四百五十九条 依照民事诉讼法第二百二十三条的规定，利害关系人向人民法院起诉的，人民法院可按票据纠纷适用普通程序审理。

第四百六十条 民事诉讼法第二百二十三条规定的正当理由，包括：

（一）因发生意外事件或者不可抗力致使利害关系人无法知道公告事实的；

（二）利害关系人因被限制人身自由而无法知道公告事实，或者虽然知道公告事实，但无法自己或者委托他人代为申报权利的；

（三）不属于法定申请公示催告情形的；

（四）未予公告或者未按法定方式公告的；

（五）其他导致利害关系人在判决作出前未能向人民法院申报权利的客观事由。

第四百六十一条 根据民事诉讼法第二百二十三条的规定，利害关系人请求人民法院撤销除权判决的，应当将申请人列为被告。

利害关系人仅诉请确认其为合法持票人的，人民法院应当在裁判文书中写明，确认利害关系人为票据权利人的判决作出后，除权判决即被撤销。

【适用本案由需要注意的问题】

◆根据《民事诉讼法》第25条的规定，因票据纠纷提起的诉讼，由票据支付地或者被告住所地人民法院管辖。

◆当事人申请公示催告，必须符合下列条件：（1）申请人必须是享有申请权的票据持有人。所谓票据持有人，是指可以背书转让的票据失票前记载的权利的最后合法持有人。（2）具有明确、合法的申请形式和理由。明确、合法的申请形式和理由的要求有：申请公示催告的票据必须是按规定可以背书转让的票据；申请人应当递交申请书，并写明票面金额、出票人、持票人、背书人等主要内容；申请公示催告的原因必须是可以背书转让的票据被盗、遗失或者灭失。（3）相对利害关系人是否存在处于不明确状态。公示催告程序属于非讼程序，不解决纠纷，在申请公示催告时如果明确存在相对利害关系人，这实际上是一种票据纠纷，只能通过普通审判程序解决，不能申请公示催告。（4）向有管辖权的人民法院申请，即向票据支付地或被告住所地基层人民法院管辖。所谓票据支付地，是指票据载明的票据付款人的住所地。（5）应当向法院提交书面申请。申请书中应当写明票面金额、发票人、持票人、背书人等票据主要内容和申请的理由、事实。

◆公示催告程序分为公示催告阶段和作出除权判决阶段。在公示催告阶段，法院对申请人的申请及证据材料进行审查并决定受理案件后，即应根据法律的规定发出公告，催促利害关系人申报权利。在除权判决阶段，公示催告期间届满，没有利害关系人申报权利的，公示催告申请人应当在申报权利期间届满的次日起1个月内申请法院作出判决，法院根据申请人的申请，作出判决，宣告票据无效。公示催告是法院作出除权判决的必经程序。

◆根据《最高人民法院关于适用〈中华人民共和国民事诉讼法〉的解释》第457条的规定，人民法院因利害关系人申报权利终结公示催告程序后，公示催告申请人或者申报人向人民法院提起诉讼的，因票据权利纠纷提起的，由票据支付地或者被告住所地人民法院管辖；因非票据权利纠纷提起的，由被告住所地人民法院管辖。

◆根据《最高人民法院关于适用〈中华人民共和国民事诉讼法〉的解释》第461条的规定，利害关系人因正当理由未在除权判决前申报权利的，自知道或应当知道判决公告之日起一年内，可以向作出判决的人民法院请求人民法院撤销除权判决，此时应当将申请人列为被告。利害关系人仅诉请确认其为合法持票人的，人民法院应当在裁判文书中写明，确认利害关系人为票据权利人的判决作出后，除权判决即被撤销。

三十八、申请诉前停止侵害知识产权案件

390. 申请诉前停止侵害专利权

【案由解析】

申请诉前停止侵害专利权，是指专利权人或者利害关系人在起诉前向人民法院申请采取责令停止侵害专利权行为的措施。

申请诉前停止侵害专利权的特点主要有：（1）只有专利权人或者利害关系人才可以在起诉前向人民法院提出申请。（2）申请人提出申请时，要提供申请书、申请人的权利证明、被申请人实施侵权行为的证据以及担保。

【常用法律条文及索引】

《专利法》（1985年4月1日起施行　2008年12月27日修正）

第六十六条　专利权人或者利害关系人有证据证明他人正在实施或者即将实施侵犯专利权的行为，如不及时制止将会使其合法权益受到难以弥补的

损害的，可以在起诉前向人民法院申请采取责令停止有关行为的措施。

申请人提出申请时，应当提供担保；不提供担保的，驳回申请。人民法院应当自接受申请之时起四十八小时内作出裁定；有特殊情况需要延长的，可以延长四十八小时。裁定责令停止有关行为的，应当立即执行。当事人对裁定不服的，可以申请复议一次；复议期间不停止裁定的执行。

申请人自人民法院采取责令停止有关行为的措施之日起十五日内不起诉的，人民法院应当解除该措施。

申请有错误的，申请人应当赔偿被申请人因停止有关行为所遭受的损失。

《最高人民法院关于对诉前停止侵犯专利权行为适用法律问题的若干规定》（法释〔2001〕20号　2001年7月1日起施行）

为切实保护专利权人和其他利害关系人的合法权益，根据《中华人民共和国民法通则》《中华人民共和国专利法》（以下简称专利法）、《中华人民共和国民事诉讼法》（以下简称民事诉讼法）的有关规定，现就有关诉前停止侵犯专利权行为适用法律若干问题规定如下：

第一条　根据专利法第六十一条的规定，专利权人或者利害关系人可以向人民法院提出诉前责令被申请人停止侵犯专利权行为的申请。

提出申请的利害关系人，包括专利实施许可合同的被许可人、专利财产权利的合法继承人等。专利实施许可合同被许可人中，独占实施许可合同的被许可人可以单独向人民法院提出申请；排他实施许可合同的被许可人在专利权人不申请的情况下，可以提出申请。

第二条　诉前责令停止侵犯专利权行为的申请，应当向有专利侵权案件管辖权的人民法院提出。

第三条　专利权人或者利害关系人向人民法院提出申请，应当递交书面申请状；申请状应当载明当事人及其基本情况、申请的具体内容、范围和理由等事项。申请的理由包括有关行为如不及时制止会使申请人合法权益受到难以弥补的损害的具体说明。

第四条　申请人提出申请时，应当提交下列证据：

（一）专利权人应当提交证明其专利权真实有效的文件，包括专利证书、权利要求书、说明书、专利年费交纳凭证。提出的申请涉及实用新型专利的，申请人应当提交国务院专利行政部门出具的检索报告。

（二）利害关系人应当提供有关专利实施许可合同及其在国务院专利行

政部门备案的证明材料，未经备案的应当提交专利权人的证明，或者证明其享有权利的其他证据。

排他实施许可合同的被许可人单独提出申请的，应当提交专利权人放弃申请的证明材料。

专利财产权利的继承人应当提交已经继承或者正在继承的证据材料。

（三）提交证明被申请人正在实施或者即将实施侵犯其专利权的行为的证据，包括被控侵权产品以及专利技术与被控侵权产品技术特征对比材料等。

第五条　人民法院作出诉前停止侵犯专利权行为的裁定事项，应当限于专利权人或者利害关系人申请的范围。

第六条　申请人提出申请时应当提供担保，申请人不提供担保的，驳回申请。

当事人提供保证、抵押等形式的担保合理、有效的，人民法院应当准予。

人民法院确定担保范围时，应当考虑责令停止有关行为所涉及产品的销售收入，以及合理的仓储、保管等费用；被申请人停止有关行为可能造成的损失，以及人员工资等合理费用支出；其他因素。

第七条　在执行停止有关行为裁定过程中，被申请人可能因采取该项措施造成更大损失的，人民法院可以责令申请人追加相应的担保。申请人不追加担保的，解除有关停止措施。

第八条　停止侵犯专利权行为裁定所采取的措施，不因被申请人提出反担保而解除。

第九条　人民法院接受专利权人或者利害关系人提出责令停止侵犯专利权行为的申请后，经审查符合本规定第四条的，应当在四十八小时内作出书面裁定；裁定责令被申请人停止侵犯专利权行为的，应当立即开始执行。

人民法院在前述期限内，需要对有关事实进行核对的，可以传唤单方或双方当事人进行询问，然后再及时作出裁定。

人民法院作出诉前责令被申请人停止有关行为的裁定，应当及时通知被申请人，至迟不得超过五日。

第十条　当事人对裁定不服的，可以在收到裁定之日起十日内申请复议一次。复议期间不停止裁定的执行。第十一条人民法院对当事人提出的复议申请应当从以下方面进行审查：

（一）被申请人正在实施或即将实施的行为是否构成侵犯专利权；

（二）不采取有关措施，是否会给申请人合法权益造成难以弥补的损害；

（三）申请人提供担保的情况；

（四）责令被申请人停止有关行为是否损害社会公共利益。

第十二条 专利权人或者利害关系人在人民法院采取停止有关行为的措施后十五日内不起诉的，人民法院解除裁定采取的措施。

第十三条 申请人不起诉或者申请错误造成被申请人损失，被申请人可以向有管辖权的人民法院起诉请求申请人赔偿，也可以在专利权人或者利害关系人提起的专利权侵权诉讼中提出损害赔偿的请求，人民法院可以一并处理。

第十四条 停止侵犯专利权行为裁定的效力，一般应维持到终审法律文书生效时止。人民法院也可以根据案情，确定具体期限；期限届满时，根据当事人的请求仍可作出继续停止有关行为的裁定。

第十五条 被申请人违反人民法院责令停止有关行为裁定的，依照民事诉讼法第一百零二条规定处理。

第十六条 人民法院执行诉前停止侵犯专利权行为的措施时，可以根据当事人的申请，参照民事诉讼法第七十四条的规定，同时进行证据保全。

人民法院可以根据当事人的申请，依照民事诉讼法第九十二条、第九十三条的规定进行财产保全。

第十七条 专利权人或者利害关系人向人民法院提起专利侵权诉讼时，同时提出先行停止侵犯专利权行为请求的，人民法院可以先行作出裁定。

第十八条 诉前停止侵犯专利权行为的案件，申请人应当按照《人民法院诉讼收费办法》及其补充规定交纳费用。

【适用本案由需要注意的问题】

◆申请诉前停止侵害专利权的案件，应由有专利侵权案件管辖权的人民法院专属管辖。

391. 申请诉前停止侵害注册商标专用权

【案由解析】

申请诉前停止侵害注册商标专用权，是指商标注册人或者利害关系人在起诉前向人民法院申请采取责令停止侵害注册商标专用权行为的措施。

申请诉前停止侵害注册商标专用权的特点主要有：(1) 只有商标注册人或者利害关系人才可以在起诉前向人民法院提出申请。(2) 申请人提出申请时，要提供申请书、申请人的权利证明、被申请人实施侵权行为的证据以及担保。(3) 当事人对诉前责令停止侵犯注册商标专用权行为裁定不服的，可以在收到裁定之日起10日内申请复议一次。复议期间不停止裁定的执行。

【常用法律条文及索引】

《商标法》（1983年3月1日起施行　2013年8月30日修正）

第五十七条　有下列行为之一的，均属侵犯注册商标专用权：

（一）未经商标注册人的许可，在同一种商品上使用与其注册商标相同的商标的；

（二）未经商标注册人的许可，在同一种商品上使用与其注册商标近似的商标，或者在类似商品上使用与其注册商标相同或者近似的商标，容易导致混淆的；

（三）销售侵犯注册商标专用权的商品的；

（四）伪造、擅自制造他人注册商标标识或者销售伪造、擅自制造的注册商标标识的；

（五）未经商标注册人同意，更换其注册商标并将该更换商标的商品又投入市场的；

（六）故意为侵犯他人商标专用权行为提供便利条件，帮助他人实施侵犯商标专用权行为的；

（七）给他人的注册商标专用权造成其他损害的。

《最高人民法院关于诉前停止侵犯注册商标专用权行为和保全证据适用法律问题的解释》（法释〔2002〕2号　2002年1月22日起施行）

为切实保护商标注册人和利害关系人的合法权益，根据《中华人民共和国民法通则》《中华人民共和国商标法》（以下简称商标法）、《中华人民共和国民事诉讼法》（1991年4月9日起施行2012年8月31日修订）（以下简称民事诉讼法）的有关规定，现就有关诉前停止侵犯注册商标专用权行为和保全证据适用法律问题解释如下：

第一条　根据商标法第五十七条、第五十八条的规定，商标注册人或者利害关系人可以向人民法院提出诉前责令停止侵犯注册商标专用权行为或者保全证据的申请。

提出申请的利害关系人，包括商标使用许可合同的被许可人、注册商标财产权利的合法继承人。注册商标使用许可合同被许可人中，独占使用许可合同的被许可人可以单独向人民法院提出申请；排他使用许可合同的被许可人在商标注册人不申请的情况下，可以提出申请。

第二条 诉前责令停止侵犯注册商标专用权行为或者保全证据的申请，应当向侵权行为地或者被申请人住所地对商标案件有管辖权的人民法院提出。

第三条 商标注册人或者利害关系人向人民法院提出诉前停止侵犯注册商标专用权行为的申请，应当递交书面申请状。申请状应当载明：（一）当事人及其基本情况；（二）申请的具体内容、范围；（三）申请的理由，包括有关行为如不及时制止，将会使商标注册人或者利害关系人的合法权益受到难以弥补的损害的具体说明。

商标注册人或者利害关系人向人民法院提出诉前保全证据的申请，应当递交书面申请状。申请状应当载明：（一）当事人及其基本情况；（二）申请保全证据的具体内容、范围、所在地点；（三）请求保全的证据能够证明的对象；（四）申请的理由，包括证据可能灭失或者以后难以取得，且当事人及其诉讼代理人因客观原因不能自行收集的具体说明。

第四条 申请人提出诉前停止侵犯注册商标专用权行为的申请时，应当提交下列证据：

（一）商标注册人应当提交商标注册证，利害关系人应当提交商标使用许可合同、在商标局备案的材料及商标注册证复印件；排他使用许可合同的被许可人单独提出申请的，应当提交商标注册人放弃申请的证据材料；注册商标财产权利的继承人应当提交已经继承或者正在继承的证据材料。

（二）证明被申请人正在实施或者即将实施侵犯注册商标专用权的行为的证据，包括被控侵权商品。

第五条 人民法院作出诉前停止侵犯注册商标专用权行为或者保全证据的裁定事项，应当限于商标注册人或者利害关系人申请的范围。

第六条 申请人提出诉前停止侵犯注册商标专用权行为的申请时应当提供担保。

申请人申请诉前保全证据可能涉及被申请人财产损失的，人民法院可以责令申请人提供相应的担保。

申请人提供保证、抵押等形式的担保合理、有效的，人民法院应当准许。

申请人不提供担保的，驳回申请。

人民法院确定担保的范围时，应当考虑责令停止有关行为所涉及的商品销售收益，以及合理的仓储、保管等费用，停止有关行为可能造成的合理损失等。

第七条　在执行停止有关行为裁定过程中，被申请人可能因采取该项措施造成更大损失的，人民法院可以责令申请人追加相应的担保。申请人不追加担保的，可以解除有关停止措施。

第八条　停止侵犯注册商标专用权行为裁定所采取的措施，不因被申请人提供担保而解除，但申请人同意的除外。

第九条　人民法院接受商标注册人或者利害关系人提出责令停止侵犯注册商标专用权行为的申请后，经审查符合本规定第四条的，应当在四十八小时内作出书面裁定；裁定责令被申请人停止侵犯注册商标专用权行为的，应当立即开始执行。

人民法院作出诉前责令停止有关行为的裁定，应当及时通知被申请人，至迟不得超过五日。

第十条　当事人对诉前责令停止侵犯注册商标专用权行为裁定不服的，可以在收到裁定之日起十日内申请复议一次。复议期间不停止裁定的执行。

第十一条　人民法院对当事人提出的复议申请应当从以下方面进行审查：

（一）被申请人正在实施或者即将实施的行为是否侵犯注册商标专用权；

（二）不采取有关措施，是否会给申请人合法权益造成难以弥补的损害；

（三）申请人提供担保的情况；

（四）责令被申请人停止有关行为是否损害社会公共利益。第十二条商标注册人或者利害关系人在人民法院采取停止有关行为或者保全证据的措施后十五日内不起诉的，人民法院应当解除裁定采取的措施。

第十三条　申请人不起诉或者申请错误造成被申请人损失的，被申请人可以向有管辖权的人民法院起诉请求申请人赔偿，也可以在商标注册人或者利害关系人提起的侵犯注册商标专用权的诉讼中提出损害赔偿请求，人民法院可以一并处理。

第十四条　停止侵犯注册商标专用权行为裁定的效力，一般应维持到终审法律文书生效时止。

人民法院也可以根据案情，确定停止有关行为的具体期限；期限届满时，根据当事人的请求及追加担保的情况，可以作出继续停止有关行为的裁定。

第十五条 被申请人违反人民法院责令停止侵犯注册商标专用权行为或者保全证据裁定的，依照民事诉讼法第一百零二条规定处理。

第十六条 商标注册人或者利害关系人向人民法院提起商标侵权诉讼时或者诉讼中，提出先行停止侵犯注册商标专用权请求的，人民法院可以先行作出裁定。前款规定涉及的有关申请、证据提交、担保的确定、裁定的执行和复议等事项，参照本司法解释有关规定办理。

第十七条 诉前停止侵犯注册商标专用权行为和保全证据的案件，申请人应当按照《人民法院诉讼收费办法》及其补充规定缴纳费用。

【适用本案由需要注意的问题】

◆对于诉前停止侵害注册商标专用权的案件，应当由侵权行为地或者被申请人住所地对商标案件有管辖权的人民法院管辖。

392. 申请诉前停止侵害著作权

【案由解析】

申请诉前停止侵害著作权，是指著作权人或者与著作权有关的权利人及其利害关系人在起诉前，向人民法院申请采取责令停止侵害著作权行为或责令停止侵害邻接权行为的措施。

申请诉前停止侵害著作权的特征主要有：（1）只有著作权人、利害关系人或者邻接权人才可以在起诉前向人民法院提出该申请。（2）申请人提出申请时，要提供申请书、申请人的权利证明、被申请人实施侵权行为的证据以及担保。

【常用法律条文及索引】

《**著作权法**》（1991年6月1日起施行 2010年2月26日修正）

第五十条 著作权人或者与著作权有关的权利人有证据证明他人正在实

施或者即将实施侵犯其权利的行为，如不及时制止将会使其合法权益受到难以弥补的损害的，可以在起诉前向人民法院申请采取责令停止有关行为和财产保全的措施。

人民法院处理前款申请，适用《中华人民共和国民事诉讼法》第九十三条至第九十六条和第九十九条的规定。

《计算机软件保护条例》（2002 年 1 月 1 日起施行　2013 年 1 月 30 日修订）

第二十六条　软件著作权人有证据证明他人正在实施或者即将实施侵犯其权利的行为，如不及时制止，将会使其合法权益受到难以弥补的损害的，可以依照《中华人民共和国著作权法》第五十条的规定，在提起诉讼前向人民法院申请采取责令停止有关行为和财产保全的措施。

《最高人民法院关于审理著作权民事纠纷案件适用法律若干问题的解释》（法释〔2002〕31 号　2002 年 10 月 15 日起施行）

第三十条　对 2001 年 10 月 27 日前发生的侵犯著作权行为，当事人于 2001 年 10 月 27 日后向人民法院提出申请采取责令停止侵权行为或者证据保全措施的，适用著作权法第四十九条、第五十条的规定。

人民法院采取诉前措施，参照《最高人民法院关于诉前停止侵犯注册商标专用权行为和保全证据适用法律问题的解释》的规定办理。

【适用本案由需要注意的问题】

◆对于申请诉前停止侵害著作权的案件，应当由侵权行为地或者被申请人住所地对著作权案件有管辖权的人民法院管辖。

393. 申请诉前停止侵害植物新品种权

【案由解析】

申请诉前停止侵害植物新品种权，是指植物新品种权人或者利害关系人在起诉前向人民法院申请采取责令停止侵害植物新品种权行为的措施。

申请诉前停止侵害植物新品种权的特征主要有：（1）只有植物新品种权人或利害关系人才可以在起诉前向人民法院提出该申请。（2）申请人提出申请时，要提供申请书、申请人的权利证明、被申请人实施侵权行为的证据以及担保。

【常用法律条文及索引】

《最高人民法院关于审理侵犯植物新品种权纠纷案件具体应用法律问题的若干规定》（法释〔2007〕1号　2007年2月1日起施行）

第五条　品种权人或者利害关系人向人民法院提起侵犯植物新品种权诉讼时，同时提出先行停止侵犯植物新品种权行为或者证据保全请求的，人民法院经审查可以先行作出裁定。

人民法院进行证据保全措施时，可以根据案件具体情况，邀请有关专业技术人员按照相应的技术规程协助取证。

【适用本案由需要注意的问题】

◆对于申请诉前停止侵害植物新品种权的案件，应当由侵权行为地或者被申请人住所地对植物新品种权案件有管辖权的人民法院管辖。

三十九、申请保全案件

394. 申请诉前财产保全

【案由解析】

申请诉前财产保全，是指在起诉前，利害关系人的合法权益面临紧急情况，需要采取保护性的临时措施，使其合法权益免受难以弥补的损害，人民法院根据利害关系人的申请对被申请人的财产采取的强制性措施。

申请诉前财产保全的条件主要有：（1）必须是情况紧急，不立即采取保全措施，将会使申请人的合法权益受到难以弥补的损害。（2）必须由利害关系人提出保全财产的申请。“利害关系人”指与被申请一方存在民事权益争议的人。没有申请诉前财产保全的，人民法院不能依职权主动进行。（3）申请人必须提供担保。这与诉讼财产保全不同，诉讼财产保全不是必须提供担保，只有在人民法院责令提供担保的时候，提供担保才成为必要条件，而且这种担保必须与所保全的财产相适应，不能小于所保全的财产。申请人不提供担保的，应当驳回申请。

【常用法律条文及索引】

《民事诉讼法》（1991 年 4 月 9 日起施行　2017 年 6 月 27 日修正）

第一百条　人民法院对于可能因当事人一方的行为或者其他原因，使判决难以执行或者造成当事人其他损害的案件，根据对方当事人的申请，可以裁定对其财产进行保全、责令其作出一定行为或者禁止其作出一定行为；当事人没有提出申请的，人民法院在必要时也可以裁定采取保全措施。

人民法院采取保全措施，可以责令申请人提供担保，申请人不提供担保的，裁定驳回申请。

人民法院接受申请后，对情况紧急的，必须在四十八小时内作出裁定；裁定采取保全措施的，应当立即开始执行。

第一百零一条　利害关系人因情况紧急，不立即申请保全将会使其合法权益受到难以弥补的损害的，可以在提起诉讼或者申请仲裁前向被保全财产所在地、被申请人住所地或者对案件有管辖权的人民法院申请采取保全措施。申请人应当提供担保，不提供担保的，裁定驳回申请。

人民法院接受申请后，必须在四十八小时内作出裁定；裁定采取保全措施的，应当立即开始执行。

申请人在人民法院采取保全措施后三十日内不依法提起诉讼或者申请仲裁的，人民法院应当解除保全。

第一百零二条　保全限于请求的范围，或者与本案有关的财物。

第一百零三条　财产保全采取查封、扣押、冻结或者法律规定的其他方法。人民法院保全财产后，应当立即通知被保全财产的人。

财产已被查封、冻结的，不得重复查封、冻结。

第一百零四条　财产纠纷案件，被申请人提供担保的，人民法院应当裁定解除保全。

第一百零五条　申请有错误的，申请人应当赔偿被申请人因保全所遭受的损失。

第一百零八条　当事人对保全或者先予执行的裁定不服的，可以申请复议一次。复议期间不停止裁定的执行。

第二百七十一条　涉外经济贸易、运输和海事中发生的纠纷，当事人在合同中订有仲裁条款或者事后达成书面仲裁协议，提交中华人民共和国涉外仲裁机构或者其他仲裁机构仲裁的，当事人不得向人民法院起诉。

当事人在合同中没有订有仲裁条款或者事后没有达成书面仲裁协议的，可以向人民法院起诉。

第二百七十二条 当事人申请采取保全的，中华人民共和国的涉外仲裁机构应当将当事人的申请，提交被申请人住所地或者财产所在地的中级人民法院裁定。

《最高人民法院关于适用〈中华人民共和国民事诉讼法〉的解释》（法释〔2015〕5号 2015年2月4日起施行）

第一百五十二条 人民法院依照民事诉讼法第一百条、第一百零一条规定，在采取诉前保全、诉讼保全措施时，责令利害关系人或者当事人提供担保的，应当书面通知。

利害关系人申请诉前保全的，应当提供担保。申请诉前财产保全的，应当提供相当于请求保全数额的担保；情况特殊的，人民法院可以酌情处理。申请诉前行为保全的，担保的数额由人民法院根据案件的具体情况决定。

在诉讼中，人民法院依申请或者依职权采取保全措施的，应当根据案件的具体情况，决定当事人是否应当提供担保以及担保的数额。

第一百五十三条 人民法院对季节性商品、鲜活、易腐烂变质以及其他不宜长期保存的物品采取保全措施时，可以责令当事人及时处理，由人民法院保存价款；必要时，人民法院可予以变卖，保存价款。

第一百五十四条 人民法院在财产保全中采取查封、扣押、冻结财产措施时，应当妥善保管被查封、扣押、冻结的财产。不宜由人民法院保管的，人民法院可以指定被保全人负责保管；不宜由被保全人保管的，可以委托他人或者申请保全人保管。

查封、扣押、冻结担保物权人占有的担保财产，一般由担保物权人保管；由人民法院保管的，质权、留置权不因采取保全措施而消灭。

第一百五十五条 由人民法院指定被保全人保管的财产，如果继续使用对该财产的价值无重大影响，可以允许被保全人继续使用；由人民法院保管或者委托他人、申请保全人保管的财产，人民法院和其他保管人不得使用。

第一百五十六条 人民法院采取财产保全的方法和措施，依照执行程序相关规定办理。

第一百五十七条 人民法院对抵押物、质押物、留置物可以采取财产保全措施，但不影响抵押权人、质权人、留置权人的优先受偿权。

第一百五十八条 人民法院对债务人到期应得的收益，可以采取财产保全措施，限制其支取，通知有关单位协助执行。

第一百五十九条 债务人的财产不能满足保全请求，但对他人有到期债权的，人民法院可以依债权人的申请裁定该他人不得对本案债务人清偿。该他人要求偿付的，由人民法院提存财物或者价款。

第一百六十条 当事人向采取诉前保全措施以外的其他有管辖权的人民法院起诉的，采取诉前保全措施的人民法院应当将保全手续移送受理案件的人民法院。诉前保全的裁定视为受移送人民法院作出的裁定。

第一百六十一条 对当事人不服一审判决提起上诉的案件，在第二审人民法院接到报送的案件之前，当事人有转移、隐匿、出卖或者毁损财产等行为，必须采取保全措施的，由第一审人民法院依当事人申请或者依职权采取。第一审人民法院的保全裁定，应当及时报送第二审人民法院。

第一百六十二条 第二审人民法院裁定对第一审人民法院采取的保全措施予以续保或者采取新的保全措施的，可以自行实施，也可以委托第一审人民法院实施。

再审人民法院裁定对原保全措施予以续保或者采取新的保全措施的，可以自行实施，也可以委托原审人民法院或者执行法院实施。

第一百六十三条 法律文书生效后，进入执行程序前，债权人因对方当事人转移财产等紧急情况，不申请保全将可能导致生效法律文书不能执行或者难以执行的，可以向执行法院申请采取保全措施。债权人在法律文书指定的履行期间届满后五日内不申请执行的，人民法院应当解除保全。

第一百六十四条 对申请保全人或者他人提供的担保财产，人民法院应当依法办理查封、扣押、冻结等手续。

第一百六十五条 人民法院裁定采取保全措施后，除作出保全裁定的人民法院自行解除或者其上级人民法院决定解除外，在保全期限内，任何单位不得解除保全措施。

第一百六十六条 裁定采取保全措施后，有下列情形之一的，人民法院应当作出解除保全裁定：

（一）保全错误的；

（二）申请人撤回保全申请的；

（三）申请人的起诉或者诉讼请求被生效裁判驳回的；

（四）人民法院认为应当解除保全的其他情形。

解除以登记方式实施的保全措施的，应当向登记机关发出协助执行通知书。

第一百六十七条 财产保全的被保全人提供其他等值担保财产且有利于执行的，人民法院可以裁定变更保全标的物为被保全人提供的担保财产。

第一百六十八条 保全裁定未经人民法院依法撤销或者解除，进入执行程序后，自动转为执行中的查封、扣押、冻结措施，期限连续计算，执行法院无需重新制作裁定书，但查封、扣押、冻结期限届满的除外。

第五百四十二条 依照民事诉讼法第二百七十二条规定，中华人民共和国涉外仲裁机构将当事人的保全申请提交人民法院裁定的，人民法院可以进行审查，裁定是否进行保全。裁定保全的，应当责令申请人提供担保，申请人不提供担保的，裁定驳回申请。

当事人申请证据保全，人民法院经审查认为无需提供担保的，申请人可以不提供担保。

【适用本案由需要注意的问题】

◆对于申请诉前财产保全案件的管辖，当事人应当向被保全财产所在地、被申请人住所地或者对案件有管辖权的人民法院申请。

395. 申请诉中财产保全

【案由解析】

申请诉中财产保全，是指人民法院从立案开始到作出判决之日起对于可能因一方当事人行为或者其他原因，使将来法律文书不能执行或难以执行的情况，根据另一方当事人的申请或者依职权作出裁定，对一方当事人的财产或者诉讼标的物采取强制措施，限制其处分的一种法律行为和法律制度。当事人在诉讼中向法院提出财产保全时，也要符合一定的条件，法院才能采取财产保全，申请诉中财产保全的条件主要有：（1）当事人一方的行为或者其他原因，有可能使判决不能执行或难以执行。（2）诉讼保全的案件应当具有给付内容，比如给付一定的金钱、给付某一物品。（3）财产保全主要根据当事人的申请而采取，但当事人没有提出申请的，人民法院在必要时也可以依职权裁定采取诉讼保全措施。（4）必须向受诉人民法院提出，不得向非受诉人民法院申请受诉财产保全。

【常用法律条文及索引】

参见本书案由“394. 申请诉前财产保全”中“常用法律条文及索引”部分。

【适用本案有需要注意的问题】

◆对于申请诉中财产保全案件，由正在审理该案件的人民法院管辖。

396. 申请诉前证据保全

【案由解析】

申请诉前证据保全，是指在证据有可能灭失或以后难以取得的情况下，利害关系人及其委托的代理人请求人民法院保全证据，对证据加以固定和保全的制度。

申请诉前证据保全的适用条件主要有：（1）诉前证据保全的申请人必须而且只能是利害关系人或其有权代理人，否则无权申请诉前证据保全。（2）确实有申请保全的必要。即若不及时加以提取、固定、保存备用，就可能因物理或者化学变化甚至人为原因遭到毁损，一旦灭失将无法恢复，无法再现或者是提取困难，如证人即将出国，如果不及时取证，将来再获取将会增加很大的难度，又或者是一旦诉讼发生后证人证言可能因各种因素发生变化，无法真实反映案件事实。（3）申请人在申请诉前证据保全时应提供初步证据以证明保全的必要。

【常用法律条文及索引】

《民事诉讼法》（1991年4月9日起施行　2017年6月27日修正）

第八十一条　在证据可能灭失或者以后难以取得的情况下，当事人可以在诉讼过程中向人民法院申请保全证据，人民法院也可以主动采取保全措施。

因情况紧急，在证据可能灭失或者以后难以取得的情况下，利害关系人可以在提起诉讼或者申请仲裁前向证据所在地、被申请人住所地或者对案件有管辖权的人民法院申请保全证据。

证据保全的其他程序，参照适用本法第九章保全的有关规定。

《著作权法》（1991 年 6 月 1 日起施行　2010 年 2 月 26 日修正）

第五十二条　人民法院审理案件，对于侵犯著作权或者与著作权有关的权利的，可以没收违法所得、侵权复制品以及进行违法活动的财物。

《计算机软件保护条例》（2002 年 1 月 1 日起施行　2013 年 1 月 30 日修订）

第二十七条　为了制止侵权行为，在证据可能灭失或者以后难以取得的情况下，软件著作权人可以依照《中华人民共和国著作权法》第五十一条的规定，在提起诉讼前向人民法院申请保全证据。

《最高人民法院关于诉前停止侵犯注册商标专用权行为和保全证据适用法律问题的解释》（法释〔2002〕2 号　2002 年 1 月 22 日起施行）

第一条　根据商标法第五十七条、第五十八条的规定，商标注册人或者利害关系人可以向人民法院提出诉前责令停止侵犯注册商标专用权行为或者保全证据的申请。

提出申请的利害关系人，包括商标使用许可合同的被许可人、注册商标财产权利的合法继承人。注册商标使用许可合同被许可人中，独占使用许可合同的被许可人可以单独向人民法院提出申请；排他使用许可合同的被许可人在商标注册人不申请的情况下，可以提出申请。

《最高人民法院关于审理著作权民事纠纷案件适用法律若干问题的解释》（法释〔2002〕31 号　2002 年 10 月 15 日起施行）

第三十条　对 2001 年 10 月 27 日前发生的侵犯著作权行为，当事人于 2001 年 10 月 27 日后向人民法院提出申请采取责令停止侵权行为或者证据保全措施的，适用著作权法第四十九条、第五十条的规定。

人民法院采取诉前措施，参照《最高人民法院关于诉前停止侵犯注册商标专用权行为和保全证据适用法律问题的解释》的规定办理。

《最高人民法院关于对诉前停止侵犯专利权行为适用法律问题的若干规定》（法释〔2001〕20 号　2001 年 7 月 1 日起施行）

第十六条　人民法院执行诉前停止侵犯专利权行为的措施时，可以根据当事人的申请，参照民事诉讼法第七十四条的规定，同时进行证据保全。

人民法院可以根据当事人的申请，依照民事诉讼法第九十二条、第九十三条的规定进行财产保全。

《最高人民法院关于审理侵犯植物新品种权纠纷案件具体应用法律问题的若干规定》（法释〔2007〕1号　2007年2月1日起施行）

第五条　品种权人或者利害关系人向人民法院提起侵犯植物新品种权诉讼时，同时提出先行停止侵犯植物新品种权行为或者保全证据请求的，人民法院经审查可以先行作出裁定。

人民法院采取证据保全措施时，可以根据案件具体情况，邀请有关专业技术人员按照相应的技术规程协助取证。

《最高人民法院关于适用〈中华人民共和国民事诉讼法〉的解释》（法释〔2015〕5号　2015年2月4日起施行）

第九十八条　当事人根据民事诉讼法第八十一条第一款规定申请证据保全的，可以在举证期限届满前书面提出。

证据保全可能对他人造成损失的，人民法院应当责令申请人提供相应的担保。

【适用本案由需要注意的问题】

◆申请诉前证据保全案件，根据《中华人民共和国民事诉讼法》第81条第2款的规定，利害关系人可以在提起诉讼前向证据所在地、被申请人住所地或者对案件有管辖权的人民法院申请保全证据。

397. 申请诉中证据保全

【案由解析】

申请诉中证据保全，是指人民法院在受理案件之后、作出判决之前，遇到证据有可能灭失或以后难以取得的情况，根据诉讼参加人的请求或法院依职权采取措施，对证据予以固定、提取和保存的措施。

申请诉中证据保全的条件有：（1）诉中证据保全的申请人可以是利害关系人或其有权代理人，也可以是法院依职权采取措施。（2）证据有灭失或难以取得的可能。（3）待保全的事实材料应当与案件所涉及的法律关系有关，即应当是能够证明案件有关事实的材料。

【常用法律条文及索引】

《民事诉讼法》（1991 年 4 月 9 日起施行 2017 年 6 月 27 日修正）

第八十一条 在证据可能灭失或者以后难以取得的情况下，当事人可以在诉讼过程中向人民法院申请保全证据，人民法院也可以主动采取保全措施。

因情况紧急，在证据可能灭失或者以后难以取得的情况下，利害关系人可以在提起诉讼或者申请仲裁前向证据所在地、被申请人住所地或者对案件有管辖权的人民法院申请保全证据。

证据保全的其他程序，参照适用本法第九章保全的有关规定。

《最高人民法院关于民事诉讼证据的若干规定》（法释〔2001〕33 号 2002 年 4 月 1 日起施行）

第二十三条 当事人依据《民事诉讼法》第七十四条的规定向人民法院申请保全证据，不得迟于举证期限届满前七日。

当事人申请保全证据的，人民法院可以要求其提供相应的担保。

法律、司法解释规定诉前保全证据的，依照其规定办理。

第二十四条 人民法院进行证据保全可以根据具体情况，采取查封、扣押、拍照、录音、录像、复制、鉴定、勘验、制作笔录等方法。

人民法院进行证据保全，可以要求当事人或者诉讼代理人到场。

【适用本案由需要注意的问题】

◆申请诉中证据保全的管辖，由正在审理该案件的人民法院管辖。

398. 仲裁程序中的财产保全

【案由解析】

仲裁程序中的财产保全，指财产权益纠纷申请仲裁后，仲裁庭作出裁决前，因某种原因可能发生财产的转移、消耗、毁损、灭失或变质、腐烂等情况，经一方当事人申请保全，仲裁委员会将当事人申请依照《民事诉讼法》的有关规定转交人民法院，请求人民法院采取的某种强制措施。我国《仲裁法》第 28 条第 1 款规定：“一方当事人因另一方当事人的行为或者其他原因，可能使裁决不能执行或者难以执行的，可以申请财产保全。”

仲裁程序中的财产保全的特点主要有：（1）具有临时性和强制性。财产一经保全，当事人在一段时间内，就无权使用、处分。只有在被申请人提供足够的担保后，或者案件仲裁结束，裁决已执行完毕，保全措施才能解除。（2）保全的财产范围，仅限于申请人请求的范围，与本仲裁案件或者将来要仲裁的案件有关的财产。与本仲裁案件无关的财产不能采取保全措施。被采取保全的财产的价值，不能超过也不能太小于仲裁请求的范围，超过仲裁请求的范围，就会给被申请保全人的合法权益带来损失，是法律不允许的；保全的财产价值过于小于仲裁请求的范围，不利于将来裁决的执行，不利于维护申请人的合法权利。（3）保全的对象只能是有形的财产，而不能是人身权利。

仲裁程序中的财产保全的条件主要有：（1）申请财产保全的争议案件应当是具有财产给付内容的案件。（2）申请财产保全须具有法定的事实和理由。根据我国《仲裁法》规定，只有出现因一方当事人的行为或者其他原因，如当事人隐匿、转移、毁损、变卖财物，以逃避所应承担的实体义务以及争议的标的物系鲜活物品或者季节性很强的物品等，可能使仲裁裁决不能执行或难以执行时才可以申请财产保全。（3）财产保全申请须在一定期间内提出。一般应当在争议案件受理后，仲裁庭作出仲裁裁决之前提出。（4）财产保全申请应当向受理争议案件的仲裁委员会提出，而不得直接向有关的人民法院提出。

【常用法律条文及索引】

《仲裁法》（1995 年 9 月 1 日起施行　2009 年 8 月 27 日修正）

第二十八条　一方当事人因另一方当事人的行为或者其他原因，可能使裁决不能执行或者难以执行的，可以申请财产保全。

当事人申请财产保全的，仲裁委员会应当将当事人的申请依照民事诉讼法的有关规定提交人民法院。申请有错误的，申请人应当赔偿被申请人因财产保全所遭受的损失。

《民事诉讼法》（1991 年 4 月 9 日起施行　2017 年 6 月 27 日修正）

第一百条至第一百零八条　请参见本书案由“394. 申请诉前财产保全”相关部分。

第二百七十一条　涉外经济贸易、运输和海事中发生的纠纷，当事人在合同中订有仲裁条款或者事后达成书面仲裁协议，提交中华人民共和国涉外仲裁机构或者其他仲裁机构仲裁的，当事人不得向人民法院起诉。

当事人在合同中没有订有仲裁条款或者事后没有达成书面仲裁协议的，可以向人民法院起诉。

第二百七十二条 当事人申请采取保全的，中华人民共和国的涉外仲裁机构应当将当事人的申请，提交被申请人住所地或者财产所在地的中级人民法院裁定。

第二百七十三条 经中华人民共和国涉外仲裁机构裁决的，当事人不得向人民法院起诉。一方当事人不履行仲裁裁决的，对方当事人可以向被申请人住所地或者财产所在地的中级人民法院申请执行。

第二百七十四条 对中华人民共和国涉外仲裁机构作出的裁决，被申请人提出证据证明仲裁裁决有下列情形之一的，经人民法院组成合议庭审查核实，裁定不予执行：

（一）当事人在合同中没有订有仲裁条款或者事后没有达成书面仲裁协议的；

（二）被申请人没有得到指定仲裁员或者进行仲裁程序的通知，或者由于其他不属于被申请人负责的原因未能陈述意见的；

（三）仲裁庭的组成或者仲裁的程序与仲裁规则不符的；

（四）裁决的事项不属于仲裁协议的范围或者仲裁机构无权仲裁的。

人民法院认定执行该裁决违背社会公共利益的，裁定不予执行。

【适用本案有需要注意的问题】

◆仲裁程序中的财产保全分为两种：一是国内仲裁机构的财产保全；二是涉外仲裁机构的财产保全。

对于国内仲裁机构的财产保全管辖问题，我国法律及相关司法解释暂时还没有明确规定，我们认为，国内仲裁程序中的财产保全参照涉外仲裁机构的财产保全管辖规定，即由被申请人住所地或者财产所在地的基层人民法院管辖比较合理。

对于涉外仲裁机构的财产保全管辖问题，根据《民事诉讼法》的规定，中华人民共和国的涉外仲裁机构应当将当事人的申请，提交被申请人住所地或者财产所在地的中级人民法院裁定。

399. 仲裁程序中的证据保全

【案由解析】

仲裁程序中的证据保全，是指根据仲裁当事人的申请，在证据可能灭失或以后难以取得的情况下，由人民法院对证据及时采取保护措施，以保存证据证明力的活动。

申请仲裁程序中的证据保全的特点主要有：（1）申请仲裁证据保全的只能是仲裁当事人。（2）是由人民法院采取保护措施。（3）前提是证据可能灭失或以后难以取得。（4）保全的对象是证据。申请仲裁程序中的证据保全的条件有：（1）证据可能灭失。如证人因年事已高，患有疾病，有可能即将死亡，应及时取证；作为证据的物品有将腐坏、变质、消灭的可能，应及时将物品的外形、特征等记成笔录，或进行拍照和录像，并将物品及时处理。（2）证据在将来难以取得。例如，证人将要出国等情况。虽然难以取得并不等于无法取得，但如果不进行保全将会影响到案件的及时审理甚至影响到办案的质量。

【常用法律条文及索引】

《仲裁法》（1995 年 9 月 1 日起施行　2009 年 8 月 27 日修正）

第四十六条　在证据可能灭失或者以后难以取得的情况下，当事人可以申请证据保全。当事人申请证据保全的，仲裁委员会应当将当事人的申请提交证据所在地的基层人民法院。

第六十八条　涉外仲裁的当事人申请证据保全的，涉外仲裁委员会应当将当事人的申请提交证据所在地的中级人民法院。

【适用本案有需要注意的问题】

◆仲裁程序中的证据保全分为两种：一是国内仲裁机构的证据保全；二是涉外仲裁机构的证据保全。

对国内仲裁案件证据保全有管辖权的法院，依《最高人民法院关于人民法院执行工作若干问题的规定（试行）》第 11 条之规定，由证据所在地的基层人民法院对符合证据保全条件的申请作出裁定，并予以执行，不符合条件的，裁定驳回申请。

对涉外仲裁过程中当事人提出的证据保全申请由证据所在地的中级人民法院裁定。由此可见，证据保全在国内仲裁和涉外仲裁中的地域管辖是一致的，不同的是级别管辖，一个是基层人民法院，一个是中级人民法院。

400. 申请中止支付信用证项下款项

【案由解析】

申请中止支付信用证项下款项，是指信用证的开证申请人，开证行或者其他利害关系人认为信用证交易存在法律规定的信用证欺诈情形，如不采取中止支付信用证项下款项的措施，将会使申请人的合法权益受到难以弥补的损害，在诉讼前或诉讼过程中向人民法院申请采取财产保全措施，暂时中止信用证项下的款项支付。

申请中止支付信用证项下款项的特点主要有：(1) 申请人是信用证的开证申请人，开证行或者其他利害关系人。(2) 前提是当事人认为信用证交易存在法律规定的信用证欺诈情形。(3) 是一种特殊的财产保全措施。

申请中止支付信用证项下款项应符合以下条件：(1) 向有管辖权的法院提出申请。(2) 存有信用证欺诈事实的，所谓信用证欺诈事实这包括三种主要情形：受益人伪造单据或者提交记载内容虚假的单据；受益人恶意不交付货物或交付的货物无价值；受益人和开证申请人或者其他第三方串通提交假单据，而没有真实的基础交易。(3) 如不采取中止支付信用证项下款项的措施，将会使申请人的合法权益受到难以弥补的损害。(4) 申请人提供可靠、充分的担保。

【常用法律条文及索引】

《最高人民法院关于审理信用证纠纷案件若干问题的规定》（法释〔2005〕13号 2006年1月1日起施行）

第八条 凡有下列情形之一的，应当认定存在信用证欺诈：

(一) 受益人伪造单据或者提交记载内容虚假的单据；

(二) 受益人恶意不交付货物或者交付的货物无价值；

(三) 受益人和开证申请人或者其他第三方串通提交假单据，而没有真实的基础交易；

（四）其他进行信用证欺诈的情形。

第九条　开证申请人、开证行或者其他利害关系人发现有本规定第八条的情形，并认为将会给其造成难以弥补的损害时，可以向有管辖权的人民法院申请中止支付信用证项下的款项。

第十条　人民法院认定存在信用证欺诈的，应当裁定中止支付或者判决终止支付信用证项下款项，但有下列情形之一的除外：

（一）开证行的指定人、授权人已按照开证行的指令善意地进行了付款；

（二）开证行或者其指定人、授权人已对信用证项下票据善意地作出了承兑；

（三）保兑行善意地履行了付款义务；

（四）议付行善意地进行了议付。

第十一条　当事人在起诉前申请中止支付信用证项下款项符合下列条件的，人民法院应予受理：

（一）受理申请的人民法院对该信用证纠纷案件享有管辖权；

（二）申请人提供的证据材料证明存在本规定第八条的情形；

（三）如不采取中止支付信用证项下款项的措施，将会使申请人的合法权益受到难以弥补的损害；

（四）申请人提供了可靠、充分的担保；

（五）不存在本规定第十条的情形。

当事人在诉讼中申请中止支付信用证项下款项的，应当符合前款第（二）、（三）、（四）、（五）项规定的条件。

第十二条　人民法院接受中止支付信用证项下款项申请后，必须在四十八小时内作出裁定；裁定中止支付的，应当立即开始执行。

人民法院作出中止支付信用证项下款项的裁定，应当列明申请人、被申请人和第三人。

第十三条　当事人对人民法院作出中止支付信用证项下款项的裁定有异议的，可以在裁定书送达之日起十日内向上一级人民法院申请复议。上一级人民法院应当自收到复议申请之日起十日内作出裁定。

复议期间，不停止原裁定的执行。

【适用本案由需要注意的问题】

◆级别管辖：根据《最高人民法院关于涉外民商事案件诉讼管辖若干问

题的规定》，申请中止支付信用证项下款项案件应当由国务院批准设立的经济技术开发区人民法院，省会、自治区首府、直辖市所在地的中级人民法院，经济特区、计划单列市中级人民法院，最高人民法院指定的其他中级人民法院，高级人民法院管辖。

◆地域管辖：申请中止支付信用证项下款项实质上是信用证纠纷当中的诉前、诉中财产保全程序，因此，可参照申请诉前、诉中财产保全程序的关于管辖的有关规定。对于申请诉前财产保全案件的管辖，当事人应当向财产所在地的人民法院申请。人民法院采取诉前财产保全后，申请人起诉的，可以向采取诉前财产保全的人民法院或者其他有管辖权的人民法院提起；对于申请诉中财产保全案件，由正在审理该案件的人民法院管辖。

401. 申请中止支付保函项下款项

【案由解析】

保函，又称保证书，是指银行、保险公司、担保公司或个人应申请人的请求，向第三方开立的一种书面信用担保凭证。保证在申请人未能按双方协议履行责任或义务时，由担保人代其履行一定金额、一定期限范围内的某种支付责任或经济赔偿责任。

申请中止支付保函项下款项，是指当事人在认为保函存在欺诈行为时，在向人民法院起诉前或诉讼中，向人民法院申请采取保全措施，请求银行中止支付保函项下款项，以避免造成损失的一种特殊保全措施。

申请中止支付保函项下款项的特点主要有：（1）申请人是与保函有关的利害关系人。（2）前提是当事人认为保函存在欺诈行为。（3）是一种特殊的财产保全。

【常用法律条文及索引】

《民事诉讼法》（1991 年 4 月 9 日起施行　2017 年 6 月 27 日修正）

第一百零一条　利害关系人因情况紧急，不立即申请保全将会使其合法权益受到难以弥补的损害的，可以在提起诉讼或者申请仲裁前向被保全财产所在地、被申请人住所地或者对案件有管辖权的人民法院申请采取保全措施。申请人应当提供担保，不提供担保的，裁定驳回申请。

人民法院接受申请后，必须在四十八小时内作出裁定；裁定采取保全措施的，应当立即开始执行。

申请人在人民法院采取保全措施后三十日内不依法提起诉讼或者申请仲裁的，人民法院应当解除保全。

第一百零二条　保全限于请求的范围，或者与本案有关的财物。

第一百零三条　财产保全采取查封、扣押、冻结或者法律规定的其他方法。人民法院保全财产后，应当立即通知被保全财产的人。

财产已被查封、冻结的，不得重复查封、冻结。

《最高人民法院关于审理信用证纠纷案件若干问题的规定》（法释〔2005〕13号　2006年1月1日起施行）

第八条　凡有下列情形之一的，应当认定存在信用证欺诈：

（一）受益人伪造单据或者提交记载内容虚假的单据；

（二）受益人恶意不交付货物或者交付的货物无价值；

（三）受益人和开证申请人或者其他第三方串通提交假单据，而没有真实的基础交易；

（四）其他进行信用证欺诈的情形。

第九条　开证申请人、开证行或者其他利害关系人发现有本规定第八条的情形，并认为将会给其造成难以弥补的损害时，可以向有管辖权的人民法院申请中止支付信用证项下的款项。

第十条　人民法院认定存在信用证欺诈的，应当裁定中止支付或者判决终止支付信用证项下款项，但有下列情形之一的除外：

（一）开证行的指定人、授权人已按照开证行的指令善意地进行了付款；

（二）开证行或者其指定人、授权人已对信用证项下票据善意地作出了承兑；

（三）保兑行善意地履行了付款义务；

（四）议付行善意地进行了议付。

第十一条　当事人在起诉前申请中止支付信用证项下款项符合下列条件的，人民法院应予受理：

（一）受理申请的人民法院对该信用证纠纷案件享有管辖权；

（二）申请人提供的证据材料证明存在本规定第八条的情形；

（三）如不采取中止支付信用证项下款项的措施，将会使申请人的合法权益受到难以弥补的损害；

（四）申请人提供了可靠、充分的担保；

（五）不存在本规定第十条的情形。

当事人在诉讼中申请中止支付信用证项下款项的，应当符合前款第（二）、（三）、（四）、（五）项规定的条件。

第十二条 人民法院接受中止支付信用证项下款项申请后，必须在四十八小时内作出裁定；裁定中止支付的，应当立即开始执行。

人民法院作出中止支付信用证项下款项的裁定，应当列明申请人、被申请人和第三人。

第十三条 当事人对人民法院作出中止支付信用证项下款项的裁定有异议的，可以在裁定书送达之日起十日内向上一级人民法院申请复议。上一级人民法院应当自收到复议申请之日起十日内作出裁定。

复议期间，不停止原裁定的执行。

【适用本案由需要注意的问题】

◆申请中止支付保函项下款项实质上是特殊的申请诉前、诉中财产保全程序，因此，可参照申请诉前、诉中财产保全程序的关于管辖的有关规定。对于申请诉前财产保全案件的管辖，当事人应当向财产所在地的人民法院申请。人民法院采取诉前财产保全后，申请人起诉的，可以向采取诉前财产保全的人民法院或者其他有管辖权的人民法院提起；对于申请诉中财产保全案件，由正在审理该案件的人民法院管辖。

四十、仲裁程序案件

402. 申请确认仲裁协议效力

【案由解析】

申请确认仲裁协议效力，是指订有仲裁协议或仲裁条款的当事人因仲裁协议发生争议，向人民法院提出确认之诉，请求人民法院依法确认当事人订立的仲裁协议是否有效。

申请确认仲裁协议效力的特点主要有：（1）是确认之诉。（2）前提是双方当事人因仲裁协议发生争议。

根据《仲裁法》第17条的规定，有下列三种情况之一的，仲裁协议无效：（1）约定的仲裁事项超出法律规定的仲裁范围的仲裁协议。这种协议违反法律对仲裁范围的强制性规范，认定为无效，理所当然。因为仲裁事项的约定范围不能超过法定范围。（2）限制民事行为能力人或无民事行为能力人订立的仲裁协议，即当事人不能的仲裁协议。（3）一方采取胁迫手段，迫使对方订立的仲裁防议，即意思表示不真实的仲裁协议。

【常用法律条文及索引】

《仲裁法》（1995年9月1日起施行 2009年8月27日修正）

第十六条 仲裁协议包括合同中订立的仲裁条款和以其他书面方式在纠纷发生前或者纠纷发生后达成的请求仲裁的协议。

仲裁协议应当具有下列内容：

（一）请求仲裁的意思表示；

（二）仲裁事项；

（三）选定的仲裁委员会。

第十七条 有下列情形之一的，仲裁协议无效：

（一）约定的仲裁事项超出法律规定的仲裁范围的；

（二）无民事行为能力人或者限制民事行为能力人订立的仲裁协议；

（三）一方采取胁迫手段，迫使对方订立仲裁协议的。

第十八条 仲裁协议对仲裁事项或者仲裁委员会没有约定或者约定不明确的，当事人可以补充协议；达不成补充协议的，仲裁协议无效。

第十九条 仲裁协议独立存在，合同的变更、解除、终止或者无效，不影响仲裁协议的效力。

仲裁庭有权确认合同的效力。

第二十条 当事人对仲裁协议的效力有异议的，可以请求仲裁委员会作出决定或者请求人民法院作出裁定。一方请求仲裁委员会作出决定，另一方请求人民法院作出裁定的，由人民法院裁定。

当事人对仲裁协议的效力有异议，应当在仲裁庭首次开庭前提出。

《最高人民法院关于适用〈中华人民共和国仲裁法〉若干问题的解释》（法释〔2006〕7号 2006年9月8日起施行）

第十二条 当事人向人民法院申请确认仲裁协议效力的案件，由仲裁协议约定的仲裁机构所在地的中级人民法院管辖；仲裁协议约定的仲裁机构不明确的，由仲裁协议签订地或者被申请人住所地的中级人民法院管辖。

申请确认涉外仲裁协议效力的案件，由仲裁协议约定的仲裁机构所在地、仲裁协议签订地、申请人或者被申请人住所地的中级人民法院管辖。

涉及海事海商纠纷仲裁协议效力的案件，由仲裁协议约定的仲裁机构所在地、仲裁协议签订地、申请人或者被申请人住所地的海事法院管辖；上述地点没有海事法院的，由就近的海事法院管辖。

第十三条 依照仲裁法第二十条第二款的规定，当事人在仲裁庭首次开庭前没有对仲裁协议的效力提出异议，而后向人民法院申请确认仲裁协议无效的，人民法院不予受理。

仲裁机构对仲裁协议的效力作出决定后，当事人向人民法院申请确认仲裁协议效力或者申请撤销仲裁机构的决定的，人民法院不予受理。

第十四条 仲裁法第二十六条规定的“首次开庭”是指答辩期满后人民法院组织的第一次开庭审理，不包括审前程序中的各项活动。

第十五条 人民法院审理仲裁协议效力确认案件，应当组成合议庭进行审查，并询问当事人。

第十六条 对涉外仲裁协议的效力审查，适用当事人约定的法律；当事人没有约定适用的法律但约定了仲裁地的，适用仲裁地法律；没有约定适用的法律也没有约定仲裁地或者仲裁地约定不明的，适用法院地法律。

【适用本案由需要注意的问题】

◆ 根据《最高人民法院关于适用〈中华人民共和国仲裁法〉若干问题的解释》第 12 条的规定，当事人向人民法院申请确认仲裁协议效力的案件，由仲裁协议约定的仲裁机构所在地的中级人民法院管辖；仲裁协议约定的仲裁机构不明确的，由仲裁协议签订地或者被申请人住所地的中级人民法院管辖。申请确认涉外仲裁协议效力的案件，由仲裁协议约定的仲裁机构所在地、仲裁协议签订地、申请人或者被申请人住所地的中级人民法院管辖。涉及海事海商纠纷仲裁协议效力的案件，由仲裁协议约定的仲裁机构所在地、仲裁协议签订地、申请人或者被申请人住所地的海事法院管辖；上述地点没有海事法院的，由就近的海事法院管辖。

403. 申请撤销仲裁裁决

【案由解析】

申请撤销仲裁裁决，是指仲裁案件的一方当事人认为仲裁机构作出的仲裁裁决存在法律规定的可以撤销的事由，向人民法院申请撤销仲裁裁决的案件。

申请撤销仲裁裁决必须符合下列条件：（1）提出撤销仲裁裁决申请的主体必须是仲裁当事人。由于仲裁当事人与仲裁裁决的结果有直接的利害关系，仲裁裁决也决定着当事人的合法权益是否得到了保护或者受到了侵害。因此，法律规定提出申请撤销仲裁裁决的主体必须是当事人，包括仲裁申请人和被申请人。（2）必须向有管辖权的人民法院提出撤销仲裁裁决的申请。当事人申请撤销仲裁裁决，必须向仲裁委员会所在地的中级人民法院提出；向其他人民法院提出的，人民法院不予受理。（3）必须在法定的期限内提出撤销仲裁裁决的申请。根据我国《仲裁法》的规定，当事人申请撤销仲裁裁决的，应当自收到裁决书之日起6个月内提出。如果当事人在规定的期限内没有提出撤销仲裁裁决的申请，则表明当事人放弃了此项权利，双方当事人都应自觉履行裁决书中所规定的各自的义务，否则，权利方当事人可以向法院申请强制执行。（4）必须有证据证明仲裁裁决有法律规定的应予撤销的情形。仲裁当事人提出申请撤销仲裁裁决时必须有证据对该仲裁裁决具有法律规定的应予撤销的情形加以证明；没有证据的，人民法院不予受理。当事人所提供的证据能否证明，则需要人民法院的审查认定。

当事人申请撤销仲裁裁决，必须具有法定理由。根据《仲裁法》的规定，有下列情形之一的，当事人可以申请撤销仲裁裁决：（1）没有仲裁协议。（2）仲裁的事项不属于仲裁协议的范围或者仲裁委员会无权仲裁。（3）仲裁庭的组成或者仲裁的程序违反法定程序。（4）仲裁裁决所依据的证据是伪造的。（5）对方当事人隐瞒了足以影响公正裁决的证据。（6）仲裁员在仲裁该案时有索贿受贿、徇私舞弊、枉法裁决的行为。

【常用法律条文及索引】

《仲裁法》（1995年9月1日起施行　2009年8月27日修正）

第五十八条　当事人提出证据证明裁决有下列情形之一的，可以向仲裁委员会所在地的中级人民法院申请撤销裁决：

（一）没有仲裁协议的；

（二）裁决的事项不属于仲裁协议的范围或者仲裁委员会无权仲裁的；

（三）仲裁庭的组成或者仲裁的程序违反法定程序的；

（四）裁决所根据的证据是伪造的；

（五）对方当事人隐瞒了足以影响公正裁决的证据的；

（六）仲裁员在仲裁该案时有索贿受贿，徇私舞弊，枉法裁决行为的。

人民法院经组成合议庭审查核实裁决有前款规定情形之一的，应当裁定撤销。

人民法院认定该裁决违背社会公共利益的，应当裁定撤销。

第五十九条 当事人申请撤销裁决的，应当自收到裁决书之日起六个月内提出。

第六十条 人民法院应当在受理撤销裁决申请之日起两个月内作出撤销裁决或者驳回申请的裁定。

第六十一条 人民法院受理撤销裁决的申请后，认为可以由仲裁庭重新仲裁的，通知仲裁庭在一定期限内重新仲裁，并裁定中止撤销程序。仲裁庭拒绝重新仲裁的，人民法院应当裁定恢复撤销程序。

第七十条 当事人提出证据证明涉外仲裁裁决有民事诉讼法第二百六十条第一款规定的情形之一的，经人民法院组成合议庭审查核实，裁定撤销。

《民事诉讼法》（1991 年 4 月 9 日起施行 2017 年 6 月 27 日修正）

第二百七十四条 对中华人民共和国涉外仲裁机构作出的裁决，被申请人提出证据证明仲裁裁决有下列情形之一的，经人民法院组成合议庭审查核实，裁定不予执行：

（一）当事人在合同中没有订有仲裁条款或者事后没有达成书面仲裁协议的；

（二）被申请人没有得到指定仲裁员或者进行仲裁程序的通知，或者由于其他不属于被申请人负责的原因未能陈述意见的；

（三）仲裁庭的组成或者仲裁的程序与仲裁规则不符的；

（四）裁决的事项不属于仲裁协议的范围或者仲裁机构无权仲裁的。

人民法院认定执行该裁决违背社会公共利益的，裁定不予执行。

《最高人民法院关于适用〈中华人民共和国仲裁法〉若干问题的解释》（法释〔2006〕7号 2006年9月8日起施行）

第十七条 当事人以不属于仲裁法第五十八条或者民事诉讼法第二百五十八条规定的事由申请撤销仲裁裁决的，人民法院不予支持。

第十八条 仲裁法第五十八条第一款第一项规定的"没有仲裁协议"是指当事人没有达成仲裁协议。仲裁协议被认定无效或者被撤销的，视为没有仲裁协议。

第十九条 当事人以仲裁裁决事项超出仲裁协议范围为由申请撤销仲裁裁决，经审查属实的，人民法院应当撤销仲裁裁决中的超裁部分。但超裁部分与其他裁决事项不可分的，人民法院应当撤销仲裁裁决。

第二十一条 当事人申请撤销国内仲裁裁决的案件属于下列情形之一的，人民法院可以依照仲裁法第六十一条的规定通知仲裁庭在一定期限内重新仲裁：

（一）仲裁裁决所根据的证据是伪造的；

（二）对方当事人隐瞒了足以影响公正裁决的证据的。

人民法院应当在通知中说明要求重新仲裁的具体理由。

第二十二条 仲裁庭在人民法院指定的期限内开始重新仲裁的，人民法院应当裁定终结撤销程序；未开始重新仲裁的，人民法院应当裁定恢复撤销程序。

第二十三条 当事人对重新仲裁裁决不服的，可以在重新仲裁裁决书送达之日起六个月内依据仲裁法第五十八条规定向人民法院申请撤销。

第二十四条 当事人申请撤销仲裁裁决的案件，人民法院应当组成合议庭审理，并询问当事人。

第二十五条 人民法院受理当事人撤销仲裁裁决的申请后，另一方当事人申请执行同一仲裁裁决的，受理执行申请的人民法院应当在受理后裁定中止执行。

第二十六条 当事人向人民法院申请撤销仲裁裁决被驳回后，又在执行程序中以相同理由提出不予执行抗辩的，人民法院不予支持。

第二十七条 当事人在仲裁程序中未对仲裁协议的效力提出异议，在仲裁裁决作出后以仲裁协议无效为由主张撤销仲裁裁决或者提出不予执行抗辩的，人民法院不予支持。

当事人在仲裁程序中对仲裁协议的效力提出异议，在仲裁裁决作出后又以此为由主张撤销仲裁裁决或者提出不予执行抗辩，经审查符合仲裁法第五十八条或者民事诉讼法第二百一十七条、第二百六十条规定的，人民法院应予支持。

【适用本案由需要注意的问题】

◆对于申请撤销国内仲裁裁决案件的管辖，应根据《仲裁法》第58条的规定：当事人申请撤销仲裁裁决的应当由仲裁委员会所在地的中级人民法院管辖。对于申请撤销国际仲裁裁决案件的管辖，应根据《最高人民法院关于涉外民商事案件诉讼管辖若干问题的规定》第1、3条的规定，申请撤销国际仲裁裁决案件应当由国务院批准设立的经济技术开发区人民法院，省会、自治区首府、直辖市所在地的中级人民法院，经济特区、计划单列市中级人民法院，最高人民法院指定的其他中级人民法院，高级人民法院管辖。

四十一、海事诉讼特别程序案件

404. 申请海事请求保全

（1）申请扣押船舶

（2）申请拍卖扣押船舶

（3）申请扣押船载货物

（4）申请拍卖扣押船载货物

（5）申请扣押船用燃油及船用物料

（6）申请拍卖扣押船用燃油及船用物料

【案由解析】

申请海事请求保全是指海事法院根据海事请求人的申请或者仲裁委员会的提交，为保障其海事请求的实现，对被请求人的财产所采取的强制措施。海事请求保全是民事诉讼中财产保全的一种特殊形态。

海事请求保全的特征是：（1）海事请求保全以海上财产，尤其是船舶、船载货物为主要的保全对象。（2）海事请求保全只能以请求人的申请进行，海事法院不能依职权实施。（3）海事请求保全的对象是被申请人所有的或光船承租的船舶以及依法可以采取保全措施的其他船舶，属于被申请人所有的货物，被申请人有权收取的运费、租金，可以依法采取保全措施的其他财产。

【典型形态】

在实践中，申请海事请求保全的典型形态主要有：

（1）申请扣押船舶，是指司法机关在诉讼或仲裁之前或之中依法强制滞留船舶。包括当事船和姐妹船，当事船是指导致申请扣船的海事请求发生的船舶；姐妹船是指同一船舶所有人所有的不同船舶。扣押船舶的方式包括“死扣押”和“活扣押”，“死扣押”是指将被扣押的船舶即地扣住，使船舶不能驶离港口，不能投入营运，更不能处分或者设置抵押权。“活扣押”是指仅限制被扣押船舶的处分权和抵押权，不限制被扣押船舶的使用权而允许该船舶继续营运的扣押方式。

（2）申请拍卖扣押船舶，是指海事法院扣船后，实体案件审结之前，为避免因长期扣押造成监管费用过高或船舶毁损等经济损失，根据扣船申请人的申请，依照法定程序对被扣船舶实行强制出售，所得价款作为对海事请求的保全，以备偿付债权人债权的制度。

（3）申请扣押船载货物，是指海事法院依据海事请求人的申请，在诉讼或仲裁之前或之中滞留船舶运载的货物（包括货物收益）的保全措施。

（4）申请拍卖扣押船载货物，是指海事法院对被扣押的船载货物，依一定的程序，以出售方式，强制转移其所有权。

（5）申请扣押船用燃油及船用物料，是指海事法院依据海事请求人的申请，在诉前、诉中、裁前、裁中滞留船舶船用燃油及船用物料的保全措施。

（6）申请拍卖扣押船用燃油及船用物料，是指海事法院对被扣押的船用燃油及物料依法定程序实行强制出售。

【常用法律条文及索引】

《海事诉讼特别程序法》（2000 年 7 月 1 日起施行）

第十二条 海事请求保全是指海事法院根据海事请求人的申请，为保障其海事请求的实现，对被请求人的财产所采取的强制措施。

第十三条 当事人在起诉前申请海事请求保全，应当向被保全的财产所在地海事法院提出。

第十四条 海事请求保全不受当事人之间关于该海事请求的诉讼管辖协议或者仲裁协议的约束。

第十五条 海事请求人申请海事请求保全，应当向海事法院提交书面申请。申请书应当载明海事请求事项、申请理由、保全的标的物以及要求提供担保的数额，并附有关证据。

第十六条 海事法院受理海事请求保全申请，可以责令海事请求人提供担保。海事请求人不提供的，驳回其申请。

第十七条 海事法院接受申请后，应当在四十八小时内作出裁定。裁定采取海事请求保全措施的，应当立即执行；对不符合海事请求保全条件的，裁定驳回其申请。

当事人对裁定不服的，可以在收到裁定书之日起五日内申请复议一次。海事法院应当在收到复议申请之日起五日内作出复议决定。复议期间不停止裁定的执行。

利害关系人对海事请求保全提出异议，海事法院经审查，认为理由成立的，应当解除对其财产的保全。

第十八条 被请求人提供担保，或者当事人有正当理由申请解除海事请求保全的，海事法院应当及时解除保全。

海事请求人在本法规定的期间内，未提起诉讼或者未按照仲裁协议申请仲裁的，海事法院应当及时解除保全或者返还担保。

第十九条 海事请求保全执行后，有关海事纠纷未进入诉讼或者仲裁程序的，当事人就该海事请求，可以向采取海事请求保全的海事法院或者其他有管辖权的海事法院提起诉讼，但当事人之间订有诉讼管辖协议或者仲裁协议的除外。

第二十条 海事请求人申请海事请求保全错误的，应当赔偿被请求人或者利害关系人因此所遭受的损失。

第二十一条 下列海事请求，可以申请扣押船舶：

（一）船舶营运造成的财产灭失或者损坏；

（二）与船舶营运直接有关的人身伤亡；

（三）海难救助；

（四）船舶对环境、海岸或者有关利益方造成的损害或者损害威胁；为预防、减少或者消除此种损害而采取的措施；为此种损害而支付的赔偿；为恢复环境而实际采取或者准备采取的合理措施的费用；第三方因此种损害而蒙受或者可能蒙受的损失；以及与本项所指的性质类似的损害、费用或者损失；

（五）与起浮、清除、回收或者摧毁沉船、残骸、搁浅船、被弃船或者使其无害有关的费用，包括与起浮、清除、回收或者摧毁仍在或者曾在该船上的物件或者使其无害的费用，以及与维护放弃的船舶和维持其船员有关的费用；

（六）船舶的使用或者租用的协议；

（七）货物运输或者旅客运输的协议；

（八）船载货物（包括行李）或者与其有关的灭失或者损坏；

（九）共同海损；

（十）拖航；

（十一）引航；

（十二）为船舶营运、管理、维护、维修提供物资或者服务；

（十三）船舶的建造、改建、修理、改装或者装备；

（十四）港口、运河、码头、港湾以及其他水道规费和费用；

（十五）船员的工资和其他款项，包括应当为船员支付的遣返费和社会保险费；

（十六）为船舶或者船舶所有人支付的费用；

（十七）船舶所有人或者光船承租人应当支付或者他人为其支付的船舶保险费（包括互保会费）；

（十八）船舶所有人或者光船承租人应当支付的或者他人为其支付的与船舶有关的佣金、经纪费或者代理费；

（十九）有关船舶所有权或者占有的纠纷；

（二十）船舶共有人之间有关船舶的使用或者收益的纠纷；

（二十一）船舶抵押权或者同样性质的权利；

（二十二）因船舶买卖合同产生的纠纷。

第二十二条　非因本法第二十一条规定的海事请求不得申请扣押船舶，但为执行判决、仲裁裁决以及其他法律文书的除外。

第二十三条　有下列情形之一的，海事法院可以扣押当事船舶：

（一）船舶所有人对海事请求负有责任，并且在实施扣押时是该船的所有人；

（二）船舶的光船承租人对海事请求负有责任，并且在实施扣押时是该船的光船承租人或者所有人；

（三）具有船舶抵押权或者同样性质的权利的海事请求；

（四）有关船舶所有权或者占有的海事请求；

（五）具有船舶优先权的海事请求。

海事法院可以扣押对海事请求负有责任的船舶所有人、光船承租人、定期租船人或者航次租船人在实施扣押时所有的其他船舶，但与船舶所有权或者占有有关的请求除外。

从事军事、政府公务的船舶不得被扣押。

第二十四条 海事请求人不得因同一海事请求申请扣押已被扣押过的船舶，但有下列情形之一的除外：

（一）被请求人未提供充分的担保；

（二）担保人有可能不能全部或者部分履行担保义务；

（三）海事请求人因合理的原因同意释放被扣押的船舶或者返还已提供的担保；或者不能通过合理措施阻止释放被扣押的船舶或者返还已提供的担保。

第二十五条 海事请求人申请扣押当事船舶，不能立即查明被请求人名称的，不影响申请的提出。

第二十六条 海事法院在发布或者解除扣押船舶命令的同时，可以向有关部门发出协助执行通知书，通知书应当载明协助执行的范围和内容，有关部门有义务协助执行。海事法院认为必要，可以直接派员登轮监护。

第二十七条 海事法院裁定对船舶实施保全后，经海事请求人同意，可以采取限制船舶处分或者抵押等方式允许该船舶继续营运。

第二十八条 海事请求保全扣押船舶的期限为三十日。

海事请求人在三十日内提起诉讼或者申请仲裁以及在诉讼或者仲裁过程中申请扣押船舶的，扣押船舶不受前款规定期限的限制。

第二十九条 船舶扣押期间届满，被请求人不提供担保，而且船舶不宜继续扣押的，海事请求人可以在提起诉讼或者申请仲裁后，向扣押船舶的海事法院申请拍卖船舶。

第三十条 海事法院收到拍卖船舶的申请后，应当进行审查，作出准予或者不准予拍卖船舶的裁定。

当事人对裁定不服的，可以在收到裁定书之日起五日内申请复议一次。海事法院应当在收到复议申请之日起五日内作出复议决定。复议期间停止裁定的执行。

第三十一条　海事请求人提交拍卖船舶申请后，又申请终止拍卖的，是否准许由海事法院裁定。海事法院裁定终止拍卖船舶的，为准备拍卖船舶所发生的费用由海事请求人承担。

第三十二条　海事法院裁定拍卖船舶，应当通过报纸或者其他新闻媒体发布公告。拍卖外籍船舶的，应当通过对外发行的报纸或者其他新闻媒体发布公告。

公告包括以下内容：

（一）被拍卖船舶的名称和国籍；

（二）拍卖船舶的理由和依据；

（三）拍卖船舶委员会的组成；

（四）拍卖船舶的时间和地点；

（五）被拍卖船舶的展示时间和地点；

（六）参加竞买应当办理的手续；

（七）办理债权登记事项；

（八）需要公告的其他事项。

拍卖船舶的公告期间不少于三十日。

第三十三条　海事法院应当在拍卖船舶三十日前，向被拍卖船舶登记国的登记机关和已知的船舶优先权人、抵押权人和船舶所有人发出通知。

通知内容包括被拍卖船舶的名称、拍卖船舶的时间和地点、拍卖船舶的理由和依据以及债权登记等。

通知方式包括书面方式和能够确认收悉的其他适当方式。

第三十四条　拍卖船舶由拍卖船舶委员会实施。拍卖船舶委员会由海事法院指定的本院执行人员和聘请的拍卖师、验船师三人或者五人组成。

拍卖船舶委员会组织对船舶鉴定、估价；组织和主持拍卖；与竞买人签订拍卖成交确认书；办理船舶移交手续。

拍卖船舶委员会对海事法院负责，受海事法院监督。

第三十五条　竞买人应当在规定的期限内向拍卖船舶委员会登记。登记时应当交验本人、企业法定代表人或者其他组织负责人身份证明和委托代理人的授权委托书，并交纳一定数额的买船保证金。

第三十六条　拍卖船舶委员会应当在拍卖船舶前，展示被拍卖船舶，并提供察看被拍卖船舶的条件和有关资料。

第三十七条 买受人在签署拍卖成交确认书后，应当立即交付不低于百分之二十的船舶价款，其余价款在成交之日起七日内付清，但拍卖船舶委员会与买受人另有约定的除外。

第三十八条 买受人付清全部价款后，原船舶所有人应当在指定的期限内于船舶停泊地以船舶现状向买受人移交船舶。拍卖船舶委员会组织和监督船舶的移交，并在船舶移交后与买受人签署船舶移交完毕确认书。

移交船舶完毕，海事法院发布解除扣押船舶命令。

第三十九条 船舶移交后，海事法院应当通过报纸或者其他新闻媒体发布公告，公布船舶已经公开拍卖并移交给买受人。

第四十条 买受人接收船舶后，应当持拍卖成交确认书和有关材料，向船舶登记机关办理船舶所有权登记手续。原船舶所有人应当向原船舶登记机关办理船舶所有权注销登记。原船舶所有人不办理船舶所有权注销登记的，不影响船舶所有权的转让。

第四十一条 竞买人之间恶意串通的，拍卖无效。参与恶意串通的竞买人应当承担拍卖船舶费用并赔偿有关损失。海事法院可以对参与恶意串通的竞买人处最高应价百分之十以上百分之三十以下的罚款。

第四十二条 除本节规定的以外，拍卖适用《中华人民共和国拍卖法》的有关规定。

第四十三条 执行程序中拍卖被扣押船舶清偿债务的，可以参照本节有关规定。

第四十四条 海事请求人为保障其海事请求的实现，可以申请扣押船载货物。

申请扣押的船载货物，应当属于被请求人所有。

第四十五条 海事请求人申请扣押船载货物的价值，应当与其债权数额相当。

第四十六条 海事请求保全扣押船载货物的期限为十五日。

海事请求人在十五日内提起诉讼或者申请仲裁以及在诉讼或者仲裁过程中申请扣押船载货物的，扣押船载货物不受前款规定期限的限制。

第四十七条 船载货物扣押期间届满，被请求人不提供担保，而且货物不宜继续扣押的，海事请求人可以在提起诉讼或者申请仲裁后，向扣押船载货物的海事法院申请拍卖货物。

对无法保管、不易保管或者保管费用可能超过其价值的物品，海事请求人可以申请提前拍卖。

第四十八条 海事法院收到拍卖船载货物的申请后，应当进行审查，在七日内作出准予或者不准予拍卖船载货物的裁定。

当事人对裁定不服的，可以在收到裁定书之日起五日内申请复议一次。海事法院应当在收到复议申请之日起五日内作出复议决定。复议期间停止裁定的执行。

第四十九条 拍卖船载货物由海事法院指定的本院执行人员和聘请的拍卖师组成的拍卖组织实施，或者由海事法院委托的机构实施。

拍卖船载货物，本节没有规定的，参照本章第二节拍卖船舶的有关规定。

第五十条 海事请求人对与海事请求有关的船用燃油、船用物料申请海事请求保全，适用本节规定。

《最高人民法院关于适用〈中华人民共和国海事诉讼特别程序法〉若干问题的解释》（法释〔2003〕3号 2003年2月1日起施行）

第十八条 海事诉讼特别程序法第十二条规定的被请求人的财产包括船舶、船载货物、船用燃油以及船用物料。对其他财产的海事请求保全适用民事诉讼法有关财产保全的规定。

第十九条 海事诉讼特别程序法规定的船载货物指处于承运人掌管之下，尚未装船或者已经装载于船上以及已经卸载的货物。

第二十条 海事诉讼特别程序法第十三条规定的被保全的财产所在地指船舶的所在地或者货物的所在地。当事人在诉讼前对已经卸载但在承运人掌管之下的货物申请海事请求保全，如果货物所在地不在海事法院管辖区域的，可以向卸货港所在地的海事法院提出，也可以向货物所在地的地方人民法院提出。

第二十一条 诉讼或者仲裁前申请海事请求保全适用海事诉讼特别程序法第十四条的规定。

外国法院已受理相关海事案件或者有关纠纷已经提交仲裁，但涉案财产在中华人民共和国领域内，当事人向财产所在地的海事法院提出海事请求保全申请的，海事法院应当受理。

第二十二条 利害关系人对海事法院作出的海事请求保全裁定提出异议，经审查认为理由不成立的，应当书面通知利害关系人。

第二十三条 被请求人或者利害关系人依据海事诉讼特别程序法第二十

条的规定要求海事请求人赔偿损失，向采取海事请求保全措施的海事法院提起诉讼的，海事法院应当受理。

第二十四条 申请扣押船舶错误造成的损失，包括因船舶被扣押在停泊期间产生的各项维持费用与支出、船舶被扣押造成的船期损失和被申请人为使船舶解除扣押而提供担保所支出的费用。

第二十五条 海事请求保全扣押船舶超过三十日、扣押货物或者其他财产超过十五日，海事请求人未提起诉讼或者未按照仲裁协议申请仲裁的，海事法院应当及时解除保全或者返还担保。

海事请求人未在期限内提起诉讼或者申请仲裁，但海事请求人和被请求人协议进行和解或者协议约定了担保期限的，海事法院可以根据海事请求人的申请，裁定认可该协议。

第二十六条 申请人为申请扣押船舶提供限额担保，在扣押船舶期限届满时，未按照海事法院的通知追加担保的，海事法院可以解除扣押。

第二十七条 海事诉讼特别程序法第十八条第二款、第七十四条规定的提供给海事请求人的担保，除被请求人和海事请求人有约定的外，海事请求人应当返还；海事请求人不返还担保的，该担保至海事请求保全期间届满之次日失效。

第二十八条 船舶被扣押期间产生的各项维持费用和支出，应当作为为债权人共同利益支出的费用，从拍卖船舶的价款中优先拨付。

第二十九条 海事法院根据海事诉讼特别程序法第二十七条的规定准许已经实施保全的船舶继续营运的，一般仅限于航行于国内航线上的船舶完成本航次。

第三十条 申请扣押船舶的海事请求人在提起诉讼或者申请仲裁后，不申请拍卖被扣押船舶的，海事法院可以根据被申请人的申请拍卖船舶。拍卖所得价款由海事法院提存。

第三十一条 海事法院裁定拍卖船舶，应当通过报纸或者其他新闻媒体连续公告三日。

第三十二条 利害关系人请求终止拍卖被扣押船舶的，是否准许，海事法院应当作出裁定；海事法院裁定终止拍卖船舶的，为准备拍卖船舶所发生的费用由利害关系人承担。

第三十三条 拍卖船舶申请人或者利害关系人申请终止拍卖船舶的，应当在公告确定的拍卖船舶日期届满七日前提出。

第三十四条　海事请求人和被请求人应当按照海事法院的要求提供海事诉讼特别程序法第三十三条规定的已知的船舶优先权人、抵押权人和船舶所有人的有关确切情况。

第三十五条　海事诉讼特别程序法第三十八条规定的船舶现状指船舶展示时的状况。船舶交接时的状况与船舶展示时的状况经评估确有明显差别的，船舶价款应当作适当的扣减，但属于正常损耗或者消耗的燃油不在此限。

第三十六条　海事请求人申请扣押船载货物的价值应当与其请求的债权数额相当，但船载货物为不可分割的财产除外。

第三十七条　拍卖的船舶移交后，海事法院应当及时通知相关的船舶登记机关。

第三十八条　海事请求人申请扣押船用燃油、物料的，除适用海事诉讼特别程序法第五十条的规定外，还可以适用海事诉讼特别程序法第三章第一节的规定。

第三十九条　二十总吨以下小型船艇的扣押和拍卖，可以依照民事诉讼法规定的扣押和拍卖程序进行。

第四十条　申请人依据《中华人民共和国海商法》第八十八条规定申请拍卖留置的货物的，参照海事诉讼特别程序法关于拍卖船载货物的规定执行。

《最高人民法院关于扣押与拍卖船舶适用法律若干问题的规定》（法释〔2015〕6号　自2015年3月1日起施行）

为规范海事诉讼中扣押与拍卖船舶，根据《中华人民共和国民事诉讼法》《中华人民共和国海事诉讼特别程序法》等法律，结合司法实践，制定本规定。

第一条　海事请求人申请对船舶采取限制处分或者抵押等保全措施的，海事法院可以依照民事诉讼法的有关规定，裁定准许并通知船舶登记机关协助执行。

前款规定的保全措施不影响其他海事请求人申请扣押船舶。

第二条　海事法院应不同海事请求人的申请，可以对本院或其他海事法院已经扣押的船舶采取扣押措施。

先申请扣押船舶的海事请求人未申请拍卖船舶的，后申请扣押船舶的海事请求人可以依据海事诉讼特别程序法第二十九条的规定，向准许其扣押申请的海事法院申请拍卖船舶。

第三条 船舶因光船承租人对海事请求负有责任而被扣押的，海事请求人依据海事诉讼特别程序法第二十九条的规定，申请拍卖船舶用于清偿光船承租人经营该船舶产生的相关债务的，海事法院应予准许。

第四条 海事请求人申请扣押船舶的，海事法院应当责令其提供担保。但因船员劳务合同、海上及通海水域人身损害赔偿纠纷申请扣押船舶，且事实清楚、权利义务关系明确的，可以不要求提供担保。

第五条 海事诉讼特别程序法第七十六条第二款规定的海事请求人提供担保的具体数额，应当相当于船舶扣押期间可能产生的各项维持费用与支出、因扣押造成的船期损失和被请求人为使船舶解除扣押而提供担保所支出的费用。

船舶扣押后，海事请求人提供的担保不足以赔偿可能给被请求人造成损失的，海事法院应责令其追加担保。

第六条 案件终审后，海事请求人申请返还其所提供担保的，海事法院应将该申请告知被请求人，被请求人在三十日内未提起相关索赔诉讼的，海事法院可以准许海事请求人返还担保的申请。

被请求人同意返还，或生效法律文书认定被请求人负有责任，且赔偿或给付金额与海事请求人要求被请求人提供担保的数额基本相当的，海事法院可以直接准许海事请求人返还担保的申请。

第七条 船舶扣押期间由船舶所有人或光船承租人负责管理。

船舶所有人或光船承租人不履行船舶管理职责的，海事法院可委托第三人或者海事请求人代为管理，由此产生的费用由船舶所有人或光船承租人承担，或在拍卖船舶价款中优先拨付。

第八条 船舶扣押后，海事请求人依据海事诉讼特别程序法第十九条的规定，向其他有管辖权的海事法院提起诉讼的，可以由扣押船舶的海事法院继续实施保全措施。

第九条 扣押船舶裁定执行前，海事请求人撤回扣押船舶申请的，海事法院应当裁定予以准许，并终结扣押船舶裁定的执行。

扣押船舶裁定作出后因客观原因无法执行的，海事法院应当裁定终结执行。

第十条 船舶拍卖未能成交，需要再次拍卖的，适用拍卖法第四十五条关于拍卖日七日前发布拍卖公告的规定。

第十一条　拍卖船舶由拍卖船舶委员会实施，海事法院不另行委托拍卖机构进行拍卖。

第十二条　海事法院拍卖船舶应当依据评估价确定保留价。保留价不得公开。

第一次拍卖时，保留价不得低于评估价的百分之八十；因流拍需要再行拍卖的，可以酌情降低保留价，但降低的数额不得超过前次保留价的百分之二十。

第十三条　对经过两次拍卖仍然流拍的船舶，可以进行变卖。变卖价格不得低于评估价的百分之五十。

第十四条　依照本规定第十三条变卖仍未成交的，经已受理登记债权三分之二以上份额的债权人同意，可以低于评估价的百分之五十进行变卖处理。仍未成交的，海事法院可以解除船舶扣押。

第十五条　船舶经海事法院拍卖、变卖后，对该船舶已采取的其他保全措施效力消灭。

第十六条　海事诉讼特别程序法第一百一十一条规定的申请债权登记期间的届满之日，为拍卖船舶公告最后一次发布之日起第六十日。

前款所指公告为第一次拍卖时的拍卖船舶公告。

第十七条　海事法院受理债权登记申请后，应当在船舶被拍卖、变卖成交后，依照海事诉讼特别程序法第一百一十四条的规定作出是否准予的裁定。

第十八条　申请拍卖船舶的海事请求人未经债权登记，直接要求参与拍卖船舶价款分配的，海事法院应予准许。

第十九条　海事法院裁定终止拍卖船舶的，应当同时裁定终结债权登记受偿程序，当事人已经缴纳的债权登记申请费予以退还。

第二十条　当事人在债权登记前已经就有关债权提起诉讼的，不适用海事诉讼特别程序法第一百一十六条第二款的规定，当事人对海事法院作出的判决、裁定可以依法提起上诉。

第二十一条　债权人依照海事诉讼特别程序法第一百一十六条第一款的规定提起确权诉讼后，需要判定碰撞船舶过失程度比例的，当事人对海事法院作出的判决、裁定可以依法提起上诉。

第二十二条　海事法院拍卖、变卖船舶所得价款及其利息，先行拨付海事诉讼特别程序法第一百一十九条第二款规定的费用后，依法按照下列顺序进行分配：

（一）具有船舶优先权的海事请求；

（二）由船舶留置权担保的海事请求；

（三）由船舶抵押权担保的海事请求；

（四）与被拍卖、变卖船舶有关的其他海事请求。

依据海事诉讼特别程序法第二十三条第二款的规定申请扣押船舶的海事请求人申请拍卖船舶的，在前款规定海事请求清偿后，参与船舶价款的分配。

依照前款规定分配后的余款，按照民事诉讼法及相关司法解释的规定执行。

第二十三条 当事人依照民事诉讼法第十五章第七节的规定，申请拍卖船舶实现船舶担保物权的，由船舶所在地或船籍港所在地的海事法院管辖，按照海事诉讼特别程序法以及本规定关于船舶拍卖受偿程序的规定处理。

第二十四条 海事法院的上级人民法院扣押与拍卖船舶的，适用本规定。

执行程序中拍卖被扣押船舶清偿债务的，适用本规定。

第二十五条 本规定施行前已经实施的船舶扣押与拍卖，本规定施行后当事人申请复议的，不适用本规定。

本规定施行后，最高人民法院1994年7月6日制定的《关于海事法院拍卖被扣押船舶清偿债务的规定》（法发〔1994〕14号）同时废止。最高人民法院以前发布的司法解释和规范性文件与本规定不一致的，以本规定为准。

《最高人民法院关于海事法院受理案件范围的规定》（法释〔2016〕4号 2016年3月1日起施行）

根据《中华人民共和国民事诉讼法》《中华人民共和国海事诉讼特别程序法》《中华人民共和国行政诉讼法》以及我国缔结或者参加的有关国际条约，结合我国海事审判实际，现将海事法院受理案件的范围规定如下：

92. 起诉前就海事纠纷申请扣押船舶、船载货物、船用物料、船用燃油或者申请保全其他财产的案件；

【适用本案由需要注意的问题】

◆根据《最高人民法院关于适用〈中华人民共和国海事诉讼特别程序法〉若干问题的解释》和《最高人民法院关于海事法院受理案件范围的规

定》的规定，申请海事请求保全由海事法院专门管辖，同时根据《海事诉讼特别程序法》的规定，申请海事请求保全由被保全的财产所在地海事法院管辖，被保全的财产所在地指船舶所在地或货物所在地。当事人在诉讼前对已经卸载但在承运人掌管之下的货物申请海事请求保全，如果货物所在地不在海事法院管辖区域内，可以向卸货港所在地海事法院提出，也可以向货物所在地的地方人民法院提出。

◆海事请求人因情况紧急，不立即申请海事请求保全将会使其合法权益受到难以弥补的损害，因此，请求人可以在诉讼或仲裁之前或之中向海事法院提出申请。除海事法院及其上级人民法院外，地方人民法院对当事人提出的船舶保全申请应不予受理；地方人民法院为执行生效法律文书需要扣押和拍卖船舶的，应当委托船籍港所在地或船舶所在地海事法院执行。

405. 申请海事支付令

【案由解析】

申请海事支付令是指海事法院基于债权人有关海事事由的申请，责令债务人给付金钱或有价证券的命令。

申请海事支付令的特征是：（1）必须是以金钱、有价证券为标的物的给付之诉。（2）债权人和债务人之间无其他债务纠纷。（3）支付令能够送达债务人。

【常用法律条文及索引】

《海事诉讼特别程序法》（2000 年 7 月 1 日起施行）

第九十九条 债权人基于海事事由请求债务人给付金钱或者有价证券，符合《中华人民共和国民事诉讼法》有关规定的，可以向有管辖权的海事法院申请支付令。

债务人是外国人、无国籍人、外国企业或者组织，但在中华人民共和国领域内有住所、代表机构或者分支机构并能够送达支付令的，债权人可以向有管辖权的海事法院申请支付令。

《民事诉讼法》（1991 年 4 月 9 日起施行 2017 年 6 月 27 日修正）

第二百一十四条 债权人请求债务人给付金钱、有价证券，符合下列条件的，可以向有管辖权的基层人民法院申请支付令：

（一）债权人与债务人没有其他债务纠纷的；

（二）支付令能够送达债务人的。

申请书应当写明请求给付金钱或者有价证券的数量和所根据的事实、证据。

第二百一十五条 债权人提出申请后，人民法院应当在五日内通知债权人是否受理。

第二百一十六条 人民法院受理申请后，经审查债权人提供的事实、证据，对债权债务关系明确、合法的，应当在受理之日起十五日内向债务人发出支付令；申请不成立的，裁定予以驳回。

债务人应当自收到支付令之日起十五日内清偿债务，或者向人民法院提出书面异议。

债务人在前款规定的期间不提出异议又不履行支付令的，债权人可以向人民法院申请执行。

第二百一十七条 人民法院收到债务人提出的书面异议后，经审查，异议成立的，应当裁定终结督促程序，支付令自行失效。

支付令失效的，转入诉讼程序，但申请支付令的一方当事人不同意提起诉讼的除外。

《最高人民法院关于适用〈中华人民共和国民事诉讼法〉的解释》（法释〔2015〕5号 2015年2月4日起施行）

第二十三条 债权人申请支付令，适用民事诉讼法第二十一条规定，由债务人住所地基层人民法院管辖。

第四百二十七条 两个以上人民法院都有管辖权的，债权人可以向其中一个基层人民法院申请支付令。

债权人向两个以上有管辖权的基层人民法院申请支付令的，由最先立案的人民法院管辖。

第四百二十八条 人民法院收到债权人的支付令申请书后，认为申请书不符合要求的，可以通知债权人限期补正。人民法院应当自收到补正材料之日起五日内通知债权人是否受理。

第四百二十九条 债权人申请支付令，符合下列条件的，基层人民法院应当受理，并在收到支付令申请书后五日内通知债权人：

（一）请求给付金钱或者汇票、本票、支票、股票、债券、国库券、可转让的存款单等有价证券；

（二）请求给付的金钱或者有价证券已到期且数额确定，并写明了请求所根据的事实、证据；

（三）债权人没有对待给付义务；

（四）债务人在我国境内且未下落不明；

（五）支付令能够送达债务人；

（六）收到申请书的人民法院有管辖权；

（七）债权人未向人民法院申请诉前保全。

不符合前款规定的，人民法院应当在收到支付令申请书后五日内通知债权人不予受理。

基层人民法院受理申请支付令案件，不受债权金额的限制。

第四百三十条　人民法院受理申请后，由审判员一人进行审查。经审查，有下列情形之一的，裁定驳回申请：

（一）申请人不具备当事人资格的；

（二）给付金钱或者有价证券的证明文件没有约定逾期给付利息或者违约金、赔偿金，债权人坚持要求给付利息或者违约金、赔偿金的；

（三）要求给付的金钱或者有价证券属于违法所得的；

（四）要求给付的金钱或者有价证券尚未到期或者数额不确定的。

人民法院受理支付令申请后，发现不符合本解释规定的受理条件的，应当在受理之日起十五日内裁定驳回申请。

第四百三十一条　向债务人本人送达支付令，债务人拒绝接收的，人民法院可以留置送达。

第四百三十二条　有下列情形之一的，人民法院应当裁定终结督促程序，已发出支付令的，支付令自行失效：

（一）人民法院受理支付令申请后，债权人就同一债权债务关系又提起诉讼的；

（二）人民法院发出支付令之日起三十日内无法送达债务人的；

（三）债务人收到支付令前，债权人撤回申请的。

第四百三十三条　债务人在收到支付令后，未在法定期间提出书面异议，而向其他人民法院起诉的，不影响支付令的效力。

债务人超过法定期间提出异议的，视为未提出异议。

第四百三十四条　债权人基于同一债权债务关系，在同一支付令申请中向债务人提出多项支付请求，债务人仅就其中一项或者几项请求提出异议的，不影响其他各项请求的效力。

第四百三十五条 债权人基于同一债权债务关系，就可分之债向多个债务人提出支付请求，多个债务人中的一人或者几人提出异议的，不影响其他请求的效力。

第四百三十六条 对设有担保的债务的主债务人发出的支付令，对担保人没有拘束力。

债权人就担保关系单独提起诉讼的，支付令自人民法院受理案件之日起失效。

第四百三十七条 经形式审查，债务人提出的书面异议有下列情形之一的，应当认定异议成立，裁定终结督促程序，支付令自行失效：

（一）本解释规定的不予受理申请情形的；

（二）本解释规定的裁定驳回申请情形的；

（三）本解释规定的应当裁定终结督促程序情形的；

（四）人民法院对是否符合发出支付令条件产生合理怀疑的。

第四百三十八条 债务人对债务本身没有异议，只是提出缺乏清偿能力、延缓债务清偿期限、变更债务清偿方式等异议的，不影响支付令的效力。

人民法院经审查认为异议不成立的，裁定驳回。

债务人的口头异议无效。

第四百三十九条 人民法院作出终结督促程序或者驳回异议裁定前，债务人请求撤回异议的，应当裁定准许。

债务人对撤回异议反悔的，人民法院不予支持。

第四百四十条 支付令失效后，申请支付令的一方当事人不同意提起诉讼的，应当自收到终结督促程序裁定之日起七日内向受理申请的人民法院提出。

申请支付令的一方当事人不同意提起诉讼的，不影响其向其他有管辖权的人民法院提起诉讼。

第四百四十一条 支付令失效后，申请支付令的一方当事人自收到终结督促程序裁定之日起七日内未向受理申请的人民法院表明不同意提起诉讼的，视为向受理申请的人民法院起诉。

债权人提出支付令申请的时间，即为向人民法院起诉的时间。

第四百四十二条　债权人向人民法院申请执行支付令的期间，适用民事诉讼法第二百三十九条的规定。

第四百四十三条　人民法院院长发现本院已经发生法律效力的支付令确有错误，认为需要撤销的，应当提交本院审判委员会讨论决定后，裁定撤销支付令，驳回债权人的申请。

《最高人民法院关于海事法院受理案件范围的规定》（法释〔2016〕4 号 2016 年 3 月 1 日起施行）

根据《中华人民共和国民事诉讼法》《中华人民共和国海事诉讼特别程序法》《中华人民共和国行政诉讼法》以及我国缔结或者参加的有关国际条约，结合我国海事审判实际，现将海事法院受理案件的范围规定如下：

六、海事特别程序案件

97. 就海事纠纷申请支付令案件；

【适用本案由需要注意的问题】

◆根据《海事诉讼特别程序法》第 99 条和《最高人民法院关于海事法院受理案件范围的规定》（法释〔2016〕4 号）的相关规定，申请海事支付令由海事法院专门管辖。债权人基于海事事由请求债务人给付金钱或者有价证券，符合《民事诉讼法》有关规定的，可以向有管辖权的海事法院申请支付令。债务人是外国人、无国籍人、外国企业或者组织，但在中华人民共和国领域内有住所、代表机构或者分支机构并能够送达支付令的，债权人可以向有管辖权的海事法院申请支付令。

406. 申请海事强制令

【案由解析】

申请海事强制令是指海事法院根据海事请求人的申请，为使其合法权益免受侵害，采取责令被请求人作为或不作为的强制措施。

海事强制令的特征是：(1) 海事强制令既可以在诉前向海事纠纷发生地的海事法院提出，也可以在实体诉讼后向受诉的海事法院提出。(2) 海事强制令是一种行为保全，具有保全的特征和属性。(3) 海事强制令在所有符合条件的海事案件中都可适用。

【典型形态】

在实践中，申请海事强制令主要有：

（1）强制放货，是指一方当事人（包括承运人及场站等负有放货义务的人）对持有提单的另一方当事人应当放货而不放货的，应申请人即提单持有人的申请，海事法院签发海事强制令，责令被申请人在限期内向申请人放货。

（2）强制放船，是指在光船承租合同到期或因其他原因解除承租关系后，光船承租人拒不向出租人交船的，光船出租人也可以申请海事法院签发海事强制令，责令被申请人在限期内向申请人放船。

（3）强制放单，是指一方当事人（包括收到货物后负有签发提单义务的人，一般指承运人）收到另一方当事人货物，后经其要求仍拒不签发提单的，应货方的申请，海事法院签发海事强制令，责令被申请人在限期内向申请人签发提单。

【常用法律条文及索引】

《海事诉讼特别程序法》（2000年7月1日起施行）

第五十一条 海事强制令是指海事法院根据海事请求人的申请，为使其合法权益免受侵害，责令被请求人作为或者不作为的强制措施。

第五十二条 当事人在起诉前申请海事强制令，应当向海事纠纷发生地海事法院提出。

第五十三条 海事强制令不受当事人之间关于该海事请求的诉讼管辖协议或者仲裁协议的约束。

第五十四条 海事请求人申请海事强制令，应当向海事法院提交书面申请。申请书应当载明申请理由，并附有关证据。

第五十五条 海事法院受理海事强制令申请，可以责令海事请求人提供担保。海事请求人不提供的，驳回其申请。

第五十六条 作出海事强制令，应当具备下列条件：

（一）请求人有具体的海事请求；

（二）需要纠正被请求人违反法律规定或者合同约定的行为；

（三）情况紧急，不立即作出海事强制令将造成损害或者使损害扩大。

第五十七条 海事法院接受申请后，应当在四十八小时内作出裁定。裁定作出海事强制令的，应当立即执行；对不符合海事强制令条件的，裁定驳回其申请。

第五十八条　当事人对裁定不服的，可以在收到裁定书之日起五日内申请复议一次。海事法院应当在收到复议申请之日起五日内作出复议决定。复议期间不停止裁定的执行。

利害关系人对海事强制令提出异议，海事法院经审查，认为理由成立的，应当裁定撤销海事强制令。

第五十九条　被请求人拒不执行海事强制令的，海事法院可以根据情节轻重处以罚款、拘留；构成犯罪的，依法追究刑事责任。

对个人的罚款金额，为一千元以上三万元以下。对单位的罚款金额，为三万元以上十万元以下。

拘留的期限，为十五日以下。

第六十条　海事请求人申请海事强制令错误的，应当赔偿被请求人或者利害关系人因此所遭受的损失。

第六十一条　海事强制令执行后，有关海事纠纷未进入诉讼或者仲裁程序的，当事人就该海事请求，可以向作出海事强制令的海事法院或者其他有管辖权的海事法院提起诉讼，但当事人之间订有诉讼管辖协议或者仲裁协议的除外。

《最高人民法院关于适用〈中华人民共和国海事诉讼特别程序法〉若干问题的解释》（法释〔2003〕3号　2003年2月1日起施行）

第四十一条　诉讼或者仲裁前申请海事强制令的，适用海事诉讼特别程序法第五十三条的规定。

外国法院已受理相关海事案件或者有关纠纷已经提交仲裁的，当事人向中华人民共和国的海事法院提出海事强制令申请，并向法院提供可以执行海事强制令的相关证据的，海事法院应当受理。

第四十二条　海事法院根据海事诉讼特别程序法第五十七条规定，准予申请人海事强制令申请的，应当制作民事裁定书并发布海事强制令。

第四十三条　海事强制令由海事法院执行。被申请人、其他相关单位或者个人不履行海事强制令的，海事法院应当依据民事诉讼法的有关规定强制执行。

第四十四条　利害关系人对海事法院作出海事强制令的民事裁定提出异议，海事法院经审查认为理由不成立的，应当书面通知利害关系人。

第四十五条 海事强制令发布后十五日内，被请求人未提出异议，也未就相关的海事纠纷提起诉讼或者申请仲裁的，海事法院可以应申请人的请求，返还其提供的担保。

第四十六条 被请求人依据海事诉讼特别程序法第六十条的规定要求海事请求人赔偿损失的，由发布海事强制令的海事法院受理。

《最高人民法院关于海事法院受理案件范围的规定》（法释〔2016〕4号 2016年3月1日起施行）

根据《中华人民共和国民事诉讼法》《中华人民共和国海事诉讼特别程序法》《中华人民共和国行政诉讼法》以及我国缔结或者参加的有关国际条约，结合我国海事审判实际，现将海事法院受理案件的范围规定如下：

六、海事特别程序案件

94. 申请海事强制令案件；

【适用本案由需要注意的问题】

◆关于申请海事强制令案件的管辖，根据《海事诉讼特别程序法》第52、53条的规定，当事人在诉前申请海事强制令的，应当向海事纠纷发生地海事法院提出，且该强制令不受当事人之间关于该海事请求的诉讼管辖协议或仲裁协议约束。当事人对未进入诉讼或仲裁程序的海事纠纷可以在海事强制令执行后向作出强制令的海事法院或其他有管辖权的海事法院提起诉讼，但当事人之间有管辖协议或仲裁协议的除外。

407. 申请海事证据保全

【案由解析】

申请海事证据保全是指海事请求人向海事法院提出申请，请求海事法院对有关海事请求的证据予以提取、保存或者封存的民事强制措施。

海事证据保全的特征是：（1）海事证据保全只能依海事请求人的申请，海事法院不能依职权采取海事证据保全措施。（2）海事证据保全不仅限于诉讼中证据保全，还包括诉前证据保全。

海事证据保全具备的条件有：（1）请求人是海事请求的当事人。（2）请求保全的证据对该海事请求具有证明作用。（3）被请求人是与请求保全的证据有关的人。(4) 情况紧急，不立即采取证据保全就会使该海事请求的证据灭失或者难取得。应在 48 小时内作出裁定。对裁定不服，可申请复议一次，期间不停止裁定的执行。

【常用法律条文及索引】

《海事诉讼特别程序法》(2000 年 7 月 1 日起施行)

第六十二条 海事证据保全是指海事法院根据海事请求人的申请，对有关海事请求的证据予以提取、保存或者封存的强制措施。

第六十三条 当事人在起诉前申请海事证据保全，应当向被保全的证据所在地海事法院提出。

第六十四条 海事证据保全不受当事人之间关于该海事请求的诉讼管辖协议或者仲裁协议的约束。

第六十五条 海事请求人申请海事证据保全，应当向海事法院提交书面申请。申请书应当载明请求保全的证据、该证据与海事请求的联系、申请理由。

第六十六条 海事法院受理海事证据保全申请，可以责令海事请求人提供担保。海事请求人不提供的，驳回其申请。

第六十七条 采取海事证据保全，应当具备下列条件：

（一）请求人是海事请求的当事人；

（二）请求保全的证据对该海事请求具有证明作用；

（三）被请求人是与请求保全的证据有关的人；

（四）情况紧急，不立即采取证据保全就会使该海事请求的证据灭失或者难以取得。

第六十八条 海事法院接受申请后，应当在四十八小时内作出裁定。裁定采取海事证据保全措施的，应当立即执行；对不符合海事证据保全条件的，裁定驳回其申请。

第六十九条 当事人对裁定不服的，可以在收到裁定书之日起五日内申请复议一次。海事法院应当在收到复议申请之日起五日内作出复议决定。复议期间不停止裁定的执行。被请求人申请复议的理由成立的，应当将保全的证据返还被请求人。

利害关系人对海事证据保全提出异议，海事法院经审查，认为理由成立的，应当裁定撤销海事证据保全；已经执行的，应当将与利害关系人有关的证据返还利害关系人。

第七十条 海事法院进行海事证据保全，根据具体情况，可以对证据予以封存，也可以提取复制件、副本，或者进行拍照、录相，制作节录本、调查笔录等。确有必要的，也可以提取证据原件。

第七十一条 海事请求人申请海事证据保全错误的，应当赔偿被请求人或者利害关系人因此所遭受的损失。

第七十二条 海事证据保全后，有关海事纠纷未进入诉讼或者仲裁程序的，当事人就该海事请求，可以向采取证据保全的海事法院或者其他有管辖权的海事法院提起诉讼，但当事人之间订有诉讼管辖协议或者仲裁协议的除外。

《最高人民法院关于适用〈中华人民共和国海事诉讼特别程序法〉若干问题的解释》（法释〔2003〕3号 2003年2月1日起施行）

第四十七条 诉讼前申请海事证据保全，适用海事诉讼特别程序法第六十四条的规定。

外国法院已受理相关海事案件或者有关纠纷已经提交仲裁，当事人向中华人民共和国的海事法院提出海事证据保全申请，并提供被保全的证据在中华人民共和国领域内的相关证据的，海事法院应当受理。

第四十八条 海事请求人申请海事证据保全，申请书除应当依照海事诉讼特别程序法第六十五条的规定载明相应内容外，还应当载明证据收集、调取的有关线索。

第四十九条 海事请求人在采取海事证据保全的海事法院提起诉讼后，可以申请复制保全的证据材料；相关海事纠纷在中华人民共和国领域内的其他海事法院或者仲裁机构受理的，受诉法院或者仲裁机构应海事请求人的申请可以申请复制保全的证据材料。

第五十条 利害关系人对海事法院作出的海事证据保全裁定提出异议，海事法院经审查认为理由不成立的，应当书面通知利害关系人。

第五十一条 被请求人依据海事诉讼特别程序法第七十一条的规定要求海事请求人赔偿损失的，由采取海事证据保全的海事法院受理。

《最高人民法院关于海事法院受理案件范围的规定》（法释〔2016〕4号 2016年3月1日起施行）

根据《中华人民共和国民事诉讼法》《中华人民共和国海事诉讼特别程序法》《中华人民共和国行政诉讼法》以及我国缔结或者参加的有关国际条

约，结合我国海事审判实际，现将海事法院受理案件的范围规定如下：

六、海事特别程序案件

95. 申请海事证据保全案件；

【适用本案由需要注意的问题】

◆申请人申请海事证据保全应当保证承担因申请证据保全错误而给被申请人造成的损失，海事法院认为采取海事证据保全措施可能造成被申请人损失的，可以责令申请人提供担保。根据《海事诉讼特别程序法》及《最高人民法院关于适用〈中华人民共和国海事诉讼特别程序法〉若干问题的解释》，当事人在起诉前申请海事证据保全，应当向被保全的证据所在地海事法院提出，该保全不受当事人之间关于该海事请求的诉讼管辖协议或者仲裁协议的约束。海事证据保全后，有关海事纠纷未进入诉讼或者仲裁程序的，当事人就该海事请求，可以向采取证据保全的海事法院或者其他有管辖权的海事法院提起诉讼，但当事人之间订有诉讼管辖协议或者仲裁协议的除外。

408. 申请设立海事赔偿责任限制基金

【案由解析】

申请设立海事赔偿责任限制基金是指船舶所有人、承租人、经营人、救助人、保险人在发生海事事故后，依法申请责任限制的，可以向海事法院申请设立海事赔偿责任限制基金。

海事赔偿责任限制基金的特征是：（1）海事赔偿责任限制是指船舶所有人、救助或保险人依据法律规定限制其赔偿责任数额的一项海商法特有制度。（2）基金设立的主体是海事赔偿责任人，其目的是在法院作出判决或裁定对基金予以分配后，不论其涉及的每一项本航次限制性债权是否均已登记，或者能否得到满足，该债权都由于债权人因法律规定不得再行起诉而消灭，从而使责任人利益得到进一步保护。

【常用法律条文及索引】

《海事诉讼特别程序法》（2000 年 7 月 1 日起施行）

第一百零一条 船舶所有人、承租人、经营人、救助人、保险人在发生海事事故后，依法申请责任限制的，可以向海事法院申请设立海事赔偿责任限制基金。

船舶造成油污损害的，船舶所有人及其责任保险人或者提供财务保证的其他人为取得法律规定的责任限制的权利，应当向海事法院设立油污损害的海事赔偿责任限制基金。

设立责任限制基金的申请可以在起诉前或者诉讼中提出，但最迟应当在一审判决作出前提出。

第一百零二条 当事人在起诉前申请设立海事赔偿责任限制基金的，应当向事故发生地、合同履行地或者船舶扣押地海事法院提出。

第一百零三条 设立海事赔偿责任限制基金，不受当事人之间关于诉讼管辖协议或者仲裁协议的约束。

第一百零四条 申请人向海事法院申请设立海事赔偿责任限制基金，应当提交书面申请。申请书应当载明申请设立海事赔偿责任限制基金的数额、理由，以及已知的利害关系人的名称、地址和通讯方法，并附有关证据。

第一百零五条 海事法院受理设立海事赔偿责任限制基金申请后，应当在七日内向已知的利害关系人发出通知，同时通过报纸或者其他新闻媒体发布公告。

通知和公告包括下列内容：

（一）申请人的名称；

（二）申请的事实和理由；

（三）设立海事赔偿责任限制基金事项；

（四）办理债权登记事项；

（五）需要告知的其他事项。

第一百零六条 利害关系人对申请人申请设立海事赔偿责任限制基金有异议的，应当在收到通知之日起七日内或者未收到通知的在公告之日起三十日内，以书面形式向海事法院提出。

海事法院收到利害关系人提出的书面异议后，应当进行审查，在十五日内作出裁定。异议成立的，裁定驳回申请人的申请；异议不成立的，裁定准予申请人设立海事赔偿责任限制基金。

当事人对裁定不服的，可以在收到裁定书之日起七日内提起上诉。第二审人民法院应当在收到上诉状之日起十五日内作出裁定。

第一百零七条 利害关系人在规定的期间内没有提出异议的，海事法院裁定准予申请人设立海事赔偿责任限制基金。

第一百零八条 准予申请人设立海事赔偿责任限制基金的裁定生效后，申请人应当在海事法院设立海事赔偿责任限制基金。

设立海事赔偿责任限制基金可以提供现金，也可以提供经海事法院认可的担保。

海事赔偿责任限制基金的数额，为海事赔偿责任限额和自事故发生之日起至基金设立之日止的利息。以担保方式设立基金的，担保数额为基金数额及其在基金设立期间的利息。

以现金设立基金的，基金到达海事法院指定账户之日为基金设立之日。以担保设立基金的，海事法院接受担保之日为基金设立之日。

第一百零九条 设立海事赔偿责任限制基金以后，当事人就有关海事纠纷应当向设立海事赔偿责任限制基金的海事法院提起诉讼，但当事人之间订有诉讼管辖协议或者仲裁协议的除外。

第一百一十条 申请人申请设立海事赔偿责任限制基金错误的，应当赔偿利害关系人因此所遭受的损失。

《最高人民法院关于适用〈中华人民共和国海事诉讼特别程序法〉若干问题的解释》（法释〔2003〕3号 2003年2月1日起施行）

第七十九条 海事诉讼特别程序法第一百零一条规定的船舶所有人指有关船舶证书上载明的船舶所有人。

第八十条 海事事故发生在中华人民共和国领域外的，船舶发生事故后进入中华人民共和国领域内的第一到达港视为海事诉讼特别程序法第一百零二条规定的事故发生地。

第八十一条 当事人在诉讼中申请设立海事赔偿责任限制基金的，应当向受理相关海事纠纷案件的海事法院提出，但当事人之间订有有效诉讼管辖协议或者仲裁协议的除外。

第八十二条 设立海事赔偿责任限制基金应当通过报纸或者其他新闻媒体连续公告三日。如果涉及的船舶是可以航行于国际航线的，应当通过对外发行的报纸或者其他新闻媒体发布公告。

第八十三条 利害关系人依据海事诉讼特别程序法第一百零六条的规定对申请人设立海事赔偿责任限制基金提出异议的，海事法院应当对设立基金申请人的主体资格、事故所涉及的债权性质和申请设立基金的数额进行审查。

第八十四条 准予申请人设立海事赔偿责任限制基金的裁定生效后，申请人应当在三日内在海事法院设立海事赔偿责任限制基金。申请人逾期未设立基金的，按自动撤回申请处理。

第八十五条 海事诉讼特别程序法第一百零八条规定的担保指中华人民共和国境内的银行或者其他金融机构所出具的担保。

第八十六条 设立海事赔偿责任限制基金后，向基金提出请求的任何人，不得就该项索赔对设立或以其名义设立基金的人的任何其他财产，行使任何权利。

《最高人民法院关于海事法院受理案件范围的规定》（法释〔2016〕4号 2016年3月1日起施行）

根据《中华人民共和国民事诉讼法》《中华人民共和国海事诉讼特别程序法》《中华人民共和国行政诉讼法》以及我国缔结或者参加的有关国际条约，结合我国海事审判实际，现将海事法院受理案件的范围规定如下：

六、海事特别程序案件

99. 申请设立海事赔偿责任限制基金（含油污损害赔偿责任限制基金）案件；

【适用本案由需要注意的问题】

◆根据《海事诉讼特别程序法》及《最高人民法院关于适用〈中华人民共和国海事诉讼特别程序法〉若干问题的解释》的规定，当事人在起诉前申请设立海事赔偿责任限制基金的，应当向事故发生地、合同履行地或船舶扣押地海事法院提出。海事事故发生在中华人民共和国领域外的，船舶发生事故后进入中华人民共和国领域内的第一到达港视为事故发生地。

409. 申请船舶优先权催告

【案由解析】

申请船舶优先权催告是指船舶转让时，受让人向海事法院申请船舶优先权催告，催促船舶优先权人尽快行使其海事请求权，使船舶无辜买方免受船舶上可能存在的船舶优先权困扰。

船舶优先权催告的特征是：（1）船舶优先权是海商法中特有的一种担保

物权，自动产生，不必经过登记，无须占有船舶，除权利人行使该权利外，第三人无从获悉该权利的存在。具有隐蔽性和附着性，对船舶的受让人可能构成很大的威胁。(2) 受让人申请船舶优先权的催告，进而使船舶优先权归于消灭来达到保护自己的权益的目的。(3) 在赔偿顺序上，船舶优先权先于船舶留置权、抵押权以及普通债权受偿。

【常用法律条文及索引】

《海事诉讼特别程序法》（2000 年 7 月 1 日起施行）

第一百二十条　船舶转让时，受让人可以向海事法院申请船舶优先权催告，催促船舶优先权人及时主张权利，消灭该船舶附有的船舶优先权。

第一百二十一条　受让人申请船舶优先权催告的，应当向转让船舶交付地或者受让人住所地海事法院提出。

第一百二十二条　申请船舶优先权催告，应当向海事法院提交申请书、船舶转让合同、船舶技术资料等文件。申请书应当载明船舶的名称、申请船舶优先权催告的事实和理由。

第一百二十三条　海事法院在收到申请书以及有关文件后，应当进行审查，在七日内作出准予或者不准予申请的裁定。

受让人对裁定不服的，可以申请复议一次。

第一百二十四条　海事法院在准予申请的裁定生效后，应当通过报纸或者其他新闻媒体发布公告，催促船舶优先权人在催告期间主张船舶优先权。

船舶优先权催告期间为六十日。

第一百二十五条　船舶优先权催告期间，船舶优先权人主张权利的，应当在海事法院办理登记；不主张权利的，视为放弃船舶优先权。

第一百二十六条　船舶优先权催告期间届满，无人主张船舶优先权的，海事法院应当根据当事人的申请作出判决，宣告该转让船舶不附有船舶优先权。判决内容应当公告。

《最高人民法院关于适用〈中华人民共和国海事诉讼特别程序法〉若干问题的解释》（法释〔2003〕3 号　2003 年 2 月 1 日起施行）

第九十二条　船舶转让合同订立后船舶实际交付前，受让人即可申请船舶优先权催告。

受让人不能提供原船舶证书的，不影响船舶优先权催告申请的提出。

第九十三条　海事诉讼特别程序法第一百二十条规定的受让人指船舶转

让中的买方和有买船意向的人，但受让人申请海事法院作出除权判决时，必须提交其已经实际受让船舶的证据。

第九十四条 船舶受让人对不准予船舶优先权催告申请的裁定提出复议的，海事法院应当在七日内作出复议决定。

第九十五条 海事法院准予船舶优先权催告申请的裁定生效后，应当通过报纸或者其他新闻媒体连续公告三日。优先权催告的船舶为可以航行于国际航线的，应当通过对外发行的报纸或者其他新闻媒体发布公告。

第九十六条 利害关系人在船舶优先权催告期间提出优先权主张的，海事法院应当裁定优先权催告程序终结。

《最高人民法院关于海事法院受理案件范围的规定》（法释〔2016〕4号 2016年3月1日起施行）

根据《中华人民共和国民事诉讼法》《中华人民共和国海事诉讼特别程序法》《中华人民共和国行政诉讼法》以及我国缔结或者参加的有关国际条约，结合我国海事审判实际，现将海事法院受理案件的范围规定如下：

六、海事特别程序案件

103. 船舶优先权催告案件；

【适用本案由需要注意的问题】

◆根据《最高人民法院关于适用〈中华人民共和国海事诉讼特别程序法〉若干问题的解释》和《最高人民法院关于海事法院受理案件范围的规定》的规定，申请船舶优先权催告由海事法院专门管辖。同时根据《海事诉讼特别程序法》的规定，受让人申请船舶优先权催告的，应当向转让船舶交付地或者受让人住所地海事法院提出。

410. 申请海事债权登记与受偿

【案由解析】

申请海事债权登记与受偿是指海事法院强制拍卖船舶和设立海事赔偿责任限制基金时，债权人依法定程序向海事法院申请债权登记，海事法院按照《海商法》或者其他有关法律规定，裁定债权人按照一定顺序受偿。

海事债权登记与受偿的特征是：（1）债权人向海事法院申请登记债权时

需提供有关债权证据，包括证明债权具有法律效力的判决书、裁定书、调解书、仲裁裁决书和公证债权文书以及其他证明具有海事请求的证据材料。（2）关于受偿的债权人名单由海事法院确定，并组织召开债权人会议。

【常用法律条文及索引】

《海事诉讼特别程序法》（2000年7月1日起施行）

第一百一十一条　海事法院裁定强制拍卖船舶的公告发布后，债权人应当在公告期间，就与被拍卖船舶有关的债权申请登记。公告期间届满不登记的，视为放弃在本次拍卖船舶价款中受偿的权利。

第一百一十二条　海事法院受理设立海事赔偿责任限制基金的公告发布后，债权人应当在公告期间就与特定场合发生的海事事故有关的债权申请登记。公告期间届满不登记的，视为放弃债权。

第一百一十三条　债权人向海事法院申请登记债权的，应当提交书面申请，并提供有关债权证据。

债权证据，包括证明债权的具有法律效力的判决书、裁定书、调解书、仲裁裁决书和公证债权文书，以及其他证明具有海事请求的证据材料。

第一百一十四条　海事法院应当对债权人的申请进行审查，对提供债权证据的，裁定准予登记；对不提供债权证据的，裁定驳回申请。

第一百一十五条　债权人提供证明债权的判决书、裁定书、调解书、仲裁裁决书或者公证债权文书的，海事法院经审查认定上述文书真实合法的，裁定予以确认。

第一百一十六条　债权人提供其他海事请求证据的，应当在办理债权登记以后，在受理债权登记的海事法院提起确权诉讼。当事人之间有仲裁协议的，应当及时申请仲裁。

海事法院对确权诉讼作出的判决、裁定具有法律效力，当事人不得提起上诉。

第一百一十七条　海事法院审理并确认债权后，应当向债权人发出债权人会议通知书，组织召开债权人会议。

第一百一十八条　债权人会议可以协商提出船舶价款或者海事赔偿责任限制基金的分配方案，签订受偿协议。

受偿协议经海事法院裁定认可，具有法律效力。

债权人会议协商不成的，由海事法院依照《中华人民共和国海商法》以及其他有关法律规定的受偿顺序，裁定船舶价款或者海事赔偿责任限制基金的分配方案。

第一百一十九条 拍卖船舶所得价款及其利息，或者海事赔偿责任限制基金及其利息，应当一并予以分配。

分配船舶价款时，应当由责任人承担的诉讼费用，为保存、拍卖船舶和分配船舶价款产生的费用，以及为债权人的共同利益支付的其他费用，应当从船舶价款中先行拨付。

清偿债务后的余款，应当退还船舶原所有人或者海事赔偿责任限制基金设立人。

《最高人民法院关于适用〈中华人民共和国海事诉讼特别程序法〉若干问题的解释》（法释〔2003〕3 号 2003 年 2 月 1 日起施行）

第八十七条 海事诉讼特别程序法第一百一十一条规定的与被拍卖船舶有关的债权指与被拍卖船舶有关的海事债权。

第八十八条 海事诉讼特别程序法第一百一十五条规定的判决书、裁定书、调解书和仲裁裁决书指我国国内的判决书、裁定书、调解书和仲裁裁决书。对于债权人提供的国外的判决书、裁定书、调解书和仲裁裁决书，适用民事诉讼法第二百六十八条和第二百六十九条规定的程序审查。

第八十九条 在债权登记前，债权人已向受理债权登记的海事法院以外的海事法院起诉的，受理案件的海事法院应当将案件移送至登记债权的海事法院一并审理，但案件已经进入二审的除外。

第九十条 债权人依据海事诉讼特别程序法第一百一十六条规定向受理债权登记的海事法院提起确权诉讼的，应当在办理债权登记后七日内提起。

第九十一条 海事诉讼特别程序法第一百一十九条第二款规定的三项费用按顺序拨付。

《最高人民法院关于海事法院受理案件范围的规定》（法释〔2016〕4 号 2016 年 3 月 1 日起施行）

根据《中华人民共和国民事诉讼法》《中华人民共和国海事诉讼特别程序法》《中华人民共和国行政诉讼法》以及我国缔结或者参加的有关国际条约，结合我国海事审判实际，现将海事法院受理案件的范围规定如下：

六、海事特别程序案件

100. 与拍卖船舶或者设立海事赔偿责任限制基金（含油污损害赔偿责任限制基金）相关的债权登记与受偿案件；

【适用本案由需要注意的问题】

◆申请海事债权登记与受偿应由海事法院专门管辖，在债权登记前，债权人已向受理债权登记的海事法院以外的海事法院起诉的，受理案件的海事法院应当将案件移送至登记债权的海事法院一并审理，但案件已进入二审的除外。

四十二、申请承认与执行法院判决、仲裁裁决案件

411. 申请执行海事仲裁裁决

【案由解析】

申请执行海事仲裁裁决是指海事仲裁案件的当事人通过法定程序向法院提出申请，对海事仲裁机构作出的海事仲裁裁决予以执行。

申请执行海事仲裁裁决的特征是：（1）须在海事仲裁裁决没有自动履行的前提下，才能够申请执行海事仲裁裁决。（2）无论是国内海事案件的仲裁裁决、涉外因素海事案件的仲裁裁决和外国海事仲裁机构在我国境外作出的海事仲裁裁决，在向我国法院申请执行时，被执行人可供执行的财产必须在我国境内。

【常用法律条文及索引】

《海事诉讼特别程序法》（2000年7月1日起施行）

第十一条　当事人申请执行海事仲裁裁决，申请承认和执行外国法院判决、裁定以及国外海事仲裁裁决的，向被执行的财产所在地或者被执行人住所地海事法院提出。被执行的财产所在地或者被执行人住所地没有海事法院的，向被执行的财产所在地或者被执行人住所地的中级人民法院提出。

《最高人民法院关于适用〈中华人民共和国海事诉讼特别程序法〉若干问题的解释》（法释〔2003〕3号　2003年2月1日起施行）

第十三条　当事人根据海事诉讼特别程序法第十一条的规定申请执行海

事仲裁裁决，申请承认和执行国外海事仲裁裁决的，由被执行的财产所在地或者被执行人住所地的海事法院管辖；被执行的财产为船舶的，无论该船舶是否在海事法院管辖区域范围内，均由海事法院管辖。船舶所在地没有海事法院的，由就近的海事法院管辖。

前款所称财产所在地和被执行人住所地是指海事法院行使管辖权的地域。

第十四条 认定海事仲裁协议效力案件，由被申请人住所地、合同履行地或者约定的仲裁机构所在地的海事法院管辖。

《最高人民法院关于海事法院受理案件范围的规定》（法释〔2016〕4号 2016年3月1日起施行）

根据《中华人民共和国民事诉讼法》《中华人民共和国海事诉讼特别程序法》《中华人民共和国行政诉讼法》以及我国缔结或者参加的有关国际条约，结合我国海事审判实际，现将海事法院受理案件的范围规定如下：

六、海事特别程序案件

86. 申请认定海事仲裁协议效力的案件；

《民事诉讼法》（1991年4月9日起施行 2017年6月27日修正）

第二百七十一条 涉外经济贸易、运输和海事中发生的纠纷，当事人在合同中订有仲裁条款或者事后达成书面仲裁协议，提交中华人民共和国涉外仲裁机构或者其他仲裁机构仲裁的，当事人不得向人民法院起诉。

第二百七十三条 经中华人民共和国涉外仲裁机构裁决的，当事人不得向人民法院起诉。一方当事人不履行仲裁裁决的，对方当事人可以向被申请人住所地或者财产所在地的中级人民法院申请执行。

《仲裁法》（1995年9月1日起施行 2017年9月1日修正）

第六十二条 当事人应当履行裁决。一方当事人不履行的，另一方当事人可以依照民事诉讼法的有关规定向人民法院申请执行。受申请的人民法院应当执行。

第六十五条 涉外经济贸易、运输和海事中发生的纠纷的仲裁，适用本章规定。本章没有规定的，适用本法其他有关规定。

第七十二条 涉外仲裁委员会作出的发生法律效力的仲裁裁决，当事人请求执行的，如果被执行人或者其财产不在中华人民共和国领域内，应当由当事人直接向有管辖权的外国法院申请承认和执行。

《最高人民法院关于适用〈中华人民共和国仲裁法〉若干问题的解释》（法释〔2006〕7号　2006年9月8日起施行）

第十二条　当事人向人民法院申请确认仲裁协议效力的案件，由仲裁协议约定的仲裁机构所在地的中级人民法院管辖；仲裁协议约定的仲裁机构不明确的，由仲裁协议签订地或者被申请人住所地的中级人民法院管辖。

申请确认涉外仲裁协议效力的案件，由仲裁协议约定的仲裁机构所在地、仲裁协议签订地、申请人或者被申请人住所地的中级人民法院管辖。

涉及海事海商纠纷仲裁协议效力的案件，由仲裁协议约定的仲裁机构所在地、仲裁协议签订地、申请人或者被申请人住所地的海事法院管辖；上述地点没有海事法院的，由就近的海事法院管辖。

【适用本案由需要注意的问题】

◆根据《海事诉讼特别程序法》和《最高人民法院关于适用〈中华人民共和国海事诉讼特别程序法〉若干问题的解释》的规定，当事人申请执行国内外海事仲裁裁决的，应当向被执行的财产所在地或被执行人住所地海事法院提出，若被执行的财产所在地或被执行人住所地没有海事法院的，则向被执行的财产所在地或被执行人住所地的中级人民法院提出。被执行财产所在地和被执行人住所地是指海事法院行使管辖权的地域。若被执行的财产是船舶的，则无论该船舶是否在海事法院管辖范围内，均由海事法院管辖。船舶所在地没有海事法院的，由就近的海事法院管辖。

412. 申请执行知识产权仲裁裁决

【案由解析】

申请执行知识产权仲裁裁决是指国内仲裁庭对当事人之间的知识产权争议所作出的裁决。

申请执行知识产权仲裁裁决的特征是：（1）申请执行知识产权仲裁裁决仅适用于国内仲裁庭所作的知识产权仲裁裁决和国内仲裁庭所作的涉外知识产权仲裁裁决。（2）国内仲裁庭所作的知识产权仲裁裁决无须经过人民法院认可，可以直接申请执行。

【常用法律条文及索引】

《仲裁法》（1995 年 9 月 1 日起施行 2017 年 9 月 1 日修正）

第六十二条 当事人应当履行裁决。一方当事人不履行的，另一方当事人可以依照民事诉讼法的有关规定向人民法院申请执行。受申请的人民法院应当执行。

第六十三条 被申请人提出证据证明裁决有民事诉讼法第二百一十三条第二款规定的情形之一的，经人民法院组成合议庭审查核实，裁定不予执行。

第六十四条 一方当事人申请执行裁决，另一方当事人申请撤销裁决的，人民法院应当裁定中止执行。

人民法院裁定撤销裁决的，应当裁定终结执行。撤销裁决的申请被裁定驳回的，人民法院应当裁定恢复执行。

《民事诉讼法》（1991 年 4 月 9 日起施行 2017 年 6 月 27 日修正）

第二百七十四条 对中华人民共和国涉外仲裁机构作出的裁决，被申请人提出证据证明仲裁裁决有下列情形之一的，经人民法院组成合议庭审查核实，裁定不予执行：

（一）当事人在合同中没有订有仲裁条款或者事后没有达成书面仲裁协议的；

（二）被申请人没有得到指定仲裁员或者进行仲裁程序的通知，或者由于其他不属于被申请人负责的原因未能陈述意见的；

（三）仲裁庭的组成或者仲裁的程序与仲裁规则不符的；

（四）裁决的事项不属于仲裁协议的范围或者仲裁机构无权仲裁的。

人民法院认定执行该裁决违背社会公共利益的，裁定不予执行。

《最高人民法院关于适用〈中华人民共和国仲裁法〉若干问题的解释》（法释〔2006〕7 号 2006 年 9 月 8 日起施行）

第二十九条 当事人申请执行仲裁裁决案件，由被执行人住所地或者被执行的财产所在地的中级人民法院管辖。

【适用本案由需要注意的问题】

◆仲裁裁决的审查往往涉及实体问题的审查，目前法律或司法解释均未对申请执行国内知识产权仲裁裁决案件的管辖作出特别规定，为确保这类案件的顺利审查，一般应当由具有相应知识产权案件管辖权的法院管辖为宜。申请执行知识产权仲裁裁决这一案由不适用于港澳台地区仲裁机构和外国仲裁机构所作出的仲裁裁决。

413. 申请执行涉外仲裁裁决

【案由解析】

申请执行涉外仲裁裁决是指一方当事人不自动履行已生效的涉外仲裁裁决时，另一方当事人向人民法院申请执行该仲裁裁决，人民法院依法对该涉外仲裁裁决进行司法审查后，裁定是否予以执行。涉外仲裁裁决，一般是指当事人根据合同约定或书面协议，将涉外经济贸易、运输和海事中发生涉外仲裁的纠纷，提交中国涉外仲裁机构进行裁决的制度。

涉外仲裁裁决的特征是：（1）涉外仲裁机构属民间性质，它的仲裁员也由民间推荐选任，涉外仲裁属于国际商事仲裁裁决的范畴。（2）若该仲裁中的当事人、争议标的物以及产生、变更、终止法律关系的法律事实这三个因素中有一项是境外的，则对该仲裁的裁决就属于涉外仲裁裁决。

【常用法律条文及索引】

《民事诉讼法》（1991 年 4 月 9 日起施行　2017 年 6 月 27 日修正）

第二百七十一条　涉外经济贸易、运输和海事中发生的纠纷，当事人在合同中订有仲裁条款或者事后达成书面仲裁协议，提交中华人民共和国涉外仲裁机构或者其他仲裁机构仲裁的，当事人不得向人民法院起诉。

当事人在合同中没有订有仲裁条款或者事后没有达成书面仲裁协议的，可以向人民法院起诉。

第二百七十二条　当事人申请采取保全的，中华人民共和国的涉外仲裁机构应当将当事人的申请，提交被申请人住所地或者财产所在地的中级人民法院裁定。

第二百七十三条　经中华人民共和国涉外仲裁机构裁决的，当事人不得向人民法院起诉。一方当事人不履行仲裁裁决的，对方当事人可以向被申请人住所地或者财产所在地的中级人民法院申请执行。

第二百七十四条　对中华人民共和国涉外仲裁机构作出的裁决，被申请人提出证据证明仲裁裁决有下列情形之一的，经人民法院组成合议庭审查核实，裁定不予执行：

（一）当事人在合同中没有订有仲裁条款或者事后没有达成书面仲裁协议的；

（二）被申请人没有得到指定仲裁员或者进行仲裁程序的通知，或者由于其他不属于被申请人负责的原因未能陈述意见的；

（三）仲裁庭的组成或者仲裁的程序与仲裁规则不符的；

（四）裁决的事项不属于仲裁协议的范围或者仲裁机构无权仲裁的。

人民法院认定执行该裁决违背社会公共利益的，裁定不予执行。

《仲裁法》（1995 年 9 月 1 日起施行　2017 年 9 月 1 日修正）

第六十五条　涉外经济贸易、运输和海事中发生的纠纷的仲裁，适用本章规定。本章没有规定的，适用本法其他有关规定。

第六十六条　涉外仲裁委员会可以由中国国际商会组织设立。

涉外仲裁委员会由主任一人、副主任若干人和委员若干人组成。

涉外仲裁委员会的主任、副主任和委员可以由中国国际商会聘任。

第六十七条　涉外仲裁委员会可以从具有法律、经济贸易、科学技术等专门知识的外籍人士中聘任仲裁员。

第六十八条　涉外仲裁的当事人申请证据保全的，涉外仲裁委员会应当将当事人的申请提交证据所在地的中级人民法院。

第六十九条　涉外仲裁的仲裁庭可以将开庭情况记入笔录，或者作出笔录要点，笔录要点可以由当事人和其他仲裁参与人签字或者盖章。

第七十条　当事人提出证据证明涉外仲裁裁决有民事诉讼法第二百五十八条第一款规定的情形之一的，经人民法院组成合议庭审查核实，裁定撤销。

第七十一条　被申请人提出证据证明涉外仲裁裁决有民事诉讼法第二百五十八条第一款规定的情形之一的，经人民法院组成合议庭审查核实，裁定不予执行。

第七十二条　涉外仲裁委员会作出的发生法律效力的仲裁裁决，当事人请求执行的，如果被执行人或者其财产不在中华人民共和国领域内，应当由当事人直接向有管辖权的外国法院申请承认和执行。

第七十三条　涉外仲裁规则可以由中国国际商会依照本法和民事诉讼法的有关规定制定。

【适用本案由需要注意的问题】

◆根据《民事诉讼法》第273条的规定，申请执行涉外仲裁裁决的案件，由被申请执行人住所地或财产所在地的中级人民法院管辖。

414. 申请认可和执行香港特别行政区法院民事判决

【案由解析】

申请认可和执行香港特别行政区法院民事判决是指当事人向内地法院提出申请，请求内地法院认可香港特别行政区法院作出的民事判决，对有执行内容的请求予以执行。

申请认可和执行香港特别行政区法院民事判决的特征是：（1）对于香港特别行政区法院的判决，采用“认可”方式，而非“承认”。（2）认可和执行香港特别行政区民事判决属于我国区际民商事司法协助范畴，所谓香港特别行政区法院民事判决包括香港特别行政区法院作出的判决书、命令和诉讼费评定证明书等。

【常用法律条文及索引】

《最高人民法院关于内地与香港特别行政区法院相互认可和执行当事人协议管辖的民商事案件判决的安排》（法释〔2008〕9号　2008年8月1日起施行）

根据《中华人民共和国香港特别行政区基本法》第九十五条的规定，最高人民法院与香港特别行政区政府经协商，现就当事人协议管辖的民商事案件判决的认可和执行问题作出如下安排：

第一条　内地人民法院和香港特别行政区法院在具有书面管辖协议的民商事案件中作出的须支付款项的具有执行力的终审判决，当事人可以根据本安排向内地人民法院或者香港特别行政区法院申请认可和执行。

第二条　本安排所称“具有执行力的终审判决”：

（一）在内地是指：

1. 最高人民法院的判决；

2. 高级人民法院、中级人民法院以及经授权管辖第一审涉外、涉港澳台民商事案件的基层人民法院（名单附后）依法不准上诉或者已经超过法定期限没有上诉的第一审判决，第二审判决和依照审判监督程序由上一级人民法院提审后作出的生效判决。

（二）在香港特别行政区是指终审法院、高等法院上诉法庭及原讼法庭和区域法院作出的生效判决。

本安排所称判决，在内地包括判决书、裁定书、调解书、支付令；在香港特别行政区包括判决书、命令和诉讼费评定证明书。

当事人向香港特别行政区法院申请认可和执行判决后，内地人民法院对该案件依法再审的，由作出生效判决的上一级人民法院提审。

第三条 本安排所称“书面管辖协议”，是指当事人为解决与特定法律关系有关的已经发生或者可能发生的争议，自本安排生效之日起，以书面形式明确约定内地人民法院或者香港特别行政区法院具有唯一管辖权的协议。

本条所称“特定法律关系”，是指当事人之间的民商事合同，不包括雇佣合同以及自然人因个人消费、家庭事宜或者其他非商业目的而作为协议一方的合同。

本条所称“书面形式”是指合同书、信件和数据电文（包括电报、电传、传真、电子数据交换和电子邮件）等可以有形地表现所载内容、可以调取以备日后查用的形式。

书面管辖协议可以由一份或者多份书面形式组成。

除非合同另有规定，合同中的管辖协议条款独立存在，合同的变更、解除、终止或者无效，不影响管辖协议条款的效力。

第四条 申请认可和执行符合本安排规定的民商事判决，在内地向被申请人住所地、经常居住地或者财产所在地的中级人民法院提出，在香港特别行政区向香港特别行政区高等法院提出。

第五条 被申请人住所地、经常居住地或者财产所在地在内地不同的中级人民法院辖区的，申请人应当选择向其中一个人民法院提出认可和执行的申请，不得分别向两个或者两个以上人民法院提出申请。

被申请人的住所地、经常居住地或者财产所在地，既在内地又在香港特别行政区的，申请人可以同时分别向两地法院提出申请，两地法院分别执行判决的总额，不得超过判决确定的数额。已经部分或者全部执行判决的法院应当根据对方法院的要求提供已执行判决的情况。

第六条 申请人向有关法院申请认可和执行判决的，应当提交以下文件：

（一）请求认可和执行的申请书；

（二）经作出终审判决的法院盖章的判决书副本；

（三）作出终审判决的法院出具的证明书，证明该判决属于本安排第二条所指的终审判决，在判决作出地可以执行；

（四）身份证明材料：

1. 申请人为自然人的，应当提交身份证或者经公证的身份证复印件；

2. 申请人为法人或者其他组织的，应当提交经公证的法人或者其他组织注册登记证书的复印件；

3. 申请人是外国籍法人或者其他组织的，应当提交相应的公证和认证材料。

向内地人民法院提交的文件没有中文文本的，申请人应当提交证明无误的中文译本。

执行地法院对于本条所规定的法院出具的证明书，无需另行要求公证。

第七条　请求认可和执行申请书应当载明下列事项：

（一）当事人为自然人的，其姓名、住所；当事人为法人或者其他组织的，法人或者其他组织的名称、住所以及法定代表人或者主要负责人的姓名、职务和住所；

（二）申请执行的理由与请求的内容，被申请人的财产所在地以及财产状况；

（三）判决是否在原审法院地申请执行以及已执行的情况。

第八条　申请人申请认可和执行内地人民法院或者香港特别行政区法院判决的程序，依据执行地法律的规定。本安排另有规定的除外。

申请人申请认可和执行的期间为二年。

前款规定的期间，内地判决到香港特别行政区申请执行的，从判决规定履行期间的最后一日起计算，判决规定分期履行的，从规定的每次履行期间的最后一日起计算，判决未规定履行期间的，从判决生效之日起计算；香港特别行政区判决到内地申请执行的，从判决可强制执行之日起计算，该日为判决上注明的判决日期，判决对履行期间另有规定的，从规定的履行期间届满后开始计算。

第九条　对申请认可和执行的判决，原审判决中的债务人提供证据证明有下列情形之一的，受理申请的法院经审查核实，应当裁定不予认可和执行：

（一）根据当事人协议选择的原审法院地的法律，管辖协议属于无效。但选择法院已经判定该管辖协议为有效的除外；

（二）判决已获完全履行；

（三）根据执行地的法律，执行地法院对该案享有专属管辖权；

（四）根据原审法院地的法律，未曾出庭的败诉一方当事人未经合法传唤或者虽经合法传唤但未获依法律规定的答辩时间。但原审法院根据其法律或者有关规定公告送达的，不属于上述情形；

（五）判决是以欺诈方法取得的；

（六）执行地法院就相同诉讼请求作出判决，或者外国、境外地区法院就相同诉讼请求作出判决，或者有关仲裁机构作出仲裁裁决，已经为执行地法院所认可或者执行的。

内地人民法院认为在内地执行香港特别行政区法院判决违反内地社会公共利益，或者香港特别行政区法院认为在香港特别行政区执行内地人民法院判决违反香港特别行政区公共政策的，不予认可和执行。

第十条 对于香港特别行政区法院作出的判决，判决确定的债务人已经提出上诉，或者上诉程序尚未完结的，内地人民法院审查核实后，可以中止认可和执行程序。经上诉，维持全部或者部分原判决的，恢复认可和执行程序；完全改变原判决的，终止认可和执行程序。

内地地方人民法院就已经作出的判决按照审判监督程序作出提审裁定，或者最高人民法院作出提起再审裁定的，香港特别行政区法院审查核实后，可以中止认可和执行程序。再审判决维持全部或者部分原判决的，恢复认可和执行程序；再审判决完全改变原判决的，终止认可和执行程序。

第十一条 根据本安排而获认可的判决与执行地法院的判决效力相同。

第十二条 当事人对认可和执行与否的裁定不服的，在内地可以向上一级人民法院申请复议，在香港特别行政区可以根据其法律规定提出上诉。

第十三条 在法院受理当事人申请认可和执行判决期间，当事人依相同事实再行提起诉讼的，法院不予受理。

已获认可和执行的判决，当事人依相同事实再行提起诉讼的，法院不予受理。

对于根据本安排第九条不予认可和执行的判决，申请人不得再行提起认可和执行的申请，但是可以按照执行地的法律依相同案件事实向执行地法院提起诉讼。

第十四条　法院受理认可和执行判决的申请之前或者之后，可以按照执行地法律关于财产保全或者禁制资产转移的规定，根据申请人的申请，对被申请人的财产采取保全或强制措施。

第十五条　当事人向有关法院申请执行判决，应当根据执行地有关诉讼收费的法律和规定交纳执行费或者法院费用。

第十六条　内地与香港特别行政区法院相互认可和执行的标的范围，除判决确定的数额外，还包括根据该判决须支付的利息、经法院核定的律师费以及诉讼费，但不包括税收和罚款。

在香港特别行政区诉讼费是指经法官或者司法常务官在诉讼费评定证明书中核定或者命令支付的诉讼费用。

第十七条　内地与香港特别行政区法院自本安排生效之日（含本日）起作出的判决，适用本安排。

第十八条　本安排在执行过程中遇有问题或者需要修改，由最高人民法院和香港特别行政区政府协商解决。

【适用本案由需要注意的问题】

◆根据《最高人民法院关于内地与香港特别行政区法院相互认可和执行当事人协议管辖的民商事案件判决的安排》的规定，当事人申请认可和执行香港特别行政区法院的民事判决应当由被申请人住所地、经常居住地或财产所在地的中级人民法院管辖。

◆该安排仅适用于当事人协议管辖的民商事案件判决的认可和执行，内地与香港尚未就民商事判决的相互认可和执行达成广泛的共识。

415. 申请认可和执行香港特别行政区仲裁裁决

【案由解析】

申请认可和执行香港特别行政区仲裁裁决是指当事人向内地法院申请认可和执行在香港特别行政区作出的仲裁裁决。

申请认可和执行香港特别行政区仲裁裁决的特征是：（1）香港特别行政区仲裁裁决同样需要经过“认可”程序才可以得到内地法院的认可和执行。

(2) 对香港特别行政区的仲裁裁决进行审查不仅仅局限于香港仲裁机构作出的仲裁裁决。

【常用法律条文及索引】

《最高人民法院关于内地与香港特别行政区相互执行仲裁裁决的安排》

(法释〔2000〕3号 2000年2月1日起施行)

根据《中华人民共和国香港特别行政区基本法》第九十五条的规定，经最高人民法院与香港特别行政区（以下简称香港特区）政府协商，香港特区法院同意执行内地仲裁机构（名单由国务院法制办公室经国务院港澳事务办公室提供）依据《中华人民共和国仲裁法》所作出的裁决，内地人民法院同意执行在香港特区按香港特区《仲裁条例》所作出的裁决。现就内地与香港特区相互执行仲裁裁决的有关事宜作出如下安排：

一、在内地或者香港特区作出的仲裁裁决，一方当事人不履行仲裁裁决的，另一方当事人可以向被申请人住所地或者财产所在地的有关法院申请执行。

二、上条所述的有关法院，在内地指被申请人住所地或者财产所在地的中级人民法院，在香港特区指香港特区高等法院。

被申请人住所地或者财产所在地在内地不同的中级人民法院辖区内的，申请人可以选择其中一个人民法院申请执行裁决，不得分别向两个或者两个以上人民法院提出申请。

被申请人的住所地或者财产所在地，既在内地又在香港特区的，申请人不得同时分别向两地有关法院提出申请。只有一地法院执行不足以偿还其债务时，才可就不足部分向另一地法院申请执行。两地法院先后执行仲裁裁决的总额，不得超过裁决数额。

三、申请人向有关法院申请执行在内地或者香港特区作出的仲裁裁决的，应当提交以下文书：

（一）执行申请书；

（二）仲裁裁决书；

（三）仲裁协议。

四、执行申请书的内容应当载明下列事项：

（一）申请人为自然人的情况下，该人的姓名、地址；申请人为法人或者其他组织的情况下，该法人或其他组织的名称、地址及法定代表人姓名；

（二）被申请人为自然人的情况下，该人的姓名、地址；被申请人为法人或者其他组织的情况下，该法人或其他组织的名称、地址及法定代表人姓名；

（三）申请人为法人或者其他组织的，应当提交企业注册登记的副本。申请人是外国籍法人或者其他组织的，应当提交相应的公证和认证材料；

（四）申请执行的理由与请求的内容，被申请人的财产所在地及财产状况；

执行申请书应当以中文文本提出，裁决书或者仲裁协议没有中文文本的，申请人应当提交正式证明的中文译本。

五、申请人向有关法院申请执行内地或者香港特区仲裁裁决的期限依据执行地法律有关时限的规定。

六、有关法院接到申请人申请后，应当按执行地法律程序处理及执行。

七、在内地或者香港特区申请执行的仲裁裁决，被申请人接到通知后，提出证据证明有下列情形之一的，经审查核实，有关法院可裁定不予执行：

（一）仲裁协议当事人依对其适用的法律属于某种无行为能力的情形；或者该项仲裁协议依约定的准据法无效；或者未指明以何种法律为准时，依仲裁裁决地的法律是无效的；

（二）被申请人未接到指派仲裁员的适当通知，或者因他故未能陈述意见的；

（三）裁决所处理的争议不是交付仲裁的标的或者不在仲裁协议条款之内，或者裁决载有关于交付仲裁范围以外事项的决定的；但交付仲裁事项的决定可与未交付仲裁的事项划分时，裁决中关于交付仲裁事项的决定部分应当予以执行；

（四）仲裁庭的组成或者仲裁庭程序与当事人之间的协议不符，或者在有关当事人没有这种协议时与仲裁地的法律不符的；

（五）裁决对当事人尚无约束力，或者业经仲裁地的法院或者按仲裁地的法律撤销或者停止执行的。

有关法院认定依执行地法律，争议事项不能以仲裁解决的，则可不予执行该裁决。

内地法院认定在内地执行该仲裁裁决违反内地社会公共利益，或者香港特区法院决定在香港特区执行该仲裁裁决违反香港特区的公共政策，则可不予执行该裁决。

八、申请人向有关法院申请执行在内地或者香港特区作出的仲裁裁决，应当根据执行地法院有关诉讼收费的办法交纳执行费用。

九、1997年7月1日以后申请执行在内地或者香港特区作出的仲裁裁决按本安排执行。

十、对1997年7月1日至本安排生效之日的裁决申请问题，双方同意：1997年7月1日至本安排生效之日因故未能向内地或者香港特区法院申请执行，申请人为法人或者其他组织的，可以在本安排生效后六个月内提出；如申请人为自然人的，可以在本安排生效后一年内提出。

对于内地或香港特区法院在1997年7月1日至本安排生效之日拒绝受理或者拒绝执行仲裁裁决的案件，应允许当事人重新申请。

【适用本案由需要注意的问题】

◆根据《最高人民法院关于内地与香港特别行政区相互执行仲裁裁决的安排》的规定，当事人申请认可和执行香港特别行政区仲裁裁决的案件，应当由被申请人住所地或财产所在地的中级人民法院管辖。

◆香港国际仲裁中心、外国仲裁机构、临时仲裁庭等根据香港特别行政区《仲裁条例》在香港特别行政区作出的民商事仲裁裁决均可根据《最高人民法院关于内地与香港特别行政区相互执行仲裁裁决的安排》向内地法院申请认可和执行。

416. 申请认可和执行澳门特别行政区法院民事判决

【案由解析】

申请认可和执行澳门特别行政区法院民事判决是指当事人向内地有管辖权的法院申请认可和执行澳门特别行政区法院作出的具有民事判决性质的法律文书的案件。

申请认可和执行澳门特别行政区法院民事判决的特征是：（1）该判决与申请认可和执行香港特别行政区民事判决的效力认定一样，需经过特定的“认可”程序。（2）澳门特别行政区法院民事判决包括澳门特别行政区法院作出的裁判、判决、确认和解的裁定、法官的决定或批示。

【常用法律条文及索引】

《最高人民法院内地与澳门特别行政区关于相互认可和执行民商事判决的安排》（法释〔2006〕2号　2006年4月1日起施行）

根据《中华人民共和国澳门特别行政区基本法》第九十三条的规定，最高人民法院与澳门特别行政区经协商，就内地与澳门特别行政区法院相互认可和执行民商事判决事宜，达成如下安排：

第一条　内地与澳门特别行政区民商事案件（在内地包括劳动争议案件，在澳门特别行政区包括劳动民事案件）判决的相互认可和执行，适用本安排。

本安排亦适用于刑事案件中有关民事损害赔偿的判决、裁定。

本安排不适用于行政案件。

第二条　本安排所称“判决”，在内地包括：判决、裁定、决定、调解书、支付令；在澳门特别行政区包括：裁判、判决、确认和解的裁定、法官的决定或者批示。

本安排所称“被请求方”，指内地或者澳门特别行政区双方中，受理认可和执行判决申请的一方。

第三条　一方法院作出的具有给付内容的生效判决，当事人可以向对方有管辖权的法院申请认可和执行。

没有给付内容，或者不需要执行，但需要通过司法程序予以认可的判决，当事人可以向对方法院单独申请认可，也可以直接以该判决作为证据在对方法院的诉讼程序中使用。

第四条　内地有权受理认可和执行判决申请的法院为被申请人住所地、经常居住地或者财产所在地的中级人民法院。两个或者两个以上中级人民法院均有管辖权的，申请人应当选择向其中一个中级人民法院提出申请。

澳门特别行政区有权受理认可判决申请的法院为中级法院，有权执行的法院为初级法院。

第五条　被申请人在内地和澳门特别行政区均有可供执行财产的，申请人可以向一地法院提出执行申请。

申请人向一地法院提出执行申请的同时，可以向另一地法院申请查封、扣押或者冻结被执行人的财产。待一地法院执行完毕后，可以根据该地法院出具的执行情况证明，就不足部分向另一地法院申请采取处分财产的执行措施。

两地法院执行财产的总额，不得超过依据判决和法律规定所确定的数额。

第六条 请求认可和执行判决的申请书，应当载明下列事项：

（一）申请人或者被申请人为自然人的，应当载明其姓名及住所；为法人或者其它组织的，应当载明其名称及住所，以及其法定代表人或者主要负责人的姓名、职务和住所；

（二）请求认可和执行的判决的案号和判决日期；

（三）请求认可和执行判决的理由、标的，以及该判决在判决作出地法院的执行情况。

第七条 申请书应当附生效判决书副本，或者经作出生效判决的法院盖章的证明书，同时应当附作出生效判决的法院或者有权限机构出具的证明下列事项的相关文件：

（一）传唤属依法作出，但判决书已经证明的除外；

（二）无诉讼行为能力人依法得到代理，但判决书已经证明的除外；

（三）根据判决作出地的法律，判决已经送达当事人，并已生效；

（四）申请人为法人的，应当提供法人营业执照副本或者法人登记证明书；

（五）判决作出地法院发出的执行情况证明。

如被请求方法院认为已充分了解有关事项时，可以免除提交相关文件。

被请求方法院对当事人提供的判决书的真实性有疑问时，可以请求作出生效判决的法院予以确认。

第八条 申请书应当用中文制作。所附司法文书及其相关文件未用中文制作的，应当提供中文译本。其中法院判决书未用中文制作的，应当提供由法院出具的中文译本。

第九条 法院收到申请人请求认可和执行判决的申请后，应当将申请书送达被申请人。

被申请人有权提出答辩。

第十条 被请求方法院应当尽快审查认可和执行的请求，并作出裁定。

第十一条 被请求方法院经审查核实存在下列情形之一的，裁定不予认可：

（一）根据被请求方的法律，判决所确认的事项属被请求方法院专属管辖；

（二）在被请求方法院已存在相同诉讼，该诉讼先于待认可判决的诉讼提起，且被请求方法院具有管辖权；

（三）被请求方法院已认可或者执行被请求方法院以外的法院或仲裁机构就相同诉讼作出的判决或仲裁裁决；

（四）根据判决作出地的法律规定，败诉的当事人未得到合法传唤，或者无诉讼行为能力人未依法得到代理；

（五）根据判决作出地的法律规定，申请认可和执行的判决尚未发生法律效力，或者因再审被裁定中止执行；

（六）在内地认可和执行判决将违反内地法律的基本原则或者社会公共利益；在澳门特别行政区认可和执行判决将违反澳门特别行政区法律的基本原则或者公共秩序。

第十二条　法院就认可和执行判决的请求作出裁定后，应当及时送达。

当事人对认可与否的裁定不服的，在内地可以向上一级人民法院提请复议，在澳门特别行政区可以根据其法律规定提起上诉；对执行中作出的裁定不服的，可以根据被请求方法律的规定，向上级法院寻求救济。

第十三条　经裁定予以认可的判决，与被请求方法院的判决具有同等效力。判决有给付内容的，当事人可以向该方有管辖权的法院申请执行。

第十四条　被请求方法院不能对判决所确认的所有请求予以认可和执行时，可以认可和执行其中的部分请求。

第十五条　法院受理认可和执行判决的申请之前或者之后，可以按照被请求方法律关于财产保全的规定，根据申请人的申请，对被申请人的财产采取保全措施。

第十六条　在被请求方法院受理认可和执行判决的申请期间，或者判决已获认可和执行，当事人再行提起相同诉讼的，被请求方法院不予受理。

第十七条　对于根据本安排第十一条（一）、（四）、（六）项不予认可的判决，申请人不得再行提起认可和执行的申请。但根据被请求方的法律，被请求方法院有管辖权的，当事人可以就相同案件事实向当地法院另行提起诉讼。

本安排第十一条（五）项所指的判决，在不予认可的情形消除后，申请人可以再行提起认可和执行的申请。

第十八条　为适用本安排，由一方有权限公共机构（包括公证员）作成或者公证的文书正本、副本及译本，免除任何认证手续而可以在对方使用。

第十九条 申请人依据本安排申请认可和执行判决，应当根据被请求方法律规定，交纳诉讼费用、执行费用。

申请人在生效判决作出地获准缓交、减交、免交诉讼费用的，在被请求方法院申请认可和执行判决时，应当享有同等待遇。

第二十条 对民商事判决的认可和执行，除本安排有规定的以外，适用被请求方的法律规定。

【适用本案由需要注意的问题】

◆根据《最高人民法院关于内地与澳门特别行政区相互认可和执行民商事判决的安排》的规定，当事人申请认可和执行澳门特别行政区法院民事判决的案件，应当由被申请人住所地、经常居住地或财产所在地的中级人民法院管辖。

417. 申请认可和执行澳门特别行政区仲裁裁决

【案由解析】

申请认可和执行澳门特别行政区仲裁裁决是指当事人向内地法院申请认可和执行在澳门特别行政区作出的仲裁裁决的案件。

申请认可和执行澳门特别行政区仲裁裁决的主要特征是申请澳门特别行政区仲裁裁决在内地的认可和执行同样需要经过特定的程序。

【常用法律条文及索引】

《最高人民法院关于内地与澳门特别行政区相互认可和执行仲裁裁决的安排》（法释〔2007〕17号　2007年9月17日起施行）

根据《中华人民共和国澳门特别行政区基本法》第九十三条的规定，经最高人民法院与澳门特别行政区协商，现就内地与澳门特别行政区相互认可和执行仲裁裁决的有关事宜达成如下安排：

第一条 内地人民法院认可和执行澳门特别行政区仲裁机构及仲裁员按照澳门特别行政区仲裁法规在澳门作出的民商事仲裁裁决，澳门特别行政区法院认可和执行内地仲裁机构依据《中华人民共和国仲裁法》在内地作出的民商事仲裁裁决，适用本安排。

本安排没有规定的，适用认可和执行地的程序法律规定。

第二条　在内地或者澳门特别行政区作出的仲裁裁决，一方当事人不履行的，另一方当事人可以向被申请人住所地、经常居住地或者财产所在地的有关法院申请认可和执行。

内地有权受理认可和执行仲裁裁决申请的法院为中级人民法院。两个或者两个以上中级人民法院均有管辖权的，当事人应当选择向其中一个中级人民法院提出申请。

澳门特别行政区有权受理认可仲裁裁决申请的法院为中级法院，有权执行的法院为初级法院。

第三条　被申请人的住所地、经常居住地或者财产所在地分别在内地和澳门特别行政区的，申请人可以向一地法院提出认可和执行申请，也可以分别向两地法院提出申请。

当事人分别向两地法院提出申请的，两地法院都应当依法进行审查。予以认可的，采取查封、扣押或者冻结被执行人财产等执行措施。仲裁地法院应当先进行执行清偿；另一地法院在收到仲裁地法院关于经执行债权未获清偿情况的证明后，可以对申请人未获清偿的部分进行执行清偿。两地法院执行财产的总额，不得超过依据裁决和法律规定所确定的数额。

第四条　申请人向有关法院申请认可和执行仲裁裁决的，应当提交以下文件或者经公证的副本：

（一）申请书；

（二）申请人身份证明；

（三）仲裁协议；

（四）仲裁裁决书或者仲裁调解书。

上述文件没有中文文本的，申请人应当提交经正式证明的中文译本。

第五条　申请书应当包括下列内容：

（一）申请人或者被申请人为自然人的，应当载明其姓名及住所；为法人或者其他组织的，应当载明其名称及住所，以及其法定代表人或者主要负责人的姓名、职务和住所；申请人是外国籍法人或者其他组织的，应当提交相应的公证和认证材料；

（二）请求认可和执行的仲裁裁决书或者仲裁调解书的案号或识别资料和生效日期；

（三）申请认可和执行仲裁裁决的理由及具体请求，以及被申请人财产所在地、财产状况及该仲裁裁决的执行情况。

第六条 申请人向有关法院申请认可和执行内地或者澳门特别行政区仲裁裁决的期限，依据认可和执行地的法律确定。

第七条 对申请认可和执行的仲裁裁决，被申请人提出证据证明有下列情形之一的，经审查核实，有关法院可以裁定不予认可：

（一）仲裁协议一方当事人依对其适用的法律在订立仲裁协议时属于无行为能力的；或者依当事人约定的准据法，或当事人没有约定适用的准据法而依仲裁地法律，该仲裁协议无效的；

（二）被申请人未接到选任仲裁员或者进行仲裁程序的适当通知，或者因他故未能陈述意见的；

（三）裁决所处理的争议不是提交仲裁的争议，或者不在仲裁协议范围之内；或者裁决载有超出当事人提交仲裁范围的事项的决定，但裁决中超出提交仲裁范围的事项的决定与提交仲裁事项的决定可以分开的，裁决中关于提交仲裁事项的决定部分可以予以认可；

（四）仲裁庭的组成或者仲裁程序违反了当事人的约定，或者在当事人没有约定时与仲裁地的法律不符的；

（五）裁决对当事人尚无约束力，或者业经仲裁地的法院撤销或者拒绝执行的。

有关法院认定，依执行地法律，争议事项不能以仲裁解决的，不予认可和执行该裁决。

内地法院认定在内地认可和执行该仲裁裁决违反内地法律的基本原则或者社会公共利益，澳门特别行政区法院认定在澳门特别行政区认可和执行该仲裁裁决违反澳门特别行政区法律的基本原则或者公共秩序，不予认可和执行该裁决。

第八条 申请人依据本安排申请认可和执行仲裁裁决的，应当根据执行地法律的规定，交纳诉讼费用。

第九条 一方当事人向一地法院申请执行仲裁裁决，另一方当事人向另一地法院申请撤销该仲裁裁决，被执行人申请中止执行且提供充分担保的，执行法院应当中止执行。

根据经认可的撤销仲裁裁决的判决、裁定，执行法院应当终结执行程序；撤销仲裁裁决申请被驳回的，执行法院应当恢复执行。

当事人申请中止执行的，应当向执行法院提供其他法院已经受理申请撤销仲裁裁决案件的法律文书。

第十条　受理申请的法院应当尽快审查认可和执行的请求，并作出裁定。

第十一条　法院在受理认可和执行仲裁裁决申请之前或者之后，可以依当事人的申请，按照法院地法律规定，对被申请人的财产采取保全措施。

第十二条　由一方有权限公共机构（包括公证员）作成的文书正本或者经公证的文书副本及译本，在适用本安排时，可以免除认证手续在对方使用。

第十三条　本安排实施前，当事人提出的认可和执行仲裁裁决的请求，不适用本安排。

自1999年12月20日至本安排实施前，澳门特别行政区仲裁机构及仲裁员作出的仲裁裁决，当事人向内地申请认可和执行的期限，自本安排实施之日起算。

【适用本案由需要注意的问题】

◆根据《最高人民法院关于内地与澳门特别行政区相互认可和执行仲裁裁决的安排》的规定，当事人申请认可和执行澳门特别行政区法院仲裁裁决的案件，应当由被申请人住所地、经常居住地或财产所在地的中级人民法院管辖。

418. 申请认可和执行台湾地区法院民事判决

【案由解析】

申请认可和执行台湾地区法院民事判决是指当事人向人民法院申请认可和执行台湾地区法院作出的具有判决性质的司法文书的案件。

申请认可和执行台湾地区法院民事判决的特征是：（1）对台湾地区法院民事判决申请“认可”和“执行”的程序是可以分开进行的。（2）台湾地区的民事判决包括台湾地区法院作出的民事判决、民事裁定、支付命令及其确定证明书、民事调解书以及对商事、知识产权、海事等民事纠纷作出的判决。

【常用法律条文及索引】

《最高人民法院关于人民法院认可台湾地区有关法院民事判决的规定》（法释〔1998〕11号 1998年5月26日起施行）

第一条 为保障我国台湾地区和其他省、自治区、直辖市的诉讼当事人的民事权益与诉讼权利，特制定本规定。

第二条 台湾地区有关法院的民事判决，当事人的住所地、经常居住地或者被执行财产所在地在其他省、自治区、直辖市的，当事人可以根据本规定向人民法院申请认可。

第三条 申请由申请人住所地、经常居住地或者被执行财产所在地中级人民法院受理。

第四条 申请人应提交申请书，并须附有不违反一个中国原则的台湾地区有关法院民事判决书正本或经证明无误的副本、证明文件。

第五条 申请书应记明以下事项：

（一）申请人姓名、性别、年龄、职业、身份证件号码、申请时间和住址（申请人为法人或者其他组织的，应记明法人或者其他组织的名称、地址、法定代表人姓名、职务）；

（二）当事人受传唤和应诉情况及证明文件；

（三）请求和理由；

（四）其他需要说明的情况。

第六条 人民法院收到申请书，经审查，符合本规定第四条和第五条的条件的，应当在七日内受理；不符合本规定第四条和第五条的条件的，不予受理，并在七日内通知申请人，同时说明不受理的理由。

第七条 人民法院审查认可台湾地区有关法院民事判决的申请，由审判员组成合议庭进行。

第八条 人民法院受理申请后，对于台湾地区有关法院民事判决是否生效不能确定的，应告知申请人提交作出判决的法院出具的证明文件。

第九条 台湾地区有关法院的民事判决具有下列情形之一的，裁定不予认可：

（一）申请认可的民事判决的效力未确定的；

（二）申请认可的民事判决，是在被告缺席又未经合法传唤或者在被告无诉讼行为能力又未得到适当代理的情况下作出的；

（三）案件系人民法院专属管辖的；

（四）案件的双方当事人订有仲裁协议的；

（五）案件系人民法院已作出判决，或者外国、境外地区法院作出判决或境外仲裁机构作出仲裁裁决已为人民法院所承认的；

（六）申请认可的民事判决具有违反国家法律的基本原则，或者损害社会公共利益情形的。

第十条　人民法院审查申请后，对于台湾地区有关法院民事判决不具有本规定第九条所列情形的，裁定认可其效力。

第十一条　申请人委托他人代理申请认可台湾地区有关法院民事判决的，应当向人民法院提交由委托人签名或盖章并经当地公证机关公证的授权委托书。

第十二条　人民法院受理认可台湾地区有关法院民事判决的申请后，对当事人就同一案件事实起诉的，不予受理。

第十三条　案件虽经台湾地区有关法院判决，但当事人未申请认可，而是就同一案件事实向人民法院提起诉讼的，应予受理。

第十四条　人民法院受理认可申请后，作出裁定前，申请人要求撤回申请的，应当允许。

第十五条　对人民法院不予认可的民事判决，申请人不得再提出申请，但可以就同一案件事实向人民法院提起诉讼。

第十六条　人民法院作出民事判决前，一方当事人申请认可台湾地区有关法院就同一案件事实作出的判决的，应当中止诉讼，对申请进行审查。经审查，对符合认可条件的申请，予以认可，并终结诉讼；对不符合认可条件的，则恢复诉讼。

第十七条　申请认可台湾地区有关法院民事判决的，应当在该判决发生效力后一年内提出。

第十八条　被认可的台湾地区有关法院民事判决需要执行的，依照《中华人民共和国民事诉讼法》规定的程序办理。

第十九条　申请认可台湾地区有关法院民事裁定和台湾地区仲裁机构裁决的，适用本规定。

《最高人民法院关于人民法院认可台湾地区有关法院民事判决的补充规定》（法释〔2009〕4 号　2009 年 5 月 14 日起施行）

为了更好地解决认可台湾地区有关法院民事判决的相关问题，维护当事人的合法权益，现对最高人民法院《关于人民法院认可台湾地区有关法院民事判决的规定》作出补充规定。

第一条 申请人同时提出认可和执行台湾地区有关法院民事判决申请的，人民法院应按规定对认可申请进行审查。

经人民法院裁定认可的台湾地区有关法院民事判决，与人民法院作出的生效判决具有同等效力。申请人依裁定向人民法院申请执行的，人民法院应予受理。

第二条 申请认可的台湾地区有关法院民事判决，包括对商事、知识产权、海事等民事纠纷案件作出的判决。

申请认可台湾地区有关法院民事裁定、调解书、支付令，以及台湾地区仲裁机构裁决的，适用《规定》和本补充规定。

第三条 申请人向两个以上有管辖权的中级人民法院申请认可的，由最先立案的中级人民法院管辖。

申请人向被执行财产所在地中级人民法院申请认可的，应当提供被执行财产存在的相关证据。

第四条 申请人申请认可台湾地区有关法院民事判决，应当提供相关证据，以证明该判决真实并且效力已确定。

第五条 申请人提出认可台湾地区有关法院民事判决的申请时，或者在案件受理后、人民法院作出裁定前，可以提出财产保全申请。

申请人申请财产保全的，应当向人民法院提供有效的担保。申请人不提供担保或者提供的担保不符合条件的，驳回其申请。

第六条 具有下列情形之一的，人民法院应当及时解除财产保全：

（一）人民法院作出准予财产保全的裁定后，被申请人提供有效担保的；

（二）人民法院作出认可裁定后，申请人在申请执行期限内不申请执行的；

（三）人民法院裁定不予认可台湾地区有关法院民事判决的；

（四）申请人撤回保全申请的。

申请财产保全的其他程序，适用民事诉讼法及相关司法解释的规定。

第七条 申请认可台湾地区有关法院民事判决的案件，应根据案件的不同类型，由相关民事审判庭的审判人员组成合议庭进行审理。

第八条 人民法院经审查能够确认该判决真实并且效力已确定，且不具有《规定》第九条所列情形的，裁定认可其效力；不能确认的，裁定驳回申请人的申请。

第九条 申请认可台湾地区有关法院民事判决的，应当在该判决效力确定后二年内提出。

当事人因不可抗拒的事由或者其他正当理由耽误期限而不能提出认可申请的，在障碍消除后的十日内，可以申请顺延期限。

第十条 人民法院受理申请人申请后，应当在六个月内审结。

【适用本案由需要注意的问题】

◆根据《最高人民法院关于人民法院认可台湾地区有关法院民事判决的规定》和《最高人民法院关于人民法院认可台湾地区有关法院民事判决的补充规定》的规定，申请认可和执行台湾地区法院民事判决的案件，应当由申请人住所地、经常居住地或被执行财产所在地中级人民法院管辖。

◆当事人单独申请"认可"，而没有"执行"内容的民事判决，可以确定为申请认可台湾地区民事判决案件。

419. 申请认可和执行台湾地区仲裁裁决

【案由解析】

申请认可和执行台湾地区仲裁裁决是指当事人向人民法院申请认可和执行台湾地区仲裁机构作出的仲裁裁决的案件。

申请认可和执行台湾地区仲裁裁决的主要特征与申请认可和执行台湾地区民事判决类似，处于单方制定规范的状态中，并无统一的安排。

【常用法律条文及索引】

《最高人民法院关于人民法院认可台湾地区有关法院民事判决的补充规定》（法释〔2009〕4号 2009年5月14日起施行）

为了更好地解决认可台湾地区有关法院民事判决的相关问题，维护当事人的合法权益，现对最高人民法院《关于人民法院认可台湾地区有关法院民事判决的规定》作出补充规定。

第一条 申请人同时提出认可和执行台湾地区有关法院民事判决申请的，人民法院应按规定对认可申请进行审查。

经人民法院裁定认可的台湾地区有关法院民事判决，与人民法院作出的生效判决具有同等效力。申请人依裁定向人民法院申请执行的，人民法院应予受理。

第二条 申请认可的台湾地区有关法院民事判决，包括对商事、知识产权、海事等民事纠纷案件作出的判决。

申请认可台湾地区有关法院民事裁定、调解书、支付令，以及台湾地区仲裁机构裁决的，适用《规定》和本补充规定。

第三条 申请人向两个以上有管辖权的中级人民法院申请认可的，由最先立案的中级人民法院管辖。

申请人向被执行财产所在地中级人民法院申请认可的，应当提供被执行财产存在的相关证据。

第四条 申请人申请认可台湾地区有关法院民事判决，应当提供相关证据，以证明该判决真实并且效力已确定。

第五条 申请人提出认可台湾地区有关法院民事判决的申请时，或者在案件受理后、人民法院作出裁定前，可以提出财产保全申请。

申请人申请财产保全的，应当向人民法院提供有效的担保。申请人不提供担保或者提供的担保不符合条件的，驳回其申请。

第六条 具有下列情形之一的，人民法院应当及时解除财产保全：

（一）人民法院作出准予财产保全的裁定后，被申请人提供有效担保的；

（二）人民法院作出认可裁定后，申请人在申请执行期限内不申请执行的；

（三）人民法院裁定不予认可台湾地区有关法院民事判决的；

（四）申请人撤回保全申请的。

申请财产保全的其他程序，适用民事诉讼法及相关司法解释的规定。

第七条 申请认可台湾地区有关法院民事判决的案件，应根据案件的不同类型，由相关民事审判庭的审判人员组成合议庭进行审理。

第八条 人民法院经审查能够确认该判决真实并且效力已确定，且不具有《规定》第九条所列情形的，裁定认可其效力；不能确认的，裁定驳回申请人的申请。

第九条 申请认可台湾地区有关法院民事判决的，应当在该判决效力确定后二年内提出。

当事人因不可抗拒的事由或者其他正当理由耽误期限而不能提出认可申

请的，在障碍消除后的十日内，可以申请顺延期限。

第十条　人民法院受理申请人申请后，应当在六个月内审结。

另参见“418. 申请认可和执行台湾地区法院民事判决”案由相关部分。

【适用本案由需要注意的问题】

◆根据《最高人民法院关于人民法院认可台湾地区有关法院民事判决的规定》的规定，申请认可和执行台湾地区仲裁裁决的案件，应当由申请人住所地、经常居住地或被执行人财产所在地中级人民法院管辖。

◆《最高人民法院关于人民法院认可台湾地区有关法院民事判决的规定》和《最高人民法院关于人民法院认可台湾地区有关法院民事判决的补充规定》中明确规定，申请认可台湾地区仲裁机构裁决的案件适用该两规定。

420. 申请承认和执行外国法院民事判决、裁定

【案由解析】

申请承认和执行外国法院民事判决、裁定是指外国法院民事判决、裁定的当事人或作出该判决、裁定的外国法院通过特定途径向我国相关人民法院提出请求，要求承认该民事判决、裁定在我国的效力，并对于具有执行内容的判决、裁定予以执行。

申请承认和执行外国法院民事判决、裁定的特征是：（1）外国法院民事判决想要得到我国法院的承认的前提是该外国与我国有缔结或共同参加的国际条约关系或互惠关系。（2）外国法院的民事判决是依照法定程序作出的，并且已经发生法律效力。（3）被执行人或被执行财产在我国境内。（4）承认与执行外国法院的判决、裁定不违反我国法律的基本原则，不损害我国主权、安全和社会公共利益。

【常用法律条文及索引】

《民事诉讼法》（1991 年 4 月 9 日起施行　2017 年 6 月 27 日修正）

第二百八十一条　外国法院作出的发生法律效力的判决、裁定，需要中华人民共和国人民法院承认和执行的，可以由当事人直接向中华人民共和国有管辖权的中级人民法院申请承认和执行，也可以由外国法院依照该国与中

华人民共和国缔结或者参加的国际条约的规定，或者按照互惠原则，请求人民法院承认和执行。

第二百八十二条 人民法院对申请或者请求承认和执行的外国法院作出的发生法律效力的判决、裁定，依照中华人民共和国缔结或者参加的国际条约，或者按照互惠原则进行审查后，认为不违反中华人民共和国法律的基本原则或者国家主权、安全、社会公共利益的，裁定承认其效力，需要执行的，发出执行令，依照本法的有关规定执行。违反中华人民共和国法律的基本原则或者国家主权、安全、社会公共利益的，不予承认和执行。

【适用本案由需要注意的问题】

◆根据《民事诉讼法》的规定，申请承认和执行外国法院民事判决、裁定案件，由被申请人住所地或其财产所在地的中级人民法院管辖。

◆当事人向我国有管辖权的法院申请承认和执行外国法院作出的发生法律效力的判决、裁定的，如果该法院所在国与我国没有缔结或者共同参加国际条约，也没有互惠关系的，当事人可以向我国法院起诉，由有管辖权的法院作出判决，予以执行。

421. 申请承认和执行外国仲裁裁决

【案由解析】

申请承认和执行外国仲裁裁决是指仲裁案件中的当事人通过特定途径向我国法院申请承认和执行外国仲裁机构在我国境外作出的仲裁裁决。

申请承认和执行外国仲裁裁决的特征是：(1) 该外国与我国有缔结或共同参加的国际条约关系或互惠关系；(2) 被执行人或被执行财产在我国境内；(3) 外国仲裁机构的仲裁是依照法定程序作出的，并且已经发生法律效力。

【常用法律条文及索引】

《民事诉讼法》(1991 年 4 月 9 日起施行　2017 年 6 月 27 日修正)

第二百八十三条 国外仲裁机构的裁决，需要中华人民共和国人民法院承认和执行的，应当由当事人直接向被执行人住所地或者其财产所在地的中级人民法院申请，人民法院应当依照中华人民共和国缔结或者参加的国际条约，或者按照互惠原则办理。

《承认及执行外国仲裁裁决公约》（1958 年 6 月 10 日起施行）

第一条　一、仲裁裁决，因自然人或法人间之争议而产生且在声请承认及执行地所在国以外之国家领土内作成者，其承认及执行适用本公约。本公约对于仲裁裁决经声请承认及执行地所在国认为非内国裁决者，亦适用之。

二、“仲裁裁决”一词不仅指专案选派之仲裁员所作裁决，亦指当事人提请仲裁之常设仲裁机关所作裁决。

三、任何国家得于签署、批准或加入本公约时，或于本公约第十条通知推广适用时，本交互原则声明该国适用本公约，以承认及执行在另一缔约国领土内作成之裁决为限。任何国家亦得声明，该国唯于争议起于法律关系，不论其为契约性质与否，而依提出声明国家之国内法认为系属商事关系者，始适用本公约。

第二条　一、当事人以书面协定承允彼此间所发生或可能发生之一切或任何争议，如关涉可以仲裁解决事项之确定法律关系，不论为契约性质与否，应提交仲裁时，各缔约国应承认此项协定。

二、称“书面协定”者，谓当事人所签订或在互换函电中所载明之契约仲裁条款或仲裁协定。

三、当事人就诉讼事项订有本条所称之协定者，缔约国法院受理诉讼时应依当事人一造之请求，命当事人提交仲裁，但前述协定经法院认定无效、失效或不能实行者不在此限。

第三条　各缔约国应承认仲裁裁决具有拘束力，并依援引裁决地之程序规则及下列各条所载条件执行之。承认或执行适用本公约之仲裁裁决时，不得较承认或执行内国仲裁裁决附加过苛之条件或征收过多之费用。

【适用本案由需要注意的问题】

◆根据《民事诉讼法》的规定，申请承认和执行外国仲裁裁决案件，应当由被执行人住所地或其财产所在地的中级人民法院管辖。

◆只有在《承认及执行外国仲裁裁决公约》适用范围内的仲裁裁决，才可以适用该公约进行司法审查。

四十三、执行异议之诉

422. 案外人执行异议之诉

【案由解析】

案外人执行异议之诉是指案外人对执行标的的全部或一部分主张实体权利，而请求法院对该实体上法律关系进行裁判，组织法院对执行标的进行强制执行的救济方法。

案外人执行异议之诉的特征是：（1）有权提出异议的主体限于案外人，即当事人以外的，认为其法律权益因执行行为而受损害的利害关系人。（2）异议理由应当是案外人对执行标的主张自己的权利，既包括主张全部权利，也包括主张部分权利，对执行程序提出的意见，不属于执行异议。（3）案外人提出执行异议一般应当采用书面形式，并提供相应证据；以书面形式提出确有困难的，可以允许口头提出。

【常用法律条文及索引】

《民事诉讼法》（1991 年 4 月 9 日起施行　2017 年 6 月 27 日修正）

第二百二十七条　执行过程中，案外人对执行标的提出书面异议的，人民法院应当自收到书面异议之日起十五日内审查，理由成立的，裁定中止对该标的的执行；理由不成立的，裁定驳回。案外人、当事人对裁定不服，认为原判决、裁定错误的，依照审判监督程序办理；与原判决、裁定无关的，可以自裁定送达之日起十五日内向人民法院提起诉讼。

第二百五十六条　有下列情形之一的，人民法院应当裁定中止执行：

……

（二）案外人对执行标的提出确有理由的异议的；

……

《最高人民法院关于适用〈中华人民共和国民事诉讼法〉执行程序若干问题的解释》（法释〔2008〕13 号　2009 年 1 月 1 日起施行）

第十五条　案外人对执行标的主张所有权或者有其他足以阻止执行标的的

转让、交付的实体权利的，可以依照民事诉讼法第二百零四条的规定，向执行法院提出异议。

第十六条　案外人异议审查期间，人民法院不得对执行标的进行处分。

案外人向人民法院提供充分、有效的担保请求解除对异议标的的查封、扣押、冻结的，人民法院可以准许；申请执行人提供充分、有效的担保请求继续执行的，应当继续执行。

因案外人提供担保解除查封、扣押、冻结有错误，致使该标的无法执行的，人民法院可以直接执行担保财产；申请执行人提供担保请求继续执行有错误，给对方造成损失的，应当予以赔偿。

第十七条　案外人依照民事诉讼法第二百零四条规定提起诉讼，对执行标的主张实体权利，并请求对执行标的停止执行的，应当以申请执行人为被告；被执行人反对案外人对执行标的所主张的实体权利的，应当以申请执行人和被执行人为共同被告。

第十八条　案外人依照民事诉讼法第二百零四条规定提起诉讼的，由执行法院管辖。

第十九条　案外人依照民事诉讼法第二百零四条规定提起诉讼的，执行法院应当依照诉讼程序审理。经审理，理由不成立的，判决驳回其诉讼请求；理由成立的，根据案外人的诉讼请求作出相应的裁判。

第二十条　案外人依照民事诉讼法第二百零四条规定提起诉讼的，诉讼期间，不停止执行。

案外人的诉讼请求确有理由或者提供充分、有效的担保请求停止执行的，可以裁定停止对执行标的进行处分；申请执行人提供充分、有效的担保请求继续执行的，应当继续执行。

案外人请求停止执行、请求解除查封、扣押、冻结或者申请执行人请求继续执行有错误，给对方造成损失的，应当予以赔偿。

《最高人民法院关于适用〈中华人民共和国民事诉讼法〉的解释》（法释〔2015〕5号　2015年2月4日起施行）

第三百零四条　根据民事诉讼法第二百二十七条规定，案外人、当事人对执行异议裁定不服，自裁定送达之日起十五日内向人民法院提起执行异议之诉的，由执行法院管辖。

第三百零五条　案外人提起执行异议之诉，除符合民事诉讼法第一百一十九条规定外，还应当具备下列条件：

（一）案外人的执行异议申请已经被人民法院裁定驳回；

（二）有明确的排除对执行标的执行的诉讼请求，且诉讼请求与原判决、裁定无关；

（三）自执行异议裁定送达之日起十五日内提起。

人民法院应当在收到起诉状之日起十五日内决定是否立案。

第三百零七条 案外人提起执行异议之诉的，以申请执行人为被告。被执行人反对案外人异议的，被执行人为共同被告；被执行人不反对案外人异议的，可以列被执行人为第三人。

第三百一十条 人民法院审理执行异议之诉案件，适用普通程序。

第三百一十一条 案外人或者申请执行人提起执行异议之诉的，案外人应当就其对执行标的享有足以排除强制执行的民事权益承担举证证明责任。

第三百一十二条 对案外人提起的执行异议之诉，人民法院经审理，按照下列情形分别处理：

（一）案外人就执行标的享有足以排除强制执行的民事权益的，判决不得执行该执行标的；

（二）案外人就执行标的不享有足以排除强制执行的民事权益的，判决驳回诉讼请求。

案外人同时提出确认其权利的诉讼请求的，人民法院可以在判决中一并作出裁判。

第三百一十四条 对案外人执行异议之诉，人民法院判决不得对执行标的执行的，执行异议裁定失效。

对申请执行人执行异议之诉，人民法院判决准许对该执行标的执行的，执行异议裁定失效，执行法院可以根据申请执行人的申请或者依职权恢复执行。

第三百一十五条 案外人执行异议之诉审理期间，人民法院不得对执行标的进行处分。申请执行人请求人民法院继续执行并提供相应担保的，人民法院可以准许。

被执行人与案外人恶意串通，通过执行异议、执行异议之诉妨害执行的，人民法院应当依照民事诉讼法第一百一十三条规定处理。申请执行人因此受到损害的，可以提起诉讼要求被执行人、案外人赔偿。

第三百一十六条 人民法院对执行标的裁定中止执行后，申请执行人在法律规定的期间内未提起执行异议之诉的，人民法院应当自起诉期限届满之日起七日内解除对该执行标的采取的执行措施。

第四百六十四条　根据民事诉讼法第二百二十七条规定，案外人对执行标的提出异议的，应当在该执行标的执行程序终结前提出。

第四百六十五条　案外人对执行标的提出的异议，经审查，按照下列情形分别处理：

（一）案外人对执行标的不享有足以排除强制执行的权益的，裁定驳回其异议；

（二）案外人对执行标的享有足以排除强制执行的权益的，裁定中止执行。

驳回案外人执行异议裁定送达案外人之日起十五日内，人民法院不得对执行标的进行处分。

第四百七十八条　依照民事诉讼法第二百三十七条第二款、第三款规定，人民法院裁定不予执行仲裁裁决后，当事人对该裁定提出执行异议或者复议的，人民法院不予受理。当事人可以就该民事纠纷重新达成书面仲裁协议申请仲裁，也可以向人民法院起诉。

第四百七十九条　在执行中，被执行人通过仲裁程序将人民法院查封、扣押、冻结的财产确权或者分割给案外人的，不影响人民法院执行程序的进行。

案外人不服的，可以根据民事诉讼法第二百二十七条规定提出异议。

《最高人民法院关于人民法院办理执行异议和复议案件若干问题的规定》
（法释〔2015〕10 号　2015 年 5 月 5 日起施行）

为了规范人民法院办理执行异议和复议案件，维护当事人、利害关系人和案外人的合法权益，根据民事诉讼法等法律规定，结合人民法院执行工作实际，制定本规定。

第一条　异议人提出执行异议或者复议申请人申请复议，应当向人民法院提交申请书。申请书应当载明具体的异议或者复议请求、事实、理由等内容，并附下列材料：

（一）异议人或者复议申请人的身份证明；

（二）相关证据材料；

（三）送达地址和联系方式。

第二条　执行异议符合民事诉讼法第二百二十五条或者第二百二十七条规定条件的，人民法院应当在三日内立案，并在立案后三日内通知异议人和相关当事人。不符合受理条件的，裁定不予受理；立案后发现不符合受理条件的，裁定驳回申请。

执行异议申请材料不齐备的，人民法院应当一次性告知异议人在三日内补足，逾期未补足的，不予受理。

异议人对不予受理或者驳回申请裁定不服的，可以自裁定送达之日起十日内向上一级人民法院申请复议。上一级人民法院审查后认为符合受理条件的，应当裁定撤销原裁定，指令执行法院立案或者对执行异议进行审查。

第三条 执行法院收到执行异议后三日内既不立案又不作出不予受理裁定，或者受理后无正当理由超过法定期限不作出异议裁定的，异议人可以向上一级人民法院提出异议。上一级人民法院审查后认为理由成立的，应当指令执行法院在三日内立案或者在十五日内作出异议裁定。

第四条 执行案件被指定执行、提级执行、委托执行后，当事人、利害关系人对原执行法院的执行行为提出异议的，由提出异议时负责该案件执行的人民法院审查处理；受指定或者受委托的人民法院是原执行法院的下级人民法院的，仍由原执行法院审查处理。

执行案件被指定执行、提级执行、委托执行后，案外人对原执行法院的执行标的提出异议的，参照前款规定处理。

第五条 有下列情形之一的，当事人以外的公民、法人和其他组织，可以作为利害关系人提出执行行为异议：

（一）认为人民法院的执行行为违法，妨碍其轮候查封、扣押、冻结的债权受偿的；

（二）认为人民法院的拍卖措施违法，妨碍其参与公平竞价的；

（三）认为人民法院的拍卖、变卖或者以物抵债措施违法，侵害其对执行标的的优先购买权的；

（四）认为人民法院要求协助执行的事项超出其协助范围或者违反法律规定的；

（五）认为其他合法权益受到人民法院违法执行行为侵害的。

第六条 当事人、利害关系人依照民事诉讼法第二百二十五条规定提出异议的，应当在执行程序终结之前提出，但对终结执行措施提出异议的除外。

案外人依照民事诉讼法第二百二十七条规定提出异议的，应当在异议指向的执行标的执行终结之前提出；执行标的由当事人受让的，应当在执行程序终结之前提出。

第七条　当事人、利害关系人认为执行过程中或者执行保全、先予执行裁定过程中的下列行为违法提出异议的，人民法院应当依照民事诉讼法第二百二十五条规定进行审查：

（一）查封、扣押、冻结、拍卖、变卖、以物抵债、暂缓执行、中止执行、终结执行等执行措施；

（二）执行的期间、顺序等应当遵守的法定程序；

（三）人民法院作出的侵害当事人、利害关系人合法权益的其他行为。

被执行人以债权消灭、丧失强制执行效力等执行依据生效之后的实体事由提出排除执行异议的，人民法院应当参照民事诉讼法第二百二十五条规定进行审查。

除本规定第十九条规定的情形外，被执行人以执行依据生效之前的实体事由提出排除执行异议的，人民法院应当告知其依法申请再审或者通过其他程序解决。

第八条　案外人基于实体权利既对执行标的提出排除执行异议又作为利害关系人提出执行行为异议的，人民法院应当依照民事诉讼法第二百二十七条规定进行审查。

案外人既基于实体权利对执行标的提出排除执行异议又作为利害关系人提出与实体权利无关的执行行为异议的，人民法院应当分别依照民事诉讼法第二百二十七条和第二百二十五条规定进行审查。

第九条　被限制出境的人认为对其限制出境错误的，可以自收到限制出境决定之日起十日内向上一级人民法院申请复议。上一级人民法院应当自收到复议申请之日起十五日内作出决定。复议期间，不停止原决定的执行。

第十条　当事人不服驳回不予执行公证债权文书申请的裁定的，可以自收到裁定之日起十日内向上一级人民法院申请复议。上一级人民法院应当自收到复议申请之日起三十日内审查，理由成立的，裁定撤销原裁定，不予执行该公证债权文书；理由不成立的，裁定驳回复议申请。复议期间，不停止执行。

第十一条　人民法院审查执行异议或者复议案件，应当依法组成合议庭。

指令重新审查的执行异议案件，应当另行组成合议庭。

办理执行实施案件的人员不得参与相关执行异议和复议案件的审查。

第十二条　人民法院对执行异议和复议案件实行书面审查。案情复杂、争议较大的，应当进行听证。

第十三条　执行异议、复议案件审查期间，异议人、复议申请人申请撤回异议、复议申请的，是否准许由人民法院裁定。

第十四条 异议人或者复议申请人经合法传唤，无正当理由拒不参加听证，或者未经法庭许可中途退出听证，致使人民法院无法查清相关事实的，由其自行承担不利后果。

第十五条 当事人、利害关系人对同一执行行为有多个异议事由，但未在异议审查过程中一并提出，撤回异议或者被裁定驳回异议后，再次就该执行行为提出异议的，人民法院不予受理。

案外人撤回异议或者被裁定驳回异议后，再次就同一执行标的提出异议的，人民法院不予受理。

第十六条 人民法院依照民事诉讼法第二百二十五条规定作出裁定时，应当告知相关权利人申请复议的权利和期限。

人民法院依照民事诉讼法第二百二十七条规定作出裁定时，应当告知相关权利人提起执行异议之诉的权利和期限。

人民法院作出其他裁定和决定时，法律、司法解释规定了相关权利人申请复议的权利和期限的，应当进行告知。

第十七条 人民法院对执行行为异议，应当按照下列情形，分别处理：

（一）异议不成立的，裁定驳回异议；

（二）异议成立的，裁定撤销相关执行行为；

（三）异议部分成立的，裁定变更相关执行行为；

（四）异议成立或者部分成立，但执行行为无撤销、变更内容的，裁定异议成立或者相应部分异议成立。

第十八条 执行过程中，第三人因书面承诺自愿代被执行人偿还债务而被追加为被执行人后，无正当理由反悔并提出异议的，人民法院不予支持。

第十九条 当事人互负到期债务，被执行人请求抵销，请求抵销的债务符合下列情形的，除依照法律规定或者按照债务性质不得抵销的以外，人民法院应予支持：

（一）已经生效法律文书确定或者经申请执行人认可；

（二）与被执行人所负债务的标的物种类、品质相同。

第二十条 金钱债权执行中，符合下列情形之一，被执行人以执行标的系本人及所扶养家属维持生活必需的居住房屋为由提出异议的，人民法院不予支持：

（一）对被执行人有扶养义务的人名下有其他能够维持生活必需的居住

房屋的；

（二）执行依据生效后，被执行人为逃避债务转让其名下其他房屋的；

（三）申请执行人按照当地廉租住房保障面积标准为被执行人及所扶养家属提供居住房屋，或者同意参照当地房屋租赁市场平均租金标准从该房屋的变价款中扣除五至八年租金的。

执行依据确定被执行人交付居住的房屋，自执行通知送达之日起，已经给予三个月的宽限期，被执行人以该房屋系本人及所扶养家属维持生活的必需品为由提出异议的，人民法院不予支持。

第二十一条　当事人、利害关系人提出异议请求撤销拍卖，符合下列情形之一的，人民法院应予支持：

（一）竞买人之间、竞买人与拍卖机构之间恶意串通，损害当事人或者其他竞买人利益的；

（二）买受人不具备法律规定的竞买资格的；

（三）违法限制竞买人参加竞买或者对不同的竞买人规定不同竞买条件的；

（四）未按照法律、司法解释的规定对拍卖标的物进行公告的；

（五）其他严重违反拍卖程序且损害当事人或者竞买人利益的情形。

当事人、利害关系人请求撤销变卖的，参照前款规定处理。

第二十二条　公证债权文书对主债务和担保债务同时赋予强制执行效力的，人民法院应予执行；仅对主债务赋予强制执行效力未涉及担保债务的，对担保债务的执行申请不予受理；仅对担保债务赋予强制执行效力未涉及主债务的，对主债务的执行申请不予受理。

人民法院受理担保债务的执行申请后，被执行人仅以担保合同不属于赋予强制执行效力的公证债权文书范围为由申请不予执行的，不予支持。

第二十三条　上一级人民法院对不服异议裁定的复议申请审查后，应当按照下列情形，分别处理：

（一）异议裁定认定事实清楚，适用法律正确，结果应予维持的，裁定驳回复议申请，维持异议裁定；

（二）异议裁定认定事实错误，或者适用法律错误，结果应予纠正的，裁定撤销或者变更异议裁定；

（三）异议裁定认定基本事实不清、证据不足的，裁定撤销异议裁定，发回作出裁定的人民法院重新审查，或者查清事实后作出相应裁定；

（四）异议裁定遗漏异议请求或者存在其他严重违反法定程序的情形，裁定撤销异议裁定，发回作出裁定的人民法院重新审查；

（五）异议裁定对应当适用民事诉讼法第二百二十七条规定审查处理的异议，错误适用民事诉讼法第二百二十五条规定审查处理的，裁定撤销异议裁定，发回作出裁定的人民法院重新作出裁定。

除依照本条第一款第三、四、五项发回重新审查或者重新作出裁定的情形外，裁定撤销或者变更异议裁定且执行行为可撤销、变更的，应当同时撤销或者变更该裁定维持的执行行为。

人民法院对发回重新审查的案件作出裁定后，当事人、利害关系人申请复议的，上一级人民法院复议后不得再次发回重新审查。

第二十四条 对案外人提出的排除执行异议，人民法院应当审查下列内容：

（一）案外人是否系权利人；

（二）该权利的合法性与真实性；

（三）该权利能否排除执行。

第二十五条 对案外人的异议，人民法院应当按照下列标准判断其是否系权利人：

（一）已登记的不动产，按照不动产登记簿判断；未登记的建筑物、构筑物及其附属设施，按照土地使用权登记簿、建设工程规划许可、施工许可等相关证据判断；

（二）已登记的机动车、船舶、航空器等特定动产，按照相关管理部门的登记判断；未登记的特定动产和其他动产，按照实际占有情况判断；

（三）银行存款和存管在金融机构的有价证券，按照金融机构和登记结算机构登记的账户名称判断；有价证券由具备合法经营资质的托管机构名义持有的，按照该机构登记的实际投资人账户名称判断；

（四）股权按照工商行政管理机关的登记和企业信用信息公示系统公示的信息判断；

（五）其他财产和权利，有登记的，按照登记机构的登记判断；无登记的，按照合同等证明财产权属或者权利人的证据判断。

案外人依据另案生效法律文书提出排除执行异议，该法律文书认定的执行标的权利人与依照前款规定得出的判断不一致的，依照本规定第二十六条规定处理。

第二十六条　金钱债权执行中，案外人依据执行标的被查封、扣押、冻结前作出的另案生效法律文书提出排除执行异议，人民法院应当按照下列情形，分别处理：

（一）该法律文书系就案外人与被执行人之间的权属纠纷以及租赁、借用、保管等不以转移财产权属为目的的合同纠纷，判决、裁决执行标的归属于案外人或者向其返还执行标的且其权利能够排除执行的，应予支持；

（二）该法律文书系就案外人与被执行人之间除前项所列合同之外的债权纠纷，判决、裁决执行标的归属于案外人或者向其交付、返还执行标的的，不予支持。

（三）该法律文书系案外人受让执行标的的拍卖、变卖成交裁定或者以物抵债裁定且其权利能够排除执行的，应予支持。

金钱债权执行中，案外人依据执行标的被查封、扣押、冻结后作出的另案生效法律文书提出排除执行异议的，人民法院不予支持。

非金钱债权执行中，案外人依据另案生效法律文书提出排除执行异议，该法律文书对执行标的权属作出不同认定的，人民法院应当告知案外人依法申请再审或者通过其他程序解决。

申请执行人或者案外人不服人民法院依照本条第一、二款规定作出的裁定，可以依照民事诉讼法第二百二十七条规定提起执行异议之诉。

第二十七条　申请执行人对执行标的依法享有对抗案外人的担保物权等优先受偿权，人民法院对案外人提出的排除执行异议不予支持，但法律、司法解释另有规定的除外。

第二十八条　金钱债权执行中，买受人对登记在被执行人名下的不动产提出异议，符合下列情形且其权利能够排除执行的，人民法院应予支持：

（一）在人民法院查封之前已签订合法有效的书面买卖合同；

（二）在人民法院查封之前已合法占有该不动产；

（三）已支付全部价款，或者已按照合同约定支付部分价款且将剩余价款按照人民法院的要求交付执行；

（四）非因买受人自身原因未办理过户登记。

第二十九条　金钱债权执行中，买受人对登记在被执行的房地产开发企业名下的商品房提出异议，符合下列情形且其权利能够排除执行的，人民法院应予支持：

（一）在人民法院查封之前已签订合法有效的书面买卖合同；

（二）所购商品房系用于居住且买受人名下无其他用于居住的房屋；

（三）已支付的价款超过合同约定总价款的百分之五十。

第三十条 金钱债权执行中，对被查封的办理了受让物权预告登记的不动产，受让人提出停止处分异议的，人民法院应予支持；符合物权登记条件，受让人提出排除执行异议的，应予支持。

第三十一条 承租人请求在租赁期内阻止向受让人移交占有被执行的不动产，在人民法院查封之前已签订合法有效的书面租赁合同并占有使用该不动产的，人民法院应予支持。

承租人与被执行人恶意串通，以明显不合理的低价承租被执行的不动产或者伪造交付租金证据的，对其提出的阻止移交占有的请求，人民法院不予支持。

第三十二条 本规定施行后尚未审查终结的执行异议和复议案件，适用本规定。本规定施行前已经审查终结的执行异议和复议案件，人民法院依法提起执行监督程序的，不适用本规定。

【适用本案由需要注意的问题】

◆案外人执行异议之诉案件的管辖，根据《民事诉讼法》第 227 条和《最高人民法院关于适用〈中华人民共和国民事诉讼法〉的解释》第 304 条的规定，案外人、当事人对执行异议裁定不服，自裁定送达之日起十五日内向人民法院提起执行异议之诉的，由执行法院管辖。

◆案外人主张的实体权利必须是依法可以阻止该标的物执行的实体权利，并非所有的实体权利，它包括所有权、建设用地使用权、宅基地使用权等用益物权或其对标的物占有、使用的权利因强制执行而受到妨害，或其他足以阻止标的物交付或者让与的权利。案外人必须先对执行标的提出异议，对法院所作裁定不服的，才可以起诉，同时起诉要受 15 日期间的限制。

423. 申请执行人执行异议之诉

【案由解析】

申请执行人执行异议之诉是指申请执行人根据《民事诉讼法》第 227 条的规定提起诉讼，以案外人为被告，请求对执行标的许可执行；被执行人反对申请执行人请求的，案外人和被执行人为共同被告。在执行过程中，案外人对执行标的提出书面异议，人民法院经审查裁定中止对该标的的执行，申请执行人不服该裁定的，应当在裁定送达15日内向人民法院提诉讼，未在上述期限内提起诉讼的，人民法院应当裁定解除已经采取的执行措施。

【常用法律条文及索引】

《最高人民法院关于适用〈中华人民共和国民事诉讼法〉执行程序若干问题的解释》（法释〔2008〕13号 2009年1月1日起施行）

第二十一条 申请执行人依照民事诉讼法第二百零四条规定提起诉讼，请求对执行标的许可执行的，应当以案外人为被告；被执行人反对申请执行人请求的，应当以案外人和被执行人为共同被告。

第二十二条 申请执行人依照民事诉讼法第二百零四条规定提起诉讼的，由执行法院管辖。

第二十三条 人民法院依照民事诉讼法第二百零四条规定裁定对异议标的中止执行后，申请执行人自裁定送达之日起十五日内未提起诉讼的，人民法院应当裁定解除已经采取的执行措施。

第二十四条 申请执行人依照民事诉讼法第二百零四条规定提起诉讼的，执行法院应当依照诉讼程序审理。经审理，理由不成立的，判决驳回其诉讼请求；理由成立的，根据申请执行人的诉讼请求作出相应的裁判。

《最高人民法院关于适用〈中华人民共和国民事诉讼法〉的解释》（法释〔2015〕5号 2015年2月4日起施行）

第三百零六条 申请执行人提起执行异议之诉，除符合民事诉讼法第一百一十九条规定外，还应当具备下列条件：

（一）依案外人执行异议申请，人民法院裁定中止执行；

（二）有明确的对执行标的继续执行的诉讼请求，且诉讼请求与原判决、裁定无关；

（三）自执行异议裁定送达之日起十五日内提起。

人民法院应当在收到起诉状之日起十五日内决定是否立案。

第三百零八条 申请执行人提起执行异议之诉的，以案外人为被告。被执行人反对申请执行人主张的，以案外人和被执行人为共同被告；被执行人不反对申请执行人主张的，可以列被执行人为第三人。

第三百零九条 申请执行人对中止执行裁定未提起执行异议之诉，被执行人提起执行异议之诉的，人民法院告知其另行起诉。

第三百一十三条 对申请执行人提起的执行异议之诉，人民法院经审理，按照下列情形分别处理：

（一）案外人就执行标的不享有足以排除强制执行的民事权益的，判决准许执行该执行标的；

（二）案外人就执行标的享有足以排除强制执行的民事权益的，判决驳回诉讼请求。

《最高人民法院关于人民法院办理执行异议和复议案件若干问题的规定》（法释〔2015〕10号 2015年5月5日起施行）

具体条文参见上一案由。

【适用本案由需要注意的问题】

◆根据《民事诉讼法》和《最高人民法院关于适用〈中华人民共和国民事诉讼法〉执行程序若干问题的解释》的规定，申请执行人异议之诉应当由执行法院管辖。

424. 执行分配方案异议之诉

【案由解析】

执行分配方案异议之诉是指在多个债权人对同一被执行人申请执行或参与分配的案件中，执行法院作出分配方案后，如果债权人或被执行人对分配方案提出书面异议，未提出异议的债权人、被执行人对异议人的意见提出反对意见，异议人有权以提出反对意见的债权人、被执行人为被告，向执行法院提出诉讼。

执行分配方案异议之诉的特征是：（1）该异议不是单纯的程序上的异议，而涉及实体争议，应当通过诉讼程序解决。（2）该异议之诉是有异议的债权人、被执行人与无异议的债权人、被执行人之间的诉讼。

【常用法律条文及索引】

《民事诉讼法》（1991年4月9日起施行 2017年6月27日修正）

第二百二十五条 当事人、利害关系人认为执行行为违反法律规定的，可以向负责执行的人民法院提出书面异议。当事人、利害关系人提出书面异议的，人民法院应当自收到书面异议之日起十五日内审查，理由成立的，裁定撤销或者改正；理由不成立的，裁定驳回。当事人、利害关系人对裁定不服的，可以自裁定送达之日起十日内向上一级人民法院申请复议。

《最高人民法院关于适用〈中华人民共和国民事诉讼法〉执行程序若干问题的解释》（法释〔2008〕13号　2009年1月1日起施行）

第二十五条　多个债权人对同一被执行人申请执行或者对执行财产申请参与分配的，执行法院应当制作财产分配方案，并送达各债权人和被执行人。债权人或者被执行人对分配方案有异议的，应当自收到分配方案之日起十五日内向执行法院提出书面异议。

第二十六条　债权人或者被执行人对分配方案提出书面异议的，执行法院应当通知未提出异议的债权人或被执行人。

未提出异议的债权人、被执行人收到通知之日起十五日内未提出反对意见的，执行法院依异议人的意见对分配方案审查修正后进行分配；提出反对意见的，应当通知异议人。异议人可以自收到通知之日起十五日内，以提出反对意见的债权人、被执行人为被告，向执行法院提起诉讼；异议人逾期未提起诉讼的，执行法院依原分配方案进行分配。

诉讼期间进行分配的，执行法院应当将与争议债权数额相应的款项予以提存。

《最高人民法院关于适用〈中华人民共和国民事诉讼法〉的解释》（法释〔2015〕5号　2015年2月4日起施行）

第五百零八条　被执行人为公民或者其他组织，在执行程序开始后，被执行人的其他已经取得执行依据的债权人发现被执行人的财产不能清偿所有债权的，可以向人民法院申请参与分配。

对人民法院查封、扣押、冻结的财产有优先权、担保物权的债权人，可以直接申请参与分配，主张优先受偿权。

第五百零九条　申请参与分配，申请人应当提交申请书。申请书应当写明参与分配和被执行人不能清偿所有债权的事实、理由，并附有执行依据。

参与分配申请应当在执行程序开始后，被执行人的财产执行终结前提出。

第五百一十条　参与分配执行中，执行所得价款扣除执行费用，并清偿应当优先受偿的债权后，对于普通债权，原则上按照其占全部申请参与分配债权数额的比例受偿。清偿后的剩余债务，被执行人应当继续清偿。债权人发现被执行人有其他财产的，可以随时请求人民法院执行。

第五百一十一条 多个债权人对执行财产申请参与分配的，执行法院应当制作财产分配方案，并送达各债权人和被执行人。债权人或者被执行人对分配方案有异议的，应当自收到分配方案之日起十五日内向执行法院提出书面异议。

第五百一十二条 债权人或者被执行人对分配方案提出书面异议的，执行法院应当通知未提出异议的债权人、被执行人。

未提出异议的债权人、被执行人自收到通知之日起十五日内未提出反对意见的，执行法院依异议人的意见对分配方案审查修正后进行分配；提出反对意见的，应当通知异议人。异议人可以自收到通知之日起十五日内，以提出反对意见的债权人、被执行人为被告，向执行法院提起诉讼；异议人逾期未提起诉讼的，执行法院按照原分配方案进行分配。

诉讼期间进行分配的，执行法院应当提存与争议债权数额相应的款项。

【适用本案由需要注意的问题】

◆《最高人民法院关于适用〈中华人民共和国民事诉讼法〉的解释》第512条规定，执行分配方案异议之诉应当由执行法院管辖。

◆如债权人、被执行人提起的异议之诉不涉及分配方案中实体问题的争议，只涉及法院在分配程序中实施的执行行为违反有关程序性规定，则应当适用《民事诉讼法》第225条的规定。

附：根据新的法律、司法解释可以增加的案由纠纷类型

＊申请实现担保物权

【案由解析】

担保物权是以直接支配特定财产的交换价值为内容，以确保债权实现为目的而设立的物权。担保物权的实现，是指在债务人不履行债务时，担保物权人经法定程序，通过将担保标的物折价、拍卖、变卖等方式，使其债权得到优先受偿的过程。

关于担保物权的实现途径，债权人能否不经诉讼程序而直接申请法院强制执行的问题，曾经长期困扰过司法实务界和理论界。我国《民法通则》和《担保法》规定，抵押权人与抵押人协议不成的，抵押权人只能通过向人民法院提起诉讼的方式实现。但是，通过诉讼的方式实现担保物权，程序复杂且时间较长，不利于债权人利益的保障。从国外的立法例来看，对于担保物权的实现主要通过简便的非讼方式实现，即如果双方对担保物权的实现方式达不成协议的，担保物权人及其他有权请求实现担保物权的人可以直接向法院申请拍卖、变卖担保财产，而非通过诉讼的方式实现担保物权。有鉴于此，《合同法》第286条对建设工程价款的支付问题明确规定，“发包人未按照约定支付价款的，承包人可以催告发包人在合理期限内支付价款。发包人逾期不支付的，除按照建设工程的性质不宜折价、拍卖的以外，承包人可以与发包人协议将该工程折价，也可以申请人民法院将该工程依法拍卖”。《物权法》第195条明确规定，抵押权人与抵押人未就抵押权实现方式达成协议的，抵押权人可以请求人民法院拍卖、变卖抵押财产；第220条规定，出质人可以请求质权人在债务履行期届满后及时行使质权；质权人不行使的，出质人可以请求人民法院拍卖、变卖质押财产；第237条规定，债务人可以请求留置权人在债务履行期届满后行使留置权；留置权人不行使的，债务人可以请求人民法院拍卖、变卖留置财产。这是我国立法首次明确对担保物权的实现规定为通过非诉讼的方式实现。虽然物权法等实体法中对担保物权的实现方式作出了上述规定，但并未对担保物权实现的具体程序作出规定，民事诉讼法等程序法中也未有与其相对应的程序规范。为了解决上述问题，在《民事诉讼法》2012年修改时，在民事诉讼特别程序中对担保物权实现的程序作出了明确规定，实现了民事诉讼程序与《物权法》等民事实体法的衔接。

《民事诉讼法》的这一规定，完善了实现担保物权的途径，无疑会充分发挥非讼程序迅捷、经济地解决纠纷的职能，最大化地体现担保物权的功能作用，更好地维护当事人的合法权益，从而给市场带来更大的确定性，为市场主体的经济活动提供更多的实现途径。

【常用法律条文及索引】

《民事诉讼法》（1991年4月9日起施行　2017年6月27日修正）

第一百九十六条　申请实现担保物权，由担保物权人以及其他有权请求实现担保物权的人依照物权法等法律，向担保财产所在地或者担保物权登记地基层人民法院提出。

第一百九十七条 人民法院受理申请后，经审查，符合法律规定的，裁定拍卖、变卖担保财产，当事人依据该裁定可以向人民法院申请执行；不符合法律规定的，裁定驳回申请，当事人可以向人民法院提起诉讼。

《最高人民法院关于适用〈中华人民共和国民事诉讼法〉的解释》（法释〔2015〕5号 2015年2月4日起施行）

第三百六十一条 民事诉讼法第一百九十六条规定的担保物权人，包括抵押权人、质权人、留置权人；其他有权请求实现担保物权的人，包括抵押人、出质人、财产被留置的债务人或者所有权人等。

第三百六十二条 实现票据、仓单、提单等有权利凭证的权利质权案件，可以由权利凭证持有人住所地人民法院管辖；无权利凭证的权利质权，由出质登记地人民法院管辖。

第三百六十三条 实现担保物权案件属于海事法院等专门人民法院管辖的，由专门人民法院管辖。

第三百六十四条 同一债权的担保物有多个且所在地不同，申请人分别向有管辖权的人民法院申请实现担保物权的，人民法院应当依法受理。

第三百六十五条 依照物权法第一百七十六条的规定，被担保的债权既有物的担保又有人的担保，当事人对实现担保物权的顺序有约定，实现担保物权的申请违反该约定的，人民法院裁定不予受理；没有约定或者约定不明的，人民法院应当受理。

第三百六十六条 同一财产上设立多个担保物权，登记在先的担保物权尚未实现的，不影响后顺位的担保物权人向人民法院申请实现担保物权。

第三百六十七条 申请实现担保物权，应当提交下列材料：

（一）申请书。申请书应当记明申请人、被申请人的姓名或者名称、联系方式等基本信息，具体的请求和事实、理由；

（二）证明担保物权存在的材料，包括主合同、担保合同、抵押登记证明或者他项权利证书，权利质权的权利凭证或者质权出质登记证明等；

（三）证明实现担保物权条件成就的材料；

（四）担保财产现状的说明；

（五）人民法院认为需要提交的其他材料。

第三百六十八条 人民法院受理申请后，应当在五日内向被申请人送达申请书副本、异议权利告知书等文书。

被申请人有异议的，应当在收到人民法院通知后的五日内向人民法院提出，同时说明理由并提供相应的证据材料。

第三百六十九条 实现担保物权案件可以由审判员一人独任审查。担保财产标的额超过基层人民法院管辖范围的，应当组成合议庭进行审查。

第三百七十条 人民法院审查实现担保物权案件，可以询问申请人、被申请人、利害关系人，必要时可以依职权调查相关事实。

第三百七十一条 人民法院应当就主合同的效力、期限、履行情况，担保物权是否有效设立、担保财产的范围、被担保的债权范围、被担保的债权是否已届清偿期等担保物权实现的条件，以及是否损害他人合法权益等内容进行审查。

被申请人或者利害关系人提出异议的，人民法院应当一并审查。

第三百七十二条 人民法院审查后，按下列情形分别处理：

（一）当事人对实现担保物权无实质性争议且实现担保物权条件成就的，裁定准许拍卖、变卖担保财产；

（二）当事人对实现担保物权有部分实质性争议的，可以就无争议部分裁定准许拍卖、变卖担保财产；

（三）当事人对实现担保物权有实质性争议的，裁定驳回申请，并告知申请人向人民法院提起诉讼。

第三百七十三条 人民法院受理申请后，申请人对担保财产提出保全申请的，可以按照民事诉讼法关于诉讼保全的规定办理。

【适用本案由需要注意的问题】

◆关于申请实现担保物权案件的管辖，根据《民事诉讼法》第196条的规定，由担保财产所在地或者担保物权登记地基层人民法院管辖。实践中，对于担保物为多个物且分散在数个法院辖区内的，应当根据民事诉讼法的现有规定确定管辖法院，即如果各个法院都有管辖权的，申请人可以选择向其中一个有管辖权的法院提出申请。

◆关于申请实现担保物权案件的申请主体，根据《民事诉讼法》第196的规定，是“担保物权人”和“其他有权请求实现担保物权的人”。由于该程序的设立主要是针对《物权法》等实体法中对担保物权实现而作出的程序性规定，因此，对于“担保物权人”和“其他有权请求实现担保物权的人”

应当以物权法等实体法为依据来确定。根据《物权法》相关规定，有权向人民法院申请实现担保物权的主体仅限于“抵押权人”“出质人”和“财产被留置的债务人”。因此，《民事诉讼法》第196条规定的“担保物权人”主要就是指《物权法》第195条规定的“抵押权人”，《物权法》第220条规定的“出质人”和第237条规定的“财产被留置的债务人”就是“其他有权请求实现担保物权的人”。此外，根据《民事诉讼法》的立法本意，除了上述三类申请主体外，《合同法》第286条规定的建设工程承包人也可以作为申请主体；《海商法》《民用航空器法》等法律中规定的船舶抵押权人、民用航空器抵押权人等，也可以作为实现担保物权案件的申请人。

◆关于申请实现担保物权的案件受理费用。由于实现担保物权案件是《民事诉讼法》2012年修改的新增内容，现行《诉讼费用交纳办法》对此类案件如何收费并未有明确规定。我们认为，从实现担保物权的案件的分类看，其属于《民事诉讼法》第15章规定的特别程序，故应当参照《诉讼费用交纳办法》的相关规定按件收取申请费，而不应以申请实现抵押物权标的额为依据收取。人民法院作出拍卖、变卖担保物的裁定后，申请人向人民法院申请强制执行的，则应按执行金额收取执行申请费，并由被执行人负担。

＊申请撤销准许实现担保物权裁定

【案由解析】

申请撤销准许实现担保物权裁定，是指当事人或利害关系人对人民法院作出的准许实现担保物权的裁定提出异议，要求作出裁定的人民法院撤销该裁定的一种案件类型。

【常用法律条文及索引】

《最高人民法院关于适用〈中华人民共和国民事诉讼法〉的解释》（法释〔2015〕5号　2015年2月4日起施行）

第三百七十四条　适用特别程序作出的判决、裁定，当事人、利害关系人认为有错误的，可以向作出该判决、裁定的人民法院提出异议。人民法院经审查，异议成立或者部分成立的，作出新的判决、裁定撤销或者改变原判决、裁定；异议不成立的，裁定驳回。

对人民法院作出的确认调解协议、准许实现担保物权的裁定，当事人有异议的，应当自收到裁定之日起十五日内提出；利害关系人有异议的，自知道或者应当知道其民事权益受到侵害之日起六个月内提出。

【适用本案由需要注意的问题】

◆关于申请撤销准许实现担保物权裁定案件的管辖，根据《最高人民法院关于适用〈中华人民共和国民事诉讼法〉的解释》第374条的规定，应当由作出该裁定的人民法院管辖。

◆申请撤销准许实现担保物权裁定案件，必须由当事人或者利害关系人提出申请方可启动。《最高人民法院关于适用〈中华人民共和国民事诉讼法〉的解释》第374条规定了当事人和利害关系人的救济途径。当事人确有证据证明原裁定存在错误的，当事人有权申请撤销该裁定，提出申请的期限是自收到该裁定之日起十五日内提出。利害关系人向人民法院提出撤销申请，只能以该裁定侵害了自身合法权益作为申请事由，提出申请的期间是自知道或者应当知道其民事权益受到侵害之日起六个月内提出。

◆申请撤销准许实现担保物权裁定案件，是对申请实现担保物权案件的救济程序。对此种情形，民事诉讼法相关司法解释在特别程序部分，已经明确了独立的救济程序，不能适用诉讼程序中的审判监督程序和第三人撤销之诉程序。

＊ 环境污染公益诉讼

【案由解析】

环境污染公益诉讼，是指法律规定的机关和有关组织依据民事诉讼法和环境保护法等法律的规定，对已经损害社会公共利益或者具有损害社会公共利益重大风险的污染环境行为提起的诉讼。

环境公益诉讼的特征是：（1）环境公益诉讼目的具有特殊性。环境公益诉讼的目的是维护环境公共利益。具体来说，是为了保护国家环境利益、社会环境利益及不特定多数人的环境利益，追求社会公正、公平，保障社会可持续发展；（2）提起环境公益诉讼的主体具有特定性。根据民事诉讼法相关规定，提起环境公益诉讼的主体是法律规定的机关和有关组织，除此之外的机关、组织和个人不是适格主体；（3）环境公益诉讼具有显著的预防性，同时兼具补救功能。环境公益诉讼的提起及最终裁决并不要求一定有损害事实发生，只要能根据有关情况合理判断出可能使社会公益受到侵害，即可提起诉讼，由违法行为人承担相应的法律责任。这样可以有效地保护国家利益和社会秩序不受违法侵害行为的侵害，把违法行为消灭在萌芽状态。

【常用法律条文及索引】

《民事诉讼法》（1991 年 4 月 9 日起施行　2017 年 6 月 27 日修正）

第五十五条　对污染环境、侵害众多消费者合法权益等损害社会公共利益的行为，法律规定的机关和有关组织可以向人民法院提起诉讼。

《环境保护法》（2015 年 1 月 1 日起施行）

第五十八条　对污染环境、破坏生态，损害社会公共利益的行为，符合下列条件的社会组织可以向人民法院提起诉讼：

（一）依法在设区的市级以上人民政府民政部门登记；

（二）专门从事环境保护公益活动连续五年以上且无违法记录。

符合前款规定的社会组织向人民法院提起诉讼，人民法院应当依法受理。

提起诉讼的社会组织不得通过诉讼牟取经济利益。

《海洋环境保护法》（2000 年 4 月 1 日起施行　2017 年 11 月 4 日修订）

第八十九条　造成海洋环境污染损害的责任者，应当排除危害，并赔偿损失；完全由于第三者的故意或者过失，造成海洋环境污染损害的，由第三者排除危害，并承担赔偿责任。

对破坏海洋生态、海洋水产资源、海洋保护区，给国家造成重大损失的，由依照本法规定行使海洋环境监督管理权的部门代表国家对责任者提出损害赔偿要求。

《最高人民法院关于适用〈中华人民共和国民事诉讼法〉的解释》（法释〔2015〕5 号　2015 年 2 月 4 日起施行）

第二百八十四条　环境保护法、消费者权益保护法等法律规定的机关和有关组织对污染环境、侵害众多消费者合法权益等损害社会公共利益的行为，根据民事诉讼法第五十五条规定提起公益诉讼，符合下列条件的，人民法院应当受理：

（一）有明确的被告；

（二）有具体的诉讼请求；

（三）有社会公共利益受到损害的初步证据；

（四）属于人民法院受理民事诉讼的范围和受诉人民法院管辖。

第二百八十五条　公益诉讼案件由侵权行为地或者被告住所地中级人民法院管辖，但法律、司法解释另有规定的除外。

因污染海洋环境提起的公益诉讼，由污染发生地、损害结果地或者采取预防污染措施地海事法院管辖。

对同一侵权行为分别向两个以上人民法院提起公益诉讼的，由最先立案的人民法院管辖，必要时由它们的共同上级人民法院指定管辖。

第二百八十六条　人民法院受理公益诉讼案件后，应当在十日内书面告知相关行政主管部门。

第二百八十七条　人民法院受理公益诉讼案件后，依法可以提起诉讼的其他机关和有关组织，可以在开庭前向人民法院申请参加诉讼。人民法院准许参加诉讼的，列为共同原告。

第二百八十八条　人民法院受理公益诉讼案件，不影响同一侵权行为的受害人根据民事诉讼法第一百一十九条规定提起诉讼。

第二百八十九条　对公益诉讼案件，当事人可以和解，人民法院可以调解。

当事人达成和解或者调解协议后，人民法院应当将和解或者调解协议进行公告。公告期间不得少于三十日。

公告期满后，人民法院经审查，和解或者调解协议不违反社会公共利益的，应当出具调解书；和解或者调解协议违反社会公共利益的，不予出具调解书，继续对案件进行审理并依法作出裁判。

第二百九十条　公益诉讼案件的原告在法庭辩论终结后申请撤诉的，人民法院不予准许。

第二百九十一条　公益诉讼案件的裁判发生法律效力后，其他依法具有原告资格的机关和有关组织就同一侵权行为另行提起公益诉讼的，人民法院裁定不予受理，但法律、司法解释另有规定的除外。

《最高人民法院关于审理环境民事公益诉讼案件适用法律若干问题的解释》（法释〔2015〕1号　2015年1月7日起施行）

为正确审理环境民事公益诉讼案件，根据《中华人民共和国民事诉讼法》《中华人民共和国侵权责任法》《中华人民共和国环境保护法》等法律的规定，结合审判实践，制定本解释。

第一条 法律规定的机关和有关组织依据民事诉讼法第五十五条、环境保护法第五十八条等法律的规定，对已经损害社会公共利益或者具有损害社会公共利益重大风险的污染环境、破坏生态的行为提起诉讼，符合民事诉讼法第一百一十九条第二项、第三项、第四项规定的，人民法院应予受理。

第二条 依照法律、法规的规定，在设区的市级以上人民政府民政部门登记的社会团体、民办非企业单位以及基金会等，可以认定为环境保护法第五十八条规定的社会组织。

第三条 设区的市，自治州、盟、地区，不设区的地级市，直辖市的区以上人民政府民政部门，可以认定为环境保护法第五十八条规定的“设区的市级以上人民政府民政部门”。

第四条 社会组织章程确定的宗旨和主要业务范围是维护社会公共利益，且从事环境保护公益活动的，可以认定为环境保护法第五十八条规定的“专门从事环境保护公益活动”。

社会组织提起的诉讼所涉及的社会公共利益，应与其宗旨和业务范围具有关联性。

第五条 社会组织在提起诉讼前五年内未因从事业务活动违反法律、法规的规定受过行政、刑事处罚的，可以认定为环境保护法第五十八条规定的“无违法记录”。

第六条 第一审环境民事公益诉讼案件由污染环境、破坏生态行为发生地、损害结果地或者被告住所地的中级以上人民法院管辖。

中级人民法院认为确有必要的，可以在报请高级人民法院批准后，裁定将本院管辖的第一审环境民事公益诉讼案件交由基层人民法院审理。

同一原告或者不同原告对同一污染环境、破坏生态行为分别向两个以上有管辖权的人民法院提起环境民事公益诉讼的，由最先立案的人民法院管辖，必要时由共同上级人民法院指定管辖。

第七条 经最高人民法院批准，高级人民法院可以根据本辖区环境和生态保护的实际情况，在辖区内确定部分中级人民法院受理第一审环境民事公益诉讼案件。

中级人民法院管辖环境民事公益诉讼案件的区域由高级人民法院确定。

第八条 提起环境民事公益诉讼应当提交下列材料：

（一）符合民事诉讼法第一百二十一条规定的起诉状，并按照被告人数提出副本；

（二）被告的行为已经损害社会公共利益或者具有损害社会公共利益重大风险的初步证明材料；

（三）社会组织提起诉讼的，应当提交社会组织登记证书、章程、起诉前连续五年的年度工作报告书或者年检报告书，以及由其法定代表人或者负责人签字并加盖公章的无违法记录的声明。

第九条 人民法院认为原告提出的诉讼请求不足以保护社会公共利益的，可以向其释明变更或者增加停止侵害、恢复原状等诉讼请求。

第十条 人民法院受理环境民事公益诉讼后，应当在立案之日起五日内将起诉状副本发送被告，并公告案件受理情况。

有权提起诉讼的其他机关和社会组织在公告之日起三十日内申请参加诉讼，经审查符合法定条件的，人民法院应当将其列为共同原告；逾期申请的，不予准许。

公民、法人和其他组织以人身、财产受到损害为由申请参加诉讼的，告知其另行起诉。

第十一条 检察机关、负有环境保护监督管理职责的部门及其他机关、社会组织、企业事业单位依据民事诉讼法第十五条的规定，可以通过提供法律咨询、提交书面意见、协助调查取证等方式支持社会组织依法提起环境民事公益诉讼。

第十二条 人民法院受理环境民事公益诉讼后，应当在十日内告知对被告行为负有环境保护监督管理职责的部门。

第十三条 原告请求被告提供其排放的主要污染物名称、排放方式、排放浓度和总量、超标排放情况以及防治污染设施的建设和运行情况等环境信息，法律、法规、规章规定被告应当持有或者有证据证明被告持有而拒不提供，如果原告主张相关事实不利于被告的，人民法院可以推定该主张成立。

第十四条 对于审理环境民事公益诉讼案件需要的证据，人民法院认为必要的，应当调查收集。

对于应当由原告承担举证责任且为维护社会公共利益所必要的专门性问题，人民法院可以委托具备资格的鉴定人进行鉴定。

第十五条 当事人申请通知有专门知识的人出庭，就鉴定人作出的鉴定意见或者就因果关系、生态环境修复方式、生态环境修复费用以及生态环境受到损害至恢复原状期间服务功能的损失等专门性问题提出意见的，人民法院院可以准许。

前款规定的专家意见经质证，可以作为认定事实的根据。

第十六条 原告在诉讼过程中承认的对己方不利的事实和认可的证据，人民法院认为损害社会公共利益的，应当不予确认。

第十七条 环境民事公益诉讼案件审理过程中，被告以反诉方式提出诉讼请求的，人民法院不予受理。

第十八条 对污染环境、破坏生态，已经损害社会公共利益或者具有损害社会公共利益重大风险的行为，原告可以请求被告承担停止侵害、排除妨碍、消除危险、恢复原状、赔偿损失、赔礼道歉等民事责任。

第十九条 原告为防止生态环境损害的发生和扩大，请求被告停止侵害、排除妨碍、消除危险的，人民法院可以依法予以支持。

原告为停止侵害、排除妨碍、消除危险采取合理预防、处置措施而发生的费用，请求被告承担的，人民法院可以依法予以支持。

第二十条 原告请求恢复原状的，人民法院可以依法判决被告将生态环境修复到损害发生之前的状态和功能。无法完全修复的，可以准许采用替代性修复方式。

人民法院可以在判决被告修复生态环境的同时，确定被告不履行修复义务时应承担的生态环境修复费用；也可以直接判决被告承担生态环境修复费用。

生态环境修复费用包括制定、实施修复方案的费用和监测、监管等费用。

第二十一条 原告请求被告赔偿生态环境受到损害至恢复原状期间服务功能损失的，人民法院可以依法予以支持。

第二十二条 原告请求被告承担检验、鉴定费用，合理的律师费以及为诉讼支出的其他合理费用的，人民法院可以依法予以支持。

第二十三条 生态环境修复费用难以确定或者确定具体数额所需鉴定费用明显过高的，人民法院可以结合污染环境、破坏生态的范围和程度、生态环境的稀缺性、生态环境恢复的难易程度、防治污染设备的运行成本、被告因侵害行为所获得的利益以及过错程度等因素，并可以参考负有环境保护监督管理职责的部门的意见、专家意见等，予以合理确定。

第二十四条 人民法院判决被告承担的生态环境修复费用、生态环境受到损害至恢复原状期间服务功能损失等款项，应当用于修复被损害的生态环境。

其他环境民事公益诉讼中败诉原告所需承担的调查取证、专家咨询、检验、鉴定等必要费用，可以酌情从上述款项中支付。

第二十五条　环境民事公益诉讼当事人达成调解协议或者自行达成和解协议后，人民法院应当将协议内容公告，公告期间不少于三十日。

公告期满后，人民法院审查认为调解协议或者和解协议的内容不损害社会公共利益的，应当出具调解书。当事人以达成和解协议为由申请撤诉的，不予准许。

调解书应当写明诉讼请求、案件的基本事实和协议内容，并应当公开。

第二十六条　负有环境保护监督管理职责的部门依法履行监管职责而使原告诉讼请求全部实现，原告申请撤诉的，人民法院应予准许。

第二十七条　法庭辩论终结后，原告申请撤诉的，人民法院不予准许，但本解释第二十六条规定的情形除外。

第二十八条　环境民事公益诉讼案件的裁判生效后，有权提起诉讼的其他机关和社会组织就同一污染环境、破坏生态行为另行起诉，有下列情形之一的，人民法院应予受理：

（一）前案原告的起诉被裁定驳回的；

（二）前案原告申请撤诉被裁定准许的，但本解释第二十六条规定的情形除外。

环境民事公益诉讼案件的裁判生效后，有证据证明存在前案审理时未发现的损害，有权提起诉讼的机关和社会组织另行起诉的，人民法院应予受理。

第二十九条　法律规定的机关和社会组织提起环境民事公益诉讼的，不影响因同一污染环境、破坏生态行为受到人身、财产损害的公民、法人和其他组织依据民事诉讼法第一百一十九条的规定提起诉讼。

第三十条　已为环境民事公益诉讼生效裁判认定的事实，因同一污染环境、破坏生态行为依据民事诉讼法第一百一十九条规定提起诉讼的原告、被告均无需举证证明，但原告对该事实有异议并有相反证据足以推翻的除外。

对于环境民事公益诉讼生效裁判就被告是否存在法律规定的不承担责任或者减轻责任的情形、行为与损害之间是否存在因果关系、被告承担责任的大小等所作的认定，因同一污染环境、破坏生态行为依据民事诉讼法第一百一十九条规定提起诉讼的原告主张适用的，人民法院应予支持，但被告有相反证据足以推翻的除外。被告主张直接适用对其有利的认定的，人民法院不予支持，被告仍应举证证明。

第三十一条 被告因污染环境、破坏生态在环境民事公益诉讼和其他民事诉讼中均承担责任，其财产不足以履行全部义务的，应当先履行其他民事诉讼生效裁判所确定的义务，但法律另有规定的除外。

第三十二条 发生法律效力的环境民事公益诉讼案件的裁判，需要采取强制执行措施的，应当移送执行。

第三十三条 原告交纳诉讼费用确有困难，依法申请缓交的，人民法院应予准许。

败诉或者部分败诉的原告申请减交或者免交诉讼费用的，人民法院应当依照《诉讼费用交纳办法》的规定，视原告的经济状况和案件的审理情况决定是否准许。

第三十四条 社会组织有通过诉讼违法收受财物等牟取经济利益行为的，人民法院可以根据情节轻重依法收缴其非法所得、予以罚款；涉嫌犯罪的，依法移送有关机关处理。

社会组织通过诉讼牟取经济利益的，人民法院应当向登记管理机关或者有关机关发送司法建议，由其依法处理。

第三十五条 本解释施行前最高人民法院发布的司法解释和规范性文件，与本解释不一致的，以本解释为准。

【适用本案由需要注意的问题】

◆环境污染公益诉讼案件的管辖，根据《最高人民法院关于审理环境民事公益诉讼案件适用法律若干问题的解释》第6条的规定，第一审环境民事公益诉讼案件由污染环境、破坏生态行为发生地、损害结果地或者被告住所地的中级以上人民法院管辖。根据《最高人民法院关于适用〈中华人民共和国民事诉讼法〉的解释》第285条的规定，因污染海洋环境提起的公益诉讼，由污染发生地、损害结果地或者采取预防污染措施地海事法院管辖。

◆根据《最高人民法院关于审理环境民事公益诉讼案件适用法律若干问题的解释》第8条的规定，提起环境民事公益诉讼应当提交下列材料：符合《民事诉讼法》第121条规定的起诉状，并按照被告人数提出副本；被告的行为已经损害社会公共利益或者具有损害社会公共利益重大风险的初步证明材料；社会组织提起诉讼的，应当提交社会组织登记证书、章程、起诉前连续五年的年度工作报告书或者年检报告书，以及由其法定代表人或者负责人签字并加盖公章的无违法记录的声明。

＊ 破坏生态公益诉讼

【案由解析】

破坏生态公益诉讼，是指法律规定的机关和有关组织依据民事诉讼法和环境保护法等法律的规定，对已经损害社会公共利益或者具有损害社会公共利益重大风险的破坏生态行为提起的诉讼。

【常用法律条文及索引】

参见“＊ 环境污染公益诉讼”引述的常用法律条文。

【适用本案由需要注意的问题】

◆破坏生态公益诉讼案件的管辖，根据《最高人民法院关于审理环境民事公益诉讼案件适用法律若干问题的解释》第 6 条的规定，第一审环境民事公益诉讼案件由污染环境、破坏生态行为发生地、损害结果地或者被告住所地的中级以上人民法院管辖。根据《最高人民法院关于适用〈中华人民共和国民事诉讼法〉的解释》第 285 条的规定，因污染海洋环境提起的公益诉讼，由污染发生地、损害结果地或者采取预防污染措施地海事法院管辖。

◆根据《最高人民法院关于适用〈中华人民共和国民事诉讼法〉的解释》第 284 条的规定，符合有明确的被告、有具体的诉讼请求、有社会公共利益受到损害的初步证据、属于人民法院受理民事诉讼的范围和受诉人民法院管辖四个条件的，人民法院应当受理。

＊侵害消费者权益公益诉讼

【案由解析】

侵害消费者权益公益诉讼，是指法律规定的机关和有关组织依据民事诉讼法和消费者权益保护法等法律的规定，对侵害众多消费者合法权益的损害社会公共利益行为提起的诉讼。

【常用法律条文及索引】

《消费者权益保护法》（2014 年 3 月 15 日起施行）

第四十七条 对侵害众多消费者合法权益的行为，中国消费者协会以及在省、自治区、直辖市设立的消费者协会，可以向人民法院提起诉讼。

其他参见“＊环境污染公益诉讼”引述的常用法律条文。

【适用本案由需要注意的问题】

◆侵害消费者权益公益诉讼案件的管辖，根据《最高人民法院关于适用〈中华人民共和国民事诉讼法〉的解释》第 285 条的规定，由侵权行为地或者被告住所地中级人民法院管辖。

◆根据《消费者权益保护法》第 47 条的规定，中国消费者协会以及在省、自治区、直辖市设立的消费者协会均是提起侵害消费者权益公益诉讼的适格主体。

◆根据《最高人民法院关于适用〈中华人民共和国民事诉讼法〉的解释》第 284 条的规定，符合有明确的被告、有具体的诉讼请求、有社会公共利益受到损害的初步证据、属于人民法院受理民事诉讼的范围和受诉人民法院管辖四个条件的，人民法院应当受理。

◆关于如何判断“众多消费者”的问题，“众多”即 10 人以上，侵害消费者权益公益诉讼的受害人数量不应少于 10 人。只要受害的消费者的数量达到该标准，就可以适用公益诉讼制度制止侵权行为。

＊第三人撤销之诉

【案由解析】

第三人撤销之诉，指的是能够成为本诉适格当事人的第三人，因不可归责于本人的原因未能参加原诉讼，以已发生之诉讼的原、被告双方为被申请人，旨在全部或部分地改变原来的判决、裁定或调解书所确定的法律状态或权利义务关系而提起的诉讼。

《民事诉讼法》设置这一诉讼，主要目的：一是给因故未能参加诉讼而没有获得程序保障、却可能受到判决既判力扩张效果拘束的第三人提供救济途径，二是防止第三人的合法权益受到他人通过利用诉讼审判骗取法院生效法律文书等方式的不当侵害。

第三人撤销之诉的特点是：（1）第三人撤销之诉属于形成之诉。形成之诉是指原告要求人民法院用判决使法律关系发生、变更或消灭之诉，分为实体法上的形成之诉和诉讼法上的形成之诉。后者是指旨在变更或形成某种诉讼法上的诉讼，主要包括撤销裁判之诉和再审之诉。案外人撤销之诉便属于后者。（2）第三人撤销之诉的提起主体具有法定性和特定性。即有权提起该诉的适格主体，是由法律明确规定的，只能是前诉当事人以外的人，并且须满足一定条件。（3）第三人撤销之诉的诉讼客体是人民法院作出的生效判决、裁定、调解书。（4）第三人撤销之诉的诉讼标的是提起该诉的当事人要求法院撤销原审判决、裁定、调解书的诉讼权利主张。

【常用法律条文及索引】

《民事诉讼法》（1991 年 4 月 9 日起施行　2017 年 6 月 27 日修正）

第五十六条　对当事人双方的诉讼标的，第三人认为有独立请求权的，有权提起诉讼。

对当事人双方的诉讼标的，第三人虽然没有独立请求权，但案件处理结果同他有法律上的利害关系的，可以申请参加诉讼，或者由人民法院通知他参加诉讼。人民法院判决承担民事责任的第三人，有当事人的诉讼权利义务。

前两款规定的第三人，因不能归责于本人的事由未参加诉讼，但有证据证明发生法律效力的判决、裁定、调解书的部分或者全部内容错误，损害其民事权益的，可以自知道或者应当知道其民事权益受到损害之日起六个月内，向作出该判决、裁定、调解书的人民法院提起诉讼。人民法院经审理，诉讼请求成立的，应当改变或者撤销原判决、裁定、调解书；诉讼请求不成立的，驳回诉讼请求。

《最高人民法院关于适用〈中华人民共和国民事诉讼法〉的解释》（法释〔2015〕5 号　2015 年 2 月 4 日起施行）

第二百九十二条　第三人对已经发生法律效力的判决、裁定、调解书提起撤销之诉的，应当自知道或者应当知道其民事权益受到损害之日起六个月内，向作出生效判决、裁定、调解书的人民法院提出，并应当提供存在下列情形的证据材料：

（一）因不能归责于本人的事由未参加诉讼；

（二）发生法律效力的判决、裁定、调解书的全部或者部分内容错误；

（三）发生法律效力的判决、裁定、调解书内容错误损害其民事权益。

第二百九十三条 人民法院应当在收到起诉状和证据材料之日起五日内送交对方当事人，对方当事人可以自收到起诉状之日起十日内提出书面意见。

人民法院应当对第三人提交的起诉状、证据材料以及对方当事人的书面意见进行审查。必要时，可以询问双方当事人。

经审查，符合起诉条件的，人民法院应当在收到起诉状之日起三十日内立案。不符合起诉条件的，应当在收到起诉状之日起三十日内裁定不予受理。

第二百九十四条 人民法院对第三人撤销之诉案件，应当组成合议庭开庭审理。

第二百九十五条 民事诉讼法第五十六条第三款规定的因不能归责于本人的事由未参加诉讼，是指没有被列为生效判决、裁定、调解书当事人，且无过错或者无明显过错的情形。包括：

（一）不知道诉讼而未参加的；

（二）申请参加未获准许的；

（三）知道诉讼，但因客观原因无法参加的；

（四）因其他不能归责于本人的事由未参加诉讼的。

第二百九十六条 民事诉讼法第五十六条第三款规定的判决、裁定、调解书的部分或者全部内容，是指判决、裁定的主文，调解书中处理当事人民事权利义务的结果。

第二百九十七条 对下列情形提起第三人撤销之诉的，人民法院不予受理：

（一）适用特别程序、督促程序、公示催告程序、破产程序等非讼程序处理的案件；

（二）婚姻无效、撤销或者解除婚姻关系等判决、裁定、调解书中涉及身份关系的内容；

（三）民事诉讼法第五十四条规定的未参加登记的权利人对代表人诉讼案件的生效裁判；

（四）民事诉讼法第五十五条规定的损害社会公共利益行为的受害人对公益诉讼案件的生效裁判。

第二百九十八条　第三人提起撤销之诉，人民法院应当将该第三人列为原告，生效判决、裁定、调解书的当事人列为被告，但生效判决、裁定、调解书中没有承担责任的无独立请求权的第三人列为第三人。

第二百九十九条　受理第三人撤销之诉案件后，原告提供相应担保，请求中止执行的，人民法院可以准许。

第三百条　对第三人撤销或者部分撤销发生法律效力的判决、裁定、调解书内容的请求，人民法院经审理，按下列情形分别处理：

（一）请求成立且确认其民事权利的主张全部或部分成立的，改变原判决、裁定、调解书内容的错误部分；

（二）请求成立，但确认其全部或部分民事权利的主张不成立，或者未提出确认其民事权利请求的，撤销原判决、裁定、调解书内容的错误部分；

（三）请求不成立的，驳回诉讼请求。

对前款规定裁判不服的，当事人可以上诉。

原判决、裁定、调解书的内容未改变或者未撤销的部分继续有效。

第三百零一条　第三人撤销之诉案件审理期间，人民法院对生效判决、裁定、调解书裁定再审的，受理第三人撤销之诉的人民法院应当裁定将第三人的诉讼请求并入再审程序。但有证据证明原审当事人之间恶意串通损害第三人合法权益的，人民法院应当先行审理第三人撤销之诉案件，裁定中止再审诉讼。

第三百零二条　第三人诉讼请求并入再审程序审理的，按照下列情形分别处理：

（一）按照第一审程序审理的，人民法院应当对第三人的诉讼请求一并审理，所作的判决可以上诉；

（二）按照第二审程序审理的，人民法院可以调解，调解达不成协议的，应当裁定撤销原判决、裁定、调解书，发回一审法院重审，重审时应当列明第三人。

第三百零三条　第三人提起撤销之诉后，未中止生效判决、裁定、调解书执行的，执行法院对第三人依照民事诉讼法第二百二十七条规定提出的执行异议，应予审查。第三人不服驳回执行异议裁定，申请对原判决、裁定、调解书再审的，人民法院不予受理。

案外人对人民法院驳回其执行异议裁定不服，认为原判决、裁定、调解书内容错误损害其合法权益的，应当根据民事诉讼法第二百二十七条规定申请再审，提起第三人撤销之诉的，人民法院不予受理。

【适用本案由需要注意的问题】

◆关于第三人撤销之诉案件的管辖，根据《民事诉讼法》第56条第3款和《最高人民法院关于适用〈中华人民共和国民事诉讼法〉的解释》第292条的规定，应当由作出生效判决、裁定、调解书的人民法院管辖。

◆关于第三人提起撤销之诉的起诉期间，应当自知道或者应当知道民事权益受到损害之日起六个月内起诉。该六个月为除斥期间，不适用中止、中断、延长的规定，起算点应参考送达、执行等具体情形。

◆关于第三人撤销之诉的主体，应当符合以下条件：(1) 不是原诉中的当事人或具有相当于当事人地位的人，前者如原告、被告，后者如法定代理人；(2) 受原诉裁判效力的扩张并有不利影响，即其民事权益受到原诉已发生法律效力的判决、裁定或调解书的损害；(3) 因不可归责于己的原因没有参加原诉。上述条件必须全部具备，缺一不可。

◆关于诉讼费用的收取问题，由于第三人撤销之诉属于新诉，故应根据《诉讼费用交纳办法》第2条的规定缴纳相关诉讼费用。由于该办法尚未根据《民事诉讼法》的修改而作相应修订，故诉讼费用的缴纳可根据一般规定计算，具体可以案外人提出的撤销请求范围涉及的金额或价款为基数加以计算，即参照该办法第13条的规定办理。另外，为了防止案外人滥用权利以及避免撤销之诉形成新的虚假诉讼，在案外人的主张未得到法院支持的情况下，案外人应当承担诉讼费用。在此情况下，原案当事人还有要求案外人赔偿损失的权利，可就不当提出撤销之诉的案外人提起侵权责任之诉。

◆在适用本案由时，应注意其与案外人执行异议之诉的区别。鉴于第三人撤销之诉和执行异议之诉都是为了给受到损害的第三人提供救济，两者在功能上存在相似之处，为了避免裁判之间的冲突并出于节约司法资源的考虑，根据《最高人民法院关于适用〈中华人民共和国民事诉讼法〉的解释》第303条的规定，当事人只能选择一种救济程序，且一旦选定不许变更。先启动执行异议程序的，对驳回其执行异议裁定不服的，按照《民事诉讼法》第227条的规定通过审判监督程序予以救济，先启动第三人撤销之诉程序的，即使第三人又在执行程序中提出执行异议，第三人也不能按照《民事诉讼法》第227条的规定申请再审。

◆关于第三人撤销之诉的性质，应当注意第三人撤销之诉与再审的区别。第三人撤销之诉是赋予案外人对错误生效裁判的自我救济程序，相对于再审程序而言，相同点都在于否认生效裁判的效力；不同点在于，再审既是纠正错误，也是对原案件的继续审理，而第三人撤销之诉则是基于新的事实主张撤销原生效裁判，是一个新的诉讼。因此，《最高人民法院关于适用〈中华人民共和国民事诉讼法〉的解释》将第三人撤销之诉规定在第一审程序之后作为单独一节，未特别规定的均可使用普通程序的规定。还应当注意到，第三人撤销之诉作为一种非常的救济程序，具有最后给予第三人寻求救济机会的特性，如果法律规定了另行起诉、申请再审等其他救济程序的，第三人应当根据法律规定依据其他程序寻求救济，而不能提起第三人撤销之诉。

附录：

民事案件案由规定

（2007年10月29日最高人民法院审判委员会第1438次会议通过 根据2011年2月18日《最高人民法院关于修改〈民事案件案由规定〉的决定》（法〔2011〕41号）第一次修正）

为了正确适用法律，统一确定案由，根据《中华人民共和国民法通则》《中华人民共和国物权法》《中华人民共和国合同法》《中华人民共和国侵权责任法》和《中华人民共和国民事诉讼法》等法律规定，结合人民法院民事审判工作实际情况，对民事案件案由规定如下：

第一部分 人格权纠纷

一、人格权纠纷

1. 生命权、健康权、身体权纠纷
2. 姓名权纠纷
3. 肖像权纠纷
4. 名誉权纠纷
5. 荣誉权纠纷
6. 隐私权纠纷
7. 婚姻自主权纠纷
8. 人身自由权纠纷
9. 一般人格权纠纷

第二部分 婚姻家庭、继承纠纷

二、婚姻家庭纠纷

10. 婚约财产纠纷
11. 离婚纠纷
12. 离婚后财产纠纷

13. 离婚后损害责任纠纷
14. 婚姻无效纠纷
15. 撤销婚姻纠纷
16. 夫妻财产约定纠纷
17. 同居关系纠纷
   （1）同居关系析产纠纷
   （2）同居关系子女抚养纠纷
18. 抚养纠纷
   （1）抚养费纠纷
   （2）变更抚养关系纠纷
19. 扶养纠纷
   （1）扶养费纠纷
   （2）变更扶养关系纠纷
20. 赡养纠纷
   （1）赡养费纠纷
   （2）变更赡养关系纠纷
21. 收养关系纠纷
   （1）确认收养关系纠纷
   （2）解除收养关系纠纷
22. 监护权纠纷
23. 探望权纠纷
24. 分家析产纠纷

三、继承纠纷

25. 法定继承纠纷
   （1）转继承纠纷
   （2）代位继承纠纷
26. 遗嘱继承纠纷
27. 被继承人债务清偿纠纷
28. 遗赠纠纷
29. 遗赠扶养协议纠纷

第三部分　物权纠纷

四、不动产登记纠纷

30. 异议登记不当损害责任纠纷

31. 虚假登记损害责任纠纷

五、物权保护纠纷

32. 物权确认纠纷

（1）所有权确认纠纷

（2）用益物权确认纠纷

（3）担保物权确认纠纷

33. 返还原物纠纷

34. 排除妨害纠纷

35. 消除危险纠纷

36. 修理、重作、更换纠纷

37. 恢复原状纠纷

38. 财产损害赔偿纠纷

六、所有权纠纷

39. 侵害集体经济组织成员权益纠纷

40. 建筑物区分所有权纠纷

（1）业主专有权纠纷

（2）业主共有权纠纷

（3）车位纠纷

（4）车库纠纷

41. 业主撤销权纠纷

42. 业主知情权纠纷

43. 遗失物返还纠纷

44. 漂流物返还纠纷

45. 埋藏物返还纠纷

46. 隐藏物返还纠纷

47. 相邻关系纠纷

（1）相邻用水、排水纠纷

（2）相邻通行纠纷
（3）相邻土地、建筑物利用关系纠纷
（4）相邻通风纠纷
（5）相邻采光、日照纠纷
（6）相邻污染侵害纠纷
（7）相邻损害防免关系纠纷
48. 共有纠纷
（1）共有权确认纠纷
（2）共有物分割纠纷
（3）共有人优先购买权纠纷
七、用益物权纠纷
49. 海域使用权纠纷
50. 探矿权纠纷
51. 采矿权纠纷
52. 取水权纠纷
53. 养殖权纠纷
54. 捕捞权纠纷
55. 土地承包经营权纠纷
（1）土地承包经营权确认纠纷
（2）承包地征收补偿费用分配纠纷
（3）土地承包经营权继承纠纷
56. 建设用地使用权纠纷
57. 宅基地使用权纠纷
58. 地役权纠纷
八、担保物权纠纷
59. 抵押权纠纷
（1）建筑物和其他土地附着物抵押权纠纷
（2）在建建筑物抵押权纠纷
（3）建设用地使用权抵押权纠纷
（4）土地承包经营权抵押权纠纷
（5）动产抵押权纠纷
（6）在建船舶、航空器抵押权纠纷

（7）动产浮动抵押权纠纷
（8）最高额抵押权纠纷
60. 质权纠纷
（1）动产质权纠纷
（2）转质权纠纷
（3）最高额质权纠纷
（4）票据质权纠纷
（5）债券质权纠纷
（6）存单质权纠纷
（7）仓单质权纠纷
（8）提单质权纠纷
（9）股权质权纠纷
（10）基金份额质权纠纷
（11）知识产权质权纠纷
（12）应收账款质权纠纷
61. 留置权纠纷

九、占有保护纠纷

62. 占有物返还纠纷
63. 占有排除妨害纠纷
64. 占有消除危险纠纷
65. 占有物损害赔偿纠纷

第四部分　合同、无因管理、不当得利纠纷

十、合同纠纷

66. 缔约过失责任纠纷
67. 确认合同效力纠纷
（1）确认合同有效纠纷
（2）确认合同无效纠纷
68. 债权人代位权纠纷
69. 债权人撤销权纠纷
70. 债权转让合同纠纷

71. 债务转移合同纠纷
72. 债权债务概括转移合同纠纷
73. 悬赏广告纠纷
74. 买卖合同纠纷
    （1）分期付款买卖合同纠纷
    （2）凭样品买卖合同纠纷
    （3）试用买卖合同纠纷
    （4）互易纠纷
    （5）国际货物买卖合同纠纷
    （6）网络购物合同纠纷
    （7）电视购物合同纠纷
75. 招标投标买卖合同纠纷
76. 拍卖合同纠纷
77. 建设用地使用权合同纠纷
    （1）建设用地使用权出让合同纠纷
    （2）建设用地使用权转让合同纠纷
78. 临时用地合同纠纷
79. 探矿权转让合同纠纷
80. 采矿权转让合同纠纷
81. 房地产开发经营合同纠纷
    （1）委托代建合同纠纷
    （2）合资、合作开发房地产合同纠纷
    （3）项目转让合同纠纷
82. 房屋买卖合同纠纷
    （1）商品房预约合同纠纷
    （2）商品房预售合同纠纷
    （3）商品房销售合同纠纷
    （4）商品房委托代理销售合同纠纷
    （5）经济适用房转让合同纠纷
    （6）农村房屋买卖合同纠纷
83. 房屋拆迁安置补偿合同纠纷
84. 供用电合同纠纷

85. 供用水合同纠纷

86. 供用气合同纠纷

87. 供用热力合同纠纷

88. 赠与合同纠纷

(1) 公益事业捐赠合同纠纷

(2) 附义务赠与合同纠纷

89. 借款合同纠纷

(1) 金融借款合同纠纷

(2) 同业拆借纠纷

(3) 企业借贷纠纷

(4) 民间借贷纠纷

(5) 小额借款合同纠纷

(6) 金融不良债权转让合同纠纷

(7) 金融不良债权追偿纠纷

90. 保证合同纠纷

91. 抵押合同纠纷

92. 质押合同纠纷

93. 定金合同纠纷

94. 进出口押汇纠纷

95. 储蓄存款合同纠纷

96. 银行卡纠纷

(1) 借记卡纠纷

(2) 信用卡纠纷

97. 租赁合同纠纷

(1) 土地租赁合同纠纷

(2) 房屋租赁合同纠纷

(3) 车辆租赁合同纠纷

(4) 建筑设备租赁合同纠纷

98. 融资租赁合同纠纷

99. 承揽合同纠纷

(1) 加工合同纠纷

(2) 定作合同纠纷

(3) 修理合同纠纷
(4) 复制合同纠纷
(5) 测试合同纠纷
(6) 检验合同纠纷
(7) 铁路机车、车辆建造合同纠纷

100. 建设工程合同纠纷
(1) 建设工程勘察合同纠纷
(2) 建设工程设计合同纠纷
(3) 建设工程施工合同纠纷
(4) 建设工程价款优先受偿权纠纷
(5) 建设工程分包合同纠纷
(6) 建设工程监理合同纠纷
(7) 装饰装修合同纠纷
(8) 铁路修建合同纠纷
(9) 农村建房施工合同纠纷

101. 运输合同纠纷
(1) 公路旅客运输合同纠纷
(2) 公路货物运输合同纠纷
(3) 水路旅客运输合同纠纷
(4) 水路货物运输合同纠纷
(5) 航空旅客运输合同纠纷
(6) 航空货物运输合同纠纷
(7) 出租汽车运输合同纠纷
(8) 管道运输合同纠纷
(9) 城市公交运输合同纠纷
(10) 联合运输合同纠纷
(11) 多式联运合同纠纷
(12) 铁路货物运输合同纠纷
(13) 铁路旅客运输合同纠纷
(14) 铁路行李运输合同纠纷
(15) 铁路包裹运输合同纠纷
(16) 国际铁路联运合同纠纷

102. 保管合同纠纷

103. 仓储合同纠纷

104. 委托合同纠纷

(1) 进出口代理合同纠纷

(2) 货运代理合同纠纷

(3) 民用航空运输销售代理合同纠纷

(4) 诉讼、仲裁、人民调解代理合同纠纷

105. 委托理财合同纠纷

(1) 金融委托理财合同纠纷

(2) 民间委托理财合同纠纷

106. 行纪合同纠纷

107. 居间合同纠纷

108. 补偿贸易纠纷

109. 借用合同纠纷

110. 典当纠纷

111. 合伙协议纠纷

112. 种植、养殖回收合同纠纷

113. 彩票、奖券纠纷

114. 中外合作勘探开发自然资源合同纠纷

115. 农业承包合同纠纷

116. 林业承包合同纠纷

117. 渔业承包合同纠纷

118. 牧业承包合同纠纷

119. 农村土地承包合同纠纷

(1) 土地承包经营权转包合同纠纷

(2) 土地承包经营权转让合同纠纷

(3) 土地承包经营权互换合同纠纷

(4) 土地承包经营权入股合同纠纷

(5) 土地承包经营权抵押合同纠纷

(6) 土地承包经营权出租合同纠纷

120. 服务合同纠纷

(1) 电信服务合同纠纷

(2) 邮寄服务合同纠纷
(3) 医疗服务合同纠纷
(4) 法律服务合同纠纷
(5) 旅游合同纠纷
(6) 房地产咨询合同纠纷
(7) 房地产价格评估合同纠纷
(8) 旅店服务合同纠纷
(9) 财会服务合同纠纷
(10) 餐饮服务合同纠纷
(11) 娱乐服务合同纠纷
(12) 有线电视服务合同纠纷
(13) 网络服务合同纠纷
(14) 教育培训合同纠纷
(15) 物业服务合同纠纷
(16) 家政服务合同纠纷
(17) 庆典服务合同纠纷
(18) 殡葬服务合同纠纷
(19) 农业技术服务合同纠纷
(20) 农机作业服务合同纠纷
(21) 保安服务合同纠纷
(22) 银行结算合同纠纷

121. 演出合同纠纷
122. 劳务合同纠纷
123. 离退休人员返聘合同纠纷
124. 广告合同纠纷
125. 展览合同纠纷
126. 追偿权纠纷
127. 请求确认人民调解协议效力

十一、不当得利纠纷

128. 不当得利纠纷

十二、无因管理纠纷

129. 无因管理纠纷

第五部分　知识产权与竞争纠纷

十三、知识产权合同纠纷

130. 著作权合同纠纷
    （1）委托创作合同纠纷
    （2）合作创作合同纠纷
    （3）著作权转让合同纠纷
    （4）著作权许可使用合同纠纷
    （5）出版合同纠纷
    （6）表演合同纠纷
    （7）音像制品制作合同纠纷
    （8）广播电视播放合同纠纷
    （9）邻接权转让合同纠纷
    （10）邻接权许可使用合同纠纷
    （11）计算机软件开发合同纠纷
    （12）计算机软件著作权转让合同纠纷
    （13）计算机软件著作权许可使用合同纠纷
131. 商标合同纠纷
    （1）商标权转让合同纠纷
    （2）商标使用许可合同纠纷
    （3）商标代理合同纠纷
132. 专利合同纠纷
    （1）专利申请权转让合同纠纷
    （2）专利权转让合同纠纷
    （3）发明专利实施许可合同纠纷
    （4）实用新型专利实施许可合同纠纷
    （5）外观设计专利实施许可合同纠纷
    （6）专利代理合同纠纷
133. 植物新品种合同纠纷
    （1）植物新品种育种合同纠纷
    （2）植物新品种申请权转让合同纠纷

（3）植物新品种权转让合同纠纷
（4）植物新品种实施许可合同纠纷
134. 集成电路布图设计合同纠纷
（1）集成电路布图设计创作合同纠纷
（2）集成电路布图设计专有权转让合同纠纷
（3）集成电路布图设计许可使用合同纠纷
135. 商业秘密合同纠纷
（1）技术秘密让与合同纠纷
（2）技术秘密许可使用合同纠纷
（3）经营秘密让与合同纠纷
（4）经营秘密许可使用合同纠纷
136. 技术合同纠纷
（1）技术委托开发合同纠纷
（2）技术合作开发合同纠纷
（3）技术转化合同纠纷
（4）技术转让合同纠纷
（5）技术咨询合同纠纷
（6）技术服务合同纠纷
（7）技术培训合同纠纷
（8）技术中介合同纠纷
（9）技术进口合同纠纷
（10）技术出口合同纠纷
（11）职务技术成果完成人奖励、报酬纠纷
（12）技术成果完成人署名权、荣誉权、奖励权纠纷
137. 特许经营合同纠纷
138. 企业名称（商号）合同纠纷
（1）企业名称（商号）转让合同纠纷
（2）企业名称（商号）使用合同纠纷
139. 特殊标志合同纠纷
140. 网络域名合同纠纷
（1）网络域名注册合同纠纷
（2）网络域名转让合同纠纷

(3) 网络域名许可使用合同纠纷

141. 知识产权质押合同纠纷

十四、知识产权权属、侵权纠纷

142. 著作权权属、侵权纠纷

(1) 著作权权属纠纷

(2) 侵害作品发表权纠纷

(3) 侵害作品署名权纠纷

(4) 侵害作品修改权纠纷

(5) 侵害保护作品完整权纠纷

(6) 侵害作品复制权纠纷

(7) 侵害作品发行权纠纷

(8) 侵害作品出租权纠纷

(9) 侵害作品展览权纠纷

(10) 侵害作品表演权纠纷

(11) 侵害作品放映权纠纷

(12) 侵害作品广播权纠纷

(13) 侵害作品信息网络传播权纠纷

(14) 侵害作品摄制权纠纷

(15) 侵害作品改编权纠纷

(16) 侵害作品翻译权纠纷

(17) 侵害作品汇编权纠纷

(18) 侵害其他著作财产权纠纷

(19) 出版者权权属纠纷

(20) 表演者权权属纠纷

(21) 录音录像制作者权权属纠纷

(22) 广播组织权权属纠纷

(23) 侵害出版者权纠纷

(24) 侵害表演者权纠纷

(25) 侵害录音录像制作者权纠纷

(26) 侵害广播组织权纠纷

(27) 计算机软件著作权权属纠纷

(28) 侵害计算机软件著作权纠纷

143. 商标权权属、侵权纠纷

（1）商标权权属纠纷

（2）侵害商标权纠纷

144. 专利权权属、侵权纠纷

（1）专利申请权权属纠纷

（2）专利权权属纠纷

（3）侵害发明专利权纠纷

（4）侵害实用新型专利权纠纷

（5）侵害外观设计专利权纠纷

（6）假冒他人专利纠纷

（7）发明专利临时保护期使用费纠纷

（8）职务发明创造发明人、设计人奖励、报酬纠纷

（9）发明创造发明人、设计人署名权纠纷

145. 植物新品种权权属、侵权纠纷

（1）植物新品种申请权权属纠纷

（2）植物新品种权权属纠纷

（3）侵害植物新品种权纠纷

146. 集成电路布图设计专有权权属、侵权纠纷

（1）集成电路布图设计专有权权属纠纷

（2）侵害集成电路布图设计专有权纠纷

147. 侵害企业名称（商号）权纠纷

148. 侵害特殊标志专有权纠纷

149. 网络域名权属、侵权纠纷

（1）网络域名权属纠纷

（2）侵害网络域名纠纷

150. 发现权纠纷

151. 发明权纠纷

152. 其他科技成果权纠纷

153. 确认不侵害知识产权纠纷

（1）确认不侵害专利权纠纷

（2）确认不侵害商标权纠纷

（3）确认不侵害著作权纠纷

154. 因申请知识产权临时措施损害责任纠纷

(1) 因申请诉前停止侵害专利权损害责任纠纷

(2) 因申请诉前停止侵害注册商标专用权损害责任纠纷

(3) 因申请诉前停止侵害著作权损害责任纠纷

(4) 因申请诉前停止侵害植物新品种权损害责任纠纷

(5) 因申请海关知识产权保护措施损害责任纠纷

155. 因恶意提起知识产权诉讼损害责任纠纷

156. 专利权宣告无效后返还费用纠纷

十五、不正当竞争纠纷

157. 仿冒纠纷

(1) 擅自使用知名商品特有名称、包装、装潢纠纷

(2) 擅自使用他人企业名称、姓名纠纷

(3) 伪造、冒用产品质量标志纠纷

(4) 伪造产地纠纷

158. 商业贿赂不正当竞争纠纷

159. 虚假宣传纠纷

160. 侵害商业秘密纠纷

(1) 侵害技术秘密纠纷

(2) 侵害经营秘密纠纷

161. 低价倾销不正当竞争纠纷

162. 捆绑销售不正当竞争纠纷

163. 有奖销售纠纷

164. 商业诋毁纠纷

165. 串通投标不正当竞争纠纷

十六、垄断纠纷

166. 垄断协议纠纷

(1) 横向垄断协议纠纷

(2) 纵向垄断协议纠纷

167. 滥用市场支配地位纠纷

(1) 垄断定价纠纷

(2) 掠夺定价纠纷

(3) 拒绝交易纠纷

(4) 限定交易纠纷
(5) 捆绑交易纠纷
(6) 差别待遇纠纷
168. 经营者集中纠纷

第六部分　劳动争议、人事争议

十七、劳动争议

169. 劳动合同纠纷
(1) 确认劳动关系纠纷
(2) 集体合同纠纷
(3) 劳务派遣合同纠纷
(4) 非全日制用工纠纷
(5) 追索劳动报酬纠纷
(6) 经济补偿金纠纷
(7) 竞业限制纠纷
170. 社会保险纠纷
(1) 养老保险待遇纠纷
(2) 工伤保险待遇纠纷
(3) 医疗保险待遇纠纷
(4) 生育保险待遇纠纷
(5) 失业保险待遇纠纷
171. 福利待遇纠纷

十八、人事争议

172. 人事争议
(1) 辞职争议
(2) 辞退争议
(3) 聘用合同争议

第七部分　海事海商纠纷

十九、海事海商纠纷

173. 船舶碰撞损害责任纠纷

174. 船舶触碰损害责任纠纷
175. 船舶损坏空中设施、水下设施损害责任纠纷
176. 船舶污染损害责任纠纷
177. 海上、通海水域污染损害责任纠纷
178. 海上、通海水域养殖损害责任纠纷
179. 海上、通海水域财产损害责任纠纷
180. 海上、通海水域人身损害责任纠纷
181. 非法留置船舶、船载货物、船用燃油、船用物料损害责任纠纷
182. 海上、通海水域货物运输合同纠纷
183. 海上、通海水域旅客运输合同纠纷
184. 海上、通海水域行李运输合同纠纷
185. 船舶经营管理合同纠纷
186. 船舶买卖合同纠纷
187. 船舶建造合同纠纷
188. 船舶修理合同纠纷
189. 船舶改建合同纠纷
190. 船舶拆解合同纠纷
191. 船舶抵押合同纠纷
192. 航次租船合同纠纷
193. 船舶租用合同纠纷

（1）定期租船合同纠纷

（2）光船租赁合同纠纷

194. 船舶融资租赁合同纠纷
195. 海上、通海水域运输船舶承包合同纠纷
196. 渔船承包合同纠纷
197. 船舶属具租赁合同纠纷
198. 船舶属具保管合同纠纷
199. 海运集装箱租赁合同纠纷
200. 海运集装箱保管合同纠纷
201. 港口货物保管合同纠纷
202. 船舶代理合同纠纷
203. 海上、通海水域货运代理合同纠纷

204. 理货合同纠纷
205. 船舶物料和备品供应合同纠纷
206. 船员劳务合同纠纷
207. 海难救助合同纠纷
208. 海上、通海水域打捞合同纠纷
209. 海上、通海水域拖航合同纠纷
210. 海上、通海水域保险合同纠纷
211. 海上、通海水域保赔合同纠纷
212. 海上、通海水域运输联营合同纠纷
213. 船舶营运借款合同纠纷
214. 海事担保合同纠纷
215. 航道、港口疏浚合同纠纷
216. 船坞、码头建造合同纠纷
217. 船舶检验合同纠纷
218. 海事请求担保纠纷
219. 海上、通海水域运输重大责任事故责任纠纷
220. 港口作业重大责任事故责任纠纷
221. 港口作业纠纷
222. 共同海损纠纷
223. 海洋开发利用纠纷
224. 船舶共有纠纷
225. 船舶权属纠纷
226. 海运欺诈纠纷
227. 海事债权确权纠纷

第八部分　与公司、证券、保险、票据等有关的民事纠纷

二十、与企业有关的纠纷

228. 企业出资人权益确认纠纷
229. 侵害企业出资人权益纠纷
230. 企业公司制改造合同纠纷
231. 企业股份合作制改造合同纠纷

232. 企业债权转股权合同纠纷
233. 企业分立合同纠纷
234. 企业租赁经营合同纠纷
235. 企业出售合同纠纷
236. 挂靠经营合同纠纷
237. 企业兼并合同纠纷
238. 联营合同纠纷
239. 企业承包经营合同纠纷
    （1）中外合资经营企业承包经营合同纠纷
    （2）中外合作经营企业承包经营合同纠纷
    （3）外商独资企业承包经营合同纠纷
    （4）乡镇企业承包经营合同纠纷
240. 中外合资经营企业合同纠纷
241. 中外合作经营企业合同纠纷

二十一、与公司有关的纠纷

242. 股东资格确认纠纷
243. 股东名册记载纠纷
244. 请求变更公司登记纠纷
245. 股东出资纠纷
246. 新增资本认购纠纷
247. 股东知情权纠纷
248. 请求公司收购股份纠纷
249. 股权转让纠纷
250. 公司决议纠纷
    （1）公司决议效力确认纠纷
    （2）公司决议撤销纠纷
251. 公司设立纠纷
252. 公司证照返还纠纷
253. 发起人责任纠纷
254. 公司盈余分配纠纷
255. 损害股东利益责任纠纷
256. 损害公司利益责任纠纷

257. 股东损害公司债权人利益责任纠纷
258. 公司关联交易损害责任纠纷
259. 公司合并纠纷
260. 公司分立纠纷
261. 公司减资纠纷
262. 公司增资纠纷
263. 公司解散纠纷
264. 申请公司清算
265. 清算责任纠纷
266. 上市公司收购纠纷

二十二、合伙企业纠纷

267. 入伙纠纷
268. 退伙纠纷
269. 合伙企业财产份额转让纠纷

二十三、与破产有关的纠纷

270. 申请破产清算
271. 申请破产重整
272. 申请破产和解
273. 请求撤销个别清偿行为纠纷
274. 请求确认债务人行为无效纠纷
275. 对外追收债权纠纷
276. 追收未缴出资纠纷
277. 追收抽逃出资纠纷
278. 追收非正常收入纠纷
279. 破产债权确认纠纷
    （1）职工破产债权确认纠纷
    （2）普通破产债权确认纠纷
280. 取回权纠纷
    （1）一般取回权纠纷
    （2）出卖人取回权纠纷
281. 破产抵销权纠纷
282. 别除权纠纷

283. 破产撤销权纠纷
284. 损害债务人利益赔偿纠纷
285. 管理人责任纠纷

二十四、证券纠纷

286. 证券权利确认纠纷
 （1）股票权利确认纠纷
 （2）公司债券权利确认纠纷
 （3）国债权利确认纠纷
 （4）证券投资基金权利确认纠纷
287. 证券交易合同纠纷
 （1）股票交易纠纷
 （2）公司债券交易纠纷
 （3）国债交易纠纷
 （4）证券投资基金交易纠纷
288. 金融衍生品种交易纠纷
289. 证券承销合同纠纷
 （1）证券代销合同纠纷
 （2）证券包销合同纠纷
290. 证券投资咨询纠纷
291. 证券资信评级服务合同纠纷
292. 证券回购合同纠纷
 （1）股票回购合同纠纷
 （2）国债回购合同纠纷
 （3）公司债券回购合同纠纷
 （4）证券投资基金回购合同纠纷
 （5）质押式证券回购纠纷
293. 证券上市合同纠纷
294. 证券交易代理合同纠纷
295. 证券上市保荐合同纠纷
296. 证券发行纠纷
 （1）证券认购纠纷
 （2）证券发行失败纠纷

297. 证券返还纠纷

298. 证券欺诈责任纠纷

（1）证券内幕交易责任纠纷

（2）操纵证券交易市场责任纠纷

（3）证券虚假陈述责任纠纷

（4）欺诈客户责任纠纷

299. 证券托管纠纷

300. 证券登记、存管、结算纠纷

301. 融资融券交易纠纷

302. 客户交易结算资金纠纷

二十五、期货交易纠纷

303. 期货经纪合同纠纷

304. 期货透支交易纠纷

305. 期货强行平仓纠纷

306. 期货实物交割纠纷

307. 期货保证合约纠纷

308. 期货交易代理合同纠纷

309. 侵占期货交易保证金纠纷

310. 期货欺诈责任纠纷

311. 操纵期货交易市场责任纠纷

312. 期货内幕交易责任纠纷

313. 期货虚假信息责任纠纷

二十六、信托纠纷

314. 民事信托纠纷

315. 营业信托纠纷

316. 公益信托纠纷

二十七、保险纠纷

317. 财产保险合同纠纷

（1）财产损失保险合同纠纷

（2）责任保险合同纠纷

（3）信用保险合同纠纷

（4）保证保险合同纠纷

(5) 保险人代位求偿权纠纷

318. 人身保险合同纠纷

(1) 人寿保险合同纠纷

(2) 意外伤害保险合同纠纷

(3) 健康保险合同纠纷

319. 再保险合同纠纷

320. 保险经纪合同纠纷

321. 保险代理合同纠纷

322. 进出口信用保险合同纠纷

323. 保险费纠纷

二十八、票据纠纷

324. 票据付款请求权纠纷

325. 票据追索权纠纷

326. 票据交付请求权纠纷

327. 票据返还请求权纠纷

328. 票据损害责任纠纷

329. 票据利益返还请求权纠纷

330. 汇票回单签发请求权纠纷

331. 票据保证纠纷

332. 确认票据无效纠纷

333. 票据代理纠纷

334. 票据回购纠纷

二十九、信用证纠纷

335. 委托开立信用证纠纷

336. 信用证开证纠纷

337. 信用证议付纠纷

338. 信用证欺诈纠纷

339. 信用证融资纠纷

340. 信用证转让纠纷

第九部分　侵权责任纠纷

三十、侵权责任纠纷

341. 监护人责任纠纷
342. 用人单位责任纠纷
343. 劳务派遣工作人员侵权责任纠纷
344. 提供劳务者致害责任纠纷
345. 提供劳务者受害责任纠纷
346. 网络侵权责任纠纷
347. 违反安全保障义务责任纠纷

（1）公共场所管理人责任纠纷

（2）群众性活动组织者责任纠纷

348. 教育机构责任纠纷
349. 产品责任纠纷

（1）产品生产者责任纠纷

（2）产品销售者责任纠纷

（3）产品运输者责任纠纷

（4）产品仓储者责任纠纷

350. 机动车交通事故责任纠纷
351. 医疗损害责任纠纷

（1）侵害患者知情同意权责任纠纷

（2）医疗产品责任纠纷

352. 环境污染责任纠纷

（1）大气污染责任纠纷

（2）水污染责任纠纷

（3）噪声污染责任纠纷

（4）放射性污染责任纠纷

（5）土壤污染责任纠纷

（6）电子废物污染责任纠纷

（7）固体废物污染责任纠纷

353. 高度危险责任纠纷

(1) 民用核设施损害责任纠纷
(2) 民用航空器损害责任纠纷
(3) 占有、使用高度危险物损害责任纠纷
(4) 高度危险活动损害责任纠纷
(5) 遗失、抛弃高度危险物损害责任纠纷
(6) 非法占有高度危险物损害责任纠纷

354. 饲养动物损害责任纠纷

355. 物件损害责任纠纷
(1) 物件脱落、坠落损害责任纠纷
(2) 建筑物、构筑物倒塌损害责任纠纷
(3) 不明抛掷物、坠落物损害责任纠纷
(4) 堆放物倒塌致害责任纠纷
(5) 公共道路妨碍通行损害责任纠纷
(6) 林木折断损害责任纠纷
(7) 地面施工、地下设施损害责任纠纷

356. 触电人身损害责任纠纷

357. 义务帮工人受害责任纠纷

358. 见义勇为人受害责任纠纷

359. 公证损害责任纠纷

360. 防卫过当损害责任纠纷

361. 紧急避险损害责任纠纷

362. 驻香港、澳门特别行政区军人执行职务侵权责任纠纷

363. 铁路运输损害责任纠纷
(1) 铁路运输人身损害责任纠纷
(2) 铁路运输财产损害责任纠纷

364. 水上运输损害责任纠纷
(1) 水上运输人身损害责任纠纷
(2) 水上运输财产损害责任纠纷

365. 航空运输损害责任纠纷
(1) 航空运输人身损害责任纠纷
(2) 航空运输财产损害责任纠纷

366. 因申请诉前财产保全损害责任纠纷

367. 因申请诉前证据保全损害责任纠纷
368. 因申请诉中财产保全损害责任纠纷
369. 因申请诉中证据保全损害责任纠纷
370. 因申请先予执行损害责任纠纷

第十部分　适用特殊程序案件案由

三十一、选民资格案件

371. 申请确定选民资格

三十二、宣告失踪、宣告死亡案件

372. 申请宣告公民失踪
373. 申请撤销宣告失踪
374. 申请为失踪人财产指定、变更代管人
375. 失踪人债务支付纠纷
376. 申请宣告公民死亡
377. 申请撤销宣告公民死亡
378. 被撤销死亡宣告人请求返还财产纠纷

三十三、认定公民无民事行为能力、限制民事行为能力案件

379. 申请宣告公民无民事行为能力
380. 申请宣告公民限制民事行为能力
381. 申请宣告公民恢复限制民事行为能力
382. 申请宣告公民恢复完全民事行为能力

三十四、认定财产无主案件

383. 申请认定财产无主
384. 申请撤销认定财产无主

三十五、监护权特别程序案件

385. 申请确定监护人
386. 申请变更监护人
387. 申请撤销监护人资格

三十六、督促程序案件

388. 申请支付令

三十七、公示催告程序案件

389. 申请公示催告

三十八、申请诉前停止侵害知识产权案件

390. 申请诉前停止侵害专利权
391. 申请诉前停止侵害注册商标专用权
392. 申请诉前停止侵害著作权
393. 申请诉前停止侵害植物新品种权

三十九、申请保全案件

394. 申请诉前财产保全
395. 申请诉中财产保全
396. 申请诉前证据保全
397. 申请诉中证据保全
398. 仲裁程序中的财产保全
399. 仲裁程序中的证据保全
400. 申请中止支付信用证项下款项
401. 申请中止支付保函项下款项

四十、仲裁程序案件

402. 申请确认仲裁协议效力
403. 申请撤销仲裁裁决

四十一、海事诉讼特别程序案件

404. 申请海事请求保全
    （1）申请扣押船舶
    （2）申请拍卖扣押船舶
    （3）申请扣押船载货物
    （4）申请拍卖扣押船载货物
    （5）申请扣押船用燃油及船用物料
    （6）申请拍卖扣押船用燃油及船用物料
405. 申请海事支付令
406. 申请海事强制令
407. 申请海事证据保全
408. 申请设立海事赔偿责任限制基金
409. 申请船舶优先权催告

410. 申请海事债权登记与受偿

四十二、申请承认与执行法院判决、仲裁裁决案件

411. 申请执行海事仲裁裁决

412. 申请执行知识产权仲裁裁决

413. 申请执行涉外仲裁裁决

414. 申请认可和执行香港特别行政区法院民事判决

415. 申请认可和执行香港特别行政区仲裁裁决

416. 申请认可和执行澳门特别行政区法院民事判决

417. 申请认可和执行澳门特别行政区仲裁裁决

418. 申请认可和执行台湾地区法院民事判决

419. 申请认可和执行台湾地区仲裁裁决

420. 申请承认和执行外国法院民事判决、裁定

421. 申请承认和执行外国仲裁裁决

四十三、执行异议之诉

422. 案外人执行异议之诉

423. 申请执行人执行异议之诉

424. 执行分配方案异议之诉